ALOIS GRIMM
Aschaffenburger Häuserbuch V
Kapuzinergasse und Kapuzinerplatz, Karlstraße,
Erthalstraße zwischen Ridingerstraße und Justizgebäude,
Treibgasse und Agathaplatz, Strickergasse, Luitpoldstraße,
erweiterter Schloßplatz mit Markt

Veröffentlichungen des
Geschichts- und Kunstvereins Aschaffenburg e.V.

46

ALOIS GRIMM

Aschaffenburger Häuserbuch V
Kapuzinergasse und Kapuzinerplatz, Karlstraße,
Erthalstraße zwischen Ridingerstraße und Justizgebäude,
Treibgasse und Agathaplatz, Strickergasse,
Luitpoldstraße, erweiterter Schloßplatz mit Markt

ASCHAFFENBURG 2001
Geschichts- und Kunstverein Aschaffenburg e.V.

ALOIS GRIMM

Aschaffenburger Häuserbuch V

Kapuzinergasse und Kapuzinerplatz, Karlstraße,
Erthalstraße zwischen Ridingerstraße und Justizgebäude,
Treibgasse und Agathaplatz, Strickergasse,
Luitpoldstraße, erweiterter Schloßplatz mit Markt

bearbeitet von
Monika Ebert und Ernst Holleber

ASCHAFFENBURG 2001
Geschichts- und Kunstverein Aschaffenburg e.V.

GESCHICHTS- UND KUNSTVEREIN ASCHAFFENBURG E.V.
Schönborner Hof – Wermbachstraße 15 – D 63739 Aschaffenburg

Gedruckt mit finanzieller Unterstützung der Stadt Aschaffenburg

Die Zeichnungen stammen vom Verfasser, von Ernst Holleber und von Franz-Josef Heller
Vor- und Nachsatz: Kapuzinerkloster nach dem Umbau der Kirche 1909

ISBN 3-87965-084-5
ISSN 0433-843 X

© Geschichts- und Kunstverein e.V.
Layout: Monika Ebert und Ernst Holleber
Umschlag: Ernst Holleber

GESAMTHERSTELLUNG

VDS – VERLAGSDRUCKEREI SCHMIDT
NEUSTADT AN DER AISCH

Inhalt

Vorwort VII
Einführung VII
  1. Allgemeines VII
  2. Gegenüberstellung alter und neuer Hausnummern X

XXVIII. Kapuzinergasse und Kapuzinerplatz 1
  1. Topographie - Benennung - Allgemeines 3
  2. Häuserverzeichnis Kapuzinergasse 4
    a) ungerade Hausnummern – Seite zum Schloß 4
    b) gerade Hausnummern – Seite zur Hanauer Straße 32
  3. Häuserverzeichnis Kapuzinerplatz 41
    a) ungerade Hausnummern – Seite zum Schloß 41
    b) gerade Hausnummern – Seite zur Hanauer Straße 44
  4. Häuser und Bewohner, die nicht den bestehenden Hausnummern zugeordnet werden können 45

XXIX. Karlstraße 47
  1. Topographie – Benennung - Allgemeines 49
  2. Häuserverzeichnis 51
    a) ungerade Hausnummern – Seite zum Schloß 51
    b) gerade Hausnummern – Seite zur Friedrichstraße 112
  3. Häuser und Bewohner, die nicht den bestehenden Hausnummern zugeordnet werden können 166
  4. Fassadenabwicklungen 173
  5. Lagepläne für Kapuzinergasse, Kapuzinerplatz und Karlstraße . . . 178

XXX. Erthalstraße zwischen Ridingerstraße und Justizgebäude 181
  1. Topographie – Benennung - Allgemeines 183
  2. Häuserverzeichnis 185
    a) ungerade Hausnummern – Seite zur Karlstraße 185
    b) gerade Hausnummern – Seite zu St. Agatha 209
  3. Lagepläne 225

XXXI. Treibgasse und Agathaplatz 227
  1. Topographie – Benennung – Allgemeines 229
    a) Treibgasse 229
    b) Agathaplatz 230

2. Häuserverzeichnis 231
    a) ungerade Hausnummern – Seite zur Steingasse/Strickergasse . . 231
    b) gerade Hausnummern – Seite zur Friedrichstraße 288
3. Häuser und Bewohner, die nicht den bestehenden Hausnummern zugeordnet werden können 430
4. Fassadenabwicklungen 440
5. Lagepläne 445

XXXII. Strickergasse 451
1. Benennung - Topographie – Allgemeines 453
2. Häuserverzeichnis 454
    a) ungerade Hausnummern – Seite zum Schloß 454
    b) gerade Hausnummern – Seite zu St. Agatha 541
3. Häuser und Bewohner, die nicht den bestehenden Hausnummern zugeordnet werden können 596
4. Fassadenabwicklungen 598
5. Lagepläne 600

XXXIII. Luitpoldstraße 603
1. Topographie – Benennung – Allgemeines 605
2. Häuserverzeichnis 607
    a) ungerade Hausnummern – Seite zu St. Agatha 607
    b) gerade Hausnummern – Seite zur Herstallstraße 631
3. Lagepläne 665

XXXIV. Erweiterter Schloßplatz mit Markt 667
1. Allgemeines 669
2. Häuserverzeichnis 669
3. Neuer Platz für den Wochenmarkt 672
4. Schloßgartenerweiterung 675

Anhang 676
Abgekürzt zitierte Literatur und Quellen 676
Abkürzungen und Siglen 684
Register 686

Vorwort

Der V. Band des Aschaffenburger Häuserbuches befaßt sich mit den Gebieten der Altstadt um die Kapuzinerkirche und um die St. Agathakirche. Als Grundlage dienen, wie auch bei den vorangegangenen vier Bänden, die von Alois Grimm gesammelten Unterlagen, die durch weitere Nachforschungen ergänzt wurden, so u. a. durch Quellen des Stadtarchivs Aschaffenburg, des Staatsarchivs Würzburg, des Hauptstaatsarchivs München, des Diözesanarchivs Würzburg. Heinrich Fußbahn überließ seine Zusammenstellung aller vorhandenen Rechnungen der St. Agathakirche und der Muttergotteskirche zur Auswertung.
Ernst Holleber, der ehemalige Leiter des Aschaffenburger Planungsamtes, zeichnet für die Abbildungen und die Richtigkeit der Baubeschreibungen verantwortlich. Holleber nahm Einsicht in die Bauakten. Durch Aufmessen noch vorhandener Häuser und die erhaltenen Skizzen von Alois Grimm entstanden die präzisen Grundrisse und Abbildungen der Häuserfassaden.
Franz-Josef Heller vom städtischen Planungsamt erstellte die Lagepläne.
Der Zeitraum der Veröffentlichung der einzelnen Häuserbücher reicht von 1985 bis 2001. Durch weitere Forschungen oder auch durch Abbruch alter Haussubstanz konnten neue Erkenntnisse gewonnen werden. Ein folgender VI. Band wird außer den Berichtigungen der bereits veröffentlichten Häuserbücher auch die wissenschaftlichen Ergänzungen über die Altstadt Aschaffenburg abschließend liefern.

Monika Ebert

Einführung

1. Allgemeines

Das Aschaffenburger Häuserbuch Band V behandelt die Kapuzinergasse, den Kapuzinerplatz, die Karlstraße, die Erthalstraße zwischen Ridingerstraße und Justizgebäude, die Treibgasse und den Agathaplatz, die Strickergasse, Luitpoldstraße und den erweiterten Schloßplatz mit dem neuen Wochenmarkt. Der Aufbau dieses Bandes richtet sich nach den vorausgegangenen Häuserbüchern. So wurde auch das Schema Straße, Hausnummer, Litteranummer, Plannummer und die Reihenfolge Geschichte, Beschreibung, Eigentümer übernommen. Die Erläuterungen zur Beschreibung befinden sich in Band I, S. 31 - S. 48 und in Band II, S. 23 - S. 36 sowie in Band III, S. 32 - S. 45 und werden hier nicht mehr extra berücksichtigt. Die einzelnen Kapitel werden fortlaufend nach den bereits erschienenen vier Bänden weitergezählt.

Die Aufzählung der Straßen erfolgt nach dem heute gültigen amtlichen Verzeichnis. Die geschichtliche Entwicklung des Straßenzugs ist jeweils unter Benennung - Topographie - Allgemeines der Einzelbearbeitung vorangestellt. Im Kapitel XXXIV, erweiterter Schloßplatz mit Markt, wurde nur die Überschrift Allgemeines gewählt.

Der Text zu den entsprechenden Häusern ist in drei Abschnitte gegliedert:

a) Geschichte
   In diesem Abschnitt sind die über das Haus bekanntgewordenen Fakten zur Baugeschichte, aber auch zur inneren Geschichte zusammengetragen. Angaben, die aus den Hausakten des Baureferats der Stadtverwaltung Aschaffenburg stammen, werden nicht eigens nachgewiesen. Angaben über Kriegsbeschädigungen und Zerstörungen zwischen 1944 und 1945 sind bis auf Ausnahmen dem Buch „Aschaffenburg nach dem Zweiten Weltkrieg" von Alois Stadtmüller entnommen.

b) Beschreibung
   Hier werden die wesentlichen Merkmale sowohl der äußeren Erscheinung als auch der Konstruktion festgehalten. Gewisse Überschneidungen zum Abschnitt 'Geschichte' lassen sich nicht immer vermeiden.

c) Eigentümer
   Die Eigentümerliste erfaßt alle nachweisbaren Namen. Bei den Stifts- oder herrschaftlichen Häusern ist diese um eine Aufstellung der Inhaber oder Mieter erweitert. Da die Eigennamen vor allem in früheren Zeiten sehr unterschiedlich geschrieben wurden, wird soweit möglich dies berücksichtigt. Besonders schwierig ist auch die Angabe der Vornamen, denn oftmals stimmen die Eintragungen im Heimatregister nicht mit den eigenen Unterschriften auf Dokumenten überein.

Die Gegenüberstellung der Häuser nach alten und neuen Hausnummern beschränkt sich auf die in diesem Band V behandelten Gebäude. Zur Erklärung von Fachausdrücken wird auf Ziffer 6 der Einführung in Band I verwiesen.
Bei der Behandlung der einzelnen Häuser ist in der Kopfleiste neben der Straße die zur Zeit geltende Hausnummer, dann in Klammern die alte Nummer nach Stadtvierteln sowie die dem Grundstück zugeteilte Plan-, bzw. Flurstück Nummer angeführt.
Bei den Abbildungen im Text handelt es sich entweder um erläuternde Zeichnungen zu den einzelnen Häusern wie Ansichten, Grundrisse etc. oder am Ende des betreffenden Kapitels um Lagepläne, die den Zustand des Straßenzuges nach dem Stand der Jahre 1850, 1900 und 1980/90 zeigen, sowie um Fassadenabwicklungen, in denen der frühest nachweisbare Stand dargestellt ist.

Plan der Aschaffenburger Innenstadt – in diesem Band behandelter Bereich schraffiert.

2. Gegenüberstellung alter und neuer Hausnummern

Die folgenden Seiten zeigen Tabellen, in denen die in diesem Band behandelten Straßen und Häuser mit ihren bestehenden Hausnummern, den alten Littera-Nummern und den Plan-Nummern aufgeführt sind. Sie ermöglichen einen Vergleich der jetzigen mit den ehemaligen Hausnummern und umgekehrt. Ebenso kann man bei alleiniger Kenntnis einer Plan-Nummer die zugehörige Hausnummer rekonstruieren.

Gegenüberstellung der behandelten Gebäude nach den verschiedenen Numerierungen:

a) Bestehende Hausnummern nach Straßen, 1881 eingeführt (= Haus Nr.)
b) Alte, 1772 eingeführte Zählung nach Stadtvierteln (= Lit. Nr.)
c) Plan-Nummern, 1890 eingeführt (= Plan Nr.)
d) Seit 1949 werden die Plan-Nummern durch Flurstück Nummern ersetzt (= Flurstück Nr.)

Vergleich: Haus Nr. - Lit. Nr.- Plan-Nr. - Flurstück Nr.

Kapuzinergasse

Haus Nr.	Lit. Nr.	Plan-Nr.	Haus Nr.	Lit. Nr.	Plan-Nr.
1	B 95	562,561	2	B 97 $1/2$	569
3	B 96	558,560	4	B 97 $1/4$	568
			6	B 97	565
			8	B 97 $1/8$	566, 567

Kapuzinerplatz

Haus Nr.	Flurstück Nr.	Haus Nr.	Flurstück Nr.
1	534, 537	2	570/1
5	538	4 (siehe Kapuzinergasse 4)	570/2
7	529	6 (siehe Kapuzinergasse 6)	570/3
9	541	8 (siehe Kapuzinergasse 3)	556, 557, 558, 559, 560

Karlstraße

Haus Nr.	Lit. Nr.	Plan-Nr.	Haus Nr.	Lit. Nr.	Plan-Nr.
1	B 83	520	2	B 102 $1/2$	585, 584
3	B 83 $1/2$	521	4	B 102	582, 583
5	B 84	522	6	B 101, 101 $1/2$	581
7	B 84 $1/2$	523, 524, 541, 555	8°	B 100 $3/4$	579, 580
9	B 84 $3/4$	525	10	B 100 $1/2$	577, 578
11	B 85	526	12	B 100 $1/4$	575, 576
13	B 86	527	14	B 100	574
15	B 87	528	16	B 99, 99a	572, 573
17	B 88	529, 540	18	B 98 $1/2$	571
19	B 89	530			
19a		529 $1/2$			
21	B 89 $1/2$	531			
23	B 90	532, 533			
25	B 91	538, 539			
27	B 92	536, 537			
29	B 93	535			
31	B 94	534			
33	B 97 $3/4$, 97 $1/2$, 97 $1/4$	570, 564			

°8 und 8a Flurstück Nr. 579, 579/2

Erthalstraße

Haus Nr.	Flurstück Nr.	Plan-Nr.
1a	585/4	
1	585/2	
3		584
2		593 $1/2$
2a		596, 597
4		593 $1/4$
6	593/3	

Treibgasse

Haus Nr.	Lit. Nr.	Plan-Nr.	Haus Nr.	Lit. Nr.	Plan-Nr.
1	D 93,92	1350, 1349	2	D 85	1315
3	D 89 $\frac{1}{2}$	1333	4	D 87	1309
5	D 89 $\frac{6}{8}$	1332	6	D 88	1319
5a	D 89 $\frac{3}{4}$	1331	8	D 88 $\frac{1}{4}$	1318
7	D 114	1417, 1421, 1422, 1423	10	D 86	1316
			12	D 88 $\frac{1}{2}$	1317
9	B 108 $\frac{1}{4}$	622, 623	14	D 81 $\frac{1}{2}$	1321
11	B 108 $\frac{3}{4}$	620 $\frac{1}{4}$	14a		1322
13	B 108 $\frac{2}{3}$	620	16	D 88 $\frac{3}{4}$	1322 $\frac{1}{2}$
Kaplaneihaus/garten		615	18	D 89	1326
15	B 108 $\frac{1}{3}$		20 alt	D 89 $\frac{1}{4}$	1327
17	B 108 $\frac{1}{2}$	604	20 neu		1329
19	B 109	605	22	D 66	1329
			24	D 114	1422, 1422 $\frac{1}{2}$
			24a		1422 $\frac{1}{3}$, 1423
			26 alt°	B 108	599, 600
			28 alt°°	B 107	597, 598
			30	B 106 $\frac{1}{2}$	595, 596
			32°°°	B 106	594
			34	B 105	690
			36	B 104	588
			36a	B 104	589
			38	D 103	587
			Annakapelle	B 105 $\frac{1}{2}$	

° 26 neu, Flurstück Nr. 602/3, 602/8
°° 28 neu, Flurstück Nr. 597/1
°°° Agathaplatz 3 (seit 1991)

Strickergasse

Haus Nr.	Lit. Nr.	Plan-Nr.	Haus Nr.	Lit. Nr.	Plan-Nr.
1	B 66, 66 $^{1}/_{2}$, 67	503, 502, 504, 505	2	B 121, 121 $^{1}/_{2}$	620, 621, 624
			4	B 120	618, 619, 614
3	B 68, 69	506, 507	6	B 119, 118	617, 616
5	B 70	508	8	B 117, 118	614, 615, 616
7	B 71	509	10	B 116	613
9	B 72	510	12	B 115	612
11	B 73, 74	511, 512	14	B 114	610, 611
13	B 75	513	16	B 113	609, 608
15	B 76	514	16a		608
17	B 77	515	18	B 111, 112	607, 608
19	B 78	516	20°°	B 110, 110a	606
21	B 79, 80	517, 518°			

° Flurstück Nr. 517/1 (seit 1954)   °° Agatha-platz 1 (seit 1991)

Luitpoldstraße

Haus Nr.	Plan-Nr.	dann Plan-Nr.	Haus Nr.	Plan-Nr.
1	620 $^{1}/_{8}$	614	2	620 $^{1}/_{7}$
3	620, 620 $^{1}/_{2}$, 620 $^{1}/_{3}$	614	4	620 $^{1}/_{6}$
7-9	601, 602, 602 $^{1}/_{2}$		4a	620 $^{1}/_{5}$
			4b	623
			6	1423 $^{1}/_{4}$
			8	1423 $^{1}/_{9}$
			10	1423 $^{1}/_{8}$

Schloßplatz und Wochenmarkt

Haus Nr.	Flurstück Nr.	Plan-Nr.
1	604, 608, 609	
3		410
5		410 ½
2	504/1	
4		487
Wochenmarkt	504	
Schloßgartenerweiterung	493	

Vergleiche alte Littera-Nummer - Hausnummer

Lit.-Nr.	Straße	Haus-Nr.
B 66	Strickergasse	1
B 66 ½	Strickergasse	1
B 67	Strickergasse	1
B 68	Strickergasse	3
B 69	Strickergasse	3
B 70	Strickergasse	5
B 71	Strickergasse	7
B 72	Strickergasse	9
B 73	Strickergasse	11
B 74	Strickergasse	11
B 75	Strickergasse	13
B 76	Strickergasse	15
B 77	Strickergasse	17
B 78	Strickergasse	19
B 79	Strickergasse	21
B 80	Strickergasse	21
B 83	Karlstraße	1
B 83 ½	Karlstraße	3
B 84	Karlstraße	5
B 84 ½	Karlstraße	7
B 84 ¾	Karlstraße	9
B 85	Karlstraße	11
B 86	Karlstraße	13
B 87	Karlstraße	15

Lit.-Nr.	Straße	Haus-Nr.
B 88	Karlstraße	17
B 89	Karlstraße	19
B 89 $^1/_2$	Karlstraße	21
B 90	Karlstraße	23
B 91	Karlstraße	25
B 92	Karlstraße	27
B 93	Karlstraße	29
B 94	Karlstraße	31
B 95	Kapuzinergasse	1
B 96	Kapuzinergasse	3
B 97	Kapuzinergasse	6
B 97 $^1/_2$	Kapuzinergasse	2
B 97 $^1/_4$	Kapuzinergasse	4
B 97 $^1/_8$	Kapuzinergasse	8
B 97 $^3/_4$	Karlstraße	33
B 97 $^1/_2$	Karlstraße	33 (seit 1880)
B 97 $^1/_4$	Karlstraße	33 (seit 1890)
B 98 $^1/_2$	Karlstraße	18
B 99	Karlstraße	16
B 99a	Karlstraße	16
B 100	Karlstraße	14
B 100 $^1/_2$	Karlstraße	10
B 100 $^1/_4$	Karlstraße	12
B 100 $^3/_4$	Karlstraße	8
B 101	Karlstraße	6
B 101 $^1/_2$	Karlstraße	6
B 102	Karlstraße	4
B 102 $^1/_2$	Karlstraße	2
B 103	Treibgasse	38
B 104	Treibgasse	36
B 105	Treibgasse	34
B 105 $^1/_2$	Annakapelle	
B 106	Treibgasse	32
B 106 $^1/_2$	Treibgasse	30
B 107	Treibgasse	28
B 108	Treibgasse	26
B 108 $^1/_2$	Treibgasse	17
B 108 $^1/_3$	Treibgasse	15
B 108 $^2/_3$	Treibgasse	13
B 108 $^3/_4$	Treibgasse	11
B 108 $^1/_4$	Treibgasse	9

Lit.-Nr.	Straße	Haus-Nr.
B 109	Treibgasse	19
B 109 ½	Treibgasse	19
B 110	Strickergasse	20
B 111	Strickergasse	18
B 112	Strickergasse	18
B 113	Strickergasse	16
B 114	Strickergasse	14
B 115	Strickergasse	12
B 116	Strickergasse	10
B 117	Strickergasse	8
B 118	Strickergasse	8
B 118	Strickergasse	6 (bis 1730)
B 119	Strickergasse	6
B 120	Strickergasse	4
B 121	Strickergasse	2
D 66	Treibgasse	22
D 81 ½	Treibgasse	14
D 85	Treibgasse	2
D 86	Treibgasse	10
D 87	Treibgasse	4
D 88	Treibgasse	6
D 88 ¼	Treibgasse	8
D 88 ½	Treibgasse	12
D 88 ¾	Treibgasse	16
D 89	Treibgasse	18
D 89 ¼	Treibgasse	20
D 89 ½	Treibgasse	3
D 89 ¾	Treibgasse	5a
D 89 ⁶/₈	Treibgasse	5
D 92	Treibgasse	1
D 93	Treibgasse	1
D 108 ¼	Treibgasse (Scheuer)	
D 114	Treibgasse	7
D 114	Treibgasse	24

XXVIII. Kapuzinergasse und Kapuzinerplatz

1. Topographie – Benennung – Allgemeines
2. Häuserverzeichnis Kapuzinergasse
   a) ungerade Hausnummern – Seite zum Schloß
   b) gerade Hausnummern – Seite zur Hanauer Straße
3. Häuserverzeichnis Kapuzinerplatz
   a) ungerade Hausnummern – Seite zum Schloß
   b) gerade Hausnummern – Seite zur Hanauer Straße
4. Häuser und Bewohner, die nicht den bestehenden Hausnummern zugeordnet werden können

1. Topographie – Benennung – Allgemeines

Die Kapuzinergasse, auch Kapuzinergäßchen genannt, erschließt das Kapuzinerkloster von der Karlstraße aus. Sie dürfte mit dem Bau des Klosters 1626 entstanden sein. Das Kloster liegt auf einem Höhenrücken, der im Norden durch den Stadtgraben und im Süden durch eine Geländemulde gebildet wird, in der sich bis in die fünfziger Jahre des 20. Jahrhunderts ein Weg befand: der Karlsberg oder Katzenberg. Dieser früher wichtige befahrbare Weg erstreckte sich von der Mainlände durch das Theoderichstor über die Karlstraße direkt zum Karlstor und zur Hanauer Straße. Der Höhenunterschied zwischen Kloster und Mainufer beträgt ca. 16 m, die Hanauer Straße liegt noch ca. 1 m höher.
Der Karlsberg und auch die Kapuzinergasse münden in die Karlstraße, wo diese zur Hanauer Straße abknickt. Die Kapuzinergasse, eine kurze Stichstraße, führt auf einen kleinen Platz, der von Kirche und Klostergebäuden begrenzt wird. Sie zielt direkt auf die Klosterpforte.
Bis 1945 war die Kapuzinergasse nur spärlich bebaut[1].
Mit „Capuzinergasse" und „Capuzinerthor" auf dem Stadtplan von 1809 ist die Verbindung von der Agathakirche stadtauswärts gemeint. Dieser Straßenzug wird nach 1810 zur Karlstraße.
Im Zweiten Weltkrieg werden Kloster und Umgebung stark in Mitleidenschaft gezogen. Das Haus Kapuzinergasse 1 wird fast völlig zerstört und wie die Ruinen entlang des Karlsbergs 1951 abgetragen. Durch Auffüllung des Fahrwegs und der früheren Hausgrundstücke am Karlsberg[2] mit Trümmerschutt wird das Gelände stark verändert. So entwickelt sich im Anschluß an den Schloßgarten eine neue städtische Grünanlage. Die Stadt Aschaffenburg erwirbt die ehemalige Gärtnerei südlich der Kapuzinergasse. Die umfassenden Bruchsteinmauern werden eingelegt, dadurch entsteht zunächst eine große rechteckige Freifläche.
1956 benennt der Stadtrat mit Beschluß vom 1. Februar diese Fläche als Kapuzinerplatz. Die Bezeichnungen Karlsberg und Kapuzinergasse werden gleichzeitig aufgehoben. Erst 1982 stehen die nötigen Mittel – 250.000 DM – für den Ausbau bereit. Nach dem Entwurf des Stadtplanungsamtes entsteht eine Wegachse durch die Grünfläche auf das Kirchenportal. In dieser Achse ist ein achteckiges Parterre von einer niederen Hainbuchenhecke umgeben. In der Mitte

---

[1] HStAWi, Abt. 371/1539: Schreiben von Franz Joseph Will, Präfekt des Departements Aschaffenburg, an den Staatsminister der Justiz und des Innern. In diesem Schreiben wird von dem Klosterbrand im Jahre 1813 berichtet.
Damals war die Ausdehnung des Brandes nur durch „Niederreißen der anstoßenden Häuser" verhindert worden. Bei den vorliegenden Litteranummern sind diese Häuser jedoch nicht aufgeführt.
[2] Vgl. *Grimm* II, S. 468 f.

der Fläche wird ein Blumenbeet angelegt, daneben stehen vier Ruhebänke. Die Gestaltung besorgte das städtische Gartenamt.
Am 2. Oktober 1983 wird auf dem neu geschaffenen Kapuzinerplatz eine Statue des heiligen Franziskus aufgestellt. Bildhauer: Hermann Kröckel, Bronzeguß von Jörg Grundhöfer.
Die an der Zufahrt zum Kloster an der Nordseite des Platzes stehenden Häuser, Kapuzinergasse 4 und 6, werden mit Zustimmung des Landesamt für Denkmalpflege[3] abgebrochen. An ihrer Stelle entstehen 1988/89 eine Zeile von drei Einfamilienhäusern und ein zusätzlicher Eingang zum Schloßgarten. Der Fahrweg zum Kloster wird gepflastert. An der Ostseite des Platzes wird die bestehende Stichstraße mit Wendemöglichkeit vor Haus Nr. 9 befestigt. Zwischen der bereits vorhandenen Reihe von Linden sind 18 Parkplätze.

---

[3] Zuständiger Gebietsreferent des Landesamt für Denkmalpflege: Oberkonservator Dr. Ulrich Kahle.

2. Häuserverzeichnis Kapuzinergasse

a) ungerade Hausnummern – Seite zum Schloß

Kapuzinergasse 1   (Lit. B 95)   Plan-Nr. 562
Plan-Nr. 561 Garten

Geschichte

Hierbei handelt es sich ursprünglich um zwei selbständige, zusammengebaute Häuser.
1794 ist Peter Schubert Eigentümer des Anwesens. 1802 besitzt es seine Witwe Dorothea[1]. Sie muß 30 kr. Zins an den Präsentsfonds des Stifts zahlen.
Durch den Tod von Frau Schubert im Jahr 1820 werden Eigentümer des Grundstücks Melchior Kunz und seine Ehefrau Eva, geb. Schubert. Melchior Kunz stirbt bereits 1835, seine Frau 1859. Von ihren sechs Kindern erben zwei Töchter, Dorothea und Anna, das Anwesen. Ein Bruder von beiden, Andreas Kunz, ist 1867 Pfarrer in Johannesberg. Er will seinen Lebensabend in seinem

---

[1] StiA, 5673, fol. 55, fol. 68.

Vaterhaus, Kapuzinergasse 1, verbringen. Im Einvernehmen mit seinen Schwestern, die im Haus wohnen, will er deshalb das Obergeschoß ausbauen. Der Magistrat lehnt jedoch sein Gesuch ab, weil damit die geplante Baulinie nicht verwirklicht werden kann. Anna Kunz nimmt die Ablehnung zur Kenntnis.

Landgerichtsdirektor Dr. Carl Wagner[2] kauft vor 1890 das Anwesen.

Wie aus dem Aschaffenburger Adreßbuch zu entnehmen ist, bewohnt 1904 Gärtner August Seubert mit seiner Familie das Haus. Er mietet nicht nur das Wohnhaus, sondern pachtet auch für seine Gärtnerei das anschließende Grundstück vor der Kapuzinerkirche, Plan-Nr. 561, von der Familie Wagner, Karlstraße 33. Seubert stirbt 1922[3], und seine Frau Anna übernimmt die Gärtnerei.

1931 wird für den Gartenbaubetrieb August Seubert ein Schaukasten angebracht.

Nach dem Tod von Anna Seubert 1939 wird die Gärtnerei von ihrem Schwiegersohn, Alfred Kappert[4], weitergeführt.

1944, im Zweiten Weltkrieg, wird bei Luftangriffen das Haus zerstört[5].

Das Gartenbaugrundstück, das zuletzt an Gärtner Alfred Kappert verpachtet war, wird 1949 von Familie Wagner an die Stadt Aschaffenburg verkauft. Gesprächspartner bei den Verhandlungen mit der Stadt waren Dr. med. Fritz Wagner aus Lindau, die Familie Kappert und Vertreter des Klosters. Nachdem die Stadt 1949 das südlich der Kapuzinergasse gelegene Wagnersche Grundstück erworben hatte, erhob die Provinzleitung auf Grund eines „Definitoriumsbeschlusses"[6] keinen Anspruch mehr auf Erwerb des nördlich der Kapuzinergasse gelegenen Wagnerschen Grundstücks[7].

1950 erwirbt die Stadt auch das Anwesen Kapuzinergasse 1.

Am 2. Januar 1951 wird offiziell durch die Bauaufsicht die Baufälligkeit des schwer beschädigten Gebäudes festgestellt. Der Dachstuhl war schon beseitigt, das Haus notdürftig mit Blech abgedeckt worden. Die Ruinenreste waren bis zum 15. Mai 1951 abgetragen.

Beschreibung

Die zwei ursprüglich selbständigen Häuser stehen mit der Traufe zur Kapuzinergasse.

---

[2] Dr. Carl Wagner war verheiratet mit Babette Wagner, seit 1884 Miteigentümerin von Karlstraße 33.
[3] Friedhofsamt AB, August Seubert (1870-1922), verh. mit Anna (1876-1939).
[4] Ebd.: Alfred Kappert (1902-1971), verh. mit Rosa (1903-1979), geb. Seubert.
[5] *Stadtmüller* II, S.363.
[6] Beschluß nach dem Rat der Ordensleitung.
[7] Kap. Chronik 1940-1952, S. 211 v. 29./30. Januar 1950.

Das Eckhaus zum Karlsberg steckt mit dem Untergeschoß auf der Seite zur Kapuzinergasse zur Hälfte im Erdreich. Wegen des steil abfallenden Karlsbergs ist der Giebel dort zweistöckig. In der Mitte breiter, rundbogiger Eingang in das Untergeschoß. Im deutlich vorkragenden Obergeschoß sind ein gekuppeltes und zwei Einzelfenster. Im Giebeldreieck gekuppeltes Fenster. Auf dem steilen Satteldach zur Kapuzinergasse: zwei kleine Gauben, ebenfalls mit Satteldach.

Der anschließende Baukörper ist zweigeschossig. Er steht um ca. 1,50 m zurück. Dort, über zwei vorgelegte Stufen, der Hauseingang. Rechts neben der Tür ein Fenster mit niedriger Brüstung, das zeitweilig als Schaufenster diente. Im überkragenden Obergeschoß ein gekuppeltes und ein kleineres, einfaches Fenster. Im Satteldach verschiefertes Zwerchhaus.

Anschließend an das Erdgeschoß, in Richtung Kloster, erstreckt sich eine ca. 2,50 m hohe Gartenmauer. Sie ist durch eine Gartentür und das Waschhaus unterbrochen.

Eigentümer

1794/1802	Peter Schubert[8], Leinenweber,
1802 bis 1820	Dorothea Schubert[9], Witwe des Peter S.,
1820 bis 1859	Melchior Kunz und seine Ehefrau Eva[10], geb. Schubert,
1859 bis 1880	Dorothea und Anna Kunz[11], deren Töchter,
1880	Dorothea Kunz, Alleineigentümerin,
bis 1890	Dr. Carl Wagner[12], Landgerichtsdirektor,
1890 bis 1907	Babette Wagner, Witwe des Dr. Carl W.,
1907 bis 1950	Dr. Ernst Wagner[13], Sohn des Dr. Carl W., dann seine Nachkommen,
seit 1950	Stadt Aschaffenburg.

---

[8] St. Agatha, Sterbematr. v. 1802, S. 23: Peter Schubert, „civis et linitextor", stirbt mit 62 Jahren.
[9] Ebd. v. 1820, S. 230: Dorothea Schubert stirbt mit 68 Jahren.
[10] StaA, HR, CK1, S. 27: Melchior Kunz (1775-1835), Webermeister, verh. mit Eva, geb. Schubert (1776-1859), 6 Kinder.
[11] Ebd., Dorothea (1805-1893), Anna (1813-1880).
[12] Ebd., HR, W, S. 203: Dr. Carl Wagner (1823-1890), verh. mit Babette, geb. Münch (1838-1907).
[13] Ebd. Siehe auch Karlstraße 33, Anm. 16.

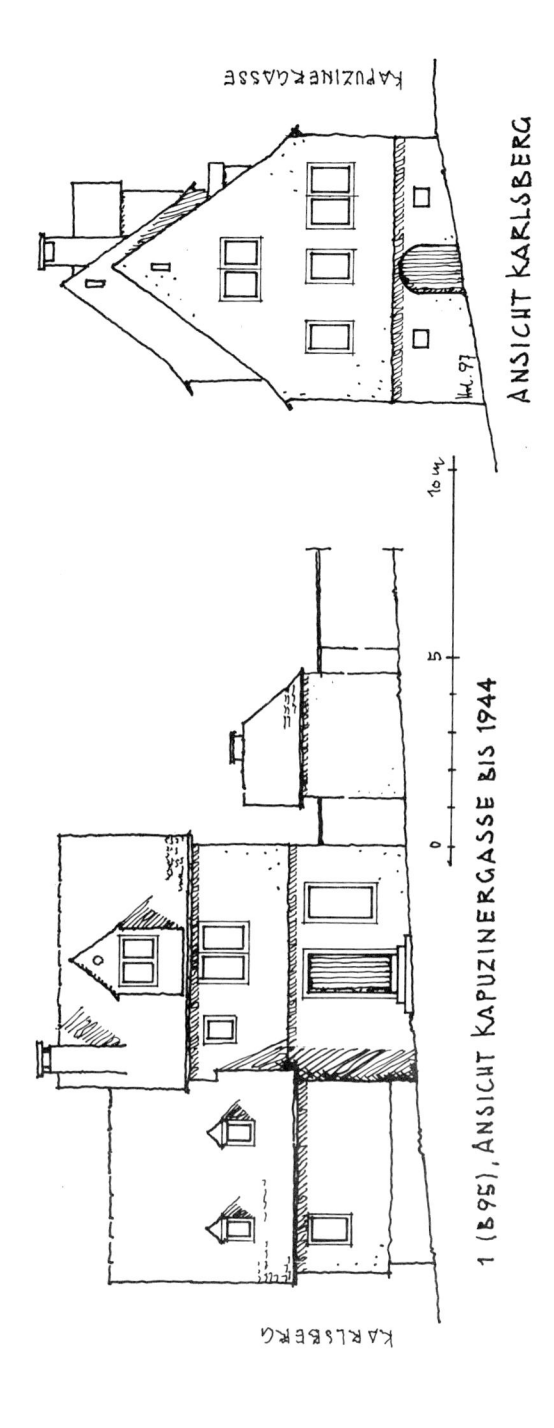

Abb. 1: Kapuzinergasse 1, Hausgruppe vor der Zerstörung 1944.

Kapuzinergasse 3   (Lit. B 96)   Plan-Nr. 558, 560
   Kapuzinerplatz 8 (seit 1956)
            Flurstück Nr. 556, 557 Garten
            Flurstück Nr. 558 Klosterhof
            Flurstück Nr. 559 Kreuzgarten
            Flurstück Nr. 560 Kirche und
                     Kloster mit Friedhof

Kapuzinerkirche St. Elisabeth und Kapuzinerkloster

Geschichte

Am 5. Mai 1620 berief Erzbischof und Kurfürst Johann Schweikard von Kronberg (1604-1626) die Kapuziner nach Aschaffenburg. „Scholast Johannes Bertz schenkte ihnen sein väterliches Haus mit Kapelle, welches bei der Muttergottespfarrkirche lag"[1]. Von Kurfürst Johann Schweikard erhielten sie 1622, nach dem für ihn erfolgreichen Ausgang der Schlacht von Halberstadt, einen Teil des Schloßgartens, genannt „auf dem Schutz"[2]. Der Gemüsegarten mit Weinreben und Ziehbrunnen von 1597 lag an der Stadtmauer. Ein Wachtturm erhob sich auf dem Felsen oberhalb des Mains. Auf diesem Grundstück bauten die Kapuziner Kirche und Kloster. 1626 erfolgte die Grundsteinlegung. 1627 wurde die Kirche eingeweiht[3], 1629 das Kloster bezogen[4].
Bei einem Gewitter am 30. Juni 1720 schlug der Blitz in die Kirche, den Chor und die Bibliothek ein[5].
Ein Wolkenbruch am 3. Mai 1726 zerstörte die Gartenmauer auf den Abhängen zum Main. Da dieses Gelände von Zeit zu Zeit abrutschte, wurde geplant, eine Steinterrasse zu bauen. Aus Kostengründen konnte jedoch dieser Plan nicht verwirklicht werden[6].
Der neue Muttergottesaltar von 1729 wird Meister Förster zugeschrieben[7].
1734 wurden Kirche und Kloster vergrößert. Dabei wurde die Vorhalle an der Pforte gebaut, und im Obergeschoß des Konventgebäudes entstanden zwölf neue Klosterzellen.

---

[1] *Amrhein*, Prälaten, S. 109. Vgl. *Grimm* II, Schloßgasse 11, S. 229 f.
[2] Die Schenkungsurkunde liegt im Archiv des Kapuzinerklosters St. Joseph, München, Tengstraße 7.
[3] Sie wurde geweiht von Ambrosius Saibäus, Weihbischof von Mainz und Bischof von Meißen.
[4] Der Geschichte über die Kapuziner in Aschaffenburg liegen die Chroniken zu Grunde, die im Archiv des Klosters aufbewahrt sind.
[5] *Lorenz*, S. 87. Drei Brüder, die sich in der Nähe aufhielten, konnten sich schützen, indem sie sich zu Boden warfen.
[6] Ebd., S. 87/88.
[7] Vgl. *Mader*. S. 182 ff. Joseph Förster war vermutlich ein Schreinermeister aus Mainz.

Die kleine Kapelle vor der Kirche, die erst 1742 renoviert worden war, wurde 1743 durch Christoph Weber, Amtskeller im Bachgau, neu erbaut[8].
1743 Bau des Nordflügels des Klosters[9].
1748 mußte der alte Wachtturm am Ende der Stadtmauer wegen Baufälligkeit abgetragen werden. Er wurde durch eine Kapelle und eine kleine Wohnung ersetzt. Die Kapelle wurde dem hl. Rochus geweiht. Eine zweite Kapelle wurde im gleichen Jahr in diesem Teil des ehemaligen Schloßgartens am Ende des jetzigen Weißbuchengangs Richtung Schloß zu Ehren der schmerzhaften Mutter Gottes gebaut. Stifter war Joseph Franz Bonaventura Graf von Schönborn (1708-1772), Vizedom von Aschaffenburg.
Johann Michael Henle aus Mainz schuf 1763 fünf neue Altäre[10].
Unter Erzbischof und Kurfürst Friedrich Carl Joseph von Erthal (1774-1802) mußten 1777 die Kapuziner einen Teil des Klostergartens wieder zurückgeben[11]. Erthal ließ die Schloßgartenanlage vergrößern. Deshalb mußten die Eremitage und die zwei Kapellen abgerissen werden. Anstelle der Rochuskapelle ließ er 1782 den Pavillon auf dem Belvedere errichten. Den Abschluß des Klostergartens zum Schloßgarten bildete ein lebendiger Zaun mit zwei Türen[12]. Statt der Kapelle am Ende des Weißbuchengangs wurde auf dem verbleibenden Areal der Kapuziner eine Muttergotteskapelle errichtet.
Am 7. November 1813 brach in der Nacht zwischen 23 Uhr und Mitternacht auf dem Kirchenspeicher Feuer aus. Während der Befreiungskriege (1813-1815), nach der Schlacht bei Hanau, war im Kapuzinerkloster ein Notlazarett eingerichtet worden[13]. Unvorsichtige Krankenwärter, die mit offenem Licht auf dem angefüllten Speicher nach etwas suchten, lösten das Feuer aus. Es brannte die ganze Nacht und legte alle Klostergebäude und die Kirche in Asche. Alle Verwundeten konnten gerettet werden. Die Bibliothek mit 4000 Bänden wurde Raub der Flammen. „Der Brand hätte der ganzen Stadt gefährlich werden können, wenn der Wind von einer anderen Seite geweht hätte, denn nur durch Niederreißen der anstoßenden Häuser gelang es, die weitere

---

[8] *Lorenz*, S. 89.
[9] *Link*, S. 454.
[10] Siehe *Grimm* I, S. 345, S. 366: Altäre in der Stiftskirche.
[11] „Für die Abtretung des Gartens erhielt das Kloster bis 1877 gemäß einer Verfügung des königlich bayerischen Oberhofmarschallstabes ein Ohm naturreinen Landweines mittlerer Art". *Lorenz*, S. 12.
[12] Erst nach dem Tod König Ludwig II. (13. Juni 1886) wurde eine Mauer gebaut, die noch heute existiert. Vgl. *Lorenz*, S. 89.
[13] Am 30./31. Oktober besiegte Napoleon ein österreichisch-bayerisches Heer bei Hanau. Am 4. November 1813 wurde das Kloster Militärhospital. Nur Guardian P. Leopold und die Köche blieben im Haus. Alle anderen mußten das Haus verlassen und fanden Unterkunft bei den Englischen Fräulein. *Link*, S. 456. Vgl. auch *Hefner-Alteneck*, S. 19 f.

Verbreitung zu verhindern." In der Kapuzinergasse sollen damals noch bis zum Kloster kleine Häuschen gestanden haben[14].

Die obdachlosen Kapuziner zogen in ein neu gebautes Haus in der Betgasse, nahe am Wermbachstor, und hielten Gottesdienste in der Sandkirche, bis Kloster und Kirche wieder aufgebaut waren. Mit Hilfe von Spenden und Kollekten konnte bereits im Frühjahr 1814 mit dem Neuaufbau begonnen werden. Trotz der anhaltenden Kriegszeit stellten viele Gemeinden aus ihren Waldungen den Kapuzinern Bauholz zur Verfügung, sammelten Baumaterialien und lieferten alles kostenlos an. Am 22. April 1814 richtete Guardian P. Leopold Müller ein Schreiben an das „Großherzogliche Hofes Civil General Gouvernement" in Frankfurt mit der Bitte um Eichenholz zur Wiederherstellung der Kirche und für die Kirchenbänke und Beichtstühle. Es wurden zwölf Eichenstämme in der Stärke von 14 bis 16 Zoll und 28 bis 30 Schuh (8 bis 9 m) benötigt und auch bewilligt[15].

Am 17. September 1814 konnten die Kapuziner wieder in ihr Kloster zurückkehren und auch den Gottesdienst wieder in ihrer Kirche abhalten. Die feierliche Kircheneinweihung fand jedoch erst 1847 statt[16].

Im Krieg 1866[17] wurde das Kloster bei Kämpfen in der Stadt durch Kugelgeschosse beschädigt. Zu dieser Zeit lagen im Notlazarett im Konventgebäude österreichische Verwundete.

1876/78 wurden im Rahmen einer Modernisierung des Innenraums und der Ausstattung im damaligen gültigen Zeitgeschmack der Neugotik vier Altäre restauriert[18]. Das alte Altarbild von Ludwig Schnitzelbaumer wurde am Eingang zum Refektorium aufgehängt.

1887 wurde im Garten ein Treibhaus gebaut. Die Holzfirma Alois Geiger & Söhne lieferte Bauholz und Bretter[19].

1895 entstand der zweigeschossige Anbau an der Pforte, wo früher die Einfahrt war. Im Erdgeschoß diente ein Raum der Armenspeisung, im Obergeschoß wurde ein zusätzlicher Raum gewonnen.

1898 Umbauarbeiten: Einrichtung neuer Klosterzellen im Obergeschoß des Klosters.

---

[14] HStA Wi, Abt. 371/1539: Schreiben von Franz Joseph Will, Präfekt des Departements Aschaffenburg, an den Staatsminister der Justiz und des Innern. StAWü, Mz. Reg. Archiv, Stift und Kloster, K 689/1219. Vgl. Ebert, Das Medizinalwesen, S. 75 f.

[15] „Die große Forstmeisterei soll an gipfeldürren Eichen aber das Oberholz zurücklassen". HStA Wi, Abt. 371/1503. Das Schreiben war nach Frankfurt gerichtet, weil Aschaffenburg vom 16. Februar 1810 bis 26. Juni 1814 zum Großherzogtum Frankfurt gehörte.

[16] Die Kirche wurde von Bischof Anton Georg Stahl aus Würzburg geweiht.

[17] Deutscher Krieg 1866, Preußen gegen Österreich.

[18] Ein alter Altar kam in die Krombacher Kirche. Als Kunstschreiner Joseph Fuchsenberger am 19. Juli 1900 einen Entwurf zu einem neuen Hochaltar für die Pfarrkirche von Krombach vorlegte, wurde der aus dem Kapuzinerkloster in Aschaffenburg stammende Altar als „ein Altar" bezeichnet, „der allen Kunstwerkes entbehrt", d. h. nicht wertvoll war. StAWü, LRA, ALZ (Alzenau) Nr. 3057.

[19] Eine detaillierte Rechnung über 85,08 Mark für Latten und Dielen liegt im Archiv des Klosters.

1908/09 war der große Erweiterungsbau der Kirche unter Guardian P. Joseph a Cupertino (Küfer). Architekt Geheimer Hofrat Friedrich Ritter von Thiersch aus München konnte für dieses gewagte Vorhaben gewonnen werden. Geometrische Vermessungen wurden durch die Brüder Franz und Heinrich Woerner mit Architekt Roman Fischer aus Nürnberg vorgenommen.

Im Juli 1908 lagen die fertigen Pläne vor. Am 2. September 1908 wurden sie genehmigt. Der alte Friedhof, der sich an der Ostseite der alten Kirche befand, mußte wegen der Bauvorhaben weichen. Da die letzten Bestattungen schon 40 bis 50 Jahre zurücklagen, hatte Landgerichtsarzt Dr. Ludwig Roth keine Bedenken gegen die Überbauung der Gräber sowohl in sanitätspolizeilicher als auch in hygienischer Hinsicht.

Schon Ende August 1908 wurde ein Schutzzaun in der Kapuzinergasse montiert. Am 31. August begannen die Abbrucharbeiten der Friedhofsmauer, der Marienkapelle an der alten Kirche und der Einfriedungsmauer bis zum Kloster. Bei Bodenuntersuchungen wurde festgestellt, daß ein freigelegtes Gewölbe unter der Marienkapelle bis unter den Scheitel mit Schutt der 1813 abgebrannten und eingestürzten Kirche aufgefüllt war.

Baubeginn: 29. September 1908. Baufirma: Franz und Heinrich Woerner mit Bauleiter H. Stockinger. Dachstuhlaufstellung: 19. Dezember. Den eisernen Dachstuhl lieferten die Eisenwerke Friedrich Wilhelm Düker, Laufach. Steinmetzarbeiten durch die Firma Zeller, Miltenberg. Das offizielle Richtfest, die Hebebaumfeier, war am 23. Dezember 1908, nachmittags um 3 Uhr. Rohbauvollendung: 1. April 1909.

Die alte Kirche wurde in den Neubau miteinbezogen. Das früher in Nord-Südrichtung verlaufende Langhaus dient der neuen Kirche als Chorraum und bekommt ein geputztes Kreuzgratgewölbe. Die Achse des neuen anschließenden Langhauses verläuft von Ost nach West. Der Hochaltar steht jetzt im Westen. Das neue Langhaus ist mit einem Tonnengewölbe überdeckt. In den verbleibenden Räumen der alten Kirche werden südlich des neuen Chors im Erdgeschoß die Sakristei, im Obergeschoß der Bruderchor und gegenüber, im Norden, die Beichtzimmer und darüber die Besucherempore untergebracht. Beiderseits des hohen einschiffigen Langhauses je vier niedere gewölbte Kapellen. Darüber wird, durch Stichkappen, der Innenraum des Langhauses belichtet. Im Osten anschließend die zweistöckige Empore mit der pneumatischen Orgel von Willibald Siemann & Co, München[20]. Im Ostgiebel der Haupteingang. Ein neuer und ein alter Seiteneingang vom Klosterhof im Norden.

Der Stil der neuen Kirche war teils neuromanisch, teils neubarock. Die Mauerflächen wurden zum Teil bemalt.

---

[20] Die Orgel wurde 1921 auf 117.800 Mark veranschlagt. Am 31. Dezember 1922 kostete sie 1.246.998,60 Mark.

Der Hauptaltar mit der Holzstatue der heiligen Elisabeth war aus grauem Naturstein. Die Seitenaltäre waren mit Gemälden von Adalbert Hock ausgeschmückt, die sich heute im Kreuzgang des Klosters befinden.
Im April 1909 wurden für 3000 Mark Kircheneinrichtungen an das Priorat der barmherzigen Brüder in Schweinspoint verkauft[21]. Geldspenden zum Neubau kamen durch eine Theateraufführung zusammen[22].
Am 14. Mai 1909 kaufte der Guardian des Kapuzinerklosters eine Fläche von 1260 m² für 10.000 Mark von den Geschwistern Miltenberger, Karlsberg 3[23].
Die feierliche Weihe der neuen Kirche fand am 19. September 1909 statt[24]. Der neue Hochaltar wurde erst nach der Einweihung aufgestellt.
Die Kapuziner fanden große Resonanz bei der Bevölkerung. Bis 1909 waren 117 gebürtige Aschaffenburger dem Kapuzinerorden beigetreten.
Bereits am 26. März 1909 lag die Genehmigung zu den Umbauten am Konventgebäude vor: Vergrößerung des Refektoriums, Umbau und Vergrößerung der Küche, Änderung der Mönchszellen. Plan und Ausführung: Baufirma Sager und Woerner, Aschaffenburg.
Dr. Ernst Wagner[25] stiftete 1910 den „Barbara-Altar". Die beiden Altarbilder, das der hl. Barbara in der Mitte und das der hl. Familie, halbkreisförmig als Aufsatz, malte Adalbert Hock.
Am 6. Mai 1910 wurde der durch zwei Geschosse reichende Paramentenraum umgebaut. Das Gewölbe wurde herausgenommen und eine Geschoßdecke durchgezogen, so daß im Erdgeschoß ein Paramentenraum, im ersten Obergeschoß zwei Fremdenzimmer eingerichtet werden konnten und im zweiten Obergeschoß die Bibliothek fortbestand.
Ebenfalls im Jahre 1910 wurde ein Gartenhaus in Fachwerk an der Stadtmauer neben dem Treibhaus gebaut.
1925 wurde die Fassade des Klostergebäudes geändert und dabei die Klosterpforte in die Mittelachse versetzt.
Bei der Innenrenovierung der Kirche von 1939 hatte Professor Joseph Schmuderer vom Bayerischen Landesamt für Denkmalpflege die Oberaufsicht. Unter anderem wurde die Kanzel höher angebracht, die beiden großen Statuen, S. Joannis Baptist und S. Joseph, die zu beiden Seiten des Hochaltars

---

[21] 1. Der Hochaltar ohne die hl. Elisabeth. 2. Seitenaltäre mit Stufen und Zubehör ohne Ölgemälde. 3. Die Kanzel. 4. Die Kommunionbank. 5. Zwei der vorderen Beichtstühle. 6. Die Orgelbrüstung. 7. Der Kreuzweg.
[22] „Judith. Die Heldin von Bethulia", Drama in 4 Akten am 26. April 1908 im Karlshof.
[23] Klosterarchiv, Bautagebuch, S. 45 und *Grimm* II, S. 472.
[24] Konsekration durch Bischof Ferdinand von Schlör aus Würzburg. Guardian des Klosters war zu dieser Zeit P. Joseph a Cupertino. Die Speisenfolge zur Einweihungsfeier: 1. Hirnsuppe, 2. Rheinsalm mit Kartoffeln und Buttersauce, 3. Lendenbraten mit Beilagen, 4. Geflügel mit Beilage, 5. Dessert mit Kaffee.
[25] Dr. Ernst Wagner, Bezirksamtsassessor, Eigentümer des großen Eckanwesens Kapuzinergasse/ Karlstraße 33, war Sohn des verst. Aschaffenburger Landgerichtsdirektors Dr. Carl Wagner.

standen, wurden beseitigt. Im Außenbereich wurde links neben der Klosterpforte die Nische für die Kreuzigungsgruppe zugemauert [26].
Folgende Firmen waren an den Baumaßnahmen beteiligt: August Heßler und Franz Schneider aus Aschaffenburg, Joseph Spahn aus Schweinheim und Alois Schlee aus Altötting.
Die gesamte Gartenfläche südwestlich des Klosters betrug ca. 8600 m^2.
Die alljährliche Bodenflächenerhebung brachte am 18. Mai 1942 folgendes Ergebnis:

26,14 a Gemüseland,
23,05 a Weinland,
14,33 a Zierland (= Wald),
22,58 a Hofraum, Wege und Gelände [27].

Im Zweiten Weltkrieg entstanden schwere Schäden an der Kirche und am Kloster. Der 12. Dezember 1944 war für die Kapuziner der schwärzeste Tag, schreibt der Chronist. Beim Luftangriff auf die Stadt verloren die Kapuziner drei Mitbrüder [28]. Die nordöstliche und südöstliche Seite der Kirche wurde von Bomben getroffen, der Klosterkreuzgang zerstört, das Dach beschädigt und das Türmchen vernichtet [29].
Bald nach Kriegsende wurde mit den Wiederaufbauarbeiten begonnen. Hiermit wurde die Firma Ott-Bau, Hanauer Straße 18, beauftragt. Es lag zunächst kein Plan vor. Die Kapuzinerbrüder halfen, so gut es ging, bei den Aufräumarbeiten mit. Folgende Firmen waren am Wiederaufbau beteiligt:

Johann Schießer & Söhne, Damm	Zimmererarbeiten
Otto Friedrich	Spengler
Karl Hornung	Dachdeckermeister
August Künstler	Schlosser
Ferdinand Schurk	Glasermeister
Ludwig Hammer	Heizung
Josef Braun	Elektrogroßhandlung
Franz Staudt	Tüncher [30].

Durch den turnusmäßigen Guardianwechsel nach dem Krieg erfuhren die Kapuziner erst später, daß ein Plan bei Architekt Ludwig Dölger in Auftrag gegeben war. So wurde erst am 17. Mai 1946 die Leitung des gesamten Wiederaufbaus Dipl.-Architekt Ludwig Dölger unter Mitarbeit von Dipl.-Ing. Ludwig Brosche übertragen [31].

---

[26] Kap. Chronik 1940-1952, S. 18.
[27] Ebd., S. 27.
[28] Ebd., S. 110 u. 120: P. Burchard (80 Jahre), P. Caspar (34 Jahre) und Br. Honorat (84 Jahre).
[29] *Stadtmüller* II, S. 363; ebd., S. 156.
[30] Kap. Chronik 1940-1952, S. 136 u. 147.
[31] Ebd., S. 147 f.

Die Arbeiten begannen am Westtrakt des Klosters. Zunächst mußten Fenster, die ohne Plan ganz an das Hauseck gesetzt worden waren, wieder verändert werden. Auch das Stiegenhaus wurde nach neuem Plan umgebaut, denn die vorhergesehene Neuanlage des Treppenhauses erwies sich als äußerst unzweckmäßig[32].

Im Oktober 1946 wurde der Wiederaufbau des Refektoriumtrakts in Angriff genommen, und im Frühjahr 1947 konnte mit der Renovierung der Kirche begonnen werden.

Die Maurer fingen damit an, rings um die Kirche unter dem Dachstuhl das Gesims zu erneuern. Anstelle des früheren Gewölbes wurde eine flache Holzdecke eingezogen. Der Dachstuhl war bis zur Hälfte gut erhalten, die andere Hälfte bedurfte einer gründlichen Reparatur an Eisen wie an Holz. Der ehemalige Dachstuhl war eine alte Stahlbinderkonstruktion, deshalb sind an der neuen Holzdecke große Unterzüge und Konsolen, die die Ansätze der alten Stahlbinder verdecken.

Statt der großen Rundbogenfenster der Seitenkapellen wurden kleinere Fenster gesetzt, unter denen die verkleinerten, nicht mehr so unförmigen Beichtstühle eingebaut werden konnten. Die Beichtstühle wurden auf die sechs Kapellen und rechts und links vom Haupteingang verteilt[33].

Im Kloster konnte am 27. August 1947 das Refektorium nach zweijähriger Aufbauarbeit wieder bezogen werden[34].

An der Nordostecke der Kirche wurde der beschädigte Anbau für die Treppe zur Empore bis auf die Höhe der Seitenkapellen abgetragen. So erhielt der Ostgiebel mit dem Haupteingang eine symmetrische Fassade.

Da die Kapuzinerkirche in die am Karlsberg neu angelegte Grünanlage miteinbezogen werden sollte, befürwortete besonders das Wiederaufbauamt diese Abänderung im Zuge der Renovierung[35].

Nachdem das von den Fundamenten neu aufgeführte Mauerwerk beim Aufgang zur Empore fertig war, konnten die Fenster eingesetzt werden[36].

Unterdessen hatte die Firma Eisenwerk Tritschler die Arbeiten an der eisernen Dachkonstruktion auf dem Kirchendach beendet. Im Januar 1948 konnten die Eisenteile und die übrigen Schienen des Rabitzgewölbes abmontiert werden. Rechts und links im Presbyterium wurden die großen Bogenfenster ausgebaut. Die darunterliegenden vier Fenster wurden analog verkleinert[37].

Entsprechend der Wand beim Stiegenaufgang zur Empore wurde auch links vor der 3. Ordenskapelle eine Mauer aufgeführt, um die Beichtstühle einbauen

---

[32] Ebd., S. 153 u. 155.
[33] Ebd., S. 179.
[34] Ebd., S. 180.
[35] Ebd., S. 181.
[36] Ebd., S. 183.
[37] Ebd., S. 187.

zu können. Die Eingangstür der 3. Ordenskapelle wurde für einen Krippenraum nach rechts versetzt.
Die kleine, alte, völlig baufällige Muttergotteskapelle aus der Erzstiftzeit neben dem Gartenstück zum Schloßpark wurde am 3. Mai 1948 abgerissen[38].

Die Kanzel an der linken Seite des Kirchenschiffes wurde 30 cm höher gesetzt und der Säulenstumpf beseitigt. Ende Oktober 1948 konnte das Gerüst aus der Kirche entfernt werden[39]. Durch den Einbau der flachen Holzdecke hatte sich der Raumeindruck der Kirche verändert.
1949 wurden erneut Umbauten an der Kirche vorgenommen, dieses Mal wieder nach Plänen von Architekt Ludwig Dölger. Um den Bruderchor gegen die Kirche abzugrenzen und die großen Fensteröffnungen hier und auf der gegenüberliegenden Empore zum Altarraum offenhalten zu können, mußte etwas geschehen. So wurde von der Schlosserei Lorenz Chevalier ein eisernes, freischwebendes Wandgerüst eingezogen. Dadurch wurde darunter die Sakristei nicht belastet und eine einheitliche Chorraumgestaltung ermöglicht. Der Eingang in den Bruderchor wurde verlegt und befindet sich jetzt gegenüber den Chorfenstern.
Seit dem 6. April 1949 waren die notwendigen Türen geliefert und montiert, somit konnte auch wieder die Klausur eingerichtet werden[40].
Der Ausbau der Vorhalle, Haupteingang mit Walmdach, wurde am 24. November 1950 genehmigt und nach Entwurf von Dipl.-Ing. Alois Grimm 1951 verwirklicht[41]. Auf Anordnung des Stadtbauamts war die hohe Abschlußmauer zur ehemaligen Gärtnerei vor dem Hauptportal der Kirche abgebrochen worden[42]. Am 28. April 1952 überließ die Stadt Aschaffenburg dem Kapuzinerorden schenkungsweise den freien Platz vor der Kirche (Flurstück Nr. 561$^{1}/_{3}$ und 561$^{1}/_{4}$) von 130 m².
Der Wiederaufbau der beiden Gebäudeteile, dreigeschossig beiderseits des Chors der alten Kirche, begann Ende 1951 und war 1952 fertiggestellt. Architekt war Eduard Petzold.

---

[38] Ebd., S. 190.
[39] Da es nach dem Krieg sehr schwierig war, die notwendigen Baumaterialien und auch die Arbeitskräfte zu bekommen, gingen die Arbeiten zum Teil nur schleppend voran. Dies änderte sich sofort 1948 nach der Währungsreform. Doch dann mußten die Kapuziner mit dem Wiederaufbau bremsen, da ihnen das notwendige Geld fehlte. Vgl. die Kap. Chronik während dieser Zeit.
[40] Ebd., S. 201.
[41] Ebd., S. 235 ff.
[42] Ebd., S. 230. Familie Kappert, Gärtnerei, hatte diesen Garten, der durch Kaufvertrag 1949 von Dr. Wagner in den Besitz der Stadt übergegangen war, gepachtet. Der Pachtvertrag war bereits von Seiten der Stadt gekündigt worden. „Das ganze Gelände (Karlsberg) soll nach der Planung des städtischen Bauamts Anlage werden und so eine Verbindung mit dem Schloßgarten zustande kommen. Die Fassade der Kirche kommt naturgemäß durch dieses freie Gelände mehr zur Geltung". Der Protest gegen die Einlegung der Mauer von Seiten der Gärtnerei Kappert blieb erfolglos.

Wiederherstellung des Treibhauses im Oktober 1953 durch die Firma Johann Scheuermann.
Ebenfalls nach Plänen von Eduard Petzold wurde 1957 das im Krieg zerstörte Glockentürmchen, eigentlich Dachreiter, auf dem Hauptdach wieder gebaut und erneuert. Jedoch nicht mehr in der barocken Bauform. Eine neue Glocke wurde bei Rudolf Perner, Glocken- und Metallgießerei in Passau-Hackelberg bestellt.
Der Platz vor der Klosterpforte wurde im Frühjahr 1962 hergerichtet.

Auf dem Grund des ehemaligen Nebengebäudes von 1895, rechts neben der Pforte, wurde am 1. Dezember 1965 der Neubau eines Konventgebäudes für den 3. Orden genehmigt. Die alten Wirtschaftsgebäude, Kelterei und Bäckerei an der Nordseite des Klosters wurden niedergelegt. Der Bau nach Plan von Architekt Willi Goldhammer stand im April 1967, die Einweihung folgte an Pfingsten. Hinter dem vorgebauten Eingang mit Windfang und Garderobe befindet sich jetzt der „Franziskussaal" mit 160 Sitzplätzen. Im Untergeschoß wurden zwei Gruppenräume mit Nebenräumen und Toilette eingebaut.
1969 wurde die Gartentür zum Schloßgarten zugemauert.
Der Umbau der Marienkapelle in der Kirche, südlich der Krippenausstellung, erfolgte durch die Firma Johann Scheuermann und war Ende November beendet. Die Kapelle erhielt eine neue Decke, neue Glasfenster (Maria mit dem Kind) und die Kreuzigungsgruppe.
Noch im gleichen Jahr wurde die Kommunionbank vor dem Hauptaltar entfernt und dafür sollte eine schlichte Kommunionstufe geschaffen werden.
1972 Renovierung des Refektoriums. Dabei kamen die vier Evangelisten der alten Kanzel in das Refektorium. Die Statuen Maria und Johannes, die bis dahin ungeschützt vor der Klosterpforte standen, sind seit 1973 im Kreuzgang des Klosters.

Im Januar 1974 boten die Kapuziner „Gelände zum Kauf" an[43].
1974/75 erhielt die Kirche einen neuen Außenanstrich, und der Altarraum wurde verändert. Ein dem Zeitgeist entsprechender Entwurf für einen neuen Hochaltar von Hermann Kröckel wurde nicht realisiert. Dafür wurden die Kunstmaler Albrecht Neuner und Helmut Link mit der Neugestaltung des Hochaltars beauftragt. Das Hochaltarpodium wurde abgetragen, da es viel zu groß war. Der neue Betonsockel wurde eine Stufe höher, und darauf kam die Altarinsel. Der freistehende Altartisch hat einen Unterbau aus Aluminiumguß. Die daraufliegende Altarplatte stammt aus der Kirche in Glattbach[44].

---

[43] VB v. 9. Januar 1974, ME v. 10. Januar 1974.
[44] Die kath. Kirchenverwaltung Glattbach überließ den Kapuzinern für die Renovierung ihrer Kirche den Hauptaltar und die Nebenaltäre der alten Kirche in Glattbach. Es wurde keine finanzielle Entschädigung gefordert.

Vom Franziskusaltar zum Antoniusaltar wurde eine Kommunionstufe durchgezogen. Kurz vor Weihnachten 1975 standen der neue Volksaltar, der Ambo (Lesepult) mit Evangelistensymbolen, der Priestersitz und zwei Ministrantenhocker. Von Hermann Kröckel waren die Vorlagen für Bronze- und Aluminiumguß. Die Ausführung erfolgte durch Jörg Grundhöfer, Laufach.

Die Kreuzigungsgruppe vom Klostereingang wurde in die linke Seitenkapelle, gegenüber dem seitlichen Eingang, heute Kreuzaltar, verlegt. Links neben dem Pforteneingang steht heute ein schlichtes, großes Holzkreuz.

Da die Renovierung nach dem Krieg abrupt abgebrochen worden war, waren der große Bogen am Chor und die Seitennischen bis 1974 unverputzt geblieben.

Der Kloster-Friedhof wurde 1977/79 neu angelegt und ist nun von außen einzusehen. Ausgegrabene Kapitelle wurden auf Säulen aufgestellt. Die Statue des hl. Kosmas, die zuvor in einer ehemaligen Stallung mit Rundbogenöffnung neben dem Glashaus untergebracht war, erhielt jetzt ihren Platz auf dem neugestalteten Friedhof. Das Kreuz von Bildhauer Ludwig Fischer, Aschaffenburg, das seit Juni 1949 auf dem Klosterfriedhof stand, kam dafür in den Kreuzgang. Hermann Kröckel fertigte ein neues Kreuz.

In der zweiten Hälfte der 70er Jahre bestellten die Kapuziner eine neue Orgel. Bei dieser Gelegenheit wurde 1978 die Orgelempore total renoviert. Von der Firma Franz Platz, Haibach, mußten sechs Eisenträger neu eingezogen werden. Das Architekturbüro Willi Goldhammer und Anton Schmitt übernahm die Planung der Neugestaltung. Ziergitter und Emporenbrüstung: Hermann Kröckel, Aschaffenburg, Jörg Grundhöfer, Laufach. Fenster: Helmut Albert, Willibald Blum, Willi Schurk. Schreinerarbeiten im Emporenbereich: Alois Fischer. Engelstor am Aufgang zur Orgel nach Entwurf von Karl Jung, Donauwörth, ausgeführt von der Firma Glock, Donauwörth.

Die neue Orgel wurde von der Firma Laukhuff in Weikersheim gebaut und von Orgelbau-Vleugels GmbH, Hardheim, aufgestellt. Am Sonntag, dem 18. Juni 1978, konnte die neue Orgel eingeweiht werden. Die alten Orgelpfeifen wurden verkauft.

Die Gesamtkosten kamen auf 495.990,83 DM, davon entfielen auf die Orgel 265.523 DM, auf die Innenrenovierung 165.695,28 DM und auf die Außenrenovierung noch 64.772,55 DM.

Ende des Sommers 1978 wurde mit den Kanalbauarbeiten begonnen. Bis dahin liefen die Abwässer noch unter den Klostermauern in einen Regenwasserüberlaufkanal durch den Schloßgarten in den Main.

Das Treibhaus im Garten mußte 1980 wegen Baufälligkeit abgebrochen werden.

Im Herbst 1981 erhielten die Kapuziner die Buntglasfenster aus der aufgelösten Kapelle des Mädchenlehrlingsheims in der Pestalozzistraße 17[45].
1981 wurde der alte Brunnen im Garten auf Kosten der Stadt renoviert. Er bekam ein neues achteckiges Schieferdach von der Firma Karl Hornung. Architekt war Heinrich Kaupp. Die Generalüberholung des originalen Ziehbrunnens kostete 30.000 DM.
„P. Alan Steiger wirkte (bis 1982) zwölf Jahre in Aschaffenburg, neun Jahre als Guardian, dann drei Jahre als Vikar des Guardians. Unter seiner Leitung wurden Kloster, Kirche und Garten von Grund auf saniert"[46].
Im Oktober 1983 wurde vor dem Kapuzinerkloster die 400 kg schwere und 1,90 m hohe Bronzeplastik des hl. Franziskus aufgestellt. Die Stadt stiftete diese Statue, die von Hermann Kröckel gestaltet und von Jörg Grundhöfer gegossen wurde.
1984 wurden alte Grabplatten in der Kirche angebracht.

Chronik

1620, 5. Mai, Berufung der Kapuziner nach Aschaffenburg durch Erzbischof und Kurfürst Johann Schweikard von Kronberg

1622 „Auf dem Schutz", ein Teil des Schloßgartens, wird durch Schenkung des Kurfürsten Eigentum der Kapuziner

1626 Grundsteinlegung des Kapuzinerklosters

1627 Einweihung der Kirche

1629 Bezug des Klosters

1631 soll nach wesentlich später einsetzender Überlieferung Kapuzinerguardian P. Bernhard aus Trier die Stadt vor den Schweden gerettet haben, was eindeutig nicht zutrifft[47]

1720 Schaden durch Blitzschlag

1729 neuer Muttergottes-Altar

1734 Erweiterungsbau des Klosters

1742/43 Renovierung bzw. Neubau der kleinen Kapelle vor der Kirche

1743 Bau des Nordflügels des Klosters

1748 Bau der Rochus-Kapelle und der Kapelle zu Ehren der schmerzhaften Muttergottes

1763 fünf neue Altäre von Johann Michael Henle, Mainz

---

[45] Auf Veranlassung von Marielies Schleicher (1901-1996), MdL, Gründerin des Mädchenlehrlingsheims.
[46] VB v. 26. August 1982.
[47] Hist. Untersuchungen darüber: Spies, Gustaf II. Adolf von Schweden und Aschaffenburg 1631. Zur Erinnerung an die angebliche Rettung der Stadt vor den Schweden durch Kapuzinerguardian P. Bernhard wurde von Otto Gentil, Aschaffenburg, ein Denkmal geschaffen und 1931 in der kleinen Schönbuschallee aufgestellt.

1777 Rückgabe eines Teils des Klostergartens an Kurfürst Friedrich Carl Joseph von Erthal.
Abriß der Eremitage und der beiden 1748 erbauten Kapellen
1813 Lazarett im Kloster, dabei am 7. November: Zerstörung der Kirche und des Klosters durch Brand
1814, 17. November, Rückkehr der Kapuziner in das neu errichtete Kloster mit Kirche
1847 Einweihung der neu erbauten Kirche
1866 Lazarett im Kloster
1876/78 Restaurierung der Kirche
1895 zweigeschossiger Klosterneubau nach Norden
1898 Umbauarbeiten im Kloster
1908/09 Erweiterungsbau der Kirche unter Architekt Friedrich Ritter von Thiersch, München
Umbau des Konventgebäudes
1909, 19. September: Einweihung der neuen Kirche
1925 Bauliche Änderungen am Konventgebäude
1939 Renovierung der Kirche
1944, 12. Dezember: Schäden an Kloster und Kirche durch Luftangriff auf Aschaffenburg
1945/46 Beseitigung der Kriegsschäden
1947 Restaurierung der Kirche
1950/52 Umbauten am Haupteinang der Kirche
Wiederaufbau des Südostflügels des Konventgebäudes
1965 Neubau des Konventgebäudes für den 3. Orden
1974/75 Modernisierung des Altarraums
1977/79 neue Kloster-Friedhof-Anlage
1978 neue Orgel

Guardiane

Das Aschaffenburger Kapuzinerkloster gehörte ursprünglich zur rheinischen Provinz. So wurden auch von dort die jeweiligen Guardiane ernannt. 1802 wurde diese Provinz aufgelöst. Kurerzkanzler Carl von Dalberg ließ 1806 die Klöster Aschaffenburg, Engelberg und Lohr als Kustodie[48] bestehen. 1831 wurde Aschaffenburg der fränkischen Provinz einverleibt. 1836 wurde die fränkische Provinz mit der bayerischen Kapuziner-Provinz vereinigt[49].
Die Namen der Guardiane des Aschaffenburger Kapuzinerklosters sind bis 1934 veröffentlicht[50]. Da fast alle zwei Jahre ein Wechsel stattfindet, wird hier

---

[48] Kustodie ist der Verband weniger Klöster, während der Verband mehrerer Klöster Provinz genannt wird.
[49] AGBl (6) Juni 1934, S. 21/22
[50] Ebd., S. 22 ff; ebd., (7) Juli 1934, S. 25 ff.

von einer Liste der Guardiane abgesehen.

Beschreibung

Nach Mader[51]

„Die alte Kirche war nach Süden gerichtet. Die neue, westlich orientiert, ist quer zur alten gestellt. Letztere erscheint demnach außen als Querhaus. Innen ist nur der Mittelraum des flachgedeckten alten Schiffes zum einschiffigen neuen Innenraum gezogen, die zwei Seitenräume sind als Oratorien abgetrennt.

Über dem alten Eingang an der Nordseite ist ein Gehäuse aus grünem Sandstein angebracht mit Figur der hl. Elisabeth, einem Bettler einen Trunk reichend. Gute Schöpfung um 1627, dem Stil nach der Bildhauerfamilie Junker angehörig, und zwar doch wohl dem Zacharias Junker d. Ä. von Miltenberg. Die Portalflügel haben geschnitzte Felder um 1710 und reich geschmiedete Bänder aus der gleichen Zeit".

Ein Ovalrelief aus Ton, 1609 von Johann Vest aus Frankfurt geschaffen, das den Kurfürsten Schweikard darstellt, kam in das städtische Museum.

Die alte Kirche nach dem Brand von 1813[52]

Die Kirche war schlicht und hatte eine bescheidene Ausstattung.

Die Altäre der alten Kirche stammten von den Klosterbrüdern Otto und Mansuet. Die Seitenaltarbilder, den hl. Antonius und den hl. Franziskus darstellend, malte 1854/55 Ludwig Schnitzelbaumer.

Das Hochaltarbild war von Peter Straßer aus Altötting. Die ehemaligen Figuren kamen von Emanuel Basler aus Simbach und von der Maierschen Kunstanstalt in München.

Die alte Orgel lieferte N. N. Müller aus Aschaffenburg.

Der Erweiterungsbau von 1908/09 nach Kapuzinerpater Lorenz[53]

Im Grundriß ein Viereck. Zur Stadt zu steht die Kirche mit kleinem Türmchen und einem Glöckchen. An die Kirche ist das Kloster angebaut. Das Kloster bildet die drei anderen Seiten des Vierecks, indem es mit seinen drei Flügeln einen kleinen blumengeschmückten Garten, das „Kreuz" genannt, umschließt. Klostergänge gehen z. T. mit ihren Fenstern auf den Garten.

Erdgeschoß: Sakristei, das Refektorium (Speisezimmer), Küche, Bäckerei, Schreinerei, Waschkammer, Portnerzelle, Sprech- und Beichtzimmer, Klosterpforte, die auf den Platz vor der Kirche führt. Neben der Klosterpforte gegen

---

[51] *Mader*, S. 184 ff.
[52] Aschaffenburger Kapuzinerkirche, München, 1940, S. 6.
[53] *Lorenz*, S. 19.

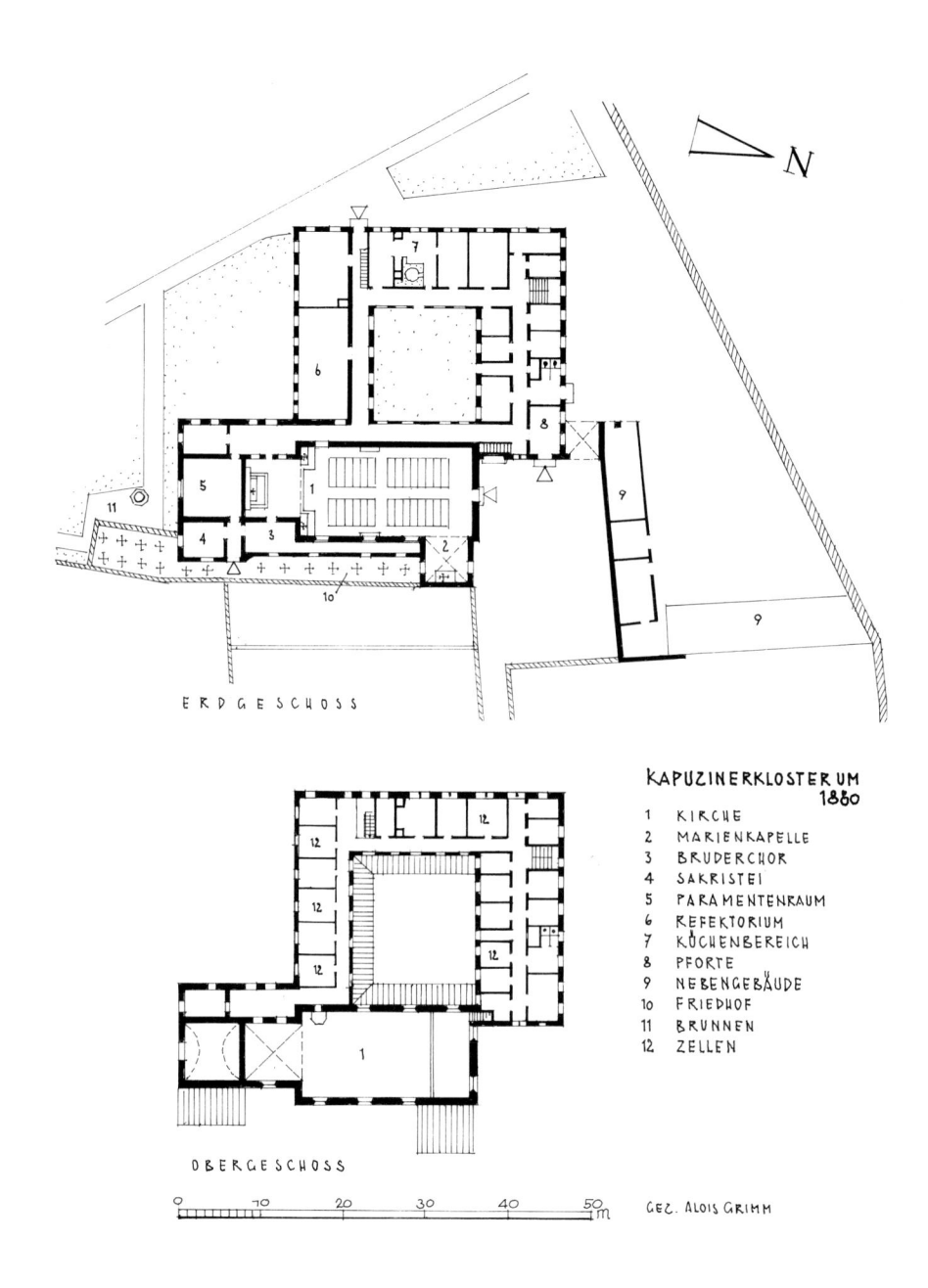

Abb. 2: Kapuzinergasse 3, Klosteranlage um 1880.

die Kirche zu steht eine Kreuzigungsgruppe. Über der Pforte das Bild des heiligen Franziskus.

Erstes Obergeschoß: Zellen der Patres und Brüder, Zellen für Gäste, Schneiderei, Krankenzelle und Empore mit Blick auf den Hochaltar.

Links des Hochaltars ist der Betchor der Ordensleute mit Blick auf den Hochaltar, darüber die Bibliothek.

Auf drei Seiten um das Kloster ist der Garten mit Blumen- und Gemüsebeeten, Blumenhaus und Rebgängen. Auf der anderen Seite zur Stadt, längs der Kirche, ist der Friedhof für die Kapuziner.

Die neue Kirche nach 1909

Einschiffige Kirche mit Seitenkapellen. Die Länge der Kirche einschließlich des quadratischen Chorraumes beträgt 42 m, die Breite mit Seitenkapellen 20 m und die Höhe bis zum Gewölbescheitel hat 12 m. Eine Tonnendecke mit Stichkappen überdeckt das Langhaus. Das Mittelschiff hat eine Breite von 15 m und eine Länge von 31 m. Beidseitig zum Langhaus sind schmale, niedere Seitenkapellen mit einer Länge von je 5,40 m und einer Tiefe von 2,60 m.

Die einzelnen Seitenkapellen sind durch außerordentliche starke Tragebögen zusammengekuppelt, und es erheben sich bereits darauf die aufgehenden Mauern des Mittelschiffs, das im Innern eine lichte Höhe von 15 m erhält. Die Fassade ist gegliedert durch vorgesetzte Hausteinquader und Fensterumrahmungen in Miltenberger Sandstein. Durch Zwischenwände sind die Seitenschiffe in kleine Kapellen aufgeteilt. In den Kapellen stehen je ein Altar gegen Westen und ein Beichtstuhl gegenüber.

Die mittlere südliche Seitenkapelle gegenüber dem Seiteneingang ist durch ein Kugelgewölbe betont, das sich außen an der Seitenschiffassade abzeichnet.

Die Seitenkapellen sowie die schmalen Fenster haben Rundbogenabschluß. Der Übergang der Hochschiffswand zum Gewölbe wird durch Stichkappen vermittelt.

In der Mitte des nördlichen Seitenschiffs ist der Seiteneingang. Der Haupteingang, früher von Norden aus, geht jetzt von Osten aus durch ein von Säulen getragenes Portal. Auf zwei Sandsteinsäulen ruht ein abgewalmtes Vordach.

Der Hochaltar steht auf einem Podest von vier Stufen. Auf der rechten Seite des Altarraums ist eine Empore, zugänglich durch den alten Kircheneingang. Gegenüber ist der Klosterchor mit Kreuzgewölbe, darunter die Sakristei. Ein großer Chorbogen trennt den Altarraum vom restlichen Kirchenraum. Zu beiden Seiten des Bogens sind Altäre in Eichenholz: St. Antonius und St. Franziskus.

„Die Kirche bringt den Übergang von Neuromanik, die mit der Neugotik im 19. Jahrhundert als Kirchenbaustil sehr beliebt war, zum Neubarock, in einer den Kapuzinern eigenen Mischung, gut zum Ausdruck"[54].

---

[54] Siehe Anm. 52, S. 6 ff.

Altäre

Hochaltar

Erst nach der Kircheneinweihung im September 1909 wurde der neue Hochaltar an der Westwand der Kirche aufgestellt. Die Pläne fertigte Professor Friedrich von Thiersch, München, die Gestaltung übernahm Bildhauer Jakob Hoffmann, München. Nach Vorbildern frühromanischer Kunst in Südfrankreich fertigte Steinmetz Steiger den Altar aus grauem Naturstein. Der silberne Tabernakelaufbau hat „schlanke, halbkreisförmig gestellte Säulchen, die über einem Architrav ein durchbrochenes Kugelgewölbe tragen"[55]. An der Altarrückwand, in Höhe des Tabernakels, stehen vier Engel in Flachrelief, die Insignien der Leiden Christi tragen. Über dem Tabernakel, in einer von Kassetten umgebenen Nische, ist die Figur der hl. Elisabeth. Diese Holzplastik von Professor Josef Knabl, München, wurde aus der alten Kirche übernommen. In den kleinen Ädikulen befinden sich steinerne Sitzfiguren: links die hl. Veronika Giuliana, rechts die hl. Klara von Assisi. Der silberne Tabernakel ist von Silberschmied Josef Amberg in Würzburg.

1950 wurde nach der Reinigung des Hochaltars die Rückwand des Altarraums durch Kunstmaler Alois Bergmann-Franken bemalt[56]. Die Bemalung war 1978 nicht mehr vorhanden.

1974/75 Neugestaltung und Modernisierung des Altarraums. Der alte Altartisch wurde renoviert. Der neue, zum Volk gerichtete Altar hat einen Unterbau aus Aluminiumguß von zehn Feldern mit Symbolen für Opfer und Erlösung. Die wuchtige Altarplatte ist aus Juramarmor.

Seitenkapellen und Altäre

Heute – 2001 – stehen nur noch zwei Seitenaltäre rechts und links des Triumphbogens.

1. Am Triumphbogen

Links der Altar des hl. Franz von Assisi mit dem „Schnitzelbaumer-Altarbild" und den Figuren der sel. Kreszentia von Kaufbeuren (1682-1744) und des hl. Ludwig von Frankreich (1215-1270), Mitglied des 3. Franziskaner-Ordens.

---

[55] 1911 schrieb Professor Thiersch an das Kloster: „Die Figurenentwürfe zu den Tabernakelfriesen habe ich nach den mir angegebenen Gegenständen von einem jungen hiesigen Künstler, dem Sohn einer Witwe, aufzeichnen lassen. Amberg (ein Goldschmied aus Würzburg) bekam nach diesen Zeichnungen 100 Mark aus meiner Tasche ausgelegt, die ich gelegentlich in Anrechnung bringen möchte".
[56] Kap. Chronik 1940-1952, S. 221.

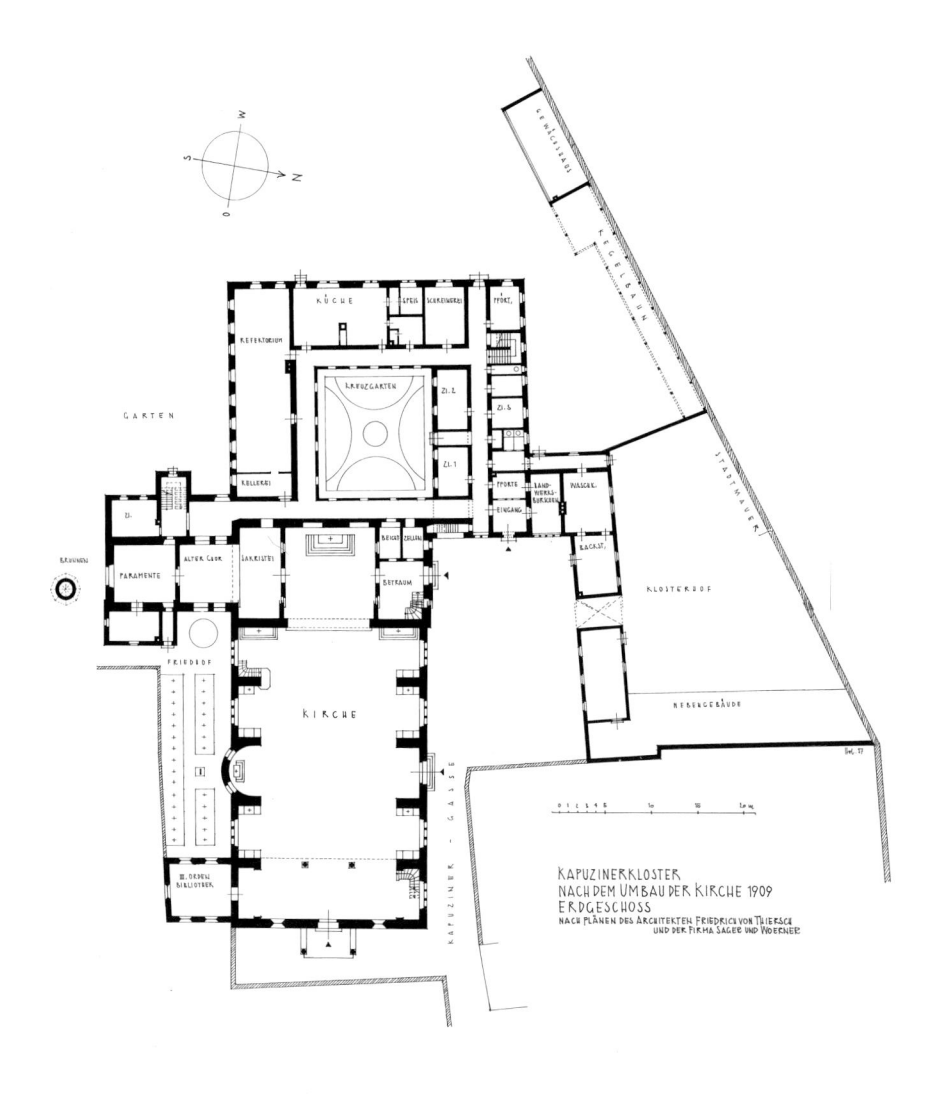

Abb. 3: Kapuzinergasse 3, Kloster nach dem Umbau von 1909, Erdgeschoß.

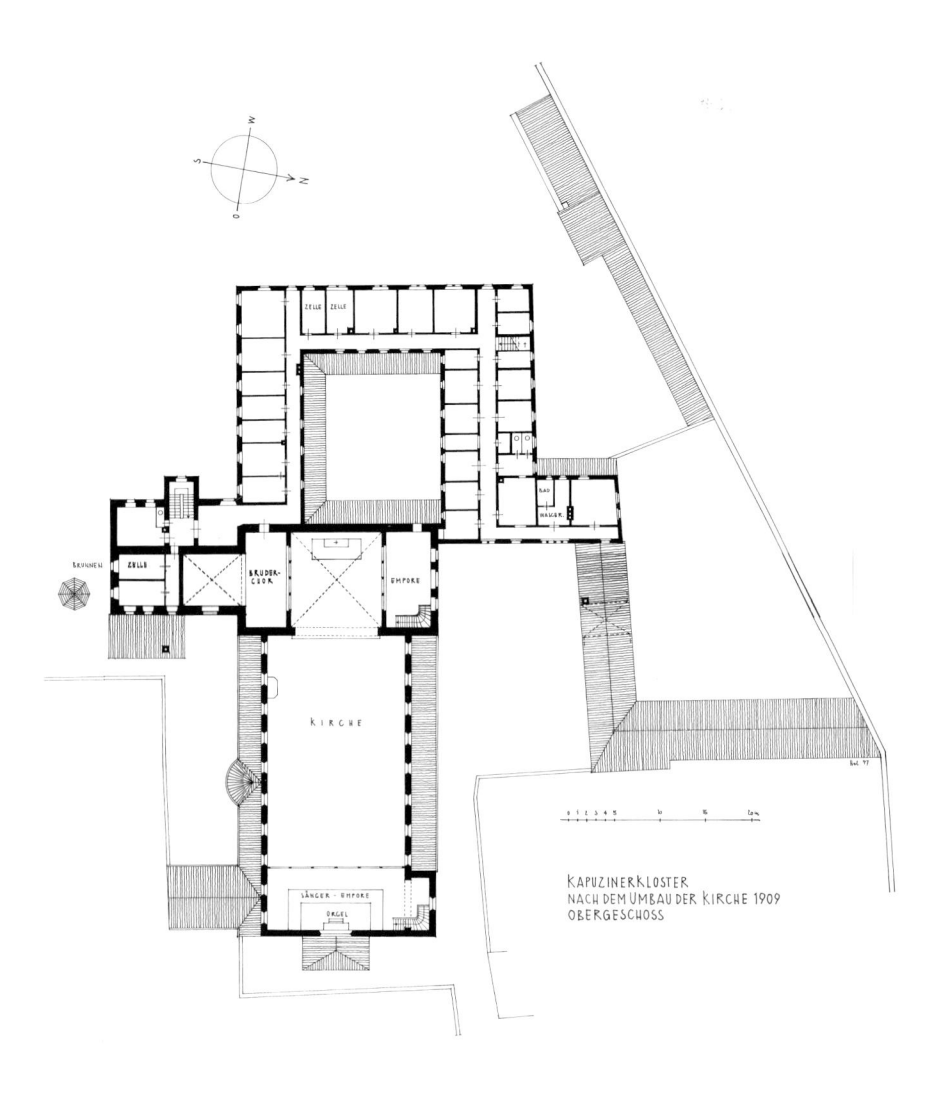

Abb. 4: Kapuzinergasse 3, Kloster nach dem Umbau von 1909, Obergeschoß.

Rechts der Altar des hl. Antonius von Padua mit dem „Schnitzelbaumer-Altarbild" und den Figuren des hl. Fidelis von Sigmaringen (1577-1612) und des hl. Laurentius von Brindisi (1559-1619).
Schöpfer der Begleitfiguren: Bildhauer Wilhelm von Heider.
Die Altäre sind mit kannelierten Säulen umrahmt und „mit je einer nach vorne ausladenden Muschel gekrönt". Die beiden Altäre wurden von Kunstschreiner Max Heuser, Aschaffenburg, angefertigt.
Seit der Modernisierung nach dem Zweiten Vatikanischen Konzil wurden die Figuren der Seitenaltäre entfernt. Drei von ihnen stehen heute in der ersten Kapelle rechts.

2. Vier Seitenaltäre in den Kapellen des Langhauses
Herz-Jesu-Altar, Antlitz-Christi-Altar, Hl.-Monika-Altar, Hl.-Barbara-Altar.
Die Umrahmungen sind im Stil der Zeit vor dem Ersten Weltkrieg.
Die Steinmetzarbeiten für die Seitenaltäre lieferten Eduard Steiger und Franz Anton Herbig.
Die Holzarbeiten für den Herz-Jesu-Altar und den Antlitz-Christi-Altar stammen von Jakob Voit, München, die für den Altar der hl. Monika und den Altar der hl. Barbara von Max Heuser.

Die Tafelbilder der Seitenaltäre hängen heute im Klosterkreuzgang bzw. im Besuchszimmer. Von Adalbert Hock: Verehrung des Herzens Jesu, hl. Veronika, hl. Monika mit hl. Augustinus, hl. Barbara; von Ludwig Schnitzelbaumer: Madonnenbild.
In der mittleren südlichen Seitenkapelle stand ursprünglich eine Pietà, gestiftet von Emilie Brentano[57], der Mutter von Franz und Lujo Brentano.
Heute befindet sich in dieser Seitenkapelle der Kreuzaltar. Die Kreuzigungsgruppe im Stil des Mainzer Barocks hatte ihren Platz bis 1975 neben dem Klostereingang. Jetzt steht dafür hier ein neues Kapuzinerkreuz.
Die Pietà wurde 1975 in der ersten Kapelle links aufgestellt.

Wandgemälde

In der Mitte des Triumphbogens: Anbetung des göttlichen Kindes. „Schwebende Engel leiten zu Heiligen aus dem Orden des hl. Franziskus über". Das Arkus-Gemälde von Leonhard Thoma, München, war 1978 nicht mehr vorhanden.

Links: hl. Bonaventura, hl. Fidelis von Sigmaringen, hl. König Ludwig, hl. Franz.

---

[57] Emilie Brentano, geb. Genger (1810-1881), war die Ehefrau von Christian Brentano (1784-1851), dem Bruder des Dichters Clemens Brentano. Sie wohnten in Aschaffenburg, Kleine Metzgergasse 5.

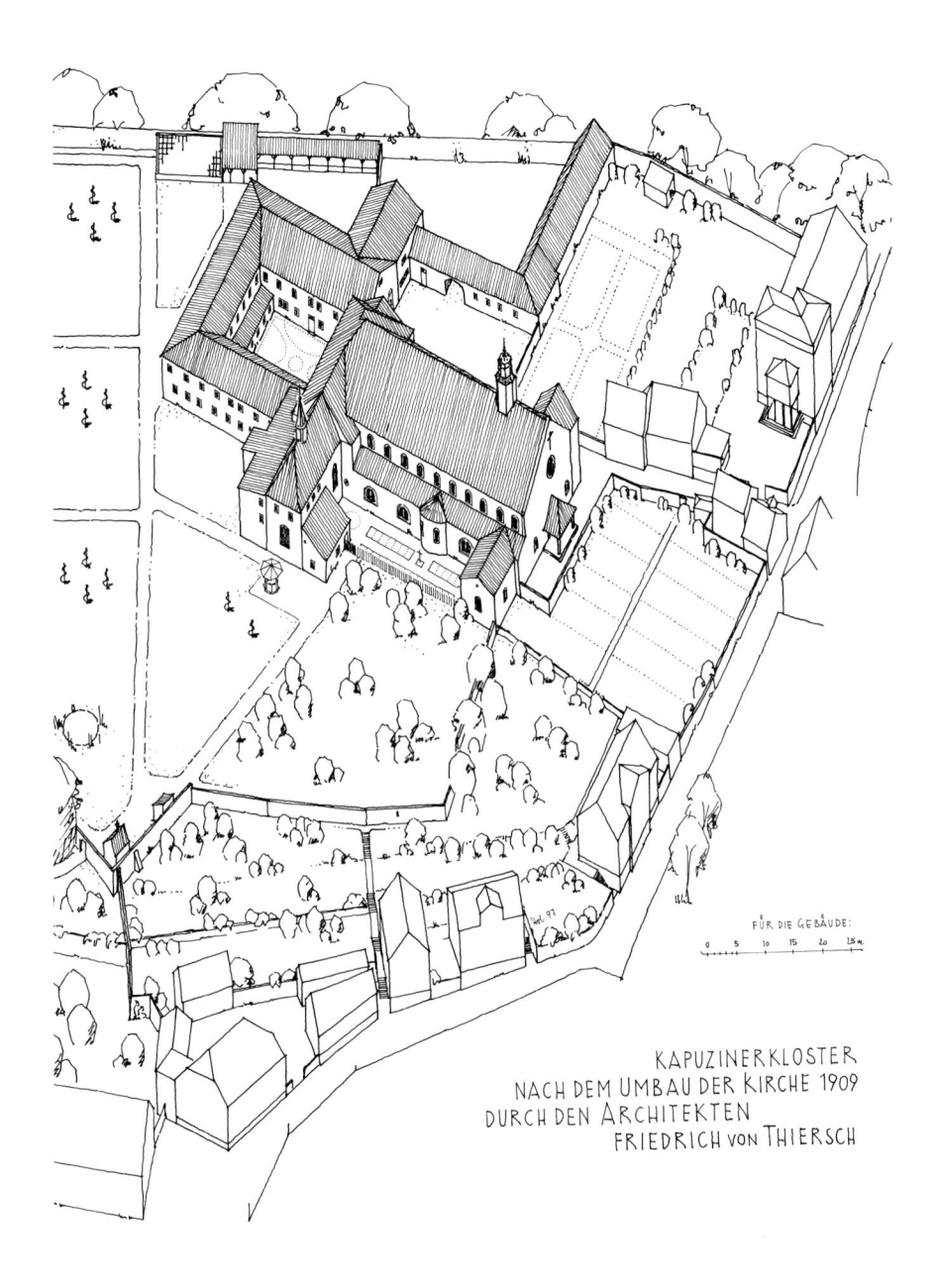

Abb. 5: Kapuzinergasse 3, Klosteranlage von 1909, Vogelschau.

Rechts: hl. Elisabeth von Thüringen, hl. Veronika von Giuliana, hl. Klara.
Von Leonhard Thoma waren die acht Engel in den Gewölbe-Zwickeln, die Spruchbänder mit dem Text der acht Seligkeiten tragen. Gleichfalls von ihm stammten die alten 14 Kreuzwegbilder an der Hochschiffswand, die durch Kriegs- und Witterungseinflüsse zugrunde gingen[58].
Der 1947 bei Karl Jung in Donauwörth bestellte neue Kreuzweg konnte im Februar 1951 an den Seitenwänden der Kirche angebracht werden[59].

Kanzel

Die Kanzel fertigte 1909 Kunstschreinermeister Max Heuser.
Die Hochreliefs an der Kanzel und an der Kommunionbank entstanden in der Schule von Professor Balthasar Schmitt, München-Solln.
Die Kanzel wurde 1972 beseitigt. Die vier Evangelisten befinden sich jetzt im Speisesaal des Klosters.

Orgel und Empore

Bei dem Neubau der Kirche von 1908/09 wurde über dem Haupteingang auf mächtigem Holzwerk die sehr große Orgelempore aufgebaut. Der Treppenaufgang war im nördlichen Giebelaufgang untergebracht. Die Orgel wurde „tadellos" restauriert, und die früheren Kirchenbetstühle wurden hier aufgereiht.
1948 wurde das von der Firma Lorenz Chevalier angefertigte große Rundfenster auf der Orgelempore eingerichtet. Die Orgelempore mußte ausgebessert werden, denn 12 Balken waren vom Schwamm befallen und mußten ersetzt werden[60].
Am 25. Mai wurde das schmiedeeiserne Tor zum Aufgang zur Orgelempore eingesetzt. Das „Engelstor" wurde nach dem Entwurf von Karl Jung, Donauwörth, hergestellt[61]. Die zweiflügelige Tür ist durch Eisenbänder in zehn Felder geteilt. Die beiden oberen Felder sind kleiner, da sie einen Rundbogenabschluß haben. In einem dieser Felder ist die hl. Cäcilia, die Patronin der Kirchenmusik, beim Orgelspiel abgebildet, daneben drückt ein Engel den Blasebalg. In den weiteren Feldern sind zwölf musizierende Engel kunstvoll dargestellt.
1978 erhielt die Kirche eine neue Orgel. Bei dieser Gelegenheit wurde auch die Orgelempore umgestaltet.

---

[58] Kap. Chronik 1940-1952, S. 192.
[59] Ebd., S. 225.
[60] Ebd., S. 196 f.
[61] Ebd., S. 204.

An der Emporenbrüstung sind Ziergitter angebracht. Das rote Plexiglas hinter der Brüstung der Orgelempore dient der Sicherheit.
Die neue Orgel mit Rückpositiv und Holzpfeifen hat 37 Register und 2640 Pfeifen. Die größte mißt 5,60 m, die kleinste 4 mm. Der Orgelspieltisch hat drei Manuale. Die Traktur ist mechanisch, die Registratur elektronisch.

Äußere Gestaltung

EinschiffigeAnlage mit Seitenkapellen.
An der Ostseite Haupteingang. Im Giebelfeld der Gekreuzigte. In der Höhe der Orgelempore Rundfenster.
Nordseite: Portal aus dem 2. Viertel des 17. Jahrhunderts, darüber Elisabeth-Gruppe von Hans Junker.
Dreiteilige Bogenfenster in allen Seitenkapellen.
Die Mauerkonturen sind durch roten Buntsandstein besonders betont.
Der Dachreiter der alten Kirche blieb erhalten und steht heute noch an seiner ursprünglichen Stelle. Professor Thiersch hatte ursprünglich keine Dachreiter auf der neuen Kirche vorgesehen. Der dann doch montierte barocke Dachreiter wurde im Zweiten Weltkrieg zerstört. Der beim Wiederaufbau erneuerte Dachreiter trägt auf achteckigem Grundriß einen spitzen Turm.

Glocken

1957 Guß einer neuen Glocke mit dem Ton „d" von Rudolf Perner, Glocken- und Metallgießerei, Passau-Hackelberg.

Kapuziner-Friedhof

Der Friedhof wurde 1728 an der Ostseite der alten Kirche angelegt. 1908 mußte er dem Erweiterungsbau der Kirche weichen.
Der 1909 neu angelegte Friedhof befindet sich links vom Hauptportal entlang der Südseite der Kirche.
Auf dem neuen Friedhof ruhen neben vielen Ordensbrüdern auch die Gebeine des verehrten P. Bernhard.
Bis Juni 1949 war der Klosterfriedhof nach den Schäden, verursacht durch den Zweiten Weltkrieg, wieder hergestellt. Das Friedhofskreuz aus Eichenholz stammt von Bildhauer Ludwig Fischer, Lohr[62]. Im März 1977 wurde der Friedhof renoviert.
Das Grab von Sebastian von Ostein (gest. 1718) ist in der Marienkapelle[63].

---

[62] Ebd.
[63] Johann Franz Sebastian Freiherr von Ostein, Oberamtmann zu Amorbach, war verh. mit Anna Charlotte Maria Gräfin von Schönborn.

Ziehbrunnen von 1597

Der Zisternen- oder Schachtbrunnen ist der älteste noch erhaltene Brunnen der Stadt. Er stand „auf dem Schutz" und gehörte früher zum Schloß. Seit der Schenkung des Geländes 1622 an die Kapuziner ging er in deren Eigentum über.

Der 14 m tiefe Brunnenschacht reicht bis zur wasserführenden Tiefe. Der Wasserstand ist ca. 4 m. Das Wasser wird mit einem Schöpfgefäß mit Hilfe eines Seils und einer Rolle hochgewunden. Eine Kurbel mit Sperrklingel und ein hölzernes Zahnrad erleichtert die Arbeit. Die Mechanik ist noch erhalten. Auf einem Gemälde von Ferdinand Kobell (1786) ist das steinerne Endstück der Brunnenfassung noch mit einem auf vier Stützen errichteten Haubendach zu sehen[64]. Der kunstvoll profilierte Sandstein ist mit einem gemeißelten Wappen des Kurfürsten und Erzbischofs von Mainz Wolfgang von Dalberg (1582–1601) verziert.

1981 erhielt der Brunnen ein neues, schiefergedecktes flaches Dach und 1984 eine Unterwasserpumpe.

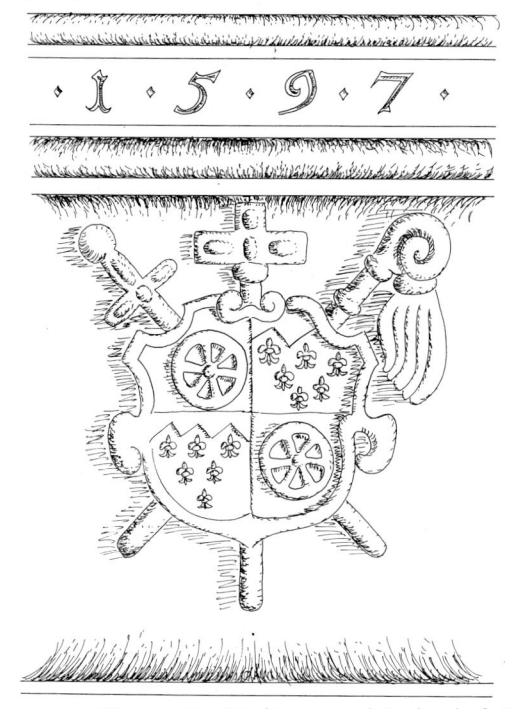

Abb. 6: Kapuzinergasse 3, Wappen des Kurfürsten und Erzbischofs Wolfgang von Dalberg am Trog des Ziehbrunnens.

[64] Ferdinand Kobell, „Ansicht des Kapuzinerklosters", in der Staatsgemäldesammlung im Schloß, Inv.Nr. 6545.

OSTANSICHT M.1:10

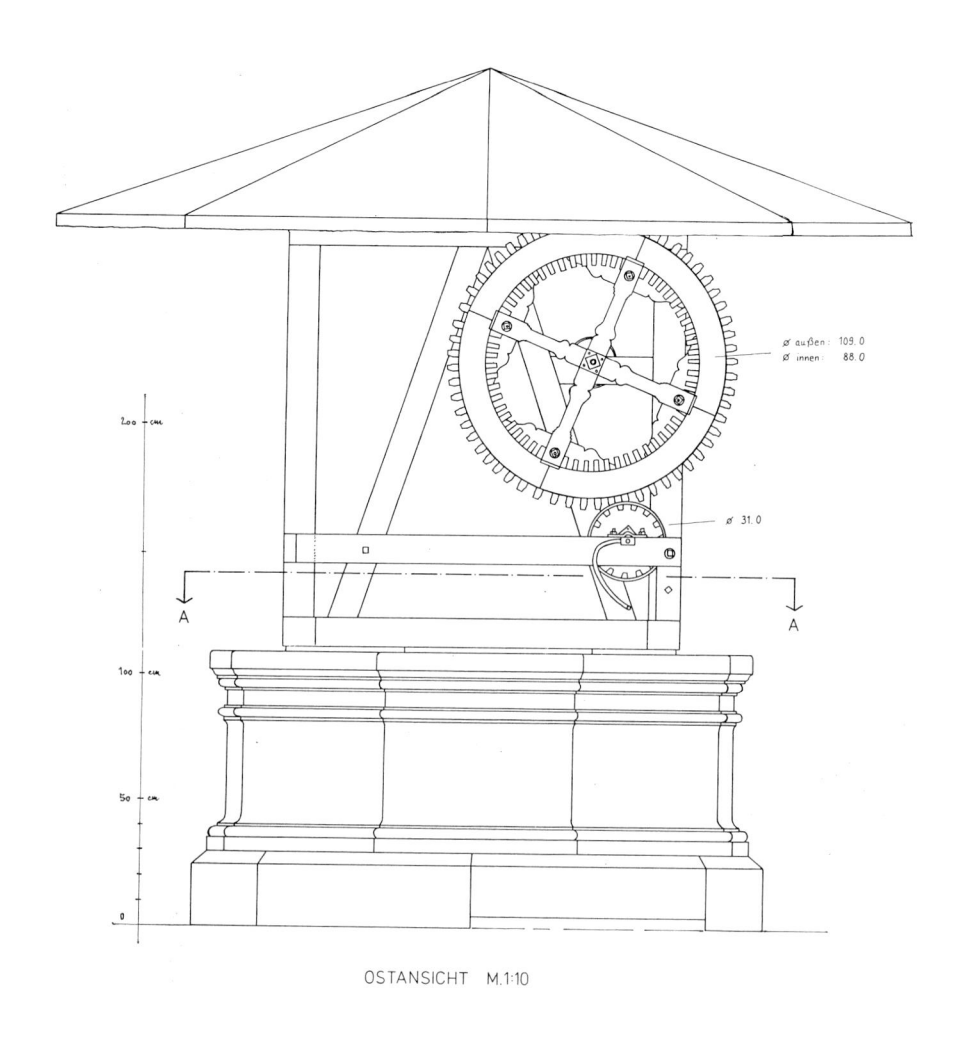

Abb. 7: Kapuzinergasse 3, Brunnen von 1597 im Klostergarten. Bauaufnahme von Bernd Hüttl – Joachim Kaupp.

b) gerade Hausnummern – Seite zur Hanauer Straße

Kapuzinergasse 2 (Lit. B 97^1/$_2$) Plan-Nr. 569

Geschichte

Magdalena Brönner verkaufte 1802 an Maurermeister Johann Schnuck einen „Garten am Dingstallthore, in der Straße, wo man zu den P. P. Kapuzinern geht". Am 16. Juni 1803 berichtete das Stadtamt dem Vizedomamt: Johann Schnuck will „in der Strickergasse, wo die Straße gegen das Kapuzinerkloster geht, ein neues Haus erbauen". Auf der einen Seite grenzte das Grundstück des Hofwächters Anton Korn[1] an, auf der anderen Seite war ein freier Bauplatz (Richtung Kloster).

Schnuck beabsichtigte, ein verhältnismäßig kleines, zweigeschossiges „Haus mit zwei Wohnungen für Leute zu bauen, die sich mit weniger Raum begnügen". Landbaumeister Joseph Emanuel von Herigoyen verlangte, daß das Haus etwas zurückgesetzt wird, „damit die kleine Gaß etwas breit gehalten wird"[2].

Am 24. März 1805 reichte Schnuck einen selbstgefertigten Plan ein, um „ein Haus, rechter Hand wo man zu dem Kapuzinerthore in die Stadt tritt", zu bauen. Der Riß konnte von Landbaumeister Wolfgang Streiter, da er krank war, nicht geprüft werden. „Die Werkleute Hospes und Hofmann" weigerten sich, Stellung zu nehmen, weil sie befürchteten, daß sich der als „etwas übel gezeichnete Mann" (Schnuck) rächen werde. Der Plan mißfiel: Er entsprach nicht der Bedeutung der Straße und dem Platz am Eingang in die Stadt. Nachbar, Geistlicher Rat Paul Mittnacht, hatte neben Schnuck einen Bauplatz (Kapuzinergasse 4). Der Magistrat wollte beide Pläne zusammen sehen. Mittnacht legte keinen Plan vor, und Schnuck reichte keinen neuen, besseren ein. Bis zum 12. August 1805 hatte sich noch nichts getan[3].

Das Haus wurde gebaut, denn am 29. April 1807 stand „der Anteil des Maurermeister Johann Schnuck am Häuschen Lit. B. 97^1/$_2$ am Dingstalltor gerichtlich feil"[4]. Der Wert betrug 200 fl.

Maurer Philipp Becker erwarb den halben Hausanteil. Sein Sohn, Josef Becker, übernahm diese Wohnung 1844 ebenfalls für 200 fl.

Die andere Haushälfte behielt zunächst Johann Schnuck, bis er sie 1826 seinem Schwiegersohn, Franz Messer, verkaufte.

---

[1] Korn ist 1824 als Eigentümer von Kapuzinergasse 8 nachgewiesen.
[2] Reidel, Herigoyen, S. 59. StAWü, MRA, LG 3490.
[3] Ebd., 2885.
[4] Intell.Bl. Nr. 34 v. 29. April 1807.

Simon Messer erstand am 15. Juni 1835 die elterliche Hinterlassenschaft, bestehend aus dem Erdgeschoß mit Stube und Küche. Er wollte sein Eigentum am 21. März 1837 versteigern, fand aber keinen Bieter[5].

Bis 1861 gab es zwei Hauseigentümer. Am 23. Februar 1861 wurde Josef Becker, der bereits seit 1844 das Obergeschoß besaß, Alleineigentümer, indem er den übrigen Hausteil für 265 fl. noch kaufte.

1880 erwarb Babette, die Frau des Landgerichtsdirektors Dr. Carl Wagner, das Grundstück. Babette Wagner war seit 1884 Miterbin von Karlstraße 33. Das Haus Kapuzinergasse 2 wurde abgebrochen und die Grundfläche in den Umgriff von Karlstraße 33 als repräsentative Zufahrt ausgebaut.

Beschreibung

Das Haus stand an der Ecke Karlstraße/Kapuzinergasse, angrenzend an Karlstraße 33.

Das Grundstück hatte die Ausmaße ca. 8 x 14 m. Die überbaute Fläche betrug lediglich ca. 50 m^2.

Das Haus war zweigeschossig und stand mit der Traufe zur Kapuzinergasse. Die Einfahrt war an der Karlstraße zwischen Kapuzinergasse 2 und Karlstraße 33.

Eigentümer

      bis 1802 Magdalena Brönner,
1802 bis 1807 Johann Schnuck[6], Maurermeister,

Erdgeschoß: 1807 bis 1861

1807 bis 1826 Johann Schnuck,
1826 bis 1835 Franz Messer[7],
1835 bis 1837 Simon Messer[8], Trockenlader, Sohn von Franz M.,
1837 bis 1843 Eva Menten[9],
      bis 1861 Jakob Nees,

Obergeschoß: 1807 bis 1861

1807 bis 1843 Philipp Becker[10], Maurer,

---

[5] StAWü, LG AB 544. Simon Messer war auch Eigentümer von Karlstraße 14.
[6] StaA, HR, S1, S. 32: Johann Schnuck (1772-1842) hatte aus 2 Ehen 10 Kinder.
[7] Schwiegersohn von Johann Schnuck.
[8] StaA, HR, M1, S. 125: Simon Messer (1804-1878), verh. mit Margarethe, geb. Scheuermann (1805-1862), 6 Kinder.
[9] St. Agatha, Sterbematr. v. 1843, S. 205: Eva Menten, ledig, stirbt 1843 mit 32 Jahren.
[10] StaA, HR, B1, S. 57: Philipp Becker (1772-1843), verh. mit Barbara, geb. Schüler (1771-1843), 4 Kinder.

1844 bis 1850 Josef Becker[11], Rentamtsdiener, Sohn von Philipp B.,
1850 bis 1861 Josef Becker ²/₃ und sein Sohn Philipp¹/₃[12],

Erdgeschoß und Obergeschoß

1861 bis 1880 Josef Becker, Rentamtsdiener, Alleineigentümer,
   seit 1880 Babette Wagner[13], geb. Münch,
   dann wie Karlstraße 33.

---

[11] Ebd., S. 139: Josef Becker (1808-1904), verh. mit Magdalena, geb. Höflich, 4 Kinder.
[12] Philipp Becker nahm, als er Pfarrer in Euerdorf war, seine Eltern zu sich, die auch dort starben.
[13] Ehefrau von Dr. Carl Wagner, Landgerichtsdirektor.

Kapuzinergasse 4 (Lit. B 97¹/₄) Plan-Nr. 568
Kapuzinerplatz 4
Flurstück Nr. 570/2 (seit 1956)

Geschichte

1803 war das Grundstück noch nicht bebaut[1]. Der Bauplatz gehörte dem Geistlichen Rat Paul Mittnacht[2].
1809 war Eigentümer der eingetragene Zeugschmied Dominicus Nenninger. Er ließ wahrscheinlich das Haus erbauen.
Seit 1870 ist neue Eigentümerin Margaretha Schmitt, die Witwe des Lokomotivführers Thomas Schmitt. Am 27. Mai 1870 wird die Genehmigung zum Neubau einer Waschküche erteilt. Frau Schmitt bekommt jedoch zur Auflage, daß sie die an das Anwesen der Witwe Münch (Karlstraße 33) anstoßende Längsmauer der zu errichtenden Waschküche den allgemeinen Vorschriften gemäß als Brandmauer bauen lassen und in Ermangelung einer Balkendecke das Dach von unten verschalen und mit massivem Verputz herstellen lassen muß.
Landgerichtsdirektor Dr. Carl Wagner von Karlstraße 33 erwirbt 1890 das Anwesen.
1898 wird die Verlegung einer Holzlege genehmigt.
Am 2. April 1909 erhält das Haus Kanalanschluß.
Im Zweiten Weltkrieg wird das Haus beschädigt[3].

---

[1] StAWü, MRA, LG 3490.
[2] Ebd., 2885.
[3] *Stadtmüller* II, S. 363.

1946 verkauft Eigentümer Dr. Ernst Wagner Kapuzinergasse 4 an Philipp und Babette Höflich. Diese lassen die Kriegsschäden beheben und am 25. November 1948 sind die Instandsetzungsarbeiten abgeschlossen.
1983 erwirbt die Stadt das Grundstück und läßt das Haus abbrechen. Anstelle von Kapuzinergasse 4 und 6 werden zur räumlichen Abgrenzung des Kapuzinerplatzes auf Empfehlung des Bayerischen Landesamts für Denkmalpflege drei neue Häuser gebaut.
Die Stadt verkauft 1986 den Bauplatz an Dr. Dieter Stahl und seine Ehefrau Ursula. Auf dem Terrain entsteht ein Wohnhaus mit Garage, das im Dezember 1989 bezugsfertig ist.
Der Hof hinter diesem Haus und die Nachbarhöfe sind durch eine Mauer vom anschließenden Schloßgarten getrennt.

Beschreibung

1845 liegt das ummauerte Grundstück mit ca. 7,60 m Breite an der Kapuzinergasse. Das zweigeschossige, traufständige Haus reicht von Grenze zu Grenze. Die Tiefe des Baukörpers beträgt etwa 6 m.
Entlang zu den Nachbarhäusern, Kapuzinergasse 6 und 8, erstreckt sich ein Rückgebäude von 12 m Länge und 4 m Breite, das im Katasterplan als bewohnt eingetragen ist.
Die zweistöckige Fassade zeigt vier Fensterachsen. In der rechten Achse des Erdgeschosses befindet sich der Eingang. Nur durch den dahinterliegenden Flur kann man in den Hof und in den angrenzenden Garten gelangen.
Das Wohngebäude war unterkellert.

Neubau von 1988/89

Mittlerer Teil einer Dreihäusergruppe. Ansicht zum Platz zweiachsig. In der Achse neben Haus Kapuzinerplatz 2 breitgelagertes, vierflügeliges Fenster. Darüber im Obergeschoß zweiflügelige Fenstertür mit schmiedeeisernem Geländer.
Im Dach Zwerchhaus mit abgeschlepptem Dach. In der linken Achse dreiteiliger Eingang, darüber Einzelfenster, im Dach Schleppgaube.

Eigentümer

1809 bis 1819 Dominicus Nenninger[4], Zeugschmied,
1819 bis 1833 Katharina Nenninger[5], Witwe des Dominicus N.,

---

[4] *Scherg*, Matrikel v. 1809, Nr. 13, S. 15. StaA, HR, N1, S. 19: Dominicus Nenninger (1747-1819), verh. mit Katharina, geb. Krämer (1777-1833). Ebd., Sterbereg. 1817 mit 1834, S. 22: Dominicus Nenninger stirbt 1819 mit 72 Jahren.
[5] Ebd., S. 272: Katharina Nenninger stirbt 1833.

1833 bis 1836 Erben Nenninger,
1836 bis 1865 Christian Bender[6], Kutscher, gesteigert um 1.731 fl.,
1866 bis 1870 Thomas Schmitt, Lokomotivführer,
1870 bis 1890 Margaretha Schmitt, Witwe des Thomas S.,
1890 Dr. Carl Wagner, Landgerichtsdirektor,
1890 bis 1907 Babette Wagner, geb. Münch, Witwe des Dr. Carl W.,
1907 bis 1946 Dr. Ernst Wagner[7],
1946 bis 1949 Philipp Höflich, Händler, und Ehefrau Babette, geb. Welzbacher,
1949 bis 1967 Babette Höflich, Witwe, und Söhne[8],
1967 bis 1983 Günter Josef Höflich, Zellstoffarbeiter,
1983 bis 1986 Stadt Aschaffenburg,
seit 1986 Dr. Dieter Stahl und Ehefrau Ursula, geb. Keller.

---

[6] Ebd., HR, B1, S. 131: Christian Bender (1781-1865).
[7] Dr. Ernst Wagner, Sohn von Dr. Carl und Babette Wagner. Siehe Karlstraße 33, Anm. 16.
[8] Günter Josef und Rainer Horst Dieter Höflich.

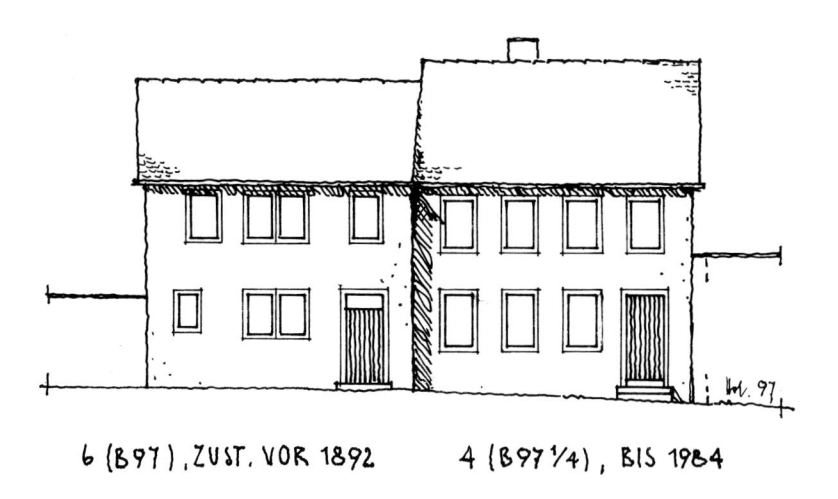

Abb. 8: Kapuzinergasse 4 und 6, 1984 wegen Baufälligkeit abgebrochen.

Kapuzinergasse 6   (Lit. B 97)   Plan-Nr. 565
　　　　　Kapuzinerplatz 6
　　　　　　　　　　Flurstück Nr. 570/3 (seit 1956)

Geschichte

Da das Haus eine volle Lit.-Nr. hat, muß es bereits 1772 vor Einführung der Häusernumerierung bestanden haben. Es war St. Agatha grundzinspflichtig.
1794 wurde das Rückgebäude als eigenständiges Grundstück abgetrennt und erhielt Lit. B 97¹/₈, siehe Kapuzinergasse 8.
Das ehemalige Kochsche Armenhaus, zuletzt Eigentum der Witwe des Schuhmachers Nikolaus Platz, wurde 1809 zur Versteigerung angeboten[1].
Peter und Sebastian Hönlein traten 1832 das Erbe ihres Vaters an.
1864 sollte angebaut werden. Nachbar Christian Bender (Kapuzinergasse 4) war gegen einen Anbau.
Im Februar 1864 protestierte auch Johann Metz (Kapuzinergasse 8) gegen bauliche Veränderungen[2]. Das Haus Kapuzinergasse 6 hatte eine ursprüngliche Tiefe von nur 5 m. Peter Hönlein beabsichtigte einen Anbau, um so im Erdgeschoß Platz für einen Stall und im Obergeschoß ein Zimmer zu gewinnen. Stadtbautechniker Bernhard Hofmann kam zur Baubesichtigung. Hinter dem Haus war ein kleiner Hof und darin, linker Hand, ein kleiner Stall. Durch den Hausgang und den Hof hatte der dahinter wohnende Johann Metz den Zugang zu seinem Anwesen, Kapuzinergasse 8. Nach Vereinbarung mußte der Durchgang für Metz erhalten bleiben und nicht schmäler als 5 Fuß (1,46 m) breit sein.
Den kleinen Stall wollte Hönlein wegreisen lassen, um ein Gebäude im jetzigen Hof bauen zu können. Außerdem wollte Hönlein das Dach an der Kapuzinergasse bezüglich Traufhöhe und Dachneigung in seinem jetzigen Zustand belassen. An der Hoffront sollte jedoch das Dach gehoben werden, so daß die Traufe auf Kehlbalkenhöhe zu liegen käme. Im Erdgeschoß und Obergeschoß waren je eine Wohnung vorgesehen. So könnte auch im Dachgeschoß eine weitere Wohnung eingebaut werden. Da das Gebäude im Obergeschoß nur 12 cm starke Fachwerkwände hatte, war eine Aufstockung unmöglich.
1872 erhielt Theresia Hönlein, Witwe des Peter Hönlein, die Konzession, Kaffee, warme Speisen und Erfrischungen zu verkaufen[3].
5. August 1892: Aufführung eines Kamins und Vergrößerung der Fenster an dem Wohnhaus des Offizianten Ignatz Bippus. 1909 erfolgte der Kanalanschluß.

---

[1] Intell.Bl. Nr. 57 v. 19. Juli 1809.
[2] StaA, Mag.Prot. v. 8. Februar 1864.
[3] Ebd., GewA, S. 326.

1892 wurde das rückwärtige Anwesen, Kapuzinergasse 8, an Babette Wagner, Karlstraße 33, verkauft. Sie ließ die Gebäude abbrechen. Damit war auch die Erschließung von der Kapuzinergasse aus über das vordere Anwesen, Kapuzinergasse 6, entfallen.

1909 erfolgte der Kanalanschluß für Kapuzinergasse 6. Wie aus dem dafür angefertigten Plan zu ersehen ist, war aus dem Stall und dem Durchgangsflur eine Küche geworden.

Im Zweiten Weltkrieg wurde das Wohnhaus stark beschädigt[4]. Eine 1951 beantragte Aufstockung des Hauses wurde nicht verwirklicht.

1975 erwarb die Stadt das Haus, 1984 wurde es abgebrochen.

Die Neubebauung erfolgte nach Absprache mit dem Bayerischen Landesamt für Denkmalpflege, wie auch bei Kapuzinergasse 4.

Beschreibung

Das zweigeschossige Wohnhaus stand, wie das Nachbarhaus, Kapuzinergasse 4, traufständig zur Gasse und ragte ca. 1 m vor die Bauflucht. Die Länge betrug etwa 7 m, die Tiefe 5 m, das Satteldach hatte eine Neigung von 48°. 1845 befand sich in einem kleinen Anbau ein Stall auf der Grenze zum Nachbargarten in Richtung Kloster. Der Rest des Grundstücks war Hoffläche. Das Anwesen besaß keinen Garten.

In einem Plan des Zimmermeisters Johann Hofmann von 1864 besteht das Erdgeschoß aus Fachwerk, mit Ausnahme der Brandmauer zu Haus Nr. 6. In der Fassade links kleines, höherliegendes Küchenfenster, daneben gekuppeltes Fenster für Wohn- und Schlafstube. Die anschließende Eingangstür führt durch das Haus in den Hof und erschließt das dahinterliegende Anwesen Kapuzinergasse 8. Im ersten Stock schmaler Flur mit Herdstelle, Stube und Schlafkammer

Durch die Überbauung der Hoffläche von 1864 entsteht im Erdgeschoß ein neuer Stall. Der Flur des Wohnhauses wird verlängert. Anstelle des alten Stalls ist jetzt der neue Hof mit Abort. Im ersten Stock über dem Stall ein zusätzliches Zimmer.

Neubau von 1988/89

Endhaus der Häuserzeile zum Kloster hin. Zweigeschossig mit ausgebautem Dach. Fassade zweiachsig. Auf der Seite zu Kapuzinerplatz 4 im Erdgeschoß gekuppeltes Fenster, darüber im Obergeschoß Erker mit zweiflügeliger Fenstertür. Die gleichen Fenstertüren sind im abschließenden Zwerchhaus. In der linken Achse, im Erd- und Obergeschoß, je ein gekuppeltes Fenster, im Dach gewalmte Gaube. Der Zugang zum Grundstück liegt in der angrenzenden hohen Gartenmauer.

---

[4] *Stadtmüller* II, S. 363.

Eigentümer

1794	Kochsches Armenhaus[5],
bis 1809	Nikolaus Platz[6], Schuhmacher,
1809	Katharina Platz, geb. Schunk, Witwe des Nikolaus P.,
bis 1817	Josef Henrici Hönlein[7], Tünchermeister,
1817 bis 1832	Katharina Hönlein[8], geb. Haus,
1832 bis 1864	Peter[9] und Sebastian[10] Hönlein, Söhne des Josef Henrici H.,
1864 bis 1879	Anna Hönlein[11], ledig, Kauf um 1.000 fl.,
1879 bis 1890	Ignatz Bippus[12], Bezirksamtsschreiber,
1890 bis 1907	Anna Bippus, geb. Hönlein,
1907 bis 1930	Anna Pfadisch[13], ledig, Privatiere,
1930 bis 1939	Konrad Mai[14], Briefträger,
1939 bis 1949	Anna Mai, Witwe,
1949 bis 1967	Gustav Ludwig Weber[15] und Ehefrau Sophie[16], geb. Pfadisch, Erben der Anna Mai,
1968 bis 1974	Gustav Ludwig Weber, Alleineigentümer, dann seine Erben,
1975 bis 1987	Stadt Aschaffenburg,
seit 1987	Gustav Feld und Ehefrau Anneliese, geb. Fries.

---

[5] Hierbei handelt es sich um eine Stiftung des Amtskellers Johannes Kaspar Koch, der am 16. Januar 1763 im Alter von 89 Jahren starb. Vgl. St. Agatha, Sterbematr. v. 1763, S. 108.

[6] StaA, AN, N-O-P: Annahme des Schuhmachers Nikolaus Platz aus Külsheim als Bürger und Aufnahme in die Zunft (1795-1796). St. Agatha, Sterbematr. v. 1809, S. 89: Nikolaus Platz, gest. mit 42 Jahren.

[7] Ebd., Trauungsmatr. v. 1807, S. 28: Trauung von Josef Henrici Hönlein und Katharina, geb. Haus. Siehe St. Agatha, Sterbematr. v. 1817, S. 114: Tod von Josef Hönlein, 57 Jahre.

[8] StaA, Sterbereg. 1817 mit 1834, S. 296: 1834 Tod von Katharina Hönlein, Tünchermeisterswitwe, 74 Jahre.

[9] Ebd., HR, H1, S. 223: Peter Hönlein (1802-1867), Maurer, verh. mit Theresia, geb. Bauer (geb. 1809), 5 Kinder.

[10] Ebd., Sterbereg. 1861-1914, S. 60: Sebastian Hönlein, ledig, stirbt 1866 mit 64 Jahren.

[11] Anna Hönlein, ledig, dann verh. Bippus, Tochter von Peter Hönlein.

[12] Ignatz Josef Bippus (geb. 1830), seit 1864 mit Anna Bippus, geb. Hönlein (geb. 1837), verheiratet. St. Agatha, Trauungsmatr. v. 1864, S. 225.

[13] Anna Pfadisch heiratet 1930 Briefträger Konrad Mai.

[14] StaA, HR, M2, S. 591: Konrad Mai (1867–1939), verh. in 2. Ehe mit Anna, geb. Pfadisch (1874–1949).

[15] Gustav Ludwig Weber (1887-1974), Architekt, zuletzt Berufschuldirektor a. D. in Frankfurt.

[16] Sophie Weber starb 1967.

Kapuzinergasse 8 (Lit. B 97$^{1}/_{8}$) Plan-Nr. 566, 567

Geschichte

Ursprünglich handelte es sich hier um das Rückgebäude von Kapuzinergasse 6. Bereits 1794 wurde das Haus als eigenständiges Grundstück abgetrennt und erhielt eine eigene Lit.-Nr.
Das Grundstück war St. Agatha 9 kr. 3 Pf. grundzinspflichtig. 1805 hatte es einen Wert von 500 fl.[1].
Die Bewohner von Kapuzinergasse 8 konnten nur durch den Hausgang von Kapuzinergasse 6 und den dahinterliegenden Hof zu ihrem Haus gelangen. Daraus resultierte, daß Eigentümer Johann Metz 1864 gegen einen Erweiterungsbau von Kapuzinergasse 6 protestierte. Erst als ihm der Durchgang bzw. Zugang zu seinem Haus weiter garantiert wurde und nicht schmäler als 5 Fuß (1,40 m) verbaut werden durfte, gab Metz seine Einwilligung[2].
1892 kaufte den Hausplatz mit Garten Babette Wagner und vergrößerte somit ihr Anwesen von Karlstraße 33. An der Stelle, wo das Haus, Kapuzinergasse 8, stand, wurde 1898 die Errichtung einer Holzlege genehmigt.

Beschreibung

Vom Anwesen Kapuzinergasse 8 existieren weder Pläne noch Bilder. Nach dem Katasterplan hatte das Haus eine Ausdehnung von 7 m x 7 m. Dazu gehörte in Richtung Stadtmauer noch eine kleine Gartenfläche mit einer Tiefe von 11 m.

Eigentümer

bis 1824	Johann Schnuck, Maurer,
1824/1825	Anton Korn[3], Hoflakai,
1834	Andreas Birnbaum
1837 bis 1847	Jakob Nees, Zimmerer, dann seine Ehefrau Sophie[4], geb. Köhler,
1847 bis 1850	Franz Wilhelm Nees, Steinhauer, Sohn von Jakob und Sophie N.,
1850 bis 1877	Johann Metz[5], Wegmacher,

---

[1] Vgl. StA Wü, Eintrag im Hypb. AB, Bd. I, S. 88.
[2] StA, Mag.Prot. v. 8. Februar 1864.
[3] Ebd., HR, CK1, S. 81: Anton Korn (1758-1840), verh. mit Katharina, geb. Stuckert. St. Agatha, Sterbematr. v. 1825, S. 277: In der Kapuzinergasse Lit. B 97 starb 1825 die 28$^{1}/_{2}$jährige Tochter des Hoflakaien Anton Korn und seiner Ehefrau Elisabeth Katharina.
[4] Ebd. v. 1850, S. 284: Tod von Sophie Nees, Witwe, 76 Jahre.
[5] Ebd., HR, M1, S. 235: Johann Metz (1816-1877), verh. mit Katharina, geb. Braun (1821-1890).

1877 bis 1890 Katharina Metz, Witwe des Johann M.,
1890 bis 1892 Erben Metz,
1892   Babette Wagner, geb. Münch,
               dann wie Karlstraße 33.

3. Häuserverzeichnis Kapuzinerplatz

a) ungerade Hausnummern – Seite zum Schloß

Kapuzinerplatz 1   Flurstück Nr. 534, 537

Geschichte

Kapuzinerplatz 1 entstand erst nach dem Zweiten Weltkrieg durch die Neuordnung der Karlstraße und der Kapuzinergasse vor dem Kapuzinerkloster. Die Stadt erwarb 1951 bzw. 1955 die Grundstücke Karlstraße 27, 29 und 31. Sie ließ die Flächen einebnen. Das neue Grundstück, Kapuzinerplatz 1, besteht größtenteils aus diesen Grundflächen.
Eine Eigentümergemeinschaft kaufte 1980 der Stadt das Terrain ab. An der Ecke Karlstraße/Kapuzinerplatz entstand ein modernes Wohn- und Geschäftshaus. Das Haus mit Hofraum umfaßt 436 m^2.

Beschreibung

Dreigeschossiges, vielfach gegliedertes Wohn- und Geschäftshaus an der Ecke Karlstraße/Kapuzinerplatz mit ausgebautem Steildach. Erbaut 1982.
Betonung der Ecke durch viergeschossige, erkerartige Ausformung. Im Erdgeschoß große Schau- und Bürofenster, die mit weißem Marmor verkleidet sind. Die übrigen Wandflächen sind verputzt.
Das Anwesen besitzt eine Tiefgarage.

Eigentümer

    bis 1979 Stadt Aschaffenburg,
    seit 1980 Eigentümergemeinschaft, BGB-Gesellschaft.

Kapuzinerplatz 5   Flurstück Nr. 538

Geschichte

Der Bauplatz entstand erst nach dem Krieg durch die Veränderung im Bereich vor der Kapuzinerkirche.
Am 21. April 1954 verkauften Josef Amrhein, Pfarrer in Weyer/Landkreis Schweinfurt, Therese Amrhein, Pfarrhelferin, und Rosina Wissel, Haushälterin, an Dr. Ludwig Müller und seine Ehefrau Berta die Grundstücke:

Karlstraße 27,   Plan-Nr. 536   Keller, Stall, Abort und Hofraum[1]   160 m^2
                  Plan Nr. 537   Gemüsegarten hinter dem Haus   280 m^2.

Am 18. Oktober 1954 wurde ein Tausch- und Abtretungsvertrag geschlossen, der am 18. April 1955, nach Vermessung, zustande kam.
Die Stadt Aschaffenburg war Eigentümerin von Karlstraße 25, Plan-Nr. 538, bestehend aus Wohnhaus mit Keller, Wasch- und Kellerhaus mit Halle, dann Hofraum mit Garten zu 330 m^2. Eheleute Müller tauschten 327 m^2, Teilfläche von Plan-Nr. 536 und 537, zugemessen zu dem Grundstück der Stadt Aschaffenburg Plan-Nr. 537, das nunmehr bezeichnet ist als „Plan-Nr. 537 Am Karlsberg, Ruinengrundstück, Bauplatz von 360 m^2".
Die Stadt tauschte 297 m^2, Teilfläche von Plan-Nr. 538, und aus dem Grundstück Plan-Nr. 552, eine Teilfläche von 32 m^2.
Das neue Grundstück der Müllers mit der Plan-Nr. 538 am Karlsberg, war ein Ruinengrundstück, ein Bauplatz von 442 m^2. Für den Weg mußten nochmals 70 m^2 abgegeben werden.
Schon am 11. März 1955 hatte Dr. Ludwig Müller die Genehmigung zum Bau eines Wohnhauses erhalten. Die Bauarbeiten begannen im April. Im Juni 1955 kam von Seiten der Stadt die Mitteilung, daß dem neuen Wohnhaus die Haus-Nr. Karlsplatz 5 zugeteilt wurde. Der Neubau war bereits im November bezugsfertig.

Beschreibung

Neubau von 1955

Zweigeschossiges, traufständiges Wohnhaus. Dachneigung ca. 30°.
In der Fassade zum Kapuzinerplatz fünf Achsen. In der ersten Achse neben Haus Nr. 1 Haustür mit Segmentbogenabschluß. In der zweiten Achse im Obergeschoß Fenstertür mit Brüstungsgitter. Im Erdgeschoß Einzelfenster wie auch in den übrigen Fensterachsen.

---

[1] Die Gebäulichkeiten sind bis auf den Keller durch Kriegsereignisse zerstört worden.

Umbau 1987 bis 1990

Ausbau des Dachs, Errichtung eines Zwerchhauses und Anbau eines Bodenerkers am freistehenden Südgiebel.

Eigentümer

1954 bis 1959 Dr. Ludwig Müller, Wirtschaftsprüfer, und Ehefrau Berta, geb. Göbs,
1960 bis 1986 Berta Müller, Alleineigentümerin,
   seit 1986 Wolfgang Mosebach und Ehefrau Inge, geb. Fleischhaker.

Kapuzinerplatz 7   Flurstück Nr. 529

Die Plan-Nr. 529 war vor der Anlegung des Kapuzinerplatzes ein Teilgrundstück von Karlstraße 17 und war bis 1999 noch nicht bebaut.

Kapuzinerplatz 9   Flurstück Nr. 541

Geschichte

Das Grundstück war ursprünglich der rückwärtige Bestandteil von Karlstraße 7. Es wurde erst nach dem Zweiten Weltkrieg mit der Neugestaltung des Kapuzinerplatzes, wie bei Kapuzinerplatz 5 beschrieben, als Baugrundstück ausgewiesen.
Marianne Radi, geb. Dahlem, erbte das Grundstück Karlstraße 7 von ihren Eltern. Das Haus mit einem Teil des Gartens vermachte sie ihrer Tochter. Einen Teil des Gartens zum Kapuzinerplatz behielt Frau Radi, um dort ein neues Wohnhaus bauen zu lassen. Am 11. November 1959 erhielt sie die Baugenehmigung, und im Oktober 1960 war der Neubau fertiggestellt und konnte bezogen werden.

Beschreibung

Neubau von 1960

Dreigeschossiges Wohnhaus mit einseitigem Walmdach. Im Erdgeschoß fünf Achsen. In der zweiten Achse von rechts Hauseingang mit vier vorgelegten Sandsteinstufen. Haustür und Fenster sind mit schmalen Sandsteingewänden umrahmt. Über die gesamte Breite der Fassade läuft im ersten und zweiten Obergeschoß ein Balkon mit schmiedeeisernem Brüstungsgeländer. In jedem der beiden Obergeschosse eine Fünf- und eine Dreifenstergruppe mit Balkontür.

Eigentümer

1959 bis 1961 Marianne Radi, geb. Dahlem,
1961 bis 1982 Marianne Radi und Ehemann Peter Radi,
    seit 1983 Marianne Radi, Alleineigentümerin.

b) gerade Hausnummern – Seite zur Hanauer Straße

Kapuzinerplatz 2   Flurstück Nr. 570/1

Neubau von 1980/81

Eckgebäude einer Gruppe von drei Häusern am Kapuzinerplatz. Zweigeschossig mit steilem, ausgebautem Dach. Traufe zum Platz.
Im Erdgeschoß gekuppeltes Fenster und breiter Hauseingang. Im Obergeschoß ebenfalls ein gekuppeltes Fenster. In der Achse des Eingangs ist ein gering vorspringender Erker mit zwei Fenstertüren. Im Dachbereich Abschluß des Erkers durch abgewalmtes Zwerchhaus, ebenfalls mit zwei Fenstertüren.

Eigentümer

    seit 1987 Friedolin Nöth und Ehefrau Veronika, geb. Bauer.

Kapuzinerplatz 4   Flurstück Nr. 570/2

Siehe Kapuzinergasse 4

Kapuzinerplatz 6   Flurstück Nr. 570/3

Siehe Kapuzinergasse 6

Kapuzinerplatz 8   Flurstück Nr. 556, 557, 558, 559, 560

Siehe Kapuzinergasse 3

4. Häuser und Bewohner, die nicht den bestehenden Hausnummern zugeordnet werden können

1590 setzt Johann Stoll den fünften Teil seiner Behausung auf dem Schutz, neben Michael Webers[1] Garten und der Scheune des Johann Nenter gelegen, zum Unterpfand für einen Kredit vom Hospital ein[2].

1602 setzt der Schiffmann Johann Nenter eine Behausung auf dem Schutz, unten an Christoph Kirschbachs Witwe, hinten an die Erben des Johann Seitz stoßend, zum Unterpfand für einen Kredit vom Hospital ein[3].

Nach dem Ratsprotokoll vom 5. April 1731 geht das Haus des Johann Peter Geibig in der Kapuzinergasse an den Tabakspinner Christoph Hornung für 152 fl.[4].

---

[1] *Friederichs*, S. 62, Nr. 104; *Amrhein*, Prälaten, S. 196.
[2] StaA, B 66, S. 15.
[3] Ebd., S. 16.
[4] Ebd., Ratsprot. 1731, S. 147.

Abb. 9: Karlstraße 23, Rekonstruktionsversuch. Erbaut um 1550.

XXIX. Karlstraße

1. Topographie – Benennung – Allgemeines
2. Häuserverzeichnis
    a)   ungerade Hausnummern – Seite zum Schloß
    b)   gerade Hausnummern – Seite zur Friedrichstraße
3. Häuser und Bewohner, die nicht den bestehenden Hausnummern zugeordnet werden können
4. Fassadenabwicklungen
5. Lagepläne für Kapuzinergasse, Kapuzinerplatz und Karlstraße

1. Topographie – Benennung – Allgemeines

Die Karlstraße, die eigentliche Verlängerung der Strickergasse, beginnt an der heutigen Erthalstraße, macht am Kapuzinerplatz einen Bogen und mündet in die Hanauer Straße.
Der vom Scharfeck ausgehende heutige Straßenzug Steingasse – Strickergasse – Karlstraße zur Hanauer Straße war früher Teilstück einer wichtigen Fernstraße, die mainabwärts von Aschaffenburg nach Hanau und Frankfurt führte. Steingasse und Strickergasse entstanden spätestens mit der Bildung der nördlichen Unterstadt. Auf dem Lageplan von Merian aus dem Jahr 1646[1] ist die Vorstadt beiderseits der Karlstraße bereits ummauert.
Zu Beginn des 14. Jahrhunderts befanden sich nach Kittel[2] auf der Nordseite der Karlstraße nur zwei Erbleihhöfe mit Faselvieh. Die Bauern hatten die Verpflichtung, für die kurfürstliche Hofhaltung Fleisch und Milch zu liefern. Felder und Gärten erstreckten sich zu beiden Seiten der Straße. Die Gehöfte waren mit Mauern umschlossen. Es siedelten sich in der Gegend Wirtshäuser mit Herbergen an. Auf der Schloßseite ließen sich auf schmalen Grundstücksparzellen Handwerker[3] nieder.
Der Merian-Plan von 1646, der die Stadtbefestigung darstellt, hat auch die „Dingstall-Vorstadt" eingezeichnet. Dabei handelt es sich um den Bereich zwischen dem offenen Schöntal, heute beiderseits von Friedrich- und Weißenburger Straße begrenzt, und dessen Verlängerung zum Main, dem Main und dem Geländeeinschnitt, in welchem heute der Schloßberg und die untere Erthalstraße liegen. Dementsprechend wurden die heutige Karlstraße damals Dingstallstraße und das die Straße abschließende Tor Dingstalltor genannt. In anderen Unterlagen steht als Straßenbezeichnung auch Strickergasse. Auf dem Stadtplan von 1809 ist der Name „Capuzinergasse" mit abschließendem „Capuzinertor" zu lesen. Dies läßt auf die Bedeutung des 1626 im Dingstallviertel entstandenen Kapuzinerklosters schließen, das von der Karlstraße aus erreicht werden konnte.
Die beiden letzten Erzbischöfe von Mainz, Friedrich Carl Joseph von Erthal (1774–1802) und sein Nachfolger Carl von Dalberg (1802–1803), schenkten dieser Ausfallstraße große Bedeutung.
Seit 1810 heißt die Straße offiziell „Carlstraße". Namensgeber war Fürstprimas (1806–1813) und Großherzog von Frankfurt (1810–1813) Carl von Dalberg (1744–1817).

---

[1] Abb. bei *Wirth*, Abb. 6.
[2] *Kittel*, Sonst, S. 18/19.
[3] Besonders Häfner bevorzugten die Gegend am Stadtende wegen der Brandgefahr.

Vor allem Dalberg nahm während seiner Regierungszeit[4] maßgeblichen Einfluß auf die Bebauung der Straße. Es ist anzunehmen, daß der kurfürstliche Architekt Emanuel Joseph von Herigoyen mit der Planung befaßt war[5], denn er legte 1803 die neue Straßenlinie fest[6].

Einen Ausschnitt der damals bestehenden alten Bebauung dokumentiert eine Zeichnung des Hoftünchermeisters Franz Wilhelm Köhler von 1809[7]. Zu sehen sind zwischen den klassizistischen Neubauten Karlstraße 2 und 8 (Karlshof) ein kleines, erdgeschossiges Doppelhaus und ein zweigeschossiges Gebäude, giebelständig, mit Mauer und Toreinfahrt. Die kleinen Häuser waren in sehr schlechtem, abbruchreifem Zustand[8]. Sie sollten abgerissen und die Bauplätze versteigert werden.

An den Ankauf von Baugrundstücken zwischen Erthalstraße, der Stadtmauer entlang der heutigen Friedrichstraße und der Karlstraße an Private wurden Bedingungen geknüpft. Wegen der Optik der neuen Häuser beauftragte 1810 Dalberg Zivilbauinspektor Konrad Brüger, die Fassaden privater Neubauten zu entwerfen[9]. Die großherzogliche[10] Kasse kam für die Plankosten auf. Nach Bereinigung des Geländes sollten die neuen Grundstücke nach diesem Plan bebaut werden. Zum Anreiz für Neubauten wurden Prämien ausgezahlt.

Auch Landbauinspektor Wolfgang Streiter[11] fertigte verschiedene Entwürfe für die Neugestaltung der Karlstraße. Die Munizipalräte David Reuter und Alexander Strecker hatten Gärten in der Gegend der Karlstraße gekauft. Sie traten 1811 Teile ihrer Flächen ab, damit eine gerade Baufluchtlinie bis zum Karlstor gezogen werden konnte[12].

1826 wurde die Baulücke zwischen den heutigen Anwesen Karlstraße 2 und 8 nach den Plänen Streiters geschlossen[13]. 1839 entstand als Abschluß dieser Häuserreihe Karlstraße 12.

So gelang im ersten Drittel des 19. Jahrhunderts auf der Nordseite der Karlstraße die planmäßige Erneuerung einer Häuserzeile von ca. 120 m Länge. Die herrschaftlichen Gebäude waren, der Zeit gemäß, klassizistisch geprägt, und jedes einzelne von hoher architektonischer Qualität. Sie waren von wohlhabenden Familien bewohnt, wie von den Freiherren von Cunibert und von Gemmingen, Fabrikbesitzer Alois Dessauer, Staatsrat Franz Ignaz Heinrich

---

[4] Dalberg hat kraft seiner Position das kulturelle Leben der Stadt gefördert und geprägt. Vgl. dazu die Veröffentlichungen über Dalberg von *Hans-Bernd Spies* im Literaturverzeichnis.
[5] StAWü, MRA, Bausachen 31–35, Fasc. III.
[6] Ebd., MRA, LG 3495.
[7] Ebd., 2774: Die Zeichnung liegt im Original vor.
[8] HStA Wi, Abt. 371/1548.
[9] *Mader*, S. 315.
[10] Das Fürstentum Aschaffenburg gehörte zwischen 1810 und 1814 zum Großherzogtum Frankfurt.
[11] *Mader*, S. 315, Anm. 1.
[12] HStA Wi, Abt. 371/1548.
[13] Abb. bei *Mader*, S. 318, Fig. 259.

Hefner. Das Haus der Familie von Hertling in der Karlstraße wurde zu einem kulturellen Mittelpunkt. Heinrich Freiherr von Papen, der im Karlshof wohnte, ließ auf seine Kosten sogar Fassaden kleinerer Häuser auf der gegenüberliegenden Straßenseite renovieren, um das Straßenbild zu verschönern.

Auf dem Urkataster von 1845 werden die Straße „Carlsstraße" und der Bereich um das frühere Stadttor „Carlsthor" genannt. Der Torturm an der Ecke Karlstraße/Hanauer Straße war 1805 abgebrochen worden.

An der Mauer entlang der Karlstraße zwischen den Häusern Karlstraße 12 und 14 stand an der Straße ein öffentlicher Brunnen. 1867 wurde zur Entwässerung des Terrains vom Karlstor bis zum Anwesen Karlstraße 10 ein Kanal in die Straße verlegt.

Mit der beginnenden Industrialisierung in der zweiten Hälfte des 19. Jahrhunderts, dem Anschluß der Stadt an die Eisenbahn im Jahr 1854 und der damit verbundenen Entstehung des Bahnhofbereichs verlor die Karlstraße ihre einstiges Ansehen. Sie geriet sogar in eine abseitige Lage der Stadt.

Im Zweiten Weltkrieg erlitten etliche Gebäude der Karlstraße durch Luftangriffe und Artilleriebeschuß schwere Schäden. Nur die Häuser Karlstraße 2 und 6 weisen heute noch auf die ehemals herrschaftliche Bebauung hin. Die baugeschichtliche und stadtgeschichtliche Bedeutung der Karlstraße wurde beim Wiederaufbau nicht erkannt und berücksichtigt.

2. Häuserverzeichnis

a) ungerade Hausnummern – Seite zum Schloß

Karlstraße 1   (Lit. B 83)   Plan-Nr. 520

Geschichte

Bis 1810 gehörte zu diesem Anwesen als Garten- und Hoffläche das Grundstück Lit. B 83$^{1}/_{2}$. Eigentümer, Tünchermeister Franz Wilhelm Köhler, verkaufte den unbebauten Teil seines Besitzes als Bauplatz an Haushofmeister Georg Sodi. So entstand die spätere Karlstraße 3.

Im Jahr 1812 wurde das Haus Karlstraße 1 wegen der „Verlassenschaft des Hoftünchers Franz Wilhelm Köhler" versteigert. Zu dieser Zeit waren die Anwohner Anton Menten (Schloßberg 2) und Katharina Köhler, die Witwe des Vikariatspedell Joseph Köhler (Karlstraße 3)[1].

---

[1] Depart.Bl. Nr. 57 v. 18. Juli 1812.

Bäckermeister Dominikus Hofmann erwarb 1812 das Anwesen. Im Juli 1831 wollte er im Hof einen Backofen einrichten. Doch die Nachbarn, Katharina Köhler (Karlstraße 3) und Staatsrat Franz Ignaz Heinrich von Hefner (Karlstaße 7), verweigerten ihr Einverständnis. Zwischen dem Haus der Witwe Köhler und dem des Staatsrats Hefner lag noch das Haus des Leinenwebers Adam Heinrich (Karlstraße 5). Der Magistrat erteilte zunächst keine Genehmigung[2]. Bäcker Hofmann nahm dies nicht hin und beschwerte sich bei der Regierung. Am 28. November 1831 stimmte die Regierung dem Bau eines Backhauses mit Wohnhaus im Hinterhof zu, nachdem bereits der Magistrat am 23. September 1831 seine Einwilligung gegeben hatte. Frau Köhler beschwerte sich noch bis in den April 1832, jedoch ohne Erfolg[3].

1835 mußten die Bäckerseheleute Dominikus Hofmann und seine Ehefrau Eva, geb. Bopp, wegen Verschuldung das Anwesen verkaufen. Der damalige Wert betrug 1.700 fl. Nach dem zweiten Versteigerungstermin am 26. August 1835 erwarb der königliche Advokat Hermann Joseph Karl Roßmann das Haus für 1.200 fl.[4]

1841 beabsichtigte der neue Eigentümer, Kaffee- und Weinwirt Matthias (Matthes) Oberle, einen Neubau zu errichten. Magistratsrat Franz Martin Weber und Professor Karl Ludwig Louis führten eine Ortsbesichtigung durch. Nach Plan von Peter Adam Hornung, Maurer- und Steinmetzmeister, war die Haustreppe unnötigerweise „auf die Straße gelegt" worden. Gemeint waren dabei die auf den Gehsteig gelegten Außenstufen. Einwände gegen diesen Bau kamen wieder von den Nachbarn. Dieses Mal waren es Polizeioffizier Josef Anton Köhler im Namen seiner Mutter Katharina Köhler (Karlstraße 3) und Hoftüncher Anton Köhler (Schloßberg 2).

Anton Köhler protestierte wegen des gemeinsamen Rails: Er habe Dachtrauf und Fenster in den Rail, der mindestens 3 Schuh[5] breit bleiben müßte. Köhler und der Bauherr Oberle kamen so überein, daß Köhler die Verbauung des Rails gestattet wird und dafür Oberle für die Ableitung des Dachwassers aufkommt. Falls Köhler bauen wolle, dürfe er die Wand des Oberle als gemeinsame Mauer benutzen. Am 11. September 1841 erhielt Oberle die Genehmigung von der Regierung von Unterfranken in Würzburg, vorausgesetzt, er verlege die Treppe ins Haus. Der Neubau wurde jedoch nicht ausgeführt. 1842 wurde Oberle noch als Hauseigentümer von Karlstraße 1 im Zusammenhang mit dem Kauf des Hauses Sackgasse 6 genannt[6].

---

[2] StaA, Mag.Prot. v. 21. Juli 1831.
[3] StAWü, Reg.Ufr, Abgabe 1943/45, Nr. 720.
[4] Ebd., LG AB, Zivils. 255.
[5] 3 Schuh (Bayer. Maß seit 1814) = 87,56 cm.
[6] StAWü, LG AB 609.

1864 Einbau eines russischen Kamins im steinernen zweistöckigen Rückgebäude.

1865 wurde für den damaligen Eigentümer, Schreinermeister Anton Wiesenhöfer, die Fassade umgestaltet und die Wohnung neu eingeteilt. Der Plan stammte von Zimmermeister Johann Hofmann.

Ignaz Wiesenhöfer, Eigentümer seit 1894, ließ nach Plan von Baumeister Johann Scheuermann einen Wohnhausneubau errichten.

Beschädigung des Anwesens im Zweiten Weltkrieg bei Bombenangriffen durch Luftdruck und Artilleriebeschuß[7].

Nachdem die Stadt das Haus erworben hatte, diente es u. a. als Domizil der bis zu ihrem Tod , am 3. Dezember 1997, in Aschaffenburg lebenden Malerin Elisabeth Dering[8].

Beschreibung

Altbau von 1835

1835 stehen auf dem Grundstück ein zweistöckiges Haus mit gewölbtem Keller, zwei Schweineställe und im Hof ein neues, massives Backhaus, erbaut 1831.

Im Erdgeschoß Stube, Küche und Kammer. Im Obergeschoß Stube, Kammer und ein zum Kochen eingerichteter Kamin[9].

Fassade bis 1865 giebelständig zur Karlstraße, zweigeschossig, je Geschoß ein gekuppeltes Fenster. Rechts zu Karlstraße 3 Mauer mit Eingang zum Hof.

Umbau von 1865

Das Dach wird gedreht und ist jetzt traufständig. Die Fassade ist zweistöckig aus rotem Sandstein in gleichen Schichten. Die Steine sind mit Randschlag versehen, die Bosse vermutlich abgespitzt. Drei Fensterachsen. Im Erdgeschoß, auf der Seite zu Karlstraße 3, ist der Eingang zu den Wohnungen, in der mittleren Achse befindet sich der Ladeneingang und daneben ist ein Schaufenster mit Brüstung. Im Obergeschoß sind drei gleiche Fenster. Alle Öffnungen haben einfache, glatte Gewände. Das Dach ist ausgebaut und hat zwei verschieferte Gauben.

---

[7] *Stadtmüller* II, S. 364.
[8] Elisabeth Dering-Völker, geb. Spethmann (1921-1997), war eine Urenkelin des Dichters Theodor Storm aus Husum. Nachruf AZ v. 6. Dezember 1997, S. 25.
[9] Siehe Anm. 4.

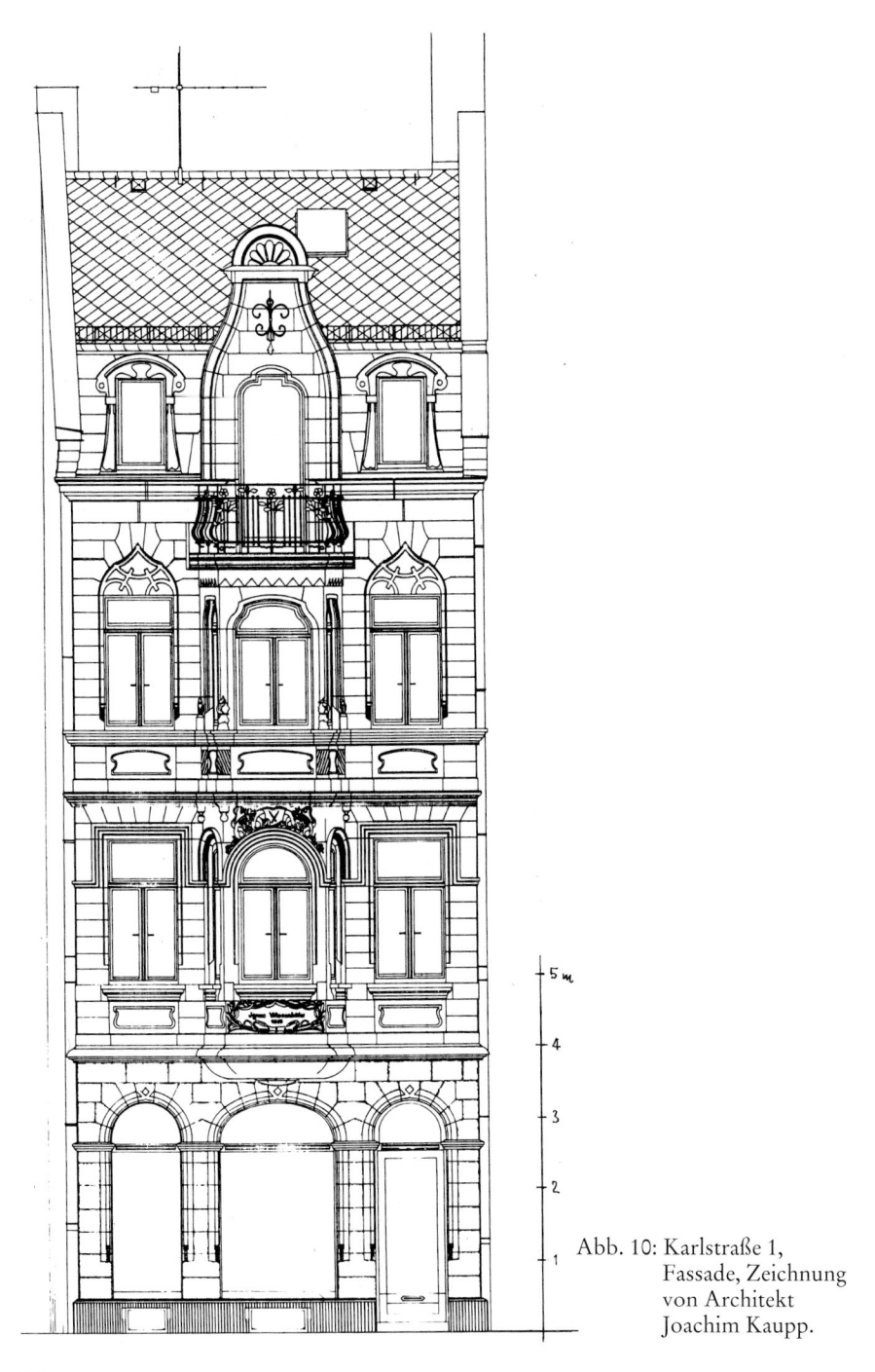

Abb. 10: Karlstraße 1,
Fassade, Zeichnung
von Architekt
Joachim Kaupp.

Neubau von 1903

Traufständig, dreigeschossig mit Kniestock und ausgebautem Dach. Fassade aus Sichtmauerwerk in grauem Sandstein, drei Fensterachsen, mittlere Achse in den Obergeschossen als Erker ausgebildet. Oberer Erkerabschluß als Balkon für die Dachwohnung. Die Geschosse sind mittels Gurtgesimsen getrennt. Im Dachgeschoß Zwerchhaus mit Gauben beiderseits.
Im Erdgeschoß Hauseingang auf der Seite zu Karlstraße 3, in der mittleren Achse Schaufenster, links daneben ein Fenster. Alle drei Öffnungen mit Korbbogenabschluß. Die übrigen Fenster in den Obergeschossen sind mit historisierenden Motiven umrahmt.
Über dem Schaufenster, unter dem Erker, Bauinschrift: „Ignaz Wiesenhöfer 1903". Im Erker, zwischen dem ersten und zweiten Obergeschoß, die Worte „ora et labora".

Eigentümer

1794/1812	Franz Wilhelm Köhler, Hoftüncher,
1812 bis 1835	Dominikus Hofmann, Bäcker,
1835 bis 1836	Hermann Joseph Karl Roßmann[10], königlicher Advokat,
1836 bis 1841	Josef Anton Köhler, Tünchermeister,
1841 bis 1843	Matthias (Matthes) Oberle, Schankwirt,
1843 bis 1844	Jakob Mittnacht, Speisewirt,
1844/1850	Barbara Streit[11],
1865 bis 1888	Anton Wiesenhöfer[12], Schreiner,
1888 bis 1894	Christian Weinlein, Metzger,
1894 bis 1944	Ignaz Wiesenhöfer, Metzger, und Ehefrau Maria, geb. Orschler,
1944 bis 1953	Maria Wiesenhöfer[13], Witwe des Ignaz W.,
1953 bis 1956	Anton Wiesenhöfer, Metzger, und Franziska Wiesenhöfer, Bankbeamtin, Kinder des Ignaz W., in Erbengemeinschaft,
1956 bis 1972	Anton Wiesenhöfer, Wäschereibesitzer, und Ehefrau Anna Maria, geb. Keimel, aus Elsenfeld,
1972 bis 1974	Anna Maria Wiesenhöfer, Witwe des Anton W., Alleineigentümerin,
1974	Josef Max Wiesenhöfer, Sohn von Anton und Anna Maria W.,
1974 bis 1998	Stadt Aschaffenburg,
seit 1998	Stefan Dreisbusch.

---

[10] StaA, HR, R1, S. 47: Hermann Joseph Karl Roßmann (geb. 1790), verh. mit Theresia La Roche (geb. 1800), 5 Kinder.
[11] Barbara Streit kam von Hörstein.
[12] St. Agatha, Trauungsmatr. v. 1860: Anton Wiesenhöfer, verh. mit Eva, geb. Schmitt.
[13] Maria Wiesenhöfer überschrieb 1953 ihren Kindern das Anwesen. Sie starb 1955.

Karlstraße 3   (Lit. B 83¹/₂)   Plan-Nr. 521

Geschichte

Karlstraße 3 war zu Beginn des 19. Jahrhunderts noch nicht bebaut und gehörte als Garten- und Hoffläche zu Karlstraße 1.
Eigentümer von Karlstraße 1 war zu dieser Zeit Tünchermeister Franz Wilhelm Köhler. Dieser verkaufte den Bauplatz (Lit. B 83¹/₂) an Haushofmeister Georg Sodi. 1810 erwarb Josef Köhler, Bruder des Franz Wilhelm Köhler, das Gelände, das damals den Wert von 1.500 fl. hatte, durch Ausübung des ihm zugestandenen Abtrittsrechtes.
Josef Köhler wollte bauen. Nachbar des Grundstückes war Adam Heinrich (Karlstraße 5). „Die Heinrichin hat einen ekelhaften alten baufälligen Stall an der Straße".
Zu Heinrich bestand ein gemeinsamer Rail, den Köhler verbauen sollte. Die Heinrichs waren damit nicht einverstanden, sie wollten auch nicht mitbauen. Landbaumeister Wolfgang Streiter machte am 26. April 1810 folgende Feststellung:
Der Bauplatz Köhler hat 24 Schuh[1] in der Fassade. Zu Karlstraße 5 ist ein Rail von 8 Schuh Breite und 18 Schuh Tiefe[2], der zum Haus des Leinenwebers Adam Heinrich gehört. Zwischen Karlstraße 5 und Karlstraße 7 ist ein zweiter Rail. Der dritte Rail befindet sich zwischen Karlstraße 1 und Karlstraße 3. Ein vierter Rail ist zwischen Karlstraße 1 und Schloßberg 2, dem Haus von Maria Eva Menten, der Witwe des Anton Menten[3]. Das Haus des Leinenwebers Heinrich (Karlstraße 5) ist äußerst baufällig und elend.
Auf Grund dieser Situation schlug Streiter folgendes vor: Köhler soll den Rail von Heinrich kaufen und so bauen, daß, wenn Karlstraße 5 neu gebaut wird, beide Häuser zusammen ein ganzes Haus bilden[4].
Nur für einen langfristigen Vorschuß von 1500 fl. wollte Dorothea Heinrich am 4. Mai 1810 dem Bauvorhaben Köhlers zustimmen.
Am 30. Mai 1810 trat ein Gremium des städtischen Ober- und Unterbauamtes zusammen. Dabei wurde beschlossen, das neue Haus (Karlstraße 3) dreigeschossig zu bauen, bei Fensterbreite von 3¹/₂ Schuh[5]. Der Rail zwischen Karlstraße 3 und Karlstraße 5 sollte geteilt werden, d.h., Köhler sollte 4 Schuh[6] bekommen.

---

[1] 24 Schuh = 6,90 m.
[2] 8 Schuh = 2,30 m, 18 Schuh = 5,18 m.
[3] St. Agatha, Sterbematr. v. 1810, S. 96: Anton Menten starb 1810 im Alter von 60 Jahren.
[4] Der Kostenvoranschlag für die Neubebauung von Karlstraße 5 war mit 3528 fl. berechnet worden.
[5] 3¹/₂ Schuh = etwas über 1 m.

Da die Heinrichs noch nicht bauen wollten, wurden ihnen 55 fl. zugebilligt, „um ihr Häuschen anstreichen zu können". Als Auflage mußten sie den Stall verlegen und die Fenster erweitern, da der Rail um die Hälfte enger wurde.

Joseph Köhler begann noch 1810 nach einem neuen Plan von Zivilarchitekt Konrad Brüger mit dem Neubau. Die Baukosten beliefen sich nunmehr auf 5800 fl.[7].

Nach dem Ableben Köhlers bat am 9. Januar 1812 seine Witwe Katharina Köhler um Gewährung einer Prämie.

Pfarrer Jakob Köhler, nach dem Tode seiner Mutter Katharina Miterbe des Anwesens, wurde 1859 Alleineigentümer. Er ließ 1860 auf dem Grundstück eine Halle errichten[8].

Fruchthändler Matthäus Orschler, der das Haus 1861 für 5000 fl. erworben hatte, beabsichtigte, den Neubau zu vergrößern. Fabrikant Kaspar Marzell, Verwalter von Karlstraße 7, erhob dagegen Einspruch[9].

1864 stand das zweistöckige aus Stein erbaute Hinterhaus, und Orschler ließ einen russischen Kamin einrichten. 1896 erhielt das Gebäude den Kanalanschluß zum Schloßberg.

Im Zweiten Weltkrieg wurden das Haupthaus und das Rückgebäude zerstört[10].

1954 wurde durch das Architekturbüro Willi Goldhammer und Anton Schmitt ein Wohn- und Geschäftshaus gebaut, in das das genannte Architekturbüro einziehen sollte. Noch während der Bauzeit ergab sich aber dann eine günstige Gelegenheit, dieses in die Erbsengasse 9 zu verlegen. Anstelle der geplanten Büroräume entstanden ebenfalls Wohnungen.

Facharzt Dr. Franz Zöller, Eigentümer seit 1959, ließ im Erdgeschoß seine Praxisräume einrichten.

Beschreibung

Neubau von 1810

Dreigeschossig, traufständig. Straßenfassade in hammerrechtem Schichtmauerwerk von rotem Sandstein. Vier Fensterachsen in gleichen Abständen. Im Erdgeschoß auf der Seite zu Haus Nr. 7 der Eingang. Über dem Erdgeschoß und dem ersten Stock glattes Gurtgesims. Die hohen Fenster dazwischen stehen auf einem profilierten Brüstungsgesims. Das Brüstungsgesims im zweiten Stock ist ohne Profil. Die Öffnungen im Erdgeschoß und im zweiten Obergeschoß haben einfache Gewände. Die Fenster im ersten Stock sind durch profi-

---

[6] 4 Schuh = 1,15 m.
[7] StAWü, LG AB 2824.
[8] StaA, Mag.Prot. v. 9. Juli 1860.
[9] Ebd., v. 11. September 1862.

lierte Gewände betont. Vermutlich war beabsichtigt, die Fassade zu verputzen.

Neubau von 1954

Traufständig, viergeschossig, mit ausgebautem Dach, verputzt.
Im Erdgeschoß neben Karlstraße 1 zurückliegender Hauseingang mit drei Differenzstufen. Anschließend fünf Fenster mit gleichen, engen Abständen. Über dem Erdgeschoß Gurtgesims.
In den Obergeschossen sieben Achsen mit hochformatigen Fenstern in enger Reihe. Brüstungsband im ersten Obergeschoß mit Handwerkssymbolen in Sgraffitotechnik. Über dem Eingang die Inschrift „Gerechtigkeit schafft Frieden". Im vierten Obergeschoß statt des mittleren Fensters Sgraffito, die Hausfassade darstellend.
Typischer Entwurf der fünfziger Jahre von Alois Grimm.

Eigentümer

1810 bis 1812 Josef Köhler, Vikariatspedell,
1812 bis 1854 Katharina Köhler, Witwe des Josef K.,
1854 bis 1859 Kinder der Katharina Köhler, Erbengemeinschaft,
1859 bis 1861 Jakob Köhler[11], Pfarrer, Alleineigentümer,
1861 bis 1897 Matthäus Orschler[12], Schiffer und Fruchthändler, und Ehefrau Anna, Kauf um 5000 fl.,
1898 bis 1945 Georg Orschler, Getreidehändler, Sohn des Matthäus O., und Geschwister[13],
1945 bis 1954 Roeser Erben[14],
1954 bis 1959 Anton Schmitt, Dipl.-Ing., und Willi Goldhammer, Architekt,
seit 1959 Dr. med. Franz Zöller, Facharzt, und Ehefrau Hildegard, geb. Sommer.

---

[10] *Stadtmüller* II, S. 364.
[11] Jakob Köhler war zuletzt Pfarrer in Oppau/ Rheinland-Pfalz.
[12] StaA, HR, O, S. 47: Matthäus (Mathäus) Orschler (1825-1897), verh. mit Anna Maria Barbara, geb. Schneider (1840-1883), 8 Kinder.
[13] Ebd. und S. 123: Georg Orschler.
[14] Nachkommen des Matthäus Orschler.

Karlstraße 5   (Lit. B 84)   Plan-Nr. 522

Geschichte

Das Anwesen, das 1625 und spätestens wieder seit 1690 mit einem Haus bebaut war, aber 1661 nur als Hausplatz bezeichnet wurde, war dem Baufonds der Muttergottespfarrkirche mit 30 kr. grundzinspflichtig.
Nach den Baurechnungen werden folgende Besitzer genannt:
1625 Andreas Heckmann, dann Lorenz Bleidenstein[1], 1661/1690 Adam Pflug, Waagenmeister[2], spätestens 1713/14[3] und 1746 Johann Eppstein, seit 1747 dessen Witwe, seit 1751 Peter Kunckel, dann 1760[4] und noch 1768 dessen Witwe[5], spätestens seit 1770 und noch 1776 Prokurator Schneider[6]. 1781 zahlte auch Leinenweber Josef Lebert noch 30 kr.[7].
Der große Garten, der sich von der Karlstraße bis entlang zum „Viehhof" (Schloßberg 4) erstreckte, wurde 1804 abgetrennt, bebaut und als eigenständiges Grundstück (später Karlstraße 7) ausgewiesen.
Adam Heinrich und seine Frau Dorothea hatten das alte Anwesen von Josef Leberts Witwe übernommen. Das Haus und der Stall zur Straße waren 1810 in einem sehr schlechten baulichen Zustand[8]. Unterlagen über einen Neubau oder auch Renovierungsarbeiten liegen nicht vor.
1865 ließ Eigentümer Jakob Eisenecker durch Fensterversetzen die Fassade ändern[9].
1883 wurden für die Erben des Jakob Eisenecker, für die Geschwister Eisenecker, neue Kamine und Abortanlagen eingerichtet. Das Nebengebäude wurde als unbewohnbar bezeichnet.
Margarethe Eisenecker, eine Tochter von Jakob Eisenecker, war verheiratet mit Bierbrauer Georg Greß. Am 17. Januar 1876 erwarb Greß den Erbanteil von seiner Frau. 1885 beabsichtigte er, im Haus eine Schankwirtschaft zu eröffnen. Da in der ganzen Gegend, ausgenommen im Hopfengarten, keine Bierausschankstelle vorhanden war, fand er bei den umwohnenden Hausbesitzern Unterstützung für sein Vorhaben.
Beim Umbau zur Wirtschaft entstanden im Erdgeschoß zur Straße neue Außenwände mit neuer Fenstereinteilung. 1887 baute Greß ein Hinterge-

---

[1] StAWü, R 40563.
[2] Ebd., R 34886 und R 40564.
[3] StaA, R v. 1713/14.
[4] StAWü, R 34888.
[5] UlF, KirchenbauR v. 1763-1768.
[6] Ebd. v. 1770-1780.
[7] StAWü, R 35891.
[8] Ebd., LG AB 2824.
[9] StaA, Mag.Prot. v. 16. März 1865.

bäude. Es schloß sich dem Anbau des Haupthauses an und reichte bis zum Schloßberg. Der Anbau wurde 1889 umgebaut. Das Haupthaus ließ Greß 1893 abreißen, nachdem er Alleineigentümer geworden war, und setzte an die Stelle einen Neubau.
Die Wirtschaft bestand bis 1903. Nachfolgender Eigentümer, Valentin Schwind, errichtete 1903 anstelle der Wirtschaft einen Metzgerladen.
Durch Bombenangriffe und Artilleriebeschuß im Zweiten Weltkrieg wurden das Vorderhaus und die Seitengebäude beschädigt[10].

Beschreibung

Altes Haus bis 1893

Zweigeschossig, giebelständig zur Karlstraße, Rail auf beiden Seiten. Obergeschoß und Giebeldreieck verputztes Fachwerk.
1885 im Erdgeschoß bauliche Änderungen durch Einrichtung eines Wirtschaftslokals. Erneuerung der Außenwand, massiv, zur Karlstraße. Auf der Seite zu Haus Nr. 7 Eingang zu Wirtschaft und Wohnung. Daneben auf einem Brüstungsgesims vier Fenster in gleichen Abständen. Im ersten Stock links ein gekuppeltes Fenster, rechts eine Dreifenstergruppe. Im Giebel unterhalb des Kehlgebälks Dreifenstergruppe, außermittig; darüber sitzt ein gekuppeltes Fenster.
Im Erdgeschoß Lokal und Küche mit Verbindung zum Anbau. Im Obergeschoß drei Zimmer, Küche und Kammer, die im Anbau liegt.

Neubau von 1893

Traufständig und dreigeschossig mit ausgebautem Dach. Drei Fensterachsen, die mittlere als Risalit geringfügig vorgezogen.
Im Erdgeschoß, auf der Seite von Karlstraße 3, gekuppelte Wandöffnung, der linke Teil als Eingang, der rechte als Fenster mit Sandsteinbrüstung. In der mittleren und rechten Achse gekuppeltes Fenster mit Sandsteinbrüstungen. Profilierte Sandsteinumrahmungen, Segmentbögen mit Kämpfersteinen und Schlußstein. Wandflächen mit drei Sandsteinbändern gegliedert, Felder aus gelben Blendsteinen. Über dem Erdgeschoß Gurtgesims.
Im ersten Obergeschoß gekuppeltes Fenster in der Mittelachse; beiderseits einfache Fenster. Alle Fenster mit profilierten Sandsteingewänden, gerader Verdachung, Solbank mit angedeuteten Konsolen, Brüstungs- und Kämpferband.

---

[10] *Stadtmüller* II, S. 364.

Abb. 11: Karlstraße 5, Neubau von 1893.

Fenster im zweiten Obergeschoß wie im ersten, jedoch über den geraden Stürzen gemauerte segmentförmige Entlastungsbögen. Alle freien Wandflächen sind mit gelben Blendsteinen verkleidet.

Heute, 2001, in der mittleren Achse des Erdgeschosses moderne Schaufenster und Ladentür.

Eigentümer

1781/1803	Josef Lebert[11], Leinenweber,
1804	Witwe Lebert,
1810/1849	Adam Heinrich, Leinenweber, und Ehefrau Dorothea[12],
1849	Dorothea Frey,
1865 bis 1876	Jakob Eisenecker[13], Schlossermeister, dann dessen Ehefrau Dorothea,
1876 bis 1892	Erben Eisenecker[14] und Georg Greß[15], Bierbrauer und Gastwirt,
1892 bis 1903	Georg Greß, Alleineigentümer,
1903 bis 1910	Valentin Schwind, Metzger,
1910 bis 1919	Sebastian Schwind, Ziegeleibesitzer,
1919 bis 1920	Karl Kern und Frieda, geb. Meidel, Gastwirtseheleute,
1920 bis 1941	Justin Schulz und Anna, geb. Reich, Milchhändlerseheleute,
1941 bis 1950	Anna Schulz, Alleineigentümerin,
1950 bis 1980	Alfred Schulz, Kaufmann,
1980 bis 1989	Anna Maria Schulz, geb. Klein,
seit 1989	Heinz und Anita Schulz.

---

[11] St. Agatha, Sterbematr. v. 1803, S. 32: 1803 Tod von Joseph Lebert, 66 Jahre, „civ. et linitextor".
[12] StaA, HR, H1, S. 51: Adam Heinrich (1775-1860), verh. mit Dorothea, geb. Weber (1777-1852).
[13] Ebd., E1, S. 76: Jakob Eisenecker (1815-1869), verh. mit Dorothea Frey (1815-1876), 4 Kinder.
[14] Johann Adam und Juliane Eisenecker (2/3). Das Drittel von Margarethe Greß, geb. Eisenecker, erwarb ihr Ehemann Georg Greß.
[15] Ehemann von Margarethe Greß, geb. Eisenecker. StaA, HR, G1, S. 293: Georg Greß (1849-1911), verh. mit Margarethe Eisenecker (1852-1915).

Karlstraße 7 (Lit. B 84¹/₂)
> Plan-Nr. 523 Wohnhaus mit Seitenflügel
> Plan-Nr. 524 Hausgarten
> Plan-Nr. 541 Baumgarten im englischen Stil
> Plan-Nr. 555 Weinberg am Schutz (1806-1875)

Geschichte

Karlstraße 7 war ursprünglich das Gartengrundstück zu Karlstraße 5 und wurde erst 1804 abgetrennt. Der große unbebaute Garten reichte von der Karlstraße und endete entlang dem herrschaftlichen Viehhof.
Aron Baruch (Alois) Dessauer und Zimmermeister Franz Hirsch kauften damals den Garten der Witwe des Leinenwebers Josef Lebert (Karlstraße 5) ab. Bereits am 4. Juni 1804 legten sie dem Magistrat den Antrag zu einem Neubau vor. Der Standplatz des neuen Wohnhauses sollte an der Karlstraße hinter der Gartenmauer zwischen dem neuen Haus des Häfnermeisters Sebastian Hagel (Karlstraße 9), welches Leutnant Adam Weritz bewohnte, und dem Haus der Witwe Lebert, Karlstraße 5, sein.
Das Erdgeschoß soll aus Stein gebaut werden und das Obergeschoß aus Holz. Ortstermin findet am 9. Juni 1804 statt. Die Straßenlinie richtet sich nach dem 1802 erbauten schmalen Haus von Häfnermeister Hagel und der Ecke des Hauses von Anton Menten, Schloßberg 2. An der Fassade wird von Seiten des Gutachters „alles Schöne im Gegensatz zu den Häusern Reuters (Karlstraße 2) und Streckers (Karlstraße 8) vermißt".
Erzbischof Kurfürst Friedrich Carl Joseph von Erthal (1774-1802) zieht 1797 aus Sicherheitsgründen vor den Franzosen mit seinem ganzen Regierungsapparat von Mainz nach Aschaffenburg. So kommt auch Staatsrat Franz Ignaz Heinrich (1814: von) Hefner hierher. Er kauft für sich und seine Familie das bereits im Rohbau stehende Haus der Firma Hirsch & Dessauer und läßt es fertigstellen. Hefner bittet um eine Prämie, die er auch am 12. Dezember 1804 im Wert von 100 fl. erhält. Somit werden noch Verschönerungen vorgenommen, wie der Puttenfries am Hauptgesims und die Verdachungen über den drei mittleren Fenstern im Obergeschoß[1].
Am 30. Mai 1805 richtet Hefner einen Brief an die kurfürstliche Landesdirektion. Er schreibt, daß sich nächst seinem Haus zum Viehhof eine Dole befindet, die vor mehreren Jahren auf Kosten der Stadt gebaut worden sein soll. Der Kanal sammelt die Abwässer der Gegend von Kapuzinergasse und Treibgasse, endet aber am Eingang des herrschaftlichen Viehhofs. Dadurch gießt der

---
[1] StAWü, MRA, LG 2778.

Kanal gerade gegenüber seinem, Hefners, Haus „die Unreinigkeiten aus, die sich zu stinkenden, modernden Sümpfen sammeln". Hefner will auch die genaue Grenze seines Besitzes zum Viehhof hin bestimmt haben. Direktionsrat Adolf Josef Molitor schlägt vor, Hefner den ganzen Abhang zu überlassen, dafür solle er den Kanal in und über seinen nunmehrigen Besitz fortführen. Dies wird so am 25. Juni 1805 beschlossen: Hefner soll „das Eigentum des Abhanges im herrschaftlichen Viehhof von dem Eck des gegenwärtigen Gebäudes [Viehhof] bis an das Einfahrtstor in gerader Linie übertragen bekommen"[2]. Das Haus in der Karlstraße, für Hefners Ansprüche bald zu klein, kann nicht erweitert werden, da die Nachbarn zu beiden Seiten nicht gewillt sind, auch nur einen Quadratmeter abzutreten. Der Wohnraum kann nur vergrößert werden, indem Hefner einen rückwärtigen Bau hochziehen läßt. Am 28. Mai 1806 erhält er die Genehmigung zum Bau für ein Rückgebäude mit Einfahrt vom Schloßberg, Stallung und Remise gegen den herrschaftlichen Viehhof gerichtet[3].

Den anstoßenden Teil des Stadtgrabens gibt Erzbischof Kurfürst Carl von Dalberg (1802-1813) an Hofrat Bernhard Sebastian Nau, Professor der Staatskunde, der als Sachverständiger eine Zuckerfabrik anlegt[4]. Da es unter den Nachbarn Grenzstreitigkeiten gibt, läßt Dalberg eine neue Grenzlinie ziehen. Dabei profitiert Hefner. Auf der vergrößerten Anlage entstehen „Terrassen mit Obstbäumen, Blumenstauden, Laubgängen etc., die Rückwand des Ganzen war durch hohe Tannen, Akazien, Platanen etc. hergestellt, welche die Nachbarhäuser deckten"[5].

„Einige Jahre später erwarb Hefner den dieser Anlage gegenüberliegenden Weinberg, gen. am Schutz [Plan-Nr. 555], der sich bis an die Mauern des Kapuziner Klosters erstreckte. Terrassenanlage und Weinberg waren in ihrer Tiefe durch einen schmalen Weg getrennt, der zum Main führte"[6].

Am 8. April 1851 wendet sich Hefners Sohn, Professor Jakob Heinrich von Hefner, an den Magistrat. Vor seinem Hoftor am Viehberg befindet sich ein Einfall, worauf Zimmermann Bernhard Hofmann einen Deckel macht. Der Wasserabfluß aus Hefners Garten und Hof fließt gegen den „Katzenberg"[7] ab und nicht auf die Straße. Der fragliche Einfall hat somit für Hefner keinen Nutzen. Nun will Hefner wissen, ob nicht weitere Verbindlichkeiten daran geknüpft werden sollen. Es wird festgestellt, daß es sich nicht um einen Einfall

---

[2] Ebd., 3132.
[3] Ebd., 2898.
[4] Bei *Grimm* II., S. 458 heißt es irrtümlich Professor Edmund Nau. Edmund Nau war der Sohn des Bernhard Sebastian Nau und ist 1814 erst Student in Aschaffenburg. Vgl. *Scherg*, Das Schulwesen, S. 504 unter 6. „Naus Adelung und Auszeichnungen".
[5] *Hefner-Alteneck*, Lebenserinnerungen, S.25.
[6] Ebd.
[7] Der Katzenberg ist mit dem späteren Straßenzug Karlsberg identisch.

für das Wasser der Straßenrinne, sondern um eine Einstiegsöffnung zu dem darunter hinwegziehenden Kanal handelt. Dieser Kanal kommt vom städtischen Brunnen am Vetterschen Haus, Strickergasse 21. Er zieht dann unter einem Teil des Viehbergs, dessen Pflaster vom königlichen Budget unterhalten wird, und geht dann weiter in das Eigentum des Herrn von Hefner und wird weiter unten gegen den Katzenberg wieder offen. Hefner ist nicht verpflichtet den Deckel zu zahlen.

Professor Hefner zieht im Mai 1852 nach München. Er verkauft für 11.000 fl. das väterliche Anwesen in der Karlstraße und den Weinberg an den Weinwirt Franz Josef Marzell[8]. Marzell stirbt 1854. Sein ältester Sohn Michael, 1853 geboren, ist zu dieser Zeit erst ein Jahr alt. Deshalb verwaltet bis zu dessen Volljährigkeit sein Onkel, ein Bruder des Franz Josef, Kaspar Marzell[9], der spätere Besitzer der Steingutfabrik Damm, das Grundstück.

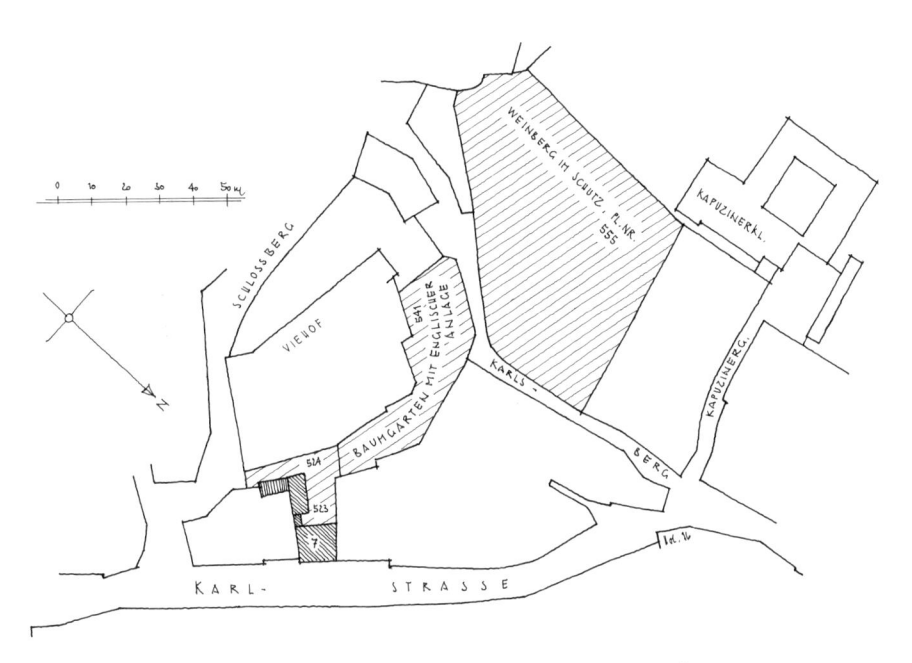

Abb. 12: Karlstraße 7, Ausdehnung des Grundeigentums von 1806 bis 1875.

---

[8] *Stenger*, Damm, S. 153, Anm. 79.
[9] StaA, HR, M1, S. 19: Kaspar Marzell (1821-1890) heiratete seine verwitwete Schwägerin Anna Maria, geb. Kopf, und wurde dadurch zugleich auch der Stiefvater von Michael Marzell.

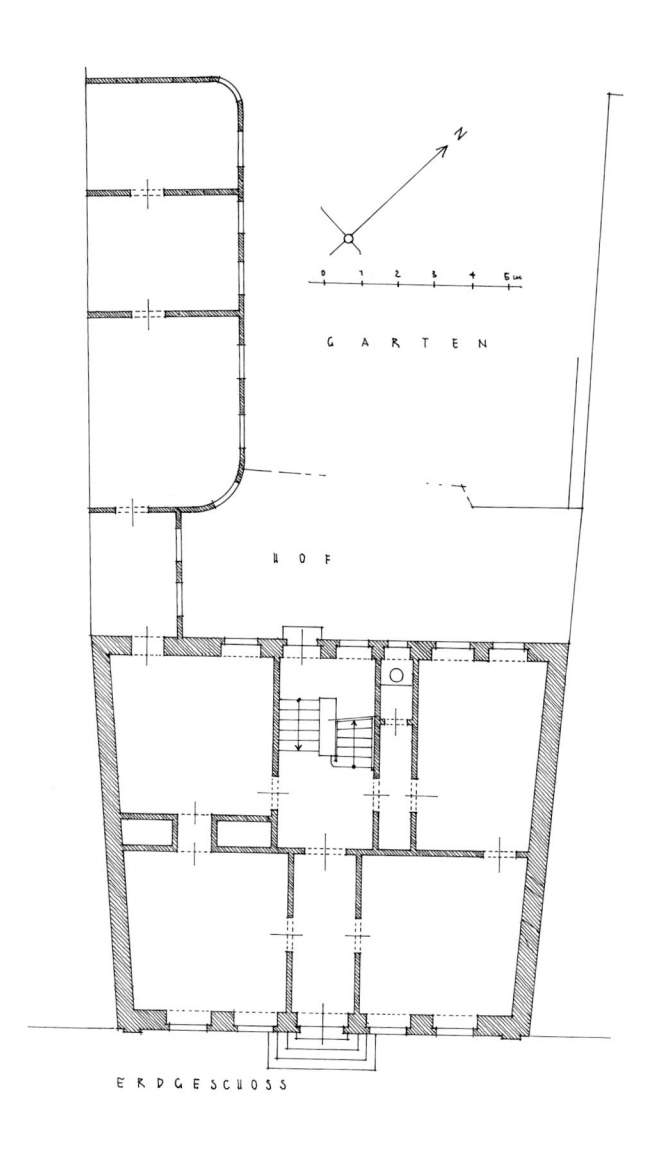

Abb. 13: Karlstraße 7, Erdgeschoßgrundriß bis 1883.

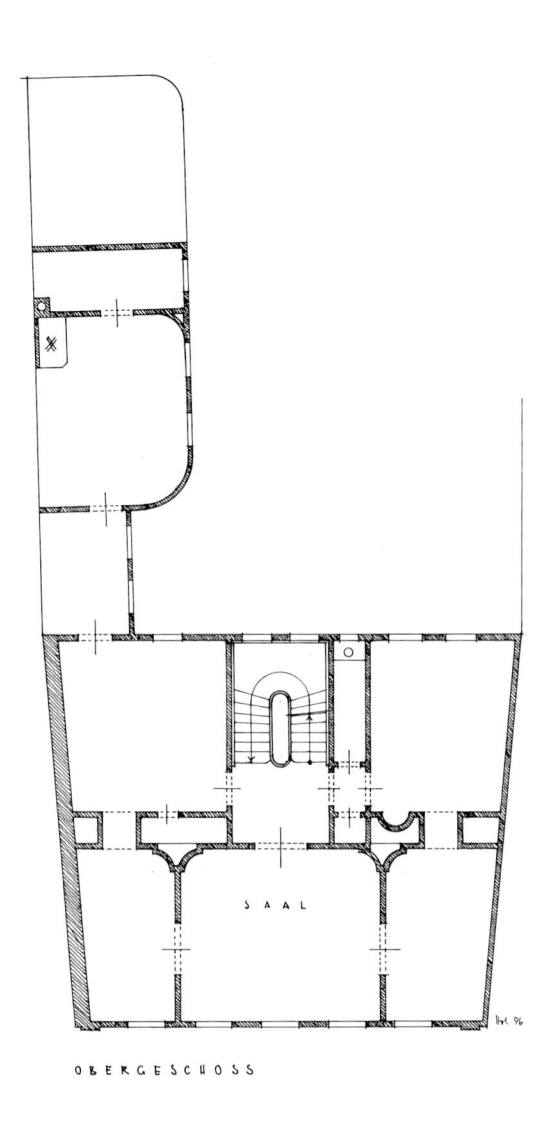

Abb. 14: Karlstraße 7, Obergeschoßgrundriß bis 1883.

1870 bekommt Fabrikbesitzer Kaspar Marzell, bis 1874 noch Vormund für Michael Marzell, einen Wasserbehälter beim Viehhof genehmigt.
1875 kauft Gemüsehändler Johann Orschler den Weinberg im Schutz[10]. Das restliche Grundstück mit den Häusern und Anlagen erwirbt August Frankenberger, der bereits Eigentümer von Karlstraße 9 ist.
1883 läßt Frankenberger sein Wohnhaus nach einem 1882 gezeichneten Plan von Architekt Hermann Reichard umbauen. Der Hauseingang wird von der Mitte nach links verlegt. Das Treppenhaus vom Haupthaus kommt in den Zwischenbau zum Hinterflügel. Einbau neuer russischer Kamine anstelle von deutschen Kaminen. Von den tiefgezogenen französischen Fenstern beläßt er nur die mittleren drei, die übrigen Fenster erhalten normale Brüstungen. Der Abort kommt in den Seitenflügel. Nach dem Plan von Georg Härtl wird 1883 zusätzlich der hintere Teil des Seitenflügels auf zwei Stockwerke aufgestockt. Der zum Karlsberg gelegene Teil des Rückgebäudes wird erst vier Jahre später unter Eigentümer Heinrich Dahlem erhöht. Heinrich Dahlem, der auch kurze Zeit Mit- bzw. Besitzer der Dämmer Porzellanfabrik ist, läßt 1887 den ehemaligen Stall, vermutlich Pferdestall, umbauen und aufstocken.
Im Zweiten Weltkrieg werden das Haupthaus und das Rückgebäude beschädigt[11]. Dabei wird der klassizistische Puttenfries vernichtet.
Bereits 1946 entwirft Baurat Hans Sachse einen Plan zum Wiederaufbau des Anwesens. Zunächst ist nur ein Dach über dem Erdgeschoß vorgesehen. 1949 wird das erste Obergeschoß und 1955 das zweite Obergeschoß von der Firma Johann Scheuermann erstellt.

Beschreibung

Wohnhaus von 1804

Traufständig, Erdgeschoß massiv, Obergeschoß in verputztem Fachwerk mit niedrigem Kniestock. Die fünfachsige Fassade ist von flachen Lisenen begrenzt. Zweiflügeliges Portal mit Außenstufen in der Mittelachse. Alle Fenster sind glatt gerahmt. Die Fenster im ersten Obergeschoß haben als sogenannte französische Fenster niedrige Brüstungen mit Gitter. Die drei Mittelfenster in diesem Geschoß sind durch gerade Verdachungen mit Konsolen und Scheitelsteinen im Sturz besonders betont. Der Kniestock ist durch einen mit Putten verzierten Fries kaschiert.
Im Erdgeschoß zur Straße beiderseits des Eingangflurs je ein großes Zimmer. Zum Hof Treppenhaus sowie Neben- und Wirtschaftsräume.
Das Obergeschoß besitzt zur Straße in der Breite von drei Achsen einen Saal, zu beiden Seiten kleinere Nebenräume, zum Hof Küche und Nebenräume.

---

[10] Vgl. *Grimm* II, Karlsberg, S. 471, 472.
[11] *Stadtmüller* II, S. 364.

Abb. 15: Karlstraße 7, Entwurf für den Wiederaufbau von Baurat Hans Sachse 1946.

Seitenflügel von 1806

Er war auf der Seite zu Karlstraße 5, ursprünglich wohl nur eingeschossig mit Pultdach, später in Abschnitten aufgestockt. Der eigentliche Seitenflügel ist durch ein kurzes schmäleres Zwischenglied mit dem Wohnhaus verbunden. Die Gebäudeecken sind abgerundet. Die Räume dienten ursprünglich als Remisen, Pferdestall, Futterkammer und für ähnliche Bedürfnisse. Nach der Aufstockung wurden die Zimmer zur Aufbewahrung der Kunstsammlung des Eigentümers verwendet[12].

Nebengebäude

Im rechten Winkel zum Seitenflügel steht ein Nebengebäude auf der rückwärtigen Grundstücksgrenze zu Haus Nr. 5, das bis zur Grundstückseinfahrt am Schloßberg reicht.

Garten und Weinberg am Schutz

Auf der Mainseite des Hauses Garten im englischen Stil. Das Grundstück erstreckt sich vom Schloßberg bis zum Karlsberg und ist ca. 95 m lang und im Mittel 20 m tief. Hinter dem Wohnhaus ist ein Springbrunnen[13].
Der Weinberg am Schutz, großer Baum- und Weingarten mit Gartenhaus, liegt zwischen der Straße, die bis 1945 unter dem Namen „Karlsberg" bestand, und dem Gelände des Kapuzinerklosters.

Wohn- und Geschäftshaus von 1949/55

Dreigeschossiges Gebäude mit ausgebautem Dach. Beiderseits der Fassade Lisenen bis zum profilierten Dachgesims. Fünf Fensterachsen. Die Fenster im ersten Obergeschoß haben niedrige Brüstungen. Im Erdgeschoß in der ersten Achse zu Haus Nr. 5 Eingang zu den Wohnungen, in der vierten und fünften Achse Schaufenster und Ladeneingang.

Eigentümer

      bis 1803 Josef Lebert[14], Leinenweber, dann seine Ehefrau,
1804   Aron Baruch (Alois) Dessauer[15] und Franz Hirsch,

---

[12] Bei *Stenger*, Steingutfabrik Damm, sind Haus und Grundriß von Karlstraße 7 abgebildet: Abb. 29 und Abb. 30.
[13] Vgl. dazu *Hefner-Alteneck*, Lebenserinnerungen, S. 24.
[14] Siehe Karlstraße 5, Anm. 11.
[15] StaA, HR, D, S. 5.
    Aron Baruch Dessauer wurde 1763 in Gochsheim/Baden geboren. Er war verheiratet mit Anna

1804 bis 1846 Franz Ignaz Heinrich von Hefner[16], königlich bayerischer Staatsrat,
1846 bis 1852 Dr. Jakob Heinrich von Hefner[17], Professor,
1852 bis 1874 Franz Josef Marzell[18], Handelsmann, dann seine Witwe Anna Maria,
1874 bis 1875 Karl Michael Marzell[19],
1875 bis 1885 August Frankenberger, Bäckermeister,
1885 bis 1904 Heinrich Dahlem[20], Privatier,
1904 bis 1947 Kinder des Heinrich Dahlem,
1947 bis 1983 Marianne Radi, geb. Dahlem,
seit 1983 Christa Hoyer und Regina Helfrich, Töchter der Marianne D.

Elisabeth David (1775-1819). Sie hatten vier Söhne. Im HR ist nur der jüngste Sohn (geb. 1805) eingetragen; der Geburtsname von Elisabeth ist irrtümlich mit „Weimann" angegeben. Dessauer war Hofbankier und Militäradmotiator (Heereslieferant) Dalbergs. Zusammen mit Franz Hirsch erwarb Dessauer, seit 1804 Papierhändler, Karlstraße 7. StaA, AN, C-D-E: Handelsmann Alois Dessauer aus Gochsheim bittet 1805 um die Annahme als Bürger. Im Jahre 1811 begründete er in Aschaffenburg die „Alois Dessauer'sche Buntpapierfabrik". Dessauer und seine Familie waren israelitischer Abstammung. Nach St. Agatha, Taufmatr. v. 1805, S. 74 tritt er mit seiner Familie am 23. August 1805 zum Katholizismus über und nimmt den Namen Alois Joseph an.

[16] Franz Ignaz Heinrich von Hefner (1756-1846), großherzogl. frankf., dann kgl. bayer. Staatsrat, in 2. Ehe verh. mit Margarethe, geb. Göbhardt (1775-1825), 3 Kinder. Hefner wurde am 22. November 1814 in den bayer. Adelsstand erhoben.

[17] Jakob Heinrich von Hefner (1811-1903), verh. mit Elisabeth Amalie Franziska Pauli, (1818-1887), vgl. St. Agatha, Trauungsmatr. v. 1837, S. 67. Er erhielt 1856 durch König Maximilian II. von Bayern zur Verhütung von Namensverwechslungen den Beinamen Alteneck. Hefner, Altertumsforscher und Kunstmaler, zog 1852 nach München, wird General-Konservator der Kunstdenkmale und Altertümer Bayerns und bis zu seiner Emeritierung 1885 Direktor des Bayer. Nationalmuseums. Vgl. *Hefner-Alteneck*, Lebenserinnerungen, München 1899. *Pollnick*: AB Straßennamen, S. 45.

[18] StaA, HR, M1, S. 174: Franz Josef Marzell (1822-1854), Kaufmann, verh. mit Anna Maria, geb. Kopf (geb. 1825), 2 Kinder: Carl Michael und Josef. Vgl. *Mader*, S. 212, Nr. 163: Grabstein der Familie Marzell.

[19] StaA, HR, M1, S. 307: C(K)arl Michael Marzell (1853-1925): Dr. med. Polizeiarzt, zog 1888 nach München. Sein Bruder Josef (geb. 1854), Privatier, starb 1917 in München.

[20] Ebd., HR, D, S. 138: Heinrich Dahlem (1824–1904), 6 Kinder.

Karlstraße 9 (Lit. B 84³/₄) Plan-Nr. 525

Geschichte

Bis 1802 war die spätere Karlstraße 9 (Plan-Nr. 525) ein Teil von Karlstraße 11 (Plan-Nr. 526) und gehörte Burkard Schäfer.
Seine Witwe, Katharina Schäfer, gab 1802 dem Schwiegersohn Sebastian Hagel dieses Grundstücksteil. Darauf, jetzt Karlstraße 9, baute Hagel ein sehr

schmales Haus mit nur drei Fenstern[1]. Im Garten seiner Schwiegermutter, in Karlstraße 11, stand noch ein Brennofen. Mit Einwilligung der Nachbarn ließ er ihn in seinem eigenen Garten aufstellen[2].

Der spätere Eigentümer, Kaminkehrer Christian Winkler, errichtete 1837 einen zweiten Stock auf dem rückwärtigen Bau. Die Giebelseite dieses Hinterbaus grenzte an Karlstraße 7. Zu Karlstraße 11 mußte eine Feuerwand, 1 Schuh über dem Dach, gebaut werden[3].

Nach dem Tod Winklers erbten seine Kinder. 1849 wurde das Anwesen versteigert. Meistbietender war Bäckergeselle Johann Münch mit 3000 fl.[4]

Münch wollte gleich eine Backstube einrichten. Da er 1849 noch Geselle war, verhandelte deshalb für ihn Bäcker Adam Münch mit der Nachbarin Ottilie Schäfer (Karlstraße 11) wegen der Benutzung der gemeinschaftlichen Mauer. Münch wollte eine eigene Mauer auf seinem Grund bauen. Dr. Jakob Heinrich von Hefner (Karlstraße 7) wehrte sich gegen dieses Vorhaben aus folgenden Gründen:

1. Von Hefner müßte, da es in den letzten Jahren in der Stadt nur bei Bäckern gebrannt habe, eine sehr hohe Feuerversicherung wegen seiner Kunstgegenstände in seinem Haus eingehen.
2. Auch befürchtet er eine Schädigung der Kunstgegenstände durch Rauch an den Gemälden, Kupferstichen, Miniaturen und vielen Gegenständen von blankem Metall, womit seine Zimmer angefüllt sind.

Er selbst rauche in diesen Zimmern nicht und verwende nur ganz feines Öl zur Beleuchtung.

Schon vor 30 Jahren beschwerte sich Hefners Vater bei der Stadt, weil am selben Platz ein Töpfer seinen Brennofen hatte und „der alle drei Wochen einmal brannte". Sein Vater erhielt damals von der Stadt die Antwort, „daß man an diesem Ort nie mehr einen mit Feuer arbeitenden Gewerbsmann dulden werde".

Am 6. November 1849 erstellte Professor Ludwig Louis ein Gutachten. Normalerweise gehe der Rauch durch den Kamin über Hefners Dach hinweg. Nur bei ungünstiger Witterung könne die Gefahr einer Belästigung bestehen. Der Schornstein war 18 Schuh, d. h. 5,25 m, über dem Dach. Das Backhaus grenzte direkt an Karlstraße 11. Zwischen Hefners Haus und dem Backhaus war noch der Hof. Am 26. November 1849 bekam Bäckermeister Münch trotz der

---

[1] StaWü, MRA, LG 2778. Nach Auskunft von Karl Berninger befand sich bis zum Abbruch 1975 ein alter Stein am Haus mit der Jahreszahl 1802. Dieser Stein ging beim Hausneubau leider verloren.
[2] StaWü, MRA, LG 2762.
[3] StaA, Mag.Prot. v. 1. Juni 1837.
[4] StaWü, LG AB 774.

Einwände Hefners die Errichtung des Backhauses bei seinem Wohnhaus gestattet[5].

Auch August Frankenberger, seit 1861 Eigentümer, war Bäcker. Er ließ nach Erwerb des Hauses sogleich eine Halle im Hof errichten. 1872 wurden im Erdgeschoß des Wohnhauses zwei Ladenfenster gestaltet, d. h. nur die Dekoration, Umrahmung, Gesimse etc. ausgeführt. Die Fenster wurden dabei nicht vergrößert. Erst 1892 ließ sein Nachfolger, Bäckermeister Peter Wenzel, ein Schaufenster einbauen. Vermutlich erfolgte mit dieser Baumaßnahme auch die Aufstockung des Hauses um ein zweites Obergeschoß[6].

Das Anwesen, besonders das Rückgebäude, wurde im Zweiten Weltkrieg durch Luftdruck in der Nähe explodierender Bomben und durch Brandbomben teilweise zerstört[7].

Ein Plan von 1946 zum Wiederaufbau der zerstörten Gebäudeteile sah für das Rückgebäude wieder zwei Stockwerke vor. Es wurde jedoch nur eine Hohlkörperdecke als Dach über dem Erdgeschoß ausgeführt.

Die Bäckerei wurde nach Kriegsende aufgegeben. Der Laden als Verkaufsstelle für Backwaren blieb bis 1973 bestehen.

1958: Verhandlungen mit den Nachbarn wegen Kaminbaus im Rückgebäude. Genehmigung 1958.

1975 Abbruch des Gebäudes wegen fortgeschrittener Bauschäden. Völliger Neubau 1975 unter Wiederverwendung der alten Haustür.

Beschreibung

Straßenansicht bis 1872 zweigeschossig, traufständig, drei Fensterachsen. Auf der Seite zur Karlstraße 11 Hauseingang mit drei Außenstufen. Gewölbter Keller, Kellereingang von der Straße aus in der ersten Fensterachse.

1872 Vergrößerung der beiden Fenster im Erdgeschoß neben dem Hauseingang.

1892 Aufstockung auf drei Geschosse und Einbau einer neuen Schaufensteranlage.

Im Hof Rückgebäude mit Backstube, Mehlkammer und Halle.

1975 Neubau nach Plänen des Architekten Elmar Bachmann.
Schlichtes, dreigeschossiges Gebäude, traufständig, mit ausgebautem Dach. Drei Achsen mit gleichen Fenstern in liegendem Format. Haustür neben Karlstraße 11, etwas aus der Achse gerückt.

---

[5] StaA, Mag.Prot. v. 26. November 1849.
[6] Bei *Stenger*, Damm, Abb. 29, ist das Haus dreigeschossig. Zeit etwa 1925.
[7] *Stadtmüller* II, S. 364.

Eigentümer

1802/1822 Sebastian Hagel[8], Häfner,
1837 bis 1845 Christian Winkler[9], Kaminfegermeister,
1845 bis 1849 Kinder des Christian Winkler, Erbengemeinschaft,
1849 bis 1858 Johann Münch[10], Bäcker, gesteigert um 3000 fl.,
1858 bis 1861 Margarethe Haus, Witwe des Bäckers und Konditors Ludwig H.[11],
1861 bis 1884 August Frankenberger[12], Bäcker,
1885 bis 1928 Peter Wenzel[13], Bäcker aus Damm,
1928 bis 1974 Juliane Berninger, geb. Wenzel, Tochter des Peter W.,
seit 1974 Karl Theodor Berninger, Kaufmann.

---

[8] St. Agatha, Sterbematr. v. 1822, S. 256: Sebastian Hagel stirbt im Alter von 53 Jahren. *Scherg*, Matrikel v. 1810, Nr. 13, S. 20.
[9] StaA, HR, W1, S. 7: Christian Winkler (1788-1845), verh. mit Elisabeth geb. Kindinger (1793-1855), 4 Kinder.
[10] Ebd., M1, S. 169: Johann Münch (1823-1858), verh. mit Caroline, geb. Haus (1827-1874).
[11] Ebd., HR, H1, S. 82: Ludwig Haus (1798-1848), verh. mit Margarethe Kühnlein (geb. 1804), Tochter Karoline, verh. mit Johann Münch, Bäckermeister.
[12] Ebd., HR, F1, S. 144: August Frankenberger (1831-1911), verh. mit Barbara, geb. Schmidt (1839-1882).
[13] Kauf aus zweiter Hand über Konkurs des Hauses. StaA, HR, W1, S. 241: Peter Wenzel (geb. 1853), verh. mit Juliana Fäth (geb. 1854), 1 Tochter.

Karlstraße 11 (Lit. B 85) Plan-Nr. 526

Geschichte

1794 ist Burkhard Schäfer als Eigentümer des Grundstücks eingetragen. Er stirbt 1802 und seine Witwe, Katharina Schäfer, gibt einen Teil des Grundstücks ihrem Schwiegersohn Sebastian Hagel. Dieser baute dort ein Haus; siehe Karlstraße 9[1].

Christoph, ein Sohn von Burkhard und Katharina Schäfer, erbt das Anwesen von seinen Eltern. Er besitzt das Häfnerrecht für seinen im Garten stehenden Brennofen[2]. 1808 ist er bereits Eigentümer des Hauses und nimmt als solcher

---

[1] StaWü, MRA, LG 2778.
[2] StaA, Mag.Prot. v. 21. Oktober 1850: Hier wird das Häfnerrecht des Christoph Schäfer erwähnt.

bauliche Veränderungen vor. Die Außenfassade bleibt dabei erhalten, doch die innere Aufteilung wird abgeändert[3]. Kurz darauf erhält Schäfer das Bürgerrecht der Stadt.

1809 ist der Wert des Hauses 1000 fl., der Brennofen und die Werkstatt hinter dem Wohnhaus sind 400 fl. wert.

Bei einem beabsichtigten Umbau von 1821 bekommt Christoph Schäfer nur dann die Baugenehmigung, wenn er die Fassade seines Hauses dem Wohnhaus von Sebastian Hagel, Karlstraße 9, angleicht[4].

1839 wird eine nicht näher beschriebene Fassadenänderung von Ottilie Schäfer, der Witwe des Christoph Schäfer, vorgenommen[5].

Eigentümer Paul Michel darf 1850 einen „Abweisstein" anbringen, damit Schädigungen an seinem Haus durch Fuhrwerke vermieden werden[6].

1873 wird eine Schmiedeesse in der Schlosserwerkstatt im Rückgebäude für den Mieter Josef Meßner eingerichtet.

1876 wird die Haustür nach rechts in die vierte Fensterachse versetzt.

1887: Neubau des Rückgebäudes. Das Erdgeschoß der alten Werkstatt bleibt bestehen und wird aufgestockt.

1903: Genehmigung zum Ladeneinbau im Erdgeschoß für Schreinermeister Christoph Kieser.

1912: Einrichtung eines Fischgeschäfts im Erdgeschoß.

Starke Beschädigung im Zweiten Weltkrieg[7].

Das bombenbeschädigte Haus wird zwischen 1947 und 1949 wieder hergestellt.

Beschreibung

1849 erfolgt nachstehendes Angebot:

„Das mit Feuerrecht versehene Anwesen […] bestehend aus: einem zweistöckigen Wohnhause nebst 4 Dachkammern, wovon zwei heizbar, Keller, eingerichteter Häfnerwerkstätte samt Brennofen und Erdkeller beim Hause, Stall, Schweineställen, 3 Speichern, Holz- und Dunglage, dann Hofraum ist aus freier Hand zu verkaufen"[8].

Bis 1876 ist das Haus zweigeschossig, traufständig und hat vier gleiche Fensterachsen. Das Erdgeschoß ist massiv, das Obergeschoß besteht aus konstruktivem, verputztem Fachwerk.

[3] StAWü, MRA, LG 3039.
[4] StaA, Mag.Prot. v. 1. Oktober 1821.
[5] Ebd., v. 21. März 1839.
[6] Ebd., v. 21. Oktober 1850.
[7] *Stadtmüller* II, S. 364.
[8] Intell.Bl. Nr. 350 v. 19. Dezember 1849.

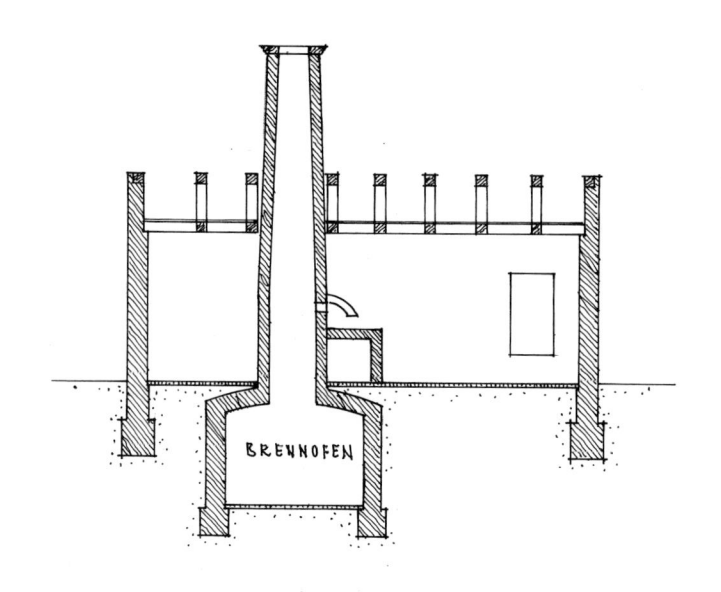

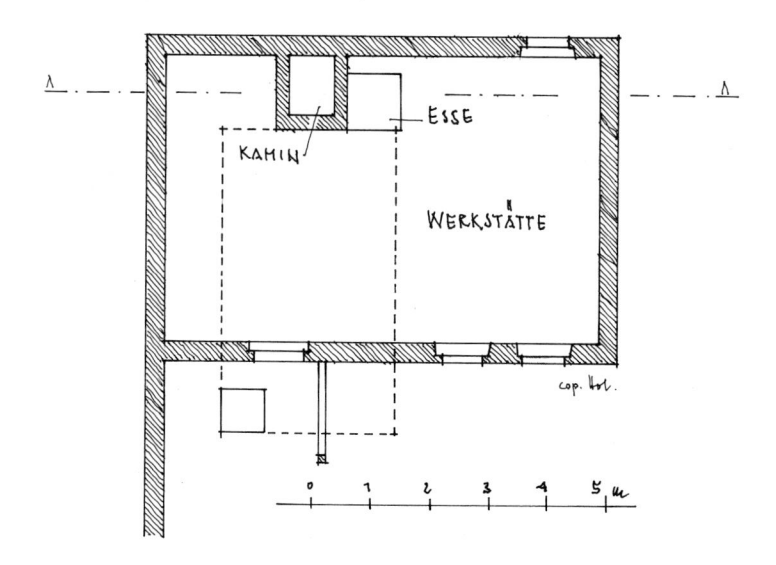

Abb. 16: Karlstraße 11, "Plan über Errichtung einer Schmiedeesse in der Schlosserwerkstätten von Joseph Meßner", 1883, Kopie.

1876 wird der Hauseingang von der dritten Achse in die vierte Achse verlegt.

1903 werden im Erdgeschoß anstelle der beiden ersten Fenster Schaufenster und Ladeneingang eingebaut.

Wiederaufbau 1947 bis 1949

Zweigeschossiger Baukörper mit Kniestock. Das ausgebaute Dach wird von zwei Gauben mit Satteldach belichtet.
Im Obergeschoß werden die vier etwa gleichmäßig angeordneten Fenster erhalten.
Im Erdgeschoß, auf der Seite zu Haus Nr. 9, Schaufenster mit Ladeneingang, in der dritten Achse Fenster und in der vierten Hauseingang.

Eigentümer

1794/1802	Burkhard Schäfer[9], Häfner,
1802	Katharina Schäfer, Witwe des Burkhard Sch.,
1808/1825	Christoph Schäfer[10], Häfner, Sohn von beiden,
1825 bis 1849	Ottilie Schäfer, Witwe des Christoph Sch.,
1850 bis 1851	Franz Paul Michel[11], Aktuar,
1851	Eva Fröhlich[12],
bis 1891	Jean Fröhlich,
1891 bis 1896	Wilhelm Adalbert Eisenecker[13], Tapezierer,
1896 bis 1905	Josefine Siegel[14],
1905 bis 1955	Christoph Kieser[15], Schreiner,
1955 bis 1968	Karl Kieser, Sohn des Christoph K.,
seit 1968	Christa Josefine Holas, geb. Kieser, Tochter des Karl K.

---

[9] St. Agatha, Trauungsmatr. v. 1773, S. 72: Burcardus Schäffer heiratet 1773 Katharina Winter.
[10] StaA, HR, S1, S. 178: Christoph Schäfer (1781-1825), verh. mit Ottilie, geb. Stigler (geb. 1779).
[11] Aktuar = Gerichtsschreiber. St. Agatha, Trauungsmatr. v. 1849, S. 145: Paul Franz Michel (geb. 1817) heiratet Katharina (geb. 1820), die Tochter von Christoph und Ottilia Schäfer. Michel stirbt 1867.
[12] StaA, HR, F1, S. 92: Eva Fröhlich (1831-1910), älteste Tochter von Konditor Franz Fröhlich. Sie heiratet den Häfner Franz Alois Siegel (1820-1895), 8 Kinder, ebd., S1, S. 361. Franz Alois Siegel hatte bis zu seinem Tod Wohnrecht.
[13] Schwiegersohn von Eva Siegel, geb. Fröhlich, und Franz Alois Siegel. Ebd., E1, S. 140: Wilhelm Eisenecker (geb. 1860), verh. mit Eva, geb. Siegel (geb. 1867).
[14] Ebd., S1, S. 361: Josefine Siegel (geb. 1869), Tochter von Eva, geb. Fröhlich, und Franz Alois Siegel.
[15] Schwiegersohn von Eva und Franz Alois Siegel. Ebd., CK1, S. 517: Christoph Adolph Kieser, Schreinermeister, seit 1905 verh. mit Josefine, geb. Siegel.

Karlstraße 13 (Lit. B 86) Plan-Nr. 527

Geschichte

Das Anwesen war der Pfarrei St. Agatha mit $4^{1}/_{2}$ Kreuzer grundzinspflichtig. 1811 wird das Haus des Schreinermeisters Johann Lummel zur Versteigerung angeboten[1]. Margarete, seine Witwe, ist jedoch 1825 noch als Eigentümerin eingetragen.

Kupferschmied Johann Alois Sohn ersteigert 1848 das Anwesen. 1851 bekommt er den Einbau eines zusätzlichen Fensters genehmigt[2].

Schneidermeister Adam Eser, vermutlich Mieter, erhält 1860 eine neue Küche[3]. 1907 beschwert sich ein Mieter im Nachbarhaus Karlstraße 11, Johann Baumberger, wegen der unerträglichen Abortverhältnisse im Haus Karlstraße 13. Nach dem Tod von Bartholomäus Sohn, der Sohn des Johann Alois, erhalten seine Kinder das Haus in Erbengemeinschaft. Erst bis September 1908 sind die widrigen Beanstandungen beseitigt.

1913 kauft Baumeister Ernst Haun, Inhaber des Baugeschäfts Kaspar Schmelzer, das Anwesen. Er will das alte Haus abbrechen lassen, um ein neues Wohnhaus zu errichten. Vor dem Abbruch stellt der Geometer die Abschlußgrenzen zu Karlstraße 15 fest, die keiner der Eigentümer zuvor gekannt hatte. Karlstraße 13 und Karlstraße 15 sind derart baulich verbunden, daß das Haus des Franz Schneider (Karlstraße 15) durch den Abbruch von Karlstraße 13 die Abschlußmauer verlieren muß. Haun verpflichtet sich, die von Schneider benutzte Abschlußmauer abzubrechen und dafür auf der vom Geometer festgestellten Grenze eine Brandmauer neu erstellen zu lassen, durch welche das Schneidersche Anwesen wieder seinen Abschluß erhält. Die Brandmauer bleibt in Eigentum des Grundstücks Karlstraße 13. Schneider und seine Nachfolger erhalten das Recht, an die von Haun neu zu erstellende Brandmauer anzubauen. Der Neubau wird um ca. 1,50 m auf die Bauflucht des Nachbarhauses Nr. 11 zurückgesetzt. Im April 1914 ist er bezugsfertig.

Dach, Fenster, Türen und Wände werden im Zweiten Weltkrieg bei Bombenangriffen beschädigt[4] und nach dem Krieg wieder instand gesetzt.

Johanna Hench, Ehefrau des Bäckers Ludwig Hench, ist nach kurzer Unterbrechung 1950 wieder Eigentümerin des Hauses. Sie verkauft 1954 das Grundstück an Anna Maria Beickert und erwirbt dafür Sandgasse 13, damit sich dort die Bäckerei Hench weiter ausdehnen kann[5].

---

[1] Intell.Bl. Nr. 79 v. 5. Oktober 1811.
[2] StaA, Mag.Prot. v. 14. April 1851.
[3] Ebd., v. 1. März 1860.
[4] *Stadtmüller* II, S. 365.
[5] Vgl. *Grimm* III, S. 270.

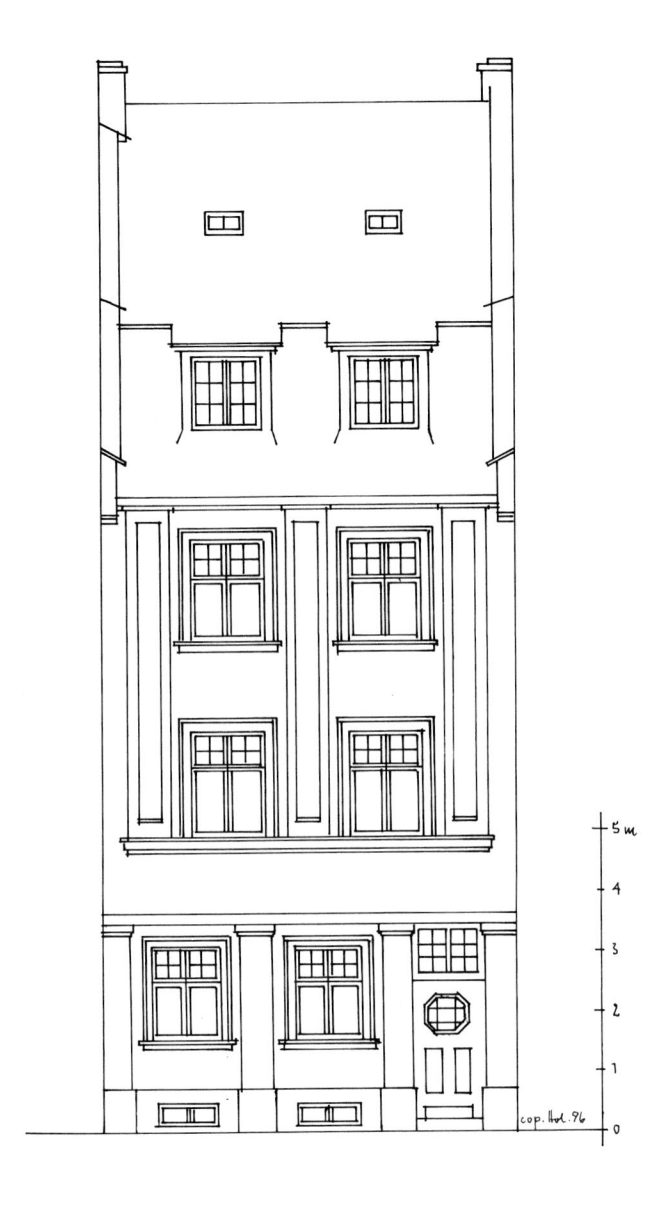

Abb. 17: Karlstraße 13, Straßenansicht nach dem Plan des Baumeisters Ernst Haun, Mai 1913.

6. November 1986: Genehmigung eines Kelleraufbaus auf der Rückseite des Hauses.
7. März 1995 Genehmigung zur Errichtung einer Dachgaube.

Beschreibung

Von dem 1913 abgebrochenen Gebäude existieren weder Pläne noch genauere Ansichten. Im Urkataster liegt zwischen ihm und dem Haus Karlstraße 11 ein Rail. Das alte Haus war zweistöckig, ca. 6^1/$_2$ m breit und 11 m tief. Es stand mit dem Giebel zur Straße.

Neubau von 1913

Etwa 20 m tiefes und 7 m breites Wohnhaus. Auf der Seite zu Haus Nr. 15 teilweise durch einen schmalen Hof belichtet. Dreigeschossig mit Mansarddach. Wohnungen mit vier Zimmern, Küche, kleiner Mädchenkammer, Bad und Aborte getrennt, Balkon.
Ansicht zur Karlstraße traufständig. Im Erdgeschoß vier Pilaster aus rotem Sandstein mit einfachen Abdeckplatten. Eingang auf der Seite zu Haus Nr. 15. In den beiden anderen, etwas zurückliegenden Feldern je ein Fenster.
Im ersten Obergeschoß durchlaufendes Brüstungsgesims, darauf stehend drei Pilaster, die mit einfachen Kapitellen das Dachgesims tragen. In den beiden Feldern zwischen den Pilastern im ersten und zweiten Obergeschoß je ein Fenster. Alle Fenster mit glatter Sandsteinumrahmung.
In der Mansarde zwei Gauben mit je einem gekuppelten Fenster.
Das Haus wurde nach dem Krieg in der oben beschriebenen Form wieder restauriert, nur die Fenster sind ohne Sprossenteilung.

Eigentümer

1794/1811	Johann Lummel[6], Schreiner,
1825	Margarete Lummel[7], Witwe des Johann L.,
1848 bis 1887	Johann Alois Sohn, Kupferschmied, ersteigert um 720 fl.[8],
1887 bis 1906	Bartholomäus Sohn, Kupferschmied,
1906 bis 1911	Erbengemeinschaft Sohn,
1911 bis 1913	Bayerischer Frauenverein zum Roten Kreuz, Zweigverein Aschaffenburg e.V.,
1913 bis 1928	Ernst Haun, Baumeister,
1928 bis 1941	Katharina Haun, geb. Leibl, Witwe des Ernst H.,

---

[6] StaA, HR, L1, S. 48: Johann Lummel, verh. mit Margarete, geb. Kappes (1760-1829).
[7] Ebd., Sterbereg. 1817 mit 1834, S. 186: Margarete Lummel, gest. 1829.
[8] AZ v. 21. Juli 1848: Versteigerung des Lu(o)mmelschen Wohnhauses.

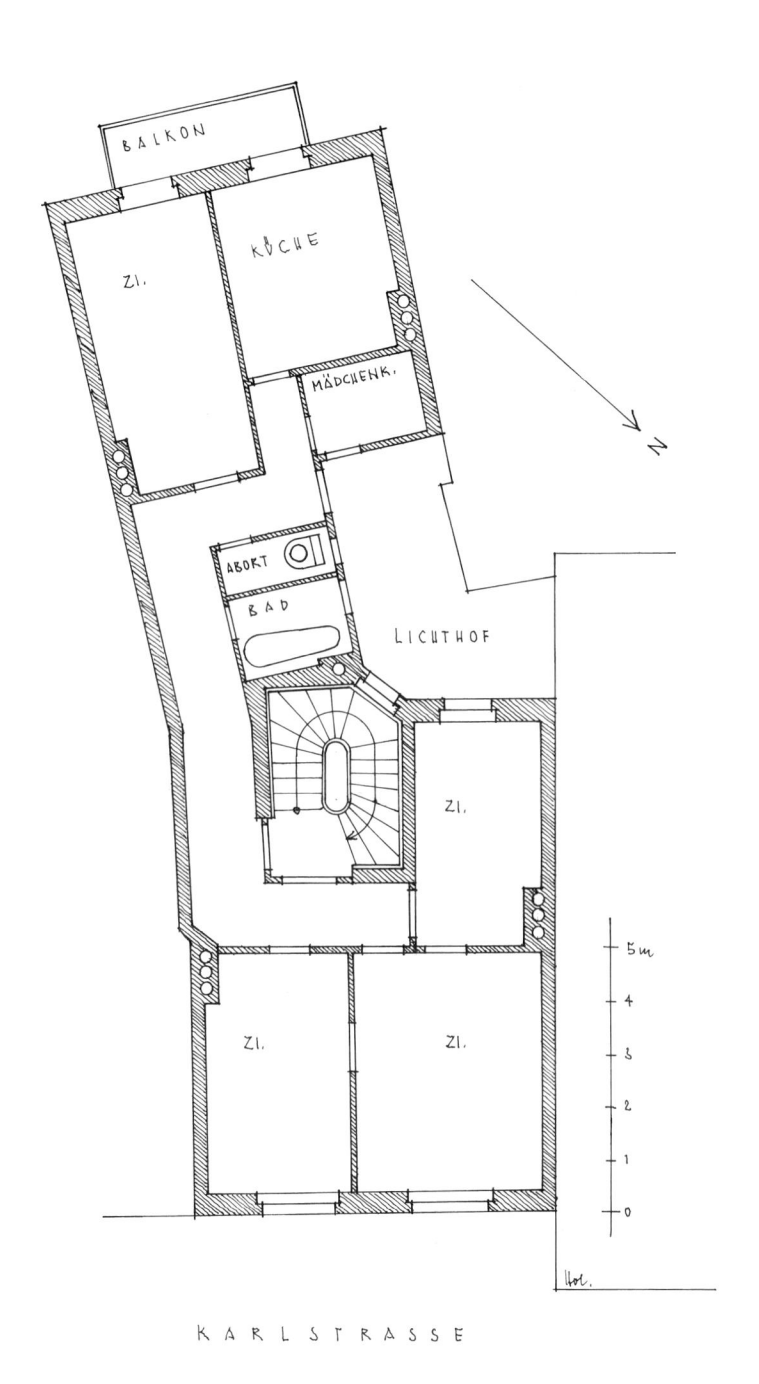

Abb. 18: Karlstraße 13, Grundriß des 1. und 2. Obergeschosses, Mai 1913.

1941 bis 1949 Johanna Hench, geb. Rüd,
1949 bis 1950 Fridolin Berninger und Ehefrau Maria, geb. Lang,
1950 bis 1954 Johanna Hench (Rückkauf),
1954 bis 1970 Anna Maria Beickert, geb. Repp,
1970 bis 1994 Franz Schneider, Installationsmeister,
  seit 1994 Susanne Schneider.

Karlstraße 15 (Lit. B 87) Plan-Nr. 528

Geschichte

Das Grundstück war 4^1/$_2$ Kreuzer grundzinspflichtig an die Pfarrei St. Agatha. Der Wert des Grundstückes 1816: 1050 fl. und 1840: 2100 fl.[1].
1825 erbte Bendermeister Sebastian Klug von seinen Eltern das Haus. Bis 1845 war es in Besitz der Familie Klug. 1845 ersteigerte Peter Illig das Grundstück und läßt 1863 eine Waschküche einbauen[2]. Peter Illig stirbt 1864 und seine Witwe, Theresia Illig, verkauft 1876 das Haus an den Schreiner Wilhelm Friedrich. Unterlagen über bauliche Veränderungen liegen nicht vor.
Seit 1903 ist Eigentümer Franz Schneider. 1931 erwirbt er auch das Nachbaranwesen, Karlstraße 17.
Am 31. März 1945, im Zweiten Weltkrieg, zerstört eine Brandbombe das Wohnhaus und das Rückgebäude mit der Werkstatt total[3].
1947 wird entlang der seitlichen Grundstücksgrenze zu Haus Nr. 13 der Wiederaufbau des zurückliegenden Werkstattgebäudes mit Lager und Notwohnung für den Eigentümer Hans Schneider genehmigt. Im August 1948 wird mit dem Bau begonnen. 1951 ist das Erdgeschoß des Rückgebäudes fertiggestellt.
Durch die nach dem Krieg getroffene Neuordnung der Anwesen Karlstraße Nr. 15, 17 und 19 behält das Rückgebäude von Karlstraße 15 die Plan-Nr. 528, jedoch mit größerem Zuschnitt.
Ein genehmigter Plan zum Bau eines viergeschossigen Hauses auf den Grundstücken Plan-Nr. 528 und 529 (früher Karlstraße 15 und 17) aus dem Jahre 1963 wurde nicht ausgeführt.
1966 wird für das Rückgebäude, das 1951 für Wohnzwecke und als Werkstatt nur notdürftig hergestellt worden war, die Genehmigung zum Einbau einer Wohnung mit drei Zimmern, Küche und Bad/WC erteilt.

---

[1] Vgl. StAWü, Hypb. AB, Bd. I, S. 424.
[2] StaA, Mag.Prot. v. 7. September 1863.
[3] *Stadtmüller* II, S. 365.

1969/70 Neubau einer Garage in Verlängerung zur Straße.
Das Wohnhaus auf der Straßenseite war 2001 noch nicht aufgebaut.

Beschreibung

Der Katasterplan von 1896 zeigt das Grundstück Plan-Nr. 528 bebaut mit einem Vorderhaus und einem bewohnten Rückgebäude auf der Seite zu Karlstraße 13; dazwischen ein Nebengebäude von geringer Tiefe.
Das Rückgebäude mißt ca. 12 m an der Grundstücksgrenze entlang, ist ca. 5 m tief und über eine zweiarmige Außentreppe zu erreichen.
Das Haus an der Straße ist bis zur Zertstörung von 1945 traufständig, zweigeschossig, vermutlich mit niedrigem Kniestock. Nach 1914 Dachausbau. Erdgeschoß massiv, Obergeschoß verputztes Fachwerk. Der Fußboden im Erdgeschoß liegt unterhalb des Straßenniveaus. Auch die Höhe des Obergeschosses ist sehr gering. Das Haus ragt gut 1 m in den Straßenraum vor. Aus diesem Grund und durch seine Höhenlage zum Altbestand der Karlstraße muß das Haus vor 1800 entstanden sein.
Das Gebäude hat bei einer Fassadenbreite von nur etwa 5 m die ungewöhnliche Tiefe von ca. 12 m. Daraus könnte auf ein früher giebelständiges Haus geschlossen werden.

Heute, 2001, steht auf dem Grundstück das eingeschossige Rückgebäude, ein Baukörper, ca. 5 x 17 m mit Pultdach.

Eigentümer

	bis 1789	Sebastian Müller[4],
1789 bis 1794		Jakobina Müller, Witwe des Sebastian M.,
1794		Jakobina Müller und Peter Klug[5],
1825 bis 1842		Sebastian Klug[6], Bendermeister, Sohn des Peter K.,
1842 bis 1845		Kinder des Sebastian Klug,
1845 bis 1876		Peter Illig[7], Fabrikarbeiter, dann seine Ehefrau Theresia,
1876 bis 1895		Wilhelm Friedrich[8], Schreiner,

---

[4] St. Agatha, Trauungsmatr. v. 1783, S. 105: Sebastian Müller, Sohn von Sebastian Müller heiratet 1783 die Jungfrau Jakobina, geb. Münch. StaA, AN, Me-Mu, 1783: Annahme des Faßbinders Sebastian Müller und Aufnahme in die Zunft.
[5] Ebd., Kl-Ku, 1789: Annahme des noch leibeigenen Johann Peter Klug aus Großostheim, Bender, als Bürger. Aufnahme in die Baderzunft und beabsichtigte Ehe. Peter Klug heiratete eine Tochter von Jakobina und Sebastian Müller.
[6] StaA, HR, CK1, S. 43: Sebastian Klug (1791-1842), verh. mit Anna Elisabeth, geb. Huber (1791-1845), 10 Kinder. Ebd., AN, Kl-Ku, 1814: Sebastian Klug, Bender, Aufnahme als Bürger und Meister in die Zunft.
[7] Ebd., HR, I, S. 58: Peter Anton Illig (1811-1864), verh. mit Theresia, geb. Klauer (1810-1884).
[8] Ebd., F1, S. 193: Wilhelm Friedrich (1839-1896) heiratet Martha, geb. Illig (1849-1911), eine Tochter von Peter und Theresia Illig.

1895 bis 1902 Valentin Amrhein, Schuhmacher,
1902 bis 1903 Martha Friedrich, geb. Illig, Witwe,
1903 bis 1949 Franz Schneider, Spengler,
1949 bis 1950 Hans Schneider, Spenglermeister,
1950 bis 1951 Erbengemeinschaft Schneider,
1951   Franz Schneider sen.[9], Bauspengler, Alleineigentümer,
1952 bis 1997 Margret Fäth[10], geb. Schneider.

---

[9] Franz Schneider erwarb noch einmal das Haus für ein Jahr von der Erbengemeinschaft Schneider.
[10] Margret Fäth (1913-1997), verh. mit Josef Fäth, Finanzamtsangestellter.

Karlstraße 17   (Lit. B 88)   Plan-Nr. 529, 540

Geschichte

Das Grundstück war zur Karlstraße ursprünglich nur etwa 7 m breit, der dahinterliegende Garten dagegen sehr groß und reichte bis zum Karlsberg.
Bis 1771 war Alleineigentümer Peter Förster. Durch seinen Tod erbten seine Kinder. Seine Tochter Elisabeth heiratete den Holzmesser Christoph Kittel und seine Tochter Anna Maria den Holzmesser Jakob Löchler.
Sie stellen 1809 den Antrag, in einem „dem Haupthause anzuhängenden Hinterbau" eine Küche einrichten zu dürfen[1]. Aus diesen Angaben ist zu schließen, daß das Rückgebäude zu dieser Zeit gebaut wurde.
1863 wird Alleineigentümer Johann Faust. 1827 erbt er einen Hausteil von seinem Vater und 1863 erwirbt er aus der „Verlassenschaft" der Anna Dietz, seiner Mutter, das Restgrundstück.
1931 gehört das Anwesen Spenglermeister Franz Schneider, der seit 1903 schon Eigentümer von Karlstraße 15 ist. Schneider beabsichtigt 1931 gegen den Karlsberg eine Bootslagerhalle zu errichten.
Ende des Zweiten Weltkriegs, am 31. März 1945, wird das Haus durch einen Volltreffer total zerstört[2].
Nach dem Krieg werden die Grundstücke der Anwesen Karlstraße Nr. 15, 17 und 19 neu geordnet. Das Rückgebäude Nr. 15 behält die Plan-Nr. 528, jedoch mit größerem Zuschnitt. Ein neuer Bauplatz mit der Plan-Nr. 529 ist mit Kapuzinerplatz 7 ausgewiesen.
Von der Erbengemeinschaft Schneider erwirbt Kleiderfabrikant Theodor Becker hinter dem Anwesen Karlstraße 19 eine Teilfläche der Plan-Nr. 540. Im

---

[1] StAWü, MRA, LG 3020.
[2] *Stadtmüller* II, S. 365. Die Hausakte wurde 1945 durch Brand vernichtet und 1947 neu angelegt.

Oktober 1948 beginnt er mit dem Bau einer Kleiderfabrik mit Wohnung. Später erhält die bebaute Teilfläche die neue Plan-Nr. 529 ½ und die Haus Nr. Karlstraße 19a.

Das Grundstück Plan-Nr. 540 wird aufgelöst. Das Anwesen Karlstraße 17 besteht heute nicht mehr. An der Stelle der früheren Häuser Karlstraße Haus Nr. 15 und 17 klaffte 2001 noch eine Baulücke.

Beschreibung

Zustand vor der Zerstörung

Zweigeschossig, traufständig, in beiden Geschossen verputztes Fachwerk. Das Obergeschoß kragt kräftig über. Hauseingang auf der Seite zu Haus Nr. 15, daneben vier Fenster in annähernd regelmäßigen Abständen.
Im Obergeschoß zu Haus Nr. 15 ist ein gekuppeltes Fenster, in der Restfläche eine Dreiergruppe.
Haustiefe etwa 7,50 m.

Eigentümer

bis 1771	Peter Förster[3],
1771	Erben des Peter Förster,
1809/1817	Christoph Kittel[4] und Anna Maria Löchler[5], Witwe des Jakob Löchler,
bis 1827	Anna Faust, geb. Kittel[6], und ihr Ehemann Georg Albert Faust[7],
1827	Anna Faust, geb. Kittel, und Johann Faust[8], Sohn,
1837 bis 1862	Johann Dietz[9] und Ehefrau Anna, geb. Kittel, und Johann Faust,
1863 bis 1876	Johann Faust, Küfermeister, Alleineigentümer,
1876 bis 1877	Friedrich Kitz, Weinhändler,
1877 bis 1885	Josef Samhaber, Lehrer,
1885	Peter Elbert, Küfer,

---

[3] StaA, Bgb. 1659-1793, S. 154: 1744 Johann Peter Förster. St. Agatha, Sterbematr. v. 1771, S. 135: Peter Förster stirbt 1771 mit 48 Jahren.
[4] StaA, HR, CK1, S. 7: Christoph Kittel (1744-1831), verh. mit Elisabeth, geb. Förster (1753-1836).
[5] St. Agatha, Sterbematr. v. 1832, S. 86: Anna Maria Löchler, geb. Förster, Witwe des Holzmessers Jakob Löchler, stirbt 1832 mit 69 Jahren.
[6] StaA, HR, F1, S. 23 und ebd., HR, D, S. 56: Anna Kittel (1798-1862), verh. in 1. Ehe mit Georg Albert Faust, Sohn: Johann (geb. 1822). Verh. in 2. Ehe mit Johann Dietz, 2 Kinder.
[7] Ebd., HR, F1, S. 23: Georg Albert Faust (1791-1827).
[8] Ebd., S. 149: Johann Faust (1822-1884).
[9] Ebd., HR, D, S. 56: Johann Dietz (1803-1862), Küfermeister, verh. mit Anna Faust, geb. Kittel. Siehe Anm. 6.

1885 bis 1896 Georg Kraus, Gärtner,
1896 bis 1930 Anton Hartung, Metzger,
1930 bis 1931 Anton Hartung jun.,
1931 bis 1936 Franz Schneider, Spenglermeister, und Elisabeth, geb. Eckert,
   seit 1936 Erbengemeinschaft Schneider.

Karlstraße 19   (Lit. B 89)   Plan-Nr. 530

Geschichte

Das Haus mit „Zugehör" auf der „Dünsel", 1667 auch Häuslein genannt, war dem Kollekturfonds von St. Agatha mit 3 kr. grundzinspflichtig[1].
Spätestens 1633 und noch 1645 zahlten die Erben des Peter Fuchs[2]. Dann ergibt sich aus den Rechnungen weitere Besitzerfolge: Nikolaus Schwartz (d. J.), dann 1665/1674 Leonhard Mehr, 1704 die Ehefrau des Johann Seibert[3], 1729 bis 1734 Caspar Offenstein[4].
1781 werden Glasermeister Franz Bittinger und Margaretha Seibert, Witwe des Michael Seibert[5], genannt, 1785 nur Franz Bittinger[6].
Am 21. März 1801 kauft Katharina Zang, die Witwe des Nikolaus Zang, das halbe Haus für 350 fl. Ihre Miteigentümerin seit 1805, Maria Anna Stegmann, stirbt 1817. Daraufhin wird das „halbe Haus der Witwe von Jakob Stegmann zur Versteigerung angeboten"[7], jedoch, wie auch 1822, ohne Erfolg.
1825 erwirbt Katharina Zang den zweiten Hausteil und wird somit Alleineigentümerin.
1832 erhält der Feilenhauer Konrad Schwind die Genehmigung, auf dem Grundstück seiner Schwiegermutter, Katharina Zang, im Hof von Karlstraße 19 eine Werkstätte zu errichten[8].
Für die nächsten 100 Jahre liegen keine Angaben zu Baumaßnahmen vor.
Erst 1934 werden allgemeine Hausreparaturen durchgeführt, die nicht näher beschrieben sind. Auftraggeberin war damals die Eigentümerin Paula Schreiner, wohnhaft in Schweinheim.

---

[1] StiA, 6595.
[2] Ebd.
[3] StaA, R 304.
[4] Ebd., R 343, 347, 438, 351, 354.
[5] Ebd., R 484, Kollektur, S. 8. 1780 beträgt der Zins 3 kr. Oberschultheis Paulus Schwab zahlt 12 kr. vom Garten am Dingstalltor gegen das Haus B 89.
[6] Ebd., R 494, Kollektur, S. 5.
[7] Intell.Bl. Nr. 71 v. 3. September 1817.
[8] StaA, Mag.Prot. v. 5. Juli 1932.

Das Haus wird im Zweiten Weltkrieg total zerstört[9].
1957/58 läßt Hans Walz auf dem Grundstück ein Garagengebäude errichten. 1998/99 entsteht auf der gesamten Grundstücksfläche ein vierstöckiges Wohn- und Geschäftshaus.

Beschreibung

Zustand vor der Zerstörung

Zweigeschossig, traufständig. In beiden Geschossen verputztes Fachwerk. Hauseingang auf der Seite zu Karlstraße 17, daneben gekuppeltes Fenster. Die Oberkante des Erdgeschosses liegt, wie bei Haus Nr. 15, mehrere Stufen unter dem Straßenniveau. Im Obergeschoß ein gekuppeltes und ein einfaches Fenster.
Die Straßenfront des Grundstücks beträgt etwa 12 m, das Haus selbst hat die Länge von 5,50 m.
Das Reststück zu Karlstraße 21 wird von einem eingeschossigen Anbau mit Pultdach und einer Einfahrt eingenommen. Das Haus muß, wie Haus Nr. 15, durch die Lage unter Straßenniveau zum Altbestand gehört haben. Aus der Lage des Grundstücks geht hervor, daß es früher Teil von Karlstraße 17 gewesen sein muß.

Eigentümer

1794	Franz Bittinger[10] und Margarethe Seibert[11],
1801	Katharina Zang[12] und Jakob Stegmann,
1805 bis 1817	Katharina Zang und Maria Anna Stegmann[13], Witwe,
1817 bis 1825	Katharina Zang und Maria Anna Stegmanns Erben,
1825 bis 1838	Katharina Zang, Alleineigentümerin,
1838 bis 1847	Eva Schwind, geb. Zang[14], Tochter von Katharina Z.,

---

[9] *Stadtmüller* II, S. 365.
[10] St. Agatha, Sterbematr. v. 1793, S. 227: Franz Bittinger stirbt mit 60 Jahren. Er war seit 1765 verh. mit Barbara, geb. Schlett, siehe ebd., Trauungsmatr. v. 1765, S. 49.
[11] Witwe von Michael Seibert, siehe Anm. 5. StAWü, MRA 17, L 134. Im Häuserverzeichnis von 1794 stehen unter den Eigentümern von Lit. B 89: Franz Bittinger und Margarethe, Witwe von Valentin „Seubert". St. Agatha, Sterbematr. v. 1803, S. 30: Tod von Margarethe Seibert (1727-1803).
[12] Ebd. v. 1846, S. 228: Katharina Zang, geb. Mensch, Witwe des Müllermeisters Nikolaus Zang, starb 1846 im Alter von 86 Jahren. StaA, HR, Z, S. 14: hier ist der Vorname der Ehefrau des Müllers Nikolaus Zang mit Antonia angegeben. Ihre beiden Töchter heißen Anna Maria (geb. 1797) und Eva (1800-1847).
[13] Ebd., Sterbereg. 1817 mit 1834, S. 4: 1817 Tod von Maria Anna Stegmann, Witwe des Jakob Stegmann.
[14] Ebd., HR, S1, S. 251: Konrad Schwind, Feilenhauer (1803-1842), verh. mit Eva, geb. Zang (1801-1847)), 3 Kinder: Maria Eva (geb. 1833), Elisabeth (geb. 1836) und Valentin. Eva Schwind erhielt das Haus von ihrer Mutter Katharina Zang für 700 fl.

1847 bis 1857 Maria Eva und Elisabeth Schwind, Töchter von Eva und Konrad Sch.,
1857 bis 1863 Maria Eva Schwind und Johann Georg Übelhör[15],
1863 bis 1883 Johann Georg Übelhör, Alleineigentümer, dann seine Witwe Katharina, geb. Stürmer,
1883 bis 1891 Johann Übelhör[16], Feilenhauer, Sohn des Johann Georg Ü.,
1891 bis 1898 Anna Maria Übelhör[17], Witwe, und Sohn Friedrich Übelhör,
1933 bis 1934 Erbengemeinschaft Weisel-Übelhör,
1934 bis 1964 Paula Schreiner, geb. Riegel, dann Schreiner Erben und seit 1957 Hans Walz (Teileigentümer),
1964 bis 1994 Hans Walz[18], Alleineigentümer.

---

[15] Ebd., HR, U, S. 13: Johann Georg Übelhör (1813-1882), in 1. Ehe verh. mit Eva Zang, verw. Schwind (1801-1847). Er hatte außer den drei Stiefkindern, die Eva Zang-Schwind mit in die Ehe brachte, noch fünf eigene Kinder aus zwei weiteren Ehen.

[16] Ebd., HR, U, S. 22: Johann Übelhör (1853-1891), verh. mit Anna Maria Maidhof (geb. 1856), Sohn Friedrich, geb. 1884. Johann Übelhör kaufte von seiner Mutter 1883 das Haus.

[17] Anna Maria Übelhör, Witwe, heiratet in 2. Ehe Heinrich Weisel, Schuhmacher (geb. 1871). 1898 Geburt von Sohn Franz Joseph. Vgl. StaA, HR, W1, S. 267.

[18] Hans Walz stirbt 1994.

Karlstraße 19a   Plan-Nr. 529$^{1}/_{2}$

Geschichte

Plan-Nr. 540 und 529 gehörten ursprünglich zu Karlstraße 17.
Auf einer Teilfläche der Plan-Nr. 540 wird im Oktober 1948 eine Kleiderfabrik mit Wohnung für Kleiderfabrikant Theodor Becker genehmigt. Die Bauvollendung wird am 1. Mai 1949 angezeigt. Kurz danach wird das Grundstück Plan-Nr. 540 aufgelöst und die bebaute Teilfläche erhält die neue Plan-Nr. 529$^{1}/_{2}$. Das Haus wird unter Karlstraße 19a weitergeführt.

Im September 1957 bekommt Hans Walz, bereits Teil-Eigentümer von Karlstraße 19, die Erlaubnis, im rückwärtigen Teil seines Grundstücks ein Garagen- und Lagergebäude neu zu errichten. Im November des gleichen Jahres wird die Genehmigung durch einen Tekturplan ergänzt. Der Bau ist am 31. Juli 1958 vollendet.
Am 24. November 1980 Genehmigung einer bereits begonnenen Teilaufstockung des Rückgebäudes. Fertigstellung am 15. Dezember 1980.

Beschreibung

Das Hauptgebäude von 1948 entlang der Grenze zu Karlstraße 21 ist etwa 16 m lang und 6 m breit. Es steht etwa 11 m von der Karlstraße zurück.
Giebel zweigschossig mit Walmdach und zwei Fensterachsen. Zur Mainseite ist das Bauwerk, durch das Hanggelände bedingt, dreigeschossig und hat drei Fensterachsen. Die Längsseite zu Karlstraße 17 hat acht Fensterachsen, der Eingang führt über eine zweiarmige Freitreppe. Auf dem Walmdach sind vier kleine Gauben.
Zweistöckiger Anbau nach hinten und Garage mit Flachdach.

Eigentümer

1948 bis 1957 Theodor Becker, Kleiderfabrikant,
1957 bis 1994 Hans Walz[1].

---

[1] Hans Walz stirbt 1994.

Karlstraße 21   (Lit. B 89¹/₂)   Plan-Nr. 531

Geschichte

Das Grundstück war bis 1805 nicht bebaut, denn im Intelligenzblatt war zu lesen: „Der zum Hause des dahiesigen Bürgers und Färbers Bernhard Reichezer [...] neben Jakob Steegmanns Wittib [Karlstraße 19] gehörige Bauplatz stehet gerichtlich feil"[1]. Bei der unbebauten Grundfläche handelte es sich um das Eigentum des Färbers Bernhard Reichezer von Karlstraße 23, der mit der verwitweten Maria Anna Hüfner verheiratet war. Dies bedeutet, daß bis 1805 das Grundstück noch zu Karlstraße 23 gehörte. Erst nach diesem Zeitpunkt wurde es abgetrennt und bebaut und erhielt eine eigenständige Hausnummer. Oberpacker Johann Messer läßt 1865 das eingeschossige Haupthaus entlang der Grenze zu Karlstraße 19 anbauen. Der Raum links des Hauseingangs erhält zur Karlstraße zwei Fenster. Das genehmigte Zwerchhaus wird vermutlich nicht ausgeführt.
Schlosser Franz Nees erwirbt 1880 das Anwesen. 1881 erfolgt ein Ladeneinbau links des Eingangs. Das rückwärtige Nebengebäude, in dem sich seine Werkstatt befindet, läßt Nees 1894 aufstocken. Von 1897 bis 1901 – mit kurzer Unterbrechung – ist Nees auch Eigentümer von Karlstraße 23. 1899 verkauft

---

[1] Intell.Bl. 1805, Nr. 8 v. 26. Januar.

er das Anwesen Karlstraße 21, doch schon ein Jahr später geht es wieder, diesmal für zwei Jahre, in sein Eigentum über.

1923 wird dem Oberlokomotivführer Alois Kunkel eine Teilaufstockung an der Karlstraße genehmigt. Die Ausführung unterbleibt „wegen unnormaler Verhältnisse". Die Genehmigung erlischt 1925.

Bauanträge zur Errichtung eines ausgebauten Mansarddaches aus den Jahren 1926 und 1933 werden unter Hinweis auf den Baulinienplan von 1898 nicht genehmigt.

Schon 1934 betreibt Heinrich Zimlich im Erdgeschoß ein Lebensmittelgeschäft.

Die im Zweiten Weltkrieg total zerstörte linke Hälfte des Gebäudes mit Verkaufsladen und Wohnung wird 1948/49 wieder aufgebaut. Der rechte Hausteil ist schwer mitgenommen[2]. An dessen Stelle entsteht 1962/63 ein Neubau mit Laden und Wohnungen. 1949 Wiederaufbau des beschädigten Werkstattgebäudes im Hof.

Beschreibung

Zustand vor 1881

Eingeschossig, traufständig, mit mäßig geneigtem Dach. Straßenfassade ca. 17 m lang, mit acht Achsen. In der dritten Achse von links ist der Eingang. Nach dem fünften Fenster deutlicher Knick der Bauflucht. Auf dem Satteldach zwei Schleppgauben.

Seit 1881 statt der beiden ersten Fenster im Erdgeschoß ein Schaufenster. Laden und Schaufenster werden bis zu Beginn des Zweiten Weltkriegs wiederholt umgebaut.

Nach dem Zweiten Weltkrieg 1948/49 Wiederaufbau der linken Gebäudehälfte. Traufständig, dreigeschossig. Dachneigung ca. 35°. Im Erdgeschoß mittig zwei Schaufenster, rechts und links davon Eingänge. Über dem Erdgeschoß schmales Gurtgesims. Im ersten und zweiten Obergeschoß je vier Fensterachsen, die rechten Fenster sind dreiteilig.

Die rechte Haushälfte neben Karlstraße 23 wird 1962/63 neu gebaut. Sie wird dreigeschossig in derselben Traufhöhe wie die linke Haushälfte. Im Erdgeschoß durchgehende Schaufensteranlage. Im ersten und zweiten Obergeschoß vier Achsen mit gleichen Fenstern. Fassade verputzt. Beim Abbruch der Reste der Kellermauern kam ein altes Fundament aus mächtigen Sandsteinquadern zutage.

---

[2] *Stadtmüller* II, S. 365.

Eigentümer

bis 1837	Gebrüder Weigand[3],
1837 bis 1846	Valentin Weigand[4], Dreher und Schuldiener,
1846 bis 1861	Margarethe Weigand, seine Witwe,
1861 bis 1862	Maria Weigand[5], Tochter von Margarethe und Valentin W.,
1862 bis 1880	Margarete Messer[6], Kind der Maria W.,
1880 bis 1899	Franz Nees, Schlossermeister,
1899 bis 1900	Thomas Fröhlich, Schuhmacher,
1900 bis 1902	Franz Nees (Rückkauf),
1902 bis 1903	Wilhelm Salzmann, Schlosser aus Frankfurt,
1903 bis 1911	Eva Barbara Müller[7], geb. Bolz,
1911	Jakob Friedrich Bußerau, Priester,
1911 bis 1922	Babette Messer, geb. Groß, Witwe,
1922	Maria Magdalena Nees, geb. Messer, Witwe,
1923 bis 1932	Alois Kunkel, Oberlokomotivführer und Ehefrau,
1932 bis 1936	Anna Kunkel, geb. Stürmer, Witwe des Alois K.,
1936 bis 1948	Auguste Zimlich, geb. Kunkel,
1948 bis 1963	Heinrich Zimlich,
seit 1963	Anton Fleckenstein, kfm. Angestellter, und Ehefrau Auguste Anna, geb. Bieber.

---

[3] Von den Eltern geerbt.
[4] Von seinen Brüdern als elterl. Erbe. StaA, HR, W1, S. 17: Valentin Weigand (1789-1846), geboren in Mainz, verh. mit Margarethe, geb. Zang (1792-1865), 3 Kinder.
[5] Maria, geb. Weigand (1829-1862) gebar 1859 eine außerehel. Tochter und heiratete 1861 Johann Messer (1835-1907), Eisenbahnoberpacker, vgl. StaA, HR, M1, S. 195 und St. Agatha, Trauungsmatr. v. 1861, S. 208.
[6] 1862 erbte die noch mündige Tochter Margarete durch den Tod ihrer Mutter.
[7] Witwe des Malers Franz Ludwig Müller aus Germersheim.

Karlstraße 23   (Lit. B 90)   Plan-Nr. 532
Plan-Nr. 533 Garten

Geschichte

Das Grundstück war dem Bau- und Kollekturfonds von St. Agatha mit 18 bzw. 15 kr. grundzinspflichtig. Das Anwesen liegt 1734/45 neben dem des Adelarius Förster[1].

---

[1] StaA, R 354.

Nach vorhandenen Rechnungen ergibt sich folgende Besitzerfolge:
vor 1625 Konrad Schwartz, „Windhetzer"[2], spätestens seit 1625 Wolpert Allershäuser[3], dann 1643/1645 Nikolaus Müller[4], Hofschneider, spätestens 1653 und noch 1668 Johann Heidt, Holzschreiber, 1674/1703 dessen Erben[5], seit 1704[6] und noch 1742 Johann Melchior Heidt, 1743 bis 1751 dessen Erben, 1752 bis 1760 Keller Behrmann, seit 1760 Melchior Bertha, vor 1781 Pfarrer Christian Roth.
1781/1785 zahlte Heinrich Hüfner, von Beruf Färber[7].
Über dem Sturz der Eingangstür zum Anbau steht die Jahreszahl 1783. Daraus ist zu entnehmen, daß zu dieser Zeit anstelle der alten Hofeinfahrt ein Anbau errichtet wurde.
Nach dem Tod von Heinrich Hüfner heiratete seine Witwe den Färbermeister Bernhard Reichezer. Ein unbebautes Teil des Grundstücks, das Reichezer gehörte, sollte am 7. März 1805 versteigert werden. Reichezer bot 400 fl. als höchstes und gab zu erkennen, daß er den Bauplatz seinen Kindern erhalten wolle[8]. Fest steht, daß nach 1805 dieser Teil von Karlstraße 23 abgetrennt und als eigenständiges Anwesen (später Karlstraße 21) ausgewiesen wurde.
Am 19. September 1807 wurde auch der ursprünglich bebaute Teil, „die Behausung samt Garten, Färberhaus oder Remise und Umgriff" feilgeboten[9]. Erst im Frühjahr 1808 ersteigerte der ehemalige Hofmundkoch Philipp Weigand das Anwesen. Er ließ Reparaturen an der Fassade – Veränderung der Erdgeschoßfenster – und an der inneren Einrichtung vornehmen[10].
Bereits im Oktober 1808 war neuer Eigentümer Adam Heinrich Seitz aus Kleinostheim. Der Kunstschreiner richtete sich in der umgebauten Remise seine Werkstatt ein. Am Wohnhaus ließ er die Fenster im Obergeschoß denen im Erdgeschoß anpassen.
Am 14. März 1809 legte Seitz einen neuen Umbauplan vor: Das Giebeldach sollte gedreht werden, um das Haus über den Anbau hinweg zu verlängern. Dadurch wäre eine neue Fassade entstanden. Das Haus hatte keine direkten Anrainer, da es „gegen das Tor zu an die Straße und auf der anderen Seite gegen den Seitenbau" stieß.

---

[2] *Friederichs*, S. 44, Anm. 96: „Der Hunde- oder Windhetzer richtete die Jagdhunde ab, besonders für die im Spessart seit altersher beliebte Sauhatz."
[3] Ebd., S. 68, Nr. 171. Volpert Allertsheuser, kurf. mainz. Oberjäger. Ebd., S. 99: Volpert Allerts(heuser) am 23. April 1616 als Bürger angenommen.
[4] Ebd., S. 85, Nr. 450. S. 102, Nr. 733.
[5] StiA, 6595.
[6] StaA, R 304.
[7] Ebd., R 484, St. Agatha, Kollektur 1781, S. 7: nach Christian Roth zahlt jetzt der Sohn des Theodor Hüfner. Ebd., R 494, Kollektur 1785, S. 30.
[8] StAWü, LG AB 673: „Reichezer hat einen Bauplatz der am 7. März 1805 versteigert wird."
[9] Intell.Bl. 1807, Nr. 75.
[10] StAWü, MRA, LG 3028.

Wegen der Neugestaltung der Karlstraße kam es zu Schwierigkeiten. Die gegenüberliegenden Häuser, Karlstraße 14, Karlstraße 16 und das städtische Wach- und Pförtnerhaus am Dingstalltor (Karlstraße 18), sollten abgerissen werden. Seitz erhielt deshalb keine Genehmigung zu seinem beabsichtigten Umbau.

Ein neuer Plan, den Hauseingang und die Stiege zur Seite zu verlegen, um dadurch zwei Zimmer zu gewinnen, wurde auch nicht durchgeführt. Denn Seitz mußte sich verpflichten, keine Entschädigung zu verlangen, falls sein geplanter Umbau bei der Straßenumgestaltung beseitigt werden müßte[11].

1822 wurde das Haus des Schreinermeisters Adam Heinrich Seitz gerichtlich versteigert[12].

1846 legte Eigentümer Gastwirt Anton Weber dem Magistrat ein Gesuch vor, um sein Wohnhaus vergrößern zu können. Nachbar Thomas Herbert (Karlstraße 27) brachte Einwände, weil er Karlstraße 25 kaufen wollte. Herbert hatte vor, das derzeitige Gäßchen[13] mit Rail und Winkel zu beseitigen und ein neues Wohnhaus direkt an Karlstraße 23 anzuschließen. Herbert befürchtete, wenn Weber jetzt zur Seite von Karlstraße 25 neue Türen und Fenster anbringen ließe, daß er später nicht mehr bauen dürfe. „Die Bedeutung der Karlstraße wird noch größer, wenn einmal der Eisenbahnhof vor dem Karlsthore errichtet ist, da eben dieses Bahnhofs wegen die alten Häuser an der fraglichen Stelle hinweggerissen und durch neue ersetzt werden." Deshalb sollte Weber auf die fragliche Seite keine Öffnungen anordnen dürfen[14]. Auch der daraufhin geänderte und genehmigte Plan kam nicht zur Durchführung. Die Absicht Webers war es, 1846 sein Haus dreigeschossig über die ganze Fassadenbreite traufständig umzubauen, wie bereits 1809 geplant[15]. Auch dieses Vorhaben wurde nicht verwirklicht. Da Weber Gastwirt war, hatte vermutlich bereits um diese Zeit eine Gastwirtschaft im Haus bestanden.

1897 erhielt Schlossermeister Franz Nees die Genehmigung, das Erdgeschoß umzubauen: Die Treppe zum Obergeschoß wurde in den Anbau verlegt, die Flurwand rechts des Eingangs entfernt, um so ein großes Gastzimmer zu gewinnen. Der Erdgeschoßfußboden wurde um ca. zwei Stufen tiefer gelegt.

1898 tauschte Franz Nees das Grundstück Karlstraße 23 mit einem anderen von Regina Hartmann, erwarb es aber im gleichen Jahr wieder zurück[16]. Das Rückgebäude ließ Nees 1898 im Erdgeschoß teilweise als Wohnung umbauen. Statt des geplanten Trockenraums im Obergeschoß wurde dort ebenfalls eine Wohnung eingerichtet. Anschließend an das Rückgebäude ließ Nees eine Schlosserwerkstatt bauen.

---

[11] Ebd., 3040.
[12] AB Wochenbl., 39. Stück v. 15. Mai 1822.
[13] Von hier aus Zugang zu den Anwesen Karlstraße 25 und 27.
[14] StaA, Mag.Beschl. v. 7. Mai 1846.
[15] Ebd., Pol.Sen. v. 16. Juni 1846.
[16] Karlstraße 21 besaß Nees von 1880-1899 und erneut von 1900-1902.

Seit 1901 gehörte das Anwesen „Gasthaus zum Dammerhof" Kaufmann Alois Schad. 1902 baute er einen Teil des früheren Pferdestalls im Anbau als Laden um. Der Ladeneingang lag in der abgeschrägten Hausecke.

1903 wurden zwei neue russische Kamine eingebaut. Bei dieser Gelegenheit wurden zwei Stahlträger unter die Erdgeschoßdecke gezogen, um die darüberliegenden Querwände abzufangen[17].

Gastwirt Fabian Arnold erhielt 1908 die Genehmigung für die Errichtung eines Kamins im Ladenanbau.

1928 mußte das Anwesen versteigert werden. Das Grundvermögen war am 28. April 1928 auf den Namen Anton Bayer eingetragen. Josef Zipp erwarb es am 10. Juli 1928 für 11.000 Reichsmark.

Zipp gehörte die Gastwirtschaft „Zur Gemütlichkeit" in der äußeren Glattbacher Straße 1. Zugleich besaß er eine Vernicklerei und Emaillierungsanstalt in der Seestraße 9. Nach dem Erwerb von Karlstraße 23 wurde ihm hier für diesen Betrieb im Garten ein Lager genehmigt.

Im Zweiten Weltkrieg wurden Rückgebäude und Werkstatt zerstört[18]. Das steile Giebeldach des Vorderhauses mußte abgetragen werden. Es wurde durch ein Notdach ersetzt, das nun mit der Traufe an der Straße steht.

1951/53: Wiederaufbau des Werkstattgebäudes mit anschließender Waschküche.

1960 wurde die Werkstatt im Hof umgebaut. Es entstand eine Wohnung mit zwei Zimmern, Küche, Bad/WC.

Beschreibung

Auf dem Katasterplan von 1845 ist auf dem Anwesen Lit. B 90 ein Hauptgebäude verzeichnet, das mit der einen Schmalseite auf der Grundstücksgrenze zu Lit. B 89^1/$_2$ (später Karlstraße 21) steht. An der anderen Schmalseite liegt ein Anbau, der bis zur Grundstücksgrenze reicht. An den Anbau anschließend, auf der seitlichen Grenze, liegt ein Rückgebäude. Hinter dem Hof befindet sich ein Garten, der durch einen baumbestandenen Mittelweg erschlossen ist.

Im Umbauplan von 1846 sind die damaligen Grundrisse abgebildet. Hinter der fast mittig angeordneten Eingangstür an der Karlstraße ist ein ca. 1,70 m breiter Flur, an dessen Ende die zweiläufige Treppe zum ersten Stock führt. Auf der linken Seite des Flurs, zur Straße hin, vermutlich die Stube. Zur Gartenseite gehen die anschließende Kammer und die Küche. Auf der rechten Seite des Flurs sind zwei beheizbare, durch eine Tür verbundene Räume, die Gastzimmer gewesen sein könnten.

---

[17] Nach Auskunft von Frau Anni Wilfer, geb. Zipp.
[18] *Stadtmüller* II, S. 365.

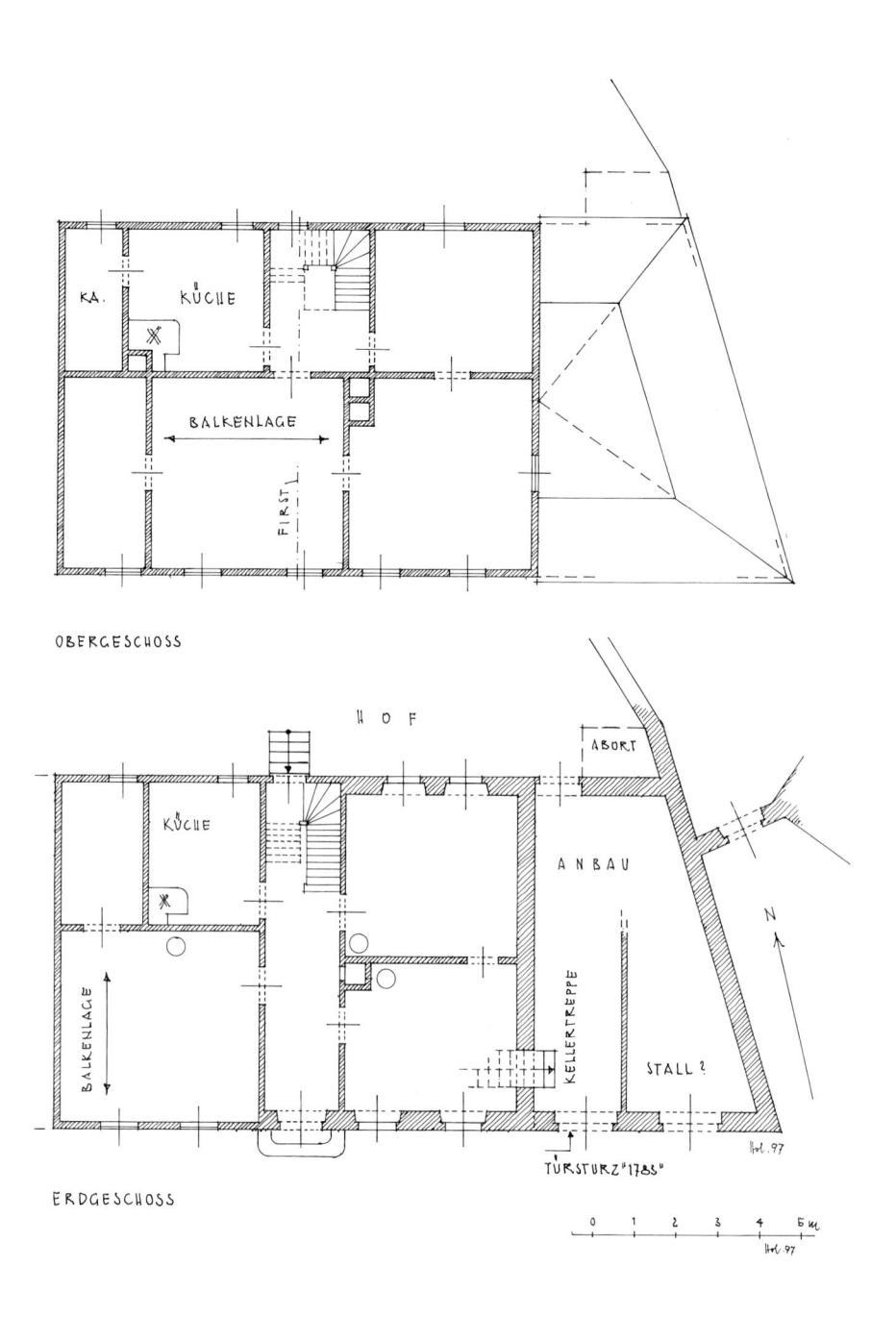

Abb. 19: Karlstraße 23, Grundrisse um 1846.

Die Umfassungsmauern der rechten Erdgeschoßhälfte und des Anbaus sind massiv, die der linken bestehen aus Fachwerk.
Im Obergeschoß Küche mit anliegender Kammer. Auf der Straßenseite befinden sich zwei etwa quadratische Zimmer und ein kleinerer gefangener Raum. Der Küche gegenüber, auf der Gartenseite, ist ebenfalls ein Zimmer. Über den großen Dachraum sind keine Aussagen gemacht. Unter dem Erdgeschoß liegt ein geräumiger Gewölbekeller, dessen Scheitel parallel zur Straße verläuft.
1937 wird die zur Straße gewandte, verputzte Giebelwand freigelegt. Bei einer Hausbreite von 11,40 m und der Dachneigung von 53,5° weist das Giebeldreieck die außergewöhnliche Höhe von fast 8 m auf.
Das Gebäude ist zweistöckig. Im verputzten Erdgeschoß, etwa in der Mitte, ist der Eingang zur Gastwirtschaft. Beiderseits sind zwei Fenster, in ungleichen Abständen vom Eingang. Der Oberstock sitzt bündig auf der Erdgeschoßfassade. An der rechten Ecke Stiel mit leicht gekrümmter hoher Strebe und Kopfband, das vom Brustriegel bis zum Rähm reicht. An der linken Ecke fehlt das Kopfband. Außermittig Bundstiel mit nur noch einseitiger Verstrebungsfigur, wie an den Eckstielen. Links des Bundstiels sind zwei Fenster, rechts sind drei einzeln stehende Fenster in den Achsen des Erdgeschosses. Die Balkenköpfe unter der Schwelle sind überputzt.
Das ursprüngliche Giebeldreieck ist nur noch anhand alter Fotografien annähernd zu beschreiben. Das Giebelfeld kragte gegenüber dem Oberstock geringfügig vor. Im unteren Dachgeschoß, in der Mitte, Bundstiel mit hohen Streben und Kopfbändern über dem Brustriegel. Im Feld beiderseits Stiel mit gekuppeltem Fenster. Am Ortgang unter dem sichtbaren Stuhlrähm liegende Stuhlsäule und Stiel mit halber Verstrebung. Über dem Kehlbalken durchgehende Verdachung. Im oberen Dachgeschoß drei Stiele, die die Längsunterzüge tragen. Der Mittelstiel mit Streben und Kopfbändern, die seitlichen Stiele nur mit hohen Streben. Beiderseits der Mitte je ein Fenster. In der Spitze Mittelstiel mit Streben, aber ohne Kopfbänder. Auf jeder Seite ein kleines Fenster. Darüber Schopfwalm.
Die Ausbildung des Fachwerks weist als Entstehungszeit in die erste Hälfte des 16. Jahrhunderts.
Das Haus ist das stattlichste und älteste in diesem Bereich der Karlstraße und war bis zur Umgestaltung der Straße unter Dalberg überhaupt das größte Wohnhaus in dieser Gegend.

Eigentümer

1781/1796   Heinrich Hüfner[19], Färber,

---

[19] StaA, AN, He-Hu: Färbergeselle Heinrich Hüfner wurde 1783 als Bürger sowie Schwarz- und Schönfärbermeister angenommen. Er starb 1796. Vgl. St. Agatha, Sterbematr. v. 1796, S. 240.

1796 bis 1807 Maria Anna Hüfner[20], Witwe des Heinrich H.,
1808 Philipp Weigand[21], Hofmundkoch,
1808 bis 1822 Adam Heinrich Seitz[22],
1846 Anton Weber[23], Sattlermeister und Gastwirt,
1849 Peter Löchler[24], Wirt,
bis 1897 Geschwister Orschler[25],
1897 bis 1898 Franz Nees[26], Schlossermeister,
1898 Regina Hartmann, geb. Nußbaum, Malzaufschlägerswitwe,
1898 bis 1901 Franz Nees[27], Schlossermeister,
1901 bis 1906 Alois Schad, Kaufmann ($^2/_3$), und Jakob Rückert ($^1/_3$),
1906 bis 1919 Fabian Arnold und Anna Maria, geb. Fuchs, Gastwirtseheleute,
1919 bis 1921 Karl Josef und Pauline Schäfer, Metzger- und Gastwirtseheleute,
1921 Emil Hufgard, Metzger, und Ehefrau Christine,
1922 bis 1925 Wilhelm Ullrich, Gastwirt,
1925 bis 1928 Anton Bayer[28], Schlossermeister,
1928 bis 1952 Josef Zipp, Gastwirt,
1952 bis 1965 Franziska Zipp, geb. Kaufmann, Witwe,
seit 1965 Erbengemeinschaft Zipp.

---

[20] Die Witwe des Heinrich Hüfner heiratete den Färber und Sackträger Bernhard Reichezer. Sie stirbt 1807 mit 44 Jahren. Vgl. St. Agatha, Sterbematr. v. 1807, S. 70.
[21] Mz. Hof- und Staatskal. v. 1797, S. 83, sowie Großherzogt.Ffm. Staatskal. v. 1812, S. 32.
[22] StaA, HR, S1, S. 14: Adam Heinrich Seitz (1764-1849), verh. mit Eva Glaab. 2. Ehe mit Sophie Kreiner (1753-1823); vgl.: StaA, Sterbereg. 1817 mit 1834: 1823, S. 72: Tod von Sophie Seitz.
[23] Ebd., HR, W1, S. 72: Anton Weber (1799-1878).
[24] Ebd., L1, S. 9: Peter Löchler (1788-1863), Bierbrauer, verh. mit Anna, geb. Nees (1797-1854).
[25] Ebd., GewAmt AB, Schankwirt 5/10/5/: 1864-1895 für Johann Orschler Erben.
[26] Ebd., HR, N, S. 69: Franz Nees (1854-1913).
[27] Nees, der auch Eigentümer von Karlstraße 21 war, hatte beide Häuser verkauft und wieder erworben. Karlstraße 21 kaufte er jedoch erst im Jahr 1900 wieder zurück.
[28] Anton Bayer hatte eine Fahrradhandlung in der Maximilianstraße 6.

Karlstraße 25   (Lit. B 91)   Plan-Nr. 538, 539

Geschichte

Das Anwesen liegt nicht in der Flucht der Karlstraße, sondern mehr als 30 m dahinter. Es wird erschlossen durch ein blindes Gäßchen, das sich zwischen den Anwesen Karlstraße 23 und 27 öffnet und das im hinteren Teil zu Grundstück Karlstraße 25 gehört.
1794 war Eigentümer von Karlstraße 25 und 27 Anton Rausch.

Seifensieder Johann Müller erwarb das Anwesen 1829.
In der Aschaffenburger Zeitung vom 28. Juli 1849 stand: „Das Wohnhaus Lit. B 91 gehört zur Verlassenschaft der Anna Müller neben Schlossermeister Tempel"[1]. Es wurde am 13. August 1849 versteigert. Käufer des baufälligen Hauses war Andreas Stenger. Nach einem Lokaltermin mit den Magistratsräten Joachim Reuß und Joseph Kitz[2] wurde der Abbruch des alten Hauses genehmigt. Den Neubau erstellte Gabriel Hospes. Nachbarn waren damals: Thomas Herbert (Karlstraße 27), Peter Löchler (Karlstraße 23) und Johann Dietz (Karlstraße 17). Dietz hatte gegen die Mauer zwischen seinem Haus und dem Anwesen Stenger keine Einwände. Die Fensteröffnungen von Karlstraße 23 zu Stenger wurden rechtlich anerkannt. Thomas Herbert (Karlstraße 27) wurde gestattet, den im Eigentum des Stenger gehörenden Teil des Gäßchens untertags zu benutzen. Nur so konnte Herbert an sein Kellerloch unter seinem Nebengebäude gelangen, um Kartoffeln etc. einbringen zu können.
1898 Umbau des Wohnhauses für Albert Orschler durch Aufstockung und innere Umgestaltung. Dabei wurde der Hauseingang von der Mitte auf die rechte Hausseite verlegt. Zugleich Neubau eines Nebengebäudes.
Im Jahre 1906 stürzte bei einem Unwetter die Stützmauer zum Karlsberg ein. Bei der Erneuerung der Mauer mußte auf eine neue Bauflucht zurückgegangen werden.
1906 hatte die damalige Miteigentümerin Margarethe Neuner, Badeanstaltsbesitzerin, die im Haus befindliche Wirtschaft an die Aktienbierbrauerei verpachtet.
Das Haus wurde 1944 total zerstört[3]. Es erfolgte kein Wiederaufbau.
Die Grundflächen wurden in die Neugestaltung des Kapuzinerplatzes miteinbezogen. Das Gäßchen existiert nicht mehr. Das Grundstück ist überwiegend in die Fläche des heutigen Anwesens Kapuzinerplatz 5, Flurstück Nr. 538, eingegangen.

Beschreibung

Neubau von 1850

Der Neubau steht mit dem Giebel auf der Grenze zu Karlstraße 27. Massives Mauerwerk, einstöckig mit Kniestock, Gewölbekeller. Straßenansicht dreiachsig, in der Mitte Hauseingang, seitlich je ein Fenster. Alle Öffnungen sandsteingerahmt. Auf dem Dach drei gewalmte Gauben.
Im Erdgeschoß Flur mit Abort, Wohnzimmer und zwei Schlafräume. Von der Küche aus Treppe zu Keller und Dachgeschoß. Alle Räume sind heizbar.

---

[1] Schlossermeister Johann Baptist Tempel hat vermutlich 1849 in Karlstraße Haus Nr. 27 gewohnt. Als Eigentümer ist er nicht nachweisbar.
[2] Vgl. Strickergasse 9, Anm. 13.
[3] *Stadtmüller* II, S. 365.

Umbau und Aufstockung von 1898

Neugestaltung des Grundrisses. Hauseingang auf der Seite zu Karlstraße 27, dahinter neue halbgewendelte Treppe. In den Stockwerken jeweils eine Vierzimmerwohnung mit Küche und Abort. Im ersten Stock, auf der Giebelseite zum Schloß, Balkon mit Eisengeländer.
Im Hof, an der Grenze zu Karlstraße 23, Waschküche mit Kessel sowie drei Holzlegen.

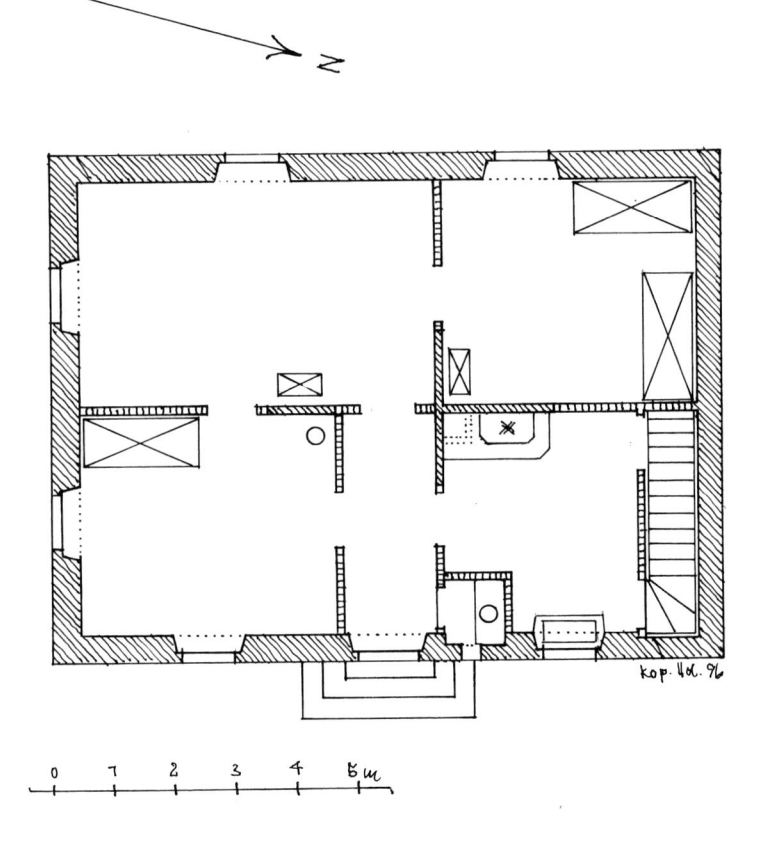

Abb. 20: Karlstraße 25, Erdgeschoßgrundriß nach Baumeister Gabriel Hospes, 1850.

Eigentümer

1794	Anton Rausch[4],
1829	Johann Müller,
1839 bis 1849	Anna Müller und Geschwister, Kinder des Johann M.,
1849 bis 1865	Andreas Stenger,
1865 bis 1888	Peter Nees[5], Kofferträger und Fischer, ersteigert um 3.453 fl.,
1888 bis 1897	Katharina Nees, geb. Weisel, Witwe des Peter N.,
1897 bis 1899	Albert Orschler, Fischer,
1899 bis 1904	Ignaz Neuner[6], Vizefeldwebel, dann Badbesitzer,
1904	Erbengemeinschaft Neuner,
1920 bis 1954	Josef Fleckenstein[7], Händler,
seit 1954	Stadt Aschaffenburg.

---

[4] Anton Rausch war 1794 auch Eigentümer von Karlstraße 27.
[5] Ebd., HR, N, S. 44. Peter Nees (1821-1888), in 2. Ehe verh. mit Katharina, geb. Weisel (geb. 1831).
[6] Ebd., N, S. 83: Ignaz Neuner (1863-1904), verh. mit Margarethe Vonderheid, verwitw. Kittel.
[7] Ebd., F2, S. 502. Josef Fleckenstein (geb. 1879), verh. mit Anna, geb. Seitz, 5 Kinder.

Karlstraße 27 (Lit. B 92) Plan-Nr. 536, 537

Geschichte

Das Anwesen liegt an der Zufahrt des zurückliegenden Grundstücks Karlstraße 25.

Der ehemalige Scheuerplatz auf der „Dinstall" war dem Baufonds von St. Agatha mit 1 alb 4 Pf. bzw. 3 kr. grundzinspflichtig. 1740 steht auf dem Grundstück statt der Scheuer ein Haus[1].

Folgende Besitzer zahlten nach den Baurechnungen von St. Agatha: 1625/26 Sebastian Buntz, dann Reitz Reinhard[2], spätestens seit 1643 Anna Maria Haberland(t)[3], die Witwe des Jeremias Haberland, dann die Witwe des Lizentiaten Gerhard Backhaus[4], ab 1734 bis 1747 Johann Peter Berle, 1748 Nikolaus Büdinger, seit 1755[5] und noch 1781 Johann Michael Brenner[6], 1785 seine Erben[7].

---

[1] StAWü, R 33961.
[2] *Friederichs*, S. 89, Nr. 536; S. 105, Nr. 809.
[3] Ebd., S. 73, Nr. 250; S. 79, Nr. 348.
[4] Ebd., S. 64, Nr. 116.
[5] StAWü, R 33961. Ebd., Schönborn-Archiv, Vorburg 1183
[6] StaA, R 484, St. Agatha, Kirchenfabrik 1781, S. 7: Grundzins 3 kr.
[7] Ebd., R 494, Grundzins 1785.

1846 gehörte das Anwesen Thomas Herbert. Er beabsichtigte, zu seinem Grundstück die dahinter liegende Fläche, Karlstraße 25, zu erwerben. Dazu kam es nicht. 1856 richtete er einen Laden im Erdgeschoß seines Wohnhauses ein[8].

1859 erhielt Schlosser Georg Hock die Konzession zur Ausübung der auf seinem Haus haftenden Schlossergerechtigkeit[9]. Im März 1859 ließ er die Fassade ändern[10].

Mit Beschluß vom 18. Februar 1898 wurde die Genehmigung für einen geplanten dreigeschossigen Neubau mit Hinweis auf die noch nicht festgesetzte Baulinie ausgesetzt. Am 15. April 1898 genehmigte der Stadtmagistrat den Aufbau eines russischen Kamins.

Das Wohnhaus wurde im Zweiten Weltkrieg zerstört[11]. 1948 wurden die Trümmer beseitigt, einplaniert und der Platz geebnet. Dabei ergaben sich Differenzen zwischen dem Eigentümer, Pfarrer Josef Amrhein, und der Stadt, da ein ca. 5 bis 6 m unter der Erde liegender Keller verschüttet wurde. Der Keller hatte seinen Eingang im Karlsberg und zog sich bis zum Anwesen Zipp (Karlstraße 23) hin. Der Bauplatz sollte ursprünglich 440 m² groß gewesen sein. 1953 wurde auf Drängen Amrheins der Keller mit Zugang freigelegt.

Nach einer Besichtigung vom 13. Juli 1953 machte der Gutachter der Landesgewerbeanstalt Würzburg folgenden Bericht: „Sohle des Kellers 9 m unter Gelände. Nach Kriegsende wurden etwa 3 m aufgefüllt. Der Keller war 14 m lang, 3,50 m breit. Scheitelhöhe 2,60 m".

1955 erwarb die Stadt einen Teil des Grundstücks (Plan-Nr. 537).

Die Grundfläche ist heute Bestandteil der neuen Anwesen Kapuzinerplatz 1 und 5.

Beschreibung

Der Urkataster von 1845 zeigt das Anwesen Lit. B 92 bebaut mit einem Wohnhaus an der Karlstraße und mit einem bewohnten Anbau. Außerdem steht auf der Grenze zu Haus Karlstraße 25 ein Gebäude, das 1898 als Halle bezeichnet wird, später aber als bewohnt dargestellt ist. Zum Anwesen gehören ebenfalls ein kleiner Hausgarten und ein Obstgrundstück entlang der damaligen Straße, des Karlsbergs.

Das Wohnhaus ist ca. 7 x 7 m groß, aus Fachwerk, zweigeschossig und vermutlich traufständig. Im Erdgeschoß schmaler Gang durch die gesamte Haustiefe mit Eingang und Treppe. Vom Gang aus erreichbar ein Zimmer und die Küche zur Gartenseite.

---

[8] Ebd., Mag.Prot. v. 18. Februar 1856.
[9] Ebd., v. 27. Januar 1859.
[10] Ebd., v. 24. März 1859.
[11] *Stadtmüller* II, S. 365.

Im Obergeschoß die gleiche Raumaufteilung.

Der in der Bauflucht abgeknickte Anbau ist aus Fachwerk, ca. 7 m lang und ca. 4,50 m tief. Er ist auch zweigeschossig, besitzt jedoch ein nach innen geneigtes Pultdach. Das Erdgeschoß besteht aus einem Vorplatz und einem Raum, der auf der Gartenseite drei Fenster aufweist. Dem Raum wurde später im Erdgeschoß eine kleine Kammer angefügt. Das Obergeschoß gleicht dem Erdgeschoß in der Einteilung.

Die bebauten Grundstücksteile sind unter der Plan-Nr. 536 zusammengefaßt. Haus und Obstgarten tragen die Plan-Nr. 537.

Eigentümer

1781	Johann Michael Brenner[12],
1785	Erben des Johann Michael Brenner,
1794/1825	Anton Rausch[13], dann seine Erben,
1846/1856	Thomas Herbert[14], Schreiber,
1859/1860	Georg Hock, Schlosser,
1860 bis 1873	Elisabethen-Verein, Aschaffenburg,
1873 bis 1875	Hubertine Guthiens[15], geb. Sohn,
1875 bis 1887	Margaretha Wolpert[16], geb. Sohn,
1887 bis 1910	Anton Orschler[17], Bäckermeister,
1910 bis 1922	Anna Maria Orschler, geb. Wissel, Witwe des Anton O.,
1922 bis 1955	Josef Amrhein[18], Pfarrer, Therese Amrhein, Haushälterin, und Rosina Wissel, Haushälterin,
seit 1955	siehe Kapuzinerplatz 5.

---

[12] St. Agatha, Trauungsmatr. v. 1745, S. 14: Johann Michael Brenner heiratet 1745 Maria Agnes Hoffmann.
[13] Ebd., v. 1775, S. 79: Anton Rausch heiratet 1775 Barbara, die Tochter des Michael Brenner. Ebd., Sterbematr. v. 1800, S. 260: Anton Rausch stirbt 54jährig 1800.
[14] Thomas Herbert, verh. mit Appolonia Schneider, war am kgl. Kreis- und Stadtgericht tätig, wie aus der Eintragung bei der Geburt ihres 3. Kindes zu ersehen ist. St. Agatha, Taufmatr. v. 1836, S. 160.
[15] StaA, HR, G1, S. 172: Hubertine Guthiens, geb. Sohn (1823-1887), war Ehefrau des vorm. Stadtkämmerers Peter Guthiens (1818-1886).
[16] Ebd., Margarethe Wolpert (1840-1913), verh. mit Josef Wolpert aus Klingenberg. Margarethe war die voreheliche Tochter der Hubertine Guthiens, geb. Sohn.
[17] Ebd., HR, O, S. 77: Anton Orschler (1849-1910), verh. mit Anna Maria, geb. Wissel, 2 Kinder.
[18] Josef Amrhein war Pfarrer in Weyer bei Schweinfurt.

Karlstraße 29   (Lit. B 93)   Plan-Nr. 535

Geschichte

Katharina Antoni, die Witwe des Nicolaus Antoni, besaß am 27. Juni 1806 seit vier Monaten dieses Haus „auf der Kapuzinergasse mit Gärtchen". Nun wurde von ihr gefordert, die Mauer an dem begehbaren Rail, am sogenannten Schutz (später Karlsberg), neu aufzurichten. Sie bat um Aufschub. Aus der Landesnotdurftkasse bekam sie daraufhin „150 Gulden auf ein Jahr" vorgeschossen[1]. Katharina Antoni starb 1811. Eigentümerin wurde ihre Tochter Eva.
1816 war das Grundstück 400 fl. wert.
1817 wurde das halbe Wohnhaus der 1816 verstorbenen ledigen Tochter Eva Antoni neben Hofmusikus Moritz Alleaumes und Georg Bourdon versteigert[2].
1828 bewohnte Weber Andreas Kunz das Haus[3]. Bäcker Anton Orschler erwarb 1886 das Grundstück.
Orschler war bereits seit 1878 Eigentümer des Nachbarhauses, Karlstraße 31. Im Jahr 1886 wurde das Haus umgebaut. Orschler erhielt im Erdgeschoß eine Backstube und im Obergeschoß einen Mehlspeicher. Dabei wurden jeweils die Zwischenwände herausgenommen. 1899 wurde, ebenfalls für Orschler, im ersten Obergeschoß eine Wohnung eingerichtet.
Durch Luftangriffe im Zweiten Weltkrieg 1944/45 Zerstörung des Anwesens[4].
1951 wurde das Grundstück Eigentum der Stadt Aschaffenburg. Die Fläche wurde eingeebnet.
Heute gehört die Grundfläche zu Kapuzinerplatz 1.

Beschreibung

Ein Plan des Architekten Hermann Reichard zeigt den Bestand und den geplanten Umbau des Hauses aus dem Jahr 1886.
Das gesamte Grundstück ist nicht größer als 65 m². Die Frontlänge an der Karlstraße beträgt ca. 5 m. Das Gebäude ist nur 3,70 m tief und war damals schon dreigeschossig.
Straßenansicht mit drei Fensterachsen in gleichen Abständen. Hauseingang auf der Seite von Karlstraße 31. Außenmauer zur Karlstraße und Brandmauer zu Haus Nr. 27 massiv. Alle übrigen Wände in verputztem Fachwerk.

---

[1] StAWü, MRA, LG 2869.
[2] Intell.Bl. Nr. 24 v. 22. März 1817. Es ist anzunehmen, daß der spätere Eigentümer Alleaumus damals in einem Nachbarhaus wohnte.
[3] *Scherg*, Matrikel v. 1828, Nr. 2, S.97.
[4] *Stadtmüller* II, S. 365.

Im Erdgeschoß hinter dem Eingang Flur und ein Zimmer. Das erste Obergeschoß wird über eine Außentreppe vom Hof aus erreicht. Raumteilung wie im Erdgeschoß, viertelgewendelte Innentreppe zum zweiten Stock.
Im Hof, an der Mauer zum Karlsberg, Abort und Remise.
Beim Umbau 1886 werden Erdgeschoß und erstes Obergeschoß um ca. 1,80 m im Mittel auf der Hofseite erweitert. Es entstehen im Erdgeschoß eine offene überdeckte Halle, dahinter eine Backstube und im ersten Obergeschoß ein Mehllager.
1899 wird auch der zweite Stock auf der Hofseite erweitert. Die Räume werden der Wohnung von Haus Karlstraße 31 zugeschlagen.
Nach einem Plan von 1899 befinden sich im Hof Waschhaus, Abort, Remise und Schweinestall.

Eigentümer

1794	Leopold Wieland und Johann Imhoff[5],
1806 bis 1811	Katharina Antoni[6], Witwe des Nicolaus Antoni[7],
1811 bis 1816	Eva Antoni[8], Tochter der Katharina A.,
1817 bis 1825	Remakel Schnuck, Maurermeister,
1825 bis 1834	Moritz Alleaumes, königlicher Hofmusiker von Würzburg,
1834 bis 1844	Heinrich Loeffert, Schneidermeister,
1844 bis 1858	Andreas Faß, Schöntal-Schreiner,
1858 bis 1886	Anna Maria Weber[9],
1886 bis 1907	Anton Orschler, Bäckermeister,
1907 bis 1918	Paul Sauer, Bäcker, und Ehefrau Anna, geb. Hock,
1918 bis 1951	Johann Braun, Bäcker,
seit 1951	Stadt Aschaffenburg.

---

[5] St. Agatha, Sterbematr. v. 1794, S. 230: Johann Imhoff stirbt 1794 im Alter von 64 Jahren.
[6] Ebd. v. 1811, S. 112: Catharina Antoni, geb. Wohlmann, aus Mechenhard, verh. mit Nicolai Antoni, stirbt 1811 mit 63 Jahren.
[7] StaA, HR, A1, S. 36: Nicolaus Antoni, Maurermeister, verh., 1 Tochter Maria Eva (1786-1816).
[8] St. Agatha, Sterbematr. v. 1816, S. 189: Eva Antoni stirbt 1816 mit 30 Jahren.
[9] Anna Maria Weber war verh. mit Alexander Weber, Kaufmann.

Karlstraße 31   (Lit. B 94)   Plan-Nr. 534

Geschichte

1794 war der Grundstückseigner Ecke Karlstraße/Karlsberg Paul Wieland.
1878 erwarb Bäcker Anton Orschler das Anwesen. 1879 ließ er eine Backofen-

anlage einbauen. Zugleich wurde die Fassade durch Vergrößerung der Fenster umgestaltet.

Im Jahr 1886 kaufte Anton Orschler das Nachbaranwesen, Karlstraße 29, hinzu.

1921 wurde die Bäckerei für Johann Braun modernisiert. Der alte Backofen von 1879 wurde entfernt und ein neuer in den bisherigen Hofraum verlegt.

1944/1945 stürzten bei Luftangriffen im Zweiten Weltkrieg die Seitenwände zum Karlsberg ein. Das Haus war nicht mehr bewohnbar, der Backofen konnte nicht mehr benutzt werden[1].

Wegen Einsturzgefahr mußte 1951 die Ruine abgebrochen werden, und die Fläche wurde eingeebnet.

Seit 1951 gehört das Grundstück der Stadt Aschaffenburg. Die Grundstücksfläche ist heute überwiegend Bestandteil des neuen Anwesens Kapuzinerplatz 1.

Beschreibung

Zustand nach dem Umbau von 1879

Auf drei Seiten anbaufreies, trapezförmiges Grundstück an der Ecke Karlstraße/Karlsberg, voll überbaut.

Im Erdgeschoß Außenmauern zur Karlstraße, am Giebel zur Hanauer Straße und im ersten Drittel entlang des Karlsbergs massiv. Die restlichen Wände, das Obergeschoß und die Giebeldreiecke in verputztem Fachwerk.

Auf der Traufseite zur Karlstraße drei gleichmäßige Achsen. In der Achse zu Haus Nr. 29 Wohnungseingang, an der anderen Hausecke Eingang zum Laden, dazwischen Fenster. Im vorkragenden Obergeschoß, achsial darüber, je ein gekuppeltes Fenster.

Auf der Giebelseite zur Hanauer Straße im Erdgeschoß zwei Fenster, das linke als Schaufenster für den Bäckerladen genutzt. Im Obergeschoß, wie im Erdgeschoß, zwei Fenster.

Das Giebeldreieck ist durch ein Brettergesims vom Obergeschoß getrennt. In der Mitte ein gekuppeltes Fenster.

Die Traufseite zum Karlsberg ist ohne Überstand. Dort im Erdgeschoß in Hausmitte ein gekuppeltes, links davon ein einfaches Fenster. Im Obergeschoß einfaches Fenster in Fassadenmitte.

Grundrisse

Im Erdgeschoß hinter dem Eingang „Entrée" mit zweifach gewendelter Treppe, Backofen, Küche, Wohnzimmer, Laden und Schlafzimmer.

---

[1] *Stadtmüller* II, S. 365

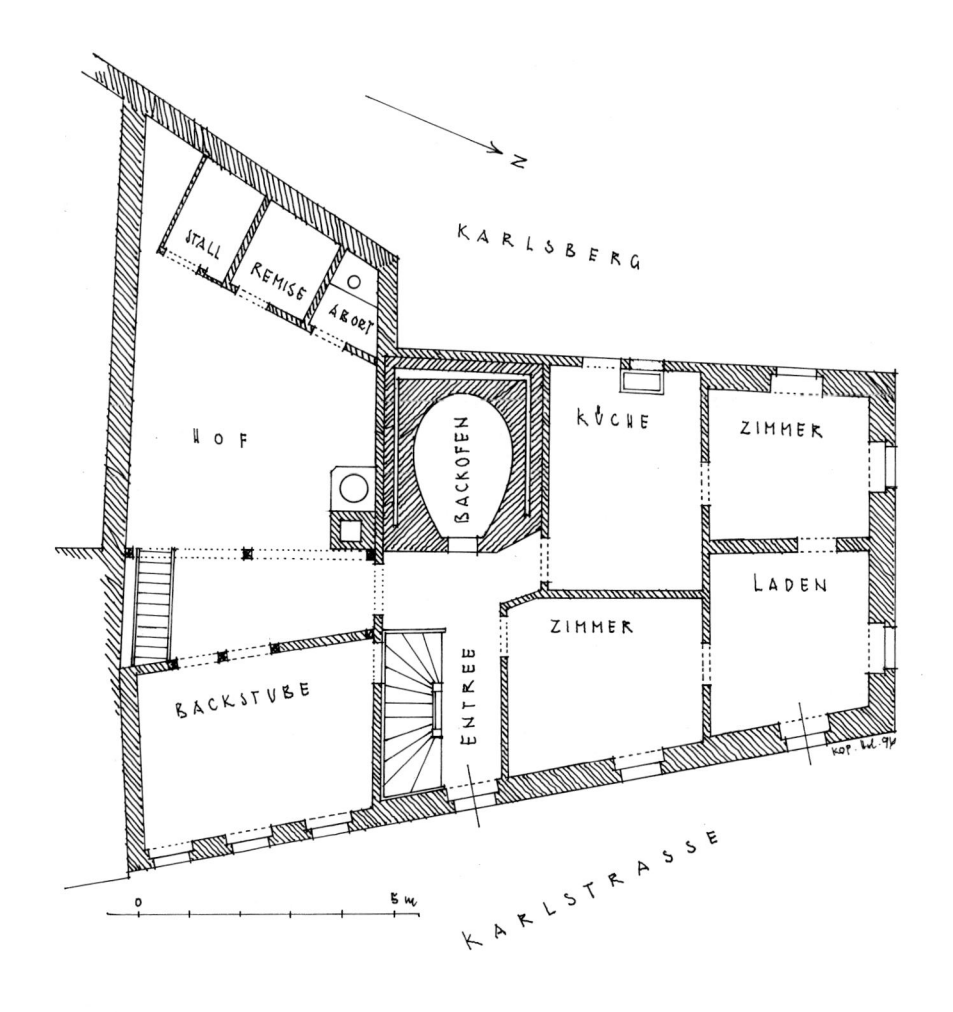

Abb. 21: Karlstraße 31, Bäckerei Orschler, Erdgeschoß nach dem Umbau von 1879.

Im Obergeschoß „Corridor" mit gewendelter Treppe zum Dachraum, vier Zimmer und Küche.

Eigentümer

1794   Paul Wieland,
 bis 1840 Eva Wiesner, geb. Zang, Witwe,
1840 bis 1847 Anna, Margarethe und Eva Zang,

1847 bis 1874 Leonhard Deckelmann, Landwirt,
1874 bis 1878 Klara, Johann und Christian Schäfer und Elisabeth Mickler[2],
1878 Anton Orschler, Bäcker,
   seit 1886 wie Karlstraße 29.

---

[2] StaA, HR, M1, S. 1: Elisabeth Mickler, geb. Kimmel (1822-1897), verh. mit Stadtschreiber Joseph Anton Mickler (1799-1876).

Karlstraße 33 (Lit. B 97³/₄) Plan-Nr. 570, 564
(Lit. B 97¹/₂) Kapuzinergasse 2 (seit 1880)
(Lit. B 97¹/₄) Kapuzinergasse 4 (seit 1890)

Geschichte

Das Gartengrundstück wurde erst 1808 bebaut. Schullehrer Christoph Keller war Eigentümer des Gartens und verkaufte ihn an Oberleutnant Anton Weritz.
Weritz verlangte am 14. Oktober 1808 eine Prämie für seinen neuen Hausbau „am Ausgange des Dingstallthores auf der linken Seiten zwischen dem Garten des Geistlichen Rat Paul Mittnacht[1] und der Schönthalmauer". Am 12. Dezember 1808 wurde ihm die Prämie von 100 fl. ausgezahlt[2].
Das Anwesen war dem Katharinenhospital 9 Kreuzer und St. Agatha 12 Kreuzer grundzinspflichtig.
1810 will Barbara, die Witwe des inzwischen verstorbenen Oberleutnants Anton Weritz, umbauen. Zum Haus gehörte weder eine Waschküche noch eine Holzlege. Barbara Weritz will an ihrem Haus, am Kapuzinertor links, zwei Nebenbauten errichten, in deren Mitte das Eingangstor sein soll. Die Verwirklichung macht Schwierigkeiten, weil „der Landesfürst Carl Theodor von Dalberg die Anlage einer Vorstadt an dieser Stelle noch nicht aufgegeben hat". Frau Weritz erhält am 9. März 1810 die Genehmigung aber unter Vorbehalt[3].
Am 19. September 1822 will Frau Weritz eine Zisterne anlegen lassen[4].
Nach dem Tod von Barbara Weritz im Jahr 1833 erbt das Anwesen der nassauische Kammerrat Georg Wüstenfeld. Dieser beabsichtigt 1834 das angren-

---

[1] Das Gartengrundstück von Pfarrer Mittnacht ist identisch mit dem späteren Anwesen Kapuzinergasse Haus Nr. 4. Paul Mittnacht war 1808 Pfarrer zu Hofheim an der Bergstraße. Vgl. AB Schreib- und Adreßkal. v. 1808, S. 25.
[2] StaWü, MRA, LG 2786.
[3] Ebd., 2818.
[4] StaA, Mag.Prot. v. 19. September 1822.

zende Grundstück, Kapuzinergasse 8, zu kaufen, was aber nicht zustande kommt.
Karlstraße 33 bewohnt 1838 Freiherr von Fechenbach-Laudenbach.
Im Juli 1848 soll das Haus versteigert werden[5]. Meistbietender mit 9.000 fl. ist Kaspar Schmitt aus Würzburg, Gutsbesitzer in Frankfurt. Wüstenfeld will mehr erzielen und stellt den Verkauf zurück.
1850 ist Eigentümerin Barbara Münch, die Witwe des 1844 verstorbenen Handelsmannes Peter Alois Münch.
Frau Münch läßt von Architekt Carl Wetter 1866 einen Plan für eine Veranda als Anbau an ihr Wohnhaus erstellen. Am 29. Mai 1866 wird diesem Plan von Seiten der königlichen Hofbau-Intendanz in München zugestimmt. Das Bauvorhaben ist vermutlich nicht ausgeführt worden, denn die Veranda erscheint auf keinem Katasterblatt.
Mit Schreiben vom 21. April 1880 ersucht Barbara Münch um baupolizeiliche Genehmigung zu baulichen Änderungen an den Häusern Lit. B 97^1/$_2$ und 97^3/$_4$. Spätestens zu dieser Zeit muß das Anwesen Kapuzinergasse 2 zu Karlstraße 33 gehört haben.
In den Plänen von 1880 sind die Nebengebäude in Verlängerung der Gartenseite des Gebäudes Karlstraße 33 und das Haus Kapuzinergasse 2 als abzubrechend eingetragen.
Das Haus Karlstraße 33 erhält auf der Giebelseite zur Kapuzinergasse eine repräsentative, dreigeschossige Fassade mit Portikus und Loggia.
Am 2. August 1880 bittet Frau Münch um polizeiliche Erlaubnis zur Errichtung eines Trottoirs vor ihrem Wohnhaus und zwar von der ganzen Längsseite des Anwesens vom Schloßgarten bis zur Ecke am Kapuzinergäßchen. Die Genehmigung zur Trottoiranlage mit erhöhten Leistensteinen aus Muschelkalk oder Granit, sowie die Pflasterung des Trottoirs mit Mettlacher Platten oder gerichteten Steinwürfeln wird erteilt.
Der Abwasseranschluß an den städtischen Hauptkanal wird am 16. August 1880 genehmigt.
1883 wird die schadhafte Gartenmauer an der Kapuzinergasse umgebaut.
In dem großen Anwesen wohnen 1884 nicht nur die Familienmitglieder der Eigentümerin, sondern im Südwestteil des Hauses auch zwei Damen und eine Magd.
1884 stirbt Frau Münch. Ihre Tochter Babette ist mit Landgerichtsdirektor Dr. Karl Wagner verheiratet. Durch Architekt Hermann Reichard läßt er 1884 das Haus nochmals umbauen.
Dr. Wagner kauft 1890 den angrenzenden Hausplatz mit Garten, Kapuzinergasse 4, dazu.
1892 erwirbt Babette Wagner Kapuzinergasse 8. Das Haus wird abgebrochen.

---

[5] AZ v. 12. Juli 1848.

An dieser Stelle werden 1898 neue Holzlegen gebaut. Die Holzlegen entlang der Grundstücksgrenze zu Kapuzinergasse 4 werden ebenfalls abgebrochen. Im Zweiten Weltkrieg wird 1944 das Haus durch einen Bombenvolltreffer total zerstört[6].

Das Grundstück bleibt bis 1950 Eigentum der Familie Wagner. 1951 kauft es Kurt Jakob. Im März 1955 läßt er durch den Architekten Georg Ackermann Pläne einreichen, um auf dem Grundstück eine Kleiderfabrik zu errichten. Die städtische Bauverwaltung stimmt diesem Plan nicht zu. Die Kleiderfabrik entsteht an anderer Stelle.

1956 erwirbt die Stadt Aschaffenburg das Grundstück. Sie überläßt die Nutzung der Flächen als Teil des Schloßgartens der Bayerischen Verwaltung der staatlichen Schlösser, Gärten und Seen, München. Ein geringer Teil dieser Flächen gehört heute zu den Grundstücken Kapuzinerplatz 2 und 4 und 6.

Beschreibung

1808: „2-stöckig. Erdgeschoß Stein, Obergeschoß Holz"[7].

1834: „Das Haus besteht aus 14 Zimmern und 9 Mansarden. Hat 2 Stiegen, Küche, Waschküche, Remise, Stall für 4 Pferde, 2 Toreinfahrten"[8].

1848: „Das vorgenannte zweistöckige Haus ist zu manchfachem Betriebe geeignet, im besten Zustande, enthält 14 Zimmer verschiedener Größe und 9 Mansarden, Küche, Waschküche, Remise, Stallung für 4 Pferde mit Futterspeicher und Kutscherstube, Wein- und Haushaltkeller, 2 Thoreinfahrten mit Hof und Regenzisterne, ferner zwei Hausgärten mit soliden Gartenhäuschen"[9].

Ein undatiertes Bild, das dem städtischen Konservator Jean Friedrich zugeordnet werden kann, stellt möglicherweise den ursprünglichen Zustand des Hauses dar. Friedrich kann dieses Bild wegen seines Alters nur nach einer Vorlage gezeichnet haben[10]. Das Haus nach dieser Abbildung war zweigeschossig, ruhte auf einem hohen Sockel, hatte sieben Fensterachsen und ein Walmdach. Der Hauseingang befand sich in Achsenmitte und konnte über eine dreiseitig vorgelegte Freitreppe erreicht werden[11].

---

[6] *Stadtmüller* II, S. 365. Vgl. auch Kap. Chronik 1940-1952, S. 101: "Am 12. Dezember 1944 fiel in das einzige noch bewohnte Haus unserer Nachbarschaft, das neben dem Eingang in den Schloßgarten lag, eine Bombe und zerstörte es fast ganz".
[7] StAWü, MRA, LG 2786.
[8] Ebd., LG AB 787.
[9] Siehe Anm. 5.
[10] StA, HR, F1, S. 113, S. 250 Johann Peter, gen. Jean Friedrich (1859-1932), Buchbindermeister und Konservator des städtischen Museums. Siehe Nachruf BaM v. 15. Juni 1932, S. 3.
[11] Ein Foto dieses Bildes befindet sich im Archiv des Kapuzinerklosters in einem Fotosammelband, der anläßlich des Umbaus der Kapuzinerkirche 1908/09 angelegt wurde.

Zu einer späteren Zeit, jedoch vor der Erstellung des Urkatasters 1845, muß das Haus um ca. 6 m in Richtung Kapuzinergasse erweitert worden sein.

Der Plan des Architekten Hermann Reichard von 1880 zeigt neben dem geplanten Umbau auch den damaligen Bestand.

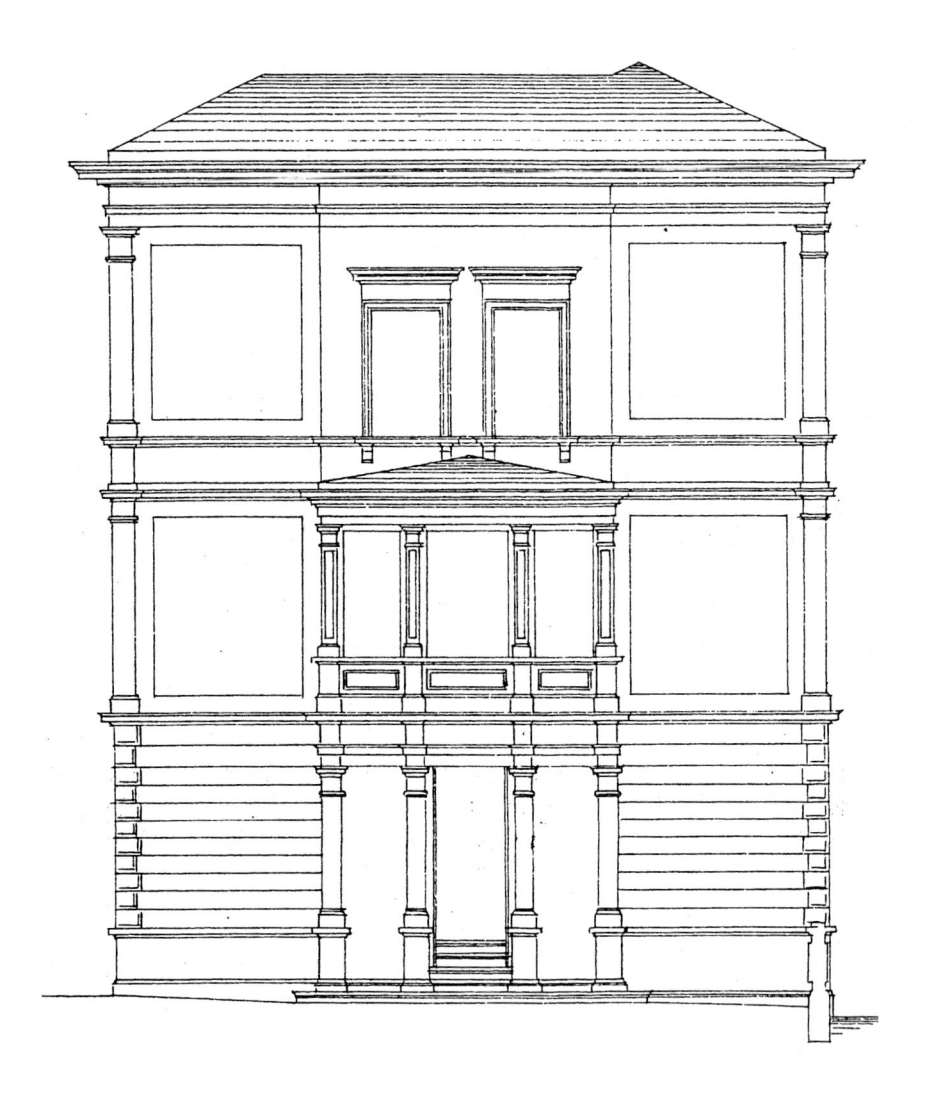

Abb. 22: Karlstraße 33, Ansicht zur Kapuzinergasse nach dem Umbau 1886 nach Plänen von Architekt Hermann Reichard.

Das vorhandene Gebäude war an der Karlstraße ca. 23,50 m lang und ca. 10,80 m tief. Es war zweigeschossig, traufständig und besaß einen Kniestock mit Satteldach.

Im Erdgeschoß war eine durch die ganze Tiefe des Hauses verlaufende massive Trennwand, die dieses Geschoß in zwei Hälften teilt. Im ersten Stock fehlt jedoch diese Trennwand, so daß nicht von einem Doppelhaus gesprochen werden kann.

Die Fassade zur Karlstraße besaß 8 Fensterachsen, davon eine gekuppelte. In der dritten, von der Hanauer Straße aus gezählt, der Eingang. Der Zugang zur anderen Erdgeschoßhälfte ist nicht bekannt.

Das Erdgeschoß der Fassade ist massiv, besitzt Bänderrustika vom Sockel bis zum Gurtgesims. Um die hohen, gleichmäßig angeordneten Fenster profilierte Gewände mit gerader Verdachung. Überstehende Fensterbänke auf Konsolen. Erster Stock aus verputztem Fachwerk. Niedriges Sockelband, Brüstungsgesims, Fensterumrahmungen und Brüstungsfelder vermutlich aus Stuck oder Holz, ebenso das Dachgesims.

Der Umbau von 1880 bezieht sich auf den zur Kapuzinergasse gerichteten Hausteil. Das Gebäude wird dorthin um ca. 1 m erweitert und entlang der Karlstraße auf eine Länge von ca. 6,70 m aufgestockt.

Der Giebel erhält einen Portikus mit vier Pfeilern und vier Stufen zum neuen Eingang. Darüber im ersten Stock Loggia, dem Portikus entsprechend gegliedert. Im neuen zweiten Stock, in der Achse, gekuppeltes Fenster mit gerader Verdachung.

Auf der Seite zur Karlstraße, in der Achse des Umbauabschnitts, gekuppelte Fenster, die in den drei Geschossen, nur gering vorstehend, zusammengefaßt sind.

Im Erdgeschoß und im zweiten Obergeschoß gerade, im ersten Stock segmentbogenförmige Verdachung, Gurt- und Brüstungsgesimse, Brüstungsfelder. Auskragendes Gesims mit sichtbaren Balkenköpfen.

Einfahrt von der Kapuzinergasse in der Achse des Eingangs. Links neben der Einfahrt neue Waschküche, durch eine gegliederte Schildmauer verdeckt. Anschließend, an der Grenze zu Kapuzinergasse 4, Holzlegen.

Eigentümer

      bis 1808 Christoph Keller, Schullehrer von St. Agatha,
1808 bis 1810 Anton Weritz, Oberleutnant und Militärhospitalverwalter,
1810 bis 1833 Barbara Weritz[12], Witwe des Oberleutnants Anton W.,

---

[12] StaA, Sterbereg. 1817 mit 1834, S. 266: Barbara Weritz, geb. Wagner, gest. am 6. Mai 1833. Ebd., Friedhofsamt, Bestattungsbuch 1814-1836: „Am 8. Mai 1833 Frau Barbara Weritz im Alter von 72 Jahren beigesetzt".

1833 bis 1852   Georg Wüstenfeld[13], nassauischer Hofkämmerer in Frankfurt,
1852 bis 1884   Barbara Münch[14], geb. Reis, Witwe,
1884 bis 1892   Erben Münch,
1892 bis 1907   Babette Wagner[15], geb. Münch,
1907 bis 1950   Dr. Ernst Wagner[16], Bezirksamtsassessor, Sohn von Babette W.,
1950 bis 1951   Erbengemeinschaft Wagner,
1951 bis 1956   Kurt Jakob & Co, Kleiderfabrik OHG,
    seit 1956   Stadt Aschaffenburg, überlassen an die Bayerische Verwaltung der staatlichen Gärten und Seen, München.

---

[13] Wüstenfeld erbte 1833 aus dem Nachlaß der Barbara Weritz.
[14] Ebd., HR, M1, S. 40: Barbara Reis aus Obernau (1801-1884), verh. mit Peter Alois Münch (1793-1844), Tochter Katharina Barbara, geb. 1838. Dokumente, die von Barbara Münch ausgestellt wurden, sind mit Babette Münch unterzeichnet. Auch ihre Tochter nennt sich später Babette, siehe Eintrag im HR, W1, S. 203.
[15] Ebd., HR, W1, S. 203: Carl Wagner, kgl. Landgerichtsdirektor (1823-1890), verh. mit Babette Katharina Wagner, geb. Münch (1838-1907), Sohn Ernst, geb. 1876 in Bamberg.
[16] Dr. Ernst Wagner (1876-1949), verh. mit Maria, geb. Ruppert, 3 Kinder, Oberregierungsrat in Speyer, zuletzt wohnhaft in Bad Reichenhall.

b) gerade Hausnummern – Seite zur Friedrichstraße

Karlstraße 2   (Lit. B 102$^{1}/_{2}$)   Plan-Nr. 585
Plan-Nr. 584 Garten (bis 1899)

Geschichte

Grund und Boden gehörten seit „unvordenklichen Jahren" der Familie von Gonsrod.
Philipp von Gonsrod vererbte das Anwesen seinem Schwiegersohn, dem Edlen Johann Wilhelm von Lauttern zu Wirtheim[1]. Es bestand noch eine Schuldverschreibung auf dem Haus aus dem Jahr 1591 zu Gunsten der Erben des Johann Sultz[2].

---

[1] Philipp von Gonsrod (gest. 1597) war zweimal verheiratet. Aus seiner Ehe mit Justina von Waldersdorf hatte er eine einzige Tochter, namens Maria Katharina. Sie heiratete Johann Wilhelm von Lauttern, einen isenburgischen Amtmann. *Kittel, J., Gonsrod, S. 104.*
[2] StAWü, Schönborn-Archiv Wiesentheid, Amt AB, B 63. Am 30. September 1591 verkaufen Philipp von Gonsrodt und seine Ehefrau Justine, geb. von Waldersdorf, an Johann Sultz Bürger und Rat zu Aschaffenburg, und an dessen Ehefrau Anna eine Pension von 12$^{1}/_{2}$ Gulden gegen eine

Am 26. Februar 1627 verkaufte von Lauttern seine „freie adeliche Behausung zu Aschaffenburg auf dem Dingstall zwischen der Stadt altem Schießgraben oder Zwinger" und den Nachbarn Georg Kurtzrock, kurfürstlicher mainzischer Brunnenmacher[3], und Meister Philipp Burtzhain, Hofgärtner[4], „für 1100 Gulden zu 15 Batzen". Käufer waren Kaspar von Fleischbein, Juris Utriusque Licentiatus, kurmainzischer Hofrat[5], kaiserlicher Hofpfalzgraf, und seine Ehefrau Anna[6].

Kaspar von Fleischbein starb nur wenige Tage nach Erwerb des Hauses, am 7. März 1627[7].

Da er keine direkten Nachkommen hatte, errichtete er für seine studierenden Verwandten ein Stipendium[8]. Zu dieser Stiftung gehörte auch das Anwesen Karlstraße 2[9]. Kuratoren der Stiftung waren die Stadt und das Stift.

Im Februar 1631 wandte sich Stiftskustos Wolfgang Sigmund von Vorburg[10] an die Kuratoren, ihm das „adeliche Hauß a Nobilibus Lauter herrürent ohnlengsthin gelangt ist undt [hielt es] gleichwohl wegen übell proportionirter undt bawfälliger gemächer besagtem stipendiatwesen gar nit nützlich", zu verkaufen. Da das Haus sehr baufällig war und dadurch nur geringe Mietzinsen eingingen, waren Stadt und Stift nicht abgeneigt, dem Verkauf zuzustimmen. Kurfürst Anselm Kasimir von Wambold (1629-1647) ordnete jedoch an, einen Bausachverständigen zu beauftragen, um feststellen zu lassen, wie hoch die Reparaturen seien und wieviel Mietzinsen danach erzielt werden könnten. Am 19. März 1631 kam das Resultat: Die Lauttersche Behausung ist „gantz ruinos, nicht zu repariren". Sie müsse „demnächst abgelegt" werden, der Platz hingegen könne „adaequirt" und später verliehen werden, wobei aber höchstens 12 oder 15 fl. zu erzielen seien. Die Scheunen und Keller des Anwesens könnten dabei allerdings noch „in baulichem Wesen erhalten werden"[11]. Trotz dieses fachlichen Gutachtens, entschied sich der Kurfürst gegen den Verkauf.

Nach einem Rechnungsbericht der Fleischbeinischen Stiftung aus dem Jahr 1653 geht hervor, daß das Haus „durch daß Kriegsweeßen gantz verherget und

---

Hauptsumme von 250 Gulden. Als Pfand gilt ihr Haus „uff der dingstaln", zwischen dem alten Schießgraben oder Zwinger und dem Anwesen von Nikolaus Scheyde (auch Scheidt), mit dazugehörenden Scheuern, Garten und Umgriff. StaA, Bgb. 1509-1621, S. 175 f.: Hans Sultz (1538), Hans Sultz d. J. (1579). Bei *Amrhein*, Prälaten, S. 262 wird Sigmund Sultzer (um 1500) erwähnt.

[3] Vgl. *Friederichs*, S. 74, Nr. 267.
[4] Ebd., S. 71, Nr. 223. Bei *Fußbahn*, Kirchenbuch St. Agatha: statt Burtzhain „Burtzhahn".
[5] StAWü, Mz. Ingrossaturbuch 78, S. 189' v. 21. April 1597 und ebd., Mz. Akzidental- und Bestallungsbuch 3½ (1555-1600), S. 137' v. 21. April 1597.
[6] Ebd., MRA, LG 3233: Kaufbrief.
[7] *Friederichs*, S. 77, Nr. 314.
[8] StAWü, AB Archivreste, Fasz. 81/XIX, Nr. 10, ebd., Mz. Vikariatsakten, L 67/127, Nr. 10. *Treppner*, S. 42 ff. *Seibert*, Sippenbuch, S. 119 ff.
[9] StaA, R 317, Fleischbein Stipendium, S. 4 f. *Friederichs*, Sippe und Amt, in AJB, Bd. 4, S. 1035, bes. Anm. 66.
[10] *Amrhein*, Prälaten, S. 95, S. 126 und S. 271.
[11] StAWü, AB Archivreste Fasz. 81/XIX, Nr. 10, Prod. 68-75.

niedergerissen" sei[12].

Erst im Jahr 1700 wurde das Grundstück verkauft. Dem Garten galt das Hauptinteresse der Käufer, denn in den folgenden Verkaufsverhandlungen wird entweder von dem „Hausplatz" oder von dem sogenannten „Stipendiatgarten", vor der Strickerpforte liegend, „sambt Haus" gesprochen. Er gehörte dem Stift, war seit 1693 an den Syndikus verliehen[13] und jetzt in dessen Erbbestand[14].

Im Februar 1700 wollte Johann Franz Sebastian Freiherr von Ostein den Garten erwerben. Der Syndikus protestierte. Er bot 400 Gulden, von Ostein 500 Gulden und Maria Ottilia von Ingelheim Freifrau von und zu Mespelbrunn, die auch daran interessiert war, 600 Gulden. Es wurde zunächst kein Beschluß gefaßt. Der Garten brachte dem Spital einen Grundzins von 1 fl. 18 alb 6 Pf. Die Entscheidung sollte erst nach Ostern fallen. Der Garten sollte um 600 fl. angeboten werden, falls von Ostein ihn wolle, sei er der Nächste[15].

Freifrau von Ingelheim steigerte den Fleischbeinischen Garten, d.h. den „Stipendiatgarten, sambt Haus und Scheuerplatz für 640 fl."[16].

Der Kaufvertrag wurde am 12. Juli 1700 zwischen dem Administrator des Stipendiums, dem Stift, dem Stadtschultheiß, dem Rentbaumeister und dem Rat einerseits und der Freifrau Ottilie von Ingelheim andererseits geschlossen. Die auf dem Grundstück bestehenden Freiheiten wurden weiterhin anerkannt[17].

Der Kaufvertrag beinhaltete „den adelichen Hausplatz zu Aschaffenburg auf dem Dingstall, zwischen der Stadt altem Schießgraben oder Zwinger, und andererseits dem Arbogastischen[18], jtzo Freiherrn von Osteinischen Garten in einem Bezirke abgesteint gelegen[19], samt dazugehörigem Stall und Scheuerplatz, Keller, Garten und Umgriff". Das Anwesen war frei von „Zins und Geschoß, Beth, Steuer, Schatzung, Frohn und allen bürgerlichen und bäuerlichen Real- und Personal-Beschwerungen, wie die auch Namen haben mögen, als Wachens, Hütens, Pfortens, Standes, Folgens, Einlogierung der stilliegenden oder durchreisenden Soldaten, Hofdiener und anderseits ankommende fremde Herrschaften und Gesindels, wer die auch sein mögen"[20].

In den Jahren zwischen 1690 und 1699 war der Besitz jährlich für 5 fl. ver-

---

[12] Ebd., Prod. 107 v. 1653.
[13] StiA, 5487, Stiftsprot. v. 11. Februar 1693. Auf den Garten des Fleischbeinischen Stipendiums reflektierte der Syndikus mit 300 fl. Der Scholastikus hatte aber schon vor einem Jahr 400 fl. geboten. Es kam zu folgendem Beschluß: „Da der Scholastikus genügend Güter habe, solle er den Garten vorm Strickertor dem Syndikus für 400 fl. überlassen".
[14] StiA, 5768, Stiftsprot. v. 15. Februar 1700, S. 17, S. 19.
[15] Ebd., S. 21.
[16] Ebd., S. 26.
[17] StAWü, MRA, LG 3233.
[18] Ludwig Arbogast, Reichskammergerichtsfiskal, war 1667 Eigentümer von Badergasse 9. Vgl. *Grimm* III, S. 492.
[19] Dieser Garten gehörte zu Karlstraße 8.
[20] StAWü, MRA, LG 3233. Kaufvertrag mit Freifrau von Ingelheim.

pachtet worden. Der Verkaufspreis von 1700 betrug 640 fl.[21].

Über die Verwendung des Hauses und des Gartens während der Ingelheimer Zeit liegen keine Nachrichten vor.

Bei dem Erwerb des Grundstückes 1803 durch den gräflich Ingelheimischen Rat David Reuter wurde nur noch von einem Hausplatz gesprochen. Reuter zahlte 1500 fl. und behauptete, dadurch die mit dem Platz verbundene adelige Freiheit erworben zu haben. Dies bestritt die Stadt[22]. Der Kaufkontrakt wurde am 24. März 1803 ausgestellt[23].

Reuter reichte am 10. März 1803 bei der Stadt einen Plan für einen Hausbau mit beidseitigen symmetrischen Anbauten ein. In diesem Zusammenhang und wegen der Notwendigkeit von Brandmauern wurde auf die Mißstände der nahe gelegenen St. Agathakirche hingewiesen. Die zu kleine ungesunde Kirche sollte abgerissen, und an ihrer Stelle sollten Häuser errichtet werden, „die an den Rat Reuter anschließen sollen in fortlaufender Reihe unter Kassierung des bisherigen Stadtgrabens, deshalb sollte Reuter keine Fenster in dem niedrigen Anbau auf der Seite zu St. Agatha machen dürfen"[24]. Die Karlstraße sollte also die unmittelbare Verlängerung der Strickergasse werden.

Die Straßenlinie verlief vom Haus des Maurermeisters Ludwig Antoni, Treibgasse 38, bis an das Adam Traupelsche Haus, Karlstraße 10. „Der Abschluß des schönen Tals[25] sollte auch bis auf diese Linie zurückgenommen werden, daß kein Pißeck entsteht".

Eine Ortsbesichtigung mit Zimmermann Johann Andreas Kleber, Maurermeister Gabriel Hospes, Nachbar Heinrich Fäth und Landbaumeister Michael Streiter wurde am 28. März 1803 durchgeführt. Dabei wurde festgestellt: Auf der Seite zu Maurermeister Karl Antoni waren schon Fenster durch die Stadtmauer gebrochen worden. Die Mauer zum Graben gehörte Ingelheim auf eine Länge von 114 Schuh (fast 33 m). An der Mauer war ein Anschluß zu sehen, was vermuten ließ, daß sich hier eine ehemalige Anschlußmauer befand. Alte noch ersichtliche Kellergewölbe bezeichneten einen Hausplatz. Reuter durfte an seinem Neubau Fenster zum Schöntal[26] einrichten lassen, die Fenster mußten jedoch vergittert werden.

Am 14. April 1803 bekam Reuter den Hausbau genehmigt. Das stattliche Wohnhaus stand an der Ecke Karlstraße zur heutigen Erthalstraße. Damals befand sich neben dem Neubau der Zugang zum Schöntal.

Ein am 19. Februar 1805 gestellter Antrag auf Prämie wurde am 11. März 1805 mit 130 fl. bewilligt[27].

---

[21] StaA, R 317, S. 5: 640 Gulden zu 15 Batzen.
[22] StAWü, MRA, LG 3233.
[23] Ebd., LG 2875.
[24] Ebd.
[25] Damit ist der damalige Zwinger, die heutige Erthalstraße gemeint.
[26] Heutige Erthalstraße.
[27] StAWü, MRA, LG 2875.

Ein Gesuch wegen drohender Einquartierung in Reuters neugebautem Haus liegt vom 28. Februar 1805 vor[28].

1808 verhandelte Reuter mit der Stadt wegen Entschädigung einer abgegebenen Fläche von 126 m² für Straßenerweiterung. Reuter hatte die Quadratmeter wegen der neuen Straßenlinie, die von der Strickergasse zum Dingstalltor führte, abgegeben[29].

Noch acht Jahre nach dem Hausbau (1811/1812) führte Reuter ebenfalls mit der Stadt wegen eines Geländestreifens einen Rechtsstreit. Dieser war wegen des Traufrechts entstanden. Reuter durfte das Traufwasser nicht zum städtischen Gelände, dem sogenannten Schießgraben, leiten. Er mußte deshalb einige Schuh, die ihm gehörten, etwa um die Breite des Dachgesimses, zurückbleiben. Das Gelände wurde aber nicht abgetrennt, auch wurde dies nicht offiziell aktenkundig festgelegt. Stadtschultheiß Jakob Leo konnte sich acht Jahre später an angebliche mündliche Abmachungen nicht mehr erinnern.

Am 5. September 1812 stand in der Zeitung: „Das Haus Lit. B Nr. 102½ in der Karlstraße ist aus freier Hand gegen sehr annehmliche Bedingnisse zu verkaufen"[30].

Da das Vizedomamtshaus, Treibgasse 28, zu alt und immer reparaturbedürftig war, sollte es 1819 verkauft werden. Dafür sollte das Rat Reutersche Haus für 15.000 fl. erworben werden, „da es ganz neu und solid gebaut ist"[31]. Das Erdgeschoß, sowie das hintere Gebäude und den Garten könnte das Rentamt Alzenau belegen, und im ersten und zweiten Obergeschoß könnte das Stadt- und Kreisgericht einziehen. Die Überlegungen zogen sich noch bis zum 25. Juli 1820 hin. Das Gegenargument für den Kauf von Karlstraße 2 war: Der Erwerb von großen privaten Wohnhäusern sei immer sehr teuer, und außerdem käme noch der Umbau für die Diensträume hinzu. So blieb das Haus weiter ein privates Wohnhaus.

Seit 1868 war Eigentümer des Anwesens Magistratsrat Jakob Ernst. Er ließ im gleichen Jahr nach einem Plan des städtischen Ingenieurs Carl Wetter in dem dazugehörigen Garten ein Gartenhäuschen errichten. Die Genehmigung hierzu erteilte am 2. Mai 1868 die „Kgl. Bayer. Hof-Bau-Intendanz", der damals noch das sogenannte offene Schöntal unterstand. Ernst bekam u.a. folgende Auflagen: Vergitterte Fenster so zu errichten, daß sich keine Singvögel fangen. Verzicht auf Ausholzen der Bäume des Schöntals wegen der Aussicht. Kein Wasserablauf ins Schöntal. Erst ab September 1870 bekam Ernst einen Abzugskanal genehmigt. Somit konnte jetzt das Gieß- und Regenwasser, das bisher die Mauern durchfeuchtet hatte, durch den „jüngst erbauten Schöntal-Kanal abfließen".

---

[28] Ebd., 3233.
[29] HStA Wi, Abt. 371/1548.
[30] Depart.Bl. Nr. 71 und AB Anzeiger (141).
[31] HStA Mü, Obb 8422.

Im Auftrag von Jakob Ernst wurde im März 1875 eine Tür in die Gartenmauer zur Erthal- und Friedrichstraße gebrochen. Nach Magistratsbeschluß sollte die in die Karlstraße ragende Haustreppe verlegt werden. Es waren acht Stufen, davon fünf außerhalb der Mauerflucht. Ernst bat um Belassung des alten Zustands[32].

1880 ließ Fabrikbesitzer Josef Ernst einen Luftschacht zur Trockenlegung des Hauses anlegen. Zu dieser Zeit war er noch zusammen mit seinem Bruder Alois Hauseigentümer. 1884 kaufte Josef seinem Bruder den halben Besitz ab und wurde somit Alleineigentümer des großen Anwesens.

Am 30. Juli 1885 wurde an der Front zur Erthalstraße ein Fenster errichtet.

1897 trennte Josef Ernst das Wohnhaus mit Umgriff von dem großen Garten und übrigen Gebäuden und verkaufte es an Gastwirt Georg Greß. Das Restgrundstück behielt er zunächst noch.

Greß bekam am 30. April 1897 die Genehmigung, einen Eingang von der Erthalstraße her in den rechten zur Erthalstraße gelegenen Seitenpavillon zu errichten. Bis dahin war an dieser Stelle ein Fenster. Der ursprüngliche Hauseingang blieb in der Mittelachse des Hauptgebäudes.

1897 wurde das Rückgebäude auf der Seite zu Karlstraße 4 umgebaut.

Am 9. März 1899 veräußerte Josef Ernst auch das große Gartengrundstück. Käufer war die Stadtgemeinde. Diese wiederum stellte es dem Staat zum Bau des neuen Justizgebäudes an der Erthalstraße zur Verfügung[33].

17. März 1899: Anbau eines Zimmers, anschließend an das Wohnhaus, für Georg Greß.

Wegen des Neubaus des Justizgebäudes wurde eine neue Baulinie in der Erthalstraße festgelegt. Greß mußte 27,90 m² von seinem Grundstück abtreten, erhielt jedoch von Plan-Nr. 1598 1/2 von der Stadt 42,50 m² dazu. Dadurch konnte er bei seinen Bauvorhaben vorrücken.

Am 12. September 1906 begann Greß mit dem Bau eines neuen Vereinslokals, „Gastwirtschaft zum Erthaler Hof".

1913 war Frau Josefine Sotter Pächterin der Gastwirtschaft für die Aktienbierbrauerei. Die damalige Hauseigentümerin, Margarethe Greß, war insolvent, ihr wurde deshalb die Miete gepfändet. Das Anwesen fiel 1914 an die Familie Ernst zurück. Die Mißstände wurden beseitigt.

1924: Saalanbau im „Erthaler Hof". Zu dieser Zeit war schon das Anwesen Geis (in der Erthalstraße, zum Justizgebäude) abgetrennt.

1925 war Adam Maier der Inhaber der Wirtschaft und Eigentümer des Hauses.

1927 neuer Eingang mit Glasüberdachung in der Fassade zur Erthalstraße.

---

[32] Vgl. *Hoffmann*, Johann: Sammlung von Architekturen, S. 40: Karlstraße 2. Diese Sammlung liegt im Schloßmuseum.

[33] Ebd., M Ju 5243: 9. März 1898: Tauschvertrag zwischen Kommerzienrat Ernst und der Stadtgemeinde. Ebd. v. 16. Juli 1900: Die Stadtgemeinde hat von dem kgl. Kommerzienrat Ernst die Bauplätze Plan-Nr. 584 und 1598 1/2 erworben, um sie für das neue Justizgebäude dem kgl. Justizministerium zur Verfügung zu stellen.

Im Februar 1928 entstand ein Brand im Haus, der durch einen defekten Kamin verursacht worden war.
Durch Luftdruck in der Nähe einschlagender Bomben wurde die Front des „Erthaler Hofes" zur Erthalstraße im Zweiten Weltkrieg zerstört[34].
1948 erwarb Karl Kirchner das Anwesen.
1948: Pläne zum Umbau des Wohnhauses. „Der rechte Anbau soll in ganzer Höhe dazugenommen werden".
1949 Neubau des zerstörten Seitenflügels bis zum Erdgeschoß.
1959 Abtrennung dieses zur Erthalstraße gelegenen Seitenflügels als eigenständiges Anwesen Erthalstraße 1a und zugleich Aufstockung dieses Gebäudes auf die Höhe des Haupthauses (dreigeschossig) für Elektro-Braun.
1959/60: Lagerhallenneubau für die Firma Melzig und Metzler.

Beschreibung

Der „Grund-Riss der Stadt Aschaffenburg nach Eintheilung ihrer Pfarreyen im März 1809" zeigt ein Hauptgebäude mit beiderseitigen Nebenflügeln, die auf der Gartenseite über die Tiefe des Hauptgebäudes hinausragen. Auf dem Katasterblatt von 1845 ist jedoch nur der rechte Seitenflügel, auf der Seite zur künftigen Erthalstraße, eingetragen. Auf einem Bestandsplan des Hoftünchmeisters Fran(t)z Wilhelm Köhler aus der Zeit um 1809 ist ersichtlich, daß schon damals auf der linken Seite nur ein Portal als Zufahrt in den Hof vorhanden war.
Das Hauptgebäude liegt mit der Traufe zur Karlstraße. Auf hohem Sockel stehen ein massives Erdgeschoß und zwei Obergeschosse aus konstruktivem Fachwerk. Das Dach ist beidseitig gewalmt und sitzt auf einem profilierten Gesims. Das erste Obergeschoß ist durch die ca. 2,50 m hohen Fenster und die unten und oben begrenzenden Gurtgesimse deutlich hervorgehoben.
Die Fassade besitzt sieben Fensterachsen. Die gerahmten Fenster im ersten Obergeschoß sitzen auf einem Brüstungsgesims. In der Mitte des Erdgeschosses ist das Portal, als flacher Portikus ausgebildet. Zwei vollrunde Säulen tragen den Architrav mit Giebelabschluß. Die Säulen stehen auf einem Mauersockel mit ehemals fünf vorgelegten Stufen. Hinter dem Portikus ist eine hohe, rundbogige Eingangstür.
Der eingeschossige Seitenflügel an der rechten Gebäudeseite liegt in derselben Flucht wie das Hauptgebäude. Er wird auf beiden Seiten durch ca. 40 cm vorspringende Mauerpfeiler gefaßt, die unten auf einem Sockel stehen und oben

---

[34] *Stadtmüller* II, S. 364.

durch das umlaufende Gurtgesims des Hauptbaus abgeschlossen werden. Die Pfeiler tragen einen flachgeneigten, vorspringenden Giebel, ähnlich dem Eingangsportal. In Gebäudeflucht ist ein Blendbogen, in diesem, leicht zurückgesetzt, befindet sich ein dreiteiliges Fenster. Der mittlere, breitere Teil mit Rundbogenabschluß: Serlio- oder Palladiomotiv[35].
Auf der linken Gebäudeseite, symmetrisch angeordnet, Hofeinfahrt mit derselben Fassade, jedoch statt des Fensters ein Hoftor.

Abb. 23: Karlstraße 2, Straßenfassade von 1804.

1812 wird das Anwesen wie folgt in der Zeitung angeboten:
„Das Ganze bestehet in einem Saale, 22 heizbaren Zimmern, 3 Kammern auf dem Speicher, 2 Küchen mit Speisekammern, einer Waschküche, 2 großen Holzbehältern, Stallung für 2 Pferde, in einer Chaise-Remise, Stroh- und Heuspeichern, 2 Schweineställen, einem Keller 60 Stücke Wein haltend, in einem sehr geräumigen Hofe und einem Garten von einem Morgen und 3 Viertel.

---

[35] *Reidel*, Herigoyen, S. 60. Als Vorbild für den Portikus am Haupteingang kann der Frühstückstempel am Mainufer gedient haben. Vermutlich hat sich Herigoyen an der Stichpublikation von Robert Morris: Rural Architecture, Tafel 20: „Landhaus mit Nebengebäuden" orientiert. Tafel 19 zeigt einen Gartensitz mit Serliana. „Hinter der Serliana befand sich eine Remise, in der u.a. auch sicher manche Gerätschaften für den Reuterschen Garten aufbewahrt wurden. Durch eine geschickte Kombination beider Tafeln gelang Herigoyen – vorausgesetzt die Zuschreibung stimmt – ein entsprechender Wohnbau, der durch seine Einfachheit und gute Proportionierung besticht".

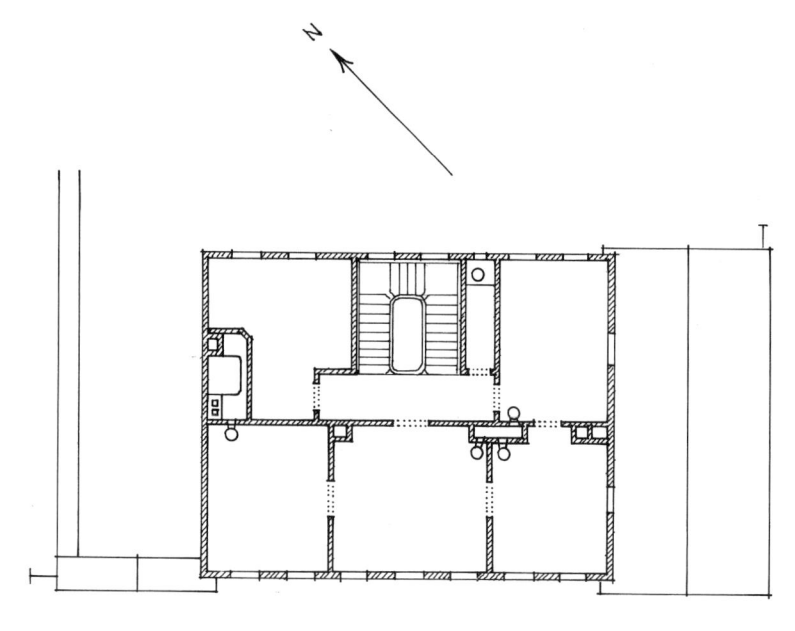

ERSTER STOCK

EINFAHRT

ERDGESCHOSS

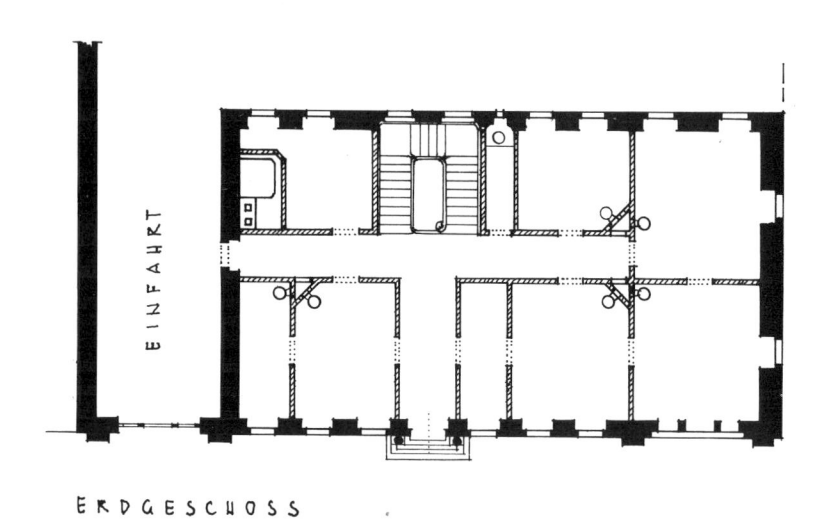

Abb. 24: Karlstraße 2, Grundrisse, Kopie nach Johann Hoffmann, 1827.

Sollte kein Verkauf zu Stande kommen, so ist hievon der untere Stock zu vermiethen.
Dieser bestehet in einem Saale, 8 heizbaren, 2 unheizbaren Zimmern, in einer großen Kammer auf dem Speicher, einer Küche mit Speisekammer, einer Waschküche, einem Holzbehälter, einer Chaise-Remise, in dem halben Keller, der einen besonderen Eingang hat, und dem Garten"[36].

Nach 1948 wurde das Hoftor abgebrochen. Bei der Aufstockung des Seitenflügels (als Erthalstraße 1a) konnte das Fenster mit dem Palladiomotiv einbezogen werden. Anläßlich einer Erneuerung der Hauptfassade wurde das Gurtgesims über dem Erdgeschoß entfernt. Das Gesims über dem ersten Obergeschoß war damals schon nicht mehr vorhanden.

Auf dem Katasterblatt von 1845 liegt hinter dem Anwesen ein schöner Garten mit geschwungenen Wegen und Gartenhaus. Die rückwärtige Terrasse trägt Weinstöcke. Auf der hochliegenden nordöstlichen Ecke entstand 1868 ein filigraner Pavillon.

Eigentümer

1492/1517	Hans Freiherr von Gonsrod[37],
1517 bis 1548	Philipp II. Freiherr von Gonsrod, Zentgraf,
1548 bis 1597	Philipp der Junge Freiherr von Gonsrod,
1597 bis 1627	Johann Wilhelm von Lauttern zu Wirtheim,
1627	Kaspar von Fleischbein, kaiserlicher Rat und kurfürstlich mainzischer Rat, sowie seine Frau Anna[38], dann
bis 1700	Fleischbein Stipendium,
1700 bis 1803	Maria Ottilia von Ingelheim Freifrau von und zu Mespelbrunn, dann deren Erben[39],
1803/1812	David Reuter, gräflich Ingelheimischer Rat[40],
1821 bis 1827	Margarethe Reuter, Geheimratswitwe,
1827 bis 1828	Anton Pauli[41], königlich bayerischer Geheimrat,
1828 bis 1856	Philippine Pauli[42], geb. Freiin von Hagen, Witwe des Anton P.,

---

[36] AB Anzeiger (141) v. 2. September 1812. Depart.Bl. Nr. 71 v. 5. September 1812 steht: 22 heizbare, 4 unheizbare Zimmer, 3 Kammern auf dem Speicher, etc. Die hier angegebene Zimmeranzahl ist sehr großzügig und kann in den Grundrissen nicht nachvollzogen werden.
[37] *Kittel*, J., Gonsrod, S. 79. Hans Freiherr von Gonsrod (gest. 1517) tritt schon 1478 als Schultheiß in Aschaffenburg auf.
[38] Anna Catharina Becht aus Frankfurt, seine zweite Ehefrau, war eine Cousine der ersten Ehefrau des Aschaffenburger Schultheißen Nikolaus Georg von Reigersberg (sen.).
[39] Vgl. Treibgasse 7.
[40] St. Agatha, Sterbematr. v. 1849, S. 278: Tod von Wilhelmine Reuter, 59 Jahre, Tochter des gräflich Ingelheimischen Rates und seiner Frau Margarethe.
[41] Ebd. v. 1828, S. 158: Anton Pauli (1768-1828). Sein Bruder war der bekannte Schulkurator Dalbergs, Theodor Pauli. Vgl. *Scherg*, Hochschulstadt, S. 609 ff.
[42] StaA, Sterbereg. 1847 mit 1868, S. 496: Philippine Caroline Pauli (1788-1861).

1856 bis 1863 Heinrich Müller[43], Gastwirt und Posthalter,
1863 bis 1865 Andreas Müller[44], fürstlich Thurn und Taxischer Postsekretär, Sohn des Heinrich M.,
1865 bis 1876 Friedrich Joseph Ernst[45], Handelsmann und Gutsbesitzer, Kauf um 24.000 fl.,
1876 bis 1879 Elisabeth Ernst, Witwe[46],
1879 bis 1884 Alois und Josef Wendelin Ernst, Söhne des Friedrich E.,
1884 bis 1896 Josef Wendelin Ernst[47], Kommerzienrat, Fabrikbesitzer, Alleineigentümer,
1897 bis 1911 Georg Greß und Margarethe, geb. Eisenecker, Gastwirtseheleute,
1911 bis 1914 Juliane, Elisabeth und Barbara Greß, Töchter[48] (für 1/2 Anteil Georg Greß), und Margarethe Greß, geb. Eisenecker,
1914 bis 1915 Hermine Ernst[49], Privatiere, Tochter des Josef Wendelin E.,
1915 bis 1919 Elisabeth Herlein[50], geb. Ernst, Tochter des Josef Wendelin E.,
1919 bis 1939 Adam Maier, Küfermeister, Schankwirt zum „Erthaler Hof",
1939 bis 1948 Georg Hahn, Bürgerbräu Marktheidenfeld,
1948 bis 1959 Karl Johann Kirchner, Transportunternehmer,
1959 bis 1975 Gebrüder Melzig und Metzler OHG,
seit 1975 Erbengemeinschaft Melzig.

Frau Pauli wohnte nach 1856 noch in der Karlstraße und starb hier im Juni 1861. Im Intell. Bl., Nr. 94 v. 12. Juni 1861 steht: „Die zum Nachlaß der Frau Geh. Witwe Philippine Pauli gehörigen Möbel und Gegenstände werden am Mittwoch, den 12. Juni und den darauffolgenden Tagen in der Sterbewohnung Lit. B 102 in der Karlstraße öffenlich versteigert.

[43] StaA, HR, M1, S. 21: Heinrich Müller (1790-1869), verh. mit Anna Maria, geb. Gutjahr (1789-1827), 8 Kinder.

[44] Ebd., S. 152: Andreas Müller (geb. 1811), verh. mit Theresia, geb. Ernst (geb. 1818), 2 Kinder. „Andreas Müller erhielt durch Magistratsbeschluß vom 8. August 1864 (Nr. 831) die Erlaubnis zur Auswanderung in die freie Stadt Frankfurt".

[45] Ebd., HR, E1, S. 4, S. 60: Friedrich Joseph Ernst (1813-1876), Schwager von Andreas Müller, verh. mit Elisabeth, geb. Dessauer (1822-1879), 2 Kinder: Alois (1841-1892) und Joseph Wendelin (1842-1900).

[46] Vgl. AB Adreßbuch von 1879: „Lit. B 102 1/2. Ernst Eva, Witwe und Ernst Josef, Fabrikbesitzer." Hier muß es Elisabeth, nicht Eva, heißen.

[47] StaA, HR, E1, S. 107: Josef Wendelin Ernst (1842-1900), verh. mit Kathinka, geb. Reuß (1856-1884), 3 Kinder: Elisabeth (1876-1954), Franz Josef (1880-1901), Hermine (1884-1915). Ebd., AN, C-D-E: Verehelichungszeugnis 1874-1880. Josef Ernst, Sohn von Friedrich Ernst und Elisabeth, geb. Dessauer.

[48] StaA, HR, G1, S. 293: Georg Greß (1849-1911), verh. mit Margarethe, geb. Eisenecker (1852-1915), 5 Kinder.

[49] Ebd., HR, E1, S. 107; Hermine Margarethe Ernst (1884-1915), Tochter von Josef Wendelin Ernst und Kathinka, geb. Reuß. Ebd., AN, C-D-E: „Bürgerrechtsverleihung an die Privatiere Hermine Ernst, 1911".

[50] Ebd., HR, E2, S. 630: Elisabeth Ernst (1876-1954), Schwester von Hermine Margarethe E., verh. mit Alexander Herlein, Kaufmann (1875-1954), 3 Kinder.

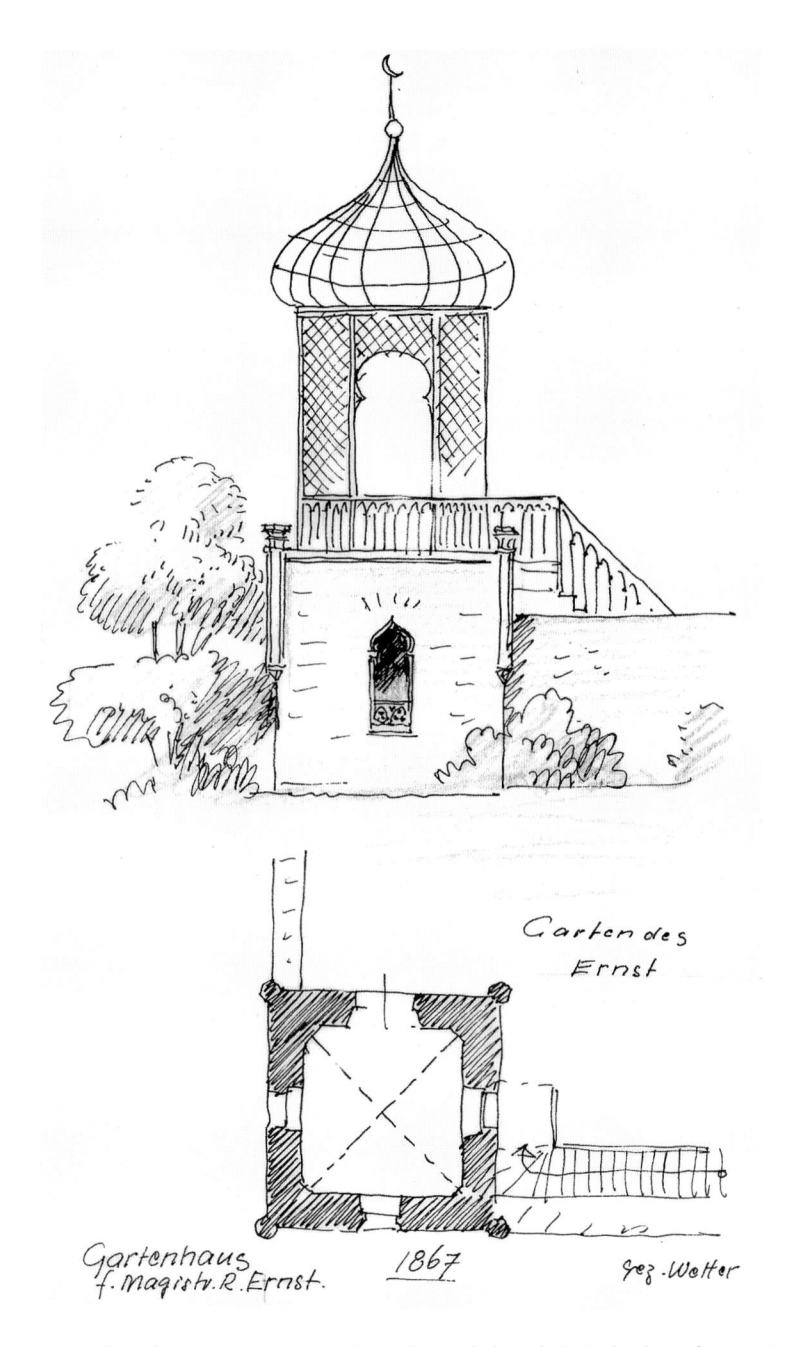

Abb. 25: Karlstraße 2, Gartenhaus an der Ecke Erthalstraße/Friedrichstraße. Kopie von Alois Grimm.

Vorgeschichte
zu Karlstraße 4 und Karlstraße 6

Auf dem Gelände der heutigen Karlstraße 2 waren noch im 16. Jahrhundert die Freiherren von Gonsrod begütert.
Aus der Geschichte von Karlstraße 2 läßt sich ergänzen, daß 1591 auf den späteren Anwesen von Karlstraße 4 und 6 Nikolaus Scheyde (Scheidt) sein Haus hatte[1]. „Clos Scheid der Junge" zinste im 16. Jahrhundert von einem Haus auf der „Dingstall hinter des Gonsroden Pferdestall" gelegen. Nach Scheid war Eigentümer Schiffmann Johann Vollmar[2], der 1602 Bürger wurde[3] und 1618 starb[4]. Seine Witwe, Angela Vollmar, heiratete 1618 Georg Kurtzrock[5], der 1627 als Eigentümer auftritt[6]. Nach Kurtzrock zinste ein Hans Geiger[7].
Zu Beginn des 19. Jahrhunderts standen auf dem Terrain der späteren Karlstraße 4 und 6 drei kleine Häuser.
Das größte der Häuser (Lit. B 102), neben Karlstraße 2, besaß Fuhrmann Heinrich Fäth. Zu dem Anwesen gehörten noch Hof, Scheune und Stallung. Daneben, in einem eingeschossigen kleinen, zweigeteilten Haus, wohnten die Eigentümer Apolonia Weber (Lit. B 101 1/2), und anschließend Kaspar Hofmann (Lit. B 101).
Nachdem in der Karlstraße 1804 die Neubauten von Rat David Reuter (Karlstraße 2) und des gräflich Osteinischen Rats Alexander Strecker (Karlstraße 8) errichtet worden waren, sollten nach Ansicht der Regierung die drei kleinen dazwischenliegenden Häuser entfernt werden. Der Zustand der Behausungen muß sehr schlecht gewesen sein, denn sie wurden als „großen Mißstand verursachende Hütten" bezeichnet[8].
Es wurde überlegt, die Häuser zu versteigern, um auf dem Anwesen ein neues, stattliches Haus bauen zu können. Der Platz würde eine neue Straßenfront

---

[1] StAWü, Schönborn-Archiv Wiesentheid, Amt AB, B 63. Nach ebd., AB, B 317. Vor Clos Scheid dem Jungen waren im 16. Jahrhundert Philipp Rücker und „sein Vorfahr" Heinrich Seitz Eigentümer. StAWü, G 18952, fol. 54/b: Am 14. Mai 1565 war Landleitung zwischen Clos Scheyden und Peter Herman wegen Giebelfenster zu Hermans Seite. Die Kelter des Scheyden darf stehen bleiben, sie muß ein Zigeldach bekommen. Scheid hat auch einen Backofen, den er nicht vergrößern darf. Am gleichen Tag ging es auch um den Schornstein von Conrad Schutz. Dieser mußte seinen Schornstein an die „gewöhnliche Höhe aufführen", damit Scheids Giebel ohne Feuersgefahr war.
[2] Siehe Anm. 1, B 63 und B 318.
[3] StaA, Bgb. 1509-1621, S. 279.
[4] Ebd., FischerzunftsR.
[5] *Friederichs*, S. 74, Nr. 267 und S. 102, Nr. 736.
[6] Siehe Karlstraße 2.
[7] Siehe Anm. 1, B 318.
[8] HStA Wi, Abt. 371/1548.

von 71 Fuß⁹ haben. Rat Reuter erklärte sich bereit, dazu 20 Schuh¹⁰ von seinem Grundstück abzutreten¹¹.

Landbaumeister Michael Streiter machte einen Vorentwurf, der in der Ausführung auf etwa 20.000 bis 22.000 fl. kam.

Für Apolonia Weber verhandelte deren 28jährige Tochter Dorothea. Die Mittel zum Erwerb dieser drei Objekte sollten durch eine Lotterie aufgebracht werden. Nach langen Verhandlungen und mehreren Schätzungen waren die Eigentümer unter verschiedenen Bedingungen bereit, ihre Häuser zu verkaufen.

Der Wert der Anwesen wurde am 12. Oktober 1804 wie folgt veranschlagt:

Heinrich Fäth (Lit. B 102)	4300 fl.
Apolonia (Dorothea) Weber (Lit. B 101½)	422 fl.
Gertrud Wolz (Lit. B 101)	450 fl.

Kurerzkanzler Carl von Dalberg erlaubte nach vielerlei grundsätzlichen Bedenken am 19. September 1804 die Ausspielung einer Lotterie nur deshalb, weil die Sache schon so weit gediehen war. Im Prinzip war Dalberg dagegen. Nach seinen Worten war es das letzte Mal, daß eine Geldlotterie im Fürstentum Aschaffenburg bewilligt wurde¹².

Nun wurde folgendes beschlossen: Es sollen 6000 Lose zu je 1 fl. 30 kr. ausgespielt werden. Hauptgewinn waren die drei Häuser, dann gab es noch 600 Geldgewinne. Über das zu erwartende Geld wurden genaue Pläne gemacht. Als Deckung einer Finanzierungslücke wurde ein notwendiger Zuschuß der Landesregierung miteingerechnet. Die Lotterie schlug fehl, da der Zuschuß nicht genehmigt wurde.

Am 3. Mai 1808 wurden die drei Häuser erneut geschätzt und beschrieben.

1. Fäth:	Im ersten Stock zwei Stuben, zwei Kammern und Küche, im zweiten Stock ebenso. Im Hof Scheuer, Stall und Garten. Wert 3.500 fl. Dazu ein einstöckiger Anbau, Haus unterkellert.
2. Weber und 3. Hofmann:	Je ein kleines Zimmer, eine Kammer, Küche und kleiner Hofplatz. Beides zusammen Wert: 1.100 fl.

---

⁹ 71 Fuß = 20 m.
¹⁰ 20 Schuh = 5,75 m.
¹¹ StAWü, MRA, LG 2774. Dazu das kgl. Reskript vom 14. November 1808: „Über Beseitigung von Mißständen an Häusern".
¹² Ebd. v. 30. Oktober 1804. Dalberg: „Es ist überhaupt nicht gut, den Spielgeist und damit zuweilen verbundene hebräische Gemauschel zu fördern".

Fuhrmann Heinrich Fäth hatte gegen seinen Nachbarn Strecker über vier Jahre einen Prozeß wegen eines Abtretungsabkommens an Strecker geführt und verloren. Das Haus und das gesamte Eigentum von Fäth fielen fast völlig in das Straßengelände, d.h., daß Fäth, wolle er bauen, noch einrücken müßte und nicht wieder vollständig in die Straßenflucht bauen konnte.

Im Intelligenzblatt stand am 6. August 1808: „Das Haus des Fuhrmanns Heinrich Fäth steht gerichtlich feil"[13].

Landbaumeister Michael Streiter präsentierte am 27. Dezember 1808 seine Pläne mit den Bebauungsvorschlägen. Einmal stellte er ein großes Wohn- oder Gesellschaftshaus vor. Dann plante er ein Doppelhaus. Michael Streiter verlangte für seine Pläne ein Honorar von 6 Karolinen (66 Gulden).

Am 27. März 1809 überlegte man, den gesamten Platz mit einem Haus für die Kasinogesellschaft zu bebauen.

Zum letzten Mal wurden die Häuser noch im März 1809 geschätzt. Die Auszahlung der Taxe wurde für April in Aussicht gestellt. Die Inhaber hatten in der Zwischenzeit im Hinblick auf den Erlös andere Häuser gekauft oder waren sonstige Verpflichtungen eingegangen.

Bereits am 29. Mai mahnten die Besitzer zur Zahlung des Kaufschillings. Die Landesdirektion suchte einen Ausweg aus der Geldverlegenheit darin, die Hauseigentümer aus dem Ertrag aus der Verpachtung des Nilkheimer Hofs zu befriedigen.

Alle drei Objekte wurden am 20. September 1809 nochmals im Intelligenzblatt angeboten[14].

Am 28. September 1809 erfolgte endlich die Anordnung zur Auszahlung der Kaufsummen.

Das geplante Kasinogesellschaftshaus konnte nicht verwirklicht werden, da sich bei der damaligen wirtschaftlichen Lage keine Aktionäre zu diesem Vorhaben meldeten. Um wenigstens einen Teil der Kosten für den Ankauf der Grundstücke wieder hereinzubekommen, wurden am 4. Oktober 1809 die drei Häuser „auf den Abbruch" angeboten. Das Gelände wurde in zwei Bauplätze aufgeteilt, die am 16. April 1810 versteigert wurden:

Der Platz neben David Reuter (Karlstraße 2) fiel für 519 fl. an Zimmermeister Franz Hirsch, der Platz neben Karlstraße 8 ging für 505 fl. an Appellationsgerichtssekretär Johann Joseph Werner. Noch im gleichen Jahr sollten die beiden Grundstücke, Karlstraße 4 und Karlstraße 6, bebaut werden[15].

Von Seiten der Stadt hatte bereits am 19. März 1810 ein Lokaltermin stattgefunden. Damals wurde beschlossen, daß beim Neubau der Häuser „die Fas-

---

[13] Intell.Bl. Nr. 63.
[14] Ebd., Nr. 75.
[15] StAWü, MRA, LG 2774.

sade in einer mehr dem besseren Zeitgeist entsprechenden Form gehalten werden soll". Die Straße verdiene eine besondere Berücksichtigung „indem solche zur Communikation mit der von Seiner Hoheit entstandenen Vorstadt diene. […] Die Fassade passe eher in das 15. als 19. Jahrhundert". Der Grundriß wurde „unbequem und winkelhaft" bezeichnet. Die letzte Entscheidung müßte aber dem Willen der Bauenden überlassen bleiben. Es wurde beschlossen, daß ein geschickter Bausachverständiger die Fassade an den vorgelegten Plänen umzeichnen soll.
Sogar Carl von Dalberg äußerte sich am 5. August 1810 schriftlich über diesen Sachverhalt. Er bemängelte die Verkröpfung[16] der Pilaster, die altanförmigen Aufsätze, hinter denen sich der Schnee sammle. „Sodann fehlt dem Dachgesims die hinlängliche Ausladung". Da es unterdessen zwei Eigentümer waren, so war es „freilich schwer, zwei Köpfe unter einen Hut zu bringen"[17].

---

[16] Das Herumführen eines Gebälks oder Gesimses um einen vorstehenden Bauteil.
[17] StAWü, MRA, LG 2822.

Karlstraße 4 (Lit. B 102) Plan-Nr. 582
Plan-Nr. 583 Garten

Geschichte

Das Grundstück war 1785 St. Agatha 7 Kreuzer grundzinspflichtig[1].
Wie aus der Vorgeschichte zu entnehmen ist, wollte Fürstprimas Carl von Dalberg die Karlstraße zu einer „Prachtstraße" ausbauen, und deshalb sollte u.a. auch dieses alte Haus weichen.
Im August 1808 stand das Haus des Fuhrmanns Heinrich Fäth gerichtlich feil[2]. Ein Jahr später, im September 1809, wurde das Haus samt Scheune und Stallung zur Versteigerung angeboten[3].
Da sich keine Käufer fanden, wurde am 4. Oktober 1809 das Haus „auf den Abbruch" versteigert. Der Bauplatz wurde am 7. und nochmals am 16. April 1810 zum Kauf angeboten. Zimmermeister Franz Hirsch erwarb den Bauplatz für 519 fl.[4].
Aus nicht bekannten Gründen wurde am 28. Dezember 1812 ein Vertrag zwischen den Eigentümern von Karlstraße 2 und Karlstraße 4 geschlossen. Nach

---

[1] StaA, R 494, St. Agatha, Kirchenfabrik 1785, S. 5.
[2] Intell.Bl. Nr. 68 v. 6. August 1808.
[3] Ebd., Nr. 75. Unter „Lit. B 102 in der Strickergasse" ist Karlstraße 4 gemeint.
[4] StAWü, MRA, LG 2774.

diesem Vertrag durfte an der Grenze zu Karlstraße 2 nicht höher gebaut werden, „als die Remise hoch ist".
Am 10. Juni 1821 kam ein Vergleich zwischen beiden Grundstückseignern zustande, daß auch „auf die hintere Gartenmauer keine Gebäulichkeiten aufgesetzt werden dürfen". Nachbarin[5] Klara Theresia Werner, Witwe des Appellationsgerichtssekretärs Johann Joseph Werner, wurde durch ihren Schwiegersohn, Rentamtmann Karl Kees, vertreten.
Vermutlich wurde das Wohnhaus in der Karlstraße 4 erst im Jahre 1826 zusammen mit dem Neubau in der Karlstraße 6 errichtet. Eigentümer von beiden Grundstücken war zu dieser Zeit Zimmermeister Franz Hirsch.
Margarethe Reuter, mittlerweile Eigentümerin von Karlstraße 4, verkaufte am 27. Januar 1827 ihr Haus an Direktor Boutmy aus Amsterdam. Zu dieser Zeit waren die Wohnungen an Geheimrat Anton Pauli und Landesdirektionsrat Friedrich Carl Joseph Pelletier vermietet. Schon am 28. Juli 1827 übernahm Geheimrat Pauli das Anwesen und trat in allen Punkten in den Kaufvertrag ein. Pauli erwarb auch 1827 von Margarethe Reuter Karlstraße 2[6].
Geheimrat Pauli starb 1828. Philippine Pauli, seine Witwe, bot Karlstraße 4, das Wohnhaus mit Nebengebäuden, zur Versteigerung an. Ein Interessent bot 13.000 fl. Er zog jedoch sein Angebot wieder zurück wegen des bestehenden Vertrages mit den Nachbarn vom 28. Dezember 1812[7].
Am 1. Januar 1829, also ein Jahr später, stand in der Aschaffenburger Zeitung: „Versteigerung der Frau Geheimrätin von Pauli Wittib Haus Karlstraße Lit. B 102"[8].
Frau Pauli wollte das Haus abgeben, da sie ja noch Eigentümerin von Karlstraße 2 war.
Über die nachfolgende Zeit liegen keine Unterlagen vor.
1883 erwarb Therese Reisinger das Wohnhaus mit dem daran angebauten schmäleren Rückgebäude. Sie erhielt am 24. April 1885 die Genehmigung zur „Erstellung eines Einbaus". So konnte im Rückgebäude eine Küche für die erste Etage ihres Wohnhauses gewonnen werden.
Tapezierer Johann Schuff richtete im Erdgeschoß seines Hauses 1898 einen Laden mit Schaufenster ein. Im Hof baute er an das Rückgebäude einen Lagerraum.
1904 wurde im Anschluß an das Wohnhaus zu Karlstraße 6 ein Zimmer angebaut. Im Hof, auf der Seite zu Karlstraße 8, entstand ein Magazin.
1924 erhielt der 1898 errichtete Lagerraum einen Kamin.
1933 Umbau des Gebäudes durch den Architekten Franz Schmitt.

---

[5] Von Karlstraße 6.
[6] Ebd., LG AB 558.
[7] Ebd.
[8] AZ v. 1. Januar 1829.

Das Vorderhaus und sämtliche Rückgebäude brannten im Zweiten Weltkrieg durch Bombenangriffe bis auf das Erdgeschoß aus[9].

Johann Schuff legte im Januar 1946 einen Wiederaufbauplan von Franz Schmitt vor. Im Oktober 1948 war das Wohnhaus fertiggestellt und konnte bezogen werden.

In der neuen Form der Fassade wurde das ehemalige gleich konzipierte Nachbarhaus Nr. 6 nicht mehr berücksichtigt.

1964/65 wurde das Wohnhaus für Eigentümer Hans Ehehalt umgebaut.

Beschreibung

Auf der Zeichnung des Hoftünchermeisters Fran(t)z Wilhelm Köhler von 1809 liegt das damals bestehende Haus deutlich vor der durch die neuen Anwesen Karlstraße 2 und 8 gegebenen Bauflucht. Der Baukörper ist zweigeschossig und steht mit steilem Giebel zur Straße. Die beiden Ecken des massiven Erdgeschosses sind aus behauenen Quadern gemauert. Rechts ein gekuppeltes, links ein Einzelfenster, beide durch Gewände gerahmt. Zwischen Erdgeschoß und Obergeschoß ein profiliertes Gurtgesims. Das Obergeschoß, vermutlich aus verputztem Fachwerk, mit zwei gekuppelten Fenstern, die in der Achse der Erdgeschoßfenster liegen. Im Giebeldreieck sind Dachbalkenlage, Kehl- und Hahnengebälk durch Brettgesimse gekennzeichnet. In jedem der beiden Dachstöcke ist ein gekuppeltes Fenster in Giebelmitte. Auf der Seite zu Karlstraße 2 Hofmauer, darin Fußgängerpforte mit geradem Sturz, daneben Torbogen als Hofeinfahrt.

Grundrisse: In jedem Stockwerk je zwei Stuben, zwei Kammern und Küchen[10].

Der Neubau von 1826 entstand gleichzeitig mit dem Haus Karlstraße 6. Beide Häuser hatten die gleiche Fasssade, die dort noch weitgehend erhalten ist. Die Beschreibung der Ansicht erfolgt deshalb unter Karlstraße 6.

Am 1. Januar 1829 wird das Anwesen in der Aschaffenburger Zeitung zwecks Versteigerung wie folgt beschrieben:

EG: 8 heizbare und 1 unheizbares Zimmer mit Küche
1. OG: 7 heizbare und 1 unheizbares Zimmer
2. OG: 6 heizbare und 1 unheizbares Zimmer mit Küche.

In dem an das Haupthaus anstoßende Nebengebäude:
2 kleine Zimmer; Waschküche, Brunnen, 2 Wagenremisen, Pferdestall mit Heuspeicher.

---

[9] *Stadtmüller* II, S. 364.
[10] StAWü, MRA, LG 2774. Hier liegen die von Hoftünchermeister Franz Wilhelm Köhler angefertigten Zeichnungen der alten Häuser zwischen Karlstraße 2 und Karlstraße 8 vor dem Abbruch 1810.

Zum Anwesen gehören noch ein geräumiger Hof und ein mehrere Morgen großer Garten[11].

Beim Umbau von 1933 entsteht im Dachbereich ein Zwerchhaus mit drei Fensterachsen, seitlichen Pilastern und klassizistischem Dreiecksgiebel. Im Erdgeschoß sind zwei große neue Schaufenster mit Ladentür; nur der alte Hauseingang bleibt erhalten.

Abb. 26: Karlstraße 4, Fassade nach dem Umbau von 1933.

1946 Wiederaufbau mit drei Geschossen in einer der Zeit entsprechenden einfachen Form. Im Erdgeschoß: zwei Schaufenster mit nebeneinander liegendem Laden- und Hauseingang. In den Obergeschossen vier Fensterachsen.
1964 Umbau des Ladens, Ersatz des Mauerwerks im Erdgeschoß durch eine Stahlkonstruktion. Herstellung des heutigen Zustands.

Eigentümer

bis 1785 Witwe von Franz Weidemann,
1785   Johann Franz Wirth, Schneidermeister,

---

[11] AZ v. 1. Januar 1829.

1794/1803   „Jungfer" Hepp[12],
1803 bis 1808 Heinrich Fäth, Fuhrmann,
1810   Franz Hirsch, Zimmermeister,
  bis 1827   Margarethe Reuter,
1827   Boutmy, Direktor aus Amsterdam,
1827 bis 1828 Anton Pauli, königlich bayerischer Geheimrat,
1828 bis 1829 Philippine Pauli[13], geb. Freiin von Hagen, Witwe des Geheimrats Pauli,
1832 bis 1837 Sophie Heinefetter[14], Sängerin von Mainz, gesteigert um 5.000 fl.,
1837 bis 1838 Christine Josepha Heinefetter, Mutter der Sängerin, durch Schenkung,
1838 bis 1860 Maximilian Freiherr von Pelkhoven[15], Appellationsgerichtsrat. Kauf um 8.000 fl.,
1860 bis 1872 Anna Freifrau von Hertling[16], Witwe, Kauf,
1872 bis 1879 Wilhelm Freiherr von Hertling[17], großherzoglich hessischer Landgerichtsassessor,
1879 bis 1883 Peter, Friedrich Franz und Philipp, Söhne des Wilhelm von H.[18],
1883 bis 1898 Therese Reisinger[19], Privatiere,
1898 bis 1949 Johann Schuff[20], Tapezierer,
1949 bis 1951 Friedrich August Schuff, Kaufmann und Polstermeister, und Ehefrau Katharina, geb. Fischer,
1951 bis 1963 Fedor von Lossau und Franz Beyerle, Kaufleute (je 1/2),
  seit 1963 Johann Ehehalt, Orthopäde, und Ehefrau Jolande, geb. Löser.

---

[12] St. Agatha, Sterbematr. v. 1804, S. 40: Die „virgo Catharina Heppin" stirbt mit 76 Jahren.
[13] Siehe Karlstraße 2, Anm. 41 und 42.
[14] StAMz, Großherzogl. Hessische National-Bühne zu Mainz: Sophie Heinefetter, erste Sängerin bei der ital. Oper in Paris, sang 1830 in Mainz. 1831 war sie am kgl. Theater in Berlin.
[15] StaA, HR, P1, S. 18: Freiherr von Pelkhofen (1796-1864) wurde 1827 nach Passau versetzt. Das Haus vermietete er an die Familie des Freiherrn von Hertling.
[16] Gotha, Genealogisches Taschenbuch Freiherrl. Häuser: Anna Maria Freifrau von Hertling, geb. Allesina gen. von Schweitzer, heiratete 1822 Karl Freiherr von Hertling (1786-1836), kgl. bayer. Kämmerer und Minister-Resident bei der schweizerischen Eidgenossenschaft. 5 Kinder.
[17] Ebd., Wilhelm Freiherr von Hertling (1804-1879), Sohn von Karl Freiherr v. Hertling, verh. seit 1839 mit Karoline, geb. von Bourcourd, aus Mainz (1817-1857), 9 Kinder. St. Agatha, Sterbematr. v. 1857, S. 344: Carolina Freifrau von Hertling stirbt mit 40 Jahren im Haus Lit. B 102.
[18] Peter wurde 1849 in Offenbach, die beiden jüngsten Söhne wurden in Aschaffenburg geboren. Friedrich Franz (1854) und Philipp (1855), vgl. St. Agatha Taufmatr. v. 1854, S. 430 und v. 1855, S. 446.
[19] Ebd., HR, R1, S. 55: Therese Reisinger (1828-1899), ledig.
[20] Ebd., S3, S. 1544: Johann Schuff (geb. 1867), verh. mit Rosa, geb. Frauenknecht, 3 Kinder.

Karlstraße 6   (Lit. B 101, 101½)   Plan-Nr. 581

Geschichte

Auf dem Grundstück stand Ende des 18. Jahrhunderts ein zweigeteiltes kleines Häuschen.
1794 war Eigentümer von Lit. B 101 Johann Adam Wolz, Lit. B 101½ besaß 1808 Apolonia Weber.
Der Hausteil von Johann Adam Wolz war 1808 bereits an Kaspar Hofmann verkauft worden. Der alte Besitzer mußte aber mitübernommen werden[1].
Nach der Vorgeschichte sollten auch die beiden kleinen Häuschen abgerissen werden, um eleganteren Bauten in der Karlstraße Platz zu machen.
Sowohl das Haus von Kaspar Hofmann als auch das der Witwe Apolonia Weber wurden am 20. September 1809 ausgeschrieben[2] und nochmals am 4. Oktober 1809 „auf den Abbruch" angeboten[3].
Am 7. April 1810 stand im Intelligenzblatt: Versteigerung eines Bauplatzes. Es „wird der dem höchsten Aerarium zugehörige Bauplatz in der Strickergasse[4] zwischen den beiden Räten Reuter [Karlstraße 2] und Strecker [Karlstraße 8], entweder zu zwei gleichen Teilen[5] oder im Ganzen zum verbauen, versteigert"[6].
Daraufhin erwarb Appellationsgerichtssekretär Johann Joseph Werner für 505 fl. den Bauplatz[7].
1826 zahlte Zimmermeister Franz Hirsch 3.400 fl. für das Grundstück. Laut Eintrag im Hypothekenbuch baute er neu[8].
1842 kaufte das Anwesen Anna Freifrau von Hertling, die Witwe des 1836 verstorbenen Karl Freiherrn von Hertling[9]. Noch im gleichen Jahr holte sie sich die Genehmigung, ein Rückgebäude auf ihrem Grundstück errichten lassen zu können. Professor Karl Ludwig Louis führte eine Ortsbesichtigung durch. Ein bestehendes Gebäude wurde abgerissen, um dem Neubau Platz zu machen. Zum Nachbarn Gustav Freiherr von Gemmingen (Karlstraße 8) mußte eine vorschriftsmäßige Feuerwand 3 Schuh[10] über dem Dach hochgezogen werden.

---

[1] StAWü, MRA, LG 2774.
[2] Intell.Bl. Nr. 75 v. 1809.
[3] Siehe Anm. 1.
[4] Gemeint ist die Karlstraße.
[5] Zu 34 Ruthen.
[6] Intell.Bl. Nr. 28 v. 1810.
[7] Siehe Anm. 1.
[8] StAWü, Hypb. AB, Bd. II, S. 427.
[9] St. Agatha, Sterbematr. v. 1836, S. 150: Philipp Karl Freiherr von Hertling, verh., 50 Jahre, ist am 14. November in Gießen gestorben. Seine Leiche wird nach Aschaffenburg überführt.
[10] 3 Schuh = 88 cm.

Im Jahr 1850 starb im Haus „Fräulein Katharina von Hertling", ihre Schwägerin, im Alter von 66 Jahren[11]. Anna Freifrau von Hertling, geb. von Schweitzer, verkaufte Karlstraße 6 an einen Verwandten von Schweitzer und erwarb dafür das Nachbaranwesen Karlstraße 4.
Der Wert des Grundstücks Karlstraße 6 betrug 1848 noch 8.000 fl. und 13.200 fl. im Jahr 1874.
Seit 1920 war Martin Bartl Eigentümer. Er betrieb im Haus sein Installationsgeschäft. 1924 ließ er in der linken Haushälfte einen Laden einbauen.
Im Zweiten Weltkrieg entstanden starke Schäden durch Sprengbomben und Artilleriebeschuß. Dabei wurden das Dach des Vorderhauses sowie des Seitengebäudes zerstört, und die rechte Hälfte des Vorderhauses brannte bis auf die Grundmauern aus[12].
1949/51: Dachstockaufbau mit neuen Dachgauben für eine Wohnung. Dabei wurde die bis dahin noch erhaltene Attika beseitigt.
1954/55: Wiederaufbau des Seitenflügels.
1957: Hofraum-Überdachung.

Beschreibung

Bis zum Abbruch 1810 steht an dieser Stelle ein kleines, einstöckiges, zweigeteiltes Haus, traufständig zur Straße. Die Hauseingänge mit jeweils fünf Stufen liegen an den Außenecken. Jeder Hausteil besitzt zwei Fensterachsen, im linken neben der Haustür ein gekuppeltes Fenster. Der Baukörper ist vom Nachbarhaus Nr. 4 durch einen Rail getrennt, steht aber wie dieser vor der neuen Bauflucht.
Der Neubau von 1826 ist traufständig und zweigeschossig mit Kniestock. Die Fassade wird beideitig von Lisenen gefaßt, die außen geringfügig eingerückt sind. Von den fünf Fensterachsen sind die drei mittleren risalitartig vorgezogen. Über diesen steht auf dem Hauptgesims eine Attika. Zwischen Obergeschoß und Kniestock ein verkröpftes Gurtgesims. Im Erdgeschoß in der linken Achse der Eingang, über fünf Stufen erreichbar. In den übrigen Achsen je ein Fenster mit glattem Sandsteingewände. Im Obergeschoß haben die drei mittleren Fenster tieferliegende Sohlbänke und Eisengitter. Das Fenster in der zweiten und vierten Achse trägt eine gerade Verdachung auf Volutenkonsolen. Die seitlichen Gewände sind breiter und profiliert. Die beiden Lisenen sind aus Sandsteinquadern gemauert, die übrigen Flächen verputzt. Über den äußeren Fensterachsen in der Dachfläche einfache gewalmte Gaube.
Das Haus Karlstraße 4 besaß bis 1933 die gleiche Fassade.

---

[11] Katharina von Hertling war die Tochter des verstorbenen Philipp Freiherrn von Hertling (1756-1810) und seiner Ehefrau Gisberta, geb. Freiin von Deel (1763-1843). Vgl. St. Agatha, Sterbematr. v. 1850, S.282.
[12] *Stadtmüller* II. S. 364.

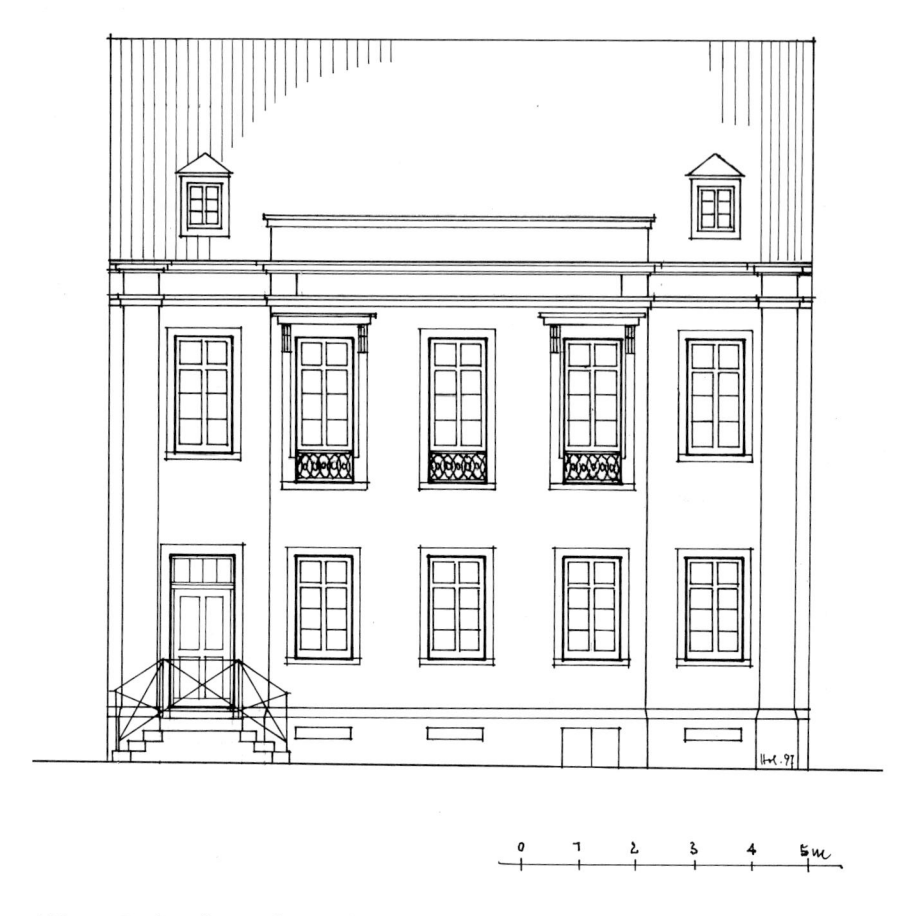

Abb. 27: Karlstraße 6, Rekonstruktion der ursprünglichen Fassade von 1826.

Mader beschreibt den Zustand, den er vor dem Ersten Weltkrieg vorfand[13]. „Es handelt sich um eine Doppelfassade (charakteristische Putzfassade) zu je vier [fünf] Achsen. Das Haus ist zweigeschossig. Die Eingänge befinden sich an den Ecken; sie haben geraden Sturz. Ebenso sind die Fenster des Erdgeschosses behandelt. Die Fassade hat Ecklisenen und gekuppelte Mittellisenen. Im Obergeschoß sind die Fenster Nr. 1, 3 und 5 in jeder Fassadenhälfte glatt umrahmt, die Fenster Nr. 2 [auch 3] und 4 dagegen haben tieferliegende Sohlbank mit Brüstungsgitter; außerdem besitzen diese [Nr. 2 und 4] Fenster gerade Verdachungen auf Volutenkonsolen. Ein Gesims mit Zahnschnittfries schließt die Fassade, darüber Attika mit Schlußgesims".

---

[13] *Mader*, S. 317 f.

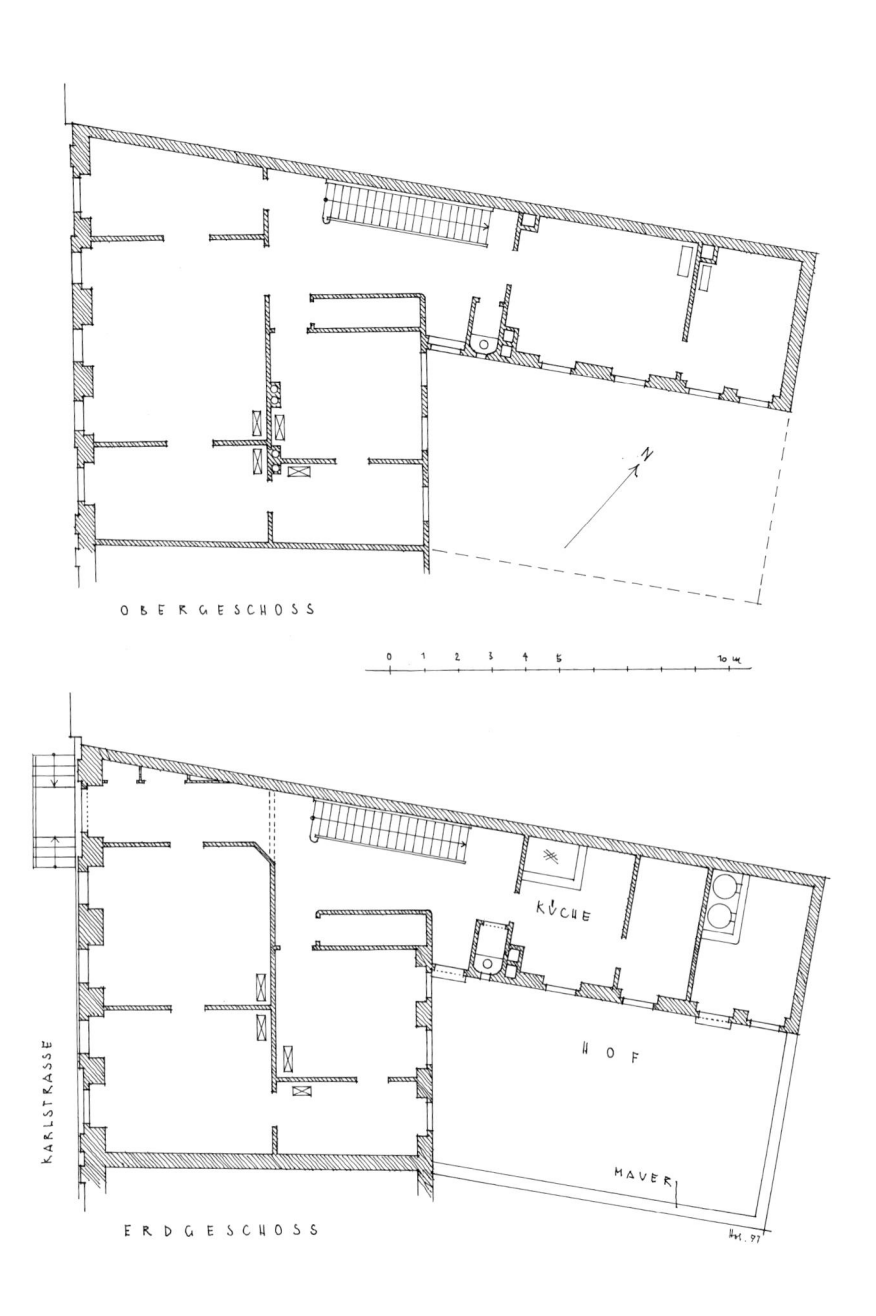

Abb. 28: Karlstraße 6, Geschoßgrundrisse nach 1846.

Eigentümer

1794	Johann Adam Wolz,
bis 1808	Gertrud Wolz, Witwe des Johann Adam W., und Apolonia Weber,
1809	Kaspar Hofmann[14] und Apolonia Weber,
1810 bis 1812	Johann Joseph Werner, Appellationsgerichtssekretär,
1821	Klara Werner[15], Witwe des Johann Joseph W.,
1826 bis 1829	Franz Hirsch, Zimmermeister,
1829 bis 1841	Agatha Hirsch, Witwe des Franz H.,
1841	Heinrich Anselm[16], Glasermeister, und Ehefrau,
1842 bis 1859	Anna Freifrau von Hertling[17], Witwe, Kauf um 7.000 fl.,
1859 bis 1873	Wilhelmine von Schweitzer, Witwe,
1873 bis 1874	Karl Franz von Schweitzer, Maria Anna Freifrau von Hertling und Franz Wilhelm Freiherr von Pelkofen, Erbengemeinschaft,
1874 bis 1898	Karl Elbert, Landgerichtsschreiber,
1898	Karl Flach[18], prakt. Arzt,
bis 1920	Margarete Krumm[19],
1920 bis 1948	Martin Bartl, Installateur, und Ehefrau Magdalena, geb. Scheibler,
1948 bis 1967	Martin Bartl sowie Anni und Hertha, seine Töchter,
1967 bis 1979	Anni Zeller und Hertha Müller[20],
1979 bis 1980	Magdalena Günther, geb. Zeller, und Wiltrud Lydia Pichl, geb. Zeller,
1980 bis 1996	Günter Frey und seine Ehefrau Gabriele, geb. Weik,
seit 1996	Michael Frey.

---

[14] StaA, HR, H1, S. 121: Kaspar Hofmann, Feldschütz, verh. mit Marianne, geb. Wirsching, 1 Kind: Katharina (geb. 1795).

[15] Ebd., Sterbereg. 1834 mit 1847, S. 6: 1834 Tod von Klara Theresia Franziska Werner.

[16] Vgl., *Grimm* II, S. 603: Heinrich Anselm war 1841-1891 Eigentümer von Löherstraße 15.

[17] Gotha, Genealogisches Taschenbuch Freiherrl. Häuser: Anna, Tochter des Anton von Schweitzer aus Frankfurt, heiratete 1822 Karl Freiherr von Hertling ((1786-1836).

[18] Karl Flach (1856-1920) erwarb das Grundstück aus dem Nachlaß der Vorbesitzer. Der beliebte Arzt hatte über Aschaffenburg hinaus den Ruf eines guten Diagnostikers (siehe Strickergasse 9). Bekannt war er auch durch seine naturwissenschaftlichen Studien. Vgl. AZ v. 20. Juli 1920 und VB v. 25. April 1987. Flach, der unverheiratet blieb, hatte nahe Verbindungen zur Familie Krumm.

[19] Margarete Krumm war verheiratet mit Kaufmann Ernst Krumm.

[20] Anni Zeller und Hertha Müller waren die beiden Töchter von Martin Bartl.

Karlstraße 8   (Lit. B 100³/₄)   Plan-Nr. 579
                                   Plan-Nr. 580 Garten
Karlstraße 8 und 8a   Flurstück Nr. 579, 579/2
                                   (seit 1964)

„Karlshof"

Aschaffenburger Leseverein für Katholiken (1905-1934)

Geschichte

Auf dem Grundstück müssen hier früher zwei landesherrliche Erbleihhöfe gestanden haben. Ende des 17. Jahrhunderts war Eigentümer Johann Franz Sebastian Freiherr von Ostein[1]. Vor ihm gehörte das Anwesen Ludwig Arbogast, Reichskammergerichtsfiskal[2].

Alexander Strecker, gräflich Osteinischer Rat, wohnhaft in Mainz, erwirbt 1803 das Grundstück[3] und legt am 11. Juli einen Neubauplan vor. Zimmermann Franz Hirsch und Maurermeister Johann Adam Gleich führen eine Ortsbesichtigung durch. Architekt Joseph Emanuel von Herigoyen, beauftragt von Kurerzkanzler Carl von Dalberg, setzt die Straßenlinie fort. Durch die neue Bauflucht müssen die Neubauten zwischen Karlstraße 2 (Rat Reuter) und Karlstraße 10 (Witwe Charitas Traupel) zurückgesetzt werden. Dies bedeutet für Strecker eine Flächeneinbuße von 390 Quadratschuh (32,37 m²)[4]. Die Genehmigung des Neubaus erfolgt am 8. August 1803 durch die kurfürstliche Hofkammer. Der Entwurf des „Karlshof" stammt vermutlich von Wolfgang Streiter[5].

In der Durchfahrt an der Wand links, neben Karlstraße 10, befindet sich noch das gräflich Osteinische Wappen. Der neue Besitzer, Alexander Strecker, ließ es hier anbringen[6]. Das Wappen dürfte früher an einer Einfriedungsmauer oder am Tor zum Osteinischen Garten gewesen sein.

Am 11. Juni 1827 wird das Streckerhaus versteigert. Meistbietender mit 13.300 fl. bleibt Stadt- und Kreisgerichtsrat Ernst von Will. Er bietet im Auf-

---

[1] StAWü, MRA, LG 3233.
[2] Nach *Grimm* III, S. 495 war Arbogast 1667 Eigentümer des „hohen Hauses", Badergasse 9.
[3] StAWü, LG AB 760.
[4] Ebd., MRA, LG 3495 und HStA Wi, Abt. 371/1548.
[5] *Reidel*, Herigoyen, S. 59: „Die auf Volutenkonsolen ruhenden Fensterverdachungen sind ein bereits von Streiter an seinem eigenen Haus, Weihergarten 9 in Mainz, verwendetes Architekturmotiv".
[6] Bei Putzarbeiten in den frühen dreißiger Jahren des 20. Jahrhunderts wurden die Wappensteine freigelegt. Rechtsanwalt Dr. Hermann Leeb, Aschaffenburg, schrieb 1968 an Oberbaurat Alois Grimm, daß es sich um das Osteinische Wappen handelt.

trag des Frankfurter Handelshauses des Fabrikanten Josef Forsboom-Brentano. Der Kaufbrief wird am 6. Juli 1827 unterzeichnet[7].
1836 ist Eigentümer Forstmeister Joseph Freiherr von Hertling. Er erhält am 1. September 1836 die Genehmigung, eine dritte Etage aufzustocken, wenn er zur Seite Karlstraße 10 eine Feuerwand errichten läßt[8]. Seine Mutter, Gisberta Freifrau von Hertling, stirbt 1843 mit 80 Jahren im Haus Karlstraße 8[9].
Gustav Freiherr von Gemmingen, Johanniter Ordensritter, muß 1842 schon Eigentümer gewesen sein. Denn bereits am 21. Februar 1842 beabsichtigt er, einen Stall und eine Remise zu bauen. Zwischen Gemmingen und dem Hof des August Freiherrn von Cunibert, Karlstraße 10, befindet sich eine Mauer, deren Eigentumsverhältnisse unklar sind. Deshalb kommt ein Ortstermin mit den Magistratsräten Heinrich Müller und Franz Martin Weber, Professor Karl Ludwig Louis, sowie den beiden Freiherren von Gemmingen und von Cunibert zustande. Von Cunibert akzeptiert die Maßnahmen seines Nachbarn, vorausgesetzt die „Rechtlöcher" werden wie früher angebracht.
Die Baugenehmigung zum „Ausbau eines Stalles und einer Geschirrhalle" wird am 23. September 1852 erteilt. Die Pläne stammen von Gabriel Hospes[10]. Nach Freiherr von Gemmingen sind Eigentümer die Familien Heinrich Freiherr von Papen und Joseph Geyer.
1873 erwirbt Fabrikbesitzer Alois Dessauer das Grundstück für 35.000 fl. Kommissionär Simon Goldner betätigt für ihn den Abschluß. „Das Institut des Fräulein Geyer erleidet jedoch hierdurch keine Unterbrechung und wird nach wie vor fortbestehen"[11]. Fräulein Geyer führte zu dieser Zeit ein kleines privates Lehrinstitut in ihrer Wohnung.
Alois Dessauer läßt 1873, kurz nach Erwerb des Anwesens, das Treppenhaus aufstocken. 1878 wird eine Feuerungsanlage im Pferdestallgebäude eingerichtet. 1892 stirbt Dessauer, und seine beiden Kinder mit Familien erben das Anwesen.
1898 beabsichtigt das königliche Justizärar an der Ecke Erthal-/Friedrichstraße ein neues Landgerichtsgebäude zu errichten. Außer dem ursprünglichen Gartengrundstück des Kommerzienrats Josef Ernst (Karlstraße 2) kauft der Staat auch 70 m² von der Gartenfläche der Dessauer Erben. Nach der Vermessung des Bauplatzes müssen noch Kleingrundparzellen hinzu erworben werden. Freifrau Anna von Gorup und Bella Dessauer, beides Miterben, wollen bei dieser Gelegenheit ihren gesamten Garten von ca. 2042 m² für 32 Mark/m², d. h. für 65.344 Mark verkaufen. Diesem Kaufpreis kann nicht zugestimmt werden, denn es werden nur 108 m² benötigt.

---

[7] Siehe Anm. 3.
[8] StaA, Mag.Prot.
[9] St. Agatha, Sterbematr. v. 1843, S. 209: Tod von Gisberta Freifrau von Hertling, geb. Freiin von Deel, Witwe des großherzogl. hess. Geheimrats und Hofgerichtsdirektors Philipp Freiherr von Hertling.
[10] StaA, Mag.Prot.
[11] ME v. 10. Februar 1973, S. 14: betr. Nachrichten vor 100 Jahren vom 8. Februar 1873.

Am 12. Dezember 1900 wird notariell bestätigt, daß die Eigentümer von Karlstraße 8, Plan-Nr. 580 mit 0,204 ha Garten mit englischen Anlagen und Kegelbahn an den Staat von Plan-Nr. 584$^1/_3$ 0,005 ha und von Plan-Nr. 580$^1/_2$ 0,002 ha abtreten. Die Gartenmauer, die abgebrochen werden muß, muß der Staat nach der Grundstücksabgabe neu errichten. Auch verpflichtet er sich, in die neue Gartenmauer wieder eine Gartentür zur Friedrichstraße einzusetzen[12].

1905 verkaufen die Erben des Alois Dessauer das Anwesen Karlstraße 8 für 100.000 Mark an den Aschaffenburger Leseverein für Katholiken[13]. Der damalige Vorsitzende des Lesevereins war Franz Matthäus Haus.
Zum Umbau des gekauften Hauses für Vereinszwecke und für einen Saalneubau werden von Architekt Ignaz Henfling Pläne gefertigt. Am alten Bau wird die Rundbogenöffnung rechts, die der linken Einfahrt entspricht, zu einer Eingangstür umgewandelt. Die ehemaligen Stallungen auf der Seite zu Karlstraße 10 bleiben erhalten. Im Anschluß daran wird 1905 in den Garten hinein – entlang der Grenze – eine Kegelbahn gebaut.
Der Vereinsvorstand meldet am 5. November 1905 den Abschluß der Baubzw. Umbauarbeiten und kündigt für den darauffolgenden Sonntag die feierliche Einweihung an. Der große Saal ist für Feste und Bälle gedacht. Auf der Bühne können Laienstücke dargeboten werden. Die Bibliothek und die Kegelbahn stehen allen Mitgliedern zur Benutzung.
Mit der Eröffnung der Vereinsgaststätte erhält das Haus den Namen „Karlshof".
Im Frühjahr 1927 legt der Leseverein einen Plan von Johann Scheuermann vor. Danach werden fünf neue Kegelbahnen an der Grenze zu Karlstraße 10 errichtet. In der Nazizeit wird der „Leseverein für Katholiken" aufgelöst.
1934 erwirbt die Bavaria Brauerei Georg und Karl Ebert KG den Karlshof. Nach Plänen von Architekt Karl Jung werden das Vorderhaus und die Vorräume zum Saal völlig umgebaut. Sämtliche alten Innenwände und die Mauer zum ehemaligen Hof werden herausgenommen. Das Foyer, vergrößert um die bisherige Resthoffläche, wird in unmittelbare Verbindung zur Gastwirtschaft gebracht. Die Gastwirtschaft wird vollkommen umgestaltet und die Küche auf die Nordseite in einen neuen Anbau verlegt. Die Garderobe ist jetzt da, wo vorher die Küche war. Die Toiletten befinden sich nunmehr im ersten Obergeschoß. Der Mitteleingang wird etwas vergrößert wiederhergestellt. Die Baumaßnahmen sind im Januar 1935 beendet. Die Großgaststätte mit großem Saal, Galerie und Bühne und Nebensälen faßt über 2000 Personen.

---

[12] HStA Mü, M Ju 5243.
[13] Vgl. *Pollnick*, VB v. 23. November 1990. Der Leseverein belegte nach seiner Gründung am 18. Oktober 1864 zwei Räume im Regensburger Hof (Sandgasse12), zog dann in die Stiftsgasse 14, in das Gesellenhaus (*Grimm* I, S. 448), bis er 1905 die Karlstraße 8 erwarb. Der katholische Leseverein war der Gegensatz zum liberalen Bürgerverein „Frohsinn".

Im großen Garten finden sonntags Gartenkonzerte statt. Die Kegelbahn befindet sich an der Stelle, wo nach dem Zweiten Weltkrieg das Bavaria-Kino gebaut wird.
1941, im Zweiten Weltkrieg, wird im Karlshof ein Hilfslazarett eingerichtet. Durch Bombenvolltreffer im Dezember 1944 und Januar 1945 werden der Saal und die Bühne, das dritte Obergeschoß und der Dachstuhl sowie die Kegelbahnen total zerstört. Das erste und zweite Obergeschoß des Wohnhauses werden schwer beschädigt[14].
Anstelle der zerstörten Kegelbahn entsteht nach dem Krieg 1946/47 das Bavaria-Kino mit Eingang von der Friedrichstraße 25.
Die Ruine zur Karlstraße zerfällt immer mehr zum Ärger der Anwohner.
1954 wird erwogen, den Karlshof, dessen Teilfassade noch steht, wieder aufzubauen. 1961 muß die Ruine abgestützt werden. 1963 aber müssen die Baureste wegen Einsturzgefahr abgetragen werden, dabei Kellerausräumung unter dem ehemaligen Saal.
Das Grundstück wird 1964 geteilt. Aus der Plan-Nr. 579 entsteht jetzt Flurstück Nr. 579 (neu) für Friedrichstraße 25 mit Wohnhaus, Gastwirtschaft („Grüne Gans") und Verbrauchermarkt.
Zu Flurstück Nr. 579/2 zählen jetzt die neuen Wohnhäuser Karlstraße 8 und 8a.
Im April 1964 beginnen die Arbeiten für den Neubau eines Mehrfamilienwohnhauses für die Bavaria Brauerei Georg und Karl Ebert KG unter Leitung des Architekten Zöll aus Frankfurt. Am 22. Januar 1965 können die ersten Wohnungen bezogen werden.
Das Doppelwohn- und Geschäftshaus wird unter der Haus-Nr. Karlstraße 8 und 8a weitergeführt.

Beschreibung

Mader beschreibt den Zustand nach dem Umbau von 1905[15].
„Ob die Baupläne von Streiter oder Diricoyen (d'Herigoyen) stammen, läßt sich nicht entscheiden"[16].
„Die Fassade des dreigeschossigen Baues hat neun Achsen. Die Eckachsen springen als Risalite vor, ein mehrfach bei Aschaffenburger Bauten des Klassizismus beobachtetes Motiv. Hier beiderseits ein rundbogiges Einfahrtstor mit tiefgekehltem Gewände, eines blind (zu Karlstraße 6). In der Mittelachse des Erdgeschosses Scheinportal mit zwei toskanischen Halbsäulen; sie tragen einen Architrav, den ein gegossener Eisenkamm bekrönt. Im ersten Ober-

---

[14] *Stadtmüller* II, S. 364.
[15] *Mader*, S. 315 f.
[16] Nach *Reidel*, Herigoyen, S. 59 stammte der Plan von Wolfgang Streiter, vgl. Anm. 5. „Die seitlich schmalen Eckrisalite dürften auf das Herigoyen'sche Vorbild am Aschaffenburger Rathaus zurückzuführen sein".

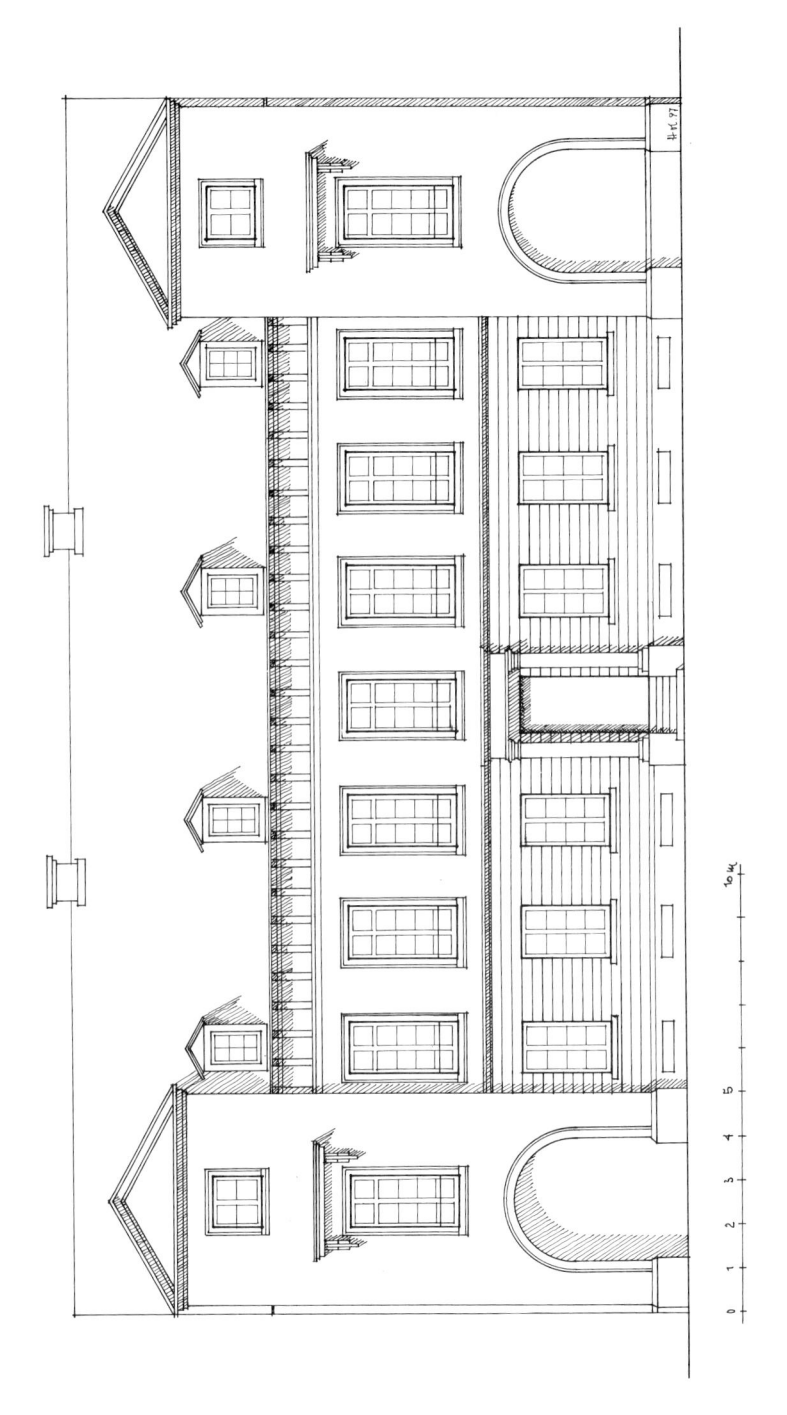

Abb. 29: Karlstraße 8, Straßenansicht von 1803. Rekonstruktion.

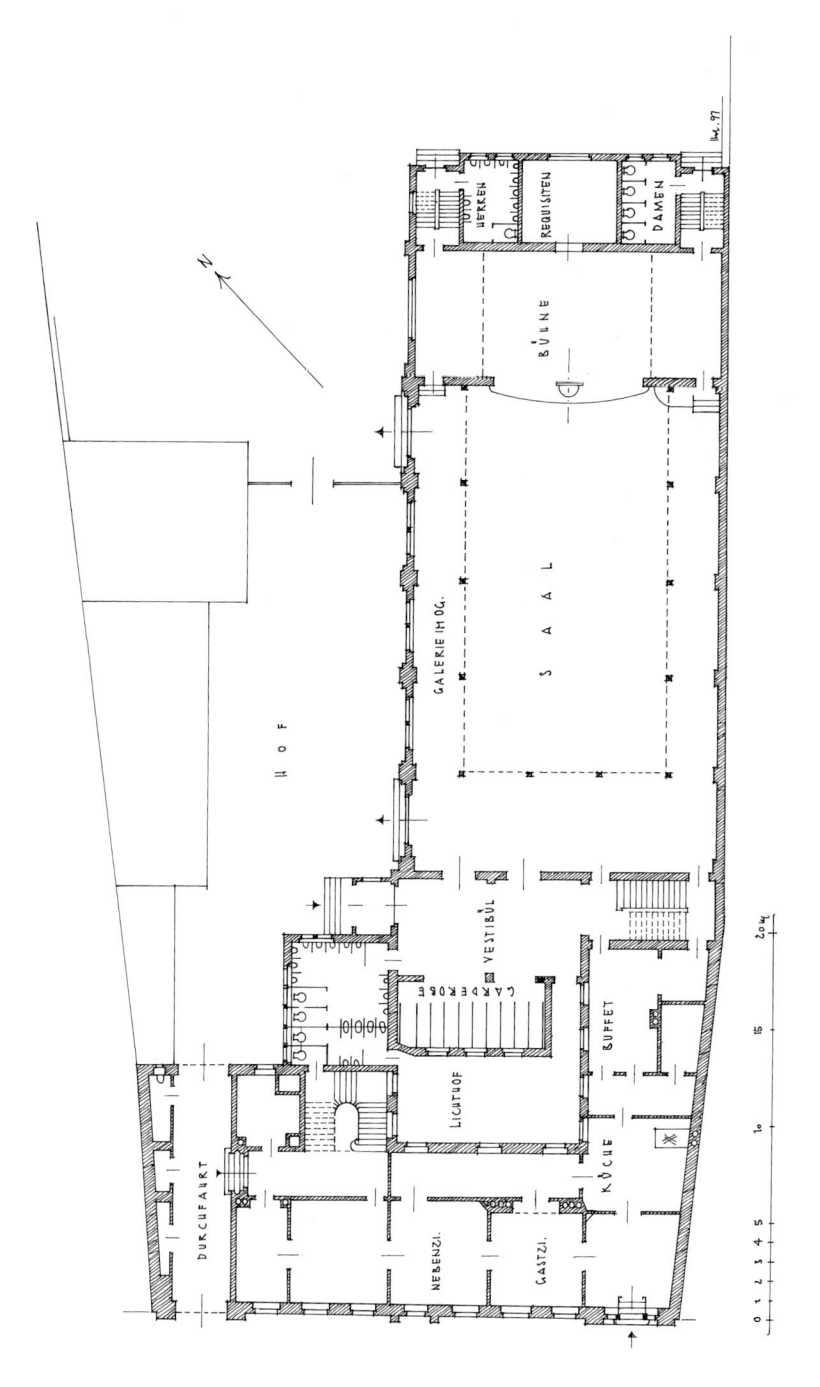

Abb. 30: Karlstraße 8, Erdgeschoß mit Saal, nach Plänen von Ignaz Henfling, 1905.

geschoß haben die Fenster der Eckrisalite gerade Verdachung, von Volutenkonsolen getragen, die übrigen Fenster profilierte Umrahmung mit Brüstungsgitter. Die Fenster des Obergeschosses besitzen glatte Umrahmungen".
Von dem 1803 entstandenen Gebäude existieren aus der Zeit um 1809 zwei Fassadenansichten. Landbauinspektor Wolfgang Streiter stellt in einem Entwurf für die heutigen Anwesen Karlstraße 4 und 6 auch die Nachbargebäude dar. Auf einer Zeichnung des Hoftünchermeisters Franz Wilhelm Köhler sind die Anwesen Karlstraße 2 mit 8 in ihrem damaligen Zustand abgewickelt. Beide Darstellungen stimmen weitgehend überein.
Das zweigeschossige Gebäude steht mit der Traufe zur Straße und besitzt neun Achsen. Die beiden äußeren Achsen sind als Risalite vorgezogen; sie haben je ein drittes, zwerchhausartig ausgebildetes Geschoß, das mit profiliertem Gesims und flachem Dreiecksgiebel abschließt. Im Erdgeschoß jeweils hohe, rundbogige Einfahrt (bei Streiter mit geradem Sturz dargestellt). Die Fenster der Risalite haben im ersten Obergeschoß gerade Verdachungen, von Volutenkonsolen getragen. In der Mitte des Erdgeschosses Eingangsportal, flankiert von zwei toskanischen Halbsäulen, darüber Architrav. Zwischen Erdgeschoß und Obergeschoß Gurtgesims. Die Wand zwischen Sockel und Gurtgesims ist durch eine aufgeputzte Bänderrustika gegliedert. Über dem Gurtgesims des Obergeschosses vermutlich Kniestock mit heruntergezogenem Konsolgesims.
1836 erhält der zweistöckige Bau einen dritten Stock. Bei dieser Gelegenheit dürften die Dreiecksgiebel der Eckrisalite entfernt worden sein.
Der Katholische Leseverein baut 1905 das Anwesen seinen Bedürfnissen entsprechend um. In der Fassade zur Karlstraße entsteht im rechten Eckrisalit im Erdgeschoß ein neuer Eingang in eine Gaststätte. In den Plänen des Stiftstechnikers Ignaz Henfling ist das Portal in Fassadenachse als Scheinportal eingezeichnet, ohne Tür und Differenzstufen. Der Zugang zum Gebäude erfolgt von der Durchfahrt aus.
Im Hof, auf der Seite zu Karlstraße 6, entstehen ein großer Saal mit Vestibül, Garderobe, Bühne mit Schnürboden, Requisitenraum und Toiletten. Der Saal ist ca. 24 m lang, dazu kommt die Bühne mit 7 m Tiefe. Die Breite beträgt ca. 16 m. Die Höhe mißt 7,80 m bis zum Gesims, darüber ein flaches, geputztes Klostergewölbe von 1,70 m Stichhöhe. Die Gesamthöhe ergibt somit 9,50 m.
1934 führt das Baubüro Jung für die neuen Eigentümer Georg und Karl Ebert umfangreiche Veränderungen durch. In diesem Zusammenhang wird das Portal in Fassadenmitte wieder geöffnet und verbreitert. Der Gaststättenzugang im rechten Risalit wird geschlossen und durch ein rundbogiges Fenster ersetzt.
Die Gartenwirtschaft hinter dem Saalbau wird neu gestaltet. Hinter den Kegelbahnen, auf der Seite zu Karlstraße 10, entsteht an der Friedrichstraße ein erweiterter Schank- und Geräteraum. Zwischen diesem und der Einfahrt zum

Landgericht wird eine ca. 4,50 m hohe Sandsteinmauer mit sieben Bögen gebaut.

Neubau von 1964 an der Karlstraße

Viergeschossig mit flachgeneigtem, nicht ausgebautem Dach. Im Erdgeschoß breite Hofdurchfahrt, beiderseits durchgehende Schaufenster für die dahinterliegenden Läden. In den Obergeschossen Wohnungen. Sieben Fensterachsen. Von diesen sind auf der rechten Seite eine und auf der linken Seite zwei Achsen durch höhere Fenster mit Brüstungsgitter betont. Fenster breitformatig und dreigeteilt. Putzfassade.

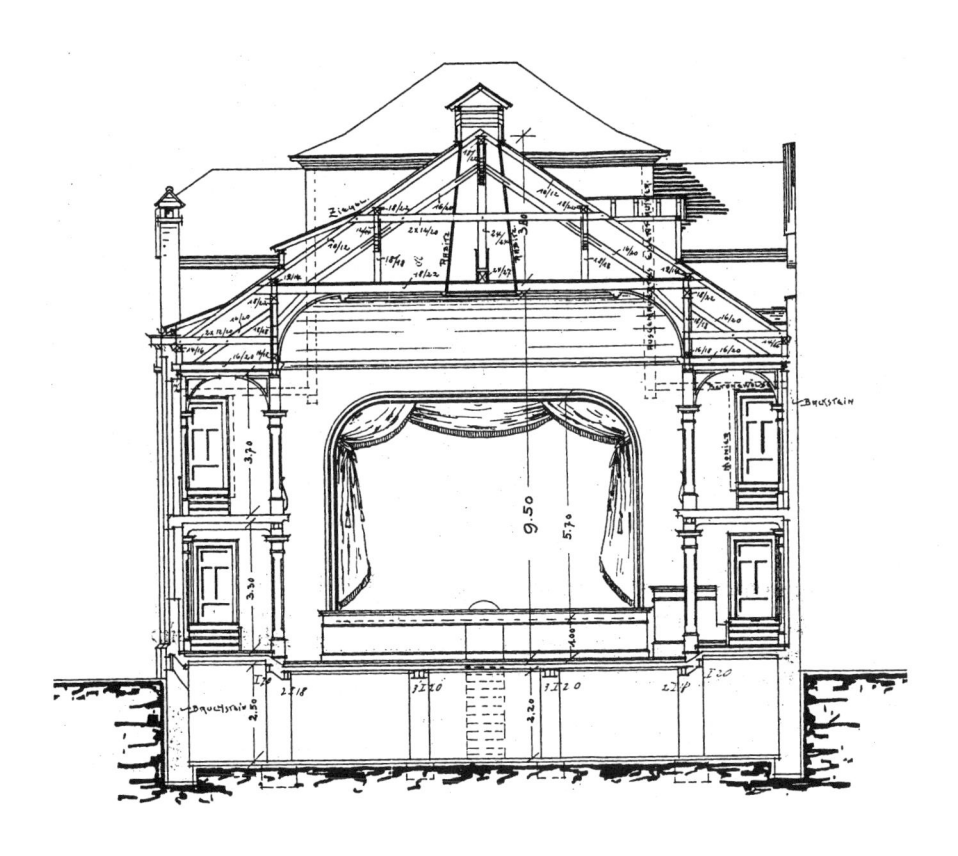

Abb. 31: Karlstraße 8, Saalbau, Querschnitt mit Bühne.

Eigentümer

1700	Johann Franz Sebastian Freiherr von Ostein[17],
1803 bis 1827	Alexander Strecker, gräflich Osteinischer Rat,
1827	Josef Forsboom-Brentano, Handelshaus in Frankfurt,
1836 bis 1842	Josef Freiherr von Hertling[18], königlicher Forstmeister,
1842/1852	Gustav Freiherr von Gemmingen aus Unterbessenbach, Dr. Heinrich Freiherr von Papen[19],
bis 1873	Familie des Joseph Philipp Geyer[20],
1873 bis 1892	Alois Joseph Dessauer[21], Fabrikbesitzer, Kauf um 35.000 fl.,
1892 bis 1905	Alois Dessauer Erben[22],
1905 bis 1934	Leseverein für Katholiken e.V.,
seit 1934	Bavaria Brauerei Georg und Karl Ebert KG.

---

[17] Freiherr von Ostein, Oberamtmann zu Amorbach, war seit 1687 verh. mit Anna Charlotte Maria Gräfin von Schönborn. Vgl. *Grimm* I, S. 267 f. Osteiner Hof, Dalbergstraße 78.
[18] StaA, HR, H1, S. 238: Josef Freiherr von Hertling, geb. 1802 in Frankfurt, verh. mit Wilhelmine von Bourcourd.
St. Agatha, Sterbematr. v. 1872, S. 154: Tod von Wilhelmine Freifrau v. Hertling.
[19] Ebd., P1, S. 76: Heinrich Freiherr von Papen, gen. Papius (1839-1924), verh. mit Johanna Freifrau von Bodmann (1845-1905), 5 Kinder.
[20] Nach St. Agatha, Sterbematr. v. 1849, S. 272 starb 1849 im Haus Lit. B 100 Georg Geyer, der 58jährige Bürger und Gärtner. Ebd. v. 1869, S. 113: Tod von Margaretha Geyer, 83½ Jahre, geb. Heußer aus Mainz, Witwe des herzogl. nassauischen Rechnungskammer-Rath Joseph Philipp Geyer, in der Karlstraße Lit. B 100.
[21] StaA, HR, D, S. 77: Alois Joseph Dessauer (1824-1892), Kommerzienrat, verh. mit Johanna Juliane Maria Anna, geb. Barxell (1833-1899), 2 Kinder: Joseph und Anna Rosa. Alois Joseph Dessauer, kgl. bayer. Kommerzienrat, war zusammen mit seinem Schwager Friedrich Ernst seit 1853/56 Inhaber der Alois Dessauerschen Buntpapierfabrik in Aschaffenburg.
[22] Ebd., S. 124: Joseph Johann Heinrich Dessauer (1852-1897), verh. mit Isabella Franziska, gen. Bella, geb. Bauer (1856-1939), 2 Kinder. Ebd., HR, G1, S. 364: Anna Rosa Tosca Dessauer (1861-1933), verh. mit Wilhelm Waldemar Franz Freiherr Gorup von Besanez (1854-1890), 3 Kinder.

Karlstraße 10 (Lit. B 100½) Plan-Nr. 577
Plan-Nr. 578 Garten
(bis 1929)

Geschichte

Das Gartengrundstück war dem Kollekturfonds von St. Agatha zinspflichtig. Aus den Rechnungen ergibt sich folgende Besitzerfolge:
Vor 1633 Johann Becker, Weißer, 1633/1640 Margareta[1], Witwe des Philipp

---

[1] *Friederich*, S. 76, Nr. 298.

Etzel[2], 1645 Etzels Erben, 1666/1674 Sibilla Etzel[3], 1704 Johann Wadtke[4], 1729 bis 1734 [Johann Franz] Schwab, Notar[5].

1786 kauft Centschreiber Adam Traupel vom kurfürstlichen Oberschultheiß Schwab und seiner Ehefrau den Garten mit Hausplatz um 1.050 fl. Das Grundstück liegt zwischen dem Gasthaus zum Ochsen, Karlstraße 16, und dem gräflich Osteinischen Garten, Karlstraße 8. Traupel will ein Haus mit Wohnungen bauen. „Über ein ganzes Jahrhundert suchte niemand diesen und noch mehrere anstoßende Hausplätze mit Wohnungen zu bestellen". Die Plätze und halben Straßen sind nur mit Mauern umschlossen, dahinter befinden sich Gärten. Das Vizedomamt befürwortet Traupels Vorhaben. Der Verkauf kommt am 16. März 1786 zustande[6]. Nun kann Traupel auf seinem neu erworbenen Grundstück ein Haus errichten lassen.

Am 15. Juni 1804 wird das Haus der verstorbenen Witwe des Amtsschreibers Traupel, Charitas Traupel, versteigert. Gottfried Traupel erhält als Meistbietender mit 12.050 fl. sofort den Zuschlag. Das Haus hat einen Brunnen, Hof, Waschhaus, Garten und Umgriff.

Oberappellationsrat August Freiherr von Cunibert wohnt seit längerer Zeit mit seiner Familie in der Karlstraße 10[7]. Cunibert hatte Geld in das Haus gesteckt, u.a. fünf Fensterläden in der mittleren Etage anbringen lassen. Das, was er am Haus gemacht habe, solle berücksichtigt werden. Wenn es nicht in Geld abgefunden werden kann, kann „er die Posten wieder hinwegnehmen". Cunibert wird beim Zuschlag der Einstand vorbehalten[8].

Im Laufe der Zeit muß Oberappellationsgerichtsrat August Freiherr von Cunibert das Anwesen erworben haben. Erbe wird sein einziger Sohn Karl, ebenfalls Appellationsgerichtsrat. Da dieser 1883 unverheiratet stirbt, wird laut Testament 1886 ein Fideikommiß errichtet, zu dem auch dieses Haus gehört[9].

1884 werden nach Plan von Ignatz Henfling alte baufällige Kamine gegen neue russische ausgetauscht.

1904 läßt der Freiherrliche von Cunibertsche Fideikommiß die alten Aborte neben der Treppe in einen eigenen Anbau verlegen. Das Haus bewohnt zu dieser Zeit Dr. Johann Brennstuhl[10].

---

[2] Ebd., S. 102, Nr. 729. Philipp Etzel war „Einspänniger", d. h. Söldner mit eigener Waffe und eigenem Pferd, jedoch ohne Knecht oder Jungen (ebd., S. 38, Anm. 68).
[3] StiA, 6595.
[4] StaA, R 304.
[5] Ebd., R 343, 347, 348, 351, 354.
[6] StAWü, AB Archivreste, Fasz. 173/LXXXIV, Nr. 1, fol. 42/43.
[7] Vgl.: *Scherg*, Matrikel v. 1829, Nr. 18, S. 104. Bei der Auseinandersetzung mit seinem Nachbarn (Karlstraße 12) wegen eines Anbaus im Jahre 1839 sagt von Cunibert, daß er bereits 30 Jahre das Haus Karlstraße 10 besitzt.
[8] StAWü, LG AB 806.
[9] Ebd., Hypb. AB, Bd. VII, S. 715.
[10] StaA, HR, B1, S. 468. Dr. Johann Brennstuhl (geb. 1857), verh. mit Maria Hermine, geb. Pfriem, 6 Kinder. Dr. Brennstuhl war praktischer Arzt in Aschaffenburg.

1924 ist das Haus bereits Eigentum des Fabrikanten Wilhelm Leschhorn. Nach Plänen des Architekten Hans Wild ist ein dreigeschossiger Anbau auf der Seite zu Karlstraße 12, der Umbau des Erdgeschosses im Hauptgebäude an der Karlstraße und die Überbauung der Einfahrt vorgesehen. Im Hausinnern sollen ein neues Treppenhaus und im zweiten Obergeschoß eine moderne, große Wohnung durch die Überbauung der Einfahrt entstehen. Der Anbau wird nicht ausgeführt, ebensowenig die Überbauung der Einfahrt. Auch gibt es im Erdgeschoß keine Läden wie vorgesehen[11].
1932 läßt Eigentümer Franz Kunz nach Plan von Architekt Franz Schmitt eine Dekaturwerkstätte im Hof einrichten.
Im Zweiten Weltkrieg werden das vordere Wohnhaus beschädigt und die Dekaturanstalt schwer getroffen[12].
1950 wird die Friedrichstraße im rückwärtigen Teil des Grundstücks verbreitert. Zu diesem Zweck werden die Reste der hier noch bestehenden Teile der alten Stadtmauer abgebrochen und eine Mauer aus rotem Sandstein auf der zurückgesetzten neuen Grundstücksgrenze errichtet.
Franz Kunz baut 1956/57 auf die bis dahin zu Karlstraße 10 gehörige Grünfläche ein Doppelwohnhaus, das die Hausnummer Friedrichstraße 27/29 erhält[13].
Da das alte Wohnhaus in der Karlstraße 10 den modernen Wohnansprüchen nicht mehr entspricht, wird es 1961 abgebrochen. An seine Stelle tritt ein viergeschossiger Neubau mit drei Vierzimmer- und drei Dreizimmer-Wohnungen. Im Erdgeschoß werden zwei Geschäfte eingerichtet. Die Planung hat Architekt Ernst Brönner.

Beschreibung

Auf dem Katasterplan von 1845 steht das Haus an der Karlstraße mit seiner Giebelseite auf der Grundstücksgrenze zu Haus Nr. 12, während auf der Seite zu Karlstraße 8 eine Toreinfahrt vorhanden ist. Das Grundstück reicht von der Karlstraße bis zur heutigen Friedrichstraße. Hinter dem Hauptgebäude liegt an den beiden Grundstücksgrenzen je ein Nebengebäude, anschließend ein großer Garten.
Aus Plänen des Stiftstechnikers Ignaz Henfling von 1884 sind die damaligen Grundrisse bekannt. Das Erdgeschoß wird von der Einfahrt her erschlossen. Der Flur führt zum Treppenhaus in Hausmitte. Auf der Straßenseite sind drei Räume, auf der Rückseite zwei Zimmer und die Küche. Der Abort im Treppenhaus dürfte später eingebaut worden sein.

---

[11] In der Hausakte steht ein Eintrag vom 22. Dezember 1937: „Nach Angabe des Baumeisters Scheuermann wurde der Um- und Erweiterungsbau überhaupt nicht ausgeführt; es wurden nur Verbesserungen vorgenommen".
[12] *Stadtmüller* II, S. 364.
[13] Vgl. *Grimm* IV, S. 429.

Über das geräumige Treppenhaus gelangt man in das erste Obergeschoß. Hier befindet sich zur Straße hin ein großes Zimmer mit drei Fensterachsen, auf beiden Seiten sind je zwei Zimmer. Im Treppenhaus ist der Abort.
Das zweite Obergeschoß ist in ähnlicher Art eingeteilt.
Unter dem Erdgeschoß ist ein tiefliegender Gewölbekeller, dessen Achse parallel zur Straße verläuft. Der Keller hat keinen Bezug zum Hausgrundriß und dürfte daher älter sein.

Abb. 32: Karlstraße 10, Straßenfassade nach Plänen von Ignaz Henfling. Rekonstruktion.

Die Straßenfassade des dreistöckigen Gebäudes hat sieben Fensterachsen, die in gleichen Abständen angeordnet sind. Um die Fenster sind glatte, putzbündige Fenstergewände. Die Sohlbank steht gering vor der Mauer. Zwischen Erdgeschoß und erstem Obergeschoß Gurtgesims, das auch über die bündig stehende Tormauer läuft. Der erste Stock ist durch hohe Fenster mit Brüstungsgitter betont. Auf alten Fotografien haben alle Fenster Schlagläden.
Die Gewände der rundbogigen Einfahrt stehen auf Radabweiser. Im Scheitel des Bogens Schlußstein. Massives Holztor mit Füllungen.
Der Neubau von 1962 ist viergeschossig. Die Dachneigung beträgt ca. 30°. Im Erdgeschoß sind zwei Läden und eine Durchfahrt, die in den Obergeschossen überbaut ist.

Obergeschosse mit fünf Achsen, die erste und fünfte als Loggia ausgebildet.
Die übrigen Fenster sind in Querformat mit ungleicher senkrechter Teilung.

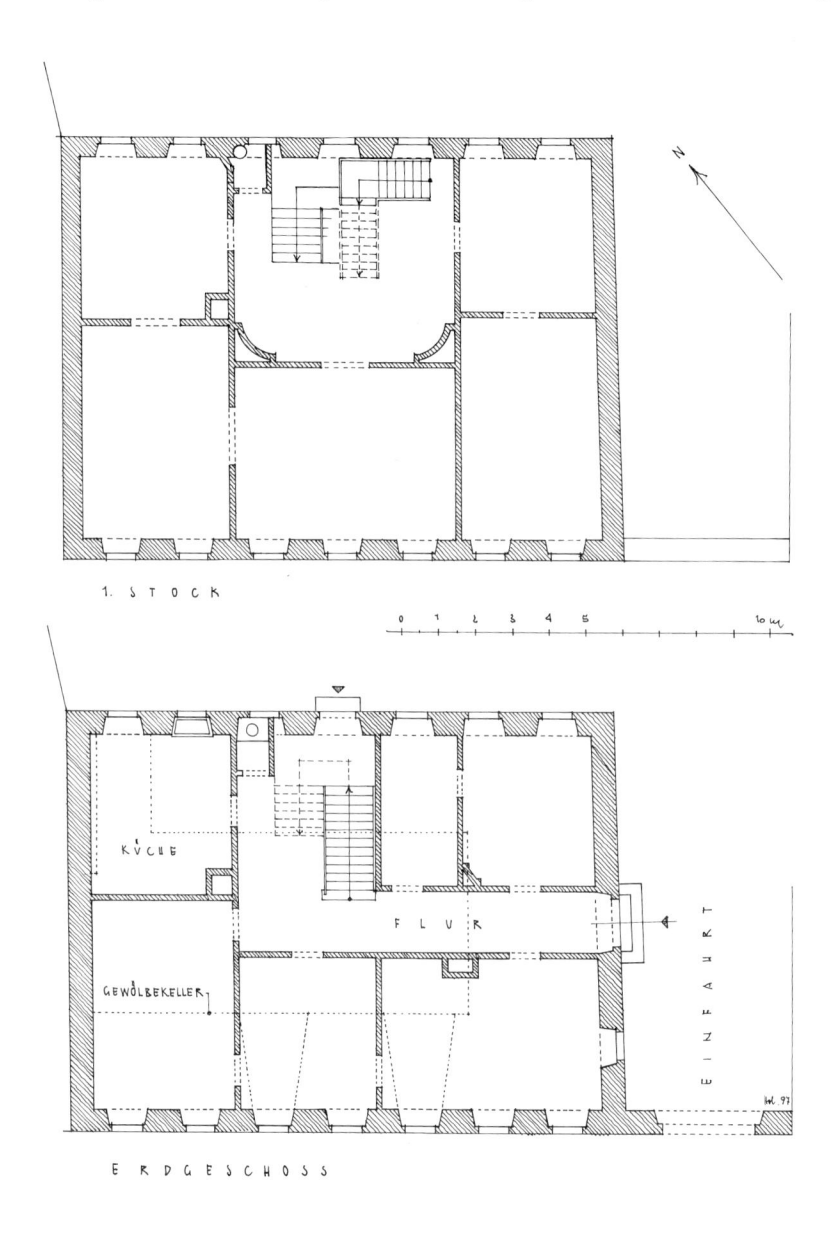

Abb. 33: Karlstraße 10, Erdgeschoß und 1. Stock (bis 1884).

Eigentümer

bis 1786	Schwab, kurfürstlicher Oberschultheiß, und seine Ehefrau,
1786 bis 1804	Amtsschreiber Adam Traupel, nach dessen Tod seine Ehefrau Charitas[14],
1804	Gottfried Traupel, Sohn des Adam T.[15],
1836	Georg Protz[16], Zimmermeister,
bis 1843	August Friedrich Gottfried Freiherr von Cunibert[17], Oberappellationsgerichtsrat,
1843 bis 1883	Karl Freiherr von Cunibert[18], königlicher Appellationsgerichtsrat, Sohn des August von C.,
1886 bis 1902	Cunibert-Fideikommiß[19],
1902 bis 1924	Karl Freiherr von Künsberg-Langenstadt, Fideikommißbesitzer,
1924 bis 1932	Wilhelm Leschhorn, Meßwerkzeugfabrikant,
1932 bis 1957	Franz und Justine Kunz, geb. Männche,
1957 bis 1961	Justine Kunz, Dekaturanstaltbesitzerswitwe,
seit 1961	Edgar Kunz, Kaufmann.

---

[14] St. Agatha, Sterbematr. v. 1804, S. 38: Tod von Charitas Traupel, 63 Jahre, Witwe des Amtsschreibers.

[15] Ebd., Taufmatr. v. 1780, S. 332: Geburt von Gottfried Traupel, Sohn des kf. mz. Hofschreibers Adam Traupel und seiner Ehefrau Charitas.

[16] StaA, HR, P1, S. 36: Georg Protz (1805-1880), verh. mit Barbara, geb. Engelhard (1813-1886), 14 Kinder.

[17] Ebd., CK1, S. 89: August Friedrich Gottfried Freiherr von Cunibert (1764-1843), Appellationsgerichtsrat und Kammerherr, verh. mit Anna Maria, geb. Freiin von Doblhof-Dier (1772-1848).

[18] Ebd., Karl Friedrich Freiherr von Cunibert (1812-1883). Vgl. *Scherg*, Hochschulstadt Bd. 2, S. 104, Nr. 18.

[19] Einrichtung eines Fideikommisses lt. Testament des 1883 verstorbenen Karl Freiherr von Cunibert. Cunibert war unverheiratet und hinterließ keine Erben.

Karlstraße 12 (Lit. B 100¼) Plan-Nr. 575
Plan-Nr. 576 Garten

Geschichte

Das Grundstück war St. Agatha grundzinspflichtig.
Tünchermeister Anton Köhler wird 1830 Eigentümer von Karlstraße 12. Im Februar 1838 will er zwischen dem Anwesen des August Friedrich Gottfried Freiherrn von Cunibert, Karlstraße 10, und dem Trockenlader Simon Meßer[1]

---

[1] Simon Meßer ist Eigentümer von Karlstraße 14.

ein neues Wohnhaus nach einem vorgelegtem Plan von Balthasar Hospes errichten. Zur Lokaleinsicht erscheinen die Magistratsräte Melchior Kaufmann und Johann Schuler sowie der technische Baurat Professor Karl Ludwig Louis. Sie kommen zu folgendem Ergebnis: Es dürfen nur zwei Stufen der Haustreppe außerhalb liegen.
Am 11. März 1838 liegt eine Stellungnahme des Freiherrn von Cunibert vor: Er befürchtet einen Mißstand, weil der Neubau angebaut werden solle und weder in der Geschoßhöhe noch in der Dachneigung seinem Haus ähnlich sei. Cunibert schlägt vor, das Haus frei zu stellen und durch die Toreinfahrt zu trennen, wie es bei Karlstraße 8, bei Joseph Freiherr von Hertling, sei.
Köhler erklärt sich am 12. März 1838 bereit, den Walm bei Karlstraße 10 auf seine Kosten abzuändern und auch eine Brandmauer zu errichten. Auf den Anbau an Cunibert verzichtet er aber nicht. Am 22. März ist der Bauplan fertig. Die Pläne werden am 25. April der Regierung in Würzburg unterbreitet mit dem Vorschlag, das Haus frei zu erstellen. Am 12. März genehmigt die Regierung das Vorhaben in dieser Form.
In seinem Schreiben vom 22. Mai besteht Köhler darauf, daß das Haus an Cunibert angebaut werden solle, da er sonst die Sonnenseite verlieren würde und das Gartenhaus wegen des Wendens von Fahrzeugen geopfert werden müsse. Die Regierung entschließt sich am 25. Juli, diese Einwendungen zu berücksichtigen.
Am 1. Februar 1839 kommt Köhler auf die Idee, wegen besserer Zimmereinteilung ein Fenster mehr in die Fassade zu machen. Das heißt, der Hausbau war noch nicht vollendet.
Die Regierung hat am 17. April 1839 gegen das siebte Fenster nichts einzuwenden. Am 27. August 1839 ist der Bau bis an den Walm des Hauses des Freiherrn von Cunibert gediehen. Dieser weigert sich, die über die Grenze seines Daches reichenden Teile entfernen zu lassen, da sein Haus, Karlstraße 10, schon 40 Jahre unverändert stehe. Er selbst habe das Haus länger als 30 Jahre in Besitz.
Am 11. September 1839 ergreift Köhler Selbsthilfe und läßt von Leiendecker Schuck die vorstehenden Bretter abbrechen. Daraufhin erhebt Cunibert Einspruch. Nach Magistratsbeschluß muß Köhler den früheren Zustand wiederherstellen. Hier der Wortlaut der Vereinbarung vom 11. September 1839: „Dem Tünchermeister Köhler und dem Leyendecker Schuck wird aufgegeben, bei Vermeidung einer Strafe von 10 Reichsthalern sich über ihre Eigenmacht zu verantworten, das Dach bei Vermeidung jeder Haftung für Schaden wieder in den früheren Stand herstellen zu lassen und sich jedes weiteren Eingriffs zu enthalten". Unterzeichnet von Bürgermeister Adalbert von Herrlein.
1840 beabsichtigt Anton Köhler, ein Nebengebäude zu errichten. Nachbarn zu Lit. B 100 sind Schreinermeister Heinrich Brüger zusammen mit Simon

Meßer (Karlstraße 14). Für den Gastwirt Franz Josef Münch (Karlstraße 16) erscheint dessen Schwager, Adam Kimmler[2].
Beide haben den Garten vom „Ochsen" geteilt. Der Anteil Kimmlers stößt nicht an Köhler an. Auch Gastwirt Münch hat keine Einwendungen. Simon Meßer und Witwe Katharina Brüger protestieren, weil ihrem Anwesen Licht entzogen würde. Die Angelegenheit wird der Regierung zum Entscheid vorgelegt. Dort wird am 23. August eine Fassadenzeichnung zur Straße verlangt. Es wird um eine Dispens gebeten von der Vorschrift der „Verordnung vom 16. März 1803 betr. Nebengebäude an Hauptstraßen". Die Regierung stimmt dem zu mit der Entschließung vom 25. September 1840. Der Magistrat entscheidet am 29. September 1840 im selben Sinn.
Köhler vermietet 1859 einem Kommandeur des in Achaffenburg stationierten Jägerbataillons[3].
1874 erhält Eigentümer Heinrich Stenger die Genehmigung, sein Nebengebäude, einen ehemaligen Pferdestall, aufzustocken.
1884 gehört das Grundstück Weinhändler Ferdinand Neis aus Orb. Er bekommt am 13. Februar die Anlage eines Weinkellers nach einem Plan von Architekt Hermann Reichard genehmigt. Die Höhe des gewölbten Kellers beträgt 3,70 m. Bei dem Bauvorhaben wird die Stadtmauer zur Weißenburger Straße zum Teil abgetragen und an der gleichen Stelle wieder aufgebaut. Die Arbeiten führt Maurermeister Michael Schmitt durch.
Am 28. November 1895 wird festgestellt, daß Ferdinand Neis ein Rückgebäude, eine Faßhalle, ohne Genehmigung ausgeführt hat. In diese Faßhalle wird ein Kamin eingebaut, mit Genehmigung vom 3. Dezember 1897.
Der 1903 beabsichtigte Bau eines Rückgebäudes anstelle des ehemaligen Gartenhauses auf der Grenze zu Karlstraße 10 wird nicht durchgeführt.
1907 kleine Umbauten im Hausinnern: russische Kamine, Aborte. Zu dieser Zeit waren an der Seite zur Friedrichstraße bereits Grundstücksteile abgetrennt worden[4].
Die Brüder Friedrich und Karl Neis verkaufen 1913 ihrem Nachbarn, Heinrich Fries, Grundstücksteile, die an dessen Gelände anschließen.
1919 wird Eigentümer des Anwesens Kaufmann Richard Schmitt[5].
Am 23. Januar 1925 legt Architekt Friedrich Selbert den Plan für ein Lagergebäude an der Grenze zu Karlstraße 10 für Richard Schmitt vor. Der Bau

---

[2] St. Agatha, Trauungsmatr. v. 1824, S. 102: Adam Kimmler, wohnhaft in der Karlstraße 16, heiratet 1824 Catharina.
[3] Während der Zeit, in der der Kommandeur des Jägerbataillons bei Köhler wohnte, stand ein Soldat mit geschultertem Gewehr als Wache vor der Tür von Karlstraße 12. Vgl. ME v. 22. August 1959, S. 24.
[4] Auf den abgetrennten Grundflächen wurden Wohnhäuser gebaut und der Friedrichstraße 31, 33, 35 bis 37 zugeordnet. Vgl. *Grimm* IV, S. 430 ff.
[5] 1911 hatte Richard Schmitt zusammen mit Matthes Orschler eine Lack- und Farbengroßhandlung in Aschaffenburg gegründet. Orschler schied 1918 aus dem Unternehmen aus. An seine Stelle trat Josef Braun, der von 1928 bis 1930 Eigentümer von Karlstraße 14 war.

wird ausgeführt, und am 1. August 1925 kann das neue Lagergebäude bezogen werden.
1934 erhält Richard Schmitt erneut eine Genehmigung, für die Fa. Schmitt & Orschler in der Karlstraße 12 ein Geschäftshaus mit Lagerräumen zu errichten. Dieser Neubau, nach Plan von Architekt Joseph Geis, ist am 15. März 1935 vollendet. Das neu errichtete Haus, direkt angrenzend an das schon vorhandene Wohnhaus und das anschließende Haus Nr. 14, trägt auch die Hausnummer Karlstraße 12.
Anschließend wird die Kraftwagenhalle aufgestockt und unterkellert.
Im Zweiten Weltkrieg werden durch verschiedene Bombenangriffe die Gebäude besonders im Inneren stark beschädigt.
Bis Juni 1947 sind die Pläne für die Instandsetzung des Wohn- und Geschäftshauses fertig. Im Oktober 1948 können die Renovierungsarbeiten abgeschlossen werden.
Die Erweiterung des Garagengebäudes ist im Oktober 1950 fertiggestellt.
Am 1. Oktober 1958 erhält Eigentümer Lothar Schmitt die Genehmigung zu einem Wohnhausneubau anstelle des alten Hauses. Die Keller werden wieder verwendet. Bauvollendung ist im Juli 1959.
1974 wird die Ladenzone im Erdgeschoß des Neubaus von 1958 unter Leitung des Architekten Josef Böhm umgebaut. 1977 erfolgt die Einrichtung eines neuen Ladens im Erdgeschoß des 1934 errichteten Gebäudes sowie im Nachbarhaus Nr. 14 nach Plänen des Architekten Albert Hirsch.

Beschreibung

Das 1839 nach einem Entwurf des Baumeisters Balthasar Hospes errichtete Gebäude steht in halboffener Bauweise auf der Grenze zu Karlstraße 10. Es ist aus rotem Sandstein in hammerrechten Schichten gemauert und war vermutlich nicht verputzt. Das Haus ist dreigeschossig mit sieben Fensterachsen. Im Erdgeschoß stehen die Fenster auf einem Brüstungsgesims. In der Achse zu Haus Nr. 10 liegt der Eingang von der Karlstraße. Fenster und Haustür mit profilierten Gewänden. Die Fenster im ersten Obergeschoß stehen ebenfalls auf einem Brüstungsgesims, sie sind höher, mit gerader Verdachung auf Konsolsteinen. Die Fenster im zweiten Obergeschoß haben profilierte Gewände und einfache, leicht überstehende Sohlbänke. Das Balkengesims des Satteldachs kragt deutlich über.
Im Erdgeschoß, hinter dem straßenseitigen Eingang, in der rückwärtigen Haushälfte eine zweiläufige Treppe. In der Mitte der freien Giebelseite ist ein weiterer Zugang in einen Flur, der im Treppenhaus endet. In den Obergeschossen ähnliche Einteilung.
Der Keller besteht aus zwei nebeneinanderliegenden Gewölben, deren Scheitel senkrecht zur Straße stehen. Der Zugang ist vom Hof und vom Treppenhaus aus möglich.

Entlang der Karlstraße zu Haus Nr. 14 Hoftor und eine 10 Fuß (2,92 m) hohe Mauer. An der Innenseite dieser Mauer sind die Holzlege mit Waschküche und der Stall mit Remise angebaut.
An der Außenseite der Mauer ist ein öffentlicher Laufbrunnen mit Brunnentrog.

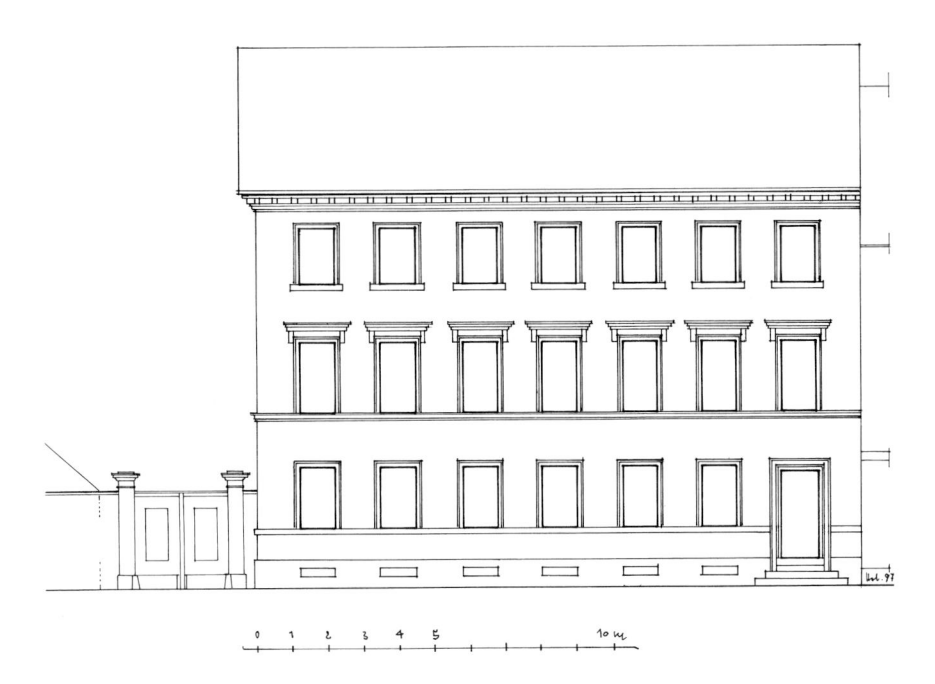

Abb. 34: Karlstraße 12, Straßenansicht nach Entwurf von Balthasar Hospes, 1839.

1884 entsteht entlang der Grenze zu Karlstraße 14 ein Weinkeller. Die Länge des Kellers beträgt 32,40 m im Mittel, die lichte Breite 6 m, die Höhe 3,70 m; die Überdeckung mißt ca. 1 m. Die Anlage wird durch einen unterirdischen Gang mit dem Wohnhaus verbunden.

Das 1934/35 erbaute zweigeschossige Geschäftshaus schließt die Häuserfront an der Karlstraße zwischen Haus Nr. 12 und Nr. 14. Das Obergeschoß besteht aus elf gleichmäßigen Fensterachsen, darüber ist ein Zwerchhaus mit sieben Fenstern.
Im Erdgeschoß befindet sich neben dem Hauptgebäude eine 4 m breite Einfahrt. In der Mitte der restlichen Fläche ist der Ladeneingang mit einem Schaufenster auf jeder Seite. Beiderseits der Schaufensteranlage sind ein einfaches und ein gekuppeltes Fenster. Die gesamte Straßenansicht ist aus rotem Sandstein in gleichmäßigen Schichten gemauert.

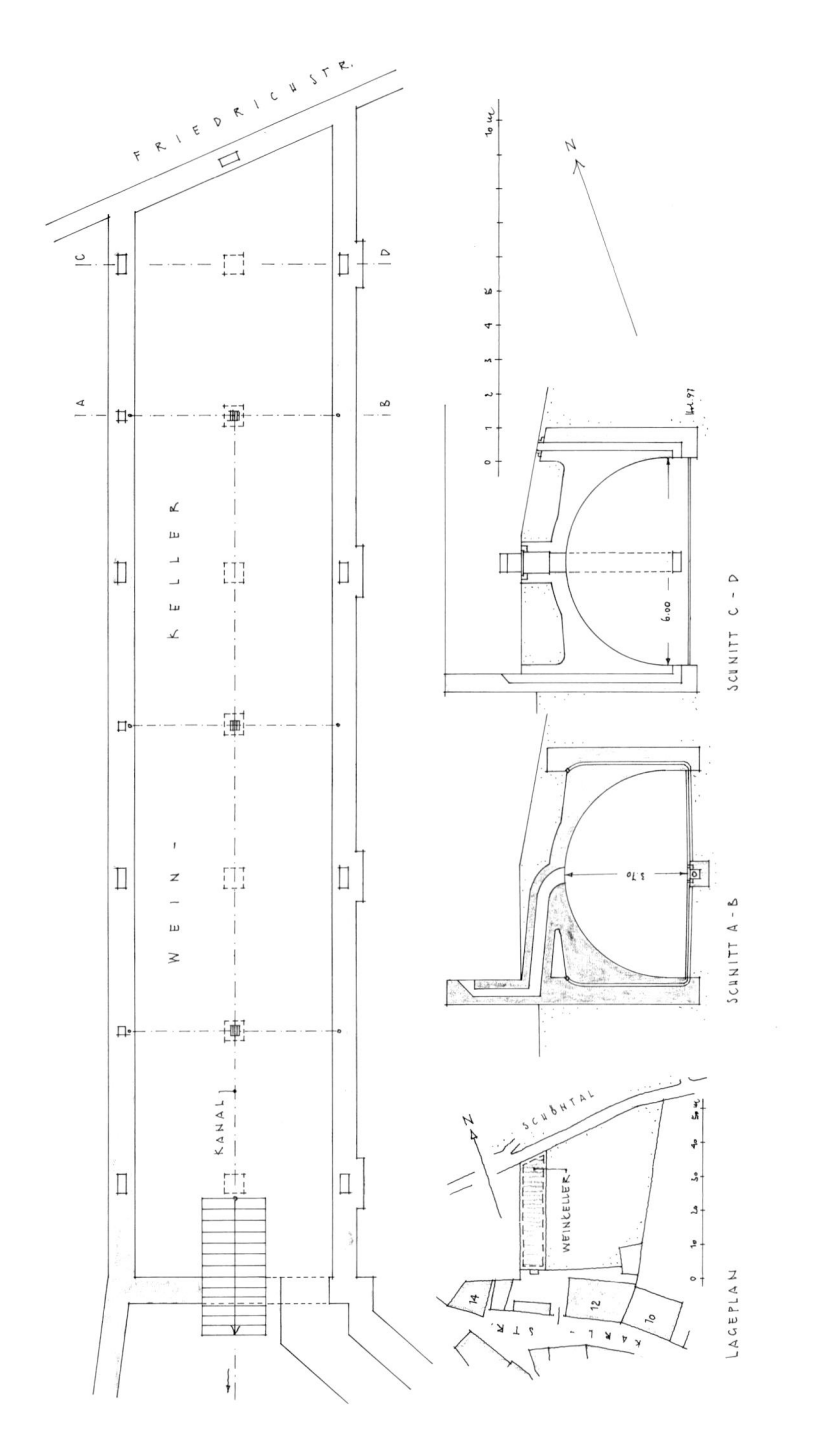

Abb. 35: Karlstraße 12, Weinkeller im Garten hinter dem Wohnhaus. Grundriß und Schnitte.

155

1947 wird im Zusammenhang mit der Behebung von Kriegsschäden das Zwerchhaus über die gesamte Gebäudefront verlängert; es entsteht ein drittes Geschoß.

Der Neubau von 1958, anstelle des Gebäudes von 1839, besteht aus einem gewerblich genutzten Erdgeschoß und drei Wohngeschossen. Das flachgeneigte Dach ist nicht ausgebaut.

Die Fassade besitzt sieben Fensterachsen. Im Erdgeschoß ist in der Mitte der Hauseingang. In der ersten und siebten Achse sind je ein gekuppeltes Fenster. In den übrigen Achsen sind Einzelfenster. In den Obergeschossen sind in der ersten und siebten Achse statt der gekuppelten Fenster je eine Fenstertür mit Brüstungsgitter. In den übrigen Achsen sind wie im Erdgeschoß Einzelfenster.

1974 wird das Erdgeschoß umgebaut. Die Tieferlegung der Decke über den Keller erfordert den Abbruch der alten Gewölbe. Der Hauseingang rückt auf die Seite zu Haus Karlstraße 10. Die gesamte Fassade wird im Erdgeschoß durch Stahlbetonstützen abgefangen. Es entsteht eine durchgehende Schaufensterfront mit Vordach.

1977 wird der Bauteil von 1934 im Erdgeschoß mit dem angrenzenden Haus Karlstraße 14 vereinigt. Es entsteht ein großflächiger Laden mit durchlaufender Schaufensteranlage.

Eigentümer

1804 bis 1826 Franz Marzell[6], Magistratsrat,
1826 bis 1830 Franz Josef Marzell[7],
1830 bis 1863 Anton Köhler[8], Tünchermeister,
1863   Karl Dietz, Glasermeister, Kauf um 15.100 fl.[9],
1864 bis 1883 Heinrich Stenger aus Lohr, Privatier, Kauf um 17.000 fl.,
1883 bis 1896 Ferdinand Neis, Weinhändler, dann seine Ehefrau Emilie[10],

---

[6] StaA, HR, M1, S. 19: Franz Marzell, Weinwirt (1788-1849), verh. mit Katharina, geb. Reisinger, 3 Kinder.

[7] StaWü, Hypb. AB, Bd. II, S. 387: „Aus väterlichem Erbe übernommen". Es ist erstaunlich, daß Franz Marzell bereits 1826 seinem jüngsten Sohn Franz Josef das Anwesen überschrieb. Josef (1822-1854) war damals erst vier Jahre alt. Vgl.: StaA, HR, M1, S. 174: Kaufmann Franz Josef Marzell, verh. mit Anna Maria (geb. 1825), geb. Kopf, 2 Kinder. Siehe auch *Mader*, S. 212, Abb. Nr. 163: Grabstein Familie Marzell. Franz Josef Marzell war später Eigentümer von Karlstraße 7.

[8] StaA, HR, CK1, S. 44: Anton Joseph Köhler (1780-1863), verh. mit Cäcilia, geb. Heegmann, 7 Kinder.

[9] Karl Dietz steigerte das Anwesen aus dem Erbe des Tünchermeisters Köhler. Ebd., HR, D, S. 80: Carl Dietz (1816-1892), verh. mit Elisabetha, geb. Köhler (1819-1876).

[10] Ebd., AN, Na-Pu. Am 12. Januar 1867 bittet Ferdinand Neis aus Orb (1835-1896) um Bürgerannahme. Er heiratet Emilia, geb. Straub (1842-1902), Gutsbesitzerstochter aus Diedesfeld. Neis war Pächter der Gastwirtschaft „Zum Riesen" und besaß ein Vermögen von 33.000 fl. St. Agatha, Sterbematr. v. 1896, S. 377: Ferdinand Neis, Weinhändler, wohnhaft in der Karlstraße 12, stirbt mit 61 Jahren. Ebd. v. 1902, S. 442: Tod von Emilie Neis, Witwe, 60 Jahre. StaA, HR, N, S. 54: Ferdinand Neis, verh. mit Emilie, 7 Kinder.

1896 bis 1919 Friedrich[11] und Karl[12] Neis, Söhne des Ferdinand N., Kaufleute,
1919 bis 1958 Richard Schmitt, Kaufmann,
1958 bis 1969 Lothar Schmitt,
   seit 1969 Magdalena Eva Schmitt, geb. Glutting.

---

[11] Ebd., AN, Na-Pu. Friedrich Neis, (1872-1941) erwirbt 1908 das Bürgerrecht und ist bis 1914 in Aschaffenburg wohnhaft. Er vergrößerte seinen Besitz, indem er auf dem hinteren Teil seines Gartens 1906 und 1907 je ein Wohnhaus (Friedrichstraße 35 und 37) erbauen ließ. Ebd., HR, N, S. 107: Friedrich Neis (geb. 1872), ledig.

[12] Ebd., S. 54: Karl Neis (geb. 1881), geht als Apotheker nach Düsseldorf.

Karlstraße 14   (Lit. B 100)   Plan-Nr. 574

Geschichte

1780 zahlt Oberschultheis Schwab für das Anwesen 18 kr. an die Kollektur von St. Agatha[1].

1808 erhält Frau N. N. Opfermann die Konzession als Straußenwirtin auf das Haus Lit.B 100[2]. Dies bedeutet, daß Frau Opfermann hier eine Straußen-Wirtschaft führte. Eigentümerin des Anwesens zu dieser Zeit war Elisabeth Frank, die Witwe des Leinenwebers Jakob Frank.

Das Wohnhaus neben dem „Goldenen Ochsen" (Karlstraße 16) wird 1855 für den Handlungskommis Joachim Siegel umgebaut[3].

1868 hatte das Grundstück einen Wert von 2.015 fl.

Eigentümer Adam Baum, von Beruf Kulturtechniker, läßt 1870 zwei neue Fenster installieren. Am Anbau seines Hauses wird zur gleichen Zeit im Erdgeschoß eine Tür vermauert und dafür ein Fenster eingesetzt.

Nacheigentümer Benedikt Stenger läßt 1874 über diesem Anbau, der zuvor als Pferdestall diente, ein Obergeschoß errichten.

1876 wird über dem hinter dem Haus angebauten Abort ein Zimmerchen eingebaut.

1880 Vergrößerung des Ladens im Erdgeschoß für eine Kolonial- und Eisenhandlung. Dabei zeigt sich, daß das Holzwerk des Obergeschosses und der Giebel so schlecht sind, daß die ganze Wand erneuert werden muß. Die Treppe wird umgebaut. Da nur an der hinteren Hausseite ein kleiner Kellerteil be-

---

[1] StaA, St. Agatha, Kollektur 1780.
[2] StAWü, Mz. Polizeiakten 2608 v. 27. April 1808.
[3] StaA, Mag.Prot. v. 8. März 1855.

stand, erhält Eigentümer Peter Zahn die Genehmigung zur Anlage eines Kellers.
1888 wird eine Tür in den Rail zwischen Karlstraße 12 und Karlstraße 14 eingesetzt.
Seit 1889 gehört das Anwesen Heinrich Fries. 1913 läßt er am Haus bauliche Änderungen vornehmen. Von seinen Nachbarn Friedrich und Karl Neis (Karlstraße 12) erwirbt er Grundstücksteile hinzu, die sich an sein Gelände anschließen.
Ludwig Himmelsbach ist Eigentümer zwischen 1925 und 1928. Obwohl er das Haus 1928 verkauft, führt er noch lange Zeit im linken, kleinen Hausteil zu Karlstraße 16 ein Kolonialwarengeschäft mit Weißwaren und religiösen Artikeln. 1960 war es nur noch ein Textilwarengeschäft.
Josef Braun, seit 1918 Mitinhaber der Firma Schmitt & Orschler, erwirbt 1928 von Ludwig Himmelsbach das Anwesen.
Das Haus übersteht den Krieg und wird erst 1962 abgebrochen.
Nach Plänen von Architekt Ernst Brönner läßt Lothar Schmitt 1962 ein dreigeschossiges Wohn- und Geschäftshaus errichten. Der Neubau muß auf die Baulinie von 1838 zurück. Das Haus ist im Februar 1963 bezugsfertig. Im Erdgeschoß wird ein Ladengeschäft mit 70 m² Fläche, ein Tapetenfachgeschäft für die Firma Schmitt und Orschler, eingerichtet.

Beschreibung

Bis 1870

Bestehend aus zwei Hausteilen. Der linke Teil neben dem „Gasthaus zum Ochsen" (Karlstraße 16) hat nur eine Fensterachse. Der rechte Hausteil ist größer mit seinen drei Fensterachsen und einem ausgebauten Giebel mit einem gekuppelten Fenster.
Der Hauseingang befindet sich neben Karlstraße 12.

Von 1880

Drei Fensterachsen. Im Erdgeschoß ist jetzt in der Mittelachse der Eingang, rechts und links davon sind Schaufenster. Ebenso ist auch ein Schaufenster im kleinen Hausteil links.

Von 1962

Dreigeschossig, traufständig, vier Fensterachsen. Im Erdgeschoß ist das Geschäft. In den oberen Etagen sind Wohnungen.

Eigentümer

1794/1832   Elisabeth Frank, Witwe des Leinenwebers Jakob F.,

1832 bis 1834 Josef Solinger, Landkrämer, Adam und Anna Maria Giegerich, Eheleute[4], und Geschwister,
1834 Heinrich Brüger[5], Schreiner, und Simon Giegerich[6] (je $1/2$),
1840 bis 1855 Erben des Heinrich Brüger und Simon Meßer[7],
1855 bis 1868 Simon Meßer und Joachim Siegel,
1868 bis 1870 Peter Meßer[8], Sohn von Simon M.,
1870 bis 1873 Adam Baum, Kulturtechniker, Kauf um 2.425 fl.,
1873 bis 1880 Benedikt Emil Stenger, Landwirt,
1880 bis 1881 Peter Zahn[9], Kaufmann,
1881 bis 1888 Anna Maria Zahn[10], Witwe, und Kinder,
1888 bis 1889 Johann Straus, Kaufmann,
1889 bis 1920 Heinrich Fries, Kaufmann,
1920 bis 1925 August Berberich, Kaufmann, und Ehefrau Kreszenz,
1925 bis 1928 Ludwig Himmelsbach, Kaufmann, und Ehefrau Katharina, geb. Stenger,
1928 bis 1930 Josef Braun, Kaufmann,
1930 bis 1961 Richard Schmitt, Kaufmann,
1961 bis 1964 Lothar Schmitt, Kaufmann,
seit 1964 Magdalena Schmitt, geb. Glutting, Witwe des Lothar S.

---

[4] Ebd., HR, G1, S. 93: Adam Giegerich, Rentamtsdiener, verh. mit Anna Maria, geb. Pfeifer. Von den Eltern geerbt.
[5] Ebd., HR, B1, S. 45: Heinrich Brüger (1782-1834), verh. mit Katharina, geb. Hofmann, verehel. Dittmann.
[6] Ebd., Sterbereg. 1834 mit 1847, S. 77: 1838, Simon Giegerich, ledig, stirbt mit 29 Jahren.
[7] Ebd., HR, M1, S. 125: Simon Meßer, Trockenläder (1804-1878), verh. mit Margaretha, geb. Scheuermann (1805-1862), 6 Kinder. Vgl. St. Agatha, Trauungsmatr. v. 1831, S. 31.
[8] Ebd. v. 1863, S. 219: Peter Meßer (geb. 1838), verh. mit Maria Eva Sauer (geb. 1844).
[9] Ebd., Sterbermatr. v. 1881, S. 522: 1881 Tod von Peter Zahn.
[10] StaA, HR, Z, S. 61: Peter Zahn (1856-1881) aus Großostheim verh. mit Anna Maria, geb. Blatz (geb. 1857), 2 Töchter. Anna Maria Zahn heiratet 1881 den Kaufmann Paul Abb aus Obernburg.

Karlstraße 16   (Lit. B 99, 99a)   Plan-Nr. 572
Plan-Nr. 573 Wirtschafts
garten

Gasthaus „Zum goldenen Ochsen"[1]

Geschichte

Das Grundstück war dem Baufonds von St. Agatha mit 3 kr. grundzinspflichtig. 1644 war es noch mit einem Haus bebaut, seit 1653 wird das Areal nur als „Hausplatz" bzw. „Bauplatz" bezeichnet. Erst 1760 wird wieder ein Haus erwähnt. Aus den Rechnungen können folgende Besitzer genannt werden: Konrad Nenter (vor 1625), 1625/26 Konrad Reihn zu Damm, 1639/40 Melchior Ruppels Witwe[2], spätestens seit 1643 Christoph Wagner, seit 1653 dessen Witwe. Spätestens 1658/59 Johann Heidt, kurfürstlicher Holzschreiber, 1674 seine Erben, 1706/08 die Witwe des Johann Jacob Schultheiß, bis 1736 dessen Erben, 1737 bis 1751 Johann Georg Heßler, 1752 bis 1755 Nikolaus Lipp, 1756 und noch 1760 Bäcker Helm[3].
Christian Rausch, der 1777 als Gastwirt vom Goldenen Ochsen bestätigt wird[4], ist St. Agatha 1781 und 1785 grundzinspflichtig[5].
Philipp Münch baut 1798 ein neues Gasthaus und erhält am 24. Februar 1798 von Erzbischof Friedrich Carl Joseph von Erthal (1774-1802) für seine Wirtschaft die Schildgerechtigkeit.
1807 wird durch einen Blitzschlag die Scheune getroffen. Im August 1808 wird in der ausgebrannten Scheune ein Holzbehälter eingerichtet. Ochsenwirt Philipp Münch läßt im gleichen Jahr den Hausgang verkleinern und einen Teil davon in eine Kammer umbauen. Unter dem Tor entsteht eine zweite Kammer[6].

---

[1] In Aschaffenburg gab es mehrere Wirtschaften und Gasthäuser, die den Namen zum „Ochsen" trugen.
1570: „Herberge zum Ochsen" (StiA, A 99, S. 5),
1580: „Ochsenwirt" (ebd., 5089, fol. 673', Protokoll v. 13. Juli 1580),
1595: „Zum Ochsen" später „Zum roten Ochsen", Dalbergstraße 49a,
1618: Herberge „Zum Ochsen" in der Schloßgasse,
1777: „Zum Goldenen Ochsen", Karlstraße 16,
vor 1781: „Zum Rothen Ochsen", Schloßgasse 30,
„Vieh- oder Ochsenhof", Schloßberg 4.
[2] *Friederich*, S. 106, Nr. 815.
[3] StaWü, R 33961.
[4] Ebd., Oberkellerei R, 27423 v. 1777.
[5] StaA, R 484, St. Agatha, Kirchenfabrik 1781, S.7. Ebd., Kollektur 1781, S. 8. Ebd., R 494, St. Agatha, Grundzins 1785.
[6] StaWü, MRA, LG 3038.

Gastwirt Adam Münch baut 1853 an der Grenze zu dem Grundstück des Advokaten Strehlin einen Tanzsaal. Strehlin protestiert wegen der Fenster, die zu seinem Grundstück gehen[7].

1865 übernimmt Karl Münch die Gastwirtschaft. Auf sein Gesuch vom 7. Februar 1865 erhält auch er die Konzession zur Ausübung der Gastwirtschaft und wird zugleich als Bürger aufgenommen[8].

Im April 1870 bittet Carl Münch, zu dem damals bereits offen gelegten Teil des Schöntals eine Tür anbringen zu lassen.

Im März 1875 reicht Münch ein Gesuch wegen Geradelegung seines Abwasserkanals ein. „Im Jahre 1867 wurde zur Entwässerung des Terrains vor dem Carlsthor ein Kanal in die Straße bis ungefähr in die Mitte vor meinem Wohnhause erbaut [...] und nur die Erlaubnis ertheilt in einem provisorischen Seitenkanal den Abfluß meines Hauses in denselben einmünden zu lassen". Der Kanal war durch verschiedene Ursachen unbrauchbar geworden. 1874 hatte die Reichsbahn den Kanal der Karlstraße verlängern lassen. Münch erhält die Erlaubnis, sich anzuschließen.

1878 werden Veränderungen im Hausinnern getroffen und dabei die Hauseingangstür verlegt.

Im Erdgeschoß wird das Fachwerk der Außenwand zur Karlstraße durch massives Mauerwerk ersetzt. Diese Veränderung widerspricht der festgesetzten Baulinie. Der Ochsenwirt beruft sich auf seinen Nachbarn Heinrich Stenger, Karlstraße 12, der vor wenigen Jahren – 1874 – ohne Anstände sein Nebengebäude, einen ursprünglichen Pferdestall, um ein Stockwerk erhöhen durfte.

1880 wird ein neuer Keller unter dem Stallgebäude errichtet.

1891: Im Erdgeschoß Anbau einer Küche mit flachem Dach zwischen Hauptgebäude und Stallung.

Nach dem Tod von Karl Münch 1893 übernimmt das Anwesen die Familie Schuck. Für 60.000 Mark verkaufen 1894 Kunigunde Münch und deren Töchter Käthchen und Babette den ererbten Besitz an Alois Schuck.

1932 wird entlang der Brandmauer des Gebäudes Friedrichstraße 37 eine erdgeschossige Trockenhalle, 5 x 12 m groß, genehmigt. Da die Halle die Baulinie der Friedrichstraße überschreitet, ist die Genehmigung jederzeit widerruflich. Das Bauwerk muß auf Anordnung ohne Entschädigung wieder entfernt werden. Die Stadt erhebt zur Sicherheit eine Kaution von 500 RM.

1935 erhält das Anwesen eine vorschriftsmäßige Klärgrube mit drei Kammern. Im Zweiten Weltkrieg werden durch Bombenangriffe das Gasthaus und die Betriebsgebäude stark in Mitleidenschaft gezogen[9].

1949 neues Reklameschild für Betty Schuck.

---

[7] StaA, Mag.Prot. v. 19. Mai 1853.
[8] Ebd. v. 7. Februar 1865.
[9] *Stadtmüller* II, S. 365.

Die ehemalige Scheune wird in verschiedener Tiefe unterkellert.
1951 beschließt der Stadtrat, die Friedrichstraße zu verbreitern. Die alte Stadtmauer, die den dahinterliegenden Gebäuden als Außenwand diente, muß auf eine Länge von über 29 m abgetragen werden. Aus dem Anwesen Karlstraße 16 fällt ein bebauter Geländestreifen von gleicher Länge und ca. 2,50 m Tiefe in die Straßenfläche. Als Entschädigung wird u.a. dem Gasthaus „Zum goldenen Ochsen" die Restfläche aus dem Grundstück des ehemaligen Accishauses (Karlstraße 18) zugeschlagen.
1962: Erweiterung des Hotels als Rückgebäude für Betty Heeg, geb. Schuck. Pferdeställe und Scheunen müssen weichen, und über der Apfelweinkelterei entsteht ein zweigeschossiger Hoteltrakt mit sieben Zimmern, drei Doppel- und vier Einzelzimmern. Im Oktober 1963 ist der Umbau unter Leitung von Architekt Josef Böhm fertiggestellt. Die Gesamtkosten betragen rund 200.000 DM[10].
1966 entstehen im Erdgeschoß des Anbaus neue Toiletten und eine moderne Heizung.
1970 Änderungen im Hotelanbau. Die Fremdenzimmer werden den Bedürfnissen angepaßt.
1973 Erweiterung der Gaststätte zum Hof. Die übrigen Galerieräume werden renoviert.
1979 Restaurierung der Fassade zur Karlstraße.
1988 wird durch Architekt Edgar Bopp entlang der Friedrichstraße ein dreistöckiger Neubau errichtet. Das Hotel verfügt jetzt über 39 Zimmer. In den alten Kellern entstehen Wäscherei, Toiletten, Büroräume, das Magazin für die Küche und Aufenthaltsräume für das Personal.
Die Plan-Nr. 573 existiert heute nicht mehr, sie wurde mit dem Flurstück Nr. 572 verschmolzen.

Beschreibung

Das Anwesen liegt im Winkel zwischen Karlstraße und Friedrichstraße bzw. früherer Stadtmauer. An der Spitze dieses Winkels stand ehemals ein kleines städtisches Accishaus. Die Bebauung umfaßte 1845 ein fast quadratisches Hauptgebäude mit einem schmalen hakenförmigen Anbau. Die Hofeinfahrt war überbaut. Hinter dem Haupthaus stand der Stall. Eine Scheune grenzte an die Stadtmauer. Der im rückwärtigen Bereich liegende Obst- und Gemüsegarten war zum Nachbaranwesen, Karlstraße 12, durch eine Mauer abgeschlossen.

Ein Plan von 1878 zeigt das Hauptgebäude zweigeschossig, mit Mansarddachgiebel zur Straße. Im Erdgeschoß ist der Eingang, außermittig, über drei vor-

---

[10] Auf ein Gästezimmer entfiel an Aufwendung 2000 DM.

gelegte Stufen erreichbar. Rechts neben der Tür sind drei gleichmäßig angeordnete Fenster. Links vom Eingang, nahe der Hausecke, ist ein Fenster. Im Obergeschoß sind ebenfalls vier Fenster. Ein Fenster über der Haustür, rechts davon die drei weiteren Fenster wie im Erdgeschoß. 1878 werden die Außenmauern im Erdgeschoß massiv, die Eingangstür wird durch ein Fenster ersetzt, das Kellerfenster wird vergrößert und der Fußboden wird tiefer gelegt.
Der Anbau entlang der Karlstraße ist zweigeschossig. Die Hofeinfahrt ist überbaut. Im Erdgeschoß links der Einfahrt sind drei, rechts davon ist ein Fenster. Die vier Fenster im Obergeschoß sind in gleichen Abständen.

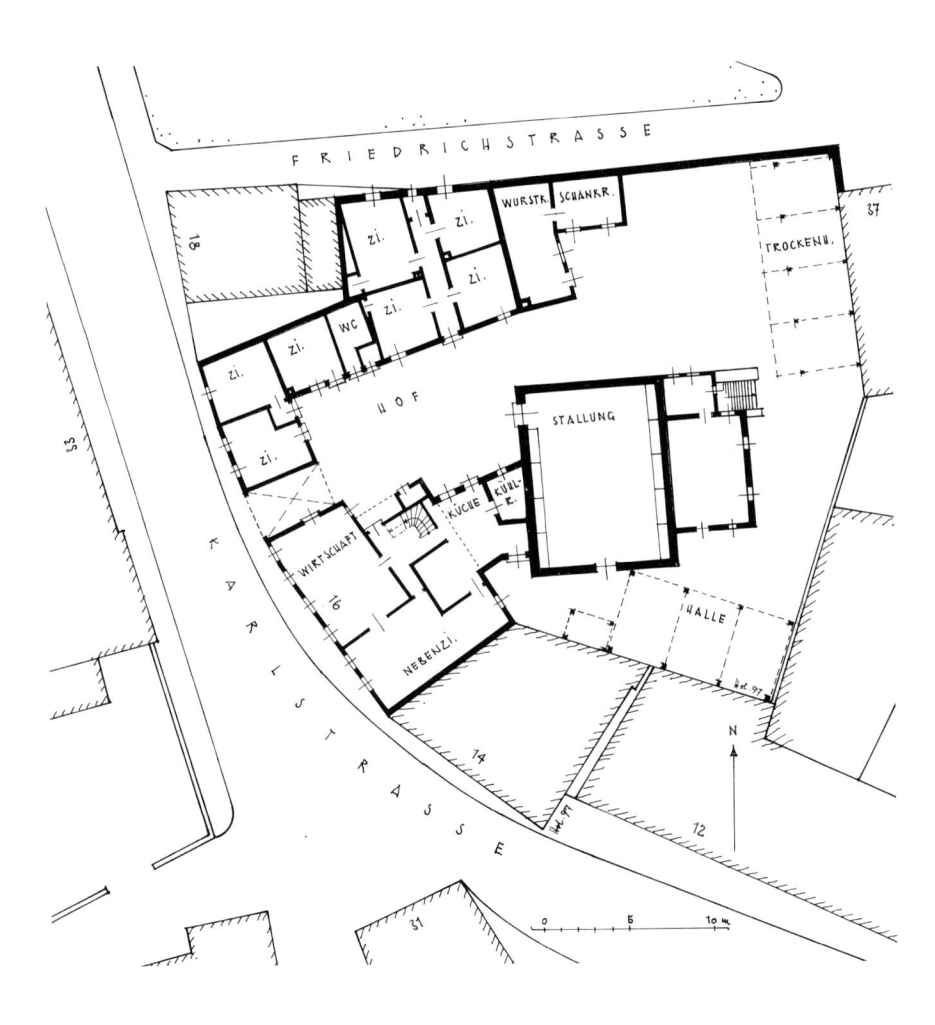

Abb. 36: Karlstraße 16, Gasthaus zum Ochsen. Erdgeschoßgrundriß um 1935.

Der Stall mißt ca. 8,80 m x 11,20 m. Er ist zweigeschossig mit Satteldach und liegendem Stuhl. 1880 erhält der Stall einen Gewölbekeller.
Über die Scheune liegen keine Einzelheiten vor.

1962 Erweiterung des Hotels auf der Rückseite. Dreigeschossiger winkelförmiger Neubau auf der Grenze zu Karlstraße 14. Rasterfassade mit flachem Dach.

1979 Freilegung des konstruktiven Fachwerks im Obergeschoß an der Karlstraße. Ein großer Teil der Hölzer muß erneuert oder verkleidet werden. Neue zweiflügelige Eingangstür mit Jahreszahl im Sturzholz.

1988/89 Neubau an der Friedrichstraße. Die Frontlänge mißt ca. 21 m. Der Neubau ist dreigeschossig und hat ein Satteldach. Zur Karlstraße hin ist das letzte Viertel der Fassade um etwa einen Meter zurückgesetzt. In der restlichen Fassade, außermittig, gering vorspringender Erker, der über dem Gesims in einem Zwerchhaus endet. In der Ecke zur Karlstraße erdgeschossiger, leicht vorspringender Laden.

Eigentümer

1777/1797	Christian Rausch[11], Bierbrauer,
1798 bis 1813	Philipp Münch[12],
1813 bis 1821	N.N.,
1821 bis 1844	Franz Münch[13],
1853/1865	Adam Münch[14],
1865 bis 1893	Karl Münch[15],
1893 bis 1894	Kunigunde Münch, Witwe des Karl M., und Töchter Käthchen und Babette,
1894 bis 1943	Alois Schuck[16], Anwaltsbuchhalter, Kauf um 60.000 Mark,
1944 bis 1951	Adalbert Schuck, Gastwirt,

---

[11] Christian Rausch (auch Rauch), St. Agatha, Sterbematr. v. 1797, S. 245: Christian Rausch (1717-1797).
[12] Ebd. v. 1813, S. 143: Tod von Philipp Münch, Ochsenwirt, 56 Jahre. Ebd. v. 1819, S. 220: Tod von Eva Münch, Witwe von Philipp Münch, 53 Jahre.
[13] StaA, AN, Me-Mu: 1821 Bürgerannahme des Franz Münch und Erlaubnis zur Übernahme des Gasthauses „Zum Goldenen Ochsen". Franz Münch, „carpo zum Ochsen" (1799-1844), heiratet mit 21 Jahren Margaretha (1800-1864), geb. Lind aus Stockstadt, vgl. St. Agatha, Trauungsmatr. v. 1821, S. 95. StaA, HR, M1, S. 30. St. Agatha, Sterbematr. v. 1844, S. 211: Tod von Franz Joseph Münch, Gastwirt, 44 Jahre.
[14] StaA, HR, M1, S. 162: Adam Münch, Sattler und Gastwirt (1812-1870), verh. mit Katharina Stadelmann (1816-1886), 7 Kinder. Intell.Bl. Nr. 28 v. 14. Juli 1849, S. 110: Adam Münch bewirbt sich um die Gastwirtschaftskonzession.
[15] StaA, HR, M1, S. 211: Karl Münch (1835-1893), verh. mit Kunigunde, geb. Karl (1839-1894), 5 Kinder. Ebd., AN, Me-Mu: Karl Münch, Küfer und Bierbrauer, erhält 1865 die Konzession zum Betrieb einer Gastwirtschaft.
[16] Alois Schuck war verheiratet mit Elisabeth, geb. Schramm.

1951 bis 1953 Barbara Schuck[17], Witwe des Adalbert S., und Söhne Alois und Richard Schuck,
1953 bis 1974 Alois und Richard Schuck,
seit 1974 Alois Schuck, verh. mit Gabriele, geb. Aulbach.

---

[17] Barbara Schuck, geb. Trapp, wurde Betti genannt.

Karlstraße 18 (Lit. B 98½) Plan-Nr. 571

Dingstall-Torhaus

Geschichte

Merian zeichnet in seinem Grundriß der Stadt Aschaffenburg von 1646 die „Dingstall-Pforten" als Turm, der bis 1805 am Ende der Karlstraße vor dem Stadtgraben stand. Das kleine Haus Lit. B 98½ könnte östlich an den Turm angebaut gewesen sein und als Wachthaus gedient haben. Da das Haus jedoch über einen Meter vor die Stadtmauer ragte, muß angenommen werden, daß es erst nach Abbruch des Turmes entstanden ist.
In einem Lageplan von 1897 wird es als „Accishaus" bezeichnet. In der Hausakte steht folgende Notiz vom 16. November 1898: „Gehorsamste Bitte des Accisnehmers Josef Sendelbach, daß der Rail zwischen dem Gasthaus Schuck und dem Torhaus geschlossen wird, weil er des Nachts zur Erledigung von Bedürfnissen benützt wird". Das Tor wird bewilligt.
Im Zweiten Weltkrieg, im Dezember 1944, wird das Gebäude schwer beschädigt.
1951, als die Friedrichstraße ausgebaut wird, ist das Haus nicht mehr im Lageplan verzeichnet. Der Rest des Grundstücks wird dem Nachbaranwesen Karlstraße 16 zugeschlagen.
Am 16. April des gleichen Jahres erhält Alfred Kappert vom Stadtrat die Genehmigung, seine Gärtnereierzeugnisse in einem Behelfsladen an der Ecke Friedrich-/Karlstraße verkaufen zu dürfen. Kappert war der Pächter der Gärtnereifläche in der Kapuzinergasse vor dem Eingang zur Kapuzinerkirche. Die Baugenehmigung für den Verkaufsraum hat jedoch den Vermerk: „in jederzeit widerruflichen Weise". Der Behelfsladen ist am 5. Juni 1951 fertiggestellt. Erst 1956 wird ihm offiziell die Hausnummer Friedrichstraße 43 zugeteilt.
1988 Abbruch des Behelfsbaus. Es entsteht ein dreigeschossiges Gebäude an der Friedrichsstraße mit einem neuen Eckladen. Architekt ist Edgar Bopp aus Stockstadt. Die Hausnummer „Friedrichstraße 43" erlischt.

Beschreibung

Auf dem Stadtplan von 1809 steht das Haus mit dem Giebel zur Karlstraße. Die Straßenfront beträgt 6,50 m, die Traufseiten sind 7 m und 7,50 m lang. Das Haus ist zweigeschossig und verputzt. Die Straßenseite hat in beiden Stockwerken je ein gekuppeltes und ein einfaches Fenster.
Der Behelfsbau von 1951 besteht aus Holzfachwerk, eingeschossig, verputzt, mit Ziegeldeckung. Beiderseits der Straßenecke sind Schaufenster. Der Eingang ist von der Friedrichstraße aus.

Eigentümer

Seit „unvordenklichen Zeiten" im Besitz der Stadtgemeinde Aschaffenburg. 1951 erlischt die Plan-Nr. 571.

3. Häuser und Bewohner, die nicht den bestehenden Hausnummern zugeordnet werden können

A. Karlstraße – Dingstall

8. Juli 1441, nach Kiliani, auf der Dingstall Landleitung zwischen Henchin Otilgen und Wernher Craz wegen einer Wand im Winkel und Kandel „uff der Dingstoln"[1].
26. Februar 1527, Landleitung auf der Dingstall Dienstag nach Exaudi, zwischen Seytz Koch und Heinz Rücker. Zwischen Kochs Garten und Rückers Weingarten hat einst Georg Riders Haus gestanden. Nach dessen Abbruch blieb eine Lücke offen[2].
Als Zeuge sagt Konrad Schüßler aus, daß vor 40 Jahren zwei Scheunen auf den Grundstücken gestanden haben. Ein Besitzer davon sei „Hinkelbeingens Vater" gewesen, der andere Jost Zuddel. Beide Scheunen seien hart aneinander gestanden, so daß die Giebel sich berührt hätten. Durch ein Brett sei der Zugang zwischen beiden versperrt gewesen.
Die Scheune des Zuddels sei abgebrochen, die andere durch Contz Hetzer abgebrannt worden. Danach habe Kaldofen eine Scheuer von Ge-

---

[1] StAWü, G 12323, fol. 28/28ʻ.
[2] Ebd.

hölz aufgeschlagen, die gestanden habe, bis man sie umgeworfen habe. Hinkelbein bestätigt die Aussage des Schüßler[3].

3. August 1530, Landleitung, Mittwoch nach Petri ad vincula, zwischen Mangolt und Philipp Glockner wegen eines Baus auf der Dingstall, den Mangolt „übersetzt" hatte. Der Nachbar Mangolts ist Philipp Rücker[4].

Um 1532, zinst Werck Cuntzin von einem Haus auf der Dingstall, vorher zahlte Konrad Bienbach, nach 1532 die Witwe des Frick Helfrich[5].

7. Juli 1534, auf Dienstag nach Conmemoratio Pauli. Landleitung „uff der Dingstall" zwischen Hans von Eyche und Peter vom Felde.
Hans von Eiche begehrt vom Weg vorn an der Gasse an durch den Flecken, den Herrn Johann Merkel und Peter gekauft haben, wie es alters her gewesen, daß er auf seinen jetzt ererbten Gartenteil gehen könne[6].

16. Juni 1537 uff Tag nach Viti, Dingstall Landleitung zwischen den Nachbarn Philipp Naumüller und Nikolaus Zinck wegen eines gemeinsamen Winkels zwischen Stallbau und Zaun[7].

1539 bis 1566 zinst Peter Baumgartner von der Behausung auf der Dingstall. Im 17. Jahrhundert zinst Johann Heidt, Holzschreiber[8].

7. Mai 1549, Landleitung auf der Dingstall zwischen Peter Heckmann und Konrad Pistor. Zwischen der Scheune in Peters Hof und dem Garten Konrads besteht ein Winkel. Konrad Pistor darf einen erkauften Garten bis an die Grenze besitzen[9].

12. Februar 1550, auf der Dingstall Landleitung, Mittwoch nach Scholastika, zwischen Nikolaus Zinck und Nikolaus Scheid. Wie 1537 geht es um den bestehenden Winkel zwischen beiden Anwesen. Das Urteil von 1537 wird bestätigt. Scheid ist als Nachfolger des Philipp Naumüller anzusehen[10].

1551, Stallung uff dem Dingstall. Gonsroter Hoff[11].

12. April 1552, Katharina Zuckerbäckerin verkauft für 10 Gulden auf Rückkauf an die Aschaffenburger Bürger Konrad Pistor und Peter Rucker einen Zins von 18 Schilling. Als Pfand setzt sie ihre Behausung mit allem Zubehör „uf der Dingstall", worauf das Stift und der Pfarrer (von St. Agatha) einen Zins haben[12].

---

[3] Ebd., G 12324, fol. 42 ff. v. 4. Juni 1527.
[4] Ebd., fol. 39'.
[5] StiA, 5847, Register mit Hausbenennungen 1530–1532.
[6] StAWü, G 12324, fol. 27'.
[7] Ebd., fol. 53.
[8] StiA, 5260, ebd. 4211, Präsenzregister v. 1566.
[9] StAWü, G 12324, fol. 63'.
[10] Ebd., fol. 54.
[11] StaA, A 95, S. 17.
[12] StiA, U 4364.

27. Juli 1557, Dingstall Landleitung zwischen Joachim Stoll und Hans Johen wegen Traufrechts in dem Garten von Stoll[13].

14. Mai 1565, Landleitung zwischen Nikolaus Scheid und Peter Hermann wegen Giebelfenster zu Hermanns Seite auf der Dingstall. Die Kelter des Scheid darf stehen bleiben, sie muß ein Ziegeldach bekommen. Scheid hat auch einen Backofen, den er nicht vergrößern darf[14].

14. Mai 1565, Landleitung zwischen Konrad Schutz und Nikolaus Scheid. Schutz hat seinen Schornstein in die gewöhnliche Höhe aufzuführen, daß Scheids Giebel ohne Feuersgefahr sei[15].

1566 und 1578 zinsen Helferich Girmann, vorher Peter Heckmann sen. für das Haus auf der Dingstall an die Stiftspräsenz[16].

Am 15. Dezember 1578 wird zwischen Johann Seitz und Johann Müller von Klingenberg eine Untergangssache wegen eines Traufrechts in den Garten des Seitz am Dingstall vor dem Landleitungsgericht verhandelt. Es sollen unten am Weg an der Mauer eine Schnur bis an [Johann] Nenters Hauseck gezogen und danach die Steine gesetzt werden[17].

1585, Zins von Gütern „uff der Dingstall". Zinseinnahmen von Hans Holzheuser, vorher Peter Hein von einem Stück Garten, das an den Viehhof stößt 1 alb 4 Pf.[18].

Am 30. September 1591 verkaufen Philipp von Gonsrodt und seine Frau Justine, geb. von Waldersdorff, an Johann Sultz, Bürger und Rat zu Aschaffenburg, und desssen Frau Anna eine Pension von 12½ Gulden gegen eine Hauptsumme von 250 Gulden und setzen als Unterpfand hierfür u. a. ihre Behausung „uff der dingstall" zwischen der Stadt altem Schießgraben oder Zwinger und Nikolaus Scheid gelegen, samt zugehörigen Scheuern, Garten und Umgriff „allermassen ich Philipp von Gonsrodt die ererbt unndt bieß hero inegehabt"[19].

26. Oktober 1595, der Mundschenk Valentin Schmidt und ein Hans Holzheuser „uff der Dinstall" sind seit 1595 Nachbarn. Das Gewässer auf dem neuen Pflaster hat keinen ordentlichen Abfluß[20].

---

[13] StAWü, G 18952, fol. 4'.
[14] Ebd., fol. 54'.
[15] Ebd., fol. 55.
[16] StiA, Präsenzregister 4211 v. 1566, ebd., 3856 v. 1578.
[17] StAWü, G 18952, fol. 132'.
[18] StaA, R 1585, S. 228.
[19] StAWü, Schönborn-Archiv Wiesentheid, Amt AB, B 63. Die Urkunde wurde um 1630 überliefert, da in dieser Zeit der bei dem Geschäft ebenfalls verpfändete kleine Zehnt zu Hemsbach in den Besitz des Wolfgang Sigismund von Vorburg überging und später wiederum an die Familie Schönborn gelangte.
[20] StaA, Ratsprot. v. 1595, S. 233.

25. Oktober 1596, Kanoniker Johann Schnabel[21] klagt vor dem Stadtgericht auf Zahlung von 48 Gulden, die er für einen verkauften alten Bau auf der Dingstall zu bekommen hat[22].

Seit 1597 zinst Jacob Weber von einem Haus auf der Dingstall, zwischen dem Windhetzer Konrad Schwartz (Karlstraße 23) und Johann Becker gelegen, an das Stift[23].

Um 1598 zinst der Besitzer eines Gartens hinter Peter Baumgärtners Behausung auf der Dingstall, zwischen Konrad Schwartz und der Gemeinde gelegen, an das Stift[24].

Im 16. Jahrhundert zinst Nikolaus Scheid der Junge, vor Hans Seitz[25] und davor Hofmann sowie Konrad Wolff von einem Anwesen auf der Dingstallgasse[26]. Das Haus lag hinter des „Gonsroden Pferdestall". Nach Scheid zinsten der Schiffmann Johann Vollmar[27]. Die Witwe, Angela Vollmar, heiratet 1618 den Brunnenmeister Georg Kurtzrockh[28]. Dieser war noch bis 1627 Nachbar des Lauterschen Hauses[29]. Später zinste Hans Geiger von diesem Nachbarhaus[30].

1600 besitzt die 20jährige Regina Hövelin, sprach- und gehörlos und leibesgebrechlich, die Tochter des verstorbenen Bürgers und Mühlenmeisters Andreas Hövelin, den fünften Anteil an einer Behausung auf der Dingstall und wird 1600 ins Spital aufgenommen[31].

1611/12 zinst Hans Kulman von einem Haus an der Dingstall[32].

Ein Haus und eine Scheune „uff der Dünsel" war der Kirchenkollektur von St. Agatha zinspflichtig. Es zinsen 1625 Zimmermann Jost Kolb, vor 1633 Hofgärtner Philipp Burtzhain[33], dann Paul Maier, Valentin Schmidt und Melchior Ruppel[34], 1640/41 Johann Bayersdörfer, 1645/67 Häfner Johann Braun, 1674 Johann Haidt, 1674 bis 1704 Johann Laubmeisters Witwe, dann Hans Zimmermanns Witwe[35], 1729 bis 1734 Jo-

---

[21] *Amrhein*, Prälaten, S. 271.
[22] StaA, Ratsprot. v. 1596, S. 310.
[23] StiA, 5260, S. 32.
[24] Ebd., S. 28.
[25] StAWü, Schönborn-Archiv Wiesentheid, Amt AB, B 317. Hier wird Seitz als „Vorfahr Heinrich Seitz" genannt, der mit Philipp Rücker das Haus vor Nikolaus Scheid gehabt haben soll. Sein Vater, Nikolaus Scheid der Ältere, wird öfter als „an der Dingstall wohnend" erwähnt.
[26] StaAWü, Mz. Vikariatsakten 55/149, Nr. 5.
[27] StaA, Bgb. 1509–1621, S. 279. Johann Vollmar wurde 1602 Bürger. Er starb 1618, vgl. ebd., Fischerzunftrechnungen. *Friederichs*, S. 102, Nr. 736.
[28] Ebd., S. 74, Nr. 267.
[29] StAWü, Schönborn-Archiv Wiesentheid, Amt AB, B 317 u. 318.
[30] Ebd., B 318.
[31] StiA, 4217, S. 206.
[32] StaA, SpitalR v. 1611/12.
[33] *Friederichs*, S. 71, Nr. 223.
[34] Ebd., S. 106, Nr. 815.
[35] Ebd., S. 97, Nr. 674.

hann Peter Bieber[36].

Das Anwesen grenzt an das Haus von Stephan Kaltwasser und an das von Müller, dessen Haus zuvor Peter Weil innehatte[37].

Ein Anwesen auf der Dingstall, das 1645 mit einem Haus bebaut war, aber 1665 nur noch mit einem Bauplatz bezeichnet wird, war der Kirchenkollektur von St. Agatha zinspflichtig. Aus den Rechnungen ergeben sich folgende Besitzer:

1633 bis 1641 zinst Kaspar Steigerwald, zuvor Johann Seitz, dann Christian Michel, seit 1665 und noch 1674 Johann Heydt von einem Haus „uff der Dinstall" an die Kollektur von St. Agatha[38].

Am 12. Januar 1637 trifft Anna, die Witwe des Johann Geiger, in ihrer Behausung auf der Dingstall eine Eheberedung mit dem Großheubacher Gerichtsverwandten Johann Ripperger[39].

1639/40 zinst Melchior Ruppels Witwe, zuvor Cuntz Reihn von Damm vom Haus an der Dingstall an den Kirchenbau der St. Agathapfarrei. 1653/54 zinst die Witwe des Christoph Wagner von diesem nunmehr „Hausplatz" genannten Areal auf der Dingstall. Es folgen: 1658/59 Johann Heidt, kurfürstlicher Holzschreiber, 1706 die Witwe des Johann Jakob Schultheiß, 1733/34 deren Erben, 1737 bis 1751 Johann Georg Heßler, 1752 Nikolaus Lipp. Um 1756 erwirbt den Platz Bäcker Helm, der für sein darauf errichtetes Haus an der Dingstall bis 1760 an den Kirchenbau St. Agatha zahlt[40].

1640/41 zinst Hofschneider Christian Schroth, zuvor die Erben des Wolpert Allertshäusers, von einem Haus und Weingarten auf der „Dünsel" an die Kollektur der St. Agathapfarrei[41].

Philipp Etzels Witwe, zuvor Johann Becker, zinst auch von einem Haus und Zubehör auf der Dünsel an die Kollektur von St. Agatha[42].

1640/41 zinsen Peter Fuchs Erben vom Haus und Zubehör „auf der Dünsel" an die Kollektur von St. Agatha[43].

1645 wird ein Garten bei der Dingstall, worauf vorher das Haus des Johann Scherer gestanden hatte, dem geistlichen Rat und erzbischöflichen Kommissar Wolfgang Sigismund von Vorburg[44] unter Übernahme der angelaufenen Zinsen von jährlich 15 alb übertragen[45].

---

[36] StAWü, R 33529; StaA, St. Agatha R.
[37] StAWü, Schönborn-Archiv Wiesentheid, Amt AB, B 317.
[38] StAWü, R 33529 u. 33538.
[39] StiA, 167.
[40] StAWü, R 33534, 33537, 33961, 35650, 40566 und StaA, R 311, S. 3, R 352, S. 5.
[41] Ebd., R 33529.
[42] Ebd.
[43] Ebd.
[44] *Amrhein*, Prälaten, S. 271
[45] StAWü, Schönborn-Archiv Wiesentheid, Vorburg 1398.

1648 Schatzungswesen in Aschaffenburg.
   Zentgraf vorm Spessart, Land- und Amtsschreiber Johannes Jung[46] hat ein Wohnhaus auf dem Dingstall[47].

In der ersten Hälfte des 17. Jahrhunderts setzt Katharina, Witwe des Theobald Heil [Heyl][48] (Vieh-Katharina), ihre Behausung auf der Dingstall, neben Jakob Wandel und Johannes German[49] gelegen, beim Hospital zum Unterpfand für einen Kredit ein. 1682 wird das Haus von Tobias Heidt gekauft[50].

1651 ist Katharina, die Witwe des Hofglasers Georg Marckhartt[51], Eigentümerin einer Behausung auf der Dingstall beim Viehhof und neben Lorenz Bleidenstein gelegen. Später gehört das Haus dem Kaspar Christinger und um 1690 Philipp Jakob Steigleder, Schulmeister an St. Agatha[52]. Von einem Scheuerplatz, bzw. Hausplatz auf der Dingstall zinsten an den Kirchenbau von St. Agatha: vor 1655 Sebastian Buntz, dann Reytz Reinhard[53], 1655 bis 1708 die „Backhausin", Witwe des Jeremias Haberlandt[54] und Witwe des Lizentiaten Gerhard Backhaus, 1733 Johann Peter Berle. 1740 wird ein auf dem Grundstück stehendes Haus erwähnt, für das von 1748 bis 1755 Nikolaus Büdinger und 1755 Michael Brenner zinst[55].

1704 bis 1734 zinst Volpert Allertsheuser[56] von einem Garten hinter dem Brunnen an der Dingstall an den Kollekturfonds von St. Agatha[57].

B. Dingstalltor oder Dingstallpforte[58]

1404 verschreibt Henn Kiln einen Zins von 17 Schillingen und einem Fastnachtshuhn von einem Haus und einer Scheune an der Dingstallpforte an den Marienaltar der St. Agathakirche[59].

---

[46] *Friederichs*, S. 83, Nr. 403.
[47] StaWü, MRA, L 220/130.
[48] *Friederichs*, S. 79, Nr. 359.
[49] Ebd., S. 78, Nr. 335.
[50] StaA, B 66, S. 8.
[51] *Friederichs*, S. 84, Nr. 426.
[52] StaA, B 66, S. 4.
[53] *Friederichs*, S. 89, Nr. 536.
[54] Ebd., S. 103, Nr. 752.
[55] StaWü, R 33534–33537, 33961, ebd., Schönborn-Archiv Wiesentheid, Vorburg 1183 und StaA, R 311, 352.
[56] *Friederichs*, S. 99.
[57] StaA, St. Agatha R.
[58] An der Ecke der heutigen Karl-, Hanauer- und Friedrichstraße.
[59] StaWü, Mz. Vikariatsakten 55/149, Nr. 5.

31. August 1461, Garten und Weingarten vor der „Dingstule"[60].

31. August 1461, Montag nach Decollatio (Enthauptung) Johannis, Zwist zwischen Meister Niklas „mein herrn Wergmann" (Werkmänn) und Hans Steinfeld. Niklas Garten und Steinfelds Weingarten haben vor der Dingstallpforte gelegen[61].

10. März 1486, Freitag, nach dem Sonntag Laetare ist „gewijst worden nach ludt und sache der Kundschaft des Zaunes halber in der Stadtgarten hinter dem Pförtnerhaus bei der Dingstaln-Pforten und zwischen Heintz Drestermanns Scheuern und Hof, bis auf den Zwerchzaun (Querzaun) zwischen Ruppeln und dem genannten Garten. Den Zaun von dem Stadtgraben und Zaun her aber bei der Scheune bis auf das halbe Teil soll Heintz Drestermann oder Besitzer desselben Hofs machen und befrieden, und das andere halbe Teil Zaun bis auf Ruppeln und des genannten Hintzen Hof stößt soll die Stadt machen, dieweil der Garten der Stadt ist und wer denselben Garten fürder inhat so daß der Stein mitten im Zaun steht. Auch den Zwerchzaun zwischen dem genannten Garten und Ruppeln soll die Stadt auch halb machen und befrieden und Ruppel das andere Halbteil bis auf den Clais Schüßelers den man nennt Nypperney Haus in maßen er vorgestanden hat von der Wand Claus Schüßlers Haus an 3 Stecken breit in den Garten"[62].

Am 8. März 1561 erfolgt eine Landleitung zwischen Konrad Pistor dem Alten und Johann Nebe wegen Dachtraufe und Fenster an seiner Scheune bei der Dingstallpforte[63].

1712 zinst Johann Peter Schönig, zuvor Sebastian Braun von einem Hausplatz bei der „Dinselpforte" an das Hospital[64].

1712 zinst Franz Bischoff zu Steinheim, zuvor Johann Scherer, vom ehemaligen Haus und jetzigen Garten „inwendig der Diselpforte" an das Hospital[65].

Der gräflich Schönbornsche Amtsverweser Georg Ludwig hatte ein Grundstück vor dem Dingstalltor gegen Damm. Dort sind Zinsrückstände an das Stift. Aus dem Schriftwechsel geht hervor, daß für das Grundstück von 1738 bis 1751 Bürger und Steinwirts (Dalkin) Erben Zins zahlten, anschließend von 1751 bis 1758 Georg Ludwig und sein Sohn. Von 1760 bis 1784 wurde nichts bezahlt[66]

---

[60] StAWü, G 12323, fol. 47.
[61] Ebd.
[62] Ebd., fol. 69'.
[63] Ebd., G 18952, fol. 28'.
[64] StaA, R 318, S. 5.
[65] Ebd., S. 6.
[66] StiA, 2474, Nr. 2.

4. Fassadenabwicklungen

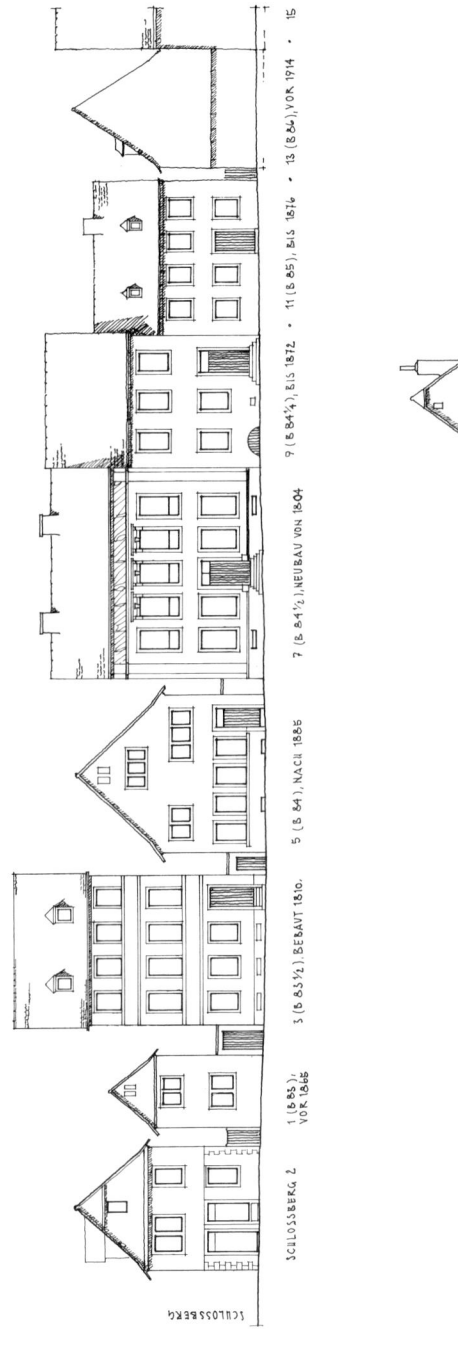

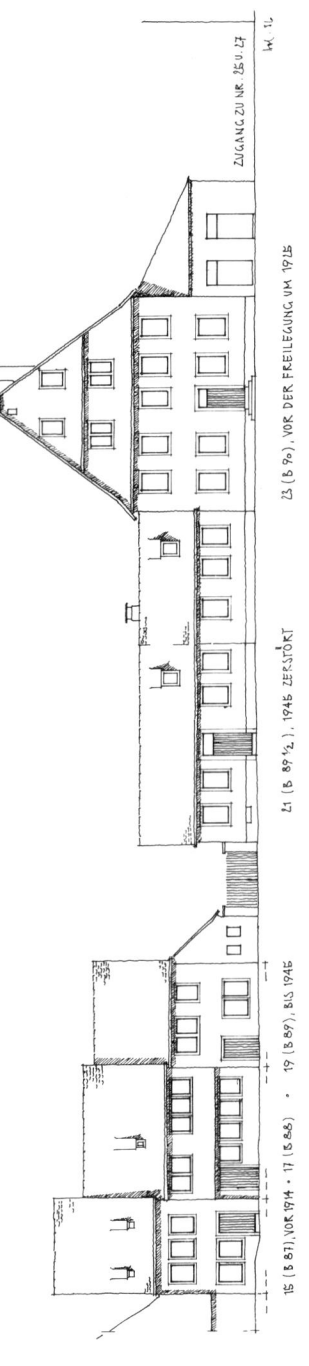

Abb. 37: Karlstraße, Seite zum Main, Häuser Nr. 1 mit 23.

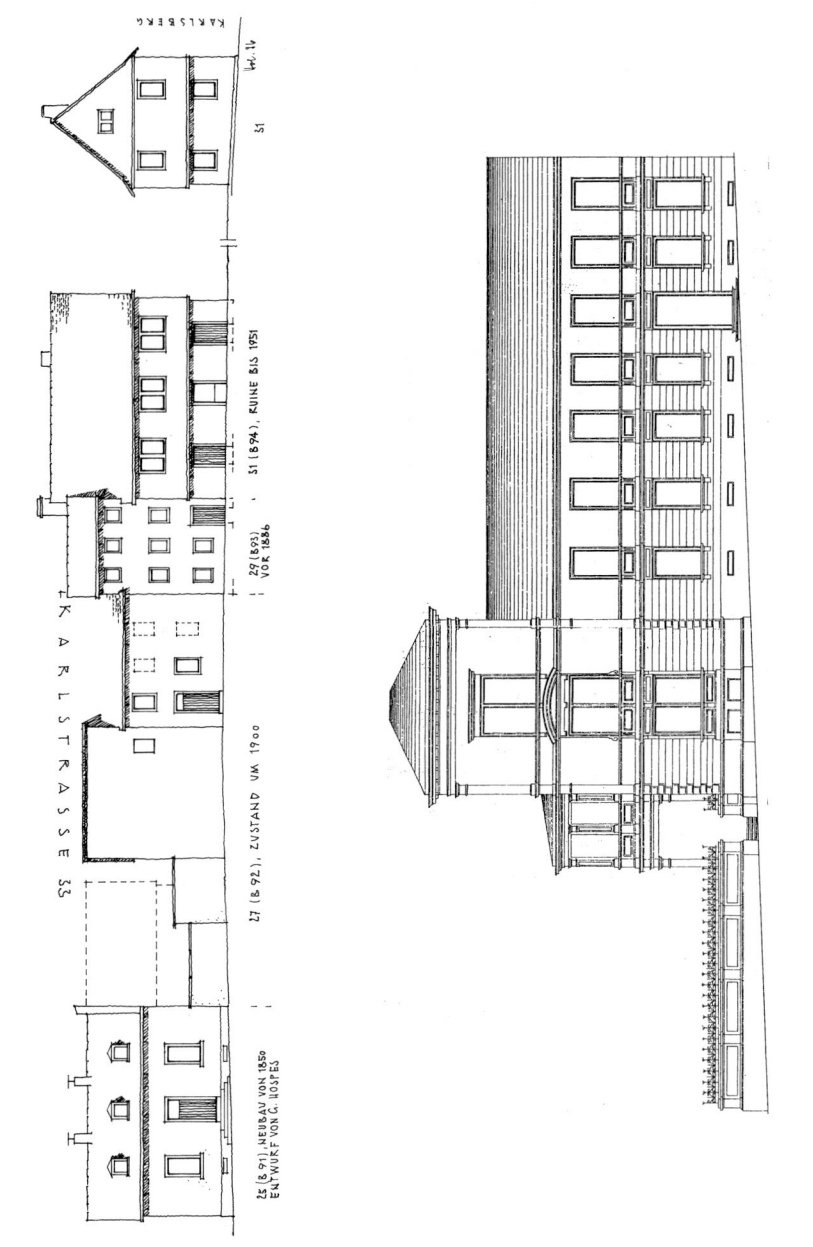

Abb. 38: Karlstraße, Seite zum Main, Häuser Nr. 25 mit 33.

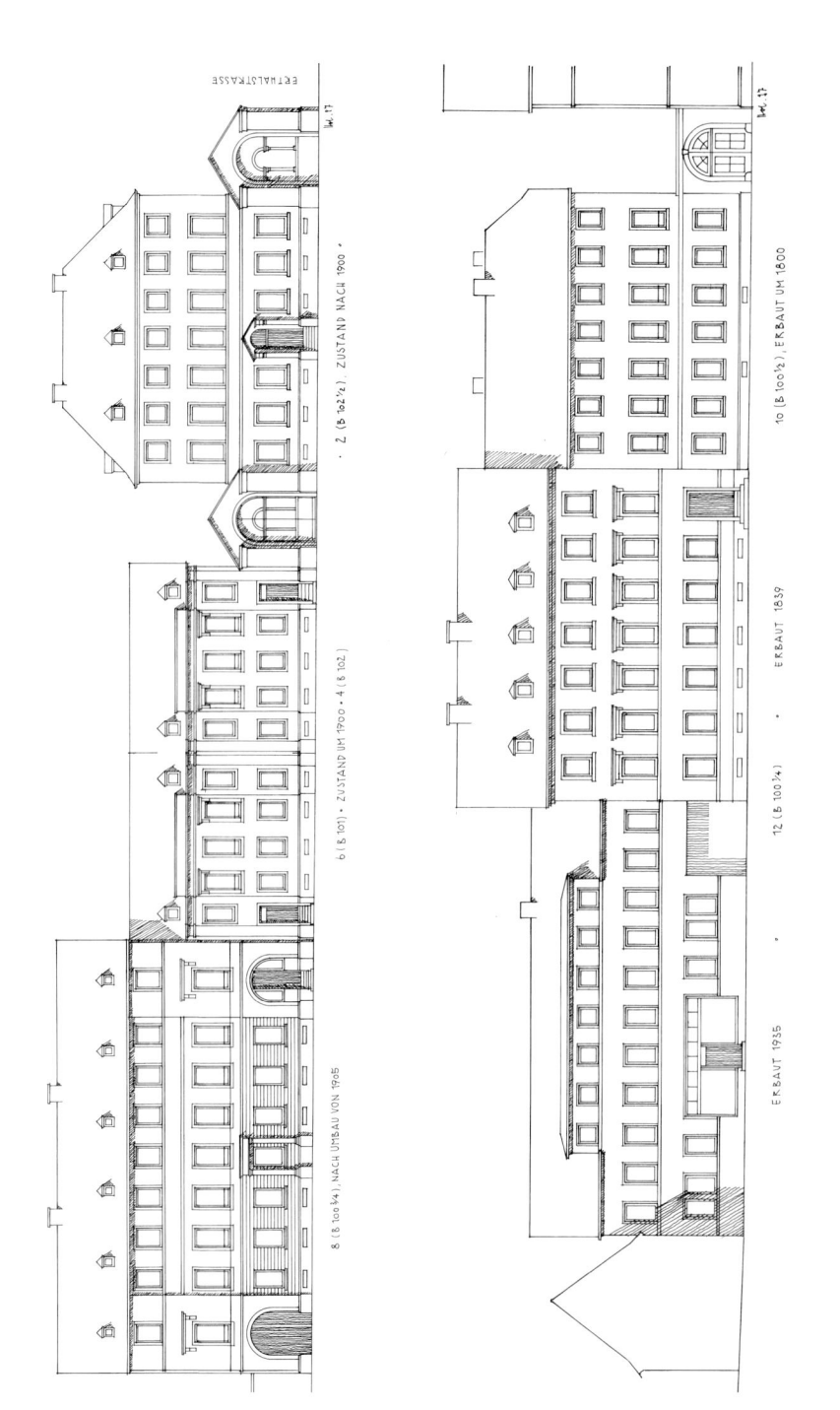

Abb. 39: Karlstraße, Seite zur Friedrichstraße, Häuser Nr. 2 mit 12.

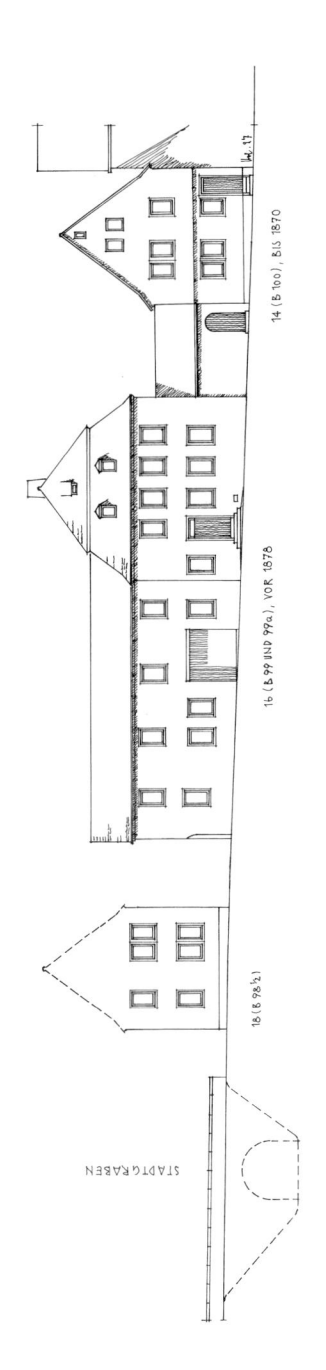

Abb. 40: Karlstraße, Seite zur Friedrichstraße, Häuser Nr. 14, 16 und 18.

Abb. 41: Karlstraße, Seite zur Friedrichstraße, Häuser Nr. 2 mit 8. Bestandsplan von Franz Wilhelm Köhler, um 1809.

5. Lagepläne für Kapuzinergasse, Kapuzinerplatz und Karlstraße

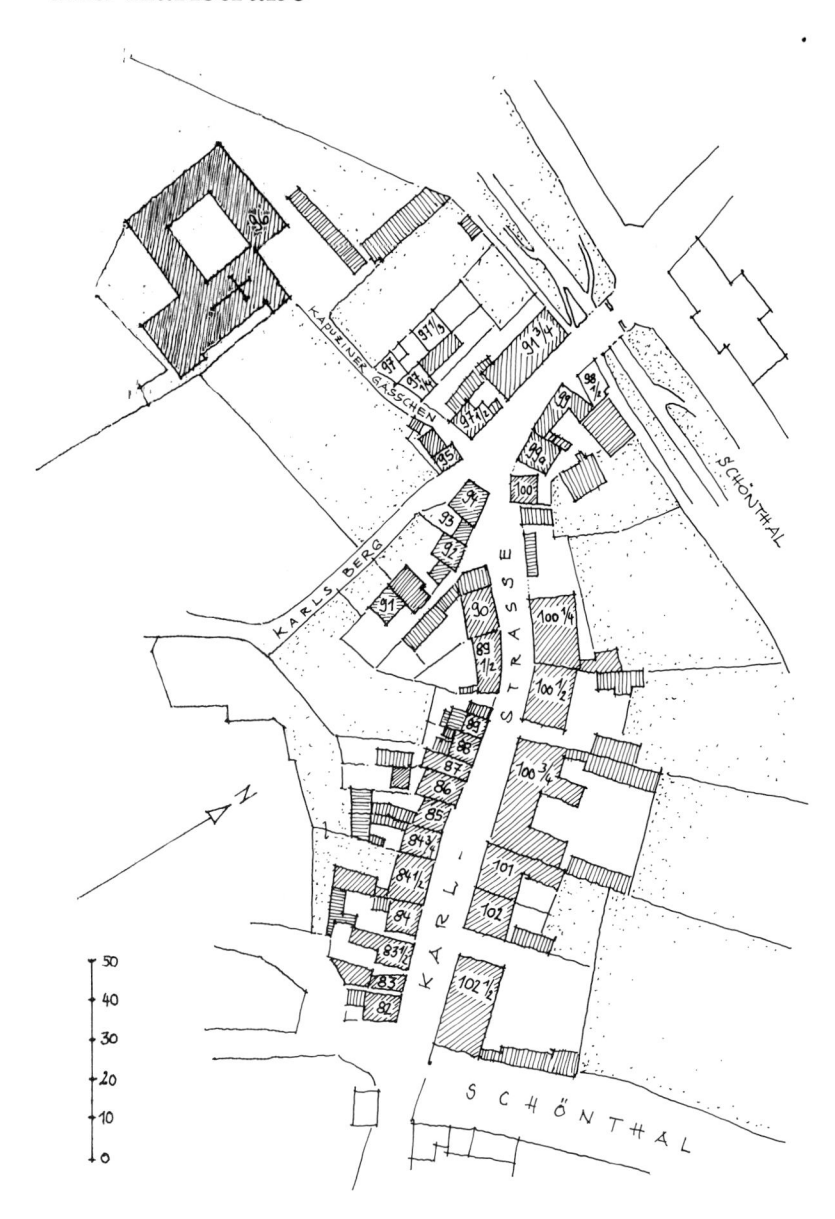

Abb. 42: Lageplan, Karlstraße und Kapuzinergasse, um 1850.

Abb. 43: Lageplan, Karlstraße und Kapuzinergasse, um 1900.

179

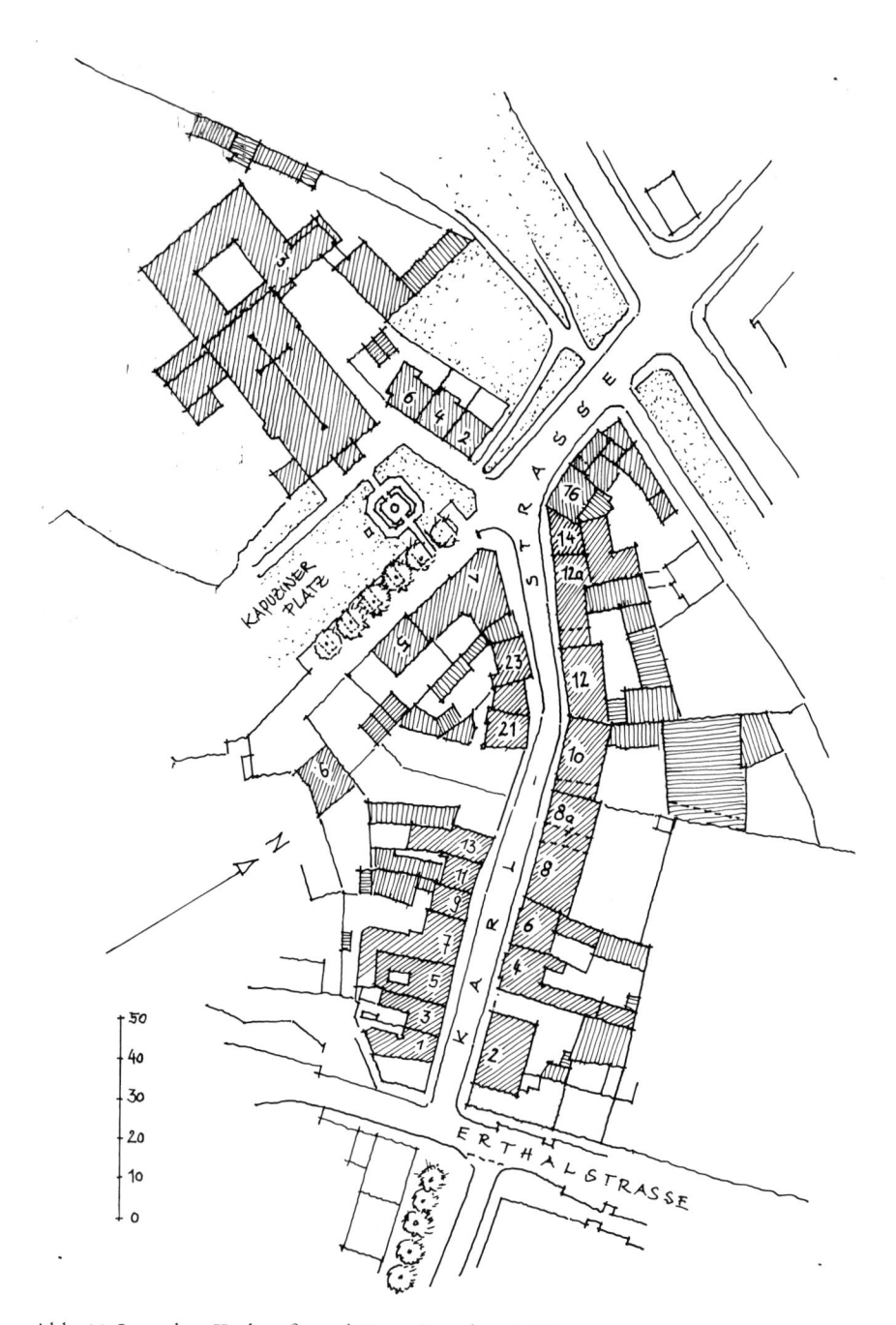

Abb. 44: Lageplan, Karlstraße und Kapuzinerplatz, 2001.

XXX. Erthalstraße zwischen Ridingerstraße und Justizgebäude

1. Topographie – Benennung - Allgemeines
2. Häuserverzeichnis
   a) ungerade Hausnummern – Seite zur Karlstraße
   b) gerade Hausnummern – Seite zu St. Agatha
3. Lagepläne

1. Topographie – Benennung – Allgemeines

Die Erthalstraße war ursprünglich Stadtgraben, vermutlich entstanden aus einer natürlichen Geländemulde, die ihren Fortgang in der Senke des Schloßbergs fand.

Auf der Stadtseite des Grabens verlief die Stadtmauer, zwischen „Zentturm" oder „Folterturm" an der Ecke der heutigen Friedrichstraße, St. Annakapelle, „Strickertorturm" und Bastion der Burg und später des Schlosses Johannisburg. Jenseits des Stadtgrabens erstreckte sich später das „Dingstalviertel".

Auf dem Urkataster von 1845 ist der im Mittel 20 m breite Graben als Grünanlage dargestellt. Der Zugang liegt am Beginn der Karlstraße. Ein ca. 3,50 m breiter Weg auf der Grabensohle schließt an den Stadtgraben an, der früher zwischen Weißenburger Straße und Friedrichstraße lag. Auf den Böschungskanten, an den Mauern entlang, laufen schmale Fußwege, wie sie heute noch im Schöntal hinter dem Roßmarkt zu sehen sind.

Ein genauer Zeitpunkt, wann mit der Füllung des Stadtgrabens im Bereich der späteren Erthalstraße begonnen wurde, ist bis heute nicht bekannt. Die Auffüllung dürfte sich über einige Jahre hingezogen haben.

Überliefert ist ein Magistratsprotokoll vom 6. März 1871 mit dem Beschluß über die „Herstellung der Gasröhrenleitung in der Erthal- und Elisenstraße"[1]. Maurer Endres erhielt am 9. März 1871 von der Stadt den Auftrag, den Zent- oder Folterturm an der Ecke Erthal-/Friedrichstraße abzubrechen[2].

Am 8. Oktober 1874 beantragte der praktische Arzt Dr. Rudolf Döbner, an dieser Ecke[3] ein Wohnhaus zu errichten.

Der Stadtmagistrat beschloß, ebenfalls am 8. Oktober 1874, die bestehende Trasse für die Erthalstraße nach den neuen Plänen des Stadtbaumeisters Johann Stephan Nein festzusetzen[4]. Die Änderung des Alignements[5] der Erthalstraße für Döbners Bauvorhaben sollte der Regierung zur Genehmigung gutachtlich vorgelegt werden[6]. Am 19. November 1874 wurde die neue Baulinie bekanntgegeben[7]. Nach Regierungsentschließung wurde genehmigt, die projektierte Straße, die neue Erthalstraße, durch den Garten des Gastwirts Andreas Gabel zu führen[8]. Jedoch die offizielle Genehmigung der Verlängerung

---

[1] StaA, Mag.Prot. Nr. 210. v. 6. März 1871. Intell.Bl. v. 9. März 1871.
[2] Ebd., Mag.Prot. v. 9. März 1871.
[3] *Grimm* IV, S. 427, Friedrichstraße 19.
[4] StaA, Mag.Prot. Nr. 869 v. 8. Oktober 1874.
[5] Alignement = Absteckung der Begrenzungen beim Straßenbau.
[6] Intell.Bl. v. 10. Oktober 1874.
[7] StaA, Mag.Prot. Nr. 971 v. 19. November 1874.
[8] Intell.Bl. v. 21. November 1874. *Grimm* IV, S. 152: Andreas Gabel war seit 1875 Eigentümer von D 37, Herstallstraße 40. Er wohnte bereits 1865 dort; siehe StaA, Geburtsreg. v. 18. September 1865, Nr. 181. Gabel hatte vor dem offenen Schöntal, etwa an der heutigen Weißenburger Straße, einen Garten.

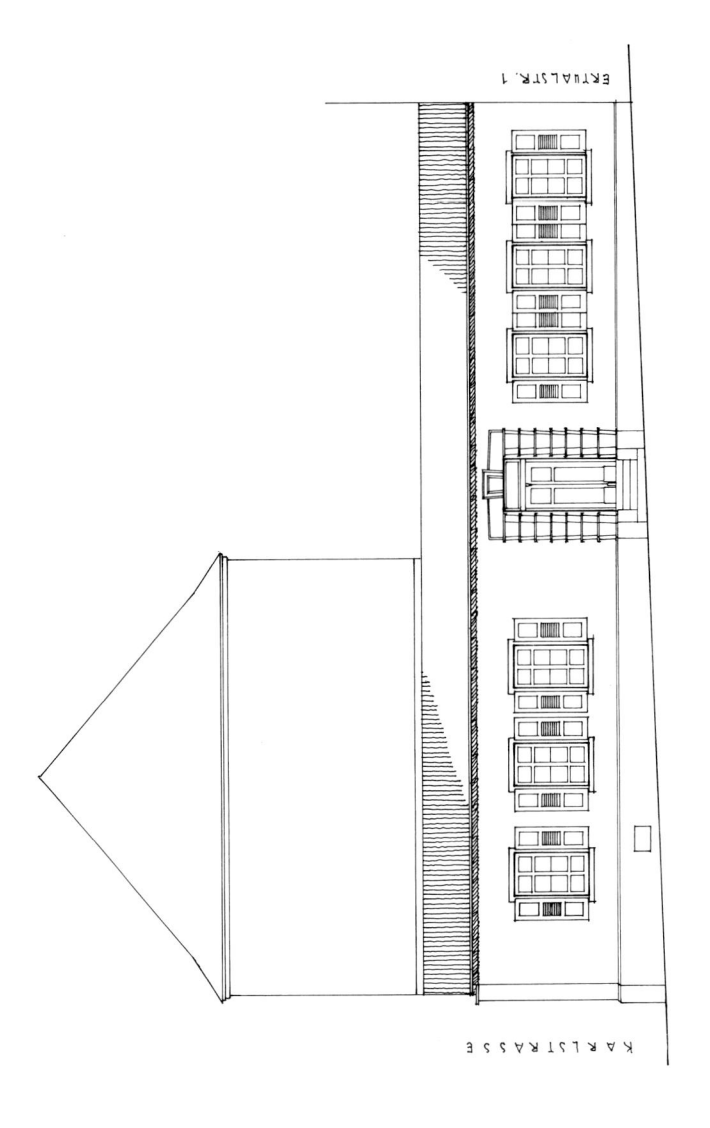

Abb. 45: Erthalstraße 1a, Ansicht von 1948 z. Zt. der Teilung des Anwesens.

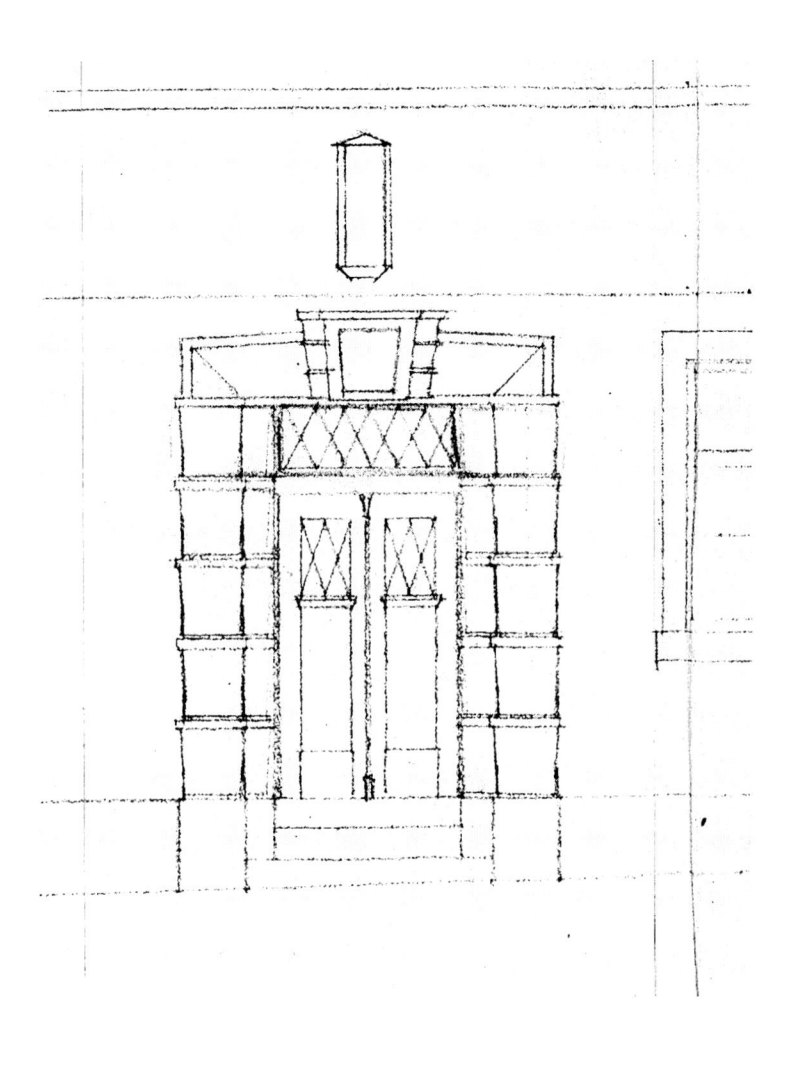

Abb. 46: Erthalstraße 1a, Entwurf des Hauseingangs von Architekt Joseph Geis, 1927. Entstanden vor der Grundstücksteilung 1948.

außerhalb der Mittelachse. Er ist durch ein bemerkenswertes, der Zeit entsprechendes Gewände aus Beton mit scharriertem[1] Muschelkalkvorsatz betont. Beiderseits des Eingangs sind je drei Fenster in gleichen Abständen. Alle Räume werden als Kleiderfabrik genutzt.
1956 wird das Haus um zwei Geschosse aufgestockt. Traufhöhe und First werden von dem Wohnhaus Karlstraße 2 übernommen. In der Fassade zur Erthalstraße, in den neuen Geschossen, je acht Fensterachsen in gleichen Abständen. Zwischen Erdgeschoß und erstem Obergeschoß ein Gurtgesims. Das ausgebaute Dach erhält 1988 zur Belichtung Dachflächenfenster.
In der Fassade zur Karlstraße bleibt im Erdgeschoß das klassizistische dreiteilige Fenster mit dem Palladiomotiv erhalten. Im ersten Obergeschoß Balkon, dahinter dreiteilige Öffnung, in der Mitte Tür, beiderseits ein Fenster. Im zweiten Obergeschoß Dreifenstergruppe.
Zusammen mit der Aufstockung wird ein neues Treppenhaus gebaut. Die Räume im Erdgeschoß und ersten Obergeschoß werden gewerblich genutzt. Im zweiten Obergeschoß befindet sich eine geräumige Wohnung mit fünf Zimmern, Küche mit Speisekammer, Bad und WC.

Eigentümer

1949   Karl Kirchner[2], Kraftfahrzeughändler,
1949 bis 1974 Apollonia Braun[3], Kleiderfabrikantenwitwe,
   seit 1974 Wilma Güllich[4].

---

[1] steinbearbeitet
[2] Karl Kirchner, verh. mit Wilhelmine Kaiser, ist seit 1948 Eigentümer von Karlstraße 2.
[3] Apollonia Braun, geb. Raab (geb. 1905).
[4] Wilma Güllich, geb. Braun

Erthalstraße 1   Flurstück Nr. 585/2

Geschichte

Seit 1897 ist Gastwirt Georg Greß Eigentümer des Grundstücks Ecke Karlstraße/Erthalstraße mit der Plan-Nr. 585. Das an der Karlstraße stehende Wohnhaus mit Nebengebäuden trägt die Hausnummer Karlstraße 2.
Greß beauftragt 1906 Techniker Georg Eisenecker mit der Planung eines neuen Wohnhauses an der Erthalstraße, auf der Südostecke seines Grundstücks. Am 25. Mai 1906 wird die Genehmigung zum Neubau unter folgenden Bedingungen erteilt:

1. Die Straßenbaukosten sind vor Baubeginn zu entrichten.
2. Die Baulinie ist einzuhalten.
3. Die Giebel gegen das Justizgebäude und die auf der entgegengesetzten Seite gegen das alte Greßsche Haus sind genau nach beiliegendem Plan in Felder zu teilen, verschiedenartig zu putzen und zu tünchen.
4. Die „Badkabinette" sind durch einen Dunstkamin entlüftbar zu machen.
5. Die Einfahrt muß an den weitest vorspringenden Stellen eine Mindestbreite von 2,30 m erhalten.
6. Der Neubau muß einen selbständigen Hof von mindestens 40 m² Fläche zugewiesen erhalten.

Da Gastwirt Georg Greß zunächst für die zu zahlenden Straßenbaukosten nicht aufkommen kann, verzögert sich der Baubeginn. Die Bauausführung erfolgt unter Baumeister Balthasar Höfling aus Damm. Kanalanschluß am 18. Januar 1907, Kläranlage am 1. Februar 1907.
Bei der Ausstellung des neuen Konsenses für die neuen Wohnungen, am 29. Mai 1907, trägt das Haus die Nummer Erthalstraße 2a.
Am 11. April 1929 wird festgestellt, daß im Hof des Anwesens Erthalstraße 2a mit dem Bau einer nicht genehmigten Autogarage begonnen wurde. Eigentümer ist Architekt Josef Geis. Da die Autohalle in Verlängerung der Hofeinfahrt direkt an die Rückseite des Wohnhauses angebaut ist, verweigert die Versicherungskammer in München, Abteilung Brandversicherung, die Zustimmung. Es kommt zu einem Rechtsstreit. Die Garage muß vom Wohnhaus abgerückt werden.
Am 7. Januar 1937 werden neue Hausnummern vergeben. Das Anwesen, das bis dahin unter Erthalstraße 2a geführt wurde, erhält jetzt die Hausnummer Erthalstraße 1.
Im Zweiten Weltkrieg entstehen am Gebäude schwere Schäden[1].
Das Hochbauamt teilt am 5. Mai 1947 Josef Geis mit, daß an seinem Anwesen der Brandgiebel einzustürzen drohe. Das Kellermauerwerk, die Decke über dem Keller sowie Teile des aufgehenden Mauerwerks waren noch erhalten.
Am 19. Februar 1954 erhält Eigentümerin Margarete Geiger die Genehmigung für den Wiederaufbau des Wohnhauses Erthalstraße 1. Die Pläne fertigt die Bauunternehmung Gabriel Dreßler & Sohn, die auch die Mauer- und Betonarbeiten ausführt.
Der Baubeginn startet am 6. April 1954, die Bauvollendung wird am 7. Dezember 1954 bescheinigt.

---

[1] *Stadtmüller* II, S. 316.

Beschreibung

Fassade und Grundrisse von 1906

Der Entwurf vom April 1906 zeigt ein stattliches Gebäude von 13,40 m Straßenfront und 12 m Tiefe. Über den vier Stockwerken steht ein auf beiden Traufseiten hinter das Hauptgesims zurückgesetztes fünftes Stockwerk. In der Mitte der Straßenfassade ist ein gering vorgezogener 6 m breiter Risalit, der über dem Dachgesims mit einem im First abgerundeten Volutengiebel endet. Auf dem First steht eine Vase. In der Mitte des Risalits, im ersten und zweiten Obergeschoß, ein seitlich abgeschrägter Erker aus rotem Sandstein, der im dritten Obergeschoß einen Balkon trägt. In der Achse des Erkers und in den seitlichen Schrägen je ein Fenster in jedem Geschoß. Hinter dem Balkon Tür, beiderseits je ein Fenster.
Im Volutengiebel zweimal zwei Fenster, die übereinander und axial angeordnet sind. Seitlich des Risalits in den Obergeschossen je ein sandsteinumrahmtes Fenster, im ersten Obergeschoß mit Dreiecksgiebel, im zweiten Obergeschoß mit gerader Verdachung.
Im Erdgeschoß ist das Quadermauerwerk von rotem Sandstein. Es schließt mit einem Gurtgesims ab. Unter dem Erker befindet sich ein Ladeneingang mit drei eingezogenen Stufen. Rechts und links des Eingangs je ein Schaufenster. Neben der Schaufensteranlage, auf der Seite des Justizgebäudes, zweiflügelige Hofeinfahrt. Auf der anderen Seite dreiteiliges Fenster.
Im rückwärtigen Teil der Hofeinfahrt sind die getrennten Eingänge zur Erdgeschoßwohnung und zum Treppenhaus.
Im Erdgeschoß großer Vorplatz, Laden mit Nebenraum, Zimmer, Kammer und Abort.
Die Wohnungen im ersten, zweiten und dritten Obergeschoß jeweils mit Vorplatz, vier Zimmern, Kammer, Küche mit Balkon, Bad und Abort mit Vorraum. Im vierten, zurückgesetzten Obergeschoß Wohnung wie beschrieben, jedoch statt der vier Zimmer nur drei Zimmer. Außerdem drei Kammern und Stiege zum Dachboden.

Straßenfassade und Grundrisse von 1954

In der Straßenfassade sind Mittelrisalit und Zwerchgiebel nicht mehr vorhanden. Im Erdgeschoß statt Schaufenster und Ladeneingang zwei dreiteilige Fenster, so daß vier Achsen in etwa gleichen Abständen entstehen.
Im ersten und zweiten Obergeschoß blieb der Erker in vereinfachter Form erhalten. Der frühere Balkon ist durch ein Dach abgedeckt. Beiderseits des Erkers je zwei Fenster in jedem Stockwerk. Im dritten Obergeschoß sechs gleiche Fenster. Das vierte Obergeschoß ist auf der Straßenseite nur als ausge-

Abb. 47: Erthalstraße 1, Straßenansicht. Entwurf von Techniker Georg Eisenecker, 1906.

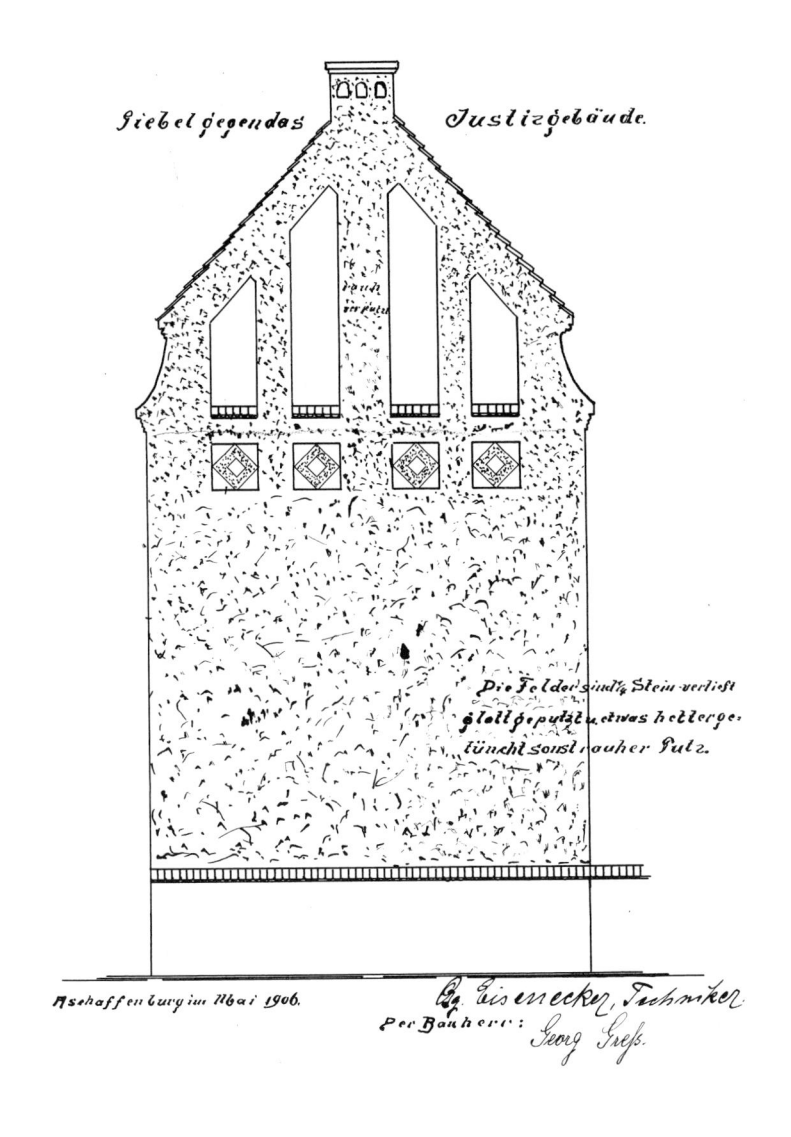

Abb. 48: Erthalstraße 1, Gestaltung des Brandgiebels auf der Seite des Justizgebäudes, 1906.

bautes Dachgeschoß erkennbar. Drei Doppelgauben sorgen für die Belichtung. Auf der Hofseite sind die Außenmauern auf vier Obergeschosse hochgeführt, so daß ein einhüftiges Dach entsteht.
Der Eingang zu den Wohnungen bleibt in der Hofeinfahrt, das neue Treppenhaus an alter Stelle.
Im Erdgeschoß eine Wohnung mit Wohnzimmer, Elternschlafzimmer, zwei Kinderzimmern, Wohnküche, Flur, Bad mit WC, jedoch noch ohne Waschbecken.
In den Obergeschossen je eine Drei- und eine Einzimmerwohnung mit innenliegenden Bädern und WC.

Eigentümer

1906 bis 1911 Georg Greß, Gastwirt[2]
1912 bis 1914 Margarethe Greß, Witwe,
1914 bis 1940 Josef Geis, Architekt[3],
1940 bis 1954 Wilhelmine Geis, Witwe, und ihre sechs Kinder,
1954 bis 1990 Margarete Geiger, geb. Geis[4].

---

[2] Siehe Karlstraße 2. StaA, HR, G1, S. 293: Georg Greß (1849–1911), verh. mit Margarethe Eisenecker (1852–1915), 5 Kinder.
[3] Ebd., HR, G2, S. 621. Josef Geis (1874–1940) verh. mit Wilhelmine Karbe (1877–1959), 6 Kinder.
[4] Margarethe Geiger, geb. Geis (1903–1990) war mit Johann Geiger (geb. 1898) verh. Nach dem Tod von Margarethe Geiger wurde das Anwesen von den Erben verkauft.

Erthalstraße 3   Plan-Nr. 584

Justizgebäude (Landgericht und Amtsgericht)

Geschichte

1. Neubau des Land- und Amtsgerichtsgebäudes von 1903

Die ersten Verhandlungen wegen des Neubaus eines Landgerichts- und Amtsgerichts-Gebäudes wurden schon im Jahr 1880 geführt. Mit zunehmender „Mehrung der Geschäftsaufgaben des Gerichts" reichten die vorhandenen Räume des alten Justizgebäudes im Palais Ostein in der Dalbergstraße 76[1]

---

[1] HStA Mü, M Ju 5242: Gebäudebeschreibung vom 8. März 1888: Plan-Nr. 339 und 340 (Garten) in der Dalbergstraße 76, Palais Ostein (*Grimm* I, S. 257 f.).

nicht mehr aus. Bei „gesteigerten Anforderungen wirkten Mangel an Luft und Licht der Erhaltung der Arbeitskraft störend entgegen"[2].
Das königliche Justizärar beabsichtigte, auf dem an der Ecke Erthal-/Friedrichstraße gelegenen, seither im Eigentum des Kommerzienrats Josef Ernst befindlichen Grundstück[3] ein Amtsgerichtsgebäude zu errichten. Für diesen Fall wurde beschlossen:
1. Das vor der Baulinie in der Erthalstraße liegende Gelände längs des Ernstschen Grundstücks wird gegen die vor der Baulinie in der Friedrichstraße längs des Ernstschen Grundstücks liegende Fläche ohne Aufgabe getauscht.
2. Die Steine der städtischen Mauer, die das fragliche Grundstück umgibt, verbleiben der Stadtgemeinde.
3. Die Stadtgemeinde kommt dem königlichen Justizärar in der Weise entgegen, daß sie, abweichend vom Straßenbaustatut, die anläßlich des fraglichen Neubaus notwendigen Straßenkörper auf ihre Kosten herstellt, soweit das Eigentum des königlichen Justizärars geht[4].
Der Magistrat hoffte, daß das Ministerium dafür eintritt, daß das Landgericht in Aschaffenburg bleibt.
Der Vertrag wurde durch das Gemeindevollgremium genehmigt[5].
Durch das Landbauamt Aschaffenburg sollten die Pläne und ein genereller Voranschlag über den Neubau bis spätestens zum 20. April 1898 ausgearbeitet werden[6].
Zur Prüfung der Pläne wurde eine Kommission bei der königlichen obersten Baubehörde einberufen: königlicher Oberbaudirektor Ritter von Siebert, königlicher Oberbaurat Mascon, die königlichen Regierungs- und Bauräte Stempel, Höfl und Reuter, die königlichen Professoren Georg von Hauberrisser, Friedrich von Thiersch und Freiherr von Schmidt. Sie waren mit dem Projekt einverstanden[7].
Am 12. Mai 1899 genehmigte der Magistrat den Tauschvertrag vom 9. März 1898 zwischen Kommerzienrat Josef Ernst und der Stadt. Dabei ging es um den Ernstschen Bauplatz, Plan-Nr. 584 und 1598$^1/_2$ mit insgesamt 1500 m² zu 47.250 Mark. Die Stadt gab diesen Platz kostenfrei an das Justizärar mit der Bedingung, daß zusammen mit Plan-Nr. 584$^1/_3$ dort das neue Justizgebäude errichtet werde[8].

---

[2] Ebd., 5243 v. 19. Januar 1898.
[3] Ebd. v. 26. Juni 1899. Am 13. November 1884 hatte Josef Ernst von seinem Bruder Alois Ernst und nach Ableben seines Vaters Friedrich Ernst lt. Bestätigung von 1881 den Grund als Eigentum erworben. Die von Ernst gekaufte neue Fläche, Karlstraße 2, hatte die Plan-Nr. 584.
[4] Ebd. v. 8. März 1898.
[5] Ebd. v. 16. März 1898: 6 Uhr 50 Mittag, Telegramm der Stadt Aschaffenburg an das Staatsministerium der Justiz in München.
[6] Ebd. v. 16. März 1898. Das königliche Bauamt bat, einen Hilfszeichner einstellen zu dürfen, um in der kurzen Frist die Pläne ausarbeiten zu können. Der Hilfszeichner sollte mit einem Tagegeld von 6 Mark (bei 61 Tagen 366 Mark) entlohnt werden.
[7] Ebd. v. 24. Dezember 1898.
[8] StaA, Mag. Prot. Nr. 652 v. 12. Mai 1899.

Am 16. Mai 1899 wurde der Beschluß für die Erweiterung des Planungsauftrags für das gemeinschaftliche Justizgebäude für Land- und Amtsgericht gefaßt[9]. Sieben Planskizzen und der Kostenvoranschlag wurden angefertigt. Der zur Verfügung gestellte Bauplatz reichte gerade aus, um alle Räume des geplanten Bauprogramms im Souterrain, einem Erdgeschoß und zwei Obergeschossen unterzubringen[10].

Der ehemalige Ernstsche Garten lag in zentraler Lage, nahe beim Schloß, nicht weit vom Bahnhof entfernt. Der Weg zum Gefängnis hinter der Sandkirche war auch nicht weiter als vom Windfang (Dalbergstraße 76) her. Die Stadt Aschaffenburg hatte den Restkomplex des Ernstschen Gartens bereits erworben[11]. Sie bot ihn der Justizverwaltung unentgeltlich an und machte sich, um die Kosten des Neubaus zu mindern, gleichzeitig verbindlich, das bisherige Gerichtsgebäude in der Dalbergstraße auf Verlangen jederzeit zum Schätzungswert zu erwerben. Die Wahl des Bauplatzes war somit gelöst.

Die Kosten eines Zentraljustizgebäudes waren auf 682.000 Mark veranschlagt. Der Schätzungswert des bisherigen Gerichtsgebäudes betrug 70.000 Mark, für den Neubau des Amtsgerichtsgebäudes waren bereits 240.000 Mark bewilligt[12]. Es verblieb somit ein Rest von 372.000 Mark[13]. Bauamtmann Arthur Heberlein arbeitete die Pläne aus.

Bürgermeister Friedrich Ritter von Medicus war mit dem Entwurf nicht einverstanden. Er bemängelte die ungenügende Belüftung und Belichtung der langen durchlaufenden Korridore. Das geplante Nebengebäude des Gerichts, parallel zum Greßschen Garten, käme zu nahe an die Grundstücksgrenze heran. Sollte Greß beabsichtigen, auf seinem Grundstück einen Neubau zu errichten, so hätten die Amtszimmer zu wenig Licht[14].

Auch mit der Gestaltung der Ecke Erthalstraße/Friedrichstraße gab es keine Übereinstimmung. Anstelle einer abgeschrägten Ecke sah der Entwurf des Landbauamts einen Turm vor. Bürgermeister Ritter von Medicus und der

---

[9] HStA Mü, M Ju 5242 v. 16. Mai 1899 und ebd. v. 26. Juni 1899. Durch das am 23. Juni 1899 verkündete Gesetz vom 9. Juni 1899, die Kosten der durch die Einführung des Bürgerlichen Gesetzbuchs und seiner Nebengesetze veranlaßten Justizbauten und ihrer inneren Einrichtung betreffend, wurden die Mittel von der königlichen Regierung zur Verfügung gestellt. Die Regierung zahlte an Herrn Kommerzienrat Josef Ernst für das restliche Gartengrundstück, Plan-Nr. 5841/3, 59.979,15 Mark.

[10] Ebd. v. 5. Juli 1899.

[11] Ebd. v. 9. März 1898: Tauschvertrag zwischen Kommerzienrat Ernst und der Stadtgemeinde. Die Stadtgemeinde hatte vom königlichen Kommerzienrat Ernst die Grundstücke Plan-Nr. 584 erworben, um sie für das neue Justizgebäude dem kgl. Justizministerium zur Verfügung zu stellen. Im Kaufvertrag stand, daß die Zahlung des Kaufpreises innerhalb von 120 Tagen nach dem Tage erfolge, an welchem das kgl. bayer. Staatsärar in den Besitz des mit Urkunde Nr. 333 des kgl. Notars Johann Häusner vom 9. März 1898 von dem Kommerzienrat erkauften Geländes eintritt.

[12] Ebd. v. 1. und 4. Juni 1898.

[13] Ebd. v. 5. Juli 1899. Das königliche Landbauamt Aschaffenburg trat unter dem 27. Juli 1900 in den Besitz der Bauplätze ein.

[14] Ebd. v. 6. Januar 1900 Brief von Bürgermeister Friedrich Ritter von Medicus an Oberregierungsrat Heinzelmann im Justizministerium.

städtische Baurat Johann Stefan Nein waren der Ansicht, daß der beabsichtigte Turm im Verhältnis zur Größe des gesamten Gebäudes verunstaltet wirken müßte.
Die Stadtverwaltung war im Interesse des Straßenbildes und der Umgebung nicht bereit, eine zusätzlich benötigte Grundstücksfläche für diesen Turm abzutreten. Baurat Nein wurde nun beauftragt, ein neues Projekt ohne Turm auszuarbeiten und dem Ministerium vorzulegen. Durch diesen Schritt fühlte sich das königliche Landbauamt in seinen Befugnissen übergangen und Bauamtmann Heberlein war persönlich beleidigt. Der Baubeginn wurde dadurch weiter verzögert. Erst ein neuer Entwurf, vorgelegt vom Landbauamt, jedoch mit Turm, führte zu einer Einigung[15].
Der neue Entwurf zeigte, daß zur zweckmäßigen Abgrenzung des Bauplatzes von den angrenzenden Nachbarn Georg Greß und Alois Dessauer Erben noch kleine Grundstücksflächen erworben werden mußten. Am 12. Dezember 1900 wurden bei Notar Johann Häusner, Aschaffenburg, entsprechende Verträge abgeschlossen[16].
Für die Außenmauern des Gebäudes sollten entlang der Straßen körniger Mainsandstein und für die Verkleidung der Sockel graue Basaltlava verwendet werden. Für die innere Hoffassade war Verputz vorgesehen. Bei günstigem Verakkordierungsergebnis wären dieselben jedoch in hammerechtem Sandsteinmauerwerk auszuführen. Zu den massiven Zwischendecken wurde Bimsbeton vorgeschlagen. Es könnte jedoch auch eine deutsche Wabensteindecke

---

[15] Ebd. v. 19. Oktober 1900.
[16] HStA Mü, M Ju 5243. Es liegen folgende Urkunden vor:
  1. Urkunde v. 9. März 1898 Kaufvertrag
     Kommerzienrat Josef Ernst ist alleiniger Besitzer von Plan-Nr. 584, zu 35,6 ar Gemüse-, Gras- und Baumgarten mit gemauertem türkischen Gartenhäuschen. Ernst verkauft an das kgl. bayer. Staatsärar 38,5 m^2 an der Erthalstraße.
     Außerdem die von der Stadt durch Tausch erworbene Grundfläche, einen Streifen Land, welcher gebildet wird durch die Baulinie e, d des Lageplans einschließlich der dahinter liegenden Stadtmauer bis zu deren Schnitt durch die Linie bzw. Stadtmauer c, d. Verkaufspreis 31,50 Mark/m^2.
  2. Urkunde v. 9. März 1898 Tauschvertrag
     Die Stadt tritt tauschweise das ihr gehörige vor der Baulinie in der Erthalstraße liegende Gelände längs des Ernstschen Grundstücks in der Ausdehnung von der Friedrichstraße bis zur Karlstraßenecke an Kommerzienrat Ernst unentgeltlich ab. Ernst dagegen vertauscht die vor der Baulinie in der Friedrichstraße längs seines Grundstücks liegende Fläche unentgeltlich an die Stadtgemeinde.
  3. Urkunde v. 12. Dezember 1900
     Georg Greß und Ehefrau Margaretha, geb. Eisenecker treten 27,9 m^2 von ihrem Grundstück Plan-Nr. 585 an die Stadtgemeinde ab. Sie bekommen dafür von der Stadt gegen Aufzahlung 42,5 m^2 von der Plan-Nr. 1598$^1/_2$.
  4. Urkunde v. 12. Dezember 1900
     Eigentümer von Karlstraße 8, Freifrau Anna von Gorup ($^1/_2$) und Isabella Dessauer, geb. Bauer, Witwe des Fabrikbesitzers Josef Dessauer mit Tochter Toska und Sohn Alois ($^1/_2$) treten an den Staat Parzellen von Plan-Nr. 584$^1/_3$ und Plan-Nr. 580$^1/_2$ ab.

zugrunde gelegt werden, wobei infolge Minderung des Traggewichts und Wegfalls des Drahtziegelverputzes Einsparungen erzielt werden dürften.
Anbringen von Rolljalousien an die Fenster der Sonnenseite (Erthalstraße). Zur Sicherung der hochliegenden Erdgeschoßfenster an der Weißenburger Straße waren Läden notwendig.
Die Anlage von Feuerhydranten im Hausinnern konnte unterbleiben.
Infolge Kürzung des Flügels entlang der späteren Friedrichstraße wurde die Einfahrt von der Weißenburger Straße auf 7,50 m verbreitert, und hieraus ergab sich eine Änderung der Hoftoranlage.
Bei dieser Kostenberechnung war der zur Verfügung stehende Kredit von 682.000 Mark einzuhalten[17].
Die Arbeiten wurden vergeben an:
Baumeister Kaspar Schmelzer, Aschaffenburg, für Erd-, Maurer- und Steinhauerarbeiten, an Zimmermeister Heinrich Ühlein, Klingenberg, an Spenglermeister J. C. Hebentanz, Würzburg, und an Dachdeckermeister Andreas Döllein, Nürnberg.
Sämtliche urkundlichen Vertragsverhandlungen bezüglich des neuen Landgerichtsgebäudes fanden ihren Abschluß im Zuwendungs- und Kaufvertrag vom 16. August 1901[18].
Das königlich bayerische Staatsärar verkaufte an die Stadtgemeinde Aschaffenburg das alte Land- und Amtsgerichtsgebäude Plan-Nr. 339 zu 0,151 ha und das Landgerichtsgebäude, Wohnhaus mit Keller und Büro, Registraturgebäude und Hofraum, Garten, Plan-Nr. 340 zu 0,064 ha für 70.000 Mark[19].
Für die Inneneinrichtung des neuen Landgerichtsgebäudes wurden 84.000 Mark bewilligt. Zum größten Teil wurden einheimische Firmen beauftragt[20].
„In den Sitzungssälen sollen in der Regel nur das Bild Seiner Königlichen Hoheit des Prinzregenten oder dessen Büste (nach einem besseren Modell) angebracht werden"[21]. Es wurden für Kunstmaler Adalbert Hock 2.246,30 Mark veranschlagt. Er sollte dafür neue Königsbilder malen bzw. die alten reparieren und mit Rahmen versehen[22]. Die Richterstühle für die Sitzungssäle lieferte die Firma Rußmann[23].
Militäranwärter Maximilian Vongris, Bote beim Landgericht Aschaffenburg, wurde Heizer im neuen Gebäude. Jahresgehalt 1.230 Mark und 90 Mark Zulage für Wohnung, bis er die Dienstwohnung bekam[24].

---

[17] Ebd. v. 9. Mai 1901.
[18] Ebd. v. 16. August 1901.
[19] Ebd. v. 2. Mai 1901.
[20] Ebd., M Ju 5244.
[21] Ebd.
[22] Ebd. v. 10. April 1903.
[23] Ebd. v. 16. Oktober 1903. Ein Verzeichnis der Ausgaben für die innere Einrichtung an die betr. Firmen liegt vor.
[24] Ebd. v. 31. März 1903.

Die Turmuhr mit Turmaufschrift und Uhrenzug kostete 2.880 Mark[25]. Mit staatlichem Zuschuß ließ die Stadt Aschaffenburg das 6 m breite Trottoir längs des neuen Gerichtsgebäudes in der Erthalstraße asphaltieren[26].
Am 2. November 1903 schrieb der Präsident nach Bamberg: „Das neue Gerichtsgebäude ist nunmehr in allen seinen Teilen in Benützung genommen".
Der katholische Leseverein, Karlstraße 8, bat 1905, an der Grenzmauer seines Neubaus zum Gericht „ein überhängendes Gesims mit vorgelegtem Dachkandel auf Ruf und Widerruf gegen Entrichtung einer kleinen Gebühr" anbringen zu dürfen. Die Regierung gab dem Gesuch statt und setzte die Gebühr auf 1 Mark fest[27].
Im Zweiten Weltkrieg, am 21. November 1944, wurde das Justizgebäude durch einen Bombenvolltreffer und im April 1945 durch Artilleriebeschuß schwer beschädigt[28]. Nach Kriegsende konnten der Seitenflügel an der Grenze zu Erthalstraße 1 und das Hauptgebäude entlang der Erthalstraße bis zum Treppenhaus wieder notdürftig instandgesetzt werden. Der zerstörte Rest des Hauptgebäudes mit dem Turm und der Flügel an der Friedrichstraße mußten jedoch abgetragen werden. 1946 wurde das Landgericht wiedereröffnet.

2. Neubau des Justizgebäudes von 1957 bis 1960

Überlegungen, das alte Justizgebäude wiederaufzubauen oder die zerstörten Teile durch einen Anbau zu ersetzen, wurden verworfen. Organisatorische, wirtschaftliche und auch architektonische Gründe waren ausschlaggebend. Im Januar 1957 wurde der Abbruch aller noch vorhandenen Bauteile beschlossen. Unter der Leitung des damaligen Bauamtsdirektors Oberbaurat Kurt Bechtold entstanden Pläne für ein neues Justizgebäude an alter Stelle.
Die Baugruppe gliederte sich in einen von der Erthalstraße zurückgesetzten, sechsgeschossigen Verwaltungstrakt mit Attika und Penthouse. Die Gerichtssäle liegen in einem anschließenden zweigeschossigen Sitzungssaalbau entlang der Erthalstraße. Ein dritter schmaler Baukörper mit der Traufhöhe des Hauses Erthalstraße 1 deckt dessen Giebel mit einem Walmdach ab und stellt die Verbindung zum Sitzungssaalbau her. Auf der Rückseite der Gebäude sind die Zufahrt von der Friedrichstraße aus, der Hof[29] mit Parkmöglichkeiten und entlang der Grenze ein erdgeschossiges Nebengebäude.

---

[25] Ebd. v. 15. Februar 1904.
[26] Ebd. v. 7. Juni 1903.
[27] Ebd. v. 16. Mai 1905.
[28] *Stadtmüller* II, S. 316.
[29] Die Hoffläche mußte um ca. 2,50 m tiefer gelegt werden. Aus diesem Grunde war die Unterfangung der Gebäude an der südwestlichen Nachbargrenze und die Erstellung einer Böschungs- und Einfriedungsmauer an der nordwestlichen Grenze erforderlich. Da die Hof- und Kellerentwässerung tiefer als der Straßenkanal liegen, mußte eine Schub-Wasser-Hebeanlage eingebaut werden. Aus dem Bericht des Landbauamts v. 4. Januar 1957.

Das neue Justizgebäude wurde in zwei Abschnitten gebaut. Mit dem Verwaltungstrakt wurde 1957 zuerst begonnen und konnte 1959 bezogen werden. Dann folgten der Bau der Sitzungssäle und des Grundbuchamts. 1960 waren die Baumaßnahmen abgeschlossen.

1994 entstand an der Hofseite des Verwaltungstrakts eine Fluchttreppe in Form einer Spindel.

Die Nutzfläche des Neubaus beträgt ca. 6148 m^2.

Bald reichte diese Fläche nicht mehr aus. Deshalb wurden zunächst in der Eingangshalle Einbauten vorgenommen. Das Arbeitsgericht konnte in den Nordflügel des Schlosses Johannisburg ziehen. Doch bald mußten außerhalb des Justizgebäudes noch zusätzliche Räumlichkeiten angemietet werden.

Da auf dem Grundstück Erthalstraße 3 kein Erweiterungsbau möglich war, bot sich das freigewordene Finanzamt am Schloßplatz als zusätzliches Domizil an. Am 16. Februar 2000[30] übergab das Finanzamt Aschaffenburg als grundbesitzverwaltende Behörde die Gebäude Schloßplatz 3, 5, und 7 an das Landgericht Aschaffenburg. Am Schloßplatz werden die Sitzungssäle des Arbeits- und Sozialgerichts Würzburg, die Staatsanwaltschaft, das Vollstreckungs- und Registergericht des Amtsgerichts, die Referendarausbildung und Bewährungshelfer des Landgerichts untergebracht. Im Justizgebäude an der Erthalstraße bleibt das gesamte Landgericht, und es werden hier weiterhin alle Straf-, Familien- und Zivilsachen entschieden.

Präsidenten des Landgerichts Aschaffenburg[31]

1885   Friedrich Hofmann[32]
1886 bis 1890 Joseph Christoph Stadelmann[33]
1890 bis 1900 Jakob Christian Nöthig[34]

---

[30] ME v. 17. Februar 2000.
[31] Der erste Landgerichtspräsident in Aschaffenburg war Friedrich Hofmann. Sein Vorgänger Franz Schmitt war Landrichter.
[32] StaA, HR, H1, S. 453. Friedrich Hofmann wurde am 7. August 1819 in Würzburg geboren. Seine Ehefrau Sophie, geb. Wolz aus Ebern, starb am 3. Februar 1875. Sohn: Heinrich. Justizministerialblatt, Nr. 1 vom 26. Januar 1886, S. 7: Bereits am 29. Dezember 1885 wird das Gesuch des Landgerichtspräsidenten in Aschaffenburg Friedrich Hofmann „wegen Krankheit und dadurch bewirkter dauernder Dienstesunfähigkeit nach Maßgabe des § 22 lit. D der IX. Beilage zur Verfassungsurkunde unter huldvollster Anerkennung seiner langjährigen mit Treue und Hingebung geleisteten ausgezeichneten Dienste" in Ruhestand zu gehen stattgegeben. An Stelle Hofmanns trat der derzeitige Landgerichtspräsident in Memmingen Joseph Christoph Stadelmann. Hofmann ging nach Würzburg zurück und starb dort 1896.
[33] StaA, HR, S1, S. 385. Johann [Joseph] Christoph Stadelmann (1821–1894), verh. mit Elisabeth Reuß (1838–1907), 3 Kinder. Er erhielt 1887 das Bürgerrecht.
[34] Ebd., HR, N, S. 67. Jakob Christian Nöthig (geb. 1835 in Großostheim), verh. mit Philippine Sallinger, 7 Kinder. Er starb nach seiner Pensionierung am 20. September 1900 in Rüdesheim.

1900 bis 1909 Oskar Mack[35]
1909 bis 1920 Karl Wildt[36]
1920 bis 1928 Karl Stadelmayer[37]
1928 bis 1938 Fritz Schießl[38]
1938 bis 1945 Konrad Wertsch[39]
1946 bis 1951 Dr. Fritz Koch[40]
1951 bis 1969 Karl Becker[41]
1969 bis 1975 Dr. Karl Ernst[42]
1976 bis 1983 Josef Ostheimer[43]
1983 bis 1993 Dr. Fritz Amrhein[44]
   seit 1993 Christine Vollmer[45]

Beschreibung

1. Neubau des Land- und Amtsgerichtsgebäudes 1903

Das Baugrundstück Plan-Nr. 584 liegt mit einer Länge von ca. 72,50 m an der Erthalstraße und ca. 57 m an der verlängerten Friedrichstraße, die zu der Zeit noch nicht ausgebaut ist, sondern an der Erthalstraße endet.
Das Justizgebäude setzt sich zusammen aus einem dreigeschossigen Hauptgebäude mit hohem Sockel entlang der Erthalstraße sowie zwei Seitenflügeln an der Friedrichstraße und an der Grenze zum Anwesen Erthalstraße 1.
In der Mitte des Hauptgebäudes ein ca. 12 m breiter und 0,80 m vorspringender Risalit. In dessen Achse liegt der Haupteingang mit zweiflügeligem Rund-

---

[35] Ebd., HR, M1, S. 292. Oskar Mack, geb. 1840 in Burgau/Schwaben, kam bereits 1879 als Amtsgerichtsrat nach Aschaffenburg. 1896 wurde er als Landgerichtsdirektor nach Bamberg versetzt. 1900 kehrte er als Landgerichtspräsident wieder nach Aschaffenburg zurück und amtierte hier bis zu seinem Tod, am 6. Januar 1909.
[36] Ebd., W2, S. 571. Karl Wildt trat am 1. Juni 1909 die vakante Stelle des Landgerichtspräsidenten in Aschaffenburg an. Wildt, 1853 in Zweibrücken geboren, begann seine berufliche Laufbahn in seiner Heimatstadt. Als Rat beim Obersten Landgericht kam er am 31. März 1909 von München nach Aschaffenburg. Er starb am 10. August 1929.
[37] Karl Stadelmayer, geb. 1860 in Aschaffenburg. 1928 ging er in Ruhestand und verlegte seinen Wohnsitz 1939 nach München.
[38] Fritz Schießl (geb. 1872 in Saarbrücken) zog 1938 nach seiner Pensionierung nach Söcking/Obb.
[39] Konrad Wertsch, geb. 1884 in Marktbreit, kam 1938 von Schweinfurt nach Aschaffenburg und zog nach dem Zweiten Weltkrieg nach Gemünden.
[40] Dr. Fritz Koch, geb. 1896 in Würzburg, war von 1954 bis 1957 bayer. Justizminister. Er starb 1967.
[41] Karl Becker aus Aschaffenburg (1904–1993) wurde 1949 Landgerichtsdirektor und 1951 Präsident.
[42] Dr. Karl Ernst, geb. 1913 in Tschirn bei Kronach, gest. 1988.
[43] Josef Ostheimer, geb. 1920 in Mömlingen.
[44] Dr. Fritz Amrhein, geb. am 24. April 1928 in Mömbris, gest. am 5. Mai 2000 in Hösbach.
[45] Christine Vollmer, geb. Schleicher, 1941 in Aschaffenburg geboren, erste Landgerichtspräsidentin in Bayern.

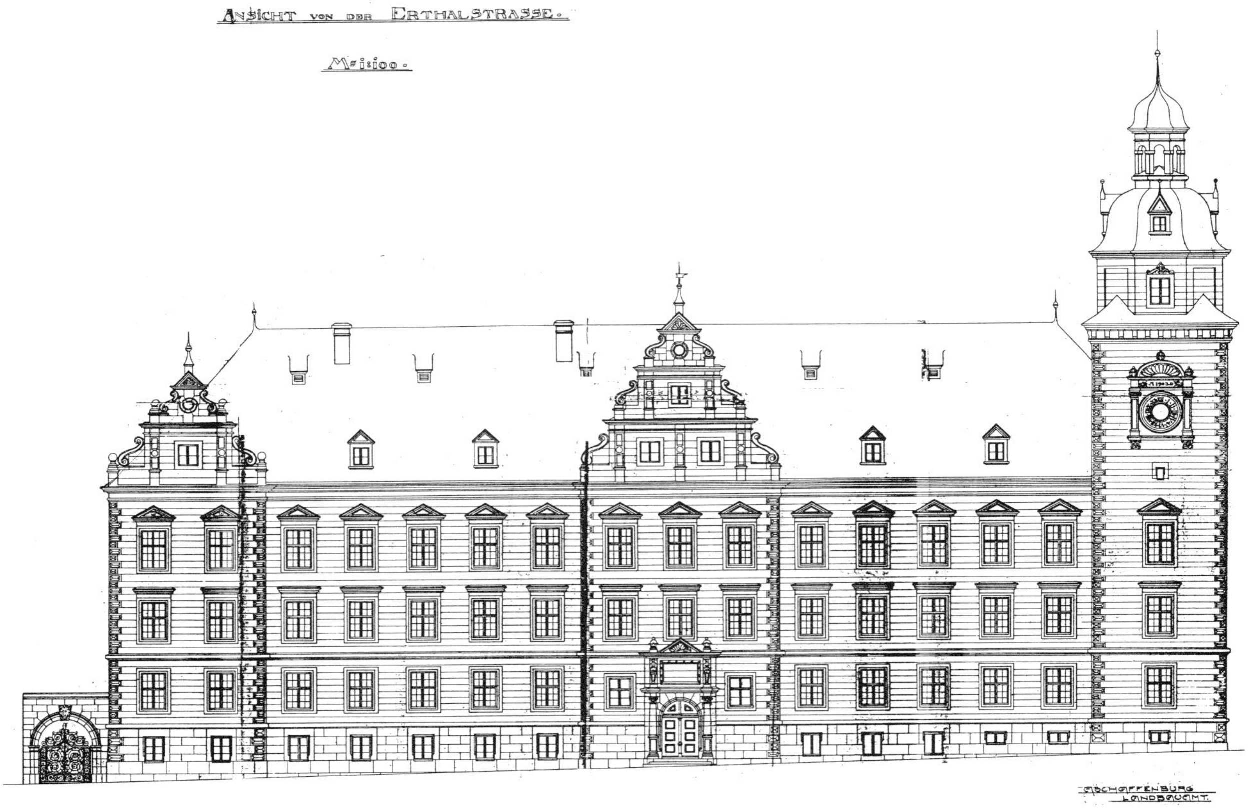

Abb. 49: Erthalstraße 3, Justizgebäude, kgl. Land- und Amtsgericht. Ansicht von der Erthalstraße, 1903.

bogenportal und vier vorgelegten Stufen. Die zweistöckige Umrahmung des Portals besteht aus zwei flankierenden Säulen und dem Gesims über dem Rundbogen. Über den Säulen sind zwei Hermenpilaster, dazwischen eine Schrifttafel, darüber ein Gesims mit Dreiecksgiebel und je einer Vase über den Pilastern. Über dem hohen Sockel ein profiliertes Gesims, beiderseits des Portals je ein Fenster. Über dem Erdgeschoß, auf die gesamte Länge des Gebäudes, ein Gurtgesims. Im zweiten und dritten Obergeschoß je drei Fenster.
Über dem verkröpften Hauptgesims des Risalits dreistöckiger Zwerchgiebel. Im ersten Stock drei Pilaster, die das Gurtgesims tragen. In jedem Feld ein Fenster, seitliche Begrenzung durch Voluten. Im zweiten Giebelstock zwei Pilaster mit seitlicher Volute und einem Fenster im Feld. Über dem Gesims Rundfenster, darüber Dreiecksgiebel mit Muschel und Spitze mit Windfahne. Auf beiden Seiten des Mittelrisalits je fünf Fensterachsen.
In Untergeschoß und Erdgeschoß einfach umrahmte Fenster. Im ersten Stock Fenster mit gerader Verdachung. Im zweiten Stock Fenster mit Dreiecksgiebel.
Den Gebäudeabschluß zu Erthalstraße 1 bildet ein ca. 9,50 m breiter Eckrisalit mit nur zwei Fensterachsen. Der Zwerchgiebel hat nur zwei Geschosse. Die Ausbildung entspricht dem Mittelrisalit.
Der Turm an der Straßenecke steht auf einer quadratischen Basis von 8 m Kantenlänge. Die Höhe bis zur Spitze beträgt stattliche 43 m. Sockelgesims und Gurtgesims sind um den Turm herumgeführt. Dasselbe gilt für die Fenster, die auf den beiden freien Turmseiten jeweils in einer Achse angeordnet sind. Über dem obersten Fenster ist eine Turmuhr. Sie ist gerahmt von einer Sohlbank[46], die auf zwei Konsolen ruht. Beiderseits Pilaster, darüber Gebälk und Verdachung mit Segmentbogen. Beiderseits und im Scheitel des Bogens eine Vase.
In Höhe von ca. 26 m Übergang des Turmquerschnitts vom Quadrat in ein leicht zurückgesetztes Achteck. Schweres Konsolgesims. In vier der acht Turmseiten Fenster, in den übrigen Blenden. Im Dach der aufgesetzten Welschen Haube vier Gauben mit steilem Giebel. Laterne mit acht offenen Rundbögen. Haube mit Knauf und Spitze.
Der Gebäudeflügel entlang der Friedrichstraße wird an der Erthalstraße durch den Eckturm, am anderen Ende durch einen 12 m breiten Risalit, der dem Mittelrisalit an der Erthalstraße gleicht, begrenzt. Dazwischen sechs Fensterachsen, jedoch als gekuppelte Fenster ausgebildet. Neben dem Risalit Eingang und Einfahrt in den Hof.
Die Außenmauern des Gebäudes bestehen aus Quadern von rotem Sandstein. Die Ecken sind durch Diamantquader gefaßt.
In einem Schreiben am 9. Februar 1903 des Staatsministeriums der Justiz in München an den Präsidenten des königlichen Landgerichts wird die künftige

---

[46] Die Sohlbank, meist aus Stein, ist der untere waagrechte Teil eines Fensters, der das Regenwasser vom Fenster ableitet.

Einteilung der Räume des neuen Gerichtsgebäudes in Aschaffenburg wie folgt festgesetzt:

A Untergeschoß
   Westliche Hälfte: Wohnungen des Hausmeisters, des Maschinisten und Zimmer des Gehilfen.
   Östliche Hälfte, Hauptgebäude: Kessel- und Kohlenräume und zwei Räume für die Registratur des Amtsgerichts.
   Östlicher Flügel: Fortsetzung der Registratur des Amtsgerichts, Registratur des Landgerichts, Pfandkammer und Reserveräume.

B Erdgeschoß
   Östliche Seite des Hauptgebäudes vorderer Teil: Botenzimmer, Zivilsitzungssaal, Bibliothek zugleich Vorzimmer des Gerichtsvorstands, Vorstandszimmer.
   Rückseite: Reserve, eventuell Hinterlegungszimmer, laufende Registratur, Registratur für die standesamtlichen Register.
   Östlicher Flügel, Vorderseite: Sekretär, Obersekretär, Kanzlei, Grundbuchrichter, Grundbuchamt.
   Rückseite: Registratur für die weggelegten Hypothekenbücher.
   Westliche Seite des Hauptgebäudes, vorderer Teil: Beratungszimmer, Sitzungssaal für Strafprozesse, Strafrichter, Vormundschaftsrichter.
   Rückseitiger Teil: Sekretär, Kanzlei, Zeugen- und Wartezimmer.
   Westlicher Flügel, Vorderseite: Haftraum, zwei Gerichtsvollzieherzimmer.
   Rückseite: Sekretär, Richter.

C Erstes Obergeschoß
   Hauptgebäude, Vorderseite, Richtung von Osten nach Westen: Präsident, Vorzimmer, Strafkammersekretär, Direktor, Beratungszimmer, Zivilsitzungssaal, Beratungszimmer, Sitzungssaal für Strafprozesse, Bibliothek eventuell Kommissionszimmer.
   Rückseite, östlicher Teil: Registratur des Präsidenten, Zeugen- und Wartezimmer, Boten.
   Rückseite, westlicher Teil: Rechtsanwalts-(Konferenz) Zimmer, Rechtsanwaltszimmer, Kriminalkonservatorium.
   Östlicher Flügel, Vorderseite: Schreibraum, Obersekretär, Kanzlei, Zivilkammersekretär, später Zimmer für den zweiten Grundbuchbeamten, zwei Zimmer für „Anlegungskräfte", später Reserve für das Amtsgericht II. Grundbuchamt.
   Rückseite: Zimmer für einen „Anlegungsbeamten", später für den Zivilkammersekretär.
   Westlicher Flügel, Vorderseite: Haftraum, amtsgerichtliches Richterzimmer (Handelsregister), Registersekretär.
   Rückseite: Zeugen- und Wartezimmer, zwei Reservezimmer des Amtsgerichts.

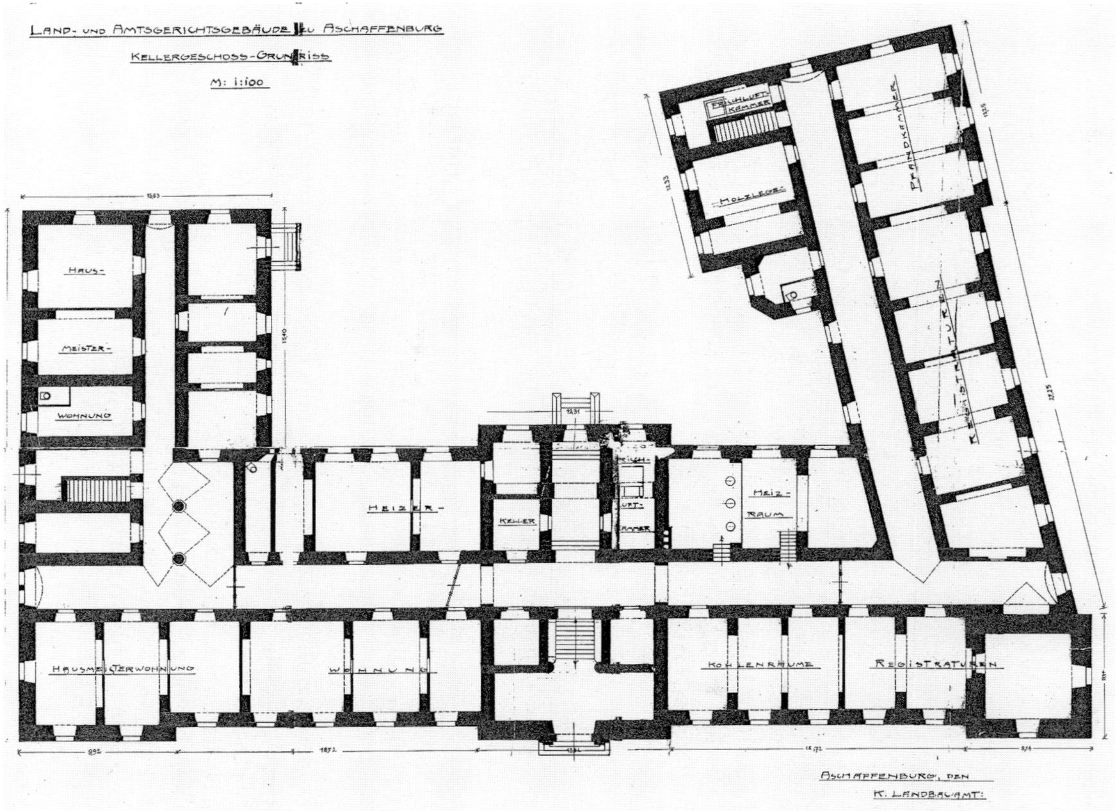

Abb. 50: Erthalstraße 3, Grundriß Kellergeschoß.

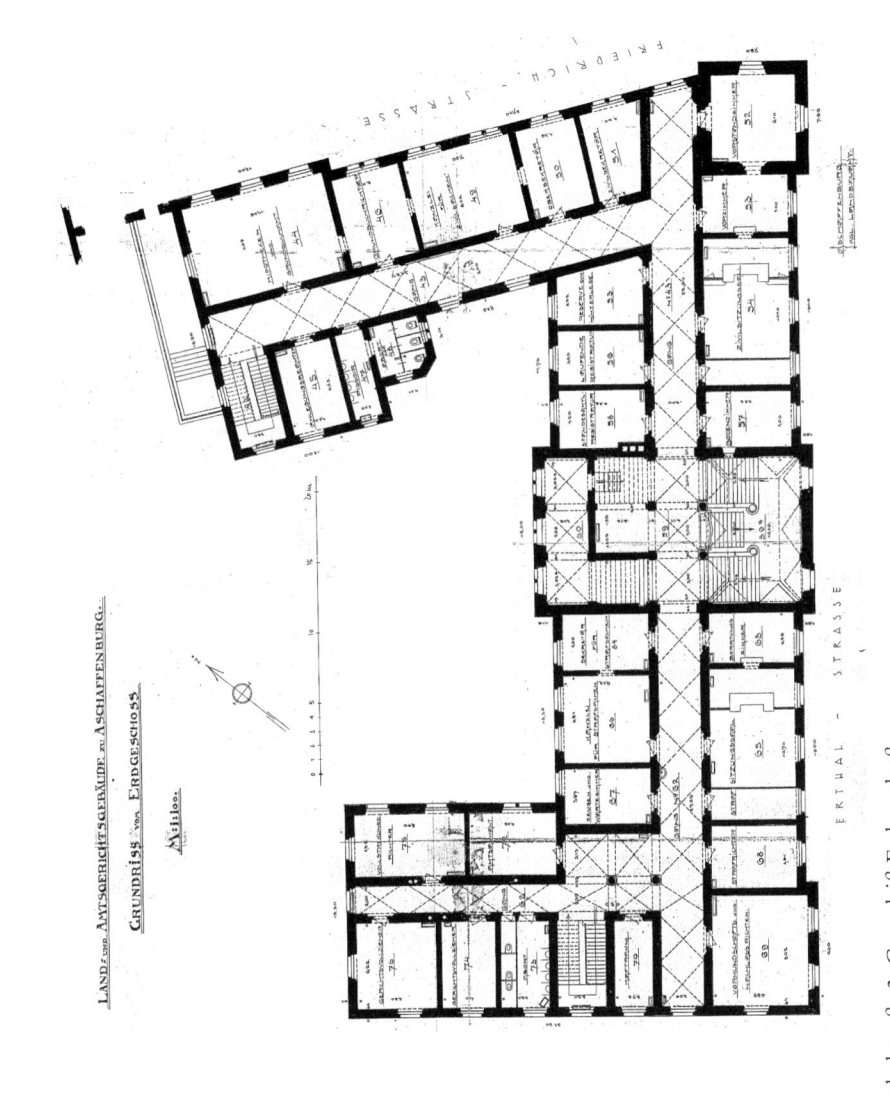

Abb. 51: Erthalstraße 3, Grundriß Erdgeschoß.

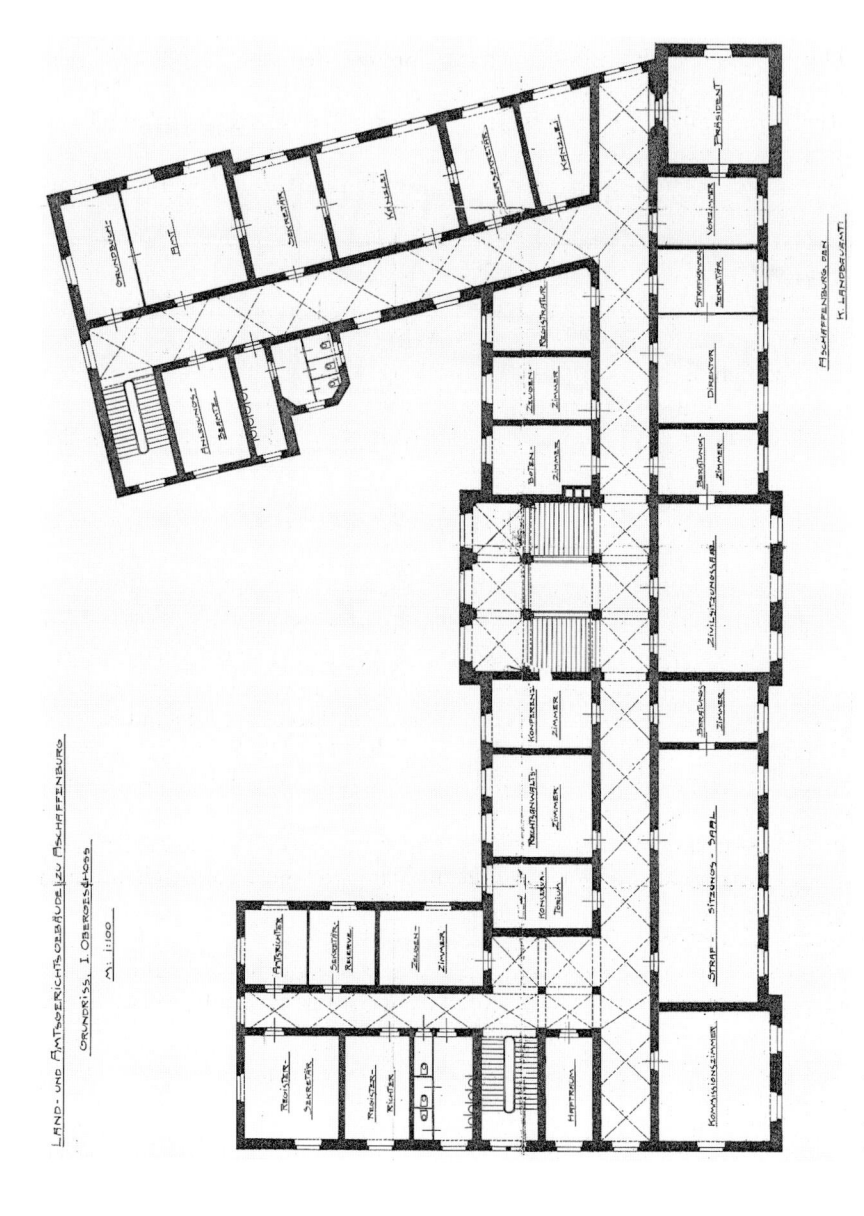

Abb. 52: Erthalstraße 3, Grundriß 1. Obergeschoß.

D Zweites Obergeschoß
Hauptgebäude, Vorderseite, Richtung von Osten nach Westen: Zimmer des ersten Staatsanwalts, Kanzlei der Staatsanwaltschaft, zweiter Staatsanwalt, dritter Staatsanwalt, Reservezimmer für einen weiteren Staatsanwalt, Untersuchungsrichterzimmer, Rat, Vorsitzender der Handelskammer, Rat, Rat, Bibliothek, eventuell Kommissionszimmer.
Rückseite, von Osten nach Westen, östlicher Teil: staatsanwaltliche Registratur und zwei Reservezimmer.
Westlicher Teil: Landgerichtsarzt, Reservezimmer des Landgerichts, Wartezimmer.
Östlicher Flügel, Vorderseite: Reservezimmer, Rat, Rat, mehrere Reserveräume.
Westlicher Flügel, Vorderseite: Geräte, Reserve, laufende Registratur.
Rückseite: zwei Zimmer für die Notariatsurkunden
E Bodengeschoß
Östlicher Flügel, von Norden gegen Süden: Giebelzimmer, Reserven für die Registratur des Landgerichts und Amtsgerichts, Aufbewahrungsräume[47].

Bei den Raumeinteilungen wurden jedoch kleinere Veränderungen vorgenommen[48].
Für die Einrichtung des Präsidentenzimmers wurde vorgeschlagen:
Ein Präsentierstempel, ein großes Aneroid[49], ein Thermometer, ein größeres Ölgemälde, Christus am Kreuz darstellend, wahrscheinlich Original von Maler Bechtold aus dem 18. Jh. „Dasselbe müßte mit einem neuen breiten Rahmen aus Gold- oder Möbelfarbe versehen werden. Ob es bei seinem Größenverhältnis, 1,50 m breit, an einer der sämtlich schmalen Wände angebracht werden kann, ist vorerst noch zweifelhaft, doch es könnte mit guter Wirkung in der nördlichen Ecke aufgehängt werden". Ein Thermometer mit Zinkgehäuse, die vorhandene Büste des Prinzregenten, eine z. Zt. auf dem Schreibtisch des Präsidenten angebrachte altertümliche Uhr mit Bronzegehäuse und Metallzifferblatt.
Vorzimmer des Präsidenten:
Die bereits vorhandene Einrichtung in Nachempire aus Kirschbaumholz mit schwarzer Leiste, bestehend aus: Konsolspiegel mit Konsole, verstellbarer

---

[47] HStA Mü, M Ju 5244. Neubauakt Aschaffenburg Bd. II. 1903/04.
Weitere Räume für die Aufbewahrung alter und neuer Einrichtungsgegenstände und der Winterfenster der beiden Obergeschosse. Der freie gewölbte Raum unter der Stiege im Erdgeschoß wird zur Unterbringung der Winterfenster und Geräte für das Erd- und Kellergeschoß bestimmt.
[48] Ebd. v. 17. Januar 1903: Schreiben des Landgerichtspräsidenten Oskar Mack an den Oberstaatsanwalt in Bamberg.
[49] Luftdruckmesser.

beweglicher Schreibpult mit kleinem Schreibtisch, Kleiderschrank, runder Tisch mit drei gepolsterten Stühlen, ein Schirmständer in Kirschbaumfarbe, der Teppich aus dem jetzigen Zimmer des Präsidenten[50].

2. Neubau des Justizgebäudes von 1957 bis 1960

Der von der Erthalstraße zurückgesetzte quadratische Verwaltungstrakt hat eine Seitenlänge von 28,94 m. Die Höhe einschließlich Attika beträgt ca. 22 m., das Penthouse ist 4 m hoch. Der Bau hat sechs Büroetagen, darüber der Kantinenbau.
Die Fassaden nach allen vier Seiten sind gleich: Neben einer geschlossenen Wandscheibe stehen 13 Fensterachsen. Die erste Fensterachse reicht zur besseren Belichtung des dahinterliegenden Flurs bis zum Boden. Sie ist durch ein vor die Fassade springendes, blockhaftes Brüstungselement abgeschlossen.
Auf der Seite zur Erthalstraße liegt hinter einem Portikus der Haupteingang, ca. 1,50 m höher als der Gehsteig. Der gesamte Baukörper ist mit rahmweißen Travertinplatten verkleidet.
Hinter dem Eingang ursprünglich geräumige Halle, Zimmer der Anwälte, einläufige Treppe, Aufzüge, Auskunft und Verbindung zum Sitzungssaaltrakt.
Die Grundrisse sind in allen Geschossen gleich: Um einen quadratischen Kern, der als Registratur dient und die Toiletten birgt, laufen Flure, die die Büroräume erschließen. Zur Belichtung wird jeder Flur einmal bis zur Außenwand geführt.
Auf dem Dach Kantinenraum mit kleiner Küche. Ein Teil des Flachdaches ist als Terrasse befestigt. Der Aufzug führt nur bis zur sechsten Etage.
Der zweigeschossige Sitzungssaalbau steht mit dem Untergeschoß in einer Länge von 40 m auf der Bauflucht der Erthalstraße.
Erdgeschoß und Obergeschoß kragen leicht über. Die Fassade ist durch sieben Achsen mit gekuppelten Fenstern gegliedert. Die Fenster sind geschoßhoch. Als Brüstungen sind Travertinplatten in die Rahmen gesetzt. Auf der Sonnenseite sind, wie beim Verwaltungstrakt, ausstellbare Marquisen montiert. Flaches Gurtgesims und ornamentierte Attika aus Travertin. Die Wandflächen sind verputzt.
Auf der Hofseite sieben Fensterachsen. Die Fenster im Obergeschoß sind höher und breiter. Die Belichtung des Untergeschosses wird durch einen Lichtgraben verbessert.
Die Räume des Sitzungssaalbaus werden in jedem Geschoß durch einen in der Mitte liegenden breiten Flur erreicht. Der Flur im ersten Obergeschoß ist zusätzlich durch Lichtkuppeln erhellt. Der Schwurgerichtssaal und die einzelnen Sitzungssäle sind individuell ausgestattet.

---

[50] Es werden noch weitere verwendbare Gegenstände aufgezählt, die jedoch noch repariert werden müßten.

Im Erdgeschoß ist das Grundbuchamt untergebracht.
Der Sitzungssaaltrakt besitzt ein zur Hofseite gelegenes eigenes Treppenhaus. Vom Sitzungssaalbau ist ein Verbindungsbau zu erreichen, der nur 5,70 m breit ist. Er nimmt die Trauf- und Giebelhöhe des Nachbarhauses Erthalstraße 1 auf, hat aber einen Stock mehr als dieses.
Auf der Straßen- und Hofseite je zwei Fensterachsen. In den Obergeschossen ursprünglich Wohnung des Hausmeisters mit Eingang vom Hof, jetzt Büroräume.
Die große Buntsandsteinplastik des alten Gerichtsgebäudes, das bayerische Staatswappen darstellend, wurde 1996 im Haupteingang wieder aufgestellt.

Eigentümer

1901 bis 1935 Bayerischer Staat, Finanzsärar[51],
1935 bis 1945 Deutsches Reich und Justizverwaltung[52],
    seit 1945 Freistaat Bayern[53].

---

[51] Seit 16. August 1901.
[52] Aufgrund der Überleitung der Rechtspflege auf das Reich.
[53] Grundbesitzverwaltende Behörde ist das Landgericht Aschaffenburg.

b) gerade Hausnummern – Seite zu St. Agatha

Erthalstraße 2   Plan-Nr. 593½

Das Grundstück gehörte bis 1809 zum Friedhof von St. Agatha und nach dessen Auflösung zum Schulgarten der St.-Agatha-Pfarrei. Seit 1874 wurde die Fläche als Garten des Wohnhauses Friedrichstraße 19 genutzt.
1899 sind Eigentümer des Gartens und des Eckhauses Friedrichstraße 19 Johann und Margarete Mühlon[1].
1936 beabsichtigt Fabrikant Emil Mühlon, auf dem Gartengrundstück ein Wohnhaus zu errichten. Da das bereits stehende Nachbarhaus Erthalstraße 4a ungewöhnlich hohe Geschosse besitzt, schlägt Architekt Joseph Geis in einem Entwurf vor, bei gleicher Trauf- und Firsthöhe statt drei vier Stockwerke unterzubringen.

---

[1] Vgl. *Grimm* IV, S. 426 ff. (hier Mühlen statt Mühlon).

Oberbaurat Anton Vogt von der städtischen Bauverwaltung kann, in Vertretung des Oberbürgermeisters, diesem Vorschlag aus „schönheitlichen Gründen" nicht zustimmen. Das bayerische Landesamt für Denkmalpflege meint: „Besonders ungünstig wirken die übergroßen Stockwerkshöhen [im Erdgeschoß 4,4 m, im ersten und zweiten Obergeschoß 3,7 m] auf die benachbarte Kirche. Wir sind deshalb nicht der Meinung, daß die leider einmal begangene Bausünde fortgesetzt werden soll". Das Landesamt hält vier Stockwerke besser, kann sich aber gegen die Stadt nicht durchsetzen.
Max Jäger, Pfarrer von St. Agatha, erteilt die Zustimmung zum Neubau unter Vorbehalt, daß die katholische Kirchenverwaltung St. Agatha einverstanden ist und die Seite zum Pfarrgarten keine Fenster erhält. Zahnarzt Dr. Karl Kreußer, Eigentümer von Friedrichstraße 19, verweigert die Zustimmung, weil sein Haus entwertet würde. Von dem projektierten Neubau, der an seinen Hof grenze, könnten die Bewohner auf seine Terrasse schauen und ihm die Sonne wegnehmen. Der Einspruch wird als unbegründet abgewiesen.
Am 30. Oktober 1936 wird die Genehmigung für ein dreigeschossiges Wohnhaus erteilt. Bereits am 5. Oktober wird mit den Bauarbeiten begonnen, und am 18. November 1936 kann der Dachstuhl aufgestellt werden. Am 4. Dezember wird nachträglich der Ausbau des Dachstocks gestattet.
Die Gebäude Erthalstraße 2 und 4a hinter dem Chor der Agathakirche sollten ursprünglich einen Teil des östlichen Abschlusses des Agatha-Kirchplatzes bilden. Vermutlich war diese Planungsabsicht in den dreißiger Jahren bereits aufgegeben worden.
Am 1. Februar 1937 beschließt der Stadtrat, daß die kurze Stichstraße zur Erschließung des neuen Gebäudes keine eigene Namensnennung erhält.
Im Zweiten Weltkrieg werden am 12. Dezember 1944 durch einen Bombenvolltreffer an der Südseite des Hauses das dritte Stockwerk total zerstört, die beiden unteren Geschosse zur Hälfte vernichtet und der Keller schwer beschädigt[2]. Da der Wiederaufbau des zerstörten Anwesens ohne baupolizeiliche Genehmigung einsetzt, muß er am 5. April 1946 eingestellt werden. Nachgereichte Pläne der Baufirma Johann Scheuermann werden vom Stadtrat am 14. Mai 1946 genehmigt. Die Baumaßnahme beschränkt sich auf das Erdgeschoß und ein Obergeschoß. Erst 1952 ist der Teilwiederaufbau beendet. 1955 wird der Walm auf der Seite zum Pfarrgarten beseitigt und statt dessen ein Brandgiebel aufgeführt. Anschließend erfolgt der Ausbau des Daches.

Beschreibung

Das Gebäude ist dreigeschossig, traufständig und übernimmt vom Nachbarhaus Erthalstraße 4a sowohl die Sockel- als auch die Dachgesims- und Firsthöhe. In der zum Chor der Kirche gerichteten Fassade sechs Fensterachsen.

---

[2] *Stadtmüller* II, S. 316.

Die Fenster sind in Zweiergruppen zusammengefaßt und symmetrisch angeordnet. Nur der Eingang, neben Haus Nr. 4a, ist aus der Achse gerückt. Über dem Erdgeschoß läuft ein Gurtgesims. Die Fenster des ersten Stocks stehen auf einem Brüstungsgesims. Das Dachgeschoß besitzt einen ca. 75 cm hohen Kniestock. In der steilen Dachfläche drei abgewalmte Gauben.

In den drei Vollgeschossen liegt jeweils eine Wohnung mit vier Zimmern, Küche mit Speisekammer, Bad mit Waschbecken und WC. Im Dachgeschoß eine Zweizimmer-Wohnung und drei Kammern für die unteren Wohnungen.

Abb. 53: Erthalstraße 2, Ansicht des Gebäudes zum Chor der Kirche St. Agatha nach Plänen des Architekten Joseph Geis, 1936.

Wiederaufbau 1946/55

Die schweren Schäden im Keller, Erdgeschoß und ersten Obergeschoß werden behoben. Das zerstörte zweite Obergeschoß wird jedoch nicht wiederaufgebaut. Im neuen Dachgeschoß entsteht, wie in den unteren Geschossen, eine Vierzimmer-Wohnung.

Eigentümer

1899 bis 1913 Johann und Margarethe Mühlon[3],
1913 bis 1914 Margarethe Mühlon, Alleineigentümerin,
1915 bis 1954 Emil Mühlon, Fabrikant[4],
1954 bis 1973 Mühlon Erben[5],
  seit 1973 Verein St. Martinus-Haus, Aschaffenburg e. V.

---

[3] StaA, HR, M 1, S. 324. Johann Mühlon (1849–1913), Müllermeister aus Wenigumstadt, verh. mit Margarethe Rohmann (1855–1914), 5 Kinder, darunter Wilhelm Mühlon (1878–1944), Kruppdirektor, vgl. Goes, S. 403 ff.
[4] Emil Mühlon (1880–1954), verh. mit Frieda (geb. 1885), geb. Keller, 1 Tochter. Emil Mühlon ging mit 19 Jahren nach England, die Jahre 1902 bis 1904 verbrachte er in Frankreich, dann war er 1904/05 beim Militär. Bis zu seiner Rückkehr 1915 nach Aschaffenburg lebte er in Konstanz.
[5] Frieda Mühlon, Fabrikantenwitwe, bis zu ihrem Tod und Tochter Dr. Eleonore (geb. 1910), verh. mit Rechtsanwalt Peter Völker.

Erthalstraße 2a   Plan-Nr. 596, 597

Pfarrhaus von St. Agatha

Geschichte

Das Pfarrhaus von St. Agatha wurde im Zweiten Weltkrieg völlig zerstört. Es sollte jedoch an gleicher Stelle nicht wiederaufgebaut werden. Das Grundstück hinter der Kirche gehörte der Katholischen Kirchenstiftung St. Agatha und bot sich zu einem Neubau an. Da der Zugang zum Neubau von der Erthalstraße aus geht, konnte die Hausnummer des ehemaligen Pfarrhauses Treibgasse 30 nicht übernommen werden. Das neue Pfarrhaus erhielt deshalb die Hausnummer Erthalstraße 2a. Auch dem Wunsch des Agathapfarrers, die Stichstraße nun St.-Agatha-Weg zu benennen, konnte nicht entsprochen werden.

Am 3. März 1958 beschloß der Stadtrat die Genehmigung eines neuen Pfarrhauses für die Pfarrgemeinde St. Agatha. Die Zustimmung der Regierung von Unterfranken wurde unter folgenden Vorbehalten erteilt:
1. Das Vordach mit Stahlstützen am Haupteingang ist durch ein Werkstein-Türgewände, eventuell mit Bronzeschild, zu ersetzen.
2. Der formal schlechte Vorbau am Südgiebel ist architektonisch befriedigend zu gestalten.
3. Der Außenputz soll in Technik und Farbton der Kirche angeglichen werden.

Die Eingabepläne entwarf Architekt Willi Goldhammer. Die statische Berechnung stellte Dipl.-Ing. Anton Schmitt auf.

Mit dem zweistöckigen Bau konnte am 1. August 1958 begonnen werden, und ein Jahr später, am 1. August 1959, war er beendet.

Der Pfarrer kann von seinem neuen Pfarrhaus aus auf direktem Weg die Sakristei der Kirche erreichen.

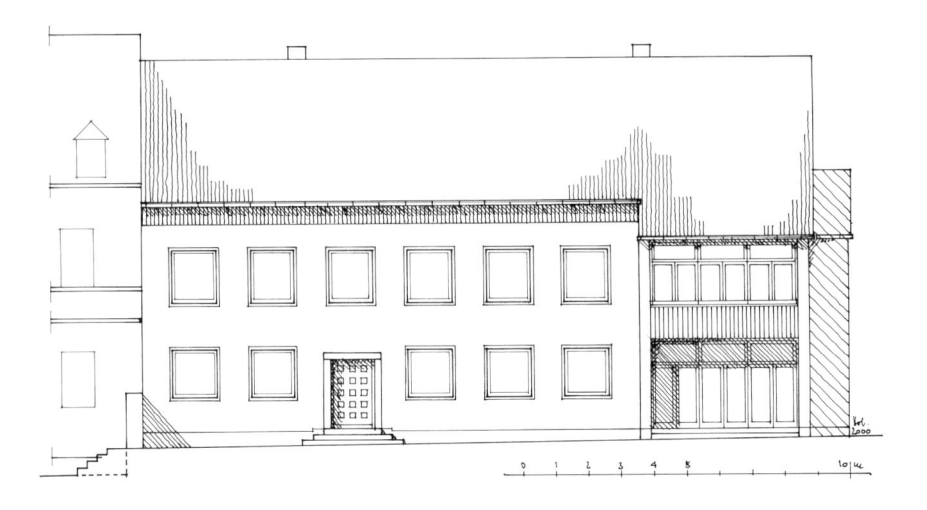

Abb. 54: Erthalstraße 2a, Ansicht des Hauses zum Chor der Kirche St. Agatha nach Plänen des Architekten Willi Goldhammer, 1958.

Beschreibung

Die kurze Stichstraße, die am Grundstück des Pfarrhauses endet, ist der Rest einer früheren, in der Zwischenzeit aufgegebenen Planung.
Das Pfarrhaus ist 20,53 m lang und 9,75 m tief. Auf der Eingangsseite, der Traufseite des zweistöckigen Hauses, sind sechs Fensterachsen. Anschließend ein 6,13 m breiter und 1,20 m vorspringender Gebäudeteil, der bis zum Fußboden herab verglast ist. Im Erdgeschoß Freisitz, im Obergeschoß überdachter Balkon.
Im Erdgeschoß, in der dritten Achse, der Eingang mit breitem, einfachem Sandsteingewände. Auf dem Kniestock unregelmäßige und farblich unterschiedlich behandelte Putzfelder.
Am freistehenden Südgiebel 3,73 m breiter Vorbau, ebenfalls mit Sitzplatz und Balkon.
Im Erdgeschoß Windfang mit Zugang zu Pfarramt, Sprech- und Konferenzzimmer, Diele mit Treppe, Küche und Wohnräume. Im Obergeschoß weitere Wohnräume des Pfarrers, des Kaplans und der Haushälterin.

Eigentümer

Katholische Kirchenstiftung St. Agatha.

Erthalstraße 4   Plan-Nr. 593$^{1}/_{4}$

Geschichte

Auf dem Lageplan des Architekten Friedrich Selbert vom Januar 1908 sind die späteren Grundstücke Plan-Nr. 593/2, 593/3, 593/4 und 591 (Straßenfläche) an der Erthalstraße im Eigentum des Bauunternehmers Franz Münstermann. Für die vorgesehene Bebauung hinter dem Chor der Agathakirche ist eine neue Baulinie eingezeichnet, auf der heute die Gebäude Erthalstraße 2a, 2 und 4 stehen. Diese Baulinie ist verlängert bis zum Grundstück des ehemaligen Vizedomamts Treibgasse 28 und läuft an dessen Grenze entlang bis zur Treibgasse. Sie bildet die Grenze einer künftigen Bebauung um die Agathakirche.
Franz Münstermann hatte das Grundstück 593$^{1}/_{4}$ am 16. Mai 1906 erworben und plant 1908 die Errichtung eines Wohnhauses. Die vorgelegten Pläne des Architekten Friedrich Selbert müssen jedoch geändert werden. Es sollte „wegen der äußeren Gestaltung zum Schutz des Stadtbildes in der Umgebung der St. Agathakirche" mehr Rücksicht genommen werden. „Die Vorschriften hin-

sichtlich der Gebäudehöhe und des Gebäudeäußeren haben sich zum mindesten auf die ganze Ostseite und Südseite des künftigen Kirchenplatzes zu erstrecken, zumal der einzig schöne Blick, den die Erthalstraße auf das Schloß gewährt, ganz entschieden des Schutzes gegen Beeinträchtigung bedarf". Nach den eingereichten Plänen war die Fassadengestaltung viel zu aufwendig und unruhig gedacht und stand im Gegensatz zum schlichten Kirchengebäude.

Architekt Selbert präsentiert daraufhin eine kolorierte Isometrie – unterzeichnet am 29. Juli 1908 – mit folgender Bezeichnung: „Schaubild der Münstermann'schen Fassaden unter Zugrundlegung der Skizzen des Vereins für Volksk. München". Auf dem Schaubild ist der geplante St.-Agatha-Kirchplatz dargestellt, umgeben von einer dreigeschossigen Bebauung.

Die Baugenehmigung wird am 14. Mai 1909 erteilt. Am 7. Mai 1909 war bereits mit dem Bau begonnen worden. Eigentümerin Elisabeth Daub bestätigt am 21. Juni 1910 die Bauvollendung des Anwesens Erthalstraße 4a, Plan-Nr. 593$^1/_4$.

Am 20. Juli 1910 stellt Franz Münstermann den Antrag, daß ihm die Benutzung des vor dem Neubau Ertahlstraße 4a liegenden, zum St.-Agatha-Kirchplatz abgetretenen Geländes gestattet wird. Die Genehmigung wurde erteilt, war jedoch jederzeit widerruflich. Auf eigene Kosten mußte Münstermann gegen den Agathaplatz eine feste Einfriedung von ca. 75 cm Höhe aus gußeisernen Säulchen mit zwei Querstäben anbringen lassen. Die Böschung mußte am oberen Ende mit Pflastersteinen oder gerollten Steinen befestigt werden. Für die Entwässerung hatte er zu sorgen. Münstermann verpflichtet sich, auf Aufforderung des Stadtmagistrats jederzeit die Einfriedung zu entfernen und das abgetretene Gelände bis an das Haus auf Terrainhöhe wieder aufzufüllen.

Elisabeth Daub erhält am 24. September 1910 die widerrufliche Genehmigung zur Herstellung einer Einfriedung bei ihrem Anwesen Erthalstraße 4a.

Rosa Stütz, die das Grundstück geerbt hatte, setzt 1920 ihren Ehemann Max als Miteigentümer ein. 1936 wurde sie durch den Tod ihres Mannes wieder Alleineigentümerin.

Das Anwesen, das die bisherige Bezeichnung Erthalstraße 4a hatte, bekommt am 7. Januar 1937 die neue Hausnummer Erthalstraße 4 zugeteilt.

Im Zweiten Weltkrieg werden durch Luftdruck der Giebel auf der Seite zur Agathakirche und die Hausecke gegenüber dem Justizgebäude stark beschädigt. Das Dach und Teile der Innenwände waren eingedrückt.

Im April 1946 stellt Rosa Stütz den Antrag zum Wiederaufbau. Hierzu legt sie Pläne des Architekten Dipl.-Ing. Ludwig Dölger vor. Die Bauausführung überträgt sie der Firma Pohl und Lückel. Im März 1948 wird mit dem Wiederaufbau begonnen, und ein Jahr später können die Mieter das Haus beziehen.

1985 wurden an der Hofseite die Dachgauben verlängert.

Beschreibung

Neubau von 1909/10

Fasssade an der Erthalstraße
Die Frontlänge beträgt ca. 8,90 m. Der Sockel besteht aus großen bossierten, das aufgehende Mauerwerk bis zu den Kämpfersteinen der Fenster aus glatten Quadern von rotem Sandstein. Neben Haus Nr. 6, und mit dessen gleichgestaltetem Eingang verbunden, reich geschmücktes Portal: beiderseits der Türe

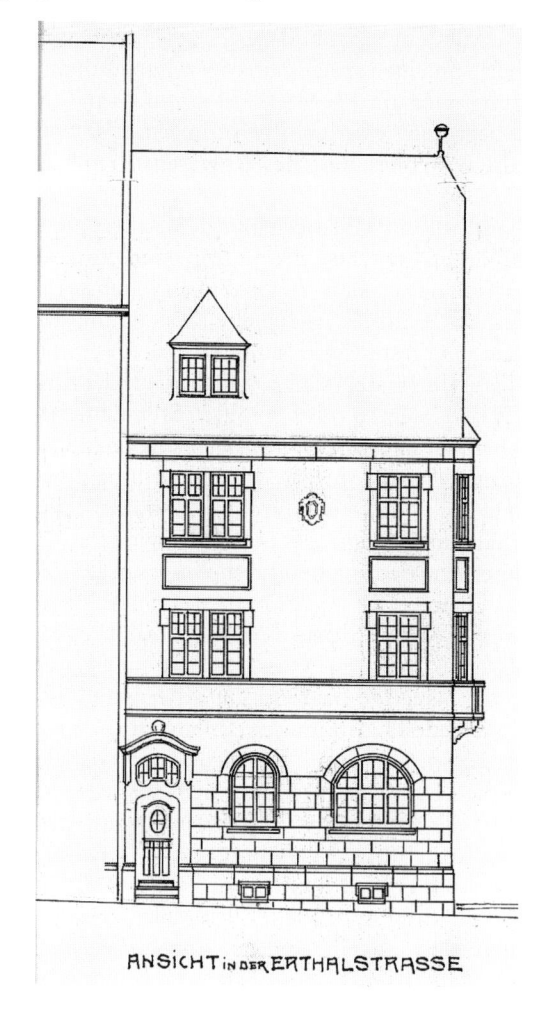

Abb. 55: Erthalstraße 4, nach Plänen des Architekten Friedrich Selbert, 1909.

Viertelsäule, darüber gewellter Sturz mit Schlußstein, der die Hausnummer trägt. Querovales Oberlicht, darüber Männerkopf und Fruchtgehänge auf beiden Seiten. Nach oben abschließend gewellte Verdachung, auf weiter herabreichenden Konsolen liegend.

Neben dem Eingang Rundbogenfenster mit zwei, daneben Fenster mit Segmentbogen und drei Flügeln. Über dem Erdgeschoß zieht ein Gurtgesims. Im ersten und zweiten Stock je zwei gekuppelte, sandsteinumrahmte Fenster, im ersten Stock auf einem Brüstungsgesims sitzend. Zwischen den Fenstern im zweiten Stock eine Kartusche mit der Jahreszahl 1909. Im steilen, mit Bieberschwanzziegeln gedeckten Dach eine gewalmte Gaube mit zwei Fenstern.

Fassade zum Chor der Agathakirche

Abb. 56: Erthalstraße 4, nach Plänen des Architekten Friedrich Selbert, 1909.

Die Fassade setzt sich zusammen aus einem ca. 10,50 m langem giebelständigen und einem etwa gleich langem traufständigen Teil, der ca. 0,15 m zurückspringt.

Der giebelständige Teil hat über die drei vorhandenen Stockwerke zwei symmetrisch angeordnete Achsen.

Im Erdgeschoß je ein dreiflügeliges Fenster mit Segmentbogen. Darüber je ein stumpfwinkelig vorkragender Erker, der über zwei Stockwerke reicht. Die Erkerspitze ragt ca. 0,85 m vor die Fassade. Im ersten Stock sind die beiden Erker mit einem Balkon verbunden. Beide Erker haben in jedem Geschoß vier einflügelige Fenster zwischen Sandsteingewänden. In den Brüstungsfeldern gerahmte Füllungen in Sandstein. Das Hauptgesims ist durch Quadersteine betont.

Das Giebeldreieck war vor dem Zweiten Weltkrieg verschiefert. Damals konnten die drei Stockwerke der Dachkonstruktion an den vorstehenden Gesimsen abgelesen werden. An der Giebelspitze ein Schopfwalm. Heute ist der Giebel verputzt, nur das Dach der Erker ist mit Schiefer eingedeckt. Die sonstigen Kriegsschäden wurden mit Sorgfalt restauriert.

Der traufständige Teil der Fassade ist höhengleich mit dem giebelständigen Teil. Drei Fensterachsen gliedern die Straßenansicht. Im Erdgeschoß, in den beiden ersten Achsen, breite, dreiteilige Segmentbogenfenster. In der dritten Achse kleines Fenster als stehendes Oval. Über dem Erdgeschoß Gurtgesims. Im ersten und zweiten Obergeschoß in den ersten beiden Achsen gekuppelte Fenster, in der dritten Achse Einfachfenster. Die Fenster im ersten Obergeschoß stehen auf einem Brüstungsgesims. Zwischen den Fenstern im ersten und zweiten Obergeschoß flache Brüstungsfelder. Auf der Dachfläche zwei gewalmte Dachgauben.

In den Plänen von 1909 in jedem Geschoß eine Wohnung mit fünf Zimmern, Küche mit Speisekammer, Bad und Abort.

Eigentümer

1906 bis 1910 Franz Münstermann[1], Bauunternehmer,
1910 bis 1914 Elisabeth Daub[2], geb. Baur, Zimmermannswitwe,
1914 bis 1964 Rosa Stütz[3], geb. Daub,
1964 bis 1982 Marianne Kunkel-Cichos, Rechtsanwältin,
1982 bis 1985 Schmalfuß-Stadler,
    seit 1985 Barth und Partner.

---

[1] StaA, HR, M1, S. 351. Franz Münstermann (geb. 1871), verh. mit Maria Hirsekorn (1879–1920), vgl. ebd., H2, S. 638.
[2] Elisabeth Daub stirbt 1914.
[3] Ebd., S3, S. 1596. Max Stütz (1876–1936), verh. mit Rosa Daub (1875–1964), 7 Kinder.

Abb. 57: St. Agatha-Kirchplatz, östliche Begrenzung des geplanten St. Agatha-Kirchplatzes, Schaubild.

Erthalstraße 6   Flurstück Nr. 593/3

Geschichte

Baumeister Franz Münstermann erwirbt am 6. Oktober 1905 das Grundstück, um darauf ein Wohnhaus mit Parterrewohnung und drei Stockwerken errichten zu können. Die Kirchenverwaltung St. Agatha hat Bedenken wegen dieses geplanten Neubaus und wendet sich an den Stadtmagistrat: „Da die St. Agathakirche wegen ihres hohen Alters als Monumentalbau zu betrachten ist und dieselbe durch den projektierten Bau wegen seiner Höhe sehr beeinträchtigt wird, so erhebt die Kirchenbauverwaltung gegen diesen Bau Einspruch und glaubt hierzu um so mehr berechtigt und verpflichtet zu sein, da zwischen der St. Agathakirche und dem projektierten Bau, wie auch schon der Bauplan ersehen läßt, noch ein zweiter Bau errichtet werden soll. Hierdurch würde aber die Kirche noch mehr an Licht und Luft verlieren. Falls der Einspruch keine Berücksichtigung finden könnte, dürfte zum mindesten beansprucht werden, daß in dem Neubau kein Wirtschaftsbetrieb, noch ein geräuschvolles Geschäft eingerichtet wird".
Die Einwände von seiten der Kirchenverwaltung werden gewürdigt. Da das geplante Bauvorhaben den gesetzlichen Bestimmungen entspricht, d. h., der Neubau steht ca. 22 m entfernt vom Chor der St. Agathakirche, die Höhe des Hauses beträgt ca. 16 m und liegt somit noch unterhalb der gesetzlichen Maximalhöhe, wird die Genehmigung für den Wohnhausbau am 11. Mai 1906 erteilt.
Die Baugenehmigung erhält u. a. folgende Auflage: „Die Brandmauer gegen die Friedrichstraße ist, da sie voraussichtlich lange Zeit frei steht, in Felder zu gliedern und im Putz verschiedenartig zu behandeln".
1907 wird dem Gebäude die Hausnummer Erthalstraße 4 zugeteilt.
Eigentümer Peter Stenger beantragt die Herstellung eines eisernen Balkons vor den beiden mittleren Fenstern des ersten Obergeschosses. Das Baugesuch wird am 2. September 1910 abgewiesen. Begründet wird dieser Schritt „mit Rücksicht auf das Schaubild des Schlosses, das durch störende unschöne Bauwerke im Vordergrund beeinträchtigt würde. Der Balkonausbau würde auch dem Hause selbst nicht zur Zierde gereichen, sondern als angestücktes Beiwerk die Fassade noch verschlimmern".
Seit dem 12. Januar 1937 führt das Grundstück die Bezeichnung Erthalstraße 6.
Die durch Fliegerangriffe im Zweiten Weltkrieg entstandenen beträchtlichen Schäden am Wohnhaus können in den Jahren 1946/47 beseitigt werden.
1950 plant Eigentümer Peter Babilon einen An- und Erweiterungsbau nach Plänen des Architekten Nikolaus Neuner. Die beabsichtigte Erweiterung des Rückgebäudes wird abgewiesen, da die zulässige überbaubare Fläche überschritten worden wäre.

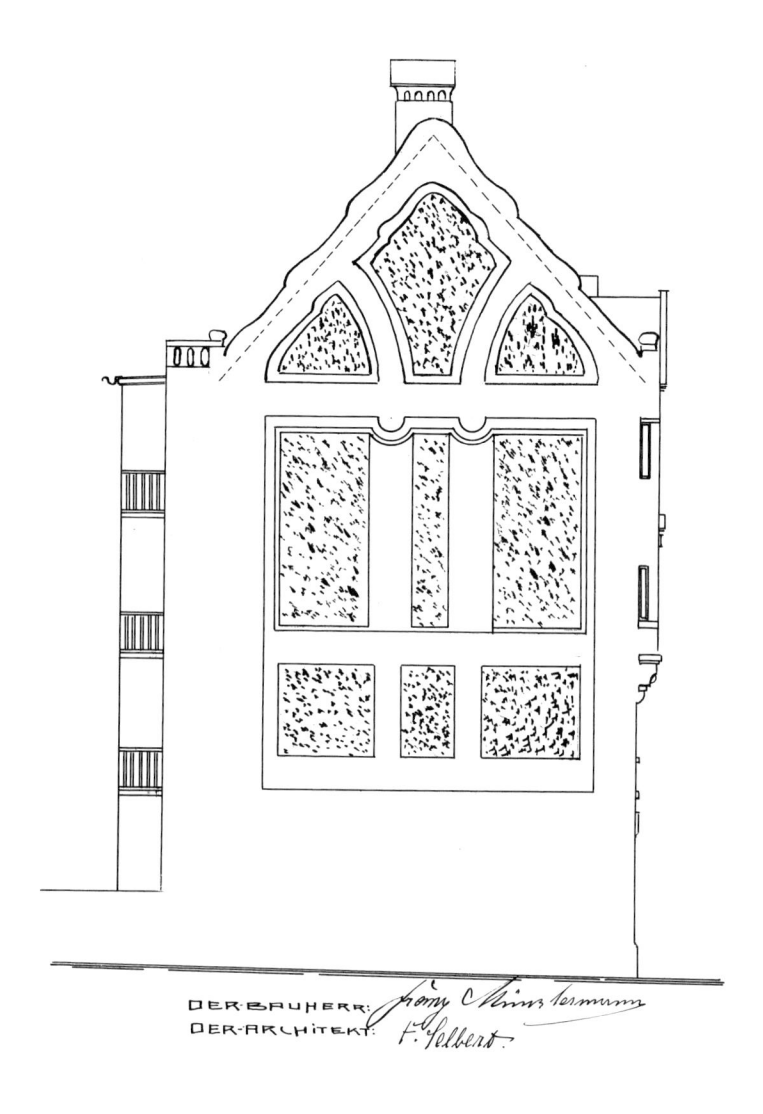

Abb. 58: Erthalstraße 6, Gestaltung des Giebels zur Friedrichstraße nach Plänen des Architekten Friedrich Selbert.

Beschreibung

Neubau von 1906

Die Ansicht des Hauses gegenüber dem Justizgebäude ist durch drei Achsen gegliedert. Die Achse auf der Seite der Friedrichstraße nimmt etwa ein Drittel der Fassadenbreite ein und springt im Erd- und ersten Obergeschoß ca. 15 cm vor die Gebäudeflucht. Das Mauerwerk besteht aus roten, im Verband gemauerten Sandsteinquadern.
Erd- und erstes Obergeschoß trennt ein Gurtgesims. In beiden Geschossen zwei Rundbogenfenster, im ersten Obergeschoß auf Brüstungsgesims stehend. Dort vertieftliegende, ornamentierte Brüstungsplatten unter den Fenstern. Im zweiten und dritten Obergeschoß tritt dieser Bauteil als Erker ca. 60 cm vor die Flucht. Er ruht auf drei reichverzierten Konsolen. In beiden Stockwerken großes dreiteiliges Fenster, im zweiten Obergeschoß mit Dreiecksgiebel. Das Mauerwerk bis zum Fenstersturz in Quadermauerwerk, anschließend verputzt. Über dem dritten Obergeschoß profiliertes verkröpftes Hauptgesims, darauf Zwerchgiebel mit gewellter Verdachung und stehendem ovalem Fenster mit Schmuckwerk.
Die beiden folgenden Achsen der Fassade zeigen im Erdgeschoß ein gekuppeltes Rundbogenfenster, ein einfaches Rundbogenfenster und den Hauseingang zwischen Sandsteinquadern.
Der Eingang gleicht dem von Haus Nr. 4 und ist mit diesem verbunden.
Über dem Gurtgesims, im ersten Obergeschoß, in jeder Achse ein gekuppeltes Fenster auf Brüstungsgesims zwischen flachen Pilastern mit verzierten Kapitellen.
Im zweiten und dritten Obergeschoß in jeder Achse ein gekuppeltes Fenster mit breiten Umrahmungen aus rotem Sandstein.
Auf dem steilen Dach, neben dem Zwerchgiebel, in jeder Achse eine Gaube.

Wiederaufbau 1946/47

Kriegsschäden waren insbesondere auf der Seite zum Nachbarhaus Erthalstraße 4 im zweiten, dritten Obergeschoß und im Dach aufgetreten. Sie wurden in den Jahren 1946/47 im Auftrag des damaligen Eigentümers Rechtsanwalt Dr. Hermann Leeb behoben. Die Fassade wurde geringfügig vereinfacht.

Abb. 59: Erthalstraße 6, Straßenansicht nach Plänen des Architekten Friedrich Selbert, 1908.

Eigentümer

1905 bis 1910 Franz Münstermann[1], Bauunternehmer,
1910 bis 1911 Peter Stenger[2] und Juliane, geb. Schuck,
1911 bis 1913 Johann Mühlon und Ehefrau Margarethe, geb. Rohmann,
1913 bis 1920 Margarethe Mühlon, Witwe,
1920 bis 1933 Bavaria Schiffahrts & Speditions AG, Bamberg, Niederlassung Aschaffenburg,
1933 bis 1946 Dr. Hermann Leeb, Rechtsanwalt,
1946 bis 1950 Peter Hammer, Bauunternehmer,
1950 bis 1953 Peter Babilon, Kleiderfabrikant,
1954 bis 1974 Franz Isidor Lieb und bis 1966 Ehefrau Berta[3], geb. Stegmann,
seit 1974 Gerda Kuhn, geb. Lieb.

---

[1] Siehe Erthalstraße 4.
[2] StaA, HR, S2, S. 1182. Peter Stenger (geb. 1866), Schneidermeister, verh. mit. Juliane Schuck (geb. 1871).
[3] Franz Isidor Lieb (geb. 1896), Gastwirt, Auhofstraße 7 war verh. mit Berta, geb. Stegmann (1899-1966).

3. Lagepläne

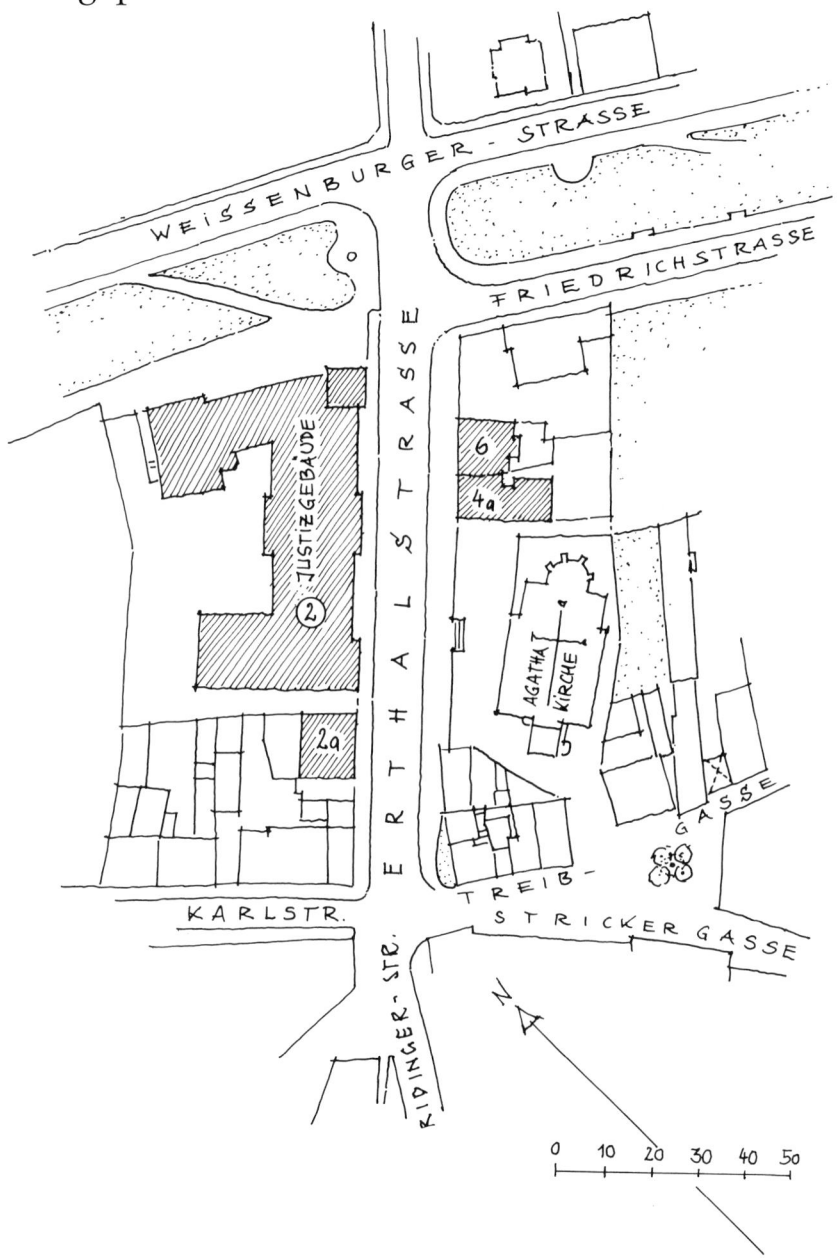

Abb. 60: Lageplan, Erthalstraße zwischen Ridingerstraße und Justizgebäude, um 1910.

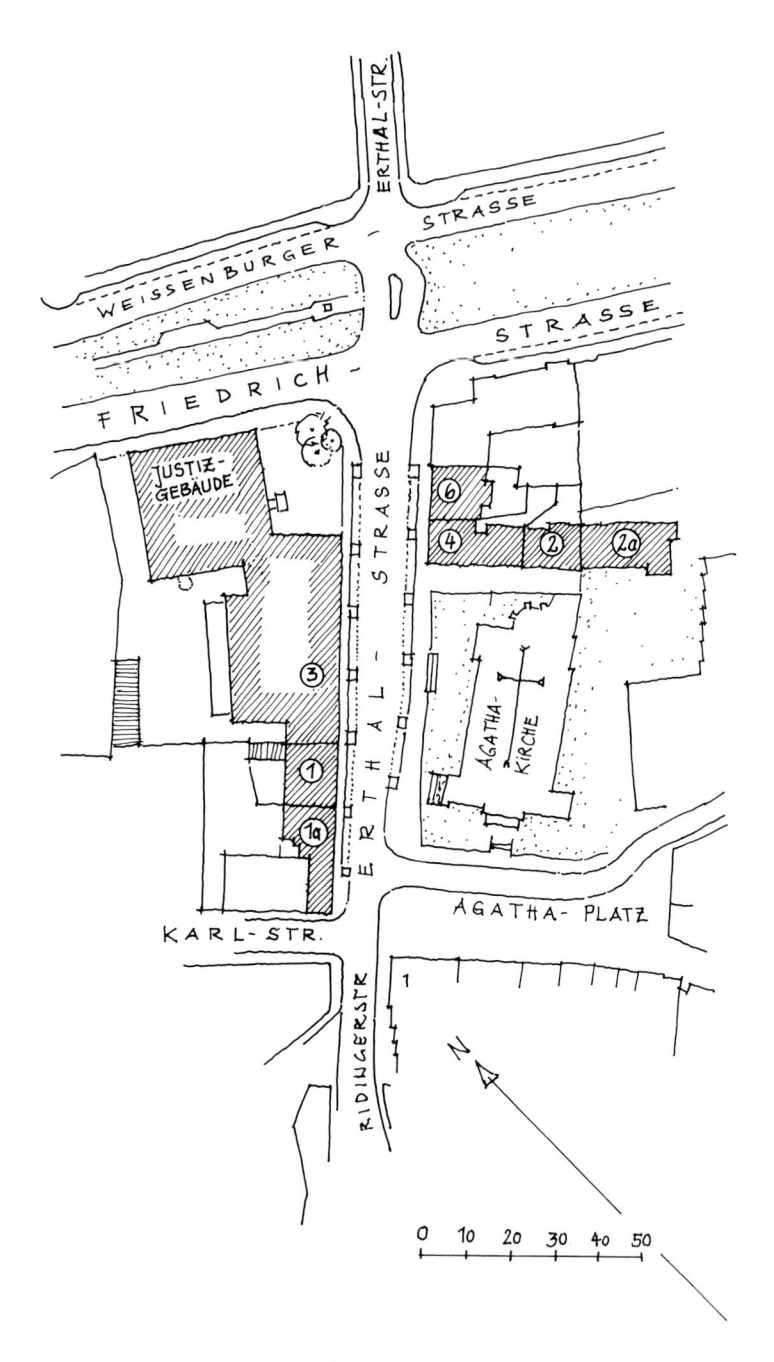

Abb. 61: Lageplan, Erthalstraße zwischen Ridingerstraße und Justizgebäude, 2001.

XXXI. Treibgasse und Agathaplatz

1. Topographie - Benennung - Allgemeines
    a) Treibgasse
    b) Agathaplatz
2. Häuserverzeichnis
    a) ungerade Hausnummern – Seite zu Steingasse/Strickergasse
    b) gerade Hausnummern – Seite zur Friedrichstraße
3. Häuser und Bewohner, die nicht den bestehenden Hausnummern zugeordnet werden können
4. Fassadenabwicklungen
5. Lagepläne

1. Topographie – Benennung – Allgemeines

a. Treibgasse

Die Treibgasse beginnt an der Herstallstraße und mündet in den 1992 gegründeten Agathaplatz. Auf der linken Straßenseite, stadtauswärts gesehen, trägt das letzte Haus, das Weinhaus Kitz, die Hausnummer 19. Auf der rechten Seite hat das Kolpinghaus die letzte gerade Hausnummer, Treibgasse 28. Bis zu den Zerstörungen im Zweiten Weltkrieg verlief die rechte Seite der Treibgasse weiter bis zur Erthalstraße. Auf diesem Teilstück standen das Mainzer Rentamt, Haus Nr. 28, das St.-Agatha-Pfarrhaus, Haus Nr. 30, die Agathakirche, Haus Nr. 32, das ehemalige Agatha-Schulhaus, Haus Nr. 34, und die Häuser Treibgasse 36, 36a und 38. Die Agathakirche führt heute die Bezeichnung Agathaplatz 3. Die anderen Gebäude existieren nicht mehr.

1544 wurde der Straßenabschnitt zwischen Herstallstraße und Einmündung der Entengasse in die Treibgasse „Nebenherstallgasse"[1] genannt. Diese Bezeichnung steht auch im Katasterblatt von 1846. In einem Entwurf des Landesvermessungsamtes in München von 1846 zu diesem Katasterblatt heißt dieses Teilstück „Judengasse".

Eine Ansiedlung von Juden in dieser Gegend ist nachweisbar. Schriftsätze der Bauverwaltung im 19. Jahrhundert lokalisieren die Anwesen Treibgasse 2 mit 10: „am Judenhöfchen gelegen"[2]. Die Einfahrt zum Judenhöfchen führte durch einen Durchgang zwischen den Anwesen Treibgasse 2 und 10.

1697 erwarb die jüdische Gemeinde das spätere Anwesen Treibgasse 18, um dort im folgenden Jahr eine Synagoge zu errichten. 1784 ersteigerte sie das Nachbarhaus, Treibgasse 20. Es wurde als Herberge, Hospital und Schule genutzt. Ein Rabbinatsgebäude mit Frauenbad und Schule entstand 1806 auf Grundstück Treibgasse 22.

1829 wurde dem Häfnermeister Heinrich Mang [Hangen] ein Brennofenbau in dem sogenannten „Judenhöfchen" abgelehnt. Er sollte einen geeigneteren Platz vor der Stadt erwerben oder den Brennofen des Georg Gurk mitbenutzen[3]. Dem Häfner Thomas Gurk wurde 1829 gestattet, die Fassade seines Hauses im „Judenhöfchen" unten in Stein, oben in Holz neu zu erstellen[4]. Abraham Hirschfeld war bis 1831 Eigentümer von Treibgasse 4. Sein Haus wurde 1831 versteigert[5]. Von 1864 bis 1883 war die Familie Adolf Oestrich in der Treibgasse 2 ansässig. 1864 wurden die Hauseigentümer von Treibgasse 2,

---

[1] StAWü, G 12324, fol. 105.
[2] Die Hausakten der Registratur des Baureferats.
[3] StaA, Mag.Prot. v. 11. Mai 1829.
[4] Ebd., v. 19. Mai 1829.
[5] AZ (110) v. 9. Juni 1831.

4 und 6 als „Teilhaber des Judenhofes" bezeichnet[6]. 1883 wurde eine Tür in der Einfahrt zum „Judenhof" eingebrochen. Im Hypothekenbuch von 1871 steht „Eichelhof, genannt Judenhöfchen".

In unmittelbarer Nähe des Rabbinatsgebäudes, Treibgasse 22, wurde 1889/93 die große Synagoge, Entengasse 11, gebaut. Im neuen Rabbinatsgebäude von 1898, das den Zweiten Weltkrieg überstanden hatte, ist heute die Städtische Dauerausstellung zur Geschichte der Aschaffenburger Juden untergebracht.

Der Name Treibgasse wird bei Schober[7] und in den Adreßbüchern der Jahre 1933, 1960 und 1967 damit erklärt, daß durch diese Gasse vermutlich früher das Vieh aus der Stadt auf die Weide getrieben wurde. 1707, bei der Übergabe des Bauplatzes Horn in der Strickergasse 4, heißt die Treibgasse „Viehtrieb"[8]. Stadtschreiber Matthäus Tempel berichtete um 1802, „daß der ganze Bezirk zwischen dem Steinweg und der Treibgasse, vor der Gegend des St. Agatha Zugbrunnens[9] bis oben an die ehemalige Freiherr von Hoheneckische Wohnbehausung in der Nebensteingasse, gespalten gewesen sein möchte [also nicht durchgehend war.]. Neben dem Kaplaneihaus[10] war ein offener, bis zur Steingasse [Strickergasse] ziehender städtischer Winkel"[11]. Es wird vermutet, daß dieser abgeschafft bzw. an die Nachbarn angegliedert wurde[12].

Die Treibgasse hatte, im Gegensatz zu Stein- und Strickergasse, im Straßennetz der Stadt nur eine untergeordnete Funktion. Die großen Grundstücke, an Stein- und Strickergasse gelegen, reichten früher bis zur Treibgasse. Hier waren die zugehörigen Wirtschaftshöfe angeschlossen. Später, bis in die Nachkriegszeit, lagen in der Treibgasse die An- und Abfahrten der Mälzereien. Den Abschnitt zwischen Entengasse und dem Agathaplatz würde man heute rückwärtige Andienung benennen. Die Flächen bis zur Seilerbahn (Friedrichstraße) lagen bis zum Ende des 19. Jahrhunderts noch unbebaut.

Die Fläche entlang des Seitenschiffes der Agathakirche zur Erthalstraße wurde, obwohl der Friedhof schon 1811 aufgelassen worden war, erst 1871 gestaltet. Nach Vorschlag von Bauingenieur Carl Wetter sollte die Treibgasse 1870 Trottoirs erhalten und gepflastert werden[13]

b. Agathaplatz

Der Platz entstand durch die von Norden kommende Straße, die Karlstraße, die sich jenseits des Stadtgrabens, der heutigen Erthalstraße, in die Stricker-

---

[6] Siehe Hausakten von Haus Nr. 2, 4, 6.
[7] *Schober*, S. 82.
[8] StiA, U 4453 v. 4. Mai 1707.
[9] Er stand auf dem heutigen Agathaplatz.
[10] In der Treibgasse.
[11] Ein kleines Gäßchen.
[12] StiA, 6584.
[13] StaA, Mag.Prot. v. 10. Februar 1870.

gasse und Treibgasse gabelte. So ergibt sich der dreiecksförmige Grundriß. Die zweistöckigen Häuser, die den Platz einrahmen, reichen nach dem Fachwerk zu schließen auf die Zeit um 1600 zurück. Durch eine Baulücke auf der nordöstlichen Seite gelangte man bis zu seiner Auflösung 1811 in den Friedhof und zur Agathakirche. Die Entstehung der Pfarrkirche St. Agatha, die dem Platz den Namen gibt, wird auf die zweite Hälfte des 12. Jahrhunderts zurückgeführt[14].

Auf dem Katasterplan von 1846 ist an der Südostseite des Platzes, im Abstand von ca. 10 m von den Häusern entfernt, ein Brunnen eingetragen. Um 1900 waren um diesen Brunnen vier Bäume gruppiert.

Schon frühzeitig bemühte sich die Stadt, die Anwesen vor der Kirche, der sogenannten Insel (Hausnummer 34, 36, 38), anzukaufen, um eine städtebauliche Bereinigung durchführen zu können. Dies verzögerte sich jedoch.

Im Zweiten Weltkrieg wurden diese Häuser, die ehemalige alte Schule und der Pfarrhof durch Spreng- und Brandbomben so stark beschädigt. daß sie nicht wieder aufgebaut wurden. Auch die Kirche erlitt schwere Schäden. Beim Wiederaufbau der Kirche von 1948/49 und beim Erweiterungsbau von 1962 rückte das Kirchenschiff um ca. 12 m gegen den Platz vor. Der Turm steht jetzt an der Nordwestecke der Kirche. Der Platz hat dadurch einen neuen, rechteckigen Grundriß bekommen.

1992 wurde der Bereich vor der Kirche neu gepflastert und erhielt offiziell den Namen Agathaplatz.

---

[14] *Roman Fischer*, Aschaffenburg, S. 52 ff. *Fischer* vermutet, daß die Gründung der Pfarrei auf Erzbischof Christian von Buch (1165–1183) entweder 1167/68 oder 1171 zurückzuführen ist.

2. Häuserverzeichnis

a. ungerade Hausnummern – Seite zu Steingasse/Strickergasse

Treibgasse 1   (Lit. D 93, 92)   Plan-Nr. 1350, 1349

Geschichte

Das Anwesen setzt sich aus zwei Hausteilen zusammen: Hausteil Lit. D 93, Plan-Nr. 1350 und Hausteil Lit. D 92, Plan-Nr. 1349.

Seit 1927 ist Treibgasse 1 in die größere Grundfläche Herstallstraße 17 (neu) einbezogen.

Das Haus Lit. D 92 soll nach Kittel im Jahr 1521 errichtet worden sein[1].

1794 ist der Besitzer beider Hausteile Kallmann Löb. Seinen Kindern, die das Haus geerbt haben, wird 1808 genehmigt, das baufällige Hinterhaus reparieren zu lassen[2].

In den folgenden Jahren gehören die Hausteile Lit. D 93 und Lit. D 92 verschiedenen Familien. Erst 1834 gibt es wieder einen Alleineigentümer beider Hausteile: Konditor Franz Fröhlich.

1836 läßt Fröhlich die Fassade seines Hauses ändern[3]. Um eine Küche im dritten Stock zu installieren, muß er für den Herd einen eigenen Kamin mit Schornsteinbusen bauen lassen. Aus diesem Grund ergeben sich Schwierigkeiten mit seinem Nachbarn, Wolf Riesheim[4].

Simon Löb Dilsheimer kauft 1841 von Konditor Franz Fröhlich Hausteil Lit. D 93, das Eckhaus Herstallstraße/Treibgasse. Am 31. Mai 1842 stellt Dilsheimer einen Antrag zur Errichtung eines Ladens, um eine Schnitt- und Modewarenhandlung eröffnen zu können. Dilsheimer weigert sich jedoch, die geforderten Fenstergitter der „französischen" Fenster sowie die Sprosseneinteilung vorzunehmen. Sein Gesuch – Gutachter ist Professor Karl Ludwig Louis – wird der königlichen Regierung vorgelegt, aber am 20. Dezember 1842 abgelehnt[5]. Dilsheimer muß sich an die vorgegebenen Auflagen halten.

1850 erhält Dilsheimer, der inzwischen auch Hausteil Lit. D 92 erworben hatte, die Genehmigung zur Änderung der Fassade[6]. 1864 will er die Schaufenster vergrößern lassen[7]. Es kommt jedoch nicht zur Ausführung. Ein neuer Plan von 1869 zeigt eine umgestaltete Giebelfassade mit Angliederung von Pilastern und Gesimsen im Stil der damaligen Zeit[8]. Bis zum 17. Juni 1869 sind die Fassaden des Eckhauses (Lit. D 93) nach einem Plan von Maurermeister Franz Schmelz geändert.

Eigentümer seit 1877 ist Kaufmann Julius Levy, der zugleich Mitinhaber der Schnitt- und Modewarenhandlung Simon C. Dilsheimer Nachfolger wird. Levy läßt 1885 das zweigeschossige Rückgebäude entlang der Grundstücksgrenze zum Nachbarhaus Lit. D 91[9] um ein weiteres Geschoß aufstocken. Das

---

[1] Vgl. *Kittel*, ZS 1521: Das Haus Lit. D 92 liegt nach Kittel in der Judengasse.
[2] StAWü, MRA, LG 3033.
[3] StaA, Mag.Prot. v. 23. Juni 1836.
[4] Ebd. v. 11. August 1836. Wolf Riesheim war bis 1831 Eigentümer von Hausteil Lit. D 93.
[5] Siehe Gutachten von Professor Louis.
[6] StaA, Mag.Prot. v. 21. Oktober 1850.
[7] Gesuch v. 22. Juni 1864.
[8] Plan v. 20. Januar 1869.
[9] Nebensteingasse 12.

erste Obergeschoß erhält vom Hof aus einen direkten Zugang über eine Freitreppe[10].

Pläne zum Umbau des gesamten Anwesens, datiert vom 11. Januar 1889, werden zur Genehmigung vorgelegt. Der Eckbau Lit. D 93 wird mit dem in der Treibgasse angrenzenden Haus (Lit. D 92) vereinigt. Die Last der Decken über dem Erdgeschoß ist durch eine Stahlkonstruktion, die auf drei Säulen ruht, abgetragen. Dadurch entsteht im Erdgeschoß ein großer „Geschäftsraum oder Laden".

An der Nahtstelle der beiden Gebäude, in der Ecke zum Hof, liegt eine repräsentative Rundtreppe, die in die Geschäftsräume im ersten Stock führt und über eine Glaskuppel von oben belichtet wird.

In den obengenannten genehmigten Plänen bestehen die Decken und Außenwände des Eckhauses in den Obergeschossen immer noch aus Holz. Sie kragen in den Geschossen auf den Straßenseiten vor. Vermutlich wird während des Umbaus festgestellt, daß das Stichgebälk des Giebels zur Treibgasse schadhaft ist. Es werden deshalb Vorschläge unterbreitet, die Überstände zu beseitigen. Mit Beschluß vom 5. August 1889 wird der geänderte, von Architekt Hermann Reichard entworfene, „auf Leinwand gezeichnete Plan" mit der geänderten Giebelfassade zur Treibgasse genehmigt.

Inzwischen erwirbt Levy ein an sein Grundstück reichendes Rückgebäude von Abraham Hamburger, Herstallstraße 21, hinzu. Ein viergeschossiger Neubau wird am 5. Juli 1889 vom Stadtmagistrat genehmigt und zusammen mit dem Umbau des Hauptgebäudes ausgeführt.

Die Stadt Aschaffenburg beschäftigt sich zu dieser Zeit mit der „Erweiterung und Durchführung des Alignements[11] der Herstallgasse, [...] der einzigen Zufahrtsstraße von der Bahn in die innere Stadt".

Bereits seit August 1889 verhandelt die Stadtverwaltung mit Julius Levy in der Absicht, das Anwesen Treibgasse 1 zu erwerben, um den dort befindlichen Engpaß in der Herstallstraße zu beseitigen. Levy lehnt unter Hinweis auf seinen Neubau ab. In den folgenden Verhandlungen verlangt Levy für den Abbruch der Häuser Herstallstraße 21 und 23 sowie für sein Anwesen Treibgasse 1 und den Neubau dieser Häuser auf der neuen Baulinie die Summe von 150.000 Mark[12]. Mit Beschluß vom 3. Mai 1901 will der Stadtmagistrat nur 80.000 Mark genehmigen. In einem Schreiben vom 8. Juni 1901 legt Levy dar, daß ihm Kosten in der Höhe von 265.000 Mark entstehen. Er besteht weiterhin auf einer Entschädigung von 150.000 Mark. Die Verhandlungen[13] werden

---

[10] 2. Februar 1885.
[11] Alignement (frz.): das Abstecken einer Fluchtlinie beim Straßenbau.
[12] Die Stadt beabsichtigte 1901 im Zuge der Stadtplanung auch Ankauf und Abbruch der Nachbaranwesen. Folgende Summen verlangten die Eigentümer: Metzgerei Emilie Schmelzer, Witwe, Herstallstraße 21, 78.000 Mark; Paulina Hetterich, Witwe, Holzwarenhandlung, Herstallstraße 23, 45.000 Mark; Mechaniker Philipp Rehm, Nebensteingasse 8, 22.000 Mark.
[13] Die Verhandlungen gelangen durch die Tagespresse an die Öffentlichkeit, siehe AZ v. 12., 13. und 16. April 1902.

noch bis 1913 erfolglos weitergeführt; es kommt zu keiner Einigung.
Buchhändler Paul Pattloch kauft 1918 das Anwesen. In den Räumen des ehemaligen Modegeschäfts Dilsheimer eröffnet er seine neue Buchhandlung. Im Juni 1926 reicht Pattloch ein Gesuch ein, um die Dachgauben an seinem Haus verändern zu können.
1926 zieht Pattloch mit seiner Buchhandlung in das Wolfsthalhaus, Herstallstraße 39.
Kaufmann Mathias Löwenthal, der bereits 1910 zu seinen Häusern Herstallstraße 21 und Herstallstraße 19 auch Herstallstraße 17 erworben hatte, kauft im Dezember 1927 noch das Anwesen Treibgasse 1. Das Haus wird abgebrochen.
1930 entsteht ein Neubaukomplex Ecke Herstallstraße/Treibgasse/Nebensteingasse. Das Grundstück Treibgasse 1 ist in den Neubau des Kaufhauses Mathias Löwenthal integriert.
Seit 1995 steht an dieser Stelle das Kaufhaus Peek & Cloppenburg[14].

Beschreibung

Hausteil Lit. D 93, Plan-Nr. 1350, Ecke Herstallstraße

Dreigeschossig. Giebel mit Schopfwalm zur Treibgasse, Traufe zur Herstallstraße. Erdgeschoß massiv, Obergeschoß jeweils übergekragt. Verputztes Fachwerk.
In der Giebelseite drei Fensterachsen. In der ersten Achse, neben Hausteil D 92, Hauseingang. Zur Treibgasse auch rundbogiger Zugang zum Gewölbekeller. Zur Herstallstraße fünf Achsen, in der zweiten Achse, neben Herstallstraße 23, Ladeneingang. Die regelmäßige Fensteranordnung läßt auf eine entsprechende Fassadenänderung der Jahre um 1800 schließen.
Nach 1842 haben die Fenster im Erdgeschoß – nun Schaufenster – niedrigere Brüstungen bei alter Breite. Zur Herstallstraße ist der Ladeneingang in Fassadenmitte. Auf der Giebelseite ist ein weiterer Ladenzugang neben der Hausecke.
Seit 1869 ist das Erdgeschoß in beiden Fassaden mit großen Schaufenstern ausgestattet. Zur Herstallstraße sind zwei Schaufenster, dazwischen ist der Ladeneingang. Zur Treibgasse ist ein Schaufenster mit Ladeneingang. Der Hauseingang wurde in Hausteil D 92 verlegt. Die Zwischen- und Eckpfeiler sind durch Lisenen mit Sockel und Kopfstücken bereichert, zum ersten Obergeschoß Gurtgesims. Am Giebel sind die Fenster im ersten und zweiten Obergeschoß durch Umrahmungen, Konsolen, gerade Verdachungen mit Akroterien (Giebelverzierungen) dekoriert.

---

[14] Vgl. *Grimm* IV, S. 41 ff., Herstallstraße 17/23. Eröffnung des Kaufhauses Peek & Cloppenburg am 27. September 1995, ME v. 26. September 1995.

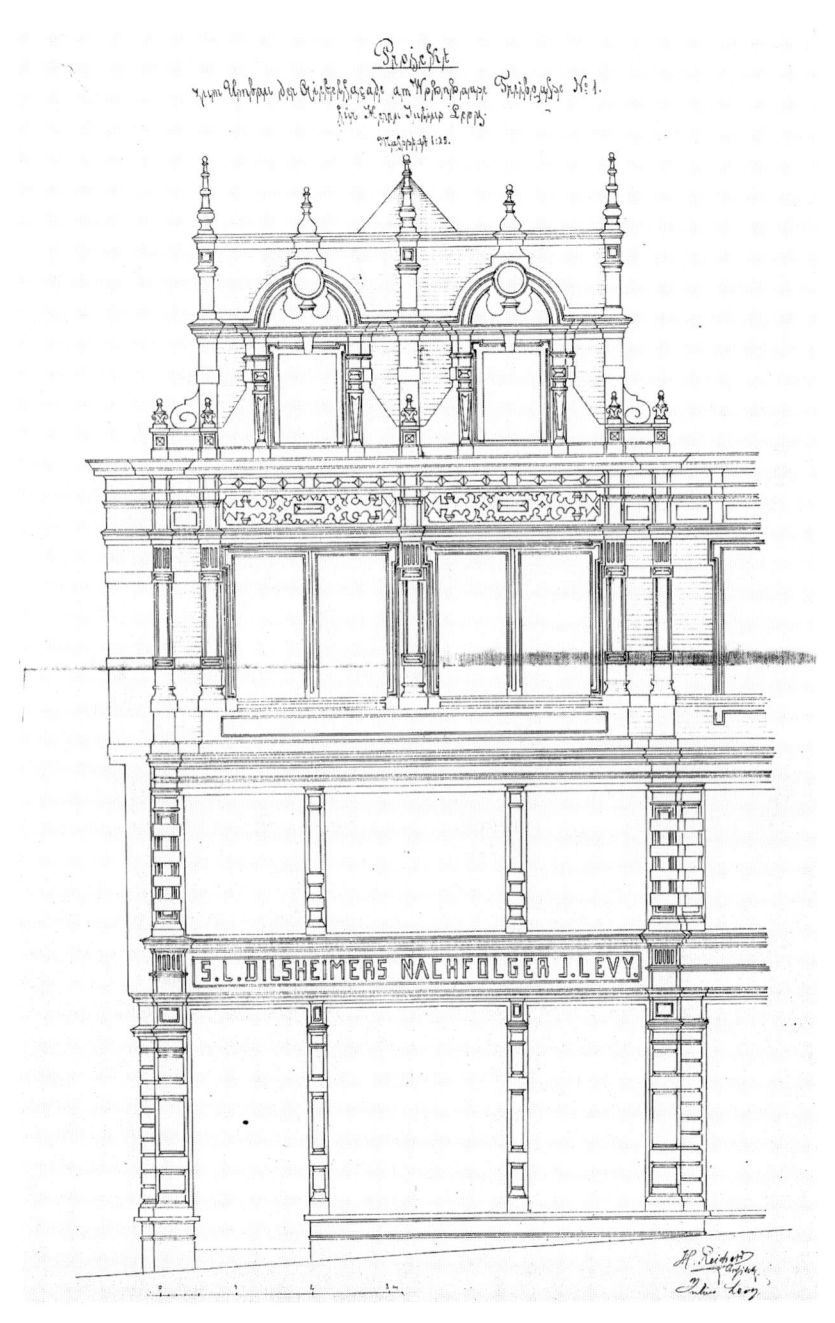

Abb. 62: Treibgasse 1, Umbau der Fassade zur Treibgasse. 1889 von Architekt Hermann Reichard.

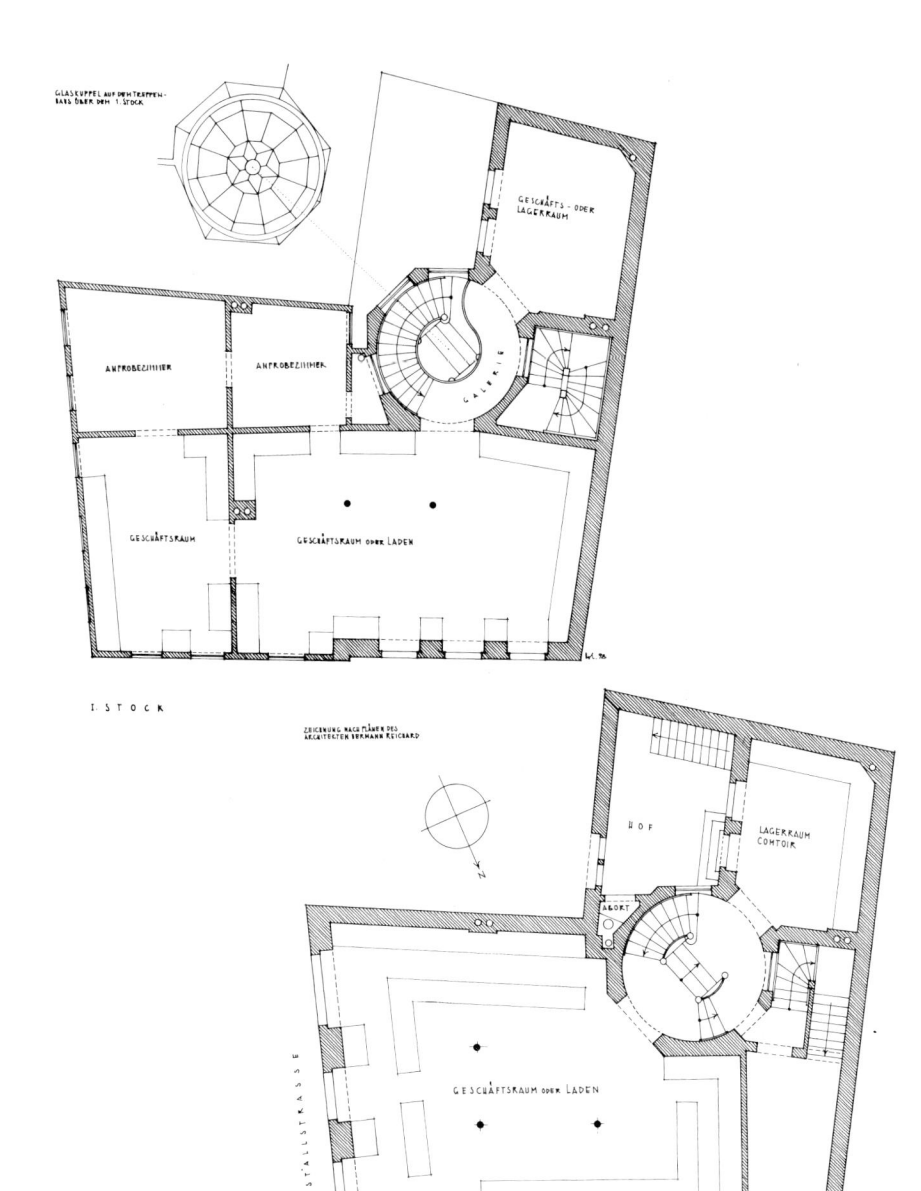

Abb. 63: Treibgasse 1, Umbau von Parterre und 1. Stock für das Kaufhaus S. L. Dilsheimer, Nachfolger I. Levi. Pläne von Hermann Reichard, 1889.

Hausteil Lit. D 92, Plan-Nr. 1349

Zweigeschossig mit Traufe zur Treibgasse. Erdgeschoß massiv, ausgekragtes Obergeschoß, verputztes Fachwerk. Hauseingang auf der Seite zu Nebensteingasse 12. Im Erdgeschoß sind zwei Fenster, im Obergeschoß ein einzelnes und ein gekuppeltes Fenster.

Umbau von 1889

Der Hausteil Lit. D 92 wird dreigeschossig und massiv erneuert. Er wird in allen Geschossen mit dem Eckhaus Lit. D 93 verbunden. Die Erdgeschoßfassade erhält ein Schaufenster, der Hauseingang rückt auf die Seite zu Nebensteingasse 12. Die Gestaltung wird vom Eckbau übernommen. An der Treibgasse entsteht in den Obergeschossen eine neue Fassade, gegliedert durch Pilaster, Lisenen und Gesimse, am Eckhaus nur vorgeblendet.
Auch der Giebel ist durch eine Schauwand kaschiert, horizontal abschließend und im gleichen Stil. Diese für die Zeit charakteristische Fassade prägt den Bereich Herstallstraße/Treibgasse bis zum Abbruch 1930.

Eigentümer

Hausteil Lit. D 93, Plan-Nr. 1350

1781/88	Johann Michel Brenner[15],
1794	Kallmann Löb[16],
1808/1815	Kallmann Löbs Kinder[17],
bis 1826	Eltern von Wolf und Löb Riesheim,
1826 bis 1831	Wolf und Löb Riesheim[18], Gebrüder,
1831 bis 1834	Heinrich Ritter, Gastwirt im Schönbusch,
1834 bis 1841	Franz Fröhlich[19], Zuckerbäcker,
1841 bis 1877	Simon Löb Dilsheimer[20], Handelsvertreter,
1877 bis 1918	Julius Levy[21], Kaufmann aus Affaltrach/Württemberg,

---

[15] StaA, R 484, S. 7. StAWü R 33971.
[16] Kallmann Löb war 1784 „schutz Jud dahier". 1793 zählt er zu den 30 Mitgliedern der jüdischen Gemeinde in Aschaffenburg und Damm. Vgl. *Bamberger*, S. 46 u. 53.
[17] Haus Lit. D 92/93 gehörte Kallmann Löbs Kindern. 1811 ist eine Wohnung zu vermieten. Vgl. Intell.Bl. Nr. 83 v. 19. Oktober 1811. 1815 wird das Haus verpachtet. Ebd., Nr. 95 v. 28. Februar 1815.
[18] StaA, HR, Israel, S. 4 und 49: Löb Riesheim (1796-1867), Kostgeber und Kaffeewirt.
[19] Ebd., HR, F, S. 92: Franz Fröhlich, geb. 1803 in Erfurt, gest. 1844.
[20] Ebd., HR, Israel, S. 56: Simon Löb Dilsheimer (1813-1893), Handelsmann.
[21] Ebd., AN, La-Me: 1881 Julius Levy aus Affaltrach, Kreis Heilbronn. *Körner*, Biogr.HB, S. 135. Julius Levy (1849-1920), verh. mit Franziska, geb. Lorch, war Mitinhaber der Schnitt- und Modewarenhandlung Simon C. Dilsheimer Nachfolger in der Treibgasse 1.

1918 bis 1927 Paul Pattloch[22], Buchhändler,
  seit 1927 Mathias Löwenthal, Kaufmann,
  siehe Herstallstraße 17/23[23].

Hausteil Lit. D 92, Plan-Nr. 1349

1794   Kallmann Löb,
1808/1815   Kallmann Löbs Kinder,
  bis 1832 Kilian Gentil[24], Glaser,
1832/1842   Franz Fröhlich, Zuckerbäcker,
  bis 1850 Konrad Frosch[25], königlicher Advokat,
1850 bis 1877 Simon Löb Dilsheimer[26], Handelsvertreter,
  seit 1877 wie Hausteil Lit. D 93.

---

[22] Ebd., HR, P2, S. 271. Pattloch wurde 1871 in Neustadt, Oberschlesien, geboren. Er war verh. mit Maria, geb. Rody (1875-1952). Pattloch kam von Hamburg nach Aschaffenburg und starb hier 1959.
[23] Siehe Anm. 14.
[24] StaA, HR, G1, S. 123: Kilian Gentil (1805-1878). Laut Feststellung des Magistrats v. 10. Mai 1913 war Gentil bis 1832 Hausbesitzer. 1913 kam es zu Verhandlungen mit der Stadt wegen des Hausabbruchs, um die Straße erweitern zu können.
[25] Ebd., HR, F, S. 97. Konrad Frosch (1798- 1866) aus Dettingen, verh. mit Maria Franziska Koch (1803-1862).
[26] Siehe Anm. 20.

Treibgasse 3 (Lit. D 89$^{1}/_{2}$) Plan-Nr. 1333

Geschichte

Das Grundstück gehörte zum sogenannten „Centgrafenhof", Steingasse 8. Der Besitz wurde durch die Erben des Zentgrafen Johann Caspar Merkel[1] nach 1721 aufgelöst und privat verkauft. Maurermeister Sebastian Mang, der von 1794 bis 1803 auch Eigentümer von Nebensteingasse 9 war, hatte es bis 1825 in Besitz. 1825 erwarb David Baruch Oestrich das Anwesen.
Im Zweiten Weltkrieg wurde das Haus schwer beschädigt[2]. 1953 mußte es abgebrochen werden.

---

[1] StAWü, R 27332, S. 361: Johann Caspar Merkel, seit 1685 Zentgraf. StaA, Krämerzunftbuch, S. 499: 1721 stirbt Merkel und wird „mit großem Leidwesen begraben". Vgl. auch *Grimm* IV, S. 348 ff., Steingasse 8.
[2] Siehe *Stadtmüller* II, S. 440.

Beschreibung

Das nur 5 m breite Haus war zweigeschossig, massiv, mit Traufe zur Treibgasse und hatte drei Fensterachsen.

Eigentümer

bis 1825	Sebastian Mang, Maurer,
1825 bis 1847	David Baruch Oestrich[3], Handelsmann,
1847/1850	Sara Oestrich[4], ledig,
1865/1890	Johann Bechtold, Kofferträger,
1901 bis 1910	Elisabeth Weigand, Schneidersehefrau,
1910 bis 1918	Jakob Orschler[5], Gemüsehändler,
1918 bis 1950	Erbengemeinschaft der Kinder des Jakob O.,
1950 bis 1973	Egid Hilg[6], Malzfabrikant,
1973 bis 1978	Hardo Hilg, Diplom-Braumeister, Sohn des Egid H.,
seit 1978	Stadt Aschaffenburg.

---

[3] StaA, HR, Israel, S. 27. Viehhändler David Baruch Oestrich (1766-1849), verheiratet mit Schönchen Seligmann (1780-1835). Die Ehe blieb kinderlos.
[4] Ebd., S. 24: Sara Oestrich, geb. 1811. Sie war die älteste Tochter von Abraham Baruch Oestrich (gest. 1839), Ellenwarenhändler (=Ausschnittwarenhändler), und seiner Frau Grünlein, geb. Alexander (1791-1833). Es ist anzunehmen, daß Sara eine Nichte von David Baruch Oestrich war. Isaak, Sohn von Sara Oestrich und Josib Strauß aus Wasserlos, wurde 1842 geboren.
[5] Ebd., HR, O, S. 90. Jakob Orschler (1865-1914) ließ sich als Steinhauer in das Heimatregister eintragen. Der spätere Gemüsehändler war verh. mit Anna Maria Pfaff (geb. 1866), neun Kinder. Nach dem Tod ihres Ehemanns erbten die Witwe und dann die Kinder.
[6] Egid Hilg, geb. 1905, aus Oberschleißheim, verh. mit Emma Elisabeth Ries.

Treibgasse 5   (Lit. D 89⁶/₈)   Plan-Nr. 1332

Geschichte

Das Haus wurde 1825 oder kurz zuvor von Josef Weber neu erbaut. Das Grundstück war früher, wie auch Treibgasse 3, Teilbestand von Steingasse 8, dem sogenannten „Centgrafenhof"[1]. Das Rückgebäude von Steingasse 8 war Hofabschluß zu Treibgasse 5 und 5a. Über die weitere Baugeschichte existieren keine Unterlagen.

---

[1] 1794 wohnten dort die Erben des Zentgrafen Merkel. Vgl.: StAWü, MRA 17/L 134.

Das im Zweiten Weltkrieg teilzerstörte Haus wurde nach 1945 bei Wiederaufbauten in die Mälzerei, Treibgasse 5a, einbezogen.

Beschreibung

Schmales Haus von ca. 5 m Frontbreite, zweigeschossig, massiv mit Traufe zur Treibgasse. Zwei Fensterachsen.

Eigentümer

1825/1858	Josef Weber[2], Schmied, dann seine Frau,
1858 bis 1860	Michael Weber[3], Schmied, Sohn des Josef W.,
1860 bis 1861	Balthasar Krebs,
1861 bis 1887	Maria Anna Nees[4], geb. Krebs,
1887 bis 1923	Margarethe und Maria, Töchter der Maria Anna und des Mathias N.[5],
1923 bis 1929	Gustav Weinacht, Geschäftsleiter,
1929 bis 1935	Leopold Ries[6], Malzfabrikant,
1935 bis 1937	Else Ries, Witwe des Leopold R., und Tochter Emma, später Ehefrau des Egid Hilg,
1937 bis 1973	Egid Hilg[7], Malzfabrikant, Schwiegersohn des Leopold R., dann wie Treibgasse 3 und 5a.

[2] StaA, HR, W1, S. 32: Josef Weber (1774-1837), verh. mit Margarethe Schandebehr (1778-1857).
[3] Ebd., W2, S. 108: Michael Weber (1808-1876).
[4] Maria Anna Nees war die Tochter des Balthasar Krebs. Sie heiratete den Aufseher und Gärtner am Pompejanum, Mathias (Matthes) Nees.
[5] Ebd., HR, N1, S. 97: Mathias Nees (1821-1886), in erster Ehe verh. mit Maria Anna Krebs (1839-1866), 2 Töchter. Margarethe (geb. 1862) und Maria (geb. 1866).
[6] Ebd., R1, S. 304, Leopold Ries (1870-1935).
[7] Egid Hilg (geb. 1905) aus Oberschleißheim.

Treibgasse 5a (Lit. D 89³/₄) Plan-Nr. 1331 (seit 1892)

Geschichte

Das Grundstück Plan-Nr. 1331 gehörte vor 1892 zu Steingasse 8, dem ehemaligen Centgrafenhof. Wie Treibgasse 5 muß auch Treibgasse 5a Teilbestand des Centgrafenhofs gewesen sein.

1846 war der neue Eigentümer von Steingasse 8 Ignaz Karl Freiherr von Hertling[1], Brauereibesitzer. Er hatte das Braurecht und die Erlaubnis, Branntwein zu brennen[2]. Das Verwaltungsgebäude und eine Gastwirtschaft standen in der Steingasse 8[3], die Brauereigebäude befanden sich auf den zur Treibgasse gelegenen Grundstücksteilen.
Auf dem Urkataster von 1845 steht das Brauereigebäude mit einer Länge von ca. 19 m und einer Tiefe von ca. 9 m an der Treibgasse. 1872 wird die Malzdarre erneuert. Aus demselben Jahr liegt ein Bauantrag vor, auf dessen Rückseite folgender Eintrag steht:

„Beschluß
Obgleich durch die Ausführung des subs.[4] Bauvorhabens die schon durch den Bau der neuen Malzdarre gestörte Symmetrie nun noch eine größere Störung erleiden wird, kann doch in Anbetracht des Umstandes, daß die zu ändernde Fassade nur einer Nebenstraße zugekehrt ist und hiedurch auf Entfaltung der Industrie indirekt helfend eingewirkt wird, dem subs. Bauprojekt die baupolizeiliche Genehmigung unter der Bedingung erteilt werden, daß die neu einzubrechenden Fenster gleich den bestehenden den Bogensturz erhalten und daß sich die von Hertling'sche Aktienbrauerei-Gesellschaft verpflichtet, im nächsten Sommer die nach der Treibgasse zugekehrte Fassade derart zu verputzen, daß durch Putzlisenen und Anbringung von Scheinfenstern die gestörte Symmetrie unter Benehmen mit dem städt. Ingenieur wieder hergestellt wird."
1882 wird die Hertlingsche Brauerei von dem Getreidehändler Gabriel Ries abgekauft. Ries gründet noch im gleichen Jahr eine Malzfabrik.
1887 wird das Gebäude an der Treibgasse aufgestockt. Die Traufe liegt nun etwa 14,50 m über der Straße. Aus dem Dachfirst ragt der für Mälzereien typische Entlüftungskamin.
Im Jahr 1892 werden die zur Treibgasse gelegenen Grundstücksteile mit den Brauereigebäuden vom Hauptgrundstück an der Treibgasse getrennt. Das neue Anwesen erhält die Bezeichnung: Treibgasse 5a.
Zur selben Zeit läßt Gabriel Ries im Hof seines Anwesens an der Treibgasse über einem alten Gewölbekeller einen zweigeschossigen Malzkeller und einen einstöckigen „Comptoirbau"[5] mit zwei Räumen errichten.
1906 wird für Leopold Ries die Vergrößerung der Malzdarre an der Treibgasse genehmigt. Das Satteldach wird höher und erhält einen verbesserten „Dunstkamin".

---

[1] Ignaz Karl Freiherr von Hertling (1843-1908), kgl. Kammerjunker und Appellationsgerichtsrat, Brauereibesitzer, vgl. StaA, HR, H1, S. 238.
[2] StaA, Mag.Prot. v. 4. Juni 1846.
[3] Vgl. *Grimm* IV, S. 349 f., Steingasse 8.
[4] subscribere (lat.) = (durch Unterschrift) genehmigen.
[5] Comptoir (frz.) = Kontor, Geschäftszimmer.

1936 geht die Mälzerei an Egid Hilg, Schwiegersohn des Leopold Ries, über. Während des Zweiten Weltkriegs dient der sogenannte „Rieserkeller" als öffentlicher Luftschutzbunker[6]. Durch Bombenangriffe wird das Anwesen schwer beschädigt.

Mit dem Wiederaufbau nach Kriegsende wird das Mälzereigrundstück durch die anschließende Gartenfläche Flurstück Nr. 1414 – sie gehörte früher zu den Anwesen Steingasse 10 und 12[7] – und durch die beiden Anwesen Treibgasse 3 und 5 vergrößert. Im Dezember 1949 genehmigt der Stadtrat auf Widerruf die Aufstellung einer Lagerhalle aus Wellblech auf Flurstück Nr. 1414. Die Halle ist 5 m breit und 15 m lang und steht senkrecht zur Straßenachse.

Dipl.-Architekt Ludwig Dölger bittet im Namen seines Bauherrn, Egid Hilg, um die Genehmigung, am 31. Juli 1953 ein Silogebäude auf der Fläche der früheren Anwesen Treibgasse 3 und 5 errichten zu dürfen. Die statische Berechnung erstellt Dipl.-Ing. Hans Kaske. Die Baugenehmigung ist am 17. September 1953 von Inspektor Herbert Grosch ausgestellt.

Mit Schreiben vom 8. August 1957 beantragt Architekt Ludwig Dölger den Neubau von „Trocknungs- und Lüftungssilos für Getreide" auf Flurstück Nr. 1414 an der Treibgasse. Bereits am 10. September 1957 werden der Siloturm und die an der Straße liegende Einfahrtshalle genehmigt.

Die Malzfabrik bleibt noch bis 1975 in Betrieb.

Im Rahmen der Innenstadtsanierung kauft die Stadt Aschaffenburg 1978 von Egid Hilg das 1484 m² große Gelände. Zusammen mit dem Grundstück des benachbarten, schon 1974 erworbenen Union-Lichtspielhauses[8] besitzt die Stadt jetzt eine Grundfläche von fast 2000 m².

1982 werden die alten Gebäude abgebrochen, nur der Brauereibrunnen bleibt erhalten. Um Vorschläge für die Neubebauung zu bekommen, lobt die Stadt Aschaffenburg einen städtebaulichen Ideenwettbewerb aus.

Seit 1984 wird an der neuen Bauanlage gearbeitet, deren Kosten mit ca. 10 Millionen DM veranschlagt sind. Die Pläne liefert Architekt Hans-Jürgen Steuber, Preisträger des Wettbewerbs.

Es entstehen:
- 29 altengerechte Wohnungen von der Hospitalstiftung
- 12 Eigentumswohnungen und eine Tiefgarage mit 36 Stellplätzen von der LWS (Landeswohnungs- und Städtebaugesellschaft, Würzburg)
- 7 Läden mit einer Fläche von insgesamt 500 m² durch die Stadt Aschaffenburg.

---

[6] Vgl. *Stadtmüller* I, S. 314. Gegen Kriegsende war eine Apotheke im Rieserkeller untergebracht, vgl. ebd., S. 318.
[7] *Grimm* IV, S. 352.
[8] Bis 1928 Nebensteingasse 9, dann zu Herstallstraße 17/23. Bei *Grimm* IV, S. 384 heißt es irrtümlich „Treibgasse 1".

Die neuen Gebäude werden zusammen mit der „Mälzerei-Passage", einer ebenfalls neu geschaffenen Verbindung zwischen Steingasse und Treibgasse, im Juni 1987 eingeweiht.

Beschreibung

Gemäß dem Plan der Firma Scheuermann vom Juni 1906 stand das Mälzereigebäude nach dem Umbau von 1872 mit fünf Fensterachsen an der Treibgasse. Der Gebäudeteil mit den ersten drei Achsen – von der Herstallstraße aus gezählt – besaß eine Traufhöhe von ca. 11,50 m und drei Stockwerke. Am restlichen Gebäudeteil, der eigentlichen Malzdarre, betrug die Traufhöhe ca. 14,50 m. Die Firsthöhe maß zusätzlich ca. 3,50 m. Über der Darre war der Dunstkamin mit Metallbedeckung.

Die beiden am 2. September 1892 genehmigten Malztennen liegen an der seitlichen Grundstücksgrenze hinter den Anwesen Treibgasse 3 und 5. Der Neubau ist ca. 11 m lang, 3,50 m tief und steht über einem alten Gewölbe. Die Tennen sind in zwei Stockwerken untergebracht, darüber ein Pultdach. Die Fassade ist durch acht Fensterachsen gegliedert. Im Erdgeschoß in der ersten Achse eine Tür, in der letzten Achse zur Steingasse ein kleines, einstöckig angebautes Bürogebäude mit flachem Pultdach.

1906 wird die Malzdarre an der Treibgasse um eine Achse erweitert. Das Dach wird auf ca. 7 m erhöht, mit neuem Dunstkamin und drehbarer Metallabdeckung mit Fahne. Im Erdgeschoß ist in der ersten Achse ein ca. 3,50 m breites und ebenso hohes Tor mit Rundbogen, darüber Rundbogenfenster. In den übrigen Achsen hohe Fenster, die mit Sandsteingewänden versehen sind. Über dem Sturz steht jeweils ein Rundbogenfenster. Über den Rundbogenfenstern der beiden ersten Achsen des Erdgeschosses im ersten und zweiten Obergeschoß hohe Rechteckfenster. Über deren restlichen Erdgeschoßfenstern jeweils vier kleine Fenster mit Segmentbogen als Sturz.

1953/54 wird auf der Fläche der abgeräumten Anwesen Treibgasse 3 und 5 ein Silogebäude errichtet. Der Neubau liegt mit einer Länge von ca. 10,20 m an der Treibgasse. Er übernimmt die Trauf- und Firsthöhe des bestehenden Gebäudes. Das Dach ist zur Nebensteingasse abgewalmt. Die Fassade ist durch vier Stahlbetonstützen, die vom Sockel bis zur Traufe reichen, in drei Felder geteilt. Die genehmigten Pläne sehen im Erdgeschoß einen Ladenraum vor. In der Fassade zwei Schaufenster, in der Mitte der Eingang. Über dem Erdgeschoß und dem ersten Obergeschoß bleiben der Stahlbetonsturz, wie die senkrechten Stützen, als gliederndes Element sichtbar. Im ersten Stock in jedem Feld ein Fenster. Die darüberliegenden Silos sind ohne Öffnungen in der Fassade.

Ein weiterer „Neubau von Trocknungs- und Lüftungssilos für Getreide" folgt

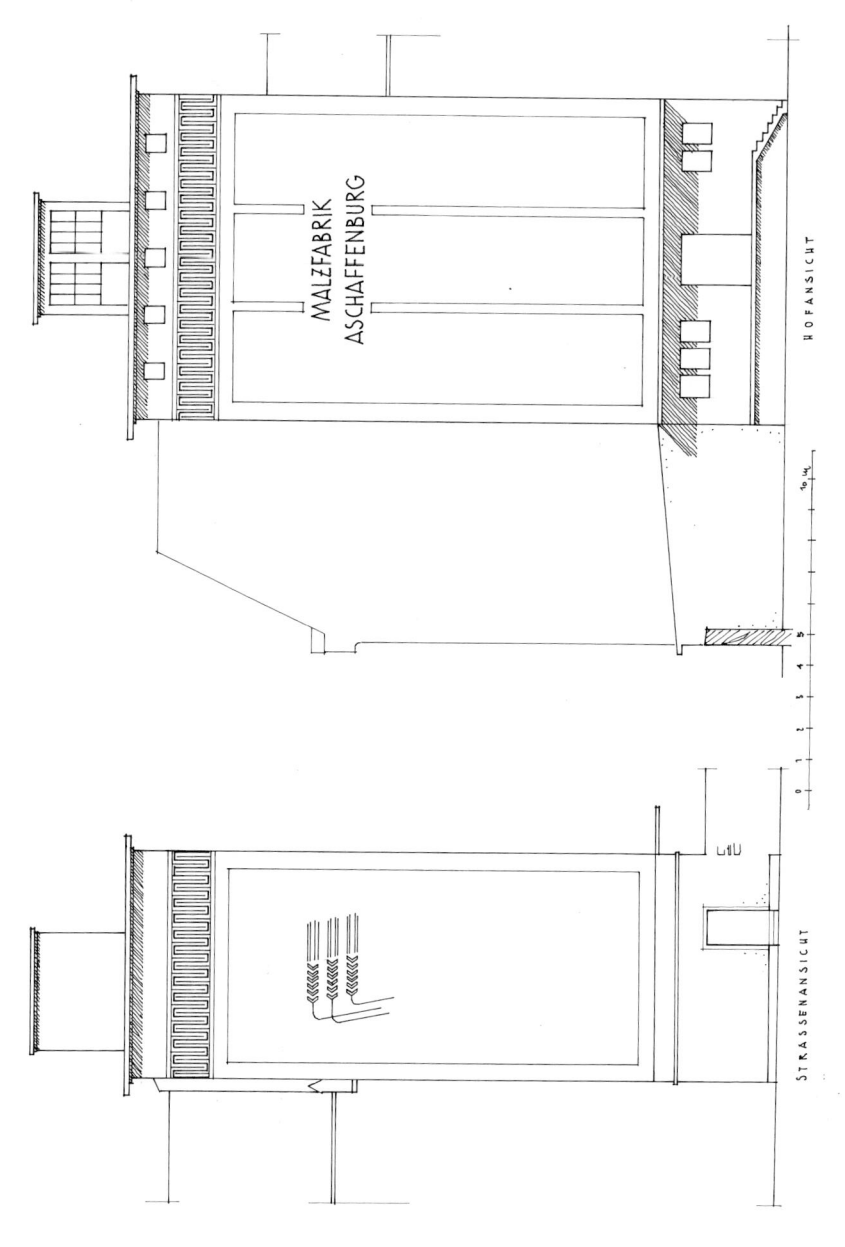

Abb. 64: Treibgasse 5a, Malzfabrik. Trocknungs- und Lüftungssilos. Abgebrochen 1982.

1957/58. Der Turm mit sechs Silos steht auf der Seite zu Treibgasse 7. Er liegt von der Straße ca. 7,50 m zurück, auf einer Grundfläche von 10,34 x 7,50 m. Die Höhe bis zum überkragenden Gesims beträgt ca. 21,60 m. Der auf dem Flachdach stehende zurückgesetzte Maschinenraum mißt weitere 3 m. Zwischen Treibgasse und Silobau wird eine Abstellhalle errichtet.
Im Zuge der Innenstadtsanierung entstand seit 1984 auf den Grundstücken der ehemaligen Mälzerei und des Union-Lichtspieltheaters eine neue Bebauung. Die dreigeschossige Zeile entlang der Treibgasse reicht von der Nebensteingasse bis zum Kindergarten der Pfarrgemeinde St. Agatha (Treibgasse 7). Im Erdgeschoß sind hinter Kolonnaden eine Reihe kleiner Läden. Die fußläufige Verbindung zwischen Wolfsthalplatz und Steingasse quert einen Innenhof, um den Seniorenwohnungen gruppiert sind. Im gepflasterten Innenhof steht ein zierlicher Brunnen aus Bronze, der dem in Aschaffenburg auf dem Altstadt Friedhof ruhenden Dichter Clemens Brentano gewidmet ist[9]. Der Brunnen wurde von dem aus Aschaffenburg stammenden Bildhauer Bernhard Vogler, Düdelsheim/Büdingen geschaffen.

Eigentümer

1892 bis 1900   Gabriel Ries[10], Fruchthändler,
1900 bis 1935   Leopold Ries[11], Malzfabrikant, Sohn des Gabriel R.,
seit 1935   wie Treibgasse 5.

---

[9] Thema des Brunnens: „Das Märchen von dem Myrtenfräulein" von Clemens Brentano.
[10] StaA, HR, R1, S. 198: Gabriel Ries (1837-1914), aus Geiselbach.
[11] Ebd., S. 304: Leopold Ries (1870-1935).

Treibgasse 7   (Lit. D 114)   Plan-Nr. 1417, 1421, 1422, 1423

Zum Anwesen Treibgasse 7 gehörten:
  1. Haus, Hof und Garten, Plan-Nr. 1417, 1421
  2. Der große Ingelheimer Garten (zwischen Entengasse und dem früheren Vizedomamt, Treibgasse 28), Plan-Nr. 1422, 1423 (bis 1870).

1. Haus, Hof und Garten zwischen Steingasse und Treibgasse

„Zum Grasemann" (14. Jahrhundert)
„Echterhaus" (1456-1658)
„Ingelheimer Hof" (seit 1658)

Geschichte

Auf dem Grundstück stand zu Beginn des 14. Jahrhunderts bereits eine Stiftskurie.
Gerlach von Schelm, Scholaster des Stifts, starb am 14. Oktober 1308. In seinem Testament vom 12. Oktober 1308 vermacht er u. a. seine Kurie bei der Agathakirche seinem Verwandten, dem Dekan Conrad Vyol[1].
1328 verpachtet der Erzbischof von Mainz, Matthias von Bucheck (1321-1328), an Johann Schwab, Schöffen von Aschaffenburg, und seine Gattin Leyzabet den hochstiftischen Hof „in suburbio"[2] Aschaffenburg, neben der St. Agathakirche[3].
Durch das Testament seines Bruders, des Stiftsscholasters Heilmann Schwab[4], wird Johann Schwab 1340 Eigentümer des ehemaligen Stiftshofs zu „deme Grasemanne"[5].
1378 wird das Haus im Zusammenhang mit dem Verkauf des Nachbaranwesens wieder genannt. Jetzt heißt es: „Herr Herdans Hof zum Grasemann"[6], es war der Hof des Ritters Herdan von Buches. Nach dessen Tod, 1394, erhält ein Sohn seiner Tochter, Edelknecht Ruprecht von Karpen, das Gut[7].
Nach einem noch vorhandenen Kaufbrief[8], datiert am zweiten Werktag nach Pfingsten 1400[9], haben die Gebrüder Ruprecht und Herdan von Karpen ihren „Hoff und was dazu gehört nichts ausgenommen, genandt 'Zum Grahsmand' in der Vorstadt Aschaffenburg gelegen" für 120 Gulden an den Vizedom Henne von Hofheim verkauft.

---

[1] Vgl. *Amrhein*, Prälaten, S. 82 und S.101 f.
[2] suburbium (lat.) = Vorstadt.
[3] StiA, Thiel Reg. U 626 v. 6. April 1328.
[4] *Amrhein*, Prälaten, S. 103. Schwab stirbt am 14. März 1341.
[5] StiA, Thiel Reg. Nr. 3314 v. 12. Dezember 1340.
[6] Ebd., Nr. 2674 v. 6. Juli 1378.
[7] Ebd., Nr. 1769 v. 14. März 1394. Stiftsschulmeister Johann von Buches, Sohn des Ritters Herdan von Buches, erhält dafür das Haus „Zum weisen Ludewige" (Dalbergstraße 23).
[8] Gräflich Ingelheimer Familienarchiv (zit.: G.I.F.), Tit. III, A 1.
[9] Dienstag, den 8. Juni 1400.

1403 wird die Kurie „Zum Grasemann" als Nachbar zum Haus des Nikolaus Koch erwähnt[10] und 1435 als Haus gegenüber dem verfallenen ehemaligen Besitz von Sibold Seligensteder[11].

Junker Hamann Echter tritt in den Urkunden zum ersten Mal 1456 auf. Hierbei handelt es sich um einen Zwist „zwischen des Hippenbeckers Garten hinder sine Huhs uff dem Steynwege und Junck[er] Hamann Eychters Garten von des Zaunes wegen zwischen Inbeyden". Es wird festgelegt, wie der Zaun verlaufen soll[12].

Hamann Echter II. von und zu Mespelbrunn war von 1459 bis 1463 Vizedom in Aschaffenburg[13].

Hamanns Sohn, Peter Echter II., stirbt 1511 und vererbt seinen drei Söhnen Philipp Echter I., Philipp Echter II. und Carl Echter je ein Drittel seines Hauses. Carl Echter verkauft 1542 seinen Hausanteil an seinen „Vetter Peter [Echter III.] umb einhundert Guld frankfurther undt gemeiner Landt-Wehrung"[14]. Der Tod von Philipp Echter I. fällt in das Jahr 1549. Da sein einziges Kind ihn nicht überlebte, ist anzunehmen, daß 1549 Peter Echter III. das Erbe seines Onkels antrat. Der Anteil Philipp Echters II. war nach dessen Tod 1535 bereits an seinen Sohn, Peter Echter III., gefallen. Somit war seit 1549 Peter Echter III. Alleineigentümer des gesamten Anwesens.

In der Treibgasse, über dem Einfahrtstor sowie heute über einem Erdgeschoßfenster zum Hof, befindet sich das Wappen von Peter Echter III. und seiner Frau Gertraud von Adolzheim. Über einer ehemaligen Eingangstür auf der Hofseite ist in die Sandsteinumrahmung die Jahreszahl 1570 eingemeißelt. Auf der Gartenseite ist im Fachwerk des ersten Obergeschosses ebenfalls die Jahreszahl 1570 eingeschnitten. Mit großer Wahrscheinlichkeit wurde in diesem Jahr das Haus neu gebaut.

Eine Grundstückserweiterung erfolgt 1595, indem Adolf Echter (Sohn von Peter Echter III.) von Dr. med. Heinrich Garetius, erzbischöflicher Leibarzt[15], einen Garten abkauft, der „auf dem Steinweg so man von S. Behausung nach des Herrn Vizedom Hauss gehen wil, auf der linken Handt und streckt sich

---

[10] StiA, Thiel Reg. Nr. 2678 v. 19. Februar 1403.
[11] Ebd., ohne Nr. v. 3. April 1435.
[12] StAWü, G 12323, fol. 40' v. 26. Januar 1456: Der Zaun soll „gleich hart zwischen dem Pfosten an Ermbolds stehen und der alten Scheuern gleich slecht hinaussen gegen den Nussbaume zu, das Haus an der gantz auhsen gassen soll der Nussbaum mitten im Zaune stehen".
[13] *Göbel*, S. 10. Nach Göbel ist Hamann Echter II. der Erbauer des Wohnhauses in der Treibgasse 7.
[14] G.I.F., Tit. III, A 1 v. 15. Oktober 1542. Peter Echter III. ist nicht Vetter, sondern Neffe von Carl Echter. Peter Echter III. ist ein Sohn von Philipp Echter II. (Bruder von Carl). Peter war für den geistlichen Stand bestimmt. Da seine Brüder keine Nachkommen hatten, heiratete er 1542 Gertraud von Adolzheim. In diesem Jahr kaufte er auch den Erbteil von Carl Echter.
[15] Siehe *Grimm* IV, S. 368, Anm. 23.

biß unden an die Bach" liegt[16]. Das Grundstück befand sich zwischen Steingasse und Landinggraben.

Adolf Echter stirbt 1600 kinderlos. Sein Bruder Julius war seit 1573 schon Fürstbischof von Würzburg und der Bruder Sebastian (1546-1575) bereits tot. So trat der drittälteste Sohn von Peter Echter III., Valentin Echter II., die Erbfolge an. Dessen Sohn Wolf Albrecht (1593-1636) heiratet im Jahr 1612 Maria Justina Kottwitz von Aulenbach. Da Wolf Albrecht erst 19 Jahre und seine Gemahlin 14 Jahre alt war, bleiben die beiden in Anbetracht ihrer Jugend bis 1619 auf den Besitzungen ihrer Eltern wohnen[17].

Carl Rudolf Echter, Sohn von Valentin Echter II., ist seit 1624 Eigentümer des Anwesens bis zu seinem Tod 1635. Am 17. September 1636 wird der „anverwandte und befreundete Franz von Hatzfeld", Bischof von Bamberg und Würzburg (1631 bzw. 1633-1642), Herzog von Franken, als Vormund der Erben eingesetzt. Die Witwe Carl Rudolfs, Maria Anna Katharina von Rodenstein, stirbt 1637[18]. Maria Eva und Ottilia, die Töchter von beiden, waren damals noch minderjährig[19].

1637 und 1638 müssen je 2 fl. Geschoßgeld bezahlt werden. Es wird darauf hingewiesen, daß das Echtersche Besitztum frei von allen Lasten ist, ausgenommen „ein ganz kleiner Platz, auf dem ein Scheuerlein gestanden habe, das von einem Bürger gekauft worden war, wofür 5 und 6 alb Geschoß zu zahlen seien"[20].

Maria Ottilia, Echterin von und zu Mespelbrunn, heiratet 1648 Philipp Ludwig von Ingelheim, kurfürstlich mainzischer und fürstlich würzburgischer Rittmeister. Durch den Tod ihrer Schwester Maria Eva wird Ottilia 1651 Alleinerbin.

Am 4. Oktober 1658 unterzeichnet Ingelheim im Echterhaus in der Steingasse in der großen hinteren Stube „mit gewöhnlichen Fenstern zur Treibgasse stoßend" ein Dokument, wonach er die Rechte und Verpflichtungen seiner Frau übernimmt. Ingelheim bemächtigt sich der Haus- und Hoftorschlüssel.

---

[16] StAWü, Mz. Ingrossaturbücher, Nr. 72, S. 214; Nr. 76, S. 1; Nr. 78, S. 164. Garetius hatte 1582 diesen Garten mit Scheuer – zwischen Hans Foltz dem Älteren und Fritz Brückenschneider und nach vorne heraus mit der Scheuer auf den Steinweg stoßend – gekauft. G.I.F., Tit. III, A 21: Dr. med. Garetius verkaufte an Adolf Echter zwei Gärten zu 700 fl. Dabei handelte es sich um den Garten am Steinweg und einen Garten in der Goldbacher Straße. Letzteren hatte Dr. Garetius am 21. April 1583 von Hans Hübner um 200 fl. abgekauft. Adolf Echter zahlte 350 fl., somit hat der Garten am Steinweg auch 350 fl. gekostet.

[17] *Kittel*, Echter, S. 49. Das Ehewappen Echter/Kottwitz von Aulenbach ist neben dem Echter/Adolzheim-Wappen am Haus angebracht.

[18] Maria Anna Catharina von Rodenstein war Carl Rudolfs zweite Frau. Seine erste Ehe mit Anna Agatha Magdalena von Haiden zu Hagenbach (gest. 1621) war kinderlos.

[19] G.I.F., Tit. III, A 1.

[20] Ebd., A 10. Hierbei handelt es sich um die Scheune mit Garten (gegenüber von Treibgasse 7), die 1573 Peter Echter III. der Witwe des Kilian Völker abgekauft hatte.

Danach ist er „in den Hoff die Stigen hinauff in dass Hauss und Stuben gangen, von da zu der Küchen hinein, an den Herdt gestanden, die feuerbrandt auf dem Herdt fortgestochen, fürders die Stigen hinab, in den Hoff, zu dem hinderen Thor hinauss über die gemeine Gassen, in den anliegenden Grossgarten und angelegene Landerey uns verfüget, den Grund und Boden aufgehoben und widerumb nidergeworffen, Zweig von den Bäumen abgebrochen, von da herumb, und anwider in das Hauss gegangen" und hat „also animo et corpore realiter et actualiter die profession des obgesetzten Echterischen freyadelichen Guths Heumaden und Hauses Aschaffenburg sambt angehörigen Landereyen, Baumgarthen und Wiesenwuchs" genommen[21]. So hat Ingelheim nach damaligem Rechtsbrauch von Haus, Hof und Gut Besitz ergriffen. Mit kurfürstlicher Erlaubnis darf Ingelheim 1659 für seine Zwecke einen Ablauf der Schloßwasserleitung für seinen Hof durch den kurfürstlichen Brunnenmeister abzweigen lassen, aber nur „ohne Schädigung des Gebrauchs am kurfürstlichen Hof"[22]. 1661 stirbt Philipp Ludwig von Ingelheim.

Im Jahr 1700 bewirbt sich Maria Ottilia von Ingelheim um zwei stiftische Häuser. Dabei handelt es sich um das „bergische Haus" und das „Schulhaus"[23]. Beide Häuser waren bewohnt. Im „bergischen Haus" lebte der Kammerpräsident.

Maria Ottilia von Ingelheim Freifrau von und zu Mespelbrunn stirbt im August 1701 im Echterhaus zu Aschaffenburg.

Die weiteren Verhandlungen wegen des Kaufs der beiden Häuser übernimmt ihr Sohn, Franz Adolf Dietrich. Er bietet am 5. Dezember 1701 für beide Häuser 1.300 fl.[24]. Der Kauf des stiftischen Schulhauses kam sicher nicht zustande. Freiherr von Ingelheim erhält 1718 eine Bittschrift von den Anliegern seines Hofs an der Treibgasse[25]. Laut Inhalt dieses Schreibens habe die Mutter des Freiherrn kurz vor ihrem Tod den Anliegern am Steinweg versprochen, den Ablauf des Wassers aus der Schloßwasserleitung zu nutzen. Der Nachbarschaft am Steinweg wurde – befristet auf sechs Jahre – zugestanden, das Wasser aufzufangen und einen Brunnen daraus zu machen. 1724 bitten die Anwohner um Verlängerung der Genehmigung. Am 29. August 1724 erklärt und bestimmt Freiherr von Ingelheim folgendes: Die Benutzung des Brunnen-

---

[21] Ebd., A 1. Kopie v. 6. März 1666.
[22] Ebd., A 10 v. 16. September 1659. StiA, 5351, Stiftsprot. v. 28. Februar 1662.
[23] StiA, 5768, Stiftsprot. v. 17. Dezember 1700, S. 116. Bei den Stiftshäusern handelt es sich um das bergische Haus vermutlich Strickergasse 4 (Lit. B 120) und das Schulhaus, identisch mit „Trium Regum", Steingasse 16. *Grimm* IV, Steingasse 16, S. 357, Anm. 3. StiA, 3252, Stiftsprot. v. 28. (nicht 26.!) April 1564.
[24] Ebd., S. 58 v. 19. September 1702.
[25] G.I.F., Tit. III, A 10. Diese Bittschrift ist unterzeichnet von: Jakob Geiger (Krämer), Anton Hoffmann (Bildhauer), Hanspeter Heßbacher (Bender), Franz Haydt (Bäcker), Jakob Golch (Leyendecker), Johann Schweitzer (Wagner), Franz Boße (Schneider), Johann Georg Müller (Zimmermann) und „die ganze Nachbarschaft".

überlaufs geschah aus freien Stücken. Der Überlauf vom Brunnen ist auf Kosten der Bürger gefaßt und führt an das Mauereck auf die Gasse neben Franz Haydts Behausung. „Der Genuß des Brunnens darf als keine Gerechtigkeit, sondern aus lauter Gnaden, als ein precarium [Geschenk auf Widerruf] zu sehen sein". Wenn die Bürger nicht alle sechs Jahre rechtzeitig um Bewilligung nachsuchen, solle der Vorzug verlustig gehen[26].
1737 wird Freiherr von Ingelheim in den Reichsgrafenstand erhoben. Die Vereinigung des Namens und des Wappens der Echter von und zu Mespelbrunn und der Freiherren von Ingelheim war bereits 1698 erfolgt.
Am 5. Juni 1742 übergibt Franz Adolf Dietrich Graf von Ingelheim seinem Sohn Johann Philipp seine Güter. Die Verwaltung übernimmt Amtmann Johann Georg Kees[27].
1784 muß das Dach am hinteren Bau zum Garten zu gerichtet werden. Das Dach ist mit Schiefer gedeckt, hat aber anstelle von Brettern nur „bücherne Schienen", also Latten. Die eine Seite soll mit den noch brauchbaren Schiefersteinen ausgebessert, die andere mit Ziegeln gedeckt werden[28].
Nach einem Bericht des Amtskellers Joseph Wagner wird 1803 ein ehemaliger Kuhstall als Archiv hergerichtet. Für die geleisteten Arbeiten erhalten Schreiner Josef Bocklett 18 fl., Schlosser Coloseus 17 fl., Maurer Gabriel Hospes 7 fl., Glaser Breidinger 24 fl. und Zimmermeister Johann Andreas Kleber 11 fl.[29]. Im Januar 1804 werden im Ingelheimer Hof in Aschaffenburg Umbauarbeiten vorgenommen: Verlegung von Treppe und Küche, neue Giebelfassade zur Steingasse. Architekt Joseph Emanuel von Herigoyen überzeugt sich, „daß Stiege und Küche abgeändert und innere Gemächlichkeiten eingerichtet werden". Da keine Nachbarn betroffen seien, werde gegen diese Maßnahme nichts eingewendet[30].
Amtskeller Wagner meldet am 7. Juli 1805 dem Grafen Ingelheim: „eingestürztes Spalier im herrschaftlichen vorderen Garten". Das Spalier grenzt den höherliegenden Grasgarten ab. Es muß gerichtet werden, da die Kinder des derzeitigen Hausbewohners, des Grafen Coudenhove täglich im Garten spielen und die Gefahr bestehe, daß sie die Mauer hinunterstürzen könnten. Das alte lange Ziegeldach über dem Stall, der Holzschuppen und der Keller werden repariert[31]. Graf von Cudenhof setzt sich 1807 dafür ein, daß der Brunnen im Anwesen abgedeckt wird. Ebenso wird die Brunnentür gerichtet[32].

---

[26] Ebd. v. 29. August 1724.
[27] Ebd., A 15 v. 5. Juni 1742.
[28] Ebd., A 9 v. 8. Juli 1784.
[29] Ebd. v. 14. April 1803.
[30] StAWü, MRA, LG 2768 v. 28. Januar 1804; ebd., MRA, LG 2973.
[31] G.I.F., Tit. III, A 9 v. 7. Juli 1805; ebd. v. 26. August 1805.
[32] Ebd. v. 21. Mai 1807.

Von seiten der Regierung wird 1807 der Abbruch eines Kamins am vorderen Wohnhaus wegen seiner Übergröße verlangt. Der Abzug soll dafür in einen danebenstehenden Kamin geleitet werden[33].

Im Jahr 1808 hat sich Friedrich Carl Josef Graf von Ingelheim wohl mit dem Gedanken auseinandergesetzt, sein Besitztum in Aschaffenburg in der Treibgasse zu verkaufen. Er mußte deshalb nachweisen, daß seine Besitzungen nicht mehr dem Fideikommiß unterworfen, d. h. nicht mehr unverkäufliches und unteilbares Familienerbgut waren. In einem Schreiben an den herzoglich nassauischen Justizsenat klärt Ingelheim seine Besitzverhältnisse an dem „alten Haus und Garten, welcher ungefähr 5 bis 6 Morgen mißt"[34].

Das Wohnhaus, bewohnt von der Familie des Grafen Coudenhove, erzielt an Mietzins jährlich 530 fl., der Garten (auf der gegenüberliegenden Seite der Treibgasse), an den Amtskeller Wagner verpachtet, jährlich 220 fl. Da vor kurzem die Haus- und Grundstückssteuern erheblich angehoben wurden, müssen jetzt „pro Ruthe 27 Kreuzer, folglich pro Morgen à 160 Ruthen 70 fl. 20 kr. bezahlt werden". Graf von Ingelheim muß so für seinen Garten mehr Steuern zahlen, als er an Pacht einnimmt. Die Wohnungsmieten in Aschaffenburg sind allgemein erheblich gestiegen, das Angebot an Wohnungen ist rar. Es ist anzunehmen, daß vermögende Aschaffenburger Bürger jetzt interessiert sind, selbst zu bauen, weshalb sich der Wert eines Bauplatzes erhöht. Stadtmaurermeister Hospes schätzt den Wert des Ingelheimer Hofs auf 28.600 fl. Bei stückweisem Verkauf der Aschaffenburger Güter errechnet sich Ingelheim einen „jährlichen Gewinn von 1.300 bis 1.400 fl.". Deshalb bittet er in einem Schreiben an die Regierung um Genehmigung, seine Grundstücke verkaufen zu dürfen[35]. Die nachfolgenden Versteigerungen bleiben ergebnislos[36]. Dem Grafen wird berichtet, daß gegenwärtig fünf der schönsten Häuser in den besten Straßen Aschaffenburgs zu ersteigern sind und sich keine Käufer finden[37].

---

[33] Ebd. v. 10. September 1807.
[34] Ebd., A 73 v. 1. August 1808: Graf von Ingelheim legt schriftlich fest: „Ottilia Echterin von Mespelbrunn, die letzte ihres Geschlechtes, brachte dieses Haus und Garten, meine Besitzungen zu Mespelbrunn und Heumaden, und was zu meiner Kellerei Aschaffenburg noch weiter gehört an meine Familie, da sie solche ihrem einzigen Sohne, meinem Urgroßvater, dem gewesenen Kammerrichter Franz Adolph von Ingelheim als freies und unbeschränktes Eigentum hinterließ. Mein Urgroßvater belegt solches mittels eines den 18. Juli errichteten Testamentes mit einem Fideicommissarischen Verbande, da in der Folge sein Sohn, mein Großvater Johann Philipp Graf von Ingelheim sich verheiratete, so hob er unterm 5. Juni 1742 seine letzte Willensverordnung hinsichtlich des Fideikom. wiederum auf, und edierte meinem gedachten Großvater die sämtlichen vormals Echterischen Güter als freies Eigentum dergestalten, daß er sie nach seinem Gutdünken benützen, genießen und damit gleich seines Eigentums schalten und walten könne und möge. Dieser mein Großvater und dessen Sohn, mein seliger Vater, gingen ohne Hinterlassung letzter Willensverordnung aus dieser Welt, und so kommen denn die fraglichen Güter als unbeschränktes Eigentum auf mich als einzigen Erben und Stammführer".
[35] Ebd. v. 5. August 1808.
[36] Ebd. v. 14. September 1808.
[37] Ebd., A 61 v. 9. November 1808.

Aufgrund Rückgriffs am 12. September 1810 auf alte Mainzer Bauordnung[38] hat Graf Ingelheim im November 1811 ernste Absichten, sich von den Aschaffenburger Besitzungen zu trennen. Der ehemalige Hofkoch Arnold Müller interessiert sich für das Haus in der Steingasse, Zimmermeister Franz Hirsch möchte aus dem Garten in der Treibgasse einige Plätze haben[39]. Kurz darauf steht im Intelligenzblatt: „Freiwill. Versteigerung des Titl. Herrn Grafen von Ingelheim Steingasse Lit. D. Nr. 114, auch den an der Treibgasse gelegenen von dem Amtshause bis zur gräflichen Kellereiwohnung ziehenden Garten"[40]. Dieser und weitere Versuche bleiben jedoch erfolglos.

Da die Ingelheims vielerorts Besitzungen hatten und nicht überall präsent sein konnten, ist es verständlich, daß sie auch Räumlichkeiten vermieteten. „Das Kreisgericht [Aschaffenburg] hatte seit einem Jahr [1816], nachdem das königliche Schloß für seine königliche Hoheit den Kronprinzen eingerichtet wurde, ein Mietlokal gegen jährlichen Zins von 400 fl. in dem gräflich von Ingelheimischen Hausse dahier innegehabt"[41].

Am 16. August 1818 wird ein Entwurf zu Verkaufsbedingungen für das Anwesen gemacht. Das Haus ist zu dieser Zeit noch vom Kreisgericht gemietet[42]. Ein angesetzter Versteigerungstermin am 18. Dezember 1818 bleibt ohne Angebot.

Dem Gesuch des Hofkonditors Carl May (Steingasse 18) und des Kammerdieners Friedrich Thelemann (Trium Regum, Steingasse 16) vom 10. Oktober 1818 wird entsprochen. Auf Widerruf und gegen Zahlung eines Zinses dürfen beide Anwohner den Ablauf des Brunnenwassers aus dem Ingelheimer Hof durch die Mauer in ihre Häuser leiten.[43]

Da ein Teil des großen Gartens am Seilerweg 1825 verkauft werden sollte, läßt Ingelheim seine Grundstücke in der Treibgasse schätzen. Die Hoffläche zwischen Stein- und Treibgasse beträgt 164 $^1/_2$ Ruten. Der Hof ist frei bis auf die Haussteuer. Das Haus mit Garten wird auf 8.400 fl. geschätzt und der Garten mit daraufstehenden Bauten auf 7.600 fl., zusammen 16.000 fl.[44]

---

[38] § 9 dieser Bauordnung: „Da noch immer Mangel an Häusern ist, so vermeinen Serenissimus die alte Mainzer Bauordnung, nach welcher die Besitzer von leeren, zum Verbauen geeignete Plätze – es mögen vorher solche bebaut gewesen seyn oder nicht, – gehalten syn sollen, dieselben entweder selbst zu bebauen oder an andere Baulustige gegen den taxirten Werth abzugeben. Es wird ihnen dazu Zeitraum von zwei Jahren von 1. Jan. 1810 an eingeräumt, nach dessen Abschluß des Verzeichnisses solcher Bauplätze nebst der Taxe in dem Intelligenzblatt bekannt gemacht und die Baulustigen zum Ankauf ermächtigt werden sollen. Diese Kundmachung soll alsdann von Zeit zu Zeit erneuert werden". Vgl. dazu: G. I. F., Tit. III, A 61.
[39] Ebd. v. 13. November 1811. Unter „Haus in der Steingasse" ist korrekt „Treibgasse 7" gemeint.
[40] Intell.Bl. Nr. 91 v. 16. November 1811.
[41] HStA Mü, Obb 8422.
[42] G.I.F., Tit. III, A 61 v. 16. August 1818.
[43] G.I.F., Tit. III, A 10.
[44] Ebd., A 73 v. 3. Februar 1825.

Nach einem Plan von 1863 wird ein neues Einfahrtstor „an den gräfl. Ingelh. Gebäuden in der Treibgasse" errichtet, das heute noch erhalten ist. 1863 wird auch die Gartenmauer zur Steingasse neu hergerichtet.
Im August 1866 soll ein öffentlicher Röhrenbrunnen in einer Mauernische in der Treibgasse am Ingelheimer Anwesen errichtet werden[45].
Josef Graf von Ingelheim bewohnt das Haus in der Treibgasse, denn am 17. November 1873 steht in der Zeitung: „Der schon längere Zeit hier lebende k. k. österr. Oberst Graf Joseph von Ingelheim ist, wie wir vernehmen, heute Nacht gestorben"[46].
Sein Bruder Friedrich erbt dessen Anteil, das Anwesen zwischen Stein- und Treibgasse, und zugleich wird ihm persönlich der Wohnsitz zugestanden.
1874 erfolgt im Ingelheimer Hof ein Umbau. Dabei werden das Treppenhaus verlegt und die Fassade zur Treibgasse durch Vergrößerung mehrerer Fenster geändert[47].
Graf Ingelheim besichtigt Ende 1879 mit Experten das Wohnhaus. Dabei stellt sich heraus, daß „die Abortgrube unter der Küche gelegen und die Entleerung der Grube nur durch die Küche möglich war". Für die Änderung dieses Mißstandes hatte Ingelheim selbst Zeichnungen angefertigt. Nach diesem Entwurf wird der Schmelzsche Plan ausgearbeitet und eingereicht. Da Ingelheim die Durchführung der Reparaturen selbst überwacht, werden sie schnell und gewissenhaft ausgeführt. Ingelheim äußert sich später über diesen Vorfall: „Eine andere Unterbringung der Aborte war nicht möglich. Aber gegenüber vorher wurde eine erhebliche und ausreichende Verbesserung durchgeführt"[48].
Der Ingelheimer Hof wurde als Wohnsitz für die Grafenfamilie kaum genutzt. Schon 1890 wohnte die Familie des Dr. jur. Heinrich Freiherrn von Papius dort. 1922 waren im Nebengebäude 7a die Büroräume der Vereinigten Lichtspieltheater von Fritz Rüth (Wohnung Frohsinnstraße 11) untergebracht.
1927 erfolgt der Verkauf des Anwesens an das Institut der Englischen Fräulein in Aschaffenburg mit der Absicht, auf dem Gelände und dem Nachbaranwesen der Mälzerei Ries ein neues Schulhaus zu bauen. Die 1928 eingereichten Pläne werden am 27. März 1931 vom Institut wieder zurückgezogen[49]. Die Englischen Fräulein richten in der Treibgasse einen Kindergarten mit Kindergartenseminar ein.

---

[45] Die nächstliegenden Brunnen befinden sich in der Herstallstraße, Einmündung Riesengasse, bei Metzgerei Josef Schneider (Herstallstraße 25) und an der Agathakirche vor der Weinhandlung Kitz, Treibgasse 19.
[46] AZ v. 17. November 1873. Müßte korrekt „k. und k. Oberst heißen".
[47] Plan von Maurermeister Franz Schmelz, genehmigt am 21. Mai 1874.
[48] Hausakte v. 26. März 1898: Schreiben des Ingelheimer Oberamts, betr. Verlegung der Abortgrube im Ingelheimer Hof hier im Mai 1880.
[49] Die Pläne von den Architekten Hans Rummel und Dipl.-Ing. Chr. Rummel, Frankfurt, wurden am 14. Mai 1928 dem städtischen Hochbauamt vorgelegt. Am 13. Juni 1929 gingen sie bei der Regierung von Unterfranken ein. Vgl.: Hausakte.

Die Schäden am Anwesen, die durch Luftdruck und Granatenbeschuß im Zweiten Weltkrieg entstehen, können bald behoben werden. Der Kindergarten im Erdgeschoß wird schon im Mai 1945 wieder eröffnet. Den Englischen Fräulein, deren Institut am Marktplatz zerstört und unbewohnbar war, dient bis 1954 der Ingelheimer Hof als Wohnsitz im Stadtzentrum. Im ersten Obergeschoß befindet sich während dieser Zeit ihre Kapelle.
Im Dezember 1952 werden vom städtischen Bauamt Vorschläge zur Sicherung der Bausubstanz des Hauses gemacht.
Die Englischen Fräulein verkaufen 1961 den Ingelheimer Hof an die katholische Kirchenstiftung St. Agatha. Der hier neu eingerichtete Kindergarten von St. Agatha wird am 4. Dezember 1961 eingeweiht[50].
1974 muß der Kindergarten wegen Umbau- und Sanierungsarbeiten in die Badergasse ausquartiert werden. Nach Bestimmungen des Amtes für Denkmalschutz wird das Gebäude unter Leitung von Architekt Josef Böhm durch die Baufirma Gabriel Dreßler für etwa 1,3 Millionen DM saniert. Der Umbau gestaltet sich sehr schwierig, da nach der Auskernung des Hauses festgestellt wurde, daß die Außenmauern z. T. nicht mehr den statischen Anforderungen genügten. Es mußten zusätzliche Stützpfeiler eingezogen und die Außenmauern nach einem elektrolytischen Verfahren trockengelegt werden. Neben der Sanierung des alten Hauses wurde auf dem Gelände noch ein unterkellerter Neubau für eine Kindergartengruppe geschaffen. Im Hof wurde ein achteckiger Pavillon in Fachwerkbauweise als Unterstellmöglichkeit der Kinder bei ungünstiger Witterung errichtet. Im Januar 1976 waren die umfangreichen Umbauarbeiten abgeschlossen. Der erneuerte Ingelheimer Hof bzw. das Echterhaus wurde am 17. Januar 1976 offiziell der Pfarrgemeinde St. Agatha wieder übergeben.

Zusammenfassung:

1308	Stiftsscholaster Gerlach von Schelm vermacht seine Kurie an Dekan Conrad Vyol.
1328	Johann Schwab, Schöffe in Aschaffenburg, pachtet den Hof.
1340	Johann Schwab wird Eigentümer des Anwesens, das als Hof „Zum Grasemann" erstmals erwähnt wird.
1378	„Herr Herdans Hof zum Grasemann" gehört Ritter Herdan von Buches.
1394	Das Gut wird Eigentum der Edelknechte von Karpen.
1400	Die Gebrüder von Karpen verkaufen ihren Hof an den Vizedom Henne von Hofheim.

---

[50] Der Kindergarten wird bis Juni 1993 von den Englischen Fräulein geführt und geht dann in weltliche Leitung über. Sr. Zita Lurz verläßt Aschaffenburg und wechselt an die Niederlassung der Englischen Fräulein in Großostheim. ME v. 26. Juni 1993.

Da sich diese Kaufurkunde im Besitz der Grafen von Ingelheim befindet, ist anzunehmen, daß Hamann Echter II. von und zu Mespelbrunn den Hof direkt von Henne von Hofheim erworben hat.

1456 Junker Hamann Echter II. von und zu Mespelbrunn gilt urkundlich als Eigentümer.

1459 Hamann Echter II. ist von 1459 bis 1463 Vizedom in Aschaffenburg und soll das Wohnhaus in der Treibgasse 7 erbaut haben.

1570 Das Wappen Echter/Adolzheim über dem Einfahrtstor und die Jahreszahl 1570 über der ehemaligen Eingangstür lassen auf einen Neubau durch Peter Echter III. und seine Frau Gertrud von Adolzheim schließen.

1595 Grundstückserweiterung durch Adolf Echter.

1623 Erhebung der Echter durch Kaiser Ferdinand II. in den Frei- und Bannerherrenstand[51].

1658 Besitzergreifung durch Philipp Carl Ludwig von Ingelheim, kurfürstlich mainzischer und fürstlich würzburgischer Rittmeister, seit 1648 verheiratet mit Maria Ottilia Echter.

1698 Mit Erlaubnis Kaiser Leopolds I. werden Namen und Wappen der Echter dem angestammten Namen und Wappen der Ingelheims beigefügt.

1701 Maria Ottilia von Ingelheim, Freifrau von und zu Mespelbrunn, stirbt im August 1701 im Echterhaus zu Aschaffenburg als letzte ihres Geschlechts.

1737 Franz Adolf Dietrich Freiherr von Ingelheim wird durch Kaiser Karl VI. in den Reichsgrafenstand erhoben.

1804 Innerer Umbau mit Verlegung von Treppe und Küche. Neue Giebelfassade zur Steingasse.

1874 Änderung des Treppenhauses und Umgestaltung der Fassade zur Treibgasse.

1927 Verkauf des Anwesens an das Institut der Englischen Fräulein in Aschaffenburg. Ein geplanter Schulhausneubau unter Einbeziehung des Nachbargrundstücks, der Mälzerei Ries, kommt nicht zustande[52].

1945 Im Mai Wiedereröffnung des Kindergartens.

1946 bis 1954 Konvent der Englischen Fräulein im Echterhaus.

1961 Verkauf an die katholische Kirchenstiftung St. Agatha. Einrichtung eines Kindergartens.

1974/75 Umbau- und Sanierungsarbeiten unter Beibehaltung des äußeren Erscheinungsbildes.

1976 Neueröffnung des Kindergartens.

---

[51] Die Bannerherrenwürde wurde in Deutschland durch den Kaiser den Familien verliehen, die sich durch besondere Verdienste ausgezeichnet hatten.
[52] Die Pläne wurden 1928 eingereicht und 1931 wieder zurückgezogen.

Beschreibung

Nach Mader[53]

„Das Echterhaus liegt in der Treibgasse. Renaissanceanlage mit Hof und Garten. Das Wohnhaus ist stark verändert. Giebelbau, im Erdgeschoß sind gotisierende Fenstergewände erhalten. Hoftor rundbogig, gefast. Darüber Ehewappen Echter/Kottwitz von Aulenbach." Wolf Albrecht Echter zu Mespelbrunn (1593-1636)[54] heiratet 1618 Maria Justina Kottwitz von Aulenbach (gest. 1627). Aus dieser ersten Ehe von Wolf Albrecht stammen drei Kinder.

Ein undatierter Lageplan für den Bereich des Grundstücks zwischen Treibgasse und Steingasse befindet sich im Gräflich Ingelheimer Familienarchiv. Vermutlich stammt er aus der ersten Hälfte des 18. Jahrhunderts[55].
Hieraus können folgende Einzelheiten entnommen werden:

Form und Größe des Grundstücks sind bis heute unverändert geblieben.
Das Grundstück reicht in der Tiefe von der Treibgasse bis zur Steingasse. Der Hauptzugang zum Anwesen dürfte an der Steingasse gelegen haben, da „die fördere Straße, der Steinweg [Steingasse] genanndt" mit dem „vörderen Thor" abschließt und sich an der „hinderen Straßen", der Treibgasse, auch das „hindere Thor" befindet.
Das Hauptgebäude steht mit dem Giebel und mit einem in der gleichen Flucht liegenden traufständigen Anbau in der Treibgasse. Am Ende des Anbaus liegt das überbaute hintere Tor. Anschließend, in Richtung Treibgasse 9, sind Rindviehställe, denen gegenüber der Mistplatz und der Schweinestall. An die Gartenmauer zum Anwesen Steingasse 16 gelehnt sind ein überdachter Schuppen und das Haus für den „Röhrenbrunnen". Etwas weiter davon befindet sich ein älterer Ziehbrunnen.
Im Erdgeschoß des in einem Winkel angelegten Grundrisses sind acht Räume eingezeichnet. Vier dieser Räume sind beschriftet. Neben der Durchfahrt aus der Treibgasse ist ein kleiner Pferdestall, hinter dem Straßengiebel befindet sich das „Backhaus". Der größte Raum ist als „Wohnhaus" gekennzeichnet. Hinter dem Giebel ist auf der Hofseite ein Pferdestall, der die gesamte Hausbreite einnimmt. Alle Räume sind miteinander verbunden. Die Pferdeställe sind nur über den Hof zugänglich.

---

[53] *Mader*, S. 297.
[54] Bei *Kempf*, Genealogie der Grafen von Ingelheim, gen. Echter von und zu Mespelbrunn, sind weitere Einzelheiten zu entnehmen. Wolf Albrecht war der Sohn von Valentin Echter II. und seiner Ehefrau Ottilia Rau von Holzhausen sowie ein Bruder von Carl Rudolf.
[55] Der Plan könnte aus dem Jahre 1725 stammen. Zu dieser Zeit übergab Franz Adolf Dietrich Graf von Ingelheim seinem Sohn Johann Philipp seine Güter. Verwalter wurde Amtmann Georg Kees.

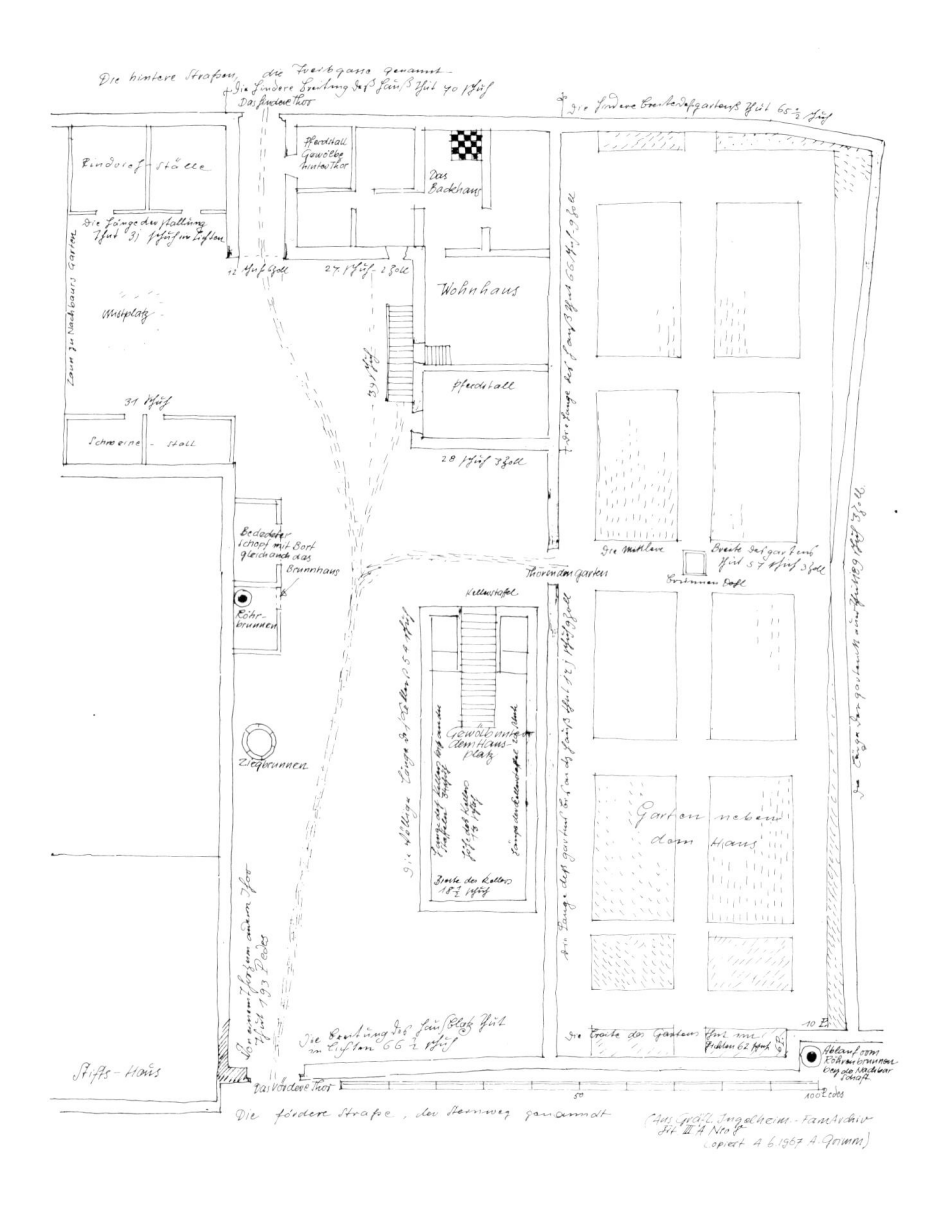

Abb. 65: Treibgasse 7, Lageplan des Hausgrundstücks aus dem Gräfl. Ingelheimschen Familienarchiv (Tit. III, A 8). Kopie von Alois Grimm.

Das Erdgeschoß kann nur vom Hof aus durch zwei Türen betreten werden. An der Traufwand zum Hof ist eine Außentreppe eingetragen. Da der Grundriß keine Innentreppe aufweist, muß angenommen werden, daß damals der erste Stock nur über die Freitreppe zu erreichen war.
Die Traufseite des Hauptgebäudes, die heute noch im Obergeschoß das Fachwerk von 1570 trägt, war damals im Erdgeschoß durch eine massive Mauer bis zur Steingasse verlängert. Sie teilte das Grundstück in den „Hausplatz" und den „Garten neben dem Haus".
Zwischen dem Hauptgebäude und der Steingasse ist im vorgenannten Lageplan ein „Gewölbe unter dem Hausplatz" eingetragen. Die Innenmaße sind mit 54 Schuh (= 15,52 m) in der Länge und 18^1/$_2$ Schuh (= 5,32 m) in der Breite angegeben. Der Gewölbekeller ist durch eine mittig liegende, einläufige „Kellerstaffel"[56] erschlossen. Der Keller ist heute noch vorhanden, jedoch leicht verändert und mit neuem Zugang. Die Sohle des Kellers liegt ca. 4,75 m unter dem bestehenden Niveau, bei ca. 80 cm Überdeckung.
Der Garten ist in große, streng geometrische Beete aufgeteilt. In der Mitte, in der Achse des Gartentors, ist ein „Brunnen Dohl".
In der Steingasse, an der Grenze zu Haus Nr. 14, befindet sich in einem Mauerrücksprung der Ablauf des Röhrenbrunnens.

Ergebnis der Grundstücksschätzung von 1825[57]

Die Grundstücksfläche zwischen Stein- und Treibgasse beträgt 164^1/$_2$ Ruten. Folgende Gebäude stehen dort:

1. ein zweistöckiges Wohnhaus
   EG: drei heizbare Zimmer, zwei Speisekammern, eine Waschküche, eine große Küche
   OG: acht heizbare Zimmer, eine kleine Küche, vier Speisekammern und vier Abteilungen für Fruchtschütten
2. im Hof zum Garten in der Nähe der Steingasse ein kleines Wohnhäuschen mit zwei Stuben und Küche
3. ein Laufbrunnen, im Garten gewölbter Keller, Ausfuhrtore an beiden Straßen, zur Stein- und zur Treibgasse. Der Hof ist frei bis auf die Haussteuer.

Das Gesamtareal mit Bauten wird auf 10.500 fl. geschätzt.

Das Urkataster von 1845 zeigt gegenüber dem oben beschriebenen Plan eine bauliche Änderung der Rindvieh- und Schweineställe an der Grenze zu Treibgasse 9. Außerdem ist ein eigener Zugang zu diesem Bereich von der Treibgasse aus entstanden.

---

[56] Kellertreppe.
[57] Vgl. Anm. 42.

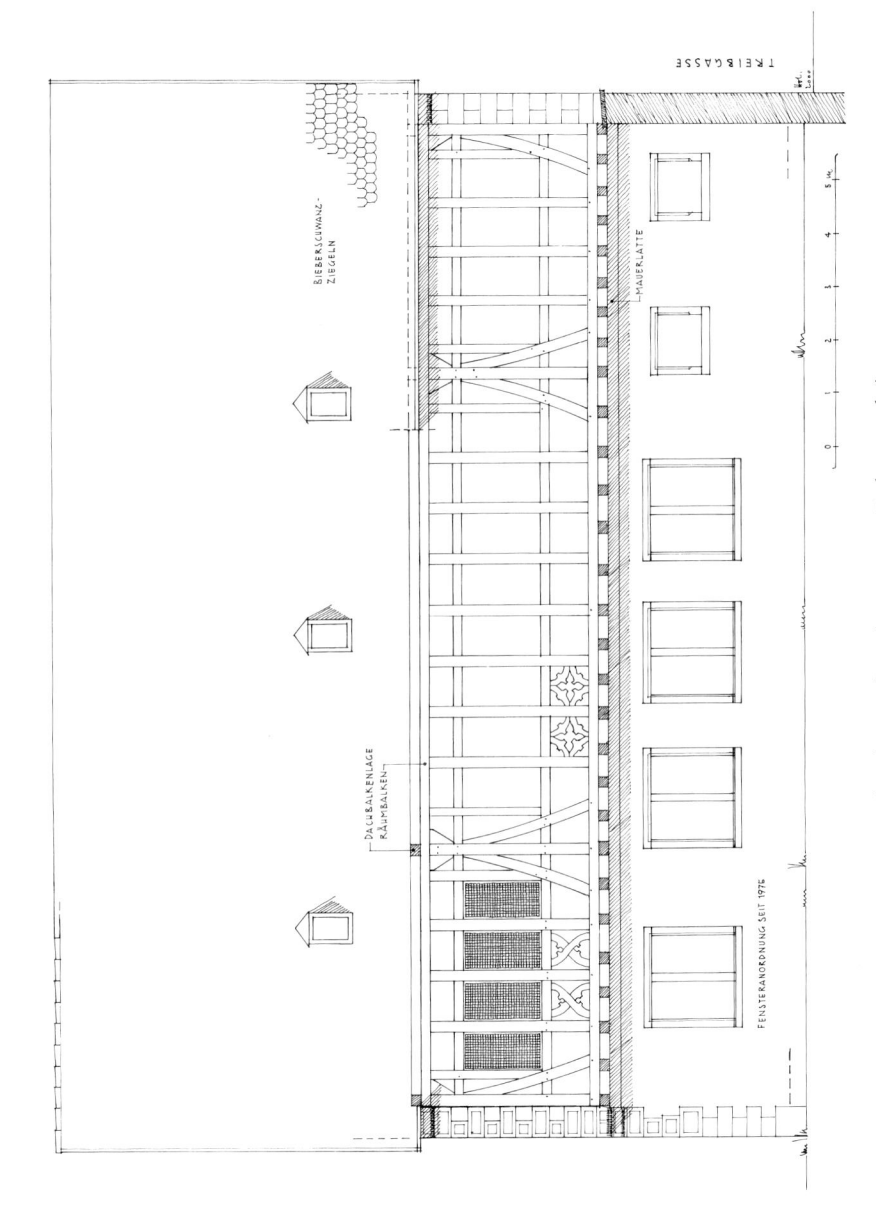

Abb. 66: Treibgasse 7, Gartenseite des Hauptgebäudes. Fachwerk von 1570. Rekonstruktion.

In der Hausakte der Stadtverwaltung liegt ein Plansatz des Architekten Josef Böhm vom August 1973, der den damaligen Bauzustand beinhaltet.
Der Hauptflügel des zweistöckigen Gebäudes steht mit dem Giebel in einer Breite von ca. 8,90 m an der Treibgasse. Die Traufseiten reichen ca. 19,60 m in den Garten.
Der Erdgeschoßgrundriß läßt in der Tiefe drei Querzonen erkennen. Die an der Treibgasse liegende Querzone ist in drei schmale Räume geteilt; die beiden äußeren tragen gewölbte Decken, die unter der letzten Putzschicht stark verrußt waren. Die Balkenlage über dem Erdgeschoß kragt auf der Gartenseite ca. 40 cm über. Sie wurde vermutlich im Hausinnern von zwei Längsunterzügen unterstützt. Der angebaute, mit der Traufe an der Treibgasse stehende Flügel ist ca. 11,16 m lang und 8,70 m tief. Am Ende des Gebäudes ist die rundbogige, überbaute Einfahrt mit Kappengewölbe. Von dort führt der Eingang in das Treppenhaus.
Im Erdgeschoß dürften die Außenmauern und vermutlich auch die tragenden Innenmauern schon ursprünglich aus Bruchsteinen gewesen sein. Auch im ersten Stock sind die Außenmauern massiv, nur die zum Garten gelegene Traufwand besteht, wie die Trennwände im Hausinnern, aus Fachwerk. Die Fachwerkaußenwand ist durch die Eckstiele und zwei Bundstiele in ein größeres Feld in der Mitte und zwei gleiche, kleinere Felder an den Ecken gegliedert. Die Wand ist zweimal waagerecht abgeriegelt. Die Längsaussteifung übernehmen dreiviertelhohe Streben und geschnitzte Kopfwinkel. Da üblicherweise hinter den Bundstielen Querwände standen, kann gefolgert werden, daß auch der erste Stock dreigeteilt war.
Im Verlauf der Sanierungsarbeiten konnten im Bereich des mittleren großen Raums auf der Hofseite die profilierten Gewände einer Tür und später auch die Teile des zugehörigen Sturzes freigelegt werden. Der Sturz trägt die Inschrift „1570". Dieser Fund bekräftigt die Annahme, daß der erste Stock über eine Freitreppe erschlossen war. Die Fenster und auch die Brüstungsfelder in der Fachwerkwand sind heute verändert. Die jetzt noch vorhandenen senkrechten Hölzer lassen vermuten, daß das mittlere Feld zwischen den Bundstielen in acht, die beiden äußeren in je vier gleiche Gefache geteilt waren. In den Kopfwinkeln am Eckstiel zur Treibgasse ist ebenfalls die Jahreszahl „1570" geschnitzt. Da beide Jahreszahlen in jenem Gebäudeteil gefunden wurden, der mit dem Giebel an der Treibgasse steht, dürfte dieser damals entstanden sein. Ob der im rechten Winkel angefügte Anbau gleichzeitig erbaut wurde, läßt sich heute am Gebäude kaum nachweisen.
Den Bestandszeichnungen ist weiter zu entnehmen, daß das Dach aus einer Sparrenkonstruktion mit Kehlbalken und Aufschieblingen bestand. Ein liegender Stuhl mit seitlichen Rähmbalken, Mittellängsunterzug und Längsverband steifte das Dachgerüst aus.

In den Jahren 1974/75 entsteht auf dem Anwesen Treibgasse 7 ein neuer Kindergarten der Pfarrgemeinde St. Agatha. Mit Zustimmung des Landesamts für Denkmalpflege wird der Ingelheimer Hof völlig entkernt. Die Grundrisse werden, den Anforderungen des bayerischen Kindergartengesetzes entsprechend, neu eingeteilt. Die Dachkonstruktion wird erneuert, beide Flügel bekommen Stahlbetondecken. Nur die Außenmauern bleiben erhalten, soweit sie noch standfest und tragfähig sind. Auf der Seite zu Treibgasse 9 kann der bestehende zweistöckige Gebäudeflügel um weitere vier Achsen verlängert werden. Im Hof, an der hinteren Grenze von Steingasse 16, wird ein erdgeschossiger Anbau mit Flachdach gebaut. Auf der Seite zu Treibgasse 5a erhält das Grundstück ein weiteres Tor. Anstelle der offenen Sitzhalle wird im Garten auf dem „Gewölbe unter dem Hausplatz" eine Freihalle errichtet: Pavillon auf achteckigem Grundriß, Durchmesser 8 m, mit WC und Abstellraum.
Als verantwortlicher Bauleiter für diese schwierige Baumaßnahme zeichnet Konrad Horlebein von der Firma Gabriel Dreßler, Aschaffenburg.

Eigentümer

bis 1308	Gerlach von Schelm[58], Stiftsscholaster,
1308	Conrad Vyol[59], Stiftsdekan,
1328	Matthias von Bucheck, Erzbischof von Mainz (1321-1328),
bis 1340	Heilmann Schwab[60], Stiftsscholaster,
1340	Johann Schwab, Bruder des Heilmann Schwab,
1378/1394	Herdan von Buches[61], Ritter,
1394	Ruprecht von Karpen, Edelknecht, Enkel des Herdan von B.,
bis 1400	Ruprecht und Herdan von Karpen, Brüder,
1400	Henne von Hofheim, Vizedom, Kauf um 120 Gulden,
1456/1480	Hamann Echter II. von und zu Mespelbrunn[62],
1480 bis 1511	Peter Echter II. von und zu Mespelbrunn, Sohn von Hamann II.[63], vererbt seinen drei Söhnen je ein Drittel:
1511 bis 1549	Philipp Echter I. „der Alt"[64],

---

[58] *Amrhein*, Prälaten, S. 82.
[59] Ebd., S. 81.
[60] Ebd., S. 58 f.
[61] Ebd., S. 104 f.
[62] Hamann Echter II. (gest. 1480) war ein Sohn von Hamann Echter I., der das Schloß in Mespelbrunn erbaut haben soll (vgl. Stammbaum Ingelheim/Echter). Von 1459 bis 1463 war Hamann Echter II. Vizedom in Aschaffenburg. Verh. in erster Ehe mit Lisa Hofwart von Kirchheim, Sohn: Peter II. Echter. Zweite Ehe mit Kunigunde Erbmarschallin von Pappenheim.
[63] Peter Echter II. starb 1511. Er war verh. mit Margaretha von Thüngen, vier Töchter und drei Söhne: Philipp I. der Alt, Philipp II. der Jung und Carl.
[64] Philipp Echter I. der Alt (gest. 1549), verh. mit Agnes Elisabeth Gräfin von Werdenberg und zum Heiligenberg, Witwe des Schenken Erasmus, Sohn: Erkinger (1510-1523). Agnes Elisabeth starb 1536.

bis 1535	Philipp Echter II. „der Jung"[65], dann sein Sohn Peter Echter III.,
bis 1542	Carl Echter[66], dann Peter Echter III.,
1549 bis 1576	Peter Echter III.[67] von und zu Mespelbrunn, Sohn von Philipp Echter II., Alleineigentümer,
1576 bis 1600	Adolf Echter[68], Sohn von Peter Echter III.,
1600 bis 1624	Valentin Echter II.[69], Reichsfreiherr von und zu Mespelbrunn, Bruder von Adolf Echter,
1624 bis 1635	Carl Rudolf Echter[70], Reichsfreiherr von und zu Mespelbrunn, Sohn von Valentin II.,
1635 bis 1637	Maria Katharina von Rodenstein[71], Witwe von Carl Rudolf Echter,
1637 bis 1701	Maria Ottilia Echterin Reichsfreiin von und zu Mespelbrunn[72], Maria Ottilia heiratet 1648 Philipp Ludwig von Ingelheim (1627-1661), der bis zu seinem Tod Miteigentümer wird,
1701 bis 1742	Franz Adolf Dietrich Pfalzgraf, Reichsfreiherr und Reichsgraf von Ingelheim[73],

---

[65] Philipp Echter II. der Jung starb 1535. Er war verh. mit Kordula von Habern (1485-1523), 10 Kinder, darunter war Peter Echter III.

[66] Carl Echter, verh. mit Ursula von Venningen, starb 1557 kinderlos. Er verkaufte 1542 seinem Neffen Peter Echter III. sein Drittelanteil.

[67] Peter Echter III. (1520-1576), Neuerbauer des Schlosses zu Mespelbrunn. Peter Echter III. war für den geistlichen Stand bestimmt. Da seine Brüder keine Nachkommen hatten, resignierte er und heiratete Gertraud von Adolzheim (1525-1583). 9 Kinder, darunter Julius (1545-1617), 1573 zum Fürstbischof von Würzburg gewählt.

[68] Adolf Echter (1543-1600), verh. mit Klara von Frankenstein (1544-1617), ohne Nachkommen.

[69] Valentin Echter II. (1550-1624), verh. mit Ottilia Rau von Holzhausen (1557-1613), 12 Kinder: 7 Söhne, 5 Töchter.

[70] Carl Rudolf (1592-1635) war in erster Ehe mit Anna Agatha Magdalena von Haiden zu Hagenbach (gest. 1621) verh. Diese Ehe blieb kinderlos. Vgl. *Kittel*, Echter, S. 49 ff.

[71] Maria Anna Katharina von Rodenstein (gest. 1637) war die zweite Frau von Carl Rudolf.

[72] Maria Ottilia, die Tochter von Carl Rudolf Echter und seiner 2. Ehefrau Maria Anna Katharina von Rodenstein, war 1651 nach dem Tod ihrer Schwester Eva Maria die Erbin der Echters und zugleich die Letzte ihres Geschlechts. Sie (geb. 1629) stirbt 1701 und wird in der St. Agathakirche in Aschaffenburg beigesetzt. Bei Wiederaufbauarbeiten der durch den Zweiten Weltkrieg zerstörten Kirche werden im August 1948 ungefähr in der Mitte des Kirchenschiffes, etwa 50 bis 60 cm unter dem Steinbodenbelag, zwei Sandsteingrabplatten entdeckt. Beim Aufheben der Platten kam eine Gruft mit einem Doppelsarg zutage. Wie aus der Grabsteininschrift zu entnehmen war, lag in dem einen Sarg Maria Ottilia von Ingelheim. Am Kopfende der Gruft wurde eine kleinere zweite Gruft entdeckt mit drei Kindersärgen. Die Sandsteingrabplatte trug ebenfalls das Ingelheimer Wappen sowie die Jahreszahl 1690, 1692 und 1695. Es ist anzunehmen, daß es sich hierbei um drei verstorbene Kinder der 22 Nachkommen von Adolf Dietrich handelt: Ernst Friedrich, geb. und gest. 1690, Franz Philipp, geb. und gest. 1692, Anna Elisabeth Charlotte, geb. 1694, gest. 1695, oder Catharina Eva Augusta, geb. und gest. 1695.

[73] Franz Adolf Dietrich (1659-1742), Sohn von Philipp Ludwig von Ingelheim und Maria Ottilia Echterin von und zu Mespelbrunn, war verh. mit Maria Ursula Freiin von Dalberg (1668-1730), deren Mutter eine geborene Gräfin von Schönborn war. Aus dieser Ehe stammen 22 Kinder.

1742 bis 1784	Johann Philipp Graf von Ingelheim[74], Sohn von Franz Adolf Dietrich,
1784 bis 1803	Philipp Carl Graf von Ingelheim[75], Sohn von Johann Philipp,
1803 bis 1847	Friedrich Carl Josef Reichsgraf von Ingelheim[76], Sohn von Philipp Carl, dann seine Söhne:
1847 bis 1879	Franz Carl Philipp[77],
bis 1879	Friedrich Damian[78],
bis 1873	Josef Raban Reichsgraf von Ingelheim[79], dann Friedrich Damian,
1879 bis 1888	Friedrich Damian Reichsgraf von Ingelheim[80], Alleineigentümer,
1888 bis 1907	Philipp Alexander Carl Joseph Graf von Ingelheim[81], Neffe von Friedrich Damian,
1907 bis 1927	Philipp Rudolf Anselm Franz Graf von Ingelheim[82],
1927 bis 1961	Institut der Englischen Fräulein Aschaffenburg,
seit 1961	Katholische Kirchenstiftung St. Agatha.

---

[74] Johann Philipp (1698-1784), 15. Kind von Franz Adolf Dietrich, seit 1737 Reichsgraf, verh. mit Maria Clara Philippina Freiin von Dalberg.

[75] Philipp Carl (1738-1803), verh. in 3. Ehe mit Franziska Sophia Gräfin von Breidbach zu Bürresheim, gen. von Riedt. AZ v. 17. Juli 1818: „Die verwitwete Frau Gräfin von Ingelheim, gen. Echter von und zu Mespelbrunn", stirbt am 13. Juli 1818 im Alter von 67 Jahren in Aschaffenburg. StaA, Sterbereg. 1817 mit 1834 v. 13. Juli 1818, S. 11: Gräfin von Ingelheim starb an Entkräftung. St. Agatha, Sterbematr. v. 14. Juli 1818, S. 210.

[76] Friedrich Carl Josef (1777-1847) war der Sohn von Philipp Carl (1738-1803) und seiner dritten Ehefrau Franziska Sophia von Breidbach, siehe Anm. 75. Friedrich Carl Josef, verh. mit Antonia Reichsgräfin von Westfalen zu Fürstenberg (1785-1867).

[77] Franz Carl Philipp (1801-1879), k. und k. Kämmerer und Rittmeister in Goissenheim, verh. in erster Ehe mit Alexandrine Gräfin von Stain zum Rechtenstein (1808-1851), in zweiter Ehe mit Natalie Gräfin Gentils de Langalerie, verw. Baronin von Hogguèr (1806-1890).

[78] Friedrich Damian (1807-1888), k. und k. Kämmerer und Geh. Rat in Mespelbrunn.

[79] Josef Raban (1811-1873), k. und k. Kämmerer und Oberstleutnant in Aschaffenburg. StaA, Sterbereg. 1869 mit 1881, S. 174: „Joseph Graf Ingelheim, k. und k. Kämmerer und Oberst a. D., beheimatet hier, stirbt mit 63 Jahren an sacromatoeser Anschwellung der Lymphdrüsen am 16. November [1873] abends um 10 Uhr 30 in der Steingasse [Treibgasse] D 114".

[80] Friedrich Damian erbte 1873 das Anwesen von seinem Bruder Josef Raban. Den Anteil seines Bruders Franz Carl Philipp muß er schon früher erworben haben.

[81] Philipp Alexander Carl Joseph (1855-1907), Sohn von Friedrich Carl Joseph Marsilius Erwein (1829-1865) und seiner Ehefrau Louise Gräfin von Wiser (1829-1887).

[82] Philipp Rudolf Anselm Franz (1883-1933), Sohn von Philipp Alexander Carl Joseph und seiner Ehefrau Lucia Maria Barbara Brigitte Freiin de Lasalle von Louisenthal (1861-1883). Verh. mit Leopoldine Schenk Gräfin von Stauffenberg (1887-1975).

2. Der große Ingelheimer Garten zwischen Treibgasse und Seilergang, auf der gegenüberliegenden Seite des Wohnhauses

Geschichte

Über die früheren Eigentümer des Gartens und ob das Grundstück von Anfang an mit dem Anwesen Treibgasse 7 verbunden war, können nur Vermutungen angestellt werden. Es ist denkbar, daß die an verschiedenen Stellen der Stadt begüterte Familie Schwab, die im Jahr 1340 Treibgasse 7 erwarb, oder deren Nachfolger auch Eigentümer des großen Gartens waren.

Es ist durchaus verständlich, daß schon zu der Zeit, als die Vorstadt durch die Linie der späteren Treibgasse an dieser Stelle begrenzt war, begüterte Familien bereits außerhalb der Stadtgrenze einen größeren Grundbesitz angestrebt haben. Ein ähnlicher Vorgang ist im Bereich südostwärts der Herstallstraße zu beobachten.

Der Echtergarten muß im 14. Jahrhundert noch Eigentum einer einflußreichen Familie gewesen sein, denn die Stadtentwicklung hatte offenbar auf feste Besitzbindungen Rücksicht zu nehmen.

1523 wird ein Garten erwähnt, der bereits im Besitz der Familie Echter ist. Nach Lage der wenigen zur Verfügung stehenden Archivunterlagen hat der Garten erst später durch Zukauf von benachbarten Grundstücken seine endgültige im Stadtplan von 1809 erkennbare Gestalt erhalten. Die Lage der dazugekauften Grundstücke und Scheunen ist nicht mehr rekonstruierbar.

Für 110 Gulden (Frankfurter Währung) verkauft 1573 die Witwe des Zentgrafen Kilian Völker an Peter Echter eine Scheune und den dazugehörigen Garten. Dieser Besitz stößt einerseits an Echters Garten und an Ernst Itzigs Garten, andererseits an eine Stiftsvikarie[83].

1661 bis 1662 hat Ingelheim an die Muttergotteskirche wegen der Scheune an der Treibgasse 9 alb gezahlt[84].

Am 7. September 1688 macht Maria Ottilia von Mespelbrunn den Besitz von dem darauf haftenden Zins von 12 Schilling sowie 4 Schilling wegen Geschoßgeldes an die Stadt Aschaffenburg frei[85].

Ein Kaufbrief, datiert am 23. April 1706, beinhaltet: Verkauf einer Scheune mit Zubehör und Umschwung in der Treibgasse, an den Ingelheimer Garten stoßend, an Franz Adolf Dietrich von Ingelheim[86].

---

[83] G.I.F., Tit. III, A 2 v. 23. April 1573: Die Scheune mit Umgriff zinst der Kirche BMV 12 Schilling jährlich. Ebd., A 21: Dr. Garetius fordert 1594 von Adolf Echter für seinen Garten am Steinweg, „so man die Behausung nach des Herrn Vicedom Hauss gehen wil, auf der linken Handt und streckt sich biß unden an die Bach", und für einen zweiten Garten vor der Herstallpforte 700 fl.
[84] StAWü, R 34886.
[85] G.I.F., Tit. III, A 2.
[86] Ebd., A 4 v. 23. April 1706.

Am 28. Januar 1706 verkauft Johann Philipp Molitor "Scheuer und Zubehör samt Umgriff", die 40 Jahre seiner Familie gehörten, für 250 Gulden an Johann Georg Jung[87]. Dieser wiederum veräußert am 12. Februar 1706 das Anwesen für 288 Gulden an den Verwalter der Ingelheimer Güter, Johann Adam Elbert. Zum gleichen Preis erwirbt am 23. April 1706 Franz Adolf Freiherr von Ingelheim von seinem Verwalter das Grundstück.

1718 vergrößert Ingelheim seinen Garten an der Treibgasse durch den Kauf des Gartens, der ursprünglich zur Michaelis Kapelle[88] gehörte: „Der Sankt Michaelis Kapellen Collectur dahir zu Aschaffenburg eigentümlicher Garten [...] von dem Hochgeborenen Herrn, Herrn Franz Adolf Dietherich, Reichsfreyherr von Ingelheim erworben [...] durch Spitalverwalter Franz Schwab für 300 Gulden Frankfurter Währung, den Gulden zu 60 Kreuzer oder 30 Albis gerechnet. [...] Der Garten ist frei von jeglicher Belastung"[89].

1807 wird das Pflaster in der Treibgasse erneuert. Dabei wird aufmerksam gemacht, daß das in den Kellereigarten führende Tor, das nie geöffnet wird, zugemauert werden soll, „weil die Nische von Vorübergehenden zur Verrichtung ihrer Notdurft verwendet wird"[90].

Wie bereits in der Geschichte über das Wohnhaus von Treibgasse 7 abgehandelt wurde, trägt sich Graf Ingelheim 1808 mit dem Gedanken, seinen Garten stückweise zu verkaufen. Amtskeller Wagner teilt dem Grafen mit, daß es 23 Hausplätze sind[91].

Im Februar 1809 Reparatur der Tür zum Weinkeller[92].

Durch den großherzoglichen Vizedomamts-Geometer Johann Michael Jent wird 1810 pflichtgemäß der Garten des Grafen Ingelheim an der Treibgasse vermessen: „Der Garten, in neun Parzellen geteilt, hat eine Gesamtfläche von 5 Morgen, 3 Viertheil, 21 Ruthen; die Gesamtfläche mit allen Gebäulichkeiten 6 Morgen, 1 Viertheil, 30¾ Ruthen"[93]. Am 23. Februar 1810 werden die neun Parzellen des Ingelheimer Gartens am Seilergang zur Pacht versteigert[94].

Neben seinem Wohnhaus bietet Graf Ingelheim 1811 auch „den an der Treibgasse gelegenen von dem Amtshause bis zur gräflichen Kellereiwohnung ziehenden Garten" im Intelligenzblatt zur Versteigerung an[95]. Doch ohne Erfolg. Geometer Karl Korn[96] liefert am 30. Dezember 1811 eine Aufstellung über die Größe und den Wert von neu eingeteilten Bauplätzen des großen Ingelheimer

---

[87] Molitor war kurfürstlich mainzischer Oberschultheiß auf dem Kaltenberg. Er hatte die Scheune von Herrn von Hoheneck käuflich erhalten. StaA, R 371 v. 1796.
[88] Vgl. *Grimm* II, S. 233.
[89] G.I.F., Tit. III, A 5 v. 14. November 1718.
[90] Ebd., A 9 v. 21. Mai 1807.
[91] Ebd. v. 5. August 1808.
[92] Ebd. v. 20. Februar 1809.
[93] Ebd., A 61.
[94] Angebot im Intell.Bl. v. 21. Februar 1810.
[95] Ebd. v. 16. November 1811.
[96] StaA, AN, Kl-Ku: 1811 Anstellung des Geometers Karl Korn nach Nachweis seiner Fähigkeiten.

Gartens. An der Treibgasse sind elf Bauplätze 8 fl. pro Rute, an die Seilerbahn stoßen zwölf Bauplätze mit 7 fl. pro Rute[97]. Die ganzen Anstrengungen haben zu keinem Erfolg geführt. Der Garten bleibt weiterhin unverändert bestehen und unverbaut.

Die städtische Armenkommission erwägt 1818, ein Krankenhaus, verbunden mit einer Arbeitsanstalt, zu errichten. Als geeigneter Bauplatz steht zur Diskussion: der nördliche Ingelheimer Garten vom Amtshaus, Treibgasse 28, bis zur alten herrschaftlichen Scheune, etwa Treibgasse 24[98].

Alle Ingelheimer Grundstücke in der Treibgasse mit Haus, Hof und Wirtschaftsgebäuden werden 1826 auf 10.500 fl. geschätzt[99].

1832 kommt es zum Verkauf eines Teils des Ingelheimer Gartens, zwischen der Treibgasse und dem Seilerweg gelegen. Zugrunde liegt eine Schätzung der Grundstücke von 1825[100]. Der Garten hat eine Fläche von 1030³/₄ Ruten. Es sind Obstbäume angepflanzt. Der Garten wird ökonomisch genutzt.

Der Ablauf der Verkaufsverhandlungen ist aus den Briefen zu sehen, die in der Zeit vom 11. Oktober 1832 zwischen Alois Dessauer, Fabrikbesitzer, und Franz Mathias Bolongaro[101] ausgetauscht wurden. Bolongaro erhält für 4.200 fl. etwa die Hälfte des Gartens, beginnend am Vizedomamt, Treibgasse 28, bis etwa zur heutigen Luitpoldstraße. Der südliche Rest bis zur Entengasse bleibt bei Ingelheim. Laut Vertrag vom 4. Dezember 1832 muß Bolongaro die Trennmauer auf eigene Kosten errichten[102].

Im August 1834 brennt die Remise im großen Garten an der Treibgasse ab. Als Entschädigung werden 100 fl. gezahlt. Die Scheune soll in dem gegenüberliegenden Hof am Wohnhaus wieder errichtet werden[103].

1842 will Fabrikant Martin Joseph Fleischmann auf dem Gartengelände des Ingelheimer Hofs ein Fabrikgebäude errichten lassen. Fleischmann stellt wohlriechende Seifen her. Er hatte für vier Jahre einige Gebäude im Ingelheimer Garten gemietet. Das neue Fabrikationsgebäude soll nach vier Jahren wie-

---

[97] G.I.F., Tit. III, A 61 v. 30. Dezember 1811.
[98] Ebd. v. 16. August und 14. November 1818.
[99] Ebd. Am 29. Juni 1830 fragt der Vorstand der evang.-luth. Kirche an, ob Graf Ingelheim den unbebauten Teil des Grundstücks zum Bau der Kirche abgibt. Am 1. Juli 1830 liegt bereits die ablehnende Antwort vor. (Ebd., A 72)
[100] Ebd., A 54 v. 3. Februar 1825.
[101] StaA, Sterbereg. 1817 mit 1834, S. 266: Franz Mathes [Mathias] Bolongaro, Tabakfabrikant, stirbt 1833 im Alter von 39 Jahren. Bolongaro war ein Freund von Prof. Karl Ludwig Louis.
[102] G.I.F., Tit. III, A 54 Bericht des Ingelheimer Amtmanns: Bolongaro erhält den Teil des Gartens, der an den Hofraum und die Gärten des vormaligen Präfekten Paul Oberle und das Rentamt Rothenbuch anstößt bis einschließlich des Raums, worauf einmal eine Scheune stand und zwar von der noch ein Teil stehenden Mauer parallel durchlaufend, nebst einem dreistufigen Rail wegen dem Dachtrauf und Errichtung einer Mauer zum vollen Eigentum. 1880 wurden für den Neubau der Luitpoldschule einschließlich Straßenanteil von der Stadt ca. 6.800 m² des Grundstücks von Bolongaro für 34.000 Mark erworben. Vgl. ebd., A 142.
[103] StaA, Mag.Prot. v. 21. August 1834.

der abgebrochen und deshalb leicht gebaut werden. Zur Lokalbesichtigung erscheinen: Bürgermeister Adalbert von Herrlein, Magistratsrat Franz Martin Weber, Baurat Professor Karl Ludwig Louis, Gastwirt Anselm Ducca (für Fleischmann) und Amtmann Anton Sibin[104] (für Friedrich Karl Josef Graf von Ingelheim).

Da der Garten abgelegen ist und keine weiteren Nachbarn betroffen sind, ist nichts einzuwenden. Bereits zehn Tage später tragen einige Nachbarn ihre Bedenken zu diesem Projekt vor:

„1. Fabrikant Alois Dessauer [Steingasse 20] protestiert wegen der übelriechenden Dünste.
2. Poststallmeister Heinrich Müller, dessen Heu- und Fruchtspeicher und Pferdeställe grenzen an die Treibgasse. Da das Futter den Geruch annehmen müsse und die Pferde dieses nicht fressen werden, ist Müller gegen den Bau.
3. Für Franz Bolongaro, Tabakfabrikant[105], dessen Buchhalter: Der Ostwind werde die üblen Gerüche in seine Tabakfabrik tragen und nichts schade der Qualität der Erzeugnisse mehr als fremde Gerüche, welche der Tabak so schnell und leicht annehme.
4. Weinwirt Anton Schenk: sein Lokal liegt in der Nähe der Baustelle [Steingasse 16]. Die üblen Gerüche führen zu Belästigungen in Wohnung und Lokal, das sich im Garten hinter dem Hause befindet. Er habe damit großen Nachteil.
5. Tabakfabrikant Georg Christ. Seine Fabrik liegt zunächst der Bolongarischen Fabrik, es drohe ihm derselbe Nachteil wie dem Bolongaro, deshalb Prostest".

Gastwirt Anselm Ducca vertritt die Interessen von Fleischmann. Er weist auf den vorherigen Standort der Seifenfabrik am Bassenheimer Hof (Dalbergstraße 78) hin, wo keine Geruchsbelästigungen beanstandet worden waren[106]. Fabrikant Georg Christ zieht am 7. Mai sein Protestschreiben zurück. Am 22. Juni 1842 erhält Fleischmann die Baugenehmigung durch die Regierung und am 4. Juli 1842 die der Stadt Aschaffenburg. Da die Nachbarn weiter protestieren, werden noch verschiedene Gutachten eingeholt. Sowohl das Gutachten von Landgerichtsarzt Dr. Joseph Oegg als auch das von Lyzeumsprofessor Dr. Martin Balduin Kittel sind Grund genug, das Gesuch abzulehnen. Die

---

[104] *Scherg*, Matrikel v. 1809, Nr. 21, S. 16.
[105] Franz Mathes Bolongaro (1794-1833) war bereits kinderlos gestorben, vgl. StaA, HR, B1, S. 10. Bolongaro muß auf dem 1832 von der Familie Ingelheim erworbenen Grundstück eine Tabakfabrikation betrieben haben. Auf dem Stadtplan von 1846 sind keinerlei solche Gebäude zu erkennen. Die Tabakherstellung hat somit 1846 nicht mehr existiert.
[106] Stadtgerichtsarzt Dr. Adam Hammer begutachtet am 22. April 1842, daß der entstehende Geruch nicht belästigend ist.

ganze Angelegenheit zieht sich bis zum 12. August 1843 hin. Trotz Genehmigung wird der beantragte Bau nicht ausgeführt[107].

Am 23. März 1865 erhält Graf Ingelheim die Genehmigung zum Bau eines Wohnhauses in der Treibgasse Lit. D. 114 unter Beibehaltung der Straßenlinie[108].

An der Stelle, wo bereits ein Gebäude stand, beginnen 1865 die Bauarbeiten am neuen Gräflich Ingelheimer Beamtenhaus. Die Bauleitung hat Maurermeister Franz Schmelz, die Bauaufsicht der städtische Ingenieur Carl Wetter[109]. An Aufwendungen entstehen 1865 und 1866 für das Beamtenhaus 5.500 fl. und für das Hofhaus 944 fl.[110]. 1868 sollen die Giebelmauern des Ingelheimer Beamtenhauses durch Schieferdecker Jakob Hartmann verschiefert werden.

Baumeister Franz Schmelz erwirbt 1870 einen Bauplatz aus dem Garten (später Teil des Grundstücks Friedrichstraße 9) am Seilergraben. Der Kaufvertrag wird mit den Grafen Philipp, Friedrich Damian und Joseph von Ingelheim geschlossen. Die Fläche stößt an das Anwesen des Freiherrn von Hertling, der heutigen Friedrichstraße 7a. Der Kaufpreis beträgt 2.056 fl.[111].

Schmelz baut auf dem erworbenen Grundstück (Lit. D 57$^{1}/_{2}$, heute Friedrichstraße 9) ein Wohnhaus.

1873 erwirbt Schmelz aus dem Ingelheimer Besitz einen weiteren Bauplatz hinzu. Der Kaufpreis beträgt 20 Kreuzer pro Quadratfuß, d. h. 3.620 fl. 20 kr. Da der Garten Fideikommißgut ist, muß das königliche Appellationsgericht in Bamberg seine Zustimmung geben[112].

1878 wird die Schmelzsche Scheuer (Lit. D 65) für Schmiedemeister Paul Kaup aus Goldbach als Schmiedewerkstätte eingerichtet. Nach dem Zweiten Weltkrieg wird hier noch eine Schmiede betrieben.

Die restlichen Flächen des Gartens werden nach 1881, bei Neuanlage der Luitpoldstraße, in die entsprechenden Baugrundstücke Friedrichstraße und Luitpoldstraße aufgeteilt.

Das Gebäude auf dem Grundstück Plan-Nr. 1422 erhält 1881 nach der neuen Hausnumerierung Treibgasse 24. Weitere Einzelheiten über das Grundstück stehen unter Treibgasse 24.

---

[107] StaA, VI, G 1 (nach Angaben von *Grimm*, im StaA jedoch nicht auffindbar.) Wegen der erstellten Gutachten hatte Fleischmann Unkosten von 26 Gulden 11 kr.
[108] Ebd., Mag.Prot. v. 23. März 1865.
[109] Carl Wetter war bereits im Februar 1869 in Nidda als großherzoglich hessischer Kreisbaumeister tätig.
[110] G.I.F., Tit. III, A 82.
[111] Ebd., A 87. Kaufvertrag vom 10. Dezember 1870, vorgelegt von Notar Franz Josef Bayer in Anwesenheit von Joseph Simmler, Ingelheimer Amtmann, und Baumeister Franz Schmelz. Das Gartengrundstück hatte ein Tagwerk und 161 Dezimale. Schmelz erwarb 257 Dezimale.
[112] G.I.F., Tit. III, A 88 v. 26. August 1873.

Beschreibung

Der ummauerte Garten reicht von der Treibgasse bis zum Seilergang, auch Agatha-Kirchweg genannt. Im Westen grenzt er an das herrschaftliche Amtshaus (Treibgasse 28) und im Osten an die Entengasse.

Nach einem weiteren undatierten Lageplan, hier für das Gartengrundstück zwischen Treibgasse und Seilergang, vermutlich aus dem 18. Jahrhundert, ebenfalls im Gräflich Ingelheimer Familienarchiv aufbewahrt, kann folgendes entnommen werden:

In der Treibgasse, gegenüber den Stallungen und der Hofeinfahrt des Anwesens Treibgasse 7, ist im Lageplan ein Gebäude eingetragen, vermutlich das ehemalige Haus des Ingelheimer Amtmanns. Das Haus steht mit der Traufe in der Flucht der Gasse. In der eingeschossigen Fassade sind drei Fenster und in der Fläche des steilen Satteldachs zwei Gauben. Aus dem First ragen zwei Schornsteinköpfe, die auf eine Wohnnutzung hinweisen. Ungewöhnlich ist ein überdachter Steg, eine Fachwerkkonstruktion, die aus dem Dach des Amtshauses über die Treibgasse hinweg in den ersten Stock des Hauptgebäudes führt. Neben dem Gebäude in Richtung St. Agatha ist ein zweiflügeliges Tor in der Gartenmauer.

Hinter dem Amtshaus steht ein weiteres Gebäude im Garten. Es ist einstöckig mit Satteldach. Der First läuft parallel zur Gasse. Im steilen Dach ist ein breites Zwerchhaus mit Krüppelwalm. Im Erdgeschoß sind beiderseits eines großen Rundbogentors hochliegende Fenster. Auf der Giebelseite befindet sich ein zweiflügeliges Tor mit geradem Sturz. Im Giebeldreieck sind zwei Fenster. An die Rückseite des Hauses ist eine offene, überdachte Halle gehängt. Wegen der beiden Tore und der fehlenden Kamine könnte es sich um eine Scheune handeln.

Zwischen den beiden Gebäuden steht ein kleines Bauwerk, dessen Fassade fast völlig von einem Rundbogentor eingenommen wird. Das Giebeldreieck ist als Fachwerk dargestellt. Die Nutzung ist nicht bekannt.

Die beiden erstgenannten Häuser könnten mit den Gebäuden identisch sein, die im Urkataster von 1845 dargestellt sind.

An der Treibgasse, etwa da, wo heute die Luitpoldstraße verläuft, ist im Lageplan ein weiteres Bauwerk verzeichnet. Das kleine Haus ist einstöckig und steht mit dem Giebel an der Straße. Ungefähr die Hälfte der Erdgeschoßfassade wird von einem zweiflügeligen Tor mit rundem Bogen eingenommen. Unter dem Krüppelwalm des Giebels sind zwei Fenster. Vermutlich handelt es sich ebenfalls um eine Scheune. Neben dem Haus, etwa in der Achse der heutigen Luitpoldstraße, befindet sich ein weiteres zweiflügeliges Tor in der Gartenmauer.

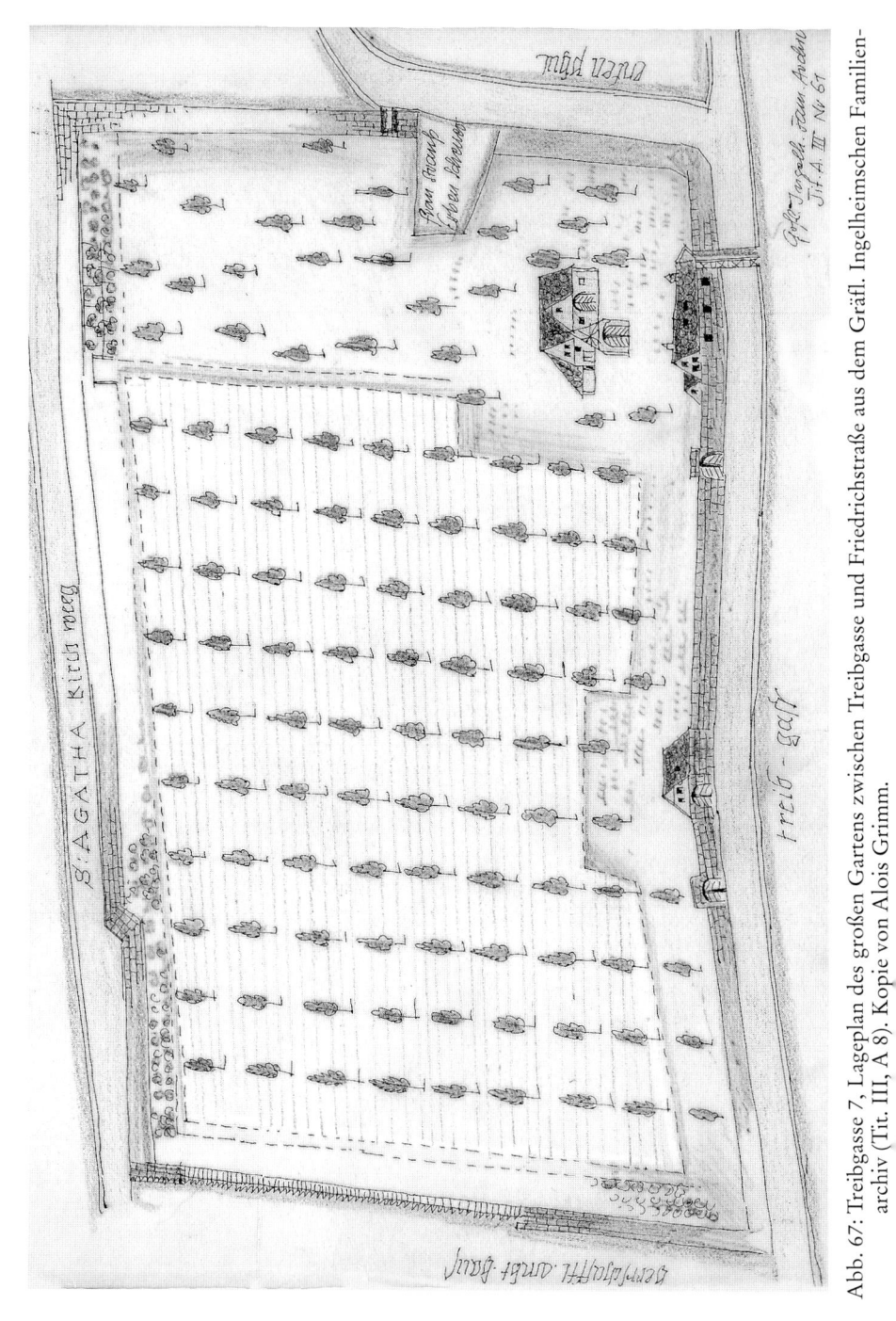

Abb. 67: Treibgasse 7, Lageplan des großen Gartens zwischen Treibgasse und Friedrichstraße aus dem Gräfl. Ingelheimschen Familienarchiv (Tit. III, A 8). Kopie von Alois Grimm.

Ergebnis der Grundstücksschätzung von 1825

„Der Garten hat eine Fläche von 1030¾ Ruten. Es sind Obstbäume gepflanzt. Der Garten wird ökonomisch genutzt. Folgende Gebäulichkeiten schließen sich an:
1. die sogenannte Kellereiwohnung mit gutem gewölbtem Keller,
2. derselben gegenüber gegen den Garten ein Stallgebäude mit großem gewölbtem gutem Keller,
3. Chaisenremise mit drei Abteilungen entlang der Gartenmauer an der Treibgasse,
4. ein Schweinestall,
5. ein auf die Treibgasse hinausgehender gewölbter Keller, worauf eine Scheune gebaut war.

Schätzwert von Garten und Gebäulichkeiten 9.500 fl."[113].

---

[113] Ebd., A 54 v. 3. Februar 1825. Unterzeichnet von Ehehalt, Gräfl. Ingelheimer Amtmann.

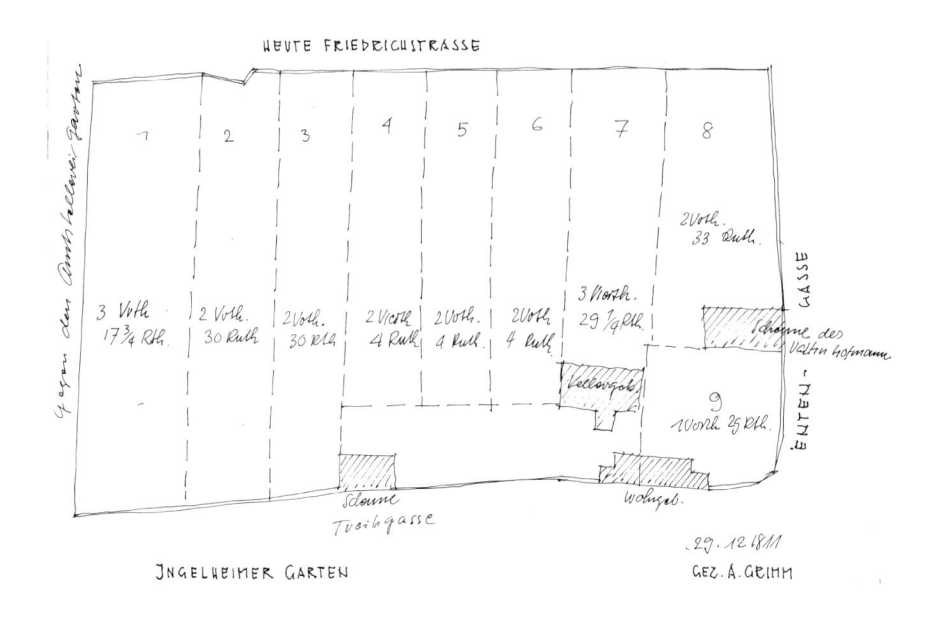

Abb. 68: Treibgasse 7, Ingelheimer Garten, geplante Teilung 1811.

Aussage von 1832[114]

Der Ingelheimer Garten stößt an die Gärten des vormaligen Herrn Präfekten Oberle und an das Rentamt Rothenbuch bis einschließlich des Raums, wo einmal eine Scheune stand.
Nach Schätzung durch Taxator Johann Kleber und Maurermeister Gabriel Hospes von 1833

„1. das ehemalige Kellereihaus 56¹/₄ Schuh lang, 22¹/₂ Schuh breit, zwei Stockwerke hoch, darunter gewölbter Keller. 1.200 fl.
2. Ökonomiegebäude mit Stallung für zehn Pferde, Abteilung für acht Stück Rindvieh, Schuppen für Holz, gewölbter Keller, aber alles baufällig. 500 fl.
3. Remise 49 Schuh lang, 27 Schuh breit mit drei Abteilungen. 250 fl.
4. Garten zu etwa 5 Morgen. 450 fl."
„Nach dem Verzeichnis enthält der ganze Garten ohne Gebäude 5 Morgen 3 Vierthel 21 Ruthen nach Aschaffenburger Maß der 13schuhigen Ruthe".

Der an Bolongaro abgetretene Teil enthält:
„2 Morgen 3 Vierthel 38 Ruten; es verblieb demnach dem Grafen Ingelheim 2 Morgen 3 Vierthel 23 Ruthen. Die Gebäude mit Hofraum enthalten 2 Vierthel 9³/₄ Ruthen"[115].

Lage und Abmessungen des Grundstücks

Der gesamte Garten hat eine Längsausdehnung zwischen Entengasse und der südlichen Grenze des Grundstücks Treibgasse 26 von etwa 156 m in der Tiefe. Zwischen Treibgasse und Seilergang mißt er im Mittel 92 m. Die Gesamtfläche beträgt somit rund 14.350 m².
Die an Bolongaro 1832 abgetretene Teilfläche hatte eine Breite von 73 m und somit bei einer Tiefe von 92 m einen Flächeninhalt von ca. 6700 m². Das Bolongarische Grundstück war der nördliche Teil des Gesamtgartens. Die Grenze verlief etwa da, wo heute die nördliche Fahrbahngrenze der Luitpoldstraße verläuft. Die Luitpoldschule und deren Nachfolgebauten liegen auf dem ehemaligen Grundstück des Bolongaro.

Ummauerung und Zugänge

Das Grundstück war zu Treibgasse, Entengasse und Seilergang mit einer hohen Mauer umschlossen. An der Grenze zum Anwesen Treibgasse 26 erstreckte sich von der Treibgasse her die Mauer etwa 35 m in die Tiefe, der Rest zum Seilergang bestand aus Planken oder einem Bretterzaun. An der Enten-

---

[114] Ebd., A 10.
[115] Ebd. v. 14. August 1833.

gasse ist aus dem Garten ein etwa 18 m tiefes und 9 m breites Privatgrundstück (später Entengasse 12) ausgeschnitten.

In den Garten führen aus der Treibgasse zwei rundbogige Tore. An diesen Stellen ist die Mauer entsprechend erhöht. Ein Tor liegt gegenüber dem heutigen Anwesen Treibgasse 9, das andere etwa im Bereich des heutigen Kolpinghauses.

In der Entengasse ist eine schmale Pforte, etwa an der Stelle, an der die Gasse zur Herstallstraße im rechten Winkel abbiegt.

Bepflanzung

Der Garten ist zum Zeitpunkt der Entstehung des Plans größtenteils mit Obstbäumen besetzt. In der Art der Bepflanzung sind Unterschiede zu erkennen. Auf einer größeren Fläche, auf der Seite zu St. Agatha, stehen auf offen gehaltenem Erdreich viele Obstbäume, die regelmäßig in zehn Reihen angeordnet sind. Die insgesamt 79 eingetragenen Bäume sind in Abständen gepflanzt, die den heute noch gültigen Normen im Obstbau entsprechen.

Die ungeordnete Baumanlage (37 Bäume) zur Entengasse steht auf Grasland und ist vermutlich von älterem Bestand.

Entlang der Mauer zum Seilergang ist Buschwerk angedeutet, was nicht ausschließt, daß hier auch Beerensträucher standen.

Seit 1846 hat das Grundstück die Hausnummer Treibgasse 24. Die weitere Häusergeschichte ist dort behandelt.

Gräflich Ingelheimsche Verwalter:

1706	Johann Adam Elbert
1742	Johann Georg Kees, Amtmann
vor 1790	Anselm Mühlbacher[116], Kellermeister
1803/09	Joseph Wagner[117], Amtskeller
1809 bis 1833	Andreas Ehehalt[118], Amtmann
1833/1842	Anton Sibin[119], Amtmann

---

[116] St. Agatha, Sterbematr. v. 1790, S. 219: Im August starb Anselm Mühlbacher, der „Cellarius illustr. Comitis ab Ingelheim".

[117] Ebd. v. 1809, S. 93. 1809, 16. Dezember, Tod von „Josephus Wagner, illust. Comitis ab Ingelheim", 70 Jahre. Todesursache: Schlaganfall und sofortiger Tod.

[118] StaA, Sterbereg. 1817 mit 1834, v. 1833, S. 269: Andreas Ehehalt starb am 11. Juni 1833 mit 56 Jahren. Todesursache: Schlag. Andreas Ehehalt, verh. mit Katharina, geb. Borm. St. Agatha, Sterbematr. v. 1847, S. 238: Tod von Katharina Ehehalt, Witwe des Andreas Ehehalt, 66 Jahre am 8. Juni 1847.

[119] Ebd., Trauungsmatr. v. 1826, S. 9: Am 25 November 1826 Trauung des Gräfl. Ingelheimschen Aktuars Anton Sibin (1791-1865) mit Maria Katharina Zumbach (geb. 1797). Trauzeuge war Andreas Ehehalt. Ebd., Sterbematr. v. 1865, S. 59: Anton Sibin stirbt mit 74 Jahren an Altersschwäche. Er wohnte zuletzt nicht mehr in der Treibgasse, sondern in der Herstallstr. 35, Lit. D 78, 79.

	Friedrich Simmler[120], Oberamtmann
1870	Joseph Simmler[121], Oberamtmann
1900/10	Joseph Griesbeck[122], Oberamtmann

---

[120] StaA, Sterbereg. 1869 mit 1881 v. 1872, S. 133: Friedrich Simmler, gräflich Ingelheimscher Amtmann stirbt am 28. November 1872 im Alter von 72 Jahren in Lit. D 114.
[121] Ebd., HR, S1, S. 579. Joseph Simmler (1842-1899).
[122] Ebd., HR, G1, S. 379. Joseph Griesbeck (1864-1945).

Treibgasse 9   (Lit. B 108¼)   Plan-Nr. 622, 623 (bis 1898)

Geschichte

1838 wird im Zusammenhang mit Änderungen am Ingelheimer Hof (Treibgasse 7) eine angrenzende Scheune erwähnt. Sie gehört dem Gastwirt Jakob Gundlach und steht auf dem Grundstück Treibgasse 9[1]. 1850 steht die Scheune noch.
Unter Anton Geßner, dem neuen Eigentümer seit 1877, wird die Scheune durch ein Wohnhaus ersetzt. Hinter dem Wohnhaus liegt ein großer Hof mit Bleichrasen. An der Grundstücksgrenze zu Treibgasse 7 läßt Geßner ein erdgeschossiges Nebengebäude errichten. 1878 bekommt er die Auflage, seine Abortgrube vorschriftsmäßig renovieren zu lassen. 1880 wird das Nebengebäude als Wohnung aufgestockt.
1898 erfolgt Eigentumswechsel durch Baumeister Adam Schneider. Er erhält die Genehmigung zum Ausbau der Tordurchfahrt. An der Straßenseite gewinnt Schneider dadurch im Erdgeschoß ein zusätzliches Zimmer. Auf der Seite zur Luitpoldstraße wird ein Laden eingerichtet.
Die Aschaffenburger Zeitung (damals Luitpoldstraße 4 b) erwirbt noch im gleichen Jahr fast den gesamten rückwärtigen Teil des Anwesens (Flurstück Nr. 623).
1901 baut Adam Schneider wieder um. Das alte Einfahrtstor wird wieder hergestellt und die frühere Durchfahrt unterkellert. Aus der Wohnung im Erdgeschoß, auf der Seite zu Treibgasse 7, wird eine Werkstatt. Die beiden Fenster auf der Straßenseite werden vergrößert.
Schreinermeister Johann Köhler errichtet 1904 hinter dem Haus, auf der Seite zu Haus Nr. 7, eine neue Waschküche. 1905 wird der Laden wieder in ein Zimmer umgebaut. Statt des Schaufensters mit Ladentür entstehen, wie vor 1898, zwei Fenster.
1909 werden die besteigbaren Kamine durch russische ersetzt.

---

[1] StaA, Mag.Prot. v. 13. April 1838.

Zerstörung des Gebäudes im Zweiten Weltkrieg.
Ewald Bayer läßt 1960 das Wohnhaus wieder aufbauen. Im März 1961 ist der Bau fertiggestellt.

Beschreibung

Die Scheune stand in voller Grundstücksbreite mit dem Trauf an der Treibgasse. Einfahrtstor auf der Seite zu Treibgasse 7.

Wohnhaus bis 1945

Seit 1877 zweigeschossig mit neun Fensterachsen. Im Erdgeschoß, in Hausmitte, Eingang. Auf der linken Seite Einfahrt mit Segmentbogen, ca. 3,30 m breit, zwei Achsen. Fenster mit Sandsteingewänden, Sohlbänke auf Konsolen. 1898 wird die Einfahrt geschlossen. Die Fassade erhält statt des Tors ein Einzelfenster. In der rechten Haushälfte entsteht, in der Breite von zwei Fensterachsen, ein Laden mit Eingang und Schaufenster. Diese Umbaumaßnahme wird 1901 wieder rückgängig gemacht.

Nebengebäude

Auf der Grenze zu Treibgasse 7 steht bis 1880 ein einstöckiges Nebengebäude, ca. 13,50 m lang und 4,40 m breit. Die dem Wohnhaus zugewandte Fassadenhälfte besitzt zwei Türen, dazwischen ein Fenster. Die andere Fassadenhälfte, vor dem Bleichrasen, weist drei offene Arkaden auf.
1880 wird das Nebengebäude aufgestockt. Im Erdgeschoß sind jetzt Waschküche, Treppenhaus und hinter den Arkaden Holzlegen untergebracht. Im ersten Stock drei Zimmer und Küche. In der Fassade vier Fenster in gleichen Abständen. Das Dach ist flach und mit Zinkblech eingedeckt.
Das Nebengebäude wird 1898 von der Aschaffenburger Zeitung erworben.

Wiederaufbau des Wohnhauses 1961

Fünfgeschossiger Neubau mit Traufe zur Straße. Im Erdgeschoß, auf der Seite zur Luitpoldstraße, 3 m breite Hofeinfahrt. In Fassadenmitte offene Eingangshalle, von dort beiderseits Ladeneingang und Zugang zum Treppenhaus. Fassade in den Obergeschossen als Raster mit zwölf Achsen ausgebildet. Der fünfte Stock liegt auf der Straßenseite ca. 1,30 m zurück.
In jedem Stockwerk zwei Wohnungen. Im Hof steht eine Doppelgarage.

Eigentümer

      bis 1817   Karl Jachbert, Fürstlich Leiningscher Rat,
1817 bis 1839   Jakob Gundlach[2], Gastwirt,

---

[2] Ebd., HR, G1, S. 26: Jakob Gundlach (1779-1839), seit 1806 Besitzer der Gaststätte „Zur Stadt

1839 bis 1858 Maria Anna Gundlach, geb. Berner, Witwe des Jakob G.,
1858 bis 1877 Margaretha Schadler[3], geb. Reiß, Witwe,
1877 bis 1898 Anton Geßner, Rentamtsgehilfe,
1898 bis 1902 Adam Schneider, Bauunternehmer,
1902 bis 1949 Johann Köhler, Schreiner, und Ehefrau Lina,
1949 bis 1958 Erbengemeinschaft der Kinder des Johann Köhler[4],
seit 1958 Ewald Bayer, Kaufmann.

Mainz", Steingasse 4. 1805 wurde Gundlach, Bierbrauer und Bendermeister aus Sarnsheim/Bingen, Bürger und in die Zunft in Aschaffenburg aufgenommen (StaA, AN).
[3] Ebd., S1, S. 346: Margarethe Schadler (1799-1875), verh. mit Johann Schadler (1793-1855), Maurermeister aus Schweinheim.
[4] Karl, Richard und Johanna Köhler.

Treibgasse 11 (Lit. B 108³/₄) Plan-Nr. 620¹/₄

Geschichte

Das Grundstück war 1850 noch Bestandteil des Anwesens „Römischer Kaiser", Strickergasse 2, Lit. B 121. Der Zeitpunkt der Abtretung als selbständiges Grundstück ist nicht aktenkundig. Sie dürfte 1856, bei der Errichtung des ehemaligen Bezirksamts, erfolgt sein. Das Gelände war mit Scheune und sonstigen Nebengebäuden des Römischen Kaisers besetzt.
Der erste erwähnte Eigentümer war 1862 Küfermeister Georg Hembacher. Da er umbauen will, kommt es am 9. Januar 1863 zu einer „Lokaleinsicht" durch die Magistratsräte Georg Protz und Melchior Kaufmann und durch den „bausachverständigen Techniker" Bernhard Hoffmann. Das königliche Bezirksamt erscheint als einziger beteiligter Nachbar und stimmt dem vorgelegten Plan unter folgenden und anderen Auflagen zu:
1. „Die dermalige Ringmauer seines [Hembachers] Wohngebäudes, welche für die Folge die Schiedewand zwischen dem neu zu bildenden Hofe des Hembacher und dem des kgl. Bezirksamtes bildet, in einer Höhe von 12' [Fuß][1] zu belassen und solche mit Sandsteinplatten zu belegen.
2. Da durch den Abbruch des Hembacherschen Hauses die Holzgiebelwand des bezirksamtlichen Ökonomiegebäudes freigestellt wird, wodurch solche Wind und Wetter besonders ausgesetzt sein wird, muß sich Hembacher verpflichten, an der fraglichen Giebelseite seines Dachvorsprungs [sogenannter Ortgang] von 1' [Fuß][2] auf seine Kosten machen zu lassen."

[1] 12 Fuß etwa 3,50 m.
[2] 1 Fuß 29,19 cm.

Am 27. Januar 1863 erhält Georg Hembacher die Genehmigung, in seiner Scheune eine Wohnung einzurichten[3].
1898 erfolgt die Übernahme des Besitzes durch die Wailandtsche Druckerei. Das Grundstück ist seit dieser Zeit Bestandteil von Luitpoldstraße 4b.

Beschreibung

Fassade vor 1863

Zweistöckige, traufständige Scheune zwischen Treibgasse 9 und einem erdgeschossigen Nebengebäude des damaligen Bezirksamts. Das Dach ist auf dieser Seite abgewalmt.
Im Erdgeschoß, auf der Seite zu Treibgasse 9, segmentbogiges Einfahrtstor, daneben zwei hoch liegende, niedrige Fenster, ebenfalls segmentbogig. In Höhe des ersten Stocks Tür zum Einbringen von Naturalien.

Umbau von 1863

Die neugestaltete Fassade hat vier Fensterachsen. Im Erdgeschoß, neben Haus Nr. 9, ca. 1,50 m breiter Eingang zu den Wohnungen, Küferwerkstatt und Hof. Daneben drei Fenster. Im ersten Stock vier Fenster in gleichen Abständen mit Segmentbogen wie im Erdgeschoß.
Im Dach gewalmtes Zwerchhaus mit gekuppeltem Fenster.
Im Erdgeschoß breiter Gang, der in der Werkstatt endet. Zur Treibgasse Zimmer und Kammer, dahinter Küche und Werkstatt. Die Küche erhält nur über die Werkstatt Licht. Im Hof Trockenabort.
Im ersten Stock, auf der Seite zur Treibgasse, zwei Zimmer, dahinter Küche und Treppenhaus. Über der Werkstatt zwei Zimmer und Abort.

Eigentümer

1862 bis 1896	Georg Karl Hembacher[4], Küfer,
1896 bis 1898	Georg Anton und Peter Josef Hembacher, Söhne des Georg Karl H.,
seit 1898	Wailandtsche Druckerei als Bestandteil des neuen Anwesens, siehe Luitpoldstraße 4b.

---

[3] Genehmigung eines Bauplans vgl. StaA, Mag.Prot. v. 5. Februar 1863.
[4] StaA, HR, H1, S. 322: Georg Karl Hembacher (1828-1905), Küfermeister, hatte aus zwei Ehen 15 Kinder. Aus der 2. Ehe mit Elisabeth, geb. Stürmer (1834-1913), stammen Georg Anton (geb. 1866) und Peter Josef (1871-1913), vgl. ebd., S. 587.

Treibgasse 13 (Lit. B 108²/₃) Plan-Nr. 620

Geschichte

Dieses Grundstück war, wie Treibgasse 11, Teilbestand des „Römischen Kaisers", Strickergasse 2, und wurde 1856, nach Errichtung des Bezirksamts, vom ehemaligen Römischen Kaiser abgetrennt.
Eigentümer Anton Kirchgäßner baut 1865 „ein bestehendes, an der Treibgasse liegendes, erdgeschossiges Gebäude um".
Maurermeister Franz Schmelz entwirft 1865 einen Plan. Nach diesem Plan wird im Erdgeschoß eine Schlosserwerkstätte eingerichtet und eine Mansardenwohnung ausgebaut. Die Erlaubnis ist datiert vom 23. März 1865.
Am 1. Juli 1869 erhält Eigentümer Georg Krämer die Genehmigung, das Hintergebäude aufzustocken. Das Haupthaus bekommt 1875 einen zweiten Stock[1].
Im Jahr 1890 erwirbt die Stadt Aschaffenburg das Grundstück.
1893 wird das Haus abgebrochen, um den Ausbau der Luitpoldstraße zu ermöglichen. Auf Antrag der Stadt übernimmt Tapezierer Ignaz Scheidter für Treibgasse 13 und 15 die Abbrucharbeit. Er verlangt dafür 700 Mark[2].

Beschreibung

Zustand vor dem Umbau von 1865

Eingeschossiges, massives Gebäude mit Traufe zur Treibgasse in der Breite von ca. 16 m. An der Seite zu Treibgasse 11 offener Durchgang, der zur Steingasse führte. Daneben Tür, dann vier Fenster und anschließend eine Tür an der Grenze zu Haus Nr. 15.

Seit 1865

Anstelle der letzten Tür ein Fenster. In Fassadenmitte ein Zwerchhaus mit gekuppeltem Fenster.

Ansicht nach 1875

Zweigeschossig. Erdgeschoß: Einfahrtstor, sechs Fensterachsen. In der ersten Achse, neben dem offenen Durchgang, Hauseingang.
Obergeschoß: über dem Einfahrtstor gekuppeltes Fenster, sonst sechs Achsen wie im Erdgeschoß. Gurt- und Brüstungsgesimse. In Fassadenmitte Zwerchhaus mit flachem Abschluß und Attika. Zu beiden Seiten geschweifte Wangenstücke. Dreiteilige Fenstergruppe.

---

[1] Plan v. 30. März 1875. Genehmigung v. 1. April 1875.
[2] StaA, VI/C/4/26; ebd. VI/C/4/67. Diese Angaben von Alois Grimm sind im Stadtarchiv nicht auffindbar. Ebd., Mag.Prot. 1388 v. 21. November 1893.

Eigentümer

1865	Anton Kirchgäßner[3], Schlosser,
1869/1881	Georg Krämer[4], Polizist,
seit 1890	Stadt Aschaffenburg,
1893	Abbruch.

---

[3] Ebd., HR, CK1, S. 314. Kirchgäßner wurde 1809 in Kleinwallstadt geboren.
[4] Ebd., HR, CK1, S. 294. Georg Krämer (1826-1915).

Treibgasse 15 (Lit. B 108¹/₃)

Geschichte

Wie auch auf den Nachbargrundstücken stand hier um die Mitte des 19. Jahrhunderts noch kein Haus.

Das Grundstück gehörte zum königlichen Ärar. Konrad Müller, der bis 1837 Eigentümer war, hatte vermutlich hier eine Scheune errichtet.

Schreinermeister Adam Reisinger äußert sich am 12. November 1856: „Ich habe die ehemals dem kgl. Poststallmeister Müller gehörige neue Scheuer neben dem Bolongarischen Fabrikgebäude erkauft und die halbe Scheuer an Bordhändler Alois Geiger [übergeben], die andere Hälfte will ich nach dem Plane, den ich hiermit übergebe, in eine Wohnung umwandeln". Deshalb muß zwischen der verbleibenden Scheune und der neuen Wohnung eine Brandmauer errichtet werden. Am 17. November 1856 wird ein Ortstermin durchgeführt. Anwesend sind: Magistratsrat Georg Protz, Fabrikdirektor Alois Dessauer und der städtische Techniker, Stadtbaurat Bernard Hoffmann: „Die Scheuer wird dermalen von dem kgl. Landgericht Aschaffenburg eingenommen. Auf der Rückseite gegen das Eigentum des kgl. Ärars befindet sich kein Fenster. An der Ostseite stößt die Scheuer an das Eigentum des Zeugschmieds Nikolaus Hock[1]. Dort ist eine Einfahrt mit Lattentor. Vorne soll in zwei Stockwerken Wohnung sein, hinten über der Einfahrt von der Seite Hock die Werkstätte".

Nach einem späteren Bericht vom 26. November 1856 geht es wieder um die von Reisinger und Geiger vom königlichen Ärar gemeinschaftlich gesteigerte Scheune. Die innere Trennmauer baut Reisinger auf seine Kosten. Geiger gibt

---

[1] *Grimm* IV, S. 377. Nikolaus Hock war von 1829 bis 1861 Eigentümer von Nebensteingasse 1.

einen Zuschuß von 125 fl. Stadtbaurat Hoffmann verlangt am 19. Dezember 1856 eine Expertengebühr von 1 fl. 30 Kreuzer[2].
Wie das Anwesen Treibgasse 13, so stand auch das Haus Treibgasse 15 zum Ausbau der Luitpoldstraße im Weg. Die Stadt kaufte das Anwesen[3], und 1893 wird das Haus abgebrochen.
Nach dem Zweiten Weltkrieg wurde die Haus Nr. Treibgasse 15 wieder vergeben. Dabei handelte es sich um ein ehemaliges Gebäude der Aktienbierbrauerei, das einen Zugang von der Treibgasse hatte und bewohnt war.

Beschreibung

Scheune in der Gesamtabmessung zur Treibgasse von 15 m. Der Anteil von Treibgasse 15 beträgt knapp die Hälfte. Die Scheune hatte zwei Einfahrtstore. Durch den Ausbau 1856 entfällt das zu Haus Nr. 15 gehörige Einfahrtstor. Dieses Tor wird jetzt durch vier Fensterachsen im Erdgeschoß und ersten Obergeschoß ersetzt. Der Hauseingang ist auf der Hausseite zu Treibgasse 13.

Eigentümer

bis 1837	Konrad Müller[4], kgl. Poststallmeister,
bis 1842	Friedrich Rausch[5], Holzmesser,
1856	Adam Reisinger[6], Schreiner,
1879/1889	Franziska Konradi[7],
1890	Stadt Aschaffenburg,
1893	Abbruch.

---

[2] StaA, VI/C/4/8. Anm. nach schriftl. Aufzeichnungen von Alois Grimm. Der dort angeführte Archivnachweis ist nicht zu eruieren.
[3] Ebd., Mag.Prot., Nr. 199 v. 20. Februar 1891. Die Wohnungsmiete für Michael und Franziska Konradi wurde von der Stadt verlängert, allerdings mit einer vierteljährigen Kündigungsfrist.
[4] Ebd., HR, M1, S. 10: Konrad Müller (1752-1837).
[5] Ebd., HR, R1, S. 25: Friedrich Rausch (1773-1842). Siehe Strickergasse 5.
[6] Ebd., S. 115: Adam Reisinger (1812-1870), verh. mit Anna Maria Lindwurm (geb. 1807).
[7] Ebd., CK1, S. 64: Franziska Konradi (1824-1901).

Kaplaneihaus und Kaplaneigarten Plan-Nr. 615

Der Garten lag an der Treibgasse mit einer Straßenfront von 23 m und hatte eine mittlere Tiefe ebenfalls von 23 m. Er lag zwischen Treibgasse 15 und 17. Angrenzer zur Strickergasse waren die Anwesen Strickergasse 14, 12 und 10. Das Grundstück Strickergasse 10 (Plan-Nr. 613) hatte eine Tiefe von 36 m.
Im Katasterplan von 1845 ist das Grundstück noch in seinen ursprünglichen Grenzen erkennbar. Es gehört zu Lit. B 117, dessen Hauptgebäude an der Strickergasse liegt. Im Stadtplan von 1897 ist es bereits im Anwesen Strickergasse 8 integriert. Bei der Einführung der Plannummern erhält der Teil zur Strickergasse die Nr. 614 und das Areal zur Treibgasse die Nr. 615. 1856 erwirbt Adam Damrich die beiden Grundstücke Plan-Nr. 614 und 615[1]. Das Katasterblatt zeigt ein dreiseitig bebautes Grundstück mit großem, zur Treibgasse hin mit einer Mauer abgegrenztem Garten. Die Gebäude sind als unbewohnt dargestellt. Das Gebäude auf der Grenze in Richtung Kitz könnte, dem Grundriß nach, ein mit dem Giebel zur Treibgasse stehendes Wohnhaus gewesen sein.
Der Beginengarten, später Kapleineigarten mit Haus, wird als Garten der „grauen Beginen" bereits 1508/09[2] und 1513[3] erwähnt.
Bei den grauen Beginen handelte es sich um Schwestern in dunkler Kleidung, die in kleinen Gruppen lebten und soziale Hilfe wie Krankenpflege anboten. Sie wohnten in der Treibgasse[4].
1527 verkauften Hans Heßler und seine Ehefrau Agnes für 6 Gulden an Andreas Burker und seine Ehefrau Margarethe „den Flecken und Behausung in der Treibgasse nahe den grauen Beginen". Das Grundstück mit dem Haus, das verfallen war und abgebrochen werden sollte, lag gegenüber dem Anwesen des Andreas Burker[5].
Das Haus und der Garten der Beginen muß früher dem Schuster Hans Lang gehört haben[6].
1560 wohnten keine Beginen mehr dort. Es ist jetzt die „Kaplanei St. Agatha". Das Haus ist von außen ganz baufällig, „ruinös"[7].

---

[1] Vgl. hierzu Strickergasse 4.
[2] StiA, 5542, fol. 4 v. 1508/09.
[3] Ebd., 5344, fol. 4, Zinsregister v. 1513.
[4] Ebd., 6506, R 119. In einem sogen. Almosenkasten/Rechnungen fand Stadtschreiber Tempel zu Beginn des 19. Jahrhunderts folgenden Eintrag: „Einnahmegeld graue Beginen od. Nonnenzins". Über die Beginen siehe *Ebert*, Medizinalwesen, S. 144 f.
[5] StaA, U 45, St. Albanstag 1527.
[6] StiA, 5452, fol. 9' v. 1559.
[7] Ebd., 2681 II, fol. 66 v. 1576.

Kaplaneihaus

Um 1574 zinst der Bäcker Johann Löhr von Beginenhaus und -garten neben dem Gotteshaus (St.Agatha) an das Stift[8].

Zwischen dem Kaplan von St. Agatha und Hans Gendrich kommt es am 27. Juni 1577 zu einem Streit wegen eines Zauns. Er soll neu vermessen werden. Zur selben Zeit klagt der Kaplan auch gegen den Nachbarn Balthasar Wolff wegen eines strittigen Ausgangs aus dem Kaplaneigarten in die Treibgasse. Dieser Ausgang darf von dem Kaplan und seinen Nachfolgern nur in Notsituationen benutzt werden, nicht hingegen zur „Unzucht oder Unerlichkeit mit Einführung unzüchtiger Weiber und dergleichen". Der Kaplan muß Wolff einen Zins zahlen, sofern der Eingang nicht zur Unzucht benutzt wird. Bei Zuwiderhandlung wird diese Erlaubnis rückgängig gemacht[9].

1704 werden im Kaplaneihaus neue Fenster eingesetzt[10].

1706 werden die Fenster im Kaplaneihaus aus Mitteln der Kirchenkollektur der St. Agathapfarrei ausgebessert[11].

1729/30: „Ausgabegeld ahn ständigen Zins vom Kaplaneihaus 11 alb 1 kr."[12].

Tüncher Johann Niclas Bechtold muß 1734 den unteren und oberen Stock des Kaplaneihauses ausweißeln. Für Lohn und Farbe erhält er 6 fl.[13]. Maurer Johann Brenner bekommt 1734 für seine geleisteten Arbeiten am Kaplaneihaus 4 fl. 28 kr.[14].

Um für das neue St.-Agatha-Pfarrhaus eine sinnvolle Bebauung zu ermöglichen, verpflichtet sich die Stadt am 23. Januar 1808, eine Fläche hinter dem Pfarrhaus bis zum Seilergang abzutreten. Der bestehende Weg bleibt erhalten, der Kaplaneigarten, der ehemalige Beginengarten in der Treibgasse, soll versteigert und der Erlös zum Pfarrhausneubau verwendet werden[15].

---

[8] Ebd., 5533, S. 12.
[9] StAWü, G 18952, fol. 126' v. 27. Juni 1577.
[10] StaA, St. Agatha, R 305, Kollektur, S. 26.
[11] Ebd.
Weitere Akten zur Renovierung im Jahr 1802/03 liegen in StAWü, Mz. Vikariatsakten 55/149, Nr. 5.
[12] StaA, St. Agatha, R 343, Kollektur, S. 23.
[13] Ebd., R 354, S. 18.
[14] Ebd.
[15] StAWü, Vikariatsakten, L 56, Fasc. 151, Nr. 17 v. 27. Januar 1808.

Treibgasse 17 (Lit. B 108¹/₂) Plan-Nr. 604

Geschichte

Das Grundstück wurde aus dem Anwesen Strickergasse 16 ausgeschnitten. Nach einem Magistratsprotokoll von 1827 baute Holzhändler Georg Keppler auf dem Grundstück einen Schweinestall, „der 3 Schuh[1] von der Mauer des Fabrikanten [Georg] Christ entfernt ist"[2]. Das Wohngebäude bestand zu diesem Zeitpunkt bereits.
„Das Eigentum des Tabakfabrikanten Georg Christ [Strickergasse 16] umschließt Treibgasse 17 rundum".
Schneidermeister Lorenz Neumann läßt Wohnhaus und Anbau 1876 aufstocken. Dabei werden auch die Fenster im ersten Stock der Fassade vergrößert.
1893 wird der bestehende Anbau abgebrochen und das Hauptgebäude über die gesamte Grundstücksbreite verlängert.
Der neue Eigentümer, Franz Kaupp, läßt 1895 einen neuen Kamin einbauen. Unter Otto Orschler erfolgt 1961 der Kanalanschluß.
Die Stadt Aschaffenburg erwirbt 1979 das Grundstück. Das Haus wird abgebrochen. Nach dem Bau der Stadthalle befindet sich hier jetzt die Einfahrt zur Tiefgarage.

Beschreibung

Das Grundstück mißt nur etwa 4 x 12 m. Bis 1876 ist das Wohnhaus zweigeschossig und besitzt auf der Seite zu Treibgasse 19 einen schmalen Anbau. Es steht mit der Traufe zur Straße. Die Fassade hat zwei Fensterachsen. Die Eingangstür liegt auf der linken Seite.
1876 werden Wohnhaus und Anbau aufgestockt. Das Wohnhaus besitzt ein Satteldach, der Anbau ein Pultdach mit Gefälle zum Hof.
1895 wird das Hauptgebäude nach Abbruch des Anbaus um ca. 4 m nach hinten verlängert. Im Erdgeschoß entsteht ein offener Raum, in den beiden Stockwerken je ein Zimmer. In der linken Hofecke der Abort.

Eigentümer

1827	Georg Keppler[3], Holzhändler,
1848 bis 1852	Jakob Hey[4], Briefträger,

---

[1] 3 Schuh = 88 cm.
[2] StaA, Mag.Prot. v. 12. April 1827.
[3] Siehe Strickergasse 16.
[4] StaA, HR, H1, S. 285. Oberpostgehilfe Hey (1818-1865) war verh. mit Eva, geb. Schwind.

1852 bis 1866   Johann Franz Platz[5], Korporal,
1866 bis 1895   Lorenz Neumann, Schneider,
1895 bis 1932   Franz Kaupp, Bremser,
1932 bis 1936   Maria Ursula Kaupp, Witwe des Franz K.,
1936 bis 1967   Otto Orschler[6], Schiffmann,
1967 bis 1979   Barbara Orschler, Witwe des Otto O., und Kinder in Erbengemeinschaft,
seit 1979   Stadt Aschaffenburg.

---

[5] Ebd., HR, P1, S. 52: Hautbrist (Korporal) Platz (geb. 1819), verh. mit Wilhelmine, geb. Schmitt, dann verh. mit Philippina Katharina, geb. Croissant.
[6] Otto Orschler starb am 17. November 1966.

Treibgasse 19   (Lit. B 109)   Plan-Nr. 605

Geschichte

1794 stand hier die „Scheuer zum Posthaus".
Da das Gartengrundstück gegenüber Treibgasse 28, dem Vizedomamt, lag, wurde die Scheune als Vizedomamtsscheuer genutzt.
Vizedomamtsregistrator Dr. Franz Joseph Merz kauft 1803 das Anwesen, um sich hier ein Wohnhaus bauen zu lassen. Von den Sachverständigen Ingenieur Joseph Emanuel von Herigoyen und Landbaumeister Michael Streiter läßt er sich beraten. Da noch keine Straßenlinie festliegt, kann Merz innerhalb der bisherigen Grenze bauen. Er muß sich jedoch verpflichten, zum entsprechenden Zeitpunkt auf eine neue Baulinie vorzurücken, um eine geschlossene Bebauung herzustellen.
Zum Vizedomamtshaus (Treibgasse 28) bleibt eine unscheinbare Mauer „samt einem ungesunden Winkel [Rail] unbebaut". Das wird geändert, wenn Merz nach den jetzt bestehenden alten Mauern entlang der Treibgasse bauen kann. Gegen das Haus des Revierjägers Franz Opfermann (Strickergasse 20) ist eine Brandmauer zu errichten. Außerdem muß das Erdgeschoß aus Stein gemauert sein.
Die Genehmigung erfolgt am 10. Juli 1803[1].
Merz ersucht beim Vizedomamt um eine Prämie für sein Bauvorhaben. In der Begutachtung heißt es: „Obwohl eigentlich nur für Steinbauten Prämien gegeben werden sollten, kann dem Supplikanten nichts abgeschlagen werden. Die hießigen Menschen haben ohne allen Grund so wenig Empfänglichkeit dem

---

[1] StAWü, MRA, LG 3496 v. 10. Juli 1803.

Steinbau gegenüber." Daraufhin erhält Merz am 30. Januar 1807 einen Zuschuß von 100 fl.[2].
Am 6. Mai 1807 wird die Überbauung der auf der Straße zu Treibgasse 17 liegenden Hofzufahrt als Verlängerung des Hauptgebäudes genehmigt. Traufhöhe und Fassadengestaltung sind zu übernehmen.
Hinter dieser Hofzufahrt liegt eine Scheune, deren Giebelseite an den Garten des Nachbarn Anton Pagio, Strickergasse 18, grenzt. Die Scheune soll die gleiche Fassade und Höhe wie das Hauptgebäude erhalten[3].
Am 8. April 1863 erwirbt Weinhändler Friedrich Kitz das Anwesen, bestehend aus Wohnhaus mit Keller, Einfahrt, Faßhalle, Stall und Hofraum. Friedrich Kitz hatte bereits am 30. Dezember 1861 „die persönliche Conzession zum selbständigen Betriebe des Weinhandels" erhalten.
Die im März 1867 neuerbaute Halle läßt Kitz 1869 vergrößern. Neun Jahre später, am 7. März 1878, bekommt Kitz die Genehmigung zum Neubau einer Halle. Seine damaligen Nachbarn (zur Strickergasse) sind Alois Kleiner und Georg Christ[4].
1885 wird die Fassade des Hauses neu gestaltet. Sie erhält rustizierte Eckquaderung, die Fenster im Obergeschoß werden mit geraden Verdachungen versehen.
Außer einem Umbau der Halle im Jahr 1892 werden keine größeren Baumaßnahmen mehr durchgeführt.
Die Schäden im Zweiten Weltkrieg sind bald behoben. 1948 wird der Kamin erneuert. 1950: Eröffnung einer Weinstube. Schon nach kurzer Zeit muß wegen Bedarfs das Lokal vergrößert werden. Die Weinhandlung wird 1985 eingestellt, das Lokal führte Magda Kitz bis zu ihrem Tod im Jahr 1998. 1999/2000 Umbau des Anwesens nach Plänen der Architekten Christoph Bachmann und Bruno Grimm.

Beschreibung

1898

Grundstück 260 m^2, Wohnhaus mit Keller und Einfahrt, Faßhalle mit Terrasse und Hofraum[5].
Der zweigeschossige, traufständige Neubau von 1803 steht in der stumpfwinkeligen Ecke von Treibgasse und Agathaplatz.
Die Fassadenlänge beträgt an der Treibgasse ca. 13,50 m, am Agathaplatz ca. 12,50 m. Auf jeder Seite sind fünf Fensterachsen. Die Haustür, über vier

---

[2] Ebd. v. 18. Januar 1805. Die Genehmigung erfolgt am 30. Januar 1805.
[3] Ebd., LG 2919.
[4] Alois Kleiner war nur bis 1869 Eigentümer von Strickergasse 20, dann folgte Matthes Orschler. Georg Christ war Eigentümer von Strickergasse 16 und 18.
[5] Beschreibung im Grundbuch vom 20. August 1898.

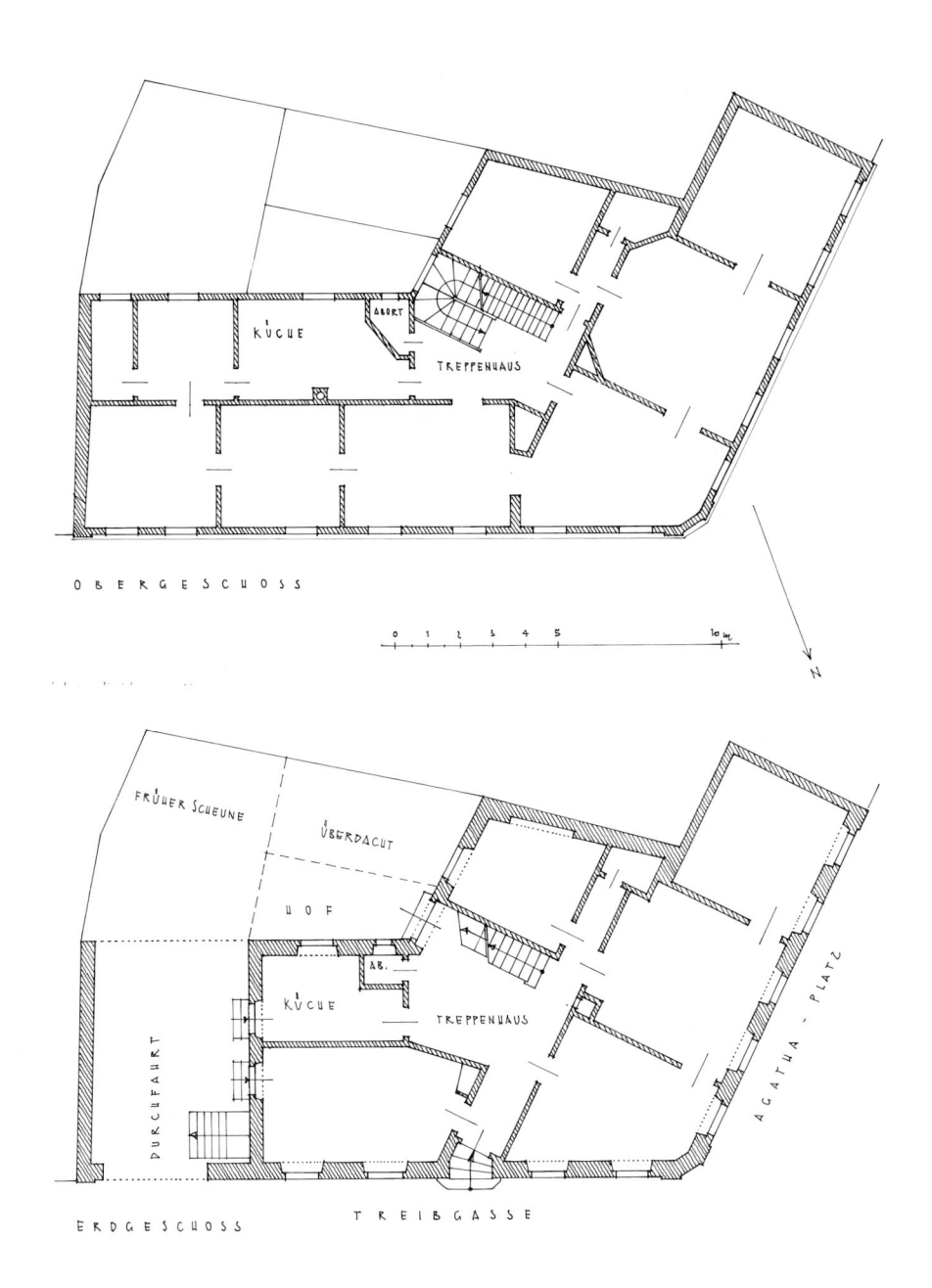

Abb. 69: Treibgasse 19, Weinhandlung Kitz vor dem Umbau von 1950. Erdgeschoß und Obergeschoß.

Außenstufen erreichbar, ist in der Treibgasse. Dort auch die ca. 6,50 m breite Einfahrt, die bereits 1807 höhengleich mit dem Hauptgebäude überbaut wird. Beide Straßenfassaden werden seitlich von Lisenen begrenzt. Die Hausecke zwischen Treibgassse und Agathaplatz ist abgeschrägt. Das vor dem Zweiten Weltkrieg vorhandene Gurtgesims über dem Erdgeschoß könnte ursprünglich sein.
Unter dem gesamten Hausgrundriß liegen gewölbte Weinkeller.
Heute sind die Verdachungen der Fenster im ersten Stock und die rustizierende Eckquaderung von 1885 nicht mehr vorhanden.
Das Haus ist ein Beispiel einer schlichten klassizistischen Bauanlage seiner Zeit.
1999 Beginn der Umbauarbeiten. Vergrößerung des Weinlokals im Erdgeschoß mit durch Einbeziehung der Kellergewölbe. Neuer Eingang in der Mittelachse der Fassade am Agathaplatz. Statt des bisherigen Eingangs von der Treibgasse ein Fenster. Neue Treppe zum ersten Stock.

Eigentümer

1803/1807 bis 1838	Dr. Franz Joseph Merz[6], Vizedomamtsregistrator, Elisabeth Molitor, geb. Merz[7], verh. mit dem kgl. Kreis- und Stadtgerichtsrat Adolf Josef Molitor,
1838 bis 1849	Jakob Anton von Schumann zu Wertheim[8], fürstl. löwensteinischer Geh. Finanzrat und Domänenkanzlei-Direktor,
1850 bis 1863	Anna von Schumann[9], Witwe des Jakob Anton von S.,
1863 bis 1910	Friedrich Kitz[10], Weinhändler, Kauf um 7.000 fl.,
1910 bis 1921	Rudolf Kitz, Bankbeamter in Frankfurt, Sohn von Friedrich Kitz,
1921 bis 1929	Hermann Kitz[11], Sohn von Friedrich Kitz, und Sohn Josef, beide Weinhändler,
1929 bis 1952	Josef Kitz, Weinhändler, Alleineigentümer,

---

[6] Mz. Hof- und Staatskal. v. 1797, S. 150.
[7] Lt. Kaufbrief v. 20. April 1838 (Eigentum von Familie Kitz) wird das Anwesen für ein Gemälde verkauft.
[8] StaA, Sterbereg. 1847 mit 1868, S. 42: 1849 Tod von Jakob Anton Schumann.
[9] Statist. Amts- und Adreßbuch, S. 110, Nr. 14: Schu(h)mann'sche Stiftung in Aschaffenburg „begründet von der fürstlich Löwenstein'schen Domänendirektorswitwe Anna Schu(h)mann für Erziehung eines armen Mädchens".
[10] StaA, HR, CK1, S. 284: Johann Friedrich Kitz (1830-1910), verh. mit Mathilde Theodora Brunhilde, geb. Götz, aus Neustadt (1835-1906), 3 Kinder.
[11] Ebd., S. 433: Johann Hermann Friedrich Kitz (1860-1929). 1. Ehe mit Aloisia, geb. Marty (1860-1892), aus Altendorf/Saulgau, Kind: Josef Alois Hermann (1888-1952). 2. Ehe mit Maria Magdalena, geb. Philipp (geb. 1871), aus Waldshut/Baden.

1952 bis 1966   Antonia Maria Elisabeth Kitz, geb. Haversath, Witwe des Josef K.,
1966 bis 1998   Magdalena Kitz[12], gen. Magda, Tochter von Antonia und Josef K., dann Erben.

---

[12] ME v. 8. April 1998: Todesanzeige von Magdalena Kitz (1922-1998).

b. gerade Hausnummern – Seite zur Friedrichstraße

Treibgasse 2   (Lit. D 85)   Plan-Nr. 1315

Geschichte

Das Grundstück grenzte an das Eckhaus, Treibgasse/Herstallstraße, Herstallstraße Haus Nr. 25.
Treibgasse 2 sowie links daneben Treibgasse 10 und die dahinter, nicht an der Straßenfront, liegenden Häuser Treibgasse 4, 6 und 8 gruppierten sich um das „Judenhöfchen".
Am 22. September 1864 wird die Genehmigung eines Plans erteilt „über die Herstellung einer steinernen Mauer nebst Herstellung einer neuen Eingangstüre am neuerkauften Hause des A. Oestrich"[1]. Es handelt sich dabei um die Mauer am Durchgang von der Treibgasse zum Judenhof. Der Durchgang gehörte zu Haus Nr. 10. Einen Monat später darf Adolf Oestrich über seinem bereits vorhandenen Abort im Erdgeschoß seines Hauses einen zweiten Abort im ersten Obergeschoß errichten.
Im September und Oktober 1871 kommt es zu Verhandlungen wegen eines „Kanälchens", das Oestrich in eine Rinne durch den gemeinsamen Durchgang legen will. Die Benutzungsberechtigten des Judenhöfchens haben Bedenken wegen möglicher Eisbildung im Winter. Oestrich muß sich verpflichten, Reparaturen in eigener Verantwortung vorzunehmen.
1883 verkauft die Witwe Betty Oestrich das Haus an Emilie Holzapfel. Diese reicht am 24. Februar 1883 beim Stadtmagistrat einen Plan ein mit der Bitte

---

[1] StaA, Mag.Prot. v. 22. September 1864: Adolf Oestrich bekommt die bauliche Änderung genehmigt.

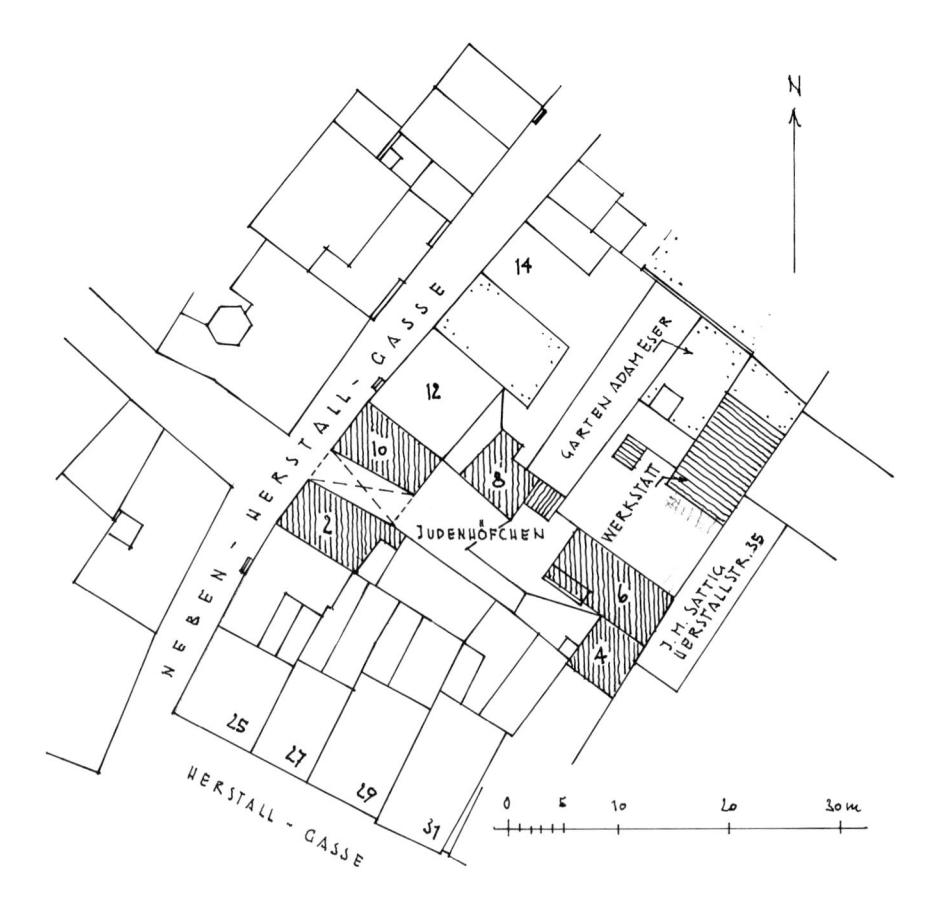

Abb. 70: Judenhöfchen, Lageplan um 1850.

um die Genehmigung eines Ladens und den Durchbruch einer Tür in der Einfahrt zum Judenhöfchen. Am 14. März 1883 faßt der Magistratsrat folgenden Beschluß:
„Bei Einhaltung resp. Befolgung der entsprechenden Sicherheitsmaßregeln, beim Durchbruch der Parterrewand, sowie bei Freihaltung des Verkehrs während der Bauzeit wird die Genehmigung zur Anlage eines Ladenfensters und zweier Fenster im oberen Stock nach den vorliegenden Plänen ertheilt, während wegen des Thürdurchbruchs unter dem Thorbogen vor der Genehmigung noch weitere Erhebungen zu pflegen sind."

Gegen die neue Tür protestieren einige Anlieger des Judenhöfchens. Es ist deshalb nicht sicher, ob der Türdurchbruch tatsächlich durchgeführt wurde. 1908 erwirbt Metzgermeister Wilhelm Wagner, Eigentümer von Herstallstraße 25, das Grundstück. Im Zusammenhang mit beiderseitigen Baumaßnahmen wird eine neue Grundstücksgrenze zwischen den Anwesen Treibgasse 10 und Herstallstraße 25 festgesetzt. Das alte Haus Treibgasse 2 wird abgebrochen. Die Hausnummer Treibgasse 2 entfällt dadurch.

Beschreibung

Zweigeschossig, traufständig. Erdgeschoß massiv. Obergeschoß deutlich ausgekragt, verputztes Fachwerk. Das Obergeschoß erstreckt sich über die Durchfahrt hinaus, die zu Treibgasse 10 gehört.
Vor dem Umbau von 1883 im Erdgeschoß, auf der Seite zur Herstallstraße, ein gekuppeltes Fenster, daneben Eingang. Im ersten Stock ein gekuppeltes und zwei einzelne Fenster.
1883 wird beim Einbau eines Ladens aus dem gekuppelten Fenster ein Schaufenster. Im Obergeschoß werden die vier Fenster paarweise und symmetrisch angeordnet.
Der Erdgeschoßgrundriß ist an der Treibgasse ca. 5 m breit und ca. 8,20 m tief. Am Ende des schmalen Flurs entlang der Durchfahrt die Treppe und ein Abort, durch welchen man in ein kleines Höfchen gelangt. Außerdem, hintereinander liegend, Zimmer und Küche. 1883 werden diese beiden Räume zu einem Laden vereinigt. Im ersten Stock, Breite 8,70 m, Küche, Stube, zwei Zimmer und Abort.

Eigentümer

1787 bis 1794	Tobias Eckner, Schuhmacher,
1794	Tobias Eckner und Franz Bittinger[2],
bis 1825	Tobias Eckner,
1825 bis 1831	Margarete Eckner[3], Witwe des Tobias E.,
1832 bis 1864	Johann Friedrich, Fabrikarbeiter,
1864 bis 1881	Adolf Oestrich[4], Kartenfabrikant und Sprachlehrer, gekauft um 2300 fl.,
1881 bis 1883	Betty Oestrich, Witwe des Adolf O.,
1883	Emilie Holzapfel[5],

---

[2] Ebd., HR, B, S. 17: Glasermeister Franz Heinrich Bittinger (1775-1831).
[3] Ebd., Verzeichnis der Toten, Matrikel 1814-1836: 4. Mai 1831 Tod von Margarete Eckner, 77 Jahre, Witwe.
[4] Ebd., Sterbereg. 1869 mit 1881, S. 510: 1881 Tod von A. Oestrich, Treibgasse 2.
[5] Emilie Holzapfel war die Witwe des Lokführers Philipp Holzapfel. Sie kaufte das Anwesen von Betty Oestrich.

1883 bis 1887   Antonie Dehn, Viktualienhändlerin aus Karlsruhe,
1887 bis 1908   Sebastian Merznicht[6], Schuhmacher,
1908   Wilhelm Wagner, jun., Metzgermeister,
                 dann wie Herstallstraße 25.

---

[6] StaA, HR, M1, S. 270: Sebastian Merznicht, Schuhmachermeister (geb. 1849), verh. mit Eva Jörg.

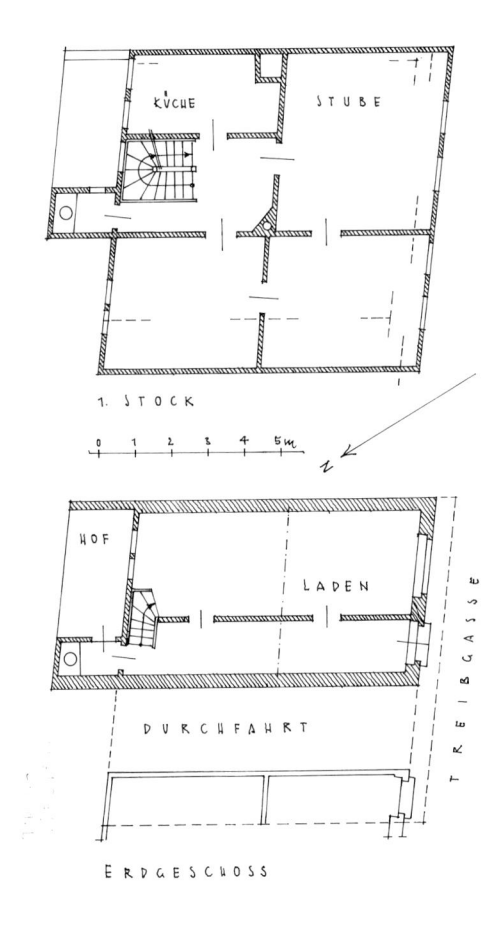

Abb. 71: Treibgasse 2, Grundrisse nach der Ladeneinrichtung 1883.

Treibgasse 4   (Lit. D 87)   Plan-Nr. 1309

Geschichte

Das Haus Treibgasse 4 stand an der hinteren Grenze des Judenhöfchens. 1797 war das Grundstück 400 fl. wert[1].
1831 wurde „das Haus von Abraham Hirschfeld" versteigert[2].
1896 kaufte das Anwesen Bäcker Anton Kraus aus Gunzenbach. Kraus, der bereits Eigentümer von Herstallstraße 33 war, konnte dadurch seinen Besitz verlängern. Treibgasse 4 wurde aufgelassen und in Herstallstraße 33 mit einbezogen[3].
Über Konstruktion und Anlage des Hauses liegen keine Unterlagen mehr vor.

Eigentümer

vor 1794	Ehefrau des Gerichtsdieners Simon Türk,
1794 bis 1827	Abraham Hirsch, später Hirschfeld genannt, Schutzjude,
1827 bis 1831	Baruch Hirschfeld[4],
1831 bis 1839	Valentin Hefner, Küfer,
1839 bis 1868	Anna Hartmann[5],
1868 bis 1875	Elisabeth Sirtel[6], geb. Meichinger, Kauf um 1450 fl.,
1875 bis 1876	Kaspar Bauer, Bahnarbeiter,
1876 bis 1892	Bernhard Bauer, Tüncher,
1892 bis 1896	Bernhard Bagier ($^2/_3$), Taglöhner, Ludwig, Leopold, Theresia und Kilian Bauer ($^1/_3$)[7],
1896	Anton Kraus, Bäckermeister, dann wie Herstallstraße 33.

---

[1] StAWü, Hypb. AB, Bd. I, S. 9.
[2] AZ v. 9. Juni 1831.
[3] Vgl. *Grimm* IV, S. 56 f.
[4] Baruch Hirschfeld erbte das Anwesen von Abraham Hirschfeld. StaA, Sterbereg. 1834 mit 1847, S. 9: Schneidergesell Baruch Hirschfeld stirbt am 17. Februar 1835 mit 37 Jahren.
[5] Anna Hartmann heiratete den Schuhmacher Peter Braun und war seit 1867 verwitwet.
[6] Sie war die Ehefrau des Feldwebels Christoph Sirtel.
[7] Kinder der Witwe des Bernhard Bagier aus erster Ehe.

Treibgasse 6 (Lit. D 88) Plan-Nr. 1319

Geschichte

Das Anwesen Treibgasse 6 liegt an der hinteren Grenze des „Judenhöfchens", nördlich angrenzend an Haus Nr. 4. Nach dem Extraditionsplan – Stand etwa 1850 – war das Grundstück damals ca. 340 m² groß und reichte, hinter dem Anwesen Treibgasse 14, entlang der Grenze zu Herstallstraße 35 bis zum Anwesen Treibgasse 14a.

Häfner Thomas Gurk hat 1829 in seinem Anwesen, Treibgasse 6, einen Brennofen stehen. Sein Schwiegersohn, Heinrich Hangen, ebenfalls Häfnermeister, will am 11. Mai 1829 einen eigenen Brennofen in dem zum Haus gehörigen Garten errichten. Die Stadt lehnt dies ab. Hangen soll einen Platz außerhalb der Stadt erwerben oder sich des Brennofens seines Schwiegervaters bedienen[1]. Auch eine Beschwerde bei der Regierung bestätigt nur den Entschluß der Stadt[2]. Als Begründung wird angegeben, daß schon von alten Zeiten her in der Herstallstraße der „Hettingersche Brennofen" (Herstallstraße 15) ist, ebenso gibt es auch Brennöfen in der Brennofengasse.

Thomas Gurk läßt die Fassade seines Hauses im Mai 1829 erneuern. Sie bestand im Erdgeschoß aus Stein und im ersten Obergeschoß aus Holz[3].

Im März 1835 wird dem Eigentümer, Schreiner Heinrich Flucke, das Aufstellen eines Holzschuppens gestattet. Er muß den Schuppen auf die gleiche Linie wie die Scheune des Gastwirts Heinrich Wittmann, Herstallstraße 35, stellen[4].

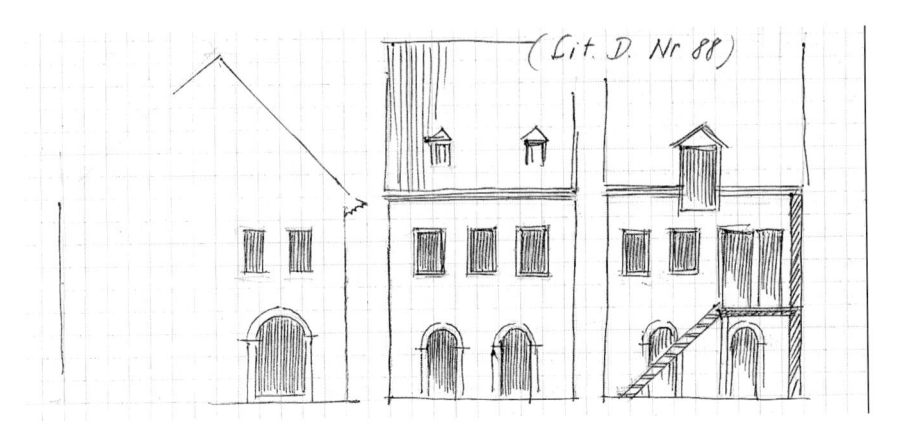

Abb. 72: Treibgasse 6, Skizze von Alois Grimm.

---

[1] StaA, Mag.Prot. v. 11. Mai 1829.
[2] StAWü, Reg.Ufr, Abgabe 1943/45, Nr. 721.
[3] StaA, Mag.Prot. v. 19. Mai 1829.
[4] Ebd. v. 16. März 1835.

Um die Genehmigung zum Bau einer Schreinerwerkstätte ersucht Flucke am 21. Februar 1842. Die Magistratsräte Franz Martin Weber und Heinrich Müller nehmen eine Ortsbesichtigung vor. Am 8. April ist Verhandlung mit den Nachbarn Johann Martin Sattig (Herstallstraße 35) und Schneidermeister Adam Eser (Treibgasse 10). Außerdem ist Professor Karl Ludwig Louis geladen. Die Wand zu Sattig muß nach der bestehenden Vorschrift als Feuerwand mehrere Fuß über das Dach ragen. Auch zu Eser muß eine Brandmauer sein. Der Plan wird endgültig am 16. April 1842 genehmigt.

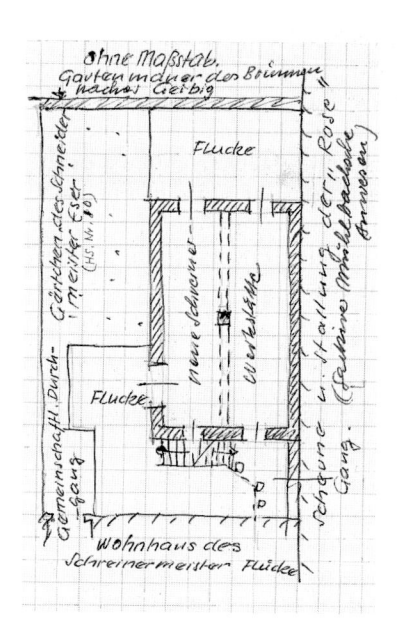

Abb. 73: Treibgasse 6, Schreinerwerkstätte. Skizze von Alois Grimm.

Mit Schreiben vom 17. Juni 1896 beschwert sich Bernhard Bauer, Eigentümer von Treibgasse 4, über die Geschwister Geibig, Treibgasse 6. Diese haben in ihrem Anwesen den Wasserstein (Ausguß) an das Fallrohr (für Regenwasser) angeschlossen, das vor ihrer Haustür endet. Man befürchtet Verschmutzung und üble Gerüche, die gesundheitsschädlich sind.

Baurat Johann Stephan Nein untersucht die Angelegenheit und stellt dabei fest, „daß im sogenannten Judenhof Abfälle aller Art gelagert werden, die in Fäulnis übergehen". Es ist notwendig, daß von den Angrenzern des Judenhöfchens ein Kanal gebaut wird, der Anschluß an den Treibgassenkanal hat. Die Geschwister Geibig werden durch Dachdeckermeister Tobias Geibig vertreten. Der Durchgang, durch den der Kanal geführt werden müßte, gehört zu Treibgasse 10. Der unter dem Durchgang befindliche Gewölbekeller ist jedoch Eigentum von Sebastian Merznicht, Treibgasse 2. Merznicht stimmt dem Vorhaben nicht zu. Der Kanalbau unterbleibt.

Die Werkstatt mit Umgriff war schon vor 1897 Bestandteil von Herstallstraße 35.
Am 30. Januar 1903 bekommt Zimmermann August Geibig den Umbau seiner Waschküche, eine neue Holzlege mit Abort und eine Abortgrube genehmigt. Drei Wochen später wird der Plan geändert. Die Waschküche bleibt unverändert, der neue Abort wird in einer bestehenden Holzlege errichtet.
Ratsoberoffiziant August Geibig beschwert sich am 7. September 1937 wegen störender Geräusche, verursacht durch die Schleifmaschinen des Messerschmieds Heinrich Rieser, Herstallstraße 27 und 35. Landgerichtsarzt Dr. Theodor Pfeifer wird zu Rate gezogen. Nach seiner Meinung liegt keine Gesundheitsschädigung vor.
Kurz vor Ende des Zweiten Weltkriegs, am 21. Januar 1945, vernichtet ein Volltreffer das Anwesen total[5].
Am 17. Mai 1950 wird der „Plan zu einer Notunterkunft auf dem Grundbesitz des total geschädigten A. Geibig, Rats-Oberoff. i. R., Aschaffenburg, Treibgasse 6" genehmigt.
Beim Wiederaufbau wird an der Grenze des Wohnrückgebäudes zum Schleifereibetrieb der Fa. Jean Hommel keine eigene Brandmauer errichtet, so daß die Umfassungsmauer der Schleiferei den Abschluß gegen das Rückgebäude Geibig bildet.
1963 beschwert sich Dagmar Hugo, die im Anwesen Treibgasse 10 Milch- und Molkereiprodukte vertreibt, über Geruchsbelästigungen, da Haus Nr. 6 immer noch nicht an einen Kanal angeschlossen ist.
Die Stadt Aschaffenburg ist im Zuge der Innenstadtsanierung am Erwerb des Anwesens interessiert. Das Gutachten der Stadtverwaltung stellt am 15. September 1964 den Wert mit 29.910 DM fest. Der Bodenwert ist mit 100 DM je Quadratmeter angenommen.
Am 16. November 1966 stellt das Gewerbe- und Ordnungsamt fest, daß sich im Rückgebäude Geibigs, unmittelbar an der Mauer der Schleiferei Hommel, ein fensterloser Raum befindet, der nach dem Wiederaufbau nur als Abstellraum genehmigt wurde, aber nicht als Wohnraum. Die anderen Räume liegen weit genug von der Schleiferei entfernt und können deshalb als Wohnräume dienen.
1969 läßt G. Elbert aus Leidersbach für sein Geschäft „Schuh Elbert" ein Firmenschild anbringen.

Beschreibung

Auf dem Katasterblatt von 1845 ist das Wohnhaus mit einer Grundfläche von ca. 5 x 10 m eingetragen. Die rückwärtige Schmalseite steht an der Grenze des Anwesens Herstallstraße 35. Auf der Hälfte der Schmalseite zur Herstall-

---

[5] *Stadtmüller* II, S. 441.

straße ist das Haus Treibgasse 4 angebaut. Der Baukörper war vermutlich zweistöckig und hatte einen gewölbten Keller.

Die 1950 errichtete Notunterkunft besteht nur aus Zimmer, Küche, je ca. 3 x 3 m groß, einem fensterlosen Abstellraum und dem überdachten Zugang. Das niedrige Pultdach ist nicht ausgebaut. Der Abort steht noch im Hof.

Die überbaute Fläche der 1842 genehmigten Werkstätte des Schreinermeisters Flucke mißt ca. 6 x 9 m. Sie liegt hinter dem an der Treibgasse stehenden Anwesen Haus Nr. 14. Das Bauwerk befindet sich mit einer Längsseite (Giebelseite) auf der Grenze des Grundstücks Herstallstraße 35, mit der anderen Längsseite zum größten Teil auf der Grenze eines Gärtchens, das zu Treibgasse 10 gehört.

Der Werkstattbau hat zwei Stockwerke. Das Erdgeschoß besteht aus einem einzigen Raum, in dessen Mitte eine Säule steht, die einen Längsunterzug trägt. An der dem Wohnhaus zugewandten Traufseite führt eine Außentreppe in den ersten Stock und über einen Steg in das Wohnhaus. Im ersten Stock, auf dem Treppenpodest, zwei nebeneinanderliegende Türen, daneben zwei Fenster. Im Erdgeschoß zwei Türen mit Rundbogen. In der Mitte der Traufe kleines Zwerchhaus. Auf der gegenüberliegenden Traufseite, symmetrisch angeordnet, im ersten Stock drei Fenster, im Erdgeschoß zwei Rundbogentüren.

Auf dem Extraditionsplan von 1897 gehören Schreinerwerkstatt und Umgriff zum Anwesen Herstallstraße 35.

Eigentümer

1794	Christoph Öhlig und Christian Seitz,
1829	Thomas Gurk, Häfner,
1835 bis 1867	Heinrich Flucke[6], Schreiner,
1867 bis 1871	Anna Flucke, Witwe des Heinrich F.,
1871 bis 1889	Dorothea[7] und Margarethe Böhrer, Schwestern,
1889 bis 1896	Margarethe Dahlem, Witwe des Konrad Dahlem[8],
1896 bis 1901	Geschwister Geibig[9]: Tobias[10], Josef[11], Margarethe[12], Philipp[13]

---

[6] StaA, HR, F, S. 93: Heinrich Flucke (1797-1867), verh. mit Anna, geb. Böhrer (1808-1878).
[7] Dorothea Böhrer war Händlerin. StaA, Sterbereg. 1869 mit 1881, S. 497: 1881 stirbt in der Treibgasse 6.
[8] Ebd., HR, D, S. 86: Konrad Dahlem (1833-1888), Bierbrauer, verh. mit Margarethe, geb. Weber. Vgl. *Grimm* IV, S. 66: Konrad und Margarethe Dahlem waren auch Eigentümer von Herstallstraße 35.
[9] StaA, HR, G1, S. 203: Franz Geibig (1832-1888), verh. mit Anna Maria Hock (1838-1881), 7 Kinder, darunter 2 Totgeburten. Das gemeinschaftliche Anwesen war teils ererbt von Katharina Eser und teils getauscht mit Margarethe Dahlem.
[10] Ebd., S. 413: Tobias Geibig (1864-1932), Dachdecker, verh. mit Elisabeth Hock (1898-1962).
[11] Ebd., S. 387: Joseph Geibig (1866-1914), Gastwirt.
[12] Ebd., S. 203: Margarethe Geibig (geb. 1868), Haushälterin.
[13] Ebd., S. 401: Philipp Geibig (1872-1941), Metzger.

	und August Geibig[14],
1901 bis 1955	August Geibig, Alleineigentümer,
1955 bis 1960	Josef und Maria Geibig[15], Geschwister, Kinder des August G.,
1960 bis 1961	Josef, Alleineigentümer,
1961	Laurenz Boecker, Kaufmann,
	dann wie Treibgasse 10.

---

[14] Ebd., S. 395: August Geibig (1874-1955), Ratsoberoffiziant, verh. mit Katharina Orschler (1874-1934).
[15] Ebd.: Josef Geibig (1903-1967), Maria Geibig (1909-1960).

Treibgasse 8   (Lit. D 88¼)   Plan-Nr. 1318

Geschichte

Da das Grundstück eine gebrochene Litteranummer besitzt, kann es erst zu Beginn des 19. Jahrhunderts von Lit. D 88, der späteren Treibgasse 6, abgetrennt worden sein.
Das Haus liegt am Judenhöfchen zwischen Treibgasse 6 und Treibgasse 10.
Christian Fleischmann bittet 1855, einen russischen Kamin in seinem Haus einbauen zu dürfen[1].
1902 erwirbt Metzger Philipp Geibig, seit 1901 Eigentümer von Treibgasse 10, das Anwesen. Er nutzt das Erdgeschoß als Wurstküche. Am 29. August 1902 erhält er die Genehmigung, eine Räucherkammer einzurichten, den Fußboden tiefer zu legen und die Balkendecke der Teilunterkellerung durch preußische Kappen zu ersetzen.
1960 wird anstelle der alten Räucheranlage ein neuer Kamin eingezogen. Ende desselben Jahres werden durch innere Umbaumaßnahmen im Erdgeschoß Wohnküche, Flur und Abort genehmigt. Der Plan wurde vermutlich jedoch in der genehmigten Form nicht ausgeführt.
Das Zimmer unter dem Dach blieb unverändert.
Im Februar 1967 werden durch die Bauverwaltung ungenehmigte Baumaßnahmen eingestellt. Die Lasten aus der Decke über dem Erdgeschoß waren durch ein Gerüst aus Stahlträgern und eine Stütze aus Grauguß abgefangen worden. Erst im April 1969 wird die Genehmigung erteilt, nachdem die Standfestigkeit nachgewiesen ist.
1970 ist das kleine Haus nicht mehr bewohnt. Die Räume sind als Nutzflächen gemeldet.

---

[1] StaA, Mag.Prot. v. 27. September 1855.

Beschreibung

Das kleine Grundstück hat auf dem Extraditionsplan von 1897 nur eine Fläche von etwa 30 m². Auf einem Plan von 1902 steht das einstöckige Fachwerkhaus mit dem Giebel zum Judenhöfchen. Die Breite mißt ca. 6 m. Im Erdgeschoß, auf der Seite zu Haus Nr. 6, der Hauseingang, daneben drei gleiche Fenster. Hinter dem Eingang schmaler Flur mit Falltür in den mit Balken gedeckten Keller. Dieser ist ca. 3,40 x 2,90 m² groß und ca. 2 m hoch. Im Erdgeschoß befinden sich außerdem Stube, Küche und Stiege. Im Dachstock zwei kleine Kammern, die über je ein Fenster im Giebel belichtet sind.
Baukörper und Fassade sind im wesentlichen bis heute, 2001, unverändert geblieben.

Eigentümer

1850	Magdalena Schäfer[2], Zimmermannswitwe,
1855 bis 1863	Christian Fleischmann[3], Schuhmacher,
1864 bis 1871	Katharina Fleischmann, Witwe des Christian F.,
1871	Geschwister Münz,
1883/1885	Dorothea Münz[4], Schwester der Katharina F.,
1885 bis 1902	Magdalena Hock[5], geb. Münz, Tochter der Dorothea M.,
1902	Philipp Geibig[6], Metzger,
	dann wie Treibgasse 10.

---

[2] Ebd., HR, S1, S. 93: Zimmermann Heinrich Schäfer (1775-1847), verh. mit Magdalena (1786-1853).
[3] Ebd., HR, F, S. 147: Christian Fleischmann (1810-1863), verh. mit Katharina, geb. Münz (geb. 1822).
[4] Ebd., HR, M1, S. 36: Dorothea Münz (1824-1885), Tochter Magdalena (1846-1909).
[5] Ehefrau des Schlossers Michael Hock, vgl. StaA, HR, H, S. 337.
[6] StaA, HR, G1, S. 401: Philipp Geibig (1872-1941), verh. mit Maria Katharina Mergler (1876-1952), 4 Kinder.

Treibgasse 10 (Lit. D 86) Plan-Nr. 1316

Geschichte

Die Eigentümer mußten 2½ kr. Grundzins an die Stadt zahlen[1].
Das Grundstück grenzt an das Anwesen Treibgasse 2. Es liegt im Erdgeschoß

---

[1] StAWü, Hypb. AB, Bd. I, S. 90.

mit einer Länge von ca. 9 m, einschließlich der Durchfahrt an der Treibgasse. Die Länge des ersten Stocks und des Dachs beträgt jedoch nur ca. 5,20 m. Die fehlenden ca. 3,80 m gehören zu Treibgasse 2. Die unbebaute rückwärtige Fläche hinter dem Haus ist Teil des sogenannten „Judenhöfchens".

Metzger Philipp Geibig erhält am 19. April 1901 die Genehmigung zum Einbau einer Ladeneinrichtung. 1902 erwirbt er das Anwesen Treibgasse 8 hinzu, das wahrscheinlich erst im 19. Jahrhundert abgetrennt worden war.

1902 kauft Wilhelm Wagner, Eigentümer des Eckhauses Herstallstraße 25, das Anwesen Treibgasse 2. Im Zusammenhang mit einer Umbaumaßnahme 1908 wird die Grundstücksgrenze mit dem Anwesen Treibgasse 10 bereinigt. Das Grundstück besitzt jetzt eine Straßenfront von ca. 6,20 m in allen Stockwerken. Die Durchfahrt zum Judenhöfchen fällt an das Nachbargrundstück.

Der genehmigte Antrag eines neuen Wohn- und Geschäftshauses liegt am 5. März 1909 vor. Das Haus erhält einen neuen Keller. Die Baupläne sind von Baumeister Engelbert Graßmann unterzeichnet.

Am 22. Januar 1964 erhält Dagmar Hugo die Genehmigung, ihr Geschäft für Milch- und Molkereiprodukte im Erdgeschoß durch Wegnahme einer Zwischenwand zu vergrößern.

Abb. 74: Treibgasse 10, Neubau von 1909.

Beschreibung

Vor 1901 zweigeschossiges Wohnhaus mit gewölbtem Keller und Hof (Judenhöfchen). Traufe zur Treibgasse. Im massiven Erdgeschoß, an der Seite zu

Haus Nr. 2, Einfahrt zum Judenhöfchen, dicht daneben, drei Stufen über dem Straßenniveau, Hauseingang. Anschließend, auf der Seite zu Haus Nr. 14, drei einzelne Fenster.
Obergeschoß über dem Erdgeschoß gering ausgekragt. In der Fassade zwei gekuppelte Fenster. Verputztes Fachwerk.
1901 Einbau eines Ladens mit einem Schaufenster anstelle des ersten Fensters neben dem Eingang.
1909 Neubau eines Wohn- und Geschäftshauses, zweigeschossig mit geringem Kniestock und Mansarddach.
In der Fassade, im Erdgeschoß: Schaufenster mit zurückliegender Ladentür, daneben, auf der linken Seite, Einzelfenster.
Über dem Erdgeschoß: Gurtgesims aus Sandstein. Im ersten Stock zwei symmetrisch angeordnete Fenster mit profilierten Sandsteingewänden, darüber Gurtgesims. In der Mansarde zwei Gauben mit Segmentbogen.
Im Erdgeschoß, auf der Straßenseite: Laden und Zimmer; zum Hof: Küche und zweiläufige Podesttreppe. Von den beiden Treppenpodesten aus Zugang zu den Aborten. Im ersten Stock und im Dachgeschoß jeweils drei Zimmer.
Heute ist das erwähnte Einzelfenster im Erdgeschoß ebenfalls zu einem Schaufenster erweitert.

Eigentümer

1794 bis 1803	Caspar Debes[2],
1803 bis 1817	Magdalena Debes[3], Witwe des Caspar D.,
1817 bis 1832	Thomas Gurk[4], Häfner, Schwiegersohn der Magdalena D.,
1832 bis 1836	Regina Gurk[5], geb. Debes, Witwe des Thomas G.,
1836 bis 1863	Adam Eser[6], Schneider, Kauf um 1400 fl.,
1864 bis 1871	Georg Josef Eser[7], Sohn des Adam E., und Katharina Eser, Tochter des Leopold E.[8],

---

[2] St. Agatha, Taufmatr. v. 1782, S. 351. Geburt von Regina Debes. Eltern: Caspar und Magdalena Debes. Ebd., Sterbematr. v. 1803, S. 26: Tod von Caspar Debes.
[3] Ebd. v. 1817, S. 199: Am 15. August 1817 Tod von Magdalena Debes, Witwe von Caspar Debes, 64 Jahre.
[4] StaA, HR, G1, S. 24: Thomas Gurk (1774-1832), Häfnermeister, verh. mit Regina, geb. Debes (1782-1840). St. Agatha Trauungsmatr. v. 1800, S. 152. Trauung Thomas Gurk-Regina Debes. StaA, Verzeichnis der Toten 1814-1834: 13. November 1832 Tod von Thomas Go[u]rk, He[ä]fner, 58 Jahre alt.
[5] Ebd., Sterbereg. 1834 mit 1847, S. 133. Regina Gurk, geb. Debes, Witwe des Häfners, stirbt mit 57 Jahren am 1. Mai 1840.
[6] Ebd., HR, E1, S. 55: Adam Eser, Schneidermeister aus Mainz (1792-1863), verh. mit Barbara Müller (1785-1858), 2 Kinder: Leopold und Georg Josef. 1963, nach dem Tod von Adam Eser erbten sein Sohn Georg Josef und die Tochter des bereits verstorbenen Sohnes Leopold.
[7] Ebd., Georg Josef Eser (1822-1871). Ebd., Sterbereg. 1869 mit 1881, S. 76: Leopold (muß jedoch Georg heißen!) Eser stirbt am 17. März 1871 in D 86, 49 Jahre.
[8] Ebd., HR, E1, S. 72. Leopold Eser (1819-1861), verh. mit Katharina, geb. Schmelz (1814-1893), 2 Kinder: Georg Carl (1849-1851), Katharina (1853-1888).

1871 bis 1888	Katharina Eser[9], Tochter des Leopold E., Alleineigentümerin,
1888 bis 1893	Katharina Eser[10], Witwe des Leopold E.,
1893 bis 1901	Kinder des verst. Franz Geibig[11],
1901 bis 1953	Philipp Geibig[12], Metzger, dann Ehefrau,
1953 bis 1960	Tobias Geibig[13], Werkzeugschlosser, Sohn des Philipp G.,
1960 bis 1967	Josef Geibig[14], Kaufmann,
1967 bis 1982	Laurenz Boecker, Kaufmann,
1982 bis 1985	Ursula, Burkhard und Gabriele Boecker, Kinder des Laurenz B.,
1985 bis 1990	Gabriele und Burkhard Boecker,
seit 1990	Burkhard Boecker, Alleineigentümer.

[9] Ebd., Sterbereg. 1882 mit 1890, S. 239: Am 28. Februar 1888 stirbt in der Treibgasse 10 Katharina Eser, Privatiere, 34 Jahre.
[10] Nach dem Tod von „Käthchen", ihrer Tochter (AZ v. 29. Februar 1888), hatte die Witwe Katharina Eser keine direkten Nachkommen mehr. Sie vererbte deshalb das Haus (lt. Testament, siehe Eintrag ins HR, E1, S. 72) den Kindern des verstorbenen Franz Geibig.
[11] StaA, HR, G1, S. 203, Kinder des verst. Franz Geibig (1832-1888): Tobias, Josef, Margarethe, Philipp und August.
[12] Ebd., HR, G1, S. 401: Philipp Geibig (1872-1941), verh. mit Maria Katharina Mergler (1876-1952), 4 Kinder: Margarete (geb. 1902), Tobias (geb. 1903), Franz (geb. 1906), Anna (geb. 1916).
[13] Ebd.: Tobias Geibig, geb. 1903.
[14] Ebd., S. 395: Josef Geibig (1903-1967), Sohn des August Geibig, siehe Treibgasse 6.

Treibgasse 12   (Lit. D 88½)   Plan-Nr. 1317

Geschichte

Am 3. September 1817 wird Treibgasse 12 zur Versteigerung ausgeschrieben[1]. 1833 bewohnt die Witwe des Nagelschmieds Johann Herberich das Haus. Pfandamtsgegenschreiber Josef Nehmann läßt 1868 statt der irregulären drei neue Gauben nach einer Skizze des städtischen Ingenieurs Carl Wetter auf das Dach setzen[2].
Am 31. Mai 1880 erhält Josef Rohleder die Genehmigung, im Erdgeschoß seiner Wohnung Umbauten vorzunehmen.

[1] Intell.Bl. Nr. 71 v. 3. September 1817.
[2] StaA, Mag.Prot. v. 23. April 1868.

Für den Schuhwarenhändler Peter Heuser wird im Mai 1901 im Erdgeschoß ein Schaufenster eingebaut.
Am 6. Februar 1903 bewilligt der Stadtmagistrat den Aufbau eines weiteren Stockwerks. Der Hofraum wird überdacht.
Im März 1953 Ladenvergrößerung im Anwesen Janousek Erben zu einem Friseursalon für Ludwig Hock. Anbau eines WC im Hof auf der Seite zu Haus Nr. 14.
1959 Einbau einer Ölfeuerungsanlage und einer Tankanlage im Keller.

Beschreibung

1868 liegt das eingeschossige, traufständige Wohnhaus mit einer Frontlänge von ca. 8,70 m an der Treibgasse. Auf der Seite zu Haus Nr. 10 Eingang über vorgelegte Außenstufen, anschließend drei Fenster, in gleichen Abständen angeordnet. In diesem Jahr werden drei „irregulär" angeordnete Gauben durch drei größere symmetrisch plazierte ersetzt.
1901 wird in das Erdgeschoß ein Laden eingebaut. Neben der Haustür entsteht ein Schaufenster. Die Beseitigung einer Trennwand vergrößert die Ladenfläche. Die Deckenbalken werden mit einem Stahlträger abgefangen.

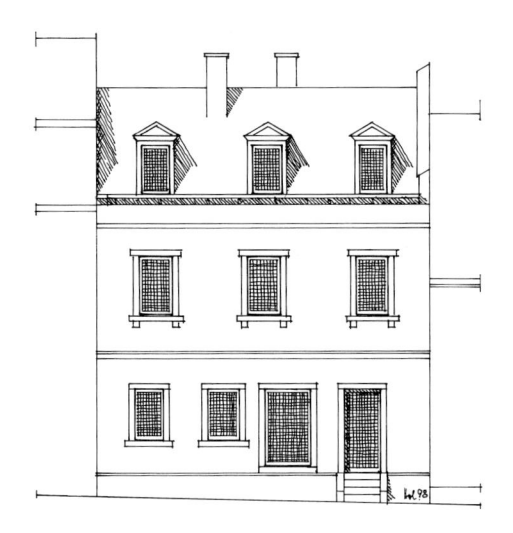

Abb. 75: Treibgasse 12, Ansicht nach 1903.

Mit der Aufstockung 1903 entsteht ein ausgebautes Dach mit hohem Kniestock. Über der unveränderten Erdgeschoßfassade liegt ein Gurtgesims, darüber drei große Fenster mit profilierten Gewänden, in gleichen Abständen angeordnet. Der Kniestock ist durch ein Gurtgesims gekennzeichnet.
Auf dem Dachgesims stehen, in der Achse der Fenster im ersten Stock, drei hohe Gauben. Im Erdgeschoß wird die Rückwand, die bisher noch aus Fachwerk bestand, durch massives Mauerwerk ersetzt. An der Grenze zu Haus Nr. 10 wird eine neue Brandmauer eingezogen.
Das Gebäude ist nur in der rechten hinteren Ecke unterkellert. Der Raum darüber liegt um drei Stufen höher als die übrigen Erdgeschoßräume.
Für die Einrichtung eines Friseursalons für Damen und Herren wird 1953 der Fußboden im Erdgeschoß um ca. 80 cm abgesenkt und die gesamte rückwärtige Haushälfte unterkellert. In der Fassade entstehen ein ca. 4,50 m breites Schaufenster und getrennte Eingänge für Laden und Haus. Die Außenwand wurde damals bis zum Gurtgesims mit keramischen Platten verkleidet.

Eigentümer

bis 1817	Adam Jörg, Bender[3],	
1817	Adam Georg Heeg, Bender,	
1833	Juliana Herberich[4], Witwe,	
1850 bis 1866	Katharina Specht, Witwe des Schneiders Karl S.[5],	
1867 bis 1878	Josef Nehmann[6], Polizeisoldat,	
1878 bis 1884	Josef Rohleder, Güterlader,	
1884 bis 1906	Peter Heuser, Schuhmacher,	
1906 bis 1914	Magdalena Heuser[7], Witwe des Peter H.,	
1914 bis 1918	Josef Janousek, Schuhmacher, und Ehefrau Katharina, geb. Fäth,	
1918 bis 1943	Josef Janousek (½) in Gemeinschaft mit seinen Kindern[8],	
1943 bis 1953	Kinder des Josef J.[9],	
1953 bis 1969	Anna Hock, geb. Barth, Bahnschaffnerswitwe,	
seit 1969	Ludwig Hock, Friseurmeister, Sohn der Anna H.	

---

[3] Siehe Anm. 1.
[4] StaA, HR, H1, S. 83: Juliana Herberich, geb. Guttmann (1788-1841), verh. mit Johann Herberich (1779-1831), Nagelschmied. Ebd., Sterbereg. 1834 mit 1847, S. 167: Tod von Juliana Herberich, Witwe, am 4. Februar 1841.
[5] Ebd., HR, S1, S. 57: Karl Joseph Specht (1791-1844), verh. in 2. Ehe mit Katharina Schmelz (1811-1866), 5 Kinder. 1. Ehe mit Rosina Graber (1786-1831), 5 Kinder.
[6] Ebd., HR, N, S. 48: Joseph Nehmann (1822-1899).
[7] Magdalena Heuser, geb. Ganster, dann verehel. Bittinger.
[8] Kinder des Josef Janousek: Josef, Anna Elisabeth, Franz und Artur.
[9] Josef Janousek sen. stirbt 1943. Für seinen Sohn Josef, der 1943 für tot erklärt wird, erbt seine Witwe Maria Janousek.

Treibgasse 14   (Lit. D 81¹/₂)   Plan-Nr. 1321

Geschichte

Tünchermeister Adam Hock[1] erhält 1854 die Genehmigung, eine vorhandene, an der Straße und auf der Grenze zu Treibgasse 14a stehende Halle umzusetzen. Sie wird auf die andere Seite seines Grundstücks, auf der Grenze zu Haus Nr. 12, wieder aufgestellt. Am alten Standort der Halle wird eine Werkstatt errichtet.

Das zum Anwesen gehörige Wohnhaus steht auf der rückwärtigen Grundstücksgrenze.

Seit 1861 ist Schreinermeister Johann Adam Schmitt Eigentümer des Anwesens. Am 21. Oktober 1861 beginnt er mit baulichen Veränderungen an seinem zweistöckigen Wohnhaus[2].

Doch bereits drei Jahre später gehört das Grundstück Schieferdecker Franz Geibig, der es bei einer Versteigerung 1864 für 3595 fl. erwirbt. Mit Beschluß des Magistrats vom 10. April 1864 bekommt er die Genehmigung, an die Arbeitshalle, an der Grenze zu Haus Nr. 12, eine Waschküche zu bauen[3].

Zwei Jahre später, am 26. April 1866[4], erhält er die Erlaubnis, einen an der Grenze zu Treibgasse 14a stehenden Schuppen zu erweitern und zu Wohnzwecken aufzustocken.

Die Geschwister Geibig lassen 1891 entlang der Treibgasse ein neues, zweigeschossiges Wohnhaus mit Mansarde errichten. Planung und Ausführung übernimmt die Baufirma Franz und Heinrich Wörner.

Im Juni 1931 bricht ein Brand im Rückgebäude von Tobias Geibig aus. Am 7. August 1931 werden die „Erneuerung des abgebrannten Dachstuhles und Einbau von Kaminen" genehmigt.

Seit 1952 ist Tünchermeister Josef Seidel Eigentümer. Er läßt im gesamten Erdgeschoß, einschließlich der Seitenflügel, eine Gastwirtschaft einrichten.

Im Dezember 1953 reicht Josef Seidel Pläne bei der Stadtverwaltung ein. Er beabsichtigt, das flach geneigte Pultdach seines zweigeschossigen Rückgebäudes durch ein Mansarddach zu ersetzen, um dort Wohnungen einbauen lassen zu können. Der Bauantrag wird mit Schreiben vom 1. Februar 1954 wegen zu geringen Gebäudeabstandes abgelehnt.

Am 20. August 1968 erhält Josef Seidel die Genehmigung zu einem erneuten Umbau. Das Erdgeschoß wird, einschließlich des Rückgebäudes, völlig über-

---

[1] Lt. *Scherg*, Matrikel 1850, Nr. 5, S. 174, bewohnte Tünchermeister Hock zu dieser Zeit Treibgasse 14.
[2] StaA, Mag.Prot. v. 21. Oktober 1861.
[3] Ebd. v. 18. April 1864.
[4] Ebd., Nr. 534 v. 26. April 1866.

baut. Das Haus bekommt statt der bestehenden Mansarde an der Treibgasse ein Vollgeschoß.

Beschreibung

Die neue Werkstätte von 1854 steht mit einer Länge von ca. 6,40 m an der Treibgasse. Die Tiefe beträgt ca. 9 m. Die Brandmauer zu Haus Nr. 14a und die Straßenfassade sind massiv, die übrigen Wände in Fachwerk. In der Fassade drei in gleichen Abständen angeordnete Fenster, darüber Gurtgesims und Kniestock. Entlang der Treibgasse, unter der Werkstatt, in halber Gebäudetiefe, ein gewölbter Keller.
Auf der Seite zu Haus Nr. 12 eine offene Halle, ca. 3 m hoch, von innen an die Mauer entlang der Gasse gestellt.

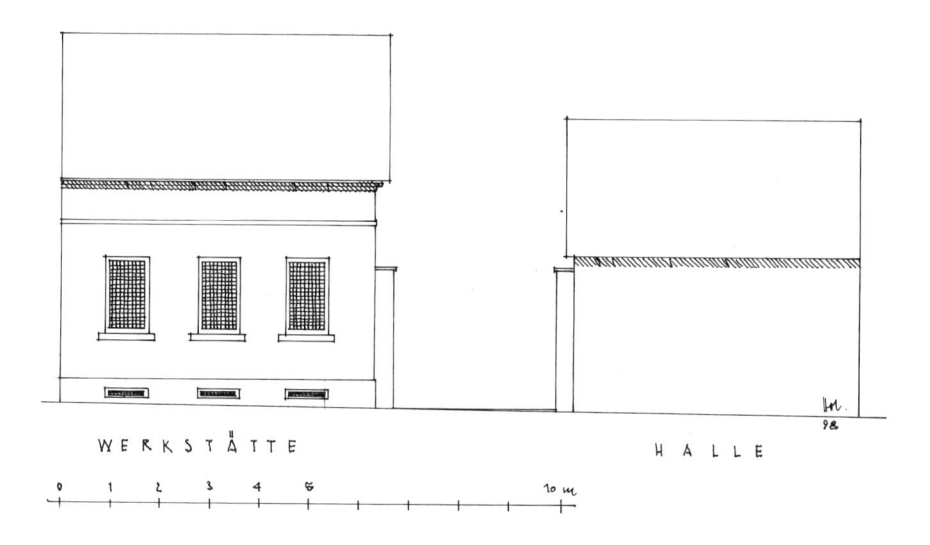

Abb. 76: Treibgasse 14, Straßenansicht 1854.

Der Neubau von 1891 ist zweigeschossig, traufständig und hat ein Mansarddach. Die Fassade besitzt fünf Achsen. Im ersten Stock, in der Mitte, ein gekuppeltes Fenster, zu beiden Seiten je zwei einfache Fenster in gleichen Abständen. Um die Fenster Sandsteingewände und gerade Verdachungen. In der

Mansarde dieselbe Fensteranordnung. Im Erdgeschoß, in der linken Achse, die Hofeinfahrt.
In jedem Stockwerk zwei unterschiedlich große Wohnungen mit Innenaborten.
Die Umbaumaßnahme von 1951 beschränkt sich auf das Erdgeschoß. Dort wird der Fußboden um ca. 40 cm tiefer gelegt. In die neue Gaststätte sind auch die beiden Seitenflügel einbezogen. Außerdem werden im Hof Toiletten für Damen und Herren gebaut. Die Erdgeschoßfassade wird umgestaltet. Die Einfahrt auf der linken Seite ist durch ein Fenster ersetzt. An der Stelle des Fensters auf der rechten Seite liegt jetzt der Eingang zur Gaststätte und zu den Wohnungen. Dazwischen drei gekuppelte Fenster.
1968 Überbauung der gesamten Grundstücksfläche im Erdgeschoß. Haus und Hof werden auf Stahlstützen gestellt, die, mit Beton ummantelt, als Säulen dienen. Es entstehen zwei Läden. Eine massive Treppe in Hausmitte ersetzt die alte aus Holz. Die Schaufenster mit den Ladentüren und dem Wohnungseingang, die die gesamte Fassadenbreite einnehmen, liegen aus optischen Gründen 1,50 m zurück.
Auf der Straßenseite wird aus der Mansarde ein Vollgeschoß. Im ersten Stock entfernt man die „alten überflüssigen Sandsteinbekrönungen" über den Fenstern. Bauteile des Rückgebäudes, die über den ersten Stock hinausragen, müssen abgetragen werden.

Eigentümer

1850 bis 1861	Johann Adam Hock[5], Tüncher,
1861 bis 1864	Adam Schmitt, Schreiner,
1864 bis 1888	Franz Geibig[6], Schieferdecker,
1888 bis 1901	Kinder des Franz Geibig[7],
1901 bis 1932	Tobias Geibig[8], Sohn des Franz G., Alleineigentümer,
1932 bis 1952	Elisabeth Rosa Geibig, geb. Hock, Witwe des Tobias G., und Kinder,
1952 bis 1974	Josef Seidel, Tüncher,
seit 1974	Gabriele, Ursula und Burkhard Boecker, Enkelkinder des Josef S.

---

[5] *Hock*, Chronik, S. 34: Bevor Johann Adam Hock den „heißen Stein" kaufte, betrieb er sein Geschäft in der Treibgasse.
[6] StaA, HR, G1, S. 203. Franz Geibig (1832-1888), verh. mit Anna Maria Hock (1838-1881).
[7] Ebd.: Tobias, Josef, Margarethe, Philipp und August Geibig, siehe Treibgasse 6.
[8] Ebd., S. 413: Tobias Geibig (1864-1932), Dachdeckermeister, verh. mit Elisabeth Rosa Hock (1898-1962), 2 Kinder.

Treibgasse 14a   Plan-Nr. 1322

Geschichte

Auf dem Urkataster von 1845 liegt zwischen den Anwesen Treibgasse 14 und 18 ein Grundstück mit ca. 20 m Straßenlänge und einer Tiefe von ca. 35 m. Es ist auf der Grenze zu Haus Nr. 18 mit einem Gebäude von ca. 6 m Breite und 8,5 m Tiefe bebaut. Das Haus trägt die Bezeichnung Lit. D 88³/₄ und später die Nummer 16. 1869 ist das Grundstück bereits geteilt. Der rückwärtige Teil, fast die Hälfte des Grundstücks, gelangt zu Herstallstraße 35. Aus den an der Treibgasse verbliebenen Flächen entstehen zwei Grundstücke: Der bereits bebaute Teil behält die Hausnummer 16 und die Plan-Nr. 1322¹/₂, das neue Grundstück erhält die Plan-Nr. 1322 und ist mit Treibgasse 14a bezeichnet.

Am 5. Juni 1907 wird Metzgermeister Wilhelm Wagner auf dem Grundstück Treibgasse 14a die Errichtung einer „Waschtrockenhalle" und die Verlegung des Aborts genehmigt. Das Grundstück ist zu dieser Zeit bereits mit einem Seitengebäude entlang der Grenze zu Treibgasse 14 bebaut.

1934 bewohnt Tünchermeister Josef Giegerich das Haus und läßt ein Tagesleuchtschild anbringen.

Tünchermeister Josef Seidel, bereits seit 1933 Eigentümer des Nachbaranwesens Treibgasse 16, erwirbt mit seiner Ehefrau Maria, geb. Rückert, 1938 Treibgasse 14a hinzu. Das Anwesen besteht aus Wohnhaus mit Stallung, Schweineställen, angebautem Abort, Wäschetrockenhalle und Hofraum; insgesamt 0,018 ha.

Seidel läßt am 10. Juni 1938 die Wäschetrockenanlage abbrechen. Die Genehmigung für eine Anlage zur Grundstücksentwässerung erteilt die Stadtverwaltung am 28. Oktober 1938. Bei diesen Baumaßnahmen wird der Hof zwischen den Häusern Treibgasse 14a und 16 durch eine neue Mauer gegen die Straße geschlossen.

Aus den Planeintragungen geht hervor, daß schon damals beide Grundstücke als eine Einheit genutzt wurden. Die unterschiedlichen Plan- und Hausnummern bleiben jedoch erhalten.

1946 bekommt Josef Seidel die Genehmigung, das kriegsbeschädigte Dach des Hauses Treibgasse 14a und des rückwärtigen Querbaus zu erneuern und auszubauen. Die Arbeiten ziehen sich bis zum Februar 1948 hin.

Am 20. August 1958 beschließt der Polizei- und Verwaltungssenat der Stadt Aschaffenburg, den „Neubau eines straßenseitigen Zwischentraktes zwischen den Anwesen Treibgasse 14a und 16" zu genehmigen. Die Baupläne sind von Architekt Dipl.-Ing. Karl Rothaug, die statische Berechnung ist von Dipl.-Ing. Hans Kaske unterschrieben.

Beschreibung

Auf dem „Plan über Errichtung einer Waschtrockenhalle und Verlegung des Abortes" vom Februar 1907 ist das Grundstück Treibgasse 14a allseitig von einer Mauer eingefaßt. Entlang der Grenze zu Haus Nr. 14 steht ein massives Seitengebäude von ca. 10,25 m Länge. Die Breite an der Gasse mißt nur ca. 4,35 m. Das Haus hat zwei Geschosse und ein abgewalmtes Pultdach. Der Grundriß ist etwa in der Mitte geteilt. In der straßenseitigen Hälfte sind das Treppenhaus mit Eingang und die Tür zur ehemaligen Waschküche. Der rückwärts gelegene frühere Pferdestall besitzt einen Eingang vom Hof her, aber keine Verbindung zum Treppenhaus. Der erste Stock ist in derselben Weise geteilt. Die lange Fassade zum Hof ist symmetrisch gegliedert. Sie zeigt vier Achsen. Im Erdgeschoß, in der Mitte, zwei Türen, seitlich davon je ein Fenster, darüber ein Gurtgesims. Im ersten Stock vier Fenster in gleichen Abständen. In der Straßenansicht sind keine Fenster. In dem obengenannten Plan sind außerdem als abzubrechen eingetragen, ein zweiteiliger Schweinestall und an der rückwärtigen Grenze ein Trockenabort über einer gemauerten Grube.

Im Zuge der Baumaßnahmen von 1907 entsteht eine zweistöckige, offene Holzhalle zum Wäschetrocknen. Der neue Abort mit Grube liegt unter der Halle neben der einläufigen Stiege.

Der Plan ist von Ernst Haun, Inhaber des Baugeschäfts C. Schmelzer, unterschrieben.

Ein „Entwässerungsplan zum Umbau des Wohnhauses für Herrn Josef Seidel, Treibgasse 14a", trägt das Datum vom 21. Juli 1938. Auf diesem Plan sind die beiden Anwesen Treibgasse 14a und Treibgasse 16 zusammengelegt. Die 1869 errichtete Mauer zwischen den beiden Grundstücken besteht nicht mehr. Statt der Wäschetrockenhalle verbindet ein zweigeschossiger Querbau die beiden Häuser entlang der hinteren Grenze. An der Straße wird ein neuer Hofabschluß mit zweiflügeligem Tor in der Mitte und Fußgängertüren rechts und links davon gebaut.

1946 erhält Tünchermeister Josef Seidel die Erlaubnis, die beschädigten Dächer von Treibgasse 14a und des Querbaus als Mansarddächer auf- und auszubauen.

Das Haus Treibgasse 16 wird 1950 dreigeschossig aufgebaut. 1958 wird die Lücke zwischen den Häusern Treibgasse 14a und 16 durch einen dreistöckigen Verbindungsbau geschlossen. Traufe und Satteldach beider Häuser sind in gleicher Höhe und Neigung durchgezogen. Im Erdgeschoß entsteht eine 4 m breite Hofeinfahrt, links davon ein Laden und auf der rechten Seite ein zweiläufiges Treppenhaus. Die alte Treppe in Haus Nr. 14a wird abgebrochen. In der neuen Fassade vier Achsen, in der ersten, neben Haus Nr. 14, drei un-

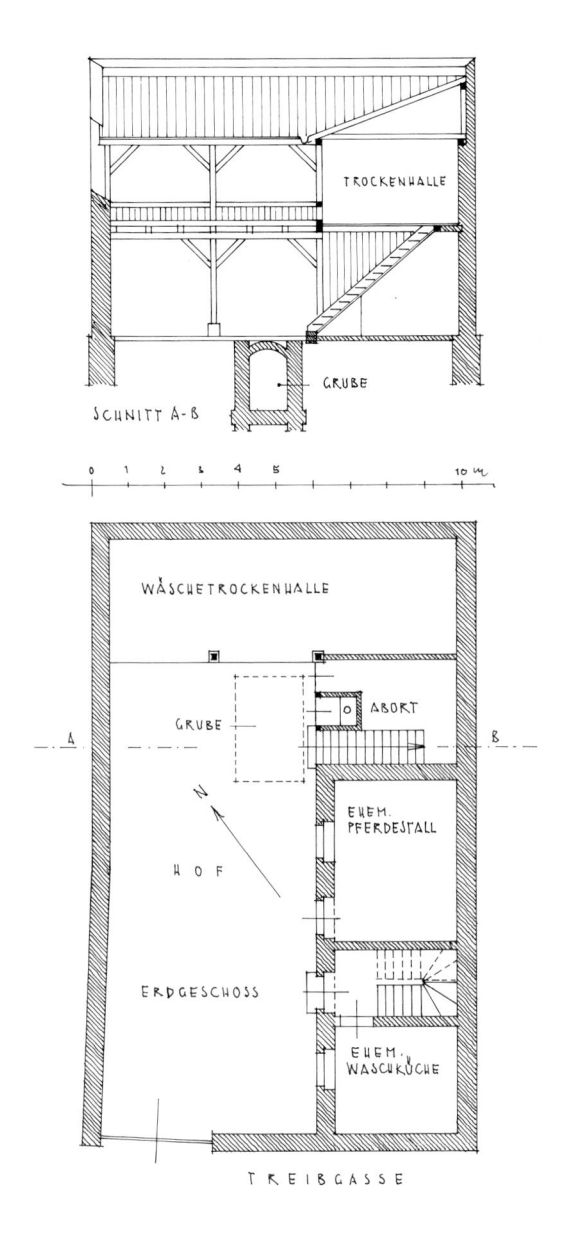

Abb. 77: Treibgasse 14a, Erdgeschoßgrundriß und Schnitt durch die Wäschetrockenhalle. Zustand 1907.

gleiche Fenster übereinander. In der zweiten Achse sind die Fenster im ersten und zweiten Stock zu einem großen Treppenhausfenster zusammengefaßt. In der dritten und vierten Achse liegen im Erdgeschoß Hofeinfahrt und Schaufenster, in den oberen Stockwerken je zwei Fenster.

Eigentümer

bis 1868	Ottilie Weber,
1868 bis 1905	Wilhelm Wagner[1], Metzger,
1905 bis 1913	Wilhelm Wagner jun., Metzger,
1913 bis 1938	Dorothea Wagner, geb. Heil, Witwe von Wilhelm W.,
1938	Josef Seidel, Tüncher, und Frau Maria, geb. Rückert, dann wie Treibgasse 16.

[1] Wilhelm Wagner stammte aus Babenhausen. Von 1868 bis 1938 gehörte Treibgasse 14a den Hauseigentümern von Herstallstr. 25, siehe *Grimm* IV, S. 48.

Treibgasse 16 (Lit. D 88³/₄) Plan-Nr. 1322¹/₂

Geschichte

Aus den Verkaufsverhandlungen über das Anwesen Treibgasse 18 im Jahr 1697[1] geht hervor, daß zu jener Zeit zwischen diesem und dem Anwesen Treibgasse 14 ein großes unbebautes Grundstück lag, das dem Stift gehörte. An diesen Stiftsgarten grenzte das Haus Nr. 18, das damals der Stiftskanoniker Christian Stadelmann[2] bewohnte.
Laut Urkataster steht Mitte des 19. Jahrhunderts auf der Grenze zu Treibgasse 18 ein Wohnhaus. Die gebrochene Litteranummer D 88³/₄ spricht dafür, daß es erst nach Einführung der Hausnumerierung nach Stadtvierteln, also nach 1772, errichtet wurde.
In der Hausakte befindet sich eine „Zeichnung einer neuen Einfahrt für Herrn Metzgermeister Schneider", datiert 1850, von Peter Hofmann, Zimmermeister. Die neue Toranlage an der Treibgasse liegt zwischen dem Wohnhaus und dem „Seitenbau" neben Treibgasse 14. Sie besteht aus einer ca. 1 m breiten „Thür" direkt neben dem Wohnhaus und einer „Thorfahrt", ca. 3,50 m breit, in der Mitte der ca. 2,50 m hohen Mauer.

[1] Siehe Treibgasse 18.
[2] Stiftskanoniker Christian Stadelmann (1653-1727), siehe *Amrhein*, Prälaten, S. 247 f.

Im selben Jahr liegt, ebenfalls von Peter Hofmann, eine „Zeichnung eines neu zu bauenden Seitenbaues und zweier Chaisen-Remisen für Herrn Metzgermeister Schneider dahier" vor.
Der Seitenbau soll auf der Grenze zu Treibgasse 14, die Remise auf der Seite zu Treibgasse 18, hinter dem Wohnhaus, gegenüber der 1698 errichteten Synagoge entstehen. Auf die mündliche Anzeige fand unter Hinzuziehung des städtischen Technikers, Professor Karl Ludwig Louis, und der Magistratsräte Joachim Reuß und Joseph Kitz am 20. April 1850 eine „Lokal-Einsicht" statt. Die zweistöckige Wagenremise sollte als Holzkonstruktion ohne Brandmauer an die etwa 1,50 m hohe Grenzmauer der israelitischen Kultusgemeinde gestellt werden. Der gegenüberliegende zweigeschossige Seitenbau sollte mit der Rückseite auf der vorhandenen Grenzmauer zu Treibgasse 14 stehen. Die Mauer gehörte zwar Metzgermeister Schneider, ist aber zu schwach, um die entstehenden Lasten aufzunehmen. Es wird beschlossen, die Anlieger zu hören.
Tünchermeister Johann Adam Hock, Treibgasse 14, ist mit dem Bauvorhaben grundsätzlich einverstanden. Er verlangt jedoch, daß gegen sein Eigentum eine „vorschriftsmäßige Feuerwand von Grund auf und zwey Schuhe über das Dach errichtet werde". Außerdem muß die „Senkgrube oder Miststätte mit Lett"[3] ausgeschlagen sein und mindestens „drey Schuhe" von seinem Eigentum entfernt liegen.
Die israelitische Kultusgemeinde wird durch Distriktsrabbiner Abraham Adler[4] und Dr. Leopold Mayersohn[5], königlicher Hofrat und Rechtsanwalt, vertreten. Sie protestiert gegen die Bauabsicht, da der Synagoge durch die 26 bis 27 Schuh[6] hohe Halle Licht und Luft genommen würden. Rechtlich sei dies nicht zulässig, da die Synagoge als solche eine „res sacra" oder wenigstens eine „res sancta" sei. Die Kultusgemeinde vermutet, daß Schneider dort Schweineställe unterbringen werde und der Gestank und das Schweinegeschrei den Gottesdienst stören könnten. Außerdem wird eine vorschriftsmäßige Brandmauer verlangt.
Die Angelegenheit ruht bis zum 4. Februar 1851. Schneider legt jetzt einen neuen Plan von „Civilarchitekt" Gabriel Hospes vor. Nach diesem Plan ist ein Schweinestall auf der anderen Seite des Grundstücks vorgesehen. Die Wagenhalle erhält eine Brandmauer. Am 10. Februar 1851 genehmigt Bürgermeister Adalbert von Herrlein diesen Plan. Die israelitische Kultusgemeinde ist immer noch nicht einverstanden. Am 17. Juni 1851 findet eine Verhandlung am Kreis-

---

[3] Lett = grauer Lehm.
[4] *Körner*, Biogr.HB, S. 53.
[5] Ebd., S. 163.
[6] Ca. 7,70 m.

und Stadtgericht statt. Der neue Plan wird von der Judenschaft anerkannt. Schneider verpflichtet sich, seine Mauer zur Synagoge hin weiß zu streichen und Veränderungen zu gestatten.

Im März 1854 will Schneider neben seine bereits bestehende Halle eine weitere Halle als Holzlege auf Pfosten stellen. Die israelitische Gemeinde wehrt sich wieder dagegen, da gerade an dieser Stelle in der Wand der Synagoge die heilige Lade aufbewahrt wird. Das Bauvorhaben kommt nicht zustande.

1869 ist das Gesamtgrundstück Lit. D 88³/₄ in die Anwesen Treibgasse 14a und 16 geteilt. Die rückwärtige Grundstücksfläche gelangt zu Herstallstraße 35.

Am 1. Juni 1869 wird die Vergrößerung des Wohnhauses Teibgasse 16 für den „Kleidermacher Franz Kieser" genehmigt. Die Maßnahme kommt einem Neubau nahe. Nur das Mauerwerk an der Grenze zu Treibgasse 18 und Teile der Fassade bleiben erhalten.

Drechslermeister Josef Kuhn bekommt am 1. April 1875 die Genehmigung, an die Rückseite seines Grundstücks eine Holzlege zu bauen. Am 27. August 1880 erhält er die Erlaubnis, anstelle der Holzlege ein zweigeschossiges Gebäude zu errichten: unten Holzlege, oben Werkstätte.

Seit 1933 gehört das Anwesen Tünchermeister Josef Seidel. 1938 erwerben er und seine Frau das Nachbaranwesen Treibgasse 14a hinzu. Die beiden Grundstücke werden als Einheit genutzt.

Nach dem Krieg läßt Seidel das zweigeschossige Haus aufstocken und das neue Dach ausbauen. Im Erdgeschoß wird ein Laden eingerichtet. Die Genehmigung erfolgt nachträglich am 4. Juli 1950. Die Bauvollendung wird im Februar 1951 angezeigt.

1968 wird die Gaststätte aus dem Anwesen Treibgasse 14a in das Haus Treibgasse 16 verlegt. Größere Umbaumaßnahmen und neue Toiletten sind erforderlich. Der frühere Ladeneingang wird geschlossen. Der Eingang zur Gaststätte befindet sich im Zwischentrakt, der seit 1958 an der Treibgasse steht.

1992 wird der Eingang zur Gaststätte wieder an die alte Stelle zurückverlegt.

Beschreibung

Nach dem „Plan über die Vergrößerung eines Wohnhauses für Hr. F. Kieser Kleidermacher" des Maurermeisters Franz Schmelz von 1869 stand der alte zweigeschossige und traufständige Baukörper mit ca. 6,20 m an der Treibgasse. Die Tiefe, entlang der Grenze zu Treibgasse 18, betrug nur ca. 5,70 m. Diese beiden Hausseiten waren massiv, während die übrigen Außen- und Innenwände aus Fachwerk bestanden. In der Straßenfassade drei Fenster in gleichen Abständen. Auf der Giebelseite zum Hof zwei Achsen, in der rückwärtigen Seite der Eingang, daneben ein kleines angehängtes Aborthäuschen.

Mit der Vergrößerung von 1869 wird das Gebäude ca. 7 m breit und ca. 12,80 m lang. Es erhält einen brüstungshohen Kniestock und auf beiden Traufseiten ein

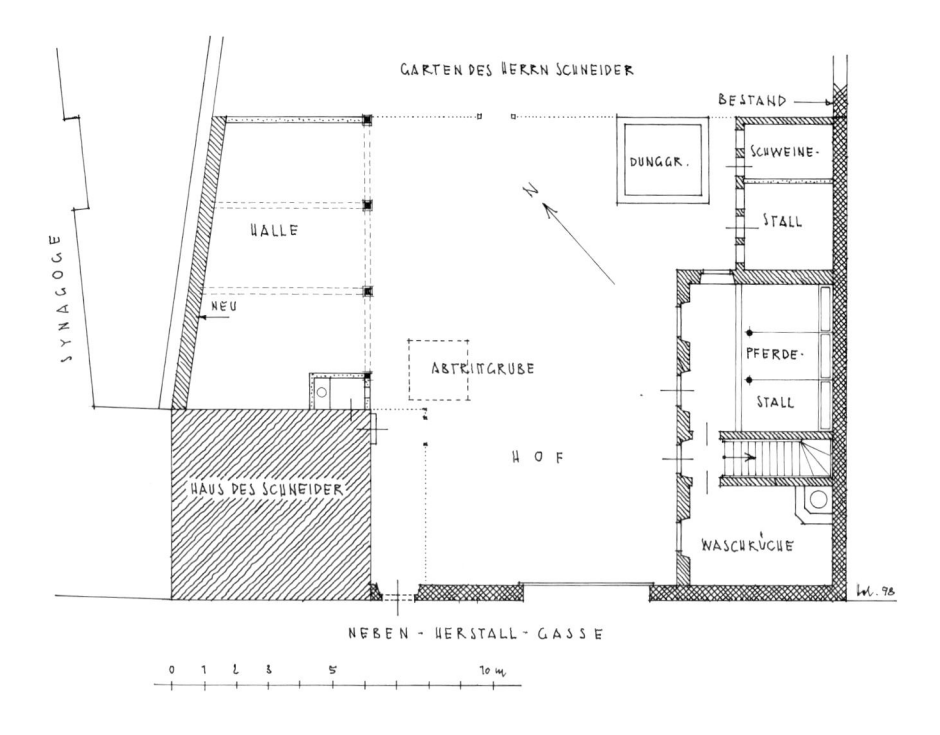

Abb. 78: Treibgasse 16, Bebauung des Grundstücks Lit. D 88³/₄ nach einem Plan von Gabriel Hospes vom 11. Januar 1851.

3 m breites Zwerchhaus. Jedes Stockwerk bekommt einen Innenabort. Im Zusammenhang mit der in dieser Zeit erfolgten Teilung des Grundstücks Lit. D 88³/₄ wird durch den ehemaligen Hof eine Mauer zwischen den Anwesen Treibgasse 14a und 16 aufgeführt.
Das 1875 von Drechslermeister Josef Kuhn erbaute Holzlager ist eine zweigeschossige, offene Halle mit Pultdach. Sie steht mit drei Seiten auf den Nachbargrenzen. 1880 wird die Halle aufgestockt, vergrößert und erhält allseitig massive Brandmauern.
1950 ist aus dem dritten Stock des Wohnhauses ein Vollgeschoß geworden. Das neue Dach hat ca. 45° Neigung und ist ausgebaut. In den Achsen der Fenster stehen in der Dachfläche drei Gauben mit Satteldach. Im Erdgeschoß statt der Wohnung ein Laden. Beiderseits des in der Mitte angeordneten Eingangs je ein großes Schaufenster.

1958 verbindet Eigentümer Josef Seidel seine beiden Häuser Treibgasse 14a und 16 entlang der Treibgasse durch einen Zwischentrakt.
Die Einrichtung einer Gaststätte im Jahr 1968 macht größere Umbauten nötig. Im Erdgeschoß wird der Fußboden um ca. 0,45 m abgesenkt, die Kellerräume entsprechend umgebaut. Für den Ausbau einer geräumigen Gaststube sind umfangreiche Abfangmaßnahmen erforderlich. Die zur Auflage gemachten Toiletten entstehen im rückwärtigen Teil des Hauses. In der Erdgeschoßfassade drei große Öffnungen mit gekuppelten Fenstern und Brüstungsfeldern. Der Eingang zur Gaststätte liegt im Zwischentrakt neben der Hofeinfahrt.
1992 wird der Eingang zur Gaststätte geändert. Der Zugang liegt nun wieder da, wo früher der Ladeneingang war, in der Mittelachse des Hauses Treibgasse 16.

Eigentümer

1697	Stift bzw. seit 1803 Stiftungsverwaltung,
bis 1850	Philipp Geibig, Taglöhner,
1850 bis 1854	Josef Schneider, Metzger,
bis 1869	Wilhelm Wagner, Metzger, Kauf um 2150 fl.,
1869 bis 1875	Franz Kieser, Schneider,
1875 bis 1894	Josef Kuhn, Dreher,
1894 bis 1930	Georg Fröhlich, Sattler und Tapezierer,
1930 bis 1933	Markarius Salg, Zollinspektor,
1933 bis 1996	Josef Seidel[7], Tüncher,
seit 1997	Robert Seidel, Sohn des Josef S.

---

[7] ME v. 3. Januar 1996: Todesanzeige von Tünchermeister Josef Seidel.

Treibgasse 18 (Lit. D 89) Plan-Nr. 1326

Alte Synagoge (1698-1887)

Geschichte

Im November 1697 verkauft Philipp Ernst Stadelmann sein Haus in der Treibgasse an die Aschaffenburger Juden, vertreten durch Itzig[1], Elikan Mayer und David Salomon. Das Haus grenzt an das Anwesen des Wagners Johannes Hammel (Treibgasse 20) und an den Stiftsgarten (Treibgasse 16/14a). Der

---

[1] Itzig war 1691 der Vorsteher der Juden in Aschaffenburg. Vgl. *Bamberger*, S. 10.

Kaufpreis für Haus mit Keller, Höfchen und Garten, in dem ein Backhaus steht, beträgt 450 Gulden Frankfurter Währung, den Gulden zu 60 kr.[2]. Die Kaufsumme muß innerhalb von zwei Jahren nach vereinbarten Terminen bezahlt werden. Das Fenster im Backhaus, das zum Stiftsgarten geht, muß zugemauert werden. Ebenso muß der Fensterladen oben im Haus geschlossen werden, damit niemand in den Stiftsgarten schauen kann. Im Stiftshaus wohnt zu dieser Zeit der Bruder des Verkäufers, Kanoniker Christian Stadelmann.
1698 wird der Bau der Synagoge genehmigt. Eine auf dem Grundstück stehende Scheune wird in den Neubau mit einbezogen.
Der nördliche (hintere) Teil der Synagoge wird 1805/06 verlängert[3].
Die Bausubstanz der Synagoge wies mit der Zeit, auf Grund ihres Alters, erhebliche Mängel auf.
Professor Karl Ludwig Louis wird daher beauftragt, ein Gutachten zu erstellen. Am 29. Juli 1835 liegt folgendes Ergebnis vor:
Die Synagoge ist ruinös und im höchsten Grad baufällig, was auf eine fehlerhafte Dachkonstruktion zurückzuführen ist. Professor Louis empfiehlt daher, entweder die Synagoge ganz abzubrechen und neu zu bauen oder wenigstens vier starke Stützpfeiler aufzustellen.
Ein nachträglicher Anbau an die Ostseite der Außenmauern der Synagoge ermöglichte, daß dahinter im Innenraum die Thora aufbewahrt werden konnte. Dieser kleine Tabernakel (Thoraschrein) auf der Ostseite hatte sich ganz vom Hauptbau abgelöst und mußte auf jeden Fall erneuert werden. Da das ganze Gebäude jeden Augenblick einstürzen könnte, durfte ab sofort kein Gottesdienst mehr abgehalten werden[4]. Zusätzliche Gutachten von Maurermeister Karl Joseph Schuck und Zimmermann Georg Protz bestätigen die vorgeschlagenen Maßnahmen von Professor Louis. Es wird beschlossen, die Synagoge solle von innen und außen gespreißt werden, d. h. sie solle abgestützt werden. Der Tabernakel solle abgebrochen und neu wie ein Strebepfeiler aufgemauert werden[5].
Obwohl die Synagoge durch Abspreißung vorläufig gesichert war, fordert Bezirksingenieur Georg Jakob May im Auftrag der königlichen Bezirksinspektion am 13. Januar 1838 den Abbruch und Neubau[6]. Die Judenschaft besteht jedoch auf Reparatur, da sie die Kosten für einen Neubau von etwa 8.000 fl. nicht aufbringen kann. Die Reparatur wird auf 600 fl. geschätzt.
Ein weiteres Gutachten, datiert vom 14. Februar 1838, besagt:

---

[2] Ebd., S.11 ff. StaA, Registr. III, Abtlg. B, Fach 3, Nr. 20 (zit. nach Grimm. Dies ist jedoch keine Archivsignatur): Synagoge zu Aschaffenburg.
[3] Ebd., fol. 18.
[4] Ebd., fol. 2/2'; fol. 4.
[5] Ebd., fol. 10.
[6] Ebd.

„1. Die Synagoge ist reparaturfähig.
2. Der hintere Teil der Synagoge ist neu angebaut und gut, schlecht sind nur die alten Mauerteile.
3. Das Dach ist bloß ein Kehlgebälk, hat keine Hauptgebälke. [Der Raum reichte also in das Dach hinein. Die Seitenwände sind wegen des Seitenschubs aus der Dachkonstruktion, entstanden durch die fehlende Dachbalkenlage, nach außen ausgewichen.] Das Holzwerk des Daches ist noch gut."
4. Vorschlag: Außenwände erneuern und mit eisernen Schlaudern[7] gegen Seitenschub verbinden.
5. „Der Tabernakel ist nicht mit der betroffenen Seitenwand [Außenwand] verbunden, er muß von Grund auf erneuert werden.
6. Die Außenwände sind gut abgespießt. Der Innenraum hat Stützen erhalten.
7. Die Decke ist verputzt, der an manchen Stellen lose ist."[8] [d. h.: Der Putz ist an manchen Stellen lose.]

Es wird beschlossen, zunächst die Maurerreparaturen vorzunehmen. Die Außenmauern werden teilweise erneuert und erhalten vier eiserne Anker quer über den Raum, um ein Ausweichen nach der Seite zu verhindern. Der Dachstuhl selbst wird nicht verändert.

Die innere Einrichtung soll modernisiert werden. Die sogenannten „Ständer" sollen abgeschafft und dafür Betstühle eingeführt werden. Der Tabernakel soll nicht an der Seitenwand bleiben, sondern an die Stirnmauer, gegenüber dem Eingang, kommen[9].

Zunächst können nur die notwendigsten Reparaturen vorgenommen werden, da es der kleinen Gemeinde an Geld mangelt. Nach einem Kostenvoranschlag des Schreiners Anton Eizenhöfer müssen etwa 500 fl. ausgegeben werden für: Bänke oder Stühle für 100 Personen, zusätzliche Plätze für den Chor um den Almemor[10].

17 Mitglieder stimmen für eine Kapitalaufnahme von 500 fl. für Inneneinrichtungen, sieben Mitglieder sind dagegen. Die Summe soll durch eine Kollekte gedeckt werden[11]. Nach einer Mitteilung der Regierung von Unterfranken wird die Sammlung für die Inneneinrichtung bewilligt[12]. Professor Louis wird

---

[7] Gemeint sind Zuganker aus Eisen oder Baustahl.
[8] StaA, Registr. Titel III, Abtlg. B, Fach 3, Nr. 20, fol. 18 ff (vgl. Anm. 2): Hierbei handelt es sich um ein Gemeinschaftsgutachten von Professor Ludwig Louis, Zimmermann Georg Protz und Maurermeister Karl Joseph Schuck.
[9] Ebd., fol. 34 v. 4. Juni 1838. Maier Wolfsthal, Joel Diespecker und Moses Davidsburg beharren auf Eigentumsrecht an ihrem Ständer (Stehpult).
[10] Ebd., fol. 26 v. 17. Juni 1838. Der Almemor ist der erhöhte Platz für die Lesung der Thora.
[11] Ebd., fol. 45/45' v. 7. August 1838; fol. 52 v. 9. August 1838.
[12] Ebd., fol. 63 v. 22. November 1838.

mit der Ausarbeitung eines Plans für die Bestuhlung beauftragt. Gefordert werden 60, wenn möglich 70 bis 75 Synagogenstühle. Auf beiden Seiten des Tabernakels sollen je zwei Stühle wegen der Zugangstreppen und wegen der Kanzel wegfallen. An der Eingangswand sollen keine Stühle mehr stehen, ebenso fallen die acht Stühle an der Giebelwand weg. Die Stühle am Almemor sollen durch zwei kleinere zwischen Almemor und Kanzel ersetzt werden. Bänke für 24 bis 30 Schüler sollen aufgestellt werden. Je ein Betstuhl für den Rabbiner und den Vorbeter wird gewünscht. Aus der Kollekte gehen 562 fl. 52 kr. ein, das Ausschreibungsergebnis beträgt 646 fl. 33¾ kr.[13].
Bis Juli 1839 sind für Maurer-, Schlosser-, Schreiner- und Zimmererarbeiten 800 fl. ausgegeben, 100 Taler stehen noch für Tüncherarbeiten aus. Wegen einer neuen Kanzel, eines neuen Lesepults und der zwei Treppen am Tabernakel konnte noch keine Einstimmigkeit erzielt werden[14].
Im Vorderhaus der Synagoge ist eine Schulstube zum Erteilen von Religionslehre eingerichtet. Sie wird 1870 bei einem Umbau vergrößert, durch Einbeziehung des Verbindungsflurs zwischen dem Zugang für Männer und dem für Frauen.
Die jüdische Gemeinde in Aschaffenburg war gegen Ende des 19. Jahrhunderts angewachsen. Die alte Synagoge wurde zu klein, außerdem war sie in einem baulich schlechten Zustand.
1887 mußte der rückwärtige Teil dem Neubau in der Entengasse weichen. Der Gebäudeteil zur Treibgasse besteht noch bis zum Bau des neuen Rabbinatsgebäudes im Jahr 1898 auf diesem und dem Nachbargrundstück. Das neue Gebäude erhielt die Haus Nr. Treibgasse 20.
Die Hausnummer Treibgasse 18 wurde nicht mehr vergeben.

Beschreibung

Beim Kauf des Anwesens Lit. D 89 durch die jüdische Gemeinde 1697 war das Grundstück bereits mit einem Haus bebaut, das vermutlich an der Treibgasse stand. Wahrscheinlich sind wenigstens Teile dieser vorhandenen Bebauung weiterverwendet worden.
Nach einer Fotografie aus der Zeit um 1895 ist der an der Treibgasse liegende Baukörper zweigeschossig und traufständig. Das steile Dach ist ausgebaut. Auf beiden Dachseiten eine durchgehende Gaube, die von Brandmauer zu Brandmauer reicht.
In der Straßenfasssade des Erdgeschosses, auf der Seite zu Haus Nr. 20, Eingang der Männer, sandsteingerahmt mit Oberlicht, daneben ein rundbogiger Kellerabgang. Auf der rechten Seite Eingang der Frauen. Zwischen den Ein-

---

[13] Ebd., fol. 65 v. 13. Januar 1839; fol. 71 v. 12. März 1838; fol. 77 v. 26. Juni 1839.
[14] Ebd., fol. 82 v. 23. Juli 1839. Vgl. StaA, Mag. Prot. v. 24. Oktober 1839.

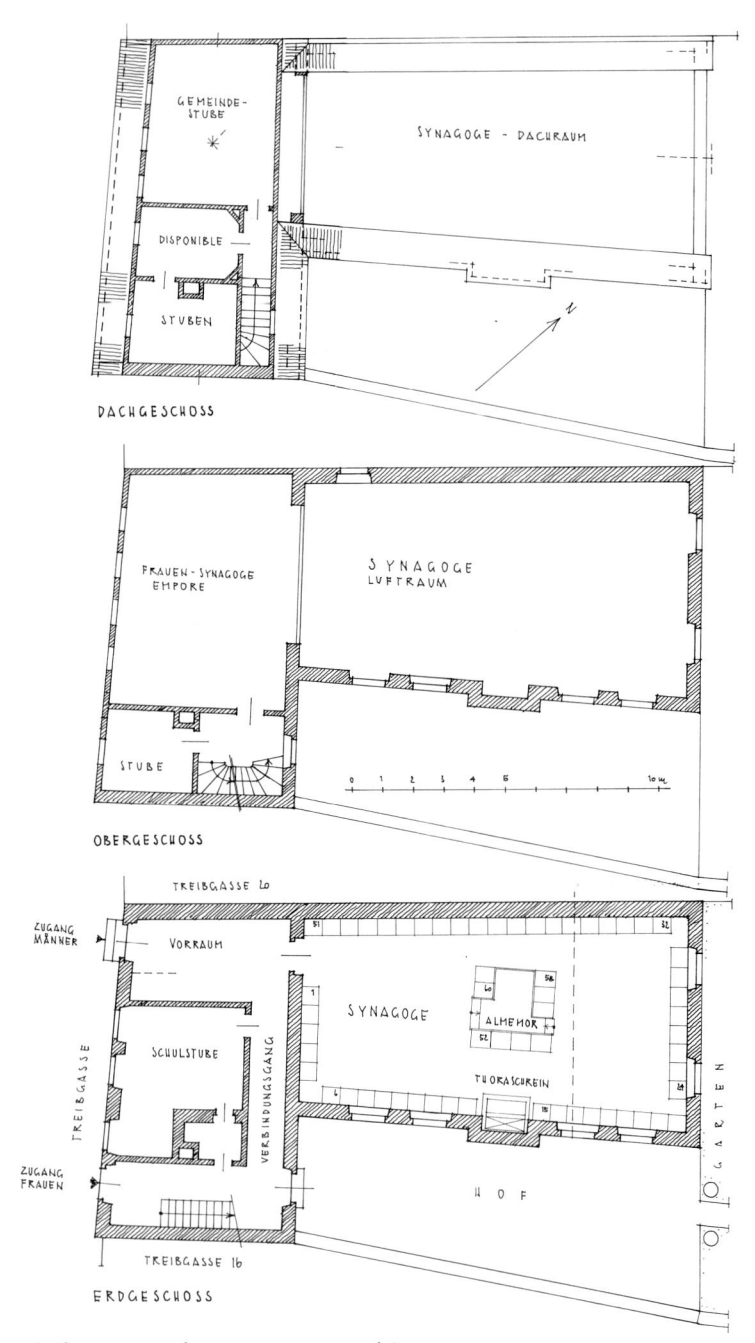

Abb. 79: Treibgasse 18, Alte Synagoge, Grundrisse von 1870.

gängen drei Fenster. Im Obergeschoß sechs Fenster in gleichen Abständen. Das zweite von rechts vermutlich zugemauert. Dieselbe Gliederung in der durchlaufenden Gaube.
Im Erdgeschoßgrundriß liegt zwischen den beiden Eingängen eine Schulstube, die 1870 um den Verbindungsgang vergrößert wird.
Im Obergeschoß ist die Frauensynagoge untergebracht, die zur großen Synagoge geöffnet ist. Neben dem Treppenhaus eine weitere Stube. Im ausgebauten Dach befinden sich ein Gemeinderaum und zwei „disponible Stuben".
Der eigentliche Synagogensaal ist auf der Rückseite angebaut und steht auf der Grenze zu Treibgasse 20. Der Saal hat nach der Erweiterung von 1805 innen eine Länge von ca. 12,60 m und eine Breite von ca. 6,30 m (im Mittel). Die Höhe reicht über zwei Geschosse und in den Dachraum bis zum Kehlgebälk.
In der Mitte der östlichen Innenwand steht, in einer Nische, der Thoraschrein, in dessen Achse, in der Mitte des Raums, der Almemor (Gebetspult). Entlang der Innenwände und um den Almemor statt der ehemaligen Ständer[15] 60 Gebetsstühle bis 1838.
In der hofseitigen Außenwand, beiderseits des Anbaus für den Thoraschrein, je zwei hohe Fenster. Ebenfalls zwei Fenster auf der Gartenseite.

Eigentümer

      bis 1697   Philipp Franz Stadelmann,
1697 bis 1938   Israelitische Kultusgemeinde,
1939 bis 1950   Deutsches Reich bzw. Freistaat Bayern,
      seit 1950   Stadt Aschaffenburg.

---

[15] Ein altes Gemeindebuch der Israeliten in Aschaffenburg (im Stadtarchiv) vom Juni 1727 und November 1789 enthält ein Verzeichnis der bezahlten „Ständer in der Synagoge für die Männerabtheilung". Von den 42 Plätzen (Ständer) sind elf davon Gemeindeständer, einer ist Vorbeterständer, und die restlichen Ständer gehören einzelnen Gemeindemitgliedern, die namentlich im Verzeichnis aufgeführt sind. StaA, Registr. Titel III, Abtlg. B, Fach 3, Nr. 20, fol. 80/81 (vgl. Anm. 2).

Treibgasse 20   alt (Lit. D 89¹/₄)   Plan-Nr. 1327
                 neu   Plan-Nr. 1329

1. Nebenhaus zur alten Synagoge (bis 1887)
    Hospital (1793/1824)
    Judenschule (1829-1870)

Geschichte (alt)

Das alte Gebäude auf Treibgasse 20 stand wie auch die alte Synagoge bis 1887. 1898 wurde auch das alte Wohnhaus, Treibgasse 18, abgerissen. So konnte ein neues Haus auf den ehemaligen Grundstücken Treibgasse 18 und 20 errichtet werden. Dieses neue Rabbinatsgebäude erhielt wieder die Hausnummer Treibgasse 20, während Treibgasse 18 entfiel.

In den Jahren 1697/1730 bewohnt Wagner Johannes Hammel[1] das Nebenhaus zur alten Synagoge[2].
Bei einer öffentlichen Versteigerung am 22. März 1784 erwirbt die jüdische Gemeinde das Grundstück um 317 Gulden von der Hinterlassenschaft des verstorbenen Briefträgers Peter Schartmann[3]. Es sollen eine Herberge und ein Unterrichtsraum für die Schuljugend eingerichtet werden.
Im Kriegsjahr 1793 befindet sich im Haus ein „Hekdesch", das ist „ein Kranken-Hospital und gleichzeitig Quartier für arme Durchreisende"[4]. 1797 besteht das Hospital noch, wie aus vorhandenen Rechnungen und Quittungen nachzuweisen ist[5]. Ein Antrag der Juden, 600 Gulden aufnehmen zu dürfen, um u. a. die Kosten des Spitals zu bestreiten, wird am 20. Februar 1800 von Erzbischof Kurfürst Friedrich Carl Joseph von Erthal (1774-1802) genehmigt[6]. 1801 wird zur Versorgung des Spitals und der Herberge für durchreisende Juden ein Herbergsvater eingestellt[7].
Nach einem Bericht von 1805 übernachten „in dem alten Gebäude meist herumstreichende Betteljuden". Zunächst wollen die Juden das alte, zweistöckige Haus stehen lassen. Da es aber aus besagten Gründen zu unerträglichen Situationen kommt, bieten die Juden an, längstens in fünf Jahren neu bauen zu lassen. Die „Hütte" soll abgerissen werden. Nach einem Plan soll die Fassade bis

---

[1] St. Agatha, Sterbematr. v. 1736, S. 110. Tod von Johannes Hammel.
[2] Vgl. *Bamberger*, S. 11 und StiA, 6577 III, fol. 37 v. 1730.
[3] *Bamberger*, S. 50 f.
[4] Ebd., S. 53.
[5] Ebd., S. 54.
[6] Ebd., S. 56.
[7] Ebd., S. 57.

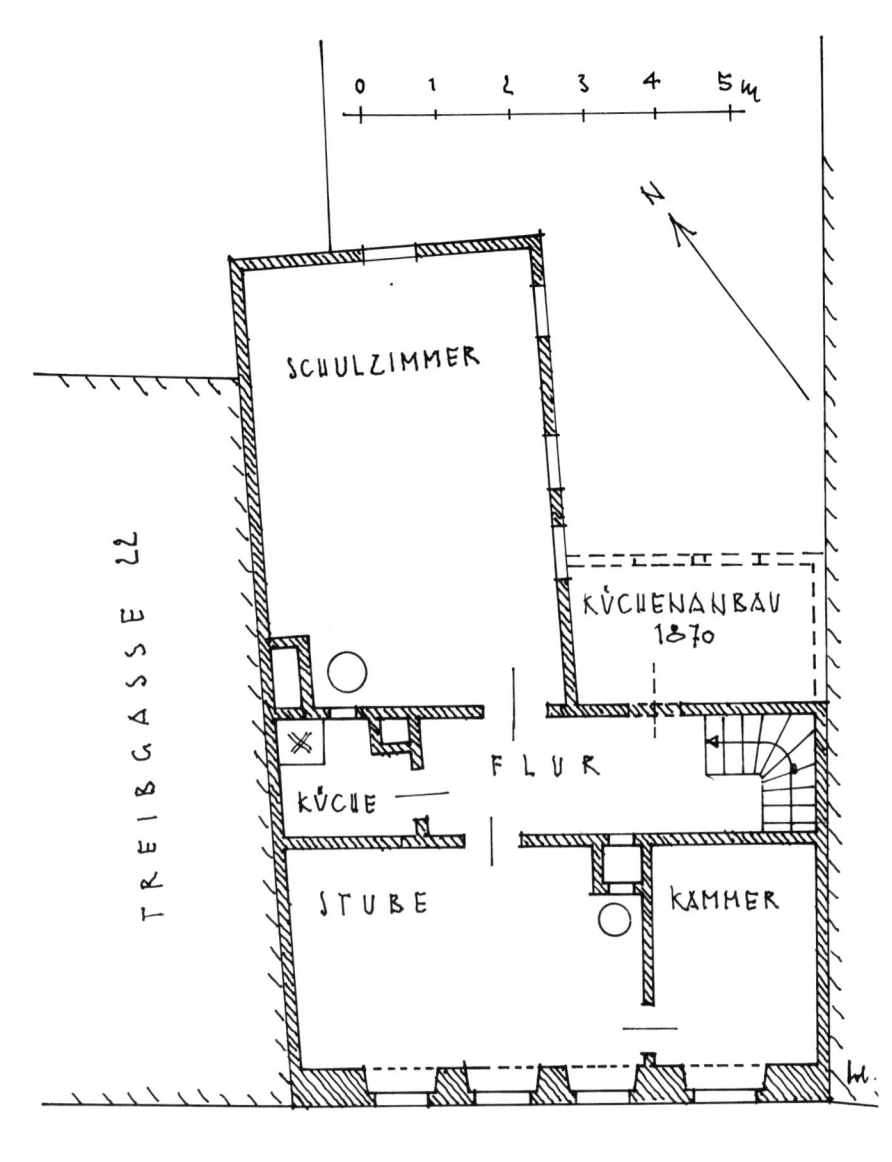

Abb. 80: Treibgasse 20 (alt), Grundriß des Obergeschosses nach einem Plan von Professor Ludwig Louis.

an die Synagoge reichen, „wodurch solches mit dem itzigen neu aufzuführenden Gebäude ein Ganzes ausmachen würde". Die Juden wollen eine Brandmauer sparen, die dann erst gebraucht wird, wenn das andere Gebäude angebaut wird"[8].
1824 wird das Haus noch als „Judenhospital" bezeichnet[9]. Nach *Zentgraf*[10] soll 1829 eine bisher vermietete Wohnung im ersten Stock „bei der Synagoge" als Schule verwendet und dem Lehrer eine Wohnung eingerichtet werden. Tatsächlich wird 1829 entlang der Grenze zur späteren Haus Nr. 22 ein rückwärtiger Anbau errichtet, der im ersten Stock als Schulzimmer diente.
1850 hat der Vorsänger eine Wohnung im Haus[11]. 1870 wird der Schulraum zur Wohnstube, da der Unterricht jetzt im Erdgeschoß des Rabbinatshauses (Treibgasse 22) stattfindet. Die Küche, die zwischen dem vorderen großen Zimmer und dem Schulzimmer liegt, wird jetzt Alkoven. Zwischen dem rückwärtigen Anbau von 1829 (Schulzimmer) und der Synagoge entsteht ein weiterer Anbau, der im ersten Stock als Küche genutzt wird.
Abbruch des Hauses 1887.

Beschreibung (alt)

Von dem abgebrochenen Gebäude existiert die Kopie eines Plans, der mit „Grundriß der jüdischen Religions Schule" betitelt und von Professor Louis unterzeichnet ist. Da es sich um einen Obergeschoßgrundriß handelt, ist nachgewiesen, daß sich die Schule im Obergeschoß befand. Die Lehrerwohnung besteht aus Stube und Kammer entlang der Treibgasse. Am Ende eines schmalen Flurs mit Treppe liegt eine kleine fensterlose Küche. Vom Flur aus Zugang zu dem 1829 entstandenen Anbau mit Schulzimmer.
Der Schulraum ist ca. 6 x 4 m^2 groß und 8 Fuß (ca. 2,34 m) hoch. Er besitzt zum Hof hin drei, zum Garten ein Fenster. Im Schulzimmer und in der Stube stehen Öfen, in der Küche ein Herd.
1870 wird das Schulzimmer nicht mehr benötigt. Es wird künftig als Wohnstube genutzt. Die frühere Stube dient als Schlafzimmer, die dunkle Küche als Alkoven. Zwischen neuer Wohnstube und Synagoge entsteht ein Küchenanbau mit zwei Fenstern zum Hof.
Der Grundriß des Erdgeschosses ist unbekannt. Die Fassadengliederung könnte der des Obergeschosses entsprochen haben: vier Achsen, auf der Seite zu Haus Nr. 18 der Eingang.

---

[8] StAWü, Mz. Polizeiakten 1928 v. 3. April 1805.
[9] Ebd., Hypb. AB, Bd. I, S. 23.
[10] Vgl. *Zentgraf*, S. 133. *Scherg*, Schulwesen, S. 172 f. Bereits 1784 erhielten die Aschaffenburger Juden von der Mainzer Regierung die Genehmigung, eine eigene Schule zu gründen. StAWü, AB Archivreste, Fasz. 19/XLVI, Nr. 1: 1809 bitten die Juden, in dem hiesigen Schulgebäude einen Unterrichtsraum einrichten zu dürfen.
[11] StAWü, Haussteuer-Kataster. Stand v. 30. März 1850.

2. Neubau des Rabbinatsgebäudes 1898/99
   Judenschule 1899-1925
   Frauenbad 1899
   Dauerausstellung zur Geschichte der Aschaffenburger Juden seit 1984

Geschichte (neu)

Am 1. September 1898 wird mit dem Neubau der Rabbinatswohnung auf den Grundflächen der alten Anwesen Haus Nr.18 und 20 begonnen. Architekt ist A. Fröhliger, Ausführung durch Bauunternehmer Adam Schneider. Es sollen eine Wohnung für den Bezirksrabbiner und ein Raum für jüdischen Religionsunterricht (für etwa 20 Schüler) und das Frauenbad eingerichtet werden. Am 20. Juni 1899 ist der Bau fertiggestellt.

Im Erdgeschoß sind außer dem Schulsaal ein Beratungszimmer, ein Versammlungssaal und das Frauenbad, jedoch mit eigenem Eingang. Im ersten Obergeschoß sind Küche, vier Zimmer und ein Kabinett und im Dachgeschoß eine Wohnung, bestehend aus Küche, drei Zimmern und einer Kammer.

Da am 14. August 1925 die Genehmigung zum Einbau einer Wohnung im Erdgeschoß erteilt wird, ist anzunehmen, daß zu dieser Zeit die Schule aufgehoben war.

Im Auftrag der israelitischen Kultusverwaltung stellt N. N. Weidenmann am 9. Januar 1937 den Antrag, im Obergeschoß einen Raum für „Vorträge und Veranstaltungen des jüdischen Kulturbundes in Bayern, Ortsgruppe Aschaffenburg" einrichten zu dürfen.

Nach der Zerstörung der neuen Synagoge in der Entengasse am 9./10. November 1938 hält die jüdische Gemeinde ihre Gottesdienste in der Treibgasse 20 ab. Auch hier wird sie vertrieben, weil die Räumlichkeiten für einen NS-Kindergarten beschlagnahmt werden[12].

Das Haus übersteht die Kriegswirren. Der Hauptausschuß des Stadtrats beschließt am 13. Juli 1950, das Anwesen Treibgasse 20 zu erwerben. Über die „Jewish-Restitution-Successor-Organization" gelangt 1950 das Haus an die Stadt. Bis zum Neubau des Rathauses 1958 am Stiftsplatz sind abwechselnd hier untergebracht: Einwohnermeldeamt, Paßamt, Wohnungsamt, Stadthauptkasse. Um 1960 gastiert eine Klasse der Englischen Fräulein im Haus. 1962 dient es als Depot des Stadt- und Stiftsarchivs, dann ist es städtisches Jugendhaus. 1979 ist im Erdgeschoß das Baubüro für den Neubau der Städtischen Sparkasse in der Friedrichstraße. Im Obergeschoß ist eine Moschee für moslemische Türken. Von 1980 ist das Atelier von Elisabeth Dering im Erdgeschoß und 1982 das von Sina Hofmann im Obergeschoß, bis das Haus im Juni 1983 total geräumt wird.

---
[12] StaA, lt. Mag.Beschl. v. 30. Oktober 1940.

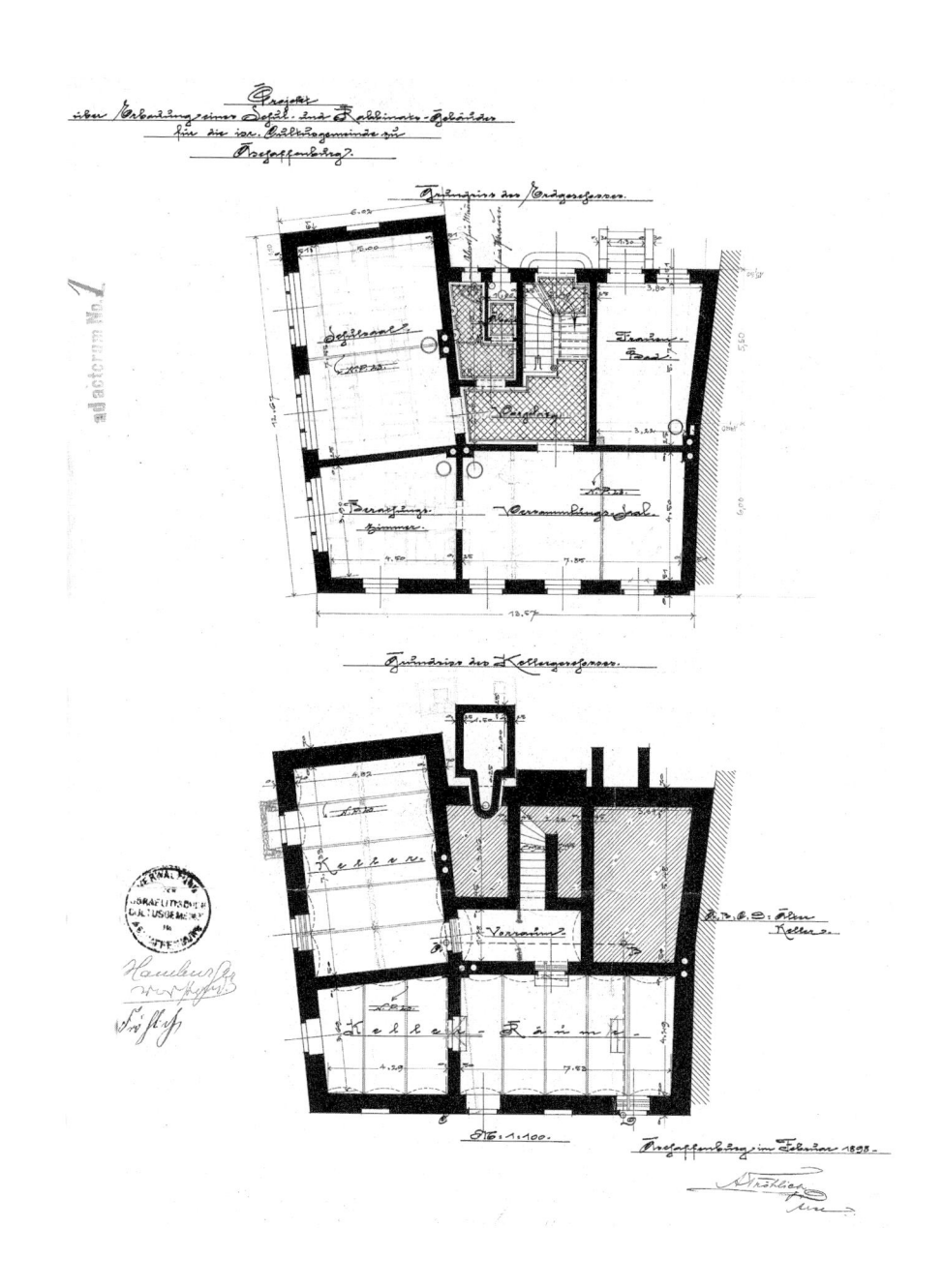

Abb. 81: Treibgasse 20 (neu), Neues Rabbinatsgebäude, Grundrisse, Kellergeschoß und Erdgeschoß.

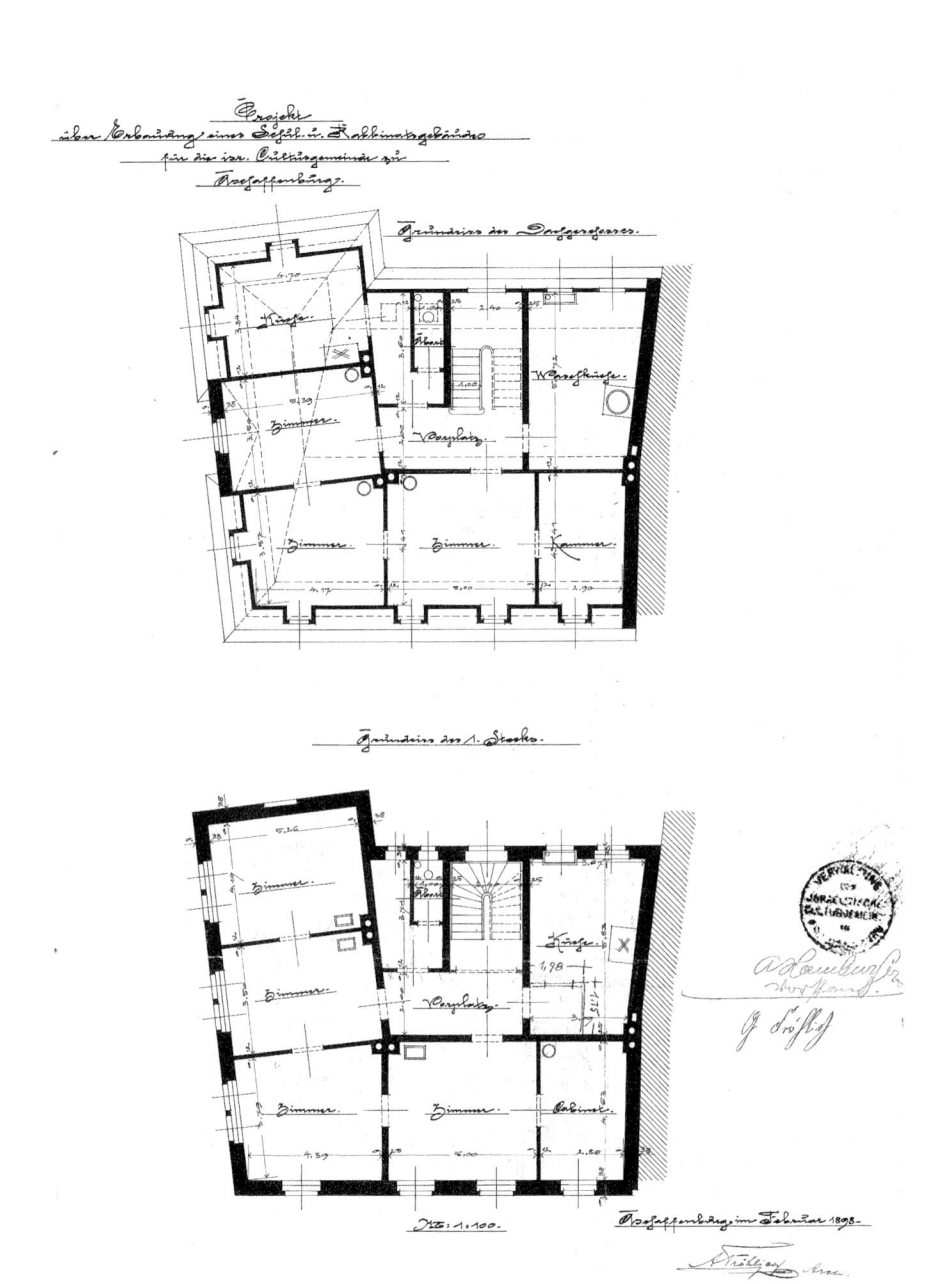

Abb. 82: Treibgasse 20 (neu), Neues Rabbinatsgebäude, Grundrisse, Dachgeschoß und erster Stock.

Auf Beschluß des Stadtrats soll im ehemaligen Rabbinatsgebäude eine Dauerausstellung zum Gedenken an die Verfolgung der Juden in Aschaffenburg während der Herrschaft des Nationalsozialismus eingerichtet werden. 1983 wird das gesamte Gebäude nach Plänen des Architekten Professor Philipp Economou aus Darmstadt gründlich saniert. Durch die wechselnden Funktionen des Hauses hatte die Bausubstanz sehr gelitten. Die Baukosten beliefen sich auf 1,35 Millionen DM.
Am 27. Juli 1984 wird die städtische Dauerausstellung zur Geschichte der Aschaffenburger Juden feierlich eröffnet.

Beschreibung (neu)

Neubau von 1898/99

Zweigeschossiges Eckhaus auf hohem Sockel mit Kniestock und hoher, steiler Mansarde. Es ist in der Treibgasse an Haus Nr. 16 angebaut.
Sockel, Gesimse, Eckquaderung und Fensterumrahmungen aus rotem Sandstein. Die Zwischenfelder sind mit gelben Klinkern verblendet. Architekturteile, entsprechend der damaligen Zeit, in deutscher Renaissance.
Die symmetrisch gegliederte Hauptfassade zeigt zur Entengasse. Im Erdgeschoß drei große Fenster mit Segmentbogenabschluß, darüber, im ersten Stock, drei gekuppelte Fenster mit Rundbögen und geraden Verdachungen. Die Mittelachse ist in der Mansarde durch einen Zwerchgiebel betont. Über der Verdachung des Mittelfensters im ersten Stock Kartusche mit Davidstern. Die Fassade an der Treibgasse hat vier Fensterachsen. Die erste Achse, zur Entengasse hin, ist durch eine Lisene aus Sandsteinquadern, ähnlich der Eckquaderung, von den anderen Fensterachsen getrennt. Hier, im Erdgeschoß, großes Fenster wie an der Entengasse. Im ersten Stock Rundbogenfenster mit gerader Verdachung. Die übrigen Fenster sind im Erdgeschoß mit Segmentbogen, im ersten Stock mit Rundbogen abgeschlossen. In der Schräge der Mansarde Gauben in den Fensterachsen.

Sanierung und Umbau 1983

An den beiden Straßenfassaden werden kleinere Schäden ausgebessert, ansonsten bleiben sie unverändert. Die Seite zum Wolfsthalplatz wird im Bereich des Treppenhauses in zeitgemäßen Formen neu gestaltet. An der Dachbalkenlage und am Dachstuhl sind größere Reparaturen nötig. Die Dachfläche wird neu verschalt und mit Naturschiefer eingedeckt. Alle Gauben werden erneuert. Im Erdgeschoß liegt ein großer, winkelförmig angelegter Raum, von Treibgasse und Entengasse aus belichtet. Er dient als Ausstellungs- und Vortragsraum und kann mittels Faltwänden unterteilt werden. In der Innenwand, auf der Ostseite, ist ein Thoraschrein eingelassen, um bei Bedarf auch Gottesdienste abhalten zu können.

Außerdem befinden sich im Erdgeschoß WC-Anlage und Abstellraum. Erster Stock und das ausgebaute Mansarddach dienen Wohnzwecken.

Eigentümer

1697/1730	Johannes Hammel, Wagner,
bis 1784	Peter Schartmann, Briefträger,
1784 bis 1938	Israelitische Kultusgemeinde, Kauf um 317 Gulden,
1939 bis 1950	Deutsches Reich bzw. Freistaat Bayern,
seit 1950	Stadt Aschaffenburg.

Abb. 83: Treibgasse 20 (neu), Neues Rabbinatsgebäude, Ansicht zur Entengasse.

Treibgasse 22 (Lit. D 66) Plan-Nr. 1329

„Vorburgsches Haus"
Rabbinatsgebäude (1806-1898)
Frauenbad (1806-1897)
Judenschule (1870-1888)

Geschichte

Zu den Gütern und Häusern des Stifts zählte im 17. Jahrhundert auch das „Vorburgsche Haus"[1]. Da der Name „Vorburg" nur einmal bei den Stiftskanonikern vorkommt, liegt es nahe, daß es einst das Anwesen des Dekans Wolfgang Sigmund von Vorburg (gestorben 1645) war[2]. Besitznachfolger war 1649 Johann Philipp von Vorburg[3].
„Das Haus in der Treibgasse ist [1730] ein Eckhaus mit zwei Türen, rechts H. Centgrafen Kaspar Merkels Behausung [Treibgasse 24], links Johannes Hammel, ein Wagner [Treibgasse 20] steht soweit gut, außer dem Ställchen im Hof, das baufällig ist"[4].
In den Jahren 1787/94 wohnt der Pfarrer von St. Agatha, Geistlicher Rat Johann Philipp II. Kammer, hier. Das Haus grenzt an den Garten der Ingelheims, jenseits der Entengasse.
Da die Äste eines Nußbaums, der in dem Garten steht, überhängen, müssen sie abgeschnitten werden[5]. 1790 sind am Westgiebel Wetterdächer zu beseitigen, neue Riegel müssen eingezogen und der Giebel frisch verputzt werden[6].
Auch 1798 und 1804 ist das Haus noch Wohnsitz des Pfarrers von St. Agatha bei einem jährlichen Pachtzins von 33 fl.[7].
Am 1. April 1805 kauft die israelitische Kultusgemeinde das Vorburgsche Haus mit Hof und Garten für 2.155 fl. und 5 fl. jährlichen Grundzins[8]. Vom Stadtamt bekommen die Juden am 1. April 1805 die Auflage, das alte Haus abzubrechen und nach dem genehmigten Plan von Baurat Peter Jung aufzubauen. Das Erdgeschoß muß aus Stein sein. „Bis zum nächsten Michaelitag [29. September] muß gedeckt sein." Alle ansässigen Juden mußten unterschreiben[9]. Es werden 4.000 fl. mit Genehmigung der Landesdirektion vom

---

[1] StaA, R 800.
[2] *Amrhein*, S. 271. Nach: StaA, R 182, S. 27 könnte der Dekan geschoßpflichtig gewesen sein.
[3] Ebd., R 217, S. 19.
[4] StiA, 6577 III, fol. 37 v. 1730 und fol. 47.
[5] Ebd., fol. 69 v. 1787.
[6] Ebd., fol. 75 v. 1790.
[7] Ebd., fol. 150. StAWü, Stiftungsamt AB, Gr. A 81.
Amrhein, S. 25.
[8] StiA, 5673, fol. 51 und StAWü, Mz. Polizeiakten 1928.
[9] Ebd., Mz. Polizeiakten 1928, § 8.

29. Mai 1805 für den Bau aufgenommen. Die Juden brauchen Platz für eine Rabbinerwohnung, für einen Unterrichtsraum und das Frauenbad. Das zur Zeit noch bestehende Bad im Löhergraben ist in einem „menschenunwürdigen" Zustand und muß dem Ausbau der Löherstraße weichen. Die Juden wollen der Stadt das alte jüdische Badehaus überlassen, und als Gegenleistung möchten sie eine Abzweigung der herrschaftlichen Wasserleitung in die Treibgasse 22. Die Juden versichern, daß in 14 Tagen keine 2 Ohm[10] Wasser verbraucht werden und der Abfluß im Garten versickere. Brunnenmeister Zacharias Rall nimmt am 17. September 1805 Stellung zum Ablauf aus dem Bad und dem Brunnen der Judenschule. Der „Ablauf kann nur auf die Straße, da [es] nicht schicklich [ist, das Wasser] in [den] Dohl zu leiten, da Posthalter Konrad Müller und Christoph Winkler ihr Wasser aus jenem Dohl beziehen". Am 5. Oktober 1805 haben die Juden „die Wasservergünstigung, welche Riesenwirt [Jakob Alois] Ducca [Herstallstraße 26] gegen eine jährliche Abgabe von 10 fl. genoß, an sich gebracht"[11].

Am 18. Dezember 1805 wird gemeldet, daß das neue Rabbinatsgebäude bald fertig ist. Wegen der Badeeinrichtung und der Wasserleitung gibt es jedoch noch eine Verzögerung. Die Landesdirektion bewilligt am 21. Februar 1806: „Die Juden bekommen den Ablauf des Ducca für 15 fl. jährlich unter der Bedingung, daß sie das Bad wirklich bauen und das Wasser zu diesem Zweck verwenden".

Die Wasserleitung war nach alter Konstruktion gebaut und dadurch zum Gebrauch des rituellen Bades zulässig[12]. Für das Bad steht dann sogar warmes Wasser zur Verfügung, was zu dieser Zeit sehr fortschrittlich war.

Am 24. Januar 1806 wird bestätigt, daß das Haus der Juden fertig ist und vom Rabbiner Hillel Sondheimer bewohnt ist. Am 26. Januar bezieht der jüdische Badeverwalter die ihm zugewiesene Wohnung[13].

Im Dezember 1806 wird der Garten hinter dem Haus zu vermieten angeboten[14]. 1807 will der Schutzjude Hayum Abraham einen Stall in den Hof bauen. Der Eingang in den Garten muß dann vom Entenpfuhl (Entengasse) aus erfolgen. Der Garten ist ummauert, und es muß eine neue Tür eingebrochen werden. In der Mauer befinden sich bereits zwei Türen. Abraham erhält am 24. April 1807 die Bewilligung[15].

---

[10] 1 Ohm = 120 bis 160 l.
[11] „Die Abgabe und Verzicht von Ducca hätten auch den Vorteil, daß im Winter auf der Herstallstraße vor dem Riesen die Straße nicht mehr von Wasser überzogen sei." Ducca verzichtet mit einem Schreiben vom 30. August 1805 auf seine Wasservergünstigung. Ducca hatte die Bewilligung seit dem 24. Januar 1786. Vgl. StAWü, Mz. Polizeiakten 1928.
[12] *Bamberger*, S. 62.
[13] Ebd., Mz. Polizeiakten 1928.
[14] Intell.Bl. Nr. 102 v. 20. Dezember 1806.
[15] StAWü, MRA, LG 2916: Ortstermin am 14. April 1807, Bewilligung am 24. April 1807.

1811 werden im Haus zum „neuen Bad" in der Treibgasse Spiegel verkauft[16].

1870 ist die Schule im Erdgeschoß des Hauses. Sie war bis dahin in der Treibgasse 20 untergebracht.

Rabbiner Simon Bamberger will 1882 nach Aschaffenburg in das Rabbinatshaus ziehen. Der Zustand des Hauses wird als schlecht bezeichnet. Bamberger zieht ein und bleibt bis zu seinem Tod (1897) dort wohnen[17]. Welche Reparaturen vorgenommen wurden, kann nicht nachgewiesen werden. Fest steht, daß 1882 zur Rabbinatswohnung die beiden Zimmer des Badewärters kommen. Im gleichen Jahr werden die „Schullokalitäten" durch Herausnahme einiger Zwischenwände vergrößert. Der Schulraum nahm nun die ganze linke Haushälfte des Erdgeschosses (Geschoßhöhe 3,40 m) ein. Doch bald muß im Schulraum Gottesdienst abgehalten werden, da die alte Synagoge in der Treibgasse 18 baufällig ist und deshalb als Gotteshaus nicht mehr zur Verfügung stehen kann[18].

Bamberger meldet im Mai 1893, daß durch den Abbruch des Nachbarhauses (Treibgasse 20) die Mauer des Rabbinatshauses Schaden genommen hat[19]. Wegen Bauarbeiten für den Neubau der Synagoge ist auch der Zugang zum Ritualbad beeinträchtigt[20]. Deshalb findet eine Abgrenzung der Synagoge und des Rabbinatshauses statt: Ein Stück des Hofs, der zum Rabbinatsgebäude gehört, wird abgetrennt. Eine Eingangstür in der Entengasse ermöglicht den Zugang zum Ritualbad[21].

Durch den Neubau der Synagoge muß auch die Entengasse neu gestaltet werden. Sie wird neu gepflastert. Der Kellereingang des Rabbinatsgebäudes schneidet in das Trottoir ein. Er wird auf Kosten der Stadt beseitigt. Der Zustand des Hauses wird in einem Gutachten von Stadtbaurat Johann Stephan Nein als „miserabel" bezeichnet.

Am 9. Mai 1897 stellt die städtische Bauaufsicht fest, daß das Rabbinatsgebäude in einem schlechten Zustand ist und eine Decke eingestürzt ist. Der rechts vom Eingang liegende Teil des Hauses muß für die Benutzung gesperrt werden. Die Deckenbalken sind nahezu durchgefault, verschiedene Deckenteile sind herausgefallen. Die Mauer weist Risse auf. Der abgesperrte Teil umfaßte unten das Frauenbad und die Waschküche, oben die Rabbinerwohnung. 1898 wird das ganze Gebäude abgebrochen.

---

[16] Intell.Bl. Nr. 80 v. 9. Oktober 1811.
[17] *Bamberger*, S. 61.
[18] *Zentgraf*, S. 134, 136.
[19] StaA, Registr. Titel III, Abtlg. B, Fach 3, Nr. 12, fol. 69 (zit. nach Grimm, keine Archivsignatur).
[20] Ebd., fol. 72.
[21] Ebd., fol. 73.

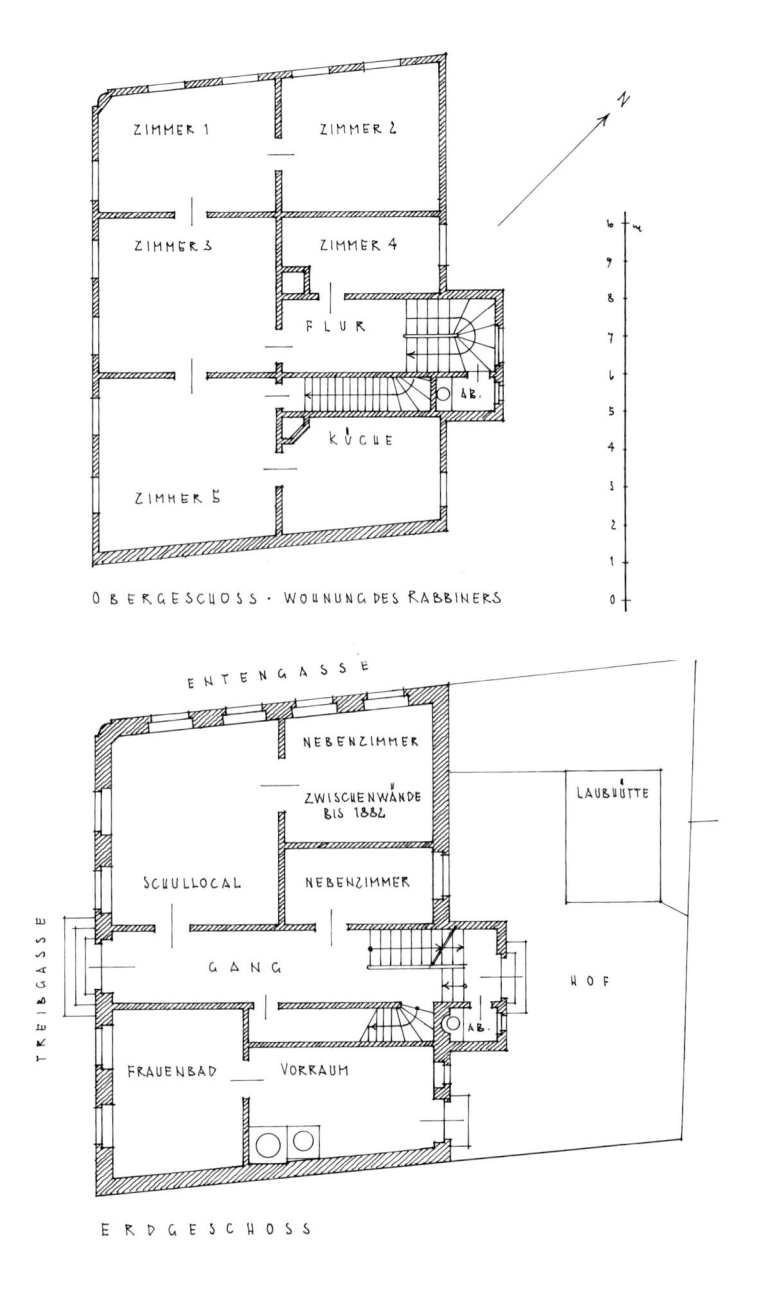

Abb. 84: Treibgasse 22, Rabbinatsgebäude von 1806. Grundrisse von 1882.

Beschreibung

Zustand bis 1804

Zweigeschossig. Giebel zur Treibgasse, Traufseite zur Entengasse. Das Erdgeschoß dieser Seiten ist massiv, die übrigen Umfassungen Fachwerk. Der ganze untere Stock ist hohl, d. h. er bildet einen einzigen nicht durch Zwischenwände unterteilten Raum. Die kleine Eingangstür ist aus Tannenholz, ebenfalls das große neue Einfahrtstor. Im Erdgeschoß sind fünf Fensteröffnungen. Eine Tür führt zum Hof. Keller gewölbt. Im Hof Abtritt. Die Stiege zum Obergeschoß ist zum Teil eine sogenannte „Klötzchenstiege".
Obergeschoß: Vorplatz, Stube mit drei Fenstern zur Straße. Kammer mit zwei Fenstern. Küche mit einem Fenster. Noch zwei Kammern mit je zwei Fenstern[22].

Neubau von 1806

Schlichter klassizistischer Bau. Zweigeschossig, gegen die Treibgasse traufständig, zur Entengasse abgewalmt. Hausecke abgerundet. Die Abrundung war typisch für die von Herigoyen beeinflußte Architektur. Erdgeschoß massiv, Obergeschoß verputztes Fachwerk. Zur Entengasse vier, zur Treibgasse fünf Fensterachsen. Dort, in der Mittelachse, einfaches Portal mit gerader Verdachung und vier vorgelegten Stufen. Die schmalen Fenster im Sockel und der in die Entengasse ragende, schräg abgedeckte Kellerhals lassen einen alten Gewölbekeller vermuten.
Hinter dem Eingang in der Treibgasse langer Gang, am Ende die zweiläufige Haupttreppe und Abort. In der linken Wand zwei Türen: für den Schulsaal und die beiden Nebenräume. Auf der rechten Gangseite Zugang zu einer einläufigen Treppe, die zu einer abgetrennten kleinen Wohnung im ersten Stock führt. Die beiden Räume, die hinter der rechten Gangwand liegen, Frauenbad mit Vorraum (Waschküche), sind nur vom Hof aus zugänglich. Im Vorraum zwei Kessel zur Bereitung von warmem Wasser.
Die Rabbinatswohnung im Obergeschoß besteht aus fünf Zimmern und der Küche. Außerdem gehören Mansarde, Hof, Garten und Keller zu der Wohnung.
Bezirksrabbiner Dr. Simon Bamberger zieht am 14. März 1882 nach Aschaffenburg. Er meldet folgenden Wohnbedarf:

1. Geschäftszimmer
2. Wohnzimmer
3. Empfangszimmer

---

[22] StAWü, Stiftungsamt AB, Gr. A. 81, S. 64 v. 1804.

4. drei Schlafzimmer
5. Dienstbotenzimmer
6. Garderobe

Vor dem Abbruch 1898 stellt das Stadtbauamt folgendes fest:
Die Wohnung [des Rabbiners] hat drei Zimmer und eine kleine Küche im gleichen [ersten] Stock. Zwei weitere Zimmer sind von der übrigen Wohnung getrennt und nur über eine Stiege erreichbar. Sie können allerdings durch Türen mit der Rabbinatswohnung vereinigt werden.
Der Badewärter erhielt zwei kleinere Räume in der Mansarde[23].

Eigentümer

bis 1805	Stift,	
1805 bis 1938	israelitische Kultusgemeinde, Kauf um 2.155 fl.,	
1939 bis 1950	Deutsches Reich bzw. Freistaat Bayern,	
seit 1950	Stadt Aschaffenburg.	

---

[23] StaA, Registr. Titel III, Abtlg. B, Fach 3, Nr. 12, fol. 1' v. 1882/97 (vgl. Anm. 19).

Treibgasse 24   (Lit. D 114)   Plan-Nr. 1422, 1422¹/₂ (Garten)

Geschichte

Auf dem Katasterblatt von 1845 ist der große Ingelheimer Garten zwischen Treibgasse, ehemaligem Mainzer Rentamt, Seilersbahn und Entengasse bereits zweigeteilt. Die Grenze verläuft etwa entlang der nordwestlichen Gehsteighinterkante der heutigen Luitpoldstraße. Die südliche Teilfläche hat, wie auch die gegenüberliegende Treibgasse 7, die Litteranummer D 114. Sie wird später in die Plan-Nummern 1422, 1423 und 1424 unterteilt.
In dem großen Ingelheimer Garten, direkt gegenüber dem Ingelheimer Wohnhaus, standen bereits 1845 ein langgestrecktes, schmales, bewohntes Gebäude und dahinter eine große Scheune mit einem überdachten Kellerhals.
An der Stelle dieses alten Hauses wird 1865 ein Gebäude als Ingelheimer Rentamt und als Wohnhaus für Ingelheimer Beamte errichtet. Das Grundstück erhält die Hausnummer Treibgasse 24. Entwurf und Bauleitung des Neubaus liegen in Händen des städtischen Bauingenieurs Carl Wetter. Die Bauausführung übernimmt Maurermeister Franz Schmelz[1].

---

[1] G.I.F., Tit. III., A 82.

Schmelz erwirbt 1870 ein Stück des Ingelheimer Gartens für 2.056 fl. und baut für sich ein Wohnhaus[2]. Das Grundstück erhält Lit. D 57¹/₂, später die Plan-Nr. 1424 und die Hausnummer Friedrichstraße 9. Einen zweiten Bauplatz kauft er, laut Kaufvertrag vom 26. August 1873, für 3.620 fl. 20 kr.[3] und einen dritten am 20. Juni 1889, 4,5 a groß, für 6.780 Mark aus dem Ingelheimer Besitz[4].
Im Jahr 1900 wird in einem kleinen Anbau auf der Seite zur Luitpoldstraße eine Waschküche eingerichtet.
1907 geht das Ingelheimer Rentamtgebäude an das Bezirksamt Aschaffenburg (Luitpoldstraße 10) über.
Während des Zweiten Weltkriegs entsteht 1944 ein Löschteich im Garten des Anwesens Treibgasse 24.
Beim Bombenangriff am 12. Dezember 1944 werden Dach, Fenster und Türen sowie die rückwärtige Außenmauer beschädigt und das Treppenhaus zerstört[5].
Im August 1945 wird ein Antrag an das Wiederaufbauamt gestellt, die Behebung von Kriegsschäden zu genehmigen.
Nach dem Krieg finden 1945/46 vorübergehend einige Dienststellen der Stadt Aschaffenburg Aufnahme. Zeitweilig ist die Station der Landpolizei im Haus.
1950 wird auf Antrag des Landratsamts auf der Seite zur Entengasse ein Verkaufskiosk als eingeschossiger Anbau genehmigt. Der Laden wird von der „Absatzgenossenschaft für Obst und Gemüse" betrieben. 1969 wird der Behelfsladen wieder abgebrochen.
Der Anbau aus dem Jahr 1900 auf der Seite zur Luitpoldstraße wird 1954 abgerissen. Dabei wird ein rundbogiger Kellerzugang mit der Jahreszahl 1570 entdeckt. Näheres darüber: siehe Treibgasse 7.
1957 erhält das Landratsamt die Genehmigung, Wellblechgaragen im Hof aufzustellen.
In der Denkmalliste des Bayerischen Landesamts für Denkmalpflege vom Mai 1982 ist das Haus Treibgasse 24 als Einzeldenkmal eingestuft.
Seit 1979 ist die Dresdner Bank, Frankfurt, Eigentümerin des Anwesens. Sie beantragt am 30. Mai 1984, das Gebäude abzubrechen. Die Stadtverwaltung lehnt den Antrag mit Schreiben vom 19. Dezember 1984 unter Bezug auf das Denkmalschutzgesetz ab. Auch der Stadtrat stimmt gegen den Abbruch. Am 16. Dezember 1985 beschließt er, das Anwesen im Zuge der Innenstadtsanierung zu erwerben.
Das denkmalgeschützte Anwesen wird 1987/88 nach Entwürfen des Architekten Dipl.-Ing. Elmar Bachmann renoviert. Die Sanierungskosten betragen ca. 900.000 DM.

---

[2] Ebd., A 87.
[3] Ebd., A 88.
[4] AZ v. 20. Juni 1889.
[5] *Stadtmüller* II, S. 441.

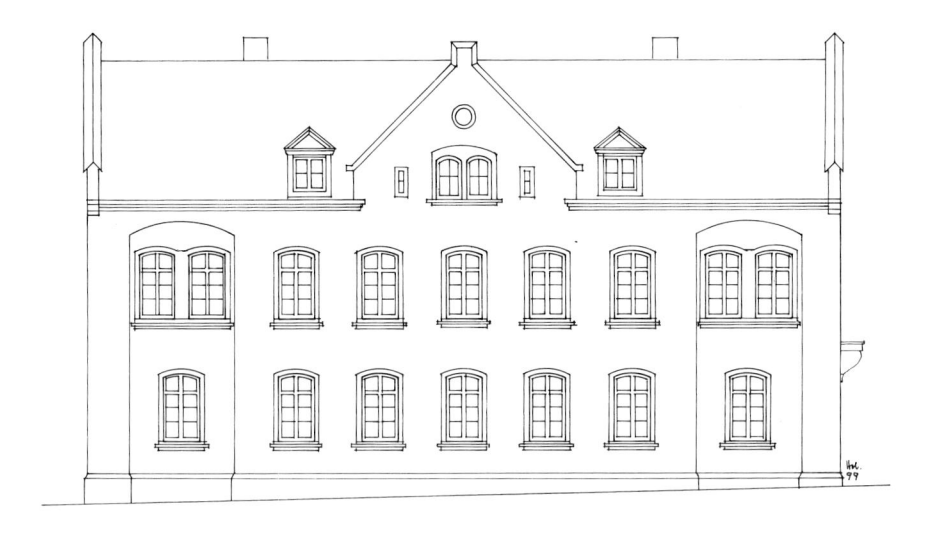

Abb. 85: Treibgasse 24, Straßenansicht.

Beschreibung

Das im Urkataster von 1845 auf dem Grundstück Lit. D 114 eingetragene Gebäude hat die Abmessungen von 16,5 x 6,5 m². Es war vermutlich erdgeschossig und hatte auf der Seite zur heutigen Luitpoldstraße einen kleinen Anbau.

Neubau von 1865
Zweigeschossig, traufständig, massiv. Beide Giebel als Schildgiebel ausgebildet. Hauptfassade zur Treibgasse.
Im Erdgeschoß sieben Fensterachsen. Die beiden äußeren Achsen liegen in einer durch beide Geschosse reichenden flachen Blende mit Segmentbogenabschluß.
Die Fenster im Obergeschoß innerhalb der Blende sind jeweils gekuppelt. Alle Umrahmungen sind aus rotem Sandstein und haben ebenfalls Segmentbogenabschluß.
In Breite der drei mittleren Fensterachsen steht ein dreiecksförmiger Giebelaufsatz mit gekuppeltem Fenster, darüber eine runde Öffnung. An der südlichen Giebelseite eine rundbogige Nische mit profilierter Konsole aus rotem Sandstein, darüber im Dachgeschoß ein Fenster. Beiderseits und über diesem Fenster schlitzartige, sandsteingerahmte Blenden.

Im Erdgeschoß sind an den Stirnseiten zwei große, dazwischen drei kleine Räume.
Das Treppenhaus ist an der Hofseite etwa 2,50 m über die Flucht vorgezogen.
Der Grundriß des Obergeschosses ähnelt dem des Erdgeschosses.
Auf der Seite zur heutigen Luitpoldstraße ist das Gebäude teilunterkellert. Der Keller ist nur von außen zugänglich. Das Mauerwerk im Erdgeschoß läßt vermuten, daß beim Neubau 1865 Teile des alten Bauwerks übernommen und das Haus um ca. 4,50 m in Richtung Entengasse verlängert wurde.
Das Gebäude ist eines der wenigen noch erhaltenen Beispiele einer eigenständigen Architektur aus den 60er Jahren des 19. Jahrhunderts.

Sanierung 1987/88
Die Grundrisse werden für ein Frauenhaus entsprechend geringfügig verändert. Der Dachstuhl muß erneuert und neu eingedeckt werden. Die alte Treppe entspricht nicht den Sicherheitsbestimmungen. Überall werden wärmedämmende Fenster eingesetzt. Das Äußere des Gebäudes bleibt unverändert.

Eigentümer

bis 1928	Gräflich Ingelheimsches Fideikommiß,
1928 bis 1979	Bezirksamt, dann Landratsamt Aschaffenburg,
1979 bis 1986	Dresdner Bank, Frankfurt,
seit 1986	Stadt Aschaffenburg.

Treibgasse 24a Plan-Nr. 1422¹/₃, 1423(Garten)

Geschichte

Auf dem Urkataster von 1845 erstreckt sich hinter dem Ingelheimer Beamtenhaus ein damals nicht bewohntes, vermutlich landwirtschaftlich genutztes Gebäude. Dieses Bauwerk mit entsprechendem Umgriff erscheint 1889 erstmals als selbständiges Anwesen mit den Plan-Nr. 1422¹/₃, 1423 und der Hausnummer Treibgasse 24a.
Konducteur Heinrich Schmitt kauft das Anwesen 1889 vom Gräflich Ingelheimschen Fideikommiß[1].

---
[1] StAWü, Hypb. AB, Bd. VIII, S. 226.

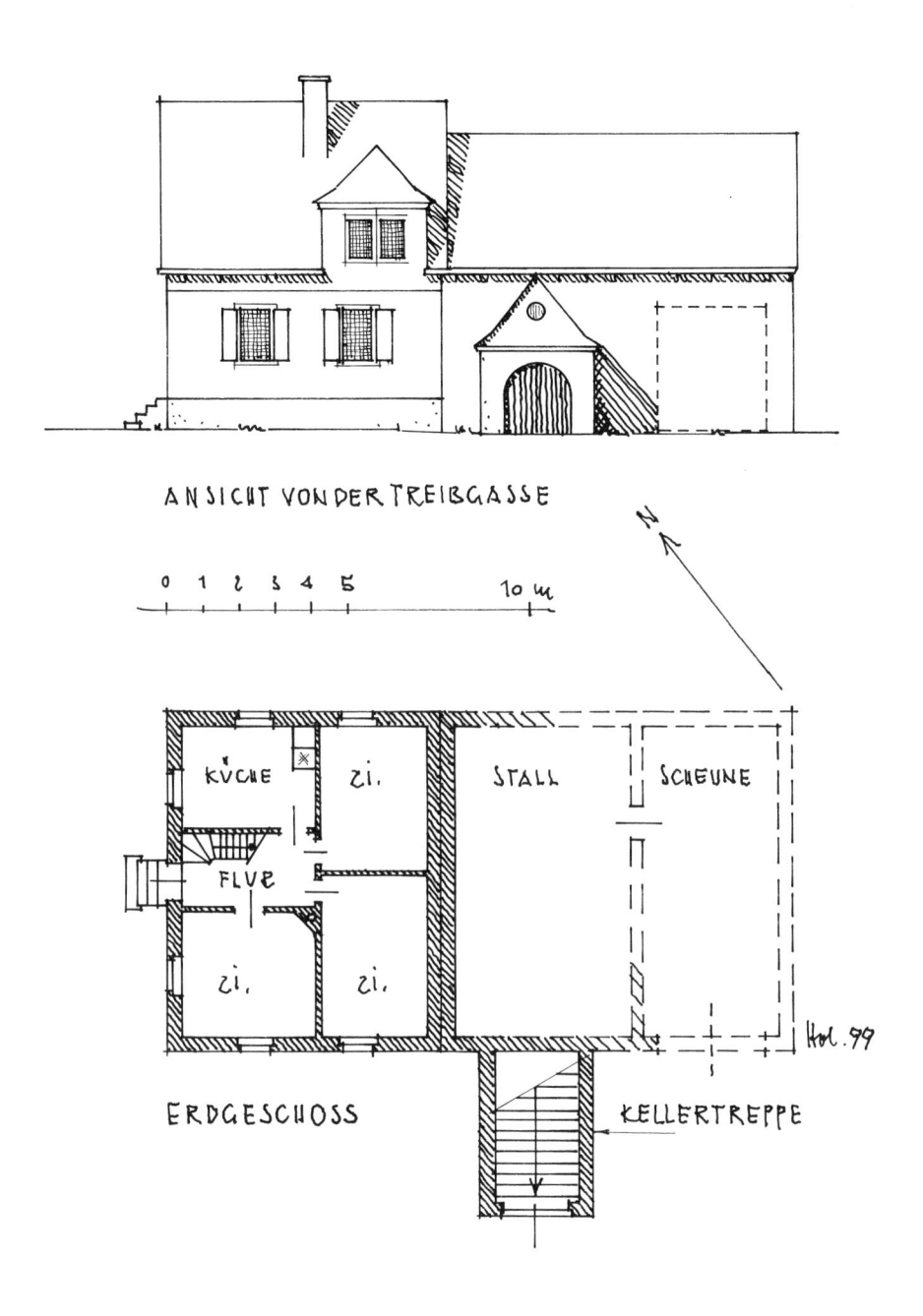

Abb. 86: Treibgasse 24a, Rekonstruktion nach einer Skizze von Alois Grimm.

Am 12. April 1889 wird die Einrichtung einer Dachwohnung „nebst neuem Abort" im Wohnhaus für Heinrich Schmitt genehmigt.

Auf dem Extraditionsplan von 1897 ist der zur Luitpoldstraße hin gelegene Teil des Gebäudes als bewohnt eingetragen.

Ende 1932 werden die Gebäude auf dem Anwesen 24a, bestehend aus Haus, Scheune, Keller und Garten, wegen Baufälligkeit abgebrochen. Der Platz wird eingeebnet.

Beschreibung

Wohnhaus, Stall und Scheune aneinandergereiht, in gleicher Bautiefe, erdgeschossig, massives Mauerwerk. Auf der nördlichen Giebelseite in der Mitte Hauseingang mit vier vorgelegten Stufen. Darüber, im ausgebauten Giebel, zwei Fenster. Beiderseits des Eingangs je ein Fenster, auf jeder Traufseite zwei Fenster. In der Dachfläche Zwerchhaus mit gekuppeltem Fenster. An der zur Treibgasse gewandten Traufseite, im Stallbereich, überdachter Kellereingang, der ca. 4 m in den Hof reicht. Zugang von der Treibgasse aus.

Im Erdgeschoß Flur mit Stiege zum Dachgeschoß. Links Küche, rechts vermutlich Wohnzimmer, dann zwei weitere vom Flur aus zugängliche Räume. Anschließend Stall und Scheune.

Eigentümer

	bis 1889	Gräflich Ingelheimsches Fideikommiß,
1889/1904		Heinrich Schmitt, Eisenbahnkonducteur,
1907 bis 1928		Philipp Rudolf Graf von Ingelheim, Alleineigentümer des Fideikommisses, dann wie Treibgasse 24.

Treibgasse 26 alt   (Lit. B 108)   Plan-Nr. 599, 600 (Garten)

Geschichte

Von einem „abgebrochenem Haus beim Amtshaus" [Treibgasse 28] waren die beiden Centen vor dem Spessart und Bachgau dem Baufonds der St. Agathakirche spätestens seit 1625 und noch bis 1736 Grundzinsen schuldig. Die Cent Bachgau mußte jährlich 20 kr. bezahlen, die Cent vorm Spessart hingegen nur zwei Pf.[1]

---

[1] StAWü, R 40565, fol. 5 und R 33961.

Nach dem Stadtplan von 1846 stand auf dem oben genannten Grundstück ein bewohntes Haus an der Straßenfront zur Treibgasse. Es ist 1794 im Besitz des Amtsdieners Conrad Born.

Bereits 1850 war das Anwesen Bestandteil des danebenliegenden königlichen Rentamtsgebäudes (Treibgasse 28). Es wurde für Bedienstete des Rentamts als Wohnung benutzt. Von 1906 bis 1968 gehörte es dem Kirchenbauverein der Pfarrei St. Agatha.

Das Haus wurde durch den Krieg zerstört[2]. 1944/45 erfolgte der Abbruch. Ein vorübergehend errichteter Behelfsraum diente der Pfarrjugend.

Seit 1968 ist es Grundstückseigentum der Kirchenstiftung St. Agatha. Die Grundfläche ist einbezogen in den Baukomplex Kolping-Martinushaus.

Beschreibung

Zweigeschossig, zur Treibgasse giebelständig. Erdgeschoß massiv, Obergeschoß gering darüber ausgekragt, verputztes Fachwerk. Drei Fensterachsen. Straßenfront des Gebäudes ca. 10 m, Tiefe etwa 12 m.

Auf der Seite zu Treibgasse 28 schmaler Rail. Auf der anderen Seite des Hauses hohe Mauer mit Eingang. Hinter der Mauer ein ca. 7 m langes Nebengebäude, dann die ca. 3,50 m breite Einfahrt. Das gesamte Grundstück ist mit einer hohen Mauer umgeben.

Der Garten ist durch ein Wegekreuz in geometrische Beete geteilt.

Eigentümer

1794	Conrad Born[3], Vizedomamtsdiener,
1850/1906	königliches Rentamt Rothenbuch,
1906 bis 1968	Kirchenbauverein der Pfarrei St. Agatha,
seit 1968	Kirchenstiftung St. Agatha.

---

[2] *Stadtmüller* II, S. 441.
[3] StaA, Verzeichnis der Toten 1814-1836, S. 125: Am 10. März 1827 starb Vizedomamtsdiener Conrad Born im Alter von 92 Jahren.

Treibgasse 28 alt   (Lit. B 107)   Plan-Nr. 597, 598

Vizedomamtshaus (bis 1595)
Mainzer Rentamt (bis 1814)
Königliches Rentamt Rothenbuch (bis 1906)
Kirchenbauverein St. Agatha (bis 1954)
Kirchenstiftung St. Agatha (bis 1969)

Geschichte

Bereits seit 1373 ist in verschiedenen Urkunden von einem Haus bei St. Agatha „neben der Wohnung des Vizedominus" die Rede[1]. Eine weitere Bestätigung, daß in der Treibgasse 28 der Sitz des Vizedoms war, ist ein Ehewappen (Doppelwappen) an der abgeschrägten Hausecke des Gebäudeflügels neben dem Pfarrhaus (Nordflügel). Das Wappen gehörte Vizedom Dieter von Dalberg (1425-1431)[2] und seiner Ehefrau Demud Landschad von Steinach[3]. In den Regesten Kaiser Friedrichs III. (1440-1493) wird 1459 die Wohnung des Vizedoms bei der Kirche St. Agatha erwähnt[4]. Auch das große, farbige, gefaßte Wappen des Erzbischofs Wolfgang von Dalberg (1582-1601)[5] mit den zu beiden Seiten angebrachten kleinen Wappen des Vizedoms Hartmut von Kronberg (1578-1598)[6] und des Zentgrafen vorm Spessart, Philipp Schöneck[7] aus Wörth, über dem Hofportal deuten auf das Amtshaus des Vizedoms.
Vizedom Dieter Landschad von Steinach (1420-1424) soll, nach Mitteilung Kittels[8], 1420 mit dem Hausbau begonnen haben. Zwei Holzabschnitte aus der Wand des Südflügels (zu Haus Nr. 26) wurden 1970 vom Forstbotanischen Institut in München dendrochronologisch untersucht. Das Resultat ergab, daß die zugehörigen Eichen zwischen 1458 und 1470 gefällt worden waren[9]. Auch

---

[1] StiA, Thiel. Reg. U 2953 v. 3. Februar 1373; ebd. o. Nr. v. 6. Februar 1383; ebd. U 2554 v. 8. Mai 1415. Der Vizedom war der Vertreter des Erzbischofs in dessen Funktion als weltlicher Landesherr, was heute etwa dem Regierungspräsidenten entspricht (Vgl. *Domarus*, Aschaffenburger Vizedomamt, S. 739). *Christ*, Grundzüge der Verwaltung, S. 63 ff.: Das Vizedomamt Aschaffenburg.
[2] Diether von Dalberg, 1425-1431 Vizedom, stirbt 1458.
[3] Sie war die Tochter seines Vorgängers, des Vizedoms Diether Landschad von Steinach (1420-1424), gest. 1439. Siehe *Wolfert*, Wappenbuch, S. 139
[4] *Neumann*, Regesten, 126 v. 9. Februar 1459, Anm. 3: Ein „Notariatsinstrument wurde aufgesetzt beim Tor der Wohnung Eberhards von Eppstein, damaligen Vizetums Eb. Dietrichs von Mainz zu Aschaffenburg, bei der dortigen Kirche St. Agatha".
[5] Erzbischof Wolfgang von Dalberg stirbt 1601.
[6] StiA, U 3241, 3291 v. 1579. Bei *Göbel*, Vizedome, ist das Todesjahr mit 1608 angegeben.
[7] StiA, 6617, Nr. 5 und ebd., U 4045: 1587/88 wird Schöneck hier als Zentgraf erwähnt. Spätestens seit 1594 und bis 1610 ist er kurfürstlicher Landschreiber in Aschaffenburg (StAWü, Mz. Akzidental- und Bestallungsbuch 4, fol. 74').
[8] *Kittel*, ZS v. 1420.
[9] Im Mittelalter wurde das geschlagene Holz kurzfristig verbaut, d. h. der Bau kann um diese Zeit entstanden sein.

aus den Untersuchungen der alten Bausubstanz beim Abbruch 1969 geht hervor, daß der Südflügel zwischen 1468 und 1470 errichtet worden sein muß.
Das Fachwerk des Nordflügels ist jünger. Der erste Stock und der Dreiecksgiebel sind je zweifach waagerecht abgeriegelt. Die Eckstiele haben dreiviertelhohe Streben und geschnitzte Eckknaggen. Rähm und Schwelle sind reich profiliert. Diese Details weisen auf die Zeit um 1600 hin. Vermutlich handelte es sich dabei um Erweiterungsbauten oder einen Umbau. 1595 war das Vizedomamt unter Hartmut von Kronberg in die Webergasse 3 gezogen. Bis 1814 war das Haus Sitz des Mainzer Rentamts.
Im Jahr 1673 sind Reparaturen am Amtshaus notwendig, „damit solches wiederum zu bewohnen tauglich"[10].
Der 1719 verstorbene schönbornische Keller und Stadtschreiber Erhard Dietrich hatte seine Wohnung im Amtshaus[11].
Nach dem Anschluß des Fürstentums Aschaffenburg 1814 an Bayern wurde das Haus Sitz des königlichen Rentamts Rothenbuch.
Ab 15. März 1817 findet das Landgericht Aschaffenburg für kurze Zeit Unterkunft im ehemaligen Vizedomamt. Zur Verfügung standen nur ein „einzelnes unbeheizbares Zimmer" und ein „dunkeln Gelasse" zur Registratur. Das Ganze war unzureichend[12].
Am 10. April 1819 wird überlegt, das Rentamt Rothenbuch im Schloß zu Rothenbuch unterzubringen. Da das Kreis- und Stadtgericht Aschaffenburg ein größeres Lokal suche, könne es dafür ins Vizedomamtsgebäude ziehen. Jedoch „das Vizedomamtshaus ist ganz baufällig, die Zimmer liegen zu zerstreut und die nötige Sicherheit für die Disposition ist nicht gewährt". Nach Meinung des Bauinspektors Streiter würden die Einrichtungskosten exklusiv der Dachreparaturen, die auf den allgemeinen Reparationsetat gehen, 1.765 fl. 13 kr. betragen. Für beides zusammen müßten 3.144 fl. 9 kr. ausgegeben werden. Es sei daher zu überlegen, das Vizedomamtshaus für etwa 5.000 fl. zu verkaufen.
9. Juli 1819: „Das vormalige Stadtgericht hatte seine Geschäftsräume im Rathaus. Der Magistrat braucht die Räume. Das Stadtgericht konnte auch nicht in den Räumen des Kreisgerichts untergebracht werden. Nun wurde ihm der untere Stock des Vizedomamtsgebäudes angewiesen. Es entstanden Reparaturen von 30 fl. 33 kr."[13].

---

[10] StAWü, V:itztum AB 1, S. 284 v. 1. Juli 1673.
[11] Ebd., Schönborn-Archiv Wiesentheid, RFE 185 v. 19. Mai 1719.
[12] HStA Mü, Obb 8422. Das Landgericht Aschaffenburg hatte sein Geschäftslokal bis dahin im 3. Stock des hiesigen Stadthauses und mußte seine Räume dem Polizei-Kommissariat überlassen.
[13] Ebd.

Trotz aller Überlegungen wird das als baufällig ausgewiesene Vizedomamtsgebäude nicht verkauft. 1826 wird das Rentamtsgebäude für das Rentamt Rothenbuch, in dem sich das Amt und eine Dienstwohnung befinden, noch mit dem Wert von 5.000 fl. angegeben. „Bis zur Herstellung eines Rentamts in Rothenbuch bleibt es unentbehrlich"[14].
1850 wird das angrenzende Anwesen Treibgasse 26 als Wohnhaus für Bedienstete des Rentamts Rothenbuch genutzt; Plannummer und Hausnummer bleiben jedoch unverändert.
Ein Erweiterungsbau erfolgt 1850 durch Verlängerung des zur Agathakirche gelegenen Bauflügels. In diesem Bereich stand die Scheune des Rentamts. Der königliche Bezirksingenieur Hermann Anton Sodi protokolliert 1850: „Der Neubau erhält genau die Dimensionen und die Flucht des bereits bestehenden Flügels und stößt an den Garten des Pfarrhauses St. Agatha [Treibgasse 30] an". Der Pfarrer von St. Agatha, Pfarrer Franz Ägidius Anderlohr (1826-1854), protestiert gegen die Traufe des neuen Gebäudes, die in den Pfarrgarten ragt. Sodi erwidert, daß bei einem Pultdach die Nachteile für den Pfarrgarten größer sind als durch die Traufe. Der Abbruch der Rentamtsscheuer, die auch Traufrecht am Pfarrgarten hat, bringe der Pfarrei Vorteile. Pfarrer Anderlohr ist bereit zuzustimmen, wenn das Rentamt das Dachwasser in eine Kandel faßt und in den Rentamtshof abführen läßt. Am besten würde das ganze Wasser des Rentamtsgebäudes gefaßt und könne durch den Rail zwischen beiden Anwesen abfließen.
1887 Entwässerung des Hofs und der Landrentamtsgebäude sowie Anschluß an den städtischen Kanal in der Treibgasse.
1906 geht das Anwesen in das Eigentum des Kirchenbauvereins der Pfarrei St. Agatha über.
Im selben Jahr offizielle Erlaubnis „zur Errichtung eines Kamins und einer Abortgrube" und die Genehmigung „zur provisorischen Einrichtung eines Ladenfensters und Tür für den Gärtner Julius Kraus im Anwesen 26/28, früher königliches Landrentamt". Julius Kraus ist Pächter des dem katholischen Kirchenbauverein gehörenden ehemaligen Rentamtsgebäudes.
Obermedizinalrat Dr. Max Löffler erstellt am 8. Juni 1926 ein Gutachten über die Zulässigkeit der Errichtung einer Kinderbewahranstalt durch den Caritasverein. Im rückwärtigen Teil des zur Kirche gelegenen Flügels wird der Kinderhort untergebracht. In diesem Zusammenhang entstehen neue und größere Fenster, eine Küche und der Anbau eines Aborts auf der Hofseite.
1926 vermietet der St.-Agatha-Bauverein eine Fläche von ca. 24 x 14 m² des Gartens hinter dem Anwesen Treibgasse 26 an Schlossermeister Michael Kunzmann. Dieser erhält die widerrufliche Baugenehmigung zur Aufstellung einer erdgeschossigen Halle in der Größe von ca. 10 x 10 m².

---

[14] Ebd., u. ebd., Obb 14 825.

1928 werden die Fassaden der Gebäude restauriert. Das Fachwerk im ersten Stock und das Giebeldreieck des Nordflügels werden freigelegt. Der hohe Giebel des Südflügels erhält eine Schieferverkleidung. Die Stadt Aschaffenburg gibt einen Zuschuß von 400 RM. Der unterfränkische Bezirkstag genehmigt für die Häuser Dalbergstraße 43 und 45 und Treibgasse 28 den Betrag von insgesamt 500 RM. Die Stadt verteilt die Mittel so, daß auf das ehemalige Vizedomamtshaus 250 RM entfallen und die restlichen 250 RM für die beiden Gebäude in der Dalbergstraße verwendet werden.

1929 werden im Nordflügel an die Küche der Caritas eine Speisekammer, eine Holzlege und ein Hühnerstall angebaut. Zu dieser Zeit besteht bereits das Altersheim.

Im Zweiten Weltkrieg wird das gesamte Anwesen bei einem Luftangriff am 12. Dezember 1944 stark beschädigt, insbesondere die alten Fachwerkbauten an der Treibgasse[15].

Am 28. Juni 1946 geht bei der Stadtverwaltung ein Baugenehmigungsantrag „über die Wiederherstellung des ehemaligen Renteigebäudes Treibgasse No. 28" ein. Die Pläne des Architekten und früheren Stadtbaumeisters Otto Moosmann[16] werden am 24. Juli 1946 genehmigt. Geschätzte Baukosten: 60.000 DM. Beteiligte Firmen sind u. a. die Baufirma Quintin Otter, die Stahlbaufirma Bernhard Seibert, der Zimmereibetrieb Johann Schießer & Söhne und die Schreinerei Leo Ruf. Die Heizung installiert die Firma Ludwig Hammer.

Unterzubringen sind im Nordflügel die Wohnung des Pfarrers von St. Agatha und die des Kirchendieners, die Pfarrbibliothek, das Büro des Caritasverbandes, das Büro des Caritas-Altersheims und die Notkirche. Im Südflügel ist im Erdgeschoß ein Saal mit Bühne vorgesehen, der als Pfarrsaal und Speisesaal des Altenheims genutzt werden soll. Die Zimmer des Altenheims sind im ersten Stock.

Um zusätzliche Räume für das Altenheim zu gewinnen, genehmigt am 7. Mai 1951 der Stadtrat den Ausbau der Dachräume und den Bau der erforderlichen Gauben.

Am 11. Juni 1952 stellt die Bauverwaltung die Genehmigung zur Verlängerung des Nordflügels aus. Der neue Anbau ist 15,96 m lang und 6 m tief. Im Erdgeschoß sind eine große Küche mit zwei Kühlräumen, im Obergeschoß fünf Zweibettzimmer und eine Toilette.

Der Kirchenbauverein St. Agatha schenkt am 12. Dezember 1954 das Anwesen Treibgasse 28, das Grundstück mit Gebäude, der Katholischen Kirchenstiftung St. Agatha. Als Gegenleistung muß dem Pfarrer von St. Agatha ein unentgeltliches Wohnrecht in der Treibgasse 28 so lange erhalten bleiben, bis

---

[15] *Stadtmüller* II, S. 441.
[16] Im Hausakt der Stadtverwaltung liegen zwei Pläne von Stadtbaumeister Otto Moosmann vom Juni 1946.

ein neues Pfarrhaus auf dem Gartengrundstück der Pfarrpfründstiftung gebaut ist[17].
Im Dezember 1969 werden die Gebäude des Anwesens Treibgasse 28 abgebrochen.

Beschreibung

Felix Mader beschreibt 1918 das ehemalige Mainzer Rentamt wie folgt:
„Renaissancebau vom Ende des 16. Jahrhunderts. Die Anlage besteht aus zwei parallelen Langflügeln, die die Giebelseiten der Straße zuwenden. Dazwischen schmaler Hof, zu welchem ein Tor führt. Über dem Tor Querbau, der die beiden Flügel verbindet. Die Untergeschosse des nördlichen Traktes folgen dem schiefen Lauf der Straße. Das Obergeschoß in Fachwerk ausgeführt, kragt bis zur Erreichung des rechten Winkels auf Kragsteinen staffelförmig vor"[18].

Auf dem Katasterblatt von 1845 stehen auf der rückwärtigen Grundstücksgrenze eine große Scheune und andere Nebengebäude, die vermutlich 1850 abgebrochen wurden. Hinter dem Nachbaranwesen Treibgasse 26 ist ein zum Rentamt gehörender ummauerter Garten, der bis zur Seilerbahn reicht und durch Wege in geometrische Beete aufgeteilt ist.

1. Nordflügel

Der Gebäudeteil mißt entlang der Grundstücksgrenze zum Pfarrhaus, Treibgasse 30, ca. 62 m. Es konnten fünf unterschiedliche Bauabschnitte ermittelt werden.

I. Bauabschnitt

Das mit dem Giebel an der Treibgasse stehende Gebäude ist der älteste Teil dieses Flügels. Der Baukörper hat im Erdgeschoß eine Länge von ca. 21 m und ist nur 6 m breit.
Unter dem Erdgeschoß ist ein Gewölbekeller, vermutlich auf der ganzen Länge. Der erste Stock ist ein Fachwerk, das auf beiden Traufseiten ungewöhnlich weit, ca. 0,60 m, auskragt. Der Giebel an der Treibgasse folgt im Erdgeschoß der Straßenflucht und steht schräg zur Gebäudeachse. Dort, vermutlich bis 1906, war ein rundbogiger Kellerabgang, darüber gekuppeltes und einfaches Fenster mit profilierten Sandsteingewänden. In der rechten, abgeschrägten Hausecke die eingelassenen Ehewappen Diether von Dalberg/Demud Landschad von Steinach. 1906 wird aus dem gekuppelten Fenster ein Schaufenster und aus dem Einzelfenster eine Ladentür, die sechs Stufen über der Treibgasse liegt.

---

[17] DAWü, K 2: Nachlaß Dr. Vitus Brander.
[18] *Mader*, S. 285.

Der erste Stock folgt nicht der Bauflucht, sondern steht über der abgeschrägten Hausecke ca. 1,20 m in den Straßenraum. Getragen wird dieser Überstand von einem Streichbalken, der auf sieben unterschiedlich auskragenden profilierten Konsolsteinen liegt.
Das Fachwerk im ersten Stock ist zweifach waagrecht verriegelt. Die beiden Eckstiele sind durch hohe Streben und geschwungene Eckknaggen ausgesteift. Die drei symmetrisch angeordneten Fenster sind nicht ursprünglich. Das Giebeldreieck könnte bis zur Zerstörung im Zweiten Weltkrieg noch weitgehend unverändert gewesen sein: Mittelstiel mit Eckknaggen, zu beiden Seiten abgestrebte Stiele, die das Stuhlrähm tragen, Wandfläche zweifach abgeriegelt, zwei Fenster, im Brüstungsfeld Andreaskreuz mit geschwungener Raute. Im Spitzgiebel Andreaskreuz mit Nasen.
Der Zugang zum Erdgeschoß liegt im Hof.
Der Grundriß ist nicht bekannt.

II. Bauabschnitt

Dieser Bauabschnitt schließt direkt an den ersten an.
Massives, auf der Hofseite ca. 2 m hohes Untergeschoß, in der gleichen Flucht wie der erste Bauabschnitt. Auf der Seite zum Pfarrhaus rückt die Mauer ca. 0,26 m ein. Darüber Fachwerkstock, auf der Hofseite bündig, auf der Gegenseite gering überstehend.
Das Fachwerk im Hof ursprünglich mit einer Gruppe von vier Fenstern. In den Brüstungsfeldern zwei Andreaskreuze mit Nasen und zwei profilierte Rauten.
Der zweite Stock ist ein nach dem Krieg erneuertes, konstruktives Fachwerk. Es ist in Höhe und Gebäudetiefe dem ersten Bauabschnitt angepaßt. Auf der Seite zum Pfarrhaus kragen deshalb die Deckenbalken ca. 0,80 m über. Drei der Balken sind mit Kopfbändern abgestützt.

III. Bauabschnitt

Zweigeschossiges Gebäude aus hammerrechtem Schichtenmauerwerk in Sandstein, unverputzt. Es ist im Katasterblatt von 1845 mit einer Länge von ca. 21 m eingezeichnet.
Im Erdgeschoß, im rückwärtigen Teil auf einer Länge von ca. 11 m, ist seit 1926 ein Knabenhort bei einer Nutzfläche von 50,86 m^2 untergebracht. Sonst ist über die Nutzung dieses Abschnitts nichts bekannt.
Nach dem Zweiten Weltkrieg wurde nur ein Teil dieses Gebäudes wieder aufgebaut. Es ist ca. 8,30 m lang und wird im Plan als „Meßnerwohnung" bezeichnet.

IV. Bauabschnitt

1850 Verlängerung der Bebauung entlang des Pfarrgartens für Zwecke des Rentamts Rothenbuch[19]. Das Gebäude ist ca. 13 m lang und entspricht im Querschnitt dem vorhergehenden Bauabschnitt. Mit der Einrichtung des Knabenhorts 1926 finden Umbaumaßnahmen statt. Im Erdgeschoß Eingang und Treppenhaus, dann Küche und Speisekammer. Auf der Hofseite Abortanbau.

V. Bauabschnitt

1929 ist die Küche im vorhergehenden Bauabschnitt erweitert. Für Speisekammer, Holzlege und Hühnerstall entsteht ein neuer erdgeschossiger Anbau mit abgewalmten Dach.

2. Südflügel

Der Baukörper steht annähernd parallel zum Nordflügel.
An der Treibgasse folgt die Fassade der Straßenflucht, steht jedoch ca. 1,40 m zurück. Da die Fassadenbreite des zweistöckigen Fachwerkhauses größer und das Dach steiler geneigt ist als der Nordflügel, liegt der Dachfirst entschieden höher, und man gewinnt den Eindruck, daß der Südflügel das Hauptgebäude der Anlage darstellt.
Einige alte Fotografien geben über die Straßenfassade spärliche Auskunft. In der massiven Erdgeschoßmauer sind drei gekuppelte Fenster mit profilierten Sandsteingewänden, in der Achse angeordnet. Unter dem mittleren Fensterpaar ist ein rundbogiger Kellerzugang.
Der erste Stock kragt nach alten Stichen ca. 0,30 m über. Die Eckstiele sind mit hohen, leicht gebogenen Fußstreben und über dem Brustriegel mit eben solchen Kopfbändern ausgesteift. Unter dem Brustriegel deutlich gebogenes Fußband. Diese Verstrebungsart befindet sich auch am Mittelstiel. In den Feldern zwischen Mittel- und Eckstiel je zwei Feldstiele. Die Fenster auf den Fotografien sind nicht ursprünglich.
Die Fassade war verputzt. Vermutlich seit 1928 ist das Giebeldreieck verschiefert. Im ersten Dachgeschoß zwei symmetrisch angebrachte Fenster, über dem Kehlgebälk ein einseitig angeordnetes Fenster, vermutlich neben dem Firstständer.
Beim Abbruch der Bauanlage 1969 stellte sich heraus, daß Krieg und Wiederaufbau nur die hintere Hälfte der nördlichen Traufseite überstanden hat. Die Untersuchung lohnte sich deshalb.

---

[19] Vgl. Antrag für das kgl. Rentamt Rothenbuch 1850 „behufs der Errichtung eines Katasterbureaus" in der Hausakte der Stadtverwaltung.

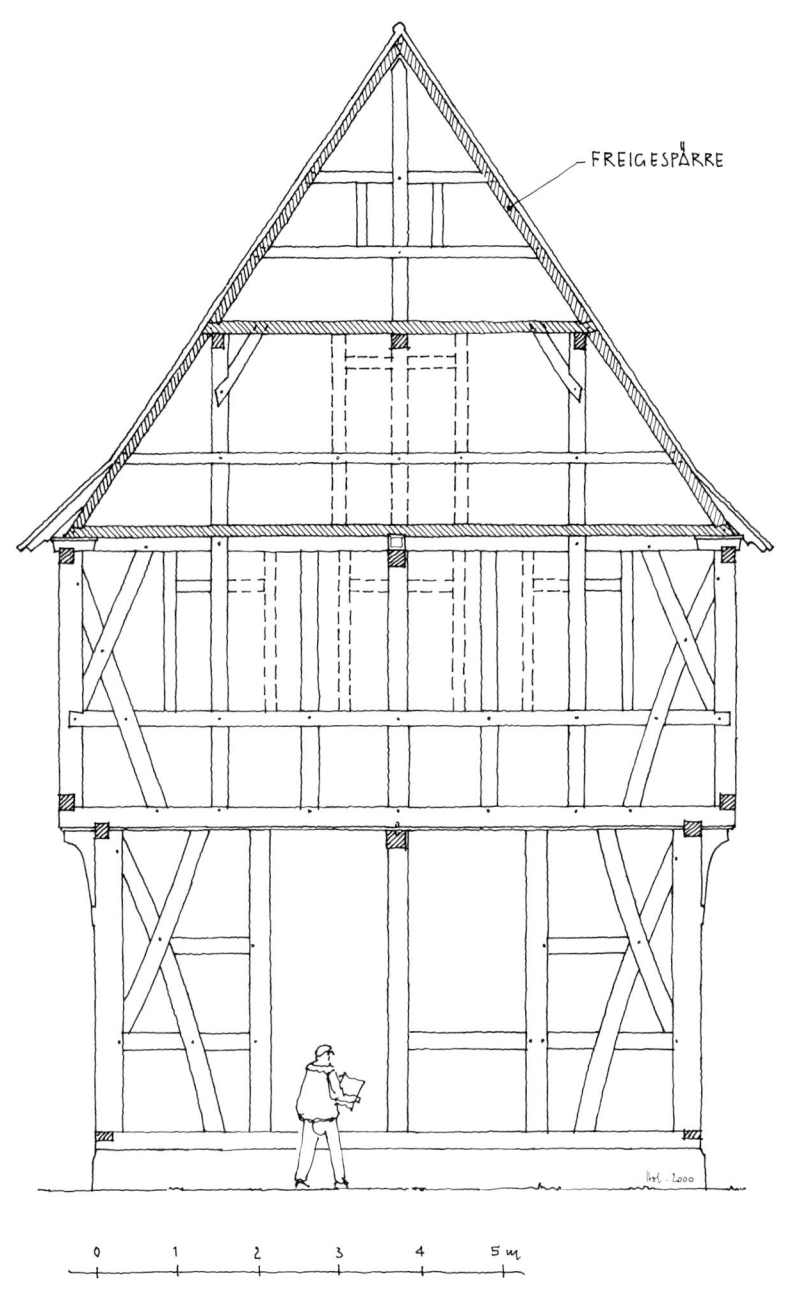

Abb. 87: Treibgasse 28, Südflügel, Ansicht des Giebels auf der Hofseite. Rekonstruktion des Fachwerks um 1480.

Der Eckstiel, 35 x 35 cm stark, hat an beiden Gebäudeseiten hohe Fußstreben und Kopfbänder über dem Brustriegel. Der Bundstiel, ungefähr in der Mitte der Traufseite, ist auf dieselbe Art verstrebt. Zwischen Eck- und Bundstiel je drei Feldstiele, zwischen diesen zwei gekuppelte Fenster mit Fensterbank und Zwischenstiel aus Holz. Fenstergröße ca. 90 x 205 cm. Alle senkrecht stehenden Hölzer sind innen und außen mit dem zugehörigen Deckenbalken verriegelt. Die Höhe des Erdgeschosses beträgt ca. 4,06 m. Die rückwärtige Hälfte des Erdgeschosses könnte aus einem einzigen großen Raum bestanden haben, in dessen Mitte eine Holzsäule stand.
Über das Aussehen der im Urkataster eingetragenen Scheune und der anderen Nebengebäude gibt es keine Abbildung.

3. Überbautes Tor

Zwischen den beiden Gebäudeflügeln war ein schmaler Hof. Einfahrt durch ein Portal mit Rundbogen aus Sandstein. Zu beiden Seiten quadratischer Pfeiler mit Kapitell und Basis, davor schwere Radabweiser. Im Schlußstein des Bogens ist die Jahreszahl 1754 eingemeißelt, die offensichtlich erst nachträglich angebracht wurde[20].
Auf der Frontseite des Torgewändes in Rahmen gefaßte Diamantquader. Darüber das farbige Wappen des Erzbischofs Wolfgang von Dalberg, rechts und links davon die kleinen Wappen des Vizedoms Hartmut von Kronberg und des Zentgrafen Philipp Schöneck.
Über dem Portal ist ein Querbau, der Nord- und Südflügel im ersten Stock höhengleich miteinander verbindet.
Das Fachwerk der Fassade ist dem Giebel des Nordflügels ähnlich.

Wiederaufbau 1946

Der Nordflügel, der vor dem Zweiten Weltkrieg über 62 m lang war, wird nur auf eine Länge von 36 m wieder aufgebaut. Aus den Plänen ist zu entnehmen, daß das Mauerwerk im Erdgeschoß wiederverwendet werden konnte. Der erste Stock und das Dach werden in Fachwerk erneuert.
Im Südflügel entsteht im Erdgeschoß ein großer, stützenfreier Saal mit Bühne. Die Lasten aus dem Obergeschoß trägt eine Stahlkonstruktion. Garderoben und Toiletten werden in einem rückwärtigen Anbau untergebracht. Das Obergeschoß wird in Fachwerk erneuert. Das neue Dach ist geringer geneigt.

---

[20] *Kittel*, ZS v. 1586. Nach Kittel wurde der Torbogen 1586 errichtet. Sowohl das Wappen als auch die gerahmten Diamantquader deuten auf diese Zeit hin. Der Eintrag 1754 im Schlußstein durch Erzbischof Johann Carl von Ostein kann darauf zurückzuführen sein, daß in diesem Jahr der Bogen neu gesetzt wurde.

Abb. 88: Treibgasse 28, Rentamt Rothenbuch. Portal, Rekonstruktion. Zustand 1969.

349

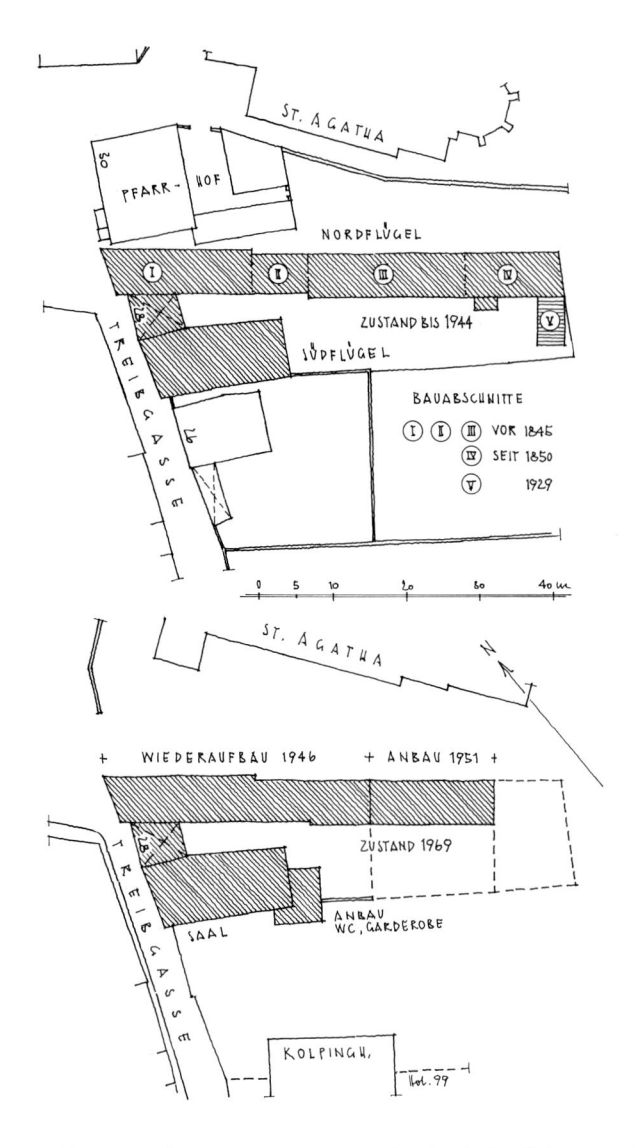

Abb. 89: Treibgasse 28, Rentamt Rothenbuch, bauliche Entwicklung von 1850 bis 1963.

Der hohe Giebel an der Treibgasse wird nicht wieder errichtet. Dafür wird die Traufe der Torüberbauung entlang der Treibgasse verlängert.
Am 27. November 1969 geht bei der Stadtverwaltung der Antrag ein, die Gebäude des Anwesens Treibgasse 28 abzubrechen, um für den Neubau des Martinushauses Platz zu machen

Vizedome in Aschaffenburg[21]

1122	Warmund von Wallstadt[22]
1124	Embricho
1128/1131	Werner Wichand[23]
1136	Embricho Schwab
1142/1154	Werner Wichand
1168	Ludwig Graf von Rieneck[24]
1181 bis 1216	Conrad von Waldenberg[25]
1216 bis 1225	Conrad von Bessenbach[26]
1225	Heinrich von Waldenberg[27]
1225/1227	Heinrich von Rüdigheim[28]
1227	Friedrich von Kälberau[29]
1250	Friedrich von Rannenberg[30]
1260 bis 1268	Arnold von Stocker (Stockar)[31]
1268	Sibold Schelriß von Wasserlos[32]
1269	Rudolf Groschlag von Dieburg[33]
1271	Gozo de Castro Wildenberg[34]
1272/1277	Gernod von Sommerau[35]
1285	Friedrich von Dürn[36]
1285	Eberhard von Ussenheim[37]
1290	Heinrich von Kindeshusen zu Scharfenstein[38]
1291 bis 1294	Hermann Schelm von Bergen[39]

---

[21] Der Vizedom war der Vertreter des Erzbischofs in dessen Funktion als weltlicher Landesherr, entsprechend dem heutigen Regierungspräsidenten. Siehe auch *Christ*, S. 63 ff.: Das Vizedomamt Aschaffenburg. Die nicht kommentierten Angaben der Vizedome stammen von: *Gudenus*, S. 950 ff., *Emmerich Schaefer*, Vizedome, *Domarus*, Aschaffenburger Vizedomamt, S. 739 ff., *Wolfert*, S. 136 ff. und *Becker*, Aschaffenburg, S. 49 f. Die Angaben bei *Becker* enthalten keinen Nachweis und konnten nicht überprüft werden.
[22] *Gudenus*, S. 950. *Christ*, S. 64.
[23] Ebd. *Domarus*, Aschaffenburger Vizedomamt, S. 739.
[24] *Wolfert*, S. 136.
[25] *Gudenus*, S. 951, *Wolfert*, S. 136.
[26] *Gudenus*, S. 951, *Wolfert*, S. 136 f.
[27] *Wolfert*, S. 137.
[28] Ebd.
[29] *Gudenus*, S. 951, *Wolfert*, S. 137.
[30] *Wolfert*, S. 137.
[31] *Gudenus*, S. 952, *Wolfert*, S. 137.
[32] Ebd.
[33] *Wolfert*, S. 137.
[34] Ebd.
[35] Ebd.
[36] Ebd.
[37] *Gudenus*, S. 952, *Wolfert*, S. 137.
[38] *Wolfert*, S. 138.
[39] *Gudenus*, S. 953, *Wolfert*, S. 138.

1299/1305	Conrad von Wied[40]
1312 bis 1319	Wolfram von Bommersheim, gen. Zenichin[41]
1326	Johann von Rockenburg[42]
1331	Werner von Bellersheim[43]
1344	Eberhard von Fechenbach[44]
1347	Wilderich von Vilmar[45]
1348 bis 1353	Ritter Friedrich Schelris von Wasserlos[46]
1354	Heinrich Geiling von Altheim[47]
1360 bis 1394	Eberhard von Fechenbach[48]
1398 bis 1399	Albrecht von Hirschhorn[49]
1399/1401	Henne von Hofheim[50]
1404 bis 1419	Hamann Echter I. von und zu Mespelbrunn[51]
1420 bis 1424	Dieter Landschad von Steinach[52]
1425 bis 1431	Diether von Dalberg[53]
1432 bis 1435	Philipp von Hirschhorn[54]
1438	Martin Forstmeister von Gelnhausen[55]
	Peter von Rosenbach[56]
1439 bis 1441	Konrad von Bickenbach[57]
1441 bis 1449	Johannes von Erlenbach[58]
1449 bis 1451	Eberhard von Riedern[59]
1451 bis 1454	Philipp Schenk von Erbach[60]
1458 bis 1459	Eberhard von Eppstein[61]

---

[40] Ebd.
[41] *Wolfert*, S. 138.
[42] Ebd.
[43] Ebd.
[44] Ebd.
[45] *Gudenus*, S. 953, *Wolfert*, S. 138.
[46] *Wolfert*, S. 138, *Engel*, Vogteinöte, S. 484, Anm. 38.
[47] *Gudenus*, S. 954, *Brügmann*, S. 65, Anm. 82, *Wolfert*, S. 138. StiA, 4219, fol. 47ʳ.
[48] *Gudenus*, S. 954, *Wolfert*, S. 138.
[49] *Gudenus*, S. 954, *Wolfert*, S. 139.
[50] Siehe Treibgasse 7, *Gudenus*, S. 954, *Wolfert*, S. 139.
[51] *Gudenus*, S. 955, *Wolfert*, S. 139.
[52] *Gudenus*, S. 956, *Wolfert*, S. 139.
[53] Siehe Geschichte, Treibgasse 28, S. 320, Anm. 2, *Wolfert*, S. 139.
[54] *Gudenus*, S. 956, *Wolfert*, S. 139.
[55] Ebd.
[56] *Gudenus*, S. 957, *Wolfert*, S. 139.
[57] *Gudenus*, S. 956, *Wolfert*, S. 139.
[58] Ebd.
[59] Ebd.
[60] Ebd.
[61] *Gudenus*, S. 956 f., *Wolfert*, S. 139. Siehe auch Anm. 4.

1459 bis 1463	Hamann Echter II. von und zu Mespelbrunn[62]
1464 bis 1482	Philipp Graf von Rieneck[63]
1482 bis 1487	Georg Brendel von Homburg[64]
1488	Friedrich Brömser von Rüdesheim[65]
1489 bis 1492	Philipp von Thüngen[66]
1492 bis 1502	Johannes von Kronberg[67]
1506 bis 1517	Oswald Groschlag von Dieburg[68]
1518	Reinhard von Rieneck[69]
1519	Friedrich Brendel von Homburg
1520 bis 1527	Philipp Echter von und zu Mespelbrunn[70]
1530 bis 1533	Bernhard von Hartheim[71]
1533 bis 1540	Eberhard Rüd von Collenberg[72]
1541 bis 1547	Christoph Fock von Wallstadt[73]
1547 bis 1555	Johann Oiger Brendel von Homburg[74]
1555	Johann Reinhard Mosbach von Lindenfels[75]
1555 bis 1578	Melchior von Graenradt[76]
1578 bis 1609	Hartmut von Kronberg[77]
1610 bis 1614	Hans Dieter von Reiffenberg[78]
1614 bis 1618	Wilhelm Ferdinand von Effern[79]
1618 bis 1638	Johann Philipp von Hoheneck[80]

---

[62] *Gudenus*, S. 957, *Wolfert*, S. 140, *Göbel*, Aschaffenburger Vizedome, S. 10.
[63] *Gudenus*, S. 957, *Wolfert*, S. 140.
[64] Ebd.
[65] Ebd.
[66] *Wolfert*, S. 140.
[67] *Gudenus*, S. 957, *Wolfert*, S. 140.
[68] Ebd.
[69] Ebd.
[70] *Gudenus*, S. 957 f., *Wolfert*, S. 140.
[71] StAWü, Mz. Ingrossaturbücher Nr. 60, S. 104', *Gudenus*, S. 958.
[72] StAWü, MRA, Militär, K 239, 391, *Wolfert*, S. 140.
[73] *Gudenus*, S. 958, *Wolfert*, S. 140.
[74] StAWü, Mz. Ingrossaturbücher Nr. 66, S. 62', StAWi, A 121, Brendel Nr. 4.
[75] *Gudenus*, S. 958, *Wolfert*, S. 141.
[76] StAWü, Mz. Ingrossaturbücher Nr. 72, fol. 4' v. 1. August 1555.
[77] *Gudenus*, S. 958, *Wolfert*, S. 141, *Friederichs*, S. 17, Nr. 259: von Kronberg Hartmann [Hartmut], gest. am 9. Dezember 1609. *Amrhein*, S. 12, Anm. 7: Hier ist die Amtszeit des Vizedoms „Hartmund von Kronberg" von 1578 bis 1608 angegeben.
[78] *Kahlenberg*, S. 52, Anm. 191, *Gudenus*, S. 958, *Wolfert*, S. 141, *Kneschke*, Bd. VII, S. 426 f., Freiherr Hans Dietrich von Reiffenberg war „Vizdum zu Aschaffenburg und kurmainzischer Oberst". Er starb 1629.
[79] *Gudenus*, S. 959, *Wolfert*, S. 141.
[80] Ebd. *Friederichs*, S. 82, Nr. 390, *Kahlenberg*, S. 55 ff. Während der Schwedenzeit war Hartmut von Hutten von 1631 bis 1634 schwedischer Vizedom. *Brück*, Aus der Schwedenzeit Aschaffenburgs, S. 724, Anm. 7.

1638 bis 1659	Gerhard von Waldenburg[81], genannt Schenkher
1660 bis 1672	Freiherr Johann Reinhard von Hoheneck[82]
1672 bis 1700	Melchior Friedrich Graf von Schönborn[83]
1701 bis 1733	Rudolf Franz Erwein Graf von Schönborn[84]
1734 bis 1772	Joseph Franz Bonaventura Graf von Schönborn[85]

Nach Domarus[86] war Joseph Franz Bonaventura Graf von Schönborn der letzte Vizedom in Aschaffenburg. Schon nach seinem Tod, am 27. Januar 1772, soll den Verwaltungsposten ein bürgerlicher Vizedomamtsdirektor übernommen haben[87].

Eigentümer

bis 1803	örtliche Verwaltungsstelle des Mainzer Kurstaats,
1803 bis 1814	zum Fürstentum Aschaffenburg gehörig,
1814 bis 1906	königliches Rentamt Rothenbuch,
1906	wie Treibgasse 26.

---

[81] *Wolfert*, S. 141, *Kneschke*, Bd. IX, S. 444. Gerhard Freiherr von Waldenburg, kurmainz. Geh. Rat, Großhofmeister und Vizedom zu Aschaffenburg. *Kahlenberg*, S. 38, Anm. 92.
[82] *Gudenus*, S. 960. *Wolfert*, S. 141. *Domarus*, S. 742.
[83] Ebd.
[84] *Gudenus*, S. 960. *Wolfert*, S. 142. *Domarus*, S. 748.
[85] *Gudenus*, S. 960. *Wolfert*, S. 142. *Domarus*, S. 753 ff.
[86] *Domarus*, S. 762 f.
[87] Nach *Christ*, S. 65 war letzter Vizedom seit 7. November 1773 Freiherr von Groschlag. Im Mz. Hof- und Staatskal. v. 1774, S. 150 wird Friedrich Karl Freiherr von Groschlag zu Dieburg noch als Vizedom aufgeführt. In den folgenden Kalendern bis 1797 ist das Vizedomamt Aschaffenburg „vacat". Durch die Ämterreform des Erzbischofs Emmerich Joseph von Breidbach-Bürresheim (1763-1774) von 1772 wurden die Aufgaben des Vizedoms eingeschränkt. Seit der Reform von 1782 des Erzbischof Friedrich Carl Joseph von Erthal (1774-1802) übernimmt den Verwaltungsposten ein bürgerlicher Vizedomamtsdirektor. Der Vizedom hat keinen festumschriebenen Aufgabenbereich mehr.

Treibgasse 26 neu, Kolpinghaus, Flurstück Nr. 602/3, 602/8
Treibgasse 28 neu, Martinushaus, Flurstück Nr. 597/1

Geschichte

Die „Kolpingfamilie Aschaffenburg" beabsichtigte in den 1960er Jahren ein neues Haus zu errichten. Sie verkaufte 1967 ihr altes Anwesen in der Stiftsgasse für 730.000 DM an die Stadt[1]. Im selben Jahr erwarb sie eine Baufläche von 1000 m² aus dem städtischen Gelände der ehemaligen Luitpoldschule, das unmittelbar an die Grundstücke der Anwesen Treibgasse 26 und 28 grenzte. Die Grundstückskosten betrugen 100.000 DM. Entsprechend der beabsichtigten Bebauung wurden die Flächen neu geordnet und erhielten andere Flurnummern.

In rascher Folge entstanden an der Treibgasse in drei Bauabschnitten ein neuzeitliches katholisches Zentrum: das Kolpinghaus oder Kolpinghotel, ein Saalbau und das Martinushaus.

Bereits im Oktober 1967 wurde mit dem Rohbau des Kolpinghauses begonnen. Mitte Mai 1969 konnte der zweite Bauabschnitt, der Saalbau, in Angriff genommen werden.

Das Kolpinghotel wurde am 1. Dezember 1969 eröffnet. Bereits am 31. Dezember 1984 mußte es aus Kostengründen wieder geschlossen werden. Aus den Hotelzimmern wurden Büroräume. Die Gaststätte im Erdgeschoß blieb erhalten.

Im Dezember 1969 begann der Abbruch der Gebäude auf dem Anwesen Treibgasse 28, dem ehemaligen Vizedomamtshaus.

Am 12. Juni 1971 fand die Grundsteinlegung für den Neubau des Martinushauses, eines katholischen Sozial- und Bildungszentrums, statt[2]. Initiator war Ferdinand Scherpf, Pfarrer von St. Kilian in Nilkheim. Bauträger: Martinushausverein e. V. unter Vorsitz von Landgerichtsdirektor Dr. Karl Graser. Architekt: Dipl.-Ing. Gustav Heinzmann, Würzburg. Bauleitung: Architekturbüro Goldhammer & Schmitt. Bauausführung: Baufirma Adam Hörnig. Künstlerische Gestaltung: Kunstmaler Helmut Albert und Willibald Blum, Bildhauer Hermann Kröckel.

Die Einweihung des Martinushauses erfolgte am 11. November 1972.

Im Auftrag des bischöflichen Ordinariats in Würzburg entstand in der Zeit von April 1982 bis Mai 1983 ein Erweiterungsbau in nordöstlicher Richtung. Wegen aufgetretener Baumängel sowohl am Martinushaus als auch am anschließenden Kolpinggebäude wurde im November 1997 vom bischöflichen Bauamt in Würzburg erwogen, den Komplex grundlegend zu sanieren oder abreißen zu lassen. Die Kosten für eine Generalsanierung wurden auf 17 Millionen Mark veranschlagt. Für einen Neubau anstelle des Bildungshauses und des ehemaligen Kolpinghotels müßten etwa 20 Millionen Mark ausgegeben werden. So schrieb die Diözese Würzburg am 2. Mai 2001 einen Wettbewerb für den Neubau des Aschaffenburger Martinushauses aus, den Otto Huttner aus Schweinfurt gewann.

---

[1] Der „Kolpingfamilie Aschaffenburg" gehörte bis 1967 Stiftsgasse 17. Siehe *Grimm* I, S. 448.
[2] Benannt nach dem hl. Martin, Bischof von Tours (316/17-397), dem Schutzpatron der Stadt Aschaffenburg. Die Leitung des katholischen Bildungszentrums übernahmen die Pallottiner.

Beschreibung

Kolpinghaus

Fünfgeschossiges, kubisches Gebäude mit Flachdach. Grundfläche 256 m², Höhe 17 m. Tiefgarage mit 20 Stellplätzen.
Im Keller Küche, zwei vollautomatische Kegelbahnen und hier sowie im Erdgeschoß Versammlungsräume für die Kolpingfamilie. Ebenfalls im Erdgeschoß Gaststätte und Zugang zum Parkplatz. Die 45 Zimmer, auf vier Etagen verteilt, sind als Ein- oder Zweibettzimmer mit fließendem Wasser ausgestattet. In den einzelnen Obergeschossen zusätzlich Küchenräume und Bäder.
1985, nach Schließung des Kolpinghotels, Einrichtung eines kirchlichen Bürozentrums im Kolpinghaus.

Martinussaal

Hinter dem „Hotel Kolping", in der Tiefe des Geländes, der Saalbau von 426,76 m² für ca. 450 Personen, ohne Bühne, jedoch mit Vortragspodium. Dem Saal ist ein Verbindungstrakt in Richtung Treibgasse vorgelagert. Im Erdgeschoß Eingangshalle, Garderobe und Zugang zur Hotelküche. Im ersten Obergeschoß Sitzungssaal (55,92 m²) mit 26 Plätzen und Konferenzraum (64,40 m²) für 100 Personen. Im zweiten Stock Empore des Saals (73,60 m²) mit weiteren 80 Plätzen sowie Verbindung zum Kolpinghaus.
Über dem Eingang eine Aluminiumplastik, den hl. Martin mit einem Bettler darstellend, entworfen von Hermann Kröckel.
Zum Martinussaal gehört noch eine Tiefgarage mit 13 Stellplätzen.

Martinushaus

Viergeschossiges Terrassengebäude neben der Agathakirche.
Das Martinushaus, der Sozial- und Beratungstrakt, umfaßt Räume für die Verwaltung, die sozialkaritative Arbeit, für die Verbands- und Jugendarbeit, Räume für die Jugendfreizeit und Altenbetreuung, einen Wohntrakt für geistliche Leiter, Haushälterin und Hausmeisterfamilie, mehrere kleine Tagungsräume, ein Zentrum für die Pfarrei St. Agatha.
Im Erweiterungsbau von 1982/83 in nordöstlicher Richtung befindet sich der Kolpingsaal. Der Saal mißt 225 m² und bietet ca. 175 Sitzplätze. Er besteht aus zwei Räumen und kann durch eine Mobilwand vergrößert werden. Saal mit Holzbinderdecke und kleinen Oberlichtern.
Da durch diesen Anbau weitere Parkplätze entfielen, nun Tiefgarage unter dem neuen Gebäude.
Die erhaltenen drei Wappen des Vizedomamtshauses sind am Martinushaus angebracht.

Treibgasse 30   (Lit. B 106¹/₂)   Plan-Nr. 595, 596
Pfarrhaus St. Agatha

Geschichte

Da der älteste Beleg für die St. Agathakirche von 1184 ist und auch sehr bald ein Pfarrer nachgewiesen werden kann, ist anzunehmen, daß der Bau des ersten Pfarrhauses auch schon sehr weit zurückliegt. Doch die noch vorliegenden Archivunterlagen beginnen erst Ende des 14. Jahrhunderts.

Am 3. Oktober 1398 vermacht Johannes Wynemar, Vikar des Stifts, dem Pfarrer von St. Agatha seine Einkünfte von seinem Hof bei St. Agatha, den seine Mutter Husa vormals bewohnt hatte[1].

Ein Stiftskapitelbeschluß aus dem Jahr 1563 besagt, daß Pfarrer Wendelin Hartung einen neuen Pfarrhof bauen soll[2]. Daß bereits damals ein Pfarrhof bestanden haben muß, geht aus dem Gutachten von Hofmaurer Leopold Müller und Zimmermann Johann Anton Mühlbacher hervor. Nach ihrer Meinung mußte das alte Pfarrhaus von St. Agatha abgebrochen und 1570 ganz neu aufgeführt werden[3].

Pfarrhaus St. Agatha 1570-1729

Pfarrer von St. Agatha war 1570 Kilian Völker. Laut Kontrakt mit dem Stift „ist er, wie auch der Pfarrer von B. M. V. [Muttergotteskirche], schuldig, sein Haus zu erhalten. Am Pfarrhausvermögen waren 1570 folgende Gefälle:

Einkünfte: Weingeld und Früchte	600 fl.
iura Stola wenigstens	150 fl.
Kirchenbauamt	39 fl.
Anniversary auf solchem	57 fl.
8 Malter Korn vom Stift	22 fl.
vom Kaplaneihaus und Garten	15 fl.
aus Privatzinsen propter	13 fl. ad 1¹/₂ Malter Korn 17 fl.
der Zins aus dem großen Garten	12 fl.
Summa	912 fl."[4].

---

[1] AUfr., Bd. 47 (1905), Nr. 129, S. 271.
[2] StiA, 3252, Stiftsprot. v. 23. April 1563.
[3] Ebd., 6594, K 145, fol. 14', fol. 18 v. 1570. Seit wann dieses Pfarrhaus bestand, konnte nicht ermittelt werden.
[4] StAWü, Mz. Vikariatsakten, Lade 56, Fasz. 151, Nr. 17.

1576 wurde der Pfarrhof von Pfarrer Heinrich Herold bewohnt. Er sollte das Haus von außen neu bewerfen und weißeln lassen. Am Sommerhaus war das Pflaster auszubessern. Der Stall mit dem Giebel zum Garten war ebenfalls neu zu bewerfen[5]. Damals (1576) und 1578 wurde vom Stift festgestellt, daß die Bewohner die Baulasten selbst tragen müssen.

1608 wurden für Bauarbeiten am Pfarrhaus 200 Latten aus Buche verwendet[6]. Pfarrer M. Adelarius Martini (1610-1619) erhielt 1615 die Erlaubnis, das sehr alte und verfaulte „Vorgebäu am Haus abzuwerffen". Das Holzhaus sollte niedergelegt und dafür ein neuer Bau an die Kirchhofmauer gesetzt werden. Statt des „Schopfen" am Tor sollte nur ein Schindeldach errichtet werden. Auch das „Badstüblein" sollte mit Schindeln beschlagen werden[7]. Zusätzlich wollte Pfarrer Martini hinter seinem Pfarrhaus einen Gang[8] bauen, um die Sicht vom Vizedomamtshaus (Treibgasse 28) zu versperren. Unter dem Dach der Halle wollte er eine Badestube und Viehställe einrichten und so „ein gang uf das secret[9] führen lassen"[10]. Noch während seiner Amtszeit hatte Pfarrer Adelarius Martini den Platz vor der Kirche gekauft.

Von seinem Nachfolger, Pfarrer Johannes Boden, wurde 1621 das Pfarrhaus um eine kleine Stube über dem Kirchhoftor erweitert, so daß „man darin zwei Tische stellen kann". Die Kosten dafür betrugen 120 Gulden. Der schweren Zeit entsprechend, so Pfarrer Boden, konnten keine größeren Umbauten im Pfarrhaus vorgenommen werden. Andere Häuser im Umkreis seien dagegen höher und besser. Doch ihm fehle das Geld. Er wolle nicht betteln gehen, bitte aber um eine „Gült". Daraufhin erhielt er einen Zuschuß von 100 Gulden vom Stift[11].

Pfarrer Sebastian Weber äußerte sich 1662, daß das Pfarrhaus baufällig und ruinös sei. Nach einer Rechnung des Maurers Johann Ignaz Büchel wurden „für Unterfangung des Kellers am Pfarrhaus" 36 fl. 24 kr. ausgegeben. Vermutlich wurde damals das gesamte Pfarrhaus, das vorher nur teilunterkellert war, ganz unterkellert. Der Aushub konnte als Bausand verwendet werden[12].

Pfarrer Adam Brück, seit 1666 für seinen Vorgänger, den suspendierten Pfarrer Weber, im Amt, hatte noch im selben Jahr „55 fl. ins Pfarrhaus verbaut". Die Baukosten dafür hatte er selbst übernommen.

In den Jahren 1686/87 wurde für Arbeiten an der St. Agathakirche und für den Pfarrhof folgendes ausgegeben:

---

[5] StiA, 6577 II., Stiftsprot., fol. 62 v. 1576; StAWü, Mz. Vikariatsakten, Lade 56, Fasc. 151, Nr. 17.
[6] Ebd. und StiA, 6594, Stiftsprot., K 145, fol. 7.
[7] Visitation v. 20. Juni 1615.
[8] Hier ist vermutlich eine lange Halle entlang der Grenze zu Treibgasse 28 gemeint.
[9] „secret" = Abort.
[10] StiA, 5091, Stiftsprot. v. 20. Juni 1615 und ebd., 6577, fol. 20 v. 2. Oktober 1615.
[11] Ebd., fol. 66/67 v. 30. Juli 1621; fol. 89, ultimo Dezember 1621.
[12] Ebd., 6594, fol. 3, fol. 4.

an Meister Matheß, Leyendecker, 2 fl. 22½ alb, an Hans Jörg Mühlbacher, Zimmermann, 6 fl., an Meister Oberle, Schmied, 1 fl. 24 alb[13].
Aus dem Strietwald wurde 1691 Bauholz zum Pfarrhaus gefahren[14] bei einem Fuhrlohn von 1 fl. 20 alb[15]. Das Holz wurde für den Bau des Hinterhauses verwendet. Der Zimmermann verlangte 63 fl. Arbeitslohn[16]. Durch den plötzlichen Tod des Zimmermanns Hans Jörg Mühlbacher übernahm Stiftszimmermann Conrad Müller den Auftrag. Er bekam dafür 18 fl. 14 alb[17].
Zwischen 1700 und 1702 erhielten Aschaffenburger Bürger, meist Handwerker, für kleinere Arbeiten im Pfarrhof folgende Beträge:

„Joh. Frank Fuhrlohn an Pfarrhof   25 alb
Hans Jakob Krauß, Ziegler   1 fl.
Buchberger, Stiftsmaurer   3 fl.   10 alb
Bernhard Holzmann, Schreiner   26 alb
Christoph Heyd[t], Stiftsleyendecker   20 fl."[18].
1704/06 fielen erneut Ausgaben für ein neues Fenster im Kaplaneihaus in der Treibgasse an.

Auch Pfarrer Johann Jakob Büchel erkundigte sich 1714, wer die Baulasten am Pfarrhaus zu tragen habe. Nach einem Protokoll von 1571 war der Pfarrer selbst zuständig, da er keine „taxe domus" (Miete) zahlen mußte[19]. 1718 verlangte Pfarrer Büchel den Neubau eines Nebengebäudes[20].
Nach Aussagen der Maurer Jakob Mörlein und Andreas Wendlinger vom 11. August 1721 waren am „Hinterbau" bereits Balken durchgebrochen. Das Dachwerk „sei zwar geflickt, aber schlecht, es ist eben ein altes Gebäude"[21]. Auch Pfarrer Büchel bestätigte, „das Pfarrhaus ist sehr mangelhaft. Es gleicht mehr einer Spelunke, als einer Priesterwohnung".
In den Stiftsprotokollen von 1721 geht es erneut darum, wer die Pfarrhausreparaturen zahlen muß: der Pfarrer oder das Stift? Das Stift fühlte sich zu nichts verpflichtet[22].
Anton Mühlbacher, Zimmerer, und Leopold Müller, Hofmaurer, visitierten 1725 das Pfarrhaus, in dem jetzt Pfarrer Christian Keller wohnte. Die Meinungen waren identisch: Die Bausubstanz ist dermaßen schlecht vom Fundament bis zum Dach. Das Haus gehört abgebrochen.

---

[13] StAWü, Mz. Vikariatsakten, Lade 56, Fasz. 151, Nr. 17. Pfarrer Adam Brück fungierte seit 1666 für den suspendierten Pfarrer Weber.
[14] StiA, 6594, Stiftsprot., fol. 7.
[15] StAWü, Mz. Vikariatsakten, Lade 56, Fasz. 151, Nr. 17.
[16] StiA, 6594, Stiftsprot., fol. 7; fol. 20'.
[17] StAWü, Mz. Vikariatsakten, Lade 56, Fasz. 151, Nr. 17.
[18] Ebd. und StiA, 6594, Stiftsprot., K 145, fol. 7.
[19] Ebd., fol. 40 v. 11. Juni 1714.
[20] Ebd., 5596, fol. 51/52 v. 19. September 1718.
[21] Ebd., 6594, fol. 10.
[22] Ebd., 5842, fol. 4 v. 21. Januar 1721; fol. 66 v. 27. Oktober 1721; fol. 72 v. 17. November 1721.

Der Kostenvoranschlag für einen Neubau:

„56 Böden Floßholz	420 fl.
1 Stamm Holz vom Strietwald	24 fl.
abbrechen, abbinden, neu aufbauen	195 fl.
dazu Mauerstein und Fuhrlohn, etc.	354 fl.
Summa	993 fl."[23].

1727 begehrte Pfarrer Christian Keller 8 Malter Korn oder Surrogat[24] vom Galgenfeld für seinen Hausbau[25].
Am 18. März 1728 entschied das erzbischöfliche Vikariat, daß das Pfarrhaus laut Gutachten noch zu reparieren sei.
Ein Jahr später, 1729, erfolgte der Neubau des Pfarrhauses von St. Agatha[26].

Pfarrhaus St. Agatha 1729-1808

Wegen der Übernahme der Baulasten des neuen Pfarrhauses entbrannte 1730 erneut ein Streit zwischen dem Stift und Pfarrer Christian Keller. Laut Gerichtsbeschluß von 1730 war der Pfarrer zuständig. Er sollte auch die Gerichtskosten tragen[27]. Bis Dezember 1731 zog sich der Rechtsstreit hin. Durch einen Vergleich sollte er endgültig beigelegt werden[28].
Im Jahr 1794 verlangte Pfarrer Bernard Knörr bei seinem Amtsantritt vom Generalvikariat die Erneuerung des Pfarrhofs, „der nach außen jedoch noch recht stark ist". Sein Vorgänger, Johann Philipp Cammer (II), hatte 35 Jahre hier residiert. Im März 1795 wurden die Kostenvoranschläge für die notwendigen Reparaturen aufgestellt:

„Gabriel Hospes, Stiftsmaurer	224 fl.
Franz Wilhelm Köhler, Tünchermeister	19 fl. 30 kr.
Franz Huber, Zimmererarbeiten	70 fl. 30 kr.
Franz Bittinger, Glaserarbeiten	23 fl. 38 kr.
Kaspar Schenck, Leyendeckerarbeiten	68 fl. 26 kr.
Georg Seifferling, Schlosserarbeiten	48 fl. 8 kr."[29].

---

[23] Siehe Anm. 5. StiA, 5729, Stiftsprot., fol. 4.
[24] Alternativleistung.
[25] StiA, 5729, Stiftsprot., fol. 4 v. 3. Januar 1727. Das Galgenfeld war stiftisches Eigentum in Damm, in der Gegend des heutigen Schönbergs.
[26] Ebd., 6594, K 145, fol. 18; ebd., 3685, fol. 206 v. 17. Oktober 1729.
[27] Ebd., Thiel Reg. U 4465 v. 7. Januar 1730.
[28] Ebd., 3685, Stiftsprot., fol. 257 ff. v. 19. Dezember 1731.
[29] Zu machen sind: über der Torfahrt drei Fensterriegel und zwei Stützen; sieben Scheiben in der Gemeindestube; im Gang zwei Fenster und mit Silberfarbe anstreichen; Nebenzimmer sechs Fenster; in der Kammer zwei Fenster in Glas und Blei; im Eckzimmer zum Schulhaus sechs neue Fensterfutter; im kleinen Gang vier neue Fensterfutter; sechs neue Läden vor die Giebelfenster; vier Läden an das obere Giebelfenster und nach hinten zum Kirchhof eine Tür. StAWü. Mz. Vikariatsakten, Lade 56, Fasz. 151, Nr. 17.

Über den Vollzug der Restaurierungen liegen keine Belege vor.
Doch die Beschwerden über bauliche Mängel am Pfarrhaus hörten nicht auf.

Pfarrer Dr. Franz Christof Scheidel schrieb am 7. März 1804 an das Stift: „Der Abort im Pfarrhaus ist so ruinös, daß er ohne Lebensgefahr nicht mehr zu gebrauchen ist". Auf Drängen des Pfarrers wurden Instandsetzungsarbeiten durchgeführt. Maurer Jodocus Hospes erhielt für seine Arbeit 131 fl. 10 kr. Für die Erneuerung der beim Abtritt verfaulten Hauswand berechnete Hofzimmermeister Johann Andreas Kleber 33 fl. 16 kr. Der Erlös für den Dung brachte 25 fl.
1806[30] war das „Pfarrhaus St. Agatha so ruinös, daß Gefahr auf dem Verzuge ist"[31].
Nach Plänen von Gabriel Hospes im Februar 1807 und von Landbaumeister Streiter im Januar 1808 würde ein neues Pfarrhaus 6.000 fl. kosten. Da dieser Preis unerschwinglich schien, wurde sogar erwogen, die Pfarrei aufzulösen, um den Bau eines neuen Pfarrhauses zu sparen. Dazu kam es jedoch nicht.
Die Bemühungen, einen Neubau zu ermöglichen, gingen weiter. Am 23. Januar 1808 verpflichtete sich die Stadt, eine Fläche des ehemaligen Friedhofgeländes hinter dem Pfarrhaus bis zum Seilergang abzutreten[32]. Der bestehende Weg sollte erhalten bleiben. Der Kaplaneigarten in der Treibgasse sollte versteigert und der Erlös zum Pfarrhausneubau verwendet werden. Das alte Pfarrhaus wurde am 16. März 1808 abgebrochen[33], und der Neubau konnte beginnen.

Pfarrhaus St. Agatha 1808 bis zur Zerstörung im Zweiten Weltkrieg (1944)

Um den Bau des neuen Pfarrhauses zu verwirklichen, unterschrieben der Magistrat und die Bürgerschaft einen Revers, in dem sie sich verpflichteten, den Bau und die zukünftigen Reparaturen am Pfarrhaus zu übernehmen[34]. Pfarrer

---

[30] *Ebert*, Das Pfarrhaus von St. Agatha, S. 153. Hier wird 1806 eine Scheune erwähnt. Alois Grimm hatte sie irrtümlich in seinen Unterlagen St. Agatha zugeordnet. Nachweislich gehörte diese Scheune jedoch zur Muttergottespfarrkirche.
[31] StAWü, Mz. Vikariatsakten, Lade 56, Fasz. 151, Nr. 17.
[32] Die Fläche wurde Pfarrgarten. Aus der Verpflichtung geht weiter hervor, daß der aufgelassene Friedhof nicht der Pfarrei sondern der Stadt gehörte. Siehe auch „Friedhof St. Agatha".
[33] StAWü, Mz. Vikariatsakten, Lade 56, Fasz. 151, Nr. 17 und Lade 58, Fasz. 154, Nr. 14. Intell.Bl. Nr. 28 v. 6. April 1808: Versteigerung eines zur Pfarrei St. Agatha gehörigen Gartens von 31 Ruten. Das Grundstück liegt in der Treibgasse neben Joseph Ruppel und Christoph Winkler und ist zum Bau eines Hauses ganz geeignet.
[34] HStA Mü, MK 23650. In dem Revers wird die volle Zusicherung gegeben, daß „der Pfarrei ad St. Agatham dahier […] das seinem Verfall ganz nahe Pfarrhaus bald gebauet werde, da zur Erbauung eines neuen Pfarrhauses die Mittel durch woltätige Beyträge sich ergeben würden, die hiesige

Franz Christof Scheidel wandt sich an den Bischof in Würzburg und bat, daß durch dieses Entgegenkommen der Stadt die Pfarrei „in ihren bisherigen ständigen Revenuen nicht geschmälert werden sollte"[35].
Gebaut wurde nach dem Plan von Zimmermann Johann Hofmann, die Oberleitung hatte der damalige Pfarrverwalter Martin Sack.
„Der Bau soll am hinteren Eck auf dem alten Standpunkt stehen, aber oben gegen das Amtshaus zu [Treibgasse 28] um 4 Schuh 9 Zoll [1,37 m] zurück gerückt werden. Die hintere Seite sollte von Holz [Fachwerk], die drei anderen Seiten von Stein gebaut werden. Hauslänge 25 Schuh [7,19 m]. Tiefe Fenster mit Verdachung, Türe auf der Seite". Ursprünglich waren nur zwei Stockwerke vorgesehen. Stadtpfarrer Scheidel ließ jedoch ohne vorherige Genehmigung noch einen dritten Stock aufbauen, „im Hinblick auf eine Vermehrung der Zahl der Kapläne". Sein eigenmächtiges Handeln begründete er damit, daß der Bau noch vor Einbruch des Winters fertig werden sollte, um die Wohltäter nicht zu verärgern. Von einem Mäzen hatte er 4.000 fl. erhalten[36].
Ende Oktober 1808 war das neue, dreistöckige Pfarrhaus bezugsfertig. Es mußte noch ein Kapital von 4.000 fl. aufgenommen werden[37].
Im dritten Obergeschoß standen jetzt für jeden der zwei Kapläne zwei Zimmer zur Verfügung. Auch für einen dritten Kaplan könnten noch zwei Zimmer eingerichtet werden. Im unteren Stock waren das Speisezimmer und zwei Wohnungen, davon eine für die Haushälterin und eine für die Dienstmagd.
Da Pfarrverwalter Martin Sack im August 1809 starb[38] und Pfarrer Scheidel Regens im Priesterseminar wurde, wurde der zweite Stock vermietet. Erst

---

Stadt sich nun verbindlich mache, nicht nur den Bau und Unterhaltung der St. Agatha Pfarrkirche nach den kanonischen Gesetzen, sondern auch den künftigen Bau und Unterhaltung des Pfarrhauses zu übernehmen, so daß ein und anderes für die Zukunft von der Stadt und Bürgerschaft geleistet werden solle". Unterschrieben von: Johann Jacob Leo, Stadtschultheiß, Raymund Emanuel Kopp, Stadtsyndikus und Assessor, Wilhelm Braun, Bürgermeister, und den Stadträten: Franz Marzell, Kaspar Johann Reindel, Peter Kittel, Peter Alois Feller, Jacob Anton Stuirbrink, Georg Herrmann. Auch die Zunftmeister unterzeichneten mit Namen und Beruf: Anton Pagio (Krämer), Valtin Hofmann, Adam Geißler (Bäcker), Johannes Flach, Remakel Weidner (Metzger), Anton Grimm (Fischer), Anton Fröhlich, Johann Geisfäller (Wollweber), Kaspar Then, Johann Wallau (Schuhmacher), Matthias Ammerschläger, Johann Georg Seiferling (Schmied, Schlosser, Wagner), Georg Spannring, Heinrich Beraz (Schneider), Franz Philipp Häffner, Johann Adam Löchler (Bender), Leopold Markert, Martin Geißler (Spanhauer), Johann Hofmann (Zimmerer), Jodocus Hospes (Maurer), Andreas Wirsing, Michael Obitz (Löher, bzw. Gerber), Veith Rath, Martin Hirsch (Häcker), Johann Melchior Kuntz (Leinweber). Zunftmeister Johann Ignaz Kuhn machte drei Kreuze unter das Dokument und Stadtschreiber Matthäus Tempel bestätigte die Richtigkeit der Urkunde. Am 21. März 1808 wurde sie von der Landesdirektion anerkannt. StAWü, Mz. Vikariatsakten, Lade 56, Fasz. 151, Nr. 17 und HStA Mü, Mk 23650.

[35] HStA Mü, Mk 23650.
[36] StAWü, MRA, L 631, H 2035.
[37] Ebd., Mz. Vikariatsakten, Lade 56, Fasz. 151, Nr. 17.
[38] St. Agatha, Sterbematr. v. 1809, S. 91. Am 10. August 1809 starb Martin Sack „ad St. Agatham administrator et vicarius Eccl. colleg. ad St. Peter et Alexander" im Alter von 35 Jahren.

nach der Auflösung des Seminars zog Pfarrer Scheidel wieder in das zweite Obergeschoß des Pfarrhauses[39]. Zu Jahresende 1809 zog ein zweiter Kaplan ein. Er und der neue Pfarrverwalter Auer erhielten im dritten Stock zwei ineinandergehende Zimmer.

Die ersten größeren Reparaturen am neuen Pfarrhaus 1826: Jalousieläden im zweiten Stock. 1827: Jalousieläden im ersten und dritten Stock, neue Fußböden in „Saal" und Kaplaneizimmer, Schlußmauer zu Hausgarten und Hof[40].

1833 bittet die Pfarrei die Stadt um einen Zuschuß für den Anschluß an die Hofwasserleitung. Der Magistratsbeschluß vom 11. Juli lautet: „Ohne Zugestehung oder Uebernahme der geringsten Verbindlichkeit für itzt oder die Zukunft – sondern lediglich als eine vorübergehende Vergünstigung – sollen, im Falle das Aerar und respec. Kgl. Hofmarschallamt von dem am Pfarrhause ad St. Agatham dahier vorbeigeleiteten Schönthalwasser das erbettete Wasser in dieses Pfarrhaus abgeben werde, auf städtische Kosten ein für allemal die ersten Röhren von dem Abflusse des Hauptrohres bis zum projektierten Basin gelegt werden, wobei die desfälligen Kosten den Voranschlag von 75 fl. nicht übersteigen dürfen"[41].

Seit Oktober 1838 kam es zu einem Streit im Pfarrhaus. Einer der Kapläne, Kaplan Kurz, verlangte eine spanische Wand in seinem großen Zimmer, damit er es im Winter wärmer habe. Durch diese Wand hatte er jetzt zwei kleinere Zimmer statt eines geräumigen Wohnzimmers mit zwei Fenstern und außerdem noch sein kleines Schlafzimmer mit einem Fenster. Pfarrer Anderlohr will nun dieses Schlafzimmer für sich auf „immer benützen" und daher auch die Tür vermauern bzw. versetzen lassen. Wegen der „dünnen Mauer", der spanischen Wand, gab es Unstimmigkeiten zwischen dem Pfarrer und dem Kaplan. Zwei Neffen des Pfarrers, einer davon Praktikant beim königlichen Landgericht, und der andere „Lyceist"[42], wohnten im Pfarrhaus, speisten mit bei Tisch, und ihr Benehmen richtete sich zum Teil gegen die Kapläne. In einem Schreiben an die Diözese vom 27. Dezember 1838 rechtfertigte sich Pfarrer Anderlohr: Für den Pfarrer waren die Zimmer im Erdgeschoß und im zweiten Obergeschoß die sogenannte Silberkammer (ein Zimmer neben dem „salva venia Abtritt"). Wenn das Haus zweistöckig wäre, gehörte dieses den Kaplänen. Der Bau des dritten Stocks war untersagt und wurde ohne genehmigten Plan ausgeführt. Es waren daher im dritten Stock keine Rechte für die Kapläne. Den Kaplänen gehörte nicht mehr als ein „anständiges Zimmer". Die Stadt als

---

[39] DAWü, Pfarreiakten St. Agatha, Kasten 2, Tit. 41, Pfarrer ad St. Agatham: Dotation, Session und Pfründe, Vermögen betr. Vgl. auch *Scherg*, Schulwesen, S. 483 f. Das Aschaffenburger Priesterseminar wird am 25. Juni 1823 mit dem Klerikalseminar in Würzburg zusammengelegt.
[40] StaA, Mag.Prot. v. 6. Juli 1826; ebd. v. 1827.
[41] Ebd. v. 11. Juli 1833.
[42] Dabei handelte es sich um Johann Baptist Blatt, der bei seinem Oheim Pfarrer Anderlohr wohnte. Siehe *Scherg*, Matrikel, Nr. 7, S. 139.

Eigentümerin hatte den Bau genehmigt. Der zusätzliche dritte Stock war eigenmächtig durch seinen Amtsvorgänger, Pfarrer Scheidel, erfolgt. Die 2000 fl., die für den dritten Stock verwendet worden und noch nicht bezahlt waren, waren dem Kirchenfonds von den nachfolgenden Pfarrern zu ersetzen. Das bedeutete, daß der dritte Stock nicht als Kaplaneiwohnung bestimmt werden konnte[43]. Über den Ausgang der Streitereien liegen keine Unterlagen mehr vor.

Verschiedene unbedeutende Veränderungen, die Pfarrer Anderlohr im Pfarrhaus vornehmen ließ, gingen auf seine Kosten[44].

1861 wurde das Pfarrhaus von außen beworfen und angestrichen[45]. Ein erneuter Versuch des Anschlusses der Hofwasserleitung scheiterte 1864 am Widerstand des Rentamtmanns[46]. Deshalb ließ Pfarrer Michael Schmidt im gleichen Jahr eine Zisterne bauen, in der das Wasser vom Kirchendach gesammelt werden sollte. Da er keinen Zuschuß von der Stadt bekam, baute er auf eigene Kosten.

Im November 1879 drang das königliche Landrentamt auf sicheren Verschluß des Rails zwischen Treibgasse 28 und dem Pfarrhaus. Rentamtmann Theodor Grässmann wies bereits am 31. Oktober 1879 nach, daß der Rail zum Pfarrhaus gehört, so daß die Stadt die Baulast tragen mußte.

Nach einem Bericht von 1897 war das im Jahr 1808 erbaute Pfarrhaus neben der Kirche in gutem Zustand. Das geräumige Gebäude verfügte über 15 Zimmer in drei Stockwerken, nach Südwesten und Norden gelegen. Vier Zimmer in der dritten Etage belegten die zwei Kapläne. Zum Haus gehörten ein Waschhaus, eine Holzlege, ein Hühnerstall und der Hausgarten. Die beiden Kapläne hatten im Pfarrhaus freie Wohnung und Verpflegung, je 171,43 Mark bar Gehalt vom Pfarrer und 128,57 Mark staatlichen Zuschuß. Der Kaplan für die Stadt besaß außerdem noch eine Remuneration (Vergütung) für Abhaltung des Militärgottesdienstes und der Seelsorge im Lazarett[47].

Im Auftrag der Stadt erstellte am 18. September 1929 Josef Heimberger, Professor der juristischen Fakultät an der Universität Frankfurt, ein Gutachten und am 16. Januar 1930 einen Nachtrag über die Baulast der Agathakirche. Darin legte er fest, daß die Baupflicht bei der Stadt Aschaffenburg liegt.

1935 bestritt erneut der Stadtrat eine Baulastverpflichtung.

---

[43] DAWü, siehe Anm. 38.
[44] StaA, Mag.Prot. v. 13. Dezember 1838.
[45] Ebd. v. 18. April 1861.
[46] Zwischen dem Pfarrgarten und dem Rentamtshof bestand eine Tür. „Der jetzige Rentamtmann hat diese Türe zumauern lassen und den ferneren Wasserbezug selbst auf dem weiten Umweg über die Gasse untersagt." Vgl. Pfarrhaus St. Agatha, Hausakte v. 1864.
[47] *Amrhein*, Realschematismus, S. 61. Ebd., S. 60: Sonn- und feiertags fanden in St. Agatha um 8 Uhr 30 der Pfarrgottesdienst statt und um 10 Uhr ein Militärgottesdienst mit Predigt.

Im Zweiten Weltkrieg wurde durch einen Bombenangriff am 12. Dezember 1944[48] und durch Artilleriebeschuß am 31. März 1945 das Pfarrhaus bis auf die Umfassungsmauern zerstört[49].
Zunächst wohnte der Pfarrer in der Badergasse 7, bis das Pfarramt und die Pfarrwohnung in der Treibgasse 28 eingerichtet werden konnten. Das ehemalige Vizedomamtshaus gehörte seit 1906 dem Kirchenbauverein St. Agatha. Der Pfarrer hatte seit 1954 ein unentgeltliches Wohnrecht, bis sein neues Pfarrhaus gebaut war, zum Ausgleich dafür, daß das jetzige Notpfarrhaus auf dem bisherigen Grund und Boden mit der Ablösungssumme des pfründeeigenen Pfarrhauses St. Agatha, Treibgasse 30, gebaut war[50].
1958 wurde ein neues Pfarrhaus auf dem Grundstück der Pfarrpfründe, neben dem Haus Erthalstraße 2, gebaut. Es erhielt die Hausnummer Erthalstraße 2a. Baubeginn: 1. August 1958. Bauende: Frühjahr 1959. Bauleitung: Architekt Willi Goldhammer und Dipl.-Ing. Anton Schmitt.

Beschreibung

Pfarrhaus von 1570

Über den genauen Standort und den Grundriß ist nichts bekannt. Der Baukörper war vermutlich ein zweigeschossiges Fachwerkhaus mit steilem Satteldach und stand mit der Schmalseite, dem Giebel, zur Treibgasse.
Aufgrund des Todes von Pfarrer Johann Philipp Endres am 28. Mai 1713 wird eine Aufstellung des Inventars des Pfarrhauses von St. Agatha gemacht.
Räume im Pfarrhaus:
eine „Stube uff den Kirchhof gelehn" (ein Bett)
eine Kammer, die auf die Gasse geht (Bücher)
eine Nebenkammer (Bett des Kaplans)
„im oberen Gang"
„in der Mägdekammer"
„im Vorhaus an der Küche" (Gemälde)
„im oberen Vorsaal"[51].

---

[48] Kap.Chronik 1940-1952, S. 107 f.
[49] *Stadtmüller* II, S. 441.
[50] DAWü, K 2, Nachlaß Dr. Vitus Brander.
[51] StiA, 3391, Stiftsprot., fol. 10-10'.

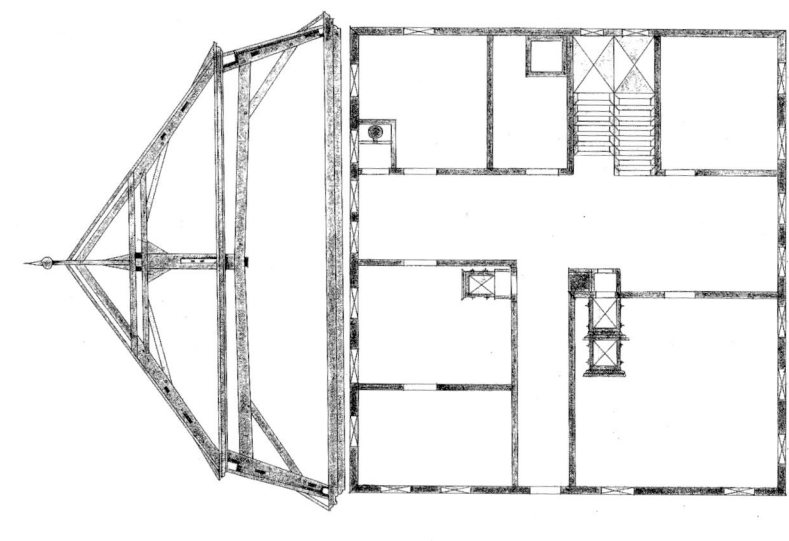

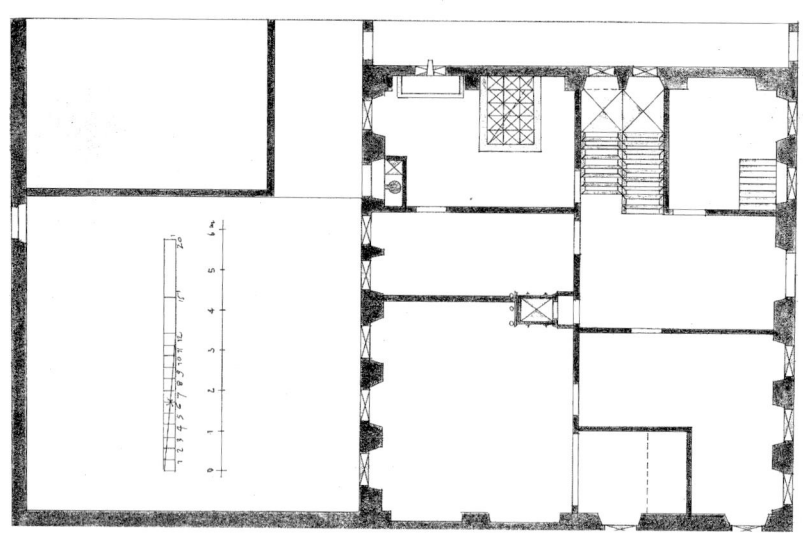

Abb. 90: Treibgasse 30, Pfarrhaus St. Agatha vor 1808.

Pfarrhaus von 1729

Beschreibung nach einem Plan, der 1725 im Zusammenhang mit der Aufstellung der Kostenvoranschläge für den geplanten Neubau entstanden sein dürfte.

Das Gebäude ist fast quadratisch, mit der breiten Seite zur Straße gerichtet. Vom Nachbargrundstück (Haus Nr. 28) ist es durch einen etwa 1,50 m breiten Rail getrennt.

Zweigeschossig mit Mansarddach. Das Pfarrhaus ist unterkellert. Erdgeschoß massiv, Obergeschoß verputztes konstruktives Fachwerk.

Fassade zur Straße. Im Obergeschoß sieben Fensterachsen. Hauseingang in der Mitte unter der dritten und vierten Achse des Obergeschosses, von Treibgasse 28 aus gerechnet. Die Fenster des massiven Erdgeschosses dürften profilierte Steinumrahmungen mit Ohren gehabt haben. Das Portal, eineinhalbflügelig, ebenfalls profilierte Umrahmung mit Oberlicht[52].

Die Fassade zum Hof besaß ebenfalls sieben Achsen.

Westlich des Pfarrhauses steht die Schule im Abstand von ca. 11 m. Zwischen beiden verläuft eine geschoßhohe Mauer mit zwei Toren, die den Zugang zu Kirche und Friedhof und zum Pfarrhof verschließen. Über dem Hoftor des Pfarrhauses Querbau, der höhengleich an das Obergeschoß des Pfarrhauses gelehnt ist.

Grundrisse

Im Erdgeschoß hinter dem Eingang geräumiger Flur. Rechts kleiner Raum mit Kellertreppe, anschließend zweiläufige Podesttreppe. In der rechten hinteren Ecke Küche mit großem Herd und Ausgußbecken, das in den Rail zu Treibgasse 28 entwässert. In die Küche ist ein Abort eingebaut, der nur vom Garten aus zugänglich ist. Neben der Küche schmaler heizbarer Raum mit zwei Fenstern, der sowohl vom Flur als auch von der Küche begehbar ist. In der linken hinteren Hausecke ein großer heizbarer Raum mit drei Fenstern zum Hof. Diesem Raum ist ein Alkoven angeschlossen, der in das vordere Zimmer ragt, das durch drei Fenster von der Treibgasse belichtet wird. Der große Raum mit Alkoven ist nur über dieses Zimmer zu erreichen.

Der Hof ist ummauert. Auf der Seite zu Haus Nr. 28 Nebengebäude, wahrscheinlich Stallung, Waschküche und Holzlege.

---

52 Z. B.: Dalbergstraße 55 von 1712, Webergasse 2 von 1718, Pfarrhaus B. M. V. von 1740.

Abb. 91: Treibgasse 30, Pfarrhaus St. Agatha, 1808 bis 1945.

Pfarrhaus von 1808

Amrhein beschreibt das Anwesen wie folgt[53]:
„Pfarrhaus 1808 neben der Kirche neu erbaut, gesund, in gutem Stande, geräumig, 15 Zimmer in drei Stockwerken, nach Südwesten und Norden gelegen, davon vier Zimmer in drei Stockwerken für zwei Kapläne, Waschhaus, Holzlege, Hühnerstall, Hausgarten, Baulast die Stadtgemeinde."

Der Grundriß des Hauses mißt in der Treibgasse ca. 13,50 m, in der Tiefe ca. 12 m und ist somit ca. 1,80 m länger und 0,90 m tiefer als der Vorgängerbau. Das Erdgeschoß liegt zehn Stufen über dem Gehsteig. Die drei Geschosse sind unterschiedlich hoch. Über dem Erdgeschoß ein schmales Gurtgesims. Das mit Biberschwanzziegeln eingedeckte Dach ist einseitig zur Kirche hin gewalmt.

---

[53] *Amrhein*, Realschematismus, S. 61.

Die Fassade zur Treibgasse zeigt fünf Fensterachsen. Der Eingang neben Treibgasse 28 wird über eine einläufige Podesttreppe mit neun Stufen erreicht. Die Ansicht zur Kirche besitzt nur vier Achsen. Alle Fenster haben einfache Steinumrahmungen.

Hinter dem Pfarrhaus ist ein Hof mit Zufahrt vom Kirchplatz aus. Der Hof wird von zwei Nebengebäuden gefaßt. Dahinter ein weitläufiger ummauerter Garten, der bis zur späteren Friedrichstraße reicht.

Pfarrer von St. Agatha

vor 1225	Cuno[54]
1283 bis 1289	Heinrich, gen. Bere[55]
1289	Jordan[56]
1308/1341	Konrad Wyldeganz[57]
1341 bis 1359	Heinrich[58]
1359/1374	Johannes[59]
bis 1410	Jakob[60]
1410	Philipp Schwitz[61]
1427/1433	Heinrich Laurin[62]
1434	Herman Nebelseng von Montzenberg[63]
1456	Thomas Wissweber[64]
1467 bis 1480	Jakob Augsburger[65]
bis 1482	Petrus Andrae[66]
1483 bis 1509	Hartmann Buochenrodde[67]

---

[54] Vgl. *Rachor*, S. 88, *Severus*, fol. 74, *Amrhein*, Prälaten, S. 142.
[55] *Würdtwein*, Diplomatoria I, p. 342, *Kittel*, BauO, S. 21. Tod 1289.
[56] StiA, A 4141, S. 20, *Kittel*, BauO, S. 21.
[57] Ebd. Tod am 31. März 1341. *Gudenus* II, S. 376, *Brügmann*, S. 179.
[58] Aus Laufach. *Kittel*, BauO, S. 22. Tod 1359.
[59] Ebd., S. 22 f., *Fischer*, ULF, S. 48.
[60] Tod 1410. *Kittel*, BauO, S. 24.
[61] Aus Salmünster. Ebd.
[62] Kanoniker und Kustos des Stifts. *Gudenus* II, p. 405: Laurin stiftet 1427 das Fest der Hl. Agatha. Vgl. auch *Amrhein*, Prälaten, S. 122, S. 295, *Kittel*, BauO, S. 24 und *Link*, Klosterbuch II, S. 322. Tod am 25. September 1433.
[63] StiA, Thiel Reg. 2569 v. 25. Februar 1434.
[64] *Kittel*, BauO, S. 25: Lib. Praes. II., fol. 182'.
[65] *Kittel*, BauO, S. 24 f., *Wolfert*, S. 77. StiA, Thiel Reg. U 652 v. 9. Oktober 1469. 1469 trat Augsburger als Bürge in einem Rechtsgeschäft auf.
[66] Ebd., U 4291 v. 19. Januar 1483. Andrae resigniert 1482.
[67] Bei *Kittel*, BauO, S. 26, heißt er Hartmann Buchenwarth. Papst Sixtus IV. (1471-1484) verleiht ihm 1483 die vakante Pfarrei. Vgl. StiA, Thiel Reg. U 4291 v. 19. Januar 1483, *Link*, Klosterbuch II, S. 323, *Wolfert*, S. 77, nennt Heinrich Koch, Pfarrer zu St. Agatha, statt Hartmann Buchenwarth.

1509 bis 1549	Philipp Schantz[68]
1558/1563	Wendelin Hartung[69]
bis 1564	Martin Karl[70]
1568	Gabriel Biber[71]
bis 1570	Kilian Völker[72]
1570 bis 1597	Heinrich Herold[73]
1597 bis 1609	Johannes Schellhorn[74]
1610 bis 1619	M. Adelarius Martini[75]
1619 bis 1659	Johannes Boden[76]
1659 bis 1669	Johann Sebastian Weber[77]
1670 bis 1683	Johannes Adam Brück[78]
1683 bis 1684	Johann Adam Gagel[79]
1684 bis 1695	Johann Peter Vogel[80]

---

[68] Aus Salmünster. *Kittel*, BauO, S. 26. Nach StADa, C 1 D, Nr. 46 (Nekrolog), fol. 56', worauf sich Kittel beruft, starb Schantz am 19. November 1549 nach 48 Jahren als Pfarrer. *Link*, Klosterbuch II, S. 324. Konrad Schantz, 1546 Pleban von St. Agatha, wird bei *Kittel*, BauO, S. 27, Vetter von Philipp Schantz genannt (siehe StADa, C 1 D, Nr. 46, fol. 54). Konrad Schantz, später Pfarrer von Mömbris, war laut StAWü, Mz. Ingrossaturbücher Nr. 61, S. 105, vom Jahre 1544 jedoch Sohn des Philipp Schantz. Wann oder ob Konrad Schantz nur zeitweise Pfarrer von St. Agatha war, ließ sich nicht feststellen.

[69] Aus Miltenberg. Kanoniker und Kapitular des Stifts. *Kittel*, BauO, S. 27, *Amrhein*, Prälaten, S. 206. Ab 1570 Pfarrer von B. M. V. Tod am 5. März 1585.

[70] Aus Heiligenstadt. *Kittel*, BauO, S. 27.

[71] Aus Damm, seit 1565 schon Kaplan (StAWü MRA, H 2049). *Kittel*, BauO, S. 27.

[72] Kanoniker und Kapitular des Stifts. 1570 Pfarrer von B. M. V. StAWü, Mz. Vikariatsakten, Lade 56, Fasz. 151, Nr. 17, *Amrhein*, Prälaten, S. 206. Tod 15. März 1570.

[73] Aus Obernburg. Kanoniker und Kapitular des Stifts. *Kittel*, BauO, S. 27, *Amrhein*, Prälaten, S. 262. Tod am 9. März 1610.

[74] Kanoniker und Kapitular des Stifts. *Kittel*, BauO, S. 28, *Amrhein*, Prälaten, S. 213. Tod am 5. Mai 1609.

[75] Aus Geisa in Thüringen. Kanoniker und Kapitular des Stifts. *Kittel*, BauO, S. 28 f., *Amrhein*, Prälaten, S. 201. Er stirbt am 4. März 1619 und wird in der Kirche beigesetzt.

[76] Aus Heiligenstadt, St. Agatha, Matrikelbuch I, S. 37. Kanoniker und Kapitular des Stifts. StiA, Thiel Reg. U 71 v. 15. November 1659: Boden stirbt am 5. November 1659. *Kittel*, BauO, S. 29, *Amrhein*, Prälaten, S. 201.

[77] Kanoniker und Kapitular des Stifts. StiA, Thiel Reg. U 71 v. 15. November 1659: Weber erhält die Pfarrei 1659, nach dem Tod des Johannes Boden. *Kittel*, BauO, S. 30 f., *Amrhein*, Prälaten, S. 201. 1666 wurde Weber suspendiert, durfte aber die Pfarrei „temporaliter" bis 1669 beibehalten. 1670 resigniert er.

[78] Kanoniker und Kapitular des Stifts. StiA, Thiel Reg. U 1087 v. 18. Januar 1666: Nach dreijähriger Suspension von Weber wird Brück Pfarrer von St. Agatha. Er stirbt 1683. Vgl. *Amrhein*, Prälaten, S. 201 und *Kittel*, BauO, S. 31.

[79] Aus Bamberg. Kanoniker und Kapitular des Stifts. *Kittel*, BauO, S. 31, StiA, Thiel Reg. U 2711 v. 28. Juli 1684: Gagel resigniert 1684 und stirbt noch im gleichen Jahr. *Amrhein*, Prälaten, S. 201.

[80] Aus Paderborn. *Kittel*, BauO, S. 31. Pfarrer in Großostheim, Kanoniker und Kapitular des Stifts. Vogel war zugleich erzbischöflicher Kommissar in Aschaffenburg. Vgl. *Amrhein*, Prälaten, S. 201. Er stirbt am 19. August 1695 und wird im Chor der Kirche begraben. Sein Denkmal ist hinter dem Chor an der Außenseite. StiA, Thiel. Reg. U 2711 v. 28. Juli 1684.

1696 bis 1713 Johann Philipp Endres[81]
1713 bis 1722 Johann Jakob Büchel[82]
1722 bis 1732 Christian Keller[83]
1733 bis 1759 Johann Baptist Philipp Cammer[84]
1759 bis 1794 Johann Philipp Cammer[85]
1794 bis 1797 Bernard Knörr[86]
1797 bis 1802 Dr. theol. Peter Franz Xaver von Tautphöus[87]
1802 bis 1825 Dr. theol. Franz Christof Scheidel[88]
1826 bis 1854 Franz Ägidius (Egid) Anderlohr[89]
1854 bis 1856 Peter Anton Breunig[90]
1857 bis 1880 Michael Schmidt[91]
1881 bis 1904 Karl Alzheimer[92]
1905 bis 1919 Josef Ruppert[93]

---

[81] Aus Lohr (geb. 1655). Kanoniker und Kapitular des Stifts. *Kittel*, BauO, S. 31, *Amrhein*, Prälaten, S. 202. Endres stirbt am 28. Mai 1713 und wird in der Stiftskirche beigesetzt. Nach der Grabesinschrift soll er in St. Agatha einen Marmoraltar errichtet und dotiert haben. Der Stiftsstäbler erhält für die Einladung zum Begräbnis von Pfarrer Endres 1 fl. 30 kr., vgl. StiA, 3391, fol. 21'.

[82] Aus Heusenstamm (geb. 1677). Kanoniker und Kapitular des Stifts. *Kittel*, BauO, S. 31, *Amrhein*, Prälaten, S. 202. Tod am 20. April 1722.

[83] Kanoniker und Kapitular des Stifts. *Kittel*, BauO, S. 31, *Amrhein*, Prälaten, S. 202. Tod am 8. Dezember 1732.

[84] Aus Obernburg. Kanoniker und Kapitular des Stifts. *Kittel*, BauO, S. 32, *Amrhein*, Prälaten, S. 202. Cammer stirbt am 18. Juni 1759 und wird am 21. Juni in St. Agatha begraben. Sein Epitaph ist an der Rückwand des Mittelschiffs, rechts vom Haupteingang. St. Agatha, Sterbematr. v. 1759, S. 91.

[85] Geb. 1734 in Obernburg, gest. 11. August 1794. Kanoniker und Kapitular des Stifts. *Kittel*, BauO, S. 32. Er war der Neffe von Johann Baptist Cammer. St. Agatha, Sterbematr. v. 1794, S. 232: Johann Philipp Cammer, 60 Jahre, wird am 13. August 1794 „in coemeterio ante crucem" (im Kirchhof vor dem Kreuz) begraben. *Amrhein*, Prälaten, S. 203. 1779 wurde St. Agatha zu einer Doktoral-Pfarrei bestimmt, d. h., die zukünftigen Pfarrer müssen promoviert sein in Theologie oder Jura, vgl. StiA, 2700, Stiftsprot., K 145, fol. 36 v. 1. Juli 1779.

[86] Aus Mainz (geb. 1743). Kanoniker des Stifts. *Kittel*, BauO, S. 32, *Amrhein*, Prälaten, S. 203. St. Agatha, Sterbematr. v. 1797, S. 242. Am 5. Februar 1797 wurde Bernard Knörr auf dem Friedhof vor dem Kreuz begraben. Er war 2 Jahre und 4 Monate Pfarrer von St. Agatha.

[87] Aus Höchstädt (geb. 1751). Kanoniker und Kapitular des Stifts. *Kittel*, BauO, S. 32, *Amrhein*, Prälaten, S. 203, S. 248 f. Er resigniert 1802.

[88] Aus Frankfurt (geb. 1748). Kanoniker und Kapitular des Stifts. *Kittel*, BauO, S. 32 f., *Amrhein*, Prälaten, S. 203 f. Scheidel war erzbischöfl. geistl. und geheimer Rat. Sowohl an der Universität Mainz als auch später an der Karls Universität in Aschaffenburg lehrte er Dogmatik. HStA Mü, MK 23650. Scheidel, seit 1807 Regens des Priesterseminars in Aschaffenburg, resignierte 1825. Er starb am 12. August 1830.

[89] Aus Goldbach (geb. 1780). *Kittel*, BauO, S. 33. Anderlohr war geistl. Rat. Er stirbt am Abend des 3. Februar 1854 im Alter von 73 Jahren an Altersschwäche.

[90] Aus Altenbuch (geb. 1796). *Kittel*, BauO, S. 33 f. Tod 1856.

[91] Aus Helmstadt (geb. 1811). *Kittel*, BauO, S. 34. Direktor bei den Englischen Fräulein. Tod am 22. November 1880.

[92] Geistl. Rat (geb. 1827). Am 15. November 1900 wird er Ehrenbürger der Stadt Aschaffenburg. Er war Direktor bei den Englischen Fräulein. Im Alter von 77 Jahren stirbt er am 29. Dezember 1904.

[93] Aus Marktheidenfeld (geb. 1858). Tod 1936.

1920 bis 1953   Max Jaeger[94]
1953 bis 1958   Dr. phil. Edmund Erhard[95]
1959 bis 1979   Dr. phil. Dr. theol. Ludwig Pfeifer[96]
seit 1979   Pater Arnold Hartlaub[97]

Eine Liste der Kapläne, die im 19. Jahrhundert amtierten, liegt im Diözesanarchiv in Würzburg[98].

Eigentümer

1808 wurden die Eigentumsverhältnisse geklärt. Vorher war die Kirche mit Pfarrhaus im Stift inkorporiert (grundrechtlicher Besitz).
Katholische Pfarrpfründstiftung St. Agatha.

---

[94] Geb. am 5. Juni 1881 in Roth/ Rhön. Er gründete 1920 den Caritasverband Aschaffenburg, dessen Vorsitzender er bis zum Jahre 1958 war. Während seiner Amtszeit und durch seine Unterstützung werden die Kirchen St. Josef in Damm und Herz-Jesu zu Pfarreien erhoben. Seit 1937 Geistl. Rat. Jaeger resigniert am 15. April 1953 und stirbt am 28. April 1962.
[95] Geb. 1900 in Maibach/Schweinfurt, gest. am 28. Dezember 1958. Geistl. Rat.
[96] Geb. 1908 in Eichelsbach, gest. am 14. Februar 1979.
[97] Geb. 1941 in Niedernberg. Pallottinerpater.
[98] DAWü, Aschaffenburg, St. Agatha, Pfarrei-Akten, Kasten 2.

Treibgasse 32   (Lit. B 106)   Plan-Nr. 594
Agathaplatz 3 seit Juli 1991

Pfarrkirche St. Agatha

Geschichte

Entstehung der Kirche im 12. Jahrhundert

Die am 21. Dezember 1184 im Namen Papst Lucius' III. (1181-1185) angefertigte Bulle, an den Aschaffenburger Stiftspropst Wortwin[1] gerichtet, legt die juristischen Rechtsverhältnisse des Stifts dar. Damals gehörten zum Stift „parrochia intra muros", die Pfarrei innerhalb der Stadtmauer, Beata Maria Virginis (Muttergotteskirche), und „parrochia extra muros", die Pfarrei außerhalb

---

[1] *Amrhein*, Prälaten, S. 61, S. 132.

der Stadtmauer, St. Agatha[2]. Diese Urkunde ist der älteste schriftliche Beleg für diese Kirche.

Das Schrifttum über die Anfänge der St. Agathakirche geht auf Martin Kittels „Bauornamente"[3] zurück. Er gibt als Baujahr 1141/1142 an[4], was nicht genau zutrifft.

Mader[5] vermutet aufgrund der noch erhaltenen romanischen Teile des ursprünglich einschiffigen kleinen Kernbaus, daß die Kirche um die Mitte des 12. Jahrhunderts gebaut wurde.

Entwicklung der Pfarrkirche St. Agatha bis 1945

Etwa um 1270 gab es bereits den Stadtteil „vicus St. Agatha"[6].
Stiftspropst Symon von Schöneck[7] teilte 1279 dem Kollegiatstift mit, daß er, wie schon sechs Jahre zuvor die Pfarrei B. M. V., jetzt die Pfarrei St. Agatha inkorporiere, d. h. eingliedere. Am 30. Juli 1279 bestätigt Erzbischof Wernher von Mainz (1259-1284) Dekan und Kapitel die Unierung und Inkorporation der Pfarrei „St. Agatha extra muros Aschaffenburgenses" an die Kantorei[8]. Durch die Vereinigung hatte das Stift jetzt das Patronats- und Besetzungsrecht dieser Pfarrei. Der Dekan versprach sich, daß hiermit die durch Kriegsereignisse verringerten Einkünfte des Kollegiatstifts wieder aufgebessert werden[9]. Zum Dank der Inkorporation bekam das Mainzer Erzstift, laut Urkunde vom 12. Januar 1288, jährlich an Martini zwei Pfund Wachs von der Pfarrei St. Agatha[10].

Die folgende Baugeschichte der Kirche stützt sich größtenteils auf die Angaben von Kittel, die auch immer wieder als Vorlagen bei Veröffentlichungen verwendet wurden. Sie stimmen in etwa mit den späteren Untersuchungen an noch vorhandenen Bausubstanzen überein[11].

Bauten an der Kirche, ungefähr seit 1280

Anbau eines kleinen Chors und Errichtung des Turm-Glockengeschosses. 1283 vermachen Krämer Berthold und seine Frau Jutta, wohnhaft zwischen den Toren, dem Kirchenbaufonds einen jährlichen Zins von 6 Denaren[12].

---

[2] *Gudenus* I, S. 267, 278, 286.
[3] *Kittel*, BauO, Die Pfarrkirche ad Sanctam Agatham, Programm 1856/57.
[4] Ebd., S. 5.
[5] *Mader*, S. 152 ff.
[6] *Gudenus* II, S. 375.
[7] *Amrhein*, Prälaten, S. 65.
[8] StiA, Thiel Reg. U 2536 v. 30. Juli 1279. Siehe auch *Brügmann*, S. 167.
[9] *Amrhein*, Prälaten S. 65, *Merzbacher*, AJb 4/1, S. 314.
[10] *Amrhein*, Prälaten, S. 200, Anm. 8, *Merzbacher*, AJb 4/1, S. 315.
[11] *Kittel*, BauO.
[12] Nach den Aufzeichnungen von Max *Jaeger*, Pfarrer von St. Agatha von 1920 bis 1953.

Scholaster Gerlach Schelm gibt seinen Hof bei St. Agatha 1308 dem Dekan Konrad Wyldeganz, der bis 1341 Pfarrer von St. Agatha ist[13].

Zweite Hälfte des 14. Jahrhunderts

Anbau der Seitenschiffe und Erhöhung des Mittelschiffs. In diese Zeit fällt der Bau der St. Annakapelle auf dem Friedhof, der die Agathakirche umgibt. Sollte die Kirche – wie Brander annimmt – ursprünglich Friedhofskirche gewesen sein, so hat sie mit dem Bau der Annakapelle diese Funktion aufgegeben.

15./16. Jahrhundert

1475/85 mäßige Erhöhung der Umfassungsmauern der Kirche[14]. Der Turm wird diesen angepaßt.
1484 macht Steinmetz Peter Klar den Fußfall neben dem Agathaturm.
Bei dem Umbau von 1489 wird der Chor erhöht und durch eine Kommunionbank vom Kirchenschiff getrennt. Hans von Gonsrod und sein Bruder stiften das Geländer der Kommunionbank.
Von Jörg dem Maler stammen „Das jüngste Gericht" und ein „St. Martin" (1508).
1515 erhält ein Bildschnitzer aus Seligenstadt „5 fl. für die Daffeln".
Schreiner Peter Bauer fertigt 1515 ein neues Kirchengestühl[15].
1599 wird eine Vorhalle am Chor für diejenigen gebaut, die nicht in die Kirche dürfen, wie z. B. Sondersiechen.

17./18. Jahrhundert

1602 wird St. Agatha der fünften Stiftspfründe inkorporiert „mit der Wirkung, daß der Inhaber dieses Kanonikats zugleich Pfarrer von St. Agatha wurde"[16]. Da nun die Pfarrpfründe dem Pfarrvermögen einverleibt waren, verweigerte das Kollegiatstift, weiterhin die Baulast für Kirche und Pfarrhaus zu tragen. Es gab in den folgenden Zeiten deshalb langwierige Auseinandersetzungen. Kirche und Pfarrhaus waren in schlechtem baulichem Zustand, und keiner sah sich verpflichtet, für die Kosten aufzukommen.
1613 bekommt die Kirche die Westempore[17].
Durch Erhöhung und Einwölbung des Mittelschiffs ist ein neues Dach notwendig.

---

[13] *Gudenus* II, S. 376, *Brügmann*, S. 179. *Kittel*, BauO, S. 21.
[14] *Mader*, S. 152. Die Zeitangaben hat er von Kittel übernommen.
[15] *Zülch*, S. 366.
[16] *Brander*, AJB 4/2, S. 934 f. Ob eine Vereinigung der XXI. Präbende mit der Pfarrei St. Agatha unter Pfarrer Heinrich Herold 1570 bereits vollzogen wurde, konnte bis jetzt noch nicht nachgewiesen werden. Vgl. dazu *Amrhein*, Prälaten, S. 262, *Fischer*, ULF, S. 48 f.
[17] *Mader*, S. 152.

1618 erhält der Pfarrer von St. Agatha vom Stift 400 fl. für „Bausachen" vorgestreckt[18].

Noch vorhandene Rechnungslisten über die Jahre 1625 bis 1656 geben Aufschluß, wieviel Einnahmen die Pfarrei hatte und wie hoch die Ausgaben waren[19].

Gelder werden eingenommen durch Grundzinsen, das Kirchenbauamt und Beerdigungen, dadurch können u. a. auch ein Teil der Kosten für Reparaturen und Dienstleistungen gedeckt werden.

Im Jahr 1627 entstehen folgende Ausgaben:

„Hans Obermüller, Glöckner zu BMV 1627

auf Trium Regum geliehen	130 fl.	
für 100 14schuhige Bort zum Kirchenbau	8 fl.	
Conrad Laubern, Schiffmann für 40 Rieß Leyenstein à 26 Batzen	69 fl.	10 alb
Jost Weller für Dachreparatur an der Kirche	45 fl.	
für 200 lange Bort	18 fl.	
für denselben aus dem Main zu führen	1 fl.	10 alb
Jost Weller für den Stein zu hauen	3 fl.	
dem Schreiner für Ausbesserung der Orgel	3 fl.	
für 100 Bort	6 fl.	5 alb
dem Schiffmann für Leyensteine	19 fl.	25 alb
den Schülerbuben für die Borten oben aufzutragen		5 alb
dem Fuhrmann für Transportieren von Borten und Leyensteinen	1 fl.	4 alb
dem Ziegler laut Zettel	1 fl.	28 alb
dem Leyendecker für Zudecken des hl. Grabes	1 fl.	
dem Jungen, der beim hl. Grab gesungen	1 fl.	14 alb
für Schornstein im Glockenhaus zu fegen		7 alb 4 Pf.
für Transport des Leyensteins vom Main herauf	2 fl.	27 alb
3 Karren Kummer auf den Friedhof gebracht		9 alb
Armen Leuten Steine auf die Seite		6 alb
dem Pfarrer nach übergebenen Quittungen	140 fl.	9 alb
dem Glöckner für beide Jahre gezahlt	91 fl.	17 alb 4 Pf.
Jahreslohn für den Baumeister"	7 fl.	21 alb
Summe der Ausgaben:	1.448 fl.	15 alb 4 Pf.

Nach Abzug von den Einnahmen blieb noch ein Überschuß von: 178 fl. 21 alb 1 Pf.

1643/44 betrugen die Einnahmen 1.117 fl. 17 alb 4 Pf., die Ausgaben 349 fl. 2 alb 4 Pf.[20].

---

[18] StAWü, MRA, Lade 56, Nr. 151/17, S. 148.
[19] StAWü, R 40565.
[20] Ebd., R 40567.

Unter den Ausgaben sind folgende Posten aufgeführt[21]:

Johann Heckmann, Leyendecker, für das Kirchdach zu besteigen und ein Stück neu zu machen	15 fl.	
den Maurern von Valentin Schütz für das Platten der Kirche	5 fl.	2 alb
„als das Kreuz uffgericht worden den Werkleuth zu Jahr"		12 alb
Christoph Wammser, Steinmetz		27 alb
Reinhard Gembach, Glaser, für Ausbessern der Kirchenfenster		28 alb
Hartmann Roßenberger für den Glockenstuhl auszubessern	1 fl.	

1657 müssen von den Einnahmen von 1.274 fl. 11 alb 5 Pf. ausgegeben werden[24]:

Marx Brunn (Braun), Schreiner, für Ausbessern der Kirchenstühle		20 alb
Orgelreparatur	12 fl.	
dem Orgelmacher Kost und Logis	3 fl.	10 alb
Nikolaus Urlaub, Sattler, für Orgelblasebalg	27 fl.	
für Ausbesserungen am Dach:		
Maurer Velten Schütz für Ziegel	11 fl.	
für Latten	5 fl.	
Fuhrlohn für Latten über die Brücken	18 fl.	
für Bretter		12 alb
6 Malter Kalk	3 fl.	
15 „Karche"[22] Sand à 4½ alb	2 fl.	7 alb 4 Pf.
für Hohlziegel, 650 Stück, gezahlt an Hans Müller, Johann Schmitt und Philipp Maulatz	3¼ fl.	
Hans Schneider, Tüncher	1 fl.	20 alb
Hans Büdinger, Glaser, für Arbeit auf dem Glockenhaus		28 alb
Georg Schneider, Leyendecker,		10 alb
„den eisernen gerambs"[23] am Kirchhofeingang für Ausheben und Ausbessern	1½ fl.	
Philipp Pütscher, Schreiner, für ein neues Kreuz auf der Fahnenstange,		10 alb
somit Ausgaben:	484 fl.	5 alb 7 Pf.

1702 will Pfarrer Johann Philipp Endres aus der Fleischbein-Stipendien-Stiftung Baugelder für seine Pfarrkirche entlehnen[25].

1749 malt „Mahler Conrad Bechtold" das Zifferblatt der St. Agathakirche für 7 fl. 30 kr.[26].

---

[21] Ebd., R 40566.
[22] Fuhren.
[23] Gitter.
[24] Ebd., R 33536.
[25] StiA, Stiftsprot. v. 23. Juni 1702, S. 51.
[26] StaA, StadtbauR v. 1749, S. 38.

Der Glockenstuhl im Agathaturm ist an zwei Stellen sehr beschädigt. Pfarrer Johann Philipp Cammer läßt ihn 1778 ausbessern. Die Kosten belaufen sich auf 40 fl. Laut Magistratsbeschluß vom 30. Januar 1779 soll die Hälfte des Betrags von der Stadt gezahlt werden. Der Kirchenverwalter ist zu dieser Zeit Karl Joseph Mühlbacher[27]. Bürger Johannes Krohm bekommt für „gethanene Kollekte zum Kirchenturmbau" 3 fl.[28]

Am 7. Juli 1779 wird St. Agatha zur Doktoratspfarrei durch Erzbischof Kurfürst Carl Joseph von Erthal ernannt[29]. Dies bedeutet, daß die zukünftigen Pfarrer in Theologie oder Jura promoviert sein müssen[30].

1784 erhält die Kirche das Taufrecht, das zuvor die Stiftskirche hatte[31]. Auf Bitten der beiden Stadtpfarrer, Johann Philipp Cammer von St. Agatha und Dr. Konrad Butsch von B. M. V, an das Erzbischöflich-Mainzische Generalvikariat durften in den beiden Pfarrkirchen ab 10. Mai 1784 Taufbecken aufgestellt werden[32].

Pfarrer Bernhard Knörr berichtet im September 1795: „Die Platten des Kirchenfußbodens sind alt, abgeschliffen, Teile zerbrochen, haben überall Öffnungen. Auch wegen der vielen Grabstätten ist der Boden eingesunken, und wenn es ein wenig feucht ist, äußert sich ein fast unausstehlicher fauliger Geruch. Die Sache wolle in Augenschein genommen werden, der Boden muß neu geplattet und erhöht werden. Der Vorgänger seel. hatte der Kirche 2000 fl. vermacht"[33].

Nach Angabe des Kirchenkollektors Stephan Mösel ist im September 1797 auf der Seite des St. Sebastianchors das Dach schadhaft. Kostenvoranschläge von Leonhard Seibert, Leiendecker, über 52 fl. 31 kr. und Johann Egid Mühlbacher, Zimmermann, über 24 fl. 26 kr. liegen vor. Die Stadt kann dazu keinen Beitrag leisten[34].

19. Jahrhundert

Im Oktober 1803 wendet sich Pfarrer Franz Christof Scheidel wiederholt an das Stadtamt. Er erhofft sich finanzielle Unterstützung, um die aufgetretenen Schäden an der Kirche beseitigen zu können. Am 2. Mai 1804 erteilt die kurfürstliche Landesdirektion die Erlaubnis, Reparaturen durchzuführen. Die Kosten, ca. 108 fl., soll der Kirchenfonds tragen.

---

[27] StaWü, Mz. Vikariatsakten, Lade 56, Fasz. 151, Nr. 16. St. Agatha, Sterbematr. v. 1791, S. 224. Tod von Carolus Josephus Mühlbacher, 8. September 1791.
[28] StaA, KirchenR, Kirchenfabrik St. Agatha 1781, S. 25.
[29] DAWü, Pfarrei-Akten, Aschaffenburg St. Agatha, Kasten 2, Tit. 54 B, Pfarrer ad St. Agatham, Dotation, Session und Pfründe, Vermögen betr.
[30] StiA, 6593, Stiftsprot., K 145, fol. 36.
[31] *Brander*, S. 935.
[32] Vgl. *Fischer*, ULF, S. 58 ff.
[33] StaWü, Mz. Vikariatsakten, Lade 56, Fasz. 151, Nr. 16.
[34] Ebd. St. Agatha, Sterbematr. v. 1800, S. 261: Zimmermann Egidius Mühlbacher stirbt im Alter von 51 Jahren.

Trotz dieser einzelnen Reparaturmaßnahmen ist die Pfarrkirche zu Beginn des 19. Jahrhunderts in einem sehr schlechten baulichen Zustand. Das Erzbischöfliche Gerneralvikariat in Aschaffenburg kündigt 1807 an, die Pfarrei aufzulösen, wenn die Stadt nicht die Baukosten für Kirche und Pfarrhaus übernehme. Um ihre Pfarrkirche zu erhalten, verpflichtet sich die Stadt Aschaffenburg, für die Unterhaltung von Kirche und Pfarrhaus aufzukommen[35].

1811 wird der alte Friedhof um die Agathakirche aufgelassen.
Wiederholt macht Pfarrer Scheidel auf den schlechten Zustand der Kirche aufmerksam, so auch am 21. Juni 1816. Der Fußboden der Kirche liegt nach wie vor zu niedrig und sollte gehoben werden. Die Kirche muß unbedingt ausgeweißelt, und die Altäre müssen renoviert werden. Die anfallenden Kosten werden 2000 bis 2500 fl. betragen[36]. Unterlagen über durchgeführte Maßnahmen zu dieser Zeit liegen nicht vor.

1827 wird die Uhr von St. Agatha durch den Uhrmacher Franz Joseph Schreher für 178 fl. repariert[37].
Erst 1833 erhält Tünchermeister Heinrich Joseph Hirsch den Auftrag, die Kirche für 139 fl. auszuweißeln. Außerdem sind fünf Altäre, vier Beichtstühle, die Orgel und die Kanzel für 60 fl. zu firnissen[38].
1836 muß die Kirche dringend restauriert werden. Nach einem Magistratsbeschluß von 1836 sind die Reparaturen so notwendig, daß eine weitere Verzögerung als höchst nachteilig angesehen werden muß[39]. Der Grund der Verzögerung hängt mit der ungeklärten Rechtsfrage zusammen, wer der zuständige Kostenträger ist. Da die Rechtslage nicht geklärt wird, läßt Pfarrer Egid Anderloher auf eigene Kosten 1849 die Kirche renovieren[40].

Am 27. März 1879 wird ein Protokollbuch angelegt, das auch über Bausachen informiert[41].
Der Sakristeiumbau wird am 28. August 1879 genehmigt[42].
Nach einer Niederschrift vom 2. September 1879 wird festgestellt, daß das Kirchendach schadhaft ist[43]. Obwohl die Schiefer zum Teil noch verwendet werden können, muß mit Reparaturkosten von 2.608,63 Mark gerechnet wer-

---

[35] Nach *Brander*, S. 935. StAWü, Reg.Ufr, Abgabe 1943/45, Nr. 727 b.
[36] Ebd., Mz. Vikariatsakten, Lade 56, Fasz. 151, Nr. 16.
[37] StaA, Mag.Prot. v. 25. Oktober 1827.
[38] Ebd. v. 4. Juli 1833.
[39] Ebd. v. 11. August 1836.
[40] AGBl. 25. Jg. 1933, Nr. 6, S. 18.
[41] Protokollbuch der Kirchenverwaltung St. Agatha, betr. Bausachen.
[42] StaA, Mag.Prot. v. 28. August 1879.
[43] Protokollbuch, S. 7 ff.

den. Bei dieser Gelegenheit wurden ein neuer Blitzableiter angebracht und der Turm renoviert[44].

Um die umfangreiche Restaurierung der Kirche durchführen zu können, konstituiert sich 1880 ein „Verein zur Restaurierung der Pfarrkirche zur heil. Agatha".

Nach Eintragungen im Protokollbuch und nach späteren Vermerken von Pfarrer Max Jaeger (1920-1953) werden 1880/81 noch folgende Arbeiten durchgeführt:

Neubau der Sakristei und Tünchen des Treppenhauses zur Emporenbühne für 2.880 Mark.

Neue Tür am Hauptportal. Beseitigung der Emporenstiege.

Geringe Verschiebung der Tür des rechten Seitenschiffs, die bis dahin Haupteingangstür war. Dabei wird das alte gotische Fenster zugemauert und dafür eine Steinrosette angebracht.

Entfernung der barocken Ausstattung im Kircheninnern und Erneuerung im neugotischem Stil.

Die Nebentür auf der westlichen Seite wird mit neuen Gewändsteinen und einer Türschwelle versehen[45].

Die im Obergaden des Langschiffs befindlichen acht Fenster mit Korbbögen werden in acht gekuppelte Spitzbogenfenster geändert. Die beiden westlichen Giebel der Nebenschiffe sollen mit Zinnen bzw. aufsteigenden Staffeln, und zwar die südliche Seite mit vier und die nördliche Seite mit sechs, gekrönt werden[46]. Tünchermeister Conrad[47] erhält für innen und außen Ausmalen 2146,21 Mark[48]. Die acht neuen gekuppelten Fenster im Obergaden des Hauptschiffs erhalten Butzenscheiben durch Glasermeister Carl Dietz. Das Glas ist von der Glashütte zu Einsiedel[49].

Kostenvoranschläge für	Mark
Arbeiten am Turm	293,92
am Dach	1037,03
Schlossermeister Carl Wagenführer	500,–
Steinhauermeister Valentin Weber	400,–
Maurermeister Franz Schmelz	150,–
Glaserarbeiten	50,–
Anstrich des Tors	20,–

Am 3. Juni 1881 Orgelreparatur durch Orgelbauer Bruno Müller.

---

[44] Ebd., S. 22.
[45] Ebd., S. 27.
[46] Ebd., S. 28.
[47] Vermutlich handelt es sich hierbei um Tünchermeister Conrad Hock, Pfaffengasse 19.
[48] Ebd., S. 30.
[49] Ebd., S. 39. 1882 werden für die neuen gemalten Glasfenster 3.400 Mark bezahlt.

Der Hof zwischen der neuen Sakristei und dem Pfarrgarten liegt tiefer als der Regenablauf. Da sich deshalb das Wasser staut, soll der Hof im September 1881 höhergelegt und mit Anschluß an den Ablauf gepflastert werden.
An der Tür des rechten Seitenschiffs wird ein Windfang angebracht[50].
Neue Altäre werden aufgestellt.
Die entstandenen Kosten belaufen sich auf 15.727,87 Mark nach Rechnungen von 1880/81.
Bei der Generalversammlung des „Vereins zur Restaurierung der Pfarrkirche zur heil. Agatha" am 27. Dezember 1883 im Café Ritter unter Anwesenheit von Pfarrer Karl Alzheimer kommt folgendes zur Sprache:
Durch Mitgliedsbeiträge konnten die Schulden zum großen Teil abgetragen werden, die durch die Umgestaltung des Hochaltars und der Chorfenster[51] entstanden waren. Eine unbekannt bleiben wollende Wohltäterin stiftet ein Glasgemälde, die unbefleckte Empfängnis darstellend. Dieses und die anderen neuen Fenster liefert die Kunstanstalt Nicolas in Roermond[52].
1884 soll die Zopfkanzel (Barockkanzel) durch eine stilgerechte ersetzt werden[53].

1900 bis 1945

1903 Abbruch der St. Annakapelle mit Beinhaus.
1908/09 Aufstellung des Kreuzwegs.
Wegen des Bevölkerungszuwachses werden im April 1914 Pläne eingereicht, die Kirche zu vergrößern. Die alte Kirche sollte als eine Art Atrium in den Neubau einbezogen werden. Das Hauptschiff der neuen Kirche sollte sich nach Süden im rechten Winkel zur alten Kirche bis an den Hof der Luitpoldschule erstrecken. Das Pfarrhaus und das ehemalige Vizedomamtshaus (Treibgasse 28) müßten weichen. Anstelle der Häusergruppe vor der alten Kirche sollte künftig das neue Pfarrhaus stehen. Mit einer Breite von 25 m und einer Länge von 65 m wäre die neue Kirche St. Agatha das größte Gotteshaus der Stadt geworden. Doch der Ausbruch des Ersten Weltkriegs ließ diese Planung nicht zur Ausführung kommen.

1921 wird der Kircheninnenraum restauriert[54].
1934 erfolgt ein großer Umbau mit Errichtung eines Querschiffs.

---

[50] Ebd., S. 40/41.
[51] Polychromierung der Altarmensa, Einsetzen von zwei Fenstern mit Teppichmuster im Chor.
[52] BaM v. 13. September 1883.
[53] Ebd. v. 16. Januar 1884.
[54] Ebd. v. 1. Juli 1921.

Unter Leitung von Professor Albert Boßlet, Würzburg, werden das alte frühgotische Chorjoch und die Sakristeibauten niedergelegt. Errichtung eines neuen Querschiffs zwischen Längsschiff und gotischem Chor. Das Wandgemälde auf dem Chorbogen, die Geburt Christi, 1777 von dem Aschaffenburger Johann Konrad Bechtold gemalt, wird dabei entfernt. Im Winkel zwischen dem erhalten gebliebenen Chor und dem südlichen Querhausflügel nun die neue Sakristei.

1944 wird die Kirche durch Sprengbomben am 21. November und am 12. Dezember schwer beschädigt[55]. Durch Artilleriebeschuß am 31. März 1945 entsteht ein Großbrand. Dach und Umfassungsmauern werden zerstört, Turm und Innenraum brennen völlig aus[56]. Es bleiben nur die Apsis und der untere Teil des Turms stehen.

Doch schon kurz nach Kriegsende hoffen Pfarrer und Pfarrgemeinde die Kirche wiederaufbauen zu können.

Wiederaufbau nach 1945

Professor Albert Boßlet, Würzburg, wird mit dem Wiederaufbau beauftragt. Ihm zur Seite stehen Regierungsbaumeister Erwin van Aaken und Bauingenieur Hans Bransch.

Baufirma: Gabriel Dreßler, Stahlkonstruktion: Seibert-Werke.

August 1948	Abbruch von Ruinenresten. Beginn von Maurerarbeiten am Chorteil. Neue Fundamente, neue Pfeiler
Oktober 1948	Dachstuhl über dem Chor aufgestellt. Flache Balkendecke
Februar 1949	Dachstuhl über dem Hauptschiff aufgestellt
März 1949	Eingang am rechten Seitenschiff hergestellt
	Als rechtes Seitenportal wird das ursprüngliche Portal des Haupteingangs im Innern des Turms verwendet, da es zu den ältesten romanischen Steinmetzarbeiten der Kirche zählt.
April 1949	Trotz aller Bemühungen, den historischen Kirchturm zu erhalten, mußte er abgebrochen werden, da sein Fundament, aus lose aufeinandergeschichteten Steinen bestehend, sich nicht als tragfähig erwies.
August 1949	Maurerarbeiten am Turm fertiggestellt
September 1949	Aufstellung des Turmhelms
Oktober 1949	Turm und Schiff werden eingedeckt

---

[55] Kap.Chronik 1940-1952, S. 101 und S. 107/08.
[56] *Stadtmüller* II, S. 151 f. und S. 441. Im Herbst 1946 wurde in der Kirchenruine „Der Tor und der Tod" von Hugo von Hofmannsthal aufgeführt. Als Bühne dienten die erhaltenen Gewölbe des Chorraums der Kirche. Spielleitung hatte Franz Schaub.

Am 1. November 1949 Einweihung der wiedererrichteten Kirche. Die neue Kirche ist 6,50 m länger, als die alte Kirche war.
Beim Wiederaufbau der Kirche kam die städtische Baupflicht wieder zur Sprache. Zwischen der Stadt Aschaffenburg und den Vertretern der Diözese in Würzburg wurde am 15. Juni 1950 folgendes vereinbart:
Die Baulast am Pfarrhaus bestätigt die Stadt. Sie verweigert aber die Baulast an der Kirche. Am Pfarrhaus zahlte die Stadt vor der Währungsreform 77.359,83 RM und danach 15.000 DM.
Zur Herstellung der Pfarrkirche gewährte sie einen Zuschuß von 65.000 DM. Damit waren die Verpflichtungen der Stadt gegenüber der Kirche und dem Pfarrhaus erledigt. Mit der Ablösungssumme wurde in der Treibgasse 28, Besitz des Kirchenbauvereins, eine Notwohnung für den Pfarrer eingerichtet[57].
1953 wird der St.-Agatha-Kirchplatz umgestaltet.

Neuer Glockenturm, Verlängerung des Kirchenschiffs und Neugestaltung des Innenraums bis 1964

Bereits 1953 zeigen sich unterhalb des Glockenstuhls am Mauerwerk des neuen Turmes Risse. Nach dem Gutachten einer Untersuchungskommission wird festgestellt, daß er zur Aufnahme von Glocken nicht mehr geeignet ist. Das Glockengeläut muß 1954 eingestellt werden.
Im März 1960 wird beschlossen, den Turm völlig abzureißen. Er sollte so gebaut werden, daß er einer Verlängerung des Kirchenschiffs nicht im Wege stehe.
1962 wird nach Entwurf von Architekt Gustav Heinzmann, Würzburg, die Kirche um 6 m in Richtung Agathaplatz erweitert. Der neuerrichtete Turm in zeitgemäßer Form mißt bis zur Helmspitze 48 m. Er steht an der Nordwestecke, abgesetzt von der Kirche, und ist mit dieser durch die Taufkapelle verbunden.
Das Satteldach des Erweiterungsbaus ist auf der Südseite über das Seitenschiff und die Marienkapelle herabgezogen. Die Kirche verfügt nun über 76 zusätzliche Sitzplätze.
Die Orgelempore wird so weit zurückgenommen, daß der Kirchenraum voll zur Geltung kommt.
Neben der geräumigen Vorhalle, zwischen Turm und Kirchenschiff, ist jetzt die Taufkapelle. Rechts vom neuen Eingang wird eine kleine Andachtskapelle, die Marienkapelle, eingerichtet. In dieser Kapelle wird das noch erhaltene Portalrelief der alten romanischen Kirche wieder aufgebaut. Es ist mit einer barocken, schmiedeeisernen Gittertür verschlossen.
Der neue Kirchturm in Sichtbeton hat eine Höhe von 30 m. Die Turmhaube ist 18 m hoch und 4 Tonnen schwer. Die Stahlkonstruktion der Turmhaube fer-

---

[57] *Brander*, S. 936.

tigt die Firma B. Seibert GmbH, die Holzverschalung die Zimmerei J. Schießer. Von Spenglermeister Karl Friedrich stammen die kupferne Turmhelmverkleidung sowie der kupferne Turmhahn.
Am 16. Mai 1963 wird die 12 t schwere Agathafigur über dem neuen Kirchenportal in die Mauer eingelassen. Die 4 m hohe Sandsteinskulptur wurde von Julius Bausenwein entworfen und von den Bildhauern Ernst Singer und Willi Grimm, Würzburg, hergestellt.
Die Bauarbeiten der Kirchenerweiterung durch die Firma Gabriel Dreßler sind bis Ende Mai 1963 abgeschlossen.

Im Dezember 1964 ist die Neugestaltung des Innenraums nach Heinzmanns Plänen beendet. Künstlerische Ausführung des Altarraums durch Hans Beil, Reistenhausen. Von seiner Frau Selma stammen die neuen Fenster, von Bildhauer Singer aus Würzburg der Taufstein.
Die neue Orgel baute Orgelbaumeister Gustav Weiß aus Zellingen.
Durch die Verkürzung der Empore um 5 m werden die letzten Spitzbögen zu den Seitenschiffen freigelegt.
Die Kirche erhält einen glatten Putz. Die Seitenschiffe bekommen helle Holzdecken. Der Fußboden wird erneuert. Acht Wandleuchten werden installiert und der Kreuzweg neu angeordnet.
Die Sakristei erhält einen neuen Eingang.

Renovierung der Kirche und Sakristeiumbau von 1981

Unter Pfarrer Arnold Hartlaub wird die Kirche 1981 renoviert. Dabei wird die Sakristei umgebaut, um wertvolles Kirchengut[58] einbruchsicher und zweckmäßig lagern zu können.
Das Dach wird neu gedeckt, der Verputz der Außenwände ausgebessert. Die Sandsteinquader, die Fenstergewände und die Sandstein-Grabtafeln an den Außenmauern werden gereinigt.
Die Kosten von 280.000 DM werden, außer den Zuschüssen von der Diözese und der Stadt, zum größten Teil von der Pfarrgemeinde selbst aufgebracht.

Beschreibung

Der spätere städtische Baudirektor Alois Grimm führte bereits 1947/48 an der Kirchenruine Untersuchungen durch und veröffentlichte seine baugeschichtlichen Erkenntnisse[59]. Deshalb ist hier nur eine Zusammenfassung gegeben.

---

[58] U. a. sind hier Paramente aus dem 18. Jahrhundert sowie die Monstranz des Joseph Anton Seethaler (um 1779) aufbewahrt.
[59] *Grimm*, in: AJB 3, S. 259 ff.

1. Pfarrkirche St. Agatha um 1200

Einfacher, einschiffiger Rechteckbau mit je sechs hochliegenden Rundbogenfenstern an den Längswänden. Ein romanisches Portal[60] an der westlichen Giebelwand. Über Dachkonstruktion und Innenausstattung liegen keine Anhaltspunkte vor. Die romanischen Bauteile waren für Mader[61] und Kittel[62] Anlaß, als Erbauungszeit die Mitte des 12. Jahrhunderts anzunehmen.

2. Pfarrkirche St. Agatha um 1300

Schräg zum Kirchenschiff, getrennt durch einen kleinen Abstand, den seitliche Verbindungsmauern ausfüllen, entsteht auf der Westseite ein Glockenturm mit vermutlich flachem Zeltdach. Am Turmportal, vor allem im Kämpferprofil, Formen wie beim romanischen Hauptportal. Architekturteile der Schallöffnungen im Glockengeschoß gehören zur Übergangszeit der Gotik. Untergeschoß und Glockengeschoß aus gleichartigem Mauerwerk. Zeitpunkt der Turmvollendung Mitte des 13. Jahrhunderts[63]. Veränderungen am Schiff durch ein neues, steileres Dach. Angliederung eines frühgotischen Chors mit Ecksäulen, Kapitellen und spitzbogigem Kreuzgewölbe.
Auf der Südseite schmales, spitzbogiges Fenster und Tür.

3. Pfarrkirche St. Agatha um 1400

Erweiterung durch zwei Seitenschiffe, deren Pultdächer in Höhe des Dachfußes des Hauptdachs ansetzen. Dadurch entstand ein einheitliches Dach über Haupt- und Seitenschiffen. Die Durchbrüche zwischen Mittel- und Seitenschiffen waren nur von geringer Höhe. Der Kirchenraum erhielt sein Licht jetzt nur noch durch die spitzbogigen Fenster der Seitenschiffe. Die Fenster des alten Schiffs waren durch die Dächer der Seitenschiffe vollständig verdeckt. Das südliche Seitenschiff, etwa 1,40 m schmaler als das nördliche, wurde vermutlich früher gebaut[64].

4. Pfarrkirche St. Agatha um 1500

Erweiterung des frühgotischen Chors durch den aus fünf Achteckseiten bestehenden Polygonschluß in der ersten Hälfte des 15. Jahrhunderts. Zur gleichen Zeit Anbau der Sakristei an die Nordseite des neuen Chorjochs. Die Seitenschiffe wurden erhöht und eingewölbt. Durch die Erhöhung der Seiten-

---

[60] Das Portal, das später als Eingangstür des südlichen Seitenschiffs diente, war vermutlich nicht das ursprüngliche. Seine Entstehungszeit fällt etwa in die Frühzeit des 13. Jahrhunderts.
[61] *Mader*, S. 159.
[62] *Kittel*, BauO, S. 5.
[63] *Mader*, S. 152. Das romanische Turmkreuz ist das älteste der Stadt.
[64] Ebd. und *Kittel*, BauO, S. 13.

schiffe konnten neue große Fenster eingesetzt werden. Um den neuen Seitenschiffdächern die nötige Neigung zu geben, wurden auch das Mittelschiff erhöht und das Hauptdach gehoben. Die neu eingebrochenen zwei- und dreiteiligen Maßwerkfenster an den Seitenwänden haben eingehauene Jahreszahlen: 1480/84.
Der Turm wurde dem vergrößerten Bau angepaßt. Errichtung des steilen Turmhelms anstelle des ursprünglichen Zeltdachs.
Nach Kirchenrechnungen von 1489/90 wurde der alte Lettner[65] abgetragen, der sich vermutlich an dem Bogen zwischen Schiff und altem Chor befand.

5. Pfarrkirche St. Agatha bis 1880

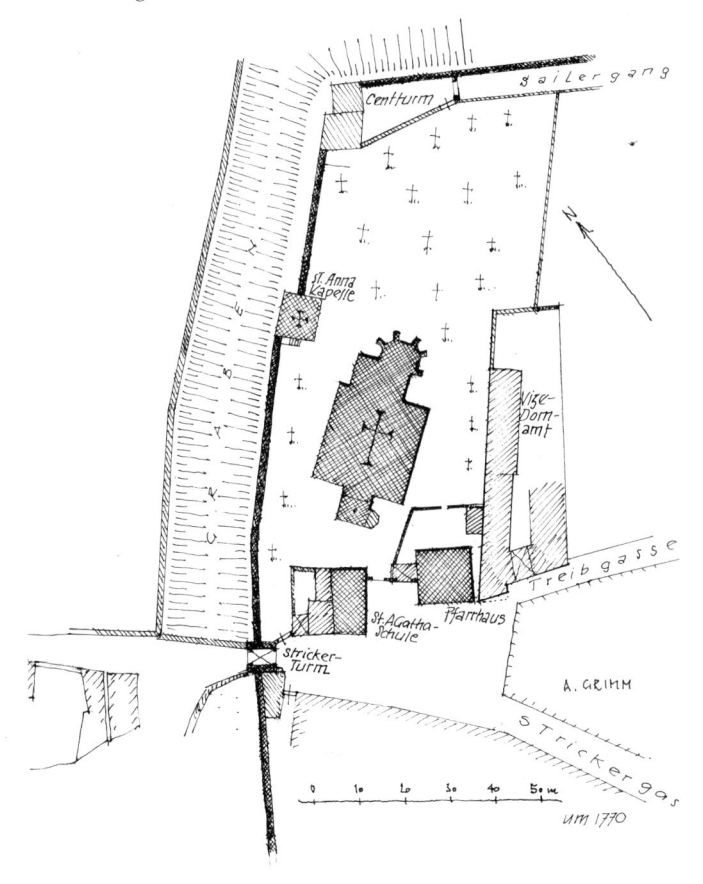

Abb. 92: Treibgasse 32, Pfarrkirche St. Agatha, Situationsplan um 1770 nach Alois Grimm.

---

[65] Ein Lettner (Trennwand) schied den Raum der Priester von dem der Laien.

1613 Anbau der Orgelempore mit Zugang vom Turm aus. „Holzkonstruktion, dreijochig"[66]. Erhöhung und Einwölbung des Mittelschiffs, stichbogige, verputzte Lattendecke, neues Dach. Somit ragte das Mittelschiff jetzt etwas über die Dächer der Seitenschiffe und konnte durch Anbringen von niederen, korbbogenförmigen Fenstern direktes Licht erhalten. Hauptportal nun auf der Stirnseite des südlichen Seitenschiffs. Der Zugang zur Kirche vom Agathaplatz aus war um 1770 recht verbaut. Ein nur relativ schmaler Streifen lag zwischen dem Schulhaus und dem rechts davon gelegenen Pfarrhaus. Die Kirche stand inmitten des Friedhofs, der nach außen durch die Stadtmauer und gegen die Stadt durch Gebäude und Gärten begrenzt war. 1809, nach Auflassung des Friedhofs, Vergrößerung des Platzes um die Kirche.
Im Innern der Kirche Ausgestaltung allmählich vom gotischen zum barocken Stil, z. B. barocke Altäre, Kanzel, Gestühl.

6. Pfarrkirche St. Agatha 1880 bis 1945

Anbau einer neuen größeren Sakristei an die Südseite des frühgotischen Chorjochs. Angleichung des Dachs des älteren Chorteils an das des neuen höheren Chors.
Emporentreppe neu an der Außenseite des Turms. Dadurch konnte der Haupteingang durch das Turmportal wieder benutzt werden.
Die Neigung der Seitenschiffdächer wird verringert. Die Öffnungen im Hauptschiff können jetzt zu gekuppelten, gotischen Spitzbogenfenstern vergrößert werden. Verlegung des Portals in der Stirnwand des südlichen Seitenschiffs, etwas näher gegen das Schiff. Zumauern des dreiteiligen, gotischen Fensters schräg darüber. In der Achse des neuen Seitenportals Einbruch eines Fensters in Form einer Rosette. Neues, großes, dreiteiliges Fenster auf der Längsseite des nördlichen Seitenschiffs. Alle Fenster wurden mit Glasgemälden versehen. Gesamte neue Innenausstattung in neugotischem Stil[67].
Der geplante Neubau von 1914 kommt nicht zustande. Dafür 1934 statt des alten frühgotischen Chorjochs zwischen dem Hauptschiff und dem gotischen Chor Einbau eines Querschiffs.

7. Pfarrkirche St. Agatha nach dem Wiederaufbau von 1948/49

Zum Teil neue Fundamente. Die darauf neu errichteten Pfeiler wurden nach einem neuartigen Verfahren eingeschalt und betoniert und nach außen mit Sandsteinen verkleidet. Statt der früheren gewölbten Decke nun eine flache Balkendecke. Die Apsis wurde statisch gesichert.

---

[66] *Mader*, S. 155.
[67] Dabei wurde das Gemälde von Johann Konrad Bechtold, seit 1777 über dem Chorbogen, entfernt.

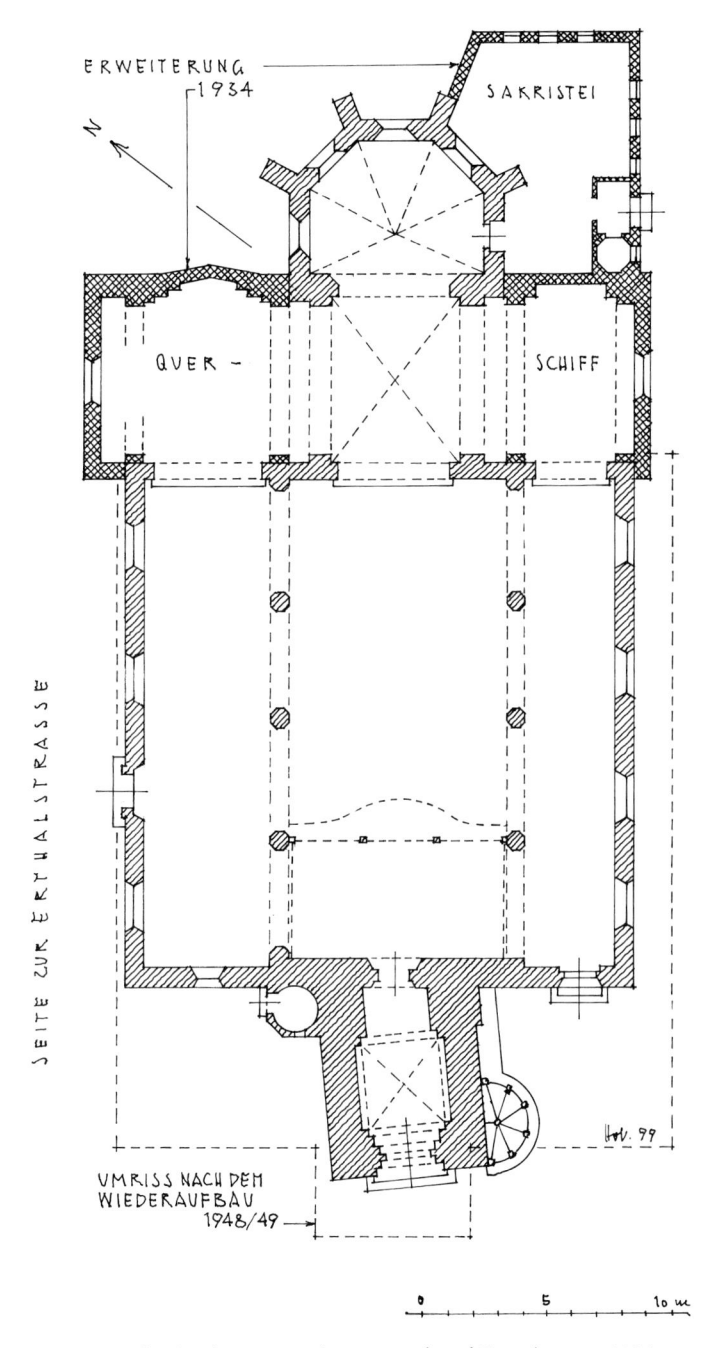

Abb. 93: Treibgasse 32, Pfarrkirche St. Agatha, Bestand und Erweiterung 1934.

Obwohl insgesamt nur 2 m an den Seitenschiffen und 6 m an der Turmseite gewonnen werden konnten, wirkt das Mittelschiff nun größer und breiter. Das alte Hauptportal dient jetzt als Eingang an der rechten Seite.
An den Außenwänden der Kirche wurden die nach der Zerstörung noch erhaltenen Epitaphien und Grabsteine angebracht.
Der Ölberg an der äußeren rechten Kirchenseite wurde entfernt.
Der alte Kirchturm mußte nach eingehenden Untersuchungen abgebrochen werden. Unter Wiederverwendung des Turmportals wurde der Turm in früherer Form und Abmessung neu erbaut.

8. Pfarrkirche St. Agatha 1964

Verlängerung des Kirchenschiffs um weitere 6 m nach Westen. Das Dach des Mittelschiffs wird in diesem Bereich bis über das südliche Seitenschiff herabgezogen. Neuer Glockenturm. Neugestaltung des Innenraums.
Der früher bemalte Triumphbogen, der den Altarraum vom Kirchenschiff trennt, wurde freigelegt. Der neue Altar steht jetzt in der Vierung.
Anstatt der Kanzel, links vom Altar ein Ambo. Über dem Altarraum ist eine weiße Faltdecke. So kommt der gotische Chor mit seinen schmalen Spitzbögen wieder zur Geltung. Neu sind das Sakramentshäuschen, der Tabernakel in einer Sandsteinfassung mit vergoldeten Verzierungen und die fünf farbigen Fenster im Chor.

Altäre

Im 15. Jahrhundert bekam die Kirche vier Seitenaltäre. Rechts der Altar zu Ehren der Muttergottes und der Altar mit den heiligen Jodokus und Barbara. Links der Altar des heiligen Vitus (dann Sebastian) und der Altar des heiligen Johannes Evangelist[68].

1489: Der Liebfrauenaltar wird renoviert. Maler Mathis soll 1489 das „Altarbild mit zwei Flügeln" gemalt haben[69].
1531: Ein St.-Vitus-Altar für die Agathakirche[70].
1576: Erzbischof Daniel Brendel von Homburg (1555-1582) nimmt eine Zusammenlegung von Altären vor: St. Johannes Evangelist, St. Jodokus und St. Barbara, St. Vitus, Beata Maria Virgo und St. Anna[71].

---

[68] Archiv der Kirche zu ULF. Aufzeichnungen über die St. Agatha Kirche. Verfasser unbekannt.
[69] *Zülch*, S. 356.
[70] StiA, Thiel Reg. U 2706a v. 2. Januar 1531. Vier Seitenaltäre. Rechts: Liebfrauenaltar und Altar der hl. Jodokus und Barbara, links: St.-Vitus-Altar (später hl. Sebastian) und Altar des hl. Johannes Evangelist.
[71] Ebd., Thiel Reg. o. Nr., Liber V Cam. fol. 270/271 v. 28. November 1576.

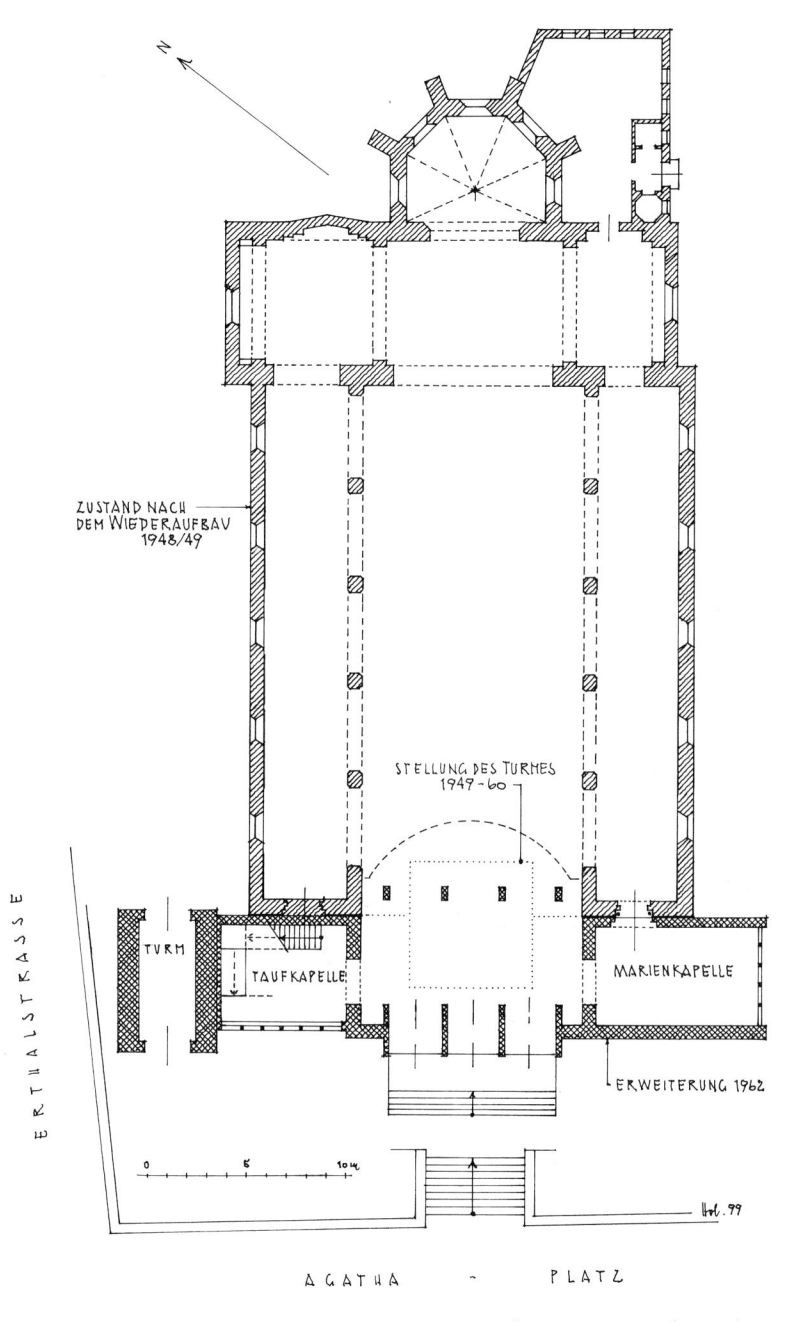

Abb. 94: Treibgasse 32, Pfarrkirche St. Agatha, Wiederaufbau 1948/49 und Erweiterung 1962.

Freiherr Philipp von Ingelheim und seine Frau Maria Ottilie stiften 1659 aus Anlaß der Geburt ihres ersten und einzigen Sohnes, Franz Adolf Dietrich (1659-1742), einen neuen Agatha-Altar mit dem Wappen Ingelheim-Echter.

Pfarrer Johann Philipp Endres stiftet seiner Pfarrei 1709 den Dreifaltigkeitsaltar. „Der Altar ist 10 Werkschuh hoch und 5 Werkschuh breit. Darin sind 6 rund ausgearbeitete Säulen von rotem Marmor. Kapitelle und Gesimse von Alabaster, auch das Vesperbild samt Engel und Muschel darüber. Seitliche Zierrat Engel, Bildnis und anderes von schwarzem Marmor. Die Architektur von schwarzem Marmor." Die Auftragserteilung vom 3. Mai 1709 geht über 500 Rheinische Gulden[72].

Bildhauer Bernhard Schwarzenberg aus Frankfurt bekommt im April 1710 die Zusage für das Antependium[73].

1882 werden neue Altäre aufgestellt. Der neue Hochaltar wird mit Messing vergoldet. Der neue Tabernakel kostet 8.500 Mark.

Aus dem Nachlaß der 1883 verstorbenen Gertrudis Fertig[74] erhielt die Kirche 1000 Mark. Dafür kann der St.-Anna-Altar, der auf 1.200 Mark veranschlagt ist, in Auftrag gegeben werden.

Ein nicht benannter Wohltäter stiftet den Altar der hl. Agatha.

Appellationsgerichtsrat Carl August Freiherr von Cunibert, der am 24. Dezember 1883 unverehelicht und kinderlos starb, vermachte 3.500 Mark zur Errichtung eines Herz-Jesu-Altars, „Flügelaltar mit Reliefs aus dem Leiden Christi", im südlichen Seitenschiff[75].

Ludwig Altenhöfer, Würzburg, hat 1949 an der Umgestaltung des alten Altars mitgewirkt.

Die Bäckerinnung stiftet 1950 den „Bäckeraltar". Er wurde von der gebürtigen Aschaffenburger Bildhauerin Kathi Hock[76] entworfen und aus Spessarteiche angefertigt. Seit 1964 befindet sich dieser Altar an der Wand des rechten Querschiffs.

Mit der Neugestaltung des Altarraums 1964 wird der alte Hochaltar in das linke Seitenschiff versetzt. Der neue Altar, nun ein schlichter Opfertisch aus Buntsandstein, steht in der Vierung.

---

[72] Ebd., 3391, Stiftsprot. v. 1709, fol. 6, 6`.
[73] Ebd. fol. 7. In der Beilage befindet sich die Skizze für das Antependium (Bekleidung des Altars) am gestifteten Altar des Johann Philipp Endres, Pfarrer von St. Agatha.
[74] StaA, Sterbereg. 1882 mit 1890, S. 68: Am 7. August 1883 starb die ledige Privatiere Gertrudis Fertig, zuletzt wohnhaft in der Strickergasse 10, an Altersschwäche.
[75] AZ v. 16. Januar 1884. Siehe auch: *Pollnick*, Straßennamen, S. 24.
[76] ME v. 28. Oktober 1950. Kathi Frey-Hock, akademische Bildhauerin, war eine Tochter von Adalbert Hock. Seit 1919 bis zu ihrem Tod am 18. Oktober 1979 lebte sie in München.

Orgel[77]

Nach Kittel soll in der Agathakirche 1608 die erste Orgel aufgestellt worden sein[78]. 1742 erhält der Freiburger Orgelbauer Johann Georg Fischer 577 fl., den Großteil der Kosten für die neue Orgel, die einschließlich 17 fl. Trinkgeld 617 fl. kostete.
1877 Orgelreparatur für 1602 Mark.
1950 wird die ehemalige Orgel des 1944 im Zweiten Weltkrieg zerstörten Deutschhaussaals, die teils ausgelagert war, renoviert und in der Kirche aufgebaut[79].

Glocken

Meister Martin Müller aus Frankfurt gießt 1478 die große, 32 Zentner schwere Glocke für St. Agatha. Die Glocke wurde der Dreifaltigkeit geweiht. In gotischen Buchstaben ist der Name des Meisters und „libera nos, salve nos, justifica nos, o beata Trinitas" zu lesen[80]. Eine kleinere, 21½ Zentner schwere Glocke, wird 1482 gegossen[81]. Letztere war der Muttergottes geweiht. Sie hieß lange Zeit auch Seel- oder Totenglocke, weil sie bei Beerdigungen auf dem Friedhof St. Agatha geläutet wurde[82].
1643/44 Ausbesserung des Glockenstuhls.
1653/54 Hans Büdinger arbeitet am Glockenhaus.
1820 werden zwei neue Glocken von Jakob Bustelli, Glockengießer in Aschaffenburg, gegossen, „Agatha und Franziska" mit 810 Pfund und eine kleinere Glocke „Maria Anna", wiegt 111 Pfund.

Die Dreifaltigkeitsglocke muß im Zweiten Weltkrieg abgeliefert werden. Sie wird nach Hamburg transportiert und soll eingeschmolzen werden. Entgegen allen Erwartungen kommt sie nach dem Krieg wieder zurück[83].
Am 14. Dezember 1956 werden drei neue Glocken geweiht. Nach der Errichtung des neuen Turms werden sie am 25. April 1963 im neuen Glockenstuhl aufgehängt.

---

[77] Da bei *Fischer*, Orgelchronik, die verschiedenen Orgeln in der Pfarrkirche St. Agatha genau behandelt sind, wird hier von einer näheren Beschreibung abgesehen.
[78] *Kittel*, ZS.
[79] ME (118) v. 31. Juli 1950.
[80] Vgl. *Kittel*, BauO, S. 25. Auf der einen Seite der Glocke ist ein Relief: Christus am Kreuz, rechts und links von einer Person umgeben, auf der anderen Seite steht eine Heiligenfigur, in der rechten Hand ein Werkzeug, das einer Zange gleicht. Wahrscheinlich stellt es die heilige Agatha dar.
[81] Auf der Glocke steht ebenfalls in gotischen Buchstaben: „Maria, Gottesmutter, helfe, habe in hut, was ich anvertraute". Ebd., S. 25.
[82] Siehe Anm. 71.
[83] *Krämer*, Die Glocken der St. Agatha-Kirche.

Die Ölbergkapelle

Sie wurde um 1650 von Afra Agatha aus Mainz, spätere Ehefrau von Hans Heydt, Bürger zu Aschaffenburg, gestiftet[84].
Im Renaissancestil erbaute"Kapelle aus fünf Seiten des Zwölfecks. Sie öffnet sich über hoher Brüstung auf allen Seiten mit Rundbogen. Die Ecken sind mit toskanischen Pilastern besetzt. Über jeder Seite Volutenaufsatz mit Engelsköpfchen. Innen Kapellengewölbe mit gekehlten Rippen; Schlußstein mit Rosette. Die Bogenöffnungen sind mit hübschen Eisengittern geschlossen"[85].
Die Ölbergkapelle befand sich zuletzt an der Südseite der rechten Außenwand des Kirchturms[86].
Vor dem Zweiten Weltkrieg sollte sie in der Werkstatt der Meisterschule, Dalbergstraße 76, restauriert werden. Dabei wurden Architekturteile neu hergestellt, die Umfassung neu aufgebaut. Einzelne Figuren der Ölberggruppe waren so verwittert, daß keine Konturen mehr erkennbar waren. Bildhauer Anton Gentil war dabei, die Figuren zu rekonstruieren, als der Zweite Weltkrieg ausbrach. Das Gehäuse wurde wieder aufgestellt. Der Torso der Figurengruppe ging durch die Kriegseinwirkungen verloren. Das Gehäuse wurde im Krieg zerstört.

Grabdenkmäler[87]

Spätgotisches Relief von 1483/84 an der Außenwand des südlichen Seitenschiffs. Aus rotem Sandstein. Relief der Kreuztragung mit einem gotischen Baldachin[88].

Epitaph für Barbara von Rosenberg 1498 im linken Seitenschiff. Reliefbildnis der Verstorbenen[89].

---

[84] Nach *Kittel*, BauO, S. 15.
[85] *Mader*, S. 167.
[86] Im Jahresbericht der Meisterschule für Bauhandwerker befindet sich eine Abbildung mit Aufmaß der Kapelle um 1935.
[87] Vor der Zerstörung im Zweiten Weltkrieg waren etliche Epitaphien im Innenraum der Kirche.
[88] Der Baldachin, ein verstümmeltes Sprengwerk, ist 90 cm länger als das Relief. Beides gehörte ursprünglich nicht zusammen. „Die Fialen des Baldachin ruhen auf Konsolen. An denselben zwei Tartschen mit bürgerlichen Wappen, an der Ecke beim Langhaus Narrenkopf, darüber ein Hund. Am Mittelgespreng Engelchen mit Spruchband: ihs xps." Die Inschrift an der Fußplatte ist verwittert. *Mader*, S. 158 f., Abb. 119, *Kittel* BauO, S. 17, *Wolfert*, S. 79.
[89] Barbara von Rosenberg war die Witwe Engelhards von Thüngen. Ihre Tochter Margarethe war verheiratet mit Peter Echter von Mespelbrunn, der den Stein anfertigen ließ. *Mader*, S. 159 f., Abb. 120, *Wolfert*, S. 76.

Bleicher Epitaph von 1523 am südlichen Seitenschiff außen. Relief aus rotem Sandstein mit Kreuzigung und Assistenzfiguren. Unter dem weiten Mantel Marias ist die Familie Bleicher geborgen[90].

Grabstein von Anna Schmidner-Sulzbacherin 1575 an der Außenwand des nördlichen Querschiffs. „Epitaph in Grabsteinform, mit Relief der Verstorbenen in ganzer Figur. Roter Sandstein"[91].

Gedenkstein für Ulrich Hauck 1576 an der südlichen Außenwand des Chors[92].

Bruchstück eines Epitaphs für Johann Philipp von Hoheneck 1638[93] am südlichen Seitenschiff außen.

Grabdenkmal der Familie Herrmann von 1644 an der Außenwand des südlichen Seitenschiffs. „Relief der Dreifaltigkeit, darunter die Familie [des Johannes Herrmann]. Kartuschumrahmung. Roter Sandstein"[94].

Epitaph der Familie Landwehr 1691 an der östlichen Außenwand des nördlichen Querschiffs. Im Hauptgeschoß Relief: Kreuz, darunter die betende Familie. Aus rotem Sandstein[95].

Epitaph von Pfarrer Johann Peter Vogel 1695 an der äußeren Ostseite des Chors. „Im Hauptgeschoß Relief: Der Sockel und Aufsatz mit Rankenwerk. Roter Sandstein"[96].

Epitaph für drei Kinder des Franz Adolf Dietrich Graf von Ingelheim gen. Echter von Mespelbrunn um 1692 an der Außenwand des südlichen Seitenschiffs[97].

---

[90] Für Bartholomäus Bleicher, Schöffe und Bürger in Aschaffenburg (gest. 4. August 1523), und seine Ehefrau Margaretha, geb. Niedernberger (gest. 9. März 1520). *Mader*, S. 161 f., Abb. 122, *Wolfert*, S. 77, *Grimm* II, S. 243, betr. das Steinmetzzeichen am Epitaph.

[91] Ehefrau des Baumeisters bei St. Agatha, Jakob Schmidner. Sie starb am 23. Mai 1575. *Mader*, S. 163, *Wolfert*, S. 78.

[92] Ulrich Hauck war 16 Jahre kurfürstl. „Pfistermeister" in Aschaffenburg. Er starb am 21. November 1576. *Mader*, S. 160. Aus dem Protokollbuch der Kirchenverwaltung, S. 13 v. 2. September 1879: „Das Monument hat keinen Wert mehr, da keine Familie mehr vorhanden ist. Direktor von Hefner Alteneck hat sich am 6. November erboten, an die Stelle des bisherigen Denkmals eine Gedenktafel anzubringen". Das Denkmal wurde für 100 Mark dem Konservatorium der Kunst, Denkmäler und Altertümer in Bayern überlassen.

[93] Von Hoheneck war Vizedom in Aschaffenburg. Er starb 1638. *Wolfert*, S. 79.

[94] Nach *Mader*, S. 163, errichtet für zwei Frauen des Johannes Herrmann, Bürger aus Aschaffenburg. Nach *Wolfert*, S. 77, für Ehefrau Margarethe, die 1632 starb.

[95] Heinrich Landwehr war Aschaffenburger Bürger und Kaufmann. Zur Erinnerung an ihn und die gemeinsamen Söhne errichtete 1691 seine Witwe das Denkmal. *Mader*, S. 160 f., Abb. 121, *Wolfert*, S. 77.

[96] Pfarrer von St. Agatha (1684-1695), gest. am 19. August 1695 im Alter von 50 Jahren. *Mader*, S. 159 f., *Wolfert*, S. 78.

[97] Ebd. Die Kinder starben kurz nach der Geburt. 1690 Ernst Friedrich, 1691 Ludwig Anton, 1695 Anna Elisabeth Charlotte. Genauere Untersuchungen hierüber bei *Kempf*, Ingelheim, S. 81 f.

Epitaph für Maria Ottilia Freifrau von Ingelheim, geb. Echter von und zu Mespelbrunn 1701, außerhalb am südlichen Seitenschiff[98].

Grabdenkmal von Mathias Baniza und Frau Anna Katharina, geb. Cunz 1727, Relief der Kreuzigung aus rotem Sandstein[99].

Grabdenkmal der Familie Zipp 1728/29. „Kartusche aus schwarzem Marmor, oben zwei Putten aus weißem Marmor"[100].

Denkmal von Priester Joseph Valentin Wolpert 1734, barocker Epitaph an der Außenwand des nördlichen Querschiffs[101].

Grabstein von Georg Friedrich Berninger 1734 an der Außenwand des Chors. Relief aus rotem Sandstein: „Mann und Frau, vor dem Kruzifix betend. Im Segmentgiebel das Ehewappen. Im Sockel die Inschrift"[102].

Grabdenkmal von Tobias Bigen 1742 an der nördlichen Außenwand des Chors. Steinbemaltes Relief, die Familie vor dem Kreuz kniend. „Sockel und Bekrönung mit barockem Rankenwerk"[103].

Epitaph von Pfarrer Johann Baptist Philipp Cammer 1759 an der Rückwand des Mittelschiffs, rechts vom Haupteingang. Kartusche aus schwarzem Marmor[104].

Grabstein der Familie Franzano 1766 im südlichen Seitenschiff außen. Rokokokartusche mit Relief des Kruzifixes, vor dem das Ehepaar kniet. Aus rotem Sandstein[105].

Steinplatte für Sofie, Gräfin von Stadion 1808, schlichte Erinnerungstafel an der östlichen Außenwand des Chors[106].

---

[98] Sie starb am 6. August 1701. Das Epitaph ließ ihr Sohn Franz Adolf Dietrich Reichsgraf von Ingelheim errichten. *Wolfert*, S. 78.
[99] *Mader*, S. 163.
[100] Ebd. Errichtet von den Kindern zur Erinnerung an ihre Mutter, Maria Elisabeth Zipp, gest. am 14. Januar 1728, und an den Vater Adam Zipp, gest. am 28. September 1729.
[101] Wolpert, Priester der Holzhauserschen Priesterkongregation, getauft am 27. Dezember 1696, gestorben am 2. Januar 1721. Seine Eltern, Ratsmitglied Adam Wolpert und Frau Katharina, ließen das Epitaph 1734 errichten. *Mader*, S. 160.
[102] Berninger (1658-1734), Ratsmitglied, verh. mit Margaretha geb. Stork. *Mader*, S. 162 f., *Wolfert*, S. 77.
[103] Ratsverwandter und Lederhändler Bigen, geboren 1695, starb am 11. März 1742. *Mader*, S. 160, *Wolfert*, S. 78.
[104] Pfarrer von St. Agatha (1733-1759). Er starb am 21. Juni 1759. *Mader*, S. 160.
[105] Kaufmann Thomas Franzano, geb. in Griante bei Mailand (Italien), wurde Aschaffenburger Bürger. Er starb am 25. Dezember 1745. Für ihn und seine zweite Ehefrau Agnes Christina, geb. von Brendel aus Orb, ließ sein Sohn Karl Wilhelm den Grabstein errichten. *Mader*, S. 163, Abb. 123.
[106] Sofie wurde am 17. März 1805 geboren und starb am 20. April 1808. Ihre Eltern, Graf Emmerich von Stadion und seine Ehefrau Charlotte, geb. Gräfin von der Leyen, ließen die Tafel setzen. *Mader*, S. 160 f., *Wolfert*, S. 78.

Epitaph von Katharina Bechtold[107] an der nördlichen Außenwand des Chors. Unter einem Kreuz stehen rechts drei Frauen und links wohl vier Männer. Inschrift am oberen Rand. „Catharina Bechdoldin" und „Nicolaus" sind zu lesen. Nikolaus und Katharina waren die Eltern des Malers Konrad Bechtold.

---

[107] Nach Auskunft von Christian Giegerich wurde 1811, nach Aufheben des Agatha-Friedhofs, der Grabstein der Familie Bechtold in das Anwesen Strickergasse 11 gebracht. Die Grabplatte kam nach dem Zweiten Weltkrieg unter Pfarrer Max Jaeger wieder in die Kirche und wurde außen am Chor angebracht.

Friedhof St. Agatha

Die St. Agathakirche war von einem Friedhof umgeben, der sich von der Treibgasse bis zum Seilergang mit Zentturm erstreckte. Auf der Trasse der heutigen Erthalstraße verliefen damals Graben und Stadtmauer. Die Stadtmauer war zugleich Friedhofsmauer. An dieser Mauer, in Höhe des Chors der Kirche, stand die Annakapelle mit Beinhaus. Auf der gegenüberliegenden Seite der Kirche grenzte der Friedhof an das Pfarrhaus und das Areal des Vizedomamts (Treibgasse 28).

Fabrizius Urban, Priester am Stift, ließ 1569 auf dem Friedhof ein Kreuz errichten[1].

1585 erhielt der Glöckner der Kirche von St. Agatha 1 fl. 3 alb für die Kontrolle der Gräber, daß sie auch tief genug ausgegraben werden[2].

1616 vermachten der Stiftskanoniker Johann Grimel[3] und seine Schwester der Kirche ein Kapital zum Jahrestag ihrer verstorbenen Eltern. Beide waren vor der Kapelle auf dem Friedhof begraben worden[4].

Zwischen 1624 und 1626 grassierte in Aschaffenburg eine Seuche. Es starben in kürzester Zeit so viele Menschen, daß die Begräbnisstätte auf dem Friedhof nicht mehr ausreiche. Deshalb wurde in der Treibgasse ein Garten dazugekauft und am 3. September 1625 von Weihbischof Christoph Weber geweiht[5]. Wirth[6] und Morsheuser[7] vermuteten irrtümlich, daß es sich hier um den

---

[1] Nach der Auflassung des Friedhofs 1811 kam das Kreuz auf den neuen Friedhof am Güterberg, vgl. *Kittel*, ZS, 1811. Heute steht die Kopie des Kreuzes als Mittelpunkt auf den Priestergräbern des Altstadtfriedhofs.
[2] StaA, R „Baumeisterbuch", S. 130. „Von der Uhr zu warten 1 fl. 18 alb."
[3] *Amrhein*, Prälaten, S. 286. Johann Grimel war der Sohn des Aschaffenburger Bürgers Peter Grimel und seiner Ehefrau Katharina. Er starb 1616.
[4] *Kittel*, BauO, S. 28.
[5] Archiv der Kirche zu ULF, Aufzeichnungen über die St.-Agatha-Kirche.
[6] *Wirth*, Aschaffenburg, S. 21.
[7] *Morsheuser*, in: AGBl, 1931, Nr. 11, S. 17.

"Neuen Friedhof" an der Agathakirche handelt. Jedoch die Eintragung im Anniversarienbuch von St. Agatha zitiert das "cemeterium novum" an der Treibgasse zwischen den Gärten des Kaspar Fleischbein und des Echter von Mespelbrunn, der konsekriert wurde. Nach Friederichs[8] war "es offenbar ein Notfriedhof, auf dem zunächst Pesttote und Soldaten bestattet worden sind". 1718 erwarb den sogenannten "Collekturplatz" am Entenpfuhl für 300 Gulden der Anlieger Franz Adolf Dietrich Freiherr von Ingelheim.

1693 mußten die "Metzgerschen Kinder einen Grundzins von einem Hausplatz bei dem newen Kirchhoff zahlen"[9].

Der Totengräber und der Stadtphysikus Dr. Jodocus Reuß waren einstimmig der Meinung, daß der Friedhof zu klein sei. Dies zeigte sich vor allem in den Jahren 1780 und 1790, als in Aschaffenburg wieder eine Epidemie, die rote Ruhr, wütete.

1804 wurde Totengräber Heinrich Kohn über die Zustände auf dem Friedhof befragt. Kohn meinte, es könnten 100 Plätze frei werden, wenn die zu großen Grabsteine entfernt würden. Bis 1804 war es üblich, daß jeder im Grab seiner Eltern, Gatten, Geschwister oder sonstiger Verwandten beigesetzt wurde. So geschah es, daß Gräber geöffnet wurden, in denen erst halbverweste Verstorbene lagen. Bis zur Anlage eines neuen Friedhofs trat deshalb folgende Verordnung in Kraft:

1. Beerdigung reihenweise ohne Rücksicht auf bestehende Familiengräber. Es muß immer zwischen den einzelnen Gräbern ein Zwischenraum von 2 Fuß (57,50 cm) sein.
2. Gräber, die erst drei Jahre alt sind, sollen übergangen werden.
3. Innerhalb von vier Wochen sollen die umfangreichen Grabsteine weggeschafft werden, sonst werden sie zugunsten der Kirchenfabrik verkauft. Dadurch wird viel Platz geschaffen. Für die Kunst wird es nur ein geringer Verlust sein[10].

Um die unmöglichen Zustände auf dem alten Friedhof St. Agatha zu charakterisieren, schrieb Schultheiß Johann Jakob Leo 1804 an das Vizedomamt: "Seit einigen Monaten muß Berichtender wegen den häufigen peinlichen Untersuchungen sich auf den Zentturm hinter dem St. Agatha Kirchhof verfügen und muß, ohne einen zu großen Umweg zu machen, immer den Weg über den Kirchhof nehmen. Nur zu oft traf es sich, daß während dieser Zeit, besonders Abends, wenn er bei der zeither so lange angehaltenen heißen Witterung über den Kirchhof nach Hause ging, eben frische Gräber gemacht und auf ange-

---

[8] *Friederichs*, S. 47 f. Hier wird in den Stiftsmatrikeln schon zu Beginn des 17. Jahrhunderts der "Neue Friedhof" oft erwähnt.
[9] StiA, Stiftsprot. 5487 v. 21. Juli 1693.
[10] StAWü, Mz. Polizeiakten 1372 v. 19. März 1804.

führte Art Tote versenkt wurden, wodurch ein solcher widriger und ekelhafter Geruch entstunde, daß er [Leo] immer vermäßigt war, das Schnupftuch vor Mund und Nase zu halten"[11].

Da der Friedhof entschieden zu klein war, mußte ein neuer Friedhof in Aschaffenburg angelegt werden. Wegen der weiteren Verwendung des alten Agatha-Friedhofs machten Stadtschultheiß Jakob Leo und Stadtschultheiß Raimund Emanuel Kopp am 12. Februar 1808 dem Vizedomamt folgenden Vorschlag:

1. Die Fläche zwischen dem Weg zum Seilergang und dem Vizedomamt soll dem Pfarrhaus als Garten zugeteilt werden.
2. Eine kleine Fläche am Zentturm soll den Hof des Turmes erweitern, damit für die dort Untergebrachten an Sonn- und Feiertagen für den Aufenthalt in guter Luft genügend Platz ist.
3. Den anschließenden Teil zwischen Zentturm und Annakapelle soll der jetzige und künftige Schullehrer als Garten erhalten. Es soll eine Entschädigung dafür sein, daß er nicht mehr das Gras des Friedhofs einbringen kann.
4. Das Areal um die Kirche bleibt Eigentum der Stadt. An der Stadtmauer zwischen der Annakapelle und dem Schulhaus wird ein Dach für einen Teil der Feuerleitern und Haken angebracht.
5. Die kleine Fläche zwischen Stadtmauer und Schulhaus bekommt Schreinermeister Johann Lösch gegen einen Erbzins in Benutzung, da dort sein Haus (Treibgasse 36) anstößt. Lösch muß eine neue Halle für Hölzer bauen, weil die Annakapelle nicht mehr wie bisher auf Pacht von ihm benutzt werden kann. In dem unteren Teil der Annakapelle (Beinhaus) sollen Feuerfässer und Spritzen untergebracht werden.

Der Weg von der Kirche zum Seilergang soll erhalten bleiben.

Bis 1809 wurden auf dem Friedhof noch Pfarrangehörige bestattet. Die letzte Beerdigung war die von Josef Leinwander[12], dem Mundkoch des Fürstprimas Carl von Dalberg.

Am 18. Juli 1809 wurde als erster der Student Philipp Will, ein Sohn des Departementspräfekten Hofrat Karl Joseph Wilhelm Will, auf dem neuen Friedhof am Güterberg zu Grabe getragen.

Am 3. November 1809 wurde durch Baumeister Wolfgang Streiter, Geometer Joseph Reuter, Maurermeister Jodokus Hospes und Zimmermann Johann Hofmann die Gesamtfläche des Friedhofs abgemessen und geschätzt. Die Annakapelle wurde auf 700 fl. taxiert. Es wurde vorgeschlagen, den Herstallturm

---

[11] Ebd. 1371, fol. 13 ff.
[12] ULF, Sterbematr. v. 1809 am 3. Juli. Vgl. *Pollnick*, Straßennamen, S. 67.

und die übrigen Türme der Stadtmauer abzubrechen und das Material zum Ausbau der Annakapelle als Gefängnisturm zu verwenden.

Fürstprimas Carl von Dalberg aber hatte im Sinn, anstelle der alten eine neue, der Vorstadt angemessene Kirche zu bauen. Das Areal des Schulhauses sollte mit einbezogen werden, dafür die Annakapelle als Schulhaus eingerichtet und der Zentturm ganz abgebrochen werden. Bis Juni 1810 war noch kein Entschluß gefaßt. Die Annakapelle sollte künftig die Aufgaben des Zentturms und des Herstallturms erfüllen[13].

1811 wurde der Friedhof aufgelassen. Den Teil vom Pfarrhaus bis zum Seilergang erhielt der Pfarrer von St. Agatha als Garten. Der Teil hinter dem Hochaltar wurde Garten des Schullehrers[14].

Im Herbst 1871 sollte das ehemalige Friedhofsgelände zwischen Kirche und Erthalstraße planiert werden, jedoch die vorhandenen Akazienbäume sollten erhalten bleiben[15].

Die Tieferlegung des Geländes zur Erthalstraße, an der Nordwestseite der Kirche, wurde 1876/77 beschlossen. Noch standen die Akazienbäume, die zum Grab des Dichters Wilhelm Heinse gehörten[16].

Wilhelm Heinse war am 22. Juni 1803 in Aschaffenburg gestorben[17]. Am 24. Juni „früh nach halb fünf" wurde er auf dem Agatha-Friedhof nicht weit vom Haupteingang des späteren Amtsgerichts an der Erthalstraße begraben. Nach dem Bericht eines Augenzeugen begleiteten die Leiche ein Pfarrer, zwei Meßdiener, der Schloßverwalter, der Chirurg, der ihn behandelt hatte, und „ein Individuum in Diensten des Herrn Oberhofmeisters Appell".

Schon vor seinem Tod hatte Heinse seinen Schädel seinem Freund Professor Samuel Thomas von Sömmering[18] in Frankfurt vermacht. Am 4. April 1805 wurde das Grab geöffnet, damit Sömmering der Schädel übergeben werden konnte. Sömmering bewahrte ihn in seiner Bibliothek auf. Sein Sohn übergab ihn dem Senckenberg-Museum in Frankfurt. Kronprinz Ludwig ließ 1826 die Gebeine Heinses ausgraben und zwischen dem linken Seitenschiff und dem Glockenturm der Agathakirche bestatten. Wegen baulicher Veränderungen an der Kirche wurden am 29. Oktober 1880 die Gebeine Heinses nochmals ausgegraben und auf dem neuen Stadtfriedhof am Güterberg, jetzt Altstadtfriedhof, beigesetzt[19].

---

[13] StAWü, Mz. Polizeiakten 1373.
[14] *Kittel*, ZS, 1811.
[15] StaA, Mag.Prot. v. 28. September 1871.
[16] Ebd. v. 23. November 1876 und 1. Februar 1877.
[17] ULF, Sterbematr. III, 1786-1837, S. 56: „Anno 1803, die 22. Junii Asciburgi D. Consiliarius aulicus Heinse, religionis protestanticae, sepultus in coemeterio ac S. Agatham com conducto praeeunte crucifero et 2 pueris ceroferariis; super feretrum terrae commissum projeci terram ter, nil dicens."
[18] Samuel Thomas von Sömmering (1755-1830) war Professor für Anatomie und Chirurgie (in Kassel), Physiologie (in Mainz), dann Arzt in Frankfurt am Main.
[19] *Baeumer*, Max: Heinse Studien, Stuttgart 1966.

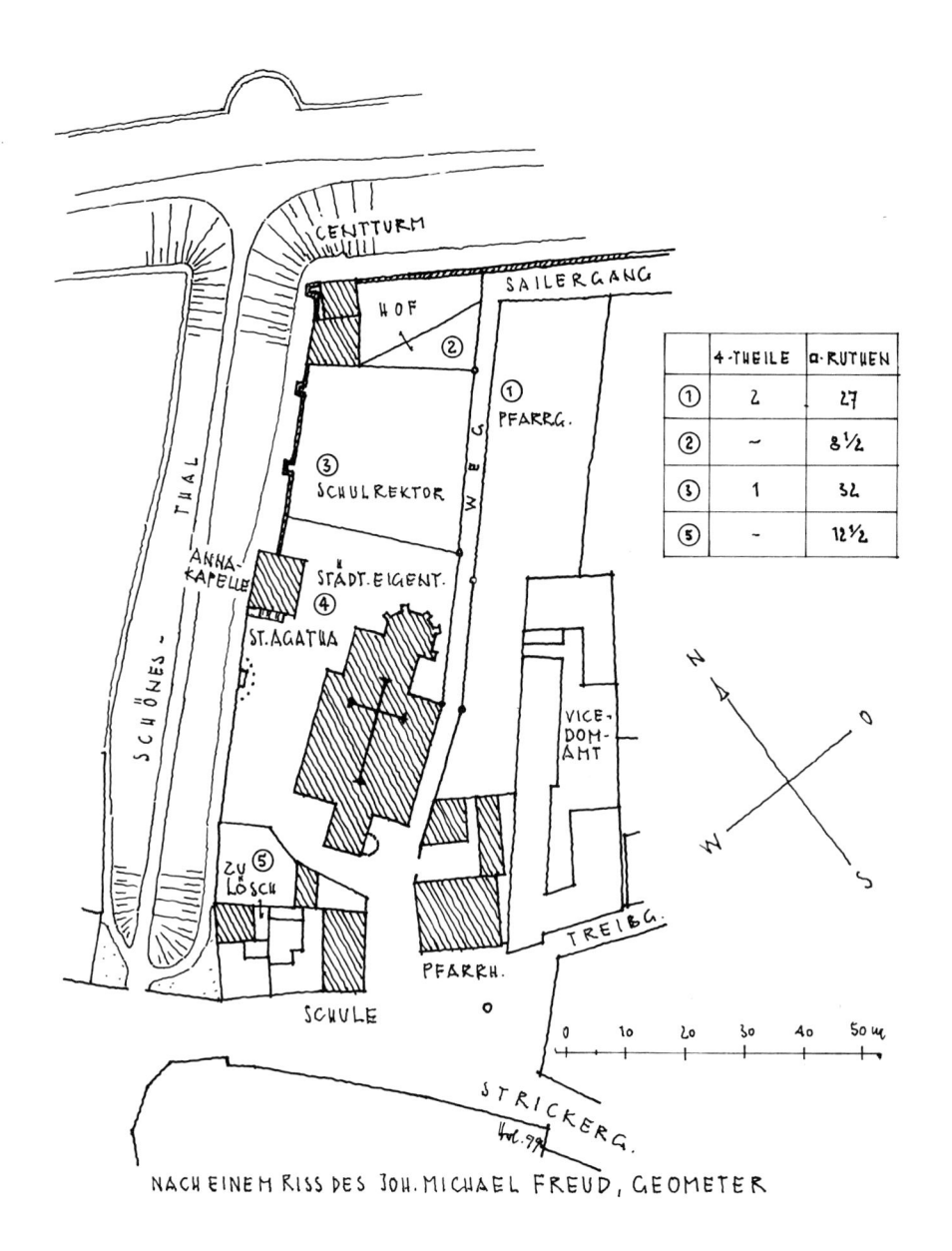

Abb. 95: Treibgasse 32, St. Agatha Friedhof, Vorschlag zur Aufteilung der Friedhofsfläche, 1808.

St. Annakapelle (Lit. B 105¹/₂)

Geschichte

Die St. Annakapelle mit dem Beinhaus im Untergeschoß wurde im 14. Jahrhundert, nach Kittel zwischen 1362 und 1364[1], während der Regierungszeit des Mainzer Erzbischofs und Kurfürsten Gerlach von Nassau (1346-1371) auf dem St.-Agatha-Friedhof errichtet. Sie stand an der Friedhofsmauer entlang der heutigen Erthalstraße, nördlich des Chorabschlusses der Agathakirche. Der Abstand von der Kirche betrug nur 10 m. Da die Friedhofsmauer ein Teil der befestigten Stadtmauer war, erklären sich die Schießscharten am Obergeschoß der Kapelle.

Johannes von Bessenbach, Custos am Stift[2], verfügte 1365 in seinem Testament: Wenn alle vier Erben seines Hofs an der St. Agathakirche ohne Nachkommen sterben sollten, solle der Hof an den Pleban[3] von St. Agatha und an die Altaristen von St. Johann und der „nove capelle in cymiterio [auf dem Friedhof] ecclesie sancte Agathe" fallen[4]. Somit muß die Annakapelle, um die es sich bei der „neuen Kapelle" handelte, bereits 1365 gestanden haben.

Johann Winden, 1369 Altarist und Kaplan der Annakapelle, gab mit Zustimmung seiner anwesenden Brüder, Friedrich und Heinrich von Winden, auch genannt Meckefische, an den Stiftsvikar Niclas Rinnewolff eine Gült[5]. 1434 verkaufte Heinrich Schilling, Altarist am St.-Anna-Altar „uff dem Kerner" (Beinhaus), der St.-Agatha-Pfarrkirche einen Zins, den er bisher auf den Hof bei der Muttergotteskirche gehabt hatte[6].

1537 bekam die Kapelle eine neue Tür[7].

An der Außenwand der Annakapelle erinnerte ein Grabdenkmal an Peter und Katharina Grimel. Es waren die Eltern des 1616 verstorbenen Kanonikers Johannes Grimel[8].

Das Dach mußte 1729/30 repariert werden. Leyendecker Jakob Golch erhielt 1732/33 48 fl. für „das ganze Dachwerk mit dem Thurm auszubessern"[9].

---

[1] *Kittel*, BauO, S. 15; S. 23: 1845 wurden anstelle der Schießscharten für die damalige Schule Fenster im gotischen Stil eingesetzt.
[2] *Amrhein*, Prälaten, S. 120.
[3] Leutpriester.
[4] Altarist war ein Priester, der nur die Messe nach Vorschrift seiner Pfründe las, sonst aber keine Aufgaben der Seelsorge hatte. St. Johann war die Kapelle in der Johannisburg.
[5] StiA, Thiel Reg. U 152 v. 13. Januar 1365.
[6] Ebd. U 2569 v. 25. Februar 1434.
[7] *Kittel*, BauO, S. 26.
[8] *Amrhein*, Prälaten, S. 286. Kanoniker Grim[m]el vermachte der Kapelle lt. *Kittel* eine silberne Ampel und Meßgewänder. *Friederichs*, S. 57, Nr. 52.
[9] StaA, R 351, S. 21.

1806 mußte das Agatha-Schulhaus, Treibgasse 34, umgebaut werden, um einen zusätzlichen Schulraum zu gewinnen. Der Schulunterricht sollte während dieser Baumaßnahmen in die St. Annakapelle verlegt werden[10].
Hinter der Kapelle, an der Ecke zum Seilergang, befand sich der Zentturm mit dem Verhörzimmer. 1808 sollte für den Polizeidiener Heinrich Hock in den beiden Stockwerken der Kapelle eine Wohnung eingerichtet werden und das Obergeschoß als Speicher dienen.
Von dem Plan, die Annakapelle abzureißen und das Material im neuen Friedhof als Beinhaus zu verwenden, war der Magistrat wieder abgekommen.
1809 war die letzte Beerdigung auf dem Agatha-Friedhof, und im November desselben Jahres wurde der Wert des Areals geschätzt. Die Annakapelle wurde mit 700 fl. taxiert. Bei dieser Gelegenheit kam der Vorschlag, den Herstallturm sowie die übrigen Türme abzubrechen und mit diesem Material die Annakapelle als Gefängnisturm auszubauen. Fürstprimas Carl von Dalberg (1802-1817) hatte aber vor, eine neue, der Vorstadt angemessene neue Kirche auf dem Platz der St. Agathakirche einschließlich des Schulhauses errichten zu lassen. Dafür sollte die Schule in die St. Annakapelle einziehen und der Zentturm abgebrochen werden. Die Überlegungen gingen weiter. Der Abbruch des Zentturms und des Herstallturms schien sicher. Die Annakapelle sollte die Aufgaben dieser Türme erfüllen, und die Gefangenen sollten dort nach der Schwere ihrer Vergehen getrennt eingesperrt werden[11].

Nach einer Stadtrechnung von 1813 wurde die Annakapelle an den Schreinermeister Johann Lösch, der in der Treibgasse 36 wohnte, auf 15 Jahre verpachtet[12]. 1820/21 wird der Pachtzins auf 60 fl. festgesetzt[13]. Im Einverständnis mit Schreiner Lösch sollten 1822 die Feuerlöschgerätschaften der Stadt in der St. Annakapelle untergebracht werden. Der Pachtvertrag mit Lösch lief Ende September 1822 aus[14].
1834, bei einem Brand im Ingelheimer Hof, Treibgasse 7, wurden die Löschgeräte noch aus der St. Annakapelle geholt[15].
Am 17. März 1836 wurde im Magistrat beschlossen, die St. Annakapelle nach einem Plan von Prof. Karl Ludwig Louis zu zwei Schulen (= Klassenräumen) umzubauen[16]. Ohne Aufstockung errechnete Louis 950 fl. 14$^{1}/_{2}$ kr. für die Umgestaltung. Die Regierung des Untermainkreises erteilte keine Genehmigung. Nach ihrer Ansicht war die Kapelle ein altes Gebäude und wegen der

---

[10] StAWü, Mz. Schulsachen 41 v. 17. Juli 1806.
[11] StAWü, Mz. Polizeiakten 1373.
[12] StaA, R 1813, S. 207.
[13] Ebd. v. 1820/21.
[14] Ebd., Mag.Prot. v. 10. September 1822.
[15] Ebd. v. 21. August 1834.
[16] Ebd. v. 17. März 1836.

Schrifttafeln, die an der vorderen Seite angebracht waren, von geschichtlichem Interesse. Ein Denkmal der Vorzeit sollte unversehrt erhalten bleiben[17].

Zwei Jahre später, 1838, bestand der Magistrat erneut auf einem Umbau[18], dem diesmal – im Mai 1839 – auch die Regierung zustimmte. Das alte Agatha-Schulhaus (Treibgasse 34) sollte repariert werden und als Schullehrerwohnung dienen[19].

Zum Umbau der Annakapelle für Schulzwecke entwarf die „Bauinspektion Kunstbau-Ausschuß" einen Schnittplan, der von der Regierung bewilligt wurde. Professor Louis stellte auf diesem Plan einige Mängel fest:

Der untere Raum war mit 4,60 m[20] im Lichten zu hoch, der obere Raum mit 3,14 m[21] im Lichten zu niedrig, die Treppe zu steil und die untere Fensterbrüstung zu hoch.

Nach Berechnung von Louis würde der Umbau 2351 fl. 10$^1/_2$ kr. kosten[22]. Der Stadt war dieser, von seiten der Regierung aufgenötigte Plan zu teuer. Sie machte am 19. Oktober 1839 folgenden Vorschlag: das Dach zu belassen, da das alte Hauptgesims doppelt und noch ganz gut erhalten war. Die Fenster des Obergeschosses waren, wie im genehmigten Riss, nur um eine Scheibe höher, um mehr Licht zu gewinnen. Das war möglich, weil man die gotischen Fenster des Erdgeschosses tiefersetzen wollte. Das Gesims unter den Fenstern im Erdgeschoß sollte weggelassen werden, wie auch der Sockel, was 400 fl. einsparen würde. Das Hauptgesims unter dem Dach könnte wieder verwendet werden, wie es war. Ein Außenanstrich des Gebäudes wäre allerdings notwendig[23].

Die Regierung genehmigte am 31. Dezember 1839 die Änderung und verlangte bis zum 1. Mai 1840 einen Bericht über den Verlauf der Arbeiten. Es mußten 13 Fenster und eine Türöffnung in die 2$^3/_4$ Schuh (80 cm) dicke Mauer eingebrochen werden; Abbruch des Mittelgebälks (Zwischendecke) und Einlegung von zwölf Balken aus altem Holz; sechs neue Fenster nach den angeordneten Detailzeichnungen durch den Steinmetzen. Die Umbaukosten wurden mit 1180 fl. angesetzt. Da die Arbeiten auf dem Rathaus dem jeweils Wenigstbietenden zugeschlagen wurden, lagen die Endkosten etwas niedriger[24].

---

[17] Ebd., A 2018, fol. 63', 53-56, 71.
[18] Ebd., Mag.Prot. v. 24. Dezember 1838; ebd., A 2018, fol. 96 v. 18. Mai 1839.
[19] Ebd., fol. 96.
[20] 15 Fuß 9 Zoll.
[21] 10 Fuß 9 Zoll.
[22] StaA, A 2018, fol. 97 ff. Der Schnittplan fol. 100.
[23] Ebd., fol. 108 und Bericht des Magistrats vom 19. Oktober 1839.
[24] Am 4. April 1840 stand im Intell.Bl., Nr. 14, folgender Aufruf: „Die zur Herstellung der Schullokalitäten in der St. Annakapelle nötigen Maurer-, Zimmerer-. Schreiner-, Tüncher-, Schlosser-, Glaser- und Steinhauerarbeiten werden Mittwoch den 8. lf. Monats vormittags 10 Uhr auf dem Rathaus an die Wenigstnehmenden versteigert. Pläne und Kostenvoranschläge können in der Magistratskanzlei eingesehen werden. 2. April 1840. Der Stadtmagistrat v. Herrlein".

Folgende Handwerker waren beim Umbau beteiligt:
Maurermeister   Karl Schuck
Steinmetz   Jakob Herkert
Zimmermann   Johann Floßmann
Schreiner   Peter Schüter
Tüncher   Martin Geis
Schlosser   Türen: Georg Haus
             Geländer: Joseph Ackermann
             Kammern u. ä.: Anton Waigand und Simon Meichinger
Glaser   Gottlieb Müller
Planung und Bauleitung: Prof. Louis[25].

Am 8. August 1840 zeigte die Stadt der Regierung an, daß die Schullokalität im Bau sei und bis zu Beginn des Schuljahres vollendet sein werde. Das Resultat war: Beibehaltung der alten Gebäudehöhe und des Daches. Verringerung der Höhe des Kapellengeschosses zugunsten des darüberliegenden ehemaligen Halbgeschosses, das Schießscharten trug und im Bedarfsfall Verteidigungszwecken diente[26].

Tünchermeister Simon Hirsch verputzte 1848 die Kapelle, gab ihr einen Farbanstrich und verzierte sie nach Angaben des städtischen Technikers[27].

Die Schule blieb von 1840 bis 1881 in der Annakapelle. Nach der Schulstatistik von 1874 befand sich die erste Knabenschule von St. Agatha mit 11- bis 13jährigen Schülern in der St. Annakapelle. Das Schulhaus war in gutem baulichen Zustand und hatte eine Länge von 9,93 m und eine Breite von 8,46 m. Das Schulzimmer mit der Fläche von 53 m² hatte fünf Fenster mit der Frontseite nach Süden[28].

Nach dem Auszug der Schule, 1881, sollte das Gebäude als städtisches Eigentum erhalten bleiben und vermietet werden[29]. Die ehemalige Kapelle wurde 1882 auf Antrag der Kirchenverwaltung St. Agatha für jährlich 70 Mark auf 10 Jahre an den Küster der Agathakirche vermietet[30]. Er wohnte dort bis zum Abbruch der Kapelle 1903.

Nach einer Stellungnahme des Generalkonservatoriums der Kunstdenkmäler und Altertümer in Bayern wurde festgestellt, daß es nicht wert sei, die Kapelle

---

[25] StA, Mag.Prot. 1839/40 Nr. 433: Annakapelle Arbeiten für Schullokalität vergeben, 9. April 1840.
[26] Ebd., A 2018, fol. 110 ff.
[27] Ebd., Mag.Prot. v. 13. Juni 1848.
[28] Statistik der deutschen Schulen im Kreise Unterfranken und Aschaffenburg, Würzburg 1874. Nach einem Bericht eines Schülers (ME v. 20. Oktober 1954), der 1874/75 eingeschult wurde: Die Annaschule hatte hohe Fenster, helle Räume. Zwischen zwei Bankreihen war ein Gang. Lehrertisch und -stuhl standen auf einem Podest. In einer Klasse waren 30 bis 40 Schüler.
[29] StaA, Mag.Prot. v. 16. März 1882.
[30] Ebd., S. 398 v. 25. Mai 1882.

zu erhalten. „Die Wiederherstellungskosten und Nutzen stehen in keinem Verhältnis zur Bedeutung der Kapelle. Deshalb wird der Widerstand des Amts gegen Abbruch aufgegeben. Das Epitaph von 1604 an der Südwand sollte vorher an das Museum gegeben oder an die Kirche St. Agatha versetzt werden."
Am 31. August 1903 wurde die Genehmigung zum Abbruch durch die Regierung von Unterfranken und Aschaffenburg erteilt[31].
Zwei der gotischen Fenster wurden ausgebaut. Eines davon kam ins hintere Höfchen des Stiftsmuseums, das andere in den Besitz des Pumpenfabrikanten Anton Gentil, der es für sein neues Haus in der Grünewaldstraße 20 verwendete.

Beschreibung

Die Annakapelle lag auf der Seite zur heutigen Erthalstraße, etwa in der Höhe des Chorabschlusses der Kirche. Die Kapelle war Bestandteil der Stadtbefestigung. Sie stand im Mauerzug, der zwischen dem „Centturm" oder „Folterturm", etwa von der Ecke der heutigen Friedrichstraße bis zum Ende der Strickergasse, dem damaligen „Strickertorturm", verlief.
Länge und Breite der St. Annakapelle betrugen ca. 9,93 m x 8,46 m. Wegen der beträchtlichen Höhe von ca. 12 m wirkte der Baukörper als Turm. Die dicken Mauern waren, soweit es auf alten Fotografien festzustellen ist, aus Gneisbruchsteinen gemauert und verputzt. Die Ecken bestanden aus Sandsteinquadern. Die Kapelle lag etwa in der Mitte des oben beschriebenen Abschnitts der Stadtmauer und war in diese eingebunden. Die Schießscharten im zweiten Obergeschoß auf der Seite zur Erthalstraße beweisen, daß sie auch Verteidigungszwecken diente.

Beschreibung der Annakapelle durch Stadtbaurat Friedrich Trambauer vom 25. Mai 1903[32]:

Höhe bis zum Dachgesims 11 m, bis zum First etwa 16 m. Hoher Turmbau mit abgewalmtem Ziegeldach. Das Bauwerk hat drei Geschosse. Kellergeschoß mit Kreuzgewölben, ein erstes Stockwerk mit 3,80 m lichter Höhe und ein zweites Stockwerk von etwa gleicher Höhe. Das Kellergeschoß hat eine lichte Höhe vom Fußboden bis Gewölberosette von 2,50 m. Ein Sechstel des Bodens liegt etwa 1 m tiefer (Größe 2,50 m x 3,50 m). Dies war wahrscheinlich ursprünglich die Sohle.
Die eigentliche Kapelle hat vier Spitzbogenfenster. Es handelt sich um ein Bauwerk, das nur teilweise alt ist. Der obere Stock ist in den fünfziger Jahren aufgestockt worden, um zwei Schulklassen im Gebäude unterbringen zu kön-

---

[31] Ebd., A 2019, fol. 1-11.
[32] Ebd., fol. 1-4.

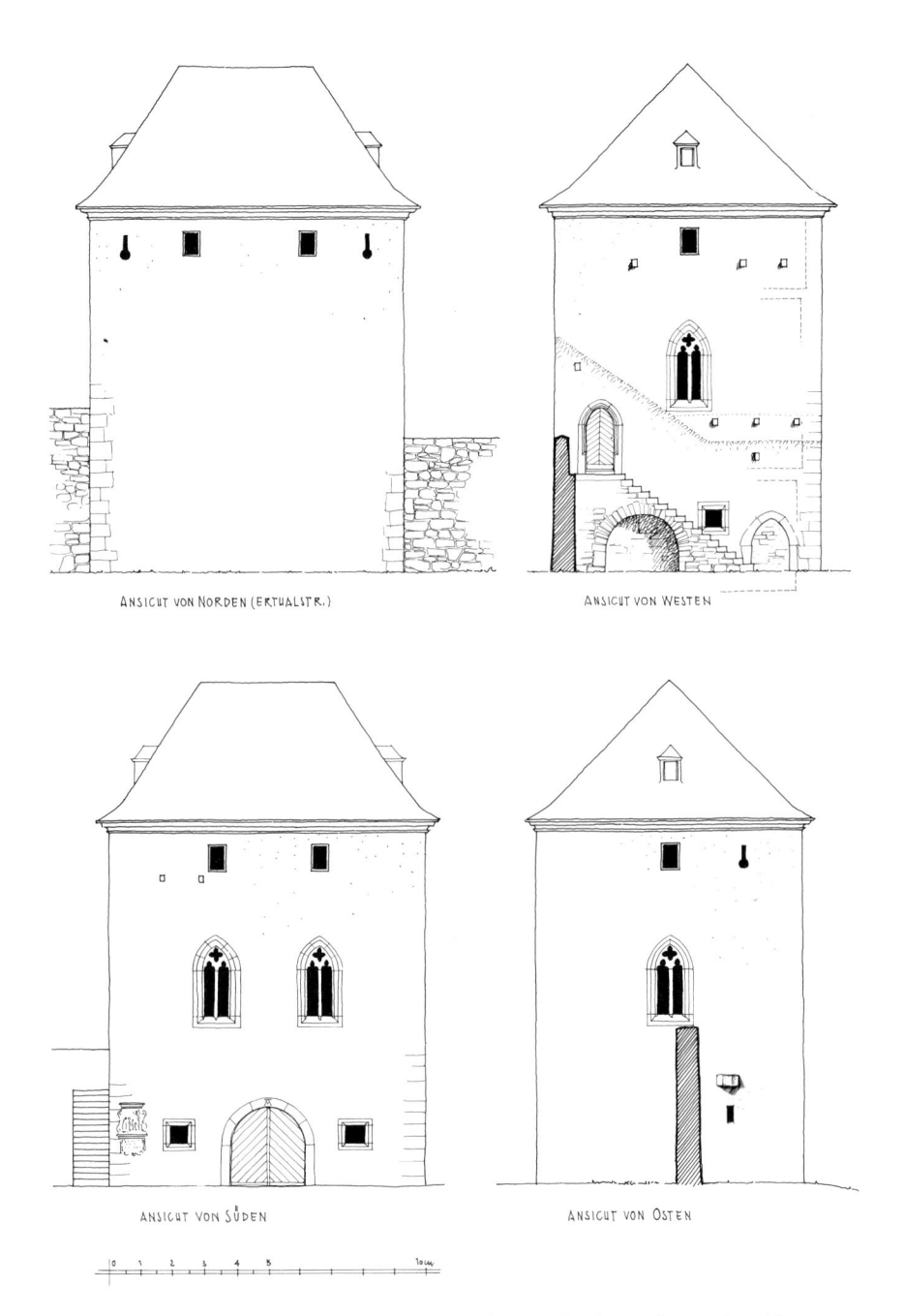

Abb. 96: Treibgasse 32, St. Annakapelle. Ansichten nach Plänen des Stadtarchivs (A 2018/19). Gezeichnet von Alois Grimm.

nen. Die Architekturteile, wie z. B. Fensterumrahmungen, sind zum großen Teil nicht mehr ursprünglich.

Stellungnahme des Generalkonservatoriums der Kunstdenkmäler und Altertümer in Bayern vom 3. August 1903[33]:

Im Beinhaus zwei achteckige Pfeiler, sechs Kreuzgewölbe mit kräftig profilierten Rippen und Gurten. Das Obergeschoß, die eigentliche Kapelle, war wohl nie gewölbt gewesen. Sie hat in der Stirnwand, zwischen Ost- und Westwand, je ein Fenster mit Mittelpfosten und schlichtem aus Vierpässen bestehendem Maßwerk. Spuren dekorativer Bemalung sind nicht wahrzunehmen. Die Kapelle befindet sich in einem Zustand, der von ihrem Originalgepräge weit entfernt ist.
Somit wurde der Abbruch der Kapelle beschlossen[34].

In den Jahren 1973/74 befaßte sich Alois Grimm mit der Annakapelle. Als Unterlage dienten ihm u. a. Skizzen, die Professor Ludwig Louis im Juli 1836 und am 29. Juli 1839 (Längsschnitt) im Zusammenhang mit dem Umbau der Kapelle für Schulzwecke gezeichnet hat[35]. Die von Grimm angefertigte Rekonstruktionszeichnung; die den Zustand der Kapelle vor dem Umbau von 1839 wiedergibt, ist Grundlage für die folgende Beschreibung.

Untergeschoß oder Beinhaus

Das Erdgeschoß des turmartigen Gebäudes besteht aus einer zweischiffigen Halle. Zwei in der Achse stehende Achtecksäulen tragen sechs Kreuzgewölbe mit profilierten Rippen und Gurten. 1903 ist der größte Teil des Fußbodens ca. 60 cm aufgefüllt und auf die Höhe des umgebenden Geländes gebracht worden. Die Geschoßhöhe beträgt ca. 3,80 m, die lichte Höhe 3,40 m. Die Mauern sind 87 cm stark. Das Gewölbe wurde früher als Beinhaus genutzt.
Der Zugang zum Beinhaus liegt auf der Südseite, in der Hauptfassade, die der Kirche zugewandt ist. Beiderseits des zweiflügeligen Portals mit Rundbogen in Sandstein je ein kleines quadratisches Fenster mit Sandsteingewände. An der linken Gebäudehälfte Epitaph von 1604. Um die Ecke, auf der Westseite, vermauerte Tür mit Spitzbogen. Daneben befindet sich ein quadratisches Fenster wie auf der Südseite.

---

[33] Ebd., fol. 5 v. 3. August 1903.
[34] Zeitungsnotizen über den Abbruch der Annakapelle: BaM (137) v. 20. Mai 1903, ebd., (141) v. 24. Mai 1903. Intell.Bl. Nr. 117 v. 25. Mai 1903.
[35] Die Pläne liegen unter: StaA, A 2018, fol. 114/117 und ebd., A 2019.

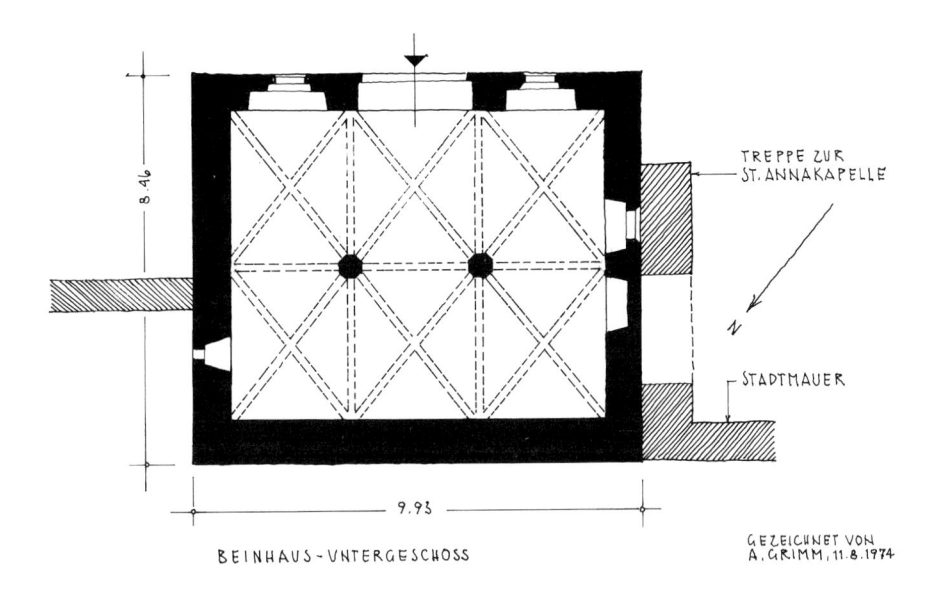

Abb. 97: Treibgasse 32, St. Annakapelle, Beinhaus, Grundriß.

Die Annakapelle im Mittelgeschoß

Die Annakapelle liegt über dem Beinhaus. Sie wird über eine einläufige Freitreppe erreicht, die an der Westseite der Kapelle emporführt. Von hier aus war früher auch der Wehrgang der Stadtmauer zu begehen. In der Höhe dieses Wehrgangs befand sich ehemals eine umlaufende gedeckte Galerie[36].
Durch eine spitzbogige Tür betritt man den ca. 8,50 x 7,00 m großen Innenraum. Er besitzt nach dem Bestandsplan von 1839 weder Unterzüge noch Stützen. Die lichte Höhe der Kapelle beträgt ca. 4,60 m. Die Decke ist flach und bestand vermutlich aus starken sichtbaren Balken. Belichtung durch vier zweiteilige gotische Maßwerkfenster mit Vierpaß. Von diesen sind zwei in der Längsseite zur Kirche, je eines in den Schmalseiten, aber nicht in Mittelachse, sondern zur Kirche hin versetzt. An der fensterlosen Mauer zur Erthalstraße steile, einläufige Stiege zum zweiten Obergeschoß. Der Altar muß sich zwischen den beiden Fenstern der Seite zur Kirche befunden haben.

---

[36] Der Grundriß der Annakapelle von Maurermeister Gabriel Hospes befindet sich in Würzburg: StAWü, Mz. Polizeiakten, 67, 1373.

Obergeschoß

Das zweite Obergeschoß ist im Lichten 3,14 m hoch. Die Außenmauern sind 72 cm stark wie im Kapellengeschoß. Der Raum scheint auch wie im Geschoß darunter stützenfrei gewesen zu sein. Auf der Seite zum Stadtgraben (Erthalstraße) zwei kleine, stehende Rechtecköffnungen. Zu beiden Seiten dieser Fenster und an den Gebäudeecken je eine Schießscharte. In den drei übrigen Seiten dieses Geschosses je ein Fenster gleicher Größe, jeweils in Achse der darunterliegenden Kapellenfenster. Die Nutzung des Raums ist nicht bekannt.

Das Dach ist auf den beiden Schmalseiten abgewalmt. Dort sitzt auch je eine kleine Gaube. Die Dachkonstruktion ist nicht überliefert. Es könnte sich um eine Sparrenkonstruktion gehandelt haben, mit einem Hängewerk, das die Lasten auf die Außenmauern abträgt.

Nach einem Gemälde von Ferdinand Kobell im Jahre 1785 ist das Dach steiler[37].

Umbau der Annakapelle 1839

Im ersten und zweiten Geschoß entsteht je ein Schulsaal. Die Decke über dem ersten Obergeschoß (Annakapelle) wird gesenkt, so daß beide Schulräume eine lichte Höhe von ca. 3,80 m erreichen. Im zweiten Obergeschoß Einbau von sechs neuen Fenstern. Davon sind je zwei auf der längeren Nord- und Südseite, je eines an den Schmalseiten, alle mit gotisierenden Sandsteingewänden. Die vorhandenen Fenster in der Annakapelle erhalten normale Brüstungen.

---

[37] Abb. 49 bei *Wirth*, Aschaffenburg, heißt es irrtümlicherweise „Blick vom Schloß nach Nordwesten", es muß aber „nach Nordosten" heißen.

Treibgasse 34   (Lit. B 105)   Plan-Nr. 690

Schulhaus St. Agatha

Geschichte

Nach Meinung des Pfarrers von St. Agatha, Johann Baptist Philipp Cammer, des Stadtschultheißen Veit Christoph Molitor und des Geistlichen Kommissars Christian Stadelmann aus dem Jahr 1742 ist das Schulhaus von St. Agatha

FACHWERK UM 1600   SPÄTERER ANBAU

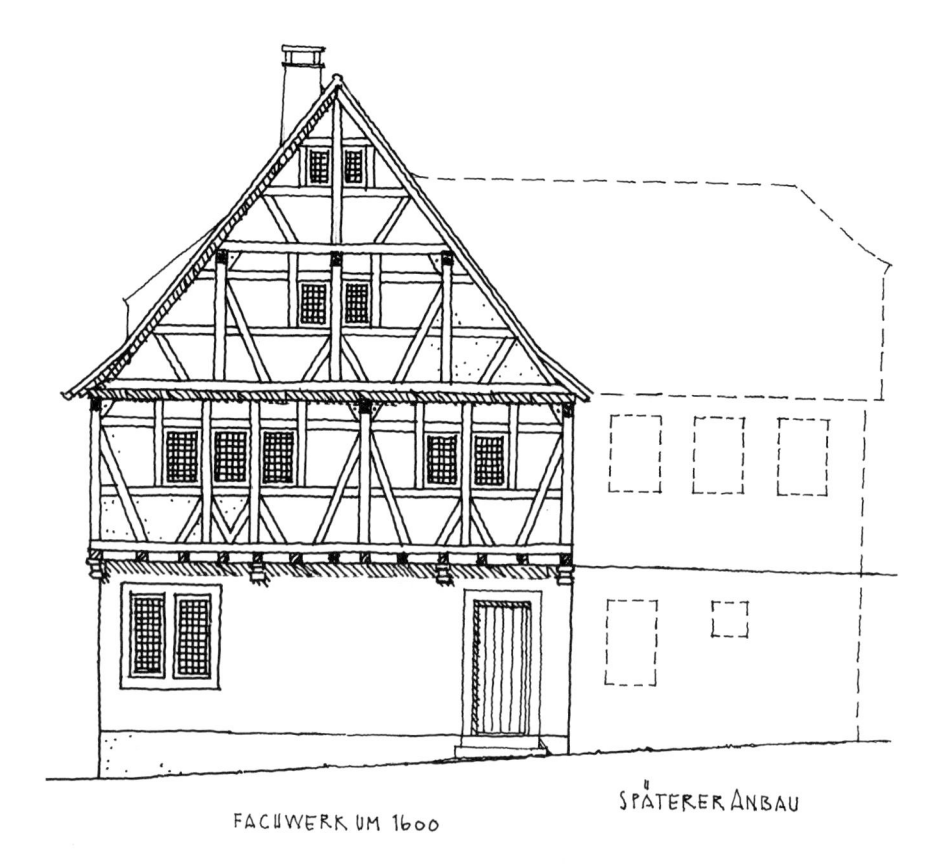

Abb. 98: Treibgasse 34, St. Agatha-Schule, Giebelansicht, Rekonstruktion.

das älteste der Stadt. Da es seit „unvordenklichen Zeiten" eine Bildungsstätte war, muß es „Eigentum der gemeinen Stadt" sein[1].
1769 erhält Michael Martini 54 fl. als Rektor von St. Agatha[2]. Rektor Christoph Keller bekommt 1781 243 fl.[3].
Da 1781 ein neuer Kandelbaum aus Eiche für das Schulhaus um 25 fl. angeschafft wurde, muß der Dachkandel damals noch vorwiegend aus Holz gewesen sein[4].

---

[1] StaA, U 314 v. 19. Juli 1742. Bereits 1564 wird dem Schulmeister von St. Agatha das Stiftshaus „Trium Regum" in der Steingasse 16 angeboten. Vgl. *Grimm* IV, S. 357.
[2] StaA, StadtbauR, Nr. 43 v. 1769.
[3] Ebd., Nr. 95.
[4] Ebd., U 34 v. 1781.

Aus einer Notiz vom 20. Juli 1787 geht hervor, daß zu der kleinen St.-Agatha-Schule kein Hof und auch keine Aborte gehörten. Deshalb mußte „die Schuljugend im Schönthal[5], am Eingang der Kirche oder hinter den Husarenställen[6] ihre Notdurft verrichten, oder nach Hause laufen". Um Abhilfe zu schaffen, soll zum Schulhaus aus dem Kirchhof eine Fläche von 110 Schuh Länge dazugemessen werden. Zur Fläche gehört eine Mauer, „10 Schuh hoch, 1 $^1/_2$ Schuh dick mit zwei steinernen Türgestellen"[7].
Durch den Bevölkerungszuwachs der Stadt zu Beginn des 19. Jahrhunderts reichte 1806 der eine kleine Schulsaal nicht mehr aus. Der damalige Landbaumeister Wolfgang Streiter schlug deshalb vor, die an den kleinen Schulsaal angrenzende Kammer des Lehrers dem Schulzimmer zuzuschlagen und einen Teil des Hofs zu überbauen. Als Ausgleich sollte dem Lehrer eine Kammer im Speicher ausgebaut werden. Zum Nachbarhaus Treibgasse 36a mußte eine Wand eingezogen werden. Außerdem war ein Wasserschaden zu beheben, der durch einen Standkandel (Fallrohr) zwischen den beiden Häusern verursacht worden war. Eine Stiege zum Speicher und zwei Aborte waren ebenfalls notwendig. Der Kostenvoranschlag, an dem Maurermeister Gabriel Hospes, Zimmermeister Franz Huber, Tüncher Henlein, Schreiner Johann Lommel und Schlosser Anton Montreal beteiligt waren, betrug 251 fl. 37 kr.[8]. Die Landesdirektion befürwortete diese Maßnahmen. Der Schulunterricht sollte während des Umbaus in der St. Annakapelle abgehalten werden[9].
Im Hof entstand ein Anbau von 21 x 19 $^1/_2$ Schuh[10]. Außer dem zusätzlichen Schulraum im Obergeschoß konnten im Erdgeschoß neben dem Vorraum noch zwei Aborte und eine Küche für den Lehrer geschaffen werden.
1827 wurden für das Schulhaus drei neue Fenster genehmigt[11].
1831 machte Lehrer Karl Anton Englert den Vorschlag, das im oberen Stock gelegene „Schullokal" in den unteren Stock zu verlegen. Dafür sollten oben eine Stube und eine Kammer mit neuer Küche für den Lehrer eingerichtet werden[12]. Der Vorschlag wurde abgelehnt.
Die obere Knabenschule St. Agatha besuchten ältere Schüler. Die Gemeinde-Schulstatistik schreibt 1833: „Für das Unterrichtslokal und die Wohnung des Lehrers ist ein eigenes städtisches Gebäude nächst der Agathakirche seit unvordenklichen Zeiten bestimmt". Das Schulzimmer hat 427 Quadratschuh, ca. 36,41 m², die Höhe beträgt 8 Schuh 9 Zoll, also ca. 2,55 m. Der Raum wird durch sechs Fenster belichtet.

---

[5] Der bepflanzte Zwinger anstelle des heutigen unteren Teils der Erthalstraße.
[6] Viehhof, heute Schloßberg 4.
[7] StAWü, MRA, 3275 v. 20. Juli 1787. 110 Schuh = 31,62 m; 1 $^1/_2$ Schuh = 0,43 m.
[8] Ebd., Mz. Schulsachen 41 v. 17. Juli 1806.
[9] Ebd. v. 8. August 1806. Siehe St. Annakapelle.
[10] 21 x 19 $^1/_2$ Schuh = 40,95 Quadratschuh, entspr. 35 m².
[11] StaA, Mag.Prot. v. 25. Oktober 1827.
[12] Ebd., A 2018, fol. 9 v. 29. August 1831.

Die Lehrerwohnung verfügt über „zwei beheizbare und drei unbeheizbare Zimmer in zwei Stöcken, Keller, Küche, Speicher"[13].
Bei dieser Beschreibung handelt es sich um das Schulzimmer im Anbau und die Lehrerwohnung im alten Schulhaus.

1833 wird von einem Schulgarten berichtet, der hinter dem Chor der St. Agathakirche liegt. Die Größe beträgt 97 Dezimalen. Vorhanden sind „Maulbeerbäume, Weinstöcke, [eine] Obstbaumschule, verschiedene Holzarten, Küchen-, Apotheken- und Färbe-Kräuter"[14].
Seit 1849 wird der Schulgarten nicht mehr erwähnt.

In einem Gutachten vom 6. März 1835 rechnet die königliche Bauinspektion mit einem Flächenbedarf von 4 Quadratschuh je Schüler. Sie stellt fest, daß der Schulsaal um 15 Schüler überbelegt ist. Das Schulhaus wird für völlig ungeeignet gehalten. Außerdem war es in einem so schlechten Zustand, daß von kostspieligen Reparaturen abgeraten wurde. Statt dessen sei es ratsam, das Haus abzureißen, um eine spätere Erweiterung der Kirche zu ermöglichen. Ein neues Schulhaus mit zwei Klassenzimmern und einer Lehrerwohnung sollte am besten hinter dem Pfarrhaus im Garten erbaut werden. Bis zur Errichtung eines Neubaus könnte die Schule in die leer werdende Landingschule verlegt werden[15].

Obwohl Baurat Karl Ludwig Louis 1836 beauftragt wurde, einen Plan für einen Neubau zu entwerfen, kam man bald zu der Ansicht, daß es besser sei, zwei Schulzimmer in der St. Annakapelle einzurichten[16]. Das alte Schulhaus sollte Lehrerwohnung bleiben und entsprechend saniert werden. Für die Umbauten des Klassenzimmers im Obergeschoß des Anbaus zu Wohnzwecken mit Einziehen einer Trennwand veranschlagte 1839 Professor Louis 142 fl. 7½ kr.[17].

Die Einstellung des Unterrichts im Agatha-Schulhaus erfolgte jedoch erst 1878.

1882 beschloß der Magistrat, das St.-Agatha-Schulhaus der Kirchenverwaltung zum Ankauf auf Abbruch anzubieten[18]. Dieses Angebot wurde 1891 nochmals wiederholt[19].

---

[13] Vgl. Gemeinde-Schulstatistik, S. 3, Anhang A, S. 51 v. 1833. *Zentgraf*, S. 65 ff. Vgl. auch Rißzeichnung von Prof. Louis, 1833.
[14] *Zentgraf*, S. 77.
[15] StaA, Mag.Prot. v. 30 März 1835: Die Landingschule wird frei, wenn die Knabenschule der Pfarrei St. Peter und Alexander in dem Haus Lit. A 14 (Stiftsgasse 2) untergebracht wird. In Stiftsgasse 2 wohnte bis 1832 Stiftskapitular Georg Philipp Rottwitt, 1839 wurde ein Amtslokal für das stiftische Rentamt eingerichtet. Vgl. *Grimm* I, S. 421.
[16] Ebd., A 2018, fol. 92 v. 7. Februar 1839.
[17] Ebd., fol. 92.
[18] Ebd., Mag.Prot. v. 16. März 1882.
[19] Ebd., Nr. 440 v. 17. April 1891.

Am 4. März 1898 reichte Wilhelm Eckert, der sein Friseurgeschäft im ehemaligen Schulhaus betrieb, ein Gesuch ein, eine Ladentür einbrechen lassen zu dürfen. 1899 wurde für 660 Mark nach Bauamtsprojekt ein Pissoir am ehemaligen Schulhaus genehmigt[20].

Trotz des schlechten baulichen Zustands des Gebäudes bewohnte Friseur Wilhelm Eckert[21] mit seiner Familie das Haus. Im Zweiten Weltkrieg wurde es total zerstört[22], und der Platz wurde nach 1945 nicht mehr bebaut.

Lehrer an der Agatha-Schule[23]

1634	Georg Will[24]
bis 1685	Adelarius Will[25]
1684 bis 1690	Philipp Jacob Steigleder[26]
1695 bis 1727	Johann Casimir Wiesenfeger[27]
1727 bis 1738	Johann Herdt, Rektor[28]
bis 1778	Michael Martini, Rektor[29]
1779 bis 1804	Christoph Keller[30], Rektor

---

[20] Ebd., Nr. 369 v. 24. März 1899.
[21] Ebd., HR, E2, S. 286. Wilhelm Eckert (geb. 1865), verh. mit Walburga Buckel (geb. 1867), 4 Kinder. Sohn Wilhelm blieb bis 1944 im Haus wohnen.
[22] *Stadtmüller* II, S. 441.
[23] Der Lehrdienst an beiden Aschaffenburger Pfarrschulen wurde von den jeweiligen Pfarrglöcknern in Personalunion versehen. .Sie wurden im 18. Jahrhundert als Schulrektoren zeitweise auch durch weitere Lehrkräfte unterstützt. Sie werden als Lehrer bzw. Rektoren der Pfarrschule St. Agatha in den Kirchenbüchern geführt. StAWü, SAW MF 1723 (um 1709) und StiA 6595.
[24] St. Agatha, Matrikelbuch I, S. 144.
[25] Ebd., S. 436. Adelarius Will, Sohn des Georg Will, starb 1685.
[26] Ebd., S. 300, S. 327, Matrikelbuch II, S. 1. StaA, B 66, S. 4.
[27] Matrikelbuch II, S. 2, Sterbematr. v. 1727, S. 79.
[28] StaA, R 352 v. 1733, S. 22: 1733 bekam Rektor Herdt einen Gehalt von 64 fl. 32 kr. Zusätzlich erhielt er noch Geld für das Orgelspiel, „Communicanten-Zettel" zu schreiben, Geigenbögen zu beziehen, etc. Siehe auch R 353 v. 1734. St. Agatha, Sterbematr. v. 1738, S. 2. Herdt stammte aus Bensheim und war der Schwiegersohn von Johann Wiesenfeger.
[29] StaA, A 933. Nach einem Schreiben vom 15. November 1778 wird Martini in die im Gymnasium neu eingerichtete lateinische Trivialschule versetzt. St. Agatha, Sterbematr. v. 1778, S. 160: Am 11. März 1778 wurde Sophia, die Frau des Schulrektors Michael Martini beerdigt. Sie wurde 63 Jahre alt.
[30] StaA, AN, I-J-Ke. 1802 Annahme des Schullehrers Christoph Keller aus Kriftel/Main-Taunus-Kreis als Bürger. Ebd., A 933. Die seither am Gymnasium bestandene deutsche Realschule wird aufgehoben und Schullehrer Keller in die St. Agatha-Schule versetzt. *Scherg*, Schulkampf, S. 35-46. Scherg zitiert StAWü, Mz. Schulsachen 38. Schulrektor Keller resignierte 1804 wegen Krankheit. Über die Wiederbesetzung kam es zum Streit zwischen dem Pfarrer von St. Agatha und dem Stadtmagistrat. Der Magistrat beanspruchte das Präsentationsrecht und wollte dem Pfarrer nur eine Empfehlung zugestehen.

1807 bis 1827   Joseph Anton Wiesmann[31], Rektor
1827 bis 1864   Anton Englert[32], Rektor der oberen Knabenschule
1828   Georg Oechsner[33], Lehrer der unteren Knabenschule
1851   Franz Joseph Stumpf[34], Lehrer und Organist
1865   Heinrich Eisert[35]

Beschreibung

Das ursprüngliche alte Schulhaus stand an städtebaulich exponierter Lage an der Ecke des Zugangs von der Treibgasse zur St. Agathakirche. Das zweistöckige Hauptgebäude hatte zur Straße eine Länge von ca. 6,80 m und war traufständig. Die Länge der Giebelseite gegenüber dem Pfarrhaus betrug ca. 7,70 m. Anschließend an diese Giebelseite entstand in der gleichen Flucht ein ebenfalls zweistöckiger Anbau, ca. 5,75 m lang. Hinter dem Anbau ein kleiner Hof mit Holzhalle.

Hauptgebäude

Erdgeschoß massives Mauerwerk, ca. 50 cm stark. An der Ecke zum Agathaplatz, an jeder Gebäudeseite, ursprünglich je ein gekuppeltes Fenster (vier Fenster) mit schmalem Eckpfeiler. Die Fenstergruppe war mit profilierten Sandsteingewänden gerahmt.
Auf der Traufseite, neben Haus Nr. 36a, ein Einzelfenster. Auf der Giebelseite, neben dem Anbau, der Eingang. 1898 entstand neben der alten Haustür ein neuer Eingang für einen Laden.

---

[31] Bereits 1803 wurde Wiesmann dem kränklichen Lehrer Keller als Präzeptor (Hilfslehrer) zur Seite gestellt. 1807 wurde er dann Rektor. *Scherg*, Schulwesen, Bd. 1, S. 274. Ebd., S. 220. Wiesmann unterrichtete 71 Knaben und erhielt 1807 dafür 435 fl. 6 kr. StaA, HR, W1, S. 73: Anton Wiesmann (1779-1826), Schullehrer, verh. mit Franziska Born (1782-1840), 4 Kinder. AB Wochenbl. v. 6. Dezember 1826 unter „Gestorben": 16. November Johann Anton Wiesmann, „Rector ad s. Agatham", 47 Jahre. Unter Rektor Wiesmann war seit 1809 Anton Englert zunächst Präzeptor (Hilfslehrer), dann seit 1811 Lehrer an der St.-Agatha-Schule. 1813 bekam er 400 Gulden, mußte aber auf die freiwillige Holzlieferung verzichten. 1819 wechselte Englert in die Muttergottes-Pfarrschule
[32] StaA, HR, E1, S. 27. Anton Englert (1788-1872) aus Rothenbuch, verh. mit Elisabeth Miehle (1786-1869), 7 Kinder. Von 1827 bis zu seinem Ruhestand 1864 lehrte er wieder bei St. Agatha. Vgl. *Scherg*, Schulwesen, Bd. 2, S. 631 f. und *Ebert*, Familie Miehle-Englert, S. 8. AZ v. 29. April 1872 Todesanzeige und Nachruf auf Rektor Englert.
[33] StaA, HR, O, S. 27. Georg Oechsner, Elementar-Lehrer, verh. in 1. Ehe mit Katharina Thekla Seuffert (1809-1836), 4 Kinder. 2. Ehe Anna Maria Happel (1805-1885). Oechsner starb am 29. März 1863. AZ v. 31. März 1863. Todesanzeige von Georg Oechsner, zuletzt Lehrer an der kgl. Gewerbeschule in Aschaffenburg.
[34] StaA, HR, S1, S. 562: Franz Joseph Stumpf, geb. 1826. 1. Ehe mit Anna Maria Hilb (1822-1860), 3 Kinder, 2. Ehe mit Georgina Huhn (1838-1875).
[35] Ebd., HR, E1, S. 109. Heinrich Eisert (1827-1903) aus Kleinostheim, Schullehrer, verh. mit Barbara Rücker, 6 Kinder.

Das gesamte Obergeschoß war in Fachwerk ausgeführt. Die Balkenlage über dem Erdgeschoß lief, wie die Dachbalkenlage, senkrecht zum First. Das Stichgebälk auf der Giebelseite und die Balkenlage kragten mäßig aus. Unter dem Gratstichbalken ein Konsolstein. Zwei weitere Konsolsteine auf der Traufseite und drei auf der Giebelseite. Das Fachwerk an den Eck- und Bundstielen mit der Mannfigur ist typisch für die Zeit um 1600.

Auf der Seite zur Treibgasse zwei gekuppelte Fenster, auf der Giebelseite eine Gruppe von drei Fenstern und ein gekuppeltes Fenster. Die Ausbildung des Giebeldreiecks war entsprechend.

Anbau

Die Außenmauern im Erdgeschoß waren massiv. Die Trennwände im Hausinnern, wie im Hauptbau, aus Fachwerk. Das freigelegte Fachwerk des Obergeschosses war konstruktiv und weist auf die Zeit um 1800 hin.

Der First des Anbaus steht senkrecht zu dem des Hauptgebäudes. Das Dach hat zur Kirche hin einen Krüppelwalm. Im Erdgeschoß, neben dem Eingang zum Hauptbau, ein hohes, schmales Fenster mit einteiligem Schlagladen. Daneben in gleicher Sturzhöhe, ein kleines quadratisches Fenster, mit Eisenstäben vergittert. Im Obergeschoß auf der Traufseite und der Giebelseite je drei Fenster. Unter dem Krüppelwalm beiderseits des Mittelstiels je eine Fensteröffnung.

Grundrisse

Über die Einteilung der Grundrisse vor der Errichtung des Anbaus ist nichts bekannt. Nach einem noch vorhandenen Grundriß „des städtischen Schulhauses an der Agathakirche" aus dem 19. Jahrhundert ist zu entnehmen, daß er dem ursprünglichen Grundriß noch entspricht. Vermutlich lag die Wohnung des Lehrers im Erdgeschoß, der Schulraum im ersten Stock. Da die Trennwände in einem überlieferten Plan des Schulhauses mit der Stellung der Bundstiele des Fachwerks übereinstimmen, dürften auch in der Einteilung der Räume keine größeren Änderungen vorgenommen worden sein.

Im Hauptbau lagen im Erdgeschoß der Eingang mit Flur und Treppe, ein großes Zimmer mit dem bereits erwähnten vierteiligen Eckfenster und ein kleines, gefangenes Zimmer. Im Erdgeschoß des Anbaus waren der Vorplatz für die Schüler und zwei Aborte, der eine vermutlich für die Lehrerwohnung und der andere für die Schule. In der hinteren Ecke des Anbaus befand sich die Küche. Der Anbau selbst hatte keinen eigenen Eingang von der Straße aus. Er war über den Flur des alten Schulhauses zu erreichen.

Im ersten Stock des Hauptgebäudes gemeinsamer Vorplatz und drei Zimmer, die zur Lehrerwohnung gehörten. Im gesamten Obergeschoß des Anbaus das Schulzimmer[36].

---

[36] Ebd., 2018, fol. 35. Aufnahme der königlichen Bauinspektion.

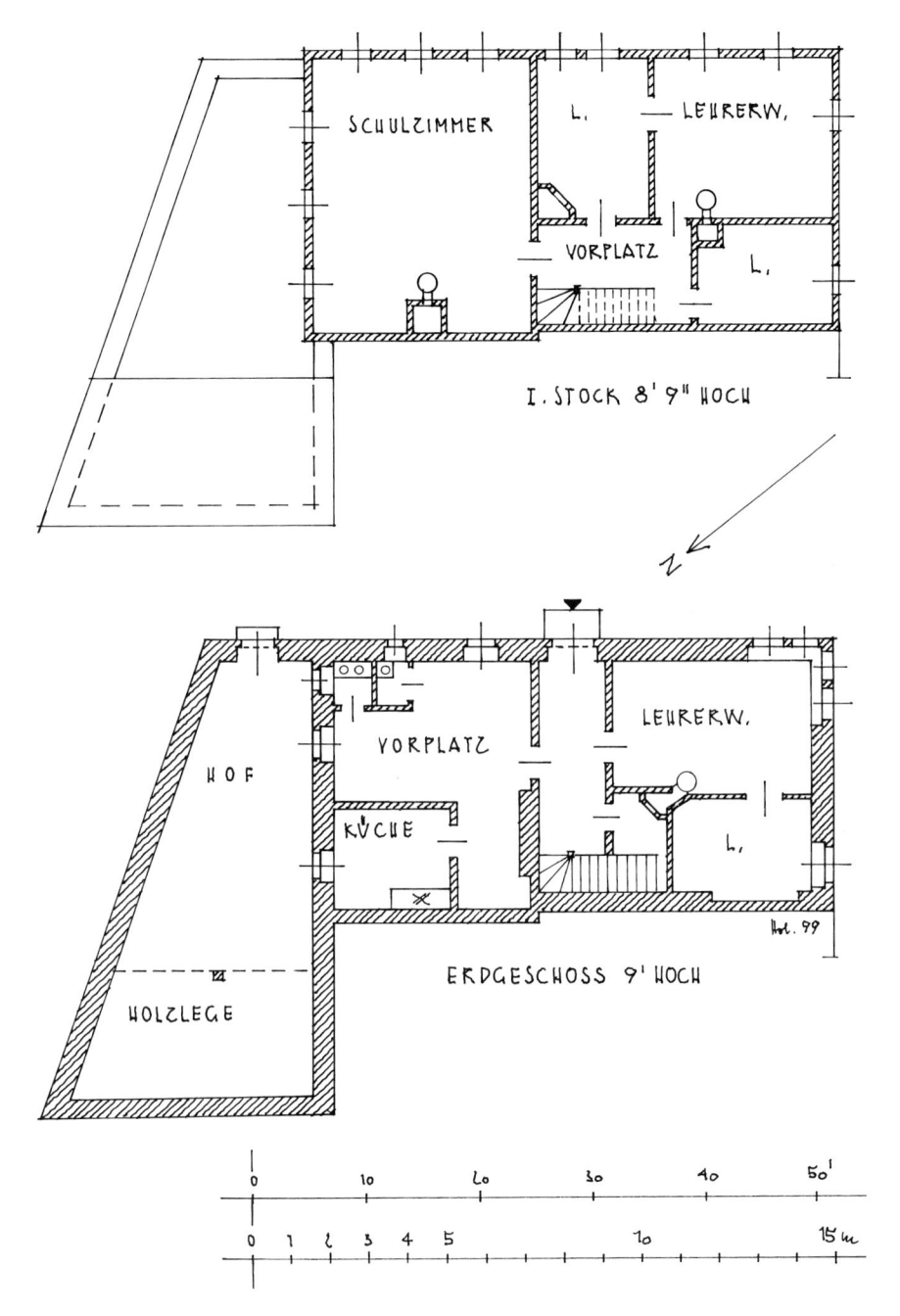

Abb. 99: Treibgasse 34, St. Agatha-Schule, Grundrisse um 1835.

415

Der dem Anbau folgende Hof mit Holzhalle hatte ursprünglich eine Fläche von ca. 60 m². Er war von einer hohen Mauer umgeben, mit einer Tür zum Vorplatz der Kirche. Der Hof wurde später um ca. 12 m² verkleinert, vermutlich um den Durchgang zwischen Hofmauer und Kirchturm zu verbessern.

Eigentümer

1742 bereits im Eigentum der Stadt Aschaffenburg,
seit 1953 Teil des neu angelegten Platzes vor der Agathakirche.

Treibgasse (Lit. B 104) Plan-Nr. 588, 589
(nach 1845 Treibgasse 36a und Treibgasse 36)

Geschichte

Vor der Zerstörung im Zweiten Weltkrieg zeigte das an der Treibgasse stehende Hauptgebäude im ersten Stock ein freigelegtes Fachwerk, das auf eine Entstehungszeit um 1600 hinweist. Dieses Fachwerk ähnelte sehr dem des angrenzenden Agatha-Schulhauses.
Das Anwesen war dem Kirchenfonds St. Agatha mit 2 fl. 30 kr. und der Pfarrei St. Agatha mit 4¹/₂ kr. grundzinspflichtig.

Zu Beginn des 19. Jahrhunderts gab es zwei Eigentümer. Im Erdgeschoß wohnte Schreinermeister Johann Lösch[1], Tünchermeister Joseph Hönlein gehörte die Wohnung im Obergeschoß.
Lösch bekam am 2. Oktober 1805 gestattet, Fenster in die Stadtmauer zum „sogenannten Schönthal"[2] brechen zu lassen. Etwa um diese Zeit hatte Lösch auf dem hinteren Teil des Grundstücks, auf Lit. B 588, entlang der Stadtmauer ein Wohnhaus errichten lassen. Angrenzender Nachbar war Maurermeister Ludwig Antoni, Treibgasse 38.
1806 wollten Lösch und Hönlein die Fassade des gemeinsamen Wohnhauses an der Treibgasse ändern lassen. Nach einer Ortsbesichtigung erhielten sie auch die Genehmigung. Es wurde jedoch verlangt, den Überstand des Obergeschosses zu beseitigen und das Erdgeschoß in die Flucht des Nachbarhauses von Ludwig Antoni (Treibgasse 38) zu rücken[3]. Diese Fassadenänderung wurde nicht ausgeführt.

---

[1] StaA, HR. L1, S. 24. Johann Lösch (1771-1848), verh. mit Agnes, geb. Dietz (1788-1847), 7 Kinder.
[2] Das „sog. Schönthal" ist der bepflanzte Zwinger anstelle des heutigen unteren Teils der Erthalstraße.
[3] StAWü, MRA, LG 2987 v. 1806.

Lösch dehnte sich auf dem Grundstück weiter aus. 1806 bekam er den Bau einer Werkstatt genehmigt, die an den Friedhof von St. Agatha grenzte. Der Neubau durfte keine Dachtraufe zum Kirchhof haben. Der zweite Stock sollte auf die städtische Mauer zum Kirchhof gesetzt werden. Lösch mußte die Mauer kaufen. Schon damals beabsichtigte er, bei Auflassung des Friedhofs noch eine kleine Fläche dazu zu erwerben[4]. 1807 pachtete Lösch von der Stadt die St. Annakapelle, um dort Holz zu lagern.

1812 konnte Lösch aus dem ehemaligen Friedhof von St. Agatha ein Stück Land (ca. 107 m^2), das an sein Haus (Rückgebäude) entlang der Kirchhofsmauer grenzte, pachten[5]. Folgende Auflagen waren dabei einzuhalten: Zwischen der gepachteten Fläche und jener, die als Schulhof bestimmt war[6], eine „Schiedmauer" zu errichten. Die Mauer, die jetzt den Friedhof schloß, blieb für immer städtisches Eigentum. Die Mauer am Haus Lösch, die den Kirchhof begrenzte, sollte abgebrochen werden. Die Steine sollten „zum Einschluß des Hofes der Schule, zur Errichtung der gemeinschaftlichen Mauer zwischen Lösch und der Schule" soweit sie reichen, verwendet werden. Lösch zahlte jährlich 2 fl. 30 kr. Pacht an die Stadtkasse. Der Pachtvertrag ging an die Erben des Pächters über. Die Stadt konnte den Vertrag jederzeit kündigen, falls sie die Fläche selbst brauchte. Lösch mußte dann auf eigene Kosten sein Gebäude abbrechen lassen. Das Material blieb jedoch Eigentum des Pächters[7].

Auf dem Katasterplan von 1845 ist das Grundstück in der Treibgasse noch mit der Litteranummer B 104 bezeichnet. Doch noch im gleichen Jahr muß das Grundstück geteilt worden sein. Das hintere Grundstücksteil entlang der Stadtmauer mit dem Neubau von 1805 behielt Lit. B 104 und wurde später unter der Hausnummer Treibgasse 36 weitergeführt (siehe Treibgasse 36).

Die vordere Fläche zur Treibgasse mit dem alten Wohnhaus bekam Lit. B 104a, später die Haus Nr. Treibgasse 36a.

Beschreibung

Das Grundstück liegt in der Treibgasse entlang der ehemaligen Stadtmauer zwischen Strickertorturm und Zentturm. Genaue Beschreibung unter Treibgasse 36a.

---

[4] Ebd., LG 2890 v. 2. Oktober 1805 und v. 14. Juli 1806.
[5] Das Dokument ist unterschrieben: „der Maire der Stadt Aschaffenburg". 30. Dezember 1812.
[6] Das St. Agatha Schulhaus, Treibgasse 34, lag in unmittelbarer Nähe.
[7] Auf Grund des Ablösungsgesetztes von 1872 mußte der Bodenzins in drei Raten à 15 fl. abgelöst werden. Vgl. Akten des kgl. Stadtrentamts „Protokolle über gezählte Bodenzinse".

Eigentümer

1794	Witwe des Peter Degen,
1805 bis 1845	Johann Lösch[8], Schreiner, und Josef Hönlein, Tünchermeister, dann Treibgasse 36a und Treibgasse 36.

Treibgasse 36a   (Lit. B 104a)   Plan-Nr. 589

Geschichte

Da das Grundstück erst 1845 eine eigene Litteranummer (Lit. B 104a) bekam, steht die Geschichte bis zur Teilung unter Treibgasse Lit. B 104.
Johann Lösch starb 1848, seine Nachkommen erbten die Erdgeschoßwohnung. Bis 1899 blieb der halbe Anteil des Hauses in der Familie Lösch, dann wurde Güterlader Joseph Rohleder Eigentümer des Erdgeschosses.
Das Obergeschoß des Hauses gehörte 1858 und noch 1881 den Erben des Josef Hönlein. Diese verkauften ihren Anteil noch vor Ende des Jahrhunderts an die Stadt Aschaffenburg[9]. Wie aus den Magistratsprotokollen zu entnehmen ist, konnten im Obergeschoß zwei Wohnungen vermietet werden[10]. 1905 wurden „für die Instandsetzung der vormals Schmitt'schen Wohnung im städtischen Anwesen Treibgasse 36 [36a] 120 Mark genehmigt, die aus laufenden Etatsmitteln zu entnehmen sind. Die vormals Kittel'sche Wohnung ist zur Vermietung auszuschreiben"[11]. Ab 1. September 1909 wurde „die Wohnung über zwei Stiegen im städtischen Anwesen [...] gegen eine Miete von jährlich 96 Mark dem Armenpflegschaftsrat zur Unterbringung von Armen überlassen"[12].
1938 erwarben Maler- und Tünchermeister Josef Giegerich und seine Ehefrau sowohl die städtische Wohnungen als auch von Familie Rohleder die Erdgeschoßwohnung. Sie wurden somit Alleineigentümer des Wohnhauses mit Durchfahrt, Keller, Schweinestall, Holzlege und Hofraum.

Im Zweiten Weltkrieg, im Oktober 1944, wurde durch Sprengbomben das Gebäude total zerstört[13].

---

[8] StaA, HR, L1, S. 24: Johann Lösch (1771-1848), verh. mit Agnes, geb. Dietz (1788-1847), 7 Kinder.
[9] Nach den Aschaffenburger Adreßbüchern war spätestens seit 1896 die Stadtgemeinde Eigentümerin.
[10] Nach den Unterlagen des Grundbuchamtes waren die städtischen Wohnungen im Haus Treibgasse 36a. In den Magistratsprotokollen steht jedoch meist Treibgasse 36. Vermutlich handelt es sich dabei um eine ungenaue Angabe.
[11] StaA, Mag.Prot. Nr. 1072 v. 12. Mai 1905.
[12] Ebd., Nr. 1846 v. 20. August 1909.
[13] *Stadtmüller* II, S.441.

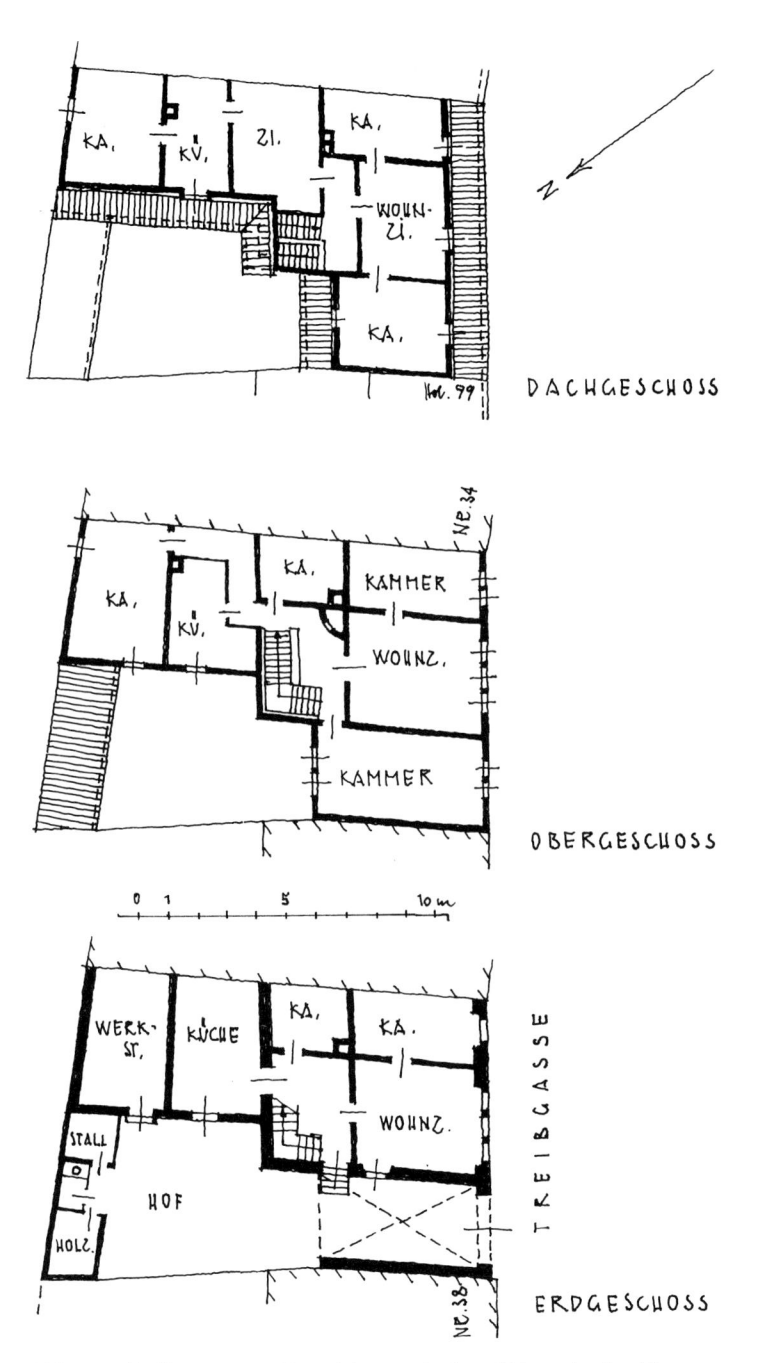

Abb. 100: Treibgasse 36a, Grundrisse nach einer Skizze des Stadtbauamtes von 1911.

1950 verkauften Giegerichs der Stadt Aschaffenburg das geräumte Grundstück, das heute Teilfläche des Agathaplatzes ist.

Beschreibung

Das Grundstück Plan-Nr. 589 ist bebaut mit einem Vorderhaus entlang der Treibgasse und einem Anbau auf der Grenze zu Treibgasse 34. Auf der hinteren Grenze steht ein schmaler Schuppen, nach der Skizze von 1911 mit einer Holzlege, einem Abort und einem Schweinestall.
Das Vorderhaus ist traufständig, zweigeschossig und hat eine Frontlänge von ca. 9,20 m. Das Erdgeschoß ist massiv. Neben dem Nachbarhaus, Treibgasse 38, ist ein rundbogiges Tor mit profilierter Sandsteinumrahmung. Anschließend sind eine dreiteilige Fenstergruppe, ebenfalls mit Gewänden aus Sandstein und ein einzelnes Fenster.
Das wieder freigelegte Obergeschoß ist ein Fachwerk und kragt mäßig über. Eck- und Buntstiele sind als „halber Mann" ausgebildet. Die Fachwerkwand zeigt Brust- und Halsriegel. In der Mitte ist eine Dreierfenstergruppe, wie im Erdgeschoß, zu beiden Seiten je ein gekuppelte Fenster.
Im steilen Dach drei später aufgesetzte Gauben.
Die Fassade nimmt die Höhen der benachbarten Agathaschule auf, besitzt ein sehr ähnliches Fachwerkgefüge und dürfte wie diese um 1600 entstanden sein. Dank einer erhaltenen Skizze des Stadtbauamts vom 25. September 1911 sind auch die Grundrisse des Hauses bekannt.
Der Zugang zu den Wohnungen erfolgt durch das große Tor, in dessen rechten Flügel eine Tür eingefügt war. Die Haustür liegt unter der Durchfahrt. Der ursprüngliche Baukörper, ca. 7,60 m tief, ist im Erdgeschoß durch eine Längs- und eine Querwand in vier ungleiche Räume geteilt. Zur Treibgasse hin, neben der Hofeinfahrt, liegt der größte Raum mit der Dreifenstergruppe, daneben eine Kammer. Die Haustür führt in einen geräumigen Vorplatz mit der Treppe in das Obergeschoß. Die Raumaufteilung im Obergeschoß ist identisch. Über der Hofeinfahrt kommt ein weiteres Zimmer dazu.
Der 4,50 m tiefe, zweigeschossige Anbau besteht in beiden Stockwerken aus zwei hintereinander liegenden Räumen.
Nach der Zerstörung des Gebäudes 1944 wird bei Aufräumungsarbeiten, nach Angaben von Christian Giegerich, im Trümmerschutt ein Wappenstein mit der Darstellung eines Kochs gefunden.
Im Hof, in der Ecke des Vorderhauses, auf der Seite der Durchfahrt, trat ein rechteckiges gekehltes Türgewände mit eingesetzten gedrehten Säulchen zutage. Die Tür soll zu einer dahinter liegenden Wendeltreppe geführt haben. An dieser Stelle stand zuletzt die Geschoßtreppe.

Eigentümer

1805 bis 1848	Johann Lösch[14], Schreiner (EG), und Josef Hönlein, Tünchermeister (OG),
1848 bis 1876	Karl Lösch[15] (EG) und Josef Hönlein, dann Geschwister Hönlein[16] (OG),
1876 bis 1889	Erben des Karl Lösch und die Erben Hönlein,
1889 bis 1938	Peter und Sebastian Rohleder ($^1/_2$) und die Stadt Aschaffenburg ($^1/_2$)[17],
1938 bis 1950	Josef und Anna Giegerich[18],
seit 1950	Stadt Aschaffenburg.

Treibgasse 36   (Lit. B 104)   Plan-Nr. 588

Geschichte

Das ursprüngliche Grundstück Lit. B 104 wurde 1845 in zwei eigenständige Grundstücke aufgeteilt. Das zur Treibgasse stehende Wohnhaus erhielt Lit. B 104a, während die bebaute Fläche dahinter Lit. B 104 beibehielt und später die Plan-Nr. 588 und dann die Haus Nr. Treibgasse 36 bekam.

Seit 1805 stand das Wohnhaus des Schreinermeisters Johann Lösch entlang der Stadtmauer, an der späteren Erthalstraße gelegen. Im Juli 1820 reichte Lösch ein Gesuch wegen des Baus eines Holzschuppens in seinem Hof über einem „da befindlichen Söller" (Teilstück der Stadtmauer) ein. Am 10. August 1820 wurde „dem Schreinermeister Lösch der Bau-Consens nach vorgelegtem Riß hiermit ertheilt". Wegen der Zeitpacht mit der Stadt erhielt er die Erlaubnis nur auf Widerruf.

Bereits 1845 vererbte Johann Lösch, der erst 1848[19] starb, seinen Söhnen[20] das Anwesen. Von 1850 bis 1854 teilte Karl Lösch mit seinem Bruder Johann, Schreiner im Schönbusch, das Grundstück bis er 1854 Alleineigentümer wurde.

---

[14] Siehe Anm. 8.
[15] Karl Lösch übernahm das Erbe seines Vaters von seinen Brüdern und wurde somit Alleineigentümer.
[16] Klara, Katharina, Agnes und Franziska Hönlein, Töchter des Josef Hönlein.
[17] Siehe Anm. 9.
[18] Am 8. Dezember 1938 erwarben Josef Giegerich und Frau das Anwesen.
[19] StaA, Sterbereg. 1847 mit 1868, S. 26: Johann Lösch, Witwer und Schreiner, stirbt am 9. Juli 1848 im Alter von 77 Jahren.
[20] Konrad, Joseph, Andreas und Johann.

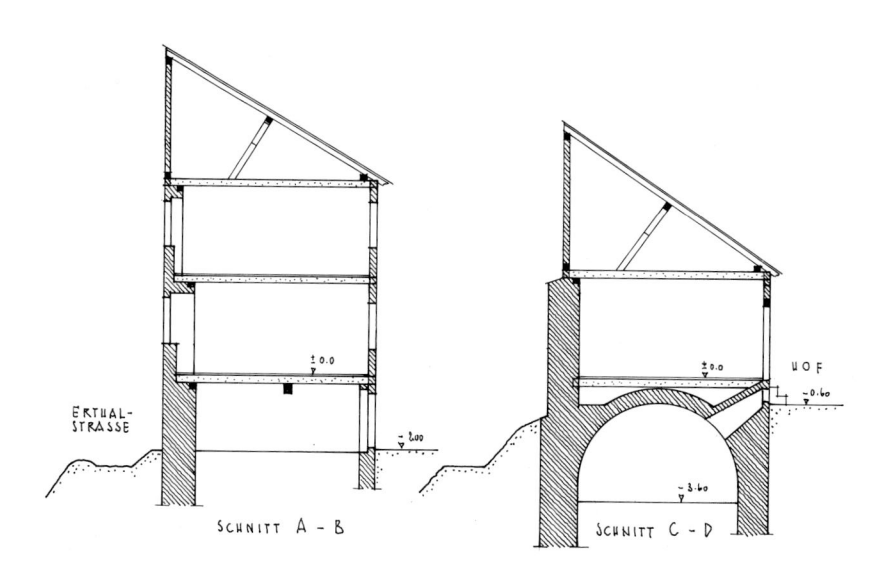

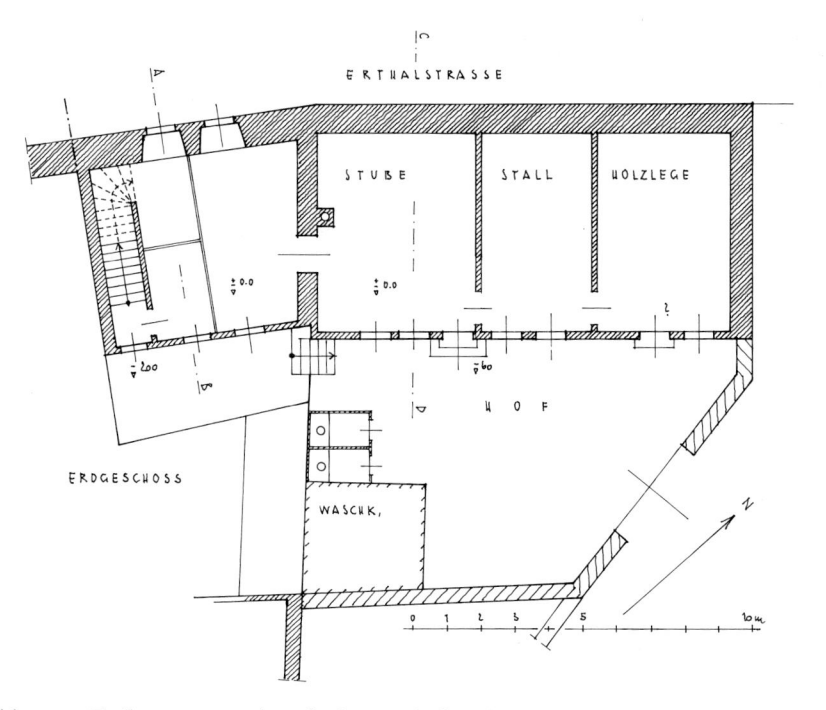

Abb. 101: Treibgasse 36, Erdgeschoß-Grundriß und Schnitte, Zustand 1891 nach Ignaz Henfling.

1857 Genehmigung für Schuhmachermeister Karl Lösch zur Abänderung an und in seinem Wohnhaus[21]. „Jedoch die Einbrechung der Fenster gegen den Kirchhof wird nur als ein Precarium[22] unwiderruflich gestattet". Einen Schweinestall durfte er bauen, wenn die Baugrube ausgemauert und mit Lehm ausgeschlagen und der Abstand zu den Nachbarn eingehalten wird. „Karl Lösch hatte 2 Schuh von dem Eigentum der Geschwister Henlein [Hönlein] entfernt zu bleiben oder die Errichtung auszusetzen bis das Zivilgericht die Einsprache der Katharina Henlein hinsichtlich des von Karl Lösch zu errichtenden Abtritts abschlägig beschieden hat"[23].
1861 wurde die Überdachung der Stadtmauer längs des Holzschuppens gestattet[24].
Nach einer Urteilsbegründung waren 1860 durch Zahlung eines Kapitals von 45 fl. alle vertraglichen Bindungen zwischen Karl Lösch und der Stadt aus dem Pachtvertrag von 1812 vollständig gelöst. Auf Grund des Ablösungsgesetzes von 1872 mußte der Bodenzins in drei Raten à 15 fl. zwischen 1873 und 1875 abgelöst werden[25]. Die Abgabe von 2 fl. 30 kr., die Johann Lösch jährlich gezahlt hatte, wurde nicht als Zeitpacht, sondern als Bodenzins verhandelt und betrachtet.

1889 kauften Güterlader Josef Rohleder und seine Ehefrau das Anwesen. Ein von Rohleder 1891 vorgelegter Plan verstieß gegen die allgemeine Bauordnung und wurde abgelehnt. Der verlängerte Anbau des Wohnhauses Treibgasse 36 sollte für Wohnzwecke umgebaut und aufgestockt werden. Nur dem Bau einer neuen Waschküche wurde am 20. Februar 1892 zugestimmt. Ein weiterer Versuch, den Anbau aufzustocken, wurde am 12. August 1892 wiederum abgelehnt.
1893 traten Meinungsverschiedenheiten wegen des Eigentums der ehemaligen Stadtmauer auf. Auch wurde überlegt, die Häuser Treibgasse 34, 36, 36a und 38 abzubrechen, um so den Blick auf die Agathakirche freizulegen.
Einem neuen Bauantrag von 1893 zufolge blieb das alte Pultdach des Anbaus erhalten, nur im Hausinnern waren geringe Veränderungen geplant. Der Antrag wurde genehmigt.
1900 ließ Rohleder ein weiteres Fenster zur Erthalstraße einbrechen.

Im Zweiten Weltkrieg, im Oktober 1944, wurde das Gebäude zerstört[26] und nicht wieder aufgebaut.

---

[21] Lt. Intell.Bl. Nr. 164 v. 13. Oktober 1848: Wohnungsänderung, Schuhmacher Karl Lesch (Lösch) wohnt nun im eigenen Haus.
[22] Eine Vergünstigung.
[23] StaA, Mag.Prot. v. 14. Mai 1857.
[24] Ebd. v. 27. Juni 1861.
[25] Vgl. Akten des kgl. Stadtrentamtes: Protokolle über gezählte Bodenzinse.
[26] *Stadtmüller* II, S.441.

Die Stadt Aschaffenburg erwarb 1950 das gesamte Grundstück, sowohl Treibgasse 36 als auch 36a. Das Areal ist heute ein Teil des Agathaplatzes.

Beschreibung

Das auf dem Grundstück von 0,022 ha stehende Gebäude hat die Grundfläche von ca. 6,30 x 6,50 m. Auf das niedere Untergeschoß des Hauses folgen zwei normale Stockwerke. Das aufsitzende Pultdach hat Gefälle zum Hof. Auf der Seite zur Erthalstraße dient die alte Stadtmauer als Außenwand. Die seitlichen Brandmauern sind massiv. In den Obergeschossen sind die Wände zum Hof hin aus Fachwerk. In jedem der beiden Wohngeschosse sind zwei paarweise angebrachte Fenster in die Stadtmauer gebrochen. Es könnte sich um jene Fenster handeln, die Schreinermeister Johann Lösch 1805 gestattet wurden[27].
In Verlängerung des beschriebenen Wohnhauses befindet sich ein Anbau, der auf dem Kataster als nicht bewohnt schraffiert ist. Er mißt entlang der Stadtmauer ca. 13 m und ist ca. 6,70 m tief. Wahrscheinlich handelt es sich hier um jenen Holzschuppen, für dessen Errichtung Lösch 1820 die Erlaubnis auf Widerruf erhielt[28], weil er auf gepachtetem Gelände steht.
Bereits vor 1891 wird der erdgeschossige Anbau mit dem Wohnhaus verbunden und teilweise bewohnt. Der Rest dient als Stall und Holzlege.
Aus späterer Zeit, ca. um 1936, ist eine Grundrißskizze vorhanden. Das Erdgeschoß ist dreizonig. In der Mitte Eingang, Küche und Treppe, links das Schlafzimmer, rechts das Wohnzimmer. Im ausgebauten Pultdach ähnliche Einteilung. Der Anbau ist unterkellert. Im ersten Drittel, an das Wohnhaus anschließend, ist ein gewölbter Keller. Der Rest ist mit Holzbalken abgedeckt. Der Hof zwischen dem Anbau und der Holzlege des früheren St. Agatha Schulhauses ist zur Kirche hin mit einer hohen Mauer abgeschlossen. In dieser ist eine breite Einfahrt. Im Hof sind Waschküche, Holzhalle und zwei Aborte.

Eigentümer

1805 bis 1845   Johann Lösch,
1845 bis 1850   Erben des Johann Lösch,
1850 bis 1854   Karl und Johann (jun.) Lösch, Söhne des Johann L.,
1862 bis 1876   Karl Lösch[29],
1876 bis 1889   Dorothea Lösch[30], Witwe des Karl L. und Dorothea Brand,

---

[27] Vergleiche Geschichte Treibgasse 36 alt.
[28] Ebd.
[29] StaA, HR, L1, S. 84. Karl Lösch (1810-1876), verh. mit Margaretha, geb. Elbert (1809-1850), 4 Kinder, darunter Dorothea (geb. 1846). Ebd., Sterbereg. 1869 mit 1881, S. 215: Schunhmacher Karl Lösch stirbt mit 64 Jahren am 27. November 1876 in Lit. B 104.
[30] Nach dem Tod seiner ersten Frau heiratet Karl Lösch Dorothea, geb. Huck (1818-1899).

	geb. Lösch[31], Tochter,
1889 bis 1910	Joseph Rohleder[32], Güterlader aus Laudenbach, und Frau Margarethe[33], geb.Lembach,
1910 bis 1944	Sebastian[34] und Peter[35] Rohleder, Söhne,
1944 bis 1950	Sebastian Rohleder und Kinder des Peter R.[36],
seit 1950	Stadt Aschaffenburg.

---

[31] Ebd., HR, B1, S. 574: Franz Josef Brand (1856-1909), Marineoffiziant, verh. mit Dorothea Lösch (geb. 1846). Sohn Franz Lösch (geb. 1878) erhält den Namen Brand, siehe ebd., HR, B2, S. 640: Franz Brand (geb. 1878) verh. mit Johanna Hirt (geb. 1881).
[32] Ebd., HR, R1, S. 199. Joseph Rohleder (1832-1910), 2 Ehen, 6 Kinder.
[33] Margarethe Rohleder übergab auch ihren Anteil an ihre Söhne.
[34] StaA, HR, R2, S. 434.
[35] Ebd., S. 360.
[36] 1944, nach dem Tod von Peter Rohleder, erbten seine Kinder Johann, Ludwig und Anna.

Treibgasse 38   (Lit. D 103)   Plan-Nr. 587

Geschichte

Die Grundstücksfläche dürfte ursprünglich unbebaut gewesen sein und noch 1660 als Zugang zur Stadtmauer gedient haben. Über den Grunderwerb ist nichts bekannt. Nach dem äußeren Erscheinungsbild der Fassade wurde diese erst Ende des 18. Jahrhunderts durch Maurermeister Ludwig Antoni errichtet. Einem Plan von Anton Loy aus dem Jahr 1935 ist zu entnehmen, daß beim Bau des Hauses auf der Seite zur Erthalstraße die alte Stadtmauer als Außenmauer benutzt worden war. Die Höhe der Stadtmauer entsprach vermutlich der des zweistöckigen Hauses, „aber nicht höher als bis da, wo sein Giebel beginnt".
Der Giebel muß aus Fachwerk gewesen sein, denn Maurermeister Antoni beantragt 1804, auf die Stadtmauer einen steinernen Giebel setzen zu dürfen. Er will darin Fenster anbringen, so wie sie im alten Giebel waren. Nach seinen Angaben wurde ihm früher schon gestattet, in der unteren Etage Fenster durch die Stadtmauer brechen zu lassen. Antoni ist bereit, wenn der Zugang zum „Schönen Tal" verbaut werden würde, die Fenster auf seine Kosten zuzumauern[1].

---

[1] StAWü, MRA, LG 3084.

1809 soll das Haus freiwillig öffentlich versteigert werden[2]. 1810 will die Witwe Katterfeld, Oberjägerin, ihr Haus verkaufen[3].
1883 Änderung des Kamins in einen sogenannten russischen Kamin.
1890 Vergrößerung der Abortgrube.
1931 gilt das Haus als sicherheitsgefährdend, es muß geräumt werden.
1935 erwirbt Mechaniker und Maschinenhändler Wilhelm Reuß das Anwesen. Am 9. Januar 1936 wird der Umbau des leerstehenden Hauses genehmigt, am 1. Dezember 1936 die Bauvollendung angezeigt.

Im Zweiten Weltkrieg Oktober 1944 wird das Haus bei Luftangriffen total zerstört[4]. Nach dem Krieg darf es aus städtebaulichen Gründen in alter Form nicht wieder aufgebaut werden. 1951 erwirbt die Stadt Aschaffenburg das zerstörte Anwesen. Heute ist die Grundfläche Teil des Agathaplatzes.

Beschreibung

von 1810[5]
3 Etagen, kleiner Hof mit Holzschuppen. In jedem Stock drei Räume mit Küche.

Vor dem Umbau 1936 steht das Haus zweistöckig und traufständig auf hohem Sockel an der Treibgasse/Ecke Erthalstraße. Die Fassade hat vier Fensterachsen. In der Achse neben Haus Nr. 36a liegt der Eingang, der über eine zweiarmige Außentreppe zu erreichen ist. Hinter dem Hauseingang geräumiger Flur mit Treppe zu Keller, Ober- und Dachgeschoß. Hinter dem Flur kleines Höfchen mit Abort. Links des Eingangs großer Raum mit drei Fenstern zur Straße, anschließend zwei weitere Zimmer. Im ersten Stock drei Zimmer, Küche und Abort.

Beim Umbau 1936 verändert sich die Fassade kaum. Der geplante Abbruch der zweiarmigen Außentreppe wird nicht ausgeführt. Auf dem Plan ist vermerkt: „Der Verbleib der alten Treppe von Herrn Oberbaurat [Anton] Vogt zugestanden. 9. 3. 36", unterzeichnet „Stein".
Auf dem Dach zwei neue gekuppelte Schleppgauben. Im Erdgeschoß Einbau eines Bades mit WC. Im Ober- und Dachgeschoß Vereinfachung der Grundrisse und Einrichtung von Aborten mit Wasserspülung.

---

[2] Intell.Bl. Nr. 42 v. 27. Mai 1809.
[3] Ebd., Nr. 53 v. 4. Juli 1810.
[4] *Stadtmüller* II, S. 441.
[5] Intell.Bl. Nr. 53 v. 4. Juli 1810. 3 Etagen, d. h. vermutlich war das Dach ausgebaut.

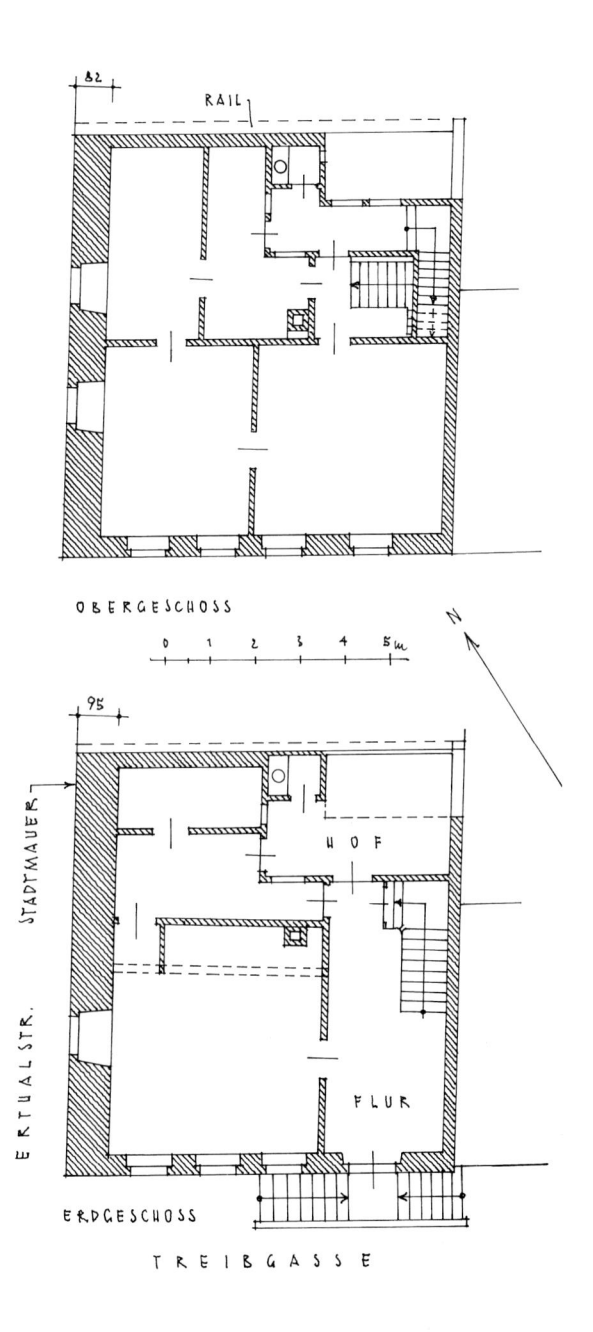

Abb. 102: Treibgasse 38, Grundrisse des Gebäudes vor 1936.

Eigentümer

bis 1660	Alexander Roth[6],
1660	Johann Caspar Christinger,
1731	N. N. Wank,
1794/1809	Ludwig Antoni, Maurer,
1810	Regina Katterfeld[7], Witwe des Jakob K.[8],
bis 1824	Adam Kittel, Mehlhändler,
1824 bis 1831	Christoph Herbert, Schuhmacher,
1831 bis 1838	Elisabeth Frank[9], geb. Holzknecht, Witwe. Kauf um 1750 fl.,
1838 bis 1842	Franz Anton Frank[10], Sohn von Elisabeth F., Zeugwebermeister. Kauf um 2600 Gulden,
1842 bis 1846	Heinrich Edel, Waldaufseher,
1846	Johann Nees, Holzhändler,
1846 bis 1863	Andreas Platz, Schuhmacher,
1863 bis 1890	Maria Lutz[11], geb. Fischer, Witwe,
1890 bis 1930	Friedrich Traut[12], Maschinist, dann seine Erben,
1930 bis 1935	Anna Koppenhofer[13], geb. Traut, Tochter von Friedrich T.,
1935 bis 1951	Wilhelm Reuß, Mechaniker und Nähmaschinenhändler,
seit 1951	Stadt Aschaffenburg.

---

[6] StaA, Mag.Prot. v. 20. April 1660, S. 106. Mit Zustimmung des Stadtschultheißen überließ der Rat im Jahr 1660 das „Bauplätzlein" des Alexander Roth an der Strickerpforte dem Johann Caspar Christinger.

[7] Ebd., Sterbereg. v. 1812, S. 19, Nr. 37. Am 1. Februar 1812 starb in Bruchsal Regina Katterfeld, Witwe des großherzogl. Oberjägers Katterfeld. Sie kam vor 70 Jahren in Bruchsal zur Welt.

[8] Mz. Hof- und Staatskal. v. 1797, S. 88: Oberjäger im Spessart Hr. Jakob Katterfeld.

[9] StaA, HR, F1, S. 63: Elisabeth Frank (1775-1847), verheiratet mit Leinenweber Jakob Frank, zwei Söhne.

[10] Ebd., S. 104.

[11] Ebd., HR, L1, S. 92: Maria Katharina Josepha Lutz (1822-1895), verheiratet mit Georg Lutz (1812-1852), Instrumentenmacher aus Eltmann.

[12] Ebd., HR, T1, S. 48: Friedrich Traut (1852-1929). Maria Traut, geb. Giegerich (geb. 1872), dritte Ehefrau des Friedrich Traut; zog nach dessen Tod 1930 nach Amorbach.

[13] Anna Koppenhofer wohnte in München.

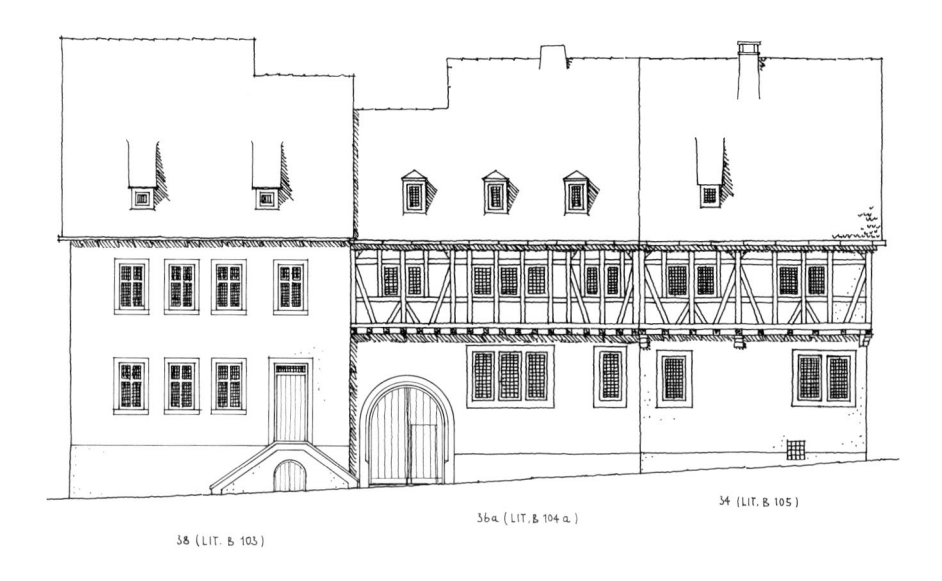

Abb. 103: Treibgasse 34, 36a, 38, Fassadenabwicklung an der Treibgasse.

429

3. Häuser und Bewohner, die nicht den bestehenden Hausnummern zugeordnet werden können

A. Treibgasse

1292 besitzt Eckehard von Bleichenbach ein Haus in der „Agathagasse". Das Haus liegt vor dem Kirchhof St. Agatha und steckt etwas in der Erde[1].

1340 verpachten Dekan Conrad und das ganze Kapitel von Aschaffenburg an ihren Mitkanonikus Conrad Schwab[2] auf ewige Zeiten die Kurie mit Garten bei der Pfarrei von St. Agatha gegen jährlichen Zins von 30 Schilling[3]. Nach Kittel[4] soll das Haus Heilmann Schwab gebaut haben. Der Bewohner mußte damit rechnen, daß das Haus wegen der Stadtbefestigung abgerissen werden konnte.

1370 hat der Aschaffenburger Bürger Heinrich Keßler 10 Schilling Heller ewigen Zins auf zwei Häuser mit Zubehör am Herstall in der Treibgasse an Ulrich Armbruster um 14 Pfund Heller Aschaffenburger Währung verkauft[5].

1378 verkauften die Geschwister Conczelin, Bechtold, Irmel und Else Strußwert an Clas von Minczenberg und seine Gattin Drude für 16 Pfund Heller das Haus und Garten mit Zubehör, gelegen in der Vorstadt zu Aschaffenburg, neben Herrn Herdans Hof, der genannt ist zum „Graseman"[6].

1403 vermacht Nikolaus Koch von Münzenberg in seinem Testament sein Haus mit Scheuer bei St. Agatha gelegen, zwischen der Kurie genannt zum Grasemann[7] und dem Haus des Bürgers Heinrich Winter[8].

1415 gibt Stiftsvikar Conradus Gralogk die zu seiner Vikarie gehörige Scheune mit Garten bei St. Agatha dem Stiftskanoniker Heinrich Laurin[9] gegen einen jährlichen Zins von 4 Gulden auf Lebzeit in Pacht[10].

1437 verkaufen Peter Heyle und seine Gattin Elsa an Peter Scheckenmecher von Limburg und seine Gattin Kettherin folgende Zinsen und Gülten,

---

[1] Nach Unterlagen von Alois Grimm, jedoch ohne Quellenangabe.
[2] *Amrhein*, Prälaten, S. 169 und *Brügmann*.
[3] StiA, U 2894 v. 12. Dezember 1340.
[4] KZ v. 1340.
[5] *Joseph Kittel*, Gonsrod, S. 130.
[6] StiA, U 2674 v. 6. Juli 1378. Herrn Herdans Hof, genannt zum „Graseman" ist später Treibgasse 7.
[7] Siehe zu 1378.
[8] StiA, U 2678 v. 19. Februar 1403.
[9] *Amrhein*, Prälaten, S. 122 u. S. 295.
[10] StiA, U 2554 v. 8. Mai 1415.

die vormals Hartmann Waltmann gehörten: u. a. Hans Stoltzenkint von seinem Haus und „gesesse bei St. Agatha an der Borngasse" 5 Schilling, Herman Bangarters Tochter Euchin „4 sechter" Hafer und 2 Fastnachtshühner von ihrem Haus und „gesesse in der Drybgassen neben Rosenbeymchins Haus"[11].

1456 bekundet Thomas Wissweber, Pfarrer von St. Agatha, daß er von Dechant und Kapitel zu Aschaffenburg des Stifts Flecken und Garten in der Treibgasse, zwischen Jörg Wetter und Cuntz Henchins Eidam, der vormals Sifrit Pfarrer zu Obernburg und danach Heinrich Laurin sel.[12] vom Stift innegehabt hatten, worauf auch der jeweilige Pfarer von St. Agatha einen Zins von 1 Huhn und 6 Heller hat, auf sein Lebtag gegen 6 Schilling Zins erhalten habe[13]. Das Grundstück fällt nach seinem Tod an das Stift zurück.

17. Februar 1478, Dienstag nach Reminiscere, Landleitung zwischen Peter und Contz Koch und Else Clas wegen Hofs, Kellers und Mistung halber von Knechts sel. Witwe in der Treibgasse[14].

6. Mai 1523, Mittwoch nach dem Sonntag Cantate, Landleitung zwischen Philipp Echter dem Älteren, zur Zeit Vizedom[15], und Clos Faulhaber, genannt Rutgen. Hinter dem Haus des Bäckers, zwischen des Vizedoms Garten und Faulhabers Scheune, Garten und Stall in der Treibgasse, hat Faulhaber einen neuen Stall gebaut. Eine neue Grenzlinie wird nun ausgehandelt „hynder der Beckerij Haus in der Dreybgasse"[16].

1527 erzielt ein Haus in der Treibgasse mit Garten einen Kaufpreis von 6 Gulden[17].

21. Juni 1527, am St. Albanstag, verkaufen das Ehepaar Hans und Agnes Heßler dem Andreas Burker und seiner Frau Margaretha den Flecken und die Behausung in der Treibgasse nahe den grauen Beginen, gegenüber der Behausung des Andreas Burker, um 6 Goldgulden. Das Haus ist verfallen und soll abgebrochen werden[18].

5. Mai 1534, Dienstag nach Cantate, Landleitung bei St. Agatha zwischen Caspar Bernstein und Hans Müller. Bernstein hat einen Garten hinter seinem Haus gekauft und hat dort eine Wand zu Müller errichtet. Da Bernstein die Wand zu sich hin eingerückt hat, darf sie trotz des Traufs zu Müller stehen bleiben[19].

---

[11] Ebd., U 2477 v. 12. August 1437.
[12] Siehe Anm. 9.
[13] StiA, U 3111 v. 9. Januar 1456.
[14] StAWü, G 12323, fol. 64 v. 17. Februar 1478.
[15] Philipp Echter von und zu Mespelbrunn war von 1520 bis 1527 Vizedom.
[16] StAWü, G 12324, fol. 7 v. 1523.
[17] StaA, U 45. Vgl. Roman *Fischer*, S. 295.
[18] StaA, U 45 v. 21. Juni 1527.
[19] StAWü, G 12324, fol. 50 v. 5. Mai 1534.

Seit 1540 zinsen Appolonia Eberhardt, Vikariedienerin des Valentin Fabri, und ihre Kinder Johann und Christmann von einer Behausung in der Treibgasse, zwischen Johann Müller und dem „Landtshoff" gelegen, an das Stift[20].

15. März 1542, Mittwoch nach Oculi, Landleitung zwischen Hans Keyl, genannt Müller, und Appolonia Eberhardt, Valentin Fabers Magd. Sie hat vorne in der Treibgasse eine Mauer zwischen beider Anwesen aufgeführt, darf aber keine Balken auf Müllers Giebel auflegen[21].

Am 17. Juli 1542, Montag nach Margarethe, Landleitung zwischen Pfarrer Philipp Schantz[22] und Lehnhart Druckau. Es geht um die aneinandergrenzenden Flächen, die anstoßenden Bäume und herabhängenden Äste sowie um einen unbebauten Flecken, den der Pfarrer einzäunen soll. Auch die Frau des Steinmetz Druckau spielt dabei eine Rolle[23].

12. Mai 1544, Montag nach Cantate, Landleitung zwischen Bartel Geymbacher und Hans Kolb, dem Bäcker, wegen eines Winkels zwischen Kolbs Scheuer und Garten in der Nebenherstallgasse[24]. Bartel kann einen Zaun setzen, darf aber dem Kolb den Eingang in den Winkel nicht verwehren und versperren[25].

4. März 1547, Freitag nach Invocavit, Landleitung zwischen Margarethe, Witwe des Andreas Rucker, und Heinz Schmittner wegen etlicher Zäune und Steine hinter der Scheuer der Margarethe Rucker in der Treibgasse und Schmittners Garten hinter seinem Haus[26].

1558 Landleitung zwischen Peter Wank[27], Dekan und Altarist vom St. Michael Chor, gegen Woerner Hoff wegen einer verfallenen Mauer zwischen ihren Gärten und Scheuern in der Treibgasse, hinter Echters Garten gelegen. Die Mauer gehört dem Dekan, er hat sie wieder aufzurichten[28].

1558 zinst Johann Dirig von der Scheune in der Treibgasse[29].

1560 kauft Asmus Stoll von Hans Müllers Witwe ein Haus in der Treibgasse, welches dann Vizedom Melchior von Graenradt[30] kauft. Es lag dem Vizedomamt gegenüber[31].

---

[20] StiA, Stiftsprot. 5260, S. 34.
[21] StAWü, G 12324, fol.. 20.
[22] Philipp Schanz war von 1509 bis 1546 Pfarrer von St. Agatha.
[23] StAWü, G 12324, fol. 58.
[24] Nebenherstallgasse ist der vordere Teil der heutigen Treibgasse bis zur Einmündung der Entengasse.
[25] StAWü, G 12324, fol. 105 v. 12. Mai 1544.
[26] Ebd., fol. 60' v. 4. März 1547.
[27] *Amrhein*, Prälaten, S. 196. Dekan Peter Wank stirbt 1571.
[28] StAWü, G 18952, fol. 11' v. 14. Oktober 1558.
[29] StiA, 4176, Zinsreg., fol. 4' v. 1558.
[30] Melchior von Graenradt war von 1555 bis 1578 Vizedom.
[31] KZ v. 1560.

- 1566 besaß Eberhard Rüd von Collenberg ein Haus mit Hof und Garten in der Treibgasse, das zuvor Peter Walter, dann Hans von Ernstkirchen, zuletzt dem Junker Eberhard Brendel von Homburg gehörte[32].
- 1566 zinst Catharina Kluppel von einem Haus in der Treibgasse[33].
- 1566 und noch 1574 zinst der Fruchtmitter Balthasar Wolff von einem Haus in der Treibgasse gegenüber des Vizedomhofs gelegen. Unmittelbarer Vorbesitzer des Hauses war Johann Schmidt, davor Valentin Fabri[34]. Um 1578 gehört das Haus dem Mainmüller Andreas Hövelin[35].
- 31. August 1568 Landleitung zwischen Lorentz Hensel gegen Michael Hekerhefner, Liborius Behem und Heinrich Wentzel, wegen einer Heimlichkeit des Lorenz neben seiner Behausung in der Herstallstraße- und Treibgasse[36].
- 25. Januar 1571 Landleitung zwischen Johann Schmidt, Schlosser, und Peter Weltz wegen einer Kandel in der Herstallstraße und Treibgasse[37].
- Am 8. Juni 1571 Landleitung in der Treibgasse zwischen Lorenz Pfersbacher und Ludwig Becker wegen eines Zauns und Birnbaums. Sowohl Zaun als auch Baum sind gemeinschaftlich[38].
- 1574 zinst die Witwe des Johann Zentgraf, zuvor Jost Schaußhardt, von einem Haus in der Treibgasse an das Stift[39].
- 6. Februar 1577 Landleitung zwischen Kaspar Rucker[40], Kanoniker am Stift, gegen Balthasar Flicke, Hofschmied, Schwiegersohn des Martin Pfersbacher, und die Vormünder des Sohnes des verstorbenen Martin Pfersbacher, Anlieger des Steinwegs. Das Anwesen des Klägers ist in der Vorstadt gelegen und stößt auf die Treibgasse. Es geht um einen Wasserausfluß, der aus Ruckers Garten an seiner Behausung durch die Hofseite und den Garten der Beklagten läuft[41].
- 21. März 1580 Landleitung zwischen Matthäus Maier, Bürger und Leinenweber, gegen die Witwe des Nikolaus Hans, Messerschmied, wegen ihrer beiden Behausungen in der Treibgasse. Die Wand gehört Matthäus Maier[42].
- 1587 besaß Andreas von Gonsrod ein mit Grundzins zur Kirche St. Agatha belastetes Haus in der Treibgasse[43].

---

[32] KZ v. 1566.
[33] StiA, 4211, Zinsregister v. 1566
[34] Ebd.
[35] Ebd., 3856, S. 9.
[36] StAWü, G 18952, fol. 67.
[37] Ebd., fol. 82'.
[38] Ebd., fol. 84' v. 1571.
[39] Ebd., Stiftsprot. 5533, fol. 12.
[40] *Amrhein*, Prälaten, S. 296.
[41] StAWü, G 18952, fol. 119.
[42] Ebd., fol. 142 v. 21. März 1580.
[43] *Joseph Kittel*, Gonsrod, S. 130.

1598 zinst Adam Scholl von einem Haus in der Treibgasse, zwischen Erasmus Stoll und Matthäus Meyer gelegen, an das Stift[44].

1605 setzen Simon Maier, Leinenweber, und seine Frau Margretha als Pfand für ein Geldgeschäft mit Stiftskanoniker Johann Bertz[45] ihr Haus und Garten mit Zubehör in der Treibgasse neben Wendel Kettinger und Matthias Maier ein. Das Haus zinst 6 Pf. an die Pfarrei St. Agatha[46].

Ein Garten in der Treibgasse war 1618 dem Stift bzw. dem Baufonds der St. Agathakirche zinspflichtig. Er wird der Walttergarten genannt, da er von „Peter Walttern 100 Jahr herrürendt". Es zinsten: Hans Georg Dalberg, genannt Kammerer von Worms, „prius sein Schwer Hartmuth von Cronberg, antea Eberhard Brendel, olim Eberhard Rüdt von Collenberg Hoffmeister"[47].

1622 setzt Bäcker Johann Müller seine Behausung in der Treibgasse, neben Johann Schön und Johann Gundermanns Witwe gelegen, beim Hospital zum Unterpfand für einen Kredit ein. Später gehört das Haus dem Schröter Matthäus Becker[48].

Ein Haus mit Garten in der Treibgasse war dem Baufonds der St. Agathakirche mit 11 kr. zinspflichtig. Es zinsten: 1625 bis 1644 Simon Maier[49], 1653 bis 1657 das Stift. 1658 wird das Grundstück nur mehr als Bauplatz bezeichnet. Seit dieser Zeit bis 1668 zinst Johann Braun, dann von 1674 bis 1706 Johann Bohn[50]. Der Zins wurde vor 1733 abgelöst.

Am 8. Mai 1630 erscheinen vor Johann Wenzel, dem kaiserlichen Notar und Stadtschreiber zu Aschaffenburg, und in Gegenwart der beiden Stadtknechte Konrad Stoll und Marx Braun der Bürger und Schuhmacher Valentin Schopp und seine Ehefrau Dorothea. Sie bestätigen, daß sie Nikolaus Georg von Reigersberg[51], Doktor der Rechte, kurmainzischer Rat und Stadtschultheiß von Aschaffenburg, eine halbe Mauer in der Treibgasse, die zwischen ihrem Haus und dessen Scheune liegt, für 5 Gulden verkauft haben. Der Käufer verzichtet auf Ersatz seiner bisherigen Verwendungen auf die Mauer und darf diese für ein künftiges Bauwerk benutzen[52].

Eine Scheune in der Treibgasse war dem Kollekturfonds der St. Agathakirche zinspflichtig. Es zinsten: vor 1633 Heinrich Gotthardt, 1633 bis

---

[44] StiA, Stiftsprot. 5260, fol. 29.
[45] *Amrhein*, Prälaten, S. 210.
[46] StiA, U 3999 v. 27. Februar 1605. Nach den Kirchenrechnungen von St. Agatha, StAWü, R 40566, zinst Simon Maier noch 1639/40 von seinem Haus in der Treibgasse.
[47] StiA, Thiel. Reg. 6595.
[48] StaA, B 66, S. 8.
[49] Vgl. Simon Maier: 1605.
[50] StAWü, R 33534, 33537, 40566. StaA, R 311, S. 4 und R 352, S. 3.
[51] *Fußbahn*, Reigersberger, S. 121: Dr. Nikolaus Georg Reigersberger.
[52] StaA, U 175.

1641 Georg Bergers[53] Erben, 1645 Stadtschultheiß Jakob Seiler[54], 1665 Adam Götzendörfer, 1674 Lazarus Knap zu Freudenberg, 1704 bis 1734 Freiherr von Hoheneck[55].

Am 20. Juli 1638 hat die „Wolffen Grete" eine Wohnung in der Treibgasse[56].

1640/41 zinst Johann Meffart, zuvor Johann Zimmermann[57], vom Haus beim Amtshaus (Treibgasse 28) an die Kollektur der St. Agathakirche[58].

1640/41 zinst Johannes German[59] von einem Haus „gegen St. Agatha über" an die Kollektur der St. Agathapfarrei[60].

1640/41 zinst Peter Elberts[61] Witwe, zuvor Konrad auf der Heid, von einem Haus an der oberen Treibgasse an die Kollektur von St. Agatha[62].

1651 gehört dem Leiendecker Johann Heckmann eine Behausung in der Treibgasse, gegenüber der Hoheneckschen Behausung und zwischen den Erben des Nikolaus Schneider und dem Johann Dieffenstädter gelegen. Später gehört das Haus dem Johannes Eberhard Strauß[63] und danach dem Ratsherrn und Barbier Georg Lorenz Balthasar (Baltzer)[64].

1655/60 zinst Johann Reinhard Freiherr von Hoheneck, zuvor Junker Geipel, vom „Geipelsgarten" in der Treibgasse an den Kirchenbaufonds von St. Agatha. Ein weiterer Johann Reinhard von Hoheneck zinst 1706 bis 1733 von diesem Garten[65].

1656 bis 1736 zinsen die beiden Zenten vor dem Spessart und Bachgau von einem abgebrochenen Haus am Amtshaus (Treibgasse 28)[66]. Johann Bohn zinst vom Hausplatz in der Treibgasse[67].

1657 ist Anna Altvater, Witwe des Dieburger Kellers Wolfgang Altvater[68], Eigentümerin eines Gartens in der Treibgasse, gelegen zwischen dem Echterschen Hof[69] und dem Vizedom Johannes Philipp Freiherr von Hoheneck[70].

---

[53] *Friederichs*, S. 69, Nr. 190.
[54] Ebd., S. 93, Nr. 597.
[55] StAWü, R 33529.
[56] StaA, Mag.Prot. v. 20. Juli 1638.
[57] *Friederichs*, S. 97, Nr. 674.
[58] StAWü, R 33529.
[59] *Friederichs*, S. 78, Nr. 335.
[60] StAWü, 33529.
[61] *Friederichs*, S. 65, Nr. 130.
[62] StAWü, 33529.
[63] *Friederichs*, S. 98.
[64] StaA, B 66, S. 7
[65] Ebd., R 311 und R 352, S. 2.
[66] Ebd., R 311, StAWü, MRA H 2050 und R 33961.
[67] StaA, R 311, KirchenbauR St. Agatha v. 1706/08. StAWü, MRA, H 2050 und R 33961.
[68] *Friederichs*, S. 99, Nr. 678.
[69] Spätere Treibgasse 7.
[70] StaA, R 311, S. 82, Nr. 390. Ebd., B 66, S. 3.

1666 besitzt das Stift in der Treibgasse das sogen. Frantzbergische Haus. Ratsverwandter und Handelsmann Johann Dalken möchte das Haus an sich bringen. Es wird folgender Beschluß gefaßt: Johann Dalken muß für Haus und Zubehör 400 Gulden zahlen[71].

Um 1685 setzt Thomas Brandtner seine Behausung in der Treibgasse, zwischen der Behausung des Hausbenders Friedrich Ludwig und dem Hausplatz des Johann Jacob Zipff gelegen, zum Unterpfand für einen Kredit vom Hospital ein. Besitznachfolger des Brandtners wird der Maurer Peter Buchberger[72].

Die Metzgerischen Kinder haben Grundzins von einem Hausplatz bei dem „newen Kirchhoff" zu zahlen[73].

1729 Rechnung von Notar Schwab vom Eckhaus am Amtshaus[74].

1731 wird für 267 fl. die Behausung des Johann Peter Bleichenbecker neben Magnus Wank und dem St.-Agatha-Schulhaus an Heinrich Stenger verkauft. Die Schwiegersöhne Peter Oberle und Johann Bolzmann und der Bäcker Heinrich Stenger waren Meistbietende[75].

B. Bei St. Agatha

1308 gibt Scholaster Gerlach Schelm seinen Hof bei St. Agatha dem Dekan Konrad[76].

1328 verpachtet der Mainzer Erzbischof Matthias von Bucheck[77] an Johannes Schwab, Schöffen von Aschaffenburg, und seine Gattin Leyzabet den hochstiftischen Hof „in suborbio" Aschaffenburg neben der St. Agathakirche zusammen mit den zugehörigen Äckern, Wiesen, Rechten und Einkünften zu Erbrecht gegen Zins von 16 Malter Roggen und 4 Malter Weizen[78].

1345 geht es um einen Garten und eine Scheuer „iuxta curiam domini Geylingi militis aput sanctam Agatham"[79].

1345 ändert Nikolaus von Wasen sein Testament von 1340. Er gibt Zins vom Hause des Ungarmann, welches ehemals der Kanoniker Jordan be-

---

[71] StiA, Stiftsprot. 4084 v. 1666/67.
[72] StaA, B 66, S. 12.
[73] StiA, Stiftsprot. 5487 v. 21. Juli 1693.
[74] StaA, KirchenbauR St. Agatha v. 1729/31.
[75] Ebd., Ratsprot. S. 52 v. 23. Januar 1731.
[76] *Gudenus* II, S. 376. Vgl. *Brügmann*, S. 179.
[77] Matthias von Bucheck war Erzbischof von 1321 bis 1328.
[78] StiA, Thiel Reg. U 626 v. 6. April 1328.
[79] *Brügmann*, S. 65, Anm. 82. Der erzbischöfliche Forstmeister Heinrich Geyling wurde 1354 Vizedom in Aschaffenburg.

wohnt hat und an der Agathakirche liegt, ebenso an Johann Zimmermann vom Hause bei St. Agatha[80].

1346 schenken Johann Carpentarius (Zimmermann) und Frau Elisabeth ihrem Sohn, dem Kleriker Friedericus, zwei Häuser „sub uno tecto" mit Scheuer und 1 Joch Acker dabei, 1 „domicilum" und Garten neben den beiden Häusern, gelegen gegenüber dem Haus der beiden Eheleute „in suburbio" Aschaffenburg, „versus ecclesiam parrochialem beatae Agathae virginis" gelegen[81].

1354 verkauft Pfarrer Friederich von Sailauf, Sohn von Johann Carpentarius, an Heilmann Retzen und seine Gattin Husin Furleyern eine Gült von seinem Hof bei St. Agatha „obewendig Kammermannis gesezze". Friederich hat auch noch Häuser zwischen dem genannten Hof und „Geylingers Forstmeisters gesezze"[82].

1355 verkauft Pfarrer Friederich zu Sailauf an den Kanoniker Johannes von Trier[83] für 66 Pfd. Hall. seinen Hof bei St. Agatha, in „suburbio" Aschaffenburg zusammen mit dem Kelterhaus, Gebäuden, Gärten und Zubehör[84].

1365 vermacht Johannes von Bessenbach[85], Kustos im Aschaffenburger Stift, u. a. in seinem Testament je ein Viertel seines Hofes „iuxta ecclesiam parrochialem sancta Agatha Virginis in suburbio oppidi" Aschaffenburg:
   1. an Elsa von Lichtenberg, seiner Nichte, Tochter seiner Schwester
   2. an Heinrich von Ebersbach und dessen Schwestern Barbara und Hedwig
   3. an Anna, der Tochter seines verstorbenen Bruders Friedericus
   4. den Brüdern Heinrich und Johann von Gunsrade[86], Söhne seiner Schwester[87].

1373 geht es im Testament des verstorbenen Vikars Konrad Biegen um die Abgabe seines Hauses mit Hof, Scheuer und Garten nahe bei St. Agatha, neben der Wohnung des Vizedomus[88].

Laut Testament vermacht 1398 Vikar Wynemarus dem Pfarrer und den drei Altaristen von St. Agatha[89] eine Gült von seinem Hof, Hofstatt bei

---

[80] Nach Unterlagen von Alois Grimm, jedoch ohne Quellenangabe.
[81] StiA, U 2753 v. 24. März 1346.
[82] Ebd., U 3915 v. 20. März 1354. Vgl. Anm. 30.
[83] *Amrhein*, Prälaten, S. 170.
[84] StiA, U 2615 v. 16. Mai 1355. Nach Kittel (KZ) soll es das Haus Lit. D 104a gewesen sein, das nach 1845 die Hausnummer Treibgasse 36a bekam.
[85] *Amrhein*, Prälaten, S. 173.
[86] Gonsrodt.
[87] StiA, U 152 v. 13. Januar 1365. Nach dem Testament sollen, wenn keine männliche Erben folgen, die vererbten Anteile an St. Agatha gehen. Johannes von Bessenbach starb am 5. September 1365, vgl. *Amrhein*, Prälaten, S. 120.
[88] StaA, U 2953 v. 6. Februar 1373.
[89] Pfarrer an St. Agatha war damals bis 1410 Jacob.

St. Agatha, wo vormals die Husa Wynmern, seine Mutter, wohnte, mit allen zum Hof gehörigen Gärten hinter St. Agatha. Einen Teil des genannten Hofes hatte er bereits dem Germanus Foyzsch gegen jährlichen Zins von 3 Pfund Hall. zu Erbrecht verliehen[90].

1442 entrichten Hermann Juncker und seine Gattin Greda von Haus, Hofstatt und Garten zwischen dem Haus des verstorbenen Henlin Carbach und der Scheuer des weil. Ulrich Langen „platea quo itur ad sanctam Agatham" an den heiligen Kreuzaltar im Stift[91].

1443 übereignen Peter und Kathrin Scheckenmecher dem Stift folgende Zinsen und Gülten: u. a. Clais von Weychtersbach der Bäcker von seinem Haus bei St. Agatha 5 Schilling, Hartmann Glöckner von seinem Häuschen in der Treibgasse[92].

1444 Zwist bei St. Agatha zwischen Johannes Isengrim und Huschin neben dem Henne Stolczenkint wegen Dachtraufe[93].

1450 Zwist zwischen Emrich Wiltz und Clais Ermbolt bei St. Agatha. Die Traufe von beiden Häusern fällt in den Winkel. Clais hat kein Recht auf den Winkel. Er darf auch nicht Fenster oder Türe in den Winkel machen. Das Anwesen Ermbolt hat jetzt aber Burnhans. Wiltz hat den Winkel reinzuhalten[94].

1467 haben Konrad und Anne Knorr in Aschaffenburg vom Stift eine Scheune in der Treibgasse bei der St. Agathakirche erhalten. Die Scheune hatte bisher Adam Rieß. Anne Knorr soll sie auf Lebzeit besitzen[95].

15. November 1530, Dienstag nach Martini, Landleitung zwischen Philipp Schantz, Pfarrer zu St. Agatha[96], und Leonhard Steinmetzen (Beruf) wegen des Zaunes zwischen beider Gärten, da neu abgesteckt wird. Der Zaun wird auf die gemeinsame Grenze gesetzt und die Parteien tragen gemeinsam die Kosten[97].

13. November 1534, Freitag nach Martini, Landleitung zwischen Leonhard Steinmetz und Philipp Schantz, Pfarrer von St. Agatha. Im Jahre 1534 habe der Pfarrer einen Bau aufgeführt neben dem Leonhard Steinmetz, wodurch dieser zu großem Schaden kam. Das Gericht erkennt zu Recht, daß der Pfarrer seine neue Wand an Meister Leonhards Wand frei aufführen soll, also, daß sie frei stehe und nicht an Meister Leonhards Wand gespannt oder angenagelt sei, daß sie jeder abbrechen oder aufbauen

---

[90] StiA, U 274 v. 8. Oktober 1398. Siehe auch Treibgasse 30, Pfarrhaus von. St. Agatha.
[91] Ebd., U 3024 v. 24. Juni 1442.
[92] Ebd., U 2866 v. 12. Augsut 1443.
[93] StAWü, G 12323, fol. 29' v. 1444.
[94] Ebd., fol. 36 v. 28. Oktober 1450.
[95] StiA, Thiel Reg. 2562 v. 1. Juni 1467.
[96] Philipp Schantz war von 1509 bis 1546 Pfarrer von St. Agatha.
[97] StAWü, G 12324, fol. 24' v. 15. November 1530. Dabei handelt es sich vermutlich um die spätere Treibgasse 32 und einen Teil von Treibgasse 28.

dürfe, wie er könne und wolle. Der Pfarrer habe auch zehn Sparren an Leonhards Dach abgeschnitten, den vorderen Hauspfosten zerhauen und seine Behausung in Leonhards Behausung hineingerückt. Der Pfarrer hat den alten Zustand wieder herzustellen, daß Leonhards Haus frei des Orts sei. Pfarrer Schantz scheint demnach die Überhänge am Anwesen des Leonhard unterfahren und ausgenutzt zu haben[98].

30. Mai 1542, Donnerstag nach Pfingsten, Landleitung bei St. Agatha zwischen Jeromino, Brunnenmeister (Leb) und Contz Schelm. Contz Schelm hat Fenster gegen den Hof des Brunnenmeisters. Die Fenster sollen „zugekleybt" werden. Die strittige Trennwand sei aber gemeinsam. Der Winkel gehört Leyben, der ihn freihalten muß[99].

1551 und 1554 zahlt Friedrich von Heddersdorf Grundzins an die Muttergotteskirche für sein Besitztum bei St. Agatha[100].

1559 Landleitung bei St. Agatha zwischen Hans Pfeffer und Clos Nickel gegen Konrad Schantz, Pfarrer zu Mömbris, wegen Zinsen vom Dach seines Häuschens, das irgendwo mit den Besitzungen der Kläger zusammenhängt. Konrad Schantz war zuvor Pfarrer in St. Agatha[101].

1560 Landleitung bei St. Agatha. Hans Johen, Brunnenmeister, gegen Magdalene von Halbron. Die Fenster gegen Halbrons Garten dürfen bleiben, sie muß aber die Büge oder Kopf, die gegen den Hof des Johen hineinragen, abschaffen[102].

1565 Landleitung bei St. Agatha. Hans Becker und Valentin Witzeln streiten wegen eines Traufrechts zwischen ihren Häusern gegenüber St. Agatha. Es wird festgestellt, daß Witzel bei Becker Traufrecht hat[103].

1577 Landleitung bei der St. Agathakirche zwischen Joachim Stoll und Hans Zimmermann der Jüngere wegen des Dachtraufs von Stoll[104].

Am 8. März 1632 macht Ulrich Feick, Bürger und Ochsenwärter allhier, in seiner Behausung, zwischen dem Zimmermann Jakob Wackenhut und dem Glockenhaus St. Agatha gelegen, sein Testament[105].

---

[98] Ebd., fol. 50' v. 20. November 1534. Wahrscheinlich ist das Pfarrhaus St. Agatha, Treibgsse 30, gemeint.
[99] Ebd., fol. 47' v. 1. Juni 1542.
[100] StaA, R 61.
[101] StAWü, G 18952, fol. 17 v. 30. Juni 1559.
[102] Ebd., fol. 21' v. 26. Januar 1560. Siehe Landleitung v. 17. Juli 1542.
[103] Ebd., fol. 59 v. 11. Dezember 1565
[104] Ebd., fol. 127' v. 6. September 1577.
[105] StiA, 4253, S. 131.

4. Fassadenabwicklungen

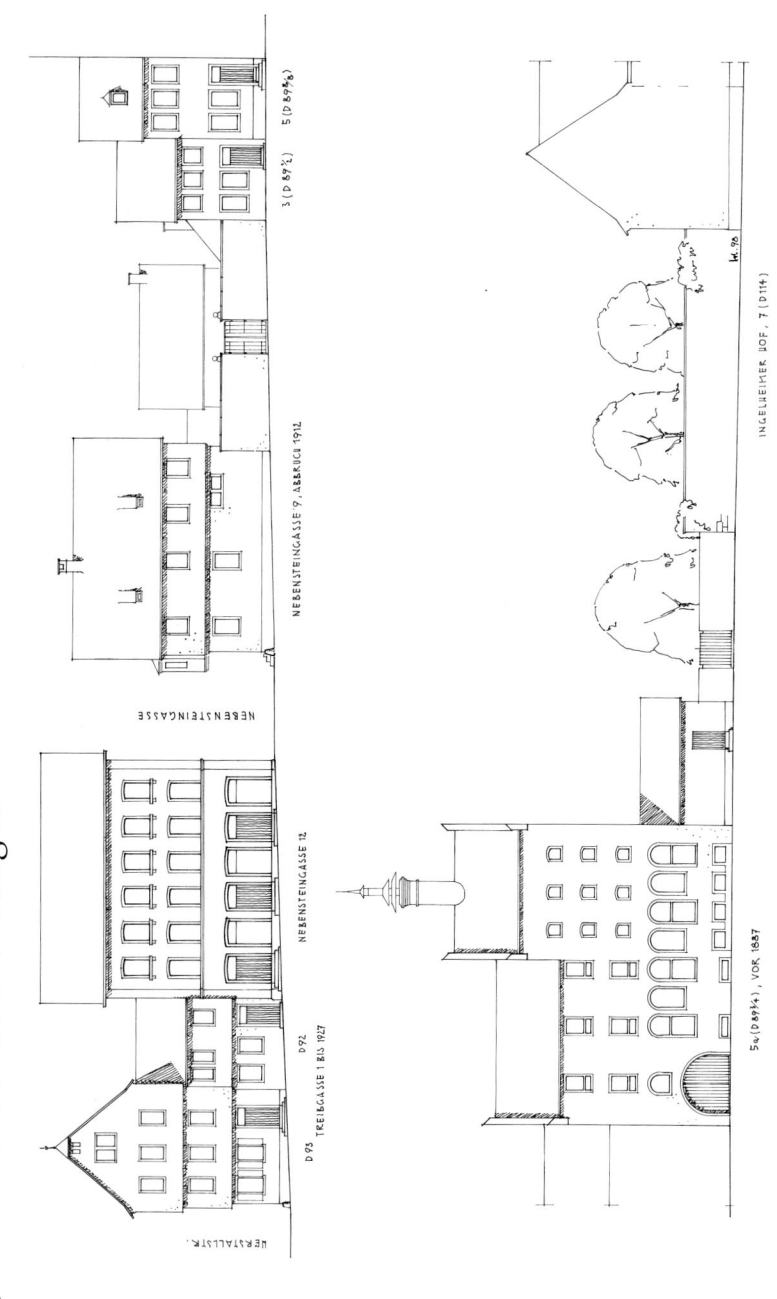

Abb. 104: Treibgasse 1 mit 5a und Gartengrundstück von 7.

Abb. 105: Treibgasse 7, 9 und Luitpoldstraße 4b.

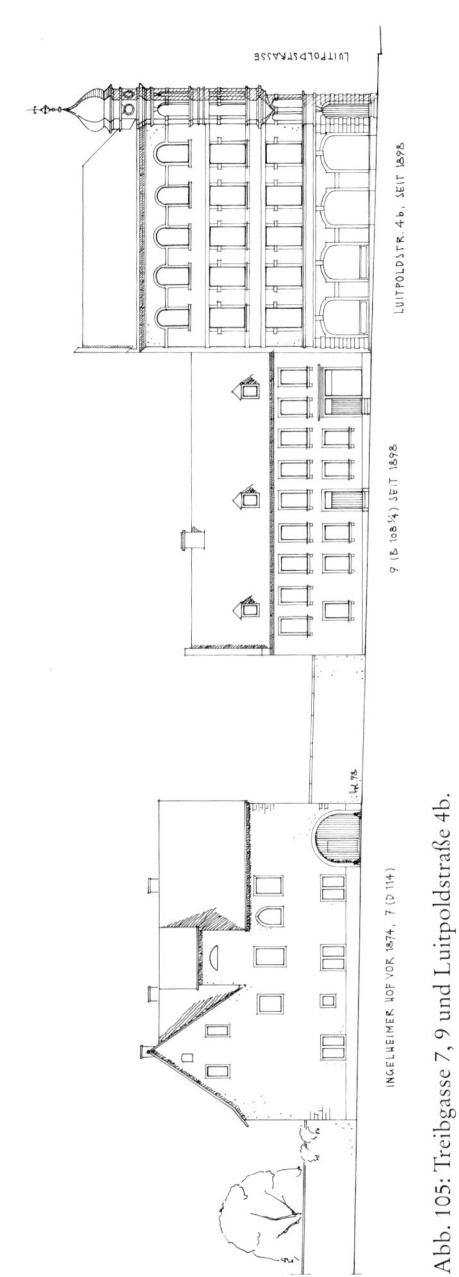

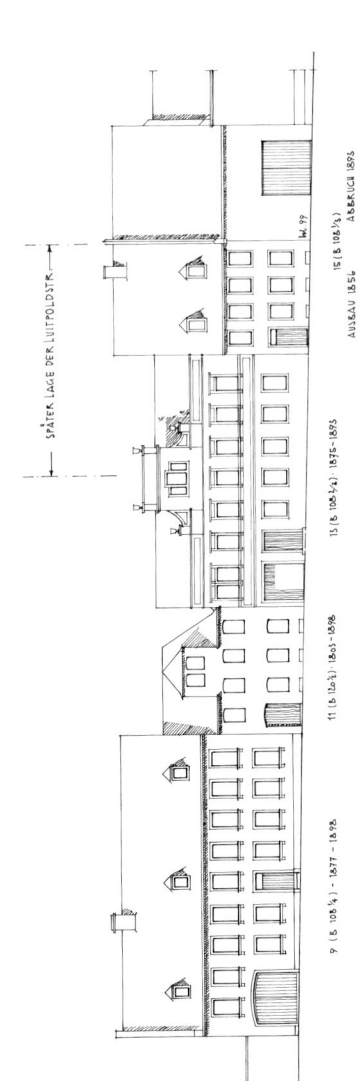

Abb. 106: Treibgasse 9 mit 15 vor Ausbau der Luitpoldstraße.

Abb. 107: Treibgasse auf der Seite der Strickergasse von der Luitpoldstraße bis zum heutigen Agathaplatz.

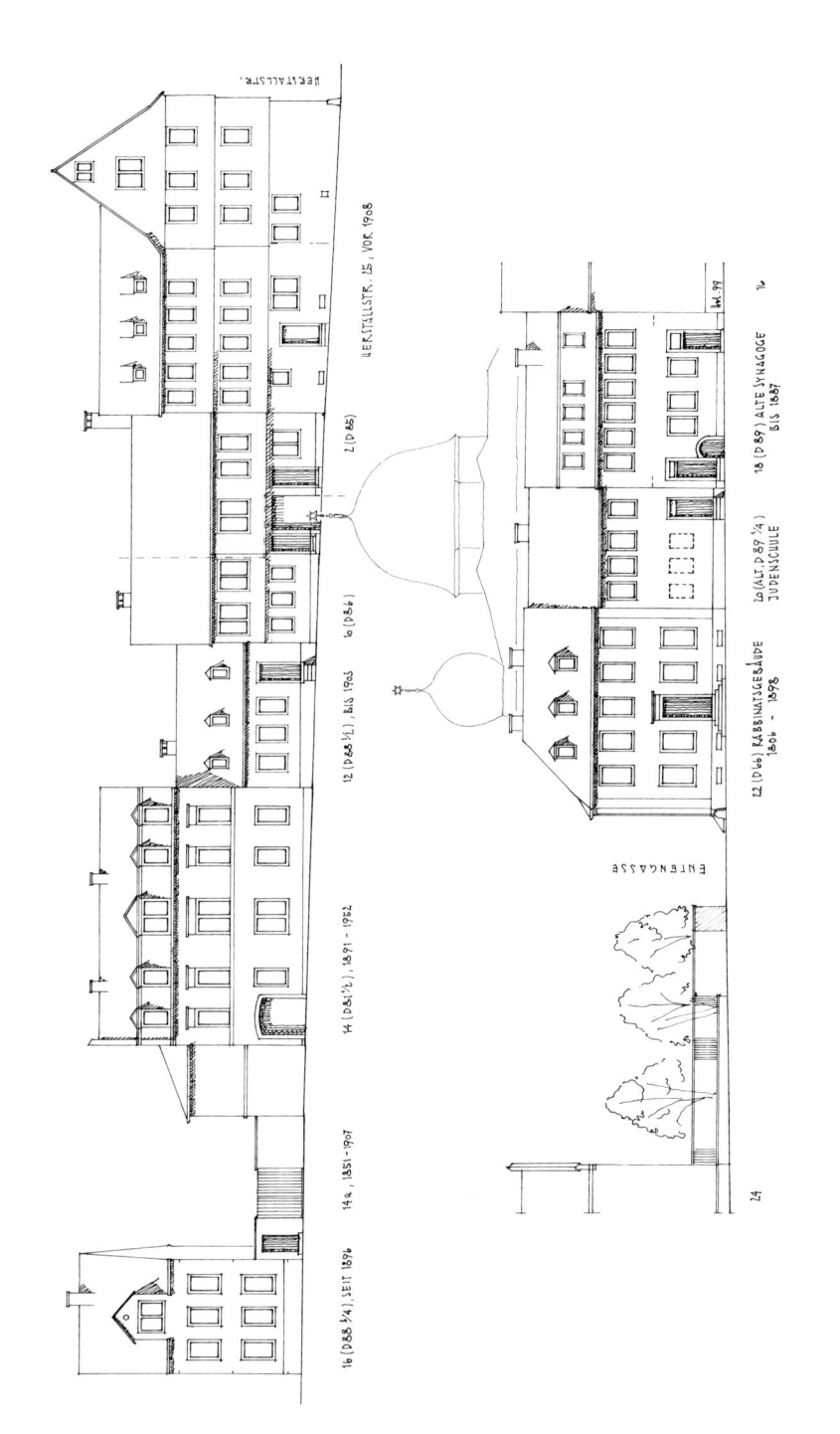

Abb. 108: Treibgasse auf der Seite zur Friedrichstraße von Haus Nr. 2 mit 22.

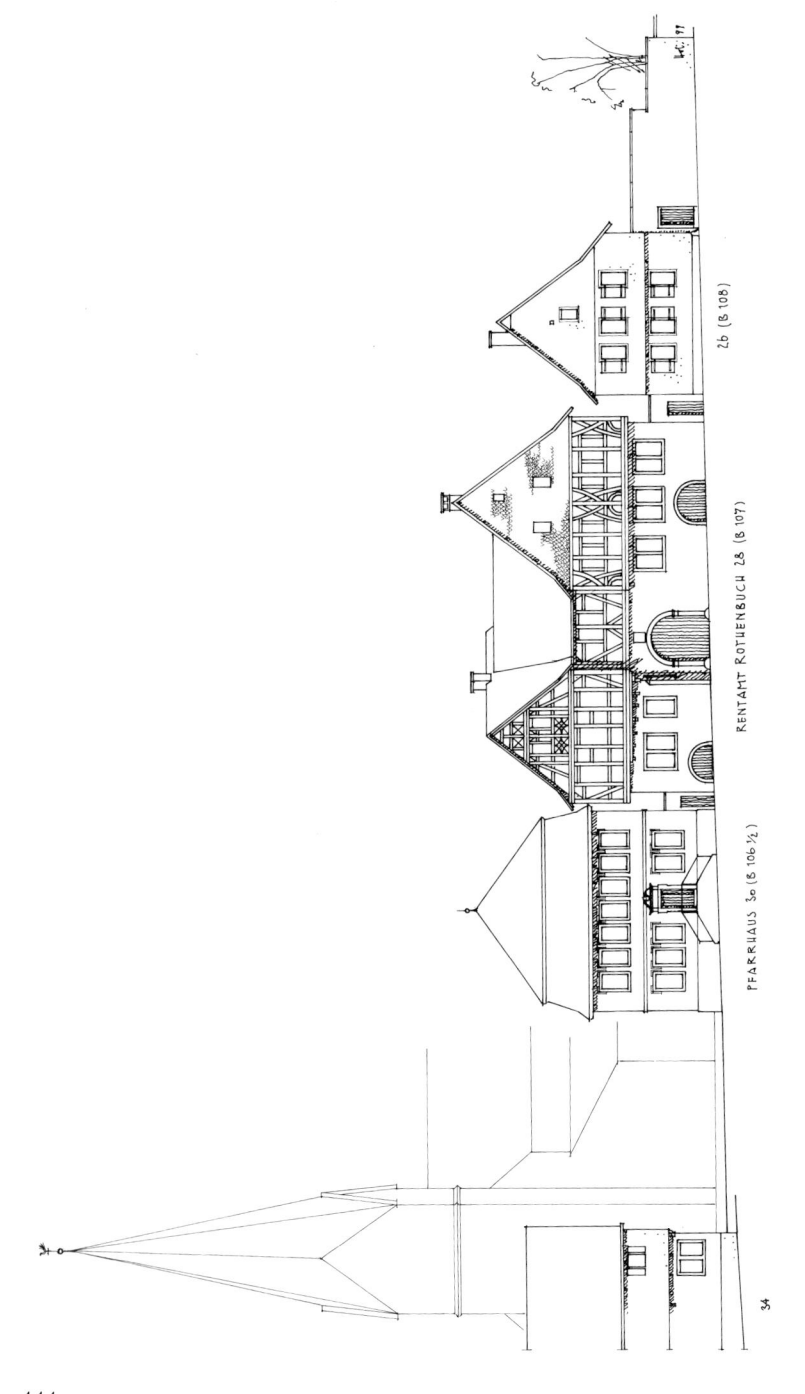

Abb. 109: Treibgasse auf der Seite zur Friedrichstraße von Haus Nr. 26 bis 34.

444

5. Lagepläne

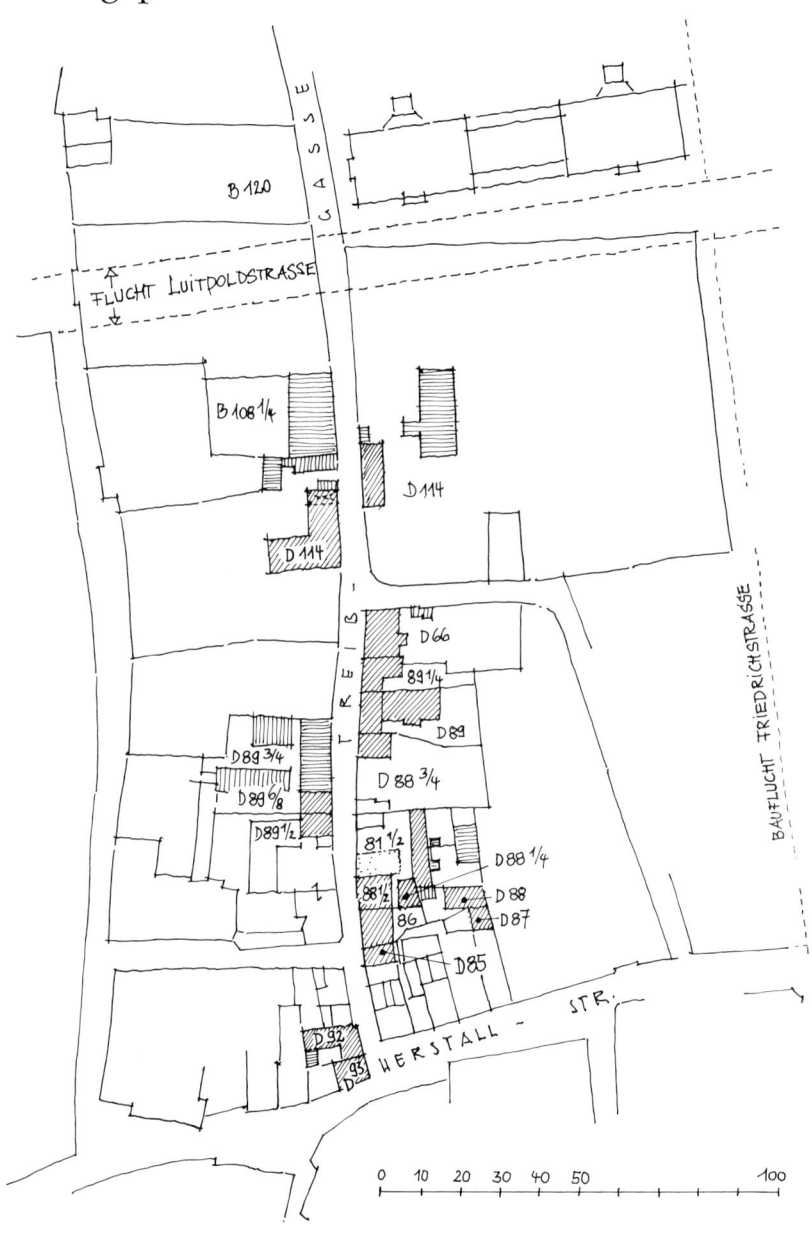

Abb. 110: Lageplan, Treibgasse zwischen Herstallstraße und heutiger Luitpoldstraße, um 1850.

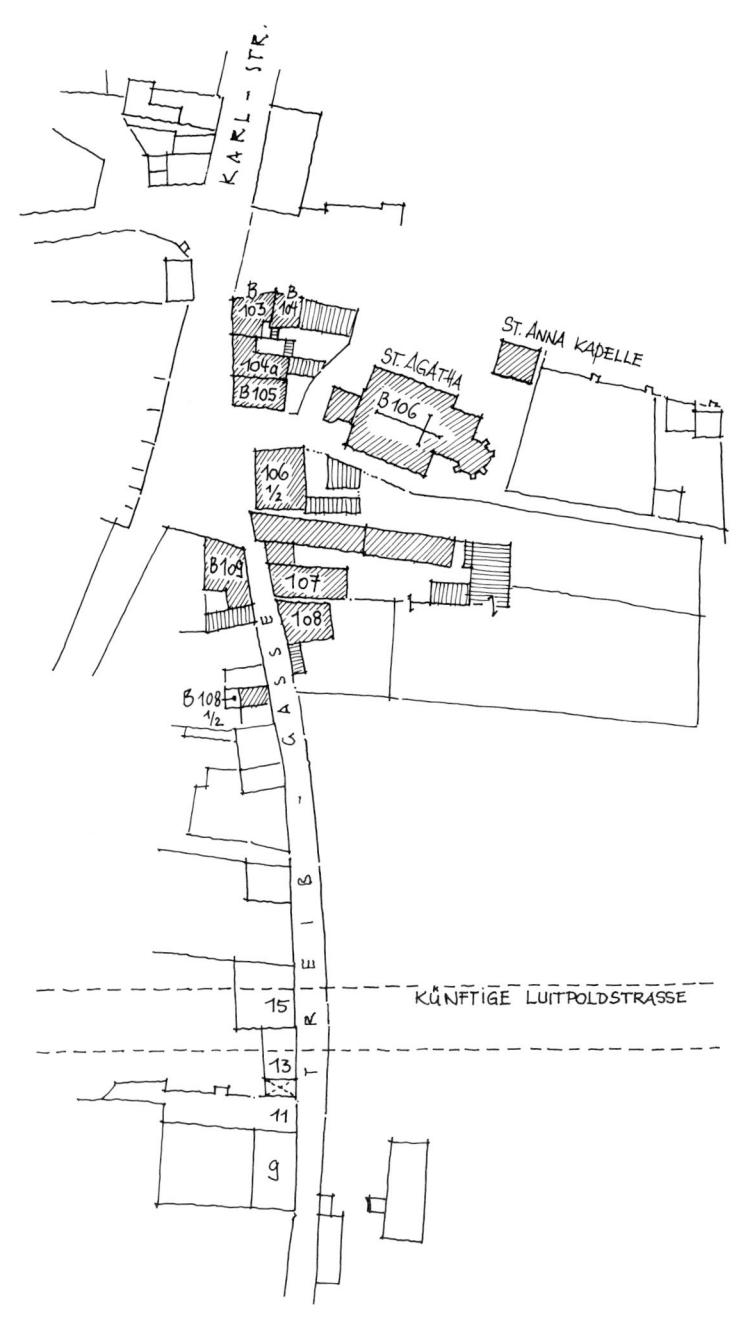

Abb. 111: Lageplan, Treibgasse zwischen heutiger Luitpoldstraße und Karlstraße, um 1850.

Abb. 112: Lageplan, Treibgasse zwischen Herstallstraße und Luitpoldstraße, um 1900.

447

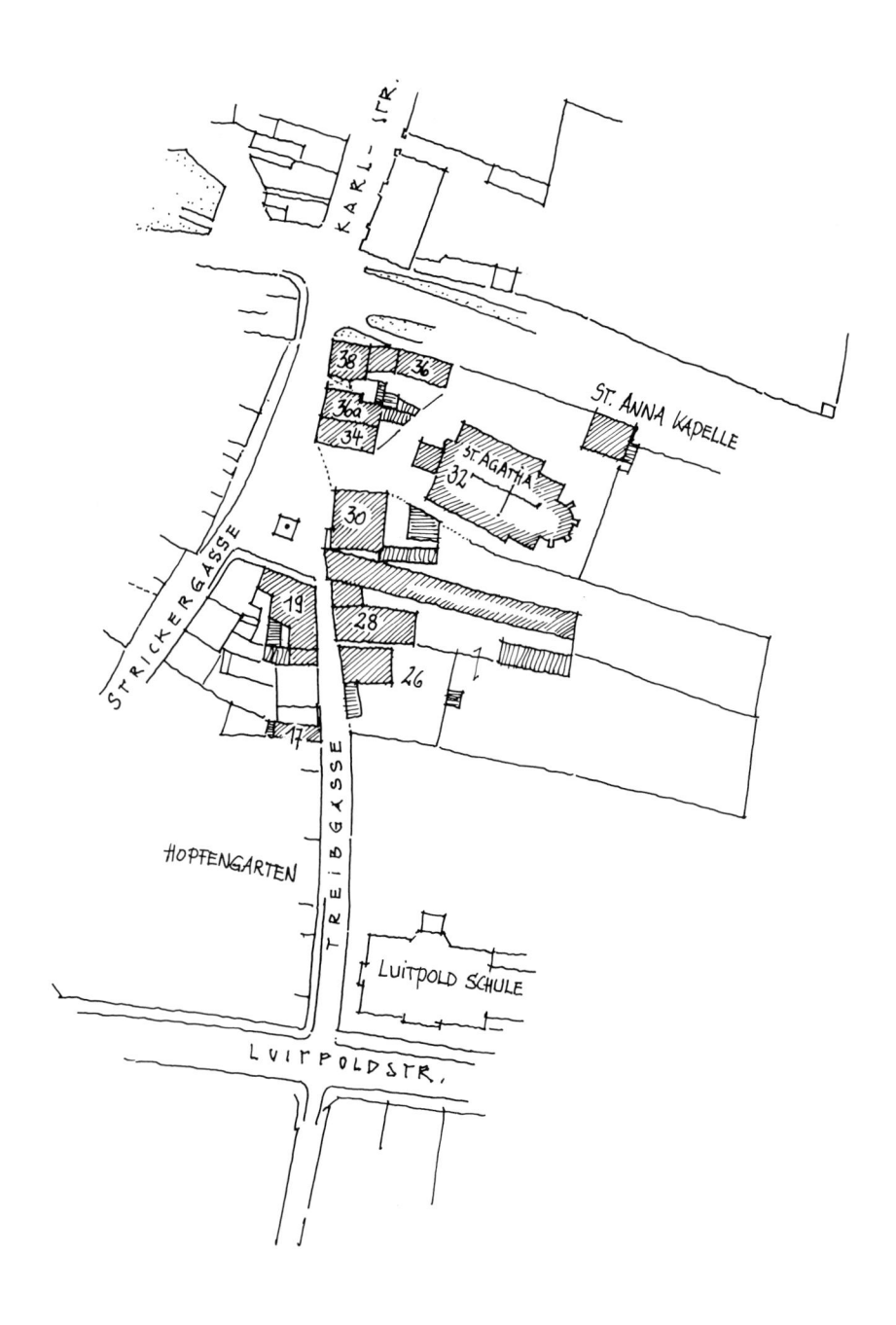

Abb. 113: Lageplan, Treibgasse zwischen Luitpoldstraße und Karlstraße, um 1900.

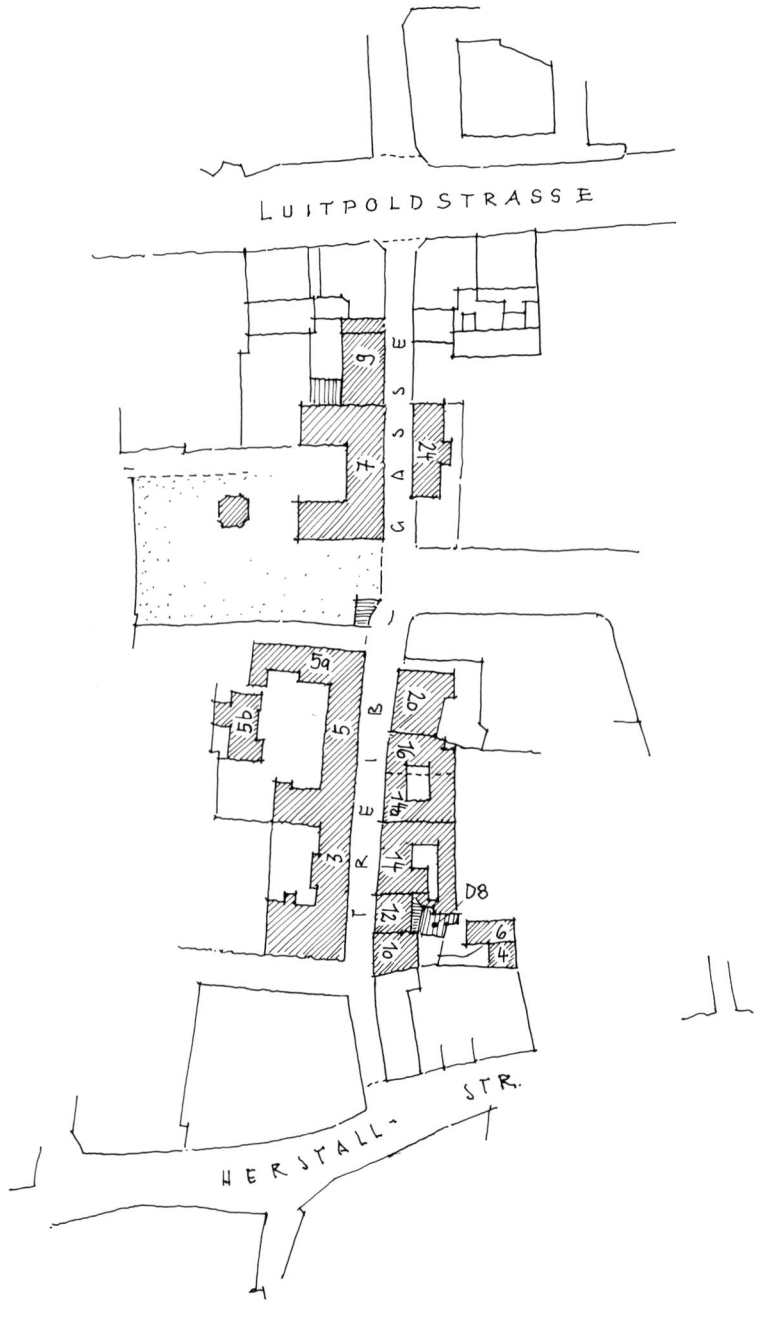

Abb. 114: Lageplan, Treibgasse zwischen Herstallstraße und Luitpoldstraße, 2001.

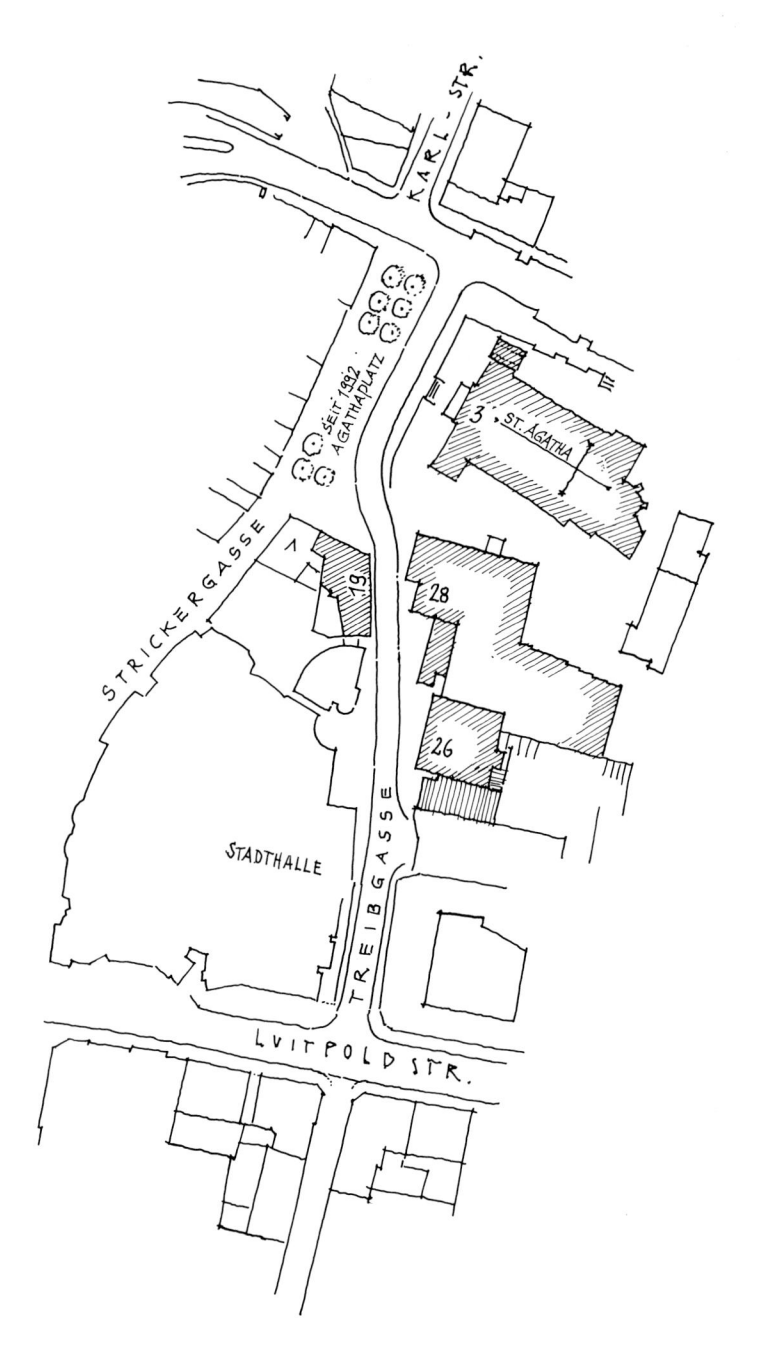

Abb. 115: Lageplan, Treibgasse zwischen Luitpoldstraße und Karlstraße, 2001.

XXXII. Strickergasse

1. Benennung - Topographie - Allgemeines
2. Häuserverzeichnis
    a) ungerade Hausnummern – Seite zum Schloß
    b) gerade Hausnummern – Seite zu St. Agatha
3. Häuser und Bewohner, die nicht den bestehenden Hausnummern zugeordnet werden können
4. Fassadenabwicklungen
5. Lagepläne

1. Topographie – Benennung – Allgemeines

Die Strickergasse war früher Teil eines wichtigen Verkehrsweges von Aschaffenburg in Richtung Hanau und Frankfurt. Er begann in Stadtmitte, an der Herstallstraße, am Scharfen Eck, und führte über die Steingasse, Strickergasse und Karlstraße in die heutige Hanauer Straße.
Steingasse und Strickergasse zogen parallel zum sumpfigen Landinggraben, der ursprünglich in den Einschnitt des Schloßbergs mündete. Im Landinggraben floß der Ohmbach. Auf der Seite zu diesem Graben befand sich eine geschlossene Bebauung ohne erkennbaren Abstand zwischen Stein- und Strickergasse. Eine Trennung entstand erst später durch einen schmalen Verbindungsweg zum 1605 bis 1618 neu erbauten Schloß Johannisburg[1]. In den ersten Jahrzehnten des 18. Jahrhunderts wurde durch den Abbruch kleinerer Anwesen der Weg verbreitert und ein neuer Marktplatz angelegt.
Dem Stadtplan von 1809 ist zu entnehmen, daß auf der Seite zur parallel verlaufenden Treibgasse sowohl an der Strickergasse als auch an der Steingasse große Grundstücke mit ausgedehnten Gärten lagen. Stadtschreiber Matthäus Tempel berichtete um 1802, „daß der ganze Bezirk zwischen dem Steinweg und der Treibgasse, vor der Gegend des St. Agatha Zugbrunnens[2] bis oben an die ehemalige Freiherr von Honeneckesche Wohnbehausung in der Nebensteingasse, gespalten gewesen sein möchte", also nicht durchgehend bebaut war[3]. Die endgültige räumliche Trennung von Stein- und Strickergasse auf der Seite der Treibgasse erfolgte erst 1894 mit dem Bau der Luitpoldstraße. Das Grundstück Strickergasse 2, der Gasthof „Zum Römischen Kaiser", das spätere Bezirksamtsgebäude, direkt an Steingasse 20 angrenzend, mußte damals dem Ausbau der neuen Straße weichen.
Schober verbindet die Namensgebung der Straße mit den dort ansässigen Seilern, denn in der Aschaffenburger Mundart bedeutet Seil gleich Strick[4]. Das Aschaffenburger Adreßbuch von 1933 erklärt die Herkunft des Namens mit „Ort der Strumpf- und Hosenstricker"[5]. Nach den zugänglichen Archivalien über die Bewohner dieser Straße konnten jedoch weder Seiler noch Strumpf- und Hosenstricker nachgewiesen werden. Im Gegensatz dazu arbeiteten in den Häusern am Seilergang[6], dem an der alten Stadtmauer entlang der späteren

---

[1] Vgl., *Spies*, Ridinger, S. 74 f.
[2] Er stand auf dem heutigen Agathaplatz.
[3] StiA, 6584, fol. 52'.
[4] *Schober*, S. 80.
[5] Ab Adreßbuch v. 1933, S. 315.
[6] Zwischen dem Pfarrhaus von St. Agatha und der Kirche bestand ein Verbindungsweg zum Seilergang. Es war bei Strafe verboten, den Seilergang und diesen Kirchweg zu befahren. An der Wohnung des Leyendeckers Wolf und an der Fronfeste soll der Weg mit je einer Pforte geschlossen werden. StaA, Mag.Prot. v. 19. Februar 1824.

Friedrichstraße sich ziehenden Weg, bis Ende des 19. Jahrhunderts noch Seiler[7]. Im 19. Jahrhundert wurden einzelne Anwesen in der Strickergasse unter der Bezeichnung Steingasse oder Steinweg geführt.

Das Institut der Englischen Fräulein war vor der Zerstörung im Zweiten Weltkrieg das dominierende Anwesen in der Strickergasse. Nach dem Bericht der Aschaffenburger Bauinspektion von 1838 wird die Strickergasse jedoch als eine der „minder lebhaften Straßen bezeichnet: weder der Paradegang des Militärs noch eine namhafte Passage führt durch diese Straße, und ebenso werden in der Nähe des Instituts keine geräuschvollen Gewerbe betrieben"[8].

Im Zweiten Weltkrieg entstanden durch Luftangriffe schwere Schäden in der Strickergasse. Entlang der Straße wurden die Gebäudeflügel des Instituts der Englischen Fräulein zerstört sowie die Fachwerkhäuser Nr. 19 und 21.

Bis zur Neuordnung von 1991 begann die Strickergasse am früheren Marktplatz und endete an der Ecke Erthal-/Ridingerstraße. Mit dem Bau der Stadthalle und der Stadtbibliothek fiel ein Teil der Strickergasse in den erweiterten Schloßplatz. Von den geraden Hausnummern verblieben nur die Nummern 16a und 18. Das frühere Anwesen Strickergasse 20 trägt heute die Bezeichnung Agathaplatz 1.

Die noch bestehenden Anwesen Strickergasse 11 mit 21 führen noch diese Bezeichnung, liegen aber am Agathaplatz.

---

[7] Vgl. *Grimm* IV, S. 398.
[8] HStA Mü, MK 22043.

2. Häuserverzeichnis

a) ungerade Hausnummern – Seite zum Schloß

Strickergasse 1 mit Marktplatz 1
      (Lit. B 66)   Plan-Nr. 503
      (Lit. B 66$^1/_2$) Plan-Nr. 502 (Marktplatz 1)
      (Lit. B 67)   Plan-Nr. 504, 505 (seit 1830)

Institut der Englischen Fräulein

Das Institut der Englischen Fräulein umfaßte die Hausnummern Strickergasse 1, 3, 5, 9 und Marktplatz 1

Geschichte

Nach der Zettelsammlung Martin Balduin Kittels soll im Jahre 1717 an der Strickergasse/Ecke Marktplatz ein Haus erbaut worden sein. Dieses Anwesen erhalten die Englischen Fräulein im Jahre 1764[1].

1. 1748 Niederlassung der Englischen Fräulein in Aschaffenburg

Anna Maria von Schrenk, Klosterfrau der Englischen Fräulein in München, trug am 21. Mai 1748 dem Mainzer Erzkanzler und Kurfürsten, Erzbischof Johann Friedrich Carl von Ostein (1743-1763), ihre Absicht vor, in Aschaffenburg eine Niederlassung zu gründen.

Am 1. August 1748 wurde ein kurfürstlicher Beschluß zur Aufnahme der Englischen Fräulein in Aschaffenburg gefaßt. „Oberstvorsteherin" Franziska von Hauser vom Institut der Englischen Fräulein in München/Nymphenburg ernannte Fräulein von Schrenk zur Oberin. „Sie bezog mit drei Genossinnen das neu errichtete Institut"[2]. Aus der Gründungsurkunde ist zu entnehmen, daß die Klosterfrau Anna Maria von Schrenck mit zwei Lehrerinnen, Jungfrau Franziska Weiss und Jungfrau Dorothea, und Schwester Marianna Beck (Böck)[3] in Aschaffenburg sich niederlassen und eine Trivialschule für Mädchen eröffnen wird[4].

Der Staat gibt einen jährlichen Zuschuß von 50 fl.[5].

Von Seiten der Stadt erhalten die Klosterfrauen freie Wohnung, sechs Stecken Holz und 150 fl. Kapital[6].

Die 150 fl. jährlich kamen zusammen aus Geldern der Muttergottespfarrkirche, der St. Agathapfarrkirche sowie der Sandkirche, des Fleischbein-Stipendiums, des städtischen Almosenamts, des Siechenamts und des Katharinenhospitals[7].

Von der Stadt wird ein „eingeräumtes Haus" zur Verfügung gestellt[8], in dem die Schwestern leben und den Unterricht erteilen können.

---

[1] *Kittel*, ZS.
[2] Archiv EFM, Nr. 1.
[3] St. Agatha, Sterbematr. v. 1795, S. 234 Marianna Beck im Institut der Englischen Fräulein starb am 6. April 1795 in Aschaffenburg.
[4] Vgl. Gründungsurkunde vom 1. August 1748. Siehe auch: *Rohleder*, in: AJb. 9, S. 143 ff. und *Festschrift* (1898).
[5] Dieser Zuschuß wird 1804 auf 100 fl. und 1809 auf 400 fl. erhöht, vgl. *Scherg*, Schulwesen I, S. 275.
[6] StaA, U 328.
[7] Ebd., A 913, fol. 2'. StiA, 5585, Stiftsprot. v. 10. März 1749: Das Fleischbein-Stipendium hatte ein Kapital auf dem Joßischen Haus stehen. Der Magistrat hat dieses Haus für die Englischen Fräulein gekauft. StaA, U 328 v. 1. August 1748. StAWü, Mz. Vikariatsakten, L 133/325, Nr. 4: Eine Rechnung über Tüncherarbeiten im Joßischen Haus liegt vom 15. September 1748 vor.
[8] StaA, A 913, fol. 3.

Adalbert von Herrlein und Martin Balduin Kittel vermuten, daß es das Anwesen Dalbergstraße 43, Lit. A 41, war[9].
Die Englischen Fräulein kommen jedoch mit 150 fl. nicht aus und bitten im November 1748, Schulgeld erheben zu dürfen. Am 28. November 1748 erhalten sie daraufhin weitere 50 fl. jährlich bewilligt[10].
Seit 1750 soll der Konvent der Englischen Fräulein im Haus Kleine Metzgergasse 5, dem späteren Brentanohaus, untergebracht gewesen sein[11].
Die Schule wird gut besucht, und es entsteht im September 1750 der Wunsch und zugleich der Bedarf, drei weitere Englische Fräulein nach Aschaffenburg zu holen[12]. Joseph Graf von Schönborn wendet sich 1750 in diesem Sinn an den Landesherrn[13].
1760 bieten die Englischen Fräulein dem Stift ein Kapital von 3.500 fl. an; davon 2.000 fl. zu 4%, 1.500 zu 3%. Das Stift nimmt die Summe an, da damit eine Anleihe von 3.000 fl. in Mainz abgetragen werden konnte[14].
Es waren etwa 130 Kinder in der Mädchenschule zu unterrichten[15].

2. Institut der Englischen Fräulein am Marktplatz/Ecke Strickergasse seit 1764/65

Mit dem Kauf des Hauses Strickergasse 1 von 1764 setzte eine lange Geschichte der Englischen Fräulein hier, in unmittelbarer Nähe des Schlosses, ein, die erst 1961 enden sollte. Der sich bald vergrößernde Gebäudekomplex erhielt, da der Haupteingang immer am Marktplatz war, später die Hausnummer Marktplatz 1.
1765 geben die Englischen Fräulein das von der Stadt zur Verfügung gestellte Haus (Kleine Metzgergasse 5) auf und beziehen ein eigenes größeres Gebäude, wofür man jedoch noch den „Kaufschilling schuldig ist"[16].
Hierbei handelt es sich um das Anwesen Lit. B 66, Strickergasse 1.
Das Haus war seit 26. Mai 1760 Eigentum des Amtskellers Johannes Kaspar Koch[17], der bis zu seinem Tod 1763 hier wohnte.
Nach einem noch vorhandenen Aktenstück mit Rechnungen des Instituts zwischen 1774 und 1806[18] ist das Haus im Jahr 1764 für 1.600 fl. gekauft wor-

---

[9] Vgl. *Grimm* I, S. 147.
[10] StaA, A 913, fol. 7.
[11] Vgl. *Grimm* I, S. 147, Anm. 8: Hier muß es statt Webergasse „Kleine Metzgergasse 5" heißen.
[12] StaA, A 913, fol. 9, 9'.
[13] Archiv EFM, Nr. 2.
[14] StiA, 5808, Stiftsprot. v. 10. November 1760.
[15] StaA, A 913, fol. 14.
[16] Ebd., fol. 16'.
[17] StAWü, MRA, Stifte und Klöster, K 662/83 und Archiv EFM, Nr. 91.
[18] Ebd., Mz. Vikariatsakten, L 133/323, Nr. 2.

den[19]. Eine Pension von diesem Haus in Höhe von 4% der Kaufsumme empfängt jährlich die „Jungfrau Dorothea Wernhamer von Zwyll"[20]. Es ist anzunehmen, daß es sich hierbei um eine unversorgte Tochter oder nähere Verwandte des Vorbesitzers handelte. Koch war am 16. Januar 1763 gestorben[21]. 1784 sind von der ursprünglichen Summe von 1.600 fl. noch 1.016 fl. auf das Haus zu zahlen. Die Stiftung der Cornelia Stadelmann bringt im Jahr 1786 160 fl. ein[22].

Seit 1774 ist M. Magdalena Gareisen Oberin. Am 21. März 1792 richtet sie ein Schreiben an das erzbischöfliche Kommissariat, das die Rechnungen zu prüfen und Entlastungen zu erteilen hatte. Sie schreibt, daß sie vergessen habe, die 200 fl., die für die Ausstaffierung der Novizin Clara Hartmann verwendet worden waren, in die Rechnung aufzunehmen. Folgende Anlage legt die Oberin bei, aus der zu ersehen ist, wie die Klosterfrauen zu dieser Zeit gekleidet waren und wie sie wohnten.

„Verzeichnis deren Nothwendigkeiten, welche eine ins Institut Sta. Maria einzutrettende Candidatin mitzubringen hätte:

1. eine Bettladen samt grünen Vorhängen
2. ein Ober und Unterbett mit blauem Überzug
3. ein langer Pülfe [Bettdecke] 2 Hauptkissen
4. ein Strohsack und Sommerdecke
5. das Bett 4mal zu überziehen, das ist mit Leintücher und Kissen Zügen
6. zwei duzent Hembder
7. 2 duzent saubere Hausschürz
8. zwei duzent dinne Schlafhauben, 6 sogenannte Bettschleier und 6 Winterschlafhauben
9. 1 duzent Tisch Servietten und duzent Tischtücher
10. 3 duzent Schnupftücher
11. 1 duzent Handtücher
12. 2 Barchete[23] Sommer und eine Winter Bettjack

---

[19] HStA Mü, MK 22042.
[20] HStA Mü, GR, Fasz. 716, Nr. C 1-3. Nach der Aufstellung von Ausgaben für das Jahr 1791/92 zahlen die Englischen Fräulein an die „Jungfrau Dorothé" noch eine jährliche Pension von 50 fl. und 1 fl. 33 kr. Porto.
[21] St. Agatha, Sterbematr. v. 1763, S. 108: Johannes Kaspar Koch ist am 16. Januar 1763 im Alter von 89 Jahren gestorben.
[22] StiA, 5665, Stiftsprot. Cornelia Stadelmann hatte zu Beginn des Jahres 1777 eine Stiftung für „hiesige arme Bürgerskinder zur Erlernung eines Handwerks gemacht". Am 31. Dezember 1783 nahm sie eine Testamentsänderung vor und beschloß, die Stiftung ausschließlich Mädchen zukommen zu lassen. „Den hiesigen sogenannten Englischen Fräulein sollen zu ihrem besseren Unterhalt 160 Gulden verabreicht werden". Vgl. dazu StAWü, Mz. Vikariatsakten, L 134/330, Nr. 16.
[23] Feines Baumwolltuch für Bettbezüge.

13. 2 duzent paar baumwollene Strümpf
14. halb duzent Winter Strümpf
15. 12 Krägen von feiner Leinwand, 12 Oberhauben, 12 Unterhauben, 24 Stirnbinden von feinen Batist
16. 24 paar Pleuresen[24] von feiner Leinwand
17. eine ganz schwarze lange Kleidung von Kernwasch, nemlich Oberkleid, Unterrock und Schürz, jtem ein Sommerkleid, Schnürbrust, Winter und Sommer Unterrock, Winterhandschuhe von Pelz, Sommer Handschuhe, einen gürtl
18. 18 Ellen schwarzen besonderen Flohr zum Mantel, jtem zu zwei kurzen Flöhren
19. etliche paar S. v. Schuhe
20. ein Betrachtungs- und Lehrbuch, item den Thomas Kempensis, Exercitium und Katechetisches Buch; dann auch das große Officium Marianum
21. ein Krucifix und zinnernes Weihwasser Keßlein fürs Zimmer
22. ein zinnerne Schoppen-Kantel [Kanne], einen Becher, Messer, Gabl und einen silbernen Löffel
23. etwa ein halb duzend zinnerne Schüsseln, Deller [Teller]
24. einen Schrank, ein geschlossener Bettstuhl, ein Sessel, Tisch".

„Bei bemittelten Personen ist gebräuchlich, das [daß] sie für das Kostgeld in denen zwei Novitiats-Jahren 200 fl. zu zahlen haben. Da nun obangeführte Stücke das Kostgeld ohnehin nicht mitgerechnet, mehr als dreihundert gulden ausmachen, so müssen halt von dem Haus die nothwendigste Ausstaffierungs-Stücke der neuen Candidatin angeschafft werden, so viel nemlich, als vor jene 200 gulden um deren Verwendung vornehmen zu dürfen ich bei E.H.E.C.[25] unterthänig gehorsamst ansuche, besorgt werden könne: wobei noch gehorsamst anmerke, daß gedachte 200 gulden von einem in Händen habenden Kapital, welches die vorhergehende Oberinnen dem hiesigen Institut-Hause wegen damaligen Kostgängerinnen und häufigeren Gutthätern erspart haben, entnommen werden"[26].

1796 wird die Schule der Englischen Fräulein in der Strickergasse 1 renoviert. Tünchermeister Franz Wilhelm Köhler soll folgende Räume streichen:
1. die drei Schulzimmer im unteren Stock, der durch die Schuljugend gelitten hat,
2. das Eckzimmer zum Tor, den Gang sowie den hinteren Gang und die zwei hinteren Kammern.

Köhler stellt am 6. Juni 1796 eine Rechnung über 25 fl.[27].

---

[24] Überschläge, weiße leinene Binden, die um die Ärmel zu tragen sind.
[25] E.H.E.C. = Eurem Hochwürdigsten Erzbischöflichen Commissariat.
[26] StAWü, Mz. Vikariatsakten, L 133/323, Nr. 2.
[27] Ebd., R 1796, Bel. 259. Der Kostenvoranschlag vom 3. Mai 1796 betrug ebenfalls 25 fl.

Franz Heinrich Bittinger erhält für Glaserarbeiten 37 fl. 12 kr. „In der 1ten Schuhl [damit sind Klassenzimmer gemeint] 5 Fenster neu zu rahmen und neu zu verbleien. Dazu Anstrich in Silberfarb je Fenster: 6 Schuh hoch und 3 Schuh, 1 Zoll breit.
In der 2ten Schuhl 2 Fenster neu zu rahmen, jedes mit 4 Flügeln.
In der 3ten Schuhl 2 doble Vorreiber anschlagen"[28].
Für Schlosserarbeiten in einem neuen Klassenzimmer der Englischen Fräulein erhält Schlosser Reinhard Montreal 1 fl. 40 kr.[29].
Die Stadt Aschaffenburg kommt für die Ausgaben der Schule der Englischen Fräulein deshalb auf, da die Englischen die Ausbildung der gesamten weiblichen Jugend übernommen hatten.
Obwohl durch die Säkularisation von 1803 viele Klöster aufgehoben werden, bleibt das Institut der Englischen Fräulein in Aschaffenburg bestehen, und die Schule kann weitergeführt werden.
1809 wird ein Kapital von 800 fl. aufgenommen zur „Abänderung der Schulzimmer"[30].
Im März 1809 wird das erzbischöfliche Kommissariat aufgelöst und besteht nur noch als geistliches Gericht weiter fort. Die Rechnungen der Englischen Fräulein werden nicht mehr revidiert, sondern es wird der Oberin angeraten, „sich unmittelbar ad Domum Vicarium, an die jetzt dazu geeignete Stelle zu wenden"[31].
Da die ganze Verantwortung des Instituts somit beim Vikariat liegt, ist zu verstehen, daß für die Bauten in den kommenden Jahren, so für den Mädchenschulhausbau 1820 sowie für die Vergrößerung des Konvents nach Übernahme des Wessely-Hauses 1827, keine Magistratsprotokolle vorliegen.
1814 ist der Anschluß des Fürstentums Aschaffenburgs an die bayerische Krone. Das Institut bittet am 1. Juli 1816 um die Bestätigung durch König Maximilian I. von Bayern (1806-1825)[32]. Die Anerkennung erfolgt am 24. Juni 1819: Das Englische Fräulein Institut zu Aschaffenburg besteht als eine

---

[28] Ebd., Bel. 260.
 6 Schuh = 1,73 m und 3 Schuh 1 Zoll = 89 cm
[29] StaA, StadtR v. 1801, S. 154.
[30] Ebd. v. 1809, S. 196.
[31] StAWü, Mz. Vikariatsakten, L 133/ 323, Nr. 2.
[32] Das Schreiben der Oberin ist direkt an den König gerichtet. Da wegen Alters und Körperschwäche zur Zeit nur eine Klosterfrau den Unterricht erteilen kann, ist es notwendig, Aspirantinnen aufzunehmen. Diese werden abgeschreckt, da das Institut noch nicht bestätigt ist. Es folgen die Gründe, warum ein Gesuch zur Aufnahme von Lehr- und Erziehungspersonal gestellt wird:
 „1. daß männliche Lehrer im mancherlei Betracht zur Bildung der erwachsenen Mädchen nicht geeignet seien, wenn selbige einmal das neunte oder zehnte Jahr erreicht hätten.
  2. daß derselbe Fall zum Theile bei weltlichen Lehrerinnen eintrete, indem sie durch ihre Sorgen für ihre häuslichen Geschäfte sehr oft an der Unterrichtertheilung gehindert werden".
 1816 lebten im Institut 5 Klosterfrauen, nur eine davon erteilte noch Unterricht.

Unterrichts- und Erziehungs-Anstalt für die weibliche Jugend fort. Der Gesamtunterricht der weiblichen Jugend soll fortan nur noch in diesem Institut gewährleistet werden[33]. Es wird ihm daher der Unterricht in den planmäßigen Schulgegenständen übertragen. Die Aufnahme von Zöglingen wird gegen Entrichtung einer bestimmten Pension gestattet.

Um dieses zu ermöglichen, sollen „die nöthigen Abänderungen in dem bisherigen Instituts-Gebäude vorgenommen, und der in Antrag gebrachte neue Bau aufgeführt werden", daß

a) in einem Bau die Oberin, das Lehr- und Dienstpersonal und die Pensionärinnen und
b) sämtliche Schulzimmer in einem eigenen Bau untergebracht sind.

Alle Kosten im Zusammenhang mit baulichen Veränderungen sollen aus dem allgemeinen Schul- und Studienfonds bestritten werden[34].

3. 1820 Neubau des Städtischen Mädchenschulhauses Marktplatz/Ecke Schloßplatz

Aus den oben genannten Gründen wird von der Stadt ein zweigeschossiges Mädchenschulhaus auf dem Areal des Instituts, links zur Schloßseite, errichtet und später unter Hausnummer Marktplatz 1 geführt. Der Unterricht wird den Englischen Fräulein übertragen, die die Lehrerinnen mit Genehmigung der Schulbehörden stellen. Auf dem Grundstück befand sich bis dahin ein Bleichrasen und ein Garten mit kleinem Häuschen und Gartenlaube. Eine Steintreppe führte zu dem tiefer gelegenen Schloßgarten[35].

Ein Vergrößerungsbau war unbedingt notwendig. „Ebenso dürftig wie die Schulräume war die Wohnung der Mitglieder. Kapelle hatte man gar keine. Ein kleines Zimmer diente hierzu; ein anderer kleiner Raum war Speise- und Sprechzimmer"[36].

Das Institut erhält 1816:
    200 fl. aus dem Kirchenfonds BMV und Agatha
    160 fl. aus der Stadelmannschen Stiftung
    50 fl. aus dem Armenfonds
    333 fl. aus dem allgemeinen Schul- und Studienfonds
    16 Malter Korn
    12 Stecken Holz aus der Oberkellerei
    11 Stecken Buchenholz von der Stadt für die Schulheizung.

[33] Die bisher bei den weiblichen Lehrinstituten in Aschaffenburg arbeitenden Lehrer sollten an anderen Schulen versetzt werden, damit ihre auf 1.275 fl. berechneten Gehälter dem gesamten Schulfonds anheimfallen. HStA Mü, MInn 20877.

[34] Ebd. MK 22042. Das Institutspersonal von 1819: „1 Oberin, 6 ordentliche Lehrerinnen und 1 Aushilfslehrerin, eine Laienschwester und eine Dienstmagd".

[35] König Ludwig I. (1825-1848) ließ eine Pforte errichten und den Englischen Fräulein den Zugang zum Schloßgarten gewähren. *Domarus*, Ludwig I. 1973, S. 202.

[36] *Festschrift* (1898), S. 29.

Der Neubau wird teurer als veranschlagt. Ursprünglich rechnete man mit 5.185 fl., die Kosten des Neubaus betragen jedoch 6.840 fl. 9 kr. Die Gelder für die Vergrößerung des Kellers werden nachträglich am 16. August 1820 vom allgemeinen Schul- und Studienfonds bewilligt. 529 fl. müssen jedoch am 26. Januar 1821 noch nachgezahlt werden[37]. Hinzu kommen noch 38 fl. 2 kr. für die Holzbehälter und das Waschhaus, 69 fl. 18 kr. für Dachrinnen sowie Be- und Entlüftungseinrichtungen an den Schulfenstern.

Nach der Verlegung der Klassenzimmer in das neue Schulhaus werden am Wohnhaus der Englischen Fräulein (Strickergasse 1) Baumaßnahmen durchgeführt. Am 12. September 1822 wird Magistratsrat Jakob Ernst beauftragt, die von den beiden Pfarreien, Muttergotteskirche und St. Agatha, gesammelten 290 fl. 48 kr. für das Institut der Englischen Fräulein an Professor Cornel Gink[38] gegen Quittung abzuliefern. Er soll das Geld für den genehmigten Bau des Instituts verwenden und verrechnen[39].

Für die Renovierung des Institutsgebäudes waren 293 fl. 30 kr. vorgesehen. Am 19. Juli 1822 wird eine Überschlagsrechnung von 1793 fl. 56 kr. vorgelegt. Die endgültigen Kosten belaufen sich auf 1.745 fl. 8$^{1/4}$ kr.[40].

Von den Baukosten am Wohnhaus der Englischen Fräulein ist im Februar 1823 noch ein Betrag von 503 fl. 26 kr. offen. Die Stadt ist geneigt, das Geld vorzuschießen[41].

Im Mai 1824 werden Tüncherarbeiten im Schulhaus durchgeführt[42].

4. Erweiterung durch Neubau auf dem zur Strickergasse angrenzenden ehemaligen Wessely-Grundstück 1828/30

Dieses Grundstück, bebaut mit Haus und Hinterhaus, ist 1794 Eigentum von Inspektor Anton Wessely[43]. Er war Güterinspektor und Fronschreiber bei der Ober- und Bachgaukellerei in Aschaffenburg[44].

Sein Haus Lit. B 67 wird 1804 durch den neuernannten Kommissar als Amtssitz bestimmt[45]. Es liegt hinter dem Haus der Englischen Fräulein. Der rück-

---

[37] HStA Mü, MK 22042.
[38] StaA, HR, G1, S. 95: Cornelius Gink (1755-1831). Er durfte sich Professor nennen, da er am Gymnasium Schönschreibunterricht erteilte. Er war Aktuar und Sekretär der Schulverwaltung. Vgl. *Scherg*, Schulwesen, S. 113.
[39] StaA, Mag.Prot.
[40] HStA Mü, MK 22042.
[41] StaA, Mag.Prot. v. 25. Februar 1823. HStA Mü, MInn 20877 v. 20. Juni 1923: Für das städt. Schulwesen und zur Erleichterung der Stadtkasse hatte der Allgemeine Schul- und Studienfonds 29.759 fl. von 1814/15 bis 1822/23 gezahlt.
[42] StaA, Mag.Prot. v. 10. Mai 1824.
[43] Laut Einwohnerliste von 1794. StAWü, AB Archivreste, Fasz. 173/LXXXIV, Nr. 1, fol. 50-60: Güterinspektor Wessely hat am 17. März 1790 das „Hoheneckesche Haus" (Nebensteingasse 9, vgl. *Grimm* IV, S. 384 ff.) ersteigert. Er brauchte viel Platz für „seine Geldkasse, Papiere und vie-

wärtige Bau stößt an den damaligen Schloßplatz und an den königlichen Bleichgarten, der ein aufgefüllter Teil des früheren Schloß- bzw. Stadtgrabens war. 1811 soll der Hinterbau repariert werden. Wessely erhält die Genehmigung mit der Auflage, seine Fenster „in eine reguläre Einteilung" zu bringen[46]. Maurermeister Hospes verlangt 1812 für den Kanal an Wesselys Haus 123 fl. 30 kr. Da der Kanal durch den Garten der Klosterfrauen geht, müssen für die anschließende Planierung des Gartens noch 47 fl. bezahlt werden[47]. 1815 ist das Haus 5.000 fl. wert.

Wessely und seine Frau sterben im November 1825 innerhalb von vier Tagen und hinterlassen große Schulden. Um ihren drei Töchtern einiges Vermögen sowie Mobiliar zu erhalten, kommt es zu einem Vergleich mit den Gläubigern[48]. Das Haus muß verkauft werden. Die Käufer, die nicht genannt sein wollten, schenken das Wessely-Anwesen den Englischen Fräulein. Die Wohltäter sind Dr. Christoph Scheidel, Pfarrer von St. Agatha (1802-1825), Priester Amand Appiano[49] und Professor Cornelius Gink[50].

Das Haus muß den Bedürfnissen der Klosterfrauen angemessen werden. Die Beschaffenheit des Gebäudes mit „seinem morschen Mauerwerk" läßt die erforderliche Einrichtung nicht zu. Der Abbruch des Hauses ist deshalb unumgänglich. In einem Brief vom 25. September 1826 bitten die Englischen Fräulein bei König Ludwig I. (1825-1848) um Unterstützung[51] für „den Bau eines jüngsthin geschenkten Hauses eines stillen Wohltäters"[52].

Mit dem Neubau kommt es zu Verzögerungen, da es bei der Planung Meinungsunterschiede zwischen den Ansichten der Oberin des Instituts und de-

---

len Kinder". Der Kauf kam jedoch nicht zustande, und Wessely mietete eine andere Wohnung. Hieraus ist zu schließen, daß Wessely das Haus Lit. B 67 nach 1790 erwarb. StaA, Mag.Prot. v. 15. März 1832: Die Stadt hat 1794 von Wessely den Weinberg am Bischberg gekauft.

[44] *Ketterer*, S. 207.
[45] Intell.Bl. Nr. 6 v. 6. Februar 1804.
[46] StAWü, MRA, LG 3011 v. 31. August 1811.
[47] StaA, StadtR v. 1812, S. 151.
[48] StaA, Mag.Prot. v. 26. Februar 1827.
[49] Amand Appiano (geb. 1771, Priesterweihe 1794) aus Aschaffenburg war Benediktinerpater in Amorbach bis zur Auflösung des Klosters 1803 durch die Säkularisation. Vgl. Schematismus des Bistums Würzburg 1828, S. 37. Siehe auch *Festschrift* (1898), S. 48: P. Appiano war bis 1832 Beichtvater bei den Englischen Fräulein. Der „pensionierte und vertriebene Klostergeistliche celebrierte auch bisweilen in der Hauskapelle; durch grossmütige Geschenke gehört er zu den ersten vorzüglichen Wohltätern".
[50] Archiv EFM, Nr. 91. HStA Mü, MK 22042: 2. November 1818 über die Organisation der weiblichen Unterrichts- und Erziehungsanstalt der Englischen Fräulein. In diesem Dokument liegt ein DIN A 4 Doppelblatt, auf dem u. a. steht : „Was nun das Instituts-Haus betrifft, so ist es in seiner gegenwärtigen Beschaffenheit ein Geschenk eines Privaten an das Institut". „Unterhaltskosten trägt die Stadt". Da das Wessely-Haus erst nach 1825 von den „Wohltätern" gekauft wurde, muß das auf anderem Papier geschriebene Einschub-Doppelblatt später als 1818 geschrieben worden sein.
[51] Archiv EFM, Nr. 1: König Ludwig besuchte während seines Aschaffenburger Aufenthalts am 27. August 1826 das Institut und bekräftigte seine Bereitschaft, sich für die Englischen Fräulein einzusetzen.
[52] HStA Mü, MK 22042.

nen der Regierung des Untermainkreises in Würzburg gibt. König Ludwig I. wird jeweils von den Ergebnissen unterrichtet. In einem Brief vom 4. Oktober 1827 an den König schreibt die Regierung: „Das Projekt muß nach der ersten technischen Revision wirklich mehrere wesentliche Verbesserungen hinsichtlich der Zweckmäßigkeit und Solidität erhalten, und bei den Schwierigkeiten, welche das Terrain darbietet, ist wegen Stellung des Gebäudes eine nochmalige Einsicht nötig". Nun wird außer Bezirksinspektor Streiter und Bezirksingenieur Schwarze aus Rothenburg/Windheim noch Ingenieur Mattlener hinzugezogen. Ein Zuschuß zum Neubau soll nur erteilt werden, wenn:

1. Der Bau für ein Pensionat auf das wirkliche Bedürfnis eingeschränkt ist.
2. Die Einrichtung eines Pensionats für die Stadt vorteilhaft ist und sie einen Beitrag zu den Baukosten liefert.
3. Der Rest des Bauschillings so aufgebracht wird, daß die Stadt Aschaffenburg den Kultusstiftungen einen Teil unverzinslich gibt und den Rest gegen mäßige Zinsen vorschießt und der Vorschuß aus dem Allgemeinen Schul- und Studienfonds verzinst nach und nach zurückbezahlt werden kann[53].

1830 steht der Neubau, wie ein Protokoll von 1834 berichtet[54].
Die für den Bau von der Stadt 1828 geliehenen 1.500 fl. werden nach einem Magistratsbeschluß von 1838 nicht mehr zurückgefordert[55].
In dem Neubau ist die Kapelle untergebracht, die am 16. August 1831 eingeweiht wird. Bis zu dieser Zeit gingen die Schwestern in die Agathakirche[56].
Unter der Amtsführung von Oberin Margaretha Ühlein (1831-1850) werden Äcker und Wiesen hinzugekauft[57].

5. 1863 Erwerb von Strickergasse 3 und bauliche Veränderungen zwischen 1838 und 1884

Bereits am 10. Mai 1838 ist eine Vergrößerung des Gebäudes der Englischen Fräulein dringend notwendig. Es müssen „zwei Englische Fräulein in einem

---

[53] HStA Mü, MK 22043. Dabei handelt es sich um Briefe vom: 25. September 1826, 16. März, 17. Mai, 27. Juni und 4. Oktober 1827 sowie vom 12. Februar, 15. März, 9. April und 21. Mai 1828.
[54] StaA, Mag.Prot. v. 9. Juni 1834. Nach der *Festschrift* (1898), S. 29 f. wurde 1828 das alte Gebäude niedergerissen und der Grundstein für den Neubau gelegt. „Baumeister Magdler aus Würzburg" (dabei dürfte es sich um Ingenieur Mattlener gehandelt haben) errichtete einen soliden Unterbau mit dicken Gewölben. Durch den plötzlichen Tod des Baumeisters wurden die Arbeiten unterbrochen. Der verregnete Sommer 1829 schadete dem Rohbau. Inspektor Mai mußte viel Holz im Gewölbe verbrennen lassen, um die Feuchtigkeit vor der Fertigstellung des Baus zu beseitigen. Nach ursprünglichem Plan sollten im Souterrain Küche, Backofen und Gesindezimmer eingerichtet werden.
[55] StaA, Mag.Prot. v. 6. Juni 1838.
[56] *Haus*, Chronik, S. 47 v. 1831 und *Festschrift* (1898), S. 30.
[57] *Festschrift* (1898), S. 31.

Zimmer schlafen". „An Kandidatinnen besteht kein Mangel, wohl aber an Raum"[58]. Am 1. Juni 1838 liegt ein Bericht der Bauinspektion wegen der Aufstockung des 1828 erbauten Hauptflügels vor.
1. Es soll zur Gewinnung von einer Anzahl kleinerer Zimmer auf das Gebäude noch ein Stockwerk aufgesetzt werden.
2. Der Raum des gegenwärtigen Betsaales soll eine anderweitige Verwendung und Einrichtung erhalten, und eine Kapelle soll ganz neu gebaut werden.
Neben diesen beabsichtigten Ausführungen wurden die Pläne mit folgender Bemerkung vorgelegt:
Kleine heizbare Zimmer sollen über den großen hohen Räumen der zweiten Etage eingerichtet werden. Dabei würden sowohl die Stiege zu diesem Stockwerk wie auch der die beiden Zimmerreihen trennende Gang jedes direkt einfallenden Lichtes entbehren. Die Kapelle befand sich bis jetzt (1838) in dem 1828 neu erbauten Flügel und war nur für die häusliche Andacht der Lehrerinnen und Pensionäre des Internats bestimmt. Dem hier bestehenden Mangel an Luftzug könne nur abgeholfen werden durch Verlegung der Kapelle an die gegen die Strickergasse gerichteten Räume des Gebäudes. Obwohl die Strickergasse zu den minder lebhaften Straßen gehöre, sei es hier jedoch zu geräuschvoll.
Von Regierungsseite wurde festgestellt: Das Institut ist ein Stiftungsgebäude, „und es wurde daher für dessen Unterhaltung bisher aus dem Bauetat nichts verausgabt". Bei einer Vergrößerung des Gebäudes durch Aufstockung hat die königlichen Bauinspektion in Aschaffenburg einen Kostenvoranschlag mit 8.322 fl. 13$^{1}/_{2}$ kr. vorgelegt. Der Plan hat der technisch revisorischen Prüfung des Kreisbaurats nicht standgehalten.
„Das Institut besteht aus einem alten Gebäude und aus einem vor einigen Jahren neu hergestellten Anbau. Beide Gebäude sind durch eine übereinstimmende Fassade vereinigt. Der neue Anbau hat solide Wände aus Stein, der alte Bau gebrechliche Wände von Holz. Sowohl dieser Umstand als auch die Form der Hauptfassade gegen die Strickergasse und ferner die Stellung und die Form der Fassaden gegen den Straßenplatz nach der königlichen Residenz, welche über dem Erdgeschoß nur ein Stockwerk haben, machen die Aufstellung eines zweiten Stockwerks auf das Institutsgebäude sehr schwierig". Die Aufsetzung eines Stockwerks im alten Teil könne nur durch Verstärkung der inneren Haupttragewände von unten heraus geschehen. „Wollte man nach der ganzen Länge des Gebäudes ein Stockwerk aufsetzen, so würde die neue dritte Etage hohe Seitenfassade gegen den Straßenplatz hin mit der nur zwei Etagen hohe Fassade des Schulgebäudes kontrastieren"[59]. Hierauf folgt ein reger Brief-

---

[58] HStA Mü, MK 22043.
[59] Ebd. v. 22. Juni 1838.

wechsel zwischen Ministerium, Regierung und der Oberin, die sich auch direkt an den König wendet.
Am 21. Januar 1839 liegt ein Schreiben des Innenministeriums an den König vor:
1. Der nach Entwurf Lit. A zum Betsaale bestimmte Raum Nr. 9 sei weder geeignet, da er zu ebener Erde und an einer geräuschvollen Straße gelegen sei, noch geräumig und hoch genug für die Versammlung der Frauen und zahlreichen Pensionäre, auch sei dieser Raum, welcher gegenwärtig als Ansprach- dann Speisezimmer und Refektorium sehr entsprechend benutzt werde, nicht wohl entbehrlich und auf keine andere Weise zweckmäßig zu ersetzen. Dies scheint begründet und sollte berücksichtigt werden.
2. Die durch den Anbau gewonnenen 10 Zimmer für Pensionärinnen seien selbst für das damalige Bedürfnis des Instituts hinreichend und es werde
3. der für das Institut unentbehrliche Hausgarten auf eine nachteilige Weise beengt und überdem noch die „Inconvenienz" herbeigeführt, daß durch diesen Seitenbau das Ganze jenem Totalüberblick entzogen werde, welcher bei einer klösterlichen Kommunität so sehr Not tut.
Die Oberin macht daher folgenden Vorschlag:
   a. Die gegenwärtige Kapelle solle erhalten bleiben. Sie sei nicht feucht, habe nur Mangel an Licht und Luft. Dem könne leicht durch Licht und Luft von oben abgeholfen werden.
   b. Kein Anbau, sondern
   c. in dem Dachraum des sogenannten Neubaus, der leicht entbehrlich und hinreichend groß sei, 19 Mansarden, d. h. Zimmer zur Unterbringung von Pensionärinnen, einzurichten.
Dies werde nicht teurer werden als der Bau nach dem allerhöchst genehmigten Entwurf Lit. A.
Das Kreisbaubüro äußert sich dazu, wenn die geringe Höhe von $8^{1}/_{3}$ Fuß, die dünnen Fachwerkwände und die nur aus Brettern bestehende Verschalung der Dachseiten nicht als wesentliche Gebrechen angesehen würden, liege gegen die Herstellung in technischer Hinsicht nichts dagegen.

Am 31. Januar 1839 wird von Regierungsseite ein Anbau beschlossen nach dem früheren Entwurf vom 23. Oktober 1838, Nr. 25162, d. h.:
1. „Daß die Erweiterung des Engl. Instituts in Aschaffenburg mittels eines Anbaus nach dem rückfolgenden Entwurf Lit. A ganz im Stile des bereits bestehenden Gebäudes, und mit der mit Bleistift eingezeichneten Richtung der Mauer nach MC bewerkstelligt werde, wodurch das Institut einen Zuwachs von 10 Zimmern, welcher für das gegenwärtige Bedürfnis desselben hinreichen dürfte, erhalten wird, und daß der mit Nr. 9 bezeichnete Raum zu dem Betsaale, anstatt des gegenwärtigen Lokales, über dessen Feuchtigkeit und Mangel an Licht geklagt wurde, verwendet werde, sofort

2. der zu diesem Anbau erforderliche Kostenbetrag von 5.529 fl. 22 kr. aus dem allgemeinen Schul- und Studienfonds in Aschaffenburg bestritten werde".

Vom Inhalt der gegenwärtigen Entschließung ist auch die Oberin in Kenntnis zu setzen.

Die Arbeiten sind schleunigst zu beginnen mit der genauen planmäßigen Einhaltung des festgesetzten Bauplans und die vereinbarten Wünsche der Oberin mit aller Bereitwilligkeit berücksichtigend.

Daraufhin wendet sich am 13. März 1839 Oberin Margaretha Ühlein direkt an den König:

Wenn der Umbau der Mansarden nicht zustandekomme und der frühere Bauplan bestätigt würde, ginge die Kapelle verloren. Dieses Opfer zu Gunsten des Neubaus könne sie nicht bringen. Die Bauinspektion solle ihre Wünsche billigen.

Die Oberin, droht den Baubeginn so lange hinauszuzögern, solange man auf der Beseitigung der Kapelle bestehe. „Lieber wollen wir in der größten Beschränkung fortleben, als unsere Kapelle verlieren".

Billige der König ihr Vorhaben nicht, so solle er ihr wenigstens einen Wink geben, wie sie sich verhalten möge.

Schon am 18. März 1839 beauftragt der König einen königlichen Baubeamten, an Ort und Stelle die Situation zu begutachten.

Der Baubeschluß vom 31. Januar wird einstweilen zurückgehalten, binnen drei Wochen erwartet der König den Regierungsbericht.

Zimmermeister Georg Protz hatte bereits einen Vertrag abgeschlossen, und dieser war genehmigt worden.

Kreisbaurat Schierlinger kommt zur Begutachtung. Wunsch der Oberin: Das bisherige Refektorium, das Sprechzimmer und die Hauskapelle sollen unverändert beibehalten werden, der Dachraum gebrettert und einige Dachkammern hergestellt werden, und die Aufsicht und Leitung solle nicht der Bauinspektion, sondern dem Lehrer der Gewerbeschule, Prof. Karl Ludwig Louis, übertragen werden bzw. dem Stadtmagistrat[60].

Nach dieser Inspektion steht am 29. Juli 1839 folgender Vorschlag:

Die Kapelle an ihrer damaligen Stelle Plan-Nr. 8 solle bleiben und nicht wie im bereits genehmigten Plan Lit. A in Saal Nr. 9 verlegt werden, weil dieser Raum als Sprechzimmer unentbehrlich sei und sich wegen seiner geringen Höhe und Lage im Erdgeschoß nicht zur Kapelle eigne.

Durch die Bauinspektion wird ein abgeänderter Entwurf angefertigt. Die Kapelle bleibt erhalten, soll aber durch eine Laterne im Dach von oben beleuchtet werden, damit die Verbindung des anzubauenden Flügels mit dem Haupt-

---

[60] Ebd. v. 16. April 1839.

bau bewerkstelligt werden könne. Hierdurch würde das Zimmer m, welches als Durchgang benützt werden müßte, verlorengehen und könne nur durch Herstellung eines Zimmers im Giebel unter dem Dach ersetzt werden, wodurch sich aber die Kosten des Baus erhöhen würden.
1. Die Laterne über der Kapelle kann ohne Nachteile für das Gebäude hergestellt werden.
2. Die beantragte Verbindung des Hauptgebäudes mit dem Nebenbau erscheint unzweckmäßig und nicht zulässig.

Diesem Vorschlag folgt eine weitere Empfehlung:
Ein 4 Fuß breiter Raum sei von der Kapelle abzuschneiden. Dadurch würde ein ganz bequemer Verbindungsgang zu dem Nebenbau sowohl im ersten als auch im zweiten Stock gewonnen. Der Altar ist zur Zeit ungünstig entfernt von der Sakristei gelegen, würde nach m auf Lektur B verlegt und dadurch in eine zweckmäßige Verbindung mit der Sakristei gebracht.
Die Kapelle würde dadurch etwas kleiner, könnte aber durch bessere Stellung der Stühle zweckmäßiger werden.
Im Frühsommer kommt der König nach Aschaffenburg und überzeugt sich selbst von der mißlichen Lage des Instituts. In einem Handschreiben äußert er sich am 16. Juli 1838, daß ein Aufbau auf das Institutsgebäude in allerhöchster Absicht liege.
Die Schwestern wollen einen Aufbau. Nun soll aber auf Kosten der Kapelle ein Neubau errichtet werden. Da die Oberin auf der Beibehaltung der Kapelle an ihrer Stelle beharrt, kommt es am 7. August 1839 zu folgender Modifikation:
„1. Im Dach über der Kapelle ist ein Oberlicht anzubringen mit Verstärkung der Gebälklage.
2. Verbindung des Hauptgebäudes mit dem neuen Flügel durch Abschnitt eines 4 Fuß [ca. 1,20 m] breiten Raumes aus der Kapelle, dadurch bequemer Verbindungsgang mit dem neuen Flügel im ersten als auch im zweiten Stock. Der Altar der Kapelle, welcher ganz ungeeignet ist und sich gegenwärtig entfernt von der Sakristei befindet, ist zu verlegen"[61].

Am 19. August 1839 wendet sich die Oberin direkt an den König. Jetzt soll der Neubau statt des früheren ersehnten Aufbaus nur auf Kosten der Kapelle hergerichtet werden. Für die Oberin ist es eine traurige Überraschung, daß statt der gehofften Aufsetzung eines Stockwerks und des Neubaus einer Kapelle nun durch einen Anbau dem Institut eine Erweiterung seines Raumes verschafft wird, der Neubau einer Kapelle aber unterbleiben soll. Die Oberin ist strikt gegen die Änderung der jetzigen Kapelle[62].

---

[61] Ebd. v. 7. August 1839.
[62] Ebd., Schreiben v. 19. August 1839.

Durch den Seitenbau wird der Hausgarten etwas kleiner, da der neue westliche Anbau zur Grenze Strickergasse 3 die volle Grundstückstiefe bis zum königlichen Bleichgarten einnimmt. Etwa 1840 sind die Baumaßnahmen abgeschlossen[63].

Eine Futterscheune, die hinter dem Hof, zwischen dem Wohngebäude und dem Schulgebäude, am 29. Juli 1842 geplant war, darf nicht gebaut werden. Dagegen werden 1843 erlaubt: Ausbau mehrerer Dachkammern sowie die Errichtung eines Gangs zur Verbindung des Hauses entlang der Strickergasse mit dem neuen Anbau, der sich senkrecht zur Straße zieht. „Da der Anbau von der Straße nicht eingesehen werden kann und sehr der Bequemlichkeit dient, da man bisher immer ins Erdgeschoß gehen mußte und dann drüben wieder die Stiege hoch, wird das Vorhaben befürwortet und genehmigt".

Am 17. August 1854 wird eine Schulinspektion durch den Lokal-Schulkommissär Dechant und Stadtpfarrer Hermann Schmitt durchgeführt. „Das Schulhaus ist für die zahlreiche Jugend beschränkt, sonst in gutem Zustand". „Die Schulzimmer sind dem Zweck entsprechend". „Dem Vernehmen nach beabsichtigen die Englischen Fräulein, da das bisherige Haus für das zahlreiche Personal viel zu beschränkt ist, ein neues zweckmäßigeres Haus vor dem Wermbachstor zu bauen, wozu bereits die Genehmigung vom königlichen Ministerium eingetroffen ist"[64].

Das bayerische Staatsministerium des Innern für Kirchen- und Schulangelegenheiten informiert am 27. Oktober 1854 die königliche Regierung von Unterfranken, „ungesäumt darauf Bedacht zu nehmen, daß das hiernach geänderte Bauunternehmen der Englischen Fräulein in Aschaffenburg möglichst gefördert werde"[65].

Im Jahr 1856 sind Bestrebungen im Gange, auf dem sogenannten königlichen Bleichgarten (Plan-Nr. 500), zwischen Schloß und Institut, einen Erweiterungsbau zu erstellen.

Eine Anfrage am Oberhofmeisteramt sollte klären, ob der Bleichgarten zur königlichen Zivilliste oder zum königlichen Finanzärar gehört.

Der Bericht des Stadtmagistrats vom 24. September 1856 an die königliche Regierung lautet: „Das Englische Fräulein Institut dahier besteht aus drei Gebäuden. Das erste Lit. B 66 ist das alte städtische Schulhaus, noch Eigentum der Stadt[66], an dieses schließt sich das große Gebäude Nr. 67 an, das im Jahr

---

[63] Durch die sich lange hinziehenden Diskussionen wurden neun Entwürfe und Kostenrechnungen aufgestellt. Das Ministerium übernahm die Honorarkosten von 150 fl. HStA Mü, MK 22043.
[64] Archiv EFM, Nr. 24, Nr. 25 und Kathol. Sonntagsblatt (35), S. 161 f. v. 27. August 1854. Im Institut lebten damals außer der Oberin Josepha Lorenz noch 30 Schwestern für Lehramt und Erziehung, 11 Laienschwestern und 11 Kandidatinnen.
[65] Ebd., Nr. 26.
[66] Lit. B 66, Konvent und ursprünglich Schulhaus, ist seit 1764 Eigentum der Englischen Fräulein. Das Mädchenschulhaus Lit. B 66^1/$_2$, Plan-Nr. 502, war 1820 mit städtischen Geldern gebaut worden.

1830 erbaut wurde, und von diesem zieht ein Flügel gegen das königliche Schloß, der noch später errichtet wurde. Aus dieser allmählichen Erweiterung des Instituts kann wohl geschlossen werden, daß sich das Bedürfnis nach Vergrößerung der Räumlichkeiten sehr gesteigert hatte. Es wurden daher überdies die Speicher auf dem größeren Gebäude [das ehemalige Wessely-Gebäude] mit nicht unbedeutenden Kosten zu Mansarden eingerichtet. Diese werden nun bewohnt, sind aber im Sommer zu heiß und im Winter zu kalt und deshalb nichts weniger als behagliche Wohnungen.[…] Auch die Räumlichkeiten für die Zöglinge sind zu klein zu diesem Zweck. Die Souterrains, worin sich die Waschküche und andere zum häuslichen Gebrauche bestimmte Localitäten befinden, sind wegen ihrer tiefen in feuchtem Boden befindlichen Lage keineswegs zu verwerten.[…] Das alte Schulhaus Lit. B 66 ist ein altes Gebäude mit Gefachwänden im oberen Stock und kann nicht aufgestockt werden. Im großen Bau Nr. 67 ist gegen Nr. 68 die Kapelle, die ihr Licht durch eine Dachlaterne erhält. Ob dieser Bau aufgestockt werden kann, soll die technische Beurteilung entscheiden".

Der Ankauf der zunächst liegenden Gebäude Strickergasse 3 (Lit. B 68 und 69) würde zu große Summen erfordern. Lit. B 68 ist ein „gutgehendes" Bäckerhaus. Deshalb ist die beste Lösung ein Erweiterungsbau auf dem königlichen Bleichgarten, dem Terrain, das zur königlichen Zivilliste gehört. Die Abtretung des Bleichgartens war von Seiten der Regierung in „mehrfacher Beziehung nicht wünschenswert"[67].

Ein neues Projekt kommt zustande: Abriß des alten Eckgebäudes an der Strickergasse und Aufstockung des 1827 gekauften und 1830 neu erbauten Wessely-Gebäudes.

Ein entsprechender Plan wird eingereicht und der Regierung vorgelegt. Die Kosten belaufen sich auf 24.500 fl. „Durch den neu aufzuführenden Bau übernimmt das Institut eine große Schuldenlast. Die Kosten übersteigen die von der Regierung bewilligten Bausummen von 18.000 fl. um 6.000 fl., die aus den Mitteln des Hauses gedeckt werden müssen. Die entliehenen 18.000 fl. werden dem Studienfonds jährlich mit 2% verzinst, und von dem Kapital selbst etwas über 300 fl. abgetragen"[68].

Am 19. Oktober 1859 starten die Ausschreibungen. Nach der Mainzer Bauamtsverordnung von 1755 läßt die königliche Bauamtsbehörde unter Hermann Anton Sodi noch die Einwilligung der Nachbarn einholen.

Die Einsprüche von Eva Fertig (am Marktplatz, Lit. D 116)[69], Georg Ebert (Geschäftsführer des Hopfengartens), Andreas Illig (Strickergasse 6) und der Witwe Bolongaro (Strickergasse 4) werden zurückgewiesen.

---

[67] HStA Mü, MK 22044 v. 31. Januar 1859 und v. 5. Februar 1859.
[68] Archiv EFM, Nr. 39.
[69] Ergänzung zu *Grimm* IV, S. XVIII: Lit. D 116 muß 1859 doch noch bestanden haben.

Das Stadtgerichtsphysikat gibt durch Dr. Joseph Oegg am 28. Dezember 1859 ein Gutachten ab: „Das Aufsetzen des dritten Stockes auf das ganze Gebäude des Englischen Fräulein Institutes entspricht keineswegs den sanitätspolizeilichen Anforderungen". Im unteren Stock des gegenüberliegenden Landgerichtsgebäudes seien viele Arbeitszimmer. Am Institut seien Abzugkanal und der königliche Feuerbach. Es sei dumpf und feucht und es gebe „nachteilige Ausdünstungen", deshalb Bedenken für Lungen- und Herzleidende. Durch hohes Treppensteigen seien gesundheitliche Schäden zu erwarten. Laut Sitzungsprotokoll des Magistrats vom 9. Januar 1860 werden auch diese Einsprüche abgelehnt[70].

Am 2. März 1860 stellen folgende Handwerker Kautionen, die nach Fertigstellung des Baus eingelöst werden können:

Gottlieb Müller für Glaserarbeiten	150 fl. Kaution
Adam Hock für Tüncherarbeiten	300 fl. Kaution
Nikolaus Hock für Schlosserarbeiten	150 fl. Kaution
Sebastian Hauck für Maurerarbeiten	600 fl. Kaution
Heinrich Grimm, Jakob Hackel, Franz Nießner für Schreinerarbeiten	300 fl. Kaution
Johann Engelhardt, Zimmermeister,	500 fl. Kaution
Valentin Weber, Jakob Herkert, Steinhauer,	70 fl. Kaution
Thomas Fröhlich, Leiendecker,	150 fl. Kaution

Bald sind die Abbrucharbeiten im Gang. Da das alte Gebäude an der Ecke nicht rechtwinklig war, sollen die alten Fundamente so verstärkt werden, daß wieder, aber im rechten Winkel darauf, gebaut werden kann. Dazu muß gegen die Strickergasse um ein Schuh (29 cm) herausgerückt werden.
Während der Baumaßnahmen werden einige Volksschulklassen nach außerhalb verlegt, um die Schulzimmer als Wohnräume und für die Töchterschule verwenden zu können. Auch im Haus neben dem Seminar konnten während dieser Zeit Englische Fräulein wohnen. Im Herbst sind die Bautätigkeiten beendet. Durch eine Mauer mit großem Hoftor zwischen dem Mädchenschulhaus von 1820 und dem Neubau war der Gebäudekomplex der Englischen Fräulein zum Marktplatz hin abgeschlossen[71].
1861 zahlt die Stadt für den äußeren Verputz und Anstrich des Schulgebäudes 124 fl. 47 kr.[72].

---

[70] StaA, Mag.Prot.
[71] *Festschrift* (1898), S. 35. Archiv EFM, Nr. 39: 1860 zählte das Institut 54 Mitglieder: im Noviziat waren 21 Fräulein, 7 Schwestern, sonst 16 Fräulein und 10 Schwestern.
[72] StaA, Mag.Prot. v. 23. Mai 1861.

Am 11. April 1862 ist die Gewährszeit für den Maurermeister Hauck nach vollendetem Bau abgelaufen, er kann über seine Kaution verfügen. Auf gleiche Weise wird auch mit den übrigen Handwerkern verfahren.
1863 Erwerb des Nachbargrundstücks, Strickergasse 3, von Bäcker Adam Frisch durch die Englischen Fräulein.
Bautechniker Bernhard Hoffmann legt im Januar 1867 einen neuen Plan vor. Nach diesem wird auf den Seitentrakt, anschließend an die Kapelle, entlang der Grenze zu Strickergasse 3, unter Wiederverwendung des alten Dachstuhls, ein dritter Stock aufgesetzt[73]. Auf Grundstück Strickergasse 3, im Hof hinter diesem nun dreistöckigen Seitentrakt, entlang des königlichen Bleichgartens, wird anstelle der alten Waschküche, dem Schweinestall und der Halle, eine neue Waschküche gebaut.
1867 Anschluß des Instituts an die städtische Wasserleitung.
Bereits 1870 wird mit den Baumaßnahmen auf dem Grundstück Strickergasse 3 begonnen. Umgestaltung verschiedener Räume. Neueinrichtung der Klausur. Die ehemaligen Zimmer der Klosterfrauen werden zu Lehrsälen und für das Pensionat verwendet. Schlafsäle der Kinder zur Straße, Lehrsäle zum Schloßplatz.
Visitation am 27. Juli 1875 durch Bezirksarzt Dr. Eugen Stumpf und Bauamtmann Streiter. Die Schlafsäle sind nicht überfüllt. Die übrigen Säle „sind gerade noch genügend". Der Zustand des Hauses ist in Ordnung, „selbst die Aborte sind ordentlich gehalten. Im Gegensatz dazu sind die Aborte in der Volksschule. Der Geruch geht bis auf die Straße". Nach Versicherung der Oberin und des Bauamtmanns Streiter ist dieses Schulgebäude städtisches Eigentum. Klein sind der Garten und Spielplatz des Instituts, doch „werden die Zöglinge angeblich auch ins Freie spazieren geführt"[74].
Nach einer erneuten Inspektion am 22. November 1878 wird beanstandet, daß sowohl für das Internat als auch für die Schule zu wenig Raum vorhanden sei. Jedoch die drei großen, elegant eingerichteten Zimmer im Erdgeschoß würden als Prunk- und Empfangszimmer benutzt. Die Wirtschaftsräume seien entsprechend. Das Badehaus sei offenbar nur zum Schein vorhanden. Obwohl in Aschaffenburg Wasserleitungen bereits gelegt seien, stünde im Institut nur ein

---

[73] Ebd. v. 2. Mai 1867. Die Kosten für diesen Aufbau konnten von den Vergütungen, die die Schwestern für das Hilfslazarett während des Deutschen Krieges 1866 (Preußen gegen Österreich) bekamen, gedeckt werden. Siehe *Festschrift* (1898), S. 40.

[74] Dr. Stumpf stellt bei seiner Visitation noch weiteres fest: Im Kloster leben 28 Englische Fräulein (davon 23 Lehrerinnen) und 22 Schwestern. Das private Institut mit Elementar- und höherer Töchterschule hat 142 Mädchen, davon 35 Pensionärinnen, 5 resp. 7 Klassen, weil die 3. Kl. in 3 Abteilungen unterteilt ist. Früher waren es 50 Internatszöglinge und somit das Pensionat überfüllt. Seit der Instruktion vom 12. Februar 1874 hat die Oberin in Erwartung der kommenden Visitation die Zahl auf 35 reduziert. Die volle Pension kostet im Monat 50 Mark. HStA Mü, MK 22044 v. 27. Juli 1875.

Pumpbrunnen zur Verfügung[75]. Am 17. Januar 1879 erhält die Oberin den Auftrag, die angetroffenen Mängel zu beseitigen. In ihrem Antwortschreiben weist sie daraufhin, daß sie die Absicht habe, bauliche Veränderungen vorzunehmen[76].
Am 17. April 1879 wird der Neubau auf dem Grundstück Strickergasse 3 gestattet.
Stiftstechniker Ignaz Henfling beantragt am 20. Mai 1879 Baueinstellung, weil der Bauausführende mit einer Mauer zu nahe an den „in einem steinernen Gerinne fließenden Feuerbach" neben Haus Lit. B 70, Strickergasse 5, rührt. Der Bau darf jedoch nur 3 m bis zum Feuerbach reichen. Der Bach muß in einem Rail belassen werden[77].

6. Neubau des Gebäudeflügels am Marktplatz 1884 und weitere Bautätigkeiten bis zum Zweiten Weltkrieg

Am 27. November 1883 wird die neugebaute städtische Mädchenschule, Luitpoldstraße 7, eingeweiht. Von dem Zeitpunkt an, an dem die restlichen Klassen in das neuerbaute Mädchenschulhaus der Stadt in die Luitpoldstraße übergesiedelt sind, wird auf das Benutzungsrecht der Stadt an dem 1820 erbauten Mädchenschulhaus bedingungslos verzichtet. „Im Hinblick auf die verdienstvollen Leistungen des Instituts auf Unterricht und Bildung der weiblichen Jugend" erhalten die Englischen Fräulein das Gebäude[78]. Da es veraltet ist und nicht mehr seinen Bedürfnissen entspricht, wird es abgerissen und neu gebaut. Der Neubau rückt an der Ecke zum Schloß gegenüber dem alten Bau etwas vor, damit eine gerade Straßenlinie eingehalten wird. Der Zwischenraum mit Toreinfahrt zwischen dem alten Schulhaus und dem Institutsgebäude wird ebenfalls in den Neubau einbezogen.
Franz Schmelz bekommt am 13. Februar 1884 für seine Firma die Genehmigung zum Lagern von Baumaterialien des Abbruchs „längs der Dietzschen Mauer hinter dem Brunnen"[79] sowie Genehmigung zur Einfriedung der Baustelle. In dem neuen dreistöckigen Flügelbau befinden sich im Erdgeschoß die Pforte und ein Festsaal und im ersten Obergeschoß ein großer Lehrsaal und die Katechetenwohnung[80].

---

[75] Ebd. v. 22. November 1878: Die Schule ist mit 160 Mädchen und 45 Zöglingen überfüllt. In den überfüllten Klassenzimmern herrscht schlechte Luft. Bänke ohne Lehnen. 3 Schlafsäle in Ordnung, die drei anderen zu voll. Aborte gut, doch zu wenig für so viele. Reinlichkeit und Ordnung lassen nichts zu wünschen übrig. Die Pension kostet 240 Mark, das Schulgeld der Externen 20 Mark. Der Unterrichtserfolg ist gut. 32 Englische Fräulein, 20 Schwestern.
[76] Ebd., Schreiben v. 11. April 1879.
[77] StA, Mag.Prot. v. 17. April 1879 und v. 20. Mai 1879.
[78] Ebd. v. 13. September 1883.
[79] Siehe *Grimm* IV, S. 331 ff., Steingasse 39/41.
[80] *Festschrift* (1898), S. 44.

Abb. 116: Strickergasse 1, Ecke Marktplatz/Strickergasse, Institut der Englischen Fräulein. Zeichnung von Alois Grimm.

1887 Verkauf des Gartens an der Goldbacher Straße, dafür Neukauf eines Gartengrundstücks am Ziegelbergweg[81].

---

[81] *Pechmann*, S. 212: Dabei handelte es sich um einen Garten mit einer renovierten Gartenvilla neben dem Pompejanum. Archiv EFM, Nr. 91. Ziegelbergstraße 3: Plan-Nr. 1700 Wohnhaus mit Keller, Badezimmeranbau, Laube und Hofraum. Plan-Nr. 1699 Weinberg am Ziegelberg mit Gemüse-, Baum- und Weingarten, Remise und Kapelle. HStA Mü, MK 22044. Am 29. Februar 1892 wendet sich Oberin Hilaria Seifried an das Ministerium, weil der Magistrat einen Teil ihres am Pompejanum liegenden Gartens für eine Straße will. Archiv EFM, Nr. 61. Die Generaloberin in München-Nymphenburg, M. Elise Blume, richtet am 27. Januar 1892 einen Brief an den damaligen Kultusminister Dr. Ludwig August von Müller: Der Aschaffenburger Magistrat „stellte an das Institut die Aufforderung, den in eine projektierte Straßenlinie fallenden Teil des Institutsgartens gegen Vergütung abzutreten. Da nun die Straße ebenso gut, ja noch besser, nach einer Zeichnung des k. Bautechnikers K Hänfling in einer anderen Richtung ausgeführt werden könnte, wenn nicht 3 Bauspekulenten aus Privatabsichten jene Linie durchsetzen wollten und beim Oberhofmeisterstab wahrscheinlich bereits vorgedrungen wären, die vom k. Bautechniker bezeichnete Linie wäre nicht nur für den Institutsgarten, sondern besonders auch für das zunächst liegende Pompejanum weit vorteilhafter". „Dem Erziehungsinstitute der Englischen Fräulein sollte aber das bisherige Besitztum und die ruhige Benutzung des schönen Gartens durch mindere Interessen nicht geschädigt werden".

1888 Erwerb des Hauses Strickergasse 5 (Lit. B 70).
1901 Einrichtung einer Turnhalle im Hof des Schulgebäudes durch Erweiterung eines bestehenden Nebengebäuderaums.
Der Abbruch des Wohnhauses Strickergasse 5 erfolgt im März 1902. Nach den vorgelegten Plänen des Instituts sollen auf Plan-Nr. 504 und 508 Um- und Neubauten ausgeführt werden. Unmittelbar an der Grenze des zum königlichen Schloß gehörigen Bleichgartens (Plan-Nr. 500) sind zwei Flügelbauten aufzurichten und das dazwischen stehende Nebengebäude, die Waschküche, ist neu zu bedachen. Dabei ist zu beachten, daß die Dachtraufe auf Institutsboden ausmündet.
Die königliche Civilliste trifft mit dem Institut der Englischen Fräulein folgende Vereinbarung: Die 22 m lange Grenzmauer der Neubauten steht im Eigentum und auf Grund und Boden der Civilliste. Die Mauer beginnt an der Nordwestspitze von Plan-Nr. 508 und reicht bis zum Kapellenbau. Die Ausgangstür und die Fenster des Kapellenbaus in Richtung Bleichgarten waren schon vorhanden, ebenso die durch die Grenzmauer gebrochenen Fenster der Waschküche. Das heißt, dem Institut steht deshalb kein Recht zu, sondern von Seiten der Cicilliste ist nur eine widerrufliche Vergünstigung gewährt. Dasselbe gilt auch für die Fenster des Neubaus gegen den Bleichgarten. Nur mit jederzeit widerruflicher Erlaubnis dürfen Fenster eingesetzt werden. Aber bei etwaigen Bauten auf Plan-Nr. 500 darf bis zur Grenze gebaut werden, und die vergünstigten Fenster und Türen müssen auf Kosten des Instituts wieder zugebaut werden. Für die Genehmigung muß das Institut eine jährliche Gebühr von 5 Mark an die Civilliste zahlen[82].
In der Sitzung am 9. Mai 1902 wird dem bauamtlichen Antrag des Instituts „einstimmig zugestimmt"[83], und am 20. Juni 1902 wird der Antrag genehmigt[84].
Ende Oktober 1902 konnte das neue Wohngebäude, der Noviziatsflügel, vollständig bezogen werden. Der Flügel der Hauskapelle hatte vorher schon bestanden und wurde auf die Höhe des neuen Flügels gebracht.
Bei der Besichtigung des Instituts vom 20. Mai 1903 kommt man zu folgendem Resultat:
„Das Institutsgebäude hat im allgemeinen den Mangel, der klösterlichen Anstalten und insbesondere solchen der Englischen Fräulein nicht selten eigen ist".
Klein wurde begonnen und mit dem Wachsen der Anstalt kamen bauliche Erweiterungen hinzu. „Dabei ergaben sich dann Komplizierung der Aufgänge, geringe Breite und des öfteren Abbrechung der Korridore, mangelnder Ab-

---

[82] StaA, Hausakten. In der *Festschrift* (1998), S.73, Anm. 96, steht irrtüml.: StiA Aschaffenburg.
[83] StaA, Mag.Prot., Nr. 746.
[84] Ebd., Nr. 1023.

schluß einzelner Gebäudetrakte: es fehlen die Trennung zwischen dem eigentlichen Kloster und dem Erziehungsinstitut mit Schule etc.
Das Gebäude ist im besten Bauzustand und in allen Teilen sauber und reinlich gehalten. Die Langfront liegt in einer ziemlich engen Gasse, was weniger des Lichtes – die meisten Lehrzimmer u. s. f. sind gegen die freie Hof- und Gartenseite angeordnet – als vielmehr wegen der Feuersgefahr nicht sehr günstig erscheint. Ausreichender Hof und Garten sind vorhanden.
Die Frequenz der Schule beträgt zur Zeit 245, darunter 45 interne Zöglinge. Wie bei fast allen Anstalten der vorliegenden Art fehlt es nicht an Kursen, in denen für bestimmte Lehrgegenstände Schülerinnen verschiedener Jahrgänge bzw. Klassen zusammengestellt sind, um recht vielen individuellen Wünschen und Verhältnissen Rechnung tragen zu können. Die Lehrkräfte sind durchgehend ordnungsgemäß geprüft.
Im Internat wurde wahrgenommen, daß alle Zöglingsbetten noch mit Strohsäcken ausgestattet sind. Wenig entsprechend ist auch die Waschgelegenheit in den Schlafsälen. Bei den einzelnen Betten befinden sich neben dem Stuhle zum Ablegen der Kleider noch ein einfaches Nachttischchen mit einem mäßig großen Lavoir, welches morgens oder mitunter auch schon abends mit Wasser gefüllt wird. Die Zöglinge müssen sich also in unmittelbarster Nähe der Betten [Kopfkissen] waschen, was eine gründliche Reinigung jedenfalls nicht erleichtert, da sie ohne Zweifel angewiesen sein werden, jede auch nur geringe Bewässerung der Betten zu vermeiden. Die fraglichen Tischchen dürften auch für viele Zöglinge zum Waschen zu hoch sein. Zweckmäßigere Waschvorrichtungen wären demnach zu wünschen.
Die Schlafsäle sind heizbar, doch werden Thermometer nicht wahrgenommen. Der Arbeitssaal für die Internen bietet augenscheinlich nicht Raum und Sitzplätze zur gleichzeitigen Unterbringung aller Mädchen und ist außerdem nur mit Tischen ausgestattet. Da die Internen einen namhaften Teil des Tages, insbesondere auch bei Fertigung ihrer Hausaufgaben etc., hier zubringen müssen, so wäre eine entsprechende Verbesserung wünschenswert"[85].

Oberin Hilaria Seifried entgegnet der Inspektion vom 20. Mai 1903:

1. Bei den Zöglingsbetten dienen die beanstandeten Strohsäcke nur als Unterlage der sehr guten Roßhaarmatratzen.
2. Waschangelegenheiten: Die Waschtische sollen so weit von den Betten weggestellt werden, daß eine gründliche Reinigung möglich ist.
3. Thermometer sind in den Schlafsälen nicht angebracht.
4. Der Arbeitssaal bietet bei 9,48 m Länge, 4,62 m Breite und 3,91 m Höhe ausreichend Raum und Sitzplätze für 45 Mädchen. Der Bequemlichkeit

---

[85] HStA Mü, MK 22044. Schreiben v. 20. Mai 1903. Unterzeichnet vom Ministerialkommissär.

wegen sollen nach und nach Pulte angeschafft werden. Hausarbeiten und Vorbereitung auf den Unterricht nehmen die Zöglinge in einem anderen größeren Saal vor[86].

Die Schule der Englischen Fräulein wurde immer größer, und es mangelte an eigenen Lehrkräften. Da das in Aschaffenburg bestehende Lehrerinnenseminar überfüllt war, konnten dort keine Klosterkandidatinnen aufgenommen werden. Aus diesem Grund stellen die Englischen Fräulein am 8. Januar 1903 den Antrag, eine eigenen Lehrerinnenbildungsanstalt einrichten zu dürfen. Am 3. Juli 1904 erhalten sie die offizielle Erlaubnis. Um die nötigen Räume für die neue Ausbildungsstätte zu bekommen, kaufen die Schwestern das gegenüberliegende ehemalige Postgebäude, Marktplatz 2 und Marktplatz 4, zuvor Steingasse 41, hinzu[87].

Januar 1911: Vergrößerung der Kellerfenster zur Treibgasse in dem Teil zwischen dem Wohn- und Hauskapellenflügel.

Legende zur baulichen Entwicklung von 1765 bis 1944

A Ecke Strickergasse – Marktplatz, Konventgebäude seit 1764
B Städtisches Mädchenschulhaus, erbaut 1820
C Erweiterung mit Kapelle auf dem ehemaligen Wessely-Grundstück 1828–1830
D Anbau entlang der Grenze zu Strickergasse 3 in Verlängerung der Kapelle 1839/40
E Dreigeschossiger Neubau anstelle des alten Konventgebäudes 1860/61
F Aufstockung des Wessely-Baues 1860/61 (1867: 3. Stock)
G Baumaßnahme auf dem Anwesen Strickergasse 3 ab 1870
H Erweiterung des Wessely-Baues (Grundstück Strickergasse 3)
I Neubau entlang des Marktplatzes nach Abbruch der Mädchenschule 1884
K Einrichtung einer Turnhalle 1901
L Neubau der Kapelle 1902
M Erweiterung auf dem Anwesen Strickergasse 5 (1902)
N Erwerb des Anwesens Strickergasse 9, vormals „Hotel Adler" 1918
O Turnhalle und Festsaal des Instituts
P Garten und Turnplatz, gepachtet von der Schloß- und Gartenverwaltung

---

[86] Ebd. v. 7. September 1903.
[87] Archiv EFM, Nr. 87. Schreiben vom 13. Januar 1921 von Oberin M. Mechtild Vonlohr an Frl. Christine, München. Ergänzung zu *Grimm* IV, S. 291, Marktplatz 2, siehe *Grimm*, Häuserbuch Bd. VI.

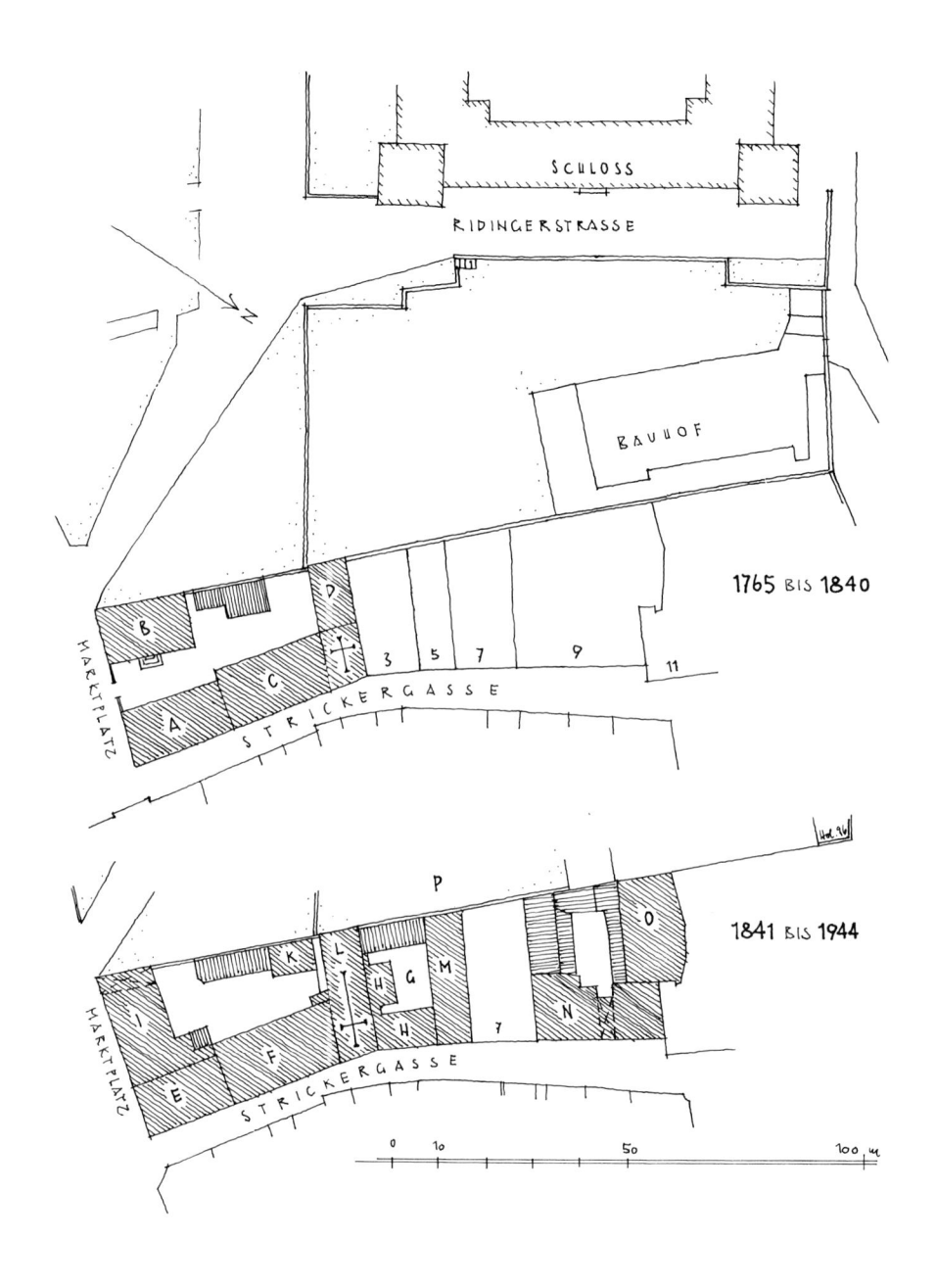

Abb. 117: Strickergasse 1, Institut der Englischen Fräulein. Bauliche Entwicklung von 1765 bis 1944.

477

Nach der ministeriellen Entschließung vom 23. November 1911, gemäß §1 der Schulordnung vom 8. April 1911, wird die Unterrichtsanstalt der Englischen Fräulein in Aschaffenburg anerkannt mit der Bezeichnung als „Höhere Mädchenschule mit Erziehungsanstalt der Englischen Fräulein in Aschaffenburg"[88].

1915 kauft das Institut der Englischen Fräulein das Anwesen Landingstraße 16 und 1916 einen Baumacker an der Fischerhohle[89]. Am 1. Februar 1917 kann in Kleinostheim das neue Eigentum, ein Ökonomiehof, als Erholungsheim eingerichtet werden[90].

Das Anwesen Strickergasse 9 (Lit. B 72), das ehemalige Hotel Adler, wird 1918 erworben. Der große Saal im Erdgeschoß wird zum Turnen und für Veranstaltungen übernommen. Die Küche bleibt in ihrer Funktion als Lehrküche erhalten. Das frühere Hotelgebäude wird zum „St. Annaheim" der Englischen Fräulein.

Trotz eifriger Bemühungen war es nicht möglich, die Besitzer von Strickergasse 7 dazu zu bewegen, ihr Grundstück an die Englischen Fräulein zu verkaufen. Dadurch konnte keine direkte Verbindung vom Institutskomplex zu Strickergasse 9 geschaffen werden.

Am 30. August 1921 erhält Oberin Johanna Hofmann aus München ein Schreiben der Verwaltung des ehemaligen Kronguts. „Dem Institut der Englischen Fräulein, das die zum ehemaligen Krongut gehörigen Grundstücke Plan-Nr. 494 und 500 bereits in Pacht hat, kann für den Fall einer künftigen Aufhebung der Schloßverwaltung Aschaffenburg auch die Pachtung des bisherigen Schloßverwaltergarten Plan-Nr. 493 vorerst unverbindlich in Aussicht gestellt werden. Eine Überbauung müßte jedenfalls unterbleiben.

---

[88] „Höhere Mädchenschule mit Erziehungsanstalt der Englischen Fräulein in Aschaffenburg" im Vollzuge einer Entschließung des K. Staatsministeriums des Innern für Kirchen- und Schulangelegenheiten in München v. 23. November 1911, Nr. 16764. HStA Mü, MK 22044 Abdruck v. 16. Dezember 1911.

[89] Archiv EFM, Nr. 74. Generaloberin Isabella Wild, München, berichtet in einem Schreiben vom 12. Dezember 1915 an den Münchener Erzbischof Dr. Franziskus von Bettinger über den Hauskauf und den Erwerb des Ackers in Aschaffenburg. Um die günstige Gelegenheit des Angebots nicht zu versäumen, mußte der Kauf sehr rasch am 8. November 1915 abgeschlossen werden. Aus diesem Grund konnte damals nur eine mündliche Genehmigung von München eingeholt werden. Ebd., Nr. 91, Ergänzung zu *Grimm* IV, S. 263, Landingstraße 16. Das Wohnhaus mit Keller, Einfahrt und Hofraum kauften die Englischen Fräulein am 25. November 1915 von der Volksbank. Es kostete 49.000 Mark. Die Summe wurde wie folgt abgetragen: 10.000 Mark bar als Anzahlung, 9.000 Mark in beliebigen Raten bis zum Jahre 1922. 30.000 Mark waren mit $4^{1}/_{2}$ % zu verzinsen und konnten ab 1922 gekündigt werden, vom Institut aber jederzeit abgezahlt werden. Das Haus wurde 1916 für Schulzwecke umgebaut. Den Acker erwarben die Englischen Fräulein 1916 von Josef und Heinrich Rückert. Er kostete 13000 Mark.

[90] Ebd., Nr. 76a. Kauf des Anwesens in Kleinostheim: Ökonomiegut, Fläche insgesamt 23,315 ha, Preis 87.500 Mark.

Das Grundstück Plan-Nr. 498 dagegen ist ebenso wie das Waschhaus Nr. 497 und die Remisen 497$^{1}/_{2}$ und 499 für das Schloß und dessen künftige Benützer unentbehrlich und kann daher dem Institut der Englischen Fräulein nicht überlassen werden". Auf diese Nachricht reicht Oberin Johanna Hofmann sofort ein Gesuch ein, um die Überlassung des gesamten in Frage stehenden Geländes samt der dazugehörigen Remisen und Hallen. „Der Brief der Krongutsverwaltung ist für uns eine große Enttäuschung, aber wir sind dankbar, daß die bisher gepachteten Grundstücke uns belassen und eine Erweiterung des Gartenanteils in Aussicht gestellt ist"[91].

Mit dem Schuljahr 1924/25 erfolgt die Umbenennung der höheren Töchterschule in „Lyzeum".

1925 Orgelumbau. Die bestehende Orgel in der Institutskapelle bedarf großer Reparaturen. Der Kostenvoranschlag der Firma Willibald Siemann & Co, Orgelbauanstalt, München, beträgt ca. 9.000 Mark.

Im November 1926 wird der Bau eines Physik- und eines Chemiesaals erwogen anstelle der alten Turnhalle und Kohlenremise im Hof, wenn die Krongutsverwaltung einige Meter von dem angrenzenden Grundstück abtritt. Geplant ist im Souterrain ein Lager für Holz und Kohlen und im Hochparterre ein Physik- und Chemiesaal mit Schrank- und Vorbereitungszimmer. Der Physiksaal kann wegen Platzmangels nicht gebaut werden. Die Oberin hofft wieder, das Schmittsche Anwesen, Strickergasse 7, das zwischen den Gebäuden des Instituts liegt, vom Eigentümer erwerben zu können. Sie holt sich die Erlaubnis zum Ankauf ein. Die Erlaubnis zum Ankauf wurde schon mehrmals erteilt, doch wie jedesmal kommt auch diesmal keine Einigung zustande.

Am 25. Oktober 1927 erhält das Institut von der zuständigen Generaloberin in Rom die Genehmigung zur Aufnahme von Baukapital zum Bau eines Schulhauses in Aschaffenburg und Würzburg. Falls das Institut in Aschaffenburg unter günstigen Bedingungen Baukapital bekommt, wird um Baugenehmigung für das kommende Frühjahr gebeten. Vorläufig ist nur der Bau eines Teils gedacht, der den notwendigsten Bedürfnissen entspricht und auf ca. 400.000 RM veranschlagt ist.

7. Zerstörung im Krieg und Verkauf des gesamten Geländes an die Stadt Aschaffenburg 1961

Noch vor der Zerstörung des Anwesens der Englischen Fräulein infolge des Zweiten Weltkriegs erleidet das Kloster schwere Einbußen durch den NS-Staat. Aus dem bestehenden Schulbedarfsgesetz wird am 1. Dezember 1936 Artikel 24 gestrichen, der besagt, daß klösterlichen Schulen die Genehmigung nur entzogen werden kann, wenn sich die Mehrheit der Erziehungsberechtigten dafür ausspricht. Da dies nicht dem Sinn des NS-Regimes entsprach,

---

[91] Ebd., Nr. 89.

konnten nur durch die Streichung dieses Artikels klösterliche Schulen verboten werden.
Die private Volksschule der Englischen Fräulein in Aschaffenburg muß stufenweise abgebaut, die einklassige Frauenschule und das Mädchen-Realgymnasium geschlossen werden. Bis zum 1. Dezember 1937 wird allen Ordensschwestern an den städtischen Volks- und Berufsschulen gekündigt. Die dreiklassige Haustöchterschule und das Schülerinnenheim können nur dadurch vorerst erhalten bleiben, daß die Englischen Fräulein auf den stufenweisen Aufbau des Lyzeums verzichten. Sie müssen das Gebäude am Marktplatz 2 der Stadt zwangsvermieten, die dann 1941 hier eine städtische Mädchenoberschule errichtet.
Im Institutsgebäude gegenüber, am Marktplatz 1, ist bereits seit 1. September 1939 eine medizinische Abteilung des städtischen Krankenhauses untergebracht, in der Obernauer Straße müssen Räume für ein Hilfskrankenhaus für Männer geräumt werden. Es können dadurch keine Zöglinge mehr aufgenommen werden.
Mit dem 5. April 1941 ist der Ausübung des Unterrichts und der Mädchenerziehung durch die Englischen Fräulein in Aschaffenburg ein Ende gesetzt. Die Schwestern und examinierten Lehrerinnen übernehmen notgedrungen Aufgaben in Seelsorge, Fürsorge und medizinischen Bereichen[92].
Durch Bombenangriffe auf die Stadt Aschaffenburg wird das Institut der Englischen Fräulein am Marktplatz zerstört[93]. Der Anbau von 1884 Ecke Schloßplatz/Marktplatz wird schwer beschädigt[94].
1945 werden die Giebelmauern zum Schloß mit einigen alten Mauerstücken neu aufgeführt.
Die Schäden an der Obernauer Straße 48 und am Anwesen in der Treibgasse 7 können behoben werden, die Gebäude sind bewohnbar. Auch das Haus am Marktplatz 2 läßt sich renovieren[95].
Mit zehn Matres für wissenschaftliche Fächer, vier Schwestern für Handarbeit und Turnen, einer Novizin und weltlichen Lehrkräften kann am 7. Dezember 1945 der Schulunterricht wieder aufgenommen werden. Die höhere Mädchen-

---

[92] Vgl. *Rohleder*, Das Institut der Englischen Fräulein. In Bayern wurden die klösterlichen Schulen teils zu Ostern 1938 geschlossen, die restlichen wurden unter staatlich bestellten Schulleitern in den folgenden Jahren stufenweise abgebaut, *Volk*, S. 532; *Zorn*, S. 434.
[93] Kap. Chronik 1940-1952, S. 96. Der Chronist trägt am 21. November 1944 ein: „Das Institut der Englischen Fräulein ist völlig zerstört". Ebd., S. 161: Am 6. Oktober 1946 fand in der Kapuzinerkirche ein Kirchenkonzert zu Gunsten des Wiederaufbaus des Instituts der Englischen Fräulein statt.
[94] *Stadtmüller* II, S. 134 ff., S. 382.
[95] Ärztl.Bez. Verein AB: Mit Genehmigung der Militärregierung v. 31. Mai 1947 und des Oberbürgermeisters von Aschaffenburg, Dr. Vinzenz Schwind, darf der ärztl. Bezirksverein am 5. Juni 1947 im Institut der Englischen Fräulein am Marktplatz eine öffentliche Versammlung abhalten, um die neuen Niederlassungsbestimmungen für die Ärzte besprechen zu können.

schule belegt das Restgebäude Marktplatz 1 und den gegenüberliegenden Bau, Marktplatz 2. Für den Sportunterricht steht der Turnsaal der Kolpingschule, Kolpingstraße 4, zur Verfügung. Die Mädchenmittelschule war bis 1949 in die Obernauer Straße ausquartiert.

Der Konvent der Englischen Fräulein ist (bis 1954) im Ingelheimer Hof, Treibgasse 7, untergebracht. Im Dezember 1952 werden vom städtischen Bauamt Vorschläge zur Sicherung der Bausubstanz gemacht[96].

1954 Ankauf des Geländes am Marktplatz durch die Stadt. Es war ein Tausch gegen Land am Brentanoplatz, zwischen Herrleinstraße, Schweinheimer Straße und Stadelmannstraße.

1955 werden die Ruinen in der Strickergasse beseitigt.

1959 Einebnung der Kellergewölbe Ecke Strickergasse/Marktplatz.

Im Juli 1961 wird mit den Abbrucharbeiten des nach dem Zweiten Weltkrieg noch bestehenden Gebäudes an der Ecke zum Schloßplatz begonnen.

Die Fläche ist heute Bestandteil des neuangelegten und im Frühjahr 1992 der Öffentlichkeit übergebenen Marktplatzes. Ein kleinerer Teil, der direkt an das Bechtoldhaus (Strickergasse 11) anschließt, wird zum Neubau der Stadtbibliothek verwendet.

8. Chronik des Instituts der Englischen Fräulein

1748 Gründung des Instituts der Englischen Fräulein in Aschaffenburg. Gründungsurkunde vom 1. August 1748 unterzeichnet von Kurfürst Johann Friedrich Carl von Ostein.

1748 bis 1750: Wohnung in der Dalbergstraße 43.

1750 bis 1764: Wohnung in der Kleinen Metzgergasse 5.

1764 Kauf von Strickergasse 1 (Lit. B 66) für das Institut.

1765 Einzug in das zweistöckige Haus Ecke Strickergasse/Marktplatz.

1819 Das Institut wird von König Max I. Joseph am 24. Juni 1819 neu bestätigt.
Aufnahme von Internatsschülerinnen.

1820 Anbau einer Mädchenschule durch die Stadt neben dem Konvent. Dazwischen Schulhof und Toreinfahrt vom Marktplatz her.

1826 Ankauf des Wessely-Grundstücks (Lit. B 67) an der Strickergasse durch „Wohltäter", die den Bau den Englischen Fräulein stiften.

1828/1830 zweigeschossiger Neubau auf Lit. B 67 (Wessely-Grundstück).

1831 16. August: Einweihung der neuen Kapelle im Anbau.

1833 Bau von Ökonomiegebäuden entlang der Mauer zum Schloßplatz bzw. des königlichen Bleichgartens.

---

[96] Nach einem Gutachten vom 15. Januar 1958 müssen die Räume hier (im Erdgeschoß Kindergarten, im Obergeschoß Zimmer) verstärkt werden. Näheres hierüber siehe Treibgasse 7.

1840 Baumaßnahmen am Haupthaus und westlicher Anbau.
1844 Gründung der ersten Filiale in Damm (bis 1951).
1856 Gründung der zweiten Filiale in Großostheim[97] (bis 1998).
1860/1861 Neubau Ecke Marktplatz/Strickergasse. Neue Pforte in Hausmitte, jetzt direkt vom Marktplatz aus. Aufstockung des Wessely-Baus auf drei Stockwerke. Vergrößerung der Kapelle durch Anlegung einer Galerie des Musikchores.
Eröffnung eines Kindergartens (Kleinkinderbewahranstalt).
1863 Erwerb der angrenzenden Bäckerei Frisch, Strickergasse 3 (Lit. B 68 und Lit. B 69).
Gründung der dritten Filiale in St. Ingbert in der Rheinpfalz (bis 1867).
1866 Gründung der vierten Filiale in Würzburg.
1866 Unterbringung eines Hilfslazaretts.
1867 Der Flügelbau entlang der Grenze zu Hausnummer 3 bekommt einen dritten Stock.
1870/71 Hilfslazarett. Einquartierung von Kriegsverletzten.
1870 Beginn von Baumaßnahmen auf dem Grundstück Strickergasse 3.
Neueinteilung der Klausuren. Schlafsäle der Zöglinge zur Straße, Lehrsäle zum Schloßplatz.
1879 Erweiterung durch Neubau auf dem Grundstück Strickergasse 3.
1883 Das 1820 errichtete städtische Mädchenschulhaus wird Eigentum der Englischen Fräulein.
1884 Abbruch des Mädchenschulhauses.
Bau eines neuen dreistöckigen Flügels direkt an das Institutsgebäude anschließend, dadurch entfallen Mauer und Hoftor des früheren Zwischenraums.
1887 Kauf eines Grundstücks bzw. Gartens am Ziegelberg[98] (bis 1966).
1888 Erwerb von Strickergasse 5 (Lit. B 70).
1894 Gründung der fünften Filiale in Bad Homburg.
1897 Renovierung des Gartenhauses am Ziegelberg.
1898 Martin Reith, Weinhändler in der Obernauer Straße 48[99], und seine Ehefrau Gertrud schenken den Englischen Fräulein ihr Haus mit Grundstück. Hier Einrichtung einer Haushaltungsschule und Internat[100].

---

[97] Archiv EFM, Nr. 27, 28, 33.
[98] Verkauf des Gartens an der Goldbacher Straße, „vis-a-vis" von Dessauer (Goldbacher Straße 4). Der Garten wird Bauplatz für die Brandversicherungsinspektorswohnung. *Festschrift* (1898), S. 44.
[99] Damals Obernauer Straße 12.
[100] Archiv EFM, Nr. 91. Hierbei handelte es sich um ein Wohnhaus mit Keller, Waschküche, Holzhalle, Hühnerstall, Hofraum, Gemüse- und Baumgarten mit englischer Anlage und Brunnen, Wiese und Gehölz am Hemsbach. Am 9. August 1899 kauften die Englischen Fräulein noch für 4000 Mark von Martin Reith die Wiese am Fischerwirt. *Pechmann*, S. 215: 1899 wurde an die schon bestehende Gartenvilla ein Gebäude für die Haushaltungsschule errichtet.

1901 Turnhalle im Hof des Schulgebäudes am Marktplatz.
1902 Neubau von Strickergasse 5 und Erweiterung der Hauskapelle.
1906 Kauf von Marktplatz 2-4.
1911 nach ministerieller Entschließung: Höhere Mädchenschule mit Erziehungsanstalt der Englischen Fräulein in Aschaffenburg.
1915 Kauf von Landingstraße 16 und anschließend Umbau.
1917 Kauf des Ökonomiegeländes in Kleinostheim und Einrichtung eines Erholungsheims (bis 1956).
1918 Kauf des Anwesens Strickergasse 9 (Lit. B 72), vormals „Hotel Adler".
1925 Gründung der Filiale Schloß Pfaffendorf bei Ebern, Ufr. (bis 1954). Umbau der Orgel in der Institutskapelle am Marktplatz.
1927 Kauf von Treibgasse 7[101].
1936 Auf Grund des NS-„Schulbedarfsgesetzes" vom 1. Dezember 1936 müssen klösterliche Lehrkräfte allmählich aus dem Schulbetrieb entfernt werden.
1939 Einrichtung eines Hilfskrankenhauses.
1941 Marktplatz 2-4 muß an die Stadt zwangsvermietet werden.
Die Englischen Fräulein müssen den Unterricht total einstellen.
Auflösung der Haustöchterschule.
1944 Zerstörung im Zweiten Weltkrieg.
1945 Konvent der Englischen Fräulein im Ingelheimer Hof, Treibgasse 7 (bis 1954).
Im Mai gibt die Stadt Marktplatz 2-4 wieder an das Institut zurück.
Im Dezember Unterrichtsbeginn der „Höheren Mädchenschule" (Mädchenoberrealschule, später Gymnasium) und der Mittelschule.
1953 Gründung der Filiale in Ebersbach (bis 1993).
1959 Verkauf der Grundstücke Marktplatz/Strickergasse an die Stadt Aschaffenburg.
1960/61 Neubau am Brentanoplatz 8-10.
1961 Umzug der Englischen Fräulein mit Konvent und Schulen zum Brentanoplatz.
1971 12. Februar: Abbruch des Gebäudes an der Obernauer Straße 48 wegen Baus der dritten Mainbrücke, der Adenauerbrücke.
1976 Errichtung der Dependance an der Schweinheimer Straße, auf dem Gelände der ehemaligen Stadtgärtnerei.
1984 Aufstockung des Klassenflügels in der Stadelmannstraße.
1988 Namensänderung der Schule in „Maria-Ward-Schule".
1993 Verpachtung von Ebersbach (Filiale seit 1953, jetzt Bildungshaus der Diözese Würzburg).

---

[101] Siehe unter Treibgasse 7.

1998 Aufgabe der Filiale in Großostheim[102].
2. Juni: Spatenstich für den Erweiterungsbau an der Schweinheimer Straße[103].
2000 21. Januar: Einweihung des Erweiterungsbaus. Der Komplex umfaßt 14 Klassenzimmer, 3 weitere Schulräume und eine neue Turnhalle.

9. Oberinnen

Die Gründung der Aschaffenburger Niederlassung der Englischen Fräulein ging von München aus. Die ersten vier Oberinnen wurden deshalb auch von München[104] geschickt. Seit 1773 war Aschaffenburg selbständig, und die Oberinnen kamen aus dem Aschaffenburger Haus. 1930 wurden die oberfränkische und die unterfränkische Provinz zur „fränkischen Provinz" zusammengelegt. Das Mutterhaus war jetzt in Bamberg.
1957 erfolgte die Trennung der fränkischen Provinz in die „oberfränkische Provinz" mit Sitz in Bamberg und die „unterfränkische Provinz" mit Sitz in Würzburg. Aschaffenburg gehört seit dieser Zeit zu Würzburg[105].

1748 bis 1754   M. Maria Anna von Schrenck[106]
1756 bis 1759   Josepha von Greifenfels[107]
1760 bis 1768   Susanna von Dorfner[108]
1768 bis 1773   M. Josepha Lurz[109]
1773 bis 1795   Magdalena Gareisen[110]

---

[102] ME v. 30. Juli 1998.
[103] ME v. 3. Juni 1998.
[104] Das Institut der Englischen Fräulein in München wurde während der Säkularisation aufgelöst und erst am 9. September 1835 wieder errichtet.
[105] Zur unterfränkischen Provinz gehörten neben Würzburg und Aschaffenburg auch Großostheim und Bad Homburg.
[106] ULF, Sterbematr. v. 1754, S. 612. Maria Anna von Schrenck starb am 2. November 1754 im Alter von 67 Jahren.
[107] Archiv EFM, Nr. 1. Josepha von Greifenfels kam aus München. Amtsübernahme war im Mai 1756. Sie starb am 7. Dezember 1759.
[108] Ebd.: Susanna von Dorfner war Oberin vom 9. Februar 1760 bis zu ihrem Tod im Jahre 1768.
[109] Ebd.: M. Josepha Lurz kam von Bamberg nach Aschaffenburg. St. Agatha, Sterbematr. v. 1773, S. 144: M. Josepha Lutz [Lurz] vom Institut der Englischen Fräulein starb 1773 im Alter von 66 Jahren.
[110] Archiv EFM, Nr. 1. Magdalena Gareisen kam von München. Sie war bereits Mitglied und Lehrerin des Aschaffenburger Instituts, als sie vom erzbischöflichen Kommissariat am 15. Oktober 1773 zur Oberin ernannt wurde. St. Agatha, Sterbematr. v. 1795, S. 235: 1795 Tod von Magdalena Gareisen, 61 Jahre.

1795 bis 1820 Euphrosine Wissinger[111]
1822 bis 1830 Walburga Fischer[112]
1831 bis 1850 Margaretha Ühlein[113]
1851 bis 1856 Josepha Lorenz[114]
1856 bis 1869 M. Franziska Buchen[115]
1869 bis 1890 Margarethe Hübner
1890 bis 1910 Hilaria Seifried (Seyfried)[116]
1910 bis 1929 M. Johanna Hofmann[117]
1929 bis 1938 M. Agnes Henle
1938 bis 1948 Mater M. Luzia Sandkühler
1949 bis 1955 Mater M. Roswitha Trunk[118]

---

[111] Archiv EFM, Nr. 1. Euphrosine Wissinger aus München war auch bereits vor 1795 als Lehrerin im Institut. StaA, Sterbereg. 1817 mit 1834, S. 30: Euphrosine Wissinger, Oberin im engl. Institut, starb am 21. August 1820 im Alter von 84 Jahren an Entkräftung. Siehe auch St. Agatha, Sterbematr. v. 1820, S. 233. HStA Mü, MK 22042: Als Nachfolgerin von Euphrosine Wissinger war Mère Josephe (Josepha Liebler) vom Ursulinen-Kloster in Würzburg vorgesehen. Am 26. Mai 1821 erhält sie aus Rom die Absage, nach Aschaffenburg zu den Englischen Fräulein wechseln zu dürfen. Dieser Vorgang war der Grund, warum erst 1822 eine neue Oberin ernannt wurde.

[112] Ebd.: Walburga Fischer war zuvor Ursulinerin in Würzburg. Sie erhält die Zusage, zu den Englischen Fräulein nach Aschaffenburg zu wechseln, im September 1822. Lt. Schreiben vom 26. Oktober 1822 wird die Oberin nach eingeholten Gutachten des Staatsministeriums, der Kreisregierung, des bischöflichen Ordinariats und der Lokal-Schulkommission vom König ernannt. StaA, Sterbereg. 1817 mit 1824, S. 215: Walburga Fischer stirbt am 22. Dezember 1830 mit 43 Jahren und 9 Monaten am Nervenschlag.

[113] Archiv EFM, Nr. 3. Margaretha Ühlein wurde 1796 in Würzburg als Tochter des Lederhändlers Philipp Anton Ühlein geboren. 1823 wurde sie im Institut in Aschaffenburg aufgenommen und war seit 1831 Oberin. Am 28. August 1850 wurde sie nach Nymphenburg versetzt und im Sommer 1851 nach Schäftlarn. Unter Oberin Margaretha Ühlein wurde 1844 ein eigenes Noviziat eingerichtet.

[114] Ebd.: Josepha Lorenz, geb. 1814 in München, wurde 1833 in Augsburg eingekleidet. Ihr Vater, Engelbert Lorenz, königlicher Regierungsregistrator in München, war verheiratet mit Sophie, geb. Moser. Über Bamberg, München, Schäftlarn kam Josepha Lorenz 1851 nach Aschaffenburg. 1856 ging sie nach Indien. Sie starb am 20. August 1857 in Dinapore/Indien.

[115] Ebd. und HStA Mü, MK 22044: Franziska Buchen, Tochter des Gärtners Johann Buchen, verh. mit Therese, geb. Leopold, aus Aschaffenburg, geb. 1809. Sie übernahm 1844 nach der Gründung der Filiale Damm dort die obere Schule. StaA, Sterbereg. 1869 mit 1881, S. 13: Tod von Franziska Buchen am 10. Juni 1869. Die 59jährige starb an Typhus abdominal.

[116] Archiv EFM, Nr. 59/60. Hilaria Seyfried (geb. 1837) wurde 1856 eingekleidet. Bis zu ihrer Berufung als Oberin war sie Elementarlehrerin an der Volksschule.

[117] Ebd., Nr. 85. Unter Oberin Hofmann schloß sich der höheren Mädchenschule ein Kindergärtnerinnen-, ein Wirtschaftslehrerinnen-, ein Handarbeitslehrerinnen-Seminar und eine 3klassige Mittelschule an. Anstieg von 200 auf fast 900 Schülerinnen. In den letzten 10 Jahren konnten bedeutende Erweiterungen an Gebäulichkeiten gemacht werden. Vier große Häuser wurden käuflich erworben und in Schulen umgewandelt. Die Zahl der Internatsschülerinnen stieg von 30 auf über 160 an. Ebd., Nr. 108. Am 9. Dezember 1928 feierte Oberin Johanna Hofmann ihr goldenes Ordensfest. Hier liegt die gedruckte Einladung und ein Artikel zu dieser Feier von der AZ v. 9. Dezember 1928 vor.

[118] Zu dieser Zeit waren es 68 Mitglieder.

1955 bis 1964 Sr. M. Amanda Dresel
1964 bis 1970 Sr. M. Leokadia Hornung
1970 bis 1976 Sr. M. Benita Debois
1976 bis 1979 Sr. M. Michaela Höppner
1979 bis 1980 Sr. M. Radegundis Liebst
1980 bis 1983 Sr. M. Emerentiana Windsheimer
1983 bis 1989 Sr. M. Cäcilia Straub
1989 bis 1995 Sr. M. Winfride Schleyer
   seit 1995 Sr. M. Elfriede Frasch.

Ende des 17. Jahrhunderts waren die Englischen Fräulein nach Ständen gegliedert. „Fräulein" waren die Adeligen, „Jungfrauen" die Bürgerlichen und „Schwestern" die Frauen aus bäuerlichen, kleingewerblichen und sonstigen niederen Ständen. Die Kleidung der „Fräulein" und „Jungfrauen" waren gleich[119]. Seit 1929 war die Anrede der Lehrerinnen „Mater" und seit dem 2. Vatikanum (1962) wurde für alle „Schwester" eingeführt.

Beschreibung

1. Ecke Strickergasse/Marktplatz, seit 1764 Konventgebäude (Lit. B 66)

Der Stadtgrundriß von 1809[120] zeigt das Gebäude als einen rechteckigen freistehenden Baukörper mit Walmdach. In der Sammlung Hofmann, Architekturzeichnungen von 1827[121], sind die Grundrisse und die Ansicht von der Strickergasse zusammen mit dem neuen Wessely-Bau dargestellt.

Das Eckhaus war zweigeschossig und teilunterkellert. Die Außenmauern des Erdgeschosses waren massiv. Die Innenwände bestanden aus Fachwerk, wie auch der gesamte erste Stock.

Die Fassade zum Marktplatz war durch vier, die Ansicht zur Strickergasse durch acht Fensterachsen gegliedert.

Der Haupteingang lag an der Längsseite des Hauses im Hof. Das Anwesen war von einer Mauer mit Tor am Marktplatz umgeben.

2. Mädchenschulhaus an der Ecke Marktplatz/Schloßplatz, erbaut 1820 (Lit. B 66¹/₂)

Zweistöckiger Massivbau, flachgeneigtes Dach mit klassizistischem Dreiecksgiebel zum Marktplatz. Im Giebel Halbrundfenster. Vier gleiche Fensterachsen zum Marktplatz. In der Mittelachse der fünf Fensterachsen auf der Seite des Schulhofs war der Haupteingang mit vorgelagerten Stufen.

---

[119] *Franz*, Tätigkeit, Leben und Wirken, S. 383.
[120] Grund-Riss der Stadt Aschaffenburg nach Eintheilung ihrer Pfarreyen im März 1809.
[121] *Hofmann*: Sammlung von Architekturzeichnungen 1827, S. 110 f.

Grundriß ca.19 x 12 m.
In Erdgeschoß und Obergeschoß je vier Klassenzimmer und zwei Aborte.
Das Haus war unterkellert.
Die Grundrißgestaltung der Klassenzimmer nahm moderne pädagogische Ideen zum Schulbau vorweg, die erst in den sechziger Jahren des 20. Jahrhunderts als Neuheit propagiert wurden, so z. B. quergelagerte Klassenzimmer mit ansteigender Bestuhlung. Der Platz der Lehrkraft befand sich, akustisch vorteilhaft, in einer muschelförmigen Nische.
Die Öfen, die vom Gang aus bedient wurden, beheizten jeweils zwei gegenüberliegende Klassenzimmer[122].
Nach Kittel stand das Gebäude auf der Seite zum Institut auf „gewachsenem Grund" und auf der Seite zum alten Marstall [Seite zum Schloß] auf dem aufgeschütteten Stadt- bzw. Schloßgraben. Darauf führte er die 1876 von ihm beobachteten Setzungserscheinungen und Sprünge im Mauerwerk zurück[123].

3. Erweiterung auf dem ehemaligen Wessely-Grundstück an der Strickergasse in den Jahren von 1828 bis 1830 (Lit. B. 67)

Das Grundstück Lit. B 67 war, als es Eigentum der Englischen Fräulein wurde, bereits bebaut. Ein Rückgebäude reichte bis zum herrschaftlichen Bleichgarten. Einzelheiten über die Gebäude sind nicht bekannt. Sie wurden kurz nach 1825 abgebrochen. 1828 wurde mit dem Erweiterungsbau begonnen.
Die „Sammlung von Architekturzeichnungen 1827" des Zimmermeisters Johann Hofmann enthält auch Pläne über den sogenannten Wessely-Bau. Die Sammlung ist ein Jahr vor Beginn dieser Baumaßnahme erschienen. Hofmann mußte also Zugang zu den Plänen gehabt haben oder selbst der Planfertiger gewesen sein[124].
Das bestehende zweistöckige Konventgebäude wird um ca. 30 m verlängert. Die vorhandenen Stockwerkshöhen werden übernommen. Auf der Rückseite ist der Neubau etwa 1,50 m tiefer. Entlang der Strickergasse entstehen zu den vorhandenen acht Fensterachsen weitere elf Achsen, wobei die ersten drei zu einem gering vorspringenden Mittelrisalit zusammengefaßt sind, der ein Zwerchhaus mit Dreiecksgiebel trägt.
Hofmann zeichnet in seinem Riß ein hohes Untergeschoß, dessen Rustika bis zum Brüstungsgesims der Erdgeschoßfenster reicht. Die Fenster in den beiden

---

[122] Ebd.
[123] *Kittel*, Sonst, S. 61.
[124] Hofmann wird als „Zeichen- und Zimmermeister" benannt, siehe *Grimm* IV, S. 133. Gelegentlich tritt Hofmann auch als Planfertiger auf.

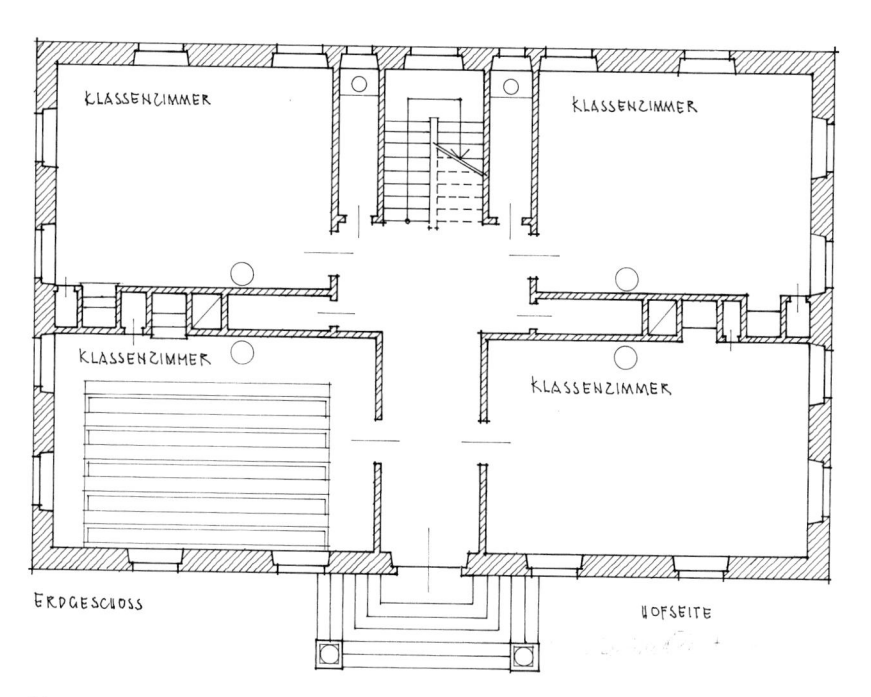

Abb. 118: Strickergasse 1, früher Marktplatz 1. Städtische Mädchenschule, Hofansicht und Erdgeschoßgrundriß.

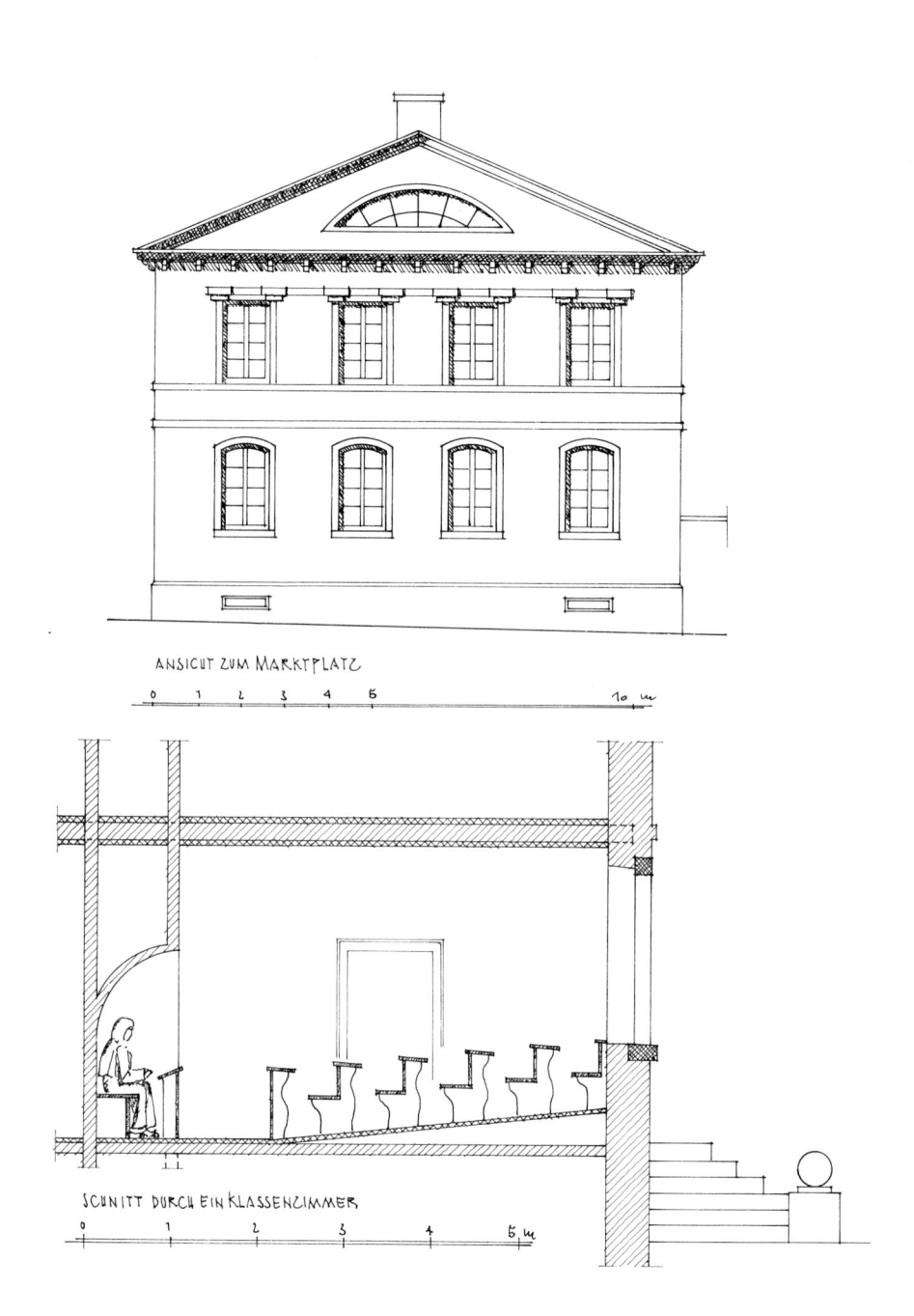

Abb. 119: Strickergasse 1, früher Marktplatz 1. Städtische Mädchenschule, Ansicht zum Marktplatz und Schnitt durch ein Klassenzimmer.

Geschossen liegen im Wechsel zwischen schmäleren und breiteren Pfeilern. Der dreiachsige Mittelrisalit ist besonders hervorgehoben. Die Sockelzone zeigt Quadermauerwerk. Die Fenster im Erdgeschoß tragen vertiefte Rundbogenblenden. Die Wandflächen sind rustiziert bis zum Kämpfergesims. Die Sohlbänke der drei Fenster im ersten Stock liegen auf Konsolen. Das Geschoß schließt mit einem profilierten Konsolgesims ab; darüber, auf einem Sockelband, Zwerchhaus mit Rundbogenfenster.

Durch eine schmale Tür, neben dem damaligen Anwesen Strickergasse 3, gelangt man über einige Stufen abwärts in das Untergeschoß. Ein breiter Torbogen führt in den höhengleich liegenden Hof.

Im Untergeschoß waren untergebracht: Waschküche, Näh- und Bügelzimmer, Abort und andere Wirtschaftsräume.

Der Konventbau war in beiden Geschossen durch einen Mittelflur erschlossen. Dieser Gang wurde im Neubau weitergeführt. Zu beiden Seiten waren Unterrichtsräume und Zimmer. Am Ende des Flurs befand sich die zweistöckige Hauskapelle. Neben der Kapelle war eine zweiläufige Treppe. Aborte befanden sich in allen Geschossen.

Die Kapelle war zum Garten hin orientiert und in dieser rückwärtigen Fassade auch besonders gekennzeichnet. Der Entwurf von Hofmann zeigt einen Endrisalit, im Untergeschoß ein Tor mit Korbbogen, von Quadermauerwerk gefaßt. Über dem Brüstungsgesims ist ein dreiteiliges Fenster mit Rundbogen, das über zwei Geschosse reicht. Auf dem Dachgesims steht ein flacher Dreiecksgiebel, darüber ist ein kleiner Glockenturm mit Kreuz.

Der Kapellenraum wird durch das große dreiteilige Fenster belichtet. Der Altar steht auf der Seite zur Strickergasse, von dieser jedoch von zwei schmalen Zimmern getrennt. Über diesen Zimmern ist vom ersten Stock aus die Empore zu erreichen.

4. Anbau entlang der Grenze zu Strickergasse 3, in Verlängerung der Kapelle, 1839/40

Zweigeschossiger, unterkellerter Neubau für Zöglinge und Schwestern. Auf der Südseite vermutlich fünf Fensterachsen, Satteldach mit großer Rundgaube in der Mitte der Traufseite.

5. Errichtung eines dreigeschossigen Neubaus anstelle des alten Konventgebäudes und Aufstockung des Wessely-Baus in den Jahren 1860/61

Das vorhandene Kellergewölbe bleibt vermutlich erhalten. Die Fundamente müssen jedoch ergänzt werden, denn der Neubau erhält dieselbe Tiefe wie der Wessely-Bau.

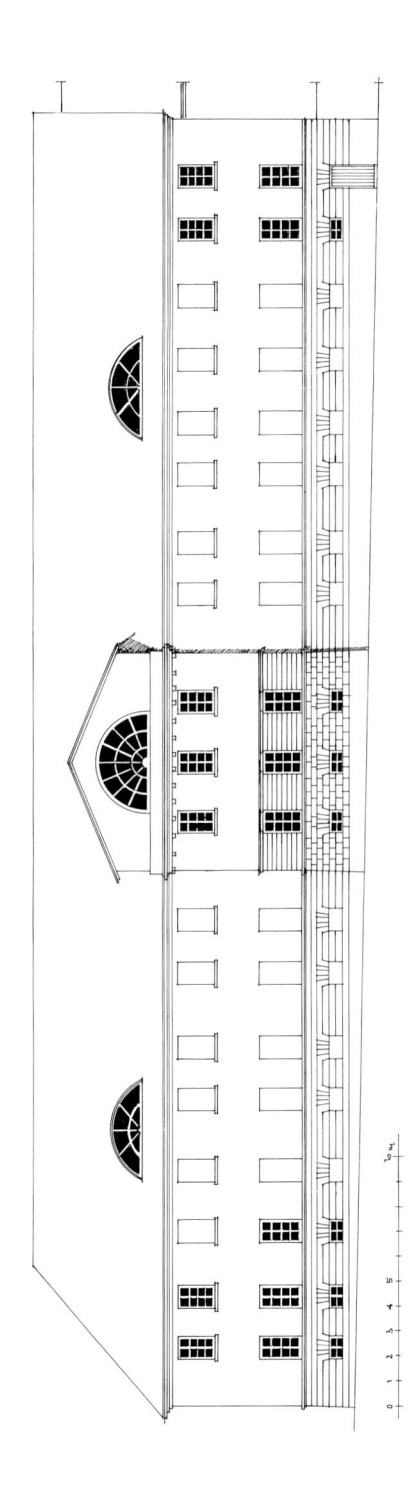

Abb. 120: Strickergasse 1, Institut der Englischen Fräulein. Ansicht zur Strickergasse. Gezeichnet nacch einem Riß aus der "Sammlung verschiedener architekt. Zeichnungen, 1827", von Johann Hoffmann.

Das neue Eckhaus wird dreigeschossig. Auch der Wessely-Bau erhält ebenfalls eine dritte Etage. In der Strickergasse ändert sich an der Fassadengliederung nichts; auch das Zwerchhaus über dem Mittelrisalit wird beibehalten.

Mit der größeren Bautiefe ergibt sich an der Fassade zum Marktplatz eine fünfte Fensterachse. In der Mittelachse entsteht der neue Haupteingang: ein Portal mit Außenstufen, gerahmt mit Pilastern und Verdachung. Darüber im ersten Obergeschoß, anstelle des Fensters, Ädikula mit Madonna und Kind. Die Verbindungsmauer mit Hoftor zum Mädchenschulhaus bleibt erhalten.

6. Erweiterung des Wessely-Baus auf dem Anwesen Strickergasse 3 im Jahr 1879 (Lit. B 68 und 69)

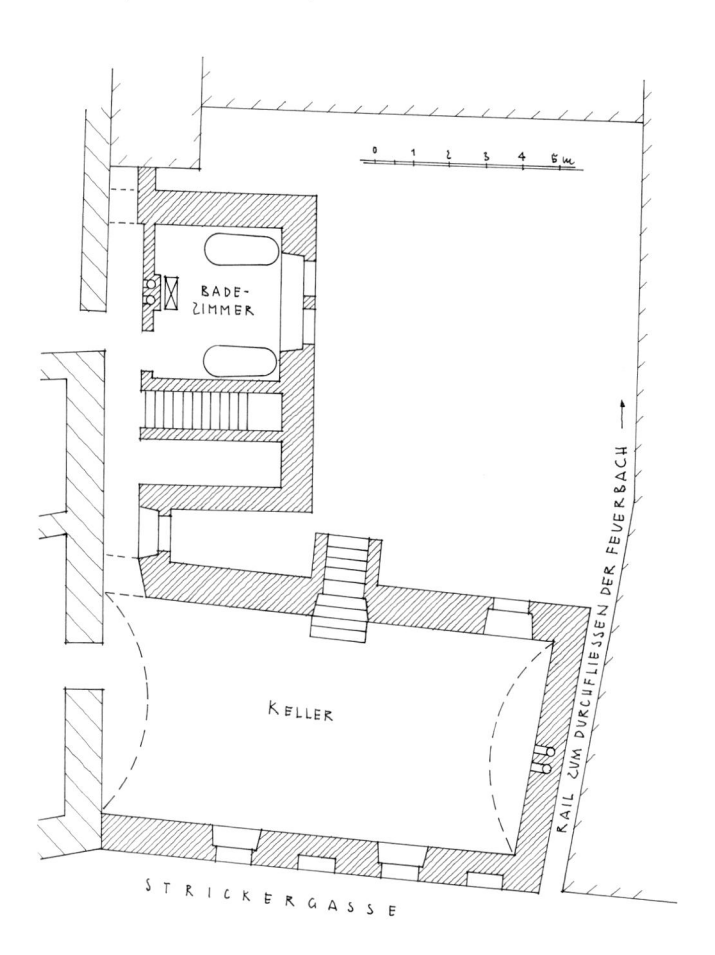

Abb. 121: Strickergasse 3, Institut der Englischen Fräulein. Neubau von 1879. Keller mit Badezimmer.

Das an der Strickergasse liegende Nachbaranwesen Nr. 3 konnte bereits 1863 erworben werden. 1879 wurde das straßenseitige Gebäude abgebrochen. Im selben Jahr entstand ein Neubau, der die Geschoßhöhen des Wessely-Baus übernahm und durch das Straßengefälle viergeschossig wurde.
Die Fassade hat fünf Fensterachsen. In der linken Achse ist der Eingang.

7. Abbruch der 1820 erbauten Mädchenschule und Neubebauung entlang des Marktplatzes im Jahr 1884

Das Eckgebäude von 1860 an der Strickergasse wird in Richtung Schloßplatz verlängert. Höhen, Gesimse und Dachform werden übernommen. Es entsteht ein vierachsiger und ein fünfachsiger Fassadenabschnitt, getrennt durch flache Lisenen. An der Ecke zum Schloßplatz, im Erdgeschoß, statt der ersten zwei Fenster ist jetzt ein breites Hoftor mit Pilaster und gerader Verdachung. Ausgebautes Dach. Im mittleren Abschnitt des Daches drei, in den äußeren Abschnitten, wegen des Walms, je zwei stehende Gauben.
Mit einer Gesamtlänge von ca. 35 m schließt das Institut der Englischen Fräulein eindrucksvoll die nördliche Seite des Marktplatzes ab.

8. Erweiterung auf dem Anwesen Strickergasse 5 im Jahr 1902 (Lit. B 70)

Das Anwesen wird schon 1888 von den Englischen Fräulein erworben. Nach Abbruch der alten Gebäude entsteht ein vierstöckiger Neubau entlang der Grenze zu Haus Nr. 7. Das Gebäude reicht in der Tiefe bis zum Schloßgarten. Die Straßenansicht besteht aus drei Fensterachsen, ohne eigenen Zugang.
Die einheitliche Gebäudefront des Instituts entlang der Strickergasse beträgt jetzt ca. 51 m.

9. Die alte Hauskapelle und Neubau der Kapelle von 1902

Die Hauskapelle entstand mit dem Wessely-Bau im Jahre 1830. Sie lag an der Grundstücksgrenze des früheren Anwesens Strickergasse 3.
In der Sammlung von Hofmann befindet sich auch ein Gebäudeschnitt quer durch die Kapelle.
Zu sehen ist der zweigeschossige Kapellenraum, der auf der Gartenseite durch die Gebäudetiefe begrenzt wird und von dort durch ein großes Rundbogenfenster sein Licht erhält. Das Untergeschoß unter der Kapelle liegt höhengleich mit dem anschließenden Garten. Das Gelände hinter der Kapelle, in Richtung Schloß, war damals nicht bebaut.
Mit dem 1839 entstandenen zweigeschossigen Neubau in Verlängerung der Kapelle in Richtung Schloß wird das Rundbogenfenster vermauert. Die Kapelle muß jetzt durch das Dach belichtet werden.

Abb. 122: Strickergasse 1-5, Institut der Englischen Fräulein. Erdgeschoßgrundriß nach 1902. Rekonstruktion.

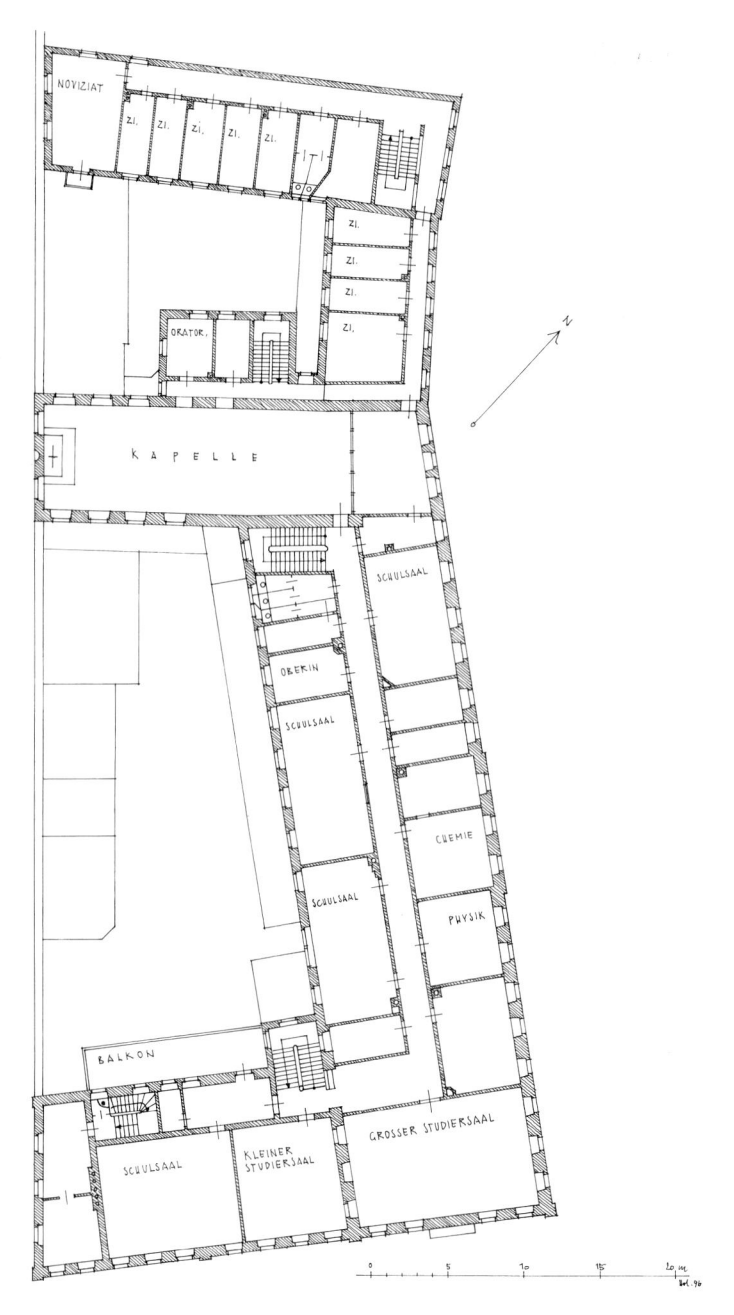

Abb. 123: Strickergasse 1-5, Institut der Englischen Fräulein. Obergeschoßgrundriß nach 1902. Rekonstruktion.

495

Auf einer noch vorhandenen Fotografie vor dem Umbau von 1902 ist die Ausgestaltung der Kapelle zu erkennen. Im Zusammenhang mit der Aufstockung des Wessely-Baus ist im dritten Kapellengeschoß eine schmale umlaufende Empore mit einfacher hölzerner Brüstung entstanden. Der Raum wird durch eine verglaste Flachdecke über Oberlichter im Dach erhellt. Die Innenausstattung entspricht dem Geschmack der 80er Jahre des 19. Jahrhunderts. Der in neugotischer Form gehaltene Altar steht auf der Hofseite, in Richtung Schloß. Die Wandflächen sind mit gotisierenden Malereien bedeckt. Zu beiden Seiten des Altars stehen auf Sockeln die Figuren der Mutter Gottes und des hl. Josef. Darüber sind mit Fialen[125] und Krabben geschmückte Baldachine. Die Seitenwände sind einfacher gestaltet, mit gemaltem Quadermauerwerk und Abschlußfries unter der Empore.

1902 wird das Rückgebäude zwischen der alten Kapelle und der rückwärtigen Grundstücksgrenze abgebrochen. Es entsteht an dieser Stelle ein neuer Kapellenflügel, der die Höhen des Hauptgebäudes aufnimmt. Der Abschlußgiebel zum Schloß hin besitzt gotisierende Architekturformen. Er ist als Schildgiebel ausgeführt und trägt auf der Spitze ein Kreuz. In der südlichen Traufwand der neuen Kapelle sitzen fünf, in der nördlichen drei gotische Maßwerkfenster.
Der Innenraum reicht in den Altbau und mißt ca. 6,50 x 20 m.
Die Kapelle ist in drei Joche gegliedert. In die Seitenwände eingebundene Säulen mit Basen und historisierenden Knospenkapitellen tragen Kreuzrippengewölbe, die in den Dachraum ragen.
In den Gewölbezwickeln sind gemalte Blumen und Rankenwerk.
Die Zugänge zu Nebenkapelle und Sakristei sind spitzbogig, die darüberliegenden Öffnungen im Emporenbereich (mit Oratorien) rundbogig.
Der Altar, in gotischen Formen, hat drei Nischen. Unter der mittleren Nische ist der Tabernakel, in der Nische selbst die Mutter Gottes mit Kind und Zepter. In den beiden Seitennischen sind weibliche Ordensheilige. Über den Nischen als Altarabschluß Wimperge, mit Fialen und abschließenden Kreuzblumen besetzt.
An den Seitenwänden stehen auf Konsolen Heiligenfiguren mit Baldachinen und ein großes Kruzifix mit Mater dolorosa.
Die Kapelle ist das späteste Beispiel einer gotisierenden Anlage dieser Art in Aschaffenburg.

10. Erwerb von Strickergasse 9 im Jahre 1918

Das ehemalige Hotel Adler wurde in den vorhandenen Gebäudekomplex integriert. Die Beschreibung hierzu: siehe Strickergasse 9.

---

[125] Fiale (griech. phiale=Gefäß) schlankes, spitz auslaufendes Türmchen auf Strebepfeilern oder zu Seiten von Wimpergen (gotische Spitzgiebel).

Eigentümer

(Lit. B 66) Plan-Nr. 503

1760 bis 1763 Johannes Kaspar Koch[126], Amtskeller,
1764 bis 1959 Institut der Englischen Fräulein. Kauf um 1.600 fl.,
    seit 1959 Stadt Aschaffenburg.

(Lit. B 67) Plan-Nr. 504, 505

             Witwe des Johann Adam Will,
1794/1825   Anton Wessely[127], Inspektor,
1826 bis 1959 Institut der Englischen Fräulein,
    seit 1959 Stadt Aschaffenburg.

---

[126] Koch stirbt 1763, vgl. St. Agatha, Sterbematr. v. 1763, S. 108.
[127] StaA, HR, W1, S. 75: Anton Thomas Wessely aus Prag im Kaisertum Österreich, Güterinspektor, verh. mit Elisabeth Franziska, geb. Berger, 3 Töchter: Therese Agnes (1779-1871), Maria Agnes (1788-1854), Rosina Antonia (geb. 1791), Sohn Joseph (geb. 1793). St. Agatha Sterbematr. v. 1825, S. 7: Anton Wessely starb mit 84 Jahren am 26. November 1825 und seine Ehefrau Elisabeth vier Tage später, am 30. November 1825 mit 71 Jahren.

Strickergasse 3   (Lit. B 68)   Plan-Nr. 506
                   (Lit. B 69)   Plan-Nr. 507

Geschichte

Strickergasse 3 bestand aus zwei Hausteilen. 1794 waren Eigentümer von Lit. B 68 Valentin Gentil und von Lit. B 69 Peter Wingenfeld. Friedrich Brill erwarb 1825 für 1.200 fl. Hausteil Lit. B 69.
Bauakten über das Grundstück existieren nicht.
Am 5. November 1860 wurde auf Antrag des Bäckermeisters Adam Frisch auf das gesamte Anwesen die Anerkennung der Bäckergerechtsame in den Kataster der realen und radizierten Gerechtsame eingetragen. Die Konzession hatte Adam Frisch bereits seit dem 6. August 1841[1], damals war sein Vater Jakob noch Eigentümer von Hausteil Lit. B 68. Adam Frisch erbte diesen Hausteil 1849, 1851 erwarb er Hausteil Lit. B 69 hinzu.
1863 mußte Adam Frisch Konkurs anmelden. Das Institut der Englischen Fräulein nutzte die Chance und ersteigerte Strickergasse 3.

---

[1] StaA, Mag.Prot. v. 5. November 1860; GewA, altes Reg., S. 14.

Über den Abbruch des alten Hauses und den Neubau von 1879 durch die Englischen Fräulein siehe Baugeschichte zu Strickergasse 1.

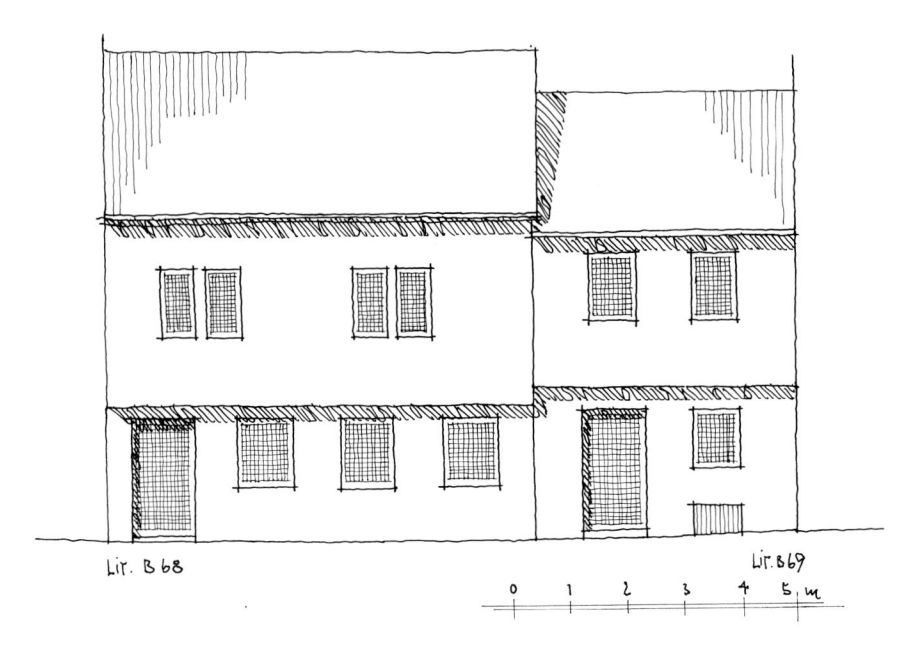

Abb. 124: Strickergasse 3, Lit. B 68 und B 69. Ansicht der beiden alten Häuser vor dem Neubau 1879, nach einem Plan von Ignaz Henfling.

Beschreibung

Lit. B 68:

Der linke, der größere Hausteil: zweigeschossig, traufständig zur Strickergasse. Erdgeschoß massiv, Obergeschoß verputztes Fachwerk, das über dem Erdgeschoß ausgekragt war.
Im Erdgeschoß Eingangstür neben Strickergasse 1, dann drei Fenster.
Im Obergeschoß zwei gekuppelte Fenster.

Lit. B 69:

Der rechte Hausteil war ebenfalls zweigeschossig, jedoch das Obergeschoß war niedriger als das von Lit. B 68. Traufständig zur Strickergasse.
Erdgeschoß massiv. Obergeschoß in verputztem Fachwerk, ausgekragt. Zwei Fensterachsen. Im Erdgeschoß, in der ersten Achse zu Lit. B 68, die Eingangstür.

Eigentümer

Lit. B 68:

1794	Valentin Gentil,
1809/1849	Jakob Frisch[2], Bäcker,
1849 bis 1863	Adam Frisch[3], Bäcker, Sohn des Jakob F.,
seit 1863	wie Strickergasse 1.

Lit. B 69:

1794	Peter Wingenfeld[4],
1825 bis 1839	Friedrich Brill[5], Rentamtsdiener,
1840 bis 1850	Christine Margarethe Brill, geb. Metz, Witwe des Friedrich B., und Kinder,
1850 bis 1851	Geschwister Stanger[6], Kinder der Christine Margarethe Brill aus ihrer 2. Ehe mit Friedrich Stanger, Spengler,
1851 bis 1863	Adam Frisch, Bäcker,
seit 1863	wie Strickergasse 1.

---

[2] *Scherg*, Matrikel v. 1825, Nr. 9, S. 81. StaA, HR, F, S. 35: Jakob Frisch (1777-1864), verh. mit Eva Siegfried (1782-1866); 6 Kinder.
[3] Ebd., S. 111: Adam Frisch, geb. 1809, verh. mit Louise Dechant (1819-1860), 9 Kinder.
[4] St. Agatha, Sterbematr. v. 1801, S. 4: Peter Wingenfeld, im Alter von 69 Jahren gest., „civis et scriniarius ac ad St. Agatham per multos annos organum calcares diligtuus" (Bürger und Schreiner, auch an St. Agatha viele Jahre hochgeschätzter Organist).
[5] StaA, Verzeichnis der Toten 1836-1857. Am 10. August 1839 starb Friedrich Brill im Alter von 67 Jahren.
[6] Christine, Adam und Jakob Stanger.

Strickergasse 5 (Lit. B 70) Plan-Nr. 508

Geschichte

Das Haus wurde in „früheren" Zeiten, laut Hypothekenbuch[1], von Friedrich Rausch gekauft. 1838 hatte das Anwesen einen Wert von 2.500 fl. Nach dem Tod des Friedrich Rausch bieten die Erben das Haus zur Versteigerung an. Versteigerungstermin ist der 10. Januar 1848. Meistbietende mit 1.900 fl. sind die beiden Schwestern Elisabeth und Anna Rausch[2].

---

[1] StaWü, Hypb. AB, Bd. III/1, S. 490.
[2] Ebd., LG AB 545.

1866 wird im Erdgeschoß ein Laden eingerichtet. Hinter dem Wohnhaus entsteht für Eigentümer Sattlermeister Simon Fröhlich ein neuer Anbau, worin seine Werkstatt und eine Küche untergebracht sind[3]. 1871 wird das Grundstück mit Haus auf 7.400 fl. eingeschätzt.
Am 30. Juli 1884 bittet Fröhlich, die Hof- und Küchenwasser durch den Hauseingang in den neuen städtischen Kanal in der Strickergasse leiten zu dürfen. 1888 erfolgt der Verkauf an das Institut der Englischen Fräulein[4]. Weitere Einzelheiten siehe Geschichte, Strickergasse 1.

Beschreibung

Das alte Haus war traufständig, dreigeschossig, Erdgeschoß massiv. Die beiden Obergeschosse aus verputztem konstruktivem Fachwerk kragen darüber mäßig aus.
Erdgeschoß: Dreierfenstergruppe, Hauseingang mit Außenstufe zu Strickergasse 7.
In den beiden Obergeschossen: je ein gekuppeltes Fenster und eine Dreierfenstergruppe.
Das Grundstück hat eine Breite von 6,50 m.
Nach dem Umbau von 1866 neue Fassade mit drei Fensterachsen.

Eigentümer

1794	Franz Koch,
	Karl Bott,
	Veit Lipp,
1814 bis 1842	Friedrich Rausch[5], Holzmesser und Bierbrauer,
1842 bis 1848	Erben des Friedrich Rausch,
1849 bis 1857	Elisabeth[6] und Anna Rausch, Töchter des Friedrich R.,
1858 bis 1866	Anna Rausch, Alleineigentümerin,
1866 bis 1888	Simon Fröhlich, Sattler,
seit 1888	wie Strickergasse 1.

---

[3] StaA, Mag.Prot. v. 17. Mai 1866.
[4] Intell.Bl. Nr. 153 v. 6. Juli 1888.
[5] *Scherg*, Matrikel v. 1814, Nr. 7, S. 34. StaA, HR, R1, S. 25: Friedrich Rausch (1773-1842), verh. mit Salome, geb. Löchler. Rausch war bis zu seinem Tod auch Eigentümer von Treibgasse 15. Ebd., Verzeichnis der Toten 1836-1857: 3. April 1842 Tod von Friedrich Rausch, Holzmesser, 69 Jahre.
[6] Ebd., Sterbereg. 1847 mit 1868, S. 358: 6. Oktober 1857 stirbt Elisabeth Rausch, ledig, 58 Jahre, Tochter des verst. Friedrich Rausch.

Strickergasse 7   (Lit. B 71)   Plan-Nr. 509

Geschichte

Das Haus hatte 1780 zwei Eigentümer. Das Erdgeschoß „mitsamt halbem Hausgarten, halbem Stall, Keller und Speicher" besaß Glasermeister Anton Zöller. Das Obergeschoß mit dem restlichen halben Anwesen gehörte Handelsmann Nikolaus Ernst von Bingen und dessen Schwiegermutter Maria Ursula Brenner, Maurermeisterswitwe.
Am 20. Mai 1780 erwirbt Bürgermeister Wilhelm Braun das Eigentum von Anton Zöller um 411 fl. Zehn Jahre später, am 28. Mai 1790, kauft er das restliche halbe Haus für 375 fl. Für den Verkauf des Obergeschosses am 28. Mai 1790 wird von den Eigentümern der städtische Waagmeister an der Mehlwaage, Andreas Braun, bevollmächtigt[1].
Der Sohn des Bürgermeisters Braun aus erster Ehe, Alois Braun, und dessen Geschwister aus zweiter Ehe lassen das Haus 1837 versteigern. Meistbietender mit 5.140 fl. ist Schreinermeister Tobias Grimm im Namen der Witwe Josephine Kolb, geb. Gros[2].
Josephine Kolb läßt 1839 von Gabriel Hospes einen Plan zur Fassadenänderung entwerfen. Bereits am 18. Mai 1839 tritt statt Frau Kolb ihr zweiter Mann, Anton Jung, als Haus- und Bauherr auf. Er will zunächst nur das Erdgeschoß umbauen und die übrigen Vorhaben auf das nächste Jahr verschieben. Am Lokaltermin nehmen die Magistratsräte Melchior Kaufmann, Johann Anton Schuler und Professor Karl Ludwig Louis teil. Im Rail zu Strickergasse 9 soll der neue Hauseingang gemacht, im Erdgeschoß die ganze Fassadenfront im Mauerwerk erneuert und ein Laden eingerichtet werden. Der vorhandene Überbau ist zu beseitigen und die früher schon festgelegte Straßenlinie ist einzuhalten. Die Front scheint vorgerückt worden zu sein.
Der Umbau des Obergeschosses erfolgt erst 1842. Es wird ein völliger Neubau des Obergeschosses mit Umfassungs- und Innenwänden. Das Dach wird etwas niedriger als das alte, das einen übermäßig hohen Giebel hatte. Nachbar Friedrich Karl Rausch (Strickergasse 5) war gestorben. Dafür kam sein Sohn, Bierbrauer Jakob Rausch, in Vertretung für seine Schwester Elisabeth, am 5. April 1842 zum Lokaltermin. Die gemeinschaftliche Mauer zu Strickergasse 5 ist baufällig. Sie wird abgetragen und von Jung neu auf seiner Seite errichtet. Sie bleibt jedoch gemeinschaftliches Eigentum. Jung baut auf der Seite

---

[1] StAWü, LG AB, Zivils. Nr. 14. Andreas Braun war ein Bruder des Malers Kaspar Braun in München.
[2] Ebd. Bei der ersten Versteigerung am 24. August 1837 war zunächst Meistbietender mit 4.311 fl. der Spediteur Theodor Valentin Braun (kein Miterbe). Bei der nochmaligen Versteigerung am 14. September 1837 erhielt den Zuschlag Tobias Grimm für Josephine Kolb.

zu Strickergasse 5 eine Waschküche und anschließend eine offene Halle. Zu Beginn der Bauarbeiten, am 28. Juni 1842, zeigt sich, daß auch im Erdgeschoß die Umfassungswände verfault sind. Sie werden daraufhin in Stein massiv ausgeführt[3].

1875 wird Seifenfabrikant Valentin Frank Eigentümer. Bereits am 29. April 1875 bekommt er eine neue Einfahrt zu seinem Wohnhaus. Nachbar, Peter Josef Clemens, Strickergasse 9, ist mit dem Anbringen eines Torflügels an seiner Mauer einverstanden.

12. August 1875: Bau einer Abortgrube.

Schwierigkeiten bekommt Frank im Juni 1876. Er will auf seinem Grundstück hinter seinem Wohnhaus eine Werkstätte zur Herstellung von Toilettenseife und Parfümerie errichten. Wegen Proteste der Nachbarschaft, erhoben von Hotelbesitzer Peter Josef Clemens, Tabakfabrikant Georg Christ und Margarethe Hübner, Oberin der Englischen Fräulein, kommt dies nicht zur Ausführung. Selbst Gustav Graf zu Castell, Chef des königlichen Oberhofmeisterstabs, widersetzt sich in einem Telegramm: „Da der Rauch und die üblen Gerüche bei nordöstlicher Windrichtung die für seine Majestät, den König, reservierten Gemächer des Schlosses belästigen würden […] und von großem Nachteil für die sehr wertvolle Gemäldesammlung wären."

25. Juli 1878: Einrichtung von zwei Schaufenstern im Erdgeschoß.

17. Juli 1885: kleine Umbauten im Innern des Hauses.

26. März 1920: Genehmigung zum Bau einer Holzlege und eines Trockenspeichers. Die alte Halle war baufällig, und die neue Halle sollte erhöht werden, um sie für gewerbliche Zwecke nutzen zu können. Die Krongutsverwaltung stimmt nur zu, wenn die Dachtraufe zum Hof der Gesuchstellerin verlegt wird.

Juni 1921: Anbau einer Spülküche mit der lichten Höhe von mindestens 3 m. Ludwig Schmitt, der seit 1921 Eigentümer ist, eröffnet im Erdgeschoß die Gast- und Schankwirtschaft „Klosterstüb'l"[4].

1. Mai 1925: zweigeschossiger Neubau eines Rückgebäudes zur Seite der Englischen Fräulein durch das Baugeschäft Alois Scheuermann.

1926/27: Anbringung einer Reklamelaterne für das „Klosterstüb'l".

1927: Errichtung einer Abortanlage.

Am 2. März 1934 ersteigert die Gewerbe- und Handelsbank das Grundstück, das bereits im März 1932 zur Versteigerung angeboten war.

1935 wird das Wohnhaus an das städtische Kanalnetz angeschlossen.

August 1938: Leuchtreklame für Brauerei Eder. Jakob Vettel führte zu dieser Zeit die Gastwirtschaft zum „Klosterstüb'l".

---

[3] Ebd., Reg.Ufr, Abgabe 1943/45, Nr. 724.
[4] GewA, Verz. 1/28/1 seit 1921, S. 168.

Im Zweiten Weltkrieg wird das Haus durch Brandgranaten total zerstört[5].
Am 14. Dezember 1946 wird für das Anwesen Bausperre ausgesprochen. Zwischen den früheren Besitzern von Strickergasse 7, den Englischen Fräulein und der Stadtverwaltung Aschaffenburg werden Verhandlungen über einen Ringtausch geführt. Frau Vettel beantragt am 21. Juni 1947 Aufhebung der Bausperre. Für den Wiederaufbau des Grundstücks werden von der städtischen Baupolizei verschiedene Auflagen gemacht. Wegen dieser und im Hinblick auf die durch die Geldneuverordnung veränderte Lage der Hauseigentümer wird das Haus nicht mehr aufgebaut.
1949 stellt Willi Molls, Fabrikstraße 9, den Antrag, auf dem Trümmergrundstück Strickergasse 7 eine „Notstand-Fahrradreparatur-Werkstätte" einbauen zu dürfen. Schon seit 1944 betreibt Molls eine Fahrradreparaturwerkstätte in der Strickergasse 16. Aus Krankheitsgründen kann Molls seine Baupläne nicht realisieren. 1951 zieht er seinen Antrag zurück.
Das Institut der Englischen Fräulein hatte im Laufe der Zeit versucht, das Grundstück zu erwerben, da es auf allen Seiten an ihren Gebäudekomplex grenzte. Die Schwestern äußerten wiederholt Kaufabsichten, aber die Eigentümer gingen nicht darauf ein.
1953 erwirbt die Stadt Aschaffenburg das Trümmergrundstück.

Beschreibung

1832 wurde das Anwesen wie folgt zur Versteigerung angeboten:
0,037 ha Gebäude, Wohnhaus mit Weinwirtschaft und Keller, Kühlanlage, Waschküche mit Holzlege und Hofraum.
Von 1837 nach Schätzung des Taxators Jakob Anton Stuirbrink:
Das Haus hat gewölbten Keller.
EG: zwei Stuben, Küche und drei Kammern.
OG: zwei Stuben, zwei Kammern und Küche.
Wert: 3.200 fl.

Zustand vor 1839/40:

Zweigeschossig, traufständig. Erdgeschoß und Obergeschoß verputztes Fachwerk. Obergeschoß gering über dem Erdgeschoß ausgekragt.
Haustür mit Oberlichtöffnungen in der rechten Haushälfte. Links daneben Schaufensteranlage mit Ladeneingang. Die Schaufenster zu beiden Seiten des Ladeneingangs sind als verglaste Erker vor die Fassade gezogen und reichen bis zum Sockel. Sie sind durch Sprossen geteilt.
Die Fenster im Obergeschoß haben keine Beziehungen zu den Öffnungen im Erdgeschoß. Es bestehen zwei Dreiergruppen, und dazwischen ist ein einzelnes Fenster.

---

[5] *Stadtmüller* II, S. 436.

Die Schaufenster im Erdgeschoß haben vorgezogene Auslagekästen und wurden damals „Montre" bezeichnet[6].

1840 Erneuerung der Straßenfassade. Beseitigung des Geschoßüberstands, vermutlich durch Vorrücken der Erdgeschoßmauer. Verlegung des Hauseingangs in den Rail zu Haus Nr. 9.

1942 erfolgte der Neubau des gesamten Obergeschosses und die gleichmäßige Anordnung der Fenster. Neues Dach mit geringerer Firsthöhe.

Eigentümer

bis 1780	EG: Anton Zöller, Glasermeister,
1780 bis 1790	EG: Wilhelm Braun, Bürgermeister, Kauf um 411 fl.,
1780 bis 1790	OG: Nikolaus Ernst aus Bingen und Maria Ursula Brenner, dessen Schwiegermutter,
1790 bis 1819	Wilhelm Braun[7], Kauf des OG um 375 fl., somit Eigentümer des ganzen Grundstücks,
1819 bis 1837	Alois Braun, Rechtspraktikant, und Geschwister, Kinder des Wilhelm B.,
1837 bis 1842	Josephine Kolb[8], Kauf um 5.140 fl.,
1842 bis 1875	Johann Anton Jung[9], Handelsmann, Witwer, dann Erben,
1875 bis 1898	Johann Valentin Frank[10], Seifenfabrikant,
1898 bis 1904	Barbara Brigitta Frank, Witwe des Johann Valentin F. und Kinder,
1904 bis 1920	Barbara Brigitta Frank, Alleineigentümerin,
1920	Margaretha Josefa Neuner, geb. Vonderheid, verw. Kittel[11],
1920 bis 1921	Sofie Scheitzger, geb. Behl, Ehefrau des Pferdemetzgers Philipp Scheitzger,
1921 bis 1934	Ludwig Schmitt, Restaurateur und Wirt,
1934 bis 1936	Gewerbebank GmbH, Aschaffenburg,
1936 bis 1952	Johanna Vettel, geb. Rollmann, Ehefrau des Gastwirts Jakob Vettel,

---

[6] In Aschaffenburg kamen diese Art von Schaufenstern nur sehr selten vor, z. B. in der Steingasse 19, Dalbergstraße 43, Herstallstraße 8 und 10 sowie Roßmarkt 42.

[7] St. Agatha, Sterbematr. v. 1819, S. 222: Tod von Wilhelm Braun, 69 Jahre.

[8] Josephine Kolb, geb. Gross (1799-1842) war in erster Ehe verh. mit Franz Kolb, Krämer (1796-1837), siehe StaA, HR, CK1, S. 179.

[9] Ebd. HR, I, S. 48: Johann Anton Jung (1803-1873), Handelsmann, war der zweite Ehemann von Josephine Kolb und erbte nach deren Tod das Grundstück.

[10] Ebd., HR, F1, S. 180: Johann Valentin Frank (1844-1895), aus Brückenau. 1. Ehe mit Anna Full. Sie starb 1871 mit 26 Jahren. Vgl. ebd., Sterbereg. 1869 und 1881, S. 80. 2. Ehe mit Elisabeth Welzbacher (1842-1884), 7 Kinder. 3. Ehe mit Barbara Brigitte Schäfer (geb. 1859), 2 Kinder.

[11] Ebd., HR, CK1, S. 388: Georg Franz Kittel (1846-1893), Schiffsbauer und Badeanstaltsbesitzer, verh. mit Margaretha Josepha Vonderheid (geb. 1861), 3 Söhne. Ebd., N, S. 83: Ignaz Neuner (1863-1904), verh. mit Margaretha Kittel, geb. Vonderheid, Vizefeldwebel, dann Badeanstaltsbesitzer, 4 Kinder.

1952 bis 1953 Irma Ohms,
   seit 1953 Stadt Aschaffenburg.

Strickergasse 9   (Lit. B 72)   Plan-Nr. 510

Gasthaus „Zum goldenen Adler"
„Hotel Adler" (1870 bis 1918)
„St. Annaheim" der Englischen Fräulein (1918 bis 1944)

Geschichte

Bereits 1779 hatte Nicolaus Ruppel die Schildgerechtigkeit für seinen Gasthof „Zum goldenen Adler"[1].
1793 reicht Adlerwirt Josef Ruppel bei der Stadt eine Abrechnung für Einquartierung und Verpflegung während der Revolutionskriege ein[2].
Wegen des Baus eines neuen Stalls für Eigentümer Josef Ruppel, neben Bartholomäus Bechtold, wird am 18. März 1806 eine Ortsbesichtigung durchgeführt. „Am Ende des Hofes befindet sich ein beiläufig 40 bis 50 Schuh[3] langer Stall, welcher in den an den Hof stoßenden Garten vergrößert werden soll." Der Stall stößt mit der Rückseite an eine 10 Schuh[4] hohe Mauer des herrschaftlichen Bauhofs. Der rückwärtige Giebel soll auf die Trennmauer zwischen Ruppel und Bechtold (Strickergasse 11) zu stehen kommen. Die Genehmigung wird am 31. Mai 1806 erteilt[5].
Christoph Sitzmann erhält die Schildgerechtigkeit für den goldenen Adler 1806 und 1808 als „Heckenwirt"[6].
Sattler Philipp Weber kauft 1821 das Anwesen. Da er widerrechtlich die Wirtschaft „Zum goldenen Adler" betreibt, teilt ihm die Stadt mit, „sich ab sofort des Wirtschaftsbetriebes zu enthalten"[7]. Zwei Jahre später, am 13. Oktober

---

[1] StAWü, Oberkellerei R 27425. Nach StaA, Ratsprot., S. 12 f. v. 22. April 1636, befand sich eine Gastwirtschaft zum Adler in der Schmittgassen neben Conrad Golch, dem Schmied. Seit wann der goldene Adler in der Strickergasse 9 ist, kann nicht belegt werden.
[2] StaA, R 1793, S. 13.
[3] 40 bis 50 Schuh entspr. ca. 11,50 bis 14,35 m.
[4] 10 Schuh = 2,88 m.
[5] StAWü, MRA, LG 2895.
[6] Ebd., Oberkellerei, R 27452 und ebd., Mz. Polizeiakten 2608 v. 27. April 1808. Der „Heckenwirt" darf nur eigene Erzeugnisse verkaufen.
[7] StaA, Mag.Prot. v. 5. Juli 1821.

1823, wird Philipp Weber die auf seinem Haus ruhende Schild- und Gastwirtsgerechtigkeit „Zum goldenen Adler" neu verliehen[8].
Am 4. September 1824 wird Philipp Weber bestätigt, daß auf dem Haus die Schild- und Gastwirtschaftsgerechtigkeit besteht[9]. Der Magistrat erlaubt Weber am 6. Juni 1825, die Gastwirtschaft „Zum goldenen Adler" wieder zu eröffnen, wenn er seine bisherige Sattlerei aufgibt[10].
Gastwirt Philipp Weber will am 18. März 1837 auf seinem Grundstück, zur Erweiterung seiner Gastwirtschaft, ein Haus zur Straßenfront errichten. Dafür muß die zum Gasthof gehörende Scheune abgebrochen werden. Durch Professor Karl Ludwig Louis und Magistratsrat Karl Schuler wird eine Lokalbesichtigung durchgeführt. Weber hat im zweiten Obergeschoß Fenster auf der Seite zu Strickergasse 11, dem Bechtoldhaus, vorgesehen, weil er glaubt, in Kürze dieses Anwesen erwerben zu können. Die letzte Bechtold-Erbin war Katharina Kohlrießer, geb. Bechtold. Sie wohnte bereits 1837 in der Zwieselmühle in Schollbrunn. Der ursprüngliche Plan sieht einen Neubau mit fünf Fensterachsen und die Überbauung der Einfahrt vor. Die Pläne liegen am 21. März 1837 der königlichen Regierung, Kammer des Innern, vor. In Vertretung seines abwesenden Vaters bekommt Sohn Johann Anton Weber die Auflage, im Erdgeschoß anstelle der viereckigen jetzt runde Fenster zur Straße einzubauen. Zunächst weigert er sich. Dann trifft er eine Vereinbarung mit seiner Nachbarin, Katharina Kohlriesser, geb. Bechtold, daß die bisher auf ihrer Seite gewesenen Fenster verbaut werden. Daraufhin wird Webers Plan am 10. Mai 1837 von der Regierung genehmig[11]. Am 30. September 1837 steht der Neubau, die Überbauung der Einfahrt war jedoch noch nicht in Angriff genommen worden.
Kurz darauf trägt Anton Weber folgendes Projekt vor: „Ich habe von meinem Vater Haus und Gastwirtschaft übernommen und bin nunmehr gesonnen, an das bereits neu erbaute Haus noch einen Teil anzubauen, welcher auf dem hier übergebenen Risse eingezeichnet ist. Ich bitte um Genehmigung hierzu". In der Hausakte ist dieser Plan leider nicht mehr vorhanden. Mit dem „anzubauenden Teil" ist gemeint, über der Toreinfahrt noch zwei Fensterachsen anzubauen in Angleichung an den nunmehr bestehenden Neubau, so daß zur Straße im ersten und zweiten Obergeschoß sieben Fensterachsen erscheinen. Im Anschluß an den Neubau sollen in den beiden Obergeschossen Aborte eingerichtet werden. Für die Baubesichtigung erhält Professor Karl Ludwig Louis am 15. Dezember 1837 1 fl. 30 kr. Die Gebühren betragen insgesamt 2 fl. 26 kr.

---

[8] Ebd. v. 13. Oktober 1823.
[9] Ebd. v. 4. September 1824.
[10] Ebd. v. 6. Juni 1825.
[11] StAWü, Reg.Ufr, Abgabe 1943/45, Nr. 724.

Am 27. August 1838 bekommt Anton Weber seinen Plan bewilligt[12].
Bei dem Lokaltermin am 12. Februar 1851 mit Prof. Louis und den Magistratsräten Joachim Reuß und Joseph Kitz [13] geht es um ein neues Rückgebäude für Anton Weber. Der Neubau wird ca. 6 Schuh (1,75 m) breiter als das alte zweigeschossige Nebengebäude, das auch zwei Stockwerke hatte.
20. März 1851: Anton Weber reicht die Pläne für sein Neubauprojekt ein. Gegen den Hof des Kaufmanns Johann Anton Jung, Strickergasse 7, sind mehrere Fenster vorgesehen, die dieser genehmigt. Der königliche Oberhofmeisterstab verlangt, daß die rückwärtigen Fenster zum herrschaftlichen Bleichgarten mit eisernen Gittern versehen werden müssen[14]. Im Erdgeschoß, anschließend an das Haupthaus, befinden sich jetzt Küche, Speisekammer und Holzlege. Im Obergeschoß sind vier Zimmer. Der ganze Neubau mit Satteldach ist nur teilweise unterkellert.
18. März 1853: Genehmigung eines neuen Bauplans für Gastwirt Anton Weber. Der Altbau an der Strickergasse soll dem 1837 errichteten Neubau unter folgenden Maßnahmen angeglichen werden:
1. Gleichstellung der Fenster des niedrigeren Altbaus, so daß der gesamte Bau jetzt 14 gleichmäßige Fensterachsen hat.
2. Angleichung des Altbaus in der Höhe zum Neubau. Dachgesims und Gurtgesimse.

Weber bekommt im August 1853 „die Fortsetzung des Neubaus des Gasthauses ‚Zum goldenen Adler' gestattet"[15]. Diese Maßnahmen werden, wie vorhandene Fotos beweisen, nicht durchgeführt.
Sicher wurde zu dieser Zeit auch ein innerer Umbau verwirklicht. Das Treppenhaus wurde erneuert. Anstelle der bisherigen Fachwerkwände ist die Umfassung des Treppenhauses jetzt in Bruchstein.
Am 26. Oktober 1863 erhält Peter Josef Clemens die auf dem Wohnhaus radizierte Gastwirtschaftsgerechtigkeit[16].
26. November 1869: Gesuch um Genehmigung von zwei Gaslaternen zu beiden Seiten der Einfahrt.

---

[12] StaA, Mag.Prot.
[13] Ebd., Stadtgeschichte, Wahlen (VII, A3, 8), betr. den Vollzug der ordentl. Gemeinde-Ersatzwahlen zu Aschaffenburg 1848-1852, S. 13: Magistratsräte II. als Ersatzmänner „Joseph Kitz", Gerbermeister. Der Wahl-Ausschuß u. a. „Joachim Reuß", Magistratsrat. Ebd. Wahlen 1854-1857 (VII, A3, 10), S. 8: 1854 scheidet Magistratsrat Joseph Kitz aus. Joachim Reuß bleibt im Amt. Ebd. HR, CK1, S. 186: Peter Joseph Kitz (1804-1884), verh. mit Maria Ursula Dorothea Pranqué (1809-1871), 6 Kinder. Ebd., HR, R1, S. 7: Joachim Reuß (1803-1858), verh. mit 1. Margarethe Geisler (1807-1831), 2 Kinder, 2. Margarethe Katharina Pennrich (1809-1878), 14 Kinder. AZ (88) v. 13. April 1858: Todesanzeige v. Joachim Reuß, Lederfabrikant. Gest. am 11. April 1858. In den meisten Veröffentlichungen vor 1999 sind die Vornamen der beiden Magistratsräte Kitz und Reuß, die Mitte des 19. Jahrhunderts in Aschaffenburg amtierten, nicht korrekt angegeben.
[14] StaA, Mag.Prot. v. 7. April 1851.
[15] Ebd. v. 18. August 1853
[16] Ebd. v. 26. Oktober 1863.

2. Dezember 1869: neues Hausschild für den Gasthof „Zum Adler" für Peter Josef Clemens.
24. Februar 1870: Bau eines neuen Kamins. Genehmigung zur Vergrößerung des Speisesaals im „Hotel Adler". Der Speisesaal war im Erdgeschoß des Altbaus. Er wird gegen den Hof zu erweitert.
14. Mai 1894: Konzession zum Betrieb der Gaststätte für Georg Stadler[17].
22. Januar 1897: im Auftrag von Georg Stadler neue Stallung und Erweiterung des Restaurantsaals auf der rechten Seite zu Strickergasse 11. Die lichte Höhe des Saales beträgt 6,50 m. Darüber ist ein Flachdach. Im Innern des Saales ist eine rundumlaufende Galerie von 2 m Breite, die nach oben in die Dachkonstruktion eingehängt ist. Die Pferdeställe mit Kniestock befinden sich rückwärts neben dem Saal entlang zum Bleichgarten. Die ganze Backsteinarchitektur führt Baumeister Johann Scheuermann durch. Seine Arbeiten sind am 1. Juli 1897 beendet. Der Neubau ist am 4. August 1897 bezugsfertig.
1904: Bau eines Kamins für Georg Stadler.
12. Oktober 1906: Hotelbesitzer Georg Ruhl läßt den Seitenflügel zu Strickergasse 7 verbreitern. Im Erdgeschoß werden Einstellräume geschaffen, darüber Fremdenzimmer. Der Teil des Hofs vor dem 1897 errichteten Pferdestall wird 1907 offen überdacht. Der niedrige Vorbau vor dem Saal bis zum Pferdestall wird geschlossen und über dem Ganzen wird ein Balkon angeordnet.

Das Hotel Adler war lange Zeit in Aschaffenburg das erste Haus am Platz. Bekannte Ärzte und Wissenschaftler übernachteten dort[18]. Die renommierte Küche bot angehenden Ehefrauen aus gut bürgerlichen Kreisen Kochkurse an. Zahnarzt Dr. Werner aus Darmstadt kündigte in einem Zeitungsinserat an, daß er am Montag, dem 7. November 1870, im Gasthof zum Adler Sprechstunde abhält. Ab 27. November 1870 stand er den Aschaffenburgern regelmäßig montags dort zur Verfügung[19].
Kurz vor seinem Tod, im August 1893, kam der schwerkranke Dirigent und Pianist Hans von Bülow nach Aschaffenburg. Er wohnte drei Monate im Hotel Adler, um den als Suggestiv-Therapeutiker bekannten Arzt Karl Flach aus Aschaffenburg zu konsultieren[20].

---

[17] Ebd., Mag.Prot., Nr. 142.
[18] Seit 1902 wurden in Aschaffenburg weltweit die ersten Röntgenkurse von den Röntgenpionieren Dr. Friedrich Dessauer und seinem Schwager, Dr. med. Bernhard Wiesner, in Dessauers Elektrotechnischem Laboratorium angeboten. Die Teilnehmer übernachteten im Hotel Adler und hielten auch dort Besprechungen ab. Vgl., *Ebert*, AJB, Bd. 16, 1993, S. 345 ff.
[19] AZ v. 4. November 1870 und ebd. v. 27. November 1870.
[20] *Hans v. Bülow*, Briefe, 7. Band, S. 445: Aschaffenburg ist ein „hübsches, altes, schläfriges Städtchen. Unsere Fenster gehen auf einen Klostergarten, wo wir die Nonnen spazieren gehen, beten, Wäsche aufhängen und Obst vom Rasen aufsammeln sehen. Der Hintergrund zu diesem Prospekt bildet das großartige, in rothem Sandstein gebaute Schloß. Über allem liegt ein Moder, nicht wie

Im Jahr 1918 kaufen die Englischen Fräulein das Hotel Adler. Wie es dazu kam, geht aus einem Schreiben der Aschaffenburger Oberin, Johanna Hofmann, an die Generaloberin der Englischen Fräulein in München, Isabella Wild, hervor[21].
Seit Jahren haben sich die Englischen Fräulein das Vorkaufsrecht gesichert. Nun will der Besitzer verkaufen. Es gibt mehrere Liebhaber, da das Hotel in der „besten Gegend der Stadt ist". Die Vorzüge des Gebäudes sind: „geringe Höhe, ausgedehnter Bauplatz, solid gebaut mit Zentralheizung und elektrischem Licht". Vor 20 Jahren wurde das Hotel größtenteils um 42.000 Mark renoviert.

Die Gründe, die für den Kauf sprechen:

1. Es ist kein Raum für das 1916 errichtete, gut besuchte Wirtschaftslehrerinnenseminar vorhanden. Die Mädchen wohnen in der Obernauer Straße und müssen zum Unterricht ins Institut am Marktplatz. Die Haushaltungsschule ist zu klein, ein Anbau würde 100.000 Mark kosten.
   Im Institut sind Schulräume und Schulküche, aber Wohn- und Schlafräume fehlen. Das Hotel hat in 30 Zimmern 28 Betten, Waschküche, Bügel- und Vorratsräume, große Küche u. a. mehr.
2. Die jetzige Turnhalle hat 54 m² und ist zu klein. Einen Bauplatz für eine Turnhalle gibt es nicht. Im Hotel Adler ist eine vor 20 Jahren neuerbaute große Festhalle mit Parkettboden, Podium, Heizung, Licht, ringsum breite Galerie. Die Halle stößt an ein zum Schloß gehöriges und leicht zur Benutzung zu habendes Baumstück und eine Wiese, dadurch ist auch ein Turnplatz im Freien gewährleistet.
3. Das Internat vergrößert sich so sehr, daß Schülerinnen abgewiesen werden müssen. Im Hotel Adler wäre ein Internat für die älteren, 18- bis 20jährigen Schülerinnen möglich. Es ist die einzige Möglichkeit, daß sich das Institut weiter ausdehnen kann.

Das Hotel mit Inventar ist für 140.000 Mark angeboten. Dazu gehören:
30 vollständig eingerichtete Fremdenzimmer mit meist ganz neuen Betten. Ein großer Speisesaal, ein Festsaal, zwei kleinere Säle, gute Keller und Speicher, ganz geräumiger Dachgarten, verschiedene Nebenräume, zwei Autogaragen.

---

von ganz alten Zeiten, aber wie vom vorigen Jahrhundert". Bülows Hotelzimmer „ist ganz abgelegen" (ebd., S. 450). Der Arzt veranlaßte, ein Klavier in sein Hotelzimmer stellen zu lassen. Bei „einem kleinen, bescheidenen Instrumentenmacher", Pianofortefabrikant Wilhelm Arnold, suchte sich Bülow ein Pianino aus. Und am nächsten Tag stand dieses bereits in seinem Hotelzimmer. Hans von Bülow spielte wenigstens eine Stunde am Tag, bis er Ende November nach Hamburg reiste. Am 12. Februar 1894 starb er in Kairo.
[21] Archiv EFM, Nr. 82 v. 22. Juli 1918.

Mobiliar mit Klavier im Festsaal, Beleuchtungs- und Heizungskörper, Wäsche, Porzellan, Glas, Silber.
Bis zum Kauf waren nur 14 Tage Bedenkzeit.
Am 26. Juli 1918 wendet sich Oberin Johanna Hofmann nochmals an die Generaloberin:
Wird das Hotel Adler gekauft, so kann die Turnhalle gleich im neuen Schuljahr benutzt werden. Auf Klagen der Eltern verlangten die Behörden den Bau eines neuen Turnsaals. Durch den Kauf des Hotels würde dies entfallen.
Über 700 Kinder sind für das neue Schuljahr angemeldet, 80 Internatsschülerinnen.
Es hat Eile, denn der Kauf muß in acht Tagen getätigt sein.
Am 6. August 1918 wird der Kauf notariell abgeschlossen.
Auf dem Hotel war eine Hypothek von 47.400 Mark mit 4% Zins und 1% Annuität. 92.600 Mark sind mit $4^1/_2$% zu verzinsen. Das Mobiliar wird auf 75.000 Mark geschätzt.
Die Englischen Fräulein, nunmehr Eigentümer, übernehmen die Räumlichkeiten unter dem Namen St. Annaheim fast unverändert. Die Küche wird Lehrküche, und der Saal wird als Turnsaal oder Festsaal genutzt.
Die Klosterfrauen gelangen in ihr neues Grundstück, das durch Treibgasse 7 von ihrer restlichen Institutsanlage getrennt war, entweder über die Strickergasse direkt oder hinter ihrer Kapelle – über eine kleine Treppe in den tiefer liegenden Bleichgarten – über Differenzstufen.
Am 12. September 1927 reichen die Englischen Fräulein ein Baugesuch für einen Kamin am westlichen Ende des Seitenflügels zur Krongutverwaltung ein.
Durch einen Volltreffer am 21. November 1944 und durch Artilleriebeschuß wird das Gebäude im Zweiten Weltkrieg total zerstört[22].
Die Reste des ehemaligen Hotels Adler und späteren St. Annaheims der Englischen Fräulein werden im Rahmen der Aktion „Trümmerbeseitigung 1952" abgetragen.
1959 erwirbt die Stadt Aschaffenburg mit dem gesamten Komplex des Instituts der Englischen Fräulein auch Strickergasse 9.

Beschreibung

Gasthof „Zum goldenen Adler":
Wohnhaus mit Keller, Nebenhaus, Waschküche, Pferde- und Viehstall, Schweineställe, Hofraum und Wirtschaftshalle.

Altbau bis 1837 zwischen Toreinfahrt und Strickergasse 7:
dreigeschossig, traufständig. Erdgeschoß massiv mit sieben Fensterachsen. Obere Geschosse wahrscheinlich verputztes Fachwerk mit je acht unregelmäßig angeordneten Fenstern.

---

[22] *Stadtmüller* II, S. 436.

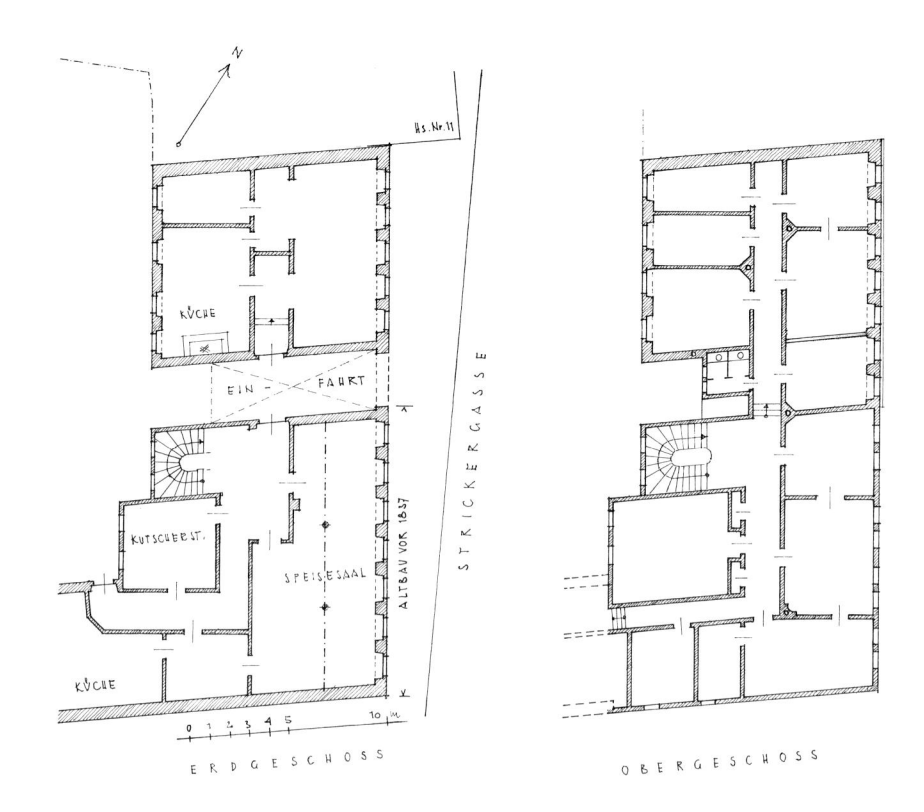

Abb. 125: Strickergasse 9, Gasthaus "Zum Goldenen Adler". Erd- und Obergeschoßgrundriß nach 1838.

Neubau von 1837/38, zwischen der Einfahrt und Strickergasse 11, an der Straßenfront anstelle einer Scheune:
dreigeschossig, traufständig, massiv aus verputztem Bruchsteinmauerwerk. Zunächst fünf Fensterachsen. Nach Überbauung der Toreinfahrt in den Obergeschossen sieben Fensterachsen. Die Fenster im ersten Obergeschoß sind durch gerade Verdachungen hervorgehoben. Zwischen Erdgeschoß und erstem Obergeschoß Gurtgesims. In allen Stockwerken Brüstungsgesimse. Auf der Rückseite des Hauses über der Einfahrt in beiden Geschossen Aborte. Die Geschoßhöhen sind größer als beim Altbau.

Rückgebäude von 1851 auf der Seite zu Strickergasse 7:
zweigeschossig, Satteldach. Im Erdgeschoß befanden sich anschließend an das Haupthaus die Küche, Speisekammer und Nebenräume. Im Obergeschoß waren vier Zimmer. Das Gebäude war teilweise unterkellert.

Anbau mit Saal von 1897 auf der rechten Seite von Strickergasse 11:
ca. 230 m², lichte Höhe 6,50 m. Flachdach. Auf der Seite zum Schloß Pferdestall und Aborte.
Der Festsaal, 21 m lang und 11 m breit, faßt 700 Personen. Im Saal ist eine rundumlaufende Galerie von 2 m Breite.
1907 Glasdach über dem Innenhof.

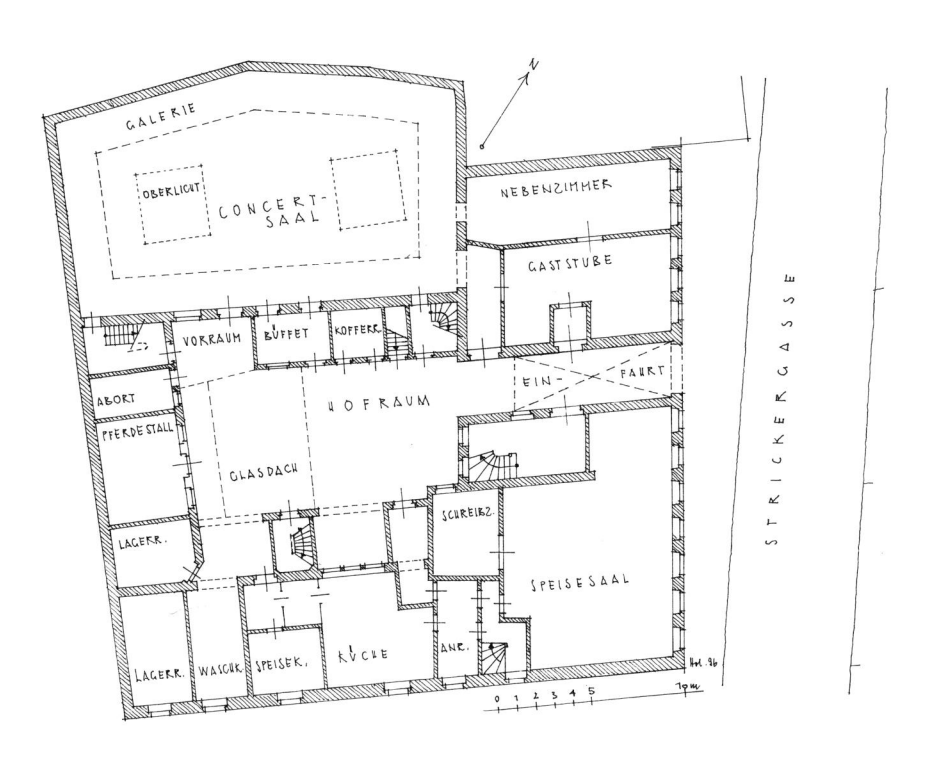

Abb. 126: Strickergasse 9, Gasthaus "Zum Goldenen Adler". Erdgeschoßgrundriß nach 1907.

Eigentümer

1779/1781	Nicolaus Ruppel[23],
1781 bis 1785	Elisabeth Ruppel[24], Witwe des Nicolaus R.,
1785 bis 1806	Josef Ruppel[25], Gastwirt,
1806 bis 1821	Christoph Sitzmann, Gastwirt,
1821 bis 1837	Philipp Weber[26], Sattler, dann Gastwirt,
1837 bis 1863	Johann Anton Weber, Gastwirt,
1863 bis 1894	Peter Josef Clemens, Gastwirt aus Köln, Hotelbesitzer,
1894 bis 1901	Georg Karl Stadler[27], Oberkellner,
1901 bis 1903	Robert Eduard Georg Pursch, Oberkellner,
1903 bis 1904	Georg Karl Stadler, jetzt Privatier,
1904 bis 1912	Georg Johann Ruhl, Gasthofsbesitzer,
1912 bis 1914	Gustav Franz Welzel, Oberkellner und Hotelier,
1914 bis 1918	Georg Karl Stadler und Margarethe, geb. Frauenknecht, Hotelwirtseheleute[28],
1918 bis 1959	Institut der Englischen Fräulein, Aschaffenburg,
seit 1959	Stadt Aschaffenburg.

---

[23] St. Agatha, Sterbematr. v. 1781, S. 177: Nicolaus Ruppel stirbt 1781 mit 73 Jahren.
[24] Ebd. v. 1795, S. 236: Elisabeth Ruppel, Witwe des Nicolaus Ruppel, stirbt 1795 mit 78 Jahren.
[25] StaA, HR, R1, S. 64: Josef Ruppel (geb. 1758), verh. mit Franziska Schüßler (geb. 1768), Witwe.
[26] HStA Mü, MH 4700: 1821 übernahm Kellermeister Philipp Weber das Gasthaus zum Adler.
[27] Georg Karl Stadler wurde 1858 in Hausen geboren. Er war mit Margarethe Frauenknecht, geb. 1862 in Egloffstein, verheiratet. Die Ehe blieb kinderlos.
[28] Ebd.

Strickergasse 11   (Lit. B 73)   Plan-Nr. 511
(Lit. B 74)   Plan-Nr. 512

Bechtoldhaus

Geschichte

Strickergasse 11 besteht aus zwei Hausteilen: Neben Strickergasse 9 ist der kleinere Hausteil Lit. B 73 und der rechts daneben Lit. B 74, das eigentliche noch heute mit Stuckfassade verzierte Bechtoldhaus. Die am Bau befindlichen und beim Abbruch im Innern vorgefundenen Detailformen und Bandelwerk[1]

---

[1] Bandelwerk ist ein symmetrisches Ziermotiv aus geschwungenen Bändern, die rankenähnliche Ornamente bilden. Es kam Ende des 17. Jahrhunderts in Frankreich auf und verbreitete sich in Europa im ersten Drittel des 18. Jahrhunderts. Vgl. Lexikon der Weltarchitektur, S. 41.

deuten auf die Entstehungszeit um 1730.

Das Haus war Wohnsitz der Aschaffenburger Maler- und Stukkateurfamilie Bechtold. Der berühmteste unter ihnen, wahrscheinlich auch Erbauer und Gestalter des Hauses, war Johann Jakob Konrad Bechtold (1698-1786), Fresken- und Tafelmaler[2].

Beide Hausteile waren Eigentum der Familie Bechtold bis 1829 (Lit. B 74) bzw. bis 1837 (Lit. B 73).

Nach dem Tod des Vaters Johann Jakob Konrad Bechtold wurden 1786 seine Söhne Vinzenz als Eigentümer von Hausteil Lit. B 73 und Bartholomäus als Eigentümer von Hausteil Lit. B. 74 eingetragen. Bartholomäus blieb ledig. Bei ihm wohnte seine Schwester Katharina, die mit dem Hofgärtner Gotthard Wundsam verheiratet war[3].

Bartholomäus Bechtold vererbte 1829 sein Haus Lit. B 74, das grundzinspflichtig an St. Agatha war, an Schreiner Christoph Wundsam, den Enkel seiner Schwester Katharina. Dieser reicht am 19. Oktober 1829 Pläne ein, da er ein Hintergebäude mit Waschküche, Holzbehälter und darauf eine Wohnung errichten will[4].

Kaminfeger Christian Winkler erwirbt 1836 diesen Hausteil und 1841 das Nebenhaus zu Strickergasse 9, Lit. B 73. Beide Häuser waren nur durch eine Wand getrennt, und jedes hatte einen gesonderten Eingang.

Christian Winkler verbindet beide Hausteile: Hauseingang von Lit. B 73 wird in ein Fenster umgewandelt. Der dahinterliegende Gang wird Zimmer[5].

Am 26. Mai 1905 werden für Otto Winkler Abortanbau und Kaminanlage genehmigt.

---

[2] Johann Jakob Konrad Bechtold schmückte mit seinen Arbeiten Kirchen in und um Aschaffenburg, z. B. Jesuitenkirche (Schildwand über dem Chorbogen: Darstellung der Hl. Dreifaltigkeit mit Engeln, 1768), Muttergotteskirche (Deckengemälde von 1770 und Fresken; im Zweiten Weltkrieg zerstört), St. Agatha (Geburt Christi an der Stirnwand des Mittelschiffs, 1777; beim Umbau 1934 entfernt), Stiftskirche (Entwurf für den neuen Hochaltar 1771/72, der aber nicht verwirklicht wurde, vgl. *Mader*, S. 53), Kirche in Großostheim, Mönchberg (Deckenfresko), Mömlingen, Seligenstadt, Pflochsbach. Vgl. auch *Schohe*, Kunst und Kultur, S. 43: Nikolaus Bechtold, Maler, „die übrigen Bechtolds waren Tüncher, Johann Jakob [Konrad] Bechtold war daneben Stukkateur, Vincenz Bechtold Vergolder".
Johann Jakob Bechtold wird sonst nur als Maler oder Tafelmaler genannt. Bei dem Bau des Schlosses in Kleinheubach (1727-1730) und dem Bau des Langhauses der ehemaligen katholischen Pfarrkirche St. Wolfgang von Wörth (1729-1730) arbeitete Bechtold als Maler zusammen mit dem Stukkateur Johann Baptist Wiko aus Lugano. (Vgl. *Mader*, S. 147 in Kunstdenkmäler XXIII, Bez.-Amt Obernburg).
Dr. Alf Dieterle aus Kleinheubach vermutet, daß auch Wiko an den Stukkarbeiten des Bechtoldhauses beteiligt war.

[3] UlF, Taufmatr. v. 1765, S. 285. Hier sind die Eltern des im September 1765 geborenen Wolfgang Antonius Wundsam eingetragen: Gotthard Wundsam, Hofgärtner, und seine Ehefrau Katharina, geb. Bechtold.

[4] StaA, Mag.Prot.

[5] StAWü, Reg.Ufr, Abgabe 1943/45, Nr. 724 v. 21. Februar 1842: Genehmigung zur Fassadenabänderung.

Seit 1927 gehört das Haus der Familie Schlotterbeck. Nach bauamtlichem Antrag wird am 28. Juni 1927 vom Stadtrat ein Zuschuß von 80 Mark für Renovierung der Fassade in Ölfarbe und 160 Mark für Wiederherstellung der beiden Dachgauben in ursprünglicher Form bewilligt. 1933 läßt Ferdinand Schlotterbeck das Rückgebäude für eine Wohnung ausbauen.
1937 Genehmigung einer Badeinrichtung.
Beide Hinterhäuser werden am 27. Oktober 1944 im Zweiten Weltkrieg total zerstört. Das Vorderhaus wird stark beschädigt[6].
Am 21. März 1947 stellt die Baupolizei Baufälligkeit fest. Die Fassade befindet sich in einem Gefahr drohenden Zustand. Im Dezember 1948 wird wegen Errichtung eines Notdachs verhandelt, das am 4. Februar 1949 ausgeführt wird. Katharina Schlotterbeck, seit 1938 Witwe und somit Alleineigentümerin, kann den Verfall des Hauses nicht aufhalten. Sie und ihre verheirateten Töchter lassen keine Verschalung der Fassade zu. Verkaufsverhandlungen an Private scheitern, da das Haus unter Denkmalschutz steht. Malermeister Josef Giegerich erwirbt 1951 das Haus und führt die notwendige Restaurierung mit Hilfe eines Zuschusses von der Stadt in Höhe von 10.000 DM durch. Am 27. Februar 1951 wird mit den Bauarbeiten, nach Plänen und unter Leitung des Architekten Georg Ackermann, begonnen. Die Fassade wird wiederhergestellt, alle dahinterliegenden Hausteile werden von Grund auf neu gebaut. Der Wiederaufbau ist am 6. Februar 1953 abgeschlossen.
Im Herbst 1994 wird die Rokokofassade des Bechtoldhauses restauriert. Nach Absprache und mit Unterstützung des Bayerischen Landesamts für Denkmalpflege wird die Fassade wieder in ihren Originalzustand versetzt: der Grundton in Rosé, der Stuck in gebrochenem Weiß und die Spiegelfenster in Lindgrün.

Fassadenerneuerungen werden durchgeführt:
1953 von Emil Biedenbender, Mitarbeiter im Architekturbüro Ackermann,
1957 von Hans Schubert, Karlstadt, später Veitshöchheim,
1969 und 1977 von Christian Giegerich[7],
1994 von der Firma Löwen-Restaurierung, Erlenbach-Marktheidenfeld.

Beschreibung

Bechtoldhaus Lit. B 74

Fassade traufständig, zweigeschossig mit Mansarddach und Zwerchhaus. Das Obergeschoß gering übergekragt, drei Fensterachsen.

---

[6] *Stadtmüller* II, S. 436.
[7] Die Kosten übernahm 1977 Frau Maria Dingler, damals Mieterin im Erdgeschoß, Witwe des Philosophen Hugo Dingler (1881-1954).

Abb. 127: Strickergasse 11, Bechtoldhaus, Ansicht. Bauaufnahme von Franz Scheid, 1947.

Im Erdgeschoß neben Hausteil Lit. B 73 breite Eingangstür mit profilierten Sandsteingewänden und sechs Außenstufen, die nach der Zusammenlegung beider Hausteile 1841 entstanden sein mußten. Neben der Eingangstür zwei steinumrahmte Fenster zwischen drei Lisenen, deren Kapitelle bis unter den Geschoßüberstand reichen. Unter den Kapitellen Kartuschen und Girlanden aus Stuck.

Das Obergeschoß ist besonders geschmückt. Die Fassade ist gerahmt durch Stucklisenen mit Karyatiden[8], deren Kapitelle im reichprofilierten Dachgesims verkröpft sind. Über dem betonten Mittelfenster Medaillon mit den Initialen der Bechtolds, gehalten von Putten. Beiderseits auf den Wandpfeilern stuckierte, auf Sockeln stehende Putten, darüber Baldachine.

Im Brüstungsfeld des Mittelfensters vasenartige Gebilde in Stuck, plastisch hervortretend, in der Mitte Muschel, zu beiden Seiten Engelsköpfe, dazwischen Girlanden und am Fuß der Vase Rollwerk.

Unter den Fenstern beiderseits der Mitte vertiefte Blenden, von Bandelwerk umgeben.

Das Hauptgesims ist über dem Mittelfenster verkröpft. Darüber reich verziertes Zwerchhaus mit einem Fenster. Der Fensterrahmen besitzt „Ohren", in der Mitte des Sturzes Engelskopf, über diesem Kartusche mit Rollwerk und Girlanden. Die beiden seitlichen Wangen des Zwerchhauses laufen an der Frontseite in Voluten aus. Das Gesims der Mansarde ist um das Zwerchhaus gekröpft. Über dem Gesims Dreiecksgiebel mit schweren Profilen und einer großen Muschel in der Mitte.

Die Entwässerung des Dachs erfolgte ursprünglich über weitausladende Wasserspeier zu beiden Seiten des Zwerchhausdachs.

In der Mansarde, zu beiden Seiten des Zwerchhauses, je eine Gaube mit Dreiecksgiebel.

Im Sockel des Hauses, neben der Außentreppe, ein Kellerfenster[9].

Die Fassade, mit aufwendigem Stuck und Zierat im Stile der Erbauungszeit geschmückt, ist das einzige Beispiel eines Bürgerhauses dieser Epoche in Aschaffenburg[10].

Der Innenhof des Hauses war als kleiner barocker Garten mit einem Brunnen, Balustraden und Steinplastiken angelegt. An der Grenze zu Hausteil Lit. B 73, an der hinteren Ecke zum herrschaftlichen Bleichgarten, stand ein Gartenpavillon. Ein darin befindliches Wandfresko mit der Darstellung kaffeetrinken-

---

[8] Karyatide (gr.) ist eine Mädchengestalt, die als Gebälkträgerin dient.
[9] Beschreibung nach einem Foto aus der Zeit um 1900.
[10] *Mader*, S. 313: Kleines Haus, zweigeschossig, mit Mansarde. Hübsche Dekorationen. S. 314, Fig. 255.

der Rokoko-Damen stammte vermutlich von Johann Jakob Konrad Bechtold. Abmessungen des Freskos: ca. 1,80 m breit und 1,30 m hoch[11].
Eine Bauaufnahme des damaligen Studenten Franz Scheid vom Herbst 1947 beinhaltet außer den Ansichten und Grundrissen beider Hausteile Details über die nach dem Krieg noch vorhandenen Stuckarbeiten im Hausinneren. Der Flur im Erdgeschoß war in fünf gleiche Felder geteilt. Um reich profilierte Kreise ist ein vielfach verschlungenes flaches Bänderwerk. Im ersten Stock geschwungener, schön gestuckter Türbogen[12].

Anläßlich einer Restaurierung der Fassade des Bechtoldhauses hat Restaurator Christian Giegerich am 10. September 1969 folgenden Bericht verfaßt:

1. Ursprünglicher baulicher Zustand:

Erdgeschoß Backsteinmauerwerk. Profilierte Fenstergewände und Fensterbänke sowie Türgewände aus Sandstein. Die oben in Kapitelle auslaufenden, mit Medaillons und Girlanden bestuckten Lisenen waren ursprünglich bis ca. 60 cm über dem Boden durchgezogen.
Erstes Obergeschoß aus Fachwerk, die Gefache sind mit Backsteinen ausgemauert. Der aus „Haarmörtel" bestehende Stuck ist auf eine Putzschicht aufgebracht. Die vollplastischen Stuckteile sind mit Klammern befestigt.
Dachregion über dem Hauptgesims: in Mittelachse Zwerchhaus, zu beiden Seiten Gauben. Das Zwerchhaus ist mit einem stuckierten Giebel geschmückt und mit schräg nach außen auslaufenden Architekturteilen versehen.
Die gesamte Fassade war bis auf die Holzteile ursprünglich in Freskotechnik gefaßt.

2. Zustand vor der Restaurierung:

Beschädigung von fast der Hälfte der Stuckornamente durch Wassereinbruch vom Nachbarhaus und dem darauf folgenden Frost. Die zerstörten Teile wurden 1967 erneuert.
Weitere Stuckschäden entstanden durch Erschütterungen vom Straßenverkehr.
Ausbessern der Flächen und Ornamente im 19. Jahrhundert und im ersten Drittel des 20. Jahrhunderts durch Überstreichen mit Ölfarbe. Diese harten Schichten verhinderten das Herabfallen hohler Stuck- und Flächenteile. Nach dem Zweiten Weltkrieg wurde die Fassade nach Ergänzung des kriegszerstörten Stucks mit einer matten Kunstharz-Lackfarbe grundiert und mit einer farbigen Fassung in lassierender Caparol-Technik überzogen.

---

[11] Bei den Bauarbeiten von 1951 wurde das Gemälde freigelegt, abgenommen und von Christian Giegerich in das städt. Museum ins Stiftsgebäude gebracht. Da das Gemälde nur noch aus zerbröselten Bruchstücken bestand, war es zu einer vertretbaren Restaurierung nicht mehr geeignet.
[12] Die Bauaufnahme befindet sich im Stadtarchiv.

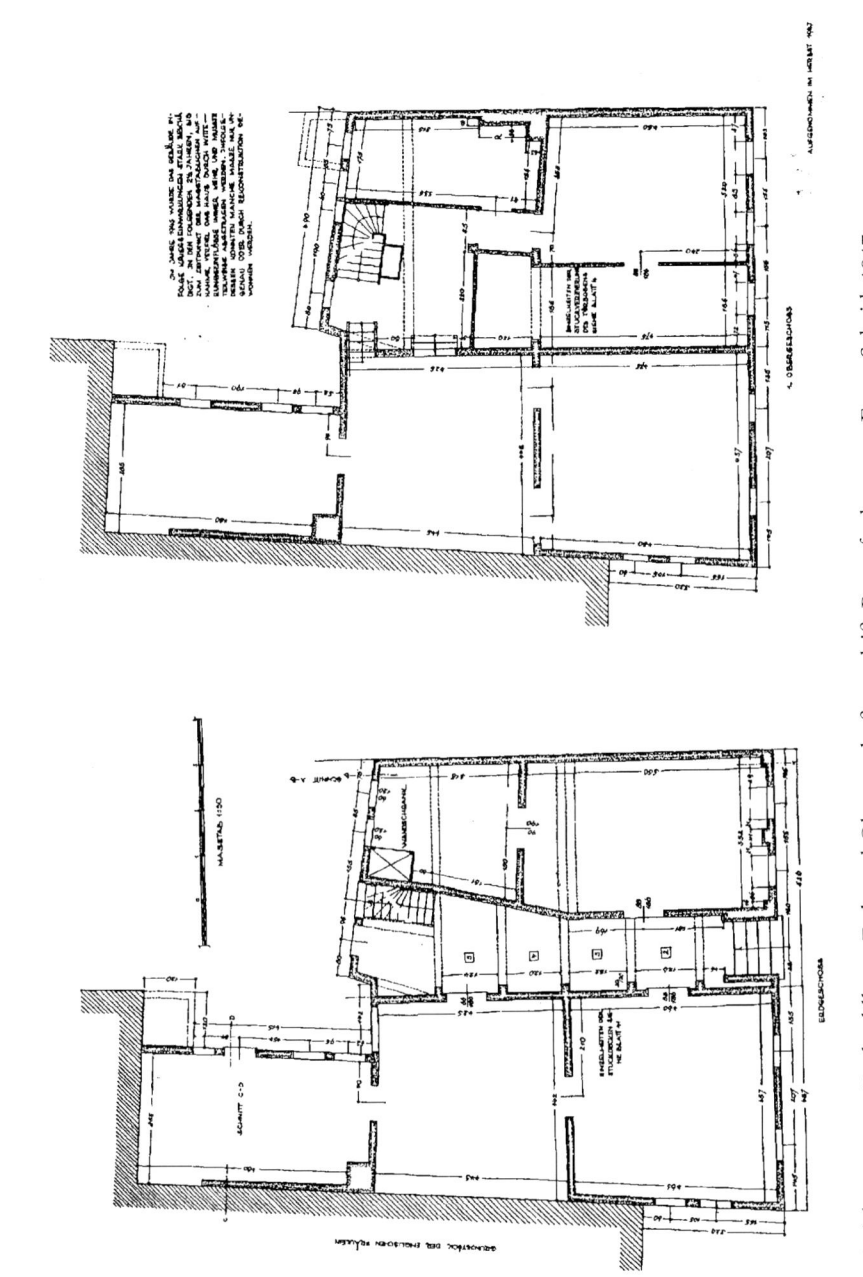

Abb. 128: Strickergasse 11, Bechtoldhaus, Erd- und Obergeschoßgrundriß. Bauaufnahme von Franz Scheid, 1947.

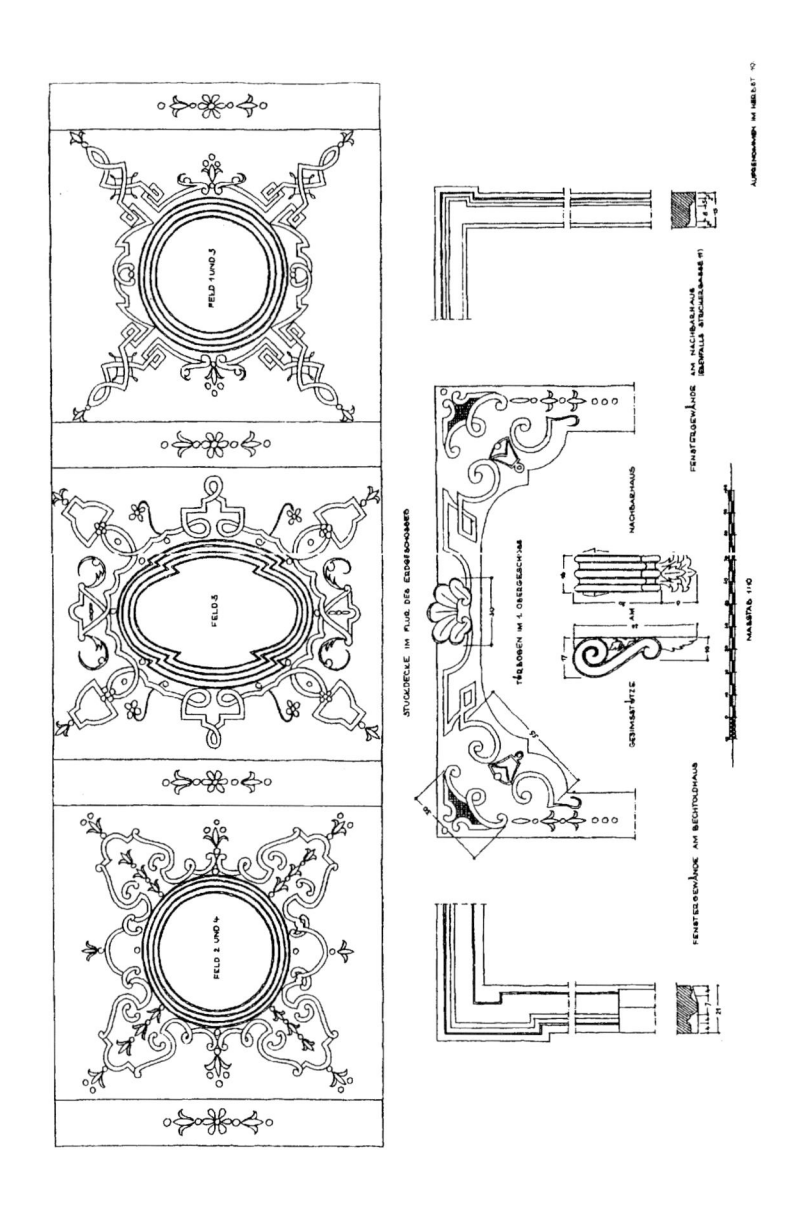

Abb. 129: Strickergasse 11, Bechtoldhaus, Stuckdecke und sonstige Details. Bauaufnahme von Franz Scheid, 1947.

Bei der Restaurierung von 1957 wurde die Fassade mehrmals mit Kalk-Sinter-Wasser behandelt und in Stupftechnik mit Membranit-Binderfarbe lassiert. Der hochspannende Binderaufstrich bewirkte nach kurzer Zeit, durch den nach dem Trocknen verbliebenen Sinterstaub, ein Abplatzen des Anstrichs auf allen Fassadenteilen.

3. Restaurierung 1969:

Fassade, die nach der Erbauung von 17 Farbanstrichen überzogen war, wurde, soweit möglich, bis zur ursprünglichen Farbe freigelegt. Die Flächen wurden ausgebessert, dann mit Caparol-Putzgrund eingelassen und mit Caparol-Binderfarbe unter Verwendung von licht- und wetterbeständigen Pigmenten in lassierender Technik behandelt. Kosten 500 DM.

Feststellung anläßlich der Restaurierung Juni/Juli 1977:
1. Giebeldreieck, Zwerchhaus bei Wiederherstellung von 1951 verändert: weniger steil, oberes Gesimsteil fehlt.
2. Backen des Dachhauses dürften früher in einer Volute geendet haben. Offenbar nach Abfaulen wurden sie im 19. Jahrhundert vereinfacht und 1951 nochmals verändert.
3. Ende des 19. Jahrhunderts besaßen Brüstungsfelder des Obergeschosses weder Bandwerk noch Rosette. Neudekoration erst unter Giegerich sen. Ebenfalls waren ursprünglich auch keine Brüstungen unter den Fenstern im Erdgeschoß.

Hausteil Lit. B 73

Das Grundstück hat eine Tiefe von nur 15 m bei 4,87 m Breite. Es reicht also nicht bis zum herrschaftlichen Bleichgarten. Vermutlich war es früher ein Teil des Grundstücks Lit. B 74.
Das schmale Gebäude ragt gegenüber dem Nachbaranwesen Haus Nr. 9 ca. 3 m in die Strickergasse. Es ist traufständig und zweigeschossig. Auf dem hohen Dach ist ein Zwerchhaus mit steilem Giebel und gekuppeltem Fenster. Die Außenwände bestehen aus Fachwerk und sind verputzt.
Der erste Stock steht geringfügig über. In jedem Stock zwei Fenster, axial und in gleichen Abständen angeordnet[13].
Bis 1841 befand sich der Hauseingang im Erdgeschoß neben Hausteil Lit. B 74. Seit der Verbindung beider Hausteile besitzt Hausteil Lit. B 73 keinen eigenen Zugang mehr.

---

[13] Siehe Anm. 9.

Im Haussockel ist ein Kellerfenster.
1951, beim Wiederaufbau des Hausteils Lit. B 73, wurde das Erdgeschoß ca. 2,50 m hinter die Bauflucht des danebenstehenden Bechtoldhauses zurückgesetzt und in der ganzen Haustiefe als Hofeinfahrt ausgebaut.
Breites Tor mit Sandsteingewände und Segmentbogen. Das Obergeschoß kragt ca. 1,70 m vor und bleibt ca. 0,80 m hinter dem Bechtoldhaus. Es ruht auf der rechten Seite auf einer Mauer, während es auf der linken Seite von einem Sandsteinpfeiler mit weitausladender Konsole getragen wird. Im verputzten Obergeschoß gekuppeltes Fenster mit Sandsteingewände. In der Dachfläche gewalmte Gaube und zweiflügeliges Fenster.

Eigentümer

Hausteil Lit. B 73

bis 1786	Johann (Jakob) Konrad Bechtold[14], Maler,
1786 bis 1817	Vinzenz Bechtold[15], Maler und Vergolder, Sohn des Johann Konrad B.,
1817 bis 1834	Barbara Bechtold, Witwe des Vinzenz B., und Tochter Katharina,
1835 bis 1837	Katharina Bechtold[16], Alleineigentümerin,
1837 bis 1841	Maria Margarethe Hammerschmitt[17], geb. Hang,
1841	Conrad Belz[18], kgl. Oberleutnant,
1841 bis 1855	Christian Winkler[19], Kaminfeger. Kauf von Erben Belz, dann wie Hausteil Lit. B 74.

---

[14] St. Agatha, Taufmatr. v. 1698, S. 23: Johann Jakob Konrad, Sohn des Bürgers Nicolaus Bechtold und seiner Gattin Catharina, wurde am 25. Juli 1698 getauft. Pate war der hiesige Bürger Johann Conrad Heeg. StaA, Sterbereg. 1738 mit 1801, S. 204: 4. Juni 1786 Jacobus Conradin Bechtold, Bürger und Maler, mit 88 Jahren gestorben. StaA, Bgb. 1659-1793, S. 69: Conrad Bechtold am 15. November 1726 Bürger geworden. Bechtold war verh. mit Anna Margaretha, geb. Löchler (1703-1775), 11 Kinder, davon starben sechs im frühen Kindesalter.

[15] Ebd., S. 422: 3. September 1778 Vinzenz Bechtold zum Bürger angenommen. Ebd., HR, B1, S. 155: Vinzenz Bechtold (1745-1817), verh. mit Barbara, geb. Ostheimer (1756-1834), 8 Kinder. Ebd., Verzeichnis der Toten 1814-1836: Anna Barbara Bechtold, 78 Jahre, 1834 gest.

[16] Katharina Bechtold (geb.1786), verh. Kohlrießer, wohnte seit 1837 in der Zwieselmühle in Schollbrunn. Sie war die Tochter von Vinzenz und Barbara Bechtold, siehe St. Agatha, Taufmatr. v. 1786, S. 399.

[17] StaA, HR, H1, S. 147: Maria Margarethe Hammerschmitt (1790-1844) war verh. mit Kaspar Hammerschmitt, Landgerichtsdiener.

[18] Ebd., Sterbereg. 1834 mit 1847, S. 180. Am 2. Juli 1841 stirbt Oberleutnant Conrad Belz im Alter von 67 Jahren.

[19] Ebd., HR, W1, S. 7: Christian Winkler (1788-1845), verh. mit Elisabeth, geb. Kindinger (1793-1855), 4 Kinder. GewA, altes Register, S. 104: Christian Winkler, Kaminkehrer, erhält die Konzession am 14. April 1822.

Hausteil Lit. B 74

seit 1841 vereinigt mit Lit. B 73

bis 1786 Johann (Jakob) Konrad Bechtold[20], Maler,
1786 bis 1829 Bartholomäus Bechtold[21], Sohn des Johann Konrad B.,
1829 bis 1836 Christoph Wundsam[22], Schreiner,
1836 bis 1855 Christian Winkler, Kaminfeger, dann seine Ehefrau Elisabeth Winkler. Gesteigert um 4.440 fl.,
1855 bis 1907 Otto Winkler[23], Kaminfeger, Sohn des Christian W.,
1907 bis 1908 Auguste Anna Kleespies[24], Kaufmannswitwe, Tochter des Otto W.,
1908 bis 1938 Ferdinand Schlotterbeck[25], Kaminkehrer, und Ehefrau Katharina, geb. Häuser,
1939 bis 1951 Katharina Schlotterbeck, Witwe, Alleineigentümerin,
1951 bis 1961 Josef Giegerich, Tünchermeister,
1962 bis 1993 Stadt Aschaffenburg,
seit 1994 Michael und Christine Roth.

---

[20] Siehe Anm. 14.
[21] StaA, HR, B1, S. 8: Bartholomäus Bechtold (1739-1829), Maler, ledig. Bei ihm wohnte seine Schwester Katharina Franzisca, die Witwe des Hofgärtners Gotthard Wundsam.
[22] Ebd., HR, W1, S. 30: Christoph Wundsam (geb. 1801, gest. 1854 in München während der Choleraepidemie), verh. mit Elisabeth geb. Müller (1802-1867), 5 Kinder. Christoph war der Enkel des Hofgärtners Gotthard Wundsam.
[23] Ebd., S. 137: Otto Winkler (1828-1907), verh. mit Franziska, geb. Mannas (1832-1902), 2 Töchter: Anna Maria (1857-1881) und Auguste Anna (geb. 1858), verh. mit Matthäus Kleespies. GewA, altes Register, S. 104: Otto Winkler erhält die Konzession als Kaminkehrer am 31. März 1856.
[24] Ebd., HR, W1, S. 137: Auguste Anna Winkler (geb. 1858), verh. mit Matthäus Kleespies (1842-1906), Kaufmann, 2 Kinder, siehe ebd., HR, CK1, S. 371.
[25] Ebd., HR, S2, S. 740: Ferdinand Schlotterbeck (1863-1938), 1. Ehe mit Luise Kruschewski (1870-1899) aus Danzig, 5 Kinder; 2. Ehe mit Katharina (Häuser) Heuser (1870-1954), 6 Kinder.

Strickergasse 13   (Lit. B 75)   Plan-Nr. 513

Geschichte

Es ist anzunehmen, daß Strickergasse 13 ursprünglich als überbaute Einfahrt Bestandteil des Bechtoldanwesens Strickergasse 11 war.
1794 gehörte es, wie Strickergasse 11, Hausteil Lit. B 74, den Brüdern Bartholomäus und Vinzenz Bechtold, Söhne des Malers Johann Konrad Bechtold[1].

---

[1] StAWü, MRA, L 17/134.

Wolfgang, der Sohn des Hofgärtners Gotthard Wundsam und seiner Ehefrau Katharina Franziska, geb. Bechtold, war bis zu seinem Tod im Jahr 1827 Eigentümer.
Hausveränderungen sind erst seit 1890 bekannt. Am 16. Mai 1890 erhält Alois Schad die Genehmigung zum Ladenumbau. Später läßt er die Geschoßtreppe vom Erdgeschoß zum Obergeschoß an die Rückseite des Hauses nach außen verlegen, um den Laden auf die Gesamttiefe zu vergrößern.
Nach dem Zweiten Weltkrieg mußten die Schäden, die durch Luftdruck und Artilleriebeschuß am 30. September 1944 am Dachstuhl, an den Außenwänden sowie im Hausinnern entstanden waren, behoben werden[2].
1958 wurde für Eigentümer Alois Reinhard ein neues Treppenhaus gebaut und der bisher nicht unterkellerte Teil des Hauses unterkellert.
1974 Abbruch des Gebäudes bis auf den Keller. Fertigstellung des Neubaus am 30. Juli 1975.
Am 2. August 1995 Genehmigung eines Fensters und einer Tür in der rückwärtigen Grenzmauer im Erdgeschoß.

Beschreibung

Zustand vor 1890

Dreigeschossig, traufständig, Erdgeschoß massiv, Obergeschosse verputztes Fachwerk, ohne Geschoßüberstände.
Neben Strickergasse 11 Hauseingang, Sandsteingewände mit Profil und Ablauf. Daneben altertümliches, sandsteinumrahmtes Schaufenster, verschließbar mit einem einteiligen Schlagladen. Im Sockel unter dem Schaufenster Kellerluke.
Im ersten und zweiten Obergeschoß je ein gekuppeltes Fenster.

Gebäudeumbau von 1890

Die Fassade erhält im Erdgeschoß eine moderne Schaufensterfront. Eingang in der Mitte zwischen zwei gußeisernen Säulen. Rechts und links des Eingangs Schaufenster, darüber Schriftfeld. In den Obergeschossen werden die gekuppelten Fenster neu gerahmt. Die Sohlbänke liegen auf Konsolen, das Fenster im ersten Stock erhält eine gerade Verdachung. Auf dem Dach sitzen zwei neue, symmetrisch angeordnete Gauben mit Dreiecksgiebeln. Die Fenster haben Segmentbögen.
Das Kellergewölbe, dessen Scheitel parallel zur Strickergasse lief und bis in Hausmitte reichte, wurde herausgebrochen. Ersatz durch eine Trägerdecke mit Kappen. Bei dieser Gelegenheit senkte man den Fußboden im Erdgeschoß um zwei Stufen, um ca. 35 cm, ab. Mit der Herausnahme einer Querwand wird

---

[2] *Stadtmüller* II, S. 437.

der Laden um ca. 2 m tiefer. Der Keller bleibt weiterhin nur durch eine Falltür erreichbar.

Bauliche Änderungen von 1958

Die Kellerdecke ist einsturzgefährdet und wird durch eine Stahlbeton-Hohlkörperdecke ersetzt. Neue Treppe für Keller und ersten Stock als rückwärtiger Anbau.

Neubau von 1974/75

Fassade: im Erdgeschoß, in Hausmitte, Eingang zur Gaststätte. Links davon ist ein Fenster.
Auf der Seite zu Strickergasse 15 separater Wohnungseingang. Die Mauerteile sind mit Klinker verkleidet. Beiderseits die alten gußeisernen Säulen als Zierstücke.
Im verputzten Obergeschoß ist ein gekuppeltes Fenster, in der schiefergedeckten Mansarde eine Gaube mit gekuppeltem Fenster.
Im Erdgeschoß die Schankstube, im eingeschossigen Anbau befindet sich die Küche.
Im Keller WC-Anlage und Kühlraum. In den Obergeschossen Wohnung. Über der Küche liegt eine Terrasse.

Eigentümer

1770/1800	Bartholomäus und Vinzenz Bechtold[3], Söhne des Malers Johann Konrad B., Gotthard Wundsam[4], Hofgärtner (bis 1770),
bis 1827	Wolfgang Wundsam[5], Schreiner,
1827 bis 1831	Christoph Wundsam[6], Sohn des Wolfgang W.,
1831 bis 1840	Kaspar Seib[7], Schneider, Kauf um 1.416 fl.,
1840 bis 1849	Johann Seib und Geschwister, Kinder des Kaspar S.,
1849 bis 1853	Andreas Brand[8], Schuhmacher,
1853 bis 1873	Barbara Asmuth[9], Witwe des Andreas B.,

---

[3] Vgl. Strickergasse 11.
[4] St. Agatha, Sterbematr. v. 1770, S. 131: Gotthard Wundsam stirbt 1770 im Alter von 40 Jahren. Gotthard Wundsam war verh. mit Franziska Katharina Bechtold. Ebd., Sterbematr. v. 1803, S. 27: Franziska Katharina Wundsam stirbt 1803 mit 64 Jahren. Vgl. Strickergasse 11, Anm. 20.
[5] StaA, HR, W1, S. 8: Wolfgang Wundsam (1765-1827), verh. mit Sophia, geb. Lutz (1779-1827). Ebd., Sterbereg. 1817 mit 1834, S. 141, S.143. St. Agatha, Trauungsmatr. v. 1798, S. 146.
[6] Vgl. Strickergasse 11.
[7] *Scherg*, Matrikel v. 1833, Nr. 15, S. 127: Samuel Oppenheimer wohnte 1833 bei „Schneidermeister Kaspar Seil [Seib] Lit. B 75". StaA, Sterbereg. 1834 mit 1847, S. 106, Nr. 169: Kaspar Seib gest. 1840.
[8] Ebd., 1847 mit 1868, S. 201, Nr. 13: 1853 stirbt Andreas Brand (1803-1853).
[9] Ebd., HR, A1, S. 56: Peter Anton Asmuth (1818-1872), Schuhmacher, verh. mit Barbara, geb. Schirber, verw. Brand (1814-1896), aus Brückenau.

1873 bis 1877 Simon Worms[10], Metzger. Kauf um 2.700 fl.,
1877 bis 1880 Alois Freund[11], Gemüsehändler, dann Ehefrau Clara Freund,
1880 bis 1905 Maria Barbara Schad, geb. Freund, Tochter des Alois F.,
1905 bis 1908 Maria Barbara Schad und Ehemann Alois Schad,[12] Produktenhändler,
1908 bis 1964 Alois Reinhard, Kaufmann,
1964 bis 1968 Maria Wenzel[13], geb. Reinhard, Tochter des Alois R.,
seit 1969 Monika Anna Wenzel.

---

[10] Ebd., HR, Israel, S. 122: Worms, Simon (1845-1909), verh. mit Veilchen, geb. Schild (1845-1913), 6 Kinder.
[11] Ebd., Sterbereg. 1869 mit 1881, S. 458: Tod von Gemüsehändler Alois Freund am 26. Mai 1880.
[12] Ebd., HR, S2, S. 746: Alois Schad (geb. 1857 in Erlenbach/Hessen), verh. mit Maria Barbara, geb. Freund (1860-1919), 3 Kinder.
[13] Maria Wenzel, verh. mit Josef Wenzel, techn. Angestellter.

Strickergasse 15 (Lit. B 76) Plan-Nr. 514

Geschichte

Auf dem Grundstück standen ein Vorderhaus und ein Rückgebäude. 1807 war der Wert des Anwesens 1650 fl.[1].
Am 12. Mai 1899 erhielt Metzger Johann Berg die Genehmigung, in seinem Haus einen Laden, eine Küche und eine Wurstküche einzurichten. Das alte Rückgebäude wurde abgerissen und zweigeschossig ganz neu gebaut. Nur der hintere Teil des Haupthauses war unterkellert, jedoch weiter als die ursprüngliche Haustiefe von 7,50 m. Das Treppenhaus im Altbau wurde kassiert. Die Treppe wurde zwischen diesem und dem neuen Rückbau neu angelegt. Daran schlossen sich die Küche und die Wurstküche. Der Teil der Wurstküche war nur erdgeschossig. Über der Küche wurde ein Zimmer, neben der neuen Treppe im Erdgeschoß und Obergeschoß wurden Aborte eingerichtet. Erst 1913 wurde die Wurstküche aufgestockt und dadurch ein weiteres Zimmer gewonnen.
Im April 1925 baute Eigentümer Josef Schad das Dach zu einem Mansarddach um und erstellte eine Wohnung. Das Dach ging jetzt über die volle Haustiefe von 9,50 m. Die Fasssade im ersten Obergeschoß wurde erneuert und anstelle der drei nun zwei Fenster eingesetzt. Bei der Ladenänderung am 29. Mai 1925 wurde das Erdgeschoß in die Baulinie vorgerückt.

---

[1] StAWü, Hypb. AB, Bd. I, S. 108.

Durch die Luftangriffe im Zweiten Weltkrieg wurden das Lagerhaus zerstört und die Dächer des Vorderhauses und Rückgebäudes sowie Wohnräume und die Ladenfront beschädigt[2].

Im Rahmen der Innenstadtsanierung von 1983 mußten Teile des Rückgebäudes abgebrochen werden.

Beschreibung

Ansicht vor 1899

Zweigeschossig, traufständig. Zwerchhaus mit umlaufendem Gesims, steilem Giebel und gekuppeltem Fenster. Beiderseits kleine Schleppgaube.
Obergeschoß gering ausgekragt in verputztem Fachwerk mit drei einfachen Fenstern in gleichen Abständen.
Im Erdgeschoß Hauseingang auf der Seite zu Strickergasse 13 mit drei Außenstufen. Neben dem Eingang Gruppe von drei Fenstern; Gewände profilumrahmt mit Ablauf.

Umbau von 1899

Die Lage des Kellers, 3,30 m hinter der Bauflucht, und der Querschnitt des Dachs, 7,50 m tief, verlängert durch ein 2 m auslaufendes Flachdach, weisen auf frühere Veränderungen hin.
Beim Umbau von 1899 wird der Laden um ca. 90 cm verlängert, der Fußboden um zwei Stufen tiefer gelegt, außerdem entsteht ein moderner Kamin.
Eine neue Treppe wird im Hof an die Grenze zu Haus Nr. 17 gebaut. Anstelle des Rückgebäudes werden Küche und Wurstküche errichtet.
In der Fassade bleibt auf der Seite zu Strickergasse 13 der Hauseingang. Anstelle der Dreifenstergruppe treten Ladentür und Schaufenster, von zwei gußeisernen Säulen flankiert. Die Fenster im Obergeschoß und das gekuppelte Fenster im Zwerchhaus werden in historisierenden Formen neu gerahmt.

Fassadenänderung von 1925

Erneuerung des Dachs. Das Zwerchhaus fällt weg, dafür entsteht eine Mansarde mit zwei Gauben. Im Obergeschoß werden die drei schmalen Fenster durch zwei breitere ersetzt; sie stehen auf einem schmalen Brüstungsgesims. Das zurückstehende Erdgeschoß wird auf die Flucht des Obergeschosses vorgerückt und bekommt ein profiliertes Gurtgesims. Der Hauseingang wird nach innen verlegt, von dem so entstehenden Flur aus ist nun der Zugang zum Laden. Statt der alten Ladentür gibt es jetzt ein neues, zweiteiliges Schaufenster. Gurtgesims und Sockel sind aus Sandstein. Die drei Pfeiler sind mit je vier ornamentierten Sandsteinplatten verkleidet.

---

[2] *Stadtmüller* II, S. 437.

Eigentümer

1790 bis 1800 Regina Hofmann[3], Witwe, und Albert Dürr,
1800 bis 1809 Albert Dürr[4], Alleineigentümer,
1809 bis 1824 Erben des Albert Dürr,
1824 bis 1853 Georg Anton Eizenhöfer[5], Schwiegersohn des Albert Dürr,
1853 bis 1865 Karl Josef Kempf, Küfer,
1865 bis 1899 Valentin Eizenhöfer[6], Billeteur in Wernfeld,
1899 bis 1902 Johann Berg, Metzger,
1902 bis 1904 Karl Hermann Grein, Metzger aus Wertheim,
1904 bis 1905 Adam Boll, Metzger,
1905 bis 1906 Maria Boll, geb. Klotz, Ehefrau des Adam B.,
1906 bis 1920 Alois Schad, Kaufmann,
1920 bis 1955 Josef Schad, Kaufmann,
1955 bis 1959 Susanne Schad, geb. Schäfer, Witwe des Josef Sch., und Kinder in Erbengemeinschaft,
1959 bis 1971 Hans Spinnler, Elektroinstallateur, und Ehefrau Elisabeth, geb. Spanick,
1971 bis 1978 Elisabeth Spinnler, Witwe, Alleineigentümerin,
1979 bis 1980 Stadt Aschaffenburg,
seit 1981 Josef Wenzel.

---

[3] St. Agatha, Trauungsmatr. v. 1773, S. 72: Ernst Hofmann heiratet Regina, geb. Wirsching. Ebd., Sterbematr. v. 1790, S. 218: Tod von Ernst Hofmann. Ebd. v. 1800, S. 258: Tod von Regina Hofmann, geb. Wirsching.
[4] Ebd., Sterbematr. v. 1809, S. 92: Tod von Albert Dürr, 70 Jahre.
[5] StaA, HR, E1, S. 15: Georg Anton Eizenhöfer (geb. 1783), verh. mit Caritas Spes, geb. Dürr (1793-1860), 5 Kinder. St. Agatha, Trauungsmatr. v. 1811, S. 48: Trauung von Georg Anton Eizenhöfer aus Kleinostheim und Spes, geb. Dürr. StaA, Sterbereg. 1847 mit 1868. Am 2. Februar 1860 stirbt die Ehefrau des Anton Eizenhöfer, Spes Eizenhöfer.
[6] Ebd., HR, E1, S. 81: Valentin Eizenhöfer (geb. 1821), Sohn von Georg Anton Eizenhöfer, Eisenbahnwärter und Eisenbahnspediteur.

Strickergasse 17 (Lit. B 77) Plan-Nr. 515

Geschichte

1794 waren Eigentümer des Anwesens die beiden Kupferschmiede Valentin und Bartholomäus Sohn.
Am 3. Juli 1803 erhielt Bartholomäus Sohn die Zustimmung des Vizedom-

amts, einen Anbau an das gemeinsame Wohnhaus nach rückwärts errichten zu lassen[1].

1808 soll in der Werkstatt des Kupferschmieds Valentin Sohn für dessen Schwiegersohn, den Bäcker Johann Kirchner, ein Backofen installiert werden. Früher hatte hier bereits ein Backofen gestanden. Die Kupferschmiede sollte in den Garten verlegt werden. An der Schmalseite reichte der Garten bis zur Mauer des herrschaftlichen Bauhofs, an der anderen Seite an den Hof des Fleischbein-Stipendiatenverwalters Christoph Keller, Strickergasse 21[2].

Nikolaus Sohn, der von seinen Eltern Valentin und Margarethe Sohn das Haus übernommen hatte, verkaufte 1832 das elterliche Anwesen an Valentin Sohn. Dieser hatte an dem Haus verschiedene „Modifikationen" vor[3]. Die Änderungen sind jedoch nicht näher beschrieben.

1854 richtete Bäckermeister Franz Sickinger in seinem neu erworbenen Haus ein Backhaus ein[4]. Er ließ noch im gleichen Jahr das Hinterhaus abbrechen[5].

Am 27. November 1877 erhielt der neue Eigentümer, Heinrich Schneider, die Genehmigung, einen Bäckerladen im Erdgeschoß einzubauen.

1900 erwirbt Theobald Elbert das Anwesen. Er bekam 1904 Ärger mit der Nachbarschaft wegen Rauchbelästigung, die durch den Kamin seines Backofens verursacht wurde.

Bäckermeister Jakob Reichert, seit 1913 Eigentümer, ließ am 31. März 1919 einen neuen Kamin für die Backstube einbauen und erhielt im April 1921 eine Entwässerungsanlage.

Im Zweiten Weltkrieg wurde die Bäckerei bis auf den Backofen und das Wohnhaus fast zerstört[6].

Der Wiederaufbau wurde am 27. Februar 1946 genehmigt. Dabei konnte der alte gewölbte Keller wieder verwendet werden. Baubeginn war im Jahr 1947, und der Rohbau stand zu Jahresende. Im Februar 1949 waren Erdgeschoß ganz und Obergeschoß zum Teil bewohnt. Die endgültige Fertigstellung des Hauses war erst im November 1949.

Ein Café, das bereits 1915 in einem kleinen Hinterraum eingerichtet war, befand sich nach dem Wiederaufbau im ersten Obergeschoß. Es wurde vor allem von Richtern und Staatsanwälten, die im Gerichtsgebäude in der Erthalstraße arbeiteten, gerne besucht. Der von Oberregierungsrat Dr. Joseph Kippes nach dem Zweiten Weltkrieg gegründete Esperantoclub in Aschaffenburg traf sich in dem kleinen Café regelmäßig mit seinen Clubfreunden.

1961: Umbau der Schaufenster.

1970: Schließung des Cafés.

---

[1] StAWü, MRA, LG 2951.
[2] Ebd., 2793 v. 12. Mai 1808.
[3] StaA, Mag.Prot. v. 3. Mai 1832.
[4] Ebd. v. 23. Januar 1854.
[5] Ebd. v. 1. Juni 18524.
[6] *Stadtmüller* II, S. 43 7.

Ernst Reichert entschloß sich, am 31. Dezember 1982 seine Bäckerei ganz aufzugeben. Die alte Backstube wurde deshalb abgebrochen.
Die Stadt Aschaffenburg erwarb 1985 im Zusammenhang mit dem Bau des Landingtunnels, der Erweiterung des Schloßgartens und der Errichtung der neuen Stadtbibliothek den rückwärtigen Teil des Grundstücks, eine Fläche von 123 m².
1989 wurden bauliche Änderungen im Haus und an der Fassade wegen Einrichtung einer Kanzlei vorgenommen.

Beschreibung

Änderung von 1877

Das Haus ist zweigeschossig, giebelständig, mit Krüppelwalm.
Damals wurde in die linke Hälfte des Gebäudes, auf der Seite zu Strickergasse 15, ein Laden mit Schaufenster und Eingangstür eingebaut. Die rechte Haushälfte nimmt ein großes Tor mit Korbbogen ein. Über dem Erdgeschoß Gurtgesims. Im ersten Stock sind auf einem Brüstungsgesims über der Einfahrt zwei einzelne Fenster, in der linken Haushälfte ist eine Dreiergruppe. Alle Fenster sind mit glatten Gewänden umrahmt. Von der Dreifenstergruppe im Dachgeschoß ist das mittlere Fenster etwas breiter und mit Rundbogen (Palladiomotiv).
Auf dem Krüppelwalm ist eine kleine Gaube in Segmentbogenform.
Die Giebelmauer muß massiv gewesen sein. Unter dem Haus lag ein Keller. Der Gewölbescheitel stand senkrecht zur Straße.

Neubau von 1946

Gebäude an der Strickergasse zweigeschossig, traufständig, Mansarddach mit drei Gauben.
Im Erdgeschoß vier Öffnungen, darüber Rundbögen, diese und die Pfeiler mit Sandsteinplatten verkleidet. In der ersten und dritten Achse von links sind Schaufenster, in der zweiten Achse ist der Ladeneingang und in der vierten Achse der Hauseingang. Über dem Erdgeschoß Gurtgesims.
Im Obergeschoß vier große Fenster in gleichen Abständen, mit Gewänden aus Sandstein. Der Entwurf war von Dipl.-Architekt Ludwig Dölger.

Umbau von 1961

Die Arkadengliederung wird entfernt. Neue Ladenfront mit zwei ungleichgroßen Schaufenstern und Ladentür, daneben Hauseingang. Rahmenwerk und Türen aus eloxiertem Aluminium. Wandflächen bis zum Gurtgesims mit Klinkerriemchen verkleidet.

Umbau von 1989

Wegen Einrichtung einer Kanzlei werden im ganzen Haus bauliche Änderungen durchgeführt. In der Fassade im Erdgeschoß vier Achsen, wie im Obergeschoß. In den beiden linken Achsen Fenster, in den beiden rechten Kanzlei- und Hauseingang.

Eigentümer

1794 bis 1813	Valentin Sohn[7] und Bartholomäus Sohn[8], beide Kupferschmied,
1813 bis 1817	Margarethe Sohn[9], Witwe des Valentin S.,
1817 bis 1832	Nikolaus Sohn[10], Kupferschmied,
1832 bis 1845	Valentin Sohn[11], Kupferschmied,
1845 bis 1850	Sophie Sohn[12], Witwe,
1854 bis 1877	Franz Sickinger, Bäcker,
1877 bis 1883	Heinrich Schneider, Bäcker aus Hessenthal,
1883 bis 1900	Jakob Fischer, Bäcker aus Großwallstadt,
1900 bis 1913	Theobald Elbert, Bäcker aus Rüdesheim,
1913 bis 1939	Jakob Reichert[13], Bäcker, und Margarete Funk, Landwirtstochter,
1939 bis 1959	Margarete Reichert, geb. Funk, Witwe des Jakob R.,
1959 bis 1984	Ernst Reichert, Bäcker, Sohn des Jakob R.,
1985	Erbengemeinschaft Reichert: Emilie, Wolfgang und Walter R.,
1985 bis 1986	Stadt Aschaffenburg,
1987 bis 1988	Dr. Wolfgang Pieper und Ehefrau Helga,
seit 1989	Helga Pieper, Alleineigentümerin.

---

[7] St. Agatha, Sterbematr. v. 1813, S. 134: Tod von Valentin Sohn, 64 Jahre.
[8] StaA, HR, S1, S. 16. Bartholomäus Sohn (geb. 1765), verh. mit Sophia, geb. Truckenbrod (1769-1832).
[9] St. Agatha, Sterbematr. v. 1817, S. 201: Tod von Margarethe Sohn, Witwe. Margarethe, geb. Ruppel, war seit 1778 mit Valentin Sohn verheiratet. Ebd., Trauungsmatr. v. 1778, S. 89.
[10] Nikolaus war der Sohn von Valentin und Margarethe Sohn, geb. 1788. Ebd., Taufmatr. v. 1788, S. 425.
[11] Ebd., Sterbematr. v. 1845, S. 220: Tod von Valentin Sohn, verh., 48 Jahre, Strickergasse 17.
[12] StaA, Sterbereg. 1847 mit 1868, S. 650: 1866 stirbt Sophie Sohn, Witwe des Valentin Sohn, im Alter von 70 Jahren.
[13] Gekauft von seinem Onkel Theobald Elbert.

Strickergasse 19 (Lit. B 78) Plan-Nr. 516

Geschichte

Das Haus war dem Kollekturfonds von St. Agahta zinspflichtig. Aus noch vorhandenen Rechnungen waren seit 1704 Matthäus Büdingers Witwe[1] und 1734 Johann Büdinger[2] Besitzer.
Amtsschreiber Johann Traupel zahlte 1781 und 1785 15 kr.[3]
Postverwalter Johann Strauß, der 1803 das Haus kauft, ist es zu „unscheinbar", deshalb läßt er die Fassade ändern. Im Erdgeschoß sind drei Fenster, die Tür und ein kleines Sichtfensterchen. Im Obergeschoß sind fünf Fenster. Wegen der Symmetrie läßt er im Erdgeschoß zwei neue Fenster einbrechen und die drei schon vorhandenen Fenster denen im Obergeschoß anpassen. Strauß erhält die Genehmigung, da die Maßnahme zur „Verschönerung der Stadt dient". Im Erdgeschoß richtet Strauß das Postbüro ein[4]. Nach seinem Tod werden „in dem Sterbehaus des verlebten Hr. Postverwalters Strauß […] mehrere Mobilien […] versteigert"[5].
Über Bautätigkeiten innerhalb der nächsten 100 Jahre liegen keine Unterlagen mehr vor.
1903 wird im Anwesen des Adolf Frankenberger, Kirchendiener und Glöckner, ein Laden eingerichtet.
19. Juli 1907: Genehmigung von Schweineställen.
1922 erwirbt Metzgermeister Emil Hufgard das Haus. Seit dem 28. August 1926 hat er im Hintergebäude eine Wurstküche und eine Waschküche.
Das ganze Anwesen wird im Zweiten Weltkrieg bis auf den Keller zerstört[6].
1948 Wiederaufbau des Wohnhauses und der Rückgebäude nach Plänen von Architekt Werner Schlauersbach. Am 2. Mai 1949 Bezug der neuen Wohn- und Geschäftsräume.
Im Frühjahr 1954 eröffnet Alma Hufgard im Erdgeschoß die Gaststätte „Zum Schloßberg".
1967: Ausbau des Dachs über der Mansarde.
1980: neuer Fassadenanstrich grellblau-lila. Der Denkmalschutz schaltet sich ein und verlangt, daß das Haus hell neu gestrichen werden muß.
Das Lokal hieß „Klosterweinstube", „Klosterstüberl", dann „Lila Häus'che".
Im Zuge der Innenstadtsanierung 1988 wurde ein Teil des rückwärtigen Grundstücks von der Stadt erworben und das darauf befindliche Gebäude abgerissen.

---

[1] StaA, R 304.
[2] Ebd., R 354.
[3] Ebd., R 484 u. R 494.
[4] StAWü, MRA, LG 2946 v. 30. Juni 1803.
[5] Depart.Bl. Nr. 75 v. 18. September 1813. Intell.Bl. Nr. 83 v. 12. Oktober 1814: Strauß Erben.
[6] *Stadtmüller* II, S. 437.

Heute – 2001 – heißt das Lokal „Uwe's Bistro Lila Häuschen". Die Einrichtung eines Gartenlokals im Lila Häuschen, auch bei vollständiger Überdachung des Innenhofs, wurde wegen des zu hohen Lärmpegels vom Verwaltungsgericht Würzburg im Februar 1997 abgelehnt.

Beschreibung

Zustand des Hauses vor 1903

Zweigeschossiges, giebelständiges Haus. Das Erdgeschoß ist massiv, das vorkragende Obergeschoß und der Giebel sind aus Fachwerk. Unter dem Erdgeschoß zwei Gewölbekeller. Der größere liegt parallel zur Straße und reicht bis zur Hausmitte, ist aber kürzer als die Straßenfront. Der kleinere Keller nimmt etwa das rückwärtige Viertel des Hauses ein und liegt an der Grenze zu Haus Nr. 17. Sein Scheitel steht senkrecht zur Straße. Die Keller stimmen nicht mit dem Hausgrundriß überein.
Das Haus wurde 1803 umgebaut. Vermutlich entstanden damals jene fünf Fensterachsen im Erdgeschoß und Obergeschoß, die bis zur Zerstörung im Zweiten Weltkrieg noch vorhanden waren.

Änderung von 1903

Einbau eines Ladens. In Fassadenmitte Hauseingang, rechts zwei Fenster mit Sandsteingewände. Unter dem äußeren Fenster halbrunder Kellerzugang, dessen Bodentür deutlich in den Gehsteig reicht. Links der Haustür sind Schaufenster und Ladeneingang.
Zu Beginn des 20. Jahrhunderts wurde das Fachwerk freigelegt. Es zeigte sich, daß durch die gleichmäßige Anordnung der Fenster im Sinne des Klassizismus das Fachwerk so sehr gestört war, daß aus dem Gefüge Rückschlüsse auf die Entstehungszeit nicht möglich sind.

Neubau von 1948

Auf der Seite zur Strickergasse zweigeschossig mit Mansarddach. In allen Geschossen vier gleiche Achsen. Im Erdgeschoß, auf der Seite zu Haus Nr. 21, zweiflügeliger Eingang. Daneben zwei Schaufenster mit Ladentür in der Mitte. Alle Öffnungen mit Segmentbogen als oberen Abschluß. Über dem Erdgeschoß Gurtgesims. Vier Fenster im Obergeschoß mit Sandsteingewänden. In der Mansarde vier Gauben mit Dreiecksgiebel.
Auf der Hofseite besitzt das Haus drei Vollgeschosse. Die alten Gewölbekeller wurden erhalten.

Eigentümer

1781/1785	Johann Traupel, Amtsschreiber,
1794	Georg Scheller,
1803 bis 1812	Johann Heinrich Josef Strauß[7], Posthalter,
bis 1820	N.N. Leimbach, Halloberbeamter am herrschaftlichen Salzamt[8],
1820 bis 1856	Karl Herrmann[9], Buchhalter, dann seine Witwe und Tochter,
1856 bis 1876	Eva Schließmann[10],
1876 bis 1877	Therese Amalie Schließmann, Tochter der Eva S.,
1877 bis 1893	Franz Weinlein[11], Sattler, Kauf,
1894	Anna Weinlein[12], Witwe von Franz W.,
1894 bis 1895	Therese Amalie Schließmann, Rentnerin, s.o., ersteigert,
1895 bis 1902	Matthäus Weinlein[13], Metzger, Kauf,
1902 bis 1921	Adolf Frankenberger, Gärtner und Kirchendiener,
1921 bis 1922	Paul Ostheimer, Orthopäde,
1922	Johann Damrich, Vertragsangestellter,
1922 bis 1948	Emil Hufgard, Metzger, und Ehefrau Christine, geb. Krenz,
1948 bis 1961	Willy Hufgard, Metzger, Sohn des Emil H.,
1961 bis 1994	Alma Hufgard, geb. Roth, Witwe des Willy H.,
seit 1995	Friederike Looser und Hannelore Heyeck[14].

---

[7] StaA, HR, S1, S. 2. Ebd., AN, Schn-Sy: Strauß 1789: Gesuch des Posthalters um Annahme als Bürger. St. Agatha, Sterbematr. v. 1812, S. 118: Am 15. Mai 1812 starb Heinrich Joseph Strauß, 74 Jahre, „Francof. postarum Administrator".

[8] Das Hall- bzw. Salzamt war in der Suicardustraße 1.

[9] StaA, Sterbereg. 1847 mit 1868, S. 293: Karl Herrmann, Buchhalter, 82 Jahre, stirbt am 26. Oktober 1855.

[10] Eva Schließmann war die Ehefrau des Andreas Schließmann, Rentamtsdiener. StaA, Sterbereg. 1847 mit 1868, S. 385: 1858 stirbt Andreas Schließmann. Ebd., 1869 mit 1881, S. 289: 1876 stirbt Eva Schließmann, Witwe des Andreas Schließmann.

[11] Ebd., HR, W1, S. 160: Franz Weinlein (1834-1893). In 1. Ehe verh. mit Crescentia Moritz (1836-1891). 2. Ehe mit Anna Doehling (geb. 1855).

[12] Ebd.: Anna Weinlein, geb. Doehling (geb. 1855).

[13] Matthäus Weinlein wohnte Schloßberg 2.

[14] Beide in USA verh.

Abb. 130: Strickergasse 19 und 21, Ansicht des Fachwerks nach einer Zeichnung von Alois Grimm.

Strickergasse 21 (Lit. B 79, 80) Plan-Nr. 517, 518
Flurstück Nr. 517/1 (seit 1954)
und Ridingerstr. 1
Flurstück Nr. 517 (seit 1967)

Geschichte

Das Haus gegenüber dem „Glockenhaus", oder auch 1674 „bei der Strickerpforte" bezeichnet, war dem Kollekturfonds von St. Agatha grundzinspflichtig. Nach den Rechnungen sind folgende Besitzer genannt: bis 1633 Jakob Wendel[1], spätestens seit 1640 Hippolytus Maier[2], Hoffurir, 1645 dessen Witwe, 1665/1674 Johann Starckert, Pistormeister[3], 1704[4] Johann Nikolaus Gerlach[5], bis 1732 dessen Witwe, dann seit 1732[6] ihr Sohn Franz Wilhelm Ger-

---

[1] StiA, 6595.
[2] Ebd., R 33529.
[3] Johannes Starckert (Starckhart) war Bäcker. Siehe *Friederichs*, S. 107, Nr. 836.
[4] StaA, R 304.
[5] Gerlach starb 1712.
[6] StaA, R 351.

lach. 1778 und 1781 zahlten die Kinder des verstorbenen Franz Wilhelm Gerlach noch einen Grundzins von 49¹/₂ kr.[7].

Auf dem Eckgrundstück zum Schloßberg standen ein Wohnhaus und eine alte unterkellerte Brennerei. Das Brauhaus wurde 1804 erwähnt, weil eine Laterne als Straßenbeleuchtung dort aufgehängt werden sollte, damit so „der Weg den Schloßberg hinunter etwas Licht erhält"[8]. Das Brauhaus stand demnach auf der zur heutigen Ridingerstraße zugekehrten Seite.

1808 erhielt Joseph Anton Vetter die Konzession als Straußwirt auf das Haus Strickergasse 21[9]. Er trat aber erst 1825 als Hauseigentümer auf, als er am 9. Juni 1825 Änderungen an seinem Wohnhaus vornehmen ließ. Zur gleichen Zeit wurde ein neuer Hinterbau im Hof, an der Seite zum Hausgarten von Strickergasse 19 errichtet.

Seit 1826 durfte Vetter den Wasserablauf des städtischen Brunnens an der Karlstraße, vor seiner Hofmauer, benutzen. Auf Widerruf zu Martini jeden Jahres zahlte er 1 fl. 30 kr. jährlich[10].

Am 11. Februar 1845 reichte Weinwirt Joseph Anton Vetter für seinen Sohn Moritz, Likörfabrikant, ein Gesuch ein zur Errichtung eines Gebäudes für die Brennerei entlang der heutigen Ridingerstraße. Auf die ablehnende Haltung der königlichen Bauinspektion – die Rückseite des Grundstücks stoße gegen den herrschaftlichen Bauhof – erklärte Vetter am 7. März 1845, daß die Brennerei schon über 80 Jahre existiere und nun in die neuen Räume verlegt werden sollte. Vetter legte am 28. April 1846 Rechtsbeschwerde ein und verlangte die Angabe der Gründe der Ablehnung. Die königliche Bauinspektion nahm am 6. Juni 1846 Stellung. Die Baugenehmigung wurde aus folgenden Gründen verweigert:

1. keine Fabrik, da vorher auch keine da war,
2. wegen der Schloßnähe,
3. „deformierend" für die Umgebung,
4. übler Geruch,
5. Lärmbelästigung durch die Küferei,
6. erhöhte Brandgefährlichkeit,
7. Volumen des ursprünglichen Feuerrechts wird bei Ausbau der Fabrik überschritten,
8. Wegnahme von Licht, Luft, Sonne und Aussicht.

Vetter widerlegte am 3. Juli 1846 die angegebenen Gründe der Reihe nach. Der

---

[7] Ebd., R 484, Nr. 21, S. 12.
[8] StAWü, MRA, L 17/134.
[9] Ebd., Mz. Polizeiakten 2608 v. 27. April 1808. „Straußwirt" = Wirt einer Strauß- oder Heckenwirtschaft. Heckenwirtschaften dürfen nur eigene Erzeugnisse verkaufen und sind deshalb nur zeitweise im Jahr geöffnet, solange der Vorrat reicht.
[10] StaA, Mag.Prot. v. 10. April 1826.

Platz sollte als Hausplatz von jeher besteuert gewesen sein und war von einer alten Mauer umschlossen.

Erst am 19. August 1846 bekam Joseph Anton Vetter durch den königlich bayerischen Obersthofmeisterstab die Genehmigung zur Errichtung eines Brennhauses[11]. Dabei mußte Vetter mehrere Bedingungen einhalten: keine Abänderung des Äußeren, entschädigungslose Abtretung an der Straße (heute Ridingerstraße). Das Pflaster des an dem Gelände vorbeiführenden Wegs hatte 1834 „unregelmäßiges Schichtenpflaster" bekommen.

Im September 1846 konnte Weinwirt Joseph Anton Vetter endlich mit dem Bau seines Brennhauses beginnen. Im Oktober 1846 stürzte bei den Bauarbeiten ein Gewölbe ein, dabei wurden mehrere Personen leicht verletzt.

Am 12. Oktober 1846 Genehmigung zu einem Anbau an das neue Brennereigebäude. Doch erst am 3. März 1848 wurde die Zustimmung der Nachbarin Sophie Sohn, Strickergasse 17, eingeholt. Sie hatte nichts einzuwenden, wenn keine Fenster angebracht werden[12].

Fabrikant Moritz Vetter ließ im Februar 1856 sein Nebenhaus vergrößern. Der untere Stock mußte in Stein ausgeführt werden[13]. Am 12. Juli 1872 veröffentlichte die Witwe Vetter in der Zeitung, daß sie das Geschäft an Franz Matthäus Haus übergeben hat[14]. Der Verkauf erfolgte im Juni 1873[15].

Im September 1882 erhielt Haus statt der beiden alten Kamine zwei neue russische.

Franz Matthäus Haus, ein praktizierender Katholik und angesehener Aschaffenburger Bürger, starb 1929 mit 90 Jahren. Bereits 1910 hatte er sein Anwesen an seine Söhne Adam und Friedrich Haus übergeben.

1921 bat Weinhändler Haus um die Genehmigung, einen Teil des Hofs überdachen zu dürfen. Der Weinwirtschaftspächterin Margarita Ruf, Witwe, wird 1929 erlaubt, eine Reklamelaterne vor dem Haus anbringen zu dürfen.

Die Weinwirtschaft wurde bis kurz vor dem Zweiten Weltkrieg verpachtet. Zuletzt hatte Ferdinand Daus den Ausschank.

Am 21. November 1944 wurde das Wohn- und Geschäftshaus total zerstört[16]. Die Brennerei und Kelterei wurden nicht mehr weiterbetrieben. Der Weinhandel wurde 1960, mit dem Tod von Friedrich Haus, eingestellt.

---

[11] StAWü, Reg.Ufr, Abgabe 1943/45, Nr. 725 v. 19. August 1846.
[12] Das Haus von Frau Sohn (Strickergasse 17) stößt an Strickergasse 21, da Strickergasse 19 nicht die rückwärtige Grenze erreicht.
[13] StaA, Mag.Prot. v. 18. Februar 1856.
[14] BaM v. 12. Juli 1872.
[15] GewA, Verz. 1/28/1, S. 172: Die Zulassung für die Weinwirtschaft in der Strickergasse 21 hatten folgende Personen:
Franz Matthäus Haus   seit 29. Mai   1873
Friedrich Binge   seit 21. August   1891
Margarete Ruf   seit 27. November 1925
Ferdinand Daus   seit 4. Juli   1930.
[16] *Stadtmüller* II, S. 437.

Im Frühjahr 1954 Wiederaufbau von Strickergasse 21 mit der hinzu erworbenen Teilfläche im Auftrag der Familie Haus. Planung und Ausführung Architekturbüro Alois Grimm, Anton Schmitt und Willi Goldhammer. Bauvollendung: Dezember 1954.
1967 Abbruch der Gebäudereste des 1846 errichteten Brennhauses und der auf dem Gelände noch bestehenden Teile der alten Stadtmauer zwischen dem ehemaligen Strickertor und Schloß. Der Neubau von 1967, anschließend an das Haus Strickergasse 21, steht auf der Restfläche zur Ridingerstraße. Entwurf des Hauses: Architekten Georg und Siegfried Ackermann. Der Neubau erhielt die Hausnummer Ridingerstraße 1.

Beschreibung

Das Grundstück

Auf dem Urkataster von 1845 trägt das Eckgrundstück die Nummern Lit. B 79 und Lit. B 80. Es ist der Länge nach in zwei etwa gleich große Flächen geteilt. Diese Teilung wird verursacht durch die Stadtmauer, die vom früheren Strickertor zur Nordostecke des damaligen herrschaftlichen Bauhofs verlief. In einem „Situationsplan" von 1846 aus der Hausakte der Stadtverwaltung ist die Stadtmauer eingezeichnet. Sie ist ca. 1 m stark, mit einer etwa 3 m breiten Öffnung und verbindet die beiden Grundstücksteile. Zeitweilig trugen die Grundstücke, vermutlich wegen ihrer unterschiedlichen Nutzung, die Flurnummern 517 und 518. Später werden beide nur noch unter der einen Flurstück Nr. 517 geführt.
Nach dem Zweiten Weltkrieg erhält das Grundstück mit dem Neubau Strickergasse 21 die Flurstück Nr. 517/1.
Im Zusammenhang mit der Innenstadtsanierung entsteht ein rückwärtiger Bauplatz mit der Flurstück Nr. 517/2.
Der Neubau Ridingerstraße 1 steht auf dem Flurstück Nr. 517.

Wohnhaus und Seitenflügel, Flurstück Nr. 517, vor der Zerstörung von 1944

Alois Grimm stellte 1944 am Erdgeschoß des Wohnhauses infolge der Erschütterungen durch Bombardierung Spuren der ursprünglichen Gestaltung in diesem Bereich fest. Demnach müßte der neben Haus Nr. 19 liegende Hauseingang rundbogig gewesen sein. Daneben waren in den Ecken abgeschrägte Fenster, um das dahinterliegende Vorhaus zu erhellen. Die übrigen Fenster waren gekuppelt und in Gruppen angeordnet. Alle Öffnungen waren mit einfachen nachgotischen Hohlkehlen und Ablauf, die Tür mit zierlichen Renaissanceprofilen versehen.
Zu Beginn des 20. Jahrhunderts wurde auf Initiative des Heimatforschers Guido Hartmann die Fassade des zweigeschossigen giebelständigen Fachwerkhauses freigelegt.

Der erste Stock ist zweimal horizontal abgeriegelt und kragt auf dem Stichgebälk leicht über. Der Bundstiel steht außermittig; er hat nur noch auf der linken Seite eine Knagge und eine Strebe, wie auch der Eckstiel. Das Feld rechts des Bundstiels ist größer als das linke. Dort sind nur hohe, unechte Streben aus späterer Zeit. In beiden Feldern Gruppe mit vier gekuppelten Fenstern. Der Dachstock unter dem Kehlbalken zeigt drei ursprüngliche Mann-Figuren, die den Mittellängsunterzug und seitlich jeweils das Stuhlrähm tragen. Beiderseits der zwei Feldstiele Fenster. Das darüberstehende Giebeldreieck besitzt ein einfaches Gefüge, das vermutlich nachträglich erneuert wurde.
Im Erdgeschoß neben Haus Nr. 19 gerahmter breiter Eingang, auf älteren Bildern mit Oberlicht. In der Mitte des Türsturzes vermutlich Hauswappen. Anschließend fünf Fenster in gleichen Abständen. Im Sockel Kellerfenster.
Die Beobachtungen im Erdgeschoß und die ursprünglichen Fachwerkfiguren deuten auf eine Entstehung um 1600 hin.
Der anschließende Seitenflügel ist zweigeschossig und traufständig. Die beiden Stockwerke haben die gleiche Höhe wie das Hauptgebäude. Vier Fensterachsen. Im Erdgeschoß sind zwei Fenster und das große Hoftor. Das Fachwerk im Oberstock ist ungeordnet und nur konstruktiv.
Entlang der Grenze zu Strickergasse 19 ist ein schmales Rückgebäude, das als bewohnt im Lageplan eingetragen ist. Auf der Grenze zum Bauhof (heute Schloßgarten) befindet sich ein Nebengebäude.

Bebauung des Grundstücksteils außerhalb der ehemaligen Stadtmauer, Flurstück Nr. 518, vor der Zerstörung von 1944

Eingeschossiges, traufständiges Gebäude, etwa 10 m x 7 m groß. Es ist von außen an die Stadtmauer gebaut und ragt ca. 1 m vor die Bauflucht. In der Fassade zur Strickergasse zwei Fenster, eine Tür und ein rundbogiger Kellerabgang.
Im Satteldach gaubengroßes Zwerchhaus. Es könnte sich hier um das 1804 genannte Brauhaus handeln.
Rückgebäude an der Außenseite der Stadtmauer und der rückwärtigen Grundstücksgrenze.
Das Grundstück ist zur „Straße vom K. Schlosse gegen das Schönthal"[17] von einer Mauer eingefaßt. Zur Karlstraße hin Zufahrt und öffentlicher Brunnen.
1846 Neubau eines Brennhauses entlang der heutigen Ridingerstraße und Bau einer Halle an der Grenze zum königlichen Bauhof.
Das neue Brennhaus war 100 Fuß (29 m) lang und 27,6 Fuß (8 m) breit. Gewölbekeller und Erdgeschoß hatten eine lichte Höhe von jeweils 4 m. Das

---

[17] Beschriftung auf dem Lageplan in der Hausakte.

Bauwerk bestand aus Sandsteinen in etwa gleich hohen Schichten. Das Satteldach hatte einen Kniestock. An der Ridingerstraße acht Fenster mit Segmentbogen in gleichen Abständen. Im Giebel auf der Seite zur Strickergasse Zugang zum Keller. Auf der Hofseite Eingang in das Erdgeschoß.
Die neue Halle hat auf dem Lageplan in der Hausakte denselben Querschnitt wie das Brennhaus und reichte entlang der rückwärtigen Grenze bis zum Anwesen Strickergasse 17. Das ca. 3,80 m hohe Pultdach hatte Gefälle zum Hof. Die Reste des Brennhauses mußten 1967 wegen Einsturzgefahr abgebrochen werden.

Wiederaufbau des Hauses Strickergasse 21, Flurstück Nr. 517/1 im Jahre 1954

Dreigeschossiges traufständiges Wohnhaus mit Arztpraxis. Hauseingang in Fassadenmitte, darüber Treppenhausfenster in Podesthöhe, als Abschluß Rundfenster. Zu beiden Seiten dieses Mittelteils je drei Fensterachsen. Mittelteil und seitliche Lisenen durch Putzstruktur und Farbe hervorgehoben.

Neubau des Hauses Ridingerstraße 1, Flurstück Nr. 517, im Jahre 1967

Dreigeschossiges Wohn- und Geschäftshaus. Im Erdgeschoß neben Strickergasse 21 Ladeneingang, dann zweiteiliges Schaufenster und ein zweiflügeliges breitgelagertes Fenster.
In den beiden Obergeschossen je drei Fensterachsen. Im ausgebauten Dach drei Dachflächenfenster.
Hauseingang durch die überbaute Hofeinfahrt von der Ridingerstraße aus. Im Hof Garagen.

Eigentümer

1732 bis 1778	Franz Wilhelm Gerlach[18],
1778/1794	Kinder des Franz Wilhelm Gerlach,
1803/1824	Christoph Keller, „Rezeptor", Stipendiatverwalter und Weinwirt[19],
1825 bis 1851	Joseph Anton Vetter[20], Weinwirt und Brennereibesitzer,
1851 bis 1869	Moritz Anton Vetter[21], Likörfabrikant, Sohn des Joseph Anton V.,

---

[18] St. Agatha, Sterbematr. v. 1778, S. 159: Franz Wilhelm Gerlach stirbt 1778 im Alter von 78 Jahren.
[19] StaA, Verzeichnis der Toten 1814-1836, S. 105: Am 24. Mai 1824 stirbt Magistratsrat Christoph Keller im Alter von 78 Jahren.
[20] Ebd., HR, V, S. 6: Joseph Anton Vetter, Küfermeister (1783-1852), verh. mit Katharina Menthen (1785-1829), 2 Kinder.
[21] Ebd., S. 26: Moritz Anton Vetter (1812-1869), verh. mit Sabine Franziska, geb. Marx (1821-1899). Moritz Anton Vetter wurde durch kgl. Regierungsentschließung vom 23. April 1844 die Konzession zur Errichtung einer Fabrik von Weingeist, Likören und wohlriechenden Essenzen erteilt.

1869 bis 1873 Sabine Franziska Vetter, Witwe des Moritz Anton V.,
1873 bis 1910 Franz Matthäus Haus[22], Konditor, dann Weinwirt, Weinhändler und Likörfabrikant, Kauf um 2.500 fl.,
1910 bis 1958 Adam[23] und Friedrich[24] Haus, Söhne des Franz Matthäus H., Weinhändler,
1958 bis 1960 Friedrich Haus ($^1/_2$) und die Kinder des Adam Haus ($^1/_2$),
1960 bis 1993 Erbengemeinschaft Haus,
seit 1994 Michael Zimmermann.

---

[22] Ebd., HR, H1, S. 362: Franz Matthäus Haus (1839-1929), Likörfabrikant, verh. mit Amalie Inderwiesen (geb. 1844), 16 Kinder.
[23] Ebd., HR, H2, S. 583: Adam Vinzenz Haus (1868-1958), verh. mit Margarethe Hock (geb. 1875), 6 Kinder.
[24] Ebd., S. 749: Friedrich Haus (1876-1960), heiratet seine Schwägerin Maria Katharina Hock (geb. 1876), 4 Kinder.

b) gerade Hausnummern – Seite zu St. Agatha

Strickergasse 2 (Lit. B 121) Plan-Nr. 620, 621
(Lit. B 121$^1/_2$) Plan-Nr. 624 (bis 1804, dann Steingasse 20)

Gasthof „Zum Römischen Kaiser", zugleich Poststall (1796-1856)
Bezirksamtsgebäude (1856-1894)

Geschichte

Das Grundstück, ein Garten des Stifts, wurde erst 1790 bebaut.
Der Zentgraf vorm Spessart, Philipp Arbogast, soll 1638 im Namen des Vizedoms Ritter Philipp von Hoheneck[1] einen Garten vom Stift kaufen „an dem von Junker Geippel anstoßend aufm Steinweg gegen Schloß über, ,Trium Regum' genannd". Er soll entweder in bar bezahlen oder dem Stift einen anderen Platz zurückkaufen. Junker Geipels Anwesen liegt in der Steingasse und grenzt an das Grundstück von Trium Regum, Steingasse 16 und 18.
Der Garten soll laut Beschluß nicht verkauft werden[2]. Doch in den Kirchen-

---

[1] Vizedom Ritter Philipp von Hoheneck, siehe Treibgasse 28, Vizedomamtshaus: Liste der Vizedome.
[2] StiA, 4611, Stiftsprot. v. 19. Februar 1638.

rechnungen der Muttergotteskirche von 1661-1662 taucht unter den Einnahmen von B 121 der Name Kontz Adolf Freiherr von Hoheneck auf. Dies bedeutet, daß der Garten zu dieser Zeit entweder verpachtet oder auch schon damals Eigentum der Familie von Hoheneck[3] war.

Posthalter Heinrich Strauß, der in seinem Anwesen, Steingasse 15, um 1780 einen Poststall hatte[4], kauft 1790 „den am Schloßberg gelegenen öden Platz"[5]. Der Bauplatz stammt von Domsänger Freiherr von Hoheneck und wird der „Geipelsgarten" genannt[6].

Strauß baut auf diesen ehemaligen Garten des Stifts ein Haus. Die Steine für den Neubau werden am Findberg gebrochen. Strauß stellt am 4. Dezember 1790 bei der Landesregierung den Antrag, damit er das Chausseegeld für den Transport erlassen bekomme. Die Regierung lehnt dies am 20. Januar 1791 ab[7]. In einem erneuten Schreiben bedankt sich Strauß zunächst für mehrere Stamm Eichenholz, die er aus dem herrschaftlichen Wald bekommen hatte. Dann bittet er um eine Ableitung der Schloßwasserleitung, die zum kurfürstlichen Amtshaus (Vizedomamt, Treibgasse 28) führt. Das Gesuch wird am 9. Mai 1791 abgeschlagen[8].

Im November 1791 ersucht Strauß um Schildgerechtigkeit für sein neu erbautes Haus[9]. Dabei wird die Lage des Hauses wie folgt beschrieben: „Das Haus des Supplikanten liegt in der Steingasse dem Eingange auf dem Schloßplatz gegenüber, hat die verwitwete Amtskellerin Katharina Klebsattel [Strickergasse 4] und den Bürger und Weinschenk Tünchermeister Matthes Eisentraut [Bewohner von Steingasse 16] zu Nebenläger und soll den Namen das ‚Gasthaus zum Ritter' führen. Das Gebäude steht an der Stelle eines vormaligen weitläufigen Grasgartens". Das Vizedomamt empfiehlt am 3. Dezember 1791 die Verleihung der Schildgerechtigkeit und am 16. September 1792, dem Gesuch für Weinausschank stattzugeben[10].

Die Bezeichnung „Gasthaus zum Ritter" war nur ein Vorschlag, der sich nicht durchsetzte. Dafür wurde das Wirtshaus Gastwirtschaft „Zum Römischen Kaiser" genannt. Dieser Name taucht 1796 zum ersten Mal in den noch vorhandenen Unterlagen auf. „Im Wirtshaus zum Römischen Kaiser Streit zwischen kf. Husaren und k. und k. Feldleuten"[11].

---

[3] StAWü, R 34886.
[4] Vgl. *Grimm* IV, S. 314: Steingasse 15. 1787 hatte Strauß das Wirtshaus „Zur Alten Krone" (Dalbergstraße 35) gepachtet, vgl. StAWü, MRA, Post, K 136/55.
[5] Ebd., MRA 3615.
[6] 1638 wird von einem Grundstück gesprochen, das an das von Junker Geipel anstößt. Und jetzt – 1787 – wird das gesamte Anwesen „Geipelsgarten" genannt. Diese Aussage ist nur dadurch zu erklären, daß im Laufe der Zeit Grundstücksteile des 1638 erwähnten Junker Geipel hinzukamen.
[7] StAWü, MRA, Post, K 136/80.
[8] Ebd., MRA 3615.
[9] Ebd., MRA, Post, K 136/63 v. 21. November 1791.
[10] Ebd., MRA, Vizedomamt.
[11] StaA, R 1796, Bel. 97.

Posthalter Strauß hatte seinen Poststall von der Steingasse 15 in die Strickergasse 2 verlegt.

1798/1799 erhält Christoph Erbs, als Pächter und Posthalter, das Schildrecht für den „Römischen Kaiser". 1800 wird die Konzession an seine Witwe, Frau Margarethe Erbs, verliehen[12].

Posthalter Strauß, 1804 noch Eigentümer des Anwesens, will für seinen Sohn, Apotheker Anselm Strauß, im Hof seines Hauses, „wohin die Apotheke selbst kömmt", ein Laboratorium einrichten lassen. Obwohl die Nachbarn, Bewohner von Steingasse 16, Christoph Keller, Schulrektor von St. Agatha, und der Kupferschmied nichts dagegen einzuwenden haben[13], kommt es nicht dazu.

Ein Teil des Gartens wird 1804 als Grundfläche des Neubaus, Steingasse 20, an den Handelsmann Aaron Baruch (seit 1805 Alois Joseph) Dessauer verkauft[14]. Zu dieser Zeit ist Hauseigentümerin Margarethe Erbs, die Witwe des Posthalters Christoph Erbs. Am 17. April 1805 wird das gesamte Mobiliar der verstorbenen Witwe Erbs zur Versteigerung angeboten[15].

Das Haus mit Grundstück wird im Juni 1805 im Intelligenzblatt ausgeschrieben. „Das zur Verlassenschaft der verstorbenen Gastwirth Christoph Erbs Wittib seel. gehörige Gasthaus zum römischen Kaiser dahier sub Lit. B 121 in der Steingasse neben Sr. Exzellenz Hrn. Grafen zu Elz [Strickergasse 4] und K. Admodiator Dessauer [Steingasse 20], welches mit Garten, Hof, Remise und aller Bequemlichkeit versehen, auch eine schöne innere Einrichtung und vorteilhafte Lage nächst dem K. Residenzschlosse hat, stehet Abtheilungshalben öffentlich feil"[16].

Im November 1807 bittet die Landesdirektion des Fürstentums, das Vizedomamt, um Auskunft, ob der Posthalter Konrad Müller von seinem neuen Haus des Römischen Kaisers die Schildrechtskonzession gelöst hat, sonst zu „derselbigen anzuhalten ist"[17]. Am 30. Dezember 1807 erhält Müller die Schildgerechtigkeit[18] und am 14. März 1808 die Genehmigung, die Gastwirtschaft „Zum römischen Kaiser" zu führen[19].

Der Großherzog von Würzburg, Erzherzog Ferdinand, der am 20. April 1809 Carl von Dalberg in Aschaffenburg besucht, übernachtet im Römischen Kaiser[20].

---

[12] StAWü, Oberkellerei R 27444 v. 1798, R 27445 v. 1799 und R 27446 v. 1800.
[13] Ebd., MRA, LG 2771 v. 29. Februar 1804.
[14] StaA, R v. 1805. Aron Baruch Dessauer trat am 23. August 1805 zum Katholizismus über und hieß seitdem Alois Joseph Dessauer, vgl. Taufbuch St. Agatha (1801-1825), S. 74. Bei *Grimm* IV, S. 363 wird Dessauer irrtümlich Adam Alois genannt.
[15] Intell.Bl. Nr. 31 v. 17. April 1805.
[16] Ebd. v. 12. Juni 1805.
[17] StaA, A 486 v. 18. November 1807.
[18] StAWü, Oberkellerei R 27453 v. 1807.
[19] Siehe Kataster der realen und radizierten Gewerbe. StAWü, Mz. PolizeiA 2608: Eine Vorlage vom 27. April 1808 bestätigt den Besitz der Schildgerechtigkeit von Müller.
[20] *Spies* (Hrsg.), Carl von Dalberg, S. 151.

Das Postamt befindet sich bis 1817 im Römischen Kaiser. Danach zieht die Verwaltung in die Webergasse 3[21]. Der Poststall bleibt jedoch bis 1863 in der Strickergasse 2 bestehen.

Im Januar 1834 werden im Gasthaus „Zum Römischen Kaiser" Kommoden, Schränke, Kanapees, Stühle, Spiegel, Betten, Kupfergeschirr, Zinn, Messing und Eisenwaren gegen Barzahlung versteigert[22]. Kurz darauf folgt eine Anzeige in der Aschaffenburger Zeitung, daß Poststallmeister Konrad Müller und seine Frau Anna ihrem Sohn Heinrich alles vermacht haben und dieser auch innerhalb der nächsten vier Wochen für alle an sie gestellten Forderungen aufkommt[23].

1835 erhält Heinrich Müller die Erlaubnis, seinen neuen Pferdestall zwischen den bestehenden Vieh- und Pferdeställen aufzuführen „und ihn mit dem Pferdestall gegen die Treibgasse zu vereinigen"[24].

Dem Gastwirt Heinrich Müller wird am 28. August 1856 die auf das Haus Lit. B 121 ruhende, radizierte Gastwirtschaftsgenehmigung auf das Wohnhaus Lit. D 43, Roßmarkt 19, in gleicher Eigenschaft übertragen. Er hat auf die „Gastwirtschafts-Gerechtigkeit" auf Lit. B 121 Verzicht zu leisten[25].

Dies war das Ende des Gasthauses „Zum Römischen Kaiser" in der Strickergasse 2.

Die in Bayern 1852 eingeleitete Justizreform brachte die Trennung zwischen Justiz und Verwaltung mit sich[26]. Die Verwaltungsbehörden wurden die Bezirksämter. Das neue Bezirksamt in Aschaffenburg bezog das 1856 frei gewordene Haus in der Strickergasse 2, das jetzt Eigentum des Königreichs Bayern wurde.

Im Auftrag des königlichen Rentamts werden am 25. Oktober 1856 die Ökonomie-Gebäude, die ehemals zur Gaststätte „Zum Römischen Kaiser" gehörten, versteigert. Dabei handelte es sich um eine Scheuer und ein Stallgebäude mit zwei getrennten Stallungen. „Die Scheuer ist massiv, aus Sandsteinen erbaut, hat eine Länge von circa 55 Fuß, eine Breite von 52 Fuß und eine Höhe bis zur Dachfläche von circa 30 Fuß im Lichten[27]. Die Stallungen, gleichfalls in ihrer Umfassung massiv aus Steinen erbaut, zerfallen in 2 Abtheilungen, wo-

---

[21] Vgl. *Grimm* II, S. 383.
[22] AZ v. 28. Dezember 1833.
[23] AZ v. 20. Januar 1834, S. 76.
[24] StaA, Mag.Prot. v. 7. Mai 1835.
[25] Ebd. v. 28. August 1856. Nach dem Kataster der realen und radizierten Gewerbe wurde am 22. September 1862 die Gastwirtschaftskonzession von Lit. D 43 (Roßmarkt 19) auf Lit. D 37, Herstallstraße 40, transferiert. Dort ist sie wegen Abbruch des Hauses im Jahre 1900 nicht mehr ausgeübt worden und somit erloschen.
[26] *Rall*, S. 236, S. 246.
[27] 55 Fuß = ca. 16 m, 52 Fuß = ca. 15 m, 30 Fuß = 8,70 m.

von die erstere circa 42' lang, 29' breit und 11'[28] bis zur Dachfläche hoch; die zweite Abtheilung circa 52 Fuß lang, 25' breit und 15'[29] bis an die Dachfläche hoch ist. Die Speicherräume beider Abtheilungen hängen zusammen und haben eine lichte Höhe von circa 20 Schuh[30]. Die Einfahrt in die Scheuer sowohl als der Eingang in die Stallungen sind theils hergestellt und können, je nach den Bedürfnissen, von der Treibgasse aus weiter bewerkstelligt werden. Ebenso befindet sich hinter den Stallungen ein, durch eine 10'[31] hohe Mauer eingeschlossener Hofraum mit bereits angelegtem Jauchenbehälter denebst Dunggrube"[32].

Am 26. November 1879 teilt der Magistrat mit, daß im sogenannten Bolongaroschen Garten ein Schulhaus (Luitpoldschule) gebaut werden soll. Dabei sei zu bedenken, den bisher geschlossenen Durchgang durch das Bezirksamtsgelände für den Personenverkehr zwischen Treibgasse und Steingasse 20 wieder zu öffnen. Der Abschluß gegen den Hof zum Bezirksamtsgebäude solle auf Kosten der Stadt geschlossen werden[33]. Am 5. Dezember stimmt das Bezirksamt diesem Vorschlag zu. Im Oktober 1881 ist das Schulhaus, die Luitpoldschule, im Rohbau fertig. Der Magistrat stellt erneut die Bitte an das Bezirksamt um Bekanntgabe der Genehmigungsbedingungen zur Benutzung bzw. Öffnung des ehemaligen Durchgangs zur neuen Schule. Der Durchgang darf als Personenpassage, aber nicht für Fuhrwerke benutzt werden.

Die Regierung wendet sich am 18. September 1890 an das Bezirksamt wegen des beabsichtigten Baus einer Verbindungsstraße zwischen Friedrichstraße und Schloßplatz. Einer neuen Straße müßte das Bezirksamt weichen. An der neu angelegten Straße, der Luitpoldstraße, könne auch ein Grundstück für das Bezirksamt bereitgestellt werden.

Daraufhin muß ein Gutachten über die von der Stadt vorgeschlagene neue Lage des Bezirksamtsgebäudes eingeholt werden. In der Antwort vom 22. September 1890 wird der Neubau als „höchst wünschenswert gehalten". Am 14. Februar 1891 wird ein Schätzungstermin für die Grundstücke anberaumt. Das gegenüber dem Bezirksamtsgebäude befindliche Anwesen des Korbwarenhändlers Bernhard Dietz (Steingasse 41) muß ebenfalls der neuen Straßenlinie weichen. Am 24. August 1892 ist es bereits fast ganz abgebrochen.

Da das neue Bezirksamtsgebäude in der Luitpoldstraße 10 im Oktober 1893 schon bezogen werden kann, wird für das alte Bezirksamtsgebäude kein Anschluß an die neue städtische Wasserleitung mehr bewilligt[34].

---

[28] 42' (Fuß) = ca. 12 m, 29' = 8,41m, 11' = 3,19 m.
[29] 52 Fuß = ca. 15 m, 25' = 7,25 m, 15' = 4,35 m.
[30] 20 Schuh (Fuß) = 5,80 m.
[31] 10' = 2,90 m.
[32] AZ v. 20. Oktober 1856.
[33] StAWü, LG AB 590 v. 26. November 1879.
[34] Ebd., fol. 69.

Die Räumung des alten Bezirksamtsgebäudes wird angemahnt. Der Termin wird bis 1. Dezember verlängert. Mit dem Abbruch der in der Treibgasse gelegenen Gebäudeteile (Treibgasse 13 und 15) wird am 1. November 1893 begonnen[35].
Der Umzug in das neue Haus verzögert sich bis Ende März 1894. Die Stadt hatte in einem Tauschvertrag vom 27. Juli 1892 den neuen Bauplatz (Luitpoldstraße 10) zur Verfügung gestellt, um dann das alte Gebäude abbrechen lassen zu können.
Am 13. Januar 1894 werden 173 Mark für den Umzug bewilligt[36]. Die Abbrucharbeiten des alten Gebäudes werden an den Pflasterer Johann Scheidter für 900 Mark vergeben[37]. Das verbleibende Material wird am 12. Mai 1894 versteigert[38].
Die nach Abbruch des alten Bezirksamtsgebäudes sich ergebenden Restflächen, die nicht in die Verlängerung der Straßenfläche Luitpoldstraße fallen, werden zwischen 35 und 45 Mark/m² festgesetzt[39].

Beschreibung

Auf dem Urkataster von 1845 hat das Grundstück nach Abtretung (1804) des Anwesens Steingasse 20 eine Breite von ca. 36 m entlang der Strickergasse. Es reicht in dieser Breite bis zur Treibgasse. Die Tiefe beträgt ca. 62 m.
In einem Plan des königlichen Bezirksgeometers Friedrich Hofstetten vom Februar 1885 sind an der Treibgasse die beiden Anwesen Haus Nr. 13 und Nr. 15 in einer Tiefe von ca. 15 m aus der großen Fläche herausgemessen. Dem ursprünglichen Grundstück ist lediglich an der Grenze zu Treibgasse 11 ein ca. 3 m überbauter Durchgang geblieben.
Das Hauptgebäude an der Strickergasse steht auf der Grenze zu Haus Nr. 4. Es ist ca. 31 m lang, ca. 14 m tief und zweigeschossig. Die Fassade ist durch elf Fensterachsen gegliedert. Die drei mittleren Achsen bilden einen vorgezogenen Risalit, der sich in der Dachregion in einem dritten Geschoß fortsetzt und mit einer Attika abgeschlossen wird. Der Eingang in der Mittelachse hat profilierte Türgewände. Die Ecken der Außenstufen sind mit niedrigen Sockeln und Steinkugeln markiert. Die Außenmauern bestehen aus Schichtenmauerwerk von rotem Sandstein. Alle Fenster sind steinumrahmt. Über dem Erdgeschoß läuft ein Gurtgesims. Das Dachgesims ist um den Risalit gekröpft.
Zur inneren Grundrißgestaltung haben sich keine Aufzeichnungen erhalten. Hinter dem Hauptgebäude in Richtung Treibgasse sind das Rückgebäude, ein Garten, der große Hof, Remise, Stall und der Durchgang zur Treibgasse.

---

[35] StaA, Mag.Prot. v. 5. Oktober 1893.
[36] StAWü, LG AB 590.
[37] StaA, Mag.Prot., Nr. 1486 v. 15. Dezember 1893; Nr. 112 v. 1. Februar 1894.
[38] Ebd., Nr. 617 v. 18. Mai 1894.
[39] Ebd., Nr. 252 v. 14. März 1894.

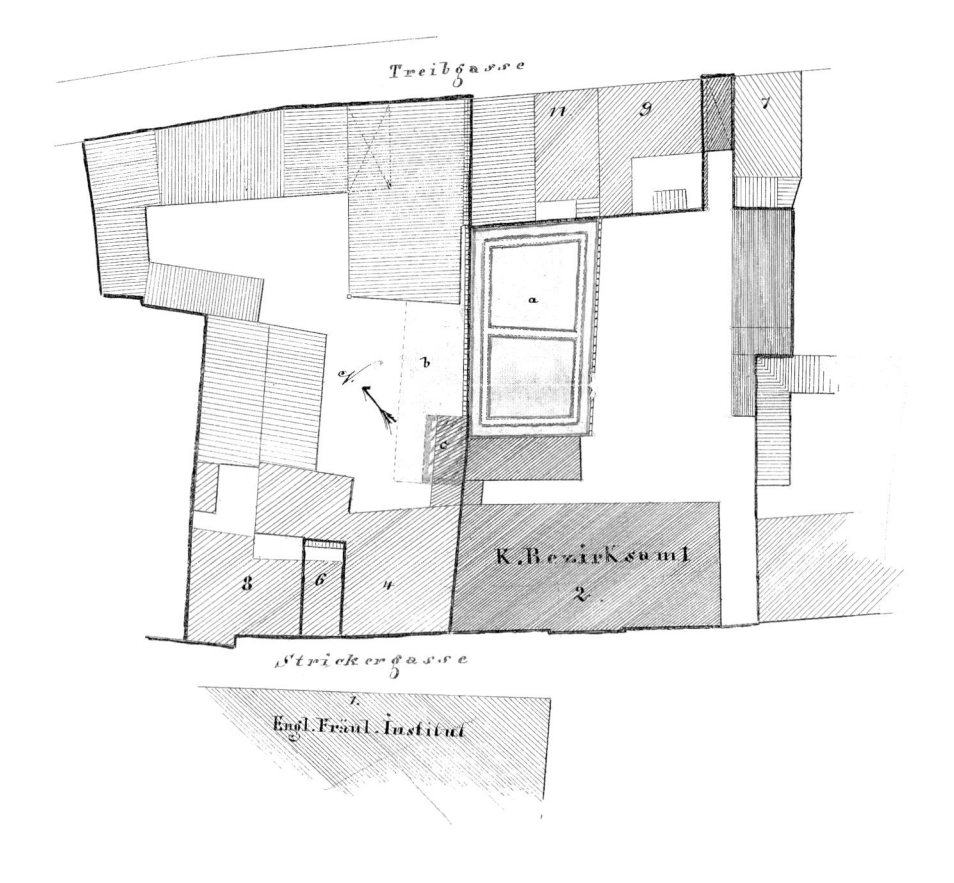

Abb. 131: Strickergasse 2, Königliches Bezirksamt, Situationsplan von Bezirksgeometer Friedrich Hofstetten vom Februar 1885.

Eigentümer

bis 1790 Philipp Karl Freiherr von Hoheneck[40], Domsänger,
1790 bis 1804 Heinrich Josef Strauß[41], Postverwalter und Gastwirt,

---

[40] Im Mz. Hof- und Staatskal. v. 1797, S. 6 wird Philipp Karl Freiherr von Hoheneck noch als Domsänger aufgeführt. Er ist 1734 geboren, Kapitular seit 1760 und Domsänger seit 1774.
[41] StaA, AN, Schn-Sy: 1789 Gesuch des Postverwalters Strauß um Annahme als Bürger. Im Intell.Bl. Nr. 78 v. 28. September 1808 und ebd., Nr. 89 v. 5. November 1808 wird ein Garten an der Fasanerie, der dem Postverwalter Strauß gehört, freiwillig zur Versteigerung angeboten. Strauß kaufte 1803 Strickergasse 19 und wohnte dort bis zu seinem Tod 1812. Vgl. Strickergasse 19.

1804 bis 1805 Margarethe Erbs[42], Witwe des Christoph Erbs, Posthalter und Gastwirt,
1805 bis 1833 Konrad Müller[43], Posthalter,
1834 bis 1856 Heinrich Müller[44], Poststallmeister und Magistratsrat, Sohn von Konrad M.,
1856 bis 1894 kgl. Bezirksamt Aschaffenburg, Staatsärar des Königreichs Bayern.

---

[42] StaA, HR, E1, S. 43: Margarethe Erbs, geb. Martini, aus Aschaffenburg, verh. mit Christoph Erbs aus Trier, Posthalter und Gastwirt. Christoph Erbs hatte noch 1797 das Schildrecht für die „Stadt Mainz", Steingasse 4, (StAWü, R 27443), 1798/1799 für den „Römischen Kaiser" (ebd., R 27444 und R 27445) erhalten. 1800 hatte das Schildrecht Christoph Erbs Witwe (ebd., R 27446), d. h., ihr Mann war 1800 bereits tot.

[43] StaA, HR, M1, S. 10: Konrad Müller (1752-1837), geb. in Geißelwind im Schwarzenbergischen, Poststallmeister, verh. mit Maria, geb. Hettinger (1765-1844). Hier ist nur ein Kind Margarethe (1802-1822) eingetragen. Nach der Notiz in der AZ v. 1834 (Anm. 23) hatte Konrad Müller auch einen Sohn namens Heinrich.

[44] Ebd., HR, M1, S. 21: Heinrich Müller (1790-1869), Gastwirt und Posthalter, verh. mit Anna Maria, geb. Gutjahr (1789-1827), 8 Kinder. Müller stirbt 1869 in Darmstadt.

Strickergasse 4   (Lit. B 120)   Plan-Nr. 618, 619 (bis 1940)
Plan-Nr. 614   (1895-1910)

Geschichte

Das Gartengrundstück, „zwischen dem Steinweg und Viehtrieb" (Treibgasse) gelegen, war im 15. und 16. Jahrhundert Eigentum der Familie des Stadtschultheißen von Gonsrod. Spätestens in der ersten Hälfte des 17. Jahrhunderts ist der Besitz an das Stift übergegangen. Er gehörte zu der „Dreikönigsvikarie" (Trium Regum, Steingasse 16). Vikar Laurentius Stork besaß diesen Platz von 1663 bis 1707[1].

Am 4. Mai 1707 erhalten der kurfürstlich mainzische Oberkeller Johann Reinhard Horn, seine Ehefrau Maria Felicitas und ihre Erben diesen freien Bau- und Gartenplatz gegen 300 fl. als Lehen von Dekan Dr. Jakob Christoph Stendorff und dem Stiftskapitel. Der Platz liegt zwischen dem Grundstück des Freiherrn von Hoheneck (Strickergasse 2) und dem des Büchsenmachers Johann Peter Westhof[f] (Strickergasse 6), und ist „von denen von Gonsroth angekauft"[2]. Die Beständer können den Platz nach ihrem Gutdünken bebauen.

---

[1] StiA, 2657, fol. 11-52.
[2] Ebd., U 4453 v. 4. Mai 1707.

Sollten sie ein Wohnhaus darauf errichten oder das Grundstück aufwerten, soll ihnen der Besitz nach unparteiischer Schätzung zur Disposition stehen.
Horn erwirbt am 2. September 1707 von seinem Nachbarn Peter Westhof einen Garten dazu und „fängt an, auf beiden Plätzen 1708 ein Haus zu bauen". Von Peter Westhof bekommt er noch „Taglicht und Dachtraufrecht". Am 2. Dezember 1725 zahlte er dem neuen Stiftsdekan, Adolph Franz von Reichmann, den „stipulierten Ducaten", der jedem Dekan einmal zu zahlen war.
1735 zahlt die Witwe Horn dem damaligen Dekan, Valentin Anton von Schneidt, die Gebühr. Das Haus besaß einen Ablauf aus der herrschaftlichen Schloßwasserleitung, mit der auch ein Springbrunnen gespeist wurde.
Horn stirbt am 30. Dezember 1733[3]. Nach dem Tod seiner Witwe, Maria Felicitas Horn, wird das Erbe geteilt. Das Haus erhalten Kantor und Kustos Friedrich Anton Horn und seine Schwester, die Amtskellerin Katharina Klebsattel, der auch Scheune und Garten zufallen. 1760 vermacht Kustos Horn seiner Schwester seinen Hausanteil. Die nun alleinige Besitzerin zahlt am 23. Dezember 1764 dem neuen Dekan, Wenceslaus von Hoffmann, die Gebühr[4].
Dekan Franz Georg Freiherr von Boos zu Waldeck und das Kapitel erneuern 1771 auf Ansuchen der verwitweten Amtskellerin Katharina Klebsattel die Erbrechtsurkunde ihres Vaters und schreiben sie auf ihren Namen um[5]. Frau Klebsattel hat keinen berechtigten Nachfolger. Laut Testament hat sie den Stiftssänger Franz Georg von Schmitz als Erben bestimmt. Das Stift betrachtet somit das Lehen als zurückgefallen[6] und erhebt Ansprüche auf das Haus.
Als Hauseigentümer folgt auf Stiftskantor Schmitz Graf zu Elz. 1820 erwirbt das Anwesen Schnupftabakfabrikant Franz Matthäus Bolongaro. Sein Antrag vom 18. Mai 1820 „zur Errichtung einer entsprechenden Fabrik wird 14 Tage ausgesetzt" und am 8. Juni 1820 vom Magistrat genehmigt[7].
Bolongaro stammt aus Frankfurt und wird 1820 Aschaffenburger Bürger. 1830 erhält er die Erlaubnis, nach dem von ihm vorgelegten Plan zu bauen[8].
1833 stirbt Franz Matthäus Bolongaro. 1850 ist Josef Bolongaro Eigentümer des Grundstücks mit Tabakfabrik. 1876 kauft Heinrich Dyroff das Anwesen. 1885 Ankauf von Strickergasse 4 durch Bierbrauer Wilhelm Ebert.
Im Jahr 1894, beim Neubau von Luitpoldstraße 1 (Hopfengarten), wird das Anwesen integriert, aber unter der Hausnummer Strickergasse 4 weitergeführt. Der eigene Hauseingang wurde zu diesem Zeitpunkt in ein Fenster umgewandelt. Im Erdgeschoß war eine beliebte Gaststube, die besonders für Ver-

---

[3] StAWü, MRA, L 1567.
[4] Stia, 2688, fol. 50 ff.
[5] Ebd., U 4492 v. 1. August 1771.
[6] Ebd., 2688, fol. 5, fol. 11.
[7] StaA, Mag.Prot. v. 18. Mai 1820.
[8] Ebd. v. 27. Mai 1820.

einsfeiern reserviert wurde. Zugänglich war das Lokal über Differenzstufen aus dem Hauptgastraum des Hopfengartens, Luitpoldstraße 1.
Beim Fliegerangriff am 21. November 1944 entstanden Schäden an Dach, Decken, Fenstern und Türen[9].
Abbruch des Hauses im Jahr 1974.

Beschreibung

Das 1708 erbaute Wohnhaus steht zweigeschossig und traufständig mit hohem Sockel an der Strickergasse. Die Frontlänge beträgt ca. 13 m, die Haustiefe ca. 14 m. Die Fassade gliedert sich in fünf Fensterachsen. Der Eingang mit eineinhalbflügeliger Haustür liegt in der Mittelachse. 1894 werden der Eingang auf Brüstungshöhe zugemauert und die Freitreppe entfernt.
Alle Fenster haben profilierte Umrahmungen aus rotem Sandstein mit Ohren. Die Hausecken sind durch Lisenen aus regelmäßigen Sandsteinquadern betont.
Im Staatsarchiv Würzburg befindet sich ein Lageplan von 1751, der die Gestaltung des rückwärtigen Grundstücks zeigt[10]. Zu diesem rückwärtigen Grundstücksteil gehört auch die frühere Gartenfläche der Nachbargrundstücke Lit. B 118 und 119, die 1707 hinzu erworben wurde.
Vom Wohnhaus und der Küche aus gelangt man über drei Stufen in den unteren Hof. Dort sind untergebracht, auf der Seite zu Strickergasse 2 beginnend, der Kellerabgang und das Waschhaus. An der Stützmauer zum oberen Hof ein halbrundes Wasserbecken, das von oben aus einem Brunnensarg gespeist wird. An der gegenüberliegenden Grundstücksgrenze zwei Schweineställe.
Der obere Hof, sieben Steigungen höher gelegen, ist etwa in der Mitte längsgeteilt. Auf der Seite zu Strickergasse 2 ein quadratisches Sommerhaus auf vier Eckpfeilern. Der anschließende Garten ist in geometrische Beete angelegt und regelmäßig bepflanzt.
An die gegenüberliegende Grundstücksgrenze sind Kelterhaus, Kuh- und Pferdeställe und weitere Schweinekoben angebaut. An der Gartenmauer steht eine lange, vermutlich überdachte Holzlege.
Entlang der Treibgasse, neben dem Garten und dem hinteren Ausgang, befindet sich die Scheuer mit Tenne, durch die man mit dem Fuhrwerk von der Treibgasse in den Hof fahren kann.
Die Eintragungen auf dem Urkataster von 1845 entsprechen noch weitgehend dem Plan von 1751.
1974, beim Abbruch des Wohnhauses, kam eine Stuckdecke aus der Erbauungszeit zum Vorschein. Die Decke befand sich im Erdgeschoß, im Eckzimmer links des Haupteingangs. Der Raum besaß zwei Fenster zur Straße

---

[9] *Stadtmüller* II, S. 436.
[10] StAWü, MRA, LG 3151.

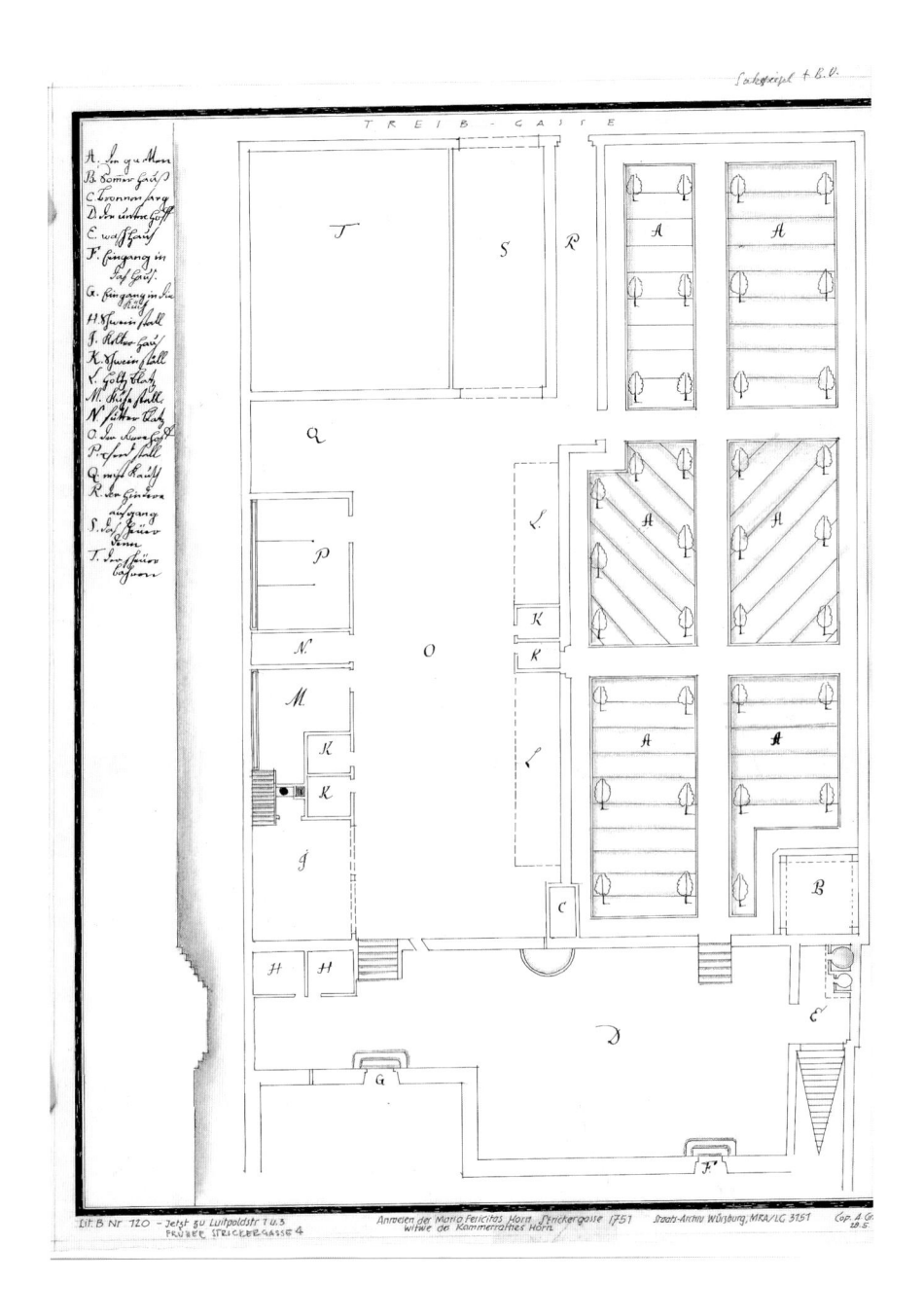

Abb. 132: Strickergasse 4, Anwesen der Maria Felicitas Horn, Witwe des Kammerrathes Horn, 1751. Kopie von Alois Grimm.

551

und maß ca. 6,50 x 4,20 m. Die Stuckdecke, durch einen Unterzug in zwei Felder geteilt, trug Bandelwerk, das typisch für die ersten Jahrzehnte des 18. Jahrhunderts ist. Ähnliche Formen fanden sich im Wohnhaus der Familie Bechtold, Strickergasse 11. Teile des Deckenstucks wurden durch den Restaurator Christian Giegerich, der diese Decke 1974 freilegte, in sein Wohnhaus, Neben der Großen Metzgergasse 6, übertragen.

Eigentümer

1707 bis 1733	Johann Reinhard Horn[11] aus Amorbach, Hofkämmerrat, kf. Oberkeller,
1733 bis 1760	Maria Felicitas Horn, Witwe des Johann Reinhard H., dann deren Kinder: Kustos Friedrich Anton Horn[12] und Katharina Klebsattel, geb. Horn,
1760 bis 1791	Katharina Klebsattel, schönbornsche Amtskellerin, Alleineigentümerin,
1791 bis 1805	Franz Georg von Schmitz-Grollenburg[13], Stiftskantor,
1805	Graf zu Elz[14],
1820 bis 1833	Franz Matthäus Bolongaro[15] aus Frankfurt, Tabakfabrikant,
1850/1876	Josef Bolongaro[16], später seine Witwe,
1876 bis 1879	Heinrich Dyroff[17], Kaufmann,
1879 bis 1885	Martha Dyroff, geb. Flach, Witwe des Heinrich D.,
1885	Wilhelm Ebert,
	dann wie Strickergasse 8.

---

[11] StiA, Prot. v. 21. März 1715, S. 28: Hier wird im Zusammenhang mit Schweinheimer Zehnt Johann Reinhard Horn erwähnt. Johann Reinhard Horn war von 1706 bis zu seinem Tod 1733 kf. Oberkeller. Siehe Anm. 3.

[12] *Amrhein*, S. 263.

[13] Ebd., S. 222. Franz Georg von Schmitz-Grollenburg 1743-1806.

[14] St. Agatha, Sterbematr. v. 1815, S. 170: Johann Philipp von Elz (1746-1815) stirbt 1815 im Alter von 68 Jahren, Im AB Schreib- und Adreßkal. 1804-1810 stehen unter Eltz: Eltz, Herr Johann Philipp Graf und Edler Herr von und zu, Domkapitular, Geh. Rat und Landesdirektorialpräsident; Eltz, genannt Faust von Stromberg, Se. Exz. Hr. Hugo Philipp Karl Reichsgraf des Königreichs Ungarn Graf und Edler Herr zu wirkl. Geh. Rath und Oberstallmeister [1742-1818]. Wer von beiden der Hauseigentümer von Strickergasse 4 war, ist unbekannt.

[15] StaA, HR, B1, S. 10: Franz Matthias [auch Matthäus oder Mathes gen.] Bolongaro (1794-1833), verh. mit Katharina von Bleyl. Ebd., Sterbereg. 1817 mit 1834, S. 266: Franz „Mathes Bolongaro" starb am 4. Mai 1833.

[16] Da Franz Matthäus Bolongaro kinderlos starb, kann Josef nicht sein Sohn gewesen sein. Der genaue Verwandtschaftsgrad zu Franz Matthäus Bolongaro konnte nicht ermittelt werden.

[17] Karl Bolongaro verkauft das Anwesen als Bevollmächtigter der Witwe des Josef Bolongaro, des Eduard Speyer und des Richard Forstboom. StaA, AN, C-D-E: 1862/1863 Ansässigmachung des Commis und Geschäftsreisenden zu Hanau, Heinrich Dyroff aus Hofstetten, Kreis Obernburg, in der Gemeinde Damm. Konzession zur kfm. Detailhandlung. Eheerlaubnis. Konzession zum Handel mit Getränken und Spirituosen. Ebd., Sterbereg. 1869 mit 1881, S. 413: Heinrich Dyroff stirbt 1879 mit 44 Jahren.

Strickergasse 6 (Lit. B 119) Plan-Nr. 617
(Lit. B 118) Plan-Nr. 616 (bis 1730)

Geschichte

1692 zahlt „Westhof für ein Haus uff dem Steinweg". Der Büchsenmacher Johann Peter Westhof, um den es sich hier handelt, verkleinert 1707 sein Grundstück, indem er an seinen Nachbarn Johann Reinhard Horn (Strickergasse 4) „einen hinteren Platz" veräußert.

Um 1730 wird das Haus verkauft und geteilt, wie Stadtschreiber Johann Tempel um 1802 aufgeschrieben hat.

„1. Der Teil zu St. Agatha gerichtet neben Paul Wieland erhält Peter Wenzel, später Anton Debes, dann sein Sohn Anselm Debes, dann der kf. Revierjäger Franz Opfermann, modo [1802] gehört er den Hönleinschen Kindern".

Das Haus erhält Lit. B 118 und wird folglich unter Strickergasse 8 behandelt.

„2. Der andere Teil des Hauses, den Remakel Kern kaufte, kam an Reinhard Reisinger[1], der es noch [1802] besitzt".

Das benachbarte Wielandsche Haus, welches vor der oben genannten Teilung von Strickergasse 6 „gegen der unteren Seite als der nächste Nachbar beschrieben ist, besitzet dermalen [1802] der Schornsteinfeger Christoph Winkler" (Lit. B 117, später Strickergasse 8)[2].

Im November 1822 wird das Haus Strickergasse 6 (Lit. B 119) im Aschaffenburger Wochenblatt zur Miete angeboten[3].

Andreas Illig erwirbt das Anwesen 1855 und läßt darauf im Juli die Fassade des Wohnhauses erneuern[4]. Gegen die Errichtung eines Erkers bestehen keine Einwände[5]. 1860 wird die Rückseite von Illigs Wohnhaus erhöht und ein Zimmer eingerichtet[6].

1862 bekommt Illig die Aufstockung eines dritten Geschosses für sein Wohnhaus genehmigt[7].

1879 darf Eigentümer Louis Fuchs eine Fensterbank im Erdgeschoß herabsetzen. Gleichzeitig soll der alte Kamin durch einen sogenannten russischen ersetzt werden.

---

[1] Hier muß es Remakel Reisinger heißen, da Reinhard Reisinger zu dieser Zeit nicht mehr lebte.
[2] StiA, 6584, fol. 52'.
[3] AB Wochenbl., 21. Stück v. 13. November 1822.
[4] StaA, Mag.Prot. v. 12. April 1855.
[5] Ebd. v. 16. Juli 1855.
[6] Ebd. v. 26. Januar 1860.
[7] Ebd. v. 24. Juli 1862.

Neuer Eigentümer seit 1883 ist Schuhmacher Philipp Hohe. Hohe hatte zunächst seine Werkstatt mit Verkaufsraum in der Treibgasse neben der alten Synagoge, dann zog er in die Steingasse 16. Da sich sein Geschäft vergrößerte, kauft er das Haus in der Strickergasse und erhält am 14. Juni 1883 die Genehmigung einer Ladeneinrichtung.
Das Ehepaar Hohe hatte sieben gemeinsame Kinder. Aus zwei vorausgegangenen Verbindungen hatte Clara Hohe noch zwei Töchter mit in die Ehe gebracht. Als Philipp Hohe 1899 stirbt, wird seine Stieftochter Eva Maria Schick Eigentümerin des Anwesens. Durch den Tod der Mutter 1909 kommt es unter Geschwistern und Stiefgeschwistern zu Erbstreitigkeiten wegen des hinterlassenen Vermögens der Mutter. Es endet mit Mord und Selbstmord. Der 34 Jahre alte Hermann Hohe erschießt sich am Abend des 9. März 1910 am Mainufer, nachdem er zuvor seine Stiefschwester, die 48jährige Eva Maria Schick, im Laden in der Strickergasse 6 erschlagen hatte[8].
Nach dem tragischen Vorfall von 1910 übernehmen die beiden Geschwister Rosa und Anna Hohe das Haus und Geschäft.
Im Mai 1914 beabsichtigen sie, das Schaufenster auf Fußbodenhöhe herunterzulegen, was jedoch keine Genehmigung erforderte. 1929 wird eine Reklamelaterne für das Schuhhaus Hohe, Geschw. Hohe, gestattet. Doch 1932 ist auch dieses Geschäft zu klein, und das Schuhhaus Hohe verlegt seine Geschäftsräume in die Luitpoldstraße 4a.
Im Zweiten Weltkrieg Beschädigung des Hauses[9]. Durch die städtische Baupolizei wird im November 1947 der baufällige Zustand des Hauses festgestellt. Das Haus muß abgebrochen werden.
Eigentümer Zahnarzt Leo Hohe erhält am 20. Mai 1959 die Genehmigung für einen Neubau. Durch den Abbruch des benachbarten Hopfengartens im August 1974 bleibt das schmale Haus mit nur 50 m² Grundfläche wie ein „steiler Zahn" einsam stehen.
Im April 1981 wird das Haus Strickergasse 6 abgerissen, um für die geplante Stadthalle Platz zu schaffen.

Beschreibung

Das Grundstück ist nur ca. 5,50 m breit und 11,50 m tief. Das traufständige Haus erhält 1862 ein drittes Geschoß. Die Außenmauern bestehen aus unregelmäßigen hammerrechten Sandsteinen. Drei Achsen gliedern die Fassade. Im Erdgeschoß, auf der Seite zu Strickergasse 4, liegt der Eingang drei Stufen über dem Gehsteig. Alle Öffnungen besitzen glatte Sandsteingewände mit Segmentbögen.

---

[8] AZ v. 10. März 1910. Schon am nächsten Morgen um 7 Uhr wurden Extrablätter verteilt. Unter „Blutiges Drama", „Mord und Selbstmord" berichtet die AZ über diese Tat.
[9] *Stadtmüller* II, S. 436.

1883 entsteht im Erdgeschoß neben dem Eingang eine gekuppelte Schaufensteranlage aus profiliertem Sandstein mit gerader Verdachung.

Der Neubau von 1959 ist viergeschossig. Die seitlichen Grenzmauern sind rahmenartig um die Fassade geführt. Im Erdgeschoß Hauseingang und Ladenpassage mit Vordach.

In den Obergeschossen hohe dreiteilige Fenster und niedrige Brüstungsbänder in Fassadenbreite.

Eigentümer

1692/1707	Johann Peter Westhof [10], Büchsenmacher,
bis 1730	Heinrich Westhof, Sohn von Johann Peter W.,
1730	Remakel Kern,
1789	Reinhard Reisinger[11],
bis 1794	Juliana Reisinger[12], seine Witwe,
1794 bis 1830	Remakel Reisinger[13], städtischer Holzmesser,
1830 bis 1838	Franziska Reisinger[14], geb. Bittinger, Witwe des Remakel R.,
1839 bis 1848	Franz Heinrich Reisinger, Sohn von Franziska R.,
1848 bis 1855	Josef Valentin Kößler, Schneider,
1855	Georg Birnbach,
1855 bis 1877	Andreas Illig[15], Fabrikarbeiter, Kauf um 1.830 fl.,
1877 bis 1878	Alois Maria Illig[16], Handlungsgehilfe, Sohn des Andreas I.,
1878 bis 1882	Ludwig (Louis) Fuchs, Spezereiwarenhändler aus Zweibrücken,
1882 bis 1883	Nikolaus Fuchs, Landwirt,
1883 bis 1899	Philipp Hohe[17], Schuhmacher,

---

[10] Johann Peter Westhof stirbt 1729.
[11] StaA, R 505: Reinhard Reisinger liefert 1789 Waren an die Benderzunft.
[12] St. Agatha, Sterbematr. v. 1794, S. 228: Tod von Juliana Reisinger, Witwe des Reinhard Reisinger.
[13] StaA, AN, Ra-Ry: 1799 Annahme des Schiffers Remakel Reisinger als Bürger und Aufnahme als Meister in die Zunft. St. Agatha, Sterbematr. v. 1830, S. 66: Remakel Reisinger stirbt mit 52 Jahren.
[14] Ebd. v. 1838, S. 169: Tod von Franziska Reisinger am 29. Dezember 1838. Sie war 58 Jahre alt geworden. Aus dem Nachlaß der Franziska Reisinger ersteigerte 1839 Franz Joseph Reisinger das Grundstück um 1.110 fl. Dieses übernahm dann sein Bruder Franz Heinrich Reisinger.
[15] StaA, HR, I, S. 62: Andreas Illig (1822-1894). 1. Ehe mit Eva Katharina Klug (1818-1856), 3 Kinder, 2. Ehe mit Regina Spatz (1840-1894), 1 Tochter.
[16] Aus dem Konkurs Andreas Illig steigerten am 25. März 1877 Johann Eckart, Gutsbesitzer von Possenheim, und Georg Franz Kreußer, Ingenieur, das Haus. Von diesen erwarb es Alois Maria Illig einen Monat später. StAWü, Hypb. AB, Bd. VII, S. 69.
[17] StaA, HR, H1, S. 380: Philipp Hohe (1842-1899), Schuhmacher, verh. mit Clara, geb. Sickenberger (1834-1909). Clara Sickenberger war in 1. Ehe mit Schuhmacher Johann Baptist Imhof (1 Tochter), in 2. Ehe mit Schuhmacher Adam Schick (1 Tochter) und in 3. Ehe mit Philipp Hohe (7 Kinder) verheiratet. Ebd.: Sohn Hermann, geb. 1876, erschoß sich am 9. März 1910.

1899 bis 1910 Eva Maria Schick[18], ledig,
1910 bis 1947 Anna und Rosa Hohe[19], Töchter des Philipp H.,
1947 bis 1959 Rosa Hohe, Alleineigentümerin,
1959 bis 1973 Leo Hohe, Zahnarzt, Neffe von Rosa H.,
1974 bis 1975 Dorothea Emma Hohe, geb. Schönmann,
1975 bis 1978 Dagmar Milde, geb. Hohe,
seit 1978 Stadt Aschaffenburg.

---

[18] Ebd., HR, S1, S. 393: Eva Maria Schick (1862-1910), Tochter von Adam Schick und Clara, geb. Sickenberger, wurde am 9. März 1910 ermordet.
[19] Anna Hohe (geb.1876), Rosa Hohe (geb.1878), siehe Anm. 17.

Strickergasse 8 (Lit. B 117) Plan-Nr. 614, 615
(Lit. B 118) Plan-Nr. 616 (seit 1730)

Hausteil Lit. B 118

Geschichte

Das Grundstück Lit. B 118 und auch das Nachbargrundstück Lit. B 119 (Strickergasse 6) gehörten 1692 dem Büchsenmacher Johann Peter Westhof. Vermutlich waren beide Anwesen an der Strickergasse mit einem eigenen Haus bebaut. Die Grundstücke reichten in der Tiefe bis zur Treibgasse.
1692 zahlt Westhof 150 fl. „für ein Haus uff dem Steinweg"[1]. Sein Sohn, Heinrich Westhof, erbte das Grundstück. Im Jahr 1730 teilte und verkaufte er das Anwesen. Den Teil, der zu Strickergasse 4 gelegen ist, erwirbt Remakel Kern (Strickergasse 6), den anderen Teil Lit. B 118 erhält Peter Wenzel, später Anton Debes[2].
1814 wird das Haus (Lit. B 118) zur Versteigerung angeboten, da die Eigentümerin, Klara Hönlein, gestorben war[3]. Über diese und die nachfolgende Zeit liegen keine Nachrichten über Baumaßnahmen vor.
1856 erwirbt Adam Damrich aus Großostheim, der bereits seit 1852 Besitzer von Lit. B 117 ist, auch Lit. B 118. Durch ihn werden beide Häuser vereinigt. Im März 1856 will Damrich die Fassade von Lit. B 118 ändern. Sie muß nach der Richtung des Hauses Strickergasse 6 erbaut werden[4].

---

[1] StiA, 6584, fol. 52'.
[2] Ebd.
[3] Intell.Bl. Nr. 39 v. 14. Mai 1814.
[4] StaA, Mag.Prot. v. 21. April 1856.

Im Juni 1869 wird der Hauseingang von Lit. B 117 zu einem Fenster umgestaltet, und der Zugang für beide Häuser ist nunmehr über Hausteil Lit. B 118. Im Zweiten Weltkrieg wird das Anwesen schwer beschädigt. 1954 wird die Genehmigung einer Einfriedung der geräumten Trümmergrundstücke erteilt.

Beschreibung

Hausteil Lit. B 118: Wohnhaus mit Keller und Hof.
Die Frontbreite beträgt 7,83 m. Tiefe des Grundstücks ca. 12 m wie das benachbarte Grundstück Strickergasse 6.
Das Gebäude ist massiv, traufständig und hat vier Fensterachsen. Hauseingang in der ersten Achse zur Seite Haus Nr. 6, daneben Gastzimmer in voller Haustiefe.
Im ersten Obergeschoß zur Straße zwei Zimmer, an der Rückseite Küche und Zimmer. Die regelmäßige Fassadengestaltung dürfte auf eine Fassadenänderung in der Zeit um 1800 zurückzuführen zu sein.

Eigentümer

1692	Johann Peter Westhof[5], Büchsenmacher,
bis 1730	Heinrich Westhof[6], Sohn von Johann Peter W.,
1730	Peter Wenzel[7],
	Anton Debes[8],
	Anselm Debes, Sohn von Anton D.,
	Franz Opfermann[9], kf. Revierjäger,
1794/1814	Klara Hönlein[10] und Schwestern,
1814 bis 1839	Abraham Baruch Oestrich[11], Händler,
1839 bis 1856	Adam Schmitt[12], Schreiner,
1856 bis 1870	Adam Anton Damrich, Bierbrauer aus Großostheim,
1870	Elisabeth Ebert, geb. Damrich, Tochter des Anton Adam D., dann wie Hausteil Lit. B 117.

---

[5] Johann Peter Westhof stirbt 1729.
[6] St. Agatha, Sterbematr. v. 1742, S. 16: 28. August 1742 Tod von Heinrich Westhof.
[7] Ebd., S. 98: 1760 Tod von Peter Wenzel, 60 Jahre.
[8] Ebd., S. 177: Anton Debes ist 1781 im Alter von 67 Jahren gestorben.
[9] StaA, HR, O1, S. 16: Franz Opfermann, geb. in Erfurt, verh. mit Regina Vill (1764-1821), 2 Kinder. Ebd., Sterbereg. 1817 mit 1834, S. 48: 1821 Tod von Regina Opfermann, geb. Vill. 1794 war Franz Opfermann Eigentümer von Strickergasse 20.
[10] St. Agatha, Sterbematr. v. 1814, S. 153: Tod von Clara Hönlein am 11. Februar 1814.
[11] StaA, Sterbereg. 1834 mit 1847, S. 105: Abraham Baruch Oestrich, 66 Jahre, gest. am 12. Januar 1839.
[12] Ebd., HR, S1, S. 300: Johann Adam Schmitt (1806-1867), verh. mit Gertrudis Horn (1811-1862), 8 Kinder.

Hausteil Lit. B 117

Geschichte

Bei der Teilung von 1730 wird als Nachbar von Lit. B 118 Paul Wieland genannt[13]. Er muß also damals Eigentümer von Lit. B 117 gewesen sein.
Bis 1780 gehört das Haus dem Aschaffenburger Bürger und Bendermeister Johann Adam Wieland, dessen Witwe das Haus den Kindern des Johann Adam Sauer aus Fronhofen vermacht. 1780 verkaufen die Erben das Grundstück mit Brauhaus, Kesseln und Braugerechtigkeit an Anton Lutz (oder Protz). Von ihm erwirbt es der Aschaffenburger Adam Stephan. Da dieser nicht zahlen kann, wird es am 25. April 1780 versteigert. Der Erwerber, Brunnenmeister Anton Menthen, verkauft es 1784 für 950 fl. an Christoph Winkler[14].
Winkler, Kaminkehrer aus Ladenburg am Neckar, in der rechtsrheinischen Pfalz, wird im Juni 1784 als Bürger angenommen[15]. Am 2. Juli 1784 erhält er die Genehmigung zum Bierbrauen. 1791 bittet er um die Erneuerung der Braugerechtigkeit seines Wohnhauses Lit. B 117.
1806 will Winkler ein neues Rückgebäude errichten. Am 6. August ist Lokalbesichtigung: Einziger Nachbar ist Bäckermeister Christian Trunzer (Strickergasse 10).
Der Hinterbau soll in den Hof, in dem jetzt die Kelter steht. Unten in den Neubau sollen die Kelter sowie ein Holzschuppen und darüber einige Kammern. Die Abtrittröhren müssen aus Stein gefertigt werden[16]. Am 3. Juli 1807 erhält Winkler die Konzession zum Branntweinzapfen[17]. 1816 beträgt der Wert des Grundstückes 1.200 fl.
Winkler stirbt 1823. Seine Witwe, Magdalena Theresia, geb. Reichert, wird 1826 als Mitglied des Bierbrauervereins erwähnt[18]. Sie heiratet in zweiter Ehe den Bierbrauer Christoph Seuffert und übergibt die Brauerei ihren Kindern aus erster Ehe, Heinrich und Franziska Winkler. Die Brauerei wird 1831 nach dem Tod von Heinrich Winkler jetzt von Christoph Seuffert, dem zweiten Ehemann der Witwe Winkler, und ihrem Schwiegersohn, Ehemann von Franziska Winkler, dem Küfer und Bierbrauer Jakob Zang, geleitet. Beide Männer sterben 1838.
Am 4. April 1839 erhält Jakob Rausch, der dritte Ehemann von Magdalena

---

[13] Wie Anm. 1.
[14] Ebd., AB Archivreste, Fasz. 332/XXII, Nr. 1. Diese und weitere Angaben sind bei *Roth*, Entwicklung des Aschaffenburger Brauwesens, 1971, S. 80 ff. zu finden.
[15] StaA, Bgb. 1669-1793.
[16] StAWü, MRA, LG 2904.
[17] Ebd., Mz. Polizeiakten 2608 v. 3. Juli 1807; v. 27. April 1808.
[18] Ebd., Reg. Ufr, Abgabe 1943/45, Nr. 10086.

Theresia Winkler, die Konzession. Der Wert des Anwesens beträgt zu dieser Zeit 4.000 fl.

Adam Anton Damrich aus Großostheim kauft am 21. August 1852 den Besitz, verbunden mit dem radizierten Braurecht, für 7.210 fl. Damrich läßt das Gewerbe durch einen geprüften Braumeister ausüben. Dieser war Georg Ebert. Auf Antrag bekommt er am 13. September 1852 folgendes gestattet: „Die Ausübung einer mit Bierbrauerei verbundenen Wirtschaft Lit. B 117 durch Georg Ebert (Schwiegersohn von Adam Anton Damrich) als Werkführer, der die Hand jedoch nur widerruflich und unter der Voraussetzung, daß derselbe den Ankauf des von Georg Ebert gebrauten Bieres aus der Brauersmasse desselben nachweise"[19].

Kurz darauf werden „verschiedene" bauliche Veränderungen am Wohnhaus genehmigt[20]. Im November 1853 wird der Bau eines zweiten Kellers erlaubt[21]. Bis 1853 war das Grundstück St. Agatha grundzinspflichtig.

1856 erwirbt Damrich das Haus Lit. B 118 hinzu. 1859 reicht er einen Plan bei der Stadt ein, um einen Hofraum mit „Einfahrt des Kellers in der Fassade der Halle" an der Treibgasse errichten zu können. Er bekommt die Auflage, „die Straßenlinie von der Ecke der Bolongaroschen Halle gegen das Eck der Christschen Halle zu ziehen. Vom Nachbarn Grünewald muß die Halle 3 Fuß Abstand haben"[22].

Am 11. November 1859 erhebt Bierbrauer Georg Ebert als Geschäftsführer des Anton Damrich Einspruch gegen die Aufstockung des Hauses der Englischen Fräulein[23].

Seit 1870 ist Eigentümerin des Anwesens Elisabeth, geb. Damrich, die Frau des Georg Ebert. Durch seine Aktivitäten und die ihres gemeinsamen Sohnes Wilhelm werden etliche Umbauten, Erweiterungsbauten und Neubauten durchgeführt.

3. Juni 1869: Einrichtung einer Waschküche im Teil der Halle, darüber ein Geschoß mit vier Fenstern.

10. Juni 1869: im zweiten Obergeschoß Einbau von drei gleichen Fenstern wie im ersten Obergeschoß. Aus der Tür im Erdgeschoß wird ein Fenster. Als Hauseingang dient nun die Tür von Lit. B 118.

1872 Tod des Georg Adam Ebert[24]. Sein Sohn Wilhelm Ebert übernimmt den Betrieb.

16. Juli 1874: Umbau der Fenster des Erdgeschosses. Aus den vier Fenstern entstehen drei gleiche wie in den oberen Geschossen.

---

[19] StaA, Mag.Prot. v. 13. September 1852.
[20] Ebd. v. 23. September 1852.
[21] Ebd. v. 7. November 1853.
[22] Ebd. v. 31. März 1859. 3 Fuß = 88 cm.
[23] StAWü, MRA, LG 3087.
[24] AZ v. 5. Dezember 1872. Bierbrauer Georg Ebert starb in Aschaffenburg plötzlich im 55. Lebensjahr.

23. September 1875: Herstellung eines Malzkellers unter den Nebengebäuden.
4. November 1875: Genehmigung eines Eiskellers an der Treibgasse auf der Seite zu Nachbar Bolongaro, Strickergasse 4. Die Sohle ist 5 m unter Terrain. Das Grundstück hat zur Treibgasse eine Mauer mit Tor. Neben dem neuen Keller liegt bereits ein alter Keller, der aber nur halb so tief ist.
8. Juli 1876: Genehmigung zur Errichtung einer Faßhalle.
28. März 1878: Vergrößerung der Brauerei. Das alte Brauereigebäude wird abgebrochen und ein Neubau errichtet. Die neue Brauerei Ebert wird genehmigt, wenn Wilhelm Ebert gegen das Dyroffsche Anwesen (Strickergasse 4) eine 45 cm starke Wand errichten läßt[25].
November 1878: Erhöhung der Kühlschiffhallen gegen die Strickergasse. Das an das neue Brauhaus anschließende Gebäude hatte bis jetzt nur ein Erdgeschoß mit Pultdach.

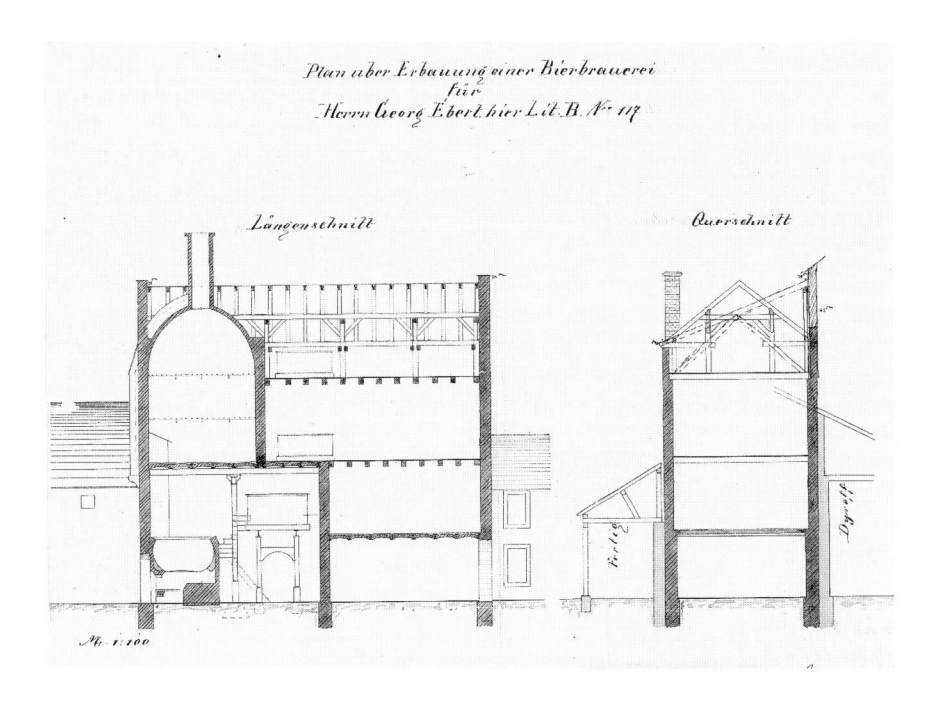

Abb. 133: Strickergasse 8, Bierbrauerei Georg Ebert. Längs- und Querschnitt, 1878, gezeichnet von Philipp Haas.

---

[25] StaA, Mag.Prot. v. 28. März 1878.

11. Dezember 1879: Neue Eis- und Lagerbierkeller. Ein Keller ist unter dem Haus Lit. B 117, 15 m unter dem Erdgeschoß, und reicht bis zum Ende des Brauhauses. Ein neuer Keller gewinnt hinter dem Brauhaus Anschluß an einen dazu querstehenden, schon länger existierenden Keller, der auch eine Tiefe von 15 m hat. Unter Haus Lit. B 118 wird der bereits bestehende Keller so vertieft, daß er nun eine Sohlentiefe von 7 m hat.
Das Unternehmen nahm einen bedeutenden Aufschwung, wie aus den regen Bautätigkeiten der kommenden Jahre zu erkennen ist.
9. Februar 1882: Wilhelm Ebert besitzt jetzt auch das Nachbaranwesen Lit. B 120 von Heinrich Dyroff (Strickergasse 4). Genehmigung eines Plans zu einer Eis-, Bier- und Malzkelleranlage sowie zum Abbruch verschiedener Gebäudeteile. Die Keller sind im Juli 1882 fertiggestellt. Die Eis- und Bierkeller liegen mit der tiefsten Sohle 10 m unter Terrain an der Treibgasse. Der Oberhofmeisterstab in München genehmigte, daß der an dieser Stelle quer durch das Gelände fließende Feuerbach in eiserne Rohre verlegt werden konnte.
30. März 1882: Bau einer neuen Faßhalle an der Treibgasse in der Breite des Grundstücks Strickergasse 4.
April 1882: Teilabbruch der alten ehemaligen Scheune an der Treibgasse. Unten bleibt Pferdestall, oben neue Zimmer und Kammer.
20. September 1883: Errichtung eines Eishauses mit Gärkeller auf dem Geländeteil, auf dem 1876 die Faßhalle an der Treibgasse gebaut wurde. In 14 m Sohlentiefe bestehen dort alte Keller.
1884: Eingabe zum Bau eines weiteren Kellers auf der Seite zum Bezirksamt und darüber Einrichtung eines „Comptoirs" (Kontors). Von Seiten des königlichen Bezirksamts als Nachbar werden erhebliche Bedenken bezüglich der Gefährlichkeit des Vorhabens geltend gemacht. Der handelnde Bauamtmann war Streiter. Stadtbaurat Johann Stephan Nein schlägt die Genehmigung vor, allerdings unter Vorbehalt einer Reihe von Auflagen bei dem technischen Ablauf der Bauarbeiten.
18. Dezember 1884: Genehmigung unter den von Stadtbaurat Nein aufgestellten Bedingungen. Gegen den Beschluß erhebt das Bezirksamt Einspruch. Am 23. Februar 1885 hebt die Regierung die Baugenehmigung auf. Am 20. Mai 1885 genehmigt das Bayerische Staatsministerium des Innern das Baugesuch.
1886: Genehmigung einer Kelleranlage auf der Treibgassenseite an der Grenze zu Haus Nr. 10.
1887: Aufstockungen im Bereich der Altbauten Lit. B 117/118 am alten Brauhaus.
18. Mai 1888: Ebert hat einen größeren Teil von Strickergasse 14 (Mayer Vogel) hinzugekauft. Hier Errichtung von zwei Bierkellern mit Faßhalle, Eishaus und Holzlege.
1890: Das Sudhaus wird modernisiert mit Kessel und Braupfanne durch eine Darmstädter Maschinenfabrik.

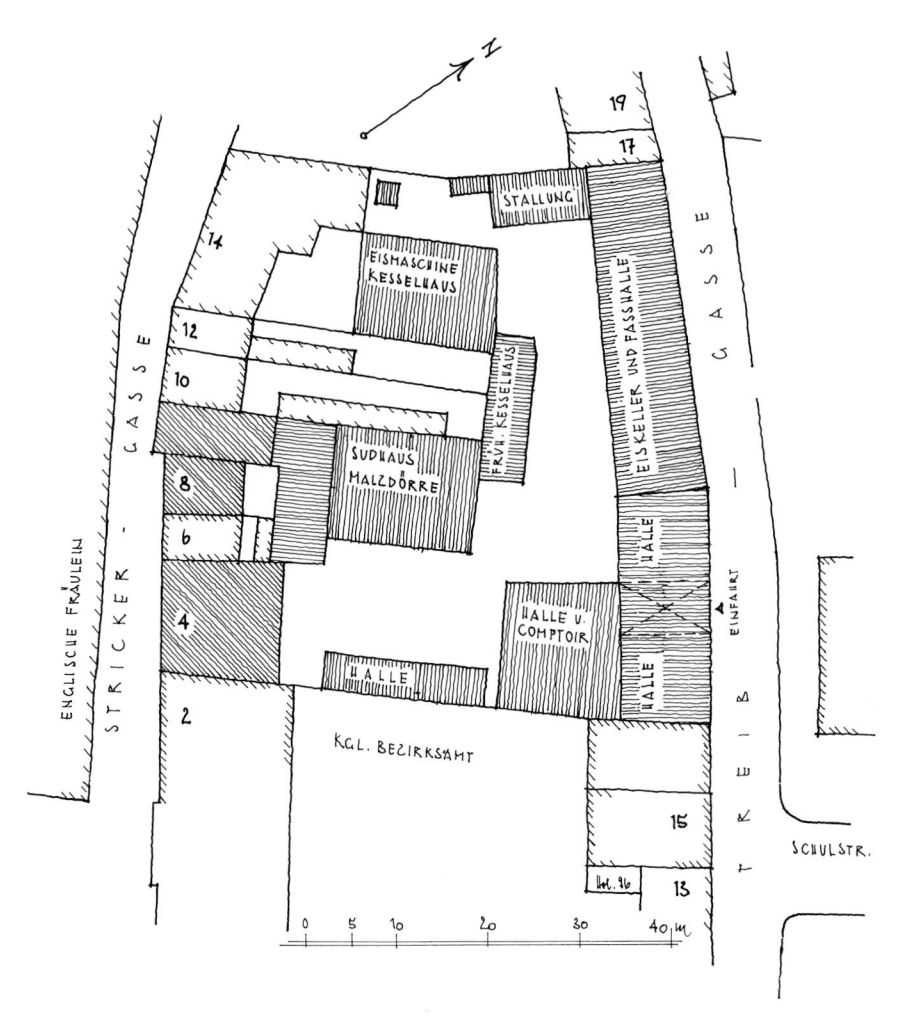

Abb. 134: Strickergasse 8, Anwesen des Bierbrauers Georg Ebert nach einem Situationsplan des Stadtbauamtes vom Mai 1890.

Zwischen dem 1. Juli 1889 und November 1890 entbrennt ein heftiger Streit zwischen der Brauerei und der Stadt. Grund ist die Rußbelästigung durch die Kamine, die einen ordentlichen Schulbetrieb der neuerbauten Luitpoldschule fast unmöglich machen soll. Besonders der königliche Schulvisitations-Kommissär, Stiftspfarrer Dr. Johann Kiesel, betreibt diese Beschwerden. Ebert bekommt von der Regierung befristete Termine zur Verbesserung der Kessel-

anlagen, die von der Maschinenbau-Aktien-Gesellschaft Nürnberg durchgeführt werden soll. Am 14. November 1890 lautet der letzte Auftrag des Regierungspräsidenten, daß die Maßnahme innerhalb von drei Wochen zu erledigen sei.
1893 Kauf eines Grundstückteils des ehemaligen Bezirksamtsgebäudes, Strickergasse 2. Nachdem die Luitpoldstraße neu angelegt war, konnte der Bau des Hopfengartens an der Luitpoldstraße beginnen.
22. Juni 1894: Umbau der Malzdarre.
8. November 1895: Wilhelm Ebert verkauft für 670.000 Mark das Gelände an die Aktienbrauerei zum Hopfengarten.
4. August 1899: Vergrößerung der Malzdarre. Genehmigung jetzt für die Aktienbrauerei zum Hopfengarten.
Ende 1899 erwirbt die Bayerische Aktienbrauerei, genannt BABA, für 850.000 Mark das Unternehmen. Am alten Platz bleibt nur die Mälzerei.
22. Juni 1900: Genehmigung zum Bau einer neuen Darre im Anschluß an die seit 1899 bestehenden Darre. Im Februar 1901 ist der Bau fertig.
1901: Wohnungsneubau eines Flügels zum rechten Nachbarn an der Treibgasse, Richtung Agathakirche.
5. September 1922: Beschwerde eines Bewohners wegen „sicherheitsgefährlichen Mißstandes".
1938: Einbau von Garagen. Umbau des Lokals „Strickerstube" im Alten Hopfengarten nach Plänen von Benno Baumann. Franziska Sauer führte damals das Lokal.
Bei dem großen Luftangriff am 21. November 1944 wird das Gebäude durch Luftdruck und später durch Artilleriebeschuß fast völlig zerstört[26].

Im Juli 1987 wurden Bodenuntersuchungen wegen der Planung zum Neubau der Stadthalle vorgenommen. Dabei konnten bei verschiedenen der von Ebert eingerichteten Eis- und Gärkeller Feststellungen gemacht werden. Der tiefste Keller lag mit seiner Sohle etwa 15 m unter Straßenniveau. Außerdem wurden ein 10 m langer Kriechtunnel und ein 44 m langer Gang. Der Gang führte zum Haus Strickergasse 10 und ist auf Abb. 136, S. 565 dargestellt[27].

---

[26] *Stadtmüller* II, S. 436.
[27] ME v. 28. Juli 1987.

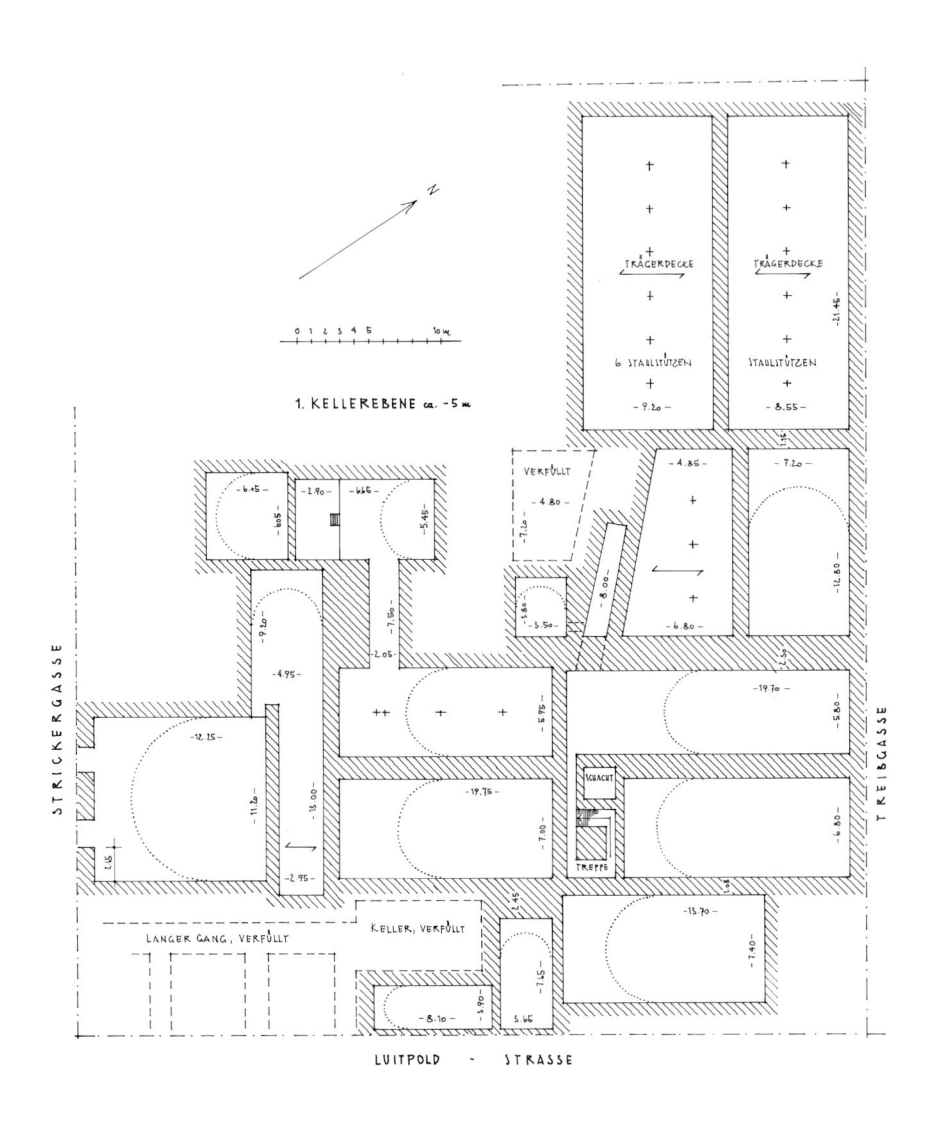

Abb. 135: Strickergasse 8, Brauerei Hopfengarten. 1. Kellerebene. Vor dem Bau der Stadthalle.

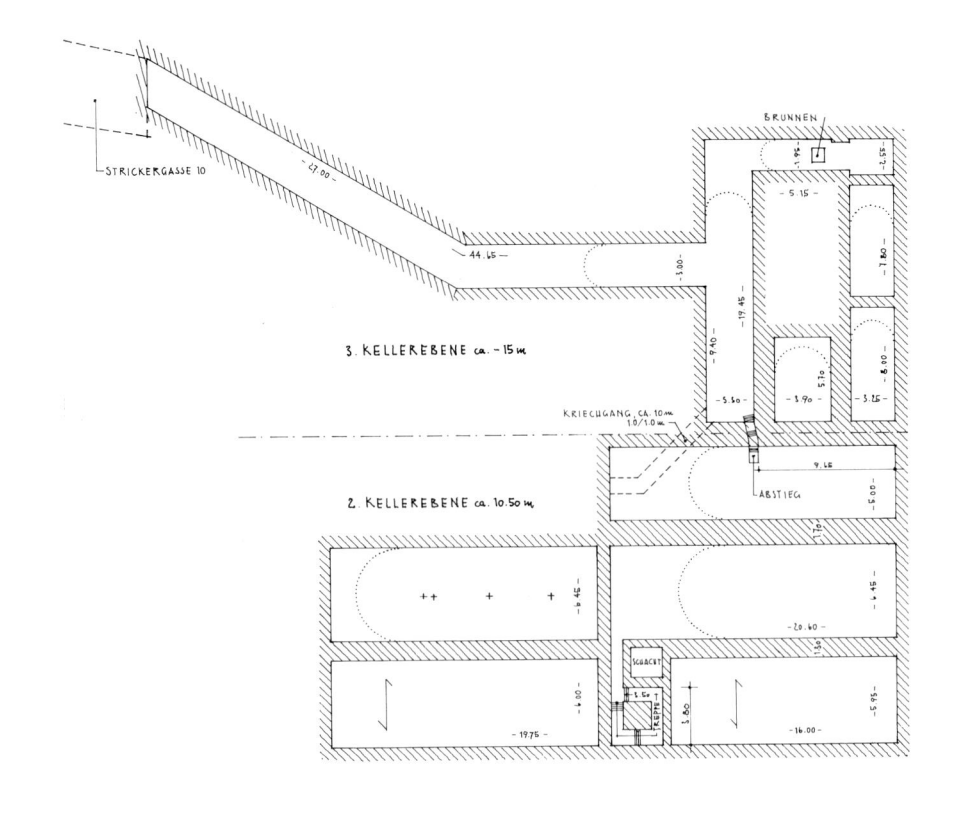

Abb. 136: Strickergasse 8, Brauerei Hopfengarten. 2. und 3. Kellerebene. Vor dem Bau der Stadthalle.

Beschreibung

Hausteil Lit. B 117: Wohnhaus, Anbau mit Kammern, Anbau mit Wohnung, Brauhaus.

Zustand bis 1869

Frontbreite 6,03 m. Das Grundstück reicht bis zur Treibgasse. Das Wohnhaus ist dreigeschossig, traufständig. Erdgeschoß massiv. Die beiden Obergeschosse, die gering über das Erdgeschoß auskragen, bestehen aus verputztem Fachwerk. Das Haus springt zu Hausteil Lit. B 118 ca. 1,20 m vor.
Im Erdgeschoß zu Haus-Nr. 10 zwei Fenster. Zur vorspringenden Ecke ein Fenster. Dazwischen war bis 1869 die Haustür.
Im ersten Obergeschoß sind drei gleichmäßig angeordnete Fenster. Im zweiten Obergeschoß ist eine dreier Fenstergruppe aus kleineren Einheiten.

Grundriß

EG: Eingangsflur und Gastzimmer zur Straße, dahinter Küche.
Erstes OG: zwei Zimmer zur Straße. Auf der Rückseite Treppenaufgang und Küche.
Zweites OG: zur Straße ein Zimmer in voller Hausbreite, dahinter zwei Räume.
Am Vorsprung zu Lit. B 118 war 50 cm über dem Pflaster eine Sandsteintafel von ca. 50 cm Breite und ca. 30 cm Höhe angebracht. Darauf stand geschrieben:

„Des Menschen Hertz Sin Gedanck und Mut
streben hin nach dem zeitlichen Gut
Und wenn er das erwirbt
so felt er hin und stirbt
1560"[28].

Grundstücke, die zur Brauerei Ebert, der „Bierbrauerei zum Hopfengarten", gehörten

Seit 1870   Strickergasse 8
            Lit. B 117 und Lit. B 118, Plan-Nr. 614, 615, 616
            Vereinigte Wohnhäuser mit Kellern, Anbau mit Küche und Waschküche, Brauereigebäude mit Brauhaus, Maschinenhaus und Malzkeller, Faßhalle mit Pferdestall, Malzdörrgebäude, Eiskeller und Hofraum,

---

[28] *Lorenz*, in: AGBL, Nr. 6, S. 84 (1908) Lorenz vermutet, daß die Inschrift Teil eines alten Grabsteins vom Agatha-Friedhof ist.

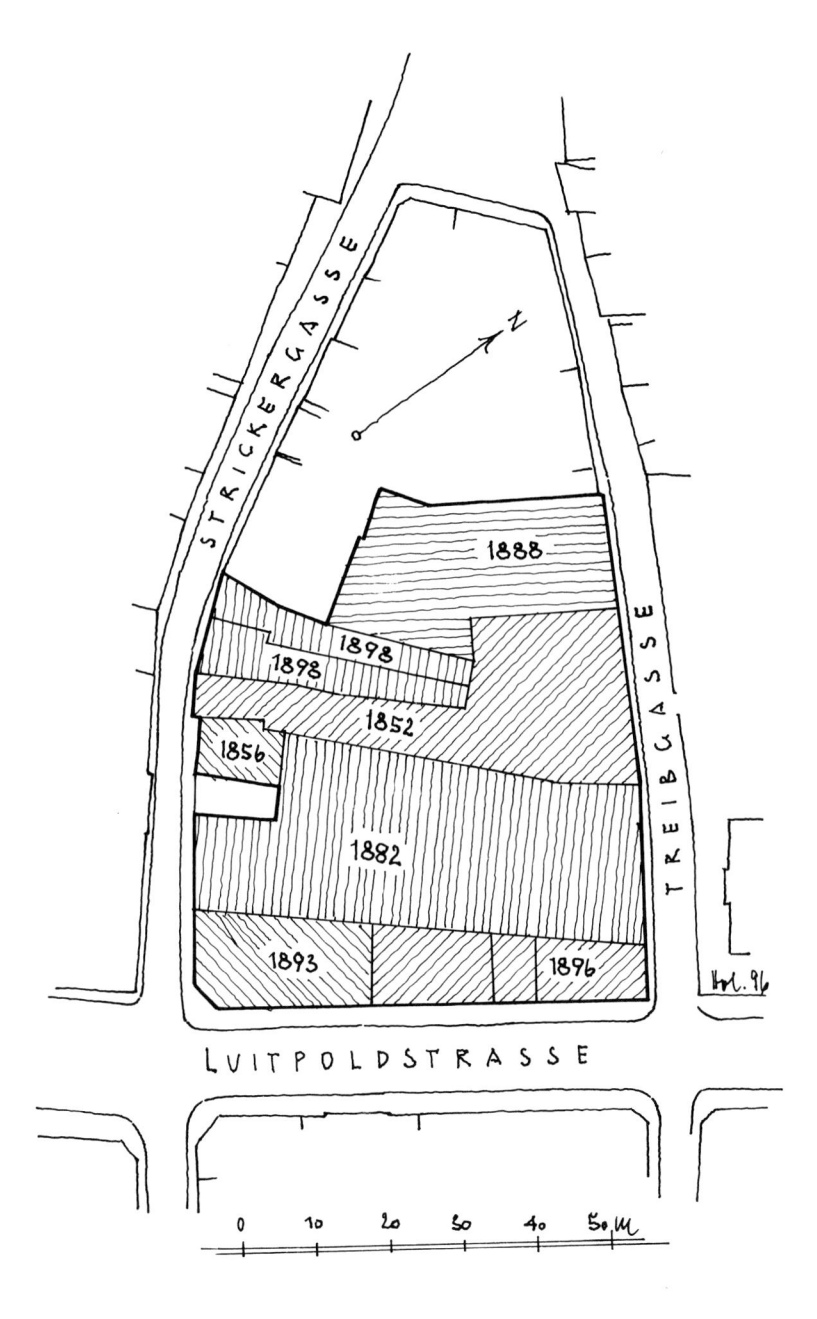

Abb. 137: Strickergasse 8, Grundstücksflächen, die von Damrich, Ebert und der Brauerei zum Hopfengarten zwischen 1852 und 1898 aufgekauft wurden.

dann Faßhalle mit Kontor und Halle mit Eiskeller, ferner einem Kessel- und Maschinenhaus, Stallungen, Remise, hierauf Schlafsaal, Keller und Hofraum mit offener Halle.
Wert: 100.660 Mark[29].

Seit 1882 Strickergasse 4
Lit. B 120, Plan-Nr. 618, 619
Wohnhaus mit Malzkeller, Waschhaus, Küche und Hofraum.
Wert: 49.510 Mark.

Seit 1888 Teil von Strickergasse 14
Plan-Nr. 611

Seit 1888 Herstallstraße 3
Lit. D 145, Plan-Nr. 1365
Wohnhaus mit Gasthaus am Scharfeck
Keller, Halle, dann zwei Höfe am Scharfeck.

Seit 1893 Teile des ehemaligen Bezirksamtgeländes
Plan-Nr. 620^1/$_3$, 620^1/$_8$
Luitpoldstraße 1.
und Plan-Nr. 620
Bauplatz an der Luitpoldstraße, Luitpoldstraße 3.

Außerdem Gebäude an der Hanauer Straße
Plan-Nr. 1713
Eiskellerhaus mit Faßhalle, Gartenhaus mit Pechsudhaus, dann Hofraum an der Hanauer Straße.
Wert: 10.000 Mark[30].

1895 Verkauf der Grundstücke an die Aktienbierbrauerei zum Hopfengarten A.G.

Geschichte der Bierbrauerei zum Hopfengarten

Im April 1751 bat Christoph Löchler, auf seinem Anwesen, der späteren Strickergasse 8, eine Brauerei betreiben zu dürfen. Löchler erhielt die Genehmigung und richtete eine Brauerei ein. Aus dieser Brauereigründung, die erste überhaupt in Aschaffenburg mit genauen Datenangaben, ging die Brauerei zum Hopfengarten hervor.

---

[29] AZ v. 26. November 1873: u. a. am 11. Dezember 1873 Versteigerung von Grundstücken, die zum Nachlaß des Bierbrauers Georg Ebert gehörten:
a) Lit. B Haus-Nr. 117 und 118: Wohnhäuser mit Brauerei, Kellern, Garten, Stallung und Hallen.
b) Die Grundstücke Plan-Nr. 4419, 4540, 4578, 4591a und b, 4592, 4593, 4451, 4453, 4734^1/$_2$, 6077, 1548: teils Wiesen und Äcker, teils Garten.
[30] StAWü, Hypb.AB, Bd. VII, S. 695: Wertangaben der Grundstücke.

Christoph Löchler war zu dieser Zeit auch Eigentümer von Dalbergstraße 76 und Wirt des hier befindlichen Gasthauses „Zum grünen Baum"[31].
Die auf Christoph Löchler folgenden Hauseigentümer erwarben auch das Braurecht.
Am 21. August 1852 kaufte Adam Anton Damrich aus Großostheim Strickergasse 8 mit dem darauf befindlichen Braurecht.
Damrich stellte als fachlich geprüften Braumeister seinen Schwiegersohn Georg Adam Ebert ein.
Ebert hatte 1847, im Alter von 30 Jahren, die ehemalige Reitzsche Brauerei in der Sandgasse 43 gekauft. Die Braukonzession hatte er seit 1834. Durch den geschäftlichen Aufschwung wurden in der Sandgasse die Räumlichkeiten zu klein. Da keine Erweiterungsmöglichkeiten bestanden, verkaufte Ebert das Anwesen.
Seit 1852 betrieb Ebert die Brauerei in der Strickergasse 8.
Im Jahr 1872 übernahm sein Sohn Wilhelm Ebert den elterlichen Betrieb. Er kaufte 1882 das Gelände der ehemaligen Tabakfabrik Bolongaro, Strickergasse 4, und 1888 einen Teil der ehemaligen Tabakfabrik des Georg Christ, Strickergasse 14, dazu. Ein Teilgrundstück des ehemaligen Bezirksamts erwarb er 1893, soweit es nicht in die neuangelegte Luitpoldstraße fiel. Am 15. Juni 1894 erhielt er die Genehmigung eines Neubaus in der Luitpoldstraße. Wilhelm Ebert besaß außerdem seit 1888 das Anwesen Herstallstraße 3 mit der Gastwirtschaft „Zum Wurstbendel".
Laut Urkunden vom 10. Oktober und 8. November 1895 des königlichen Notars Franz Kühnlein verkaufte Wilhelm Ebert seinen ganzen Brauereibetrieb für 670.000 Mark an die "Aktienbrauerei zum Hopfengarten".
Die Aktienbrauerei, vertreten durch Brauereidirektor Heinrich Baptist Thiemer als Vorstand, erwarb am 16. November 1896 für 2.150 Mark das Grundstück Plan-Nr. 620$^{1}/_{3}$, in der Größe von 15 a an der Luitpoldstraße, ebenfalls von Wilhelm Ebert.
Am 28. und 29. Oktober 1898 kaufte die Aktienbrauerei noch die Anwesen Strickergasse 12 von Schuhmachermeister Anton Nies für 18.000 Mark und Strickergasse 10 für 27.000 Mark von Metzgermeister Johann Berg.
Am 9. Dezember 1899 wurde die Aktienbrauerei zum Hopfengarten an die Bayerische Aktienbrauerei (BABA) für 850.000 Mark verkauft[32]. Am alten Platz blieb nur die Mälzerei.
Die Gebäude des Hopfengartens wurden 1974 abgerissen, und an deren Stelle steht seit 1991 die Stadthalle.

---

[31] StaWü, MRA, LG 3151. Vgl. *Grimm* I, S. 257 ff.
[32] Lt. Urkunde des Notariats II Aschaffenburg. Nach der Urkunde des Notariats I Aschaffenburg gingen am 1. August 1900 weitere Brauereien in den Besitz der BABA über: Valentin Dahlem, Brauerei „zur Rose", Herstallstraße 35 sowie Entengasse 7 und Treibgasse 6.

Geschichte der Bavaria-Brauerei

Nachdem die Aktienbrauerei zum Hopfengarten die alte Brauerei in der Strickergasse erworben hatte, kaufte um 1900 Wilhelm Ebert einen Geländeteil der alten Kaserne an der Weißenburger Straße und Heinsestraße. Er ließ hier eine neue Brauerei, die Bavaria-Brauerei, nach den damals modernsten Richtlinien erbauen. Seine beiden Söhne, Georg und Karl Ebert, arbeiteten zu dieser Zeit bereits in dem neuen Betrieb. 1908 übergab Wilhelm Ebert seinen beiden Söhnen die Brauerei.
1981 wurde der Betrieb eingestellt. Die Produktionsgebäude wurden abgerissen und durch eine Wohn- und Geschäftspassage (Heinsestraße/Weißenburger Straße) ersetzt.

Eigentümer

1730		Paul Wieland,
	bis 1763	Johann Adam Wieland[33], Bendermeister,
1763 bis 1780		Maria Margaretha Wieland[34], Witwe,
1780		Anton Lutz (auch Protz)[35],
1784 bis 1823		Christoph Winkler[36], Kaminkehrer und Bierbrauer,
1823 bis 1839		Witwe des Christoph W.,
1839 bis 1852		Jakob Rausch[37], Bierzäpfler, dann Bierbrauer, ersteigert um 7.320 fl.,
1852 bis 1870		Adam Anton Damrich, Bierbrauer aus Großostheim,
1870 bis 1873		Elisabetha Ebert[38], geb. Damrich, Tochter des Adam Anton D.,
1874 bis 1895		Wilhelm Ebert[39], Bierbrauer, Sohn von Elisabetha und Georg Ebert,

---

[33] St. Agatha, Sterbematr. v. 1763, S. 109: Johann Adam Wieland stirbt 1763, 46 Jahre.
[34] Ebd., Trauungsmatr. v. 1737, S. 302: Trauung von Johann Adam Wieland und Maria Margaretha Neeb.
[35] StAWü, AB Archivreste, Fasz. 332/XXII, Nr. 1.
[36] StaA, HR, W1, S. 71. Christoph Winkler (1752-1823), geb. in Ladenburg am Neckar.
[37] Ebd., HR, R1, S. 108: Jakob Rausch (1800-1853), verh. mit Magdalena Theresia Reichert (1802-1884), 2 Kinder. Vgl. auch HR, S1, S. 247, da Magdalena in zweiter Ehe Christoph Seuffert heiratete.
[38] StaA, HR, E1, S. 69: Elisabetha Damrich (1831-1873) verh. mit Georg Adam Ebert (1818-1872), Bierbrauer aus Obersteinbach bei Eltmann, 11 Kinder. Ebd., AN, C-D-E, 1845-1849: nach mehreren Gesuchen Annahme des Bierbrauers Georg Ebert aus Obersteinbach Kreis Haßfurt [siehe oben: bei Eltmann] als Bürger. Erteilung einer Konzession zur Bierbrauerei. Eheerlaubnis für ihn und Elisabeth Damrich aus Großostheim, Kreis Aschaffenburg.
[39] Ebd., HR, E1, S. 117: Wilhelm Ebert, ältester Sohn (1850-1909), verh. mit Juliane Schohe (1853-1920) aus Kleinostheim, 4 Kinder. Ebd., AN, C-D-E, 1877-79: Verehelichungszeugnis für den Brauereibesitzer Wilhelm Ebert. Ebd., Mag.Prot. v. 14. Oktober 1875: Verleihung der Schankwirtschaftsgerechtigkeit für Wilhelm Ebert.

1895 bis 1901 Aktienbierbrauerei zum Hopfengarten A. G.,
1901 bis 1972 Bayerische Aktienbierbrauerei Aschaffenburg A. G.[40],
1972   Binding Brauerei AG, Frankfurt,
1972 bis 1975 Günter Ries, Kaufmann aus Frankfurt,
seit 1975   Stadt Aschaffenburg.

---

[40] Erworben durch Fusion.

Strickergasse 10   (Lit. B 116)   Plan-Nr. 613

Geschichte

Das Gartengrundstück auf der „Dinstall" war dem Kollekturfonds von St. Agatha zinspflichtig. Aus den Rechnungen lassen sich folgende Besitzer nachweisen: vor 1633 Johann Becker, Weißer, 1633/1640 Margareta Etzel, Witwe des Philipp Etzel[1], 1645 seine Erben, 1666/1674 Sibilla Etzel, 1704 Johann Wadtle, 1729 bis 1734 Johann Franz Schwab, Notar[2].

Nach der ursprünglichen Fassadengestaltung des Hauses könnte das Anwesen im Verlauf des 18. Jahrhunderts errichtet worden sein. 1794 war Eigentümerin die Witwe des Holzmessers Wilhelm Nees.

Bierbrauer und Bäckermeister Christian Trunzer (Dunzer) aus Nassau-Saarbrücken erwarb das Grundstück, das 1808 einen Wert von 4.000 fl. hatte[3]. Trunzer eröffnete in der Strickergasse 10 eine Bäckerei und erhielt auf sein Haus das Backfeuerrecht. 1808 wollte er im Erdgeschoß und 1809 im Obergeschoß die Fenster ändern lassen. Da diese Maßnahmen das Aussehen des Hauses verbesserten, bekam er sofort die Genehmigung[4].

1827 war sein Sohn, der damals ledige Bäckergeselle Franz Dunzer, Hauseigentümer und erhielt die Backkonzession als Bäckermeister[5].

1836 wurde den Geschwistern Fertig gestattet, im Hintergebäude ihres Wohnhauses Strickergasse 10 eine Wohnung einzurichten[6]. Die Fassade am Wohnhaus wurde 1839 geändert[7].

Am 29. Oktober 1898 wurde das Anwesen durch Brauereidirektor Baptist Thiemer für die Aschaffenburger Aktienbierbrauerei zum Hopfengarten um 27.000 Mark erworben.

---

[1] *Friederichs*, S. 76, Nr. 298.
[2] StiA 6595.
[3] StaA, Bgb. 1659-1793: Trunzer wurde am 19. Juli 1787 in Aschaffenburg als Bürger angenommen.
[4] StAWü, MRA, LG 3029.
[5] StaA, Mag.Prot. v. 5. April 1827.
[6] Ebd. v. 25. August 1836.
[7] Ebd. v. 1. August 1839.

Im Zweiten Weltkrieg entstanden Schäden am Dach, an den Decken, Türen und Fenstern[8].

Beschreibung

Zweigeschossig, traufständig.
Erdgeschoß massiv, Obergeschoß verputztes Fachwerk. Gurtgesims zwischen Erdgeschoß und Obergeschoß. Die Fassade ist dreiachsig mit Hauseingang in der ersten Achse neben Strickergasse 8.
Das Grundstück mit einer Tiefe von 36 m grenzte an den an der Treibgasse liegenden Kaplaneigarten (Plan-Nr. 615).

Eigentümer

bis 1794	Wilhelm Nees[9], Holzmesser,
1794 bis 1800	Eva Margarethe Nees[10], Witwe,
1800 bis 1824	Christian Trunzer (Dunzer)[11], Bäcker,
1824 bis 1826	Eva Dunzer[12], Witwe,
1827 bis 1830	Franz Dunzer[13], Bäcker, Sohn des Christian D.,
1830 bis 1836	Klara Sophie Dunzer, Ehefrau des Franz D.,
1836/1881	Eva[14], Anna[15] und Gertrud Fertig, Geschwister[16],
bis 1883	Therese Reisinger, Rentnerin,
1883 bis 1895	Seligmann Rothschild, Kaufmann, dann seine Witwe Settchen,
1895 bis 1898	Johann Berg, Metzger aus Dieburg,
seit 1898	wie Strickergasse 8.

---

[8] *Stadtmüller* II, S. 436.
[9] St. Agatha, Sterbematr. v. 1794, S. 228: 1794 Tod von Wilhelm Nees, 62 Jahre.
[10] Ebd. v. 1800, S. 263: Eva Margarethe Nees, geb. Kittel, stirbt 1800 im Alter von 64 Jahren.
[11] StaA, Verzeichnis der Toten 1814-1836, S. 103: 4. Februar 1824 Tod von Bäckermeister Christian Dunzer.
[12] Ebd. S. 121: Eva Dunzer, 66 Jahre, Witwe des Bäckermeisters Christian Dunzer, stirbt am 26. Oktober 1826.
[13] Ebd., HR, D1, S. 53: Franz Dunzer (1788-1857), verh. mit Klara Sophie Gentil (1810-1852), 4 Kinder.
[14] Ebd., Sterbereg. 1869 mit 1881, S. 129: Eva Fertig stirbt am 16. August 1872 mit 75 Jahren, Privatiere, Lit. B 116.
[15] Ebd., Sterbereg. 1847 mit 1868, S. 480: Anna Fertig, ledig, 61 Jahre, stirbt 1861.
[16] Ebd., HR, F1, S. 50: Johann Fertig, Müller und Mehlhändler aus Goldbach, heiratet Elisabeth Sauer, 5 Kinder. Eva 1797-1872), Anna (1799-1861), Michael (1801), Franziska (1807-1827), Gertrudis (1810-1883). Sie stirbt am 7. August 1883. Die Geschwister treiben noch gemeinschaftlich das Gewerbe des Mehlhandels.

Strickergasse 12   (Lit. B 115)   Plan-Nr. 612

Geschichte

Das Haus des Schuhmachers Nikolaus Platz, „neben Hofrat Franz Erwein Serger [Strickergasse 14] und Christian Trunzer" (Strickergasse 10), wurde am 11. Februar 1802 „samt Hof, Garten und Umgriff" zur Versteigerung angeboten[1]. Johann Schnuck, vermutlich ein Verwandter der Vorbesitzerin, bot 1.325 fl. „Dies ist für den Platz zu wenig". Es wurde ein neuer Versteigerungstermin angesetzt, über den Verlauf ist jedoch nichts bekannt.

Eigentümer Johann Franz Kittel reichte am 27. Mai 1867 ein Gesuch wegen baulicher Veränderungen an seinem Haus ein[2]. Am 2. Juli 1868 erhielt er die Genehmigung. So konnte er nach Änderungen von Türen und Fenster auch den Gang und die Zimmer neu einteilen[3].

1870 übernahm das Anwesen Seifensieder Johann Valentin Frank aus Brückenau[4]. Schon nach vier Jahren (1874) trennte er sich von dem Grundstück und erwarb Strickergasse 7.

Nach dem Tod von Schuhmacher Anton Nies (1887) verkauften 1898 dessen Erben Strickergasse 12 an die Aktienbierbrauerei zum Hopfengarten für 18.000 Mark.

Dach, Decken, Fenster und Türen wurden bei dem Luftangriff im Zweiten Weltkrieg, am 21. November 1944, beschädigt[5].

Mit den übrigen Anwesen des Hopfengartens wurde 1975 das Anwesen von der Stadt gekauft und abgebrochen. Die Grundfläche ist jetzt Bestandteil der 1991 eröffneten Stadthalle.

Beschreibung

Zweigeschossig, traufständig.

Erdgeschoß massiv, Obergeschoß verputztes Fachwerk. Im Erdgeschoß, auf der Seite zu Haus Nr. 10, Hauseingang mit Oberlicht in Türbreite über außenliegenden Differenzstufen. Daneben gekuppeltes, steinumrahmtes Fenster. Unter diesem Fenster ist ein rundbogiger Eingang, der von außen zum Keller führte. Das Haus hatte demnach einen Gewölbekeller.

Über die Fenster im Obergeschoß liegen keine Angaben vor. Im Dach schmales Zwerchhaus.

---

[1] StAWü, LG AB 668.
[2] StaA, Mag.Prot. v. 27. Mai 1867.
[3] Ebd. v. 2. Juli 1868.
[4] Ebd., AN, F. 1872-1884. Bürgerrechtsverleihung an den Seifensieder Johann Valentin Frank aus Brückenau. Verehelichungszeugnis für den Witwer und Barbara Brigitte Schäfer aus Brückenau.
[5] *Stadtmüller* II, S. 436.

Seit 1868 Hauseingang auf der Seite zu Haus Nr. 14. Anstelle der alten Haustür jetzt Schaufenster, statt des gekuppelten Fensters ein einfaches Fenster. Das Grundstück grenzt wie Strickergasse 10 an den zur Treibgasse liegenden Kaplaneigarten (Plan-Nr. 615).

Eigentümer

bis 1788	Johann Schnuck[6],
1788/1794	Maria Eva Schnuck[7], Witwe des Johann S.,
1802	Nikolaus Platz[8], Schuhmacher,
1808/1816	Johann Hagenauer[9],
1850	Anton Köhler[10], Tüncher,
1867/68	Johann Franz Kittel,
1870 bis 1874	Johann Valentin Frank[11], Seifenfabrikant,
1874 bis 1882	Franz Nies, Schuhmacher, Kauf um 5.500 fl.,
1882 bis 1898	Anton Nies[12], Schuhmacher, dann seine Erben,
seit 1898	wie Strickergasse 8.

---

[6] St. Agatha, Sterbematr. v. 1788, S. 215: Tod von Johann Schnuck.
[7] Ebd. 1809, S. 90: Maria Eva Schnuck stirbt mit 67 Jahren.
[8] Ebd. 1809, S. 89: Nikolaus Platz, „civis et sutor" (Schuhmacher), stirbt 1809 mit 42 Jahren.
[9] Intell.Bl. Nr. 33 v. 24. April 1816. StaA, Verzeichnis der Toten 1814-1836: 23. November 1829 Tod von Johann Hagenauer, Schuhmacher, 61 Jahre.
[10] Ebd. Sterbereg. 1847 mit 1868, S. 526: Anton Köhler, gest. am 4. April 1862, Tünchermeister, 55 Jahre.
[11] Siehe Strickergasse 7, Anm. 10.
[12] StaA, HR, N, S. 78: Anton Nies (1844-1887), Schuhmachermeister, verh. mit 1. Hildegard Frank (1849-1878), 2 Kinder; 2. Bertha Miltenberger (1855-1885), 2 Kinder, 3. Laura Miltenberger (geb. 1865), 1 Kind. Ebd., Sterbereg. 1869 mit 1881, S. 362: 1878 Tod von Hildegard Frank. Ebd., 1882 mit 1890, S. 120: Bertha Frank, geb. Miltenberger starb 1885 in Lit. B 115.

Strickergasse 14   (Lit. B 114)   Plan-Nr. 610, 611

Gasthaus „Zum Grünen Baum" (1751-1781)
„Zum Römischen Könige"   (1781-1799)

Geschichte

In der Einwohnerliste von 1794 ist bei Lit. B 114 vermerkt: „noch nicht fertig"[1]. In der Beschreibung zur Versteigerung von 1816 wird das Haus als „in

---

[1] StaWü, MRA, L 17/134.

neuem Geschmacke eingerichtet" bezeichnet[2]. Demnach handelte es sich 1794 nicht um einen Neubau, sondern um die Umgestaltung des Hauses im klassizistischen Geschmack, die damals noch nicht abgeschlossen war. Das Gebäude selbst ist älter und nach Gestaltung der Fassade in der Zeit um 1700 schon entstanden.
Seit 1751 bis Ende des Jahrhunderts befand sich hier ein Gasthaus.
Bereits vor 1625 war Caspar Hahn, Schiffmann, dem Baufonds von St. Agatha mit 6 kr. zinspflichtig. Dann folgten: 1625/1644 Daniel Robustelli, bis 1654 Valentin Schütz, 1655 Matthäus Hoffmann, Ratsmitglied[3], 1658/1674 Matthäus Heidt, zwischen 1702 und 1708 Anton Wermerskirch[4], 1733/1738 Johann Nikolaus Keller, Fischer von Prozelten, 1739 Stepes, Amtskeller von Prozelten, 1740[5] bis 1746 seine Witwe, dann seine Erben[6].
1751, oder kurz davor, tauschte Christoph Löchler, Gastwirt „Zum grünen Baum"[7], das Anwesen die „Stepesische Behausung" von den Vorbesitzern. Löchler erhielt die Genehmigung, auf seinem neu erworbenen Grundstück Bier brauen zu dürfen. Um genügend Wasser für seine Brauerei zu bekommen, wollte er eine Ableitung der herrschaftlichen Wasserleitung von dem Anwesen des verstorbenen Kammerrats Johann Reinhard Horn (Strickergasse 4) auf sein Grundstück legen lassen. Maria Horn erhob Einspruch dagegen, weil „das Wasser im Sommer kaum strohhalmdick läuft"[8].
Nach einer Bemerkung des Archivrats Friedrich Ladrone fließt „der Schloßkanal durch das Haus, das Graf Eltz bewohnt und das ehem. Höpfnersche, jetzt Rupprechtsche Haus und geht unter der Straße in den Kanal am Garten der Englischen Fräulein durch".
Im April 1751 bittet Löchler den Landesherrn, auf seine neue Wohnung „zur Treibung der Bierbrauerei das Feuerrecht zu gestatten". Außerdem weist Löchler nochmals darauf hin, daß er einen Ablauf zum Kanal brauche. Vom Vizedomamt wird vorgeschlagen, den Ablauf des Amtshauses in der Treibgasse 28 Löchler zu geben. „Dieser Ablauf laufe ohnehin ungenutzt auf die Erde weg". Somit sei Löchler und Frau Horn gedient. Am 10. Juli 1751 folgt die endgültige Ablehnung der Hofkammer über das Vizedomamt[9].
1781 und 1785 zahlt Servatius Weiland vom Haus „Zum Grünen Baum", jetzt „Zum Römischen Könige", Lit. B 114, einen Grundzins von 6 kr. an St. Agatha[10].

---

[2] Intell.Bl. Nr. 33 v. 24. April 1816.
[3] *Friederich*, S. 104, Nr. 766.
[4] Wermerskirch starb 1728.
[5] Um 1740 lag das Grundstück neben dem Haus der Erben des Matthias Buchberger.
[6] StAWü, SAW, Amt AB, B 62, Prod. 70 (1651). Nach dem Tod der Witwe Stepes traten als Erben die Amtsverweser Stepes auf.
[7] Dalbergstraße 76.
[8] StAWü, MRA, LG 3151.
[9] Ebd.
[10] StaA, St. Agatha, R 484 v. 1781, S. 8. Ebd., R 494, Grundzins 1785.

Gastwirt Christoph Sitzmann hatte das Anwesen „ohnlängst" von Hofrat Franz Erwein Serger gekauft und beabsichtigt 1808, es gegen ein anderes Objekt einzutauschen. Am 17. März 1808 findet ein Tauschvertrag zwischen Christoph Sitzmann und Major Joseph Ruppel, Eigentümer des Gasthauses „Zum Goldenen Adler" Strickergasse 9, neben Herrn Bürgermeister Wilhelm Braun (Strickergasse 7) und der Scheune von Christoph Winkler[11] statt. Der Wert wird mit 11.000 fl. veranschlagt. Sitzmann verpflichtet sich, wenn Ruppel innerhalb von zehn Jahren das getauschte Haus verkaufen wolle, die Differenz zuzuzahlen oder das Haus wieder zurückzunehmen[12].
Am 27. April 1808 soll für Ruppel im dritten Obergeschoß des Rückgebäudes eine neue Küche über der schon vorhandenen im zweiten Obergeschoß ausgebaut werden[13]. Gegen Barzahlung versteigert Ruppel am 9. Mai 1808 Hausgerät, Wäsche und Kleinmöbel[14].
Noch vor der abgelaufenen Frist von zehn Jahren wird am 24. April 1816 das Anwesen Strickergasse 14 zur Versteigerung angeboten[15]. Major Ruppel „vom Hagelhof" ist ziemlich verschuldet, besonders an Alois Dessauer. Das Haus war damals grundzinspflichtig an die Kirche St. Agatha und an den Grafen Schönborn. Meistbietender mit 9.000 fl. ist am 29. Mai 1816 Ludwig Haus. Christoph Sitzmann soll wegen des Tauschvertrages vom März 1808 die fehlenden 2.000 fl. zuzahlen oder das Haus mit 11.000 fl. wieder zurücknehmen[16]. Sitzmann wird wieder Eigentümer, aber er muß sich übernommen haben, denn am 4. Juni 1817 findet eine gerichtliche Versteigerung des Hauses von „Adlerwirt Sitzmann Eheleute" statt[17]. Der Zuletztbietende blieb Gabriel Hospes, er bekommt aber den Zuschlag nicht erteilt.
Aus Unterlagen des Stadtgerichts geht hervor, daß am 11. Juli 1818 Peter Löchler das Haus gekauft hat[18].
1826 wird Handelsmann Johann Georg Christ Eigentümer von Strickergasse 14. Am 24. April 1826 erhielt er die Bewilligung, aus der freien Stadt Frankfurt nach Bayern, nach Aschaffenburg, einzuwandern. Christ, selber Witwer, heiratet 1826 die Witwe des Aschaffenburger Hofapothekers zum Schwanen, Anna Maria Bauer[19]. Am 5. April 1827 erhält Christ die Konzession als Tabakfabrikant[20].

---

[11] Lit. B 73, der spätere linke Hausteil von Strickergasse 11.
[12] StAWü, LG AB 577. Das Haus ist neben der Witwe des Christian Faust (Strickergasse 16) und Johann Hagenauer (Strickergasse 12).
[13] Ebd., MRA, LG 3031.
[14] Intell.Bl. Nr. 34 v. 27. April 1808, S. 2; Nr. 35 v. 30. April 1808, S. 1; Nr. 37 v. 7. Mai 1808, S. 2.
[15] Siehe Anm. 2.
[16] Siehe Anm. 6.
[17] Intell.Bl. Nr. 41 v. 21. Mai 1817.
[18] StAWü, LG AB 577.
[19] StaA, Mag.Prot. v. 24. April 1826.
[20] Ebd., v. 5. April 1827.

Der Tabakfabrikbesitzer Georg Christ ist laut Schriftsatz vom 1. September 1833 in einen Rechtsstreit verwickelt wegen eines Zuglochs, das sich an seinem Rückgebäude befindet. Christ hatte sein Wohnhaus von Hofrat Serger erworben[21]. „Er [Georg Christ] ließ alles beim alten, nur für seine im Hintergebäude eben erst eingerichtete Tabakfabrik ließ Christ Ende 1826, oder Anfang 1827 in die Wand, die mit Traufrecht gegen den Hof des Christian Faust [Strickergasse 16] geht, nun dem Georg Käppler gehörig, ein kleines Zugloch von alter Höhe für seine Tabakröste anbringen"[22].

Otto Christ schließt am 18. Juli 1853 eine Feuerversicherung 1. Klasse für den „Hinterbau der Tabakfabrik, die Darre" ab[23].

Mit dem Eigentumswechsel, am 14. August 1862, wird die Tabakfabrikation im Haus eingestellt. Dafür hat der neue Eigentümer, Schlossermeister Josef Gömmel, Platz für seine Werkstatt[24].

1882 gehört das Anwesen Fruchthändler Mayer Vogel. Er erhält am 6. Juli 1882 die Genehmigung für: Veränderung der Wohnräume, einen Küchenanbau, neue Abort- und Dunggruben-Anlage sowie den Neubau der Kamine. Der an der Grenze zu Strickergasse 16 sich entlangziehende Seitenflügel ist dreigeschossig.

Ein Teil des Grundstücks, Plan-Nr. 611, erwirbt 1888 Bierbrauer Wilhelm Ebert.

1892 wird Metzger Anton Hartung aus Miltenberg Eigentümer von Strickergasse 14 mit der Plan-Nr. 610.

Am 27. Januar 1893 will Anton Hartung in der linken Hausseite (zu Haus Nr. 16) neben der Eingangstür einen Metzgerladen einrichten. Die Außentreppe ist zu diesem Zeitpunkt noch erhalten. Die Genehmigung wird erteilt mit der Auflage, die Freitreppe zu entfernen. Da die entsprechende Fläche zu dem Grundstück gehörte, gewährt die Stadt einen Zuschuß von 300 RM[25]. Hartung hatte das Haus gerade erst von Mayer Vogel erworben.

Die Aborte sind direkt in den Feuerbach eingeleitet, der aus dem Brauereigelände von Ebert kommend durch das Anwesen fließt. Auf Grund der Beschwerde der Englischen Fräulein von November 1894 wegen Verschmutzung muß Hartung eine Abortgrube anlegen lassen. Im Mai 1895 ist die Grube angelegt.

1906 erhält das Anwesen einen direkten Anschluß für die Abwässer an den Kanal in der Strickergasse.

---

[21] Hofrat Serger war schon 1796 Eigentümer.
[22] StAWü, Reg.Ufr, Abgabe 1943/45, Nr. 724.
[23] StaA, Mag.Prot. v. 18. Juli 1853.
[24] Ebd. v. 14. August 1862.
[25] Lt. Beschluß der Gemeindebevollmächtigten v. 6. Februar 1893.

Im Zweiten Weltkrieg, beim Bombenangriff am 21. November 1944, wird das Gebäude stark beschädigt[26].
Im Herbst 1945 finden Instandsetzungsarbeiten statt.
Die Stadt Aschaffenburg kauft das Grundstück 1975. Im September 1976 wird das Gebäude mit Zustimmung des Bayerischen Landesamt für Denkmalpflege abgebrochen. Es gehört heute zum Areal Stadthalle.

Beschreibung

Von 1816[27]

„1. zweistöckiger Vorderbau, einen Saal enthaltend und 10 Zimmer
2. dreistöckiger Hinterbau [Seitenflügel] und 9 Zimmer
3. geräumiger Hof mit Scheuer und Einfahrt aus der Treibgasse, Stall für Pferde, Holzhalle, 2 Schweineställe und ein ausgemauerter Brunnen.

Der Vorderbau ist in neuem Geschmack eingerichtet und von roten Steinen aufgeführt. Das Haus selbst hatte die Gerechtigkeit zur Gastwirtschaft, und führte früher den Schild zum grünen Baum, nachher zum römischen Könige".

Von 1817[28]

Das Haus ist zwei Stock von Stein. Nebenbau dreistöckig. Scheuer, Hof, Garten. Einfahrt durch die Scheuer. Zwei große gewölbte Keller für 24 Stück Wein.
Erdgeschoß: vier heizbare und drei unheizbare Zimmer, drei Küchen, Stall.
Erstes Obergeschoß: vier heizbare und ein unheizbares Zimmer, eine Küche, Abtritt und Vorbau.
Im Hinterbau erstes Obergeschoß: fünf heizbare Zimmer, Küche und Vorbau,
      zweites Obergeschoß: drei heizbare, ein unheizbares Zimmer, Küche, Vorbau.
Der Wert wird auf 9.000 fl. geschätzt.

Vor den baulichen Änderungen von 1882

Ansicht zur Strickergasse

Zweigeschossiges traufständiges Gebäude mit hohem Sockel. Auf der Seite zu Haus Nr. 16 schmaler Rail. Fassade mit sieben Fensterachsen. Hauseingang in der Mittelachse, zugänglich über eine zweiläufige Freitreppe mit sieben Stufen

---

[26] *Stadtmüller* II, S. 437.
[27] Beschreibung im Intell.Bl. Nr. 33 v. 24. April 1816 wegen der Versteigerung.
[28] StAWü, LG AB 577. Beschreibung vom 3. Juni 1817 von Zimmermeister Franz Hirsch und Maurermeister Johann Adam Gleich.

und eisernem Geländer. Das eineinhalbflügelige Portal hat profilierte Steinumrahmung mit Ohren.
Alle Fenster, auch die Kellerfenster, haben analog Gewände und Ladenfalz. Die drei mittleren Fenster im Obergeschoß sind durch niedrige Brüstungen mit Gitter betont. Die Außenmauer besteht aus verputztem rotem Sandstein. Unter der Freitreppe ist der Zugang zum Keller.

Hauptgebäude Grundriß Erdgeschoß

Auf der Straßenseite sind, beiderseits des Eingangflurs, je zwei Zimmer. Das letzte, auf der Seite zu Strickergasse 16, hat volle Haustiefe. Zum Hof zwei Räume von geringer Tiefe (Küche und Wirtschaftsraum) und Vorplatz zum Treppenhaus.
Das Treppenhaus ist als eigener Baukörper zwischen Hauptgebäude und Seitenflügel angehängt. Die Podesttreppe mit zwei geraden Läufen ist eine Anlage, die der Baumaßnahme von 1794 angehören könnte.

Hauptgebäude erstes Obergeschoß

Zur Straße in Hausmitte kleiner Saal, ca. 7 x 5 m mit drei französischen Fenstern. Zu beiden Seiten je ein Zimmer mit zwei Fenstern. Zum Hof zwei kleinere Räume, Vorraum zum Treppenhaus mit Übergang zum Seitenflügel, Kammer.
Mit Ausnahme der Straßenseite bestehen alle Wände in diesem Geschoß aus verputztem Fachwerk.

Seitenflügel an der Grenze zu Strickergasse 16

Der dreigeschossige Baukörper hat eine Länge von ca. 15 m und eine Tiefe von ca. 6,50 m. Das Satteldach ist durch einen Walm mit dem Hauptdach verbunden. Im Erdgeschoß sind die Außenwände massiv, sonst verputztes Fachwerk. Auf der Hofseite fünf Fensterachsen. Im Erdgeschoß, in der Mittelachse, Eingang.
Die Zweckbestimmung der Räume des Seitenflügels im Erdgeschoß vor dem Umbau von 1882 ist unbekannt. In den beiden Obergeschossen zum Hof je drei Zimmer. In allen Geschossen führen Fenster in den Rail.

1893 Einbau eines Ladens

Auf der Seite zu Haus Nr. 16 entsteht eine Schaufensteranlage: Ladentür zwischen zwei Schaufenstern, Pilaster mit Sockel und Kapitell, darüber gerade Verdachung. Die Schäfte der Pilaster sind mit Diamantquadern verziert. Der Fußboden wird im Ladenbereich auf eine Stufe über dem Gehsteig abgesenkt. Die Differenzstufen zum Erdgeschoß werden nach innen verlegt. Der Keller erhält einen Zugang von innen.

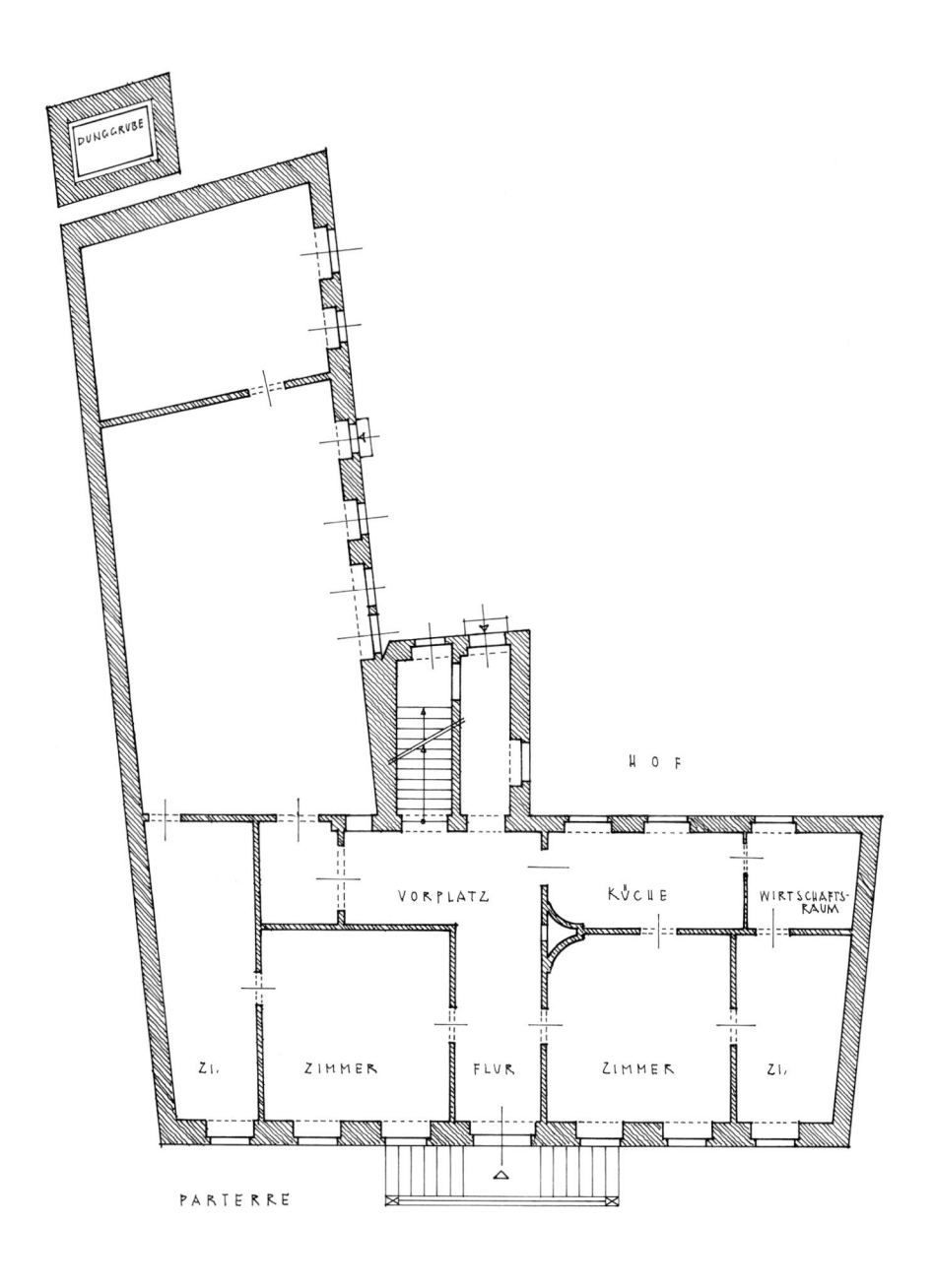

Abb. 138: Strickergasse 14, Erdgeschoßgrundriß nach Plänen des Architekten Hermann Reichard, 1882.

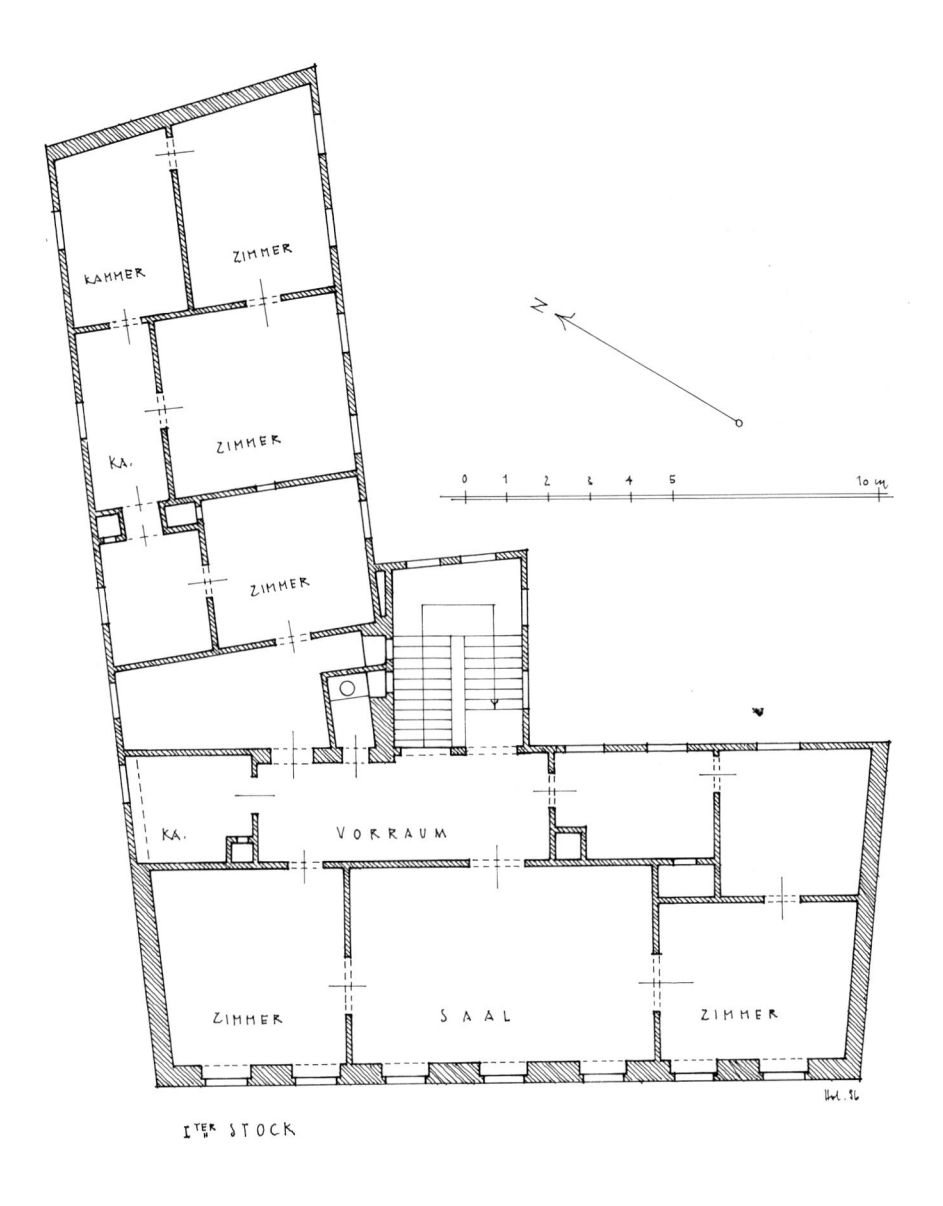

Abb. 139: Strickergasse 14, Obergeschoßgrundriß nach Plänen des Architekten Hermann Reichard, 1882.

1976 Abbruch des Gebäudes

Beim Abbruch wurde das aufwendige Treppenhaus dokumentiert. Die Bilder erlauben einen Einblick in die Gestaltung der Treppenanlage und den zugehörigen Vorräumen.

Die Treppe war zweiläufig mit Stufen aus Stein zwischen breiten Wangen mit Eckprofilen. Das einfache Geländer hatte Vierkantstäbe mit einem schmalen, nahezu rundem Handlauf. Die Öffnungen zur Treppe aus dem Vorraum in beiden Geschossen rundbogig mit kräftigem Zwischenpfeiler. Dieser Zwischenpfeiler hatte einen etwa 70 cm hohen, durch Fuß- und Kopfleisten gegliederten Sockel und eine ausladende Kämpferplatte mit *Karnies*[29]. Der Halbkreisbogen mit flachem Scheitelstein war an den Kanten fein profiliert.

Die zweite der beiden Bogenöffnungen im Obergeschoß, am Ende der Treppe, war bis in Kämpferhöhe durch eine aus Holz hergestellte Füllung in der Gliederung einer Blindtür abgeschlossen.

Die Bogenarchitektur setzte sich in den übrigen Teilen der Treppenvorräume fort. Die Zimmereingänge hatten wohl Blindbogenfelder. Die Verkleidungen der Türrahmen waren durch flache Stufungen profiliert.

Die Detailgestaltung ähnelte sehr dem Treppenvorsaal im ersten Obergeschoß des 1804 errichteten Osteiner Palais (Dalbergstraße 76)[30].

Alle diese Inneneinrichtungen waren bei den Umbaumaßnahmen von 1794 im klassizistischen Stil entstanden.

Eigentümer

1751/1760	Christoph Löchler[31], Bender und Bierbrauer,
1781	Servatius Weiland[32], Wirt,
1791/1792	Peter Frank[33],
1792 bis 1796	Dr. Franz Höpfner[34], Arzt,
1796	Franz Erwein Serger, Hof- und Regierungsrat,
bis 1808	Christoph Sitzmann, Gastwirt aus Dettingen,
1808 bis 1816	Joseph Ruppel[35], Major und Gastwirt,
1817	Christoph Sitzmann, Rückkauf,
1818	Peter Löchler, Bierbrauer,

---

[29] Karnies von koronis (gr.) = gekrümmt. Ein Zierglied, das ein S-förmiges Profil hat.
[30] *Grimm* I, S. 257 ff.
[31] StAWü, MRA, LG 3151. Löchler wurde am 27. Mai 1729 als Bürger angenommen.
[32] Seit dem 23. Mai 1782 hat er die Schildgerechtigkeit.
[33] Frank hat die Konzession 1791/92.
[34] Am 23. Mai 1792 hat Dr. Höpfner die Konzession bekommen, aber die Schildgerechtigkeit ist eingezogen. 1796 bekommt er zum letzten Mal die Konzession.
[35] StaA, HR, R1, S. 64: Joseph Ruppel (geb. 1758), verh. mit Franziska, geb. Schüßler (1768-1835). Joseph Ruppel „vom Hagelhof". Ebd., Sterbereg. 1834 mit 1847, S. 24: 1835 Tod von Franziska Ruppel.

1826/1849   Johann Georg Christ[36], Tabakfabrikant aus Frankfurt,
1850   Georg[37], Otto[38] und Karoline Christ, Kinder des Johann Georg Christ,
1853   Otto und Georg Christ[39],
1863 bis 1865   Anna Josepha Christ[40], Witwe des Otto Chr.,
1866 bis 1882   Georg Christ[41], Tabakfabrikant, Sohn des Otto Chr.,
1882 bis 1884   Mayer Vogel[42], Fruchthändler,
1884 bis 1885   Jakob Fischer, Bäcker,
1885 bis 1892   Franz Eberhard, Metzger aus Miltenberg,
1892 bis 1930   Anton Hartung, Metzger,
1930 bis 1968   Anton Hartung jr., Metzger, Sohn des Anton H.,
1968 bis 1975   Erbengemeinschaft Hartung, Kinder des Anton H. jr.,
seit 1975   Stadt Aschaffenburg.

---

[36] Ebd., HR, CK1, S. 52: Johann Georg Christ aus Frankfurt am Main (1790-1849), seit 1826 verh. mit Maria Anna Bauer, Wwe., geb. Braun (1790-1843), 3 Kinder. In erster Ehe war Anna Maria Braun mit dem verw. Hofapotheker „Zum Schwanen", Jakob Berward Bauer aus Karlsruhe (ebd., AN, Ba-Bus), verheiratet. Ebd., Sterbereg. 1847-1868, S. 55: Johann Georg Christ, Tabaksfabrikant, 59 Jahre, gest. am 2. April 1849.
[37] Ebd., HR, CK1, S. 287: Georg Christ, geb. 1830.
[38] Ebd., S. 261: Otto Christ (1827-1863). Ebd., Sterbereg. 1847-1868, S. 569: Otto Christ, Tabaksfabrikant und Magistratsrat, 36 Jahre, gest. am 10. September 1863.
[39] Ebd., Otto Christ, verh. mit Anna Josepha Hirsch (1831-1865), 1 Sohn Georg.
[40] Ebd., Sterbereg. 1847-1868, S. 627: Anna Josepha Christ, Witwe von Otto Christ, 34 Jahre, gest. am 19. Juli 1865.
[41] Ebd., HR, CK1, S. 261.
[42] Ebd., HR, Israel, S. 212: Mayer Vogel (geb. 1850), verh. mit Eva Bodenheimer, 1 Sohn. Siehe auch Strickergasse 16, 16a und 18.

Strickergasse 16   (Lit. B 113)   Plan-Nr. 609, Plan-Nr. 608 (bis 1888)

Geschichte

Beim Abbruch des Hauses 1977 stellte Architekt Dipl.-Ing. Ernst Holleber fest, daß die Dachsparren mit den Kehlbalken nicht verzapft, sondern noch verblattet waren. In gleicher Weise waren die Kopfbänder mit Stiel und Kehlbalken verbunden.
Diese Konstruktionsart läßt darauf schließen, daß das Haus um 1500 oder etwas früher errichtet worden ist. Eine ähnliche Konstruktion ist in Obernau (Hauptstraße 61) für das Jahr 1484 nachgewiesen.
Ende des 18. Jahrhunderts ist Eigentümer von Strickergasse 16 Bendermeister

Christian Faust. 1801 läßt er einen Hinterbau auf seinem Grundstück errichten. Die Fassade des Rückgebäudes geht zur Treibgasse[1].

1805 stirbt Christian Faust. Sein Sohn, Küfermeister Georg Faust, übernimmt 1816, nach dem Tod der Mutter, das Anwesen. Er legt am 13. Juni 1820 einen Plan von Maurermeister Heinrich Wiesner[2] vor, da er beabsichtigt, die Fassade seines Hauses zu verbessern. Das Obergeschoß will er zunächst belassen und es nach dem Riß erst ändern, „wenn es seine Kräfte erlauben", d. h. wenn möglich im nächsten Jahr. Am 20. Juni 1820 führt Hofzimmermeister Johann Andreas Kleber eine Orstbesichtigung durch. „Das Haus steht ungefähr ¼ Schuh (7 cm) gegen das daneben liegende Haus des Herrn von Dalarmi zurück". Das Obergeschoß ist 1 Schuh (knapp 30 cm) übergebaut. Der Giebel muß abgewalmt werden.

Am 10. Mai 1883 Genehmigung zu inneren Veränderungen im Wohnhaus des Fruchthändlers Mayer Vogel. Eine Fassadenumgestaltung erfolgt im Oktober 1883. Stiftstechniker Ignaz Henfling entwirft den Plan der neuen Fassade mit Renaissancegiebel.

Ein neues Backhaus wird am 29. Mai 1884 für den damaligen Mieter Adam Sommer genehmigt. Die Anlage wird jedoch nicht gebaut. Dafür läßt Eigentümer Mayer Vogel 1884 einen Wurstkessel und eine Räucherkammer für die Metzgerei Eberhard einrichten.

1888 wird das Gesamtanwesen geteilt. Metzger Franz Eberhard übernimmt Strickergasse 16, und Fruchthändler Mayer Vogel behält den Rest, nunmehr als Strickergasse 16a.

Für Metzgermeister Eberhard wird am 31. August 1888 die Genehmigung zum Kanalanschluß erteilt.

1973 ist Eigentümer des Hauses Automechaniker Karl Menzel aus der Platanenallee. Im Erdgeschoß war ein Friseurgeschäft.

Die Stadt Aschaffenburg kauft 1976 das leerstehende und mittlerweile baufällig gewordene Haus, um den Bau der Stadthalle zu ermöglichen. Im Januar 1977 beginnen die Abbrucharbeiten, und innerhalb von zwei Tagen sind sie beendet.

Beschreibung

Vor 1820

Beiderseits des Grundstücks liegt ein schmaler, begehbarer Rail.
Das Haus ist zweigeschossig, giebelständig, Erdgeschoß massiv, Obergeschoß über dem Erdgeschoß ausgekragt. Knüppelwalm. Hauseingang auf der Seite zu 16a. Fassade mit drei Fensterachsen. Im Giebelfeld ein einzelnes Fenster.

---

[1] StAWü, MRA, LG 2758.
[2] StaA, Sterbereg. 1817 mit 1834, S. 140: Heinrich Wiesner (1767-1827).
[3] Bossenstein = Haustein.

Der Giebel erhielt einen Krüppelwalm, sonst bestand die Fassade weiter bis zu ihrer Änderung von 1883.

Fassade nach 1883

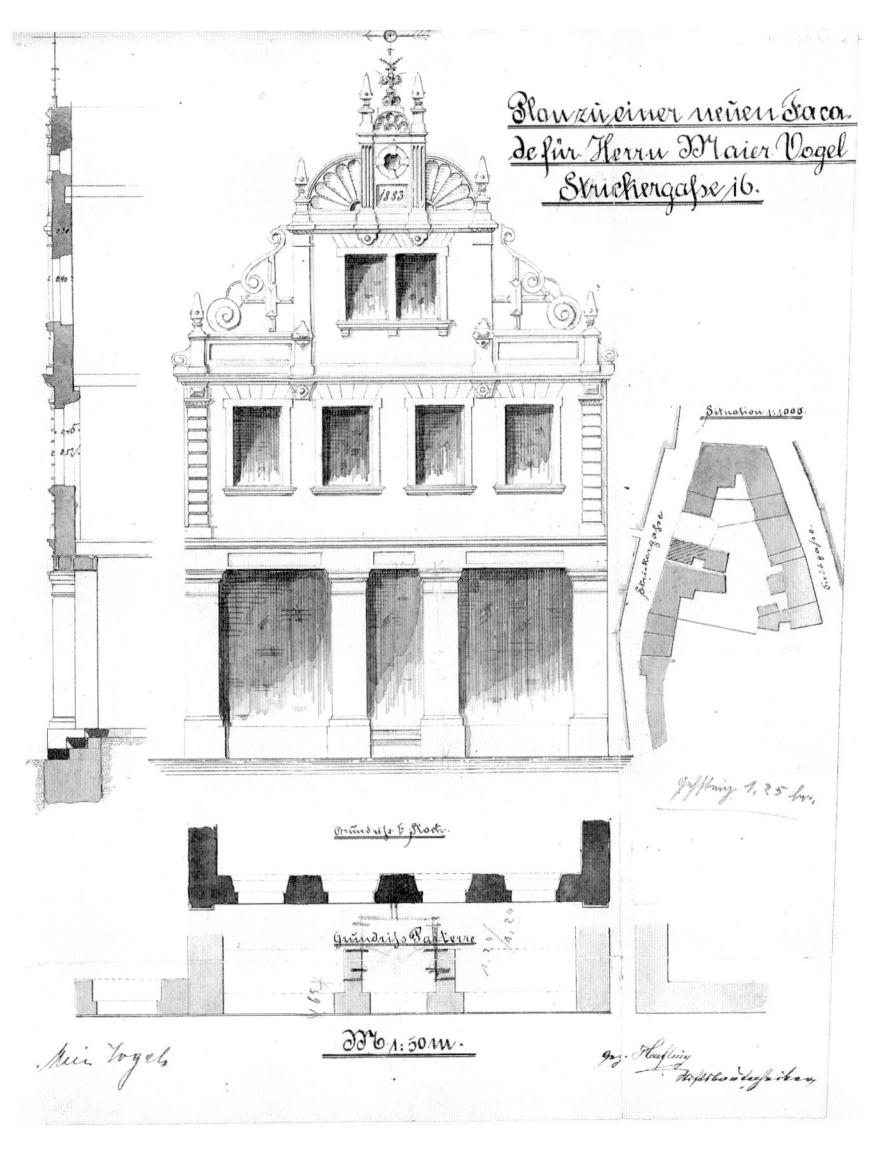

Abb. 140: Strickergasse 16, Erneuerung der Fassade. Plan des Stiftstechnikers Ignaz Henfling vom November 1883.

Neue Fassade aus grauem Sandstein, Architekturglieder aus rotem Sandstein.
In der Mittelachse des Erdgeschosses ist der Ladeneingang. Zu beiden Seiten
sind Schaufenster. Eck- und Zwischenpfeiler als Pilaster mit Fuß- und Kopfstück ausgebildet; darüber breiter Sturz, der mit Gurtgesims abschließt.
Im erstes Obergeschoß sind vier regelmäßig angeordnete, steinumrahmte Fenster mit Ohren. An den Hausecken Lisenen aus Bossenquadern[3].
In der Mittelachse des Giebels ist ein gekuppeltes Fenster mit Brüstungskonsolen. Architektonische Gliederung des Giebels durch Pilaster, Gurt- und Brüstungsgesimse.
In der Giebelspitze Rundfenster, darunter Wappenschild. Giebelbegrenzung mit Voluten, viertelkreisförmigen Muscheln und Obelisken. Der Giebel schließt mit halbrunder Muschel ab, darauf sitzt eine eiserne Wetterfahne.

Eigentümer

1793/1805   Christian Faust[4], Bendermeister,
1805 bis 1816   Eva Faust[5], Witwe,
1816 bis 1827   Georg Albert Faust[6], Bender, Sohn des Christian F.,
1827 bis 1856   Georg Keppler[7], Holzhändler,
1856 bis 1858   Erben des Georg Keppler,
1858 bis 1866   Otto und Georg Christ, Tabakfabrikanten[8],
1866 bis 1882   Georg Christ[9], Alleineigentümer,
1882 bis 1888   Mayer Vogel[10], Fruchthändler,
1888 bis 1891   Franz Eberhard, Metzger,
1891 bis 1897   Franz Wolz, Metzger und Schankwirt aus Mönchberg,
1897 bis 1901   Fritz Lutz, Konditor aus Limburg,
1901 bis 1904   Michael Konstantin Franz, Konditor aus Dettelbach,
1904 bis 1908   J. F. Huß Söhne OHG Ludwigsburg,
1908 bis 1912   Karl Michael Bährle, Uhrmacher,
1912 bis 1936   Erbengemeinschaft der Kinder des Karl Michael B.,
1936 bis 1973   Karoline Menzel, geb. May,
1973 bis 1976   Karl Menzel, Automechaniker, Ehemann der Karoline M.,
seit 1976   Stadt Aschaffenburg.

---

[4] St. Agatha, Sterbematr. v. 1805, S. 47: Tod von Christian Faust.
[5] Ebd. v. 1816, S. 180: Tod von Eva Faust, geb. Förster, Witwe des Christian Faust.
[6] Ebd. Taufmatr. v. 1791, S. 448: Geburt von Georg Albert Faust. StaA, Verzeichnis der Toten 1814-1836: Am 28. April 1827 stirbt Georg Albert Faust, 36 Jahre.
[7] Ebd., Sterbereg. 1847 mit 1868, S. 376. Georg Keppler stirbt 1858 mit 71 Jahren.
[8] Siehe Strickergasse 14, Anm. 37 und 38.
[9] Siehe Strickergasse 14, Anm. 41.
[10] Siehe Strickergasse 14, 16a und 18.

Strickergasse 16a   Plan-Nr. 608

Geschichte

Fruchthändler Mayer Vogel, Eigentümer von Strickergasse 16, Plan-Nr. 609 und 608, verkauft 1888 das mit dem Wohnhaus besetzte Teil seines Grundstücks (Plan-Nr. 609) an Metzger Franz Eberhard.
Die größere Grundfläche (Plan-Nr. 608), die bis zur Treibgasse reicht, bleibt sein Eigentum. Auf diesem Grundstücksteil stand an der Treibgasse ein Lagerhaus. An der Strickergasse war das Grundstück noch unbebaut.
Am 18. Mai 1888 läßt Mayer Vogel die Toreinfahrt zum Fruchtlager von der Treibgasse aus verlegen und die Fenster verändern. Das ganze Gebäude wird innen um 1 m tiefer gelegt, um überhaupt die Einfahrt aus der Treibgasse zu ermöglichen. Die ehemalige Scheune war früher nur über den Hof von der Strickergasse aus zugänglich.
Noch im Jahr 1888 läßt Mayer Vogel einen Wohnhausneubau an der Strickergasse errichten, der die Haus-Nr. Strickergasse 16a erhält. Etwa zur gleichen Zeit entsteht noch eine zweigeschossige Lagerhalle mit Untergeschoß hinter Strickergasse 16 und Treibgasse 17, an der Grenze zu Strickergasse 14.
1903 Umbau am Wohnhaus: Die Treppe wird nach außen verlegt, um das Nebengebäude, entlang der Grenze zu Strickergasse 18, einzubeziehen. Zugleich wird dieses Nebengebäude umgebaut: Unten ist Raum für Stall und Waschküche, oben ist ein Speicher, darüber eine Terrasse.
1909 läßt Mayer Vogel II. die Lagerhalle von 1888 aufstocken.
Am 6. September 1935 wird den Gebrüdern Vogel der Dachgeschoßausbau und dazu der Bau von fünf Gauben am Wohnhaus genehmigt.
1942 wird das Haus der damaligen Witwe Henriette Sara Vogel enteignet.
1952 ist Treuhänder des Hauses Walter Amberg aus der Obernauer Straße 58.
1954 geht das Haus an den Nähmaschinenhändler Wilhelm Reuß. Am 12. Juli 1961 erhält Reuß die Genehmigung zum Aufbau eines Rückgebäudes anstelle der 1888 erbauten Lagerhalle.
Der Stadtrat beschließt in seiner Sitzung vom 1. Juli 1991, daß die Strickergasse vom Anwesen 16a (einschließlich) bis zur Einmündung in die Erthalstraße die Bezeichnung Strickergasse beibehält.
Heute schließt sich das Gebäude an die 1991 eröffnete Stadthalle an.

Beschreibung

Neubau von 1888

Traufständiges Wohnhaus, dreigeschossig mit Kniestock. Vier Fensterachsen. Im Erdgeschoß, anstelle der beiden Achsen neben Strickergasse 16, segmentbogige Einfahrt. Alle Fenster mit Sandsteingewänden gerahmt. Die Fenster im ersten Obergeschoß tragen eine gerade Verdachung. Die Brüstungen sind dort

in Fensterbreite mit roten Sandsteinplatten verkleidet, wie auch der Kniestock. Über dem Erdgeschoß ein kräftiges, über dem zweiten Obergeschoß ein schmales Gurtgesims. Die Mauerflächen der Fassade bestehen aus regelmäßigem Schichtmauerwerk von grauem Sandstein, die Eckquaderung aus rotem Sandstein.
In Verbindung mit dem Neubau der Stadthalle wurde die Fassade restauriert.
Das Lagerhaus (Scheune) an der Treibgasse hat seit 1888 auf der Seite zu Haus Nr. 17 eine breite Toreinfahrt mit Segmentbogen, daneben drei Fenster.

Eigentümer

Bis 1882 wie Strickergasse 16

1882 bis 1925	Mayer Vogel[1], Fruchthändler,
1925 bis 1941	Max Vogel, gen. Moritz[2], Kaufmann,
1941	Henriette Sara Vogel[3], Witwe des Max V.,
1942 bis 1954	Deutsches Reich bzw. Rechtsnachfolger, vertreten durch das Finanzamt Aschaffenburg,
1954 bis 1971	Wilhelm Reuß, Nähmaschinenhändler,
seit 1971	Therese Arnold, Nähmaschinengeschäftsinhaberin, Tochter des Wilhelm R.

---

[1] *Körner*, Biographisches Hb., S.235; LandratsamtsA 2263. Mayer, auch Maier oder Meier, Vogel (1848-1931). Siehe auch Strickergasse 14, 16 und 18.
[2] Ebd., S. 235: Max Vogel (1881-1941).
[3] Ebd., S. 235: Sofie-Henriette, geb. Bachrach, geb. 1887, deportiert 1942 nach Izbica (Polen). Als Folge der Nürnberger NS-Rassengesetze wurden die jüdischen Männer verpflichtet, zusätzlich zu ihren Geburtsnamen den Namen Israel, die jüdischen Frauen den Zusatznamen Sara zu tragen. Siehe *Gebhardt*, 4/2, S. 415 ff. und *Jäckle*, Schicksale, S. 34.

Strickergasse 18 (Lit. B 111, 112) Plan-Nr. 607, 608

Geschichte

Das Grundstück bestand ursprünglich aus zwei selbständigen Anwesen: Lit. B 111 und Lit. B 112.
In den Jahren 1781/1785 war Lit. B 111 mit 30 kr. an das Stift und mit 6 kr. St. Agatha grundzinspflichtig[1].

---

[1] StaA, St. Agatha, KirchenR, S. 13 v. 1781; ebd. v. 1785. Ebd. R 494 Grundzins 1785. 1781/1785 zahlt Johannes Imhof vom Hausplatz neben Lit. B 112 und 113 (Strickergasse 16) sechs Kreuzer. Dies bedeutet, daß Imhof zwischen Lit. B 113 ein unbebautes Grundstück besaß, das später die Plan-Nr. 608 erhielt und bis 1888 zu Strickergasse 16 gehörte und dann zu Strickergasse 16a kam.

Im Häuserverzeichnis von 1794 steht unter Lit. B 111: Eigentümer Franz Bauer und Musikus Johann Schmitt, unter Lit. B 112: Johann Imhof.
Handelsmann Christoph Pagio ist bis 1831 Eigentümer des Wohnhauses Lit. B 111 mit Hausgarten. Aus finanziellen Gründen soll das Haus am 20. Oktober 1830 versteigert werden. Meistbietender ist Kaufmann Ernst, einer der Hauptgläubiger. Er bekommt das Haus jedoch nicht zugesprochen. Ein neuer Versteigerungstermin wird für den 2. Dezember 1830 festgesetzt. Schreinermeister Tobias Grimm bietet 2.640 fl. Auch ihm wird an diesem Termin und am folgenden, am 30. März 1831, kein Zuschlag erteilt. Erst am 15. Juli 1831 ersteigert Holzhändler Georg Keppler das Haus um 2.806 fl.[2]. Vermutlich hat er zu diesem Zeitpunkt beide Hausteile erworben. Nach dem Katasterplan von 1846 waren beide Hausteile Lit. B 111 und Lit. B 112 vereinigt.
Weinwirt Josef Hospes betreibt als Mieter im Haus Lit. B 111 eine Speise-, Wein- und Bierwirtschaft. Am 14. Juli 1842 erhält er hierzu die Konzession. Diese erlischt am 13. Juli 1844, da Hospes die Wohnung verläßt[3].
Am 10. August 1882 darf der damalige Eigentümer, Kaspar Röll, im Erdgeschoß ein Ladenschaufenster einrichten.
1902 bekommt die Witwe Anna Röll Anstände wegen der Abortanlage. Am 31. Juli 1908 erhält sie die Genehmigung zu einem Wohnhausneubau, der am 4. Mai 1909 bezugsfertig ist.
Eigentümer Wilhelm Reuß, Nähmaschinenhändler, errichtet im Juli 1933 eine Lagerhalle im Hof.
Durch Bombenangriffe im Zweiten Weltkrieg brennt das Haus aus. Es erhält zunächst ein flaches Notdach. Die Genehmigung zum Wiederaufbau wird am 7. März 1946 erteilt. Im Oktober 1948 ist der Bau fertiggestellt und das Haus wieder bewohnbar.
Seit 1995 ist im Erdgeschoß: „Café am Markt".

Beschreibung

Gebäude vor 1882

Zweigeschossig, traufständig. Erdgeschoß massiv. Obergeschoß verputztes Fachwerk, übergekragt.
Im ehemaligen Hausteil Lit. B 111, auf der Seite zu Strickergasse 20, gekuppeltes Fenster, darunter Kellerzugang, daneben Haustür mit Oberlicht.
In der Fassade des Hausteils Lit. B 112 zwei einzelne Fenster. Die Fensteranordnung im Obergeschoß ist nicht überliefert.

---

[2] StAWü, LG AB 602 in 604.
[3] GewA, altes Reg., S. 310.

Änderung von 1882

Im Hausteil Lit. B 111 entsteht anstelle des gekuppelten Fensters ein Schaufenster.

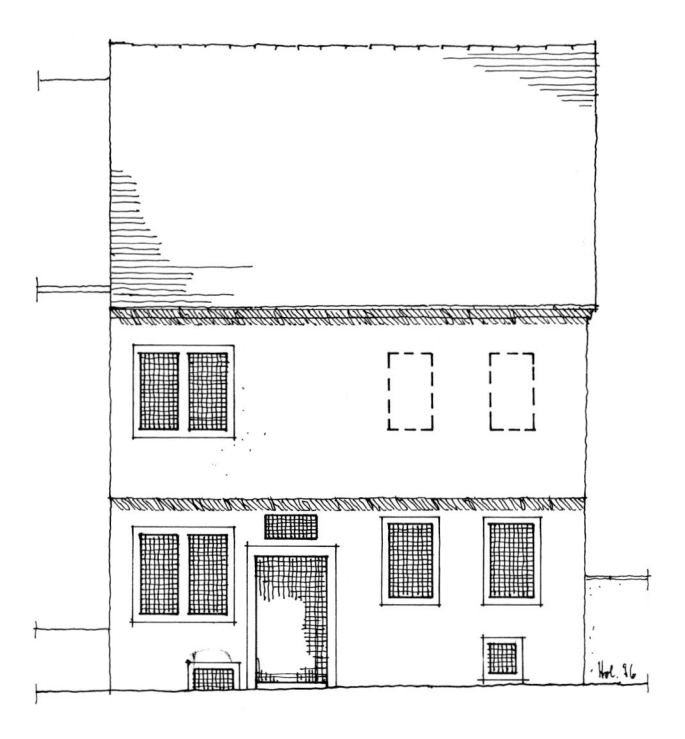

Abb. 141: Strickergasse 18, Fassade vor dem Umbau 1882, nach einem Plan von Jakob Winkler.

Neubau von 1908

Dreigeschossig mit Mansarde. Die Erdgeschoßzone ist durch Pfeiler in vier Felder geteilt.
Im ersten Feld neben Strickergasse 16a ist der Hauseingang. Die übrigen Felder: zwei Schaufenster und in der Mitte Ladeneingang.
Die Obergeschosse sind durch Lisenen in drei Felder geteilt. Das breitere Mittelfeld ist leicht nach außen gewölbt und hat je Geschoß ein gekuppeltes Fenster. In den Seitenfeldern je ein Einzelfenster. Die Fenster sind mittels Putzrahmen zusammengefaßt. In den Brüstungen der Fenster im zweiten Obergeschoß Putzblenden.

Im Mansarddach über beiden Seitenfeldern je ein gekuppeltes Fenster. Über dem Mittelfeld Zwerchhaus mit zwei Fenstern.

Wiederaufbau 1946/48

Restaurierung der alten Fassade einschließlich des zweiten Obergeschosses. Statt der Mansarde mit Zwerchhaus jedoch ein drittes Obergeschoß mit niedrigeren Fenstern.

Eigentümer

<u>Lit. B 111</u>   <u>Lit. B 112</u>

1781/1785	Johannes Imhof	
1794	Franz Bauer und Johann Schmitt, Musikus,	Johannes Imhof,
1807/1824	Anton Pagio[4], Handelsmann,	
1824 bis 1831	Christoph Pagio[5], Handelsmann, Sohn des Anton P.,	
1831 bis 1858	Georg Keppler[6], Holzhändler, ersteigert um 2.806 fl.	

<u>Unter Georg Keppler wurde Lit. B 111 mit Lit. B 112 vereinigt.</u>

1858 bis 1863 Otto Christ[7],
1863 bis 1865 Anna Josepha Christ[8], Witwe des Otto Chr.,
1866 bis 1882 Georg Christ, Tabakfabrikant, Sohn des Otto Chr.,
1882 bis 1885 Kaspar Röll, Bader,
1885 bis 1919 Anna Maria Susanne Röll, geb. Spies, Witwe des Kaspar R.,
1919 bis 1971 Wilhelm Reuß, Mechaniker und Nähmaschinenhändler,
   seit 1971 Therese Arnold, geb. Reuß, Geschäftsinhaberin, Tochter des Wilhelm R.

---

[4] StaA, HR, P1, S. 24: Anton Pagio, verh. mit Eva Hugo, 2 Kinder. St. Agatha, Sterbematr. v. 1824, S. 273: Anton Pagio stirbt 1824, 66 Jahre.
[5] StaA, HR, P1 S. 32 Christoph Pagio (1799-1857), in 1. Ehe verh. mit Margarethe Feller (1809-1829), 2 Kinder. In 2. Ehe verh. mit Anna Dorothea (1810-1874), 10 Kinder.
[6] Siehe Strickergasse 16, Anm. 7.
[7] Vgl. Strickergasse 14, Anm. 38.
[8] Ebd., Anm. 40.

Strickergasse 20 (Lit. B 110, 110a) Plan-Nr. 606
Agathaplatz 1 (seit 1. Juli 1991)

Geschichte

Nach Kittel hatten die Herren von Bleichenbach um die Mitte des 14. Jahrhunderts einen Hof in der Nähe von St. Agatha. Dabei soll es sich um das Anwesen Lit. B 110 gehandelt haben[1]. Das Grundstück war dem Kollekturfonds von St. Agatha grundzinspflichtig.

Folgende Besitzer ergeben sich nach den Rechnungen: vor 1633 Johann Zimmermann, 1633/1640 Johann Meffart, 1645/1674 Matthäus Krämer[2], bis 1704 Sebastian Wilhelm Weber, Keller in Vilbel[3], 1729 bis 1734 Johann Franz Schwab, Notar[4].

1781/1785 zahlt Oberschultheiß Paulus Schwab einen Grundzins von 18 Kreuzer an St. Agatha „für das Eckhaus Lit. B 110 an der Agathakirche"[5].

Regina Opfermann, Witwe des Revierjägers Franz Opfermann, will 1808 die Küche ihres Wohnhauses in der Strickergasse zu einem Zimmer umgestalten und die Küche in einem neuen Anbau einrichten. Die Genehmigung ist datiert vom 6. Juli 1808[6].

Am 31. Januar 1870 erhält Weinwirt Matthäus Orschler, Eigentümer seit 1869, die Erlaubnis, einen neuen Kamin im Wohnhaus und einen im Rückgebäude zu bauen. Dabei Verlegung der Geschoßtreppen in das Hausinnere.

Noch im gleichen Jahr bewirbt sich Matthäus Orschler mit Erfolg um die Konzession als Schankwirt[7]. Dies bedeutet, daß schon 1870 eine Schankwirtschaft im Haus war.

Eine genehmigte Änderung vom 13. Februar 1879 betrifft das Hintergebäude. Die Waschküche wird aufgestockt und der restliche Raum mit einer Kelterhalle im Erdgeschoß überbaut, ebenfalls darüber ein Stockwerk.

Der Umbau des Haupthauses wird am 25. Mai 1894 für die Witwe Maria Orschler gestattet. Außer Keller und Erdgeschoß bleibt nichts erhalten. Das Haus bekommt die Form, die es bis zum Abbruch 1964 hatte.

---

[1] Vgl. *Kittel*, BauO, X. Lieferung, S. 11; AGBl. 10., 1921. Nach Kittel hatte 1356 die Witwe Bleichenbach bei St. Agatha D 110 (es muß jedoch Lit B 110 heißen) einen Hof vom Stift gepachtet, genannt „Zum Stier".
[2] *Friederichs*, S. 64, Nr. 124. Matthäus Kremer (Krämer), „der Zeit Pistor [Bäcker] auf dem Stift". StiA, R 6595.
[3] StaA, R 304. Weber stirbt 1704.
[4] Ebd., R 343, 354.
[5] Ebd., St. Agatha, R 484 v. 1781. Ebd. R 494, Grundzins 1785.
[6] StAWü, MRA, LG 3035 v. 1808.
[7] GewA, Schankwirt, Verz. 5/10/5, sowie S. 171 Verz. 1/28/1.

Am 26. Juli 1894 beschwert sich Nachbarin Anna Maria Röll, weil schon „10 Jahre bei Gastwirt Reinhard die Grube nicht geleert wurde". Reinhard war der Schwiegersohn von Matthäus Orschler.
Unterlagen über Bauveränderungen in den folgenden Jahren liegen nicht vor.
1934 erbte Martha Spiegel das Anwesen. Sie führte das Gasthaus „Zum Agathaplatz".
Im Zweiten Weltkrieg werden bei einem Luftangriff am 30. September 1944 Dach, Fenster, Türen und Zwischenwände an Haupthaus und Rückgebäude beschädigt[8].
Miteigentümer seit 1939 ist Michael Spiegel. Katharina Spiegel läßt 1955 Aborte einbauen. Im Erdgeschoß befindet sich das Gasthaus „Zum Agathaplatz". Das ganze Anwesen ist mittlerweile sehr heruntergekommen.
Im Oktober 1963 übernimmt es die Stadt und läßt es im Zuge mit der Renovierung des Altstadtkerns abreißen. Der Abbruch erfolgt im August 1964 durch die Firma Spessartbau.
Rechtsanwalt Helmut Faust erwirbt 1987 das Grundstück und läßt unter Leitung von Architekt Joseph Nordt, Kleinostheim, ein Geschäftshaus errichten. Der Neubau erhält am 1. Juli 1991 in der Plenarsitzung des Stadtrates die neue Adresse Agathaplatz Nr. 1.

Abb. 142: Strickergasse 20, Ansichten bis 1870, nach einem Plan von Maurermeister Enders.

---

[8] *Stadtmüller* II, S. 437.

Beschreibung

Zustand bis 1894

Zweigeschossiges Eckhaus mit Mansarddach. Massiv. Traufseite zur Strickergasse, Giebel zum Platz vor St. Agatha.

Seite zur Strickergasse

Hauseingang bis 1870 etwa in Fassadenmitte mit außenliegenden Differenzstufen. Zu beiden Seiten je ein gekuppeltes Fenster. Im Obergeschoß zwei Einzelfenster und zwei gekuppelte, unregelmäßig angeordnet. Es bestehen keine Achsenbeziehungen zu den Öffnungen im Erdgeschoß.

Giebelseite zum Agathaplatz

Im Erdgeschoß zwei gekuppelte, im ersten Obergeschoß zwei einzelne Fenster. Im Giebelfeld ein gekuppeltes Fenster. Das Haus hat einen Gewölbekeller mit rundbogigem Zugang auf der Giebelseite.
Die Tatsache, daß das Haus in allen Teilen massive Außenmauern hatte, bis 1870 der Zugang in das Obergeschoß über eine an der Hofseite befindliche

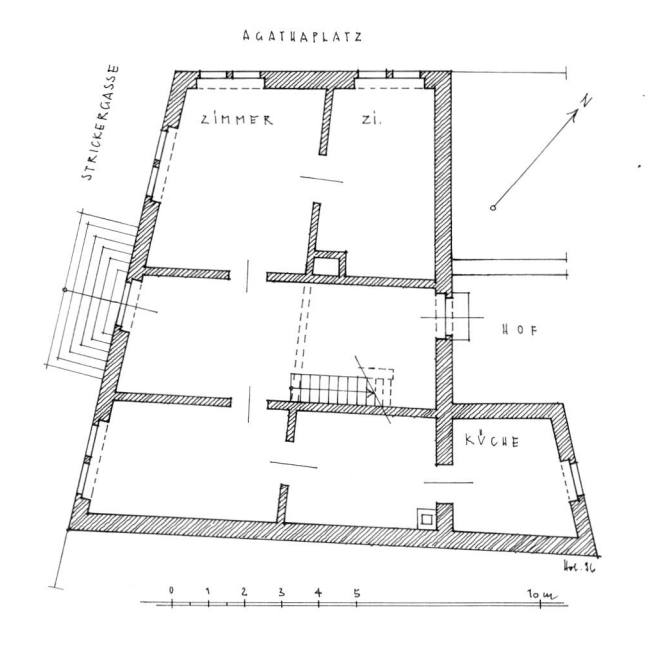

Abb. 143: Strickergasse 20, Erdgeschoßgrundriß nach einem Plan von Maurermeister Enders, 1870.

außenliegende Treppenanlage führte und die Anordnung der Fenster unregelmäßig war, läßt auf ein sehr hohes Alter des Hauses schließen.

Zustand nach dem Umbau von 1894

Jetzt dreigeschossig mit Mansarddach.

Seite zur Strickergasse

Drei Achsen. In der Mittelachse Hauseingang, in den Geschossen darüber je ein Einzelfenster, in der Mansarde eine Gaube. Die übrigen Achsen haben gekuppelte Fenster und in der Mansarde ebensolche Gauben. Die Fenster der Obergeschosse sitzen auf schmalen Gesimsen.

Seite zum Agathaplatz

Zwei Achsen mit gekuppelten Fenstern, in der Mansarde nur eine Gaube mit gekuppeltem Fenster. Im Giebeldreieck der Gaube Rundfenster wie auch in den anderen Gauben.
In der abgeschrägten Hausecke Eingang zur Gastwirtschaft über sechs Stufen.

Neubau von 1987/89

Dreigeschossig mit ausgebautem Dachgeschoß. Zur Strickergasse drei Achsen mit Fensterbändern, zum Agathaplatz vier Achsen.

Eigentümer

1781/1785	Paulus Schwab, Oberschultheiß,
1794/1804	Franz Opfermann[9], kf. Revierförster,
1804 bis 1821	Regina Opfermann[10], geb. Vill, Witwe von Franz O.,
1821 bis 1864	Felizitas Opfermann[11], Tochter,
1865 bis 1869	Alois Kleiner[12], Kirchner von St. Agatha, verh. mit Felizitas Kitz[13],

---

[9] Vor 1794 war Franz Opfermann Eigentümer von Strickergasse 8. StaA, HR, O1, S. 16. St. Agatha, Sterbematr. v. 1804 S. 42: Franz Opfermann stirbt mit 56 Jahren.
[10] Ebd. v. 1821, S. 249: 1821 Tod von Regina Opfermann, 57 Jahre. Siehe auch Strickergasse 8.
[11] StaA, Sterbereg. 1847 mit 1868, S. 602: Am 22. August 1864 stirbt die ledige Tochter von Franz Opfermann mit 72 Jahren.
[12] Ebd., HR, CK1, S. 358: Alois Kleiner (1817-1873), Produktenhändler, verh. mit Felizitas Kitz (1818-1889).
[13] Felizitas geb. Kitz hatte das Anwesen von Felizitas Opfermann geerbt. StaA, HR, R1, S. 170: Felizitas Kitz, verw. Kleiner, ist in 2. Ehe mit Martin Rauscher verh.

1869 bis 1905 Matthäus (Matthes) Orschler, Schiffmann, Kauf um 3.400 fl., dann seine Witwe, Maria O.,
1905 bis 1934 Luzia Reinhard, geb. Orschler, Tochter,
1934 bis 1963 Erbengemeinschaft Reinhard-Spiegel,
1963 Alfred Blank,
1963 bis 1987 Stadt Aschaffenburg,
seit 1987 Helmut Faust, Rechtsanwalt, und Ehefrau Ingrid.

3. Häuser und Bewohner, die nicht den bestehenden Hausnummern zugeordnet werden können

Strickerpforte[1]

12. August 1437, Peter Heye verkauft an Peter Scheckenmecher von Lympurg Zinsen und Gülten, die vormals Hartman Waltman gehörten: Holtzschuch 6 Schilling von seinem Haus und Garten vor dem Tor bei St. Agatha am Stadtgraben an des Schultheissen Hof[2].

1452, vor dem 15. Juni, dem St. Vitustag, Landleitung zwischen der Stadt und dem Agatha-Pfarrer. An der St. Agatha Pforte, als das Bollwerk[3] gestanden hat, das dann einem Pfarrer zu St. Agatha zinst und zinshaftig ist[4].

1541 zahlt Michael Wearhmud 5 fl. für das Haus an der Pforte St. Agatha[5].

1578 zahlt Johann Becker an die Präsenz des Stiftes für ein Haus an der Agathapforte, das 1566 Wendel Ott und zuvor die Witwe des Michael Weicker hatte[6].

1580 Landleitung bei St. Agatha zwischen Nikolaus Not gegen Kaspar Hammons Witwe wegen eines Traufs am Stall des Nikolaus Not auf dem Steinweg bei St. Agatha Pforte[7].

1607 zahlen vom Haus nahe der Stricker- oder St. Agathapforte die Erben des Johann Becker, Springlers Hans genannt, früher Valentin Hofmann[8].

---

[1] Die Strickerpforte, am Ende der Strickergasse, wurde auch Agathapforte genannt.
[2] StiA, U 2477 v. 12. August 1437.
[3] Befestigung.
[4] StAWü, G 12323, fol. 36' v. 13. Juni 1452.
[5] StiA, 5571, fol. 6.
[6] Ebd., 4211, ebd., 3856.
[7] StAWü, G 12323, fol. 142' v. 9. Juni 1580.
[8] StiA, 5873, Zinsreg. v. 1607, S. 118.

1618 sind Ulrich Feick (auch Veit) und Jakob Wackenhut die Eigentümer zweier benachbarter Häuser an der Strickerpforte. Unter ihrem Besitzvorgänger Andreas Schlett waren beide Häuser nur „ein Haus" gewesen[9].

Der genannte Ulrich Feick, Bürger und Ochsenwärter, macht 1632 in seiner Behausung, zwischen dem Zimmermann Jakob Wackenhut und dem Glockenhaus St. Agatha, in der untersten Stube mit dem Fenster an die Gasse stoßend, sein Testament[10].

1660 wird mit Genehmigung des Schultheißens und Rats das Bauplätzlein des Alexander Roth an der Strickerpforte dem Johann Kaspar Christinger für 4$^{1}/_{2}$ fl. käuflich überlassen[11].

Ein Haus gegenüber bei St. Agatha, an der Strickerpforte gelegen, war bis 1733 dem Kollekturfonds der St. Agathakirche mit 9 kr. zinspflichtig. Aus den Rechnungen ergibt sich folgende Besitzerfolge:

1633/1640 Johann German, 1645 bis 1666 Nikolaus Schwartz der Alte, bis 1674 Nikolaus Schwartz, 1704 Adelarius Schwartz, 1729 bis 1732 Peter Höflich[12].

Der gräflich Schönbornsche Amtsverweser Georg Ludwig hatte ein Grundstück vor dem Dingstalltor gegen Damm. Dort sind Zinsrückstände an das Stift. Aus dem Schriftwechsel ist erkennbar, daß für das Grundstück die Bürger und Steinwirt Erben (Dalkin) von 1738 bis 1751 zinsen. 1751 bis 1758 zahlen Georg Ludwig und sein Sohn je $^{1}/_{2}$, von 1760 bis 1784 wurde nichts bezahlt. Das Wohnhaus in der Strickergasse steigerte Johann Adam Voll für 1005 fl. Nach dem Tod Ludwigs wurde die Scheune am Steinweg von Servatius Weiland für 447 fl. gesteigert. Der Sohn Ludwigs war Oberschultheiß von Kaltenberg[13].

---

[9] Ebd., 6595, fol. 6.
[10] Ebd., 4253, S. 131.
[11] StaA, Ratsprot. v. 20. April 1660, S. 106.
[12] StiA, 6595 v. 1631 ff.
[13] Ebd., 2474, Nr. 2, 4 und 5.

4. Fassadenabwicklungen

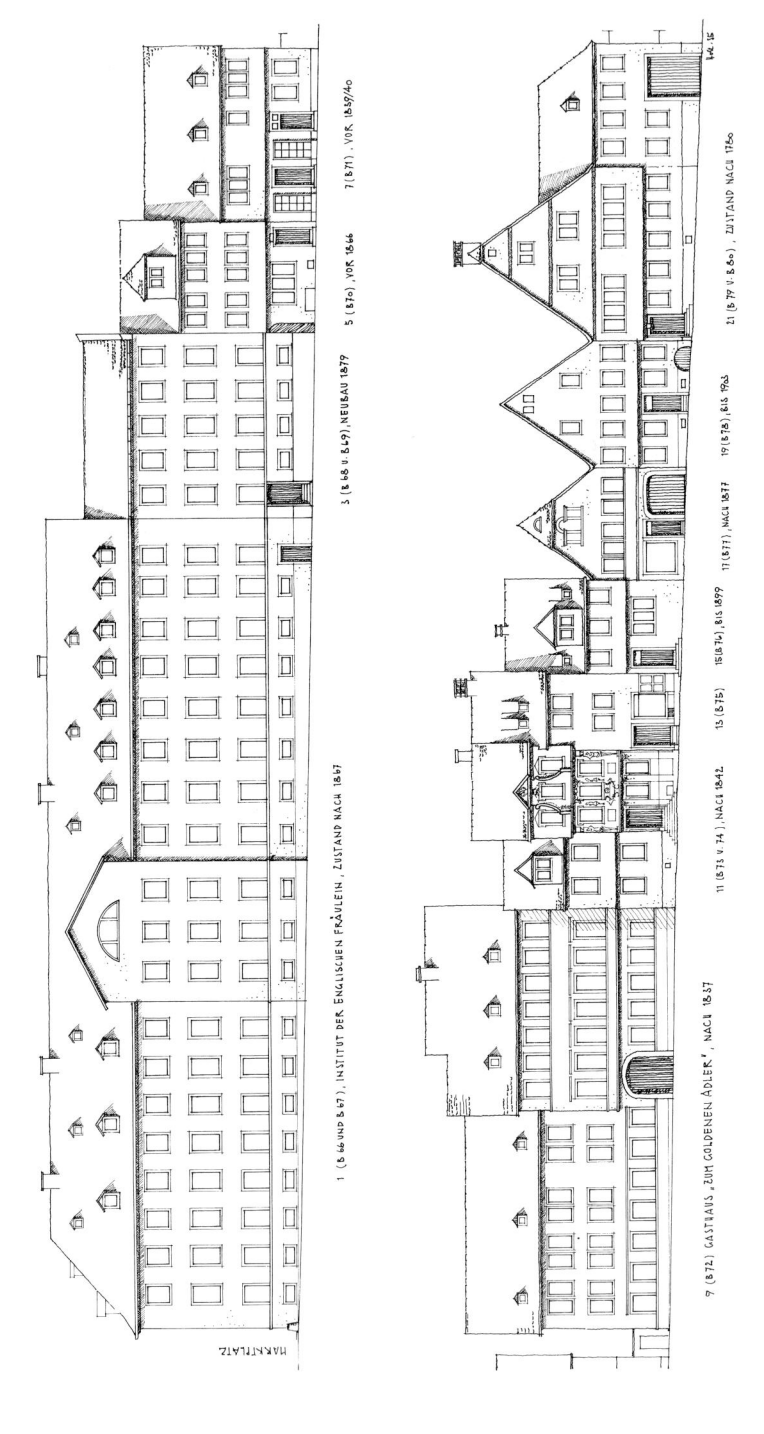

Abb. 144: Fassadenabwicklung Strickergasse, Seite zum Schloß, Häuser Nr. 1 mit 21.

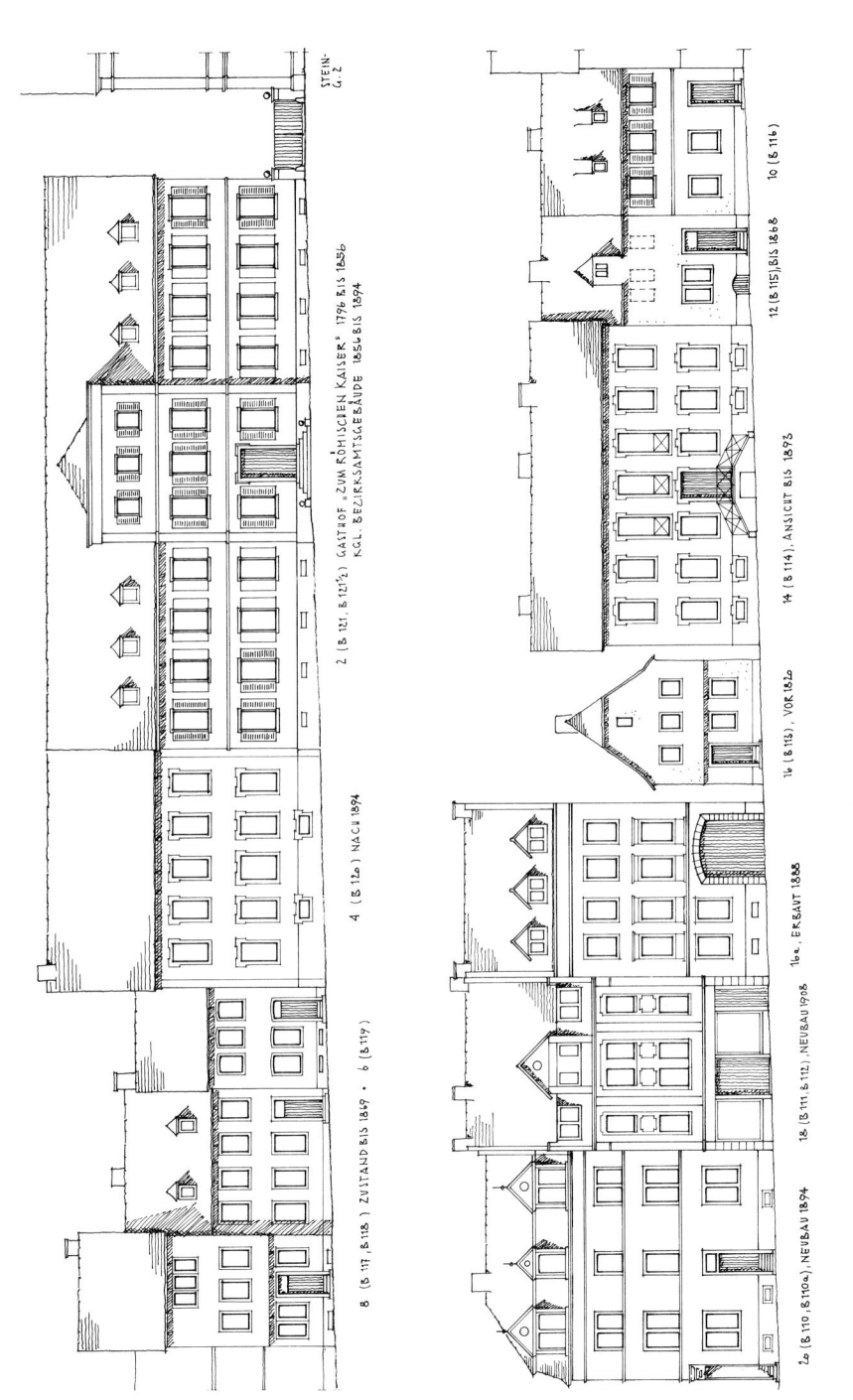

Abb. 145: Fassadenabwicklung Strickergasse, Seite zur Treibgasse, Häuser Nr. 2 mit 20.

5. Lagepläne

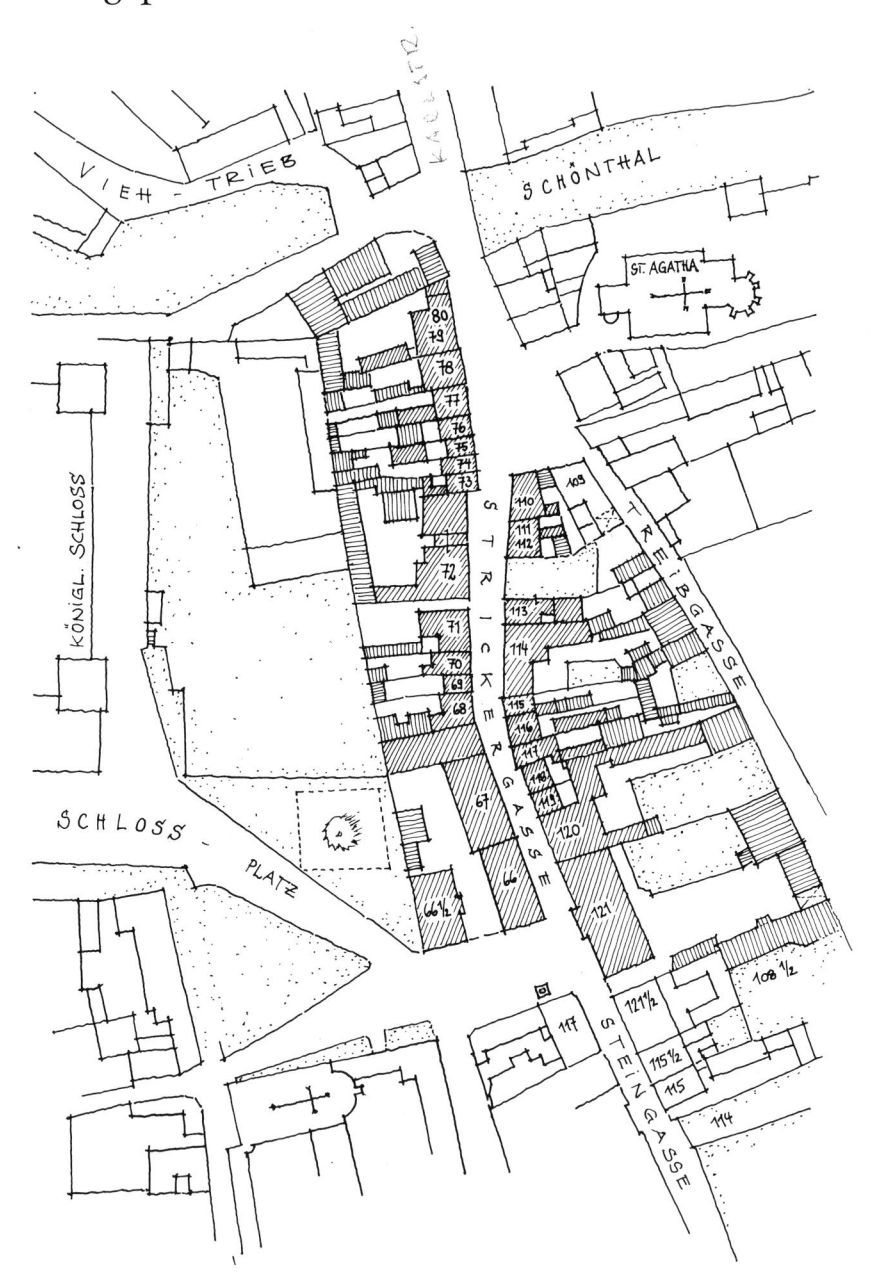

Abb. 146: Lageplan, Strickergasse zwischen Steingasse und Karlstraße, um 1850.

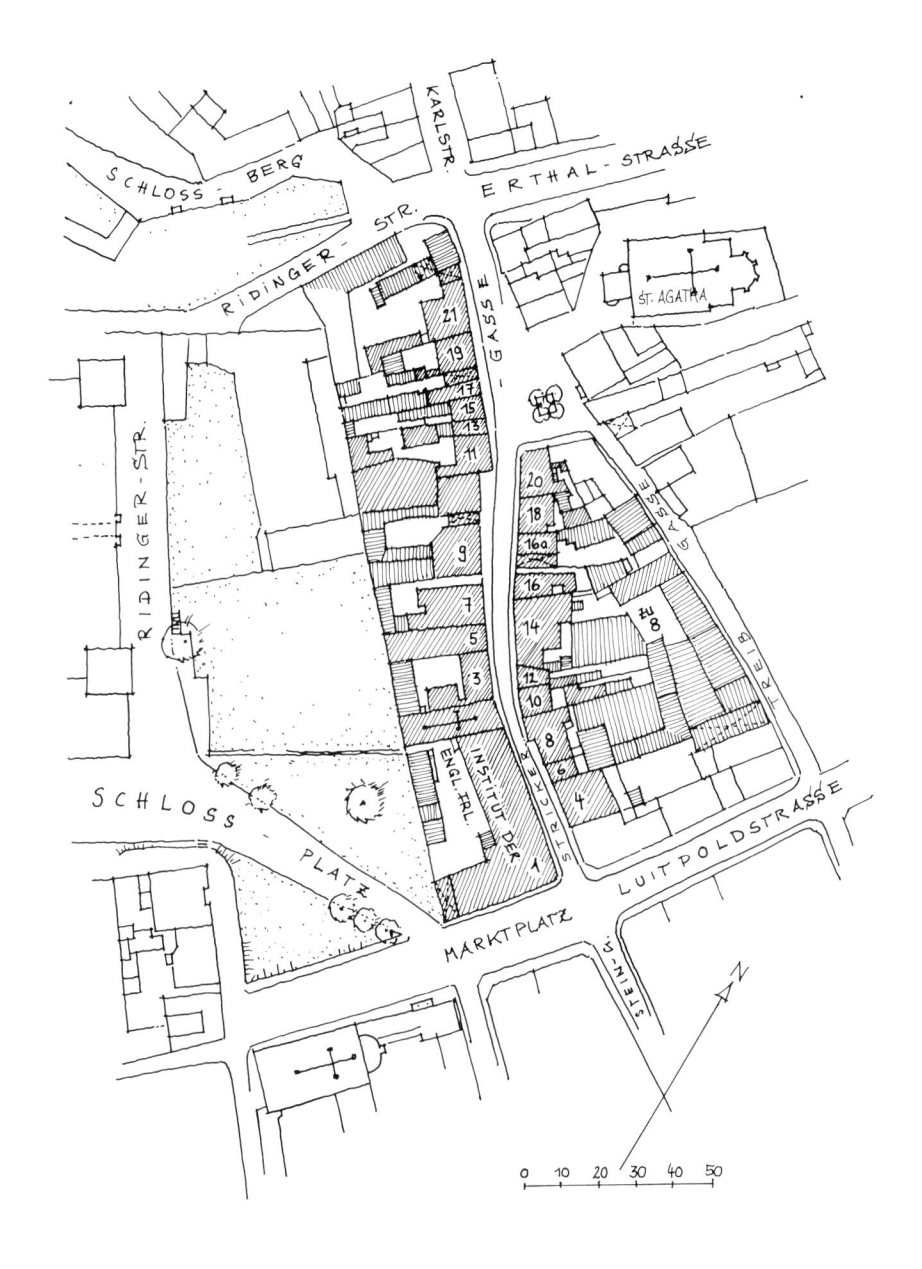

Abb. 147: Lageplan, Strickergasse zwischen Steingasse und Karlstraße, um 1900.

1. Topographie - Benennung - Allgemeines
2. Häuserverzeichnis
    a) ungerade Hausnummern – Seite zu St. Agatha
    b) gerade Hausnummern – Seite zur Herstallstraße
3. Lagepläne

1. Topographie – Benennung – Allgemeines

Die allgemeine Entwicklung im 19. Jahrhundert brachte den Städten einen außergewöhnlichen Bevölkerungszuwachs. Neben neuen Wohnungen mußte vor allem die Infrastruktur modernisiert und erweitert werden.
Mit der Errichtung der Luitpoldschule wurde auch der Bau einer Erschließungsstraße erforderlich. Vorhanden war zunächst nur ein begehbarer „drei Meter breiter Gang"[1].
Nach dem Magistratsbeschluß vom 18. Dezember 1885 wurde zugleich mit dem Bau des königlichen Bezirksamtsgebäudes mit der späteren Hausnummer Luitpoldstraße 10 auch der Bau einer neuen Straße genehmigt. In einer öffentlichen Sitzung der Gemeinde vom 18. Januar 1886 wurde dies den Bürgern mitgeteilt[2].
Das Gelände, auf dem die neue Straße, eine Verbindung der Friedrichstraße zur Treibgasse, errichtet werden sollte, gehörte zum größten Teil zum ehemaligen Bolongaroschen/Ingelheimer Garten. Die Ingelheimsche Verwaltung erklärte sich bereit, aus ihrem Garten eine Fläche von 824,17 m^2 im Tausch gegen ein anderes Grundstück abzutreten[3]. Als Grundstückspreis sollten 7 Mark pro m^2 berechnet werden[4]. Am 1. März 1889 wurde der Ankauf des Teilstücks aus dem Ingelheimer Garten endgültig beschlossen. Stadtbaurat Johann Stephan Nein wurde mit Planung und Kostenberechnung der neuen Straße beauftragt[5].
Auf den Baugesuchen der ersten Häuser wurde dieser erste Teil der späteren Luitpoldstraße Schulstraße genannt. Er reichte von der Friedrichstraße bis zur Treibgasse.
Der Rest des Ingelheimer Gartens wurde in Bauplätze eingeteilt, die ab sofort an private Interessenten verkauft werden konnten[6]. Es wurde festgesetzt, die Grundstücke zu 13, 14 und 15 Mark pro m^2 zu veräußern[7].
Der Eckbauplatz Schulstraße/Friedrichstraße wurde im April 1891 zur Versteigerung angeboten. Den Zuschlag erhielt Otto Hock mit 15 Mark pro m^2 [8].
Für die Verlängerung des Straßenzugs bis zum Marktplatz standen das Bezirksamt, Strickergasse 2, und die Anwesen Treibgasse 13 und 15 im Wege. 1890 erwarb die Stadt das Krämersche Haus, Treibgasse 13, für 22.000 Mark[9],

---

[1] AZ v. 2. Oktober 1931. Der Gang führte von der Treibgasse zur Strickergasse.
[2] StaA, Mag.Prot. v.18. Dezember 1885.
[3] Ebd. v. 24. Februar 1888 und Nr. 816 v. 28. September 1888.
[4] Ebd., Nr. 983 v. 9. November 1888.
[5] Ebd., Nr. 215 v. 1. März 1889.
[6] Ebd., Nr. 373 v. 3. Mai 1889.
[7] Ebd., Nr. 601 v. 15. Juni 1889.
[8] Ebd., Nr. 385 v. 10. April 1891.
[9] Ebd., Nr. 1338 v. 27. Dezember 1890.

und das Haus der Franziska Konradi, Treibgasse 15, für 27.000 Mark[10]. Die Gebäude beider Anwesen wurden 1893 abgerissen.
Für ein neues Bezirksamtsgebäude bot die Stadt Aschaffenburg ein Gelände auf dem ehemaligen Ingelheimer Garten gegenüber der Luitpoldschule an[11]. Der Magistratsrat und Stadtbaumeister Nein sollten bei der Regierung in Würzburg vorstellig werden und ein Kaufangebot zum Erwerb des alten Bezirksamtsgebäudes abgeben. Als Höchstangebot waren 240.000 Mark gedacht[12]. Die Regierung ging auf dieses Angebot ein. 1894 konnte das neue Amtsgebäude in der Luitpoldstraße 10 bezogen werden. Am 16. März 1894 wurde mit dem Abbruch des alten Bezirksamtes in der Treibgasse begonnen, und noch im selben Jahr wurde die Luitpoldstraße bis zum Marktplatz verlängert.

Namensgeber der neu angelegten Straße wurde der bayerische Prinzregent Luitpold (1821–1912). Der Sohn König Ludwigs I. regierte von 1886 bis 1912. Als passionierter Jäger hielt er sich oft und gerne im Spessart auf. Bei dieser Gelegenheit kam er auch nach Aschaffenburg. Die Bürger schätzten den volksnahen und verbindlichen Prinzregenten und benannten nach ihm die Straße.

Die Luitpoldstraße ist 160 m lang. Die stattliche Breite von 15 m setzt sich aus einer 9 m breiten Fahrbahn und zwei je 3 m breiten Gehsteigen zusammen. Der damaligen Zeit entsprechend verlief die Straße gerade, die beiden seitlichen Baulinien dazu parallel. Die Eckbauten an den einmündenden Straßen waren durch Türmchen betont, nur die Luitpoldschule machte eine Ausnahme. Die Straße wurde innerhalb weniger Jahre auf beiden Seiten mit aufwendigen, historisierenden Gebäuden der Gründerzeit bebaut.
Am 5. September 1897 wurde in der Achse der Luitpoldstraße im „offenen Schöntal" das Ludwigsdenkmal, der Ludwigsbrunnen[13], als Abschluß des Straßenraums enthüllt.
In der Presse wurde die neue Straße „Boulevard" genannt. Johann Schober beschreibt die Luitpoldstraße um die Jahrhundertwende mit folgenden Worten: „Am Anfang der vornehmen Luitpoldstraße, gegenüber dem Institut der Englischen Fräulein, erheben sich gleich zwei Paläste des bürgerlichen Fleißes: die Volksbank und die Bierbrauerei Zum Hopfengarten. Prächtige Privathäuser mit eleganten Läden und hübschen Wohnungen stehen zu beiden Seiten, während der gediegene Neubau des Königlichen Bezirksamtes in weißem Sandstein und vor allem die im heimischen Buntsandstein aufgeführten monu-

---

[10] Ebd., Nr. 1296 v. 13. Dezember 1890. Die Zahlung war bis 1. Februar 1891 fällig.
[11] Ebd., Nr. 796 v. 5. August 1889.
[12] Ebd., Nr. 472 v. 24. April 1891.
[13] *Grimm* IV, S. 402 ff.

mentalen Volksschulgebäude am Denkmal den neuen Straßenzug wirksam abschließen"[14].

Im Zweiten Weltkrieg entstanden an den Gebäuden in der Luitpoldstraße beträchtliche Schäden. Ein Teil der Häuser mußte abgetragen werden, in anderen Fällen wurde Bausubstanz abgerissen, weil sie nicht mehr den Normen der Nachkriegszeit entsprach oder weil es zu teuer war, Fenstergewände mit Verdachung aus roten Sandstein zu bezahlen.

Nach dem Krieg wurden die Luitpoldstraße und die Weißenburger Straße direkt miteinander verbunden. Der Ludwigsbrunnen mußte weichen und wurde auf der Großmutterwiese wieder aufgestellt[15].

Die Luitpoldstraße reichte ursprünglich vom Marktplatz bis zur Friedrichstraße. Die offizielle Bezeichnung „Marktplatz" wurde 1991 mit der Erweiterung des Schloßplatzes bis zur neuerbauten Stadthalle aufgehoben. Die Luitpoldstraße endet seitdem an der Landingstraße und das Gebäude Marktplatz 2 erhielt die Hausnummer Luitpoldstraße 2[16].

---

[14] Vgl. *Schober*, S. 60/61.
[15] *Krämer*, Ludwigsbrunnen, S. 161 ff.
[16] Beschreibung dieses Hauses siehe *Grimm* IV, Marktplatz 2, S. 291 ff.

2. Häuserverzeichnis

a) ungerade Hausnummern – Seite zu St. Agatha

Luitpoldstraße 1   Plan-Nr. 620^1/$_8$, dann Plan-Nr. 614

Gaststätte „Neuer Hopfengarten" (1896 bis 1974)

Geschichte

Das frühere Bezirksamtsgebäude Strickergasse 2 wurde 1894 abgebrochen, da es dem Ausbau der neuen Schulstraße[1], der späteren Luitpoldstraße, im Weg stand. Braumeister Wilhelm Ebert erwarb die auf der Seite zur Agathakirche liegenden Restflächen aus dem Grundstück des Bezirksamts. Bereits 1872 hatte er die „Bierbrauerei zum Hopfengarten" von seinem Vater übernommen

---

[1] Auf dem Situationsplan des Architekten Reichard von 1899 wird die Straße noch als Schulstraße bezeichnet.

und 1874 das elterliche Anwesen Strickergasse 8. Seit 1882 war er auch Eigentümer von Strickergasse 4.
Am 15. Juni 1894 erhielt Ebert die Genehmigung, auf der Teilfläche Plan-Nr. 620$^{1}/_{8}$ ein neues Wohnhaus mit Gaststätte zu errichten. Das Gebäude erhält später die Anschrift Luitpoldstraße 1.
1896 kann das Lokal „Neuer Hopfengarten" in der Luitpoldstraße 1 eröffnet werden. Den Plänen des Architekten Hermann Reichard ist zu entnehmen, daß bereits damals die Verbindung des Neubaus mit dem anschließenden Haus Strickergasse 4 im Erdgeschoß und ersten Stock vorgesehen war. Der „Neue Hopfengarten" entwickelte sich zu einem bekannten und beliebten Aschaffenburger Bürgerlokal, einem legeren Treffpunkt der Magistratsräte und Gemeindebevollmächtigten.
1899 bebaut die „Aktienbierbrauerei zum Hopfengarten" den Rest des Grundstücks des früheren Bezirksamts entlang der Luitpoldstraße bis zur Treibgasse. Der zweiteilige Neubau erhielt Luitpoldstraße 3. Den Plänen zufolge wurde schon damals im Erdgeschoß ein direkter Zugang zu Luitpoldstraße 1 geschaffen. Seit wann der im ersten Stock des Neubaus liegende Saal zusammen mit der Gaststätte genutzt wurde, konnte nicht genau ermittelt werden.
Am 9. Dezember 1899 wird die Bayerische Aktienbierbrauerei Aschaffenburg (BABA) Eigentümerin der Brauerei Hopfengarten und damit auch der Anwesen Luitpoldstraße 1 und 3. Sie erwirbt zugleich das Braurecht. Die Braustätte der Brauerei zum Hopfengarten wird stillgelegt, nur der Mälzereibetrieb wird bis Anfang der sechziger Jahre des 20. Jahrhunderts in der Innenstadt weitergeführt.
Nach dem Ersten Weltkrieg werden im Hopfengarten die ersten Stummfilme gezeigt, mit Klaviermusik begleitet. In der Gaststätte treffen sich private Gruppen und Vereine. Sie wird u. a. zum regelmäßigen Treffpunkt der Mitglieder des Aschaffenburger Fußballvereins „Viktoria".
Zu den zahlreichen Gästen, die den Hopfengarten besuchten, gehörte auch der als Original bekannte Stammgast „Kapperich", ein Mützenmacher aus Aschaffenburg[2].
1930 werden der „Umbau der Treppe nach dem Saal im ersten Obergeschoß" und der „Neubau von Wirtschaftsaborten" genehmigt. 1935 erhält die Gaststätte im Erdgeschoß eine Holzbalkendecke und eine altdeutsche Bierstube mit Sitznischen entlang der Fensterfront.
Im Zweiten Weltkrieg entstehen am Haus Luitpoldstraße 1 durch Artilleriebeschuß nur Teilschäden[3]. Das innere Gefüge mit seinen Holzbalkendecken

---

[2] „Kapperich", mit dem bürgerlichen Namen Johann Weidenbörner, starb 1951 mit 84 Jahren. Kunstmaler Geo Schäfer porträtierte ihn. Das Gemälde hing bis zum Abbruch des Hopfengartens 1974 im Lokal. Vgl.: *Welsch*, AJb Nr. 17, S. 285 ff.
[3] *Stadtmüller* II, S. 380.

ist jedoch durch die Erschütterungen so beschädigt, daß später der Saal für Tanzveranstaltungen gesperrt werden muß.
1947 kann das Lokal wieder eröffnet werden. 1951 werden die Fassaden an der Ecke Strickergasse/Luitpoldstraße, am Haus Strickergasse 4 und am Saalbau der Luitpoldstraße 3 erneuert: Die Firma Ott-Bau tauscht Tür- und Fenstergewände aus. Die aufwendigen Werkstücke aus rotem Sandstein sind von der Firma C. Winderheld aus Miltenberg hergestellt. Das aus gelben Blendsteinen bestehende Mauerwerk erhält einen glatten Putz. Bei der Innenrenovierung wird durch Wegfall der Sitznischen die Nutzfläche des Lokals vergrößert. Kunstmaler Alois Bergmann-Franken aus Glattbach erhält den Auftrag für das große Wandgemälde in der Gaststube an der Ecke Luitpoldstraße/Strickergasse sowie für die Gestaltung der Fremdenverkehrskarte der Bayerischen Aktienbierbrauerei Aschaffenburg an der Stirnwand der Bauernschänke. Im Erdgeschoß werden neue Bleiglasfenster und im Vorraum eine bleiverglaste Pendeltüre angebracht. Der Aufgang zum Saal wird verbreitert. Das schmiedeeiserne Tor am Haupteingang fertigt Alex Philipp aus Niedersteinbach[4].
1953 werden nach Plänen und unter Leitung von Architekt Ernst Brönner die Wohnräume des ersten Stocks in den Häusern Strickergasse 4 und Luitpoldstraße 1 in die Gaststätte einbezogen und mit dem Saal von Luitpoldstraße 3 verbunden. Es entsteht eine Großgaststätte für mehr als 700 Personen[5]. In einer großen Feier wird im Dezember 1953 der gänzlich umgestaltete Hopfengarten präsentiert.
1955 entstehen im Dachgeschoß drei Wohnungen. 1956 wird im Eingangsbereich ein neuer Aufgang zum ersten Stock geschaffen, nach Planung und unter Bauleitung von Dipl.-Architekt Wilhelm Wilk.
1972 übernimmt die Binding Brauerei AG, Frankfurt das gesamte Anwesen der Bayerischen Aktienbrauerei Aschaffenburg. Noch im gleichen Jahr verkauft sie das ganze Areal an den Frankfurter Kaufmann Günter Ries. Dieser will auf dem großen Gelände eine Wohnanlage mit Geschäften erstellen. Laut Vertrag muß er bei Neubebauung zwei neue Binding-Gaststätten einrichten.

---

[4] Folgende Firmen waren an der Renovierung von 1951 beteiligt:
Heinrich Hock	Tüncher (Fassade)
Josef Seidel	Tüncher (Saal)
August Heßler, Johann Kolb	Tüncher (Deckengestaltung)
Franz Völker, Goldbach	Schreiner
Paul Greiner	Glaser (Bleiverglasung)
Franz Bopp	Spengler
Alois Bergmann-Franken	Wandmalerei und Reklameaufschriften
August Ullrich	Elektroinstallation
Jakob, Söhne, Großostheim	Rolladen
Möbel Schwind	Gardinen
Anton Scheibler	Gardinen
Ludwig Hofmann, Kreuzwertheim	Tische und Stühle

[5] Strickergasse 4 ist bereits seit 1894 integriert. Das Anwesen wird aber mit seiner eigenen Hausnummer weitergeführt. Umbau der Gaststätte um 1953 siehe S. 618

Der Hopfengarten wird am 1. September 1973 geschlossen.
Am 2. November 1973 beantragt die Bau- und Vermietungs-GmbH, Frankfurt den Abbruch der Anwesen Luitpoldstraße 1 und 3, Strickergasse 4 und der übrigen Brauereigebäude. Die Arbeiten ziehen sich bis in den Sommer 1974 hin. Das Gelände muß wegen der noch vorhandenen Keller eingezäunt werden.
Die von Günter Ries geplante Bebauung wird nicht verwirklicht. Ries tritt von dem mit der Binding AG vereinbarten Vertrag zurück. Die Stadt Aschaffenburg erwirbt 1975 das Grundstück, um dort eine Stadthalle errichten zu können.

Bayerische Aktienbierbrauerei Aschaffenburg (BABA)

Die Gründung der Aktienbierbrauerei Aschaffenburg erfolgte am 8. Dezember 1866 mit einem Aktienkapital von 100.000 Gulden. Bildung eines Komitees unter dem Vorsitz von Magistratsrat Heinrich Stenger.
Der erste Verwaltungsrat konstituierte sich am 12. März 1867 unter dem Vorsitzenden Heinrich Stenger, seinem Stellvertreter Alois Dessauer und dem Kassier Friedrich Joseph Ernst. Die Stadt ermöglichte ihnen am 8. Juni 1867, Wasser aus dem Glattbach zum Braubetrieb abzuleiten[6]. Das Brauereigelände lag an der Glattbacher Straße, damals Lit. D 174^1/$_2$, später Haus Nr. 52/56. Am 8. Juni 1867 erfolgte die Genehmigung der Errichtung einer Brauerei durch den Magistrat[7] und am 18. Juli 1867 die Bestätigung des Gesellschaftsvertrags durch das Amtsgericht. Nun konnte der Bau beginnen und bereits im Dezember 1867 die neue Brauerei in Betrieb genommen werden.
Die erste Bierprobe war am 31. März 1868. Ein Eimer Bier, ca. 300 l, kostete 6^1/$_2$ Gulden. Der allgemeine Verkauf des daselbst "nach Wiener Art erzeugten Bieres" begann am 9. April 1868[8]. Die Kundschaft wurde mit Hilfe von Pferdegespannen oder Wagen mit Zugochsen beliefert.
Um die Jahrhundertwende vergrößerte sich die Aktienbierbrauerei durch Fusion mit verschiedenen kleineren Brauereien, u. a. am 9. Dezember 1899 mit der Brauerei zum „Hopfengarten" und ihren Anwesen in der Luitpoldstraße, Strickergasse und Treibgasse, mit der Brauerei „Wurstbendel" in der Fischergasse, mit der Brauerei zur „Rose" in der Herstallstraße 35.
Die gesamte Bierproduktion konzentrierte sich in der Glattbacher Straße. Die dortige Mälzerei wurde stillgelegt, die Keller zu Lagerräumen umgebaut. Die Verwaltung blieb in der Luitpoldstraße, und die Gebäude der Mälzerei wurden umgestaltet und modernisiert.

---

[6] StaA, Mag.Prot. Nr. 477 v. 8. April 1867.
[7] Ebd., Nr. 598 v. 8. Juni 1867.
[8] Intell.Bl. Nr. 80 v. 4. April 1868.

Die zur Aktienbierbrauerei gehörende Brauerei zum Hopfengarten wurde vor dem Ersten Weltkrieg als Mälzereibetrieb weitergeführt, die Gesellschaftsbrauerei im Ersten Weltkrieg stillgelegt.

Im Zweiten Weltkrieg wurden die Brauerei und die Mälzereigebäude schwer beschädigt. Die restlose Beseitigung der Gebäudeschäden aus dem Krieg erfolgte erst zu Beginn der fünfziger Jahre des 20. Jahrhunderts.

1962 legte die Bayerische Aktienbrauerei ihre Mälzerei still. 1970 erfolgte der Zusammenschluß mit der Binding Brauerei AG, Frankfurt.

Pächter des Hopfengartens

1896 bis 1912 Leonhard Brehm[9]
1913 bis 1927 Nikolaus Geiger[10]
1928 bis 1935 Ernst Nickl[11]
1935 bis 1939 Ernst Schneider[12]
1939 bis 1953 Fritz und Barbara Lebert[13]
1953 bis 1956 Anton und Berta Pfleger[14]
1956   Heinz und Anni Schulz[15]
1957 bis 1974 Karl und Maria Jordan[16]

Beschreibung

Das Gebäude steht mit einer Frontlänge von ca. 24,50 m an der Luitpoldstraße und mit einer Länge von ca. 13 m an der Strickergasse. Es besitzt drei hohe Geschosse. Das Hauptgesims ist als Kniestock aufgesetzt. In der abgeschrägten Straßenecke liegt, zwischen Säulen und Pilastern, der rundbogige Eingang zur Gaststätte, zwei Stufen höher als der Gehsteig. Ab dem ersten Stock kragt über dem Eingang ein in Sandstein gefaßter Erker aus, drei Teile eines Acht-

---

[9] Gastwirt aus Ickelheim bei Uffenheim, verh. mit Karoline Wissel aus Niedersteinbach bei Alzenau, vgl. StaA, AN, Ba-Bus, 1902 Bürgerrechtsverleihung.
[10] Nikolaus Geiger aus Aschaffenburg (1850–1927), verh. mit Theresia Anna Maria Will, vgl. StaA, HR, G1, S. 285.
Ebd., AN, G: Verehelichung von Brauereibesitzer Nikolaus Geiger, Bürgerrechtsverleihung 1881–1884.
[11] Ernst Nickl (1882–1950), geb. in Heltau b. Hermannstadt, verh. mit Maria, geb. Walz.
[12] Ernst Schneider, geb. 1891. Seine Frau wurde von den Gästen „Mutti Schneider" genannt.
[13] Fritz Lebert (1889–1965), Gastwirt und Metzger aus Hausen, verh. mit Barbara Gollas aus Mömlingen. 1936 Wirt vom Schwanenbräu in der Steingasse 23.
[14] Anton Pfleger, geb. 1909 bei Karlsbad. Er kam als Wirt vom Bahnhofshotel in Darmstadt-Eberstadt. Von Aschaffenburg zog er 1956 nach Michelstadt.
[15] Heinz Schulz führte zuvor die „Rheinterrasse" in Düsseldorf. 1957 ging er nach Ingelheim.
[16] Karl Jordan, geb. 1899 in Leitmeritz (Sudetenland), gest. 1982 in Aschaffenburg.

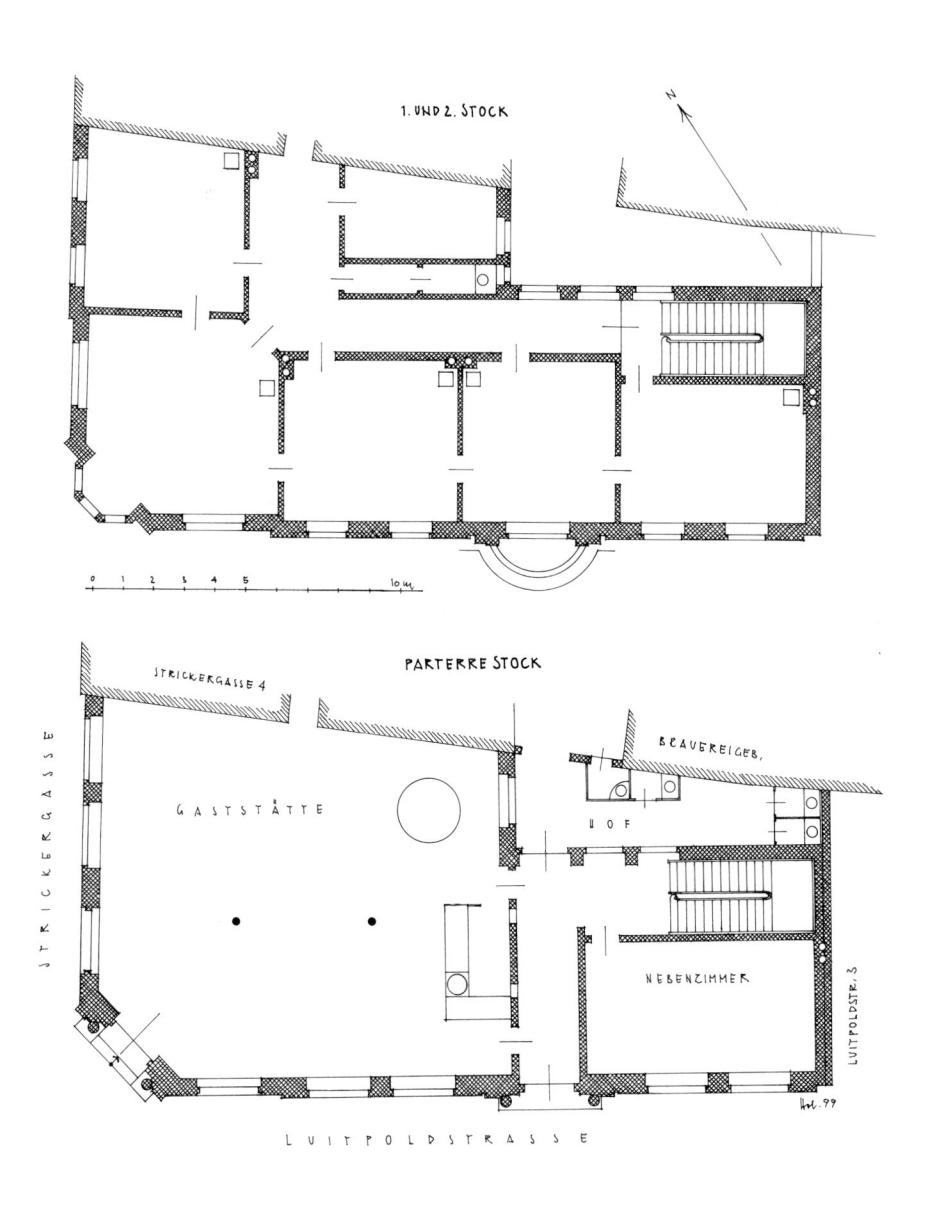

Abb. 149: Luitpoldstraße 1, Grundrisse nach Plänen des Architekten Hermann Reichard von 1895.

ecks. Über dem Hauptgesims achteckiger, sich verjüngender Turm mit Gesims und Haube, die eine Spitze mit Wetterfahne trägt.
Die Fassade an der Luitpoldstraße besitzt sechs Fensterachsen. Die vierte Achse, von der Straßenecke gezählt, ist durch beidseitige Pilaster betont. Im Erdgeschoß zwei Säulen, die einen halbkreisförmigen Balkon tragen. Der darunterliegende Eingang mit Rundbogen führt zum Treppenhaus. Über dem Sturz der dreiteiligen Fenstertür im ersten Stock ein Bogenfeld mit Kartusche. In diesem Embleme des Brauhandwerks sind beiderseits Abbildungen von Gerste und Hopfen.
Im Dachbereich Dreiecksgiebel in den Formen der deutschen Renaissance. Die Fenster im Erdgeschoß tragen Segmentbögen, in den Obergeschossen gerade Stürze.
Im Erdgeschoß, im Winkel zwischen Luitpoldstraße und Strickergasse, eine ca. 145 m² große Gaststube. Anschließend Eingang von der Luitpoldstraße mit Flur und zweiläufiger Treppe. Entlang des Gehsteigs der Luitpoldstraße Nebenzimmer. In den beiden Obergeschossen jeweils Wohnung mit fünf beheizbaren Zimmern, Küche und Abort. Das gesamte Erdgeschoß ist unterkellert.
Bilder aus der Zeit nach 1951, nach der Instandsetzung der Fassaden, zeigen an der Straßenecke noch die Erker im ersten und zweiten Stock. Im Erdgeschoß ist der Eingang zur Gaststätte jedoch geschlossen und durch ein Fenster ersetzt. Auch die flankierenden Lisenen und Säulen fehlen. Auf dem Dach ist der Turmhelm über dem Erker verschwunden. Der verbliebene Eingang an der Luitpoldstraße ist stark vereinfacht. Der halbkreisförmige Balkon, der dem Eingang als Vordach diente, wurde ebenso abgetragen wie die Säulen auf beiden Seiten. Der rundbogige Türsturz wurde durch einen geraden ersetzt.
Im Zusammenhang mit den Ausbauarbeiten von 1953 wird im großen Gastzimmer eine neue Treppe, an der Wand zu Haus Strickergasse 4, errichtet, die das Erdgeschoß direkt mit dem ersten Stock verbindet.
Mit dem Ausbau des Daches 1955 wird der Kniestock auf den Straßenseiten um ca. 1 m angehoben. Die Einzelgauben mit den steilen Pyramidendächern werden abgebrochen. Es entsteht ein Band gleicher Fenster mit Bezug auf die darunterliegenden Achsen.

Eigentümer

1894 bis 1895 Wilhelm Ebert, Brauereibesitzer,
1895 bis 1901 Aktienbierbrauerei zum Hopfengarten, Aschaffenburg,
1901 bis 1972 Bayerische Aktienbierbrauerei Aschaffenburg[17],
1972   Binding Brauerei AG, Frankfurt,
1972 bis 1975 Günter Ries, Kaufmann aus Frankfurt,
 seit 1975   Stadt Aschaffenburg.

---

[17] Durch Fusion.

Abb. 150: Luitpoldstraße 1 und 3, Straßenfassade.

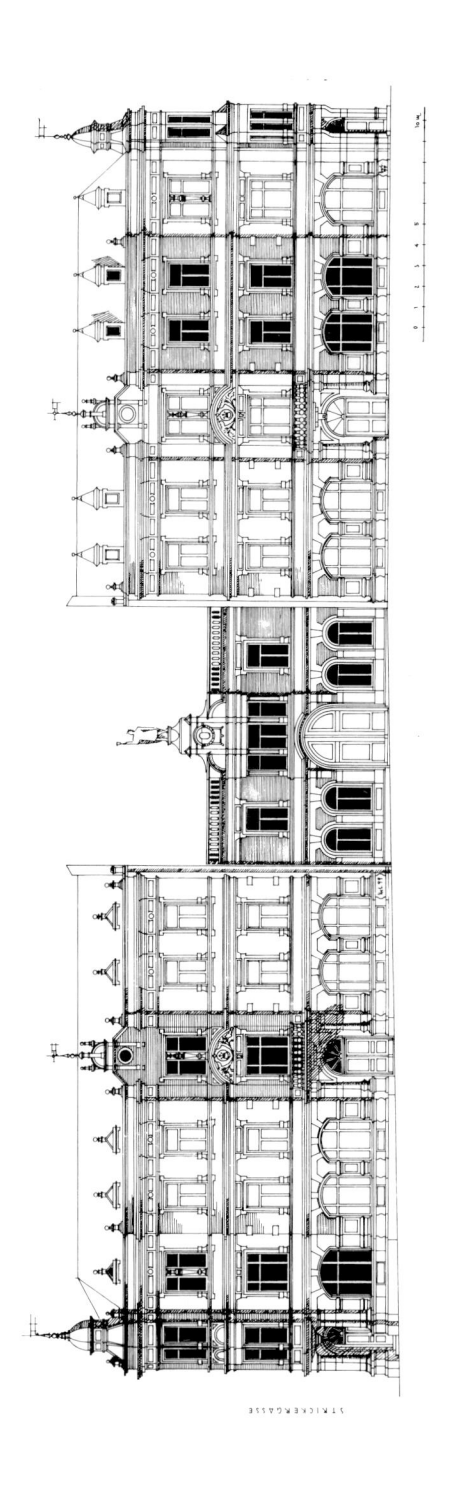

Luitpoldstraße 3   Plan-Nr. 620, dann Plan-Nr. 614
Mittelbau   Plan-Nr. 620
Seitenflügel   Plan-Nr. 620¹/₂ und 620¹/₃

Geschichte

Am 7. April 1899 bewilligt die Bauverwaltung den Neubau des Wohnhauses für die Aktienbierbrauerei zum Hopfengarten an der Ecke Luitpoldstraße/Treibgasse. Das Gesamtprojekt, nach Plänen des Architekten Hermann Reichard, wird von der Bauunternehmung Johann Scheuermann durchgeführt. Die Bauarbeiten beginnen am 18. März 1899.
Endes des Jahres, am 9. Dezember 1899, wird die Aktienbierbrauerei zum Hopfengarten von der Bayerischen Aktienbierbrauerei Aschaffenburg (BABA) übernommen. Die Baumaßnahmen der Luitpoldstraße 3 werden dadurch nicht beeinträchtigt und der Neubau ist am 1. April 1900 fertiggestellt.
Die Bauanlage besteht aus einem zweigeschossigen, axial gegliederten Mittelbau, der unmittelbar an das Gebäude Luitpoldstraße 1 angrenzt. Dem folgt ein dreigeschossiger Seitenflügel, der bis zur Treibgasse reicht und die Fassade des Gebäudes Luitpoldstraße 1 spiegelt. Nur die Ecktürme unterscheiden sich geringfügig.
Das Erdgeschoß dient den Büros der Brauereiverwaltung, im ersten Stock des Mittelbaus ist ein Konferenzsaal. In den beiden Obergeschossen des Seitenflügels befindet sich jeweils eine große Wohnung.
1932 wird im Erdgeschoß des dreistöckigen Seitenflügels ein Laden eingerichtet. Die Pläne des Baubüro Jung werden mit „Beschluß des Polizei- und Verwaltungssenats" vom 21. Oktober 1932 genehmigt. An der Luitpoldstraße entstehen rechts und links des rundbogigen Eingangs durch „Ausbruch zweier Fensterbrüstungen" zwei Schaufenster. Im selben Bauteil wird 1934 die rechte Dachhälfte ausgebaut. Statt der bestehenden drei Gauben wird eine durchgehende Reihe von neun gleichen Fenstern eingebaut. Genehmigung am 6. April 1934.
Die im Zweiten Weltkrieg entstandenen Schäden[1] werden nach dem Krieg bald behoben. Die Räume in den Obergeschossen werden als Wohnungen vermietet.
Am 25. Juli 1950 erteilt der Stadtrat die Erlaubnis, den zur Straße gelegenen Teil der Hofeinfahrt als Garage zu nutzen. Im rückwärtigen Teil der Einfahrt ist zu dieser Zeit bereits ein Heizraum installiert.
1960 erhält Dipl.-Architekt Ludwig Dölger den Auftrag, in das Erdgeschoß eine neue Gaststätte einzurichten. Sie erhält später den Namen „Tea room Restaurant Turin". Die Baugenehmigung vom 23. März 1960 ist von Amtmann

---

[1] *Stadtmüller* II, S. 380.

Ernst Hirsch unterzeichnet. Die Bauabnahme erfolgt am 15. Dezember 1960.
1972 erwirbt die Binding Brauerei AG Frankfurt das gesamte Areal der Aktienbierbrauerei. Noch im selben Jahr geht das Anwesen an den Frankfurter Kaufmann Günter Ries. Dieser beabsichtigt, das Brauereigelände abzureißen und mit neuen Wohn- und Geschäftshäusern bebauen zu lassen. Im März 1974 wird mit den Abbrucharbeiten begonnen[2].
Jedoch die geplante Bebauung läßt sich nicht verwirklichen. Günter Ries tritt von seinem Vertrag zurück.
1975 erwirbt die Stadt Aschaffenburg das Grundstück, um dort eine Stadthalle zu errichten.

Beschreibung

Mittelbau

Das zweistöckige Gebäude steht in der Mitte der beiden etwa gleich langen Seitenflügel, die bis zur Strickergasse bzw. Treibgasse reichen.
Die Frontlänge an der Luitpoldstraße mißt ca. 12,50 m. Die Fassade ist streng symmetrisch gegliedert. Im Erdgeschoß in der Mittelachse großes Portal, dessen profilierter Rundbogen bis unter das Brüstungsgesims des ersten Obergeschosses reicht. Zu beiden Seiten des Portals je zwei Rundbogenfenster mit niedrigen Brüstungen, mit Sandstein umrahmt, mit Kämpfer- und Schlußsteinen. Ein reich profiliertes Gurtgesims trennt die Stockwerke.
Im ersten Stock in der Mittelachse Dreifenstergruppe, in Sandstein gefaßt, risalitartig vorspringend, auf Konsolen beiderseits des Portals abgestützt. Seitlich des Mittelrisalits je ein Fenster. Über dem gekröpften Gurtgesims Kniestock, Dachgesims und Attika. Über der Dreifenstergruppe historisierender Dreiecksgiebel mit der Figur des Gambrinus[3] als Abschluß.
Im Erdgeschoß breite Zufahrt zu der dahinterliegenden Brauerei, von der aus die beiderseits angeordneten Räume ursprünglich ihren Zugang hatten.
1932 werden die Zimmer rechts der Einfahrt als Werkstatt für das angrenzende Geschäft verwendet. Seit 1960 war dort die Küche des „Tea room Restaurant Turin" untergebracht. Die Räume links der Einfahrt werden von der Luitpoldstraße 1 aus genutzt. Durch Öffnung von Verbindungswänden zwischen den Räumen kann die anliegende Sängerstube erweitert werden.

---

[2] Der Abriß des Hopfengartens kostete 200.000 DM.
[3] Gambrinus war ein sagenhafter flandrischer König aus der Karolingerzeit. Er gilt als Erfinder des Bierbrauens und ist zugleich Schutzherr der Brauer. Die ca. 4 Tonnen schwere Gambrinusstatue des Hopfengartens wurde 1899 geschaffen. Zusammen mit dekorierten Fassadensteinen, die Motive aus dem Brauwesen darstellen, wird sie vor Abbruch des Gebäudes schon im Dezember 1973 in der Aktienbrauerei an der Glattbacher Straße sichergestellt. Die Figur steht heute im Nebenzimmer der Gaststätte „Aschaffeck", Glattbacher Straße 3.

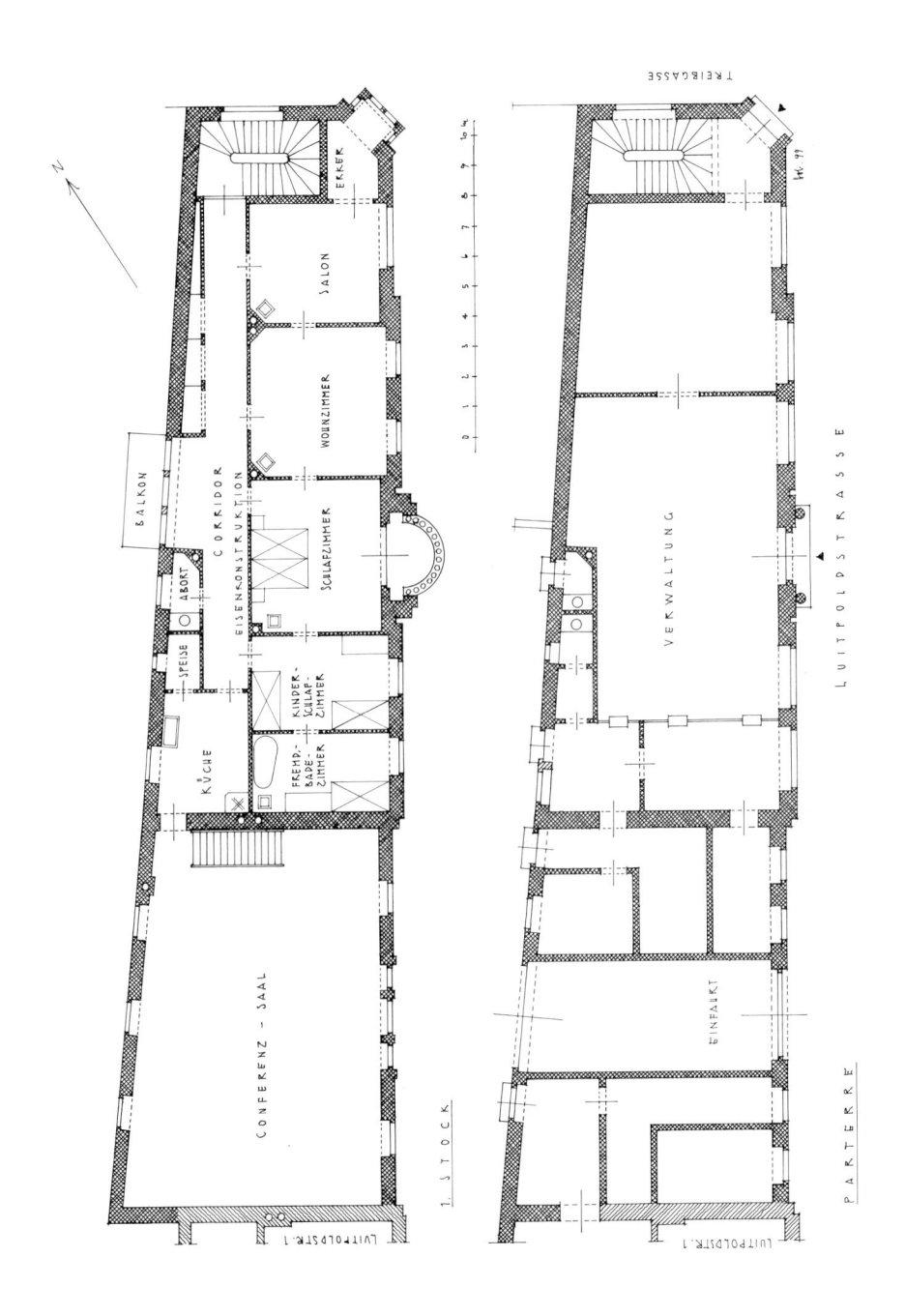

Abb. 151: Luitpoldstraße 3, Grundrisse, Parterre und 1. Stock von 1899.

Neben dem Portal entsteht später statt des Fensters eine Tür, die zu einem dahinterliegenden Treppenhaus führt.

Den ganzen ersten Stock nahm ursprünglich ein Konferenzsaal ein. Nach den vorhandenen Plänen lag an der Brandmauer des Seitenflügels eine Treppe, die zum Saal führte. Wo der Zugang zu dieser Treppe im Erdgeschoß war, ist nicht eingezeichnet. Der Saal hatte außerdem noch eine Tür zur Küche der Wohnung im ersten Stock des Seitenflügels.

Mit der baupolizeilichen Genehmigung zum Umbau der Treppe zum Saal im ersten Obergeschoß ist 1930 zum ersten Mal die direkte Verbindung der Gaststätte Hopfengarten in der Luitpoldstraße 1 mit dem Saal im ersten Stock des Mittelbaus (Luitpoldstraße 3) nachgewiesen. Im Zuge der Erweiterung der Gaststätte Hopfengarten im ersten Stock entsteht 1953 eine weitere Verbindung zum Saal.

Seitenflügel

Die Straßenfassade gleicht spiegelbildlich der des Gebäudes Luitpoldstraße 1. Lediglich die Ausbildung der Erker und Turmhelme an den abgeschrägten Straßenecken unterscheidet sich geringfügig. An der Ecke zur Treibgasse ist der Grundriß des Erkers im ersten Stock rechteckig. Er wird im Erdgeschoß von Pfeilern mit Konsolen abgetragen. Im zweiten Stock geht der Erkergrundriß auf drei Seiten in ein Achteck über. Der Turmhelm ist schlanker, sonst wenig verändert.

Von der ursprünglichen Einteilung des Erdgeschosses ist nur noch ein Entwässerungsplan vorhanden. Die Räume wurden von der Brauerei genutzt. Der Eingang an der Ecke Luitpoldstraße/Treibgasse führte zu den Wohnungen in den Obergeschossen und in den Keller.

Im ersten und zweiten Stock lag jeweils eine große Wohnung. Auf der Straßenseite, im Süden, an einem langen „Corridor" aufgereiht, fünf Zimmer. Der Erker ist dem „Salon" angeschlossen, der halbrunde Balkon dem Schlafzimmer zugeordnet. Das Fremdenzimmer ist zugleich Badezimmer. Auf der Nordseite des Corridors Küche, Speisekammer, Abort, Balkon und Einbauschränke. Die Trennwände sind in beiden Stockwerken als 15 cm starke „Eisenkonstruktion" ausgeführt.

Umbau der Gaststätte „Neuer Hopfengarten" 1953

Die Bauernschänke, an der Ecke zur Strickergasse, wird im altdeutschen Stil erneuert. Rechts neben dem Eingang zur Bauernstube führt jetzt vom großen Gastraum eine breite Treppe zum Obergeschoß. Hier ist ein helles Foyer mit Büfett und Aufzug eingerichtet, um die Speisen von der Küche hochbefördern zu können.

Im Obergeschoß rechts vom Foyer ist der Sitzungssaal, der sogenannte „Clubraum in Rot", anschließend ein Wintergarten mit Springbrunnen, dann der kleine Speisesaal, in Gold und Gelb gehalten, daneben das blaue Zimmer. Von hier aus gelangt man über einige Stufen zum neugestalteten großen Saal. Sämtliche Räume können für sich getrennt belegt werden. Die Flucht der einzelnen Zimmer mündet in den großen Saal, der durch Öffnen von Verbindungs- bzw. Schiebetüren in einen Raum mit etwa 700 Sitzplätzen verwandelt werden kann. Es gibt somit genügend Platz z. B. für Sitzungen, Tanzveranstaltungen und Faschingsbälle wie den traditionellen Witwenball.

Renovierung von 1956

Champagnerfarbige, glockenförmige Lampen aus Plastik (Fa. Wilhelm Förtsch), Tische und Stühle aus Resopal (Fa. Ortmann KG), kunstschmiedeeiserne Garderoben (Fa. Christ, Goldbach).
Die Bauernstube erhält halbrunde Bänke aus Rüsterholz und runde Tische, dadurch 15% mehr Sitzplätze.
Jetzt eigener Zugang vom Windfang zu den oberen Räumen.

Eigentümer

Siehe Luitpoldstraße 1.

Luitpoldstraße 7–9   Plan-Nr. 601, 602, 602$^{1}/_{2}$

Luitpoldschule

Mädchenschule Luitpoldstraße 7
Knabenschule Luitpoldstraße 9

Geschichte

Das Gelände, auf dem 1880 die Luitpoldschule gebaut wurde, war zunächst ein mit Bäumen bepflanztes Gartengrundstück. Es wurde später von der Luitpoldstraße, der heutigen Friedrichstraße, dem ehemaligen Rentamt Rothenbuch und der Treibgasse begrenzt.
Eigentümer des Grundstücks, des ehemaligen Bolongaroschen Gartens, war Privatier Heinrich Dyroff.
Nach der Gemeindeschulstatistik von 1833 war die Stadt in Schulbezirke ein-

geteilt, die in etwa mit den Pfarrsprengeln übereinstimmten. 1860 gab es folgende katholische Volksschulen:

1. Die St. Agathaschule mit dem alten Schulhaus, Treibgasse 34, und den Schulräumen in der Annakapelle.
2. Die Schule ad Beatam Mariam Virginem (Muttergotteskirche) mit dem Schulhaus Metzgergasse 15. Im Erdgeschoß Schulsaal für die obere Knaben- und Sonntagsschule, im Obergeschoß Lehrerwohnung. Die Räume sind nieder und feucht und wegen der hohen Nachbargebäude noch dazu dunkel. Die untere Knabenschule hat drei Säle in der Landingschule belegt.
3. Die Schule St. Peter et Alexander (Stift) mit dem Landingschulhaus, Landingstraße 17. Die Schulzimmer sind zwar nicht ungeeignet, haben aber zu geringe Breite. Zu beanstanden ist die große Mauerfeuchtigkeit. Im Erdgeschoß befindet sich zusätzlich die Musikschule, und im dritten Stock ist die Wohnung des Musikdirektors.
4. Die Mädchenschule der Englischen Fräulein, Marktplatz 1.

Da die Einwohnerzahl in Aschaffenburg in den vergangenen Jahren zugenommen hatte, herrschte Raumnot in den einzelnen Schulhäusern. Die Schulräume waren zu klein und ihre Ausstattung zum Teil veraltet.
Um die Schulraumnot zu beheben, beschloß der Magistrat 1864, ein neues katholisches Schulhaus zu bauen[1].
Die folgenden 15 Jahre war die Stadt damit beschäftigt, die Voraussetzungen für einen Neubau zu schaffen.
Zunächst mußte bei der Regierung der Antrag gestellt werden, den Vertrag aufzuheben, den die Stadt am 18. August 1862 mit dem Stiftsrentamt wegen des Kaufs des Schulgebäudes in der Landingstraße geschlossen hatte[2]. Dann sollte eine Abordnung von Magistratsräten einen geeigneten Platz für den Bau des neuen Schulhauses suchen. Der Kommission gehörten die Magistratsräte Georg Protz, Melchior Kaufmann und Franz Josef Berta an[3]. Folgende Grundstücke wurden in Betracht gezogen:

---

[1] StaA, Mag.Prot. v. 10. November 1864.
Ebd., A 2335, fol. 12: Die nähere Beschreibung der Schullokalitäten stammt von dem Gutachten des städtischen Ingenieurs Carl Wetter vom 6. November 1864. Wetter stellte daraufhin ein Rahmenprogramm für eine neue Schule mit sechs Schulsälen auf, was auch vom Magistrat genehmigt wurde.
Ebd., fol. 14. Bereits im Februar 1839 hatte Professor Ludwig Louis ein Projekt für einen Schulhausneubau vorgestellt. Als Standort schlug er das Gelände des ehemaligen Friedhofs neben dem Turm der Muttergotteskirche vor. Die Bauerlaubnis wurde nicht erteilt, und bis zum 10. Mai 1840 war noch kein neuer Bauplatz gefunden worden.
Ebd., A 2025, fol. 8, 16, 30.
[2] Ebd., Mag.Prot. s. o. Vgl. auch ebd., A 2335, fol. 37.
[3] Ebd., Mag.Prot. v. 22. März 1866.

1. Das Marstallgebäude am Schloßplatz 3 und 5, Lit. B 65[4].
„Dieses Objekt dient als geeignet" wurde am 4. November 1869 dem Stiftsrentamt mitgeteilt[5]. Im August 1877 trat die Stadt in Verhandlung mit dem königlichen Oberhofmarschallstab wegen des Erwerbs des alten Marstalls[6]. Hier war ein Schulhaus mit acht Lehrsälen für je 70 Schüler mit einem Kostenaufwand von 80.000 Mark vorgesehen[7]. Der Vorgang endete ergebnislos am 12. Oktober 1878[8].
Bei den Untersuchungen von Regierungsseite noch im Sommer 1877 über die Schulzustände in Aschaffenburg wurde gemeldet: Wir haben „große Mißstände bei den Volksschulen in Aschaffenburg gefunden, die in gleicher Weise in anderen Städten des Königreiches nicht bestehen". Daraufhin wurde Stadtbaumeister Stephan Nein am 11. April 1878 beauftragt, innerhalb von drei Wochen ein Raumprogramm für den Bau einer neuen Schule auszuarbeiten und dem Magistrat vorzulegen[9].
2. Am 25. April 1878 wurde im Magistrat beschlossen, wegen eines Bauplatzes für ein neues Schulhaus auch mit der Ingelheimschen Verwaltung in Verhandlung zu treten[10].
3. Das Deutsche Haus in der Schloßgasse 8.
Im August 1878 mußte Nein prüfen, mit welchem Aufwand für Schulzwecke das Deutsche Haus aufgestockt werden könne[11]. Weitere Maßnahmen wurden jedoch nicht unternommen.
4. Ein Bauplatz an der Treibgasse, dem ehemaligen Bolongaroschen Garten, jetzt im Eigentum von Privatier Heinrich Dyroff.

Zusammen mit dem Bau einer Dreizimmer-Wohnung kam der Kostenvoranschlag auf ca. 245.188 Mark[12]. Magistratsrat Jakob Engelhard sollte Verhandlungen führen, um den Baugrund des Bolongaroschen Gartens zu erwerben. Der Baukommission gehörten die Magistratsräte Theodor Nees, Adolf Weilandt und Jakob Engelhard an. Dyroff verlangte für den Bolongaroschen Garten 35.000 Mark. Die Stadt bot nur 32.000 Mark. Bei dem Gartengrundstück handelte es sich um Plan-Nr. 601 (5.290 m^2), Plan-Nr. 602 (1.240 m^2) und Plan-Nr. 602$^1/_2$ (150 m^2)[13].

---

[4] Ebd. v. 10. Januar 1867. Ein neuer Marstall sollte dafür im oberen Bauhof errichtet werden. Vgl. ebd., A 2335, fol. 82 ff. v. 8. August 1869.
[5] Ebd., Mag.Prot. v. 4. November 1869.
[6] Ebd. v. 9. August 1877.
[7] Ebd. v. 5. September 1878.
[8] Ebd. A 2335, fol. 99. Die Stadt ersuchte noch um eine Fristverlängerung für Entscheide über den Ankauf. Es gab prinzipielle Unterschiede zwischen Stadt und Staat.
[9] Ebd. Mag.Prot. v. 11. April 1878.
[10] Ebd. v. 25. April 1878.
[11] Ebd. v. 8. August 1878.
[12] Ebd. v. 8. November 1878.
[13] Ebd. v. 23. Januar 1879. 1 Dezimale entspr. 34,1 m^2.

Bei den Gesprächen im Februar 1879 mit Regierungsrat Dr. N. N. Groh wurde beschlossen, auf diesem Gelände zunächst 12 Knabenklassen und in spätestens fünf Jahren die Mädchenschule mit 13 bis 14 Mädchenklassen zu bauen[14]. Der Kauf kam erst im November 1879 zustande. Der Grundstückspreis für den gesamten Grund betrug 34.000 Mark. Dyroff erhielt, da er die Fläche ein ganzes Jahr reservierte, noch eine Abfindung von 1000 Mark[15]. Das neue Raumprogramm sah vor: zwölf Schulräume für Knaben sowie zwölf für Mädchen à 70 Kinder, Konferenzzimmer, Wartezimmer, eine Hausmeisterwohnung.
Gepflasterte Wege sollten auf das Schulgelände von der Treibgasse und von der Friedrichstraße her angelegt werden[16].

Neubau der Luitpoldschule

Planung und Bauleitung wurden Stadtbaumeister Stephan Nein übertragen. Es kam zur Bildung einer technischen Kommission mit Bauamtmann Wolfgang Streiter, Baurat Scharpf (Würzburg), Pfarrer Dr. Johann Kiesel, Landgerichtsarzt Dr. Eugen Stumpf, Magistratsrat Theodor Nees, Konrad Hock und dem Magistratsvorstand.
Die Gesamtkosten waren mit 158.142,66 Mark veranschlagt[17].

Knabenschule und Turnhalle

Folgende Firmen waren am Bau beteiligt[18]:

Kaspar Schmelzer	Maurer
Jakob Keim, Ludwig Wörner	Steinhauer
Eckert, Würzburg, Johann Engelhard	Zimmerer
Adam Fröhlich und Franz Geibig	Dachdecker
Valentin Staab	Spengler
Gebhard	Glaser
Alois Müller, Frankfurt	Tüncher
Jakob Müller, Adam Hohenberger, Max Heuser und Co.	Schreiner
Karl Wagenführer, Hermann Coloseus	Schlosser

---

[14] Ebd. v. 15. Februar 1879.
[15] Ebd. v. 20. und 22. November 1879.
[16] Ebd. v. 4. März 1880. Lt. Mag.Prot. v. 1. September 1881 soll der Zugangsweg zwischen Stein- und Treibgasse 3.065 Mark kosten.
[17] Ebd. v. 3. Mai 1880.
[18] Ebd. v. 20. Mai 1880. Die Steine kamen aus Oberbessenbach.

Am Montag, dem 24. Mai 1880, beginnen acht Arbeiter die Humusschicht abzutragen. Anschließend werden die Fundamente abgesteckt[19]. Der Rohbau beider Schulhäuser soll laut Magistratsbeschluß gleichzeitig hergestellt werden[20]. Ende Oktober 1880 ist der Rohbau der Knabenschule so weit gediehen, daß die Dachbalken verlegt und der Dachstuhl aufgeschlagen werden kann. Am Dienstag, dem 2. November 1880, findet das Richtfest nachmittags um 15 Uhr 30 bei Regenwetter statt[21]. Die Maurer, Steinhauer und Zimmerleute erhalten je Mann sechs Glas Bier, Brot und einen „Käs". Die Poliere bekommen je 10 Mark[22].

Mit den Dachdeckerarbeiten wird am 25. November begonnen[23].

Wegen des Einbaus einer Zentralluftheizung wird ein Vertrag mit dem Fabrikanten J. H. Reinhard aus Nürnberg geschlossen[24].

Am 11. Juni 1881 wird der Dachstuhl der Turnhalle aufgeschlagen[25].

Zur Überwachung des Innenausbaus der Knabenschule und für die Bauleitung des Mädchenschulhauses ist ein Aufsichtsorgan notwendig. Techniker N. N. Zeller soll bis zur Fertigstellung der Baumaßnahmen beschäftigt werden[26].

Die Arbeiten für Kanalisation, Pflasterung und Einfriedung werden am 21. Juli 1881 für beide Schulhäuser vergeben[27].

Türpförtner Georg Krämer, der zuerst nur provisorisch angestellt war, erhält ab 1. August 1881 die Stelle als Hausmeister der Knabenschule[28].

Nach Anweisung von Stadtbaumeister Stephan Nein werden die Aufträge an die Schreiner, Glaser und Tüncher vergeben[29]. Nein bekommt für seinen Einsatz beim Schulhausneubau eine Gratifikation von 2.000 Mark und wird zum 1. Oktober 1881 zum Stadtbaurat ernannt und in dieser Gehaltsstelle weiter beschäftigt[30].

Am Montag, dem 3. Oktober 1881, findet der feierliche Einzug der Schulkinder in das neue Knabenschulhaus statt. Nach einer Messe, morgens um 9 Uhr in der Stiftskirche, folgt von 10 bis 11 Uhr 30 eine Feier in der Schule[31].

---

[19] Ebd., A 2335, fol. 100 ff.
[20] Ebd., Mag.Prot. v. 22. April 1880.
[21] Ebd., A 2335, fol. 100 ff.
[22] Ebd., Mag.Prot. v. 4. November 1880.
[23] Ebd., A 2335, fol. 100 ff
[24] Ebd. v. 29. Dezember 1879.
[25] Ebd., A 2335, fol. 100 ff.
[26] Ebd. v. 7. März 1881.
[27] Ebd., Mag.Prot. v. 21. Juli 1881.
[28] Ebd. v. 7. Juli 1881. Ebd., A 2335, fol. 100 ff.
[29] Ebd. v. 7. Juli 1881.
[30] Ebd., Mag.Prot. v. 22. September 1881. Bauaufseher Haas erhielt eine Gratifikation von 300 Mark.
[31] Ebd., A 2335, fol. 100 ff.

Mädchenschule

Im Januar 1881 steht die Vergabe der Rohbauarbeiten für die Mädchenschule fest:

Kaspar Schmelzer	Maurer
Jakob Keime, Ludwig Wörner	Steinhauer
Johann Engelhard	Zimmerer
Max Heuser	Glaser
Michael Hock	Schlosser
Johann Hock, Karl Kößler	Spengler
Adam Fröhlich, Franz Geibig	Dachdecker[32]

Im Frühjahr 1881 war mit dem Bau des Mädchenschulhauses begonnen worden. Im Juni 1882 beschließt der Magistrat, den Rohbau nicht weiter stehen zu lassen und endlich den Ausbau vorzunehmen[33]. Doch erst im Frühjahr 1883 wird mit den Ausbauarbeiten begonnen.

Die Tüncherarbeiten werden an Simon Fäth[34], die Schreinerarbeiten an Jean Dörrhöfer vergeben. Auch im Mädchentrakt wird eine Zentralheizung eingebaut[35].

Am Dienstag, dem 27. November 1883, wird das Mädchenschulhaus feierlich eingeweiht[36]. Bei der Eröffnungsfeier sprechen Bürgermeister Friedrich Medicus, Stadtbaurat Stephan Nein und Schulinspektor Pfarrer Dr. Johann Kiesel. Mit dem Bau des Mädchenschulhauses in der Luitpoldstraße wird auf das Benutzungsrecht der Stadt an der Mädchenschule der Englischen Fräulein am Marktplatz bedingungslos verzichtet[37]. Die Klosterfrauen erteilen weiterhin den Unterricht für Mädchen in der neuen städtischen Schule.

Bei einer öffentlichen Sitzung vom 14. Januar 1884 wird beschlossen, für beide Schulhäuser neue Schulbänke zu beschaffen.

Zur Erschließung der neuen Schule mußte zwischen Friedrichstraße und Treibgasse eine neue Straße angelegt werden. Die Fläche für die 15 m breite Trasse, 9 m Fahrbahn und 2 x 3 m Gehsteig, mußte aus dem Ingelheimer Garten erworben werden. In den Lageplänen der Baugesuche wird die Straße als „Schulstraße" bezeichnet. Bevor das alte Bezirksamt, Strickergasse 2, abgebrochen werden konnte, bestand ein provisorischer Durchgang über dieses Grundstück zwischen Schule und Marktplatz[38].

---

[32] Ebd. v. 27. Januar 1881.
[33] Ebd., Mag.Prot. Nr. 469 v. 22. Juni 1882.
[34] Ebd., Nr. 1019 v. 18. Dezember 1884.
[35] Ebd., Nr. 182 v. 2. März 1883.
[36] BaM v. 27. November 1883.
[37] StaA, Mag.Prot. Nr. 750 v. 13. September 1883.
[38] Ebd., Nr. 384 v. 5. Juni 1884.

1894 war die neue Luitpoldstraße zwischen Friedrichstraße und Strickergasse angelegt.

Entwicklung der Luitpoldschule nach 1900

Hinter der Vorgartenmauer der Luitpoldschule, entlang der Friedrichstraße, wird 1902 für 1.200 Mark die Einrichtung eines Bedürfnishäuschens genehmigt[39].
Während des Ersten Weltkriegs war in der Schule ein Lazarett untergebracht.
Am 18. Oktober 1919 beantragt der „Vorsitzende des Lehrerrats der Volkshauptschule Aschaffenburg" eine elektrische Beleuchtung für den linken Teil des Flurs in der Knabenschule, da es dort im Winter oder auch bei düsterem Wetter zu dunkel ist und das Gaslicht um 4 Uhr noch nicht brennt.
Am 8. September 1921 genehmigt der Stadtrat den Einbau eines Kellers für den Hausmeister. Ein weiterer Keller wird in der Mädchenschule für die „Kochküche der Fortbildungsschule" eingerichtet.
In den zwanziger Jahren wird der Zwischentrakt, die Turnhalle, aufgestockt, und dadurch werden ein weiteres Klassenzimmer und ein Zeichensaal gewonnen.
Wie schon im Ersten Weltkrieg, so ist auch im Zweiten Weltkrieg in der Schule wieder ein Lazarett eingerichtet.
Am 27. Oktober 1944 werden durch eine Luftmine die Mädchenschule und der Turnsaal total zerstört. Das Knabenschulhaus wird so schwer beschädigt, daß nach Kriegsende der Unterricht nicht wieder aufgenommen werden kann. Im Keller wird das Schulamt eingerichtet, und im Erdgeschoß werden im Mai 1946 zwei Räume für die Spruchkammer nutzbar gemacht. Ab Oktober 1946 kann die erste Schulklasse wieder einziehen. Erst im Schuljahr 1948/49 ist die Schule wieder in vollem Betrieb[40]. Im ehemaligen Knabenschulhaus werden jetzt Buben und Mädchen unterrichtet.
1945 werden Teile des Schulhofs als Parkplatz von der amerikanischen Militärregierung genutzt, die schräg gegenüber im Gebäude Luitpoldstraße 4b untergebracht ist.
1955 beginnt die Stadt Aschaffenburg, auf dem Gelände der ehemaligen Mädchenschule einen öffentlichen Parkplatz anzulegen. Die Pläne des Hochbauamts sind von Baurat Günther Mehne unterzeichnet. Der mit Platanen bestellte Platz faßt ca. 93 Stellplätze für Pkw und eine eigene Stellfläche für Motorräder und Fahrräder. Der Parkplatz ist mit einer niedrigen, ca. 50 cm hohen Mauer eingefaßt. Das Grundstück der instandgesetzten Schule wird gleichzeitig entlang der Straße mit einer ca. 1 m hohen Mauer begrenzt.

---

[39] Ebd., Nr. 816 v. 16. Mai 1902.
[40] *Stadtmüller* II, S. 116 f., S. 380 f.

1959 wird im Schulhaus die bestehende Koksfeuerungsanlage durch die Firma Fritz Umbehauer auf Heizöl umgestellt.

Die Kolpingfamilie Aschaffenburg kauft 1967 für den Bau des Kolpinghauses an der Treibgasse eine Baufläche von 1000 m² aus dem städtischen Gelände der Luitpoldschule[41].

Am Ende des Schuljahrs 1968/69 wird der Schulbetrieb eingestellt. In der Zeit vom 22. Januar bis 11. Februar 1970 wird die Luitpoldschule von der Firma Baum aus Wetzlar abgebrochen. Verantwortlicher Bauleiter ist Bauingenieur Carl-Heinz Ruprecht aus Aschaffenburg.

Heute steht auf dem Gelände Luitpoldstraße 9, an der Stelle der ehemaligen Luitpoldschule, ein Parkhochhaus mit Geschäften im Erdgeschoß.

Beschreibung

Die beiden dreistöckigen Schulgebäude für Knaben und Mädchen sind in den Grundrissen und in den Fassaden spiegelgleich. Die ursprünglich erdgeschossige Turnhalle zwischen den beiden Baukörpern wird in den zwanziger Jahren aufgestockt. Über diesen Zwischenbau liegen keine Pläne mehr vor.

Schulgebäude

Die beiden Schultrakte stehen mit einer Länge von jeweils ca. 29,75 m an der Luitpoldstraße. Die Tiefe mißt ca. 17,86 m. Über dem dritten Stock ist ein ca. 1 m hoher Kniestock mit wuchtigem, weit ausladendem Hauptgesims. Das Erdgeschoß steht auf einem hohen, aus bossierten Natursteinen gemauerten Sockel. Der dahinterliegende Keller wird von Segmentbogenfenstern belichtet, die in der Achse der darüberstehenden Fenster liegen. Der Fußboden des Erdgeschosses liegt ca. 2 m über dem Gehsteig. Die Mitte der Gebäude ist durch einen vorspringenden Risalit betont, den über dem Hauptgesims ein klassizistischer Dreiecksgiebel krönt. Alle Außenmauern sind aus rotem Sandstein.

Im Erdgeschoß des Risalits hoher, rundbogiger Haupteingang, beiderseits ein einfaches Rechteckfenster. Die zu beiden Seiten liegenden Klassenzimmer sind von je vier Rundbogenfenstern mit Schlußstein belichtet. Die Außenmauern sind als Bänderrustika gegliedert. Über dem Erdgeschoß ein profiliertes Gurtgesims.

Im ersten Stock, in der Achse des Mittelrisalits, eine Dreifenstergruppe. Das mittlere Fenster steht vor der Flucht. Von Konsolen getragene Postamente tragen über dem Brüstungsgesims flankierende Säulen; über diesen Segmentgiebel. Die seitlichen Fenster sind gerade verdacht. Die in Achse stehenden vier

---

[41] Das Gelände grenzte unmittelbar an die Grundstücke der Anwesen Treibgasse 26 und 28. Die Grundstückskosten betrugen 100.000 DM. Entsprechend der beabsichtigten Bebauung wurden die Flächen neu geordnet und erhielten andere Flurnummern.

Fenster der Klassenzimmer sind sandsteingerahmt. Die Seitengewände setzen sich unter dem umlaufenden Brüstungsgesims fort und gliedern das Brüstungsfeld. Über den Fenstern segmentförmige Verdachung.
Die Fenster im zweiten Stock haben Sandsteingewände mit Ohren und Schlußstein. Die Fensterbänke liegen auf Konsolen.
Die der Friedrichstraße und der Treibgasse zugewandte Ansicht hat fünf Fensterachsen. Die mittlere Achse ist als Risalit vor die Flucht gezogen. In diesem Bereich, über dem Hauptgesims, eine Attika. Die Umrahmungen der Fenster sind wie an den Hauptfassaden. Die Gebäudeecken im ersten und zweiten Stock bestehen aus versetzten Quadern. Zwei Reihen des anschließenden Quadermauerwerks ergeben die Höhe eines Eckquaders.
Hinter den Hauptportalen der beiden Schulhäuser gelangt man über neun Differenzstufen in eine fast quadratische Halle, in der vier Doppelsäulen stehen. Zum Hof hin führt eine dreiläufige Podesttreppe zum Keller und in die Obergeschosse. Das Treppenhaus ragt mit abgeschrägten Ecken über die rückwärtige Bauflucht hinaus. Von den Podesten aus sind die angehängten Aborte zu erreichen. In den Gebäudeecken liegt jeweils ein Klassenzimmer, ca. 62 m² groß. Im ersten Stock wird der Raum über dem Eingang als Konferenzzimmer, im zweiten Stock als Lehrerzimmer genutzt.
Das Dach hat die Form eines flachgedrückten Mansarddaches. Die von der Traufe aufsteigenden Dachflächen sind 30° geneigt und mit Schiefer belegt. Die restliche Dachfläche ist so flach geneigt, daß sie nur mit Metall eingedeckt werden kann. Um diese Fläche läuft ein 1 m hohes Schutzgitter.

Turnhalle

Die zwischen den beiden Schulgebäuden angeordnete Turnhalle ist ca. 23,25 m lang und ca. 11 m tief. Sie steht etwa 3,50 m hinter der Bauflucht. Die Fassade zeigt neun Rundbogenfenster in derselben Höhenlage und Gliederung wie die angrenzenden Gebäude.
Die Fensterbrüstungen im ersten Stock der Schulgebäude setzen sich über der Turnhalle als Attika fort. Betonung der mittleren Turnhallenachse durch einen halbrunden Attikaaufsatz.

Beschreibung von 1904

„Das Knaben- und Mädchenschulhaus enthält je ein Hochparterre und zwei weitere Stockwerke und sind durch eine 24 m lange, 10 m breite und 6,5 m hohe Turnhalle verbunden. Jedes derselben enthält 12 Lehrsäle, je 9,5 m lang, 6,5 m breit und 4 m hoch, ferner einen Konferenz- und einen Bibliotheksaal. (Zentralheizung, eigener Schuldiener). Hinter den Schulpalästen liegt ein 24 a großer, mit Schatten spendenden Bäumen bepflanzter Garten"[42].

---
[42] Real- und Personalschematismus, 1904, S. 17.

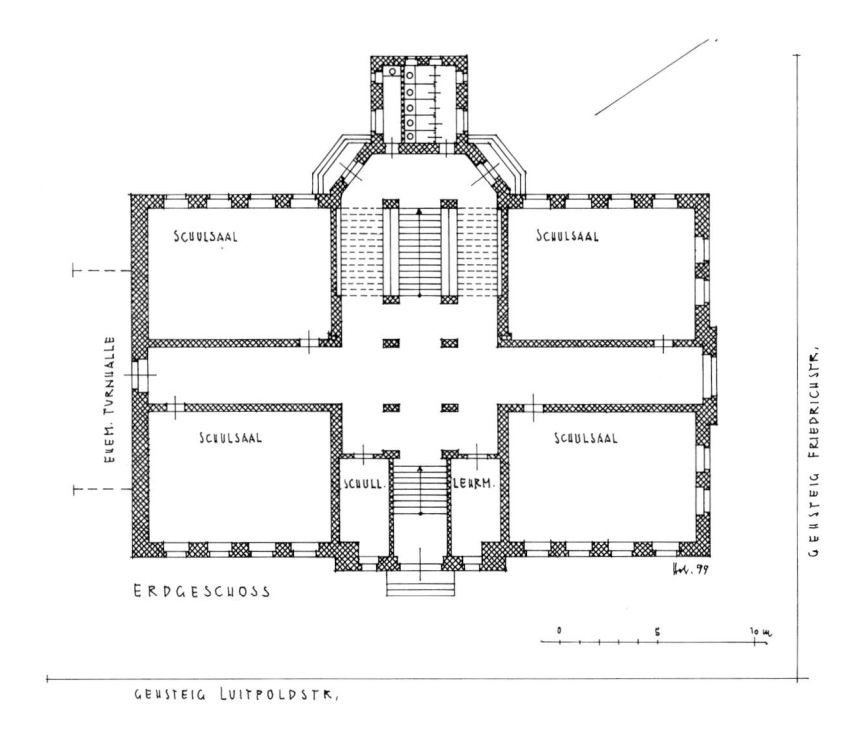

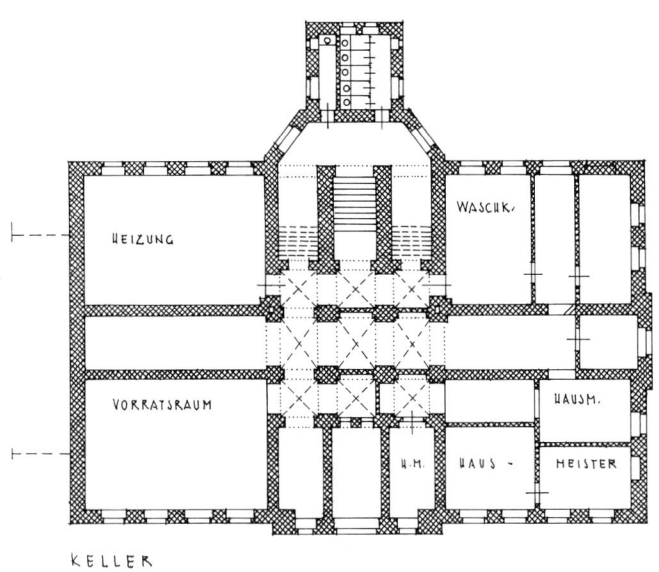

Abb. 152: Luitpoldstraße 7 und 9, Grundrisse von Keller und Erdgeschoß für das Knabenschulhaus.

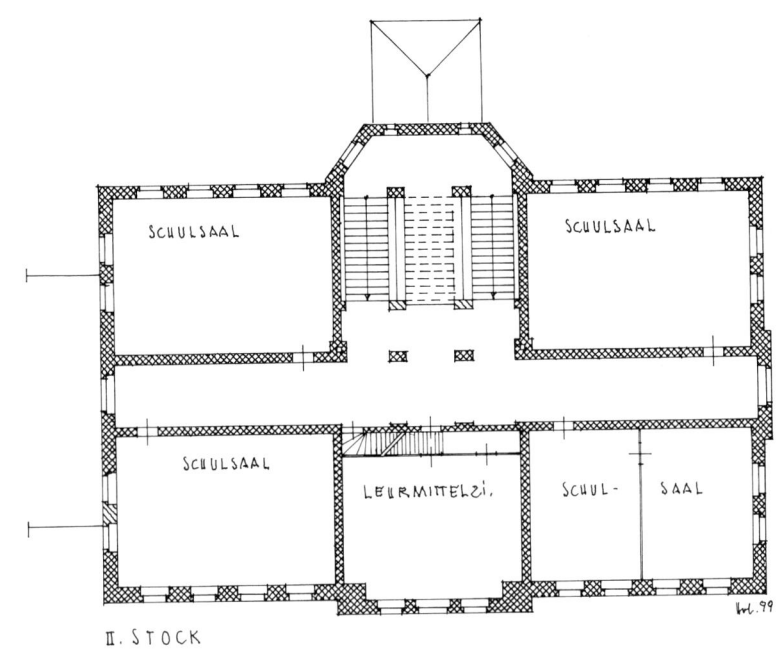

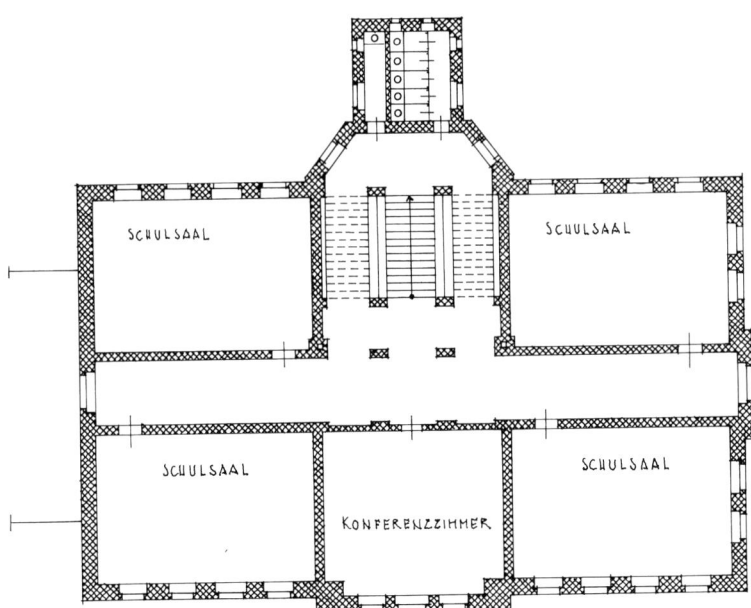

Abb. 153: Luitpoldstraße 7 und 9, Grundrisse vom 1. und 2. Stock für das Knabenschulhaus.

629

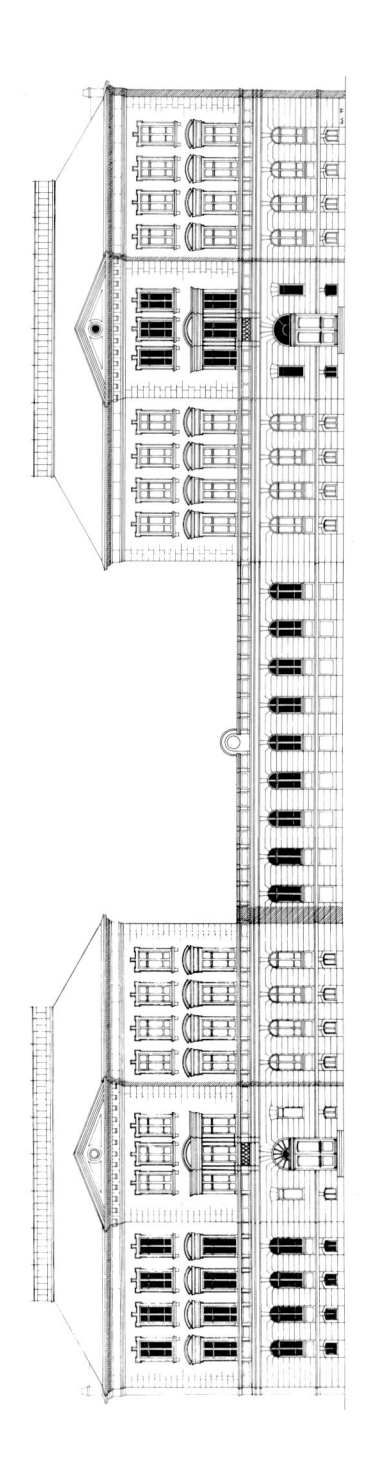

Abb. 154: Luitpoldstraße 7 und 9, Fassadenansicht der Luitpoldschule. Links der Mädchentrakt, dazwischen Turnhalle, rechts die Knabenschule.

Eigentümer

bis 1832	Grafen von Ingelheim[43],
1832 bis 1833	Franz Mathes Bolongaro[44], Tabakfabrikant,
1833 bis 1879	Adolf Dyroff, Privatier,
seit 1879	Stadt Aschaffenburg.

---

[43] Vgl. Treibgasse 7.
[44] Franz Mathes Bolongaro (1794–1833).

b) gerade Hausnummern – Seite zur Herstallstraße

Luitpoldstraße 2   Plan-Nr. $620^1/_7$
              4   Plan-Nr. $620^1/_6$
         seit 1991 Luitpoldstraße 4   Plan-Nr. $620^1/_6$

Geschichte

Das Grundstück an der Ecke Steingasse/Luitpoldstraße (Plan-Nr. $620^1/_7$) und die anschließende Fläche (Plan-Nr. $620^1/_6$) erwarb 1894 die Aschaffenburger Volksbank. Noch vor dem Bau der Luitpoldstraße gehörte beides zum Garten des Bezirksamtes in der Strickergasse 2.

Am 10. August 1894 genehmigt der Stadtmagistrat die Bebauung beider Baugrundstücke. Die Planung und Ausführung übernimmt das Architektur-Atelier W. Martens, Berlin. Auf dem Grundstück Plan-Nr. $620^1/_7$ ist ein viergeschossiges Wohnhaus mit Läden vorgesehen, auf dem Baugrund Plan-Nr. $620^1/_6$ Geschäftsräume der Volksbank und darüber Wohnungen in gleicher Geschoßzahl. Die Gebäude sind durch eine Brandmauer in allen Geschossen getrennt. Beide Grundstücke werden später unter der Plan-Nr. $620^1/_6$ verschmolzen.

1918 erwirbt die Dresdner Bank das Anwesen und eröffnet ihre Filiale in Aschaffenburg. 1922 entsteht zur Erweiterung der Büroflächen auf dem Grundstück Luitpoldstraße 4 ein zweigeschossiges Rückgebäude.

Im Zweiten Weltkrieg muß die Dresdner Bank 1943 schließen. Beim Bombenangriff am 21. November 1944 wird das stattliche Gebäude sehr stark zerstört[1].
Am 28. Dezember 1945 stürzt während eines Sturms ein Teil des Brandgiebels auf der Seite des Hauses Steingasse 20 ein. Ein Bauarbeiter wird getötet, ein zehnjähriger Junge schwer verletzt. Die Bauverwaltung drängt darauf, die Ruine „bis zur ersten Stockwerksdecke" abzubrechen. Da die Dresdner Bank nicht reagiert, wird die Baufirma Pohl & Lückel von der Stadt beauftragt, die Abbrucharbeiten zwangsweise durchzuführen.
1947 betreibt die „Bayerische Bank für Handel und Industrie" (Dresdner Bank) den Wiederaufbau. Die von Architekt Karl Jung, Aschaffenburg ausgearbeiteten Pläne werden am 17. März 1948 genehmigt.
Am 22. März 1949 erwirbt Friedrich Josef Markmiller das Anwesen. Am 1. April 1949 gehen bei der Bauverwaltung neue Pläne ein, die schon am 29. April genehmigt werden. Am 21. Januar 1950 wird das wiederaufgebaute Wohn- und Geschäftshaus bezogen.
1969 übernimmt die Deutsche Bank, Zentrale in Frankfurt am Main, die Gebäude und richtet eine Filiale ein.
1991 erfolgen Umbau und Modernisierung im Zusammenhang mit der Fertigstellung der gegenüberliegenden Stadthalle. Neugestaltung der Fassade und Verlegung des Haupteingangs an die Ecke Luitpoldstraße/Steingasse. Planung: Architekturbüro Erich Roth, Aschaffenburg.
Mit Beschluß des Stadtrats vom 1. Juli 1991 behält die Luitpoldstraße 2–4 nur noch die Hausnummer Luitpoldstraße 4. Dafür wird das Volkshochschulgebäude am Marktplatz der Luitpoldstraße zugeordnet und unter der Bezeichnung Luitpoldstraße 2 geführt.
1995 und 1996 werden Nutzungsänderungen in den Obergeschossen genehmigt.

Beschreibung

Luitpoldstraße 2, Neubau 1894

Roter Sandsteinbau Ecke Luitpoldstraße/Steingasse. Viergeschossig, d. h. Erdgeschoß (Tiefparterre), darüber drei hohe Obergeschosse. Fassade mit Gurt- und Brüstungsgesimsen horizontal, Fenster und Brüstungen durch Pilaster vertikal gegliedert. Erdgeschoß aus kräftigem Quadermauerwerk. Die turmartig ausgebildete abgeschrägte Gebäudeecke springt in beiden Straßen geringfügig vor die Bauflucht.

---

[1] *Stadtmüller* II, S. 380.

In der Luitpoldstraße vier Fensterachsen. Im Erdgeschoß, in der ersten Achse, neben Haus Nr. 4, Eingang zu Laden und Wohnungen, in der zweiten Achse Schaufenster.
In der ersten und zweiten Fensterachse im ersten Stock (Hochparterre) Fenster mit Segmentbögen, im zweiten Stock gekuppeltes Fenster mit geradem Sturz, im dritten Stock über dem Fenster Korbbogen, durch Gewände aus hellem Stein in zwei Rundbogenöffnungen unterteilt. Die dritte Fensterachse springt leicht vor und ist Teil des Eckturms. Die Fenster sind breiter, im zweiten und dritten Stock je eine Dreifenstergruppe. Über der Attika Zwerchhaus mit Segmentbogenfenster. Neben und über dem Zwerchhaus Obelisken.
In derselben Art ist die Fensterachse in der Steingasse ausgeführt. Die Achse in der abgeschrägten Ecke ist schmäler und hat nur gekuppelte Fenster. Dort im Zwerchhaus statt des Fensters ein Wappen. Im Erdgeschoß der Eingang zu einem weiteren Laden. Über dem Eckturm ein steiles Spatendach.

Grundrisse
Im Erdgeschoß, neben Haus Nr. 4, Eingang von der Luitpoldstraße aus zur zurückliegenden Treppe, die zu den Wohnungen führt. Außerdem zwei Läden mit internen Treppen zum ersten Stock, wo die Nebenräume der Läden liegen. Im zweiten und dritten Stock je eine Dreizimmer-Wohnung mit Vorraum, Küche, Speisekammer und Klosett. Das größte Zimmer besitzt einen Alkoven.

Luitpoldstraße 4, Neubau 1894

Die Fassade an der Luitpoldstraße gleicht in Höhe, Material und in den Fensterformen dem Nachbarhaus Luitpoldstraße 2. Vier Fensterachsen im Erd- und ersten Obergeschoß, fünf Fensterachsen im zweiten und dritten Stock. Die zwei bzw. drei mittleren Achsen sind zu einem gering vorstehenden Risalit zusammengefaßt. Im Erdgeschoß, in der ersten Achse, neben Haus Nr. 4a, reich verzierter Eingang, dessen Rahmenwerk in Formen der deutschen Renaissance bis in das Fenster des ersten Stocks reicht. In der Mitte des Risalits über dem ersten Obergeschoß prismenförmiger Erker, der an der Attika als kleiner Balkon endet.
Im Dachbereich Zwerchgiebel, Rundbogentür, Halbsäulen, Gesims und bekrönende Obelisken. Hinter dem Zwerchgiebel Spatendach mit Ziergitter.

Grundrisse
Im Erdgeschoß, auf der Seite zur Luitpoldstraße 4a, Eingang mit Treppe, die zu den Geschäftsräumen der Bank im ersten Stock und zu den Wohnungen führt. Daneben, auf der Straßenseite, Wohnung des Portiers, drei große Zimmer. Zur Hofseite Archiv, Kundenraum, Tresor, Safes, Toiletten. Vom Treppenhaus aus Verbindung zum Hof.

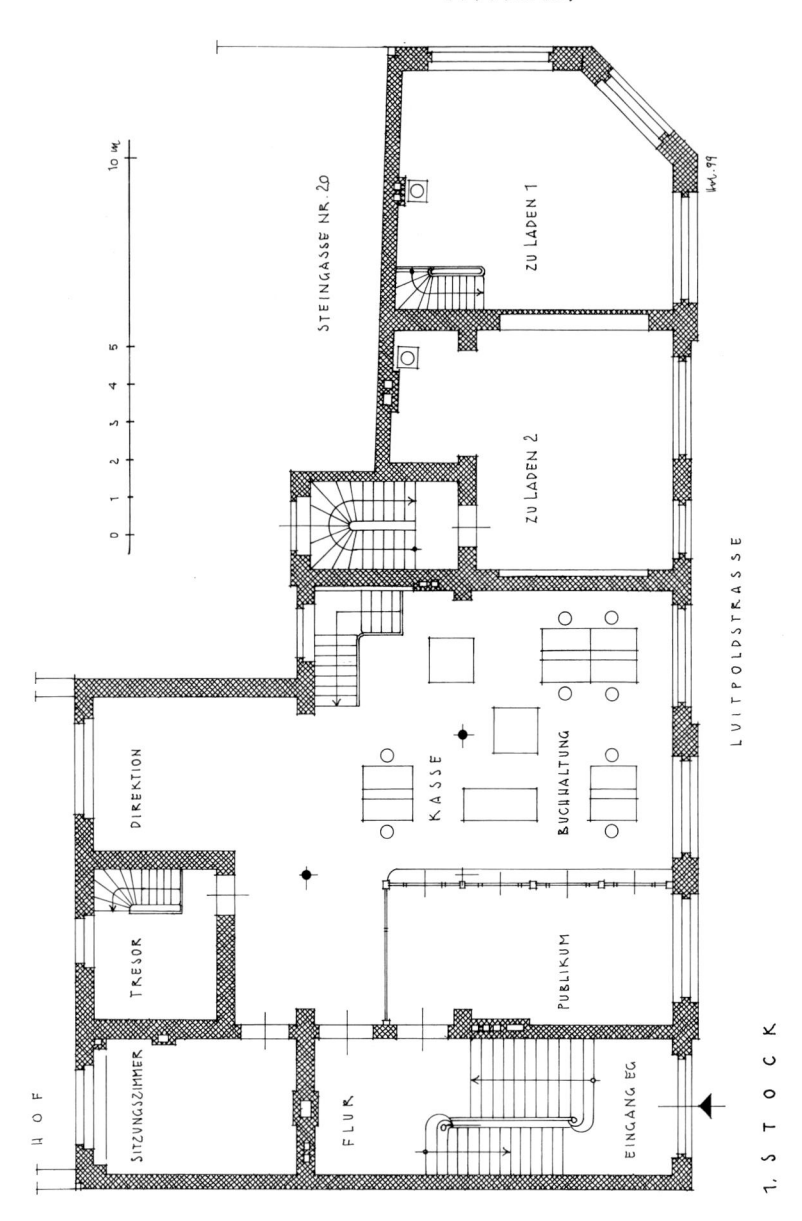

Abb. 155: Luitpoldstraße 2 und 4, Grundriß vom 1. Stock von W. Martens, Berlin.

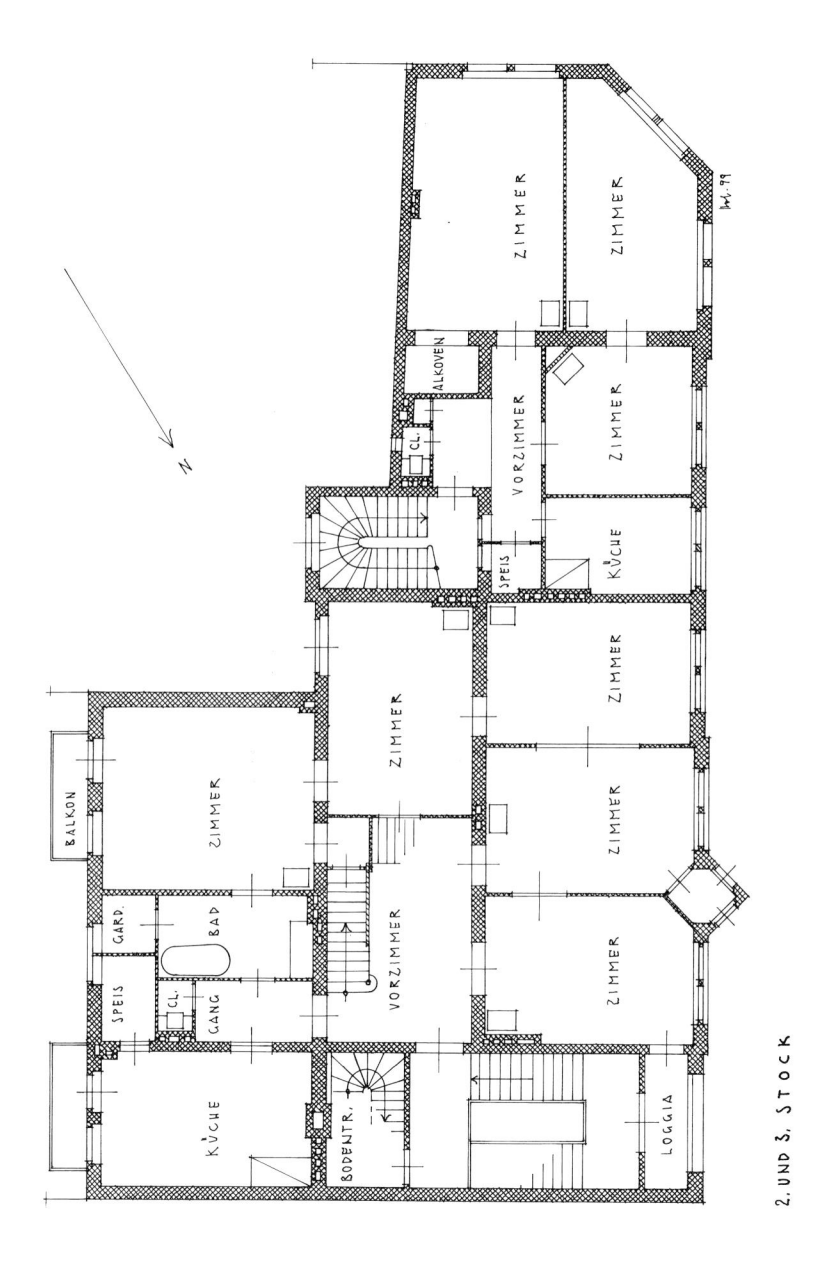

Abb. 156: Luitpoldstraße 2 und 4, Grundriß vom 2. und 3. Stock von W. Martens, Berlin.

635

Im zweiten und dritten Stock große Fünfzimmer-Wohnung mit Küche und Speisekammer. Bad und Klosett, mit innenliegender Entlüftung, sind getrennt. Dem Bad ist eine kleine Garderobe angeschlossen. In der Achse des Haupteingangs in jeder Wohnung eine Loggia.
Wegen der relativ kleinen Grundstücke sah der Entwurf für den Abtransport der Fäkalien eiserne Tonnen vor. Bei der Ausführung fand man jedoch noch genügend Platz für eine Klärgrube.

Luitpoldstraße 2 und 4

Wiederaufbau 1949/50

Im Erdgeschoß bleiben die Umfassungsmauern und die Treppen sowie die Eingänge von der Luitpoldstraße erhalten. Die Brandmauer, die die beiden Häuser Luitpoldstraße 2 und 4 voneinander trennte, entfällt. Ein großer Laden erstreckt sich über die beiden Erdgeschoßgrundrisse. Der Keller wird als Lager ausgebaut.
Auch im ersten Stock bleiben die Außenmauern erhalten. Leichte Trennwände teilen die Stockwerksfläche in Büro- und Nebenräume, je nach Bedarf.
Wie im Erdgeschoß entstehen neue Schornsteine. Zweites und drittes Obergeschoß waren 1946 abgetragen worden und werden neu aufgebaut. Es entstehen Wohnungen und Büroflächen.
In den Fassaden werden die ursprünglichen Fensterachsen beibehalten. Eckturm, Gesimse und Lisenen, Zwerchhäuser und die historisierenden Formen der Fensterumrahmungen werden entfernt oder nicht mehr hergestellt. Betonung der schrägen Gebäudeecke durch schlichte Balkone. Es entsteht die nüchterne Fassade der fünfziger Jahre.

Umbau durch die Deutsche Bank 1969

Die Geschäftsräume der Deutschen Bank dehnen sich fast auf das gesamte Erdgeschoß aus. Im ersten Stock wird der Teil des Gebäudes, der früher zu Haus Nr. 2 gehörte, von der Bank mitgenutzt. Der Tresor liegt im Keller.
In der Luitpoldstraße betont ein repräsentativer Eingang die Bedeutung des Bankhauses. Die Büros und Wohnungen in den Obergeschossen erhalten einen Aufzug. Architekt ist Fritz Ulrich aus Wiesbaden.

Umbau, Erweiterung und Renovierung 1981

Die verbliebene kleine Hoffläche wird überbaut und in den Kundenraum der Bank einbezogen. Die oberen Stockwerke werden als Geschäftsräume der Bank genutzt. Nur im ausgebauten Dach sind noch Wohnungen.

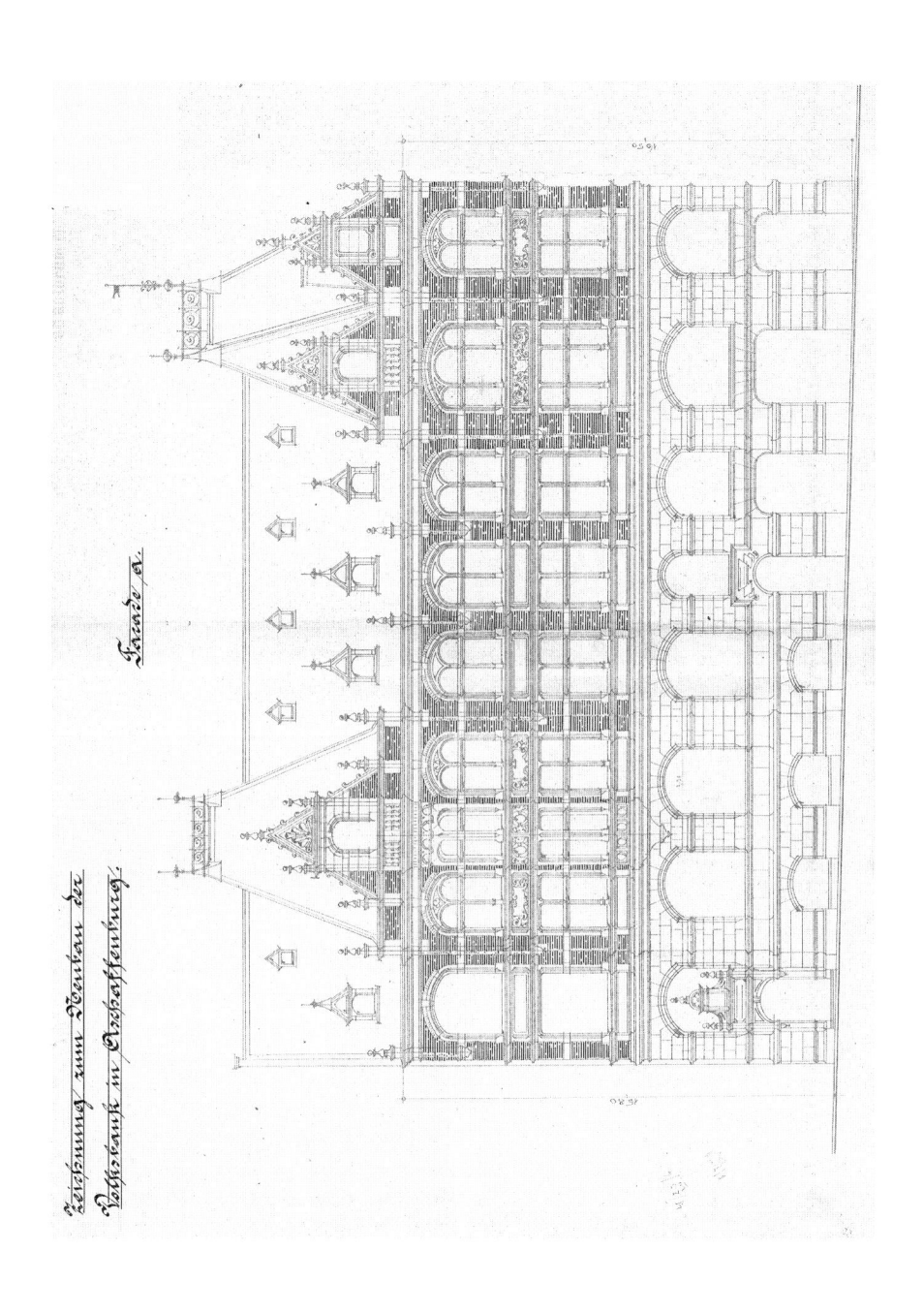

Abb. 157: Luitpoldstraße 2 und 4, Ansicht zur Luitpoldstraße.

An der Straßenseite erhält das Erdgeschoß eine neue Verkleidung. Der Haupteingang bekommt einen Windfang. Die Putzflächen der Fassade werden blau, die roten Sandsteingewände der Fenster weiß gestrichen.

Verlegung des Bankeingangs und Fassadenänderung 1991

Der Zugang zu den Geschäftsräumen der Deutschen Bank wird an die Ecke Luitpoldstraße/Steingasse verlegt. Der neue Putz hat einen hellen, freundlichen Farbton und die Sandsteingewände ihre natürliche rote Farbe.

Eigentümer

1894 bis 1918 Volksbank, Aschaffenburg,
1918 bis 1949 Dresdner Bank,
1949 bis 1969 Friedrich Josef Markmiller[2] und Ehefrau Martha, geb. Schimmele,
   seit 1969 Deutsche Bank, Frankfurt.

---

[2] Friedrich Josef Markmiller entstammte einer alten Schweizer Kaufmannsfamilie, die Eisenhandel betrieb. Seit 1935 arbeitete er bei der Firma Anton Büttner & Co in Aschaffenburg. 1938 erwarb er die Firma und führte sie unter seinem Namen weiter.

Luitpoldstraße 4a   Plan-Nr. 620[1]/5

Geschichte

Das Grundstück ist beim Bau der Luitpoldstraße 1894 aus dem Areal des früheren Bezirksamts, Strickergasse 2, entstanden.
1897 erwirbt Baumeister Adam Schneider den Bauplatz. Im Jahre 1898 kauft er das Anwesen des Rentamtsgehilfen Anton Geßner, Treibgasse 9. Aus diesem Areal schlägt er eine Fläche von 100 m² dem Grundstück Luitpoldstraße 4a hinzu. Am 25. Februar 1898 erhält Schneider die Genehmigung für einen Wohnhausneubau. Baubeginn im März 1898. Bauvollendung am 3. Dezember 1898.
Nach Fertigstellung verkauft Baumeister Adam Schneider das Haus an Franz Oberle.
Karl Schmitz aus Mainz, Gründungschef der Aschaffenburger Firma Betten-

Abb. 158: Luitpoldstraße 4a, Fassade zur Luitpoldstraße. Erbaut 1898.

Schmitz, richtet am 1. Dezember 1919 im Erdgeschoß sein erstes Geschäft ein[1].
Am 31. Januar 1928 wird das Anwesen, das seit 1919 Kaufmann Leopold Worms gehört, zwangsversteigert. Den Zuschlag erhält die Stadt Aschaffenburg.
Dekorateur Anton Scheibler mietet im November 1928 den Laden im Erdgeschoß.
Im Oktober 1932 lassen die neuen Hauseigentümer, Geschwister Hohe, das Erdgeschoß für ihr Schuhgeschäft umbauen. 1934 wird das erdgeschossige Rückgebäude aufgestockt. Es entsteht im ersten Obergeschoß eine „Magdkammer".
Bei Bombenangriffen im Zweiten Weltkrieg wird das Haus durch Luftdruck und gegen Kriegsende durch Artilleriebeschuß stark beschädigt[2].
1949 Instandsetzungsarbeiten an der Fassade und am Dach. Erneuerung der Gauben. 1961 entsteht auf der Hofseite eine neue Gaube mit Dachterrasse.

Beschreibung

Das Grundstück an der Luitpoldstraße, von Haus Nr. 4 bis zur Treibgasse, hat eine Frontlänge von ca. 32 m. Die Länge des Gebäudes 4a beträgt nur 14,50 m. Der Rest des Grundstücks wird kurze Zeit später mit Haus Nr. 4b bebaut.

Neubau von 1898

Viergeschossig. Erdgeschoß aus rotem Sandstein mit rustizierten Bändern. Auf der Seite der Nachbarhäuser je ein rundbogiger Eingang, dazwischen drei große Öffnungen mit Korbbögen, Keil- und Schlußsteinen.
In Fassadenmitte, über dem Erdgeschoß, auf verzierten Konsolen zweigeschossiger Erker mit dreiteiligem Fenster. Im dritten Obergeschoß darüber ein offener Balkon mit niedriger Holzbrüstung und Dach, von zwei Holzsäulen getragen. Über dem Balkon, in der Flucht der Fassade, zweigeschossiges Zwerchhaus mit gekuppeltem Fenster, Gesims, Rundfenster, abschließendem Dreiecksgiebel, seitlichen Obelisken und Vasen sowie Zierrat der deutschen Renaissance.
Seitlich des Erkers in jedem Geschoß ein gekuppeltes Fenster auf durchlaufenden Brüstungsgesimsen.

---

[1] Karl Schmitz kam aus Mainz. Sein Geschäft in der Luitpoldstraße florierte sehr schnell, so daß er noch die Ladenräume des späteren Cafe Elbert, Frohsinnstraße 23, hinzunahm. 1927 befand sich Betten-Schmitz Ecke Weißenburger/Goldbacher Straße, nach 1945 in der Platanenallee/Ecke Fabrikstraße und dann in der Fabrikstraße 4.
[2] *Stadtmüller* II, S. 380.

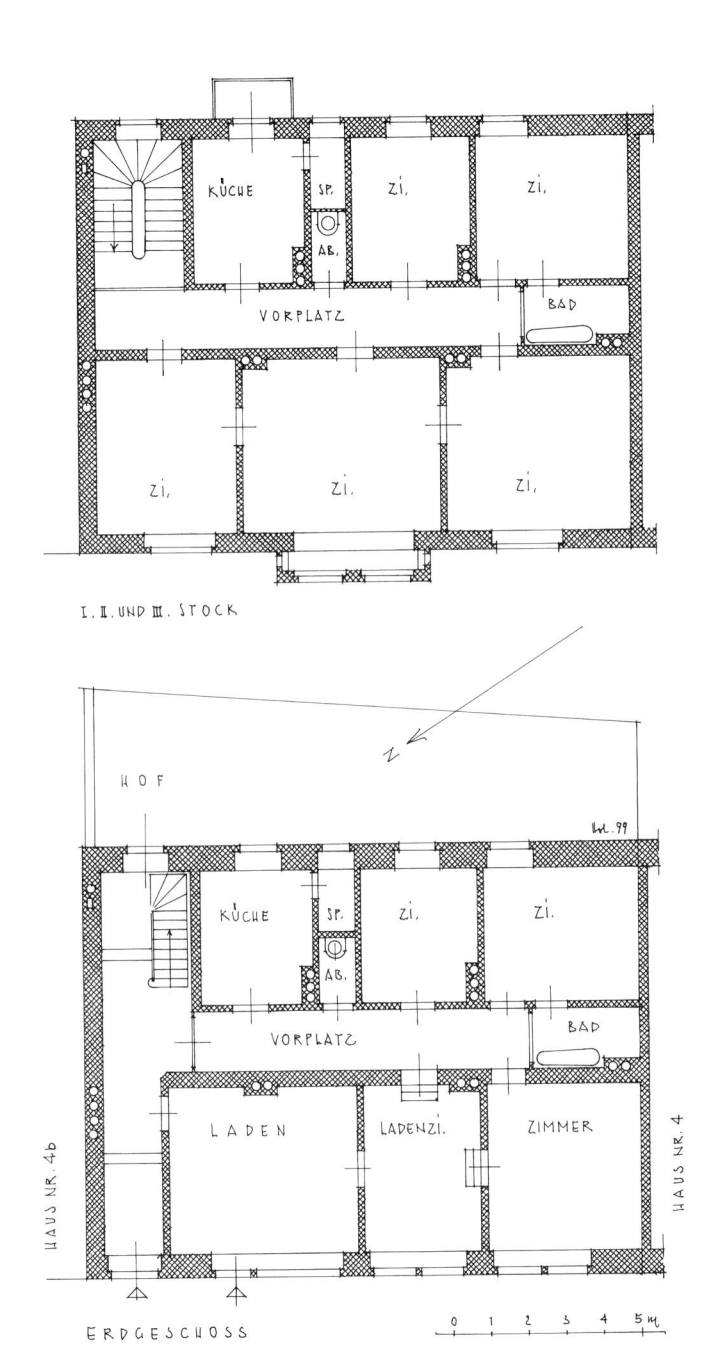

Abb. 159: Luitpoldstraße 4a, Grundrisse.

Über den Fenstern im ersten Stock reich verzierte Reliefs aus hellem Naturstein in korbbogenförmigen Feldern. Alle Fenster sind sandsteinumrahmt. Fenster im dritten Obergeschoß mit Rundbögen. Mauerwerk aus hellen Verblendsteinen.

Grundrisse
Auf der Seite zu Haus Nr. 4 im Erdgeschoß Laden mit Eingang. Der Eingang zum Treppenhaus und der Ausgang in den Hof sind auf der Seite zu Haus Nr. 4b. Hinter dem Laden auf der Hofseite zwei Zimmer, Küche, Speisekammer, Bad und Abort. Diese Räume werden später dem Laden zugeschlagen. In den drei Obergeschossen Fünfzimmer-Wohnung mit Küche, Speisekammer, Bad und Abort. Der Abort wird durch eine Zwischendecke über der Speisekammer direkt entlüftet.
Das Dach war ursprünglich nur teilweise ausgebaut.

Wiederaufbau nach dem Krieg
Das beschädigte Zwerchhaus über dem Hauptgesims wird abgetragen. 1991 erhält der Balkon über dem Erker wieder seinen hölzernen Aufbau mit Brüstung, Säulen und Überdachung.

Eigentümer

bis 1817	Karl Jachbert, fürstl. leiningscher Rat[3],
1817 bis 1858	Jakob Gundlach, Gastwirt, dann seine Witwe,
1858	Margaretha Schadler, Witwe des Maurers Johann Schadler[4],
1858 bis 1863	Adam Reisinger, Schreiner,
1863 bis 1876	August Hofmann, Kunstgärtner,
1876 bis 1891	Franziska Konradi,
1891 bis 1897	Stadtgemeinde Aschaffenburg, dann Aschaffenburger Volksbank,
1897 bis 1898	Adam Schneider, Baumeister,
1898 bis 1919	Franz Oberle, Schneider,
1919 bis 1928	Leopold Worms, Kaufmann[5],
1928 bis 1932	Stadt Aschaffenburg,
1932 bis 1949	Anna und Rosa Hohe, Geschwister, Schuhgeschäftsinhaberinnen[6],

---

[3] StaA, Sterbereg. 1817 mit 1834, S. 164. Anna Jachbert, verh. mit Karl Jachbert, stirbt 1828.
[4] Ebd., HR, S1, S. 346: Johann Schadler (1793–1855), verh. mit Margaretha, geb. Reiß (1799–1875), 4 Kinder.
[5] Ebd., HR Israel, S. 170: Leopold Worms, 1888 geboren als Sohn des Anselm Worms, verh. mit Rebekka Goldschmidt.
[6] Siehe Strickergasse 4.

1949 bis 1961 Rosa Hohe, Alleineigentümerin,
   seit 1961 Helmut Dorst, Kaufmann, Neffe von Rosa Hohe.

Luitpoldstraße 4b   Plan-Nr. 623

Geschichte

Das Grundstück entstand neu nach dem Bau der Luitpoldstraße.
1898 übernimmt die Wailandtsche Druckerei A. G. das Anwesen Treibgasse 11 (Plan-Nr. 620^1/$_4$) und fast den gesamten rückwärtigen Teil von Treibgasse 9 (Plan-Nr. 623) sowie einen Teil des ehemaligen Bezirksamtsgeländes (Strickergasse 2), Plan-Nr. 620 ^{1}/$_5$.
Am 2. September 1898 wird auf dem Grundstück Plan-Nr. 623 ein Druckereigebäude und am 16. September des gleichen Jahres auf den restlichen Flächen an der Ecke Luitpoldstraße/Treibgasse ein Wohn- und Geschäftshaus genehmigt. Planer und Baumeister ist Adam Schneider.
1903 wird am Druckereigebäude der Motorenraum durch einen kleinen Anbau auf der Grenze zum Anwesen Steingasse 16 erweitert. 1906 wird für die Setzerei ein Erweiterungsbau an der Grenze zum Ingelheimer Hof, Treibgasse 7, errichtet.
1911 erhält Karl Heinrich die Konzession zum Betrieb einer Caféwirtschaft im Anwesen Luitpoldstraße 4b[1]. 1912 werden im Erdgeschoß zweckentsprechende Veränderungen vorgenommen. In der Straßenansicht entsteht eine neue zweiflügelige Eingangstür unter dem Erker.
1917 erwirbt die Wailandtsche Druckerei AG auch das Anwesen Steingasse 16.
1927/28 wird auf diesem Grundstück das Werksgebäude vergrößert. Architekt und Bauleiter ist Regierungsbaumeister Otto Leitolf, Direktor der Aschaffenburger Meisterschule. Mit den Maurerarbeiten ist Bauunternehmer Franz Münstermann beauftragt.
1937 wird die Druckerei Zweigniederlassung des Gauverlags Mainfranken, Würzburg.
1941 wird der Druckereisaal als „Behelfsbau für die Kriegszeit" durch Architekt Karl Jung erweitert.
Im Zweiten Weltkrieg brannte das Rückgebäude mit der Druckerei vollständig aus, während das Vordergebäude nur teilweise beschädigt war.
Am Dienstag, dem 3. April 1945, findet in der Luitpoldstraße 4b das erste Zusammentreffen zwischen amerikanischen Offizieren und Vertretern der Stadt-

---

[1] StaA, Mag.Prot. Nr. 1698 v. 15. September 1911. Außer dieser Caféwirtschaft gab es 1911 noch drei weitere Nachtcafés in Aschaffenburg.
1. Wiener Café (Stephan Henritz), Weißenburger Straße 6,
2. Café Central (Albert), Steingasse 2,
3. Café Bristol (Karl Heinrich), Erthalstraße 4b.
Die Polizeistunde ist bis 3 Uhr morgens, in der Fastnachtszeit bis 5 Uhr.

Abb. 160: Luitpoldstraße 4b, Wailandtsche Druckerei. Fassade zur Luitpoldstraße. Baumeister Adam Schneider, 1899.

verwaltung statt. Das Gebäude der „Aschaffenburger Zeitung" wird für die nächste Zeit zum Sitz des „Military Gouvernement"[2]. Am 7. April nimmt die amerikanische Militärregierung ihre Arbeit auf.
Der Eigentümer des Grundbesitzes, Dr. Heinrich Volkhardt, Druckereibesitzer, stirbt 1945. Seine Erben lassen 1955, nach Freigabe des Gebäudes durch die Amerikaner, das Haus unter Leitung von Dipl.-Architekt Ludwig Dölger umbauen. Bei der Instandsetzung werden auch Veränderungen in den Grundrissen, Fassaden und am Dach vorgenommen.

Beschreibung

Wohn- und Geschäftshaus von 1898

Fassade zur Luitpoldstraße
Im Erdgeschoß fünf gleichmäßig angeordnete Öffnungen mit Korbbogen und Schlußstein. Die Öffnungen reichen bis zum Gurtgesims. Die Hofeinfahrt ist neben Haus Nr. 4a. Mauerwerk aus rustizierten Sandsteinen, in waagrechte Bänder gegliedert.
In Fassadenmitte, auf reich verzierten Konsolen abgestützt, Erker mit dreiteiligem Fenster, im ersten und zweiten Obergeschoß aus Sandstein, im dritten Obergeschoß offen, überdacht und aus Holz. Über dem Erker, in der Flucht der Fassade, zweigeschossiges Zwerchhaus mit gekuppeltem Fenster, Gesims, beidseitigem Schweifwerk und Obelisken. Rechts und links des Erkers je zwei Fensterachsen. Fenster auf Brüstungsgesims, im ersten Obergeschoß mit runder Verdachung, im zweiten mit geradem Sturz und im dritten mit Rundbogenfenster. Zwischen oberem Gurtgesims und Hauptgesims niedriger Kniestock. Fenstergewände und Gesimse aus rotem Sandstein, Mauerwerk mit gelben Klinkern verblendet.
Abgeschrägte Ecke. Im Erdgeschoß Eingang mit Rundbogen, im ersten Obergeschoß gekuppeltes Fenster, darüber, auf einer Sandsteinkonsole, Erker mit drei Fenstern. Über dem Hauptgesims sechseckiger turmartiger Aufbau mit runden Öffnungen. Über dem Turmgesims Zwiebeldach mit Knauf und Wetterfahne.

Fassade zur Treibgasse
Im Erdgeschoß vier gleichmäßig angelegte Öffnungen mit Korbbögen. Darüber Gurtgesims, Brüstungsgesims und fünf Fensterachsen in gleichen Abständen, im ersten und zweiten Obergeschoß mit geradem Sturz, im dritten mit Rundbogen. Die Fenster mit Sandsteingewänden, das Mauerwerk verputzt.

---

[2] *Stadtmüller* I, S. 335, II, S. 380.

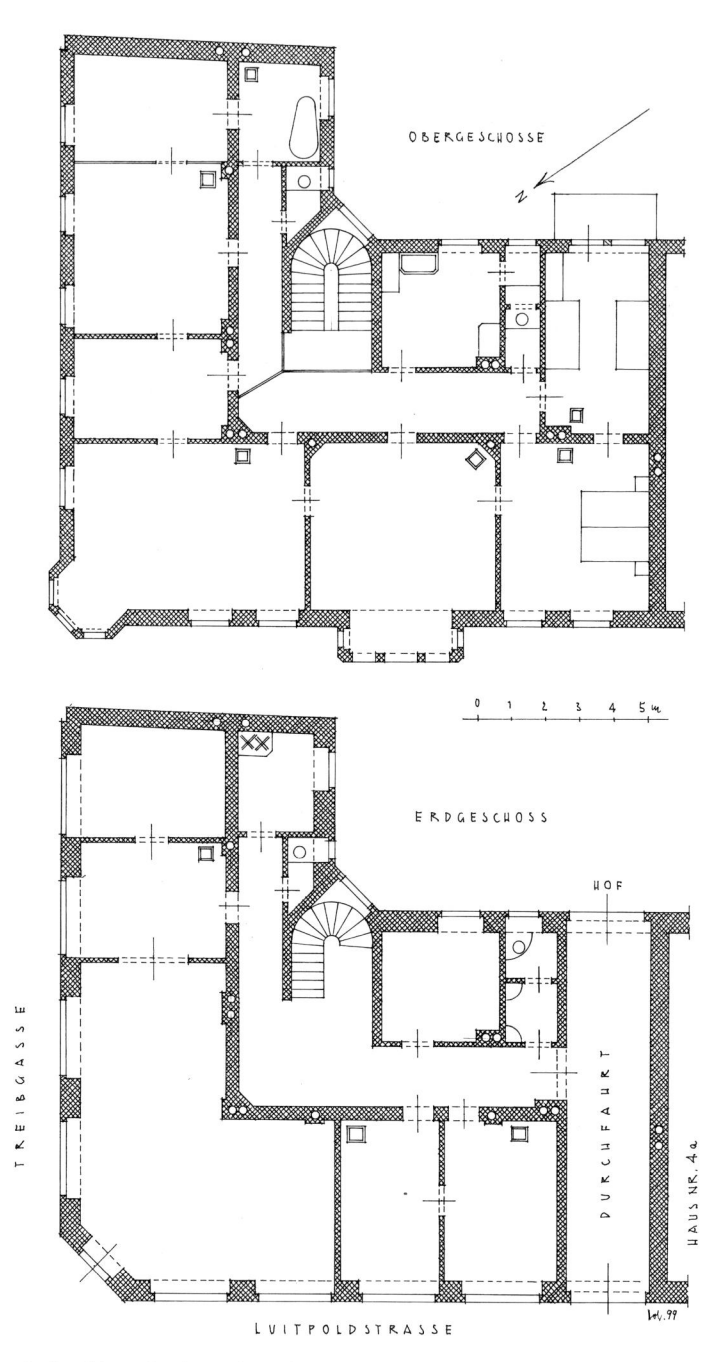

Abb. 161: Luitpoldstraße 4b, Erd- und Obergeschosse.

Grundrisse
Im Erdgeschoß Laden und Geschäftsräume, Hofeinfahrt. In den drei Obergeschossen je eine große Wohnung mit sieben Zimmern, Küche mit Speisekammer, Bad, zwei getrennte Aborte, Balkon. Alle Zimmer haben Ofenheizung.

Instandsetzung und Veränderungen 1955
Die Hofzufahrt von der Luitpoldstraße aus wird geschlossen, die Fläche dem angrenzenden Laden zugeordnet. Eine neue Zufahrt entsteht auf dem Anwesen Treibgasse 9 als Grunddienstbarkeit.
Alle Öffnungen in der Erdgeschoßfassade erhalten geraden Sturz anstelle der Korbbögen. Das Sandsteinmauerwerk bekommt einen hellen Putz. Der im Krieg zerstörte Eckturm wird nicht wieder aufgerichtet. Auf dem ausgebauten Dach sitzen neue Gauben.

Druckerei im Rückgebäude von 1898

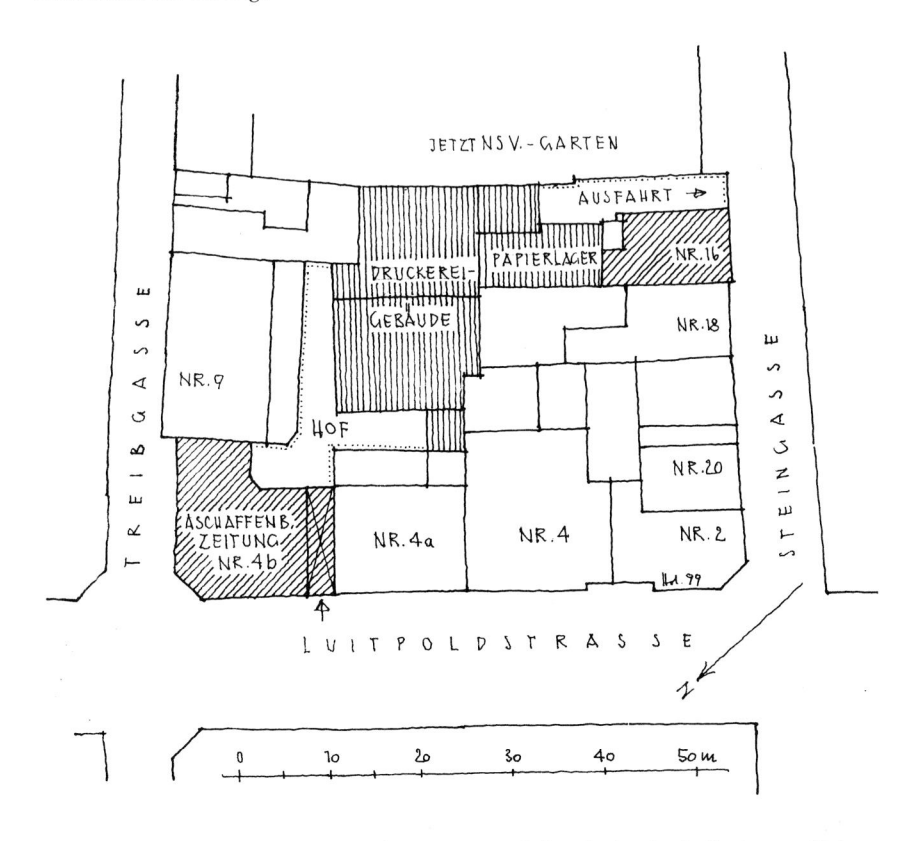

Abb. 162: Luitpoldstraße 4b, Lageplan von 1937. Gebäude der Aschaffenburger Zeitung.

Auf drei Seiten freistehend, Giebelseite zur Steingasse auf der Grenze der Anwesen 18 und 20. Zweigeschossig mit Satteldach. Traufseite zum Garten des Hauses Steingasse 16 mit vier gekuppelten Fenstern in gleichen Abständen in beiden Stockwerken. Giebel zu Treibgasse 9 je drei Fensterachsen. Traufe zu Luitpoldstraße 4a, vier Einzelfenster und ein Abortfenster je Stockwerk.

Grundriß
Auf der Südseite, zu Anwesen Steingasse 16, großer Arbeitsraum, auf der Gegenseite in beiden Stockwerken drei Räume, Treppe und Abort.

Eigentümer

1898 bis 1937	Wailandtsche Druckerei[3],
1937 bis 1945	Gauverlag Mainfranken, Würzburg, dann Volkhardtsche Druckerei[4],
1945 bis 1964	Emma Volkhardt[5], Witwe, und Kinder[6],
1964	Dr. Heinrich Volkhardts Erben, zu Hd. von Hans Volkhardt[7], dann
bis 1971	Ruth Hoffmann, geb. Volkhardt[8], Alleineigentümerin,
1971 bis 1972	Erbengemeinschaft Hoffmann[9],
1972 bis 1992	Ursula Stamm[10], Alleineigentümerin,
seit 1992	Erben von Ursula Stamm.

---

[3] Aschaffenburger Zeitung, heute Main-Echo.
[4] Eigentümer war Dr. Heinrich Volkhardt, Druckereibesitzer in Göppingen.
[5] Emma Volkhardt, geb. Strobel, war die Witwe des 1945 verstorbenen Dr. Heinrich Volkhardt.
[6] Hans und Ruth Volkhardt.
[7] Hans Volkhardt, Druckereibesitzer und Zeitungsverleger in Miltenberg/Amorbach.
[8] Ruth Hoffmann, geb. Volkhardt (1912-1971), Erlangen.
[9] Ursula Stamm, geb. Hoffmann, Ute Kohn, geb. Hoffmann, und Klaus Hoffmann, Buchhändler.
[10] Ursula Stamm, geb. Hoffmann, verh. mit Herbert Stamm, stirbt 1992.

Luitpoldstraße 6   Plan-Nr. 1423$^{1}/_{4}$

Geschichte

1893 kauft Emil Sauerwein einen Bauplatz an der Ecke Schulstraße (Vorläufer der Luitpoldstraße) und Treibgasse. Er erhält am 16. Februar 1894 die Genehmigung, auf dem großen Grundstück zwei dreigeschossige Wohnhäuser mit einer gemeinsamen Brandmauer zu errichten. Die Häuser bekommen später

Abb. 163: Luitpoldstraße 6, Ansicht zur Luitpoldstraße 1894. Architekt Hermann Reichard.

die Hausnummern 6 und 8. Die Pläne fertigt Architekt Hermann Reichard aus Frankfurt.
1898 richtet Sauerwein im Erdgeschoß seines Wohnhauses Luitpoldstraße 6 eine Papierhandlung mit Bürobedarf ein. In diesem Zusammenhang läßt er in der Fassade an der Luitpoldstraße unter dem Erker, zwei Rundbogenfenster zu einem Schaufenster umbauen.
1901 übernimmt Friedrich Mayer aus Augsburg das Wohnhaus mit Laden.
1932 läßt Mayer den erdgeschossigen Anbau zur Treibgasse um ein Stockwerk erhöhen.

1939 entsteht ein weiteres Schaufenster in der Fassade an der Luitpoldstraße. Am 12. Dezember 1944 wird das Haus durch Sprengbomben schwer beschädigt[1].

Sofie Maulaz, geb. Mayer, erhält 1947 die Genehmigung zum Wiederaufbau des Gebäudes nach Plänen von Architekt Nikolaus Neuner. Es erfolgt aber nur ein Teilaufbau, der es Sofie Maulaz zunächst ermöglicht, ihren Papierladen mit Lichtpauseanstalt behelfsmäßig weiterzuführen.

Im Dezember 1950 erhält Fotograf Karl Dümmler die Genehmigung, in zwei Räumen des Erdgeschosses an der Treibgasse ein Atelier mit Dunkelkammer und Büro einzurichten. Dabei wird ein Fenster zur Ladentür umgebaut.

Im Juli 1954 kommt es zur Beanstandung durch die Polizei wegen herabfallender Teile des kriegsbeschädigten Anwesens.

Amanda und Walter Müller, neue Eigentümer, lassen 1955 das Wohn- und Geschäftshaus wieder aufbauen. Planung und Bauleitung hat Dipl.-Architekt Ludwig Dölger. Maurer- und Betonarbeiten übernimmt die Baufirma Gabriel Dreßler & Sohn, Aschaffenburg. Am 28. Dezember 1955 ist das Haus bezugsfertig. Im Erdgeschoß entstehen zwei Läden, in den Obergeschossen acht Wohnungen.

Am 26. September 1973 eröffnet Sandro Perochio sein Lokal „Pizzeria Turin" im ehemaligen Laden neben Haus Nr. 8.

Beschreibung

Neubau von 1898

Dreigeschossiges Eckgebäude mit ausgebautem Kniestockdach. Frontlänge an der Luitpoldstraße ca. 13,40 m, an der Treibgasse ca. 14,70 m. Der erdgeschossige Anbau an der Treibgasse hat eine Länge von 7,90 m.

Im Erdgeschoß Sockel, horizontale Bänder, Kämpferfries und Gurtgesims aus rotem Sandstein. Mauerwerk aus hellen Blendsteinen. Alle Öffnungen mit Rundbogen und Schlußstein.

Im ersten Obergeschoß Sandsteinband in Brüstungs- und Sturzhöhe. Darüber profiliertes Gurtgesims. Rechteckfenster mit Gewände und Sturz aus Sandstein. Gemauerte Entlastungsbögen mit Keilstein. Mauerwerk mit hellen Steinen verblendet.

Im zweiten Obergeschoß in Brüstungs- und Kämpferhöhe über dem Fenstersturz umlaufender Fries, auskragendes Hauptgesims, darüber Kniestock.

---

[1] *Stadtmüller* II, S. 380.

Fassade zur Luitpoldstraße
Vier Fensterachsen. In der ersten Achse auf der Seite zu Haus Nr. 8 Eingang zum Treppenhaus. In der dritten Achse gekuppeltes Fenster, darüber Erker, in der vierten Achse Schaufenster. In den Obergeschossen, in der dritten Achse, Erker mit rechteckigem Grundriß, auf zwei reich verzierten Konsolen ruhend. Gekuppelte Fenster, im ersten Obergeschoß mit geradem Sturz, im zweiten mit Rundbögen. Auf dem gewalmten Erkerdach, über dem Kniestock, Haube mit Knauf und Spitze.

Abgeschrägte Hausecke
Im Erdgeschoß rundbogiger Ladeneingang. In den Obergeschossen Erker mit je einem Fenster. Über dem Hauptgesims quadratischer, turmartiger Aufbau, vier Eckpfeiler mit Vasen, umlaufendes Gesims, Dreiecksgiebel, vierseitiges Spitzdach mit gotisierender Bekrönung sowie Knauf und Wetterfahne.

Seite zur Treibgasse
Fünf Fensterachsen. Im Erdgeschoß neben dem Ladeneingang Schaufenster mit abgerundeten oberen Ecken. An das dreigeschossige Gebäude anschließend ist ein erdgeschossiger Anbau mit drei Fensterachsen. In der Mitte Eingang, über dem Gurtgesims Attika, dahinter „Plattform" (Terrasse).

Grundrisse
Im Erdgeschoß an der Straßenecke Laden mit Nebenräumen. Im ersten und zweiten Stock Fünfzimmer-Wohnung mit Küche, Speisekammer, Bad und Abort. Im ersten Stock Ausgang auf die Terrasse des Anbaus. Im Dachstock drei Kammern, zwei Mädchenzimmer, ein Nähzimmer und ein großer Trockenraum. Diese Zimmer sind durch Gauben belichtet.

Wiederaufbau von 1955

Fassade zur Luitpoldstraße
Im Erdgeschoß sechs gleiche Öffnungen, davon fünf als Schaufenster ausgebildet. Die dritte Öffnung, von der Treibgasse aus gezählt, reicht hinunter bis zur Höhe des Gehsteigs. Sie dient als Windfang für die beiden innenliegenden Ladeneingänge.
Über den Schaufenstern im ersten Geschoß ein über die Fassadenbreite reichender Balkon. Er ist 1 m auskragend und hat der Zeit entsprechende Metallgeländer.
Im ersten bis vierten Obergeschoß je sieben Achsen mit gleichen Rechteckfenstern. Nur im Bereich des Balkons, in der zweiten, vierten und sechsten Achse, je eine Tür.

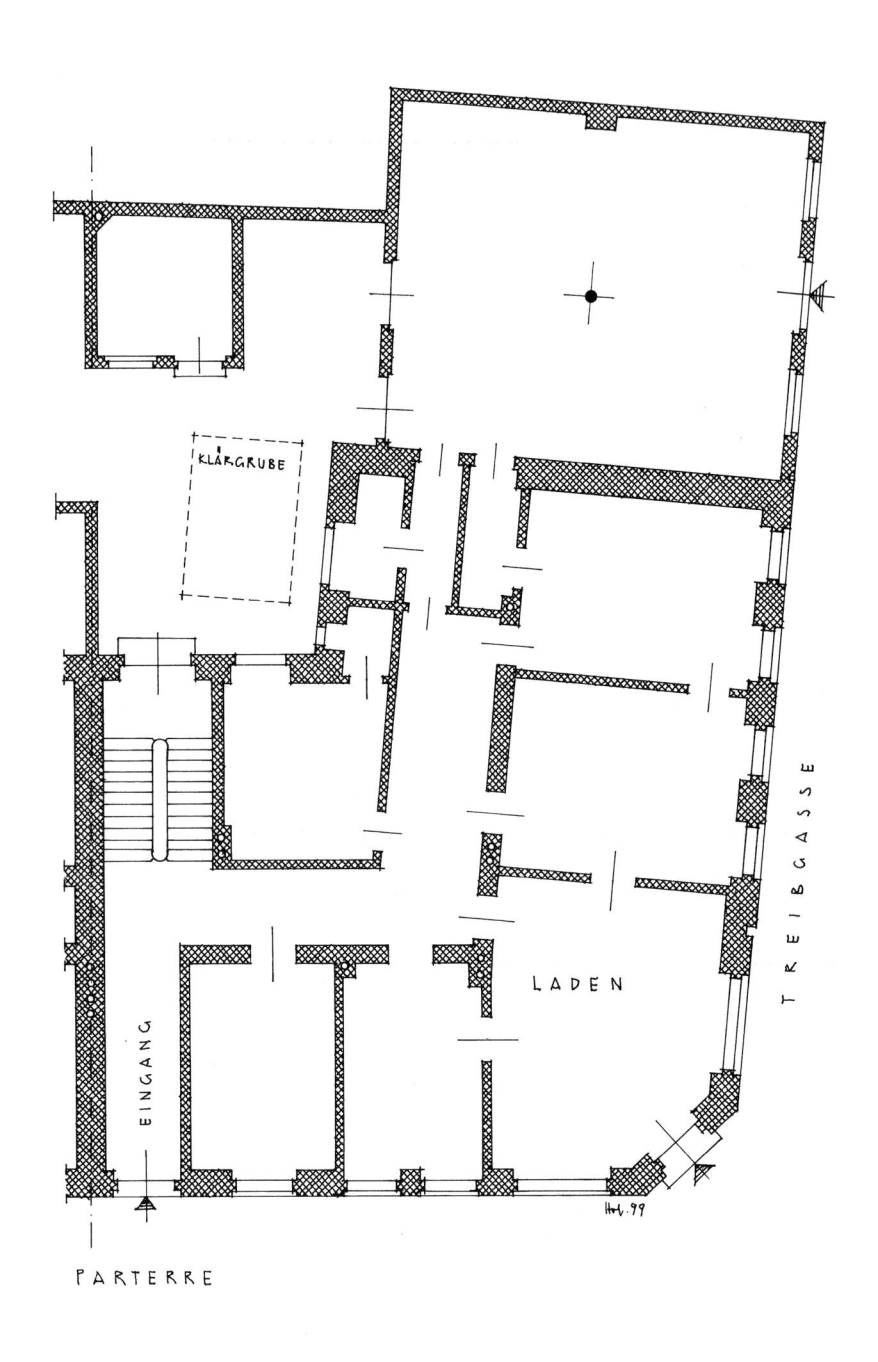

Abb. 164: Luitpoldstraße 6, Grundriß des Eckhauses.

Abb. 165: Luitpoldstraße 6, Grundriß der Obergeschosse.

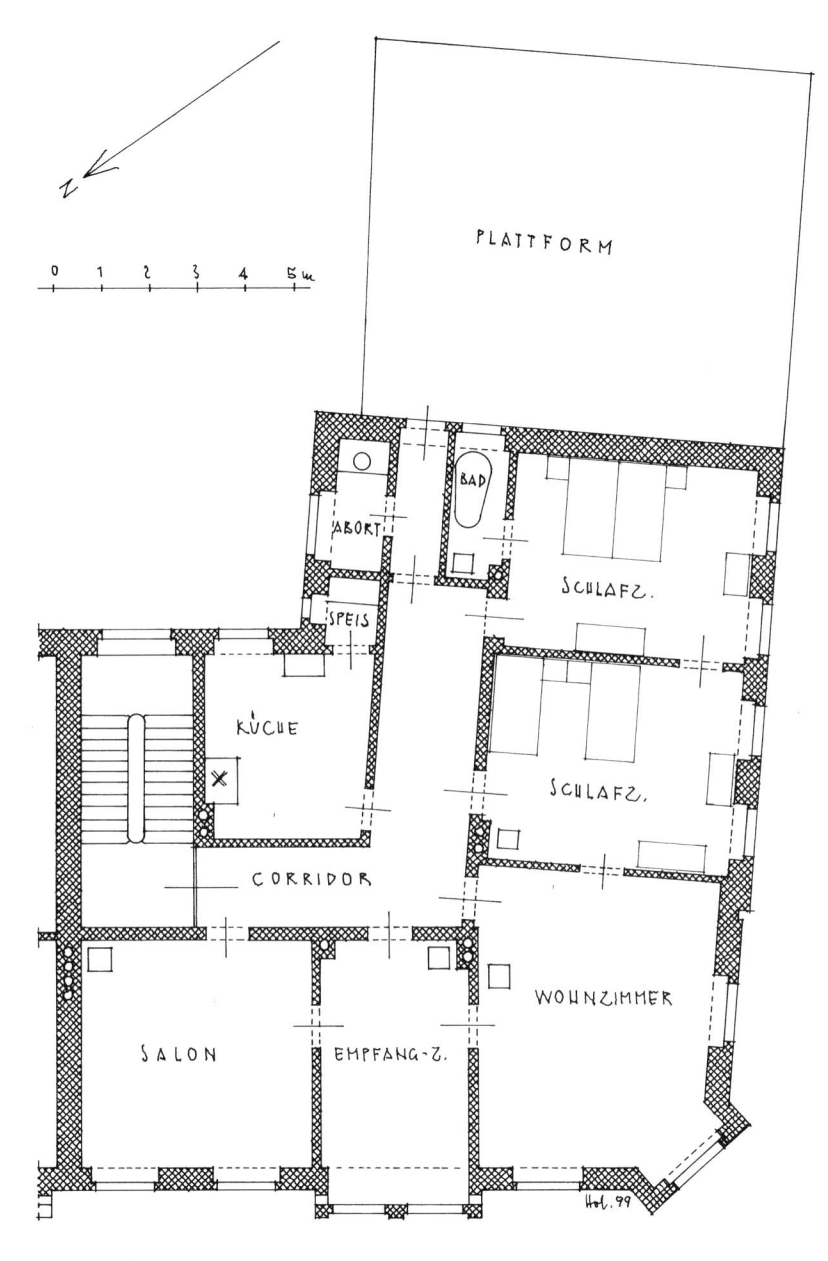

Fassade zur Treibgasse
In allen Geschossen sieben Achsen. Im Erdgeschoß sechs Schaufenster und, neben dem Anbau, Zugang zum Treppenhaus. Weit ausladendes Dachgesims. Flach geneigtes Ziegeldach. Der Anbau bleibt unverändert.

Grundrisse
Im Erdgeschoß zwei Läden mit Büro, Lager und Toilette, Flur, Treppenhaus und Ausgang zum Hof.
In den vier Obergeschossen je zwei Dreizimmer-Wohnungen mit Küche, Bad/WC.

Eigentümer

1893 bis 1901 Emil Sauerwein, Kaufmann[2],
1901 bis 1936 Friedrich Mayer, Kaufmann aus Augsburg,
1936 bis 1946 Marie Mayer, geb. Knorr, Witwe, und Sofie Maulaz, Tochter,
1946 bis 1954 Sofie Maulaz[3], geb. Mayer, Alleineigentümerin,
1954 bis 1987 Amanda und Walter Müller[4],
 seit 1987 Magdalena Müller und Erbengemeinschaft.

---

[2] StaA, HR, S2, S. 741: Konrad Emil Sauerwein (geb. 1857 in Neuhausen/Schweiz, gest. 1914 in Lohr), verh. mit Magdalena, geb. Kittel, 1 Sohn.
[3] AB Adreßbuch v. 1949, S. 245: E. Sauerwein Nachf. Inh.: Sofie Maulaz. Geschäftsbücher, Durchschreibebuchhaltungen, kaufmänn. und technischer Bürobedarf, Luitpoldstraße 6.
[4] Kinder des Amandus Müller, Lebensmittel- und Weingroßhandlung, Elisenstraße 1.

Luitpoldstraße 8   Plan-Nr. 1423$^1/_9$

Geschichte

Emil Sauerwein, Eigentümer der Grundstücke Plan-Nr. 1423$^1/_4$ und 1423$^1/_9$, läßt 1894 auf seinen Grundstücken zu gleicher Zeit je ein Wohnhaus errichten. Architekt ist Hermann Reichard aus Frankfurt. Die Häuser erhalten die Hausnummern 6 und 8.
Vier Jahre später, 1898, baut Sauerwein im Erdgeschoß von Luitpoldstraße 8 einen Laden ein. In der Fassade werden die beiden mittleren Fenster zu einem Schaufenster zusammengefaßt. Neben dem Hauseingang liegt ein eigener Ladenzugang.

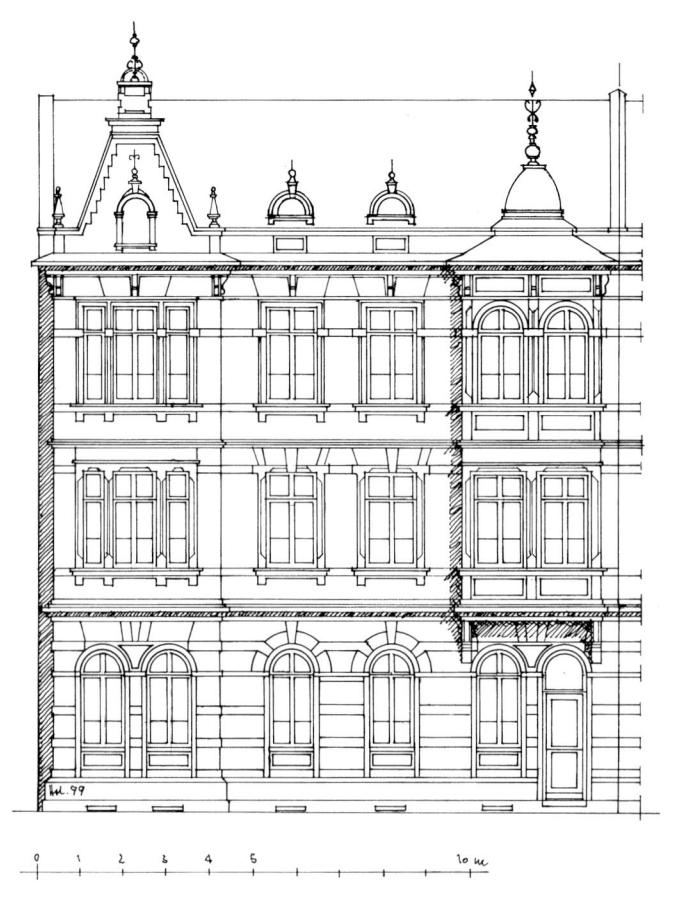

Abb. 166: Luitpoldstraße 8, Ansicht zur Luitpoldstraße 1894. Architekt Hermann Reichard.

Kaufmann Johann Kunkel erwirbt 1904 Luitpoldstraße 8. Am 7. Oktober 1904 erhält er für sein Herren- und Knaben-Bekleidungsgeschäft die Erlaubnis, auf die rückwärtige Grundstücksgrenze ein erdgeschossiges Gebäude mit Bügelzimmer zu stellen.

Der neue Eigentümer seit 1906, Emil Frankenberger, eröffnet an der Luitpoldstraße ein Posamentengeschäft. Da er auch eine Paramenten- und Fahnenstickerei betreibt, beantragt er 1906, das Rückgebäude aufstocken zu dürfen. Dies wird ihm untersagt, da das Rückgebäude keine Hofzufahrt besitzt.

Im Zweiten Weltkrieg werden das Vorderhaus schwer geschädigt und das Rückgebäude total zerstört[1].

---

[1] *Stadtmüller* II, S. 380.

Bereits 1947 beabsichtigen die Erben Emil Frankenbergers das Wohn- und Geschäftshaus wiederaufzubauen. Am 1. April werden die Pläne des Architekten Nikolaus Neuner genehmigt. Das Bauvorhaben wird jedoch nicht ausgeführt.
Dann beauftragt Karl Frankenberger Dipl.-Architekt Ludwig Dölger, neue Pläne zu fertigen. Der Wiederaufbau soll in der Höhe dem bestehenden Nachbarhaus, Luitpoldstraße 6, angeglichen werden. Das Baugesuch wird am 27. November 1957 genehmigt. 1958 wird das Anwesen zum großen Teil abgebrochen und mit dem Umbau im Erdgeschoß begonnen. Die Obergeschosse werden ganz neu aufgebaut. Fertigstellung ist im Oktober 1958.
1981 wird das Erdgeschoß umgebaut. Aus den beiden vorhandenen Läden entsteht ein Reformhaus. Grundstückseigentümer sind Helga und Hermann Beck.
Am 5. November 1991 wird im Erdgeschoß die „Anbringung eines Vordaches mit Werbeschrift" genehmigt.

Beschreibung

Neubau von 1894

Fassade zur Luitpoldstraße
Dreigeschossig mit Kniestock. Geschosse durch Gurtgesimse getrennt. Ausladendes Hauptgesims aus Sandstein durch Konsolen abgestützt.
Im Erdgeschoß Sockel, horizontale Bänder, Kämpferfries und Gurtgesims aus rotem Sandstein, Zwischenfelder aus hellen Blendsteinen. Alle Öffnungen mit Rundbögen. Eingang auf der Seite zu Luitpoldstraße 6.

Auf der Seite zu Haus Nr. 10
Gering vorspringender Risalit mit gekuppelten, rundbogigen Fenstern im Erdgeschoß. In den Obergeschossen dreiteilige Fenstergruppe. Über dem Kniestock Zwerchgiebel mit Rundbogenfenster, darüber Gesims mit halbkreisförmigem Aufsatz. Zu beiden Seiten des Zwerchgiebels Obeliske auf Sockel.

Auf der Seite zu Luitpoldstraße 6
In den Obergeschossen kragt ein Erker aus. In jedem Geschoß ein gekuppeltes Fenster. Im Bereich des Erkers, zwischen dem gekröpften Hauptgesims und dem Kniestockgesims, Walmdach, darüber Haube.
Im mittleren Teil der Fassade zwei Fensterachsen. In der Dachfläche zwei Rundgauben.

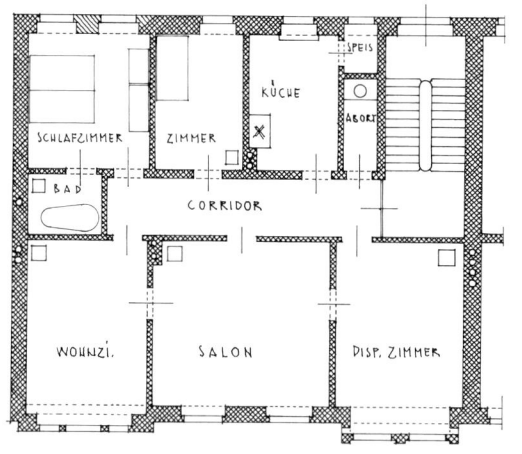

Abb. 167: Luitpoldstraße 8, Grundrisse.

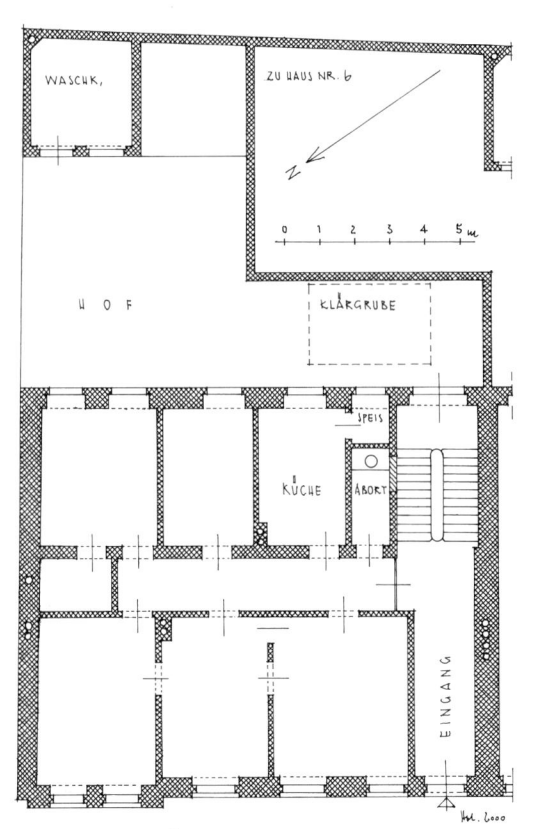

Grundrisse
In jedem der drei Geschosse eine Wohnung mit fünf Zimmern, Küche mit Speisekammer, Abort. Das kleine Bad, ohne Waschbecken, ist nur vom Elternschlafzimmer aus zugänglich.
Seit 1898 werden Teile des Erdgeschosses als Laden genutzt.

Wiederaufbau 1957/58

Fassade zur Luitpoldstraße
Im Erdgeschoß bleibt der Hauseingang an alter Stelle. Daneben zwei Schaufenster mit dem Ladeneingang in der Mitte.

Auf der Seite zu Luitpoldstraße 10
Im Bereich des Risalits, ebenfalls ein Schaufenster und Türe für einen zweiten Laden. Darüber im ersten und zweiten Stock die alte Dreifenstergruppe in vereinfachter Form. Das frühere Zwerchhaus fehlt.

Auf der Seite zu Luitpoldstraße 6
Der Erker mit der Seite zu Haus Nr. 6 besteht auch nicht mehr. Die Fassade neben dem Risalit ist durch vier Fensterachsen gegliedert. Über das zweite Obergeschoß ist ein drittes gesetzt worden, das die darunterliegenden Fensterachsen aufnimmt.
Die beiden Gebäude, Luitpoldstraße 6 und 8, besitzen wie früher die gleichen Traufhöhen. Das Dach ist zu Haus Nr. 10 abgewalmt. Die Mauerflächen sind verputzt.

Grundrisse
Im Erdgeschoß zwei Läden mit Büro und Lager, Treppenhaus und Ausgang zum Hof. Im ersten und zweiten Obergeschoß ist der ursprüngliche Wohnungszuschnitt erhalten. Die zusätzliche Wohnung im dritten Stock zählt vier große Zimmer, Küche, Bad, WC und Balkon.

Eigentümer

1893 bis 1904 Emil Sauerwein, Kaufmann,
1904 bis 1906 Johann Kunkel, Kaufmann,
1906 bis 1944 Emil Frankenberger, Posamentengeschäftsinhaber[2],

---

[2] StaA, HR F, S. 266: Emil Johann Anton Frankenberger (geb. 1871), verh. mit Anna Josepha, geb. Scherf, 4 Kinder: Anton (nach 15 Std. gest.), Antonie, Karl und Maria Anna.

1944 bis 1957 Emil Frankenbergers Erben[3],
1957 bis 1978 Karl Frankenberger, Kaufmann, Sohn des Emil F., Alleineigentümer,
   seit 1978 Helga und Hermann Beck[4].

---

[3] Antonie Hasswanter, geb. Frankenberger, Witwe, Marianne Hautinger, geb. Frankenberger, Ing.-Ehefrau, und Karl Frankenberger.
[4] Hermann Beck war Direktor der Städtischen Sparkasse Aschaffenburg-Alzenau.

Luitpoldstraße 10   Plan-Nr. 1423$^{1}/_{8}$

Bezirksamtsgebäude 1894–1944

Geschichte

Nach einem vorliegenden Schreiben des königlichen Bauamtes vom 8. August 1892 soll ein neues Bezirksamtsgebäude in Aschaffenburg gebaut werden.
Das alte Bezirksamtsgebäude an der Strickergasse 2 stand einer Erschließungsstraße zwischen Friedrichstraße und dem Marktplatz im Weg. Diese neue Straße, die Schulstraße, seit 1894 Luitpoldstraße genannt, war durch die noch im Bau befindliche Luitpoldschule notwendig geworden.
Als Baugrund für das neue Bezirksamtsgebäude bot sich ein Teil des ehemaligen Ingelheimer Gartens gegenüber der Luitpoldschule an. Der Magistrat der Stadt Aschaffenburg stimmt am 12. August 1892 den vorgelegten Plänen des königlichen Landbauamts zu.
Im September 1892 beginnt Bauunternehmer Adam Schneider[1] mit dem Ausheben der Fundamente.
Ende März 1894 findet der Umzug des Bezirksamts von der Strickergasse in das neue Gebäude Luitpoldstraße 10 statt.
1907 wird das Anwesen vergrößert. Es kommt das Vordergebäude von Treibgasse 24, zuletzt Sitz des Ingelheimischen Rentamtes, noch hinzu[2].
1909 reicht das königliche Landbauamt Pläne zur „Errichtung von Spülklosetts mit Kläranlage und eines Bades" im Bezirksamtsgebäude ein. Da es sich um eine Kläranlage handelt, bedarf die Maßnahme einer Genehmigung der Stadt. Sie wird am 4. Januar 1910 erteilt.
In einem Schreiben des Landbauamts vom 18. Mai 1912 werden dem Stadtmagistrat Skizzen eines geplanten Stockwerksaufbaus zugeleitet. Am 6. Mai 1913

---

[1] AZ v. 24. September 1892.
[2] Siehe Treibgasse 24.

folgen die entsprechenden Pläne. Beschluß des Magistrats: „ohne Erinnerung". Laut einer Vereinbarung vom 4./12. Oktober 1906 soll bei Staatsbauten der städtische Baukontrolleur zur Bauaufsicht herangezogen werden. So bestätigt Bauaufseher Georg Härter im Mai 1913 den Baubeginn. Am 11. September 1913 meldet er, daß keine Kontrollen mehr nötig sind. Für die Übernahme der Baukontrolle sind 16 Mark an die Stadtkämmerei zu zahlen.
Im Bezirksamtsgebäude ist bis 1930 auch die Bezirkssparkasse, früher die sogenannte Distriktssparkasse des königlichen Landgerichts, untergebracht. Dann trennt sich die Sparkasse von der Bezirkssparkasse und zieht in das Eckhaus Friedrichstraße 15.
Im Zweiten Weltkrieg wird am 12. Dezember 1944 das Hauptgebäude zerstört. Das Nebengebäude wird durch Brandbomben stark beschädigt[3].
Auf Initiative des Sparkassendirektors i. R. Karl Stamer wird 1952 auf dem geräumten Grundstück Luitpoldstraße 10 ein neues Verwaltungsgebäude geplant. Es soll für die Kreissparkasse mit Zimmern für die Landkreisverwaltung errichtet werden. Der Auftrag für die Planung und Bauleitung geht an das Architekturbüro Karl und Karl-Georg Jung. Die Baugenehmigung wird am 14. Juli 1953 erteilt. Die Bauausführung hat die Baufirma Gabriel Dreßler & Sohn. Im August 1954 kann der Neubau bezogen werden.
Am 15. Februar 1956 genehmigt die Bauaufsichtsbehörde der Stadt die Errichtung eines zusätzlichen Büroraums auf dem Verbindungstrakt zur Luitpoldstraße 8.
1959 erhält das fünfstöckige Gebäude einen Aufzug.
1961 fusionieren Stadt- und Kreissparkasse. 1962 erwirbt der Freistaat Bayern für das Landratsamt das Anwesen Luitpoldstraße 10. Die Aufstockung des Hauptgebäudes wird notwendig und am 18. Oktober 1966 genehmigt. Den Zuschlag für die Bauarbeiten erhält die Baufirma Gabriel Dreßler & Sohn, Aschaffenburg.
Das Anwesen Luitpoldstraße 10 wird 1982 an die Dresdner Bank verkauft, nachdem das Landratsamt sein neues Gebäude in der Bayernstraße 18 bezogen hatte.
Für die Dresdner Bank werden am 31. Mai 1983 Sanierungs- und Umbauarbeiten genehmigt und auch ausgeführt.

Beschreibung

Neubau von 1892/94, Hauptgebäude

Freistehendes, zweigeschossiges Gebäude mit verschieferter Mansarde auf hohem Kniestock. Flachgeneigtes, vermutlich mit Blech gedecktes Dach, mit ei-

---

[3] *Stadtmüller* II, S. 381.

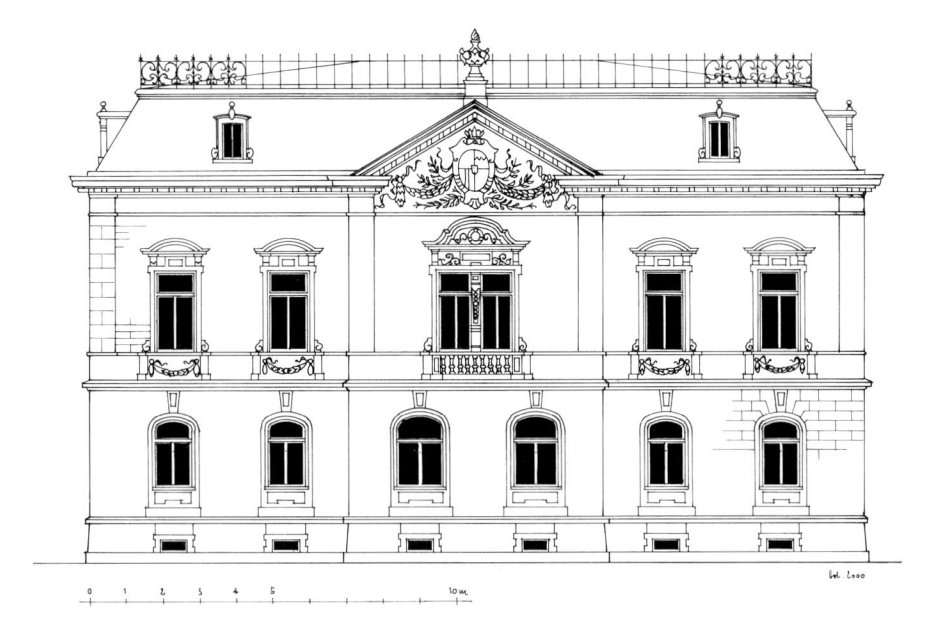

Abb. 168: Luitpoldstraße 10, Fassade des kgl. Bezriksamtsgebäudes von 1894.

sernem Ziergitter geschmückt. Mauerwerk aus hellem Sandstein in gleich hohen Schichten. Eingang an der Schmalseite des Hauses auf der Seite zu Luitpoldstraße 8.
Fassade zur Luitpoldstraße. Leicht vor die Bauflucht springender Mittelrisalit, der über dem stark profilierten Hauptgesims mit einem flachen Dreiecksgiebel abschließt.
Im Erdgeschoß zwei Fenster mit Korbbögen und profilierten Rahmen, die bis zum kräftig ausgeformten Sockelgesims reichen. Über den Korbbögen hervortretende Schlußsteine. Im Sockel vergitterte Kellerfenster. Über dem Erdgeschoß Gurtgesims.
Im Obergeschoß des Mittelrisalits gekuppeltes Fenster mit gekröpfter, segmentbogenförmiger Verdachung. Mittelpfosten, Sturz und Bogenfeld reicht verziert. Unter dem Brüstungsgesims eine Reihe von Balustern. Im Dreiecksgiebel ovale Kartusche mit Wappen, darüber auf Rollwerk Krone, seitlich Girlanden, Gehänge und Rankenwerk. Auf dem First des Dreieckgiebels Vase auf Sockel.
Beiderseits des Mittelrisalits zwei Fensterachsen in gleichen Abständen. Im Erdgeschoß Ausbildung der Fenster wie im Risalit. Im Obergeschoß über den

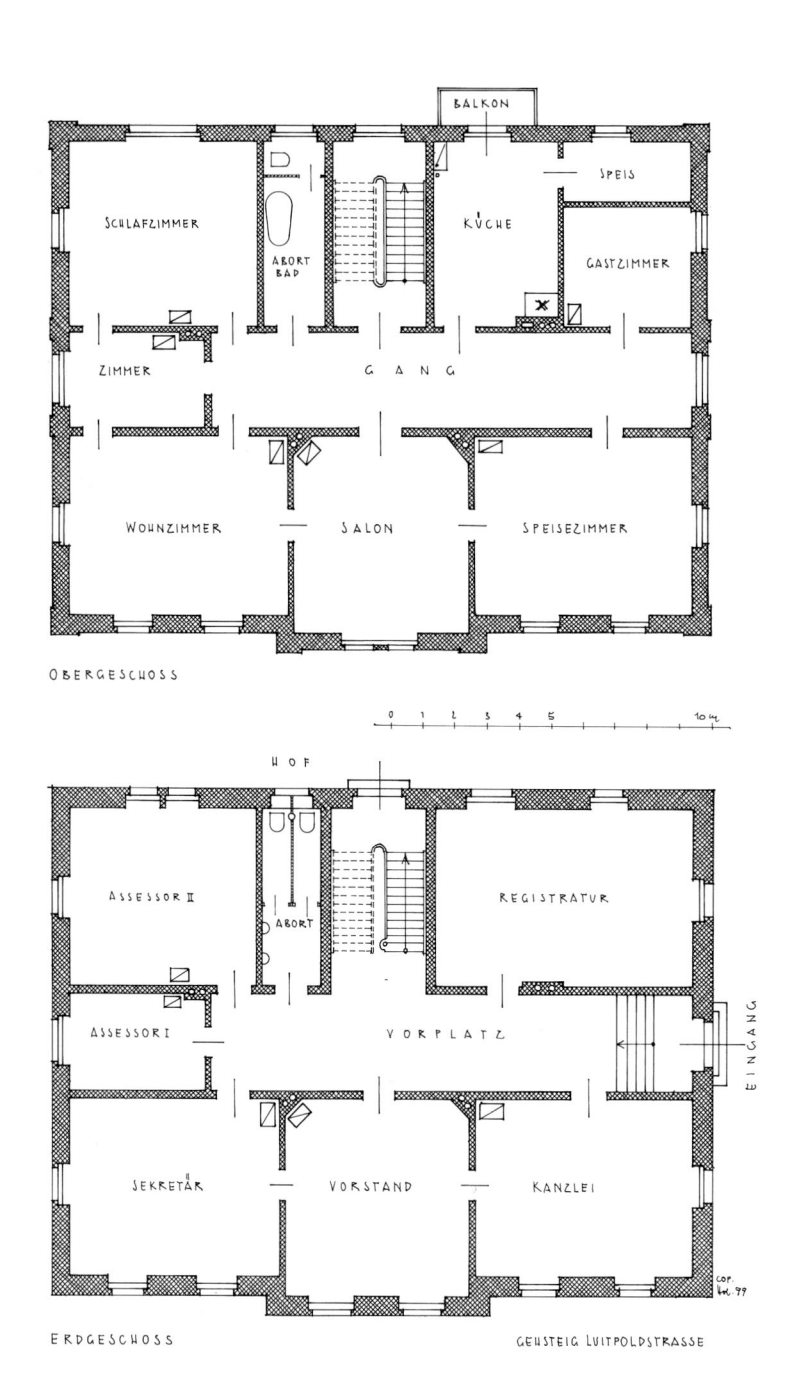

Abb. 169: Luitpoldstraße 10, Grundrisse des kgl. Bezirksamtsgebäudes.

Rechteckfenstern segmentförmige Verdachung. In den Brüstungsfeldern bildhauerischer Schmuck aus Girlanden und Fruchtgehängen. Über dem Brüstungsgesims Lisenen an den Hausecken und den Ecken des Risalits.

Grundrisse

Im Erdgeschoß sind 1911 folgende Amtsräume untergebracht: ein Vorstandszimmer, die Kanzlei, Zimmer für den Sekretär, zwei Zimmer für je einen Assessor, Registratur und Abort.
Im Obergeschoß eine Wohnung, bestehend aus Salon, Wohnzimmer, Speisezimmer, Schlafzimmer, Gastzimmer, Küche mit Speisekammer und Balkon, Bad. Im Abort ist in einer Ecke eine Holzlege. Im Dachgeschoß zwei Mansardenzimmer, eine Magdkammer und drei Bodenräume.

Neubau von 1892/94, Nebengebäude

Es steht im Abstand von 7 m hinter dem Hauptbau. Der rechteckige Grundriß liegt mit einer Schmalseite auf der Grenze zur Friedrichstraße 15. Das Haus ist zweigeschossig mit Kniestock und Satteldach. Es hat keinen Keller.
Im Erdgeschoß sind Waschküche, zwei Holzlegen und das Treppenhaus untergebracht. Im Obergeschoß eine Wohnung mit drei Zimmern und Küche. Der Abort befindet sich im Treppenhaus. Die Wohnung ist nur über die Küche zugänglich, alle Räume sind gefangen.

Aufstockung des Hauptgebäudes von 1912

Das neue zweite Obergeschoß nimmt die Fensterachsen des darunterliegenden Geschosses auf. Die Fenster sind niederer und ohne Verdachung. Das Giebeldreieck über dem Risalit und das Hauptgesims wurden wahrscheinlich wieder verwendet. Auf der neuen Mansarde steht ein Walmdach mit ca. 30° Neigung.

Neubau von 1953/54 für Kreissparkasse und Landratsamt

Fünfstöckiges, seit 1966 sechsstöckiges Hauptgebäude parallel zur Luitpoldstraße, 4 m hinter der Bauflucht zurückstehend. Stahlbetonskelettbau mit 15 Fensterachsen. An der Grenze zur Friedrichstraße 15, zwei Achsen breit, der Eingang zur Kreissparkasse. In der neunten bis elften Achse liegt der Eingang zum Landratsamt. Das Erdgeschoß ist mit Sandsteinplatten verkleidet. In den Obergeschossen sind die Kassetten ebenfalls mit schmalen Steinplatten gerahmt. Die Brüstungsfelder sind mit hellen keramischen Platten verkleidet. Ziegeldach mit weit überstehendem Gesims.
Das 1966 aufgesetzte fünfte Stockwerk besteht aus einer Stahlkonstruktion.

Der rückwärtige Anbau steht entlang der Grenze zur Friedrichstraße 15. Im Erdgeschoß Schalterhalle der Sparkasse. Im Obergeschoß, von der Nachbargrenze zurückgesetzt, kleiner und großer Sitzungssaal.
Im Hof Zeile von sechs Garagen, eine kleine Werkstatt und eine Fahrradhalle.

Eigentümer

      bis 1892 Gräflich Ingelheimsches Fideikommiß[4],
1892 bis 1957 Staatsärar, Bezirksamt,
1957 bis 1962 Stadt- und Kreissparkasse Aschaffenburg,
1962 bis 1982 Landratsamt Aschaffenburg, Freistaat Bayern,
     seit 1982 Dresdner Bank.

---

[4] Siehe Treibgasse 24.

3. Lagepläne

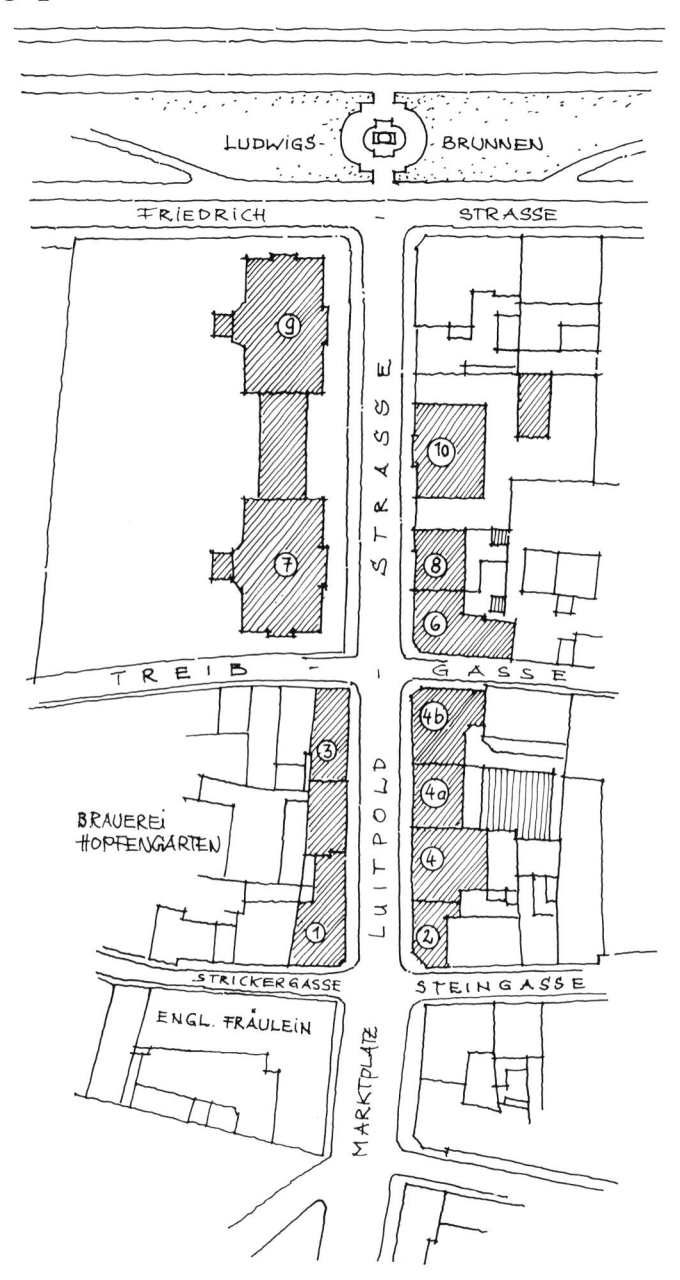

Abb. 170: Lageplan, Luitpoldstraße zwischen Marktplatz und Friedrichstraße, um 1900.

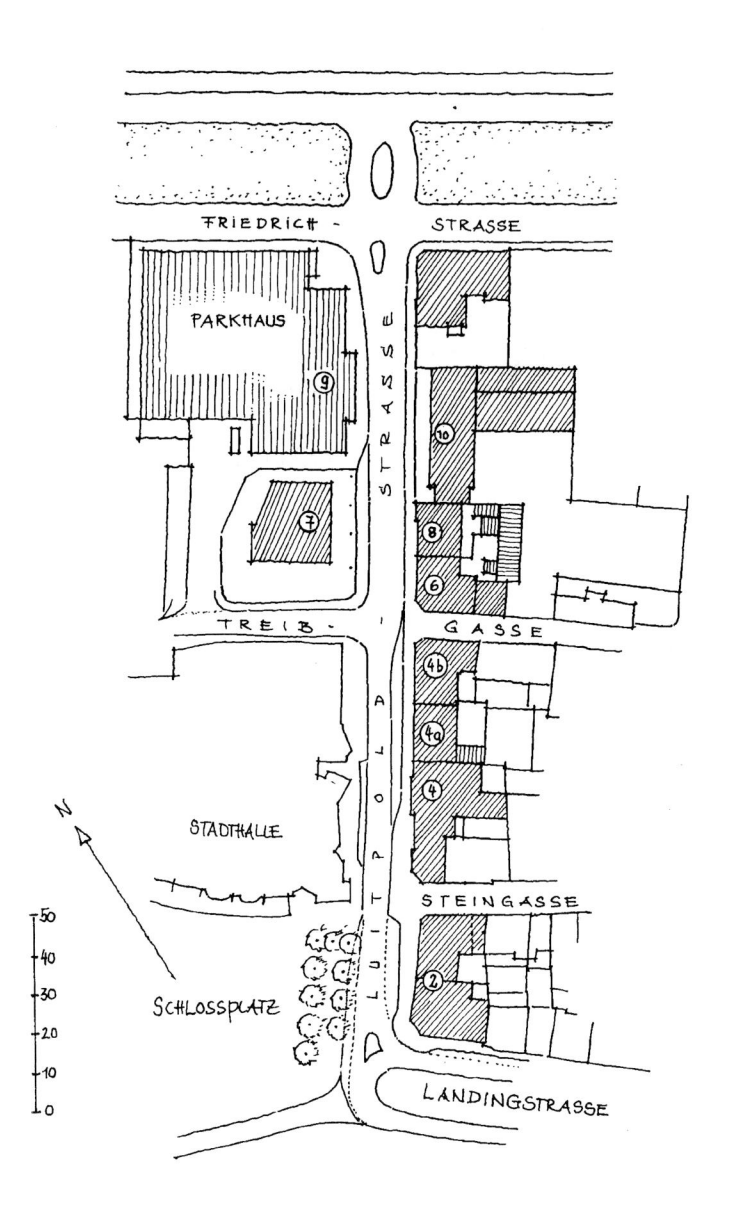

Abb. 171: Lageplan, Luitpoldstraße zwischen Landingstraße und Friedrichstraße, 2001.

XXXIV. Erweiterter Schloßplatz mit Markt

1. Allgemeines
2. Häuserverzeichnis
3. Neuer Platz für den Wochenmarkt
4. Schloßgartenerweiterung

1. Allgemeines

Im Häuserbuch II[1] wird der Schloßplatz mit den dazugehörigen Häusern Nr. 1, 3, 5 und 4 im Zustand von 1945 beschrieben.
Schloßplatz 1 (Lit. B 14^1/$_2$) Plan-Nr. 6308, das „Drei-Dippe-Haus"[2], wurde 1968 von der Stadt erworben und abgerissen. Das Grundstück wurde in die neue Anlage des Landingtunnels einbezogen. Die Hausnummer Schloßplatz 1 entfiel zunächst.

Der Marktplatz ist im Häuserbuch IV[3] behandelt. Das einzige dort beschriebene Gebäude, Marktplatz 2, trägt heute die Hausnummer Luitpoldstraße 2. Die Straßenbenennung „Marktplatz" wurde am 1. Juli 1991 durch einstimmigen Stadtratsbeschluß aufgehoben.
Der städtische Wochenmarkt findet heute vor der Stadthalle, auf dem erweiterten Schloßplatz, statt. Dem Marktplatz selbst sind keine Hausnummern mehr zugeteilt.

2. Häuserverzeichnis

Schloßplatz 1   Flurstück Nr. 604, 608, 609

Stadthalle seit 1991

Geschichte

Nach dem Zweiten Weltkrieg mußten die durch Kriegseinwirkung entstandenen Schäden in Aschaffenburg wieder behoben werden. Der wachsende Kraftfahrzeugverkehr schaffte neue Probleme. Der damalige Oberbürgermeister Dr. Vinzenz Schwind holte 1961 Professor Dr. Max Guther aus Darmstadt, der mit Zustimmung des Stadtrats mit der Ausarbeitung von Rahmenplänen für die Neugestaltung der Stadt beauftragt wurde.
Für die Umgebung des Schlosses Johannisburg schlug Guther in Übereinstimmung mit dem Verkehrsplaner Professor Karl Heinz Schaechterle und Dipl.-Ing. Guido Holdschuer vor, das ursprüngliche Niveau des Landinggrabens, in dem früher der Ohmbach lief, wieder herzustellen, um so die Oberstadt optisch und räumlich besser erfaßbar zu machen. In diesen Graben sollte

---
[1] *Grimm* II, S. 411 ff: XIII. Schloßplatz mit Schloß Johannisburg.
[2] Ebd., S. 415 ff.
[3] Ebd., IV, S. 278 ff.

die „Nordwesttangente", ein Teilstück der von Schaechterle vorgeschlagenen inneren Ringstraße, gelegt werden. Nordöstlich des Schlosses sollte eine „Marktplatzplatte" die tiefliegende Straße überdecken. An der Stelle der heutigen Stadthalle war zunächst ein Einkaufszentrum vorgesehen, um den Marktplatz zu beleben und das Schloß deutlicher als bisher in das Stadtgeschehen einzubeziehen.

Mit der Eröffnung der City Galerie an der Goldbacher Straße 1974 war der Bedarf an Verkaufsflächen für den Einzelhandel damals gedeckt. Dagegen fehlte in Aschaffenburg ein Saal für größere Veranstaltungen. So lag es nahe, anstelle eines Einkaufszentrums eine Stadthalle zu errichten.

1975 lobte die Stadt Aschaffenburg einen Ideenwettbewerb für die Gestaltung des Schloßplatzes und der umgebenden Bebauung aus[4]. Das Preisgericht vergab fünf gleichrangige Preise und sprach eine allgemeine Empfehlung aus. In der Sitzung am 20. Dezember 1975 beschloß der Stadtrat, einen Bebauungsplan aufzustellen, und beauftragte das Stadtplanungsamt, die Planung weiter zu betreiben. 1985 erhielt Architekt Bernhard von Busse, München, einer der Preisträger von 1975, den Auftrag, am Schloßplatz den Neubau einer Stadthalle mit Tiefgarage zu planen. Der Neubau der Stadthalle mit Tiefgarage wurde nach vorliegenden planerischen und finanziellen Vorgaben am 21./22. Juli 1986 im Plenum des Stadtrats entschieden

Nach dem Abbruch des Hopfengartens konnte im September 1987 mit dem Bau der Stadthalle begonnen werden. Das neue große Gebäude zwischen Luitpoldstraße, Strickergasse und Treibgasse war 1991 fertig.

Entwurf und Ausführungsplanung: Architekturbüro Bernhard von Busse, München.

Vier Jahre arbeiteten etwa 90 Firmen unter der Oberleitung von Architekt Ulrich Scholtz, Stuttgart.

Die Tagwerksplanung führte das Ingenieurbüro Werner Schömig, Aschaffenburg, aus, für die Bühnentechnik war Dipl.-Ing. Manfred Weidner, Wernau, zuständig.

In das Areal der Stadthalle sind miteinbezogen die ehemaligen Grundstücke Strickergasse 4, 6, 8, 10, 12, 14, 16, Luitpoldstraße 1–3, Treibgasse 17.

Im Plenum des Stadtrats wurde am 1. Juli 1991 festgelegt, daß die Stadthalle die Zuordnung Schloßplatz 1 erhält.

Beschreibung

Die Stadthalle umfaßt einen umbauten Raum von 67.000 m^3, dazu kommen für die Tiefgarage weitere 43.000 m^3.

---

[4] Städtebaulicher Wettbewerb von 1975 in Bayern, Hessen und Baden-Württemberg zur Neugestaltung des Aschaffenburger Schloßplatzes.

Die Baukosten betrugen 80 Millionen DM, davon die Stadthalle 57 Millionen DM und die Tiefgarage mit Schutzraumtechnik 23 Millionen DM.
Die Stadthalle weist eine Reihe von Funktionsbereichen auf, die unabhängig voneinander betrieben werden können.

Großer Saal mit Foyer und Bühne
Der Mehrzwecksaal mit zum Teil höhenverstellbarem Boden bietet Platz für 1170 Personen bei Reihenbestuhlung, 653 Personen an Tischen. Bei Großveranstaltungen können durch zwei große Hubwände die Flächen des Foyers miteinbezogen werden. Dadurch erhöht sich die mögliche Besucherzahl auf 1493 bei Reihenbestuhlung und auf 1078 bei Aufstellen von Tischen.

Kleiner Saal mit Foyer
für 343 Personen bei Reihenbestuhlung und für 244 Personen bei Betischung.
Im Erdgeschoß Eingangsbereich mit Garderobe, Restaurant für 115 Personen, Gemeinschaftsraum, Küche, Bar, Verwaltung.
In den Obergeschossen Tagungsräume, Künstlergarderoben.
Technikerzentrale im zweiten Obergeschoß und Dachgeschoß.
Die Tiefgarage in vier Stockwerken faßt 471 Stellplätze für Personenkraftwagen. Einfahrt und Ausfahrt befinden sich in der Treibgasse.
Eröffnung der Stadthalle am 18. Oktober 1991.

Eigentümer
Stadt Aschaffenburg

Schloßplatz 3 und 5
siehe Grimm, Häuserbuch II, S. 419 ff.

Schloßplatz 2   Flurstück Nr. 504/1
Stadtbibliothek

Geschichte
Nachdem die Stadt Aschaffenburg 1974 von der Kaufhof A. G. Köln das Gebäude Herstallstraße 17[5] erworben hatte, konnte nach Umbauarbeiten 1976 in den Obergeschossen die Stadtbibliothek einziehen.
Am 22. Februar 1989 stimmte der Planungssenat des Stadtrats dem Vorschlag der Verwaltung zu, ein neues Bibliotheksgebäude zwischen dem Schloß und der im Bau befindlichen Stadthalle zu errichten. Der Planungsauftrag ging an den Architekten Bernhard von Busse in München.

---
[5] *Grimm* IV, S. 43 f.

Mit dem Neubau konnte am 10. September 1990 begonnen werden. An der Durchführung waren 40 Firmen beteiligt. Das Richtfest war am 17. November 1991. Die Baukosten betrugen 20 Millionen DM.
Der Umzug in das neue Bibliotheksgebäude begann am 15. Februar 1993. Die feierliche Eröffnung fand am 12. Juli 1993 im Beisein von Regierungspräsident Franz Vogt statt.
Auf einer Nutzfläche von 2.700 m² werden etwa 90.000 Medien angeboten.

Beschreibung

Das dreigeschossige Bibliotheksgebäude schiebt sich zwischen Schloß und Stadthalle und verhindert so die Konfrontierung dieser beiden großen Baumassen.
Auf der Seite des Schlosses begrenzt der leicht geschwungene Längstrakt die neugewonnene Erweiterung des Schloßgartens. Auf der anderen Seite schließt der Verwaltungstrakt einen kleinen ruhigen Platz mit Ausblick zur Jesuitenkirche oder zum Turm von St. Agatha.
Die zentrale Haupttreppe verbindet die einzelnen Bereiche. Neben den eigentlichen Bibliotheksräumen sind die Verwaltung, eine kleine Cafeteria, eine eigene Kinderabteilung und die städtische Touristik-Information untergebracht.

Eigentümer

Stadt Aschaffenburg

Schloßplatz 4

Schloß Johannisburg

Beschreibung im Häuserbuch II, S. 432 ff.

3. Neuer Platz für den Wochenmarkt

Wochenmarkt   Flurstück Nr. 504
zwischen Schloß Johannisburg und der Stadthalle

Geschichte

Am 12. März 1842 wurde der Wochenmarkt vom Karlsplatz in die Landingstraße verlegt[6]. Seit 1872 wurde er in der neuerbauten Markthalle, Landing-

---

[6] Ebd., S. 277.

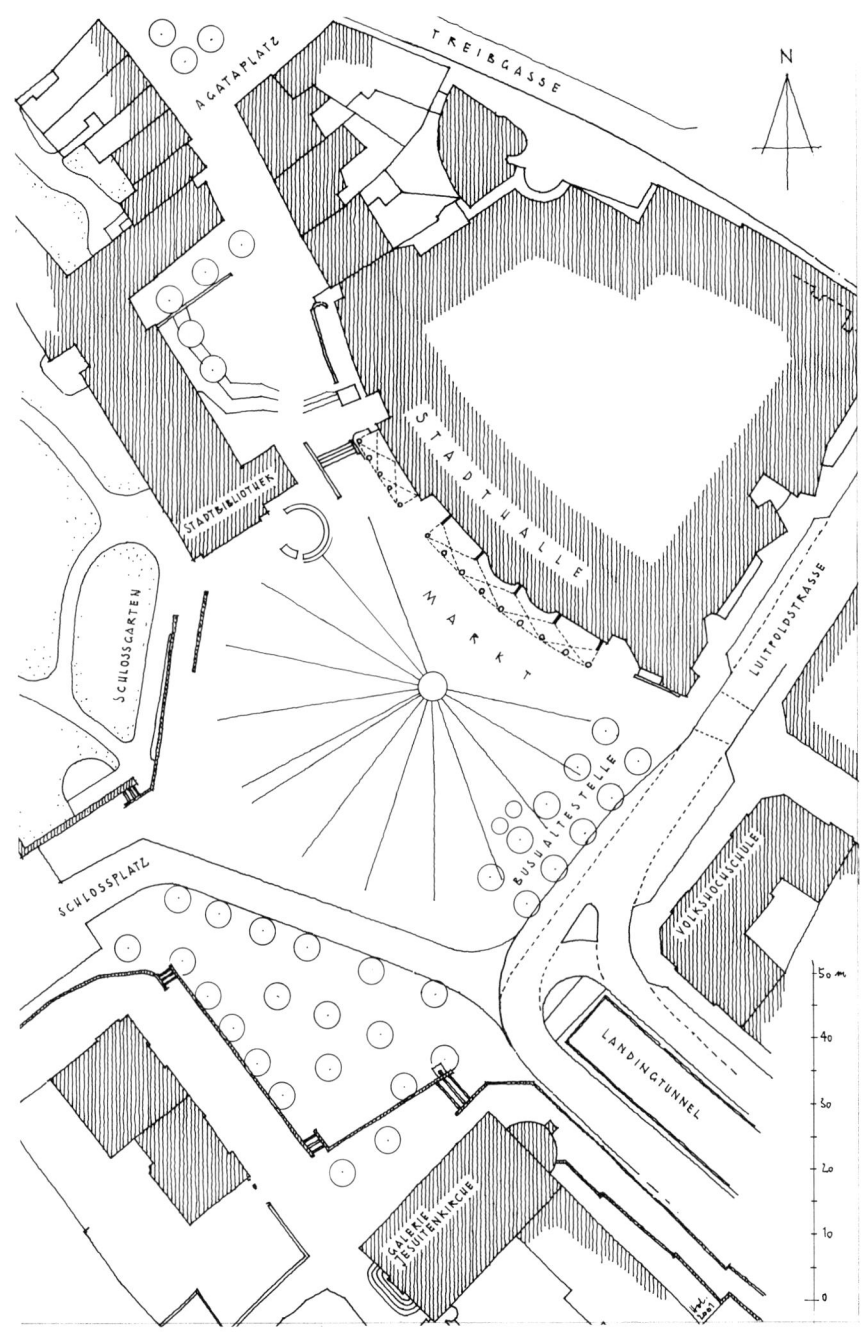

Abb. 172: Erweiterter Schloßplatz mit Markt, Stadthalle und Stadtbibliothek.

straße 15, abgehalten[7]. Um die Jahrhundertwende reichte der Platz nicht mehr aus, und der Marktbetrieb erweiterte sich auf den Platz vor den Englischen Fräulein und der Zufahrt zum Schloß. Die Markthalle in der Landingstraße wurde im Zweiten Weltkrieg zerstört, und es entwickelte sich auf den unbefestigten Flächen des mit Trümmerschutt aufgefüllten Schloßgartens ein neuer Markt. Bedingt durch die zentrale Lage, die günstige Verkehrsanbindung und die Parkmöglichkeiten entsteht in den folgenden Jahren ein beliebter und florierender Wochenmarkt.

Die Ausschreibung des Wettbewerbs für die Gestaltung des Schloßplatzes und der umgebenden Bebauung von 1975 verlangte auch die Ausweisung ausreichend bemessener Flächen für den Wochenmarkt. Architekt Bernhard von Busse, München, gestaltete vor der Kulisse von Schloß und Jesuitenkirche sowie in Anlehnung an Stadthalle und Stadtbibliothek einen Platz, der nicht nur dem Viktualienmarkt dient, sondern der sich auch bei kulturellen Veranstaltungen bewährt hat.

Dieser Platz wurde am 30. Mai 1992 eingeweiht.

Zur künstlerischen Gestaltung des neuen Platzes wird ein beschränkter Wettbewerb ausgeschrieben. Am 21. Dezember 1991 entschied sich das Preisgericht unter dem Vorsitz des Architekten von Busse für den Entwurf des Münchener Bildhauers Hans Rucker. Aus finanziellen Gründen wurde die Ausführung für die Jahre 1994 oder 1995 in Aussicht gestellt. Bis 2001 war noch nichts erfolgt.

Beschreibung

Die vorhandenen Höhenunterschiede nutzend, fällt der Platz in einem Halbrund zu einem zentralen Punkt in der Achse der Stadthalle, um zu deren Eingang hin wieder leicht anzusteigen. Bänder aus Granitplatten betonen das Halbrund des Platzes. Eingelegte radiale Streifen aus demselben Material führen auf den Tiefpunkt hin, auf dem, als optischem Mittelpunkt des Marktplatzes, eine Bronzesäule errichtet werden soll. Die Felder zwischen den Streifen sind mit wiederverwendeten Granitsteinen gepflastert.

Der neue Marktplatz hat eine Fläche von ca. 5.100 m^2 und ermöglicht, rund 550 laufende Meter Verkaufsstände aufzubauen.

Eigentümer

Stadt Aschaffenburg

---

[7] Ebd., S. 243 ff.

4. Schloßgartenerweiterung

Neue Fläche Flurstück Nr. 493

Die Fläche zwischen Ridingerstraße und Stadtbibliothek ist Eigentum der Schlösserverwaltung. Sie wurde bis zum Ende des Zweiten Weltkriegs überwiegend vom Institut der Englischen Fräulein genutzt.
Die Oberfläche des Geländes lag damals ca. 2 m tiefer als heute. Nach dem Krieg wurde das Gelände fast bis zur Höhe der Ridingerstraße mit Trümmerschutt aufgefüllt.
 Mit dem Bau der verlängerten Landingstraße, die dieses Grundstück untertunnelt, verpflichtete sich die Stadt Aschaffenburg, die Flächen nach Beendigung der Bauarbeiten als Teil des Schloßgartens neu zu gestalten. Die Schlösserverwaltung sanierte die wieder freigelegte Bastionsmauer und erhöhte die Brüstung entlang der Ridingerstraße. 1993, nach Fertigstellung der Stadtbibliothek, wurden Anpflanzungen, Rabatten, Grünflächen und Wege nach den Plänen des Landschaftsarchitekten Gerhart Teutsch aus München angelegt.

Eigentümer

Stadt Aschaffenburg

Anhang

Abgekürzt zitierte Literatur und Quellen

Amrhein, August	Die **Prälaten** und Canoniker des ehemaligen Collegiatstiftes St. Peter und Alexander zu Aschaffenburg, Würzburg 1882.
Amrhein, August	**Realschematismus** der Diözese Würzburg, Würzburg 1897.
Baeumer, Max	Heinse Studien, Stuttgart 1966.
Baierlein, Josef	Aschaffenburger Kultur- und Geschichtsbilder aus dem 16. und 17. Jahrhundert, Aschaffenburg 1891.
Bamberger, Salomon	Historische Berichte über die Juden der Stadt und des ehemaligen Fürstentums Aschaffenburg, Straßburg 1900.
Bautagebuch	Erweiterung der Kapuzinerkirche von 1908/09, Aschaffenburg, Kapuzinerkloster.
Becker, Josef	**Aschaffenburg**. Heimatgeschichtliche Arbeitsblätter, hrsg. vom Stadtschulamt, Aschaffenburg 1959.
Brander, Vitus	Geschichtliche Entwicklung und Rechtsverhältnisse der katholischen Pfarreien in Aschaffenburg, in: AJb 4/2 (1957), S. 927.
Brück, Anton	Aus der Schwedenzeit Aschaffenburgs 1631–1634, in: AJb 4/2 (1957), S. 719.
Brügmann, Claus	Das älteste Nekrolog des Stifts St. Peter und Alexander zu Aschaffenburg, in: Veröffentlichungen des Aschaffenburger Geschichts- und Kunstvereins 30, Aschaffenburg 1989.
Bülow, Marie von (Hrsg.)	Hans von Bülows Briefe, 7 Bde., Leipzig 1895–1908. ²1899, ³1925.
Christ, Günter	Aschaffenburg. **Grundzüge der Verwaltung** des Mainzer Oberstifts und des Dalbergstaates, in: Historischer Atlas von Bayern, Teil Franken I, 12, München 1963.
Domarus, Max	Das Aschaffenburger Vizedomamt unter den Grafen von Schönborn 1672 bis 1772, in: AJb 4/2 (1957), S. 737.
Domarus, Max	**Ludwig I.** von Bayern und das kirchliche Leben von Aschaffenburg, in: Heiliges Franken, Beil. z. Würzburger kath. Sonntagsblatt, Nr. 6, Dezember 1973.

Ebert, Monika	Das Medizinalwesen in Aschaffenburg und Umgebung unter bevorzugter Berücksichtigung des 19. Jahrhunderts, in: Schriftenreihe der Münchener Vereinigung für Geschichte der Medizin e. V., Bd. 3, München 1979.
Ebert, Monika	**Das Pfarrhaus von St. Agatha**, in: Die Pfarrei St. Agatha zu Aschaffenburg, Aschaffenburg 1992.
Ebert, Monika	Friedrich Dessauer – Grenzgänger zwischen Physik und Medizin, in: AJb 16 (1993), S. 341.
Ebert, Monika	Johann Nepomuk **Miehle** - Familie **Englert**, in: Spessart (1982), Nr. 12, S. 8.
Echtersches Andachtsbuch	siehe: Stotzingen, O.
Engel, Wilhelm	**Vogteinöte** der Abtei Seligenstadt am Spessartrand, in: AJb 4/2 (1957), S. 471.
Festschrift (1898)	Das Institut Mariae der Englischen Fräulein zu Aschaffenburg 1748–1898. Festgabe [**Festschrift**] zum 150jährigen Bestehen, Aschaffenburg 1898.
Festschrift (1998)	**Festschrift** zum 250jährigen Bestehen. Institut der Englischen Fräulein Maria-Ward-Schule, Aschaffenburg im Juli 1998.
Fischer, Hermann	**Orgelchronik** der Pfarrkirche St. Agatha Aschaffenburg, in: Die Pfarrkirche St. Agatha zu Aschaffenburg, Aschaffenburg 1992.
Fischer, Roman	**Aschaffenburg** im Mittelalter, Studien zur Geschichte der Stadt von den Anfängen bis zum Beginn der Neuzeit, in: Veröffentlichungen des Aschaffenburger Geschichts- und Kunstvereins 32, Aschaffenburg 1989.
Fischer, Willibald/ Grimm, Alois	Aus der Geschichte der Pfarrei zu **Unserer Lieben Frau** von Aschaffenburg, in: Veröffentlichungen des Aschaffenburger Geschichts- und Kunstvereins 14, Aschaffenburg 1975.
Flesche, Edgar	Jakob Hofmann, Professor für Bildhauerei an der Technischen Hochschule Braunschweig, in: AJb 3 (1956), S. 421.
Franz, Nicola	**Tätigkeit, Leben und Wirken** der Englischen Fräulein in Bayern im 18. Jahrhundert, dargestellt an den Instituten von Burghausen und Altötting, in: Obb. Archiv 97 (1973).
Friederichs, Heinz F.	Aschaffenburg im Spiegel der Stiftsmatrikel 1605–1650, in: Veröffentlichungen des Aschaffenburger Geschichts- und Kunstvereins 6, Aschaffenburg 1962.

Friederichs, Heinz F.	**Sippe und Amt** im kurmainzischen Vizedomamt Aschaffenburg 1450 bis 1650, in: AJb 4/2 (1957), S. 1023.
Fußbahn, Heinrich/ Jung Elisabeth	Die Kirchenbücher der Pfarrei St. Agatha in Aschaffenburg (1620–1738), Aschaffenburg 2000.
Fußbahn, Heinrich	Dr. Nikolaus Georg **Reigersberger**, Aschaffenburger Stadtschultheiß und kurmainzischer Kanzler, in: AJb 20 (1999), S. 121.
Giegerich, Christian	Die Gruft unter dem Chor der Muttergottespfarrkirche zu Aschaffenburg, in: Grimm, Alois, Die Pfarrei zu Unserer lieben Frau, 1975, S. 207.
Göbel, M.	Aschaffenburger **Vizedome**, in: AGBl (1935), Nr. 4, S. 9.
Görich, Willi	Betrachtungen zum Aschaffenburger Stadtgrundriß, in: AJb 5 (1972), S. 251
Goes, Martin	Wilhelm Mühlon (1878–1944) Kruppdirektor und Europäer, in: AJb 20 (1999), S. 403.
Gonzaga, Freifrau von	Geschichte des Englischen Instituts Beatae Mariae Virginis in Bayern, München 1907.
Gotha,	Genealogisches Taschenbuch Freiherrl. Häuser.
Grimm, Alois	Aschaffenburger Häuserbuch I-IV, in: Veröffentlichungen des Aschaffenburger Geschichts- und Kunstvereins, Aschaffenburg 27 (1985), 34 (1991), 41 (1994), 43 (1996).
Grimm, Alois	Beitrag zur Baugeschichte der Pfarrkirche St. Agatha zu Aschaffenburg, in: AJb 3 (1956), S. 259.
Grimm, Alois	Die Pfarrei zu Unserer Lieben Frau. Festschrift zur 200. Wiederkehr der Weihe der Muttergottespfarrkirche, in: Veröffentlichungen des Aschaffenburger Geschichts- und Kunstvereins 14, Aschaffenburg 1975.
Gudenus, Valentin Ferdinand	Sylloge I variorum diplomatariorum monumentorumque veterum ineditorum adhuc et res Germanicas in primis vero Moguntinas illustrantium, Frankfurt 1728.
Haus, Franz	**Chronik** von der Stadt Aschaffenburg oder der lustige Zeitvertreib, Aschaffenburg 1855.
Hefner-Alteneck, Jakob Heinrich von	Lebenserinnerungen, München 1899.
Hirsching, Friedrich	Historisches Stifts- und Klosterlexikon, Bd. 1. Leipzig 1792, S. 175.
Hock, Adalbert	**Chronik** der Familie Hock, Aschaffenburg 1946.

Hoffmann, Johann	Sammlung von Architekturen, Grundriß, Zeichnungen 1827.
Jäckle, Renate	Schicksale jüdischer und „staatsfeindlicher" Ärztinnen und Ärzte nach 1933 in München, München 1988.
Kahlenberg, Friedrich P.	Kurmainzische Verteidigungseinrichtungen und Baugeschichte der Festung Mainz im 17. und 18. Jahrhundert, in: Beiträge zur Geschichte der Stadt Mainz, Bd. 19, Mainz 1963.
Kempf, Martin	Genealogie der Grafen von **Ingelheim**, gen. Echter von und zu Mespelbrunn, in AJb 20 (1999), S. 11.
Ketterer, Hermann	Bunte Nachrichten über die im ehemaligen Fürstentume Aschaffenburg ansässigen Juden, in: AGBl (1924), Nr. 6, S. 73.
Ketterer, Hermann	Das Fürstentum Aschaffenburg und sein Übergang an die Krone Bayern, Aschaffenburg 1914/15.
Kittel, A.	Beiträge zur Geschichte der Freiherren **Echter** von Mespelbrunn, Würzburg 1882.
Kittel, Joseph	Stammbaum des Geschlechts der von **Gonsrod**, 1897.
Kittel, Martin Balduin	Die **Bau**ornamente aller Jahrhunderte an Gebäuden der Königlich Bayerischen Stadt Aschaffenburg, Lfg. 1–17, Aschaffenburg 1842-67.
Kittel, Martin Balduin	**Sonst** und jetzt. Geschichtliche Federzeichnungen über Aschaffenburg, Aschaffenburg 1909.
Kittel, Martin Balduin	[ZS] Zettelsammlung im Stadtarchiv, Aschaffenburg.
Kneschke, Ernst Heinrich	Neues allgemeines Deutsches Adels-Lexikon, Bd. IX, Leipzig 1929.
Köhl, Willi	Aschaffenburg, Urgeschichte, Geschichte, Wirtschaft, Aschaffenburg 1935.
Körner, Peter	Biographisches Handbuch der Juden in Stadt und Altkreis Aschaffenburg [**Biogr. HB.**], in: Veröffentlichungen des Aschaffenburger Geschichts- und Kunstvereins 39, Aschaffenburg 1993.
Krämer, Werner	Die Glocken der St. Agatha-Kirche, in: Die Pfarrei St. Agatha zu Aschaffenburg, Aschaffenburg 1992.
Krämer, Werner	Vor 100 Jahren wurde der **Ludwigsbrunnen** in Aschaffenburg feierlich enthüllt, in: MSSA Aschaffenburg 5 (1996–1998), S. 161.
Leitner, Jakob	Geschichte der Englischen Fräulein und ihrer Institute seit ihrer Gründung bis auf unsere Zeit, Regensburg 1869.

Link, Georg	**Klosterbuch** der Diözese Würzburg, Bd. 2, Würzburg 1876.
Lorenz, P. Sigismund	Aschaffenburger Klosterbilder aus der Geschichte der Kapuziner zu Aschaffenburg 1620–1908, Aschaffenburg 1908.
Mader, Felix	Die Kunstdenkmäler des Königreichs Bayern. Unterfranken, XIX Stadt Aschaffenburg, München 1918.
Mader, Felix	Die Kunstdenkmäler von Bayern. Unterfranken, XXIII Bez.-Amt Obernburg, München 1925.
Merzbacher, Friedrich	Betrachtungen zur Rechtsstellung des Aschaffenburger Kollegiatstiftes St. Peter und Alexander im Mittelalter, in: AJb 4/1 (1957), S. 315.
Morsheuser, Hans	Aschaffenburg im 30jährigen Krieg, in: AGBl. (1931), Nr. 11, S. 17.
Neumann, Ronald	Regesten Kaiser Friedrichs III., Heft 5, Wien 1988.
Pechmann, M.	Freifrau von Gonzaga, Geschichte des Englischen Institutes Beatae Mariae Virginis in Bayern, München-Nymphenburg 1907.
Pollnick, Carsten:	Aschaffenburger **Straßennamen**, in: stadtgeschichtl. Beiträge, Bd. 1, Aschaffenburg 1990.
Rachor, G	Notizen über die vormaligen Kirchen in und um Aschaffenburg, Aschaffenburg 1935.
Rall, Hans	Die politische Entwicklung von 1848 bis zur Reichsgründung 1871, in: Spindler, Handbuch der bayerischen Geschichte, Bd. IV, (Nachdr.) 1979.
Real- und Personalschematismus	der deutschen Schulen im Kreise Unterfranken und Aschaffenburg, bearb. von Andreas Wolfgang Nikola, I. Teil: Katholische Schulen, Würzburg 1904.
Reidel, Hermann	Emanuel Joseph von **Herigoyen**, Kgl. bayer. Oberbaukommissar 1746–1817, München 1982.
Rohleder, Renata	**Das Institut der Englischen Fräulein** in Aschaffenburg in der Zeit von 1935 bis zum Neubeginn, in: AJb 9 (1985), S. 143.
Schematismus	des Bistums Würzburg, Würzburg 1828.
Scherg, Theodor Josef	Aschaffenburger **Schulkampf** um die Besetzung der Lehrstellen in den Pfarreien der St. Agatha und B.M.V. (1804–1806), in: AGBl (1911), Nr. 4, S. 35.
Scherg, Theodor Josef	Dalbergs Hochschulstadt Aschaffenburg, Bd. 1 Geschichte [**Hochschulstadt**], Aschaffenburg 1954.
Scherg, Theodor Josef	Dalbergs Hochschulstadt Aschaffenburg, Bd. 2 Matrikelbuch [**Matrikel**], Aschaffenburg, 1954.

Scherg, Theodor Josef	Das **Schulwesen** unter Karl Theodor von Dalberg, Aschaffenburg 1939.
Schnell und Steiner-Verlag	**Aschaffenburger Kapuzinerkirche**, München, 1940.
Schober, Johann	Die Aschaffenburger Straßennamen, Aschaffenburg 1906.
Schohe, Erich	Kunst und Kultur um Aschaffenburg, Ausstellung zum Kreistag 1938, Spessartmuseum Aschaffenburg.
Schulstatistik	Gemeinde Schulstatistik von 1833.
Seibert, Ludwig	Sippenbuch der Stadt und Zent Seligenstadt, Seligenstadt 1934.
Severus, Johannes Sebastian	Moguntia ecclesiastica hodierna, Wertheim 1763.
Spies, Hans-Bernd (Hrsg.)	Carl von Dalberg. Ausgewählte Schriften, Aschaffenburg 1997.
Spies, Hans-Bernd (Hrsg.)	Carl von Dalberg. 1744–1817. Beiträge zu seiner Biographie, in: Veröffentlichungen des Aschaffenburger Geschichts- und Kunstvereins 40, Aschaffenburg 1994.
Spies, Hans-Bernd	Das Heiratsgut einer Aschaffenburger Kleidermacherin im Jahre 1864, in AJb 10 (1986), S. 237.
Spies, Hans-Bernd	Ein satirisches antipreußisches Flugblatt aus Aschaffenburg (1866) und sein Drucker, in: MSSA Aschaffenburg 1 (1983–1986), S. 65.
Spies, Hans-Bernd	Georg Ridinger (1568–1616), Architekt, in: Fränkische Lebensbilder, Band 17, 1998.
Spies, Hans-Bernd	König Gustaf II. Adolf von Schweden und Aschaffenburg 1631, in: MSSA Aschaffenburg 5 (1996–1998), S. 241.
Springer, Franz	Zur Geschichte des Aschaffenburger höheren Unterrichtswesens 1. Das Aschaffenburger Gymnasium unter Leitung des Jesuitenordens 1620–1773, Aschaffenburg 1901.
Stadtmüller, Alois	Aschaffenburg im Zweiten Weltkrieg [**I**], Bombenangriffe – Belagerung – Übergabe, Aschaffenburg 1970.
Stadtmüller, Alois	Aschaffenburg nach dem Zweiten Weltkrieg [**II**], Zerstörung – Wiederaufbau – Erinnerungen, Aschaffenburg 1973.
Statistik	der deutschen Schulen im Kreise Unterfranken und Aschaffenburg, Würzburg 1874.

Stenger, Erich	Die Steingutfabrik **Damm** bei Aschaffenburg 1827–1884, Aschaffenburg 1949.
Stotzingen, O.	Gedenkblätter der Echter von Mespelbrunn und der Grafen von Ingelheim, genannt Echter von Mespelbrunn, **Echtersches Andachtsbuch**, in: Arch. des hist. Vereins, Bd. 50, S. 179, Würzburg 1908.
Thiel, Matthias	**Urkundenbuch** des Stifts St. Peter und Alexander zu Aschaffenburg, Bd. 1: 861–1325, in Veröffentlichungen des Geschichts- und Kunstvereins Aschaffenburg e. V. 26 (Hrsg. Hans-Bernd Spies), Aschaffenburg 1986.
Treppner, Hermann	Darstellung der Verhältnisse der unmittelbaren Stiftungen im Regierungsbezirke Unterfranken und Aschaffenburg, Würzburg 1878.
Welsch, Renate	Der Kapperich – eines der letzten Ascheberger Originale, in: AJb 17 (1994), S. 285.
Winkler, M. Theodolinde	Hundert Jahre im Dienste der Höheren Mädchenbildung, 2 Bde, München 1935.
Winkler, M. Theodolinde	Maria Ward und das Institut der Englischen Fräulein in Bayern (1626–1810), München 1926.
Wirth, Josef	**Aschaffenburg**. Eine Sammlung alter Stiche, Lithographien, Zeichnungen und Gemälde, Aschaffenburg 1948.
Wolfert, Alfred F:	Aschaffenburger **Wappenbuch**, Aschaffenburg 1983.
Würdtwein Stephan Alexander	Diplomataria I Maguntina, Mainz 1788, S. 356.
Zentgraf, Joachim	Ältere Aschaffenburger Schulbauten. Eine geschichtliche Studie aus dem 19. Jahrhundert, Würzburg 1975.
Zorn, Wolfgang	Bayerns Geschichte im 20. Jahrhundert, München 1986.
Zülch, Walter	Der historische Grünewald. Mathis-Gothardt-Neithardt, München 1938.

Zeitschriften und Periodika

AB Adreßb.	Aschaffenburger Adreßbuch
AB Anzeiger	Aschaffenburger Anzeiger
AB Schreib- und Adreßkal.	Aschaffenburger Schreib- und Adreßkalender
AB Wochenbl.	Aschaffenburger Wochenblatt
AGBl	Aschaffenburger Geschichtsblätter
AJb	Aschaffenburger Jahrbuch für Geschichte, Landeskunde und Kunst des Untermaingebietes, hrsg. vom Geschichts- und Kunstverein Aschaffenburg e.V.
AUfr.	Archiv des Historischen Vereins von Unterfranken und Aschaffenburg
AZ	Aschaffenburger Zeitung
BaM	Beobachter am Main
Depart.Bl.	Departementsblatt Aschaffenburg
Großherzogt.Ffm. Staatskal.	Staats-Calender für das Großherzogtum Frankfurt
Intell.Bl.	Aschaffenburger Intelligenzblatt
Justizministerialblatt	für das Königreich Bayern
ME	Main-Echo
MPost	Main-Post
MSSA	Mitteilungen aus dem Stadt- und Stiftsarchiv Aschaffenburg
Mz. Hof- und Staatskal. v.	Kurmainzischer Hof- und Staatskalender
Spessart	Monatsschrift des Spessartbundes, Zeitschrift für Wandern, Heimatgeschichte und Naturwissen
Statist. Amts- und Adreßbuch	Statistisches Amts- und Adreß- Handbuch für den königl. Bayer. Regierungsbezirk Unterfranken und Aschaffenburg, Ansbach 1874.
VB	Aschaffenburger Volksblatt.

Abkürzungen und Siglen

A	=	Akte
AB	=	Aschaffenburg
Abb.	=	Abbildung
Akt.	=	Akten
alb	=	Albus
ALZ	=	Alzenau
Anm.	=	Anmerkung
Archiv EFM	=	Archiv der Englischen Fräulein, München
B.	=	Blatt, Blätter
Bd.	=	Band
Bel.	=	Beleg
Bez. Verein	=	Bezirksverein
Bgb.	=	Bürgerannahmebuch im StaA
DAWü	=	Diözesanarchiv Würzburg
EB	=	Erzbischof
ebd.	=	ebenda
Engl. Frl.	=	Englische Fräulein
Fasz.	=	Faszikel
ff.	=	folgende
Ffm	=	Frankfurt am Main
fl.	=	Florin, Gulden
fol.	=	Folio
Frfr.	=	Freifrau
Frhr.	=	Freiherr
geb.	=	geboren
gen.	=	genannt
Gew.	=	Gewerbe
G.I.F.	=	Gräflich Ingelheimisches Familienarchiv
Gr.A	=	Grundakte
Gr.B	=	Grundbuch
H.	=	Heft
HR	=	Heimatregister
HStA Mü	=	Bayerisches Hauptstaatsarchiv München
HStA Wi	=	Hauptstaatsarchiv Wiesbaden
Hypb.	=	Hypothekenbuch
Jg.	=	Jahrgang
Jh.	=	Jahrhundert
kal.	=	Kalender
Kap. Chronik	=	Kapuziner Chronik Aschaffenburg
KF, kf.	=	Kurfürst, kurfürstlich
kgl.	=	königlich

kmz.	=	kurmainzisch
kr.	=	Kreuzer
Lfg.	=	Lieferung
LG	=	Landgericht
Lib.Praes.	=	Liber Praesentiarium
Lit.	=	Littera (Buchstabe)
m	=	Meter
Mag.Prot.	=	Magistratsprotokoll
matr.	=	Matrikel, Verzeichnis
Mlt.	=	Malter
MRA	=	Mainzer Regierungsarchiv
Ms.	=	Manuskript
Mz.	=	Mainzer
N.N.	=	nomen nescio, Name unbekannt
Nr.	=	Nummer
o.J.	=	ohne Jahr
o.Nr.	=	ohne Nummer
Pf.	=	Pfennig
Pfd.	=	Pfund
Plan-Nr	=	Plan-Nummer
Pol.	=	Polizei
Prot.	=	Protokoll
P.u.A.	=	St. Peter und Alexander
R	=	Rechnung
Ratsprot.	=	Ratsprotokoll im StaA
Reg.	=	Register
Reg.Ufr.	=	Regierung Unterfranken
S.	=	Seite
Sig.	=	Signatur
Sp.	=	Spalte
StaA	=	Stadtarchiv Aschaffenburg
StADa	=	Hessisches Staatsarchiv Darmstadt
StAWü	=	Bayerisches Staatsarchiv Würzburg
StiA	=	Stiftsarchiv Aschaffenburg
Stiftsprot.	=	Stiftsprotokoll
U	=	Urkunde
ULF	=	Muttergotteskirche zu Unserer Lieben Frau
v.	=	von
verh.	=	verheiratet
verw.	=	verwitwet
vgl.	=	vergleiche
zit.	=	zitiert

Register

Topographische Begriffe, Orte

Affaltrach/Kreis Heilbronn 237
Altenbuch 371
Altendorf/Saulgau 287
Altötting 13, 20
Alzenau 10, 659
– Rentamt 116
Amorbach 29, 145, 428, 462, 552, 648
Amsterdam 128, 131
Aschaffenburg 8, 10, 12, 13, 17–20, 26, 32, 49, 51, 63, 64, 71, 80, 112, 113, 118, 121, 131, 132, 145, 146, 152, 157, 160, 165, 168, 171, 184, 185, 194–197, 199, 200, 209, 212, 224, 229, 230, 237, 238, 245–247, 249–255, 262, 263, 265, 279, 295, 314, 317, 319, 322, 323, 324, 330, 332, 334, 340, 341, 351, 354, 355, 359, 370–372, 377, 380, 404, 408, 410, 413, 430, 431, 434, 436–438, 453, 454–456, 459, 461, 462, 464, 466, 467, 473, 476, 478–481, 483–485, 496, 504, 507–509, 513–515, 517, 529, 530, 532, 537, 543, 544, 548, 549, 553, 558, 559, 562, 568–571, 576, 584, 605, 606, 608, 611, 613, 620, 621, 625, 626, 631, 632, 637, 638, 643, 650, 659, 660, 664, 669, 670, 671
– Damm 13, 65, 68, 70, 73, 74, 137, 160, 170, 172, 189, 237, 360, 370, 372, 482, 485, 552, 597
– Nilkheim 355
– Obernau 583
– Schweinheim 13, 86, 276, 552
Augsburg 485, 649, 654

Babenhausen 310
Bachgau 9, 338, 435
Baden 70
Baden-Württemberg 670
Bad Homburg 482, 484
Bad Reichenhall 112
Bamberg 112, 198, 200, 207, 224, 248, 268, 370, 393, 484
– Appellationsgericht 268
Barmherzige Brüder, Schweinspoint 12
Bayern 71, 200, 333, 341, 403, 406, 459, 480, 544, 576, 670
– Finanzaerar 209, 468
– Freistaat 209, 319, 333, 621, 660, 664
– Generalkonservatorium der Kunstdenkmäler und Altertümer in Bayern 403, 406
– Justizaerar 138, 194
– Justizministerium, kgl. 117
– Justizverwaltung 195, 209
– Kammer des Innern 506
– Königreich 544, 621
– Ministerium für Kirchen- und Schulangelegenheiten, kgl. 465, 468, 478, 485
– Regierung, kgl. 195, 232
– Staatsaerar 117, 138, 139, 183, 195–198, 279, 548, 664
– Staatsministerium des Innern 3, 10, 561
– Staatsministerium der Justiz 3, 10, 117, 194–196, 202
– Staatsregierung 561, 562
Befreiungskriege (1813–1815) 9
Bensheim 412
Berlin 131, 631, 634, 635
Bingen 501, 504
Brindisi 26
Bruchsal 428
Brückenau 504, 525, 573
Burgau/Schwaben 200

Danzig 523
Darmstadt 326, 508, 548, 561, 669
– -Eberstadt 611
Dettelbach 586
Dettingen 238, 582
Deutschland 255
Deutscher Krieg (1866) 10, 471
Deutsches Reich 209, 319, 327, 333, 588
Dieburg 354, 435, 572
Diedesfeld 156
Dinapore/Indien 485
Donauwörth 17, 28
Düdelsheim/Büdingen 245
Düsseldorf 157
– -Rheinterrasse 611

Ebern 199
Ebersbach 483
Egloffstein 513
Eichelsbach 372
Einsiedel 379
Elsenfeld 55

Eltmann 428
Engelberg, Kloster 19
England 212
Erfurt 237, 557
Erlangen 648
Erlenbach 515
Erlenbach/Hessen 525
Euerdorf 34
Europa 513

Frankfurt 10, 20, 39, 49, 91, 108, 112, 121, 122, 136, 138, 140, 145, 253, 287, 315, 334, 336, 364, 371, 390, 391, 398, 453, 549, 552, 571, 576, 583, 609–611, 613, 616, 622, 632, 638, 649, 654
– Großherzogtum 10, 50, 136, 140
– Senckenberg-Museum 398
Frankreich 23, 212, 513
Franzosen 63
Freiburg 391
Fronhofen 558

Geisa/Thüringen 370
Geißelwind/Schwarzenberg 548
Gemünden 200
Germersheim 91
Gießen 132
Giuliana 28
Glattbach 16, 609, 610
Gochsheim/Baden 70, 71
Göppingen 648
Goissenheim 263
Goldbach 268, 371, 572, 609, 619
Großheubach 170
Großostheim 83, 159, 199, 254, 370, 482, 484, 514, 556, 557, 559, 569, 570, 609
Großwallstadt 531
Gunzenbach 292

Haibach 17
Halberstadt 8
Hamburg 238, 391, 509
Hanau 49, 453, 552
– Heer bei 9
– Schlacht bei 9
Hardheim 17
Hausen 513, 611
Heiligenstadt 370
Helmstadt 371
Heltau bei Hermannstadt 611

Hemsbach 168
Hessen 670
Hessenthal 531
Heusenstamm 371
Höchstädt 371
Hörstein 55
Hösbach 200
Hofheim/Bergstraße 107
Hofstetten/Kreis Obernburg 552
Husum 53

Ickelheim bei Uffenheim 611
St. Ingbert/Rheinpfalz 482
Indien 485
Ingelheim 611
Izbica (Polen) 588

Johannesberg 4

Kairo 509
Kaltenberg 597
Kapuziner
– -kloster, München 8, 11, 20, 23, 26
Karlsbad 611
Karlsruhe 291, 583
Karlstadt 515
Kaufbeuren 23
Kleinheubach 514
– Schloß 514
Kleinostheim 92, 413, 478, 483, 528, 570, 593
Kleinwallstadt 279
Klingenberg 102, 168, 197
Köln 513, 671
Konstanz 212
Kreuzwertheim 609
Kriftel/Main-Taunuskreis 412
Krombach
– Kirche 10
Kronberg 8
Kühlsheim 39

Ladenburg/Neckar 558, 570
Laudenbach 425
Laufach 11, 17
Leidersbach 295
Leitmeritz (Sudetenland) 611
Limburg 430, 586, 596
Lindau 5
Lohr 19, 29, 156, 371, 654
Ludwigsburg 586

Lugano 514
LWS, Würzburg 242

Maibach b. Schweinfurt 372
Mailand 394
Mainz 8, 9, 18, 26, 63, 91, 131, 137, 145 300, 340, 371, 392, 436, 456, 548, 638, 640
– erzb. mz. Generalvikariat 360, 377, 378, 484
– Hof, kf. 49, 249
– Hofkammer, kf. 137, 575
– Landesdirektion, kf. 63, 377, 410
– Regierung, kf. 124–126, 542, 543, 545
– -Weihergarten 137
Marktbreit 200
Marktheidenfeld 122, 371, 515
Mechenhard 104
Meißen 8
Memmingen 199
Merian, Lageplan 49, 165
Mespelbrunn 263
– Schloß 261, 262
Michelstadt 611
Miltenberg 11, 20, 22, 370, 577, 583, 609, 648
Mömbris 200, 370, 439
Mömlingen 200, 514, 611
Mönchberg 514, 586
München 8, 11, 19, 20, 23, 26, 71, 112, 189, 194, 200, 202, 215, 229, 340, 390, 428, 478, 479, 484, 485, 501, 523, 561, 670, 671, 674, 675
– Bauinspektion, kgl. 464, 466, 536
– Bayer. Nationalmusem 71
– Bayer. Landesamt für Denkmalpflege 4, 12, 35, 38, 210, 254, 261, 334, 515, 532, 578
– erzb. Kommissariat 457, 459
– Forstbotanisches Institut 340
– Hof-Bau-Intendanz, kgl. 108, 116
– Hofmarschallamt, kgl. 363
– Hofkammer 575
– Kapuzinerkloster 8, 20
– Landesvermessungsamt 229
– -Nymphenburg 455, 473, 478, 485, 509
– Oberhofmeisterstab, kgl. 9, 468, 473, 502, 507, 537, 561, 621
– oberste Baubehörde, kgl. 194
– Residenz, kgl. 464
– -Solln 28
– Verwaltung der staatl. bayer. Gärten und Seen 109, 112, 477, 478, 675
– Versicherungskammer 189

Nassau/Saarbrücken 571
Neuhausen/Schweiz 654
Neustadt 238, 287
Nidda 268
Niedernberg 372
Niedersteinbach bei Alzenau 609, 611
Nürnberg 11, 197, 563, 588, 623

Oberbessenbach 622
Obernau 112, 583
Obernburg 159, 370, 371, 431
Oberschleißheim 239, 240
Oberschlesien 238
Obersteinbach bei Eltmann/Kr. Haßfurt 570
Offenbach 131
Oppau/Rheinland-Pfalz 58
Orb 152, 156, 394
Österreich 9, 10, 471, 497
– Verwundete 10

Paderborn 370
Paris 131
Passau 131
Passau-Hackelberg 16, 29
Pfaffendorf, Schloß bei Ebern 483
Pfalz 558
Pflochsbach 514
Possenheim 555
Prag 497
Preußen 10, 471
Prozelten 575

Regierung von Unterfranken 52, 151, 152, 183, 213, 253, 267, 293, 401–404, 463–466, 468, 469, 485, 545, 562, 606, 620, 621
Rheinland-Pfalz 58
Reistenhausen 383
Rom 479, 485
Roth/Rhön 372
Rothenbuch 413, 619
– Rentamt 266, 272, 339, 341
– Schloß 341
Rothenburg/Windheim 463
Rüdesheim 199, 531

Saarbrücken 200

Sailauf 437
Salmünster 370
Sarnsheim b. Bingen 276
Seligenstadt 374, 514
Sigmaringen 26
Simbach 20
Söcking/Obb. 200
Speyer 112
Spessart 92, 171, 338, 340, 428, 435, 541, 606
Südfrankreich 23

Schäftlarn 485
Schmerlenbach
– Kloster
Schollbrunn
– Zwieselmühle 506, 522
Schwaben 200
Schweden 18, 353
Schweinfurt 42, 102, 200, 355
Schweinspoint 12
Schweiz 131, 638, 654

Steinheim 172
Stockstadt 164, 165
Stuttgart 670

Thüringen 28
Tours 355
Trier 18, 548
Tschirn b. Kronach 200
Türken 323

Ungarn 552
Unterbessenbach 145

Veitshöchheim 515
Vilbel 592

Waldshut/Baden 287
Wasserlos 239
Weikersheim 17
Wenigumstadt 212
Wernau 670
Wernfeld 528
Wertheim 287, 528
Wetzlar 626
Wien 610
Wiesbaden 636
Weyer/Landkreis Schweinfurt 42, 102
Wörth 340, 514

Württemberg 237
Würzburg 10, 12, 23, 52, 101, 104, 108, 151, 197, 199, 200, 242, 248, 262, 355, 362, 372, 381–383, 390, 407, 463, 479, 482–485, 533, 543, 606, 622, 643, 648
– Bauamt, bischöfl. 355
– Diözesanarchiv 372
– Diözese 355, 382, 383, 483
– Landesgewerbeanstalt 101
– Ursulinenkloster 485
– Staatsarchiv 550

Zellingen 383
Zweibrücken 200, 555

Topographische Begriffe in Aschaffenburg

Adenauerbrücke 483
Äußere Glattbacher Straße 94
Agatha
– -gasse 430
– -kirchweg 212, 269
– -pforte, siehe Strickerpforte
– -platz 210, 215, 219, 229, 230, 231, 285, 287, 369, 372, 382, 386, 413, 420, 424, 426, 442, 453, 454, 592–595
Annakapelle 183, 184, 374, 380, 395, 397, 398, 400–408, 410, 411, 417, 620
Amerikaner 645
Amtsgericht, siehe Gericht
Apotheke
– Hofapotheke zum Schwanen 576
Armenfonds 461, 455
Aschaffenburger Zeitung 12, 98, 275, 544, 645, 647, 648
Auf dem Schutz 8, 18, 30, 45, 103
– Weinberg am (im) Schutz 63, 64, 65, 68, 70
Auhofstraße 224

Badergasse 114, 137, 254, 365
Bahn (Eisenbahn, Reichsbahn) 51, 93, 161, 233
Bahnhof 51, 93, 195
Banken und Sparkassen
– Bezirkssparkasse 660
– Distriktssparkasse 660
– Dresdner Bank 334, 336, 631, 632, 638, 660, 664
– Deutsche Bank 632, 636, 638, 660, 664

689

- Gewerbebank GmbH 504
- Kreissparkasse 660, 663
- Stadtkasse 417
- Stadt- und Kreissparkasse 660, 664
- Sparkasse 323
- Sparkasse, städt. 659, 660
- Volksbank 606, 630, 637, 638, 642

Bauamt, Landbauamt
- kgl. 194, 469, 659
- staatl. 195, 196, 198
- städt. 333, 481, 625, 632, 625

Bauhof, herrschaftl. 505, 529, 536, 538, 539, 621

Bauinspektion, kgl. 411, 414, 536
Bauverwaltung 615, 632
Bayernstraße 660
Betgasse 10
Bezirksamt, kgl. 276, 334, 336, 544–546, 548, 561, 568, 569, 608, 624, 631, 638, 643, 664
Bezirksamtsgebäude 453, 541, 545–547, 563, 605–608, 624, 659, 660, 661, 662
Bischberg 462
Bleichgarten, herrschaftl. 460, 462, 468, 469, 471, 474, 481, 487, 507, 508, 510, 517, 521
Borngasse 431

Brauereien
- Aktienbierbrauerei zum Hopfengarten 98, 117, 280, 563–571, 573, 606–608, 610, 611, 613, 615, 616
- Bavaria Brauerei 139, 140, 145, 570
- Bayerische Aktienbierbrauerei (BABA) 98, 563, 569, 571, 608–611, 613, 615, 616
- Binding Brauerei AG 571, 609–611, 613, 616
- Bürgerbräu, Marktheidenfeld 122
- Ebert, Georg, Brauerei 560–562, 566, 577
- Eder, Brauerei 502
- Hertlingsche Aktien-Brauerei Gesellschaft 241
- Löchler, Bierbrauerei 575, 568
- Reitzsche Brauerei 569
- Schwanenbräu 611
- Wurstbendel, Fischergasse 610
- Zur Rose, Herstallstraße 610

Brennerei 536–540
Brennofengasse 293
Brentanoplatz 481, 483
Brunnen, öffentliche 51, 65, 171, 230, 231, 245, 249, 250, 253, 453, 536, 539
Buntpapierfabrik 71, 145

Capuziner
- -gasse, siehe Kapuzinergasse
- -tor, siehe Kapuzinertor

Caritasverband 342, 343, 372
City Galerie 670

Dalbergstraße 145, 160, 193, 195, 246, 254, 267, 367, 392, 481, 504, 542, 569, 575, 582
Deutsches Haus 621
Dingstall 49, 86, 100, 113, 114, 124, 166–172, 183, 571
- -straße (-gasse) 49, 169
- -tor 32, 49, 86, 93, 107, 116, 165, 171, 172, 597

Druckerei
- Mainfranken 643, 648
- Volkhardtsche Druckerei 645, 647, 648
- Wailandtsche Druckerei 277, 643, 644, 648

Eichelhof 230
Elisenstraße 183, 654
Englische Fräulein 254, 323, 371, 455–459, 461–463, 467, 468, 470–472, 474, 476, 478–487, 490, 498, 502, 503, 505, 508–510, 559, 575, 577, 624, 674
- Institut 253–255, 263, 454–462, 464, 465, 467–475, 477–481, 483–485, 487, 491–495, 497, 500, 503, 509, 510, 513, 606, 675
- Internat (Pensionat) 463–465, 471, 475, 476, 480–482, 485, 490, 509, 510
- Kapelle 254, 460, 462–467, 469, 471, 474, 476, 481–483, 490, 493, 496, 510
- Kindergarten 253, 254, 481, 482
- St. Annaheim 478, 505, 510
- Schule, siehe Schulen

Entengasse 229, 230, 245, 266, 272, 273, 326, 328, 332, 333, 334, 336, 432, 569
Entenpfuhl 396
Erbleihhöfe 49, 137
Erbsengasse 57
Eremitage 9, 19
Erthalstraße 49, 50, 115, 117, 118, 121, 123, 138, 183–189, 191, 194–199, 201, 202, 204–206, 208–217, 220–226, 229, 230, 365, 395, 398, 400, 404, 407, 408, 410, 416, 421, 424–426, 454, 529, 587, 643
Esperanto-Club 529
Evangel.-luth. Kirche 266

Fabrikstraße 640
Fasanerie 547
Feuerbach (kgl.) 470, 472, 561, 577
Finanzamt 588
Finanzamtsgebäude 199
Findberg 542
Fischergasse 610
Fischerhohle 478
Friedhof
- Altstadt 245, 395, 397, 398
- Kapuziner-Friedhof 8, 11, 17, 19, 21, 22, 29
- St. Agatha 209, 230, 231, 361, 367, 371, 374, 375, 378, 386, 400, 401, 417, 423, 430, 436, 566
- Muttergotteskirche 620

Friedrichstraße 49, 50, 112, 117, 123, 138–140, 143, 147, 152, 157, 161, 162, 164-166, 171, 175–177, 183, 184, 194–198, 200, 202, 209, 210, 220–222, 230, 268, 270, 288, 323, 334, 369, 404, 443, 444, 454, 545, 605, 607, 619, 622, 624, 625, 627, 659, 660, 663–666
Fronfeste 453
Frohsinn, Bürgerverein 139
Frohsinnstraße 184, 253, 640
Fürstentum Aschaffenburg 50, 125, 184, 341, 459, 543

Garten
- Arbogast 114
- Bolongaro 545, 605, 619
- Echter 432, 435
- Ernstsche Garten 195
- Geipelsgarten 435, 542
- Greßsche Garten 195
- Ingelheimer 115, 245, 248, 264–268, 270–273, 333, 334, 605, 606, 621, 624, 659
- Osteiner 114, 146
- Stipendiatgarten (Fleischbein) 114
- Waltter 434

Gärtnerei 3, 5, 15
Gasthäuser, Hotels und Cafés
- Aschaffeck 616
- Café (Strickergasse 17) 529
- Café allg. 49
- Café am Markt 589
- Café Bistrol 643
- Café Central 643
- Café Ritter 380
- Café-Wirtschaft (Luitpoldstraße 4b) 643
- Elbert 640
- Daus 537
- Erthaler Hof 117, 118, 122, 185
- Fischerwirt 482
- Gasthaus Schuck (Ochsen) 165
- Gaststätte (Treibgasse 13) 314
- Goldener Adler 505–508, 510–512
- Goldener Ochsen 157, 160, 164
- Grüne Gans 140
- Herberge zum Ochsen 160
- Hertling (Steingasse 8) 241
- Hopfengarten (alter und neuer) 59, 469, 549, 550, 554, 563, 566–570, 573, 607–610, 613, 616, 618, 670
- Hotel Adler 476, 478, 483, 496, 505, 508–510, 511, 512
- Klosterstübl 502, 532
- Klosterweinstube 532
- Kolpinghaus-Gaststätte 355, 356
- Kolpinghaus-Hotel 355, 356
- Lila Häus'che 532
- Ochsenwirt 160
- Pizzeria Turin 650
- Regensburger Hof 139
- Römischer Kaiser, siehe zum Röm. Kaiser
- Speise-, Wein- und Bierwirtschaft (Strickergasse 18) 589
- Schankwirtschaft (Strickergasse 20) 592
- Schankwirtschaft (Karlstraße 5) 60
- Schwanenbräu 611
- Stadt Mainz (zur) 275, 276, 548
- Straußenwirtschaft (Karlstraße 14) 157
- Strickerstube 563
- Tea-room Restaurant Turin 615, 616
- Uwe's Bistro Lila Häus'che 533
- Vieh- oder Ochsenhof 160
- Weinhaus Kitz 229, 253, 281, 285, 286
- Weinwirtschaft (Strickergasse 21) 537
- Wiener Café 643
- Zum (goldenen) Adler 505–513, 576
- Zum Agathaplatz 593
- Zum Dammerhof 94
- Zum Goldenen Ochsen 157, 160, 162, 164, 165
- Zum grünen Baum 569, 574, 575, 578
- Zum Ochsen 146, 152, 158, 160, 163, 165
- Zum Riesen 156, 329
- Zum Ritter 542

- Zum Römischen (Römischer) Kaiser 276, 278, 541–544, 548
- Zum römischen Könige 574, 575, 578
- Zum roten Ochsen 160
- Zum Rothen Ochsen 160
- Zum Schloßberg 532
- Zum Wurstbendel 569
- Zur alten Krone 542
- Zur Gemütlichkeit 94
- Zur Rose 569

Gefängnis 195
Gericht
- Land- und Amtsgericht 138, 184, 193–195, 197, 198, 199, 200–204, 207, 209, 279, 341, 363, 398, 610, 660
- -gebäude 193–195, 198, 203, 209, 470, 529
- Stadt- und Kreisgericht 102, 116, 169, 252, 311, 312, 341, 576

Glattbach, der 610
Glattbacher Straße 94, 610, 616
Goldbacher Straße 248, 473, 482, 640, 670
Große Metzgergasse 552
Großherzogl. Kasse 50
Großmutterwiese 607
Grünewaldstraße 404
Güterberg 395, 397, 398

Hanauer Straße 3, 13, 32, 44, 49, 51, 105, 111, 171, 453, 568
Häuser
- Accishaus, Dingstall-Torhaus, Pförtnerhaus 93, 162, 165, 166, 172
- Bassenheimer Hof 267
- Beginenhaus 282
- Bechtoldhaus 481, 506, 513, 515, 516, 518, 520, 521, 522, 523
- Bergische Haus 249
- Brentanohaus 456
- Centgrafenhof 238–240
- Drei-Dippe-Haus 669
- Echterhaus (hof) 246, 248, 249, 254–256, 435
- Frantzbergische Haus 436
- Gesellenhaus 139
- Glockenhaus 535
- Gonsrodter Hof 167
- Grasemann, zum (Haus, Stiftshof) 246, 247, 254, 430
- Greßsche Haus 189
- Hagelhof 576, 582
- Hoheneckische Haus 230, 435, 453, 461
- Höpfnersche Haus 575
- Ingelheimer Hof 246, 250, 251, 252–255, 261, 265, 274, 333, 401, 481, 483, 643
- Joßische Haus 455
- Karlshof 12, 50, 51, 137–144
- Kolpinghaus 229, 273, 339, 626
- Krämersche Haus 605
- Lauttersche Hof 169
- Martinus-Haus 212, 339, 355, 356
- Nypperney-Haus 172
- Osteiner-Hof 145
- Palais Ostein 193, 582
- Rupprechtsche Haus 575
- Schultheißen Hof 596
- Stepesische Behausung 575
- Trium Regum (Dreikönigsvikarie) 249, 252, 375, 409, 541, 548
- Vorburgsche Haus 328
- Wach- und Pförtnerhaus am Dingstalltor 93
- Wessely-Haus (-Bau) 459, 461, 462, 469, 476, 481, 482, 486, 487, 490, 492, 493, 496
- Wolfsthalhaus 234
- Zum weißen Ludewige (Haus) 246
- Zum Stier, Stiftshof 592

Hecken-(Straußen) Wirtschaft 536
Heinsestraße 570
Hemsbach 482
Herberge 49, 229
Herrleinstraße 481
Herstall
- -straße 183, 229, 232, 233, 234, 237, 238, 242, 243, 253, 264, 273, 288, 290–296, 299, 307, 310, 312, 329, 445, 447, 449, 453, 504, 544, 568, 569, 610, 631, 671
- -tor (pforte) 264, 430, 433
- -turm 397, 398, 401

Hospital (Spital) 45, 114, 169, 171, 172, 242, 434, 436
- jüd. Hospital, siehe Juden
- Katharinenhospital 107, 455

Ingelheim(er)
- Amtshaus 268, 269
- Familienarchiv 256
- Rentamt, siehe Rentamt Ingelheim
- Verwaltung 605, 621

Insel 231

Jägerbataillon 152
Juden 229, 230, 312, 314, 315, 320, 322, 326
- -bad (Frauen) 229
- -gasse 229, 232
- -höfchen 229, 230, 288–290, 292–294, 297, 299, 300
- -herberge 229, 320
- -hospital 229, 320, 322
- israelit. Kultusgemeinde 229, 237, 311, 312, 317, 319, 320, 327, 333
- Rabbinatsgebäude, siehe Rabbinatsgebäude
- -schule 229, 319, 320, 322
- Synagoge, siehe Synagoge
Justiz
- -gebäude 117, 184, 189, 190, 192–195, 198, 199, 201, 208, 215, 222, 225, 226

Kaltenberg 265
Kapellen
- Michaelis 265
- St. Annakapelle, siehe Annakapelle
Kaplanei
- -garten 281, 282, 361, 572, 574
- -haus 230, 281, 282, 359
Kapuziner 5, 8–10, 12, 13, 15–19, 22, 30, 32
- Brunnen 18, 21, 30, 31
- Friedhof, siehe Friedhof
- -gasse 3–8, 10, 11, 12, 21, 24, 25, 27, 30–33, 34, 35, 37, 38, 40, 41, 44, 45, 49, 63, 103, 107–111, 165, 178, 179
- Guardian 12, 13, 18–20
- Kapellen
  Kapelle vor der Kapuzinerkirche 9, 18
  Marienkapelle 11, 16, 21, 29
  Muttergotteskapelle 9, 15, 18, 19
  Rochuskapelle 9, 18, 19
- -kirche, siehe Kirchen
- -kloster 3–6, 8–14, 16–22, 24–28, 30–32, 38, 41, 49, 64, 70, 109
- Orgel 11, 12, 17, 19, 20, 28, 29
- -platz 3, 4, 8, 15, 16, 20, 34, 35, 37, 38, 41–45, 49, 84, 98, 101, 102, 103, 105, 109, 178, 180, 672
- -tor 32, 49, 51
Karlstraße 3, 5, 6, 12, 33, 34, 36, 38, 40–43, 46, 49–61, 63–76, 78–101, 103–108, 110–120, 122–124, 126–130, 132–135, 137–158, 160–166, 169, 171, 173–180, 183, 184, 185, 188, 194, 196, 198, 230, 446, 448, 450, 453, 536, 539, 600, 601, 602
Karls
- -berg/Katzenberg 3, 5–7, 12, 14, 15, 42, 64, 65, 68, 70, 84, 98, 101, 103–105
- -platz 672
- -tor 3, 50, 51, 93, 107, 161
Kaserne (alte) 570
Kellerei 251
Kino
- Bavaria-Kino 140
- Union-Lichtspieltheater 242
- Vereinigte Lichtspieltheater 253
Kirchen
- Herz-Jesu-Kirche 372
- Jesuitenkirche 514, 672, 674
- Kapuzinerkirche 5, 8–16, 18–25, 27–29, 42, 109, 165, 480
- Muttergottespfarrkirche 8, 184, 226, 272, 357, 361, 367 (Pfarrhaus), 370 (Pfarrei), 372, 373, 400, 455, 461, 514, 542, 620
- Sandkirche 10, 195, 455
- St. Agatha 115, 209–215, 217, 220, 229–231, 246, 253, 262, 269, 273, 281, 328, 340, 356, 358, 362–365, 367–374, 376, 378-380, 382–391, 395–398, 400, 401, 403, 404, 407, 410, 411, 413, 414, 416, 417, 423, 430, 431, 436, 438, 439, 453, 455, 463, 499, 514, 563, 576, 592, 594–597, 607, 672
- St. Joseph 372
- Stiftskirche 9, 184, 362, 371, 377, 514, 623
Kirchenfonds
- Muttergottespfarrkirche 59, 264, 439, 460, 541, 542
- St. Agatha 37, 40, 78, 82, 86, 91, 100, 107, 127, 145, 150, 157, 160, 169–171, 182, 338, 373, 416, 434–435, 437, 438, 460, 514, 532, 535, 559, 571, 575, 576, 588, 592, 597
- Stift 4, 168, 169, 172, 281, 456, 588, 592, 596
Kleine Metzgergasse 26, 456, 481
Kreisgericht, siehe Gericht
Kolpingstraße 481
Krankenhaus, städt. 480
Krongutverwaltung 479, 502, 510

Landbauamt, kgl. 193–196, 198
Landesnotdurftkasse 103
Landgericht, siehe Gericht

693

Landing
- -graben 669
- -straße 248, 453, 478, 483, 607, 620, 666, 672, 674, 675
- -tunnel 530, 669

Landkreisverwaltung 660
Landratsamt 334, 336, 660, 663, 664
Lazarett 9, 10, 19, 140, 364, 468, 480, 482, 483, 625
Lichtspieltheater, siehe Kino
Likörfabrik 536
Löherstraße 136
Ludwigsbrunnen 606, 607
Luitpoldstraße 266, 268, 269, 272, 274, 275, 277, 278, 280, 333–336, 441, 442, 445–450, 453, 472, 545, 546, 549, 550, 554, 563, 568, 569, 602, 605–619, 624–626, 630–641, 643–663, 665, 666, 669, 670

Mälzerei 241, 242, 244, 245
Magistratsräte 608, 620, 622
- Berta, Franz Josef, Magistratsrat 620
- Christ, Otto, Tabakfabrikant, Magistratsrat 559, 577, 583, 586, 591
- Engelhard, Jakob, Magistratsrat 621
- Ernst, Jakob, Magistratsrat 116, 117, 123, 461
- Kaufmann, Melchior, Magistratsrat 151, 276, 501, 620
- Keller, Christoph, Fleischbein-Stipendiatenverwalter, Weinwirt, Magistratsrat 529, 540
- Kitz, Joseph, Magistratsrat 98, 311, 507
- Marzell, Franz, Weinwirt und Magistratsrat 65, 156, 362
- Nees, Theodor, Magistratsrat 621, 622
- Protz, Georg, Magistratsrat 276, 279, 620
- Reindel, Kaspar Johann, Magistratsrat 362
- Reuß, Joachim, Magistratsrat 98, 311, 507
- Schuler, Johann, Magistratsrat 151, 501, 506
- Stenger, Heinrich, Privatier und Magistratsrat 152, 156, 161, 610
- Stuirbrink, Jakob Anton, Taxator und Magistratsrat 362, 503
- Weber, Franz Martin, Magistratsrat 52, 138, 267, 294
- Weilandt, Adolf, Magistratsrat 621

Main 8, 17, 49, 64, 70, 89, 173, 174, 375
- -Echo 648
- -ufer 3, 119, 554

Markt
- -halle 672, 674
- -platz 254, 453–456, 460, 469, 470, 472, 473, 476, 480–483, 486, 488, 489, 492, 493, 509, 605–607, 620, 624, 632, 659, 665, 669, 670, 673, 674

Marstall 487, 621
Maximilianstraße 97
Metzgergasse 620
Militär 454
Militärregierung, amerik. 480, 625, 645

Neben der Großen Metzgergasse 552
Nebenherstallgasse (-straße) 229, 432
Nebensteingasse 230, 232–234, 237, 238, 242, 243, 245, 252, 279, 461
Nilkheimer Hof 126

Oberhofmeisteramt, siehe München
Obernauer Straße 480–483, 509, 587
Ohmbach 453, 669

Pavillon auf dem Belvedere 9
Pestalozzistraße 18
Planungsamt, städt. 3
Platanenallee 584, 640
Pompejanum 473
Postamt, Poststall 32, 476, 532, 541–544

Rabbinatsgebäude 229, 230, 317, 320, 322
Rathaus 140, 341, 402
Rentamt
- Ingelh. 659
- kgl. 339, 364, 544
- Mainzer 229, 333, 340, 341
- Rothenbuch 339, 340, 341, 619
- stift. 411, 620, 621

Ridingerstraße 225, 226, 454, 535–540, 675
Riesengasse 253
Rieserkeller 242
Ringstraße 670
Roßmarkt 183, 504, 544

Sackgasse 52
Salzamt, herrschaftl. 532
Sandgasse 78, 139, 569
Seestraße 94

Seifenfabrik 266, 267
Seilergang (-bahn, -weg) 230, 252, 264–266, 268, 269, 272, 273, 282, 333, 361, 395, 397, 398, 401, 453
Suicardusstraße 534
Synagoge (alte) 229, 230, 311, 312, 314, 315, 317–320, 322, 554

Scharfeck 49, 453, 568
Schießgraben oder Zwinger 113, 114, 116, 168
Schloß 4, 9, 16, 30, 41, 49, 51, 71, 72, 74, 183, 195, 199, 220, 215, 252, 400, 408, 453, 454, 456, 460, 468, 469, 472, 474, 479, 480, 493, 496, 508, 509, 512, 536, 538, 539, 541, 543, 563, 598, 669, 670–672, 674
– -berg 49, 51, 52, 56, 57, 59, 60, 63, 64, 70, 160, 183, 410, 453, 534, 536, 542
– -garten 3, 4, 8, 9, 15–18, 35, 108, 109, 460, 493, 530, 539, 672, 674, 675
– -gasse 8, 160, 620, 621
– -graben 462, 487
– -museum 117
– -platz 199, 454, 460, 462, 471, 480–482, 486, 493, 507, 542, 545, 607, 621, 669, 670, 672–674, 674
– -wasserleitung, herrschaftl. 249, 329, 363, 364, 542, 549, 575
Schmittgasse 505
Schönberg 360, 421
Schönbusch 237
Schönbuschallee 18
Schöntal
– 104, 183, 184
– offenes 49, 115, 116, 161, 183, 184, 363, 410, 416, 425, 539, 606
– -mauer 107
Schulen
– Agatha (Schule, Schulhaus) 229, 231, 367, 386, 397, 398, 400–403, 408–417, 420, 424, 436, 620
– Engl. Frl. (Schule, Schulhaus) 255, 455, 456, 458–462, 464, 468–472, 474–476, 478–483, 486, 487, 490, 492, 493, 509, 620, 624
– Gewerbeschule 413
– Gymnasium 412, 461
– Judenschule 229, 319, 320, 322
– Kolpingschule 481

– Landingschule 411, 620
– Luitpoldschule 266, 355, 380, 472, 545, 562, 605–607, 619, 622–630, 659
– Mädchenlehrlingsheim, Pestalozzistraße 18
– Mädchenoberschule, städt. 480
– Mädchenschule der Engl. Frl. 509
– Mädchenschule, städt. (altes Schulhaus) 460, 468, 472, 482, 488, 489, 492, 493
– Meisterschule 392, 643
– Muttergotteskirche-Schule 413, 620
– obere Schule in Damm 485
– Stiftsschule 411, 620
– Trivialschule, lat. 412
Schul- und Studienfonds, allg. 460, 461, 463, 465, 466, 469
Schulstraße 605, 607, 624, 648, 659
Schweinheimer Straße 481, 483, 484

Staatsgemäldesammlung im Schloß 30
Stadelmannstraße 482
Stadt
  3, 5, 15, 18, 20, 22, 30, 32, 35, 42, 63, 72, 101, 113–117, 126, 161, 172, 183, 194–196, 198, 210, 231, 233, 242, 264, 276, 278, 280, 293, 295, 298, 307, 323, 328–330, 361–364, 368, 373, 377, 378, 382, 383, 386, 390–398, 401–403, 409, 455, 456, 459, 460, 462, 463, 470–472, 479–481, 483, 505, 515, 532, 545, 546, 559, 562, 573, 577, 578, 583, 593, 596, 606, 610, 616, 619, 621, 624, 625, 632, 640, 659, 660, 669, 675
– als Eigentümerin
  3, 5, 6, 15, 35, 36, 38, 39, 41, 42, 53, 55, 100, 101, 103–105, 109, 112, 117, 166, 239, 242, 278–280, 283, 284, 319, 327, 333, 334, 336, 355, 416–418, 420, 421, 423–426, 428, 468, 471, 479, 481, 483, 497, 503, 505, 510, 513, 523, 528, 529, 531, 532, 556, 571, 573, 578, 583, 584, 586, 593, 596, 605, 610, 613, 616, 630, 640, 642, 669, 671, 672, 674, 675
– -archiv 518
– -bauamt 3, 5, 15, 56, 109, 189, 194, 210, 229, 253, 254, 300, 419, 420, 562
– -bauaufsichtsbehörde 503, 515, 554, 660
– Bauinspektion 454
– -befestigung 49, 404, 430
– Friedhofsamt 5

695

- -gärtnerei, Gartenamt 4, 483
- -garten 172
- -gemeinde 197, 605
- - und Kreisgericht, siehe Gericht
- -graben 3, 64, 115, 165, 172, 183, 230, 395, 408, 462, 487, 596
- -halle 283, 454, 554, 563–565, 569, 573, 578, 584, 587, 588, 607, 610, 616, 669–674
- -kämmerei 660
- -magistrat 5, 32, 52, 63, 64, 93, 101, 117, 151, 152, 183, 184, 194, 215, 220, 233, 288, 302, 304, 341, 361, 363, 377, 378, 401, 402, 411, 412, 418, 455, 463, 466, 468, 470, 473, 506, 545, 549, 597, 605, 606, 610, 620, 621, 623, 624, 631, 659, 660
- -mauer 8, 9, 12, 40, 115, 147, 152, 162, 165, 183, 194, 196, 267, 282, 372, 373, 386, 395, 397, 398, 400, 404, 407, 416, 417, 421, 423–425, 453, 538, 539
- -museum 20, 109, 518
- -planungsamt 3, 233, 670
- -rat 3, 162, 165, 210, 213, 242, 323, 326, 334, 364, 515, 587, 593, 615, 625, 632, 669–671
    - -sparkasse, siehe Banken und Sparkassen
- -verwaltung 196, 233, 260, 304, 307, 503, 538, 645
- -wasserleitung 545

Stadtbibliothek 454, 481, 530, 592, 671–675
Stadt- und Kreisgericht, siehe Gericht
St. Agatha 541, 543, 553, 596, 597
- Bauamt 375, 378
- Friedhof, siehe Friedhof
- Kindergarten 245, 254, 255, 261
- Kirche, siehe Kirchen
- Kirchenbauverein 339, 340, 365, 382
- Kirchenfonds, siehe Kirchen
- Kirchenstiftung, kath. 212, 214, 254, 255, 263, 339, 340, 372
- Kirchenverwaltung 210, 220, 403, 411
- Kirchplatz, siehe Agatha-Kirchplatz-Pfarrgemeinde 213, 245, 254
- Pfarrhaus 212–214, 229, 231, 282, 340, 357–368, 372, 374, 378, 380, 382, 386, 395, 397, 398, 411, 413, 453
- Pfarrei 209, 282, 356, 361–363, 369, 370, 372, 373, 375, 381, 430, 434, 461
- Schule, siehe Schulen

- -tor 596
- Turm 231, 373, 374, 377, 379, 381–386, 388, 391, 395–399, 400, 439, 535, 597, 672

Steingasse (Steinweg) 49, 230, 231, 238, 239, 241–243, 245–250, 252, 253, 255, 256, 258, 261, 263, 264, 267, 278, 409, 433, 453, 454, 476, 504, 541–543, 545, 546, 548, 554, 556, 596, 600–602, 611, 622, 631-633, 638, 643, 647, 648
Stift 113, 114, 167, 172, 310, 314, 333, 357–361, 370–373, 431–434, 436–438, 541, 542, 548, 549, 592, 596
Stifts
- -gasse 139, 354, 355, 411
- -kapitel 548, 549
- -kurie, siehe Häuser
- -museum 404
- -platz 323
- -vikarie, siehe Häuser

Stiftung
- Cornelia Stadelmann 457, 460
- für Erziehung armer Mädchen 287

Stipendiatgarten 114
Stricker
- -gasse 32, 49, 65, 115, 116, 127, 132, 133, 136, 230, 231, 249, 276, 280, 281, 283–285, 390, 395, 404, 442, 453–456, 458, 461, 463, 464, 468–474, 476–479, 481–483, 486–503, 505–508, 510–514, 516, 519–521, 523–528, 530, 532, 533, 535–544, 546–554, 556–558, 560–581, 583–585, 587–595, 597–602, 605, 607–611, 613, 616, 618, 624, 625, 630, 638, 642, 643, 659, 670
- -tor (pforte) 114, 535, 538, 596, 597
- -torturm 183, 404, 417

Strietwald 359, 360

Tabakfabrik 267, 279, 502, 549, 559, 569, 576, 577
Theoderichstor 3
Treibgasse 63, 115, 116, 121, 212, 214, 229–231, 246, 247, 249, 251–253, 255–261, 263–288, 290–299, 301, 302, 304, 305, 307–314, 316–340, 355–359, 361, 362, 364–369, 372, 380, 382, 387, 389, 395397, 399, 401, 402, 405, 407–410, 413, 415–427, 429, 430-450, 453, 480, 481, 483, 500, 510, 541, 542, 544–546, 548, 550, 554, 556, 559–561, 563, 566, 569, 572,

574, 575, 578, 584, 587, 588, 599, 605, 606, 608, 610, 615, 616, 618–622, 624, 626, 627, 630, 631, 638, 640, 643, 645, 647–651, 654, 659, 670, 671

Vereine
- ärztl. Bezirksverein 480
- Bayer. Frauenverein zum Roten Kreuz 80
- Frohsinn, Bürgerverein 139
- für Volkskunde, München 215
- Kasinogesellschaft 126
- Katholischer Leseverein 137, 139, 143, 145, 198
- St. Martinus-Haus 212, 355
- Viktoria, Fußballverein 608
- zur Restaurierung der Pfarrkirche zur heil. Agatha 379, 380

Viehhof, herrschaftl. 59, 63, 64, 65, 68, 168, 171, 410
Vizedom 9, 340, 541
- -amt 32, 146, 214, 245, 247, 284, 341, 395, 396, 397, 432, 528, 529, 542, 543, 575
- -amtshaus 116, 252, 264–266, 284, 338–341, 355, 356, 358, 362, 364, 365, 380, 433, 435–437, 541, 542

Volkshochschule 632

Wachthaus 165
Wachtturm 8, 9
Wappen
- bayer. Staatswappen 209
- Dalberg, EB Wolfgang von 340, 356
- Echter/Adolzheim 247, 248, 255
- Echter/Kottwitz von Aulenbach 248, 256
- Echter/Ingelheim 250
- Dalberg/Landschad von Steinach 340
- Ingelheim, 255, 262
- Ingelheim/Echter 390
- Kronberg, Hartmut von, Vizedom 340, 356
- Ostein 137, 146
- Schöneck, Philipp, Zentgraf 340, 356

Webergasse 341, 367, 544
Weißenburger Straße 49, 152, 183, 197, 570, 607, 640, 643
Wermbachstor 10, 468
Windfang 195

Wochenmarkt 672, 674, 669
Wolfsthalplatz 245, 326

Zentturm oder Folterturm 183, 395, 397, 398, 401, 404, 417
Ziegelbergweg 473, 482
Zuckerfabrik 64
Zwinger 410, 416

Personen, Institutionen

Aaken, Erwin van, Regierungsbaumeister 381
Abb
- Anna Maria, geb. Zahn 159
- Paul, Kaufmann aus Obernburg 159
Abraham, Hayum, Schutzjude 329
Ackermann
- Georg, Architekt 109, 515, 538
- Joseph, Schlosser 403
- Siegfried, Architekt 538
Adler, Abraham, Distriktsrabbiner 311
Adolzheim, Gertraud von, verh. Echter von und zu Mespelbrunn 247, 255, 262
Afra Agatha aus Mainz 392
Albert
- Helmut, Künstler 17, 355
- N.N. Cafetier 643
Alexander, Grünlein, verh. Oestrich 239
Alleaumes, Moritz, kgl. Hofmusiker 103, 104
Aller(t)shäuser, W(V)olpert, kf. mz. Oberjäger 92, 170, 171
Altaristen
- von St. Agatha 437
- von St. Michael 432
Altenhöfer, Ludwig, Künstler 390
Altvater
- Anna, Witwe des Amtskellers 435
- Wolfgang, Amtskeller in Dieburg 435
Alzheimer, Karl, Geistl. Rat, Pfarrer von St. Agatha 371, 380
Amberg
- Josef, Silberschmied, Würzburg 23
- Walter, Musiker 587
Ammerschläger, Matthias, Schmied und Zunftmeister 362
Amrhein
- August 368
- Fritz, Landgerichtspräsident 200

- Josef, Pfarrer in Weyer 42, 101, 102
- Therese, Haushälterin 42, 102
- Valentin, Schuster 84

Anderlohr, Franz Ägidius (Egid), Pfarrer von St. Agatha 342, 363, 364, 371, 378
Andrae, Petrus, Pfarrer von St. Agatha 369
Anselm, Heinrich, Glaser 136
Antoni
- Eva 103, 104
- Katharina, geb. Wohlmann 103, 104
- Ludwig, Maurermeister 115, 416, 425, 428,
- Nicola(us)i, Maurer 103, 104

Appiano, Amand, Priester 462
Arbogast, Ludwig, Zentgraf, Reichskammergerichtsfiskal 114, 137, 541
Armbruster, Ulrich 430
Arnold
- Anna Maria, geb. Fuchs 97
- Fabian, Gastwirt 94, 97
- Therese, geb. Reuß 588, 591
- Wilhelm, Pianofabrikant 509

Asmuth
- Barbara, geb. Schirber, verw. Brand 525
- Peter Anton, Schuhmacher 525

Auer, Pfarrverwalter 363
Augsburger, Jakob, Pfarrer von St. Agatha 369
Aulbach, Gabriele, verh. Schuck 165

Babilon, Peter, Kleiderfabrikant 220, 224
Bachmann
- Christoph, Architekt 285
- Elmar, Architekt 73, 334

Bachrach, Sofie-Henriette Sara, verh. Vogel 587, 588
Backhaus
- Anna Maria, verw. Haberlandt 100, 171
- Gerhard, Lizentiat 100, 171

Bährle, Karl Michael, Uhrmacher 586
Bagier, Bernhard, Taglöhner 292
Balthasar (Baltzer), Georg Lorenz, Ratsherr und Barbier 435
Bamberger, Simon, Rabbiner 330, 332
Bangarter
- Euchin 431
- Herman 431

Baniza
- Anna Katharina, geb. Cunz 394
- Mathias 394

Barth
- Anna, verh. Hock 303
- & Partner 218

Bartl
- Anni, verh. Zeller 136
- Hertha, verh. Müller 136
- Magdalena, geb. Scheibler 136
- Martin, Installateur 133, 136

Barxell, Johanna Juliane Maria Anna, verh. Dessauer 145
Basler, Emanuel, Simbach 20
Bauer
- Bernhard, Tüncher 292, 294
- Franz 589, 591
- Isabella (Bella) Franziska, verh. Dessauer 138, 145, 196
- Jakob Berward, Apotheker 576, 583
- Kaspar, Bahnarbeiter 292
- Kilian 292
- Leopold 292
- Ludwig 292
- Maria Anna, geb. Braun 576, 583
- Peter, Schreiner 374
- Theresia 292
- Theresia, verh. Hönlein 37, 39
- Veronika, verh. Nöth 44

Baum
- Adam, Kulturtechniker 157, 159
- Firma 626

Baumberger, Johann 78
Baumann, Benno 563
Baumga(ä)rtner, Peter 167, 169
Baur, Elisabeth, verh. Daub 215, 218
Bausenwein, Julius, Künstler 383
Bau-Vermietungs GmbH 610
Bavaria, Schiffahrts- & Speditions AG 224
Bayer
- Anton, Schlosser, Fahrradhändler 94, 97
- Ewald, Kaufmann 275, 276

Bayer. Frauenverein zum Roten Kreuz 80
Bayern
- Ludwig I., König von (1825–1848) 460, 462, 463, 465–467, 606
- Ludwig II., König von (1864–1886) 9, 502
- Kronprinz Ludwig (seit 1825 König) 252
- Luitpold von, Prinzregent (1886–1912) 197, 207, 606
- Maximilian I., König von (1806–1825) 459, 481, 485
- Maximilian II., König von (1848–64) 71

Bayersdörfer, Johann 169
Becht, Anna, verh. Fleischbein 113, 121
Bechtold
- Anna Margaretha, geb. Löchler 522
- Barbara, geb. Ostheimer 522
- Bartholomäus 505, 514, 523, 525
- Catharina 522
- Familie 430, 514, 517, 552
- Johann, Kofferträger 239
- Joh. Jak. Konrad, Maler 207, 376, 381, 386, 395, 514, 517, 518, 522, 523, 525
- Katharina, verh. Kohlrießer 506, 522
- Katharina Franziska, verh. Wundsam 395, 514, 523, 524, 525
- Kurt, Oberbaurat 198
- Nikolaus (Niclas), Tüncher, Vater von Joh. Jak. Konrad 282, 395, 514, 522
- Vinzenz, Maler und Vergolder 514, 522, 523, 525
Beck
- Helga 656, 659
- Hermann, Sparkassendirektor 656, 659
- (Böck), Marianne, Schwester, Engl. Frl. 455
Becker
- Barbara, geb. Schüler 33
- Hans 439
- Johann, gen. Springlers Hans 596
- Johann, Weißer 145, 169, 170, 571
- Josef, Rentamtsdiener 32, 33, 34
- Karl, Landgerichtspräsident 200
- Ludwig 433
- Magdalena, geb. Höflich 34
- Matthäus, Schröter 434
- Philipp, Pfarrer in Euerdorf 34
- Philipp, Maurer 32, 33, 34
- Theodor, Kleiderfabrikant 84, 88, 89
Beginen, graue 281, 431
Behern, Liborius 433
Behl, Sofie, verh. Scheitzger 504
Behrmann, N. N., Amtskeller 92
Beickert, Anna Maria, geb. Repp 78, 82
Beil
- Hans, Bildhauer 383
- Selma, Bildhauerin 383
Bellersheim, Werner von, Vizedom 352
Belz, Conrad, kgl. Oberleutnant 522
Bender, Christian, Kutscher 36, 37
Beraz, Heinrich, Schneider und Zunftmeister 362

Berberich
- August, Kaufmann 159
- Kreszenz 159
Berg, Johann, Metzger 526, 528, 569, 572
Berger
- Elisabeth Franziska, verh. Wessely 497
- Georgs Erben 435
Bergmann-Franken, Alois, Kunstmaler 23, 609
Berle, Johann Peter 100, 171
Berner, Maria Anna, verh. Gundlach 276
Berninger
- Friedolin 82
- Georg Friedrich, Ratsmitglied 394
- Juliane, geb. Wenzel 74
- Karl Theodor, Kaufmann 72, 74
- Margarethe, geb. Stork 394
- Maria, geb. Lang 82
Bernstein, Caspar 431
Berta, Franz Josef, Magistratsrat 620
Bertha, Melchior 92
Berthold
- Jutta 373
- N. N., Krämer 373
Bertz, Johannes, Scholaster, Stiftskanoniker 8, 434
Bessenbach
- Anna 437
- Conrad von, Vizedom 351
- Friedericus 437
- Johannes von, Kustos am Stift 400, 437
Bettinger, Franziskus von, Erzbischof von München 478
Beyer, Franz Josef, Notar 268
Beyerle, Franz, Kaufmann 131
Biber, Gabriel, Pfarrer von St. Agatha 370
Bickenbach, Konrad von, Vizedom 352
Bieber
- Auguste Anna, verh. Fleckenstein 91
- Johann Peter 170
Biedenbender, Emil, Hochbautechniker 515
Biegen, Konrad, Vikar 437
Bienbach, Konrad 167
Bigen, Tobias, Lederhändler 394
Bildschnitzer aus Seligenstadt 374
Binge, Friedrich, Gastwirt 537
Bippus
- Anna, geb. Hönlein 39
- Ignatz, Bezirksamtsschreiber 37, 39
Birnbach, Georg 555

Birnbaum, Andreas 40
Bischoff, Franz 172
Bittinger
- Barbara, geb. Schlett 87
- Franz, Glaser 86, 87, 290, 360, 459
- Franziska, verh. Reisinger 555
- Magdalena, geb. Ganster, verh. Heuser 303
Blank, Alfred 596
Blatt, Johann Baptist 363
Blatz, Anna Maria, verh. Zahn 159
Bleichenbach
- Eckehard von 430
- Herren von 592
- N. N., Witwe 592
Bleichenbecker, Johann Peter 436
Bleicher
- Bartholomäus, Schöffe und Bürger 393
- Margarethe, geb. Niedernberger 393
Bleidenstein, Lorenz 59, 171
Bleyl, Katharina von, verh. Bolongaro 469, 552
Blum, Willibald, Künstler 17, 355
Blume, Else, Generaloberin, München 473
Bocklett, Josef, Schreiner 250
Boden, Johannes, Stiftskanoniker, Pfarrer von St. Agatha, 358, 370
Bodenheimer, Eva, verh. Vogel 583
Bodmann, Johanna Frfr. von, verh. Frfr. von Papen 145
Boecker
- Burkhard 301, 306
- Gabriele 301, 306
- Laurenz, Kaufmann 297, 301
- Ursula 301, 306
Böhm, Josef, Architekt 154, 162, 254, 260
Böhrer
- Anna, verh. Flucke 296
- Dorothea, Händlerin 296
- Margarethe 296
Bohn, Johann 434, 435
Boll
- Adam, Metzger 528
- Maria, geb. Klotz 528
Bolongaro
- Franz Matthäus (Mathes), Tabakfabrikant 266, 267, 272, 549, 552, 631
- Josef, Tabakfabrikant 549, 552, 559, 560, 569
- Karl 552

- Katharina, geb. von Bleyl 469, 552
Bolz, Eva Barbara, verh. Müller 91
Bolzmann, Johann 436
Bommersheim, Wolfram von, gen. Zenichin, Vizedom 352
Boos zu Waldeck, Franz Georg, Frhr. von, Stiftsdekan 549
Bopp
- Edgar, Architekt 162, 165
- Eva, verh. Hofmann 52
- Eva, verh. Köhler 52
- Franz, Spengler 609
Born
- Franziska, verh. Wiesmann 413
- Conrad, Amtsdiener 339
Borm, Katharina, verh. Ehehalt 273
Boße, Franz, Schneider 249
Boßlet, Albert, Architekt 381
Bott, Karl 500
Bourcourd
- Karoline von, verh. Frfr. von Hertling 131
- Wilhelmine von, verh. Frfr. von Hertling 145
Bourdon, Georg 103
Boutmy, Direktor 128, 131
Brand
- Andreas, Schuhmacher 525
- Barbara verw., geb. Schirber, verh. Asmuth 525
- Dorothea, geb. Lösch 424, 425
- Johanna, geb. Hirt 425
- Franz adopt., geb. Lösch 425
- Franz Josef, Marineoffiziant 425
Brander, Vitus, Domkapitular 344, 365, 374
Brandtner, Thomas 436
Bransch, Hans, Bauingenieur 381
Braun
- Alois, Rechtspraktikant 501, 504
- Andreas, städt. Waagmeister 501
- Anna, geb. Hartmann 292
- Apollonia, geb. Raab 185, 188
- Hans, Kleiderfabrikant 185
- Johann, Bäcker 104, 105
- Johann, Häfner 169, 434
- Josef, Elektrogroßhändler 13, 118
- Josef, Mitinh. der Firma Schmitt & Orschler 152, 158, 159
- Kaspar, Maler 501
- Katharina, verh. Metz 40, 41

- Maria Anna, verw. Bauer, verh. Christ 576, 583
- Marx, Stadtknecht 434
- Peter, Schuhmacher 292
- Sebastian 172
- Theodor Valentin, Spediteur 501
- Wilhelm, Bürgermeister 362, 501, 504, 158, 159, 576
- Wilma, verh. Güllich 185, 188

Brehm
- Karoline, geb Wissel 611
- Leonhard, Gastwirt 611

Breidbach zu Bürresheim
- Emmerich Joseph von, EB (1763–1774) 354
- Franziska Sophia Gräfin von, gen. von Riedt, verh. Gräfin von Ingelheim 263

Breidinger, Glaser 250

Brendel von Homburg
- Agnes Christina, verh. Franzano 394
- Daniel, EB (1555–1582), 388
- Eberhard, Junker 433, 434
- Friedrich, Vizedom 353
- Georg, Vizedom 353
- Johann Oiger, Vizedom 353

Brenner
- Barbara, verh. Rausch 102
- Erben 100, 102
- Johann Michael, Maurer 100, 102, 171, 237, 282
- Maria Agnes, geb. Hoffmann 102
- Maria Ursula, Maurermeisterswitwe 501, 504

Brennstuhl
- Johann, prakt. Arzt 146
- Maria Hermine, geb. Pfriem 146

Brentano,
- Christian (1784–1851) 26
- Clemens, Dichter (1778–1842) 26, 245
- Emilie, geb. Genger (1810–1882) 26
- Franz, Philosoph (1838–1917) 26
- Lujo, Nationalökonom (1844–1931) 26

Breunig, Peter Anton, Pfarrer von St. Agatha 371

Brill
- Christine Margarethe, geb. Metz, verh. Stanger 499
- Friedrich, Rentamtsdiener 497, 499

Brömser von Rüdesheim, Friedrich, Vizedom 353

Brönner
- Ernst, Architekt 147, 158, 609
- Magdalena 33

Brosche, Ludwig, Dipl.-Ing. Architekt 13

Brück, Johannes Adam, Stiftskanoniker, Pfarrer von St. Agatha 358, 359, 370

Brückenschneider, Fritz 248

Brüger
- Heinrich, Schreinermeister 151, 159
- Katharina, geb. Hofmann, verh. Dittmann 152, 159
- Konrad, Zivilbauinspektor 50, 57

Brück, Johannes Adam, Stiftskanoniker, Pfarrer von St. Agatha 358, 359, 370

Brunn (Braun), Marx, Schreiner 376

Buch, Christian von, EB (1165–1183), 231

Buchberger
- Matthias 575
- Peter, Stiftsmaurer 359, 436

Bucheck, Matthias von, EB von Mainz (1321–1328) 246, 261, 436

Buchen
- Johann, Gärtner 485
- M. Franziska, Engl. Frl., Oberin 485
- Therese, geb. Leopold 485

Buches
- Johann von, Stiftsschulmeister 246
- Herdan Ritter von 246, 254, 261, 430

Buckel, Walburga, verh. Eckert 412

Büchel
- Johann Ignaz, Maurer 358
- Johann Jakob, Stiftskanoniker, Pfarrer von St. Agatha 359, 371

Büdinger
- Hans, Glaser 376, 391
- Johann 532
- Matthäus 532
- Nikolaus 100, 171
- Witwe des Matthäus 532

Bülow, Hans von, Dirigent und Pianist 508, 509

Büttner, Anton & Co 638

Buntz, Sebastian 100, 171

Buochenrodde (Buchenwarth), Hartmann, Pfarrer von St. Agatha 369

Burker
- Andreas 281, 431
- Margarethe 281, 431

Burnhans 438

Burtzhain, Philipp, Hofgärtner 113, 169

Busse, Bernhard von, Architekt 670, 671, 674
Bußerau, Jakob Friedrich, Priester 91
Bustelli, Jakob, Glockengießer 391
Butsch, Konrad, Pfarrer von St. Agatha 377

Cammer
- Johann Baptist Philipp, Stiftskanoniker, Pfarrer von St. Agatha 371, 394, 408
- Johann Philipp II, Stiftskanoniker, Pfarrer von St. Agatha 328, 360, 371, 377

Carbach, Henlin 438
Castell, Gustav Graf zu 502
Chevalier, Lorenz, Schlosser 15, 28
Christ
- Anna Josepha, geb. Hirsch 583, 591
- Firma, Goldbach 619
- Georg, Tabakfabrikant 283, 285, 583, 586
- Georg jun., Tabakfabrikant 583, 591
- Johann Georg, Tabakfabrikant 267, 502, 569, 576, 577, 583
- Karoline 583
- Maria Anna, verw. Bauer, geb. Braun 576, 583
- Otto, Tabakfabrikant, Magistratsrat 559, 577, 583, 586, 591

Christine, Engl. Frl. München 476
Christinger, Johann Kaspar 171, 428, 597
Clas, Else 431
Clemens, Peter Josef, Hotelbesitzer 502, 507, 508, 513
Coloseus
- Hermann, Schlosser 622
- N. N., Schlosser 250

C(K)onrad, Dekan 430, 436
Conczelin, Geschwister 430
Coudenhove, Graf von 250, 251
Craz, Werner 166
Croissant, Philippina Katharina, verh. Platz 284
Cunibert
- Anna Maria Frfr. von, geb. Freiin von Doblhof-Dier 150
- August Friedrich Gottfried Frhr. von, Appelationsgerichtsrat 50, 138, 146, 150, 151
- -Fideikommiß 146, 150
- Karl Frhr. von, kgl. Appelationsgerichtsrat 146, 150, 390

Cuno, Pfarrer von St. Agatha 369
Cunz, Anna Katharina, verh. Baniza 394

Dahlem
- Heinrich, Privatier 68, 71
- Konrad, Gastwirt 296
- Margarethe, geb. Weber 296
- Marianne, verh. Radi 43, 44, 71
- Valentin, Wirt 569

Dalarmi, von 584
Dalberg
- Carl Theodor von (1744–1817), KF, EB, Fürstprimas bzw. Großherzog von (1802–1817) 19, 49, 50, 64, 71, 96, 107, 125, 127, 137, 397, 398, 401, 543
- Demud von, geb. Landschad von Steinach 340, 344
- Dieter von, Vizedom 340, 344, 352
- Hans Georg, gen. Kammerer von Worms 434
- Maria Clara Philippina Freiin von, verh. Gräfin von Ingelheim 263
- Maria Ursula Freiin von, verh. Gräfin von Ingelheim 262
- Wolfgang von, KF und EB von Mainz (1582–1601) 30, 340

Dalke(i)n,
- -Erben 172, 597
- Johann, Handelsmann 436
- N. N., Bürger und Steinwirt 172, 597

Damrich
- Adam Anton, Bierbrauer 281, 556, 557, 559, 567, 569, 570
- Elisabeth, verh. Ebert 557, 559, 570
- Johann, Vertragsangestellter 534

Daub
- Elisabeth, geb. Baur, Zimmermannswitwe 215, 218
- Rosa, verh. Stütz 215, 218

Daus, Ferdinand, Wirt 537
David, Anna Elisabeth, verh. Dessauer 70, 71
Davidsburg, Moses 316
Debes
- Anselm 553, 557
- Anton 553, 556, 557
- Caspar 300
- Magdalena 300
- Regina, verh. Gurk 300

Debois, Sr. M. Benita, Engl. Frl., Oberin 486
Deckelmann, Leonhard, Landwirt 107
Dechant, Louise, verh. Frisch 499
Deel, Gisberta Freiin von, verh. Frfr. von Hertling 133, 138

Degen, Peter 418
Dehn, Antonie, Viktualienhändlerin 291
Dering-Völker, Elisabeth, geb. Spethmann, Künstlerin 53, 323
Dessauer
- Alois 196
- Alois Joseph (Aron Baruch) (1763–1850), Fabrikbesitzer, kmz. Hofbankier, Magistratsrat 50, 63, 70, 71, 266, 267, 543, 576
- Alois Joseph (1824–1892), Kommerzienrat, Fabrikbesitzer 138, 145, 196, 279, 482, 610
- Anna, verh. Frfr. Gorup von Besanez 138, 145, 196
- Anna Elisabeth, geb. David 70, 71
- Anna Rosa Tosca 145
- Elisabeth, verh. Ernst 122
- Erben 138, 139, 145, 196
- Friedrich, Physiker 508
- Isabella (Bella) Franziska, geb. Bauer 138,145, 196
- Johanna Juliane Maria Anna, geb. Barxell 145
- Joseph Johann Heinrich 145, 196
- Tosca 196
Dieffenstädter, Johann 435
Diespecker, Joel 316
Dieterle, Alf, Oberstudiendirektor 514
Dietrich
- Erhard, Schönborn. Keller und Stadtschreiber 341
- EB von Mainz 340, 348
Dietz
- Agnes, verh. Lösch 416, 418
- Anna, geb. Kittel, verh. Faust 84, 85
- Bernhard, Korbwarenhändler 472, 545
- Elisabeth, geb. Köhler 156
- Johann, Küfer 85, 98
- Karl, Glasermeister 156, 379, 472
Dilsheimer
- -Kaufhaus 232, 234, 236, 237
- Simon Löb, Ellenwarenhändler 232, 237, 238
Dingler
- Hugo, Philosoph 515
- Maria 515
Dirig, Johann 432
Dittmann, Katharina, geb. Hofmann, verh. Brüger 152, 159

Doblhof-Dier, Anna Maria Freiin von, verh. Frfr. von Cunibert 150
Döbner, Rudolf, prakt. Arzt 183
Doehling, Anna, verh. Weinlein 534
Dölger, Ludwig, Dipl.-Architekt 13, 15, 215, 242, 530, 615, 645, 650, 656
Döllein, Andreas, Dachdecker 197
Dörrhöfer, Jean, Schreiner 624
Dorfner, Susanna von, Engl. Frl., Oberin 484
Dorothea, Jungfrau, Engl. Frl. 455
Dorst, Helmut, Kaufmann 643
Dreisbusch, Stefan 55
Dresel, Sr. M. Amanda, Engl. Frl., Oberin 486
Dreßler, Gabriel & Sohn, Bauunternehmer 189, 254, 261, 381, 383, 650, 660
Drestermann, Heintz 172
Druckau
- Lehnhart, Steinmetz 432
- Lehnharts Frau 432
Ducca
- Anselm, Wirt 267
- Jakob Alois, Wirt 329
Düker, Friedrich Wilhelm, Eisenwerke, Laufach 11
Dümmler, Karl, Fotograf 650
Dürn, Friedrich von, Vizedom 351
Dürr
- Albert 528
- Caritas Spes, verh. Eizenhöfer 528
Dunzer (Trunzer)
- Christian, Bäcker, Bierbrauer 558, 571–573
- Eva 572
- Franz, Bäcker 571, 572
- Klara Sophie, geb. Gentil 572
Dyroff
- Heinrich Adolf, Kaufmann 549, 552, 560, 561, 619, 621, 622, 631
- Martha, geb. Flach 552

Eberhard, Franz, Metzger 583, 584, 586, 587
Eberhardt
- Appolonia, Magd 432
- Christmann 432
- Johann 432
Ebersbach
- Barbara von 437
- Hedwig von 437
- Heinrich von 437

Ebert
- Georg jun., Brauereibesitzer 570
- Georg Adam (1818–1872), Braumeister, Hopfengarten-Geschäftsführer 139, 140, 143, 145, 469, 559, 560, 562, 567–570, 607
- Elisabeth, geb. Damrich 557, 559, 570
- Juliane, geb. Schohe 570
- Karl, Brauereibesitzer 139, 140, 143, 145, 570
- Wilhelm, Braumeister, Brauereibesitzer 549, 552, 559–561, 563, 569, 570, 577, 607, 608, 613

Echter von und zu Mespelbrunn 264, 396
- Adolf, kmz. Rat und Amtmann 247, 248, 255, 262, 264
- Agnes Elisabeth, geb. Gräfin von Werdenberg und zum Heiligenberg, Witwe des Schenken Erasmus 261
- Anna Agatha Magdalena, geb. von Haiden zu Hagenbach 248, 262
- Carl (gest. 1557) 247, 261, 262
- Carl Rudolf (1592–1635) 248, 256, 262
- Erkinger 261
- Gertraud, geb. von Adolzheim 247, 255, 262
- Hamann I., Vizedom 247, 261, 352
- Hamann II., kmz. Oberamtmann, Forstmeister, Vizedom 247, 255, 261, 353
- Julius, FB von Würzburg 248, 262
- Klara, geb. von Frankenstein 262
- Kordula, geb. von Habern 262
- Kunigunde, geb. Erbmarschallin von Pappenheim 261
- Lisa, geb. Hofwart von Kirchheim 261
- Margarethe, geb. von Thüngen 261, 392
- Maria Eva 248, 262
- Maria Justina, geb. Kottwitz von Aulenbach 248, 256
- Maria Katharina, geb. von Rodenstein 248, 262
- Maria Ottilia, verh. Gräfin von Ingelheim 114, 121, 248, 249, 251, 255, 262, 264, 390, 394
- Ottilia, geb. Rau von Holzhausen 256, 262
- Peter II., Domherr und Kanoniker 247, 261, 392
- Peter III., Kanoniker, mz. Geh. Rat, Oberamtmann 247, 248, 255, 262, 264
- Philipp I., der Alte, Vizedom 247, 261, 353, 431
- Philipp II., der Junge 247, 261, 262
- Sebastian 248
- Ursula, geb. von Venningen 262
- Valentin II., fürstl. Würzb. Rat 248, 256, 262
- Wolf Albrecht (1593–1636) 248, 256

Eckart, Johann, Gutsbesitzer 555
Eckert
- Elisabeth, verh. Schneider 86
- Walburga, geb. Buckel 412
- Wilhelm, Friseur 412
- Wilhelm jun. 412
- Zimmermeister, Würzburg 622

Eckner
- Margarethe 290
- Tobias, Schuhmacher 290

Economou, Philipp, Architektur-Professor 326
Edel, Heinrich, Waldaufseher 428
Eder, Brauerei 502
Effern, Wihelm Ferdiand von, Vizedom 353
Ehehalt
- Andreas, gräfl. Ingelh. Amtmann 271, 273
- Hans, Orthopäde 129, 131
- Jolande, geb. Löser 131
- Katharina, geb. Borm 273

Ei(y)che, Hans von 167
Eisenecker
- Adam Heinrich, Leinenweber 62
- Dorothea, geb. Frey 62
- Erben 59, 62
- Eva, geb. Siegel 77
- Georg, Techniker 188, 191, 192
- Jakob, Schlosser 59, 62
- Johann Adam, Anwaltsbuchhalter 62
- Juliane 62
- Margarethe, verh. Greß 59, 62, 117, 122, 193, 196
- Wilhelm Adalbert, Tapezierer 77

Eisentraut, Matthes, Tünchermeister 542
Eisert
- Barbara, geb. Rücker 413
- Heinrich, Lehrer bei St. Agatha 413

Eizenhöfer
- Anton, Schreiner 316
- Caritas Spes, geb. Dürr 528
- Georg Anton 528
- Valentin, Billeteur 528

Elbert
- G., Schuhgeschäft 295
- Johann Adam, Ingelh. Verwalter 265, 273
- Karl, Landgerichtsschreiber 136
- Margarethe, verh. Lösch 424
- Peter, Küfer 85
- Peters Witwe 435
- Theobald, Bäcker 529, 531
- Theobald, Onkel des Bäckers 531

Elisabethen-Verein 102

El(t)z
- Graf zu 549, 552, 575
- Hugo Philipp Karl Reichsgraf von, gen. Faust von Stromberg, Oberstallmeister 552
- Johann Philipp, Graf von und zu, Domkapitular 552

Embricho, Vizedom 351

Enders, Maurermeister 593, 594

Endres
- Johann Philipp, Stiftskanonikus, Pfarrer von St. Agatha 365, 371, 376, 390
- Maurermeister 183

Engelhard
- Barbara, verh. Protz 150
- Jakob, Magistratsrat 621
- Johann, Zimmermeister 470, 622, 624

Englert
- Elisabeth, geb. Miehle 413
- Karl Anton, Lehrer 410, 413

Englische Fräulein 9, 486, 674
- Beck (Böck), Marianne, Schwester 455
- Blume, M. Elise Generaloberin 473
- Buchen, M. Franziska, Oberin 485
- Christine, Engl. Frl. München 476
- Debois, Sr. M. Benita, Oberin 486
- Dorfner, Susanna von, Oberin 484
- Dorothea, Jungfrau 455
- Dresel, Sr. M. Amanda, Oberin 486
- Fischer, Walburga, Oberin 485
- Frasch, Sr. M. Elfriede, Oberin 486
- Gareisen, Magdalena, Oberin 457, 472, 484
- Greifenfels, Josepha von, Oberin 484
- Hauser, Franziska von, Oberstvorsteherin 455
- Henle, M. Agnes, Oberin 485
- Höppner, Sr. M. Michaela, Oberin 486
- Hofmann, Johanna M., Oberin 478, 479, 485, 509, 510
- Hornung, Sr. M. Leokadia, Oberin 486
- Hübner, Margarethe, Oberin 471, 472, 485, 502
- Liebst, Sr. M. Radegundis, Oberin 486
- Lorenz, Josepha, Oberin 468, 485
- Lurz, M. Josepha, Oberin 484
- Lurz, Sr. Zita 254
- Sandkühler, Mater M. Luzia, Oberin 485
- Seifried (Seyfried), Hilaria, Oberin 473, 475, 485
- Schleyer, Sr. M. Winfride, Oberin 486
- Schrenck, M. Maria Anna von, Oberin 455, 484
- Straub, Sr. M. Cäcilia, Oberin 486
- Trunk, Mater M. Roswitha, Oberin 485
- Ühlein, Margaretha, Oberin 463, 465–467, 485
- Vonlohr, Mechtild, Oberin 476
- Weiss, Franziska, Jungfrau 455
- Wild, Isabella, Generaloberin München 478, 509, 510
- Windsheimer, Sr. M. Emerentiana, Oberin 486
- Wissinger, Euphrosine, Oberin 485

Eppstein
- Eberhard von, Vizedom 340, 352
- Johann 59
- Johanns Witwe 59

Erasmus, Schenk 261

Erbach, Philipp Schenk von, Vizedom 352

Erbs
- Christoph, Posthalter und Wirt 543, 548
- Margarethe, geb. Martini 543, 548

Erhard, Edmund, Geistl. Rat, Pfarrer von St. Agatha 372

Erlenbach, Johannes von, Vizedom 352

Ermbold(t), Clais 247, 438

Ernst
- Alois, 117, 122, 194
- Elisabeth, geb. Dessauer 122
- Elisabeth, verh. Herlein 122
- Franz Josef 122, 194
- Friedrich Joseph, Handelsmann und Gutsbesitzer 122, 145, 194, 610
- Hermine, Privatiere 122
- Jakob, Magistratsrat 116, 117, 123, 461
- Josef, Konrad, Kommerzienrat 194, 195, 196
- Josef Wendelin (1842–1900), Kommerzienrat, Fabrikbesitzer 117, 122, 138, 145

- Kaufmann 589
- Karl, Landgerichtspräsident 200
- Kathinka, geb. Reuß 122
- Nikolaus, Handelsmann 501, 504
- Theresia, verh. Müller 122

Ernstkirchen, Hans von 433

Erthal
- freiherrl. Familie, von und zu 184
- Friedrich Carl Joseph von(1719–1802), KF und EB von Mainz (1774–1802) 9, 19, 49, 63, 160, 184, 320, 354, 377
- Lothar Franz Michael von, Staatsminister 184

Eser
- Adam, Schneidermeister 78, 294, 300
- Barbara, geb. Müller 300
- Georg Josef 300
- Georg Karl (Kind) 301
- Juliana, verh. Wenzel 74
- Katharina 296, 300, 301
- Katharina, geb. Schmelz 300, 301
- Leopold, Schneidermeister 300, 301

Etzel
- Erben 146, 571
- Margareta 145, 571
- Philipp, Einspänniger 145, 146, 170, 571
- Philipps Witwe 170
- Sibilla 146, 571

Faber (bri), Valentin, Vikar 432, 433

Fäth
- Heinrich, Fuhrmann 115, 124–127, 131
- Josef, Finanzamtsangestellter 84
- Juliana, verh. Wenzel 74
- Katharina, verh. Janousek 303
- Margret, geb. Schneider 84
- Simon, Tünchermeister 624

Faß, Andreas, Schöntal-Schreiner 104

Faulhaber, Clos, gen. Rutgen, Bäcker 431

Faust
- Anna, geb. Kittel 85
- Christian, Bender 576, 577, 584, 586
- Eva, geb. Förster 576, 584, 586
- Georg Albert, Küfermeister 85, 584, 586
- Helmut, Rechtsanwalt 593, 596
- Ingrid 596
- Johann, Küfer 84, 85

Fechenbach
- Eberhard von, Vizedom 352
- -Laudenbach, Freiherr von 108

Feick (Veit), Ulrich, Bürger und Ochsenwärter 439, 597

Feld
- Anneliese, geb. Fries 39
- Gustav, Dipl.-Ing. 39

Felde, Peter vom 167

Feller
- Margarethe, verh. Pagio 591
- Peter Alois, Stadtrat 362

Ferdinand
- II. deutscher Kaiser (1619-1637) 255
- Erzherzog, Großherzog von Würzburg 543

Fertig
- Anna 571, 572
- Elisabeth, geb. Sauer 572
- Eva 469, 571, 572
- Franziska 572
- Gertrud, Privatiere 390, 571, 572
- Johann, Müller 572
- Michael 572

Fischer
- Alois, Schreiner 17
- Jakob, Bäcker 531, 583
- Katharina, verh. Schuff 131
- Johann Georg, Orgelbauer 391
- Ludwig, Bildhauer 17, 29
- Maria, verh. Lutz 428
- Roman, Architekt, Nürnberg 11
- Walburga, Engl. Frl., Oberin 485

Flach
- Johannes Metzger und Zunftmeister 362
- Karl, prakt. Arzt 136, 508, 509
- Martha, verh. Dyroff 552

Fleckenstein
- Anna, geb. Seitz 100
- Anton, kfm. Angestellter 91
- Auguste Anna, geb. Bieber 91
- Jakob, Bäcker 531
- Josef, Händler 100

Fleischbein
- Anna, geb. Becht 113, 121
- Kaspar von, kmz. Hofrat 113, 121, 396
- Stipendium 113, 114, 121, 376, 455

Fleischhaker, Inge, verh. Mosebach 43

Fleischmann
- Christian, Schuhmacher 297, 298
- Katharina, geb. Münz 298
- Martin Joseph, Fabrikant 266, 267

Flicke, Balthasar, Hofschmied 433

Floßmann, Johann, Zimmermeister 403
Flucke
– Anna, geb. Böhrer 296
– Heinrich, Schreiner 293, 294, 296
Fock von Wallstadt, Christoph, Vizedom 353
Förster
– Adelarius 91
– Anna Maria, verh Löchler 84, 85
– Elisabeth, verh. Kittel 84, 85
– Eva, verh. Faust 576, 584, 586
– Joseph, Schreinermeister 8
– Peter 84, 85
Förtsch, Wilhelm, Firma 619
Foltz, Hans d. Ält. 248
Fors(t)boom
– -Brentano, Josef, Fabrikant 138, 145
– Richard, Bevollmächtigter 552
Forstmeister von Gelnhausen, Martin, Vizedom 352
Foyzsch, Germanus 438
Frank
– Anna, geb. Full 504
– Barbara, geb. Schäfer, Gemischtwarengeschäft 504, 573
– Elisabeth, geb. Holzknecht, Witwe des Leinenwebers Jakob 157, 158, 428
– Elisabeth, geb. Welzbacher 504
– Franz Anton, Zeugwebermeister 428
– Hildegard, verh. Nies 574
– Jakob, Leinenweber 157, 158, 428
– Johann, Fuhrlohnfahrer 359
– Johann Valentin, Seifenfabrikant 502, 504, 573, 574
– Peter, Wirt 582
Frankenberger
– Adolf, Gärtner und Kirchendiener 532, 534
– Anna Josepha, geb. Scherf 658
– Anton 658
– Antonie, verh. Hasswanter 656, 658
– August, Bäckermeister 68, 71, 73, 74
– Barbara, geb. Schmidt 74
– Emil, Posamentengeschäftsinhaber 655, 656, 658, 659
– Karl, Kaufmann 656, 658, 659
– Maria Anna, verh. Hautinger 656, 658
Frankenstein, Klara von, verh. Echter von und zu Mespelbrunn 262
Franz, Michael Konstantin, Konditor 586

Franzano
– Agnes Christina, geb. von Brendel 394
– Karl Wilhelm 394
– Thomas, Kaufmann 394
Frasch, Sr. M. Elfriede, Engl. Frl., Oberin 486
Frauenknecht
– Margarethe, verh, Stadler 513
– Rosa, verh. Schuff 131
Freud, Johann Michael, Geometer 399
Freudenberg, Lazarus Knap zu 435
Freund
– Alois, Gemüsehändler 526
– Clara 526
– Maria Barbara, verh. Schad 526
Frey
– Dorothea, verh. Eisenecker 62
– Gabriele, geb. Weik 136
– Günter 136
– Kathi, geb. Hock, Bildhauerin 390
– Michael 136
Friederichs, Heinz 396
Friedrich
– III., deutscher Kaiser (1440–1493) 340
– Jean (Johann Peter), Konservator 109
– Johann, Fabrikarbeiter 290
– Karl, Spenglermeister 383
– Martha, geb. Illig 83, 84
– Otto, Spengler 13
– Wilhelm, Schreiner 82, 83
Fries
– Anneliese, verh. Feld 39
– Heinrich, Kaufmann 152, 158, 159
Frisch
– Adam, Bäcker 471, 482, 497, 499
– Eva, geb. Siegfried 499
– Jakob, Bäcker 497, 499
– Louise, geb. Dechant 499
Fröhlich
– Adam, Dachdecker 622, 624
– Anton, Wollweber und Zunftmeister 362
– Eva, verh. Siegel 77
– Franz, Konditor 77, 232, 237, 238
– Georg, Sattler und Tapezierer 314
– Jean 77
– Simon, Sattler 500
– Thomas, Leiendecker 470
– Thomas, Schuhmacher 91
Fröhliger, A., Architekt 323

Frosch
- Konrad, kgl. Advokat 238
- Maria Franziska, geb. Koch 238

Fuchs
- Anna Maria, verh. Arnold 97
- Ludwig (Louis), Spezereiwarenhändler 553, 555
- Nikolaus, Landwirt 555
- Peter 86, (Erben) 170

Fuchsenberger, Joseph, Kunstschreiner 10
Full, Anna, verh. Frank 504
Funk, Margarete, verh. Reichert 531

Gabel, Andreas, Gastwirt 183, 184
Gagel, Johann Adam, Stiftskanoniker, Pfarrer von St. Agatha 370
Gambrinus, sagenh. König 616
Ganster, Magdalena, verh. Bittinger, verh. Heuser 303
Gareisen, M. Magdalena, Engl. Frl., Oberin 457, 472
Garetius, Heinrich, erzbischöfl. Leibarzt 247, 248, 264, 484
Gauverlag Mainfranken 643, 648
Gebhard, Glaser 622

Geibig
- Anna 301
- Anna Maria, geb. Hock 296, 306
- August, Zimmermann, Akziseinnehmer, Ratsoffiziant 295, 297, 301, 306
- Elisabeth Rosa, geb. Hock 296, 306
- Franz 301
- Franz, Dachdecker 622, 624
- Franz, Leiendecker 296, 301, 304, 306
- Geschwister 294, 304
- Johann Peter 45
- Josef, Gastwirt 296, 301, 306
- Josef, Kaufmann 297, 301
- Katharina, geb. Orschler 297
- Katharina Maria, geb. Mergler 298, 301
- Margarethe 301
- Margarethe, Haushälterin 296, 301, 306
- Maria, Pensionärin 297
- Philipp, Metzger 296–299, 301, 306
- Philipp (1777–1856), Taglöhner 314
- Tobias, Werkzeugschlosser 301, 306
- Tobias, Dachdeckermeister 294, 296, 301, 304, 306

Geiger
- Alois, Bordhändler 279
- Alois & Söhne, Holzfirma 10
- Anna, Witwe des Johann Geiger 170
- Hans 124, 169
- Jakob, Krämer 249
- Johann 193
- Margarethe, geb. Geis 189, 193
- Nikolaus, Wirt 611
- Theresia Anna Maria, geb. Will 611

Geiling von Altheim, Heinrich, Vizedom 352
Geipel, Junker 435, 541, 542

Geis
- Joseph, Architekt 117, 153, 187, 189, 193, 209, 211
- Margarethe, verh. Geiger 189, 193
- Martin, Tüncher 403
- Wilhelmine, geb. Karbe 193

Geisfäller, Johann, Wollweber und Zunftmeister 362
Geisler, Margarethe, verh. Reuß 507

Geißler
- Adam, Bäcker und Zunftmeister 362
- Martin, Spanhauer und Zunftmeister 362

Gembach, Reinhard, Glaser 376

Gemmingen
- Frhr. von 51
- Gustav Frhr. von, Johanniter Ordensritter 132, 138, 145

Gendrich, Hans 282

Gentil
- Anton, Bildhauer und Pumpenfabrikant 392, 404
- Kilian, Glaser 238
- Klara Sophie, verh. Dunzer 572
- Otto, Bildhauer 18
- Valentin 497, 499

Gentils de Langalerie, Natalie Gräfin von, verw. Baronin von Hogguèr, verh. Gräfin von Ingelheim 263

Gerlach
- Franz Wilhelm 535, 536, 540
- Johann Nikolaus und Witwe 535
- Kinder des Franz Wilhelm 536, 540

German, Johannes 171, 435, 597
Gernod von Sommerau, Vizedom 351
Geßner, Anton, Rentamtsgehilfe 274, 276, 638

Geyer
- Georg, Gärtner 145
- Institut Frl. Geyer 138

- Joseph Philipp, herzogl. Rechnungskammerrat 138, 145
- Margarethe, geb. Heußer 145

Geyling, Heinrich, erzbischöfl. Forstmeister 436, 437
Geymbacher, Bartel 432
Giegerich
- Adam, Rentamtsdiener 159
- Anna 421
- Anna Maria, geb. Pfeifer 159
- Christian, Malermeister und Restaurateur 395, 420, 515, 518, 552
- Josef, Tüncher 307, 418, 420, 421, 515, 523
- Maria, verh. Traut 428
- Simon 159

Gink, Cornelius, Studienprofessor 461, 462
Girmann, Helfrich 168
Glaab, Eva, verh. Seitz 97
Gleich, Johann Adam, Maurer 137, 578
Glock, Firma, Donauwörth 17
Glockner, Philipp 167
Glöckner, Hartmann 438
Glutting, Magdalena, verh. Schmitt 157, 159
Göbhardt, Margarethe, verh. von Hefner 71
Göbs, Berta, verh. Müller 42
Gömmel, Josef, Schlosser 577
Götz, Mathilde Theodora Brunhilde, verh. Kitz 287
Götzendörfer, Adam 435
Golch
- Conrad, Schmied 505
- Jakob, Leiendecker 249, 400

Goldhammer
- & Schmitt, Architekturbüro 355
- Willi, Architekt 16, 17, 57, 58, 213, 365, 538

Goldner, Simon, Kommissionär 138
Goldschmidt, Rebekka, verh. Worms 642
Gollas, Barbara, verh. Lebert 611
Gonsrod(t) Freiherren von
- Andreas von 433
- Familie von 112, 124, 169, 548
- Hans von, Schultheiß 121, 374
- Heinrich von (Gunsrade) 437
- Johann von (Gunsrade) 437
- Justina von, geb. von Waldersdorf 112, 168
- Maria Katharina von, verh. von Lauttern zu Wirtheim 112

- Philipp der Junge von 112, 121, 168
- Philipp II. von, Zentgraf 121

Gorup von Besanez
- Anna Rosa Tosca, Frfr., geb. Dessauer 138, 145, 196
- Wilhelm Waldemar Franz Freiherr 145

Gotthardt, Heinrich 434
Graber, Rosina, verh. Specht 303
Graenradt, Melchior von, Vizedom 353, 432
Gräßmann, Theodor, Rentamtmann 364
Gralogk, Conrad, Stiftsvikar 430
Graser, Karl, Landgerichtsdirektor 355
Graßmann, Engelbert, Baumeister 299
Greifenfels, Josepha von, Engl. Frl., Oberin 484
Grein, Karl Hermann, Metzger 528
Greiner, Paul, Glaser 609
Greß
- Barbara 122
- Elisabeth 122
- Georg, Bierbrauer und Gastwirt 59, 60, 62, 117, 122, 188, 189, 192, 193, 195, 196
- Juliane 122
- Margarethe, geb. Eisenecker 59, 62, 117, 122, 193, 196

Griesbeck, Joseph, gräfl. Ingelh. Amtmann 274
Grimel
- Johannes, Stiftskanoniker 395, 400
- Katharina, 395, 400
- Peter, Bürger 395, 400

Grimm
- Alois 15, 58, 123, 137, 139, 257, 270, 278, 280, 293, 294, 337, 361, 366, 383, 385, 405, 406, 430, 437, 473, 535, 538, 551, 671
- Anton, Fischer und Zunftmeister 362
- Bruno, Architekt 285
- Heinrich, Schreiner 470, 472
- Tobias, Schreiner 501, 589
- Willi, Bildhauer 383

Groh, Regierungsrat 622
Grosch, Herbert, Inspektor 242
Groschlag von Dieburg
- Friedrich Karl, Frhr. 354
- Oswald, Vizedom 353
- Rudolf, Vizedom 351

Gros(s)
- Babette, verh. Messer 91
- Josephine, verh. Kolb, verh. Jung 501, 504

Grünewald, Andreas, Bäcker 559
Grundhöfer, Jörg, Metallgießer 4, 17, 18
Güllich
- Fritz 185
- Wilma, geb. Braun 185, 188
Günther, Magdalena, geb. Zeller 136
Gundermann, Johannes Witwe 434
Gundlach
- Jakob, Gastwirt und Bierbrauer 274, 275, 642
- Maria Anna, geb. Berner 276
Gurk
- Georg, Häfner 229
- Regina, geb. Debes 300
- Thomas, Häfner 229, 293, 296, 300
Gustaf II. Adolf, König von Schweden 18
Guther, Max, Professor 669
Guthiens
- Hubertine, geb. Sohn 102
- Peter, Stadtkämmerer 102
Gutjahr, Anna Maria, verh. Müller 122, 544, 548
Guttmann, Juliana, verh. Herberich 303

Haas, Philipp, Bautechniker 560, 623
Haberland(t)
- Anna Maria, verh. Backhaus, Witwe 100, 171
- Jeremias 100, 171
Habern, Kordula von, verh. Echter von und zu Mespelbrunn 262
Hackel, Jakob, Schreiner 470
Häffner, Franz Philipp, Bender und Zunftmeister 362
Härter, Georg, Bauaufseher 660
Härtl, Georg, Architekt 68
Häusner, Johann, Notar 195, 196
Hagel, Sebastian, Häfner 63, 71, 74, 75
Hagen, Philippina Freiin von, verh. Pauli 121, 122, 128, 131
Hagenauer, Johann, Schuhmacher 574, 576
Hahn
- Caspar, Schiffer 575
- Georg, Bürgerbräu, Marktheidenfeld 122
Haiden zu Hagenbach, Anna Agatha Magdalena von, verh. Echter von und zu Mespelbrunn 248, 262
Haidt (Heidt), Johann 169
Halbron, Magdalena von 439
Hamburger, Abraham, Kaufmann 233

Hammel, Johannes Wagner 314, 320, 327, 328
Hammer
- Adam, Stadtgerichtsarzt 267
- Ludwig, Heizungsfirma 13, 343
- Peter, Bauunternehmer 224
Hammerschmitt
- Kaspar, Landgerichtsdiener 522
- Maria Margarethe, geb. Hang 522
Hammon, Kaspar und Witwe 596
Hang, Maria Margarethe, verh. Hammerschmitt 522
Hangen, Heinrich, Häfnermeister 293
Hans
- Nikolaus, Messerschmied 433
- Witwe des Nikolaus 433
Happel, Anna Maria, verh. Oechsner 413
Hartheim, Bernhard von, Vizedom 353
Hartlaub, P. Arnold, Pfarrer von St. Agatha 372, 383
Hartmann
- Anna, verh. Braun 292
- Clara, Novizin 457
- Guido, Heimatforscher 538
- Jakob, Schieferdecker 268
- Regina, geb. Nußbaum, Malzaufschlägerswitwe 93, 97
Hartung
- Anton, Metzger 85, 577, 583
- Anton jun., Metzger 85, 583
- Wendelin, Pfarrer von St. Agatha 357, 370
Hasswanter, Antonie, verh. Frankenberger 656, 659
Hatzfeld, Franz von, Bischof, Herzog von Franken 248
Hauberrisser, Georg Ritter von, kgl. Architekt 194
Hauck
- Sebastian, Maurer 470, 471
- Ulrich, kf. Pfistermeister 393
Haun
- Ernst, Baumeister, Baugeschäftsinhaber 78–80, 308
- Katharina, geb. Leibl 80
Haus
- Adam, Weinhändler 537, 541
- Amalie, geb. Inderwiesen 541
- -Familie 538, 541
- Franz Matthäus, Konditor, Weinhändler

139, 537, 541
- Friedrich, Weinhändler 537, 541
- Georg, Schlosser 403
- Karoline, verh. Münch 74
- Katharina, verh. Hönlein 39
- Ludwig, Bäcker und Konditor 74, 576
- Margarethe, geb. Hock 541
- Margarethe, geb. Kühnlein 74
- Maria Katharina, geb. Hock 541

Hauser, Franziska von, Oberstvorsteherin der Engl. Frl. 455
Hautinger, Marianne, geb. Frankenberger 656, 658
Haversath, Antonia Maria Elisabeth, verh. Kitz 288
Heberlein, Arthur, Bauamtmann 195, 196
Hebentanz, J. C., Spenglermeister 197
Heckerhefner, Michael 433

Heckmann
- Andreas 59
- Johann, Leiendecker 376, 435
- Peter 167, 168

Heddersdorf, Friedrich von 439

Heeg
- Adam Georg, Bender 303
- Betty, geb. Schuck 162
- Johann, Dachdecker 376

Heegmann, Cäcilia, verh. Köhler 156

Hefner
- Elisabeth Amalie Franziska von, geb. Pauli 71
- Franz Ignaz Heinrich von (1756–1846), kgl. bayer. Staatsrat 50, 51, 52, 63–65, 70–72
- Jakob Heinrich von Alteneck (1811–1903), Kunsthistoriker, Direktor des bayer. Nationalmuseums 64, 65, 71–73, 393
- Margarethe von, geb. Göbhardt 71
- Valentin, Küfer 292

Heider, Wilhelm von, Bildhauer 26

Heidt (Haydt, Heydt)
- Christoph, Stiftsleiendecker 359
- Franz, Bäcker 249, 250
- Johann, kurfürstl. Holzschreiber 92, 160, 167, 170
- Johann Melchior 92
- Konrad, auf der Heid 435
- Matthäus 575
- Tobias 171

Heil (Heyl)
- Dorothea, verh. Wagner 310
- Katharina (Vieh-Katharina) 171
- Theobald 171

Heimberger, Josef, Prof. der Rechtsw. 364
Hein, Peter 168

Heinefetter
- Christine Josepha 131
- Sophie, Sängerin 131

Heinrich
- Adam, Leinenweber 52, 56, 57, 59, 62
- gen. Bere, Pfarrer von St. Agatha (1283–1289) 369
- Dorothea, geb. Weber 56, 57, 59, 62, 125
- Karl, Cafétier 643
- Pfarrer von St. Agatha (1341–1459) 369

Heinse, Wilhelm, Dichter 398
Heinzelmann, Oberregierungsrat 195
Heinzmann, Gustav, Dipl.-Ing. Architekt 355, 382 383

Helfrich
- Fricks Witwe 167
- Regina, geb. Radi 71

Helm, Bäcker 160, 170

Hembacher
- Elisabeth, geb. Stürmer 277
- Georg Anton 277
- Georg Karl, Küfer 276, 277
- Peter Josef 277

Hench
- Johanna, geb. Rüd 78, 82
- Ludwig, Bäcker 78

Henchin, Cuntzens Eidam 431
Henfling, Ignaz, Stiftstechniker 139, 142, 143, 146–148, 422, 472, 473, 498, 584, 585

Henle
- Johann Michael, Mainz 9, 18
- M. Agnes, Engl. Frl., Oberin 485

Henlein, Tüncher 410
Henritz, Stephan, Cafétier 643
Hensel, Lorentz 433
Hepp, Jungfrau Catharina 131

Herberich
- Johann, Nagelschmied 301, 303
- Juliana, geb. Guttmann 303

Herbert
- Appolonia, geb. Schneider 102
- Christoph, Schuhmacher 428
- Thomas, Schreiber 93, 98, 101, 102

Herbig, Franz Anton, Steinmetz 26
Herdan, Herr von, siehe Buches 430
Herdt, Johann, Schulrektor bei St. Agatha 412
Herigoyen, Joseph Emanuel von, Landbaumeister 32, 50, 119, 137, 140, 250, 284, 332
Herkert, Jakob, Steinhauer 403, 470
Herlein
- Alexander, Kaufmann, Fabrikdirektor 122
- Elisabeth, geb. Ernst 122
Herman(n)
- Peter 124, 168
- Karl, Metzger 528
Herold, Heinrich, Stiftskanoniker, Pfarrer von St. Agatha 358, 370, 374
Herrlein, Adalbert von, Bürgermeister 151, 267, 311, 402, 456
Herrmann
- Georg, Magistratsrat 362
- Johannes, Bürger 393
- Karl, Buchhalter 534
- Margarethe 393
Hertling, Freiherren von
- Anna von, geb. Schweitzer 131, 132, 133, 136
- Friedrich Franz von 131, 268
- Gisberta von, geb. Freiin von Deel 133, 138
- Ignaz Karl von (1843–1908), 241
- Joseph von, Forstmeister 138, 145, 151
- Karl von (1786–1836), kgl. bayer. Kämmerer 51, 131, 132, 136
- Karoline von, geb. von Bourcourd 131
- Katharina von 133
- Peter von 131
- Philipp von 131, 133
- Philipp von (1756–1810), großherzogl. Geh. Rat, Hofgerichtsdirektor 133, 138
- Wilhelm von (1804–1879), großherzogl. Landgerichtsassessor 131
- Wilhelmine von, geb. von Boucourd 145
Herold, Heinrich, Stiftskanoniker, Pfarrer von St. Agatha 370
Heßbacher, Hanspeter, Bender 249
Heßler
- Agnes 281, 431
- August, Tüncher 13, 609
- Hans 281, 431
- Johann Georg 160, 170

Hetterich, Paulina, Witwe, Holzwarenhandlung 233
Hettinger, Maria, verh. Müller 548
Hetzer, Contz 166
Heuser
- Katharina, verh. Schlotterbeck 515, 523
- Magdalena, geb. Ganster, verh. Bittinger 303
- Max, Kunstschreiner und Glaser 26, 28, 622, 624
- Peter, Schuhmacher 302, 303
Heußer, Margarethe, verh. Geyer 145
Hey
- Eva, geb. Schwind 283
- Jakob, Briefträger 283
Heydt
- Afra Agatha 392
- Hans, Bürger 392
Hey(l)e
- Elsa 430
- Peter 430, 596
Heyeck, Hannelore 534
Hilb, Anna Maria, verh. Stumpf 413
Hilg
- Egid, Malzfabrikant 239, 240, 242
- Emma geb. Ries 239, 240
- Hardo, Dipl.-Braumeister 239
Himmelsbach
- Katharina, geb. Stenger 159
- Ludwig, Kaufmann 158, 159
Hinkelbein, N. N. 166, 167
Hippenbecker, N. N. 247
Hirsch
- Agatha, Witwe 136
- Albert, Dipl.-Ing. Architekt 153, 185
- Anna Josepha, verh. Christ 583, 591
- Ernst, Amtmann 616
- Franz, Zimmermeister 63, 70, 71, 126, 127, 128, 131, 132, 136, 137, 252, 578
- Heinrich Joseph, Tünchermeister 378
- Martin, Häcker und Zunftmeister 362
- Simon, Tünchermeister 403
Hirschfeld (Hirsch)
- Abraham, Schutzjude 229, 292
- Baruch, Schneidergeselle 292
Hirschhorn
- Albrecht von, Vizedom 352
- Philipp von, Vizedom 352
Hirsekorn, Maria, verh. Münstermann 218
Hirt, Johanna, verh. Brand 425

Hock
- Adalbert, Maler 12, 26, 197, 390
- Adam, Tüncher 304, 306, 311, 470
- Anna, geb. Barth, Bahnschaffnerswitwe 303
- Anna, verh. Sauer 104
- Anna Maria, verh. Geibig 296, 306
- Elisabeth Rosa, verh. Geibig 296, 306
- Georg, Schlosser 101, 102
- Heinrich, Polizeidiener 401
- Heinrich, Tüncher 609
- Johann, Spengler 624
- Kathi, Bildhauerin, verh. Frey 390
- Konrad, Tünchermeister 379, 622
- Ludwig, Friseur 302, 303
- Magdalena, geb. Münz 298
- Margarethe, verh. Haus 541
- Maria Katharina, verh. Haus 541
- Michael, Schlosser 298, 624
- Nikolaus, Schlosser 470
- Nikolaus, Zeugschmied 279
- Otto, Tüncher und Dekorationsmaler 605

Höfl, kgl. Baurat 194
Höflich
- Babette, geb. Welzbacher 35, 36
- Günter Josef, Zellstoffarbeiter 36
- Magdalena, verh. Becker 34
- Peter 597
- Philipp, Händler 35, 36
- Rainer Horst Dieter, Lagerist 36

Höfling, Balthasar, Baumeister 189
Hönlein
- Anna, verh. Bippus 39
- Josef Henrici, Tünchermeister 37, 39, 416, 418, 421
- Katharina, 423
- Katharina, geb. Haus 39
- Klara 556, 557
- -Kinder: Agnes, Franziska, Katharina, Klara 421, 423, 553
- Peter, Maurer 37, 39
- Sebastian 37, 39
- Theresia, geb. Bauer 37, 39

Höpfner, Franz, Arzt 582
Höppner, Sr. M. Michaela, Engl. Frl., Oberin 486
Hörnig, Adam, Baufirma 355
Hövelin
- Andreas, Mainmüller, Mühlenmeister 169, 433
- Regina 169

Hoff, Werner 432
Hoffmann
- Anton, Bildhauer 249
- Bernhard, Bautechniker, Stadtbaurat 276, 279, 280, 281, 471
- Jakob, Bildhauer, München 23
- Johann 120
- Klaus, Buchhändler 648
- Maria Agnes, verh. Brenner 102
- Matthäus, Ratsmitglied 575
- Ruth, geb. Volkhardt 648
- Ursula, verh. Stamm 648
- Ute, verh. Kohn 648
- Wenceslaus von, Stiftsdekan 549

Hofheim, Henne von, Vizedom 246, 254, 255, 261, 352
Hofmann
- August, Kunstgärtner 642
- Bernhard, Stadtbautechniker 37
- Bernhard, Zimmermann 64
- Dominikus, Bäcker 52, 55
- Ernst 528
- Eva, geb. Bopp 52
- Friedrich, Landgerichtspräsident 199
- Heinrich 199
- Johann, Zimmerer 38, 53
- Johann Zimmerer und Zunftmeister 362, 397
- Johann, Zimmermeister, Sammlung 486, 487, 490, 491, 493
- Johanna M., Engl. Frl., Oberin 478, 479, 485, 509, 510
- Kaspar, Feldschütz 124, 125, 132, 136
- Katharina 136
- Katharina, verh. Dittmann, verh. Brüger 152, 159
- Ludwig aus Kreuzwertheim 609
- Marianne, geb. Wirsching 136
- N. N. 169
- Peter, Zimmermeister 310, 311
- Regina, geb. Wirsching 528
- Sina, Künstlerin 323
- Sophie, geb. Wolz 199
- Valentin 596
- Valtin, Bäcker und Zunftmeister 362
- Werkmann 32

Hofmannsthal, Hugo von, österr. Dichter 381

713

Hofstetten, Friedrich, Bezirksgeometer 546, 547
Hofwart von Kirchheim, Lisa, verh. Echter von und zu Mespelbrunn 261
Hogguèr, Natalie verw. Baronin von, geb. Gräfin Gentils de Langalerie, verh. Gräfin von Ingelheim 263
Hohe
- Anna, Schuhgeschäftsinhaberin 554, 556, 642
- Clara, geb. Sickenberger, verh. Imhof, verh. Schick 554, 555
- Dagmar, verh. Milde, 556
- Dorothea Emma, geb. Schönmann 556
- -Geschwister 640
- Hermann 554, 555
- Leo, Zahnarzt 554, 556
- Philipp, Schuhmacher 554–556
- Rosa Schuhgeschäftsinhaberin 554, 556, 642, 643
- -Schuhhaus 554
Hohenberger, Adam, Tünchermeister 622
Hoheneck
- -Freiherren von 230, 265, 435, 453, 461, 542, 548
- Johann Philipp von, Vizedom 353, 393, 435
- Johann Reinhard von, Vizedom 354, 435
- Kontz Adolf Freiherr von 542
- Philipp Ritter von 435, 541
- Philipp Karl, Domsänger 542, 547
Holas, Christa Josefine, geb. Kieser 77
Holdschuer, Guido, Dipl.-Ing. 669
Holleber, Ernst 583
Holzapfel
- Emilie 288, 290
- Philipp, Lokführer 290
Holzhausersche Priesterkongregation 394
Holzheuser, Hans 168
Holzknecht, Elisabeth, verh. Frank 428
Holzmann, Bernhard, Schreiner 359
Hommel, Jean, Schleifereibetrieb 295
Horlebein, Konrad, Bauleiter 261
Horn
- Friedrich Anton, Kantor, Kustos 549
- Gertrudis, verh. Schmitt 557
- Johann Reinhard, Oberkeller 548, 549, 551–553, 575
- Katharina, verh. Klebsattel, Amtskellerin 542, 549, 552

- Maria Felicitas 548, 549, 551, 552, 575
- N. N. 230
Hornung
- Christoph, Tabakspinner 45
- Karl, Dachdeckermeister 13, 18
- Peter Adam, Maurer und Steinmetz 52
- Sr. M. Leokadia, Engl. Frl., Oberin 486
Hospes
- Balthasar, Maurermeister 151, 153, 154
- Gabriel, Stiftsmaurermeister, Zivilarchitekt 32, 98, 99, 115 138, 250, 251, 272, 311, 313, 360, 361, 407, 410, 462, 501, 576
- Jodocus, Maurer und Zunftmeister 361, 362, 397
- Josef, Weinwirt 589
Hoyer, Christa, geb. Radi 71
Huber
- Anna Elisabeth, verh. Klug 83
- Franz, Zimmermann 360, 410
Huck, Dorothea, verh. Lösch 424
Hübner
- Hans 248
- Margarethe, Engl. Frl., Oberin 471, 472, 485, 502
Hüfner
- Heinrich, Färber 92, 96, 97
- Maria Anna, verh. Reichezer 89, 92, 97
- Theodors Sohn 92
Hüttl, Bernd 31
Hufgard
- Alma, geb. Roth 532, 534
- Christine, geb. Krenz 97, 534
- Emil, Metzger 97, 532, 534
- Willy, Metzger 534
Hugo
- Dagmar, Milchgeschäft 295, 299
- Eva, verh. Pagio 591
Huhn, Georgina, verh. Stumpf 413
Huschin 438
Huß, J. F.-Söhne 586
Hutten, Hartmut von, Vizedom 353
Huttner, Otto, Architekt 355

Illig
- Alois Maria, Handlungsgehilfe 555
- Andreas, Fabrikarbeiter 469, 553, 555
- Eva Katharina, geb. Klug 555
- Martha, verh. Friedrich 83, 84
- Peter Anton 82, 83

- Regina, geb. Spatz 555
- Theresia, geb. Klauer 82, 83

Imhof
- Clara, geb. Sickenberger 555
- Johannes Baptist, Schuhmacher 555, 588, 589, 591

Imhoff, Johann 104
Inderwiesen, Amalie, verh. Haus 541
Ingelheim gen. Echter von und zu Mespelbrunn, Grafen von
- Alexandrine von, geb. Gräfin von Stain zu Rechtenstein 263
- Anna Elisabeth Charlotte von 262, 393
- Antonia von, geb. Reichsgräfin von Westfalen zu Fürstenberg 263
- Catharina Eva Auguste von 262
- Ernst Friedrich von 262, 393
- -Familienarchiv 269, 270
- -Fideikommis 251, 268, 336, 338, 664
- Franz Adolf Dietrich, Reichsgraf, Domherr, Kammerrichter von 249–251, 255, 256, 262, 263, 264, 265, 390, 393, 394, 396
- Franz Carl Philipp, Kammerherr und Rittmeister von 263, 268
- Franz Philipp von 262
- Franziska Sophia von, geb. Gräfin von Breidbach zu Büresheim, gen. von Riedt 263
- Friedrich Carl Josef von (1777–1847), Reichsgraf, kgl. bayer. Geheimrat 251, 263, 266, 267
- Friedrich Carl Joseph Marsilius Erwein von, Kämmerer und Oberleutnant 252, 263
- Friedrich Damian von, Kammerherr 253, 263, 268
- Grafen von 115, 256, 257, 267, 272, 631
- Johann Philipp von, kaiserl. Rat, kmz. Geheimrat 250, 251, 256, 263
- Josef Raban von, Kammerherr 253, 263, 268
- Leopoldine von, geb. Schenk Gräfin von Stauffenberg 263
- Lucia Maria Barbara Brigitte von, geb. Freiin de Lasalle von Louisenthal 263
- Ludwig Anton von 393
- Luise von, geb. Gräfin von Wiser 263
- Maria Clara Philippina von, geb. Freiin von Dalberg 263
- Maria Ottilia von, geb. Echter (1629–1701) 114, 121, 248, 249, 251, 255, 262, 264, 390, 394
- Maria Ursula von, geb. Freiin von Dalberg 262
- Natalie von, geb. Gräfin Gentils de Langalerie, verw. Baronin von Hogguèr 263
- Philipp Alexander Carl Joseph von, kgl. bayer. Major 263
- Philipp Carl von, Obermarschall, Oberamtmann 263
- Philipp (Carl) Ludwig (1627–1661) von, kurmz. Obristleutnant und Oberamtmann 248, 249, 255, 262, 390
- Philipp Rudolf Anselm Franz von, bayer. Kämmerer, Rittmeister 263, 338

Isengrim, Johannes 438
Itzig
- Ernst, 264
- N. N., Vorsteher der Juden 314

Jachbert
- Anna 642
- Karl, fürstl. Leiningscher Rat 275, 642

Jäger, Max, Geistl. Rat, Pfarrer von St. Agatha 210, 372, 373, 379, 395
Jakob
- Kurt & Co, Kleiderfabrik 109, 112
- Pfarrer von St. Agatha 369, 437
- & Söhne, Rolladenbau 609

Janousek
- Anna Elisabeth 302, 303
- Artur 302, 303
- Franz 302, 303
- Josef 303
- Josef jun., Schuhmacher 302, 303
- Katharina, geb. Fäth 302, 303
- Maria, Witwe 303

Jent, Johann Michael, Vizedomamts-Geometer 265
Jeromino, Brunnenmeister 439
Jörg
- Adam, Bender 303
- der Maler 374
- Eva, verh. Merznicht 291

Johannes, Pfarrer von St. Agatha 369
Johen, Hans, Brunnenmeister 168, 439
Jordan
- Karl, Wirt 611
- Maria 611

- Stiftskanoniker, Pfarrer von St. Agatha 369, 436
Judith, Die Heldin von Bethulia, Drama 12
Juncker
- Greda 438
- Hermann 438
Jung
- -Baubüro 143
- Johann Anton, Handelsmann 501, 504, 507
- Johann Georg 265
- Johannes, Zentgraf vorm Spessart, Land- und Amtsschreiber 171
- Josephine, geb. Gross, verh. Kolb 501, 504
- Karl, Architekt 139, 615, 632, 643, 660
- Karl-Georg, Architekt 660
- Karl, Künstler, Donauwörth 17, 28
- Peter, Baurat 328
Junker
- Bildhauerfamilie 20
- Hans, Bildhauer 29
- Zacharias d. Ältere, Bildhauer 20

Kälberau, Friedrich von, Vizedom 351
Käppler, siehe Keppler
Kahle, Ulrich, Oberkonservator 4
Kaiser, Wilhelmine, verh. Kirchner 188
Kaldofen, N. N. 166
Kaltwasser, Stephan 170
Kammer, Johann Philipp II, Geistl. Rat, Pfarrer von St. Agatha, siehe Cammer 328
Kapperich, siehe Weidenbrönner 608
Kappert
- Alfred, Gärtner 5, 165
- Familie 5, 15
- Rosa, geb. Seubert 5
Kappes, Margarethe, verh. Lummel 78, 80
Kapuziner 29
- Br. Honorat 13
- Br. Mansuet 20
- Br. Otto 20
- P. Alan Steiger, Guardian 18
- P. Bernhard von Trier 18, 29
- P. Burchard 13
- P. Caspar 13
- P. Joseph a Cupertino, Guardian 11, 12
- P. Leopold Müller, Guardian 9, 10
- P. Sigismund Lorenz 20, 566

Karbe, Wilhelmine, verh. Geis 193
Karl
- VI., deutscher Kaiser (1711–1740) 255
- Kunigunde, verh. Münch 161, 164
- Martin, Stiftskanoniker 358, 370
Karpen
- Herdan von 246, 254, 261
- Ruprecht Edelknecht von 246, 254, 261
Kaske, Hans, Dipl.-Ing. 242, 307
Katharina, Zuckerbäckerin 167
Katterfeld
- Jakob 428
- Regina, Oberjägerin 426, 428
Kaufhof A. G. 671
Kaufmann
- Franziska, verh. Zipp 97
- Melchior, Magistratsrat 151, 276, 501, 620
Kaup, Paul, Schmiedemeister 268
Kaupp
- Franz, Bremser 283, 284
- Heinrich, Architekt 18
- Joachim, Architekt 31, 54
- Maria Ursula 284
Kees
- Georg, Ingelh. Amtmann 250, 256, 273
- Karl, Rentamtmann 128
Keim(e), Jakob, Steinhauer 622, 624
Keimel, Anna Maria, verh. Wiesenhöfer 55
Keller
- Christian, Stiftskanoniker, Pfarrer von St. Agatha 359, 360, 371
- Christoph, Schulrektor bei St. Agatha 107, 111, 409, 412, 543
- Christoph, Fleischbein-Stipendiatenverwalter, Weinwirt, Magistratsrat 529, 540
- Frieda, verh Mühlon 212
- Johann Nikolaus, Fischer 575
- Ursula, verh. Stahl 35, 36
Kempf, Karl Josef, Küfer 528
Keppler, Georg, Holzhändler 283, 577, 586, 589, 591
Kern
- Frieda, geb. Meidel 62
- Karl, Gastwirt 62
- Remakel 553, 555, 556
Keßler, Heinrich, Bürger 430
Kettinger, Wendel 434
Keyl, Hans, gen. Müller 432
Kiesel, Johann, Stiftspfarrer 562, 622, 624

Kieser
- Christa Josefine, verh. Holas 77
- Christoph Adolph, Schreiner 75, 77
- Franz, Schneider 312, 314
- Josefine, geb. Siegel 77
- Karl, Lebensmittelhändler 77

Kiln, Henn 171
Kimmel, Elisabeth, verh. Mickler 107
Kimmler
- Adam 152
- Catharina 152

Kindeshusen zu Scharfenstein, Heinrich von, Vizedom 351
Kindinger, Elisabeth, verh. Winkler 74, 522, 523
Kippes, Joseph, Oberregierungsrat 529
Kirchner
- Johann, Bäcker 529
- Karl Kraftfahrzeughändler 118, 122, 185, 188
- Wilhelmine, geb. Kaiser 188

Kirchgäßner, Anton, Schlosser 278, 279
Kirschbach
- Christoph 45
- Witwe 45

Kittel
- Adam Mehlhändler 428
- Anna, verh. Faust, verh. Dietz 84, 85
- Christoph, Holzmesser 84, 85
- Elisabeth, geb. Förster 84, 85
- Eva Margarethe, verh. Nees 571, 572
- Georg Franz, Schiffsbauer und Badeanstaltsbesitzer 504
- Johann Franz 573, 574
- Magdalena, verh. Sauerwein 654
- Margarethe, geb. Vonderheid, verh. Neuner, Badeanstaltsbesitzerin 98, 100, 504
- Martin Balduin, Lyzeumsprof. 49, 232, 267, 340, 348, 370, 373, 374, 384, 391, 400, 430, 437, 455, 456, 487, 592
- Peter, Magistratsrat 362
- Wohnung 418

Kitz 229, 281
- Aloisia, geb. Marty 287
- Antonia Maria Elisabeth, geb. Haversath 288
- Felicitas, verw. Kleiner, verh. Rauscher 595
- Friedrich, Weinhändler 85, 285, 287
- Hermann, Weinhändler 287
- Josef, Weinhändler 287, 288
- Joseph (1804–1884), Gerbermeister, Magistratsrat 98, 311, 507
- Magda(lena), Gastwirtin 285, 288
- Maria Magdalena, geb. Philipp 287
- Maria Ursula, geb. Pranqué 507
- Mathilde Theodora Brunhilde, geb. Götz
- 287
- Rudolf, Bankbeamter 287

Klar, Peter, Steinmetz 374
Klauer, Theresia, verh. Illig 82, 83
Kleber
- Johann, Taxator 272
- Johann Andreas, Hofzimmermeister 115, 250, 272, 361, 584

Klebsattel, Katharina, geb. Horn, Amtskellerin 542, 549, 552
Kleespies
- Auguste Anna, geb. Winkler 523
- Matthäus, Kaufmann 523

Klein, Anna Maria, verh. Schulz 62
Kleiner
- Alois, Kirchendiener 285, 595
- Felicitas, geb. Kitz 595

Klotz, Maria, verh.Boll 528
Klug
- Anna Elisabeth, geb. Huber 83
- Eva Katharina, verh. Illig 555
- Peter, Bender 83
- Sebastian, Bender 82, 83

Kluppel, Catharina 433
Knabl, Josef (1819–1881), Prof. der christl. Plastik, München 23
Knecht, Witwe 431
Knörr, Bernard, Stiftskanoniker, Pfarrer von St. Agatha 360, 371, 377
Knorr
- Anne 438
- Konrad 438
- Marie, verh. Mayer 654

Kobell, Ferdinand (1740–1799), Maler 30, 408
Koch
- Contz 431
- Franz 500
- Fritz, Landgerichtspräsident, bayer. Justizminister (1954–1957) 200
- Heinrich, Pfarrer von St. Agahta 369
- Johannes Nikolaus Kaspar, Amtskeller 39, 247, 456, 457, 497

- Maria Franziska, verh. Frosch 238
- Peter 431
- Seitz 166

Kochsche Armenhaus 37, 39

Köhler
- Anton, Hoftüncher 52, 58, 150, 151, 152, 156, 574
- Cäcilia, geb. Heegmann 156
- Elisabeth, verh. Dietz 156
- Franz Wilhelm, Hoftüncher 50, 51, 55, 56 118, 129, 143, 177, 360, 458
- Jakob, Pfarrer in Oppau 57, 58
- Johann, Schreinermeister 274, 276
- Johanna 276
- Josef Anton, Polizeioffizier 52
- Josef, Vikariatspedell 51, 56–58
- Karl 276
- Katharina 51, 52, 57, 58
- Lina, Schreinersehefrau 276
- Richard 276
- Sophie, verh. Nees 40

Kößler
- Josef Valentin, Schneider 555
- Karl, Spengler 624

Kohlrießer, Katharina, geb. Bechtold 506, 522

Kohn
- Heinrich, Totengräber 396
- Ute, geb. Hoffmann 648

Kolb
- Franz, Krämer 504
- Hans, Bäcker 432
- Johann, Tüncher 609
- Josephine, geb. Gross, verh. Jung 501, 504
- Jost, Zimmermann 169

Kolpingfamilie 354–356, 626

Konradi
- Franziska, 280, 606, 642
- Michael, Makler 280

Kopf, Anna Maria, verh. Marzell 65, 156

Koppenhofer
- Anna, geb. Traut 428
- Friedrich 428

Korn
- Anton, Hoflakai 40
- Anton, Hofwächter, 32
- Karl, Geometer 265
- Katharina, geb. Stuckert 40

Kopp, Raymund Emanuel, Stadtsyndikus und Assessor 362, 397

Kottwitz von Aulenbach, Maria Justina, verh. Echter von und zu Mespelbrunn 248, 256

Krämer
- Georg, Polizist 278, 279
- Georg, Türpförtner 623
- Katharina, verh. Nenninger 35
- Matthäus 592

Kraus
- Anton, Bäcker 292
- Georg, Gärtner 86
- Julius, Gärtner 342

Krauß, Hans Jakob, Ziegler 359

Krebs
- Balthasar 240
- Maria Anna, verh. Nees 240

Kreiner, Sophie, verh Seitz 97

Krenz, Christine, verh. Hufgard 97, 534

Kreußer
- Georg Franz, Ingenieur 555
- Karl, Zahnarzt 210

Kröckel, Hermann, Bildhauer 4, 16–18, 355, 356

Krohm, Johannes, Bürger 377

Kronberg
- Hartmut von, Vizedom 340, 341, 348, 353, 434
- Johann Schweikard von KF und EB von Mainz (1604–1626) 8, 18, 20
- Johannes von, Vizedom 353

Krumm
- Ernst, Kaufmann 136
- Margarete 136

Kruschewski, Luise, verh. Schlotterbeck 523

Kühnlein
- Franz, Notar 569
- Margarethe, verh. Haus 74

Künsberg-Langenstadt, Karl Frhr. von 150

Künstler, August, Schlosser 13

Kuhn
- Gerda, geb. Lieb 224
- Johann Ignaz, Zunftmeister 362
- Josef, Drechsler 312, 313, 314

Kulman, Hans 169

Kunckel
- Peter 59
- Peters Witwe 59

Kunkel
- Alois, Lokomotivführer 90, 91

- Anna, geb. Stürmer 91
- Auguste, verh. Zimlich 91
- -Cichos, Marianne, Rechtsanwältin 218
- Johann, Kaufmann 655, 658

Kuntz, Johann Melchior, Leinenweber und Zunftmeister 362

Kunz
- Andreas, Pfarrer in Johannesberg 4
- Andreas, Weber 103
- Anna 4–6
- Dorothea 4, 6
- Edgar, Kaufmann 150
- Eva, geb. Schubert 4, 6
- Franz, Dekateur 147, 150
- Justine, geb. Männche 150
- Melchior, Weber 4, 6

Kunzmann, Michael, Schlossermeister 342

Kurtzrock
- Angela, verw. Vollmar 124, 169
- Georg, kmz. Brunnenmacher 113, 124, 169

Kurz, Kaplan 363

Ladrone, Friedrich, Archivrat 575

Landschad von Steinach
- Demud, verh. von Dalberg 340, 344
- Dieter, Vizedom 340, 344, 352

Landtshoff 432

Landwehr, Heinrich, Kaufmann 393

Lang
- Hans, Schuster 281
- Maria, verh. Berninger 82

Langen, Ulrich 438

La Roche, Theresia, verh. Roßmann 55

Lasalle von Louisenthal, Lucia Maria Barbara Brigitte Freiin de, verh. Gräfin von Ingelheim 263

Laubern, Conrad, Schiffmann 375

Laubmeister, Johanns Witwe 169

Laukhuff, Orgelbaufirma, Weikersheim 17

Laurin, Heinrich, Stiftskanoniker, Pfarrer von St. Agatha 369, 430, 431

Laut(t)ern zu Wirtheim
- Johann Wilhelm Edler von, Amtmann 112, 113, 121, 169
- Maria Katharina Edle von, geb. von Gonsrod 112

Leb (Leyb), Jeromino, Brunnenmeister 439

Lebert
- Barbara, geb. Gollas 611

- Fritz, Gastwirt und Metzger 611
- Josef, Leinenweber 59, 62, 63, 70
- Josefs Witwe 59, 62, 63, 70

Leeb, Hermann, Rechtsanwalt 137, 222, 224

Leibl, Katharina, verh. Haun 80

Leimbach, N. N., Halloberbeamter 534

Leinwander, Josef, kf. Mundkoch 397

Leitolf, Otto, Schuldirektor 643

Lembach, Margarethe, verh. Rohleder 423, 425

Leo, Johann Jakob, Stadtschultheiß 116, 362, 396, 397

Leonhard, Steinmetz 438, 439

Leopold
- I., deutscher Kaiser (1658–1705) 255
- Therese, verh. Buchen 485

Leschhorn, Wilhelm, Meßwerkzeugfabrikant 147, 150

Levy
- Franziska, geb. Lorch 237
- Julius, Kaufmann 232, 233, 235–237

Leyen, Charlotte Gräfin von der, verh. Stadion von 394

Lichtenberg, Elsa von 437

Lieb
- Berta, geb. Stegmann 224
- Franz Isidor, Gastwirt 224
- Gerda, verh. Kuhn 224

Liebler, Josepha, Mère Josephe, Nonne 485

Liebst, Sr. M. Radegundis, Engl. Frl., Oberin 486

Lind, Margarethe, verh. Münch 164

Lindwurm, Anna Maria, verh. Reisinger 280

Link, Helmut, Kunstmaler 16

Lipp
- Nikolaus 160, 170
- Veit 500

Löb
- Kallmann, Schutzjude 232, 237, 238
- Kallmanns Kinder 232, 237, 238

Löchler
- Anna, geb. Nees 97
- Anna Margaretha, verh. Bechtold 522
- Anna Maria, geb. Förster 84, 85
- Christoph, Bender, Bierbrauer 568, 569, 575, 582
- Jakob, Holzmesser 84, 85
- Johann Adam, Bender und Zunftmeister 362
- Peter, Bierbrauer, Wirt 97, 98, 576, 582

- Salome, verh. Rausch 500
Loeffert, Heinrich, Schneidermeister 104
Löffler, Max, Obermedizinalrat 342
Löhr, Johann, Bäcker 282
Lösch
- Agnes, geb. Dietz 416, 418
- Andreas 421
- Dorothea, geb. Huck 424
- Dorothea, verh. Brand 424, 425
- Franz, adopt. Brand 425
- Johann, Schreinermeister 397, 401, 416–418, 421, 423, 424
- Joseph 421
- Karl 421, 423, 424
- Konrad 421
- Margarethe, geb. Elbert 424
Löser, Jolande, verh. Ehehalt 131
Löwen-Restaurierung 515
Löwenthal, Matthias, Kaufmann 234, 238
Lommel, Johann, Schreiner 410
Looser, Friederike 534
Lorch, Franziska, verh. Levy 237
Lorenz
- Engelbert, kgl. Regierungsregistrator 485
- Josepha, Engl. Frl., Oberin 468, 485
- Sophie, geb. Moser 485
Lossau, Fedor von, Kaufmann 131
Louis, Karl Ludwig, Baurat, Professor 52, 72, 132, 138, 151, 232, 266, 267, 294, 311, 315, 316, 321, 322, 401–403, 406, 411, 466, 501, 506, 507, 620
Loy, Anton, Architekt 425
Lucius III., Papst (1181–1185) 372
Ludwig
- I., König von Bayern (1825–1848) 460, 462, 463, 465–467
- II., König von Bayern (1864–1886) 9, 502
- Friedrich, Hausbender 436
- Georg, Schönborn. Amtsverweser 172, 597
- N. N., Oberschultheiß v. Kaltenberg 597
Lummel
- Johann, Schreinermeister 78, 80
- Margarete, geb. Kappes 78, 80
Lurz
- M. Josepha, Engl. Frl., Oberin 484
- Sr. Zita, Engl. Frl., 254
Lutz (oder Protz)
- Anton 558, 570
- Fritz, Konditor 586

- Georg, Instrumentenmacher 428
- Maria, geb. Fischer 428
- Sophia, verh. Wundsam 525

Mack, Oskar, Landgerichtspräsident 198, 200, 207
Mader, Felix 20, 134, 140, 256, 344, 373, 384
Männche, Justine, verh. Kunz 150
Mai
- Anna, geb. Pfadisch 39
- Anna Mai Erben 39
- Konrad, Briefträger 39
- N. N., Inspektor 463
Maidhof, Anna Maria, verw. Übelhör, verh. Weisel 88
Maier
- Adam, Küfermeister, Schankwirt 117, 122
- Hyppolytus, Hoffurier 535
- Kunstanstalt, München 20
- Margaretha, Ehefrau von Simon 434
- Matthias 434
- (Meyer), Matthäus, Bürger und Leinenweber 433, 434
- Paul 169
- Simon, Leinenweber 434
- Witwe des Hyppolytus 535
Mang,
- Heinrich, Häfnermeister 229
- Sebastian, Maurermeister 238, 239
Mangolt, N. N. 167
Mannas, Franziska, verh. Winkler 523
Marckhardtt
- Georg, Hofglaser 171
- Katharina, Witwe 171
Markert, Leopold, Spanhauer und Zunftmeister 362
Martin hl., Bischof von Tours 355, 356
Martini
- M. Adelarius, Stiftskanoniker, Pfarrer von St. Agatha 358, 370
- Margarethe, verh. Erbs 543, 548
- Michael, Schulrektor bei St. Agatha 409, 412
- Sophia, Frau des Schulrektors 412
Marty, Aloisia, verh. Kitz 287
Marx, Sabine Franziska, verh. Vetter 540, 541
Marzell
- Anna Maria, geb. Kopf 65, 71, 156
- Franz (1788–1849), Weinwirt und Ma-

gistratsrat 65, 156, 362
- Franz Josef (1822–1854), Kaufmann 65, 71, 156
- Josef, Privatier 71
- Kaspar, Fabrikant 57, 65, 68
- Katharina, geb. Reisinger 156
- Michael, Polizeiarzt 65, 68, 71

Maschinenbau-AG 563
Mascon, kgl. Oberbaurat 194
Matheß, Leiendeckermeister 359
Mathis, Maler 388
Mattlener, Ingenieur 463
Maulatz, Philipp, Handwerker 376
Maulaz, Sofie, geb. Mayer 650, 654
Maximilian
- I., König von Bayern (1806–1825) 459, 481, 485
- II., König von Bayern (1848–64) 71

May
- Carl, Hofkonditor 252
- Georg Jakob, kgl. Bezirksingenieur 315
- Karoline, verh. Menzel 586

Mayer
- Elikan 314
- Friedrich, Kaufmann 649, 654
- Marie, geb. Knorr 654
- Sofie, verh. Maulaz 650, 654

Mayersohn, Leopold, kgl. Hofrat und Rechtsanwalt 311
Medicus, Friedrich Ritter von, Bürgermeister 195, 624
Meffart, Johann 435, 592
Mehne, Günther, städt. Baurat 625
Mehr, Leonhard 86

Meichinger
- Elisabeth, verh. Sirtel 292
- Simon, Schlosser 403

Meidel, Frieda, verh. Kern 62
Melzig & Metzler OHG 118, 122
Mensch, Katharina, verh. Zang 86, 87

Menthen
- Anton, Brunnenmeister 51, 56, 63, 558
- Eva 33
- Katharina, verh. Vetter 540
- Maria Eva 56

Menzel
- Karl, Automechaniker 584, 586
- Karoline, geb. May 586

Mergler, Katharina Maria, verh. Geibig 298, 301

Merkel
- Johann 167
- Johann Caspar, Zentgraf 238, 239, 328

Merz
- Elisabeth, verh. Molitor 287
- Franz Joseph, Vizedomamtsregistrator 284, 285, 287

Merznicht
- Eva, geb. Jörg 291
- Sebastian, Schuhmacher 291, 294

Meß(ss)er
- Babette, geb. Groß 91
- Franz 32, 33
- Johann, Oberpacker 91, 89
- Margarete 91
- Margarethe, geb. Scheuermann 33, 159
- Maria, geb. Weigand 91
- Maria Eva, geb. Sauer 159
- Maria Magdalena, verh. Nees 91
- Peter 159
- Simon, Trockenlader 33, 150, 151, 152, 159

Meßner, Josef, Schlosser 75, 76

Metz
- Christine Margarethe, verh. Brill, verh. Stanger 499
- Erben 41
- Johann, Wegmacher 37, 40, 41
- Katharina, geb. Braun 40, 41

Metzger, Kinder 396, 436

Michel
- Christian 170
- Franz Paul, Aktuar 75, 77
- Katharina, geb. Schäfer 77

Mickler
- Elisabeth, geb. Kimmel 107
- Joseph Anton, Stadtschreiber 107

Miehle, Elisabeth, verh. Englert 413
Milde, Dagmar, geb. Hohe 556

Miltenberger
- Bertha, verh. Nies 574
- Geschwister 12
- Laura, verh. Nies 574

Mittnacht
- Jakob, Speisewirt 55
- Paul, Geistl. Rat, Pfarrer in Hofheim 32, 34, 107

Mörlein, Jakob, Maurer 359
Mösel, Stephan, Kirchenkollektor 377
Molitor

721

- Adolf Josef, kgl. Kreis- und Stadtgerichtsrat 64, 287
- Elisabeth, geb. Merz 287
- Johann Philipp, kmz. Oberschultheiß 265
- Veit Christoph, Schultheiß 408

Molls, Willi, Fahrradersatzteil-Handlung 503

Montreal
- Anton, Schlosser 410, 459
- Reinhard 459

Moosmann, Otto, Stadtbaumeister 343
Moritz, Crescentia, verh. Weinlein 534
Morsheuser, Hans, Studienprofessor 395
Mosbach von Lindenfels, Johann Reinhard, Vizedom 353

Mosebach
- Inge, geb. Fleischhaker 43
- Wolfgang 43

Moser, Sophie, verh. Lorenz 485

Mühlbacher
- Anselm, gräfl. Ingelh. Kellermeister 273
- Anton, Zimmerer 359
- Hans Jörg, Zimmermann 359
- Johann Anton, Zimmermeister 357
- Johann Egid, Zimmermann 377
- Karl Joseph, Kirchenverwalter 377

Mühlon
- Eleonore, verh. Völker 212
- Emil, Fabrikant 209, 212
- Erben 212
- Frieda, geb. Keller 212
- Johann, Müllermeister 212, 224
- Margarete, geb. Rohmann 209, 212, 224
- Wilhelm, Kruppdirektor 212

Müller
- Alois, Tünchermeister 622
- Amanda 650, 654
- Amandus, Lebensmittelgroßhändler 654
- Andreas, fürstl. Postsekretär 122
- Anna 98, 100
- Anna Maria, geb. Gutjahr 122, 544, 548
- Arnold, Hofkoch 252
- Barbara, verh. Eser 300
- Berta, geb. Göbs 42, 43
- Bruno, Orgelbauer 379
- Conrad, Stiftszimmermann 359
- Elisabeth, verh. Wundsam 523
- Eva Barbara, geb. Bolz 91
- Franz Ludwig, Maler 91
- Gottlieb, Glaser 403, 470
- Hans, Handwerker 376
- Hans (siehe Keyl) 431, 432
- Hansens Witwe 432
- Heinrich, Posthalter, Gastwirt und Magistratsrat 122, 138, 267, 294, 544, 548
- Hertha, geb. Bartl 136
- Jakob, Tünchermeister 622
- Jakobina, geb. Münch 83
- Johann aus Klingenberg 168
- Johann 432
- Johann, Bäcker 434
- Johann, Seifensieder 98, 100
- Johann Georg, Zimmermeister 249
- Konrad, Posthalter 279, 280, 329, 543, 544, 548
- Leopold, Hofmaurer 357, 359
- Ludwig, Wirtschaftsprüfer 42, 43
- Ludwig August von, bayer. Kultusminister 473
- Magdalena 654
- Margarethe 548
- Maria, geb. Hettinger 548
- Martin, Glockengießer 391
- Nikolaus; Hofschneider 92
- N. N. 170
- Orgellieferant, Aschaffenburg 20
- Sebastian, Faßbinder 83
- Sebastian sen. 83
- Theresia, geb. Ernst 122
- Walter 650, 654

Münch
- Adam, Bäcker 72
- Adam, Sattler und Gastwirt 161, 164
- Barbara, geb. Reis, Witwe 34, 108, 112
- Babette 161, 164
- Babette, verh. Wagner 5, 6, 33, 34, 36, 38, 40, 41, 108, 112
- Erben 112
- Eva 164
- Franz, Gastwirt 152, 164
- Jakobina, verh. Müller 83
- Johann, Bäcker 72, 74
- Karl, Küfer und Bierbrauer 161, 164
- Karoline, geb. Haus 74
- Käthchen 161, 164
- Katharina Barbara 112
- Katharina, geb. Stadelmann 164
- Kunigunde, geb. Karl 161, 164
- Margaretha, geb. Lind 164

- Peter Alois 108, 112
- Philipp, Ochsenwirt 160, 164

Münstermann
- Franz, Bauunternehmer 214, 215, 218, 220, 224, 643
- Maria, geb. Hirsekorn 218

Münz
- Dorothea 298
- Katharina, verh. Fleischmann 298
- Magdalena, verh. Hock 298

Münzenberg (Minczenberg)
- Drude 430
- Nikolaus (Clas), Koch 430

Napoleon I. (Bonaparte) 1769–1821, Kaiser von Frankreich 9

Nassau, Gerlach von, KF und EB von Mainz (1346–1371) 400

Nau
- Bernhard Sebastian, Hofrat, Prof. d. Staatskunde 64
- Edmund 64

Naumüller, Philipp 167

Nebe, Johann 172

Nebelseng von Montzenberg, Herman, Pfarrer von St. Agatha 369

Neeb, Maria Margaretha, verh. Wieland 558, 570

Nees
- Anna, verh. Löchler 97
- Eva Margarethe, geb. Kittel 571, 572
- Franz, Schlossermeister 89, 90, 91, 93, 97
- Franz Wilhelm, Steinhauer 40
- Jakob, Zimmermeister 33, 40
- Johann, Holzhändler 428
- Katharina, geb. Weisel 100
- Margarethe 240
- Maria 240
- Maria Anna, geb. Krebs 240
- Maria Magdalena, geb. Messer 91
- Mathias, Aufseher und Gärtner am Pompejanum 240
- Peter, Kofferträger und Fischer 100
- Sophie, geb. Köhler 40
- Theodor, Magistratsrat 621, 622
- Wilhelm, Holzmesser 571, 572

Nehmann, Josef, Polizeisoldat 301, 303

Nein, Stephan, Stadtbaurat 183, 196, 294, 330, 561, 605, 606, 621–624

Neis
- Emilie, geb. Straub 156
- Ferdinand, Weinhändler 152, 156
- Friedrich, Kaufmann 152, 157, 158
- Karl, Kaufmann 152, 157, 158

Nenninger
- Dominicus, Zeugschmied 34, 35
- Erben 36
- Katharina, geb. Krämer 35

Nenter
- Johann, Schiffer 45, 168
- Konrad 160

Neumann, Lorenz, Schneidermeister 283, 284

Neuner
- Albrecht, Kunstmaler 16
- Erbengemeinschaft 100
- Ignaz, Feldwebel, dann Bademeister 100, 504
- Margaretha, geb. Vonderheid, verw. Kittel, Badeanstaltsbesitzerin 98, 100, 504
- Nikolaus, Architekt 220, 650, 656

Nickel, Clos 439

Nickl
- Ernst, Wirt 611
- Maria, geb. Walz 611

Nicolas, Kunstanstalt 380

Niedernberger, Margarethe, verh. Bleicher 393

Nies,
- Anton, Schuhmacher 569, 573, 574
- Bertha, geb. Miltenberger 574
- Franz, Schuhmacher 574
- Hildegard, geb. Frank 574
- Laura, geb. Miltenberger 574

Nießner, Franz, Schreiner 470

Niklas, Meister 172

Nikolaus, Hans, Messerschmieds Witwe 433

Nöth
- Friedolin 44
- Veronika, geb. Bauer 44

Nöthig
- Jakob Christian, Landgerichtspräsident 199
- Philippine, geb. Sallinger 199

Nordt, Joseph, Architekt 593

Not, Nikolaus 596

Nußbaum, Regina, verh. Hartmann 93, 97

Oberle
- Franz, Schneider 638, 642

723

- Matthias (Matthes), Schankwirt 52, 55
- N. N., Schmiedemeister 359
- Paul, Präfekt 266, 272
- Peter 436

Obermüller, Hans, Glöckner 375
Obitz, Michael, Gerber und Zunftmeister 362
Oechsner
- Anna Maria, geb. Happel 413
- Georg, Lehrer bei St. Agatha 413
- Thekla, geb. Seuffert 413

Oegg, Joseph, Landgerichtsarzt 267, 470
Öhlig, Christoph 296
Oestrich
- Abraham Baruch, Handelsmann 239, 557
- Adolf, Kartenfabrikant und Sprachlehrer 229, 288, 290
- Betty 288, 290
- David Baruch, Viehhändler 238, 239
- Grünlein, geb. Alexander 239
- Sara, verh. Strauß 239
- Schönchen, geb. Seligmann 239

Offenstein, Caspar 86
Ohms, Irma 505
Oppenheimer, Samuel 525
Opfermann
- Felizitas 595
- Franz, kf. Revierjäger 284, 553, 557, 592, 595
- N. N., Straußenwirtin 157
- Regina, geb. Vill 557, 592, 595

Orschler
- Albert, Fischer 98, 100
- Anna Maria, geb. Pfaff 239
- Anna Maria, geb. Wissel 102
- Anna Maria Barbara, geb. Schneider 58
- Anton, Bäcker 102–107
- Barbara 284
- Georg, Getreidehändler 58
- -Geschwister 97
- Jakob, Gemüsehändler 239
- Johann, Gemüsehändler 68, 97
- Katharina, verh. Geibig 297
- Luzia, verh. Reinhard 596
- Maria 592, 596
- Maria, verh. Wiesenhöfer 55
- Matthäus (Matthes), Schiffer, Fruchthändler und Weinwirt 57, 58, 285, 592, 593, 596
- Matthes, Farbengroßhändler 152
- Otto, Schiffmann 283, 284

Ortmann, Fa. Hans, KG 619
Ostein Freiherren von
- Anna Charlotte Maria von, geb. Gräfin von Schönborn 29, 145
- Johann Franz Sebastian von, Oberamtmann 29, 114, 137, 145
- Johann Friedrich Carl von, Erzkanzler, KF und EB von Mainz (1743–1763) 348, 455, 481
- -Wappen 137

Ostheimer
- Barbara, verh. Bechtold 522
- Josef, Landgerichtspräsident 200
- Paul, Orthopäde 534

Otilg, Henchin 166
Ott
- -Bau, Baufirma, Zimmerei 13, 609
- Wendel 596

Otter, Quintin, Baufirma 343

Pagio
- Anna Dorothea 591
- Anton, Krämer und Zunftmeister, 285, 362, 591
- Christoph, Handelsmann 589, 591
- Eva, geb. Hugo 591
- Margarethe, geb. Feller 591

Pallottiner 355, 372
Papen
- Heinrich, Frhr. von 51, 138, 145, 253
- Johanna, Frfr. von, geb. Frfr. von Bodmann 145

Pappenheim, Kunigunde Erbmarschallin von, verh. Echter von und zu Mespelbrunn 261
Pattloch
- Maria, geb. Rody 238
- Paul, Buchhändler 234, 238

Pauli
- Anton, kgl. bayer. Geheimrat 121, 128, 131
- Elisabeth Amalie Franziska, verh. von Hefner 71
- Philippine, geb. Freiin von Hagen 121, 122, 128, 131
- Theodor, Schulkurator 121

Peek & Cloppenburg 234
Pelkoven
- Franz Wilhelm Frhr. von 136
- Maximilian Frhr. von, Appellations-

gerichtsrat 131
Pelletier, Friedrich Carl Joseph, Landesdirektionsrat 128
Pennrich, Margarethe Katharina, verh. Reuß 507
Perner, Rudolf, Glocken- und Metallgießerei, Passau-Hackelberg 16, 29
Perochio, Sandro, Gastwirt 650
Petzold, Eduard, Architekt 15, 16
Pfadisch
– Anna, verh. Mai, Privatiere 39
– Sophie, verh. Weber 39
Pfaff, Anna Maria, verh. Orschler 239
Pfeffer, Hans 439
Pfeifer
– Anna Maria, verh. Giegerich 159
– Ludwig, Pfarrer von St. Agatha 372
– Theodor, Landgerichtsarzt 295
Pfersbacher
– Lorenz 433
– Martin 433
Pfleger
– Anton, Wirt 611
– Berta 611
Pflug, Adam, Wagenmeister 59
Pfriem, Maria Hermine, verh. Brennstuhl 146
Philipp
– Alex, Niedersteinbach 609
– Maria Magdalena, verh. Kitz 287
Pichl, Waltraud Lydia, geb. Zeller 136
Pieper, Helga 531
– Wolfgang 531
Pistor, Konrad (d. A.) 167, 172
Platz
– Andreas, Schuhmacher 428
– Franz, Haibach 17
– Johann Franz, Korporal 284
– Katharina, geb. Schunk 37, 39
– Nikolaus, Schuhmacher 37, 39, 573, 574
– Philippina Katharina, geb. Croissant 284
– Wilhelmine, geb. Schmitt 284
Pohl & Lückel, Baufirma 215, 632
Pranqué, Maria Ursula, verh. Kitz 507
Protz
– Barbara, geb. Engelhard 150
– Georg, Magistratsrat 276, 279, 620
– Georg, Zimmermann 150, 315, 316, 466
Pütscher, Philipp, Schreiner 376

Pursch, Robert Eduard Georg, Oberkellner 513

Raab, Apolonia, verh. Braun 185, 188
Radi
– Christa, verh. Hoyer 71
– Marianne, geb. Dahlem 43, 44, 71
– Peter, techn. Angestellter 44
– Regina, verh. Helfrich 71
Rall, Zacharias, Brunnenmeister 329
Rannenberg, Friedrich von, Vizedom 351
Rath, Veith, Häcker und Zunftmeister 362
Rau von Holzhausen, Ottilia, verh. Echter von und zu Mespelbrunn 256, 262
Rausch
– Anna 499, 500
– Anton 97, 100, 102
– Barbara, geb. Brenner 102
– Christian, Bierbrauer und Gastwirt 160, 164
– Elisabeth 499, 500, 501
– Friedrich Karl, Holzmesser und Bierbrauer 280, 499, 500, 501
– Jakob, Bierbrauer 501, 558, 570
– Magdalena Theresia, geb. Reichert, verh. Seuffert 558, 559, 570
– Salome, geb. Löchler 500
Rauscher
– Felizitas, verw. Kleiner, geb. Kitz 595
– Martin, Wechselwärter 595
Rehm, Philipp, Mechaniker 233
Reich, Anna, verh. Schulz 62
Reichard, Hermann, Architekt 68, 103, 108, 110, 152, 233, 235, 236, 580, 581, 607, 608, 612, 615, 649, 654, 655
Reichert
– Emilie, Kontoristin 531
– Ernst, Bäcker 530, 531
– Jakob, Bäcker 529, 531
– Magdalena Theresia, verh. Seuffert, verh. Rausch 558–570
– Margarete, geb. Funk 531
– Walter 531
– Wolfgang 531
Reichezer
– Bernhard, Färber und Sackträger 89, 92, 97
– Maria Anna 89, 92, 97
Reichmann, Adolph Franz von, Stiftsdekan 549

Reiffenberg, Dieter Freiherr von, kmz. Oberst Vizedom 89, 92, 97, 353
Reigersberg, Nikolaus Georg von, Jurist, kmz. Rat, Stadtschultheiß 121, 434
Reihn, Konrad (Cuntz) 160, 170
Reindel, Kaspar Johann, Magistratsrat 362
Reinhard
- Alois, Kaufmann 524, 526
- J. H., Fabrikant aus Nürnberg 623
- Luzia, geb. Orschler 596
- Maria, verh. Wenzel 526
- N. N., Gastwirt 593
- -Spiegel, Erbengemeinschaft 596
Reis, Barbara, verh. Münch 34, 108, 112
Reisinger
- Adam, Schreinermeister 279, 280, 642
- Anna Maria, geb. Lindwurm 280
- Franz Heinrich 555
- Franz Joseph 555
- Franziska, geb. Bittinger 555
- Juliana 555
- Katharina, verh. Marzell 156
- Reinhard 553, 555
- Remakel, Schiffer und städt. Holzmesser 553, 555
- Therese, Privatiere 128, 131, 572
Reiß, Margarethe, verh. Schadler 276, 642
Reith
- Gertrud 482
- Martin, Weinhändler 482
Rei(y)tz, Reinhard 100, 171
Repp, Anna Maria, verh. Beickert 78, 82
Retzen
- Heilmann 437
- Husin Furleyern 437
Reuß
- Elisabeth, verh. Stadelmann 199
- Joachim, Lederfabrikant und Magistratsrat 98, 311, 507
- Jodocus, Stadtphysikus 396
- Kathinka, verh. Ernst 122
- Margarethe, geb. Geisler 507
- Margarethe Katharina, geb. Pennrich 507
- Therese, verh. Arnold 588, 591
- Wilhelm, Nähmaschinenhändler 426, 428, 587–589, 591
Reuter
- David, gräfl. Ingelh. Munizipalrat 50, 63, 115, 116, 119, 121, 124–126, 132, 137

- Joseph, Geometer 397
- Margarethe, Geheimratswitwe 121, 128, 131
- N. N., kgl. Baurat 194
- Wilhelmine 121
Rider, Georg 166
Riedern, Eberhard von, Vizedom 352
Riegel, Paula, verh. Schreiner 86, 88
Rieneck
- Ludwig Graf von, Vizedom 351
- Philipp Graf von, Vizedom 353
- Reinhard von, Vizedom 353
Ries
- Else 240
- Emma, verh. Hilg 239, 240
- Gabriel, Getreidehändler 241, 245
- Günter, Kaufmann 571, 609, 610, 613, 616
- Leopold, Malzfabrikant 240–242, 245
- -Mälzerei 253, 255
Rieser, Heinrich, Messerschmied 295
Riesheim
- Löb, Kaffeewirt 237
- Wolf, Gerber 232, 237
Rieß, Adam 438
Rinnewolff, Niclas, Stiftsvikar 400
Ripperger, Johann, Gerichtsverwandter 170
Ritter, Heinrich, Gastwirt im Schönbusch 237
Robustelli, Daniel 575
Rockenburg, Johann von, Vizedom 352
Rodenstein, Maria Katharina von, verh. Echter von und zu Mespelbrunn 248, 262
Rody, Maria, verh. Pattloch 238
Röll
- Anna Maria Susanne, geb. Spies 589, 591, 593
- Kaspar, Bader 589, 591
Roeser Erben 58
Rohleder
- Anna 425
- Johann 425
- Joseph, Güterlader 301, 303, 418, 423, 425
- Ludwig 425
- Margarethe, geb. Lembach 423, 425
- Peter 421, 425
- Sebastian 421, 425
Rohmann, Margarete, verh. Mühlon 209, 212, 224

726

Rollmann, Johanna, verh. Vettel 503, 504
Rosenbach, Peter von, Vizedom 352
Rosenberg, Barbara von, verh. mit Engelhard von Thüngen 392
Rosenbeymchin, N. N. 431
Roßenberger, Hartmann, Handwerker 376
Roßmann
- Hermann Joseph Karl, kgl. Advokat 52, 55
- Theresia, geb. La Roche 55

Roth
- Alexander 428, 597
- Alma, verh. Hufgard 532, 534
- Christian, Pfarrer 92
- Christine 523
- Erich, Architekt 632
- Ludwig, Landgerichtsarzt 11
- Michael 523

Rothaug, Karl, Dipl.-Ing. Architekt 307
Rothschild
- Seligmann, Kaufmann 572
- Settchen 572

Rottwitt, Georg Philipp, Stiftskaplan 411
Rucker
- Andreas 432
- Hans, Bildhauer 674
- Kaspar, Stiftskanoniker 433
- Margarethe 432
- Peter 167

Rücker
- Barbara, verh. Eisert 413
- Heinz 166
- Philipp 124, 167, 169

Rückert
- Heinrich 478
- Jakob, Kaufmann 97
- Josef 478
- Maria, verh. Seidel 307, 310, 312

Rüd, Johanna, verh. Hench 78, 82
Rüdigheim, Heinrich von, Vizedom 351
Rüd(t) von Collenberg, Eberhard von, Vizedom 353, 433, 434
Rüth, Fritz, Kinobesitzer 253
Ruf
- Leo, Schreiner 343
- Margarita, Weinwirtschaftspächterin 537

Ruhl, Georg, Hotelier 508, 513
Rummel
- Chr., Dipl.-Ing. 253
- Hans, Architekt 253

Ruppel
- Elisabeth 513
- Franziska, geb. Schüßler 513, 582
- Josef, Major, Gastwirt 505, 513, 576, 582
- Joseph 361
- Margarethe, verh. Sohn 529, 531
- Melchior 160, 169, 170, 172
- Melchiors Witwe 160, 170
- Nicolaus, Wirt 505, 513

Ruppert
- Maria, verh. Wagner 112
- Josef 371

Ruprecht, Carl-Heinz, Bauingenieur 626
Rußmann, Fa. 197

Sachse, Hans, Baurat 68, 69
Sack, Martin, Pfarrverwalter von St. Agatha 362
Sager & Woerner, Baufirma 12, 24
Saibäus, Ambrosius, Weihbischof von Mainz, Bischof von Meißen 8
Salg, Markarius, Zollinspektor 314
Sallinger, Philippine, verh. Nöthig 199
Salomon, David 314
Salzmann, Wilhelm, Schlosser 91
Samhaber, Josef, Lehrer 85
Sandkühler, Mater M. Luzia, Engl. Frl., Oberin 485
Sattig, Johann Martin, Bierbrauer 294
Sauer
- Anna, geb. Hock 104
- Elisabeth, verh. Fertig 572
- Franziska, Wirtin 563
- Johann Adam, Fronhofen 558
- Maria Eva, verh. Meßer 159
- Paul, Bäcker 104

Sauerwein
- Emil, Kaufmann 648, 649, 654, 658
- Magdalena, geb. Kittel 654

Seethaler, Joseph Anton 383
Seib
- Johann 525
- Kaspar, Schneider 525

Seibert
- Bernhard, Stahlbaufirma 343, 381, 383
- Johanns Ehefrau 86
- Leonhard, Leiendecker 377
- Margarethe 86, 87
- Maria, geb. Rückert 307, 308, 310
- Michael 86, 87

Seidel
- Josef, Tünchermeister 304, 306–308, 310, 312, 314, 609
- Maria, geb. Rückert 307, 310, 312
- Robert, Malermeister 314

Seif(f)erling, Georg, Schlosser und Zunftmeister 360, 362

Seifried (Seyfried), Hilaria, Engl. Frl., Oberin 473, 475, 485

Seiler, Jakob, Stadtschultheiß 435

Seitz
- Adam Heinrich, Kunstschreiner 92, 93, 97
- Anna, verh. Fleckenstein 100
- Christian 296
- Eva, geb. Glaab 97
- Heinrich, 124, 169
- Johann (Hans) 168–170
- Johann, Erben 45
- Sophie, geb. Kreiner 97

Selbert, Friedrich, Architekt 152, 214–217, 221, 223

Seligensteder, Sibold 247

Seligmann, Schönchen, verh. Oestrich 239

Sendelbach, Josef, Accisnehmer 165

Serger, Franz Erwein, Hof- und Regierungsrat 573, 576, 577, 582

Seubert
- Anna 5
- August, Gärtner 5
- Rosa, verh. Kappert 5

Seuffert
- Christoph, Bierbrauer 558, 570
- Magdalena Theresia, geb. Reichert, verh. Rausch 558–570
- Thekla, verh. Oechsner 413

Sibin
- Anton, Ingelh. Amtmann 267, 273
- Maria Katharina, geb. Zumbach 273

Sickenberger
- Clara, verh. Imhof, verh. Schick, verh. Hohe 554–556
- Franz, Bäcker 529, 531

Sickinger, Franz, Bäckermeister 529, 531

Siebert, Ritter von, kgl. Oberbaudirektor 194

Siegel
- Eva, verh. Eisenecker 77
- Eva, geb. Fröhlich 77
- Franz Alois, Häfner 77
- Joachim, Handlungskommis 157, 159
- Josefine, verh. Kieser 77

Siegfried, Eva, verh. Frisch 499

Siemann, Willibald & Co., Orgelbaufirma München 11, 479

Sifrit, Pfarrer von Obernburg 431

Simmler
- Friedrich, Ingelh. Amtmann 274
- Joseph, Ingelh. Amtmann 268

Singer, Ernst, Bildhauer 383

Sirtel
- Christoph, Feldwebel 292
- Elisabeth, geb. Meichinger 292

Sitzmann, Christoph, Gastwirt 505, 513, 576, 582

Sixtus IV., Papst (1471–1484) 369

Sodi
- Georg, Haushofmeister 51, 56
- Hermann, kgl. Bezirksingenieur 342, 469

Sömmering, Samuel von, med. Professor 398

Sohn
- Bartholomäus, Kupferschmied 78, 80, 528, 531
- Johann Alois, Kupferschmied 78, 80
- Hubertine, verh. Guthiens 102
- Margarethe, geb. Ruppel 529, 531
- Margarethe, verh. Wolpert 102
- Nikolaus 529, 531
- Sophie, geb. Truckenbrod 531, 537
- Valentin, Kupferschmied 528, 529, 531
- Valentin jun., Kupferschmied 529, 531

Solinger, Josef, Krämer 159

Sommer
- Adam, Bäcker 584
- Hildegard, verh. Zöller 58

Sommerau, Gernod von 351

Sondheimer, Hillel, Rabbiner 329

Sotter, Josefine, Pächterin 117

Spahn, Joseph, Schweinheim 13

Spanick, Elisabeth, verh. Spinnler 528

Spannring, Georg, Schlosser und Zunftmeister 362

Spatz, Regina, verh. Illig 555

Specht
- Karl, Schneider 303
- Katharina, geb. Schmelz 303
- Rosina, geb. Graber 303

Spessartbau, Firma 593

Spethmann, Elisabeth, verh. Dering-Völker, Künstlerin 53, 323

Speyer, Eduard 552
Spiegel
– Katharina 593
– Martha, Wirtin 593
– Michael, Sozialrentner 593
Spies, Anna Maria Susanne, verh. Röll 589, 591, 593
Spinnler
– Elisabetn, geb. Spanick 528
– Hans, Elektroinstallateur 528
Sultz(er)
– Anna 112, 168
– Hans d. J. 113
– Johann, Bürger und Rat 112, 168
– Sigmund 113

Schad
– Alois, Kaufmann 94, 97, 524, 526, 528
– Josef 526, 528
– Maria Barbara, geb. Freund 526
– Susanne, geb. Schäfer 528
Schadler
– Johann, Maurermeister 276, 642
– Margaretha, geb. Reiß 276, 642
Schaechterle, Karl Heinz, Verkehrsplaner 669, 670
Schäfer
– Barbara, verh. Frank 504, 573
– Burkhard, Häfner 71, 74, 77
– Christian 107
– Christoph, Häfner 74, 75, 77
– Geo, Kunstmaler 608
– Heinrich, Zimmermann 298
– Johann 107
– Josef, Kaufmann 528
– Karl Josef, Metzger und Gastwirt 97
– Katharina, verh. Winkler 71, 74, 77
– Katharina, verh. Michel 77
– Klara 107
– Magdalena, Zimmermannswitwe 298
– Maria Barbara, geb. Freund 528
– Ottilie, geb. Stigler 72, 75, 77
– Pauline 97
– Susanne, verh. Schad 528
Schandebehr, Margarethe, verh. Weber 240
Schantz
– Konrad, Pfarrer von St. Agatha und von Mömbris 370, 439
– Philipp, Pfarrer von St. Agatha 370, 432, 438, 439

Scharpf, Baurat 622
Schartmann, Peter, Briefträger 320, 327
Schaub, Franz, Schriftsteller 381
Schaußhardt, Jost 433
Scheckenmecher
– Kathrin 430, 438
– Peter von Limburg 430, 438, 596
Scheibler
– Anton, Dekorateur 609, 640
– Magdalena, verh. Bartl 136
Scheid
– Franz, Planzeichner 516, 518–520
Scheidel, Franz Christof, Geistl. Rat, Stiftskanoniker, Pfarrer von St. Agatha 361, 362–364, 371, 377, 378, 462
Scheidt, Scheyde
– Nikolaus 113, 124, 167, 168, 169
– Nikolaus (d. J.) 124, 169
Scheidter
– Ignaz, Tapezierer 278
– Johann, Pflasterer 546
Scheitzger
– Philipp, Pferdemetzger 504
– Sofie, geb. Behl 504
Scheller
– F., Hofgärtner 184
– Georg 534
Schellhorn, Johannes, Stiftskanoniker, Pfarrer von St. Agatha 370
Schelm
– Contz 439
– Gerlach von, Stiftsscholaster 246, 254, 261, 374, 436
– Hermann von Bergen, Vizedom 351
Schelris von Wasserlos
– Friedrich Ritter, Vizedom 352
– Sibold, Vizedom 351
Schenck
– Kaspar, Leiendecker 360
– Leopoldine Gräfin von Staufenberg, verh. Gräfin von Ingelheim 263
Schenk, Anton, Weinwirt 267
Scherer, Johann 170, 172
Scherf, Anna Josepha, verh. Frankenberger 658
Scherpf, Ferdinand, Pfarrer von Nilkheim 355
Scheuermann
– Alois, Bauunternehmer 502
– Johann, Baufirma 16, 53, 68, 139, 147, 210, 243, 508, 615

729

- Margarethe, verh. Messer 33, 159

Schick
- Adam, Schuhmacher 554, 556
- Clara, geb. Sickenberger, verh. Imhof 554, 556
- Eva Maria 554–556

Schierlinger, Kreisbaurat 466
Schießer & Söhne, Johann, Zimmerei 13, 383
Schießl, Fritz, Landgerichtspräsident 200
Schild, Veilchen, verh. Worms 526
Schilling, Heinrich, Altarist an der Annakapelle 400
Schirber, Barbara, verw. Brand, verh. Asmuth 525
Schlauersbach, Werner, Architekt 185, 532
Schlee, Alois, Altötting 13

Schleicher
- Christine, verh. Vollmer, Landgerichtspräsidentin 200
- Marielies, geb. Wiesner, Landtagsabgeordnete 18

Schlett
- Andreas 597
- Barbara, verh. Bittinger 87

Schleyer, Sr. M. Winfride, Engl. Frl., Oberin 486

Schließmann
- Andreas, Rentamtsdiener 534
- Eva 534
- Therese Amalie 534

Schlör, Ferdinand von, Bischof von Würzburg 12

Schlotterbeck
- Ferdinand, Kaminkehrermeister 515, 523
- Katharina, geb. Heuser 515, 523
- Luise, geb. Kruschewski 523

Schmalfuß-Stadler 218

Schmelz
- Franz, Maurermeister 232, 253, 268, 278, 312, 333, 334, 379, 472
- Katharina, verh. Specht 303
- Katharina, verh. Eser 301, 300

Schmelzer
- Emilie, Metzgerswitwe 233
- Kaspar, Baugeschäft 78, 197, 308, 622, 624

Schmidner
- Anna, Sulzbacherin 393
- Jakob, Baumeister bei St. Agatha 393

Schmidt
- Barbara, verh. Frankenberger 74
- Heinrich Frhr. von (1850–1928), Architekt 194
- Johann, Schlosser 433
- Michael, Pfarrer von St. Agatha 364, 371
- Valentin, Mundschenk 168, 169

Schmitt
- Adam, Schreiner 304, 306, 557
- Anton, Dipl.-Ing. 17, 57, 58, 213, 365, 538
- Balthasar, Professor, München-Solln 28
- Eva, verh. Wiesenhöfer 55
- Franz, Architekt 128, 129, 147
- Franz, Landrichter 199
- Gertrudis, geb. Horn 557
- Heinrich, Eisenbahnkonduktheur 336, 338
- Hermann, Dekan, Stiftspfarrer 468
- Johann, Handwerker 376
- Johann, Musiker 589, 591
- Kaspar aus Würzburg 108
- Lothar, Kaufmann 153, 157–159
- Ludwig, Restaurateur und Wirt 479, 502, 504
- Magdalena, geb. Glutting 157, 159
- Margarethe 34, 36
- Michael, Maurermeister 152
- Richard, Kaufmann 152, 153, 157, 159
- Thomas, Lokomotivführer 34, 36
- & Orschler, Firma 153, 158
- Wilhelmine, verh. Platz 284
- -Wohnung 418

Schmittner, Heinz 432

Schmitz
- -Grollenburg, Franz Georg von, Stiftskantor 549, 552
- Karl, Bettengeschäftsinhaber 638, 640

Schmuderer, Joseph, Professor vom Bayer. Landesamt für Denkmalpflege 12
Schnabel, Johann, Kanoniker 169

Schneider
- Adam, Baumeister 274, 276, 323, 638, 639, 642–644, 659
- Anna Maria Barbara, verh. Orschler 58
- Appolonia, verh. Herbert 102
- Elisabeth, geb. Eckert 86
- Ernst, Wirt 611
- Hans, Spengler 82, 84
- Hans, Tüncher 376
- Heinrich, Bäcker 529, 531

- Franz, Installateur 13, 82
- Franz Spengler sen. 78, 82, 84, 86
- Georg, Leiendecker 376
- Josef, Metzgermeister 253, 310, 311, 312, 314
- Margret, verh. Fäth 84
- Mutti 611
- Nikolaus 435
- N. N., Prokurator 59
- Susanne 82

Schneidt, Valentin Anton von, Stiftsdekan 549
Schnitzelbaumer, Ludwig, Künstler 10, 20, 23, 26
Schnuck
- Johann, Maurermeister 32, 33, 40, 573, 574
- Maria Eva 574
- Remakel, Maurermeister 104

Schober, Johann 230, 453, 606
Schömig, Werner, Ingenieurbüro 670
Schön, Johann 434
Schönborn, Grafen von
- Anna Charlotte Maria von, verh. von Ostein 29, 145
- -Familie 168
- Graf von 576
- Gräfin von 262
- Joseph Franz Bonaventura von (1708–1772), Vizedom 9, 354, 456
- Melchior Friedrich von, Vizedom 354
- Rudolf Franz Erwein von, Vizedom 354

Schöneck
- Philipp, Zentgraf vorm Spessart 340, 348
- Symon von, Stiftspropst 373

Schönig, Johann Peter 172
Schönmann, Dorothea Emma, verh. Hohe 556
Schohe, Juliane, verh. Ebert 570
Scholl, Adam 434
Scholtz, Ulrich, Architekt 670
Schopp
- Dorothea 434
- Valentin 434

Schramm, Betty (Elisabeth), verh. Schuck 161, 164
Schreher, Franz Joseph, Uhrmacher 378
Schreiner, Paula, geb. Riegel 86, 88
Schrenck, M. Maria Anna von, Engl. Frl., Oberin 455, 484

Schroth, Christian, Hofschneider 170
Schubert
- Dorothea 4, 6
- Eva, verh. Kunz 4, 6
- Hans, Karlstadt 515
- Peter, Leinenweber 4, 6

Schuck
- Adalbert, Gastwirt 164, 165
- Alois 165
- Alois, Buchhalter 161, 164
- Barbara, gen. Betti, geb. Trapp 165
- Betty, verh. Heeg 162
- Elisabeth, geb. Schramm 161, 164
- Gabriele, geb. Aulbach 165
- Juliane, verh. Stenger 224
- Karl, Maurermeister 315, 316, 403
- N. N. Leiendecker 151
- Richard 165

Schüler, Barbara, verh. Becker 33
Schüßeler Clais 172
Schüßler
- Franziska, verh. Ruppel 513, 582
- Konrad 166, 167

Schüter, Peter, Schreiner 403
Schütz, Valentin (Velten), Maurer 376, 575
Schuff
- Friedrich August, Polsterer 131
- Johann, Tapezierer 128, 129, 131
- Katharina, geb. Fischer 131
- Rosa, geb. Frauenknecht 131

Schuler, Johann, Magistratsrat 151, 501, 506
Schultheiß
- Johann Jakob 160, 170
- Johann Jakobs Erben 160
- Johann Jakobs Witwe 160, 170

Schulz
- Alfred, Kaufmann 62
- Anita 62
- Anna, geb. Reich 62
- Anna Maria, geb. Klein 62
- Anni 611
- Heinz 62
- Heinz, Wirt 611
- Justin, Milchhändler 62

Schumann
- Anna von 287
- Jakob Anton von, fürstl. Löwenstein. Geh. Finanzrat und Domänenkanzleidirektor 287

Schunk, Katharina, verh. Platz 37, 39

Schurk
- Ferdinand, Glasermeister 13
- Willi, Glaser 17

Schüß(e)ler, Clau(i)s 172

Schutz, Conrad 124, 168

Schwab
- Conrad, Stiftskanoniker 430
- Embricho, Vizedom 351
- -Familie 264
- Franz, Spitalverwalter 265
- Heilmann, Stiftsscholaster 246, 261, 430
- Johann Franz, Notar 145, 436, 571, 592
- Johann, Schöffe 246, 254, 261, 436
- Leyzabet 246, 436
- Paulus, kf. Oberschultheiß 86, 146, 150, 157, 592, 595

Schwartz
- Adelarius 597
- Konrad, Windhetzer 92, 169
- Nikolaus (d. A.) 597
- Nikolaus (d. J.) 86, 597

Schwarze, Bezirksinspektor 463

Schwarzenberg, Bernhard, Bildhauer 390

Schweitzer
- Anna Frfr. von, verh. Frfr. von Hertling 131, 132, 133, 136
- Anton von 136
- Johann, Wagner 249
- Karl Franz von 136
- Wilhelmine von, Witwe 136

Schwind
- Elisabeth 87, 88
- Eva, geb. Zang, verw. Schwind, verh. Übelhör 87, 88
- Eva, verh. Hey 283
- Konrad, Feilenhauer 86–88
- Maria Eva 87, 88
- -Möbel 609
- Sebastian, Ziegeleibesitzer 62
- Valentin 87
- Valentin, Metzger 60, 62
- Vinzenz, Oberbürgermeister 480, 669

Schwitz, Philipp, Pfarrer von St. Agatha 369

Staab, Valentin, Spengler 62

Stadelmann
- Christian, Stiftskanoniker 310, 315, 408
- Cornelia 457, 460
- Elisabeth, geb. Reuß 199
- Joseph Christoph, Landgerichtspräsident 199
- Katharina, verh. Münch 164
- Philipp 314, 319

Stadelmayer, Karl, Landgerichtspräsident 200

Stadion
- Charlotte Gräfin von, geb. von der Leyen 394
- Emmerich Graf von 394
- Sofie Gräfin von 394

Stadler
- Georg, Oberkellner, Gastwirt 508, 513
- Margarethe, geb. Frauenknecht 513

Stahl
- Anton Georg, Bischof von Würzburg 10
- Dieter 35, 36
- Ursula, geb. Keller 35, 36

Stain zu Rechtenstein, Alexandrine Gräfin von, verh. Gräfin von Ingelheim 263

Stamer, Karl, Sparkassendirektor 660

Stamm
- Herbert 648
- Ursula, geb. Hoffmann 648

Stanger
- Adam 499
- Christine 499
- Christine Magarethe, geb. Metz, verh. Brill 499
- Friedrich, Spengler 499
- Jakob 499

Starckert (Starckhart), Johann, Pistormeister 535

Staudt, Franz, Tüncher 13

Stegmann
- Berta, verh. Lieb 224
- Jakob 86, 87, 89
- Maria Anna 86, 87, 89

Steiger, Eduard, Steinmetz 23, 26

Steigerwald, Kaspar 170

Steigleder, Philipp Jacob, Lehrer bei St. Agatha 171, 412

Stein, Heinrich, Bautechniker 426

Steinfeld, Hans 172

Steinmetz, Leonhard (siehe Leonhard)

Stempel, kgl. Baurat 194

Stendorff, Jakob Christoph, Dekan 548

Stenger
- Andreas 98, 100
- Benedikt, Landwirt 157, 159

- Heinrich, Bäcker 436
- Heinrich, Privatier und Magistratsrat 152, 156, 161, 610
- Juliane, geb. Schuck 224
- Katharina, verh. Himmelsbach 159
- Peter, Schneidermeister 220, 224

Stepes, Amtskeller, seine Witwe und Erben 575
Stephan, Adam 558
Steuber, Hans-Jürgen, Architekt 242
Stigler, Ottilie, verh. Schäfer 72, 75, 77
Stocker (Stockar), Arnold von, Vizedom 351
Stockinger, H., Bauleiter 11
Stoll
- Erasmus (Asmus) 432, 434
- Joachim 168, 439
- Johann 45
- Konrad, Stadtknecht 434

Stoltc(z)enkint, Hans (Henne) 431, 438
Storm, Theodor, Dichter 53
Stork
- Laurentius, Vikar 548
- Margarethe, verh. Berninger 394

Straßer, Peter, Altötting 20
Straub
- Emilie, verh. Neis 156
- Sr. M. Cäcilia, Engl. Frl., Oberin 486

Straus, Johann, Kaufmann 159
Strauß
- Anselm, Apotheker 543
- Isaak 239
- Johann Heinrich, Posthalter 532, 534, 542, 543, 547, 548
- Johannes Eberhard 435
- Josib 239
- Sara, geb. Oestrich 239

Strecker
- Alexander, gräfl. Munizipalrat 50, 63, 124, 126, 132, 137, 145

Strehlin, Advokat 161
Streit, Barbara 55
Streiter
- Bauamtmann 471, 561
- Bauinspektor 341, 463
- Michael, Landbaumeister 115, 125, 126, 284, 361
- Wolfgang, Landbauinspektor 32, 50, 56, 137, 140, 143, 397, 410, 622

Strobel, Emma, verh. Volkhardt 648

Strußwert
- Else 430
- Irmel 430

Stuckert, Katharina, verh. Korn 40
Stürmer
- Anna, verh. Kunkel 91
- Elisabeth, verh. Hembacher 277
- Katharina, verh. Übelhör 88

Stütz
- Max, Kaufmann 215, 218
- Rosa, geb. Daub 215, 218

Stuirbrink, Jakob Anton, Taxator und Magistratsrat 362, 503
Stumpf
- Anna Maria, geb. Hilb 413
- Eugen, Landgerichtsarzt 417, 622
- Franz Joseph, Lehrer und Organist bei St. Agatha 413
- Georgina, geb. Huhn 413

Tautphöus, Peter Franz Xaver, Stiftskanoniker, Pfarrer von St. Aghata 371
Tempel
- Johann, Stadtschreiber 553
- Johann Baptist, Schlosser 98
- Matthäus, Stadtschreiber 230, 281, 362, 453

Teutsch, Gerhart, Landschaftsarchitekt 675
Thelemann, Friedrich, Kammerdiener 252
Then, Kaspar, Schuhmacher und Zunftmeister 362
Thiemer, Heinrich Baptist, Brauereidirektor 569, 571
Thiersch, Friedrich Ritter von, Geh. Hofrat, Architekt 11, 19, 23, 24, 27, 29, 194
Thoma, Leonhard, Kunstmaler, München 26, 28
Thüngen
- Barbara von, geb. von Rosenberg 392
- Engelhard von 392
- Margarethe von, verh. Echter von und zu Mespelbrunn 261, 392
- Philipp von, Vizedom 353

Trambauer, Friedrich, Stadtbaurat 404
Trapp, Barbara, verh. Schuck 165
Traupel
- Adam Johann, kmz. Hof-Amtsschreiber 115, 146, 150, 532, 534
- Charitas 137, 146, 150
- Gottfried 146, 150

Traut
- Anna, verh. Koppenhofer 428
- Friedrich, Maschinist 428
- Maria, geb. Giegerich 428

Trier, Johannes von, Kanoniker 437
Tritschler, Eisenwerk 14
Truckenbrod, Sophie, verh. Sohn 531, 537
Trunk, Mater M. Roswitha, Engl. Frl., Oberin 485
Trunzer, siehe Dunzer
Türk
- Simon, Gerichtsdiener 292
- Simons Ehefrau 292

Übelhör
- Anna Maria, geb. Maidhof, Witwe 88
- Eva, geb. Zang, verw. Schwind 87, 88
- Friedrich 88
- Johann 88
- Johann Georg, Feilenhauer 88
- Katharina, geb. Stürmer 88

Ühlein
- Heinrich, Zimmermeister 197
- Margarethe, Engl. Frl., Oberin 463, 465–467, 485
- Philipp Anton, Lederhändler 485

Ullrich
- August, Elektroinstallation 609
- Wilhelm, Gastwirt 97

Ulrich, Fritz, Architekt 636
Umbehauer, Fritz, Heizungsfirma 626
Urban, Fabrizius, Stiftsgeistlicher 395
Urlaub, Nikolaus, Sattler 376
Ussenheim, Eberhard von, Vizedom 351

Venningen, Ursula von, verh. Echter von und zu Mespelbrunn 262
Vest, Johann, Künstler, Frankfurt 20
Vettel
- Jakob, Gastwirt 502, 504
- Johanna, geb. Rollmann 503, 504

Vetter
- Joseph Anton, Küfermeister, Weinwirt, 65, 536, 537, 540
- Katharina, geb. Menthen 540
- Moritz Anton, Likörfabrikant 65, 536, 537, 540
- Sabine Franziska, geb. Marx 540, 541

Vill, Regina, verh. Opfermann 557, 592, 595
Vilmar, Wilderich, Vizedom 352

Vleugels, Orgelbau GmbH, Hardheim 17
Völker
- Eleonore, geb. Mühlon 212
- Franz 609
- Kilian, Stiftskanoniker, Pfarrer von St. Agatha, Pfarrer von B.M.V. 357, 370
- Kilian, Zentgraf 264
- Kilians Witwe 248
- Peter; Rechtsanwalt 212

Vogel
- Eva, geb. Bodenheimer 583
- -Gebrüder 587
- Johann Peter, Stiftskanoniker, erzb. Kommissar, Pfarrer von St. Agatha 370, 393
- Max, gen. Moritz, Kaufmann 588
- Mayer (Maier, Meier), Fruchthändler 561, 577, 583–588
- Mayer II 587
- Sofie-Henriette Sara, geb. Bachrach 587, 588

Vogler, Bernhard, Bildhauer 245
Vogt
- Anton, Oberbaurat 210, 426
- Franz, Regierungspräsident von Ufr. 672

Voit, Jakob, Kunstschreiner 26
Volkhardt
- Emma, geb. Strobel 648
- Hans, Druckereibesitzer 648
- Heinrich, Druckereibesitzer 645, 648
- Ruth, verh. Hoffmann 648

Voll, Johann Adam 597
Vollmar
- Angela verw. Vollmar, verh. Kurtzrock 124, 169
- Johann, Schiffer und Fischer 124, 169

Vollmer, Christine, geb. Schleicher, Landgerichtspräsidentin 200
Vonderheid, Margaretha, verw. Kittel, verh. Neuner, Badeanstaltsbesitzerin 98, 100, 504
Vongris, Maximilian, Bote 197
Vonlohr, Mechtild, Engl. Frl., Oberin 476
Vorburg
- Johann Philipp von, 328
- Wolfgang Sigmund von, Geistl. Rat, Stiftskustos, Dekan, erzb. Kommissar 113, 168, 170, 328

Vyol, Conrad, Dekan 246, 254, 261

Wackenhut, Jakob, Zimmermann 439, 597
Wadtk(l)e, Johann 146, 571
Wagenführer, Carl, Schlossermeister 379, 622
Wagner
– Babette, geb. Münch 5, 6, 33, 34, 36, 38, 40, 41, 108, 112
– Barbara, verh. Weritz 107, 111
– Carl, Landgerichtsdirektor 5, 6, 12, 33, 34, 36, 108, 112
– Christoph 160, 170
– Christophs Witwe 160
– Dorothea, geb. Heil 310
– Erben 109, 112
– Ernst, Jurist 6, 12, 35, 36, 112
– -Familie 109, 112
– Fritz, Arzt 5, 15
– Joseph, Ingelh. Amtskeller 250, 251, 265, 273
– Maria, geb. Ruppert 112
– Wilhelm, Metzgermeister 290, 299, 307, 310, 314
– Wilhelm jun., Metzger 291, 310
Waigand, Anton, Schlosser 403
Waldenberg
– Conrad von, Vizedom 351
– Heinrich von, Vizedom 351
Waldenburg, Gerhard Frhr. von, gen. Schenkher, kmz. Geh. Rat, Großhofmeister, Vizedom 354
Waldersdorf von, Justina, verh. von Gonsrod 112,168
Wallau, Johann, Schuhmacher und Zunftmeister 362
Wallstadt, Warmud von, Vizedom 351
Waltman, Hartmann 431, 596
Waltter, Peter 433, 434
Walz
– Hans, Wollgroßhändler 87–89
– Maria, verh. Nickl 611
Wambold, Anselm Kasimir von, KF (1629–1647) 113
Wammser, Christoph, Steinmetz 376
Wandel, Jakob 171
Wank
– Magnus 436
– N. N. 428
– Peter, Dekan und Altarist 432
Wasen, Nikolaus von 436
Wearhmud, Michael 596
Weber
– Alexander, Kaufmann 104
– Anna Maria 104
– Anton, Sattler und Gastwirt 93, 97
– Apolonia 124, 125, 132, 136
– Christoph, Amtskeller 9
– Christoph, Weihbischof 395
– Dorothea, verh. Heinrich 56, 57, 59, 62, 125
– -Erben 39
– Franz Martin, Magistratsrat 52, 138, 267, 294
– Gustav Ludwig, Architekt, Berufsschuldirektor 39
– Jacob 169
– Johann Anton, Gastwirt 506, 507, 513
– Johann Sebastian, Stiftskanoniker, Pfarrer von St. Agatha 358, 359, 370
– Josef, Schmied 239, 240
– Margarethe, geb. Schandebehr 240
– Margarethe, verh. Dahlem 296
– Michael 45
– Michael, Schmied 240
– Ottilie 310
– Philipp, Sattler, dann Gastwirt 505, 506, 513
– Sebastian Wilhelm, Keller 592
– Sophie, geb. Pfadisch 39
– Valentin, Steinhauer 379, 470
Weicker, Michael 596
Weidemann
– Franz 130
– N. N., Witwe 130
Weidenmann, N. N. 323
Weidenbrönner, Johann, gen. Kapperich, Mützenmacher 608
Weidner
– Manfred, Dipl.-Ing. 670
– Remakel, Metzger und Zunftmeister 362
Weigand
– Elisabeth, Schneidersehefrau 239
– Gebrüder 91
– Margarethe, geb. Zang, Witwe 91
– Maria, verh. Messer 91
– Philipp, Hofmundkoch 92, 97
– Valentin, Dreher und Schuldiener 91
Weik, Gabriele, verh. Frey 136
Weil, Peter 170
Weiland, Servatius, Wirt 575, 582, 597
Weilandt, Adolf, Magistratsrat 621

Weinacht, Gustav, Geschäftsleiter 240
Weinlein
- Anna, geb. Doehling 534
- Christian, Metzger 55
- Crescentia, geb. Moritz 534
- Franz, Sattler 534
- Matthäus, Metzger 534
Weisel
- Anna Maria, geb. Maidhof, verw. Übelhör 88
- Franz Joseph 88
- Heinrich, Schuster 88
- Katharina, verh. Nees 100
- -Übelhör 88
Weiß(ss)
- Franziska, Jungfrau, Engl. Frl. 455
- Gustav, Orgelbaumeister 383
Weller, Jost, Dachdecker 375
Weltz, Peter 433
Welzbacher
- Babette, verh. Höflich 35, 36
- Elisabeth, verh. Frank 504
Welzel, Gustav Franz, Oberkellner, Hotelier 513
Wendel, Jakob 535
Wendlinger, Andreas, Maurer 359
Wentzel, Heinrich 433
Wenzel
- Johann, kaiserl. Notar und Stadtschreiber 434
- Josef, techn. Angestellter 526, 528
- Juliana, geb. Fäth 74
- Juliane, verh. Berninger 74
- Maria, geb. Reinhard 526
- Monika Anna 526
- Peter 553, 556, 557
- Peter, Bäckermeister 73, 74
Werck, Cuntzin 167
Werdenberg und zum Heiligenberg, Agnes Elisabeth Gräfin von, Witwe des Schenken Erasmus, verh. Echter von und zu Mespelbrunn 261
Weritz
- Anton Adam, Oberleutnant 63, 107, 111
- Barbara, geb. Wagner 107, 111, 112
Wermerskirch, Anton 575
Werner
- Johann Joseph, Appellationsgerichtssekretär 126, 128, 132, 136
- Klara Theresia 128, 136

- Zahnarzt aus Darmstadt 508
Wernhamer von Zwyll, Dorothea 457
Wernher, EB von Mainz (1259–1284) 373
Wertsch, Konrad, Landgerichtspräsident 200
Wessely
- Anton, Güterinspektor 461, 462, 497
- Elisabeth Franziska, geb. Berger 497
- Joseph 497
- Maria Agnes 497
- Rosina Antonia 497
- Therese Agnes 497
Westfalen zu Fürstenberg, Antonia Reichsgräfin von, verh. Gräfin von Ingelheim 263
Westhof
- Heinrich, 555–557
- Johann Peter, Büchsenmacher 548, 549, 553, 555–557
Wetter
- Carl, Architekt, städt. Bauingenieur 108, 116, 230, 268, 301, 333, 620
- Jörg 431
Weychtersbach, Clais von, Bäcker 438
Wichand, Werner, Vizedom 351
Wied, Conrad von, Vizedom 352
Wieland
- Johann Adam, Bender 558, 570
- Leopold 104
- Maria Margaretha, geb. Neeb 568, 570
- Paul 104, 106
- Paul 553, 558, 570
Wiesenfeger, Johann Casimir, Lehrer bei St. Agatha 412
Wiesenhöfer
- Anna Maria, geb. Keimel 55
- Anton, Metzger 55
- Anton, Schreiner 53, 55
- Anton, Wäschereibesitzer 55
- Eva, geb. Schmitt 55
- Franziska, Bankbeamtin 55
- Ignaz, Metzger 53, 55
- Josef Max, Wäschereibesitzer 55
- Maria, geb. Orschler 55
Wiesmann
- Franziska, geb. Born 413
- Joseph Anton, Schulrektor bei St. Agatha 413
Wiesner
- Bernhard, Arzt, Geh. Sanitätsrat 508
- Eva, geb. Zang, Witwe 106

- Heinrich, Maurer 584
- Marielies, verh. Schleicher, Landtagsabgeordnete 18

Wiko, Johann Baptist, Stukkateur 514

Wild
- Hans, Architekt 147
- Isabella, Generaloberin der Engl. Frl. in München 478, 509, 510

Wildenberg, Gozo de Castro, Vizedom 351
Wildt, Karl, Landgerichtspräsident 200
Wilfer, Anni, geb. Zipp 94
Wilk, Wilhelm, Architekt 609

Will
- Adam 497
- Adelarius, Lehrer bei St. Agatha 412
- Ernst von, Stadt- und Kreisgerichtsrat 137
- Franz Joseph, Departementspräfekt 3, 10
- Georg, Lehrer bei St. Agatha 412
- Karl Joseph Wilhelm, Hofrat, Departementspräfekt 397
- Philipp, Student 397
- Theresia Anna Maria, verh. Geiger 611

Wiltz, Emrich 438

Winden
- Friedrich von 400
- Heinrich von 400
- Johann von, Altarist und Kaplan der Annakapelle 400

Winderheld, C., Firma 609
Windsheimer, Sr. M. Emerentiana, Engl. Frl., Oberin 486
Wingenfeld, Peter 497, 499

Winkler
- Anna, Maria 523
- Auguste Anna, verh. Kleespies 523
- Christian, Kaminkehrer 72, 74, 514, 522, 523
- Christoph, Kaminkehrer 329, 361, 523, 553, 558, 570, 576
- Elisabeth, geb. Kindinger 74, 522, 523
- Franziska 558
- Franziska, geb. Mannas 523
- Heinrich, Bierbrauer 558
- Jakob, Bauzeichner 590
- Magdalena Theresia, geb. Reichert 558, 559, 570
- Otto, Kaminkehrer 514, 523

Winter
- Heinrich, Bürger 430
- Katharina, verh. Schäfer 71, 74, 77

Wirsching
- Marianne, verh. Hofmann 136
- Regina, verh. Hofmann 528

Wirsing, Andreas, Gerber und Zunftmeister 362
Wissinger, Euphrosine, Engl. Frl., Oberin 485

Wirth
- Johann Franz Schneidermeister 130
- Josef, Bibliothekar 395

Wiser, Luise Gräfin von, verh. Gräfin von Ingelheim 263

Wissel
- Anna Maria, verh. Orschler 102
- Karoline, verh. Brehm 611
- Rosina, Haushälterin 42, 102

Wissinger, Euphrosine, Oberin 485
Wissweber, Thomas, Pfarrer von St. Agatha 369, 431
Wittmann, Heinrich, Gastwirt 293
Witzeln, Valentin 439

Woerner
- Franz und Heinrich, Baufirma 11, 304
- Ludwig, Steinhauer 622, 624

Wolf, N. N., Leiendecker 453
Wohlmann, Katharina, verh. Antoni 103, 104

Wolff
- Balthasar, Fruchtmitter 282, 433
- Grete 435
- Konrad 169

Wolfsthal, Maier 316

Wolpert
- Adam, Ratsmitglied 394
- Josef aus Klingenberg 102
- Joseph Valentin, Priester 394
- Katharina 394
- Margarethe, geb. Sohn 102

Wolz
- Franz, Schankwirt 586
- Gertrud 125, 136
- Johann Adam 132, 136
- Sophie, verh. Hofmann 199

Worms
- Anselm 642
- Leopold, Kaufmann 640, 642
- Rebekka, geb. Goldschmidt 642

- Simon, Metzger 526
- Veilchen, geb. Schild 526

Wortwin, Stiftspropst 372
Wüstenfeld, Georg, nass. Hofkämmerer 107, 108, 112
Wundsam
- Christoph, Schreiner 514, 523, 525
- Elisabeth, geb. Müller 523
- Gotthard, Hofgärtner 514, 523–525
- Katharina Franziska, geb. Bechtold 395, 514, 523–525
- Sophia, geb. Lutz 525
- Wolfgang, Schreiner 514, 524, 525

Wyldeganz, Konrad, Dekan, Pfarrer von St. Agatha 369, 374
Wynemar(us)
- Husa 357, 438
- Johann, Stiftsvikar 357, 437

Zahn
- Anna Maria, geb. Blatz 159
- Anna Maria, verh. Abb 159
- Peter, Kaufmann 158, 159

Zang
- Anna 106
- Anna Maria 87
- Eva 106
- Eva, verw. Schwind, verh. Übelhör 87, 88
- Eva, verh. Wiesner 106
- Jakob, Bierbrauer 558
- Katharina, geb. Mensch 86, 87
- Margarethe 106
- Margarethe, verh. Weigand 91
- Nikolaus, Müller 86, 87

Zeller
- Anni, geb. Bartl 136
- Magdalena, verh. Günther 136
- N. N., Techniker 623
- Steinmetzfirma, Miltenberg 11
- Waltraud Lydia, verh. Pichl 136

Zentgraf, Johann Witwe 433
Zimlich
- Auguste, geb. Kunkel 91
- Heinrich, Lebensmittelhändler 90, 91

Zimmermann
- Elisabeth (Carpentarius) 437
- Friedrich, Pfarrer von Sailauf 437
- Hans d. Jüngere 439
- Hans Witwe 169
- Johann 435, 437, 592
- Johann (Carpentarius) 437
- Michael 541

Zin(c)k, Nikolaus 167
Zipf, Johann Jakob 436
Zipp
- Adam 394
- Anni, verh. Wilfer 94
- Elisabeth Maria 394
- Erbengemeinschaft 97
- Franziska, geb. Kaufmann 97
- Josef, Gastwirt 94, 97

Zöll, N. N., Architekt aus Frankfurt 140
Zöller
- Anton, Glaser 501, 504
- Franz, Facharzt 57, 58
- Hildegard, geb. Sommer 58

Zuddel, Jost 166
Zumbach, Maria Katharina, verh. Sibin 273